U0366289

住房城乡建设部土建类学科专业"十三五"规划教材
高等学校土木工程学科专业指导委员会规划教材

（按高等学校土木工程本科指导性专业规范编写）

桥 梁 工 程

李传习　主编

陈艾荣　颜东煌　主审

中国建筑工业出版社

图书在版编目（CIP）数据

桥梁工程/李传习主编. —北京：中国建筑工业出版社，2020.8

住房城乡建设部土建类学科专业"十三五"规划教材　高等学校土木工程学科专业指导委员会规划教材（按高等学校土木工程本科指导性专业规范编写）

ISBN 978-7-112-25225-1

Ⅰ. ①桥…　Ⅱ. ①李…　Ⅲ. ①桥梁工程-高等学校-教材　Ⅳ. ①U44

中国版本图书馆 CIP 数据核字（2020）第 096526 号

责任编辑：赵　莉　吉万旺　王　跃
责任校对：姜小莲

住房城乡建设部土建类学科专业"十三五"规划教材
高等学校土木工程学科专业指导委员会规划教材
（按高等学校土木工程本科指导性专业规范编写）

桥　梁　工　程

李传习　主编
陈艾荣　颜东煌　主审

*

中国建筑工业出版社出版、发行（北京海淀三里河路9号）
各地新华书店、建筑书店经销
霸州市顺浩图文科技发展有限公司制版
北京建筑工业印刷厂印刷

*

开本：787×1092毫米　1/16　印张：49¼　字数：1120千字
2020年8月第一版　　2020年8月第一次印刷
定价：**128.00**元（赠课件）
ISBN 978-7-112-25225-1
（35994）

本书是住房城乡建设部土建类学科专业"十三五"规划教材，按《高等学校土木工程本科指导性专业规范》编写的高等学校土木工程学科专业指导委员会规划教材。全书公路桥梁与铁路桥梁并重，静力设计与动力设计并重，并按照最新规范编写。总共分为六篇，包括：第一篇总论，第二篇梁桥与刚架桥，第三篇拱桥，第四篇缆索承重桥梁，第五篇桥梁墩台，第六篇桥梁维护与加固。

　　全书分为基本模块、扩充模块和自学模块。其中，自学模块以二维码的形式放于书中。

　　本书既可作为高等院校宽口径土木、交通类学生的本科专业课教材，也可供从事桥梁建设的技术人员参考使用。

　　本书配有教学课件，有兴趣的读者可通过发送邮件至 jiangongkejian@163.com（邮件主题请注明：桥梁工程）索取。

本系列教材编审委员会名单

主　　　任：李国强

常务副主任：何若全　　沈元勤　　高延伟

副　主　任：叶列平　郑健龙　高　波　魏庆朝　咸大庆

委　　　员：(按拼音排序)

陈昌富　陈德伟　丁南宏　高　辉　高　亮　桂　岚
何　川　黄晓明　金伟良　李　诚　李传习　李宏男
李建峰　刘建坤　刘泉声　刘伟军　罗晓辉　沈明荣
宋玉香　王　跃　王连俊　武　贵　肖　宏　徐　蓉
徐秀丽　许　明　许建聪　杨伟军　易思蓉　于安林
岳祖润　赵宪忠

组织单位：高等学校土木工程学科专业指导委员会
　　　　　中国建筑工业出版社

出　版　说　明

　　近年来，高等学校土木工程学科专业教学指导委员会根据其研究、指导、咨询、服务的宗旨，在全国开展了土木工程学科教育教学情况的调研。结果显示，全国土木工程教育情况在 2000 年以后发生了很大变化，主要表现在：一是教学规模不断扩大，据统计，目前我国有超过 400 余所院校开设了土木工程专业，有一半以上是 2000 年以后才开设此专业的，大众化教育面临许多新的形势和任务；二是学生的就业岗位发生了很大变化，土木工程专业本科毕业生中 90％以上在施工、监理、管理等部门就业，在高等院校、研究设计单位工作的本科生越来越少；三是由于用人单位性质不同、规模不同、毕业生岗位不同，多样化人才的需求愈加明显。土木工程专业教指委根据教育部印发的《高等学校理工科本科指导性专业规范研制要求》，在住房和城乡建设部的统一部署下，开展了专业规范的研制工作，并于 2011 年由中国建筑工业出版社正式出版了土建学科各专业第一本专业规范——《高等学校土木工程本科指导性专业规范》。为紧密结合此次专业规范的实施，土木工程教指委组织全国优秀作者按照专业规范编写了《高等学校土木工程学科专业指导委员会规划教材（专业基础课）》。本套专业基础课教材共 20 本，已于 2012 年底前全部出版。教材的内容满足了建筑工程、道路与桥梁工程、地下工程和铁道工程四个主要专业方向核心知识（专业基础必需知识）的基本需求，为后续专业方向的知识扩展奠定了一个很好的基础。

　　为更好地宣传、贯彻专业规范精神，土木工程教指委组织专家于 2012 年在全国二十多个省、市开展了专业规范宣讲活动，并组织开展了按照专业规范编写《高等学校土木工程学科专业指导委员会规划教材（专业课）》的工作。教指委安排了叶列平、郑健龙、高波和魏庆朝四位委员分别担任建筑工程、道路与桥梁工程、地下工程和铁道工程四个专业方向教材编写的牵头人。于 2012 年 12 月在长沙理工大学召开了本套教材的编写工作会议。会议对主编提交的编写大纲进行了充分的讨论，为与先期出版的专业基础课教材更好地衔接，要求每本教材主编充分了解前期已经出版的 20 种专业基础课教材的主要内容和特色，与之合理衔接与配套、共同反映专业规范的内涵和实质。此次共规划了四个专业方向 29 种专业课教材。为保证教材质量，系列教材编审委员会邀请了相关领域专家对每本教材进行审稿。

　　本系列规划教材贯彻了专业规范的有关要求，对土木工程专业教学的改革和实践具有较强的指导性。2016 年，本套教材整体被评为《住房城乡建设部土建类学科专业"十三五"规划教材》，请各位主编及有关单位根据《住房城乡建设部关于印发高等教育职业教育土建类学科专业"十三五"规划教材选题的通知》要求，高度重视土建类学科专业教材建设工作，做好规划教材的编写、出版和使用，为提高土建类高等教育教学质量和人才培养质量做出贡献。在本系列规划教材的编写过程中得到了住房和城乡建设部人事司及主编所在学校和单位的大力支持，在此一并表示感谢。希望使用本系列规划教材的广大读者提出宝贵意见和建议，以便我们在重印再版时得以改进和完善。

高等学校土木工程学科专业指导委员会
中国建筑工业出版社

前　言

随着我国高速公路网、高速铁路网的建设，我国桥梁工程事业取得了飞速发展。为培养适应基础设施建设需求的合格人才，许多高校加大了土木工程专业学生的培养力度，《桥梁工程》教学在本专业学生的培养过程中至关重要。

我国桥梁建设主要面向公路、铁路和城市道路。以往的《桥梁工程》教材与行业规范结合紧密，行业特点突出明显，但行业间知识联系不足，容易造成学生知识面狭窄，跨行业工作困难。本教材强调了公路、铁路和城市桥梁的作用形式，城市立交桥梁基础知识等，主要关注桥梁静载受力，也涉及桥梁抗风抗震等，以适应现代基础设施建设对人才的需求。

本教材对桥梁基本知识力求阐述清楚，通过算例和示例，使学生掌握要领，并能自如地解决各种工程计算问题，同时书中融入了桥梁领域当前的新技术、新进展和新趋势（如钢桥建设逐渐增多），以及近些年来工程技术人员普遍关心的问题（如耐久性、桥梁美学等）。

全书共六篇 26 章，第一篇介绍了桥梁工程的基本知识和发展动态，规划设计的方法和程序，防灾设计理论与方法，公路、铁路和城市桥梁的作用和组合，桥面系和支座。第二篇重点介绍了混凝土简支、悬臂和连续体系桥梁的设计计算方法、施工要点和示例。第三篇主要介绍上承式拱桥的构造、设计计算方法、施工要点和示例。第四篇主要介绍缆索承重桥梁（悬索桥和斜拉桥）的构造、设计计算要点、施工方法和示例。第五篇主要介绍桥梁墩台的构造和设计计算要点。第六篇主要介绍桥梁维修与加固的理论与方法。

全书分为基本模块、扩充模块和自学模块。目录中，扩充模块的前面标记"*"，自学模块前标记"**"，其余为基本模块。基本模块可供道路工程、铁道工程、桥梁工程等专业方向教学使用，扩充模块主要供桥梁工程专业方向使用。自学模块供学生理解课堂内容时自学使用。限于篇幅，自学模块放入二维码中。

本教材由长沙理工大学编写：第一篇第 1 章由李传习编写，第 2～5 章由李传习分别与陈历强、韩艳、李红利、李学文合编；第二篇第 6、7 章由李传习、易壮鹏编写，第 8 章由李传习编写，第 9 章由李传习、李红利编写，第 10、11 章分别由夏桂云、刘建编写，第 12、14 章由贺君、陈卓异编写，第 13 章由王达、裴必达编写；第三篇第 15 章由陈历强编写，第 17 章由夏桂云、李传习编写，第 16、18 章由陈历强、李传习编写，第 19 章由涂光亚、杨美良编写；第四篇第 20、22 章由李传习编写，第 21 章由张玉平编写；第五篇第 23 章由李学文、裴必达编写，第 24 章由易壮鹏、潘仁胜编写；第六篇由彭建新、钟惠萍编写。

第二篇第 12 章、第 13 章第 13.3、13.4 节、第 14 章，第五篇、第六篇由夏桂云修正定稿；第二篇第 11 章，第三篇第 15 章、第 16 章第 16.1～16.4 节由张玉平修正定稿；第六篇由彭建新修正定稿；其余的篇章节由李传习修正定稿。全书由长沙理工大学李传习主编，同济大学陈艾荣和长沙理工大学颜东煌主审。

书中若有差错和不当之处，敬请读者指正。

编　者

2019 年 12 月

目　　录

第一篇　总　　论

第二篇　梁桥与刚架桥

第三篇 拱 桥

*第六篇　桥梁维护与加固

第一篇
总论

第1章
概述

本章知识点

> 【知识点】 桥梁定义与作用；桥梁基本组成、布置与术语，桥梁类型；桥梁发展动态与国内外桥梁成就。
>
> 【重点】 重点把握桥梁的基本组成、术语；桥梁按基本体系的分类；我国桥梁发展历程。
>
> 【难点】 深刻理解国内外桥梁的发展逻辑、桥梁分类方法。

1.1　桥梁的定义和作用

桥梁是道路路线遇到障碍（如江河、湖泊、山谷、公路与铁路等既有线）而中断时，为保持道路的畅通与连续性，修建的跨越这些障碍的人工构造物，所用材料有圬工材料（如砖、石料、混凝土）、钢筋混凝土、预应力混凝土、钢材等建筑材料。

桥梁工程从学科来说属于土木工程，从功能来说属于交通工程，而且是交通工程的咽喉。大力发展交通运输事业，建立四通八达的现代化交通网，对于发展经济、促进民族团结和文化交流、缩小城乡差别、巩固国防等具有重要的意义。桥梁所占路线总长度的比例虽不大（简称桥梁长度占比），但其工程造价一般占公路总造价的 10%～20%，在山区高等级公路上桥梁长度占比增加，有的高达 60%，造价则占比更高。同时，桥梁不仅是一个具有特定功能的结构物，也是一座立体的造型艺术工程，往往成为一个地方的景观标志，也会带动城市的文化建设和旅游行业的发展。

1.2　桥梁的组成和分类

1.2.1　桥梁的基本组成

图 1-1 表示一座公路桥梁的概貌。从图中可见，桥梁一般由以下几部分组成：

桥跨结构是线路中跨越障碍的主要承载结构，除承受自身重量等恒载外，还要承受车辆荷载等的作用。

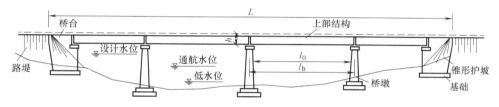

图 1-1　梁式桥概貌

桥墩和**桥台**是支承桥跨结构并将恒载和车辆等活载传至地基的建筑物。通常设置在桥两端的称为桥台，它除了上述作用外，还与路堤相衔接，以抵御路堤土压力，防止路堤填土的滑坡和坍落。单孔桥没有中间桥墩。对于两端悬出的桥跨结构，则往往不用桥台而设置靠近路堤边坡的岸墩，如图 1-2 所示。桥墩和桥台中使全部荷载传至地基的底部奠基部分，通常称为**基础**。它是确保桥梁能安全使用的关键。由于基础往往深埋于土层之中，并且需在水下施工，故也是桥梁建筑中比较困难的一个部分。

通常人们还习惯地称桥跨结构为桥梁的**上部结构**，称桥墩或桥台为桥梁的**下部结构**。

一座桥梁中在桥跨结构与桥墩或桥台的支承处所设置的传力装置，称为**支座**，它不仅要传递很大的荷载，并且要保证桥跨结构能产生一定的变位。

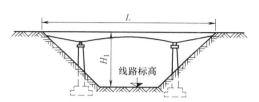

图 1-2　带悬臂的桥梁

在路堤与桥台衔接处，一般还在桥台两侧设置石砌的**锥形护坡**，以保证迎水部分路堤边坡的稳定。

除了上述基本结构外，根据需要还常常修筑护岸、导流结构物等附属工程。

河流中的水位是变动的，在枯水季节的最低水位称为**低水位**，洪峰季节河流中的最高水位称为**高水位**。桥梁设计中按规定的设计洪水频率计算所得的**高水位**，称为**设计洪水位**。

下面介绍一些与桥梁布置和结构有关的主要尺寸和术语名称。

净跨径对于梁式桥是设计洪水位处相邻两个桥墩（或桥台）之间的净距，用 l_0 表示（图 1-1）；对于拱式桥是每孔拱跨两个拱脚截面最低点之间的水平距离（图 1-3）。

总跨径是多孔桥梁中各孔净跨径的总和，也称**桥梁孔径**（Σl_0），它反映了桥下宣泄洪水的能力。

计算跨径对于具有支座的桥梁，是指桥跨结构相邻两个支座中心之间的水平距离，用 l 表示。对于图 1-3 所示的拱式桥，是两相邻拱脚截面形心点之间的水平距离。因为拱圈（或拱肋）各截面形心点的连线称为**拱轴线**，故也就是拱轴线两端点之间的水平距离。桥跨结构的力学计算是以 l 为基准的。

4

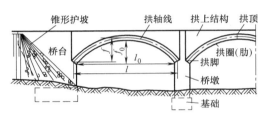

图 1-3 拱桥概貌

桥梁全长简称**桥长**，是桥梁两端两个桥台的侧墙或八字墙后端点之间的距离，以 L 表示。对于无桥台的桥梁为桥面系行车道的全长（见图 1-2）。在一条线路中，桥梁和涵洞总长的比重反映它们在整段线路建设中的重要程度。

桥梁高度简称**桥高**，是指桥面与低水位之间的高差，如图 1-2 中的 H_1，或为桥面与桥下线路路面之间的距离（见图 1-2）。桥高在某种程度上反映了桥梁施工的难易性。

桥下净空高度是设计洪水位或计算通航水位至桥跨结构最下缘之间的距离，以 H 表示，它应保证能安全排洪，并不得小于对该河流通航所规定的净空高度。

建筑高度是桥上行车路面（或轨顶）标高至桥跨结构最下缘之间的距离（图 1-1 中的 h），它不仅与桥梁结构的体系和跨径的大小有关，而且还随行车部分在桥上布置的高度位置而异。公路（或铁路）定线中所确定的桥面（或轨顶）标高，对通航净空顶部标高之差，又称为**容许建筑高度**。显然，桥梁的建筑高度不得大于其容许建筑高度，否则就不能保证桥下的通航要求。

净矢高是从拱顶截面下缘至相邻两拱脚截面下缘最低点之连线的垂直距离，以 f_0 表示（见图 1-3）。

计算矢高是从拱顶截面形心至相邻两拱脚截面形心之连线的垂直距离，以 f 表示（见图 1-3）。

矢跨比是拱桥中拱圈（或拱肋）的计算矢高 f 与计算跨径 l 之比（f/l），也称**拱矢度**，它是反映拱桥受力特性的一个重要指标。

公路桥梁的**标准跨径**（l_b），对梁式桥是指两相邻桥墩中线之间的距离，或墩中线至桥台台背前缘之间的距离；对拱桥，则是指净跨径。我国规定的公路桥涵标准跨径（l_b）有 0.75m、1.0m、1.25m、1.5m、2.0m、2.5m、3.0m、4.0m、5.0m、6.0m、8.0m、10.0m、13.0m、16.0m、20.0m、25.0m、30.0m、35.0m、40.0m、45.0m、50.0m，共 21 种。

铁路桥梁的**标准跨径**是指计算跨径，从 4m 到 160m，共 18 级，常用的有 16m、20m、24m、32m、48m、64m、96m 等。

涵洞是用来宣泄路堤下水流的构造物。通常在建造涵洞处路堤不中断。为了区别于桥梁，《公路工程技术标准》中规定，凡是多孔跨径的全长不到 8m 和单孔跨径不到 5m 的泄水结构物，均称为涵洞。

1.2.2 桥梁的主要类型

桥梁种类繁多，它们都是在长期的生产活动中，通过反复实践和不断总结逐步创造发展起来的。

1. 桥梁的基本体系

结构工程上的受力构件，总离不开拉、压和弯三种基本受力方式。由基本构件所组成的各种结构物，在力学上也可归结为梁式、拱式、悬吊式三种基本体系以及它们之间的各种组合。现代的桥梁结构也一样，不过其内容更丰富，形式更多样，材料更坚固，技术更进步。下面从受力、建桥材料、适用跨度、施工条件等方面来阐明桥梁各种体系的特点。

（1）梁式桥

梁式桥是一种在竖向荷载作用下无水平反力的结构（图 1-4a、b）。由于外力（恒载和活载）的作用方向与承重结构的轴线接近垂直，故与同样跨径的其他结构体系相比，梁的弯矩最大，通常需用抗弯能力强的材料（钢、木、钢筋混凝土等）来建造。目前在公路上应用最广的是预制装配式的钢筋混凝土或者预应力混凝土简支梁桥。这种梁桥的结构简单，施工方便，对地基承载能力的要求也不高。当跨度较大时，为了达到经济省料的目的，可根据地质条件等修建悬臂式或连续式的梁桥（图 1-4c、d）。对于较大的跨径以及对于承受很大荷载的桥梁可建造钢桥（图 1-4e）或者组合结构桥梁。

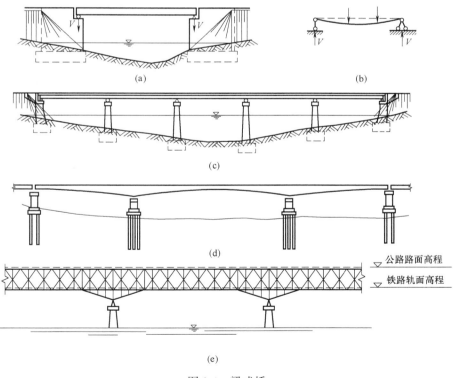

图 1-4　梁式桥

（2）拱式桥

拱式桥的主要承重结构是拱圈或拱肋（图 1-5）。这种结构在竖向荷载作用下，桥墩或桥台将承受水平推力（图 1-5b）。同时，这种水平推力将显著抵消荷载所引起在拱圈（或拱肋）内的弯矩作用。因此，与同跨径的梁相比，拱的弯矩和变形要小得多。

拱桥的跨越能力很大，外形也较美观，在条件许可的情况下，修建圬工拱桥往往是经济合理的。

同时应当注意，为了确保拱桥能安全使用，下部结构和地基必须能经受住很大水平推力的不利作用。此外，拱桥的施工一般要比梁桥困难些。对于很大跨度的桥梁，有时也建造钢拱桥。

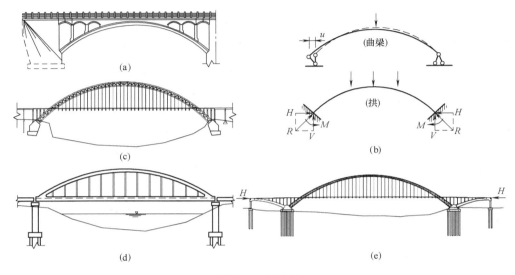

图 1-5　拱式桥

（3）刚架桥

刚架桥的主要承重结构是梁或板和立柱或竖墙整体结合在一起的刚架结构，梁和柱的连接处具有很大的刚性（图 1-6a）。在竖向荷载作用下，梁部主要受弯，而在柱脚处也具有水平反力（图 1-6b），其受力状态介于梁桥与拱桥之间。因此，对于同样的跨径，在相同的荷载作用下，刚架桥的跨中正弯矩要比一般梁桥的小。根据这一特点，刚架桥跨中的建筑高度就可以做得较小。在城市中当遇到线路立体交叉或需要跨越通航江河时，采用这种桥型能尽量降低线路标高以改善纵坡并能减少路堤土方量。当桥面标高已确定时，能增加桥下净空。刚架桥的缺点是施工比较困难，如用普通钢筋混凝土修建，梁柱刚接处较易产生裂缝。

近年来除了采用钢结构或预应力混凝土结构外，这种桥型已较少采用。

图 1-6（c）所示的 T 形刚构是较大跨径钢筋混凝土桥曾采用的桥型，它是结合了刚架桥和多孔静定悬臂梁桥的特点发展起来的新颖结构。对于普通钢筋混凝土 T 形刚构桥采用预制装配方法施工时，往往将跨径较大的梁分成三段安装，从而显著减小了安装重量。这种桥的主要缺点是悬臂根部的负弯矩很大，用普通钢筋混凝土修建时不仅钢材用量大，而且控制混凝土裂缝的开展成为关键，因此跨径就不能做得太大（通常达 40～50m）。当墩高较大

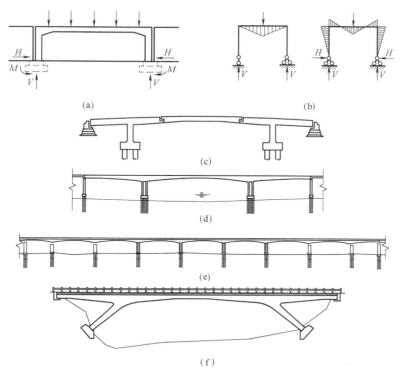

图 1-6 刚架桥

时，可将 T 形刚构改用连续刚构（图 1-6d），其受力当墩高足够高时与连续梁受力接近。

预应力混凝土工艺的发展，使得 T 形刚构桥得到了很大的推广。特别是由于采用了悬臂安装或悬臂浇筑的分段施工方法，不但加快了修建大跨度桥梁的施工速度，而且也克服了要在江河或深谷中搭设支架的困难。

（4）悬索桥

传统的悬索桥均用悬挂在两边塔架上的强大缆索作为主要承重结构（图 1-7）。在竖向荷载作用下，通过吊杆使缆索承受很大的拉力，通常就需要在两岸桥台的后方修筑非常巨大的锚碇结构。悬索桥也是具有水平反力（拉力）的结构。现代的悬索桥上，广泛采用高强度钢丝编制的钢缆，以充分发挥其优异的抗拉性能，因此结构自重较轻，能以较小的建筑高度跨越其他任何桥型无法达到的特大跨度。悬索桥的另一特点是：成卷的钢缆易于运输，结构的组成构件较轻，便于无支架悬吊拼装。我国在跨越宽阔江面、在西南山岭地区和在遭受山洪泥石冲击等威胁的山区河流上，当修建其他桥梁有困难时，往往采用悬索桥。在战时，也常常用轻便的制式器材架设临时性悬索桥，以抢通较宽的交通障碍。

图 1-7（a）为单跨式悬索桥，图 1-7（b）则为三跨式悬索桥。

上述悬索桥称为地锚式悬索桥。悬索桥的另一种形式，是自锚式悬索桥，即取消锚碇，而将缆索直接锚固在加劲梁上，此时缆索水平分力由加劲梁承

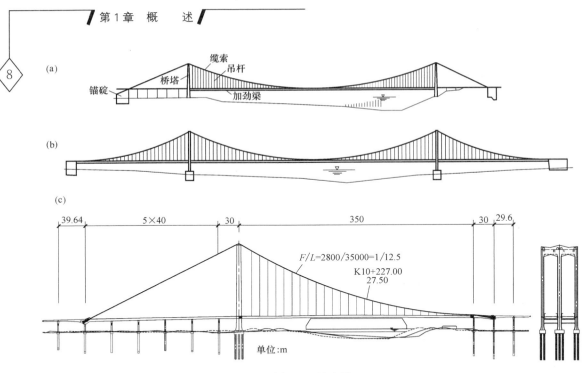

图 1-7　悬索桥

受，竖向分力则由梁端配重相平衡。

图 1-7（c）为佛山平胜大桥独塔单跨（仅一跨有吊杆）自锚式悬索桥设计方案。

相对于其他体系桥梁，悬索桥属于柔性结构，自重轻，刚度小，在车辆荷载作用下，桥梁将产生较大的变形，例如跨度 1000m 的悬索桥，在车辆荷载作用下，$L/4$ 区域的最大挠度可达 3m 左右。在风荷载作用下，桥梁可能有较大振动。可以说，整个悬索桥的发展历史，是和变形与振动斗争的历史，亦即是争取刚度的历史。

（5）组合体系桥

根据结构的受力特点，由几个不同体系的结构组合而成的桥梁称为组合体系桥。组合体系桥梁的种类很多，但究其实质不外乎梁、拱、索三种基本结构的组合，由这三种基本结构可组合出梁-拱组合体系、拱-索组合体系、梁-索组合体系。

图 1-8（a）所示为一种梁和拱的组合体系，其中梁和拱都是主要承重结构，两者相互配合共同受力。吊杆将梁向上（与荷载作用的挠度方向相反）吊住，显著减小了梁中的弯矩；同时，拱与梁连接在一起，拱的水平推力传给梁来承受，这样梁除了受弯以外尚且受拉。这种组合体系桥能跨越比一般简支梁桥更大的跨度，而对墩台没有推力作用，因此对地基的要求就与一般简支梁桥一样。图 1-8（b）为拱置于梁的下方、通过立柱对梁起辅助支承作用的组合体系桥。

斜拉桥是一种梁、索组合体系（图 1-8c）。悬挂在塔柱上的被张紧的斜拉索将主梁吊住，使主梁像多点弹性支承的连续梁一样工作，这样既发挥了高强材料的作用，又显著减小了主梁截面，使结构减轻而能跨越很大的跨径。

图 1-8（d）为双飞燕式拱桥，主要利用索平衡拱的水平反力，使拱为外部无推力体系。

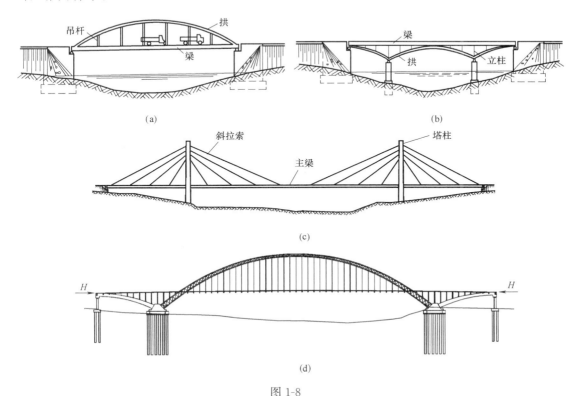

图 1-8

（a）、（b）梁-拱组合体系桥；（c）梁-索组合体系桥；（d）拱-索组合体系桥

2. 桥梁的其他分类简述

除了上述按受力特点分成不同的结构体系外，人们还习惯地按桥梁的用途、大小规模和建桥材料等其他方面来进行分类。

（1）按用途来划分，有公路桥、铁路桥、公路铁路两用桥、农桥、人行桥、运水桥（渡槽）及其他专用桥梁（如通过管路、电缆等）。

（2）按桥梁长度规模分类，有特大桥、大桥、中桥和小桥，见表 1-1。

桥梁涵洞分类表   表 1-1

桥梁分类	铁路桥涵	公路桥涵	
	多孔跨径总长 L（m）	多孔跨径总长 L（m）	单孔跨径 L_0（m）
特殊大桥	$L>500$	$L>1000$	$L_0>150$
大桥	$500 \geqslant L>100$	$1000 \geqslant L \geqslant 100$	$150 \geqslant L_0 \geqslant 40$
中桥	$100 \geqslant L>20$	$100 \geqslant L>30$	$40>L_0>20$
小桥	$20 \geqslant L \geqslant 6$	$30 \geqslant L \geqslant 8$	$20 \geqslant L_0 \geqslant 5$
涵洞	<6	<8	<5

（3）按主要承重结构所用的材料划分，有圬工桥（包括砖、石、混凝土桥），钢筋混凝土桥、预应力混凝土桥、钢桥、木桥和钢-混组合结构桥梁等。木材易腐，而且资源有限，因此除了少数临时性桥梁外，一般不采用。

迄今为止，在我国公路上应用最广的是钢筋混凝土桥、预应力混凝土桥和圬工桥。当今，我国已成为第一产钢大国，钢材作为一种战略资源，钢桥和钢-混组合结构桥梁作为一种跨越能力强、便于工厂制作的桥梁，在公路上的应用也日益广泛。

（4）按跨越障碍的性质，可分为跨河桥、跨线桥（立体交叉）、高架桥。高架桥一般指跨越深沟峡谷以代替高路堤的桥梁。

（5）按上部结构的行车道位置，分为上承式桥、下承式桥和中承式桥。桥面布置在主要承重结构之上者称为上承式桥（如图1-4a、c以及e中的公路部分，图1-5a等）。桥面布置在承重结构之下的称为下承式桥（如图1-7以及图1-4e中的铁路部分等）。桥面布置在桥跨结构高度中间的称为中承式桥（图1-5c）。

上承式桥构造较简单，施工方便，而且其主梁或拱肋等的间距可按需要调整，以求得经济合理的布置。一般说来，上承式桥梁的承重结构宽度可做得小些，因而可节约墩台圬工数量。此外，在上承式桥上行车时，视野开阔、感觉舒适也是其重要优点。所以，公路桥梁一般尽可能采用上承式桥。上承式桥的不足之处是桥梁的建筑高度较大。

在建筑高度受严格限制的情况下，以及修建上承式桥必须提高路面（或轨顶）标高而显著增大桥头路堤土方量时，就应采用下承式桥或中承式桥。对于城市桥梁，有时受周围建筑物等的限制，不容许过分抬高桥面标高时，也可修建下承式桥。

除了以上所述各种固定式的桥梁以外，还可按照特殊的使用条件，修建开合桥、浮桥、漫水桥等等。本课程中只涉及固定式桥梁。

1.3 近代桥梁发展动态

近代桥梁发展大致经历了以下三次飞跃：

（1）19世纪中叶钢材的出现，随后又出现高强度钢材，使桥梁工程的发展获得了第一次飞跃，跨度不断加大。

（2）20世纪初，钢筋混凝土的应用，以及20世纪30年代兴起的预应力混凝土技术，使桥梁建设获得了廉价、耐久且刚度和承载力均很大的建筑材料，从而推动桥梁的发展产生第二次飞跃。

（3）20世纪50年代以后，随着计算机技术和有限元技术的迅速发展，人们能够方便地完成过去不可能完成的大规模结构计算，这使桥梁工程的发展获得了第三次飞跃。

目前世界上已建和在建的大跨度桥梁统计情况（截至2018年11月开工桥梁）如表1-2～表1-9所示。

地锚式悬索桥（前21名）   表 1-2

序号	桥名	主跨(m)	主梁	桥址	年份
1	Canakkale 1915 Bridge	2023	钢箱梁	土耳其	在建
2	明石海峡大桥（Akashi-Kaikyo）	1990.8	钢桁梁	日本	1998
3	六横大桥双屿门大桥	1756	钢箱梁	中国浙江	在建
4	杨泗港大桥	1700	钢箱梁	中国湖北	2019.11
5	虎门二桥（南沙大桥）坭洲航道桥	1688	钢箱梁	中国广东	2019
6	深中通道伶仃洋大桥	1666	钢箱梁	中国广东	在建
7	舟山西堠门大桥	1650	分离双箱	中国浙江	2009
8	大贝尔特东桥（Great Belt East）	1624	钢箱梁	丹麦	1998
9	伊兹米特桥（Izmit Bridge）（奥斯曼加奇大桥）	1550	钢箱梁	土耳其	2016
10	光阳桥（Gwangyang Bridge）（李舜臣大桥）	1545	分离双箱	韩国	2012
11	润扬长江公路大桥南汊桥	1490	钢箱梁	中国江苏	2005
12	岳阳洞庭湖二桥	1480	板桁结合钢桁梁	中国湖南	2018
13	南京长江四桥	1418	钢箱梁	中国江苏	2012
14	恒比尔桥（Humber）	1410	钢箱梁	英国	1981
15	苏丹塞利姆大桥	1408	钢箱梁	土耳其	2013
16	江阴长江公路大桥	1385	钢箱梁	中国江苏	1999
17	青马大桥（Tsing ma）	1377	翼形钢桁梁	中国香港	1997
18	哈当厄尔大桥（Hardanger）	1310	钢箱梁	挪威	2013
19	维拉扎诺桥（Verrazana-Narrows）	1298	钢桁梁	美国	1964
20	金门大桥（Gold Gate）	1280	钢桁梁	美国	1937
21	武汉阳逻长江大桥	1280	钢箱梁	中国湖北	2007

自锚式悬索桥（前12名）   表 1-3

序号	桥名	主跨(m)	主梁	桥址	年份
1	新鹅公岩长江大桥	600	混合梁	中国重庆	在建
2	桃花峪黄河大桥	406	钢箱梁	中国河南	2013
3	美国新奥克兰海湾大桥	385	钢箱梁	美国	2013
4	佛山平胜大桥	350	混合梁	中国广东	2006
5	长沙三汊矶湘江大桥	328	钢箱梁	中国湖南	2006
6	科隆-米尔海姆桥	315	钢板梁	德国	1929
7	日本此花大桥	300	钢箱梁	日本	1990
8	韩国永宗大桥	300	钢桁梁	韩国	1999
9	杜伊斯堡（duisburg）桥	285.5	钢箱梁	德国	1929
10	宁波庆丰大桥	280	混合梁	中国浙江	2008
11	杭州江东大桥	260	钢箱梁	中国浙江	2008
12	青岛海湾大桥大沽河航道桥	260	钢箱梁	中国山东	2011

斜拉桥（前 20 名） 表 1-4

序号	桥名	主跨(m)	主梁	桥址	年份
1	常泰长江大桥（公铁两用）	1176	钢桁梁	中国江苏	在建
2	俄罗斯岛大桥（Russky）	1104	混合梁	俄罗斯	2012
3	沪通长江大桥	1092	（三索面)钢桁梁（公铁两用）	中国江苏	2019
4	苏通长江公路大桥	1088	混合梁	中国江苏	2008
5	昂船洲大桥（Stonecutters）	1018	混合梁	中国香港	2009
6	武汉青山长江大桥	938	钢箱结合梁	中国湖北	预计2019年底
7	鄂东长江大桥	926	混合梁	中国湖北	2010
8	嘉鱼长江公路大桥	920	混合梁	中国湖北	2019
9	多多罗大桥（Tatara）	890	混合梁	日本	1999
10	诺曼底桥（Normandy）	856	混合梁	法国	1995
11	池州长江大桥	828	混合梁	中国安徽	2019
12	石首长江大桥	820	混合梁	中国湖北	2019
13	九江长江公路大桥	818	混合梁	中国江西	2013
14	荆岳长江公路大桥	816	钢箱梁	中国湖北	2010
15	芜湖长江二桥	806	钢箱梁	中国安徽	2017
16	Incheon-2（仁川二桥）	800	钢箱梁	韩国	2009
17	鸭池河大桥	800	钢桁梁	中国贵州	2016
18	厦漳大桥	780	钢箱梁	中国福建	2013
19	武穴长江大桥	768	混合梁	中国湖北	在建
20	沌口长江大桥	760	钢箱梁	中国武汉	2017

预应力混凝土梁桥（前 12 名） 表 1-5

序号	桥名	主跨(m)	结构形式	桥址	年份
1	石板坡长江大桥复线桥	330	连续刚构[①]	中国重庆	2006
2	斯托尔马桑德桥（Stolmasundet Bridge）	301	连续刚构	挪威	1998
3	拉脱圣德桥（Raftsundet Bridge）	298	连续刚构	挪威	1998
4	Sundoya桥	295	连续刚构	挪威	2003
5	水盘高速北盘江大桥	290	连续刚构	中国贵州	2013
6	亚松森桥（Asuncion）	270	3跨T构	巴拉圭	1979
7	虎门大桥辅航道桥	270	连续刚构	中国广东	1997
8	苏通大桥辅航道桥	268	连续刚构	中国江苏	2008
9	云南元江大桥（红河大桥）	265	连续刚构	中国云南	2003
10	门道桥（Gateway）	260	连续刚构	澳大利亚	1985
11	伐罗德2号桥（Varodd-2）	260	连续梁	挪威	1994
12	宁德下白石大桥	260	连续刚构	中国福建	2003

注：①主跨中间段108m为钢箱梁。

钢拱桥（前15名） 表1-6

序号	桥名	主跨（m）	主拱圈形式	桥址	年份
1	朝天门长江大桥	552	钢桁架	中国重庆	2009
2	卢浦大桥	550	钢箱	中国上海	2003
3	香溪（秭归）长江大桥	531.2	钢桁架	中国湖北	2019
4	新河谷桥（New River Gorge）	518.2	钢桁架	美国	1977
5	贝永桥（Bayonne）	504	钢桁架	美国	1931
6	悉尼港大桥（Sydney Harbour）	502.9	钢桁架	澳大利亚	1932
7	中缅铁路怒江大桥	490	钢桁架	中国云南	在建
8	奇纳布河桥（Chenab bridge）	467	钢桁架	印度	在建
9	明州大桥	450	钢箱	中国浙江	2011
10	南广铁路肇庆西江大桥	450	钢箱	中国广东	2014
11	毕节鸭池河大桥	436	空腹钢-混结合拱桥	中国贵州	2018
12	菜园坝大桥	420	钢箱	中国	2007
13	巫山大宁河大桥	400	钢桁架	中国重庆	2009
14	沼津河峡桥（Numata River Gorge）	380	钢桁架	日本	2007
15	曼港桥（Port Mann）	366	钢箱	加拿大	1954

混凝土拱桥（前20名） 表1-7

序号	桥名	主跨（m）	拱肋	桥址	年份
1	广西平南三桥	575	钢管混凝土	中国广西	预计2020
2	泸州合江长江一桥（波司登大桥）	530	钢管混凝土	中国四川	2013
3	合江长江三桥	507	钢管混凝土	中国四川	在建
4	田湾大渡河大桥	466	钢管混凝土	中国四川	在建
5	重庆巫山长江大桥	460	钢管混凝土	中国重庆	2005
6	贵州大小井特大桥	450	钢管混凝土	中国贵州	2019年7月
7	沪昆高铁北盘江特大桥	445	钢骨混凝土箱拱	中国贵州	2016
8	拉林铁路藏木特大桥、支井河大桥、凉水沟大桥	430	钢管混凝土	中国西藏、湖北、云南	在建、2009、2009
9	万州长江大桥	420	钢骨混凝土箱拱	中国重庆	1997
10	云桂铁路南盘江特大桥	416	钢骨混凝土箱拱	中国贵州	2016
11	克尔克桥	390	混凝土箱拱	南斯拉夫	1980
12	Almonte大桥（高速铁路）	384	混凝土箱拱	西班牙	2016
13	益阳茅草街大桥	368	钢管混凝土	中国湖南	2006
14	广州丫髻沙大桥	360	钢管混凝土	中国广东	2000
15	广西南宁永和大桥	349.5	钢管混凝土	中国广西	2004
16	郑万高铁梅溪河大桥	340	钢骨混凝土箱拱	中国重庆	在建
17	湖北沪蓉西小河特大桥	338	钢管混凝土	中国湖北	2009
18	江界河大桥	330	混凝土桁架拱	中国贵州	1995
19	Hoover Dam Bypass	323	混凝土拱	美国	2010
20	邕宁邕江大桥	312	钢骨混凝土拱	中国广西	1996

钢桁梁桥（前10名） 表1-8

序号	桥名	主跨(m)	桥址	年份
1	魁北克桥（Pont de Quebec）	549	加拿大	1971
2	福斯湾桥（Firth of Forth）	521	英国	1890
3	港大桥（Minato）	510	日本	1974
4	科莫多湾桥（Commodore Barry）	501	美国	1974
5	新奥尔良一桥（Greater New Orleans-1）	480	美国	1958
6	新奥尔良二桥（Greater New Orleans-2）	480	美国	1988
7	三官堂大桥	465	中国浙江	在建
8	豪拉桥（Howrah）	457	印度	1943
9	韦特伦桥（Veterans Memorial）	445	美国	1995
10	东京门大桥（Tokyo Gate Bridge）	440	日本	2012

钢箱（板）梁桥（前10名） 表1-9

序号	桥名	主跨(m)	桥址	年份
1	康斯坦席瓦桥（Ponte Costa e Silva）	300	巴西	1974
2	维宁根桥（Winningen）	282.2	德国	1972
3	内卡尔河谷桥（Neckartalbrücke-1）	263	德国	1978
4	萨瓦一桥（Sava-1）	261	南斯拉夫	1956
5	维多利亚港三桥（Ponte de Vitoria-3）	260	巴西	1989
6	动物园桥（Zoobrücke）	259	德国	1966
7	萨瓦二桥（Sava-2）	250	南斯拉夫	1970
8	凯塔桥（Kaita）	252	日本	1991
9	郎早桥（Namihaya）	252	日本	1994
10	奥克兰港桥（Auckland Harbour）	244	新西兰	1969

1.3.1 我国桥梁建设成就

中国是一个文明古国，有着悠久的文化历史，我们的祖先在世界桥梁史上也写下了许多不朽的篇章。

天然石料是大自然赋予人类最早的、强度高又经久耐用的建筑材料。几千年来修建的古代桥梁以石桥居多。下面介绍几座我国闻名中外的古代石桥。

福建泉州的万安桥，又称洛阳桥，建于1053～1059年，该桥全长1106m，共47孔，跨径11～17m，桥宽3.7m，是世界上尚存的最长和工程最艰巨的石梁桥，万安桥位于洛阳江的入海口处，桥下江底以磐石铺遍，并且独具匠心地用养殖海生牡蛎的方法胶固桥基形成整体，不仅世界上绝无仅有，千年风雨已经证明此法的奇妙和可靠。

河北赵县的赵州桥（图1-9），又称安济桥，为隋大业初年（约公元605年）李春所建。赵州桥是一座空腹式圆弧形石拱桥，净跨37.02m，宽9m，矢高 7.23m，在拱背上设有 4 个跨度不等的腹拱，这样做既减轻了桥身自重，又便于排洪，并且增加了美观性。赵州桥因其构思和工艺的精巧而举世闻名。

图 1-9　河北赵县赵州桥

著名的古代石桥还有福建漳州的虎渡桥，北京永定河上的卢沟桥，颐和园内的玉带桥和十七孔桥（图 1-10）以及苏州的枫桥等。

图 1-10　北京颐和园十七孔桥

但是，由于封建社会的长期统治，严重束缚了生产力的发展。到了 19 世纪，西方资本主义国家纷纷进入了工业化的快速发展阶段，而我国却仍然闭关锁国，延续着腐朽的封建制度。这导致中国在综合国力、科学技术等方面，远远落后于西方列强。至中华人民共和国成立前，公路桥梁绝大多数为木桥，且年久失修，破烂不堪。

中华人民共和国成立后，特别是改革开放以来，随着我国国力迅速增强，交通事业的快速发展，尤其是 20 世纪 90 年代以来国家对高等级公路的大力投入，使得我国的桥梁事业得到了空前的发展，取得了举世瞩目的成就，目前我国在桥梁建设方面，已经跻身世界先进行列。

1. 混凝土梁桥

我国跨径最大的简支梁桥，是 1997 年建成的昆明南过境干道高架桥，跨径 63m。进入 20 世纪 80 年代，对称平衡悬臂法施工的大跨度预应力混凝土箱形截面连续梁得到了迅速的发展，1991 年建成的云南六库怒江大桥（图 1-11），主桥为跨径 85m＋154m＋85m 的预应力混凝土连续梁；2001 年 7 月建成通车的南京长江第二大桥北汊桥，其主桥跨径为 90m＋3×165m＋90m，是我国目前跨度最大的预应力混凝土连续梁桥。

图 1-11 云南六库怒江大桥

连续刚构的特点是梁保持连续，墩梁固结。这样既保持了连续梁无伸缩缝、行车平顺的优点，又保持了 T 形刚构不设支座的优点，同时避免了连续梁和 T 构的缺点。因而连续刚构桥在我国发展很快。

1988 年建成的广东番禺洛溪大桥是我国第一座大跨径连续刚构桥，跨径组合为 65m＋125m＋180m＋110m，采用双肢箱形薄壁墩，箱高墩顶处 10m，跨中处 3m。1996 年又建成湖北黄石长江大桥，主跨为 245m，主桥连续长达 1060m；1997 年建成的广东虎门大桥辅航道桥，跨径组合为 150m＋270m＋150m，主桥位于 $R=7000m$ 的平曲线上；特别是 2006 年建成的石板坡长江大桥复线桥，主跨达 330m（图 1-12，主跨中间段 108m 为钢箱梁），其跨径居同类桥世界首位。

图 1-12 重庆石板坡长江大桥复线桥

2. 拱桥

拱桥在我国有着悠久的历史，由于拱桥造型优美，跨越能力大，长期以来一直是大跨桥梁的主要形式之一，20 世纪 60 年代拱桥无支架施工方法的应用与发展，使混凝土拱桥竞争力大大提高。

著名的石拱桥，有 1991 年建成的湖南凤凰县乌巢河桥，跨径 120m，它的拱圈由两条宽 2.5m 的石板拱组成，板间用钢筋混凝土横梁联系。

1999 年建成的山西晋城-河南焦作高速公路上的新丹河大桥，保持着石拱桥跨径世界纪录，该桥跨径 146m，拱圈用 80 号大料石砌成。

20 世纪 90 年代兴起的钢管混凝土拱桥，使得大跨径拱桥的建造能力得到了进一步的提高。先合龙自重轻、强度高的钢管拱圈，并将其用作施工拱架，再往管内压注高强度混凝土，使之进一步硬化形成主拱圈。用此法分别于1995年建成了广东南海三山西大桥，跨径为200m；1998年建成了广西三岸邕江大桥，主跨为270m。2000年建成主跨达360m的丫髻沙大桥（图1-13），全桥总长1084m，主桥跨径组合76m＋360m＋76m，为连续自锚中承式钢管混凝土拱桥。2005年建成了重庆巫山长江大桥，主跨达460m；2013年通车了波司登大桥（合江长江一桥），跨径达530m；预计2020年通车的广西平南三桥主跨575m，是目前钢管混凝土拱桥的世界之最。

以钢管混凝土作为劲性骨架，再外包混凝土形成箱形拱，是修建大跨径拱桥十分好的构思，除了施工方便外，避免了钢管防护问题，另外，这种分期形成的截面由于钢管混凝土最先受力，从而充分利用了钢管混凝土承载潜力大的优势，从理论上说，在荷载作用下，这种

图1-13 广州丫髻沙大桥

结构的后期徐变变形相对也是比较小的。用此方法我国已建成广西邕宁邕江大桥（$l=312m$，1996年）、重庆万州长江大桥（$l=420m$，1997年，图1-14）和沪昆高铁北盘江特大桥（$l=445m$，2016年），前者为目前世界上跨径最大的钢筋混凝土肋拱桥，中者居钢筋混凝土拱桥跨径世界之最达19年，后者为目前最大跨度的钢筋混凝土拱桥。

此外，我国用悬臂施工法建成了多座桁式组合拱桥，跨度最大的是贵州江界河大桥（图1-15），建于1995年，跨度达到330m，居同类桥型的世界之最。

图1-14 重庆万州长江大桥

图1-15 贵州江界河大桥

上海卢浦大桥（图1-16a）曾是当时世界上跨度最大的拱桥，为中承式系杆拱桥，主跨跨径达到了550m，矢跨比为1/5.5，拱肋为全焊钢结构。

重庆朝天门长江大桥（图1-16b）是世界上跨度最大的钢拱桥，主跨达552m。大桥分上下两层。上层为双向六车道，行人可经两侧人行道上桥；下

(a)   (b)

图 1-16

(a) 上海卢浦大桥；(b) 重庆朝天门长江大桥

层则是双向轻轨轨道，并在两侧预留了 2 个车行道。

3. 斜拉桥

我国的斜拉桥起步稍晚，1975 年建成的跨径 76m 的四川云阳桥是国内第一座斜拉桥。20 世纪 90 年代以后，因跨越大江大河的需要，斜拉桥得到了快速的发展，修建了一系列特大跨度的斜拉桥，据不完全统计，我国建成的斜拉桥已超过 100 座，其中跨度超过 400m 的斜拉桥已达 20 座，居世界首位。

1991 年建成的跨径 423m 的上海南浦大桥、1993 年建成的跨径 602m 的上海杨浦大桥、1998 年建成的跨径 448m＋475m 的香港汀九桥（图 1-17）、2001 年建成的跨径 605m 的福建青州闽江大桥，均为钢-混凝土组合梁斜拉桥，其中青州闽江大桥保持着组合梁斜拉桥跨径世界纪录。1993 年建成的跨径 414m 的郧阳汉江大桥、1995 年建成的跨径 432m 的安徽铜陵长江大桥、1996 年建成的跨径 444m 的重庆长江二桥、2001 年建成的跨径 450m 的重庆大佛寺长江大桥，为混凝土主梁斜拉桥。2001 年分别建成跨径 628m 的南京长江二桥（图 1-18）、跨径 460m 的武汉军山长江大桥、2005 年建成的主跨 648m 的南京长江三桥（图 1-19），为钢主梁斜拉桥。

图 1-17 香港汀九桥

图 1-18 南京长江二桥

目前我国有 4 座跨度超千米的斜拉桥。江苏苏通长江公路大桥（图 1-20），主跨为 1088m，2003 年开工，2008 年建成；香港昂船洲大桥主跨为 1018m，2003 年动工，2009 年竣工；沪通长江大桥主跨 1092m，预计 2020

年通车。常泰长江大桥主跨 1176m，正进行基础施工。

图 1-19　南京长江三桥

图 1-20　江苏苏通长江公路大桥

2007 年通车的深圳-香港西部通道深圳湾公路大桥（图 1-21），主桥为跨径 180m 和 210m 的独斜塔钢箱梁单索面斜拉桥，钢箱梁全宽 37.6m，设双向 6 个 3.75m 宽的行车道和 2 个 3.30m 宽的紧急停车带。深圳湾公路大桥桥轴线平面呈 S 形，这在国内桥梁建设中是不多见的，不仅增加了大桥的景观效果，而且改善了行车条件。

图 1-21　深圳-香港西部通道深圳湾公路大桥

4. 悬索桥

我国的现代悬索桥建设起步较晚、较落后，特别是在特大跨度悬索桥方面。但是在 20 世纪 90 年代中期以后，这一局面得到了彻底的改变。1995 年建成的广东汕头海湾大桥，开创了我国现代公路悬索桥的先河。紧接着又建成西陵长江大桥（$l=900m$，1996 年）、虎门大桥（$l=888m$，1997 年）、香港青马大桥（$l=1377m$，1997 年，图 1-23）、江阴长江公路大桥（$l=1385m$，1999 年，图 1-22）、江苏润扬长江公路大桥南汊桥（$l=1490m$，2005 年）、舟山西堠门大桥（$l=1650m$，2009 年）、泰州长江大桥（主跨为 $2\times1080m$，2012 年，图 1-24）、南京长江四桥（$l=1418m$，2012 年）。

2009 年建成的西堠门大桥主桥为两跨连续钢箱梁斜拉桥，主桥全长 2588m，主跨 1650m，是目前世界上已通车的最大跨度的钢箱梁悬索桥。该桥全宽 36m，桥面净宽 23m，设计速度 80km/h。

1997 年建成的香港青马大桥，主跨 1377m，是当今世界上跨度最大的公铁两用桥。大桥上层是双线 6 车道快速公路，下层的箱形主梁内设有两条机场快速铁路和两条工作通道。

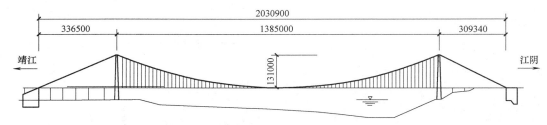

图 1-22　江阴长江公路大桥（单位：mm）

(a)

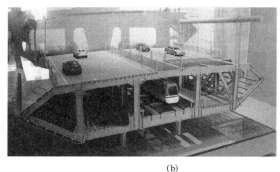

(b)

图 1-23　香港青马大桥

(a) 桥型；(b) 主梁横断面

图 1-24　泰州长江大桥

图 1-25　纽约布鲁克林桥

1.3.2　国外桥梁发展概况

悬索桥方面，1883 建成的纽约布鲁克林桥（图 1-25），跨径达 483m，开创了现代悬索桥的先河。

1937 年建成的旧金山金门大桥（图 1-26），主跨达 1280m，保持了 27 年的世界纪录，至今金门大桥仍是举世闻名的桥梁经典之作。

(a)

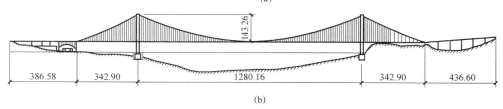

(b)

图 1-26　旧金山金门大桥（单位：m）

目前世界上跨度最大的悬索桥是 1999 年建成的日本明石海峡大桥（图 1-27），跨径 1990.8m（设计跨径为 1990m，后因阪神地震，地壳移位，才变成目前的跨径）。

(a)

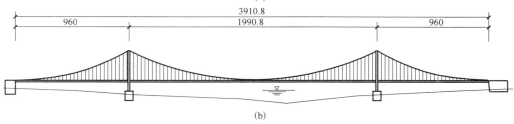

(b)

图 1-27　明石海峡大桥（单位：m）

斜拉桥方面，世界上第一座现代化斜拉桥是 1955 年瑞典建成的斯特罗姆海峡桥，其主跨 182.6m；1978 年，美国建成的 P-K 桥（图 1-28），跨径 299m，是世界上第一座密索体系的预应力混凝土斜拉桥。有世界影响的日本多多罗大桥（图 1-29），其主跨达 890m，建成于 1999 年。目前世界上最大跨度的斜拉桥是俄罗斯的海参崴俄罗斯岛大桥（图 1-30），其主跨 1104m，建成于 2012 年。

图 1-28　美国 P-K 桥

图 1-29　日本多多罗大桥

图 1-30　海参崴俄罗斯岛大桥

拱桥方面，圬工拱桥在国外已有一百多年的历史，1946 年在瑞典建成的绥依纳松特桥，是一座混凝土圬工拱桥，跨度达 155m。由于石料开采和加工砌筑费工巨大，国外已很少修建大跨度石拱桥。

钢筋混凝土拱桥从 20 世纪初到 20 世纪 50 年代间，得到了很大的发展，后因支架问题，应用受到一定的限制，直到 1979 年，南斯拉夫用无支架悬臂施工法建成跨度达 390m 的克尔克桥（图 1-31），该桥跨径保持了 18 年的世界纪录。无支架悬臂施工法目前在大跨度拱桥施工中被广泛采用。

图 1-31　克尔克桥

著名的悉尼港湾大桥（图 1-32），是一座中承式桁架钢拱桥，跨径 503m，建于 1932 年。

图 1-32　悉尼港大桥

梁式桥方面，由于梁式桥的力学特征是以受弯为主，而钢筋混凝土结构抵抗弯拉引起开裂的能力较弱，普通钢筋混凝土梁式桥的跨径一直较小。预应力技术的成熟，促进了预应力混凝土梁式桥的迅速发展。1977 年奥地利建成了跨径达 76m 的阿尔姆桥，该桥通过在梁的下缘张拉和在上缘顶压预应力（称为双预应力）的技术，将梁高降至 2.5m，高跨比仅 1/30。

目前世界上跨度最大的预应力混凝土连续梁桥是挪威的伐罗德 2 号桥（$l=260$m，1994 年），斜腿刚架桥是法国的博诺姆桥（$l=186.3$m，1974 年）跨度前两位的连续刚构桥是挪威的斯托尔马桑德桥（$l=301$m，1998 年，图 1-33）和我国重庆的石板坡长江大桥复线桥（$l=330$m，2006 年）。

图 1-33　挪威斯托尔马桑德桥

小结及学习指导

（1）通过本章学习，不但要理解记住桥梁定义、作用、组成、类型、术语等一些基本概念，掌握国内外桥梁发展动态等基本知识，而且需要深刻把握桥梁组成划分、类型确定、发展历程等的内在逻辑。

（2）从主要承重构件基本受力方式的角度理解桥梁按基本体系分类，注意区分带竖曲线的梁桥与拱桥的内在区别。

（3）从历史发展、横向对比两个角度，学习掌握我国桥梁历史性成就与差距，进一步增强民族、时代自豪感与奋发进取精神，增强对专业的热爱。

习题及思考题

1-1 桥梁主要由哪几部分组成，各自作用如何？

1-2 桥梁工程的主要术语有哪些，各自含义如何？

1-3 桥梁如何分类？按基本结构体系可分为哪几类？

1-4 我国桥梁发展主要成就和在国际上的地位如何？如何加快我国桥梁的科技创新？

第2章
桥梁的规划与设计

本章知识点

【知识点】 桥梁设计基本原则和要求；桥梁设计与建设程序；桥梁平纵横设计的要素、相关术语与要求；桥梁美学的基本观点；混凝土桥梁耐久性指标、耐久性损伤机理、耐久性设计内容及要求；桥梁设计方案比选步骤与内容。

【重点】 深入理解桥梁设计基本原则的12字方针、桥梁设计的阶段划分、纵断面设计主要内容、混凝土桥梁耐久性的保障措施、桥梁方案比选内容。

【难点】 深刻理解各部分内容与桥梁设计基本原则之间的逻辑关系。

2.1 桥梁设计基本原则和基本设计资料

2.1.1 桥梁设计基本原则

桥梁是公路、铁路和城市道路的重要组成部分，特别是大、中桥梁的建设对当地政治、经济、国防等都具有重要意义。对于一座具体桥梁，解决方案不是唯一的。工程师的职责就是要创造最合适的方法来解决工程问题。合理的设计构思，是设计的关键环节，必须遵循一些基本原则。

桥梁工程设计基本原则是"安全、耐久、适用、环保、经济、美观"。桥梁工程设计的各项原则分述如下：

1. 安全。（1）所设计的桥梁结构及其构件，在制造、运输、安装和使用过程中应具有足够的强度和稳定性，其全部构件及其连接构造的材料抗力或承载能力具有足够的安全储备；（2）防撞栏杆应具有足够的高度和强度，人与车流之间应做好防护栏，防止车辆撞入人行道或撞坏栏杆而落到桥下；（3）对于交通繁忙的桥梁，应设计好照明设施并有明确的交通标志，两端引桥坡度不宜太陡，以避免发生车辆碰撞等引起车祸；（4）对于修建在地震区的桥梁，应按抗震要求采取防震措施；对于河床易变迁的河道，应设计好导流设施，防止桥梁基础底部被过度冲刷；对于通行大吨位船舶的河道，除按规定加大桥孔跨径外，必要时设置防撞构筑物等。

2. 耐久。桥梁应在设计基准期内（我国公路桥涵结构设计基准期一般为 100 年）保证其强度、刚度和稳定性，保证其正常使用的功能，因此，应对其耐久性进行设计，重点是通过材料选择、构造设计、保护或者防护设计、受力控制，确保在使用年限内荷载作用下不出现过宽的裂缝，确保具有抵抗环境物理和化学侵蚀的能力，以及承受反复荷载的能力。

3. 适用。（1）桥面宽度能满足当前以及今后规划年限内的交通流量（包括行人通行）；（2）桥梁结构在通过设计荷载时不出现过大的变形，挠度过大会导致高速行车困难，桥梁剧烈振动使人体感觉不适，严重者会危及行车安全；（3）桥跨结构的下面有利于泄洪、通航（跨河桥）或车辆和行人的通行（旱桥）；（4）桥梁的两端方便于车辆的进入和疏散，而不致产生交通堵塞现象等；（5）考虑综合利用，方便各种管线（水、电气、通信等）的搭载。

4. 环保。桥梁设计应考虑环境保护和可持续发展的要求。从桥位选择、桥跨布置、基础方案、墩身外形、上部结构施工方法、施工组织设计等多方面全面考虑环境要求，采取必要的工程控制措施，并建立环境监测保护体系，将不利影响减至最小。

5. 经济。（1）桥梁设计应遵循因地制宜，就地取材和方便施工的原则；（2）经济的桥型应该是造价和养护费用综合最省的桥型，设计中应充分考虑维修的方便和维修费用少，维修时尽可能不中断交通，或中断交通的时间最短；（3）所选择的桥位应是地质、水文条件好，桥梁长度也较短；（4）桥位应考虑建在能缩短河道两岸的运距，促进该地区的经济发展，产生最大的效益，对于过桥收费的桥梁应能吸引更多的车辆通过，达到尽可能快回收投资的目的。

6. 美观。一座桥梁应具有优美的外形，应与周围的景观相协调。城市桥梁和游览地区的桥梁，可较多地考虑建筑艺术上的要求。公路上的特殊大桥宜进行景观设计；上跨高速公路、一级公路的桥梁应把景观放到较为重要的位置。合理的结构布局和轮廓造型是桥梁美观的主要因素，决不应把美观片面地理解为豪华的细部装饰。

此外，在因地制宜的前提下，尽可能采用成熟的新结构、新技术、新设备、新材料和新工艺，必须认真学习国内外的先进技术，充分利用最新科学技术成就，把学习和创新结合起来，淘汰和摒弃落后和不合理的东西。

2.1.2 设计资料调查

在着手设计之前，首先要选择合理的桥位，这常常是影响桥梁设计、施工和使用的全局问题。对于所选定的桥位，必须进一步调查研究，详细分析建桥的具体情况，才能做出合理的设计方案。现将一般桥梁设计中需要进行的资料调查工作分述于下：

（1）调查桥梁的使用任务：即根据桥梁所在的路线类别调查桥上的交通种类和行车、行人的往来密度，以确定桥梁的荷载等级和行车道、人行道宽度等。调查桥上是否有需要通过的各类管线（如电力、电话线和水管等），为此需设置专门的构造装置。

（2）测量桥位附近的地形，绘制地形图供设计和施工使用。

（3）探测桥位的地质情况，包括岩土的分层高程、物理力学性能、地下水位等，并将钻探所得资料绘成地质剖面图。对于所遇到的地质不良现象，如滑坡、断层、溶洞、裂隙等，应详加注明。

（4）调查和测量河流的水文情况，包括调查河道性质（如河床及两岸的冲刷和淤积、河道的自然变迁等），收集和分析历年的洪水资料，测量河床断面图，调查河槽各部分的形态标志、糙率等，通过计算确定各种特征水位、流速、流量等，与有关水利和航道部门协商确定通航水位和通航净空标准。了解河流上有关水利设施对新建桥梁的影响。

（5）调查当地建筑材料（砂、石料等）的来源，水泥、钢材的供应情况以及水陆交通的运输情况。

（6）调查了解施工单位的技术水平、施工机械等装备情况，以及施工现场的动力设备和电力供应情况。

（7）调查和收集有关气象资料，包括气温、雨量及风速（或台风影响）等情况。

（8）调查新建桥位上、下游有无老桥，其桥型布置及使用情况等。

很明显，选择桥位时就已需要一定的地形、地质和水文等资料，而对于所选定的桥位，又需要进一步为桥梁设计提供更为详尽的依据资料，因此以上各项工作往往是互相渗透、交错进行的。

2.2　桥梁设计阶段与建设程序

各国根据大桥建设长期积累的经验，都形成了一套适应本国管理体制的严密而有序的工作程序。在我国，根据国家基本建设程序的要求也逐步形成了科学的，包括技术、经济及组织工作在内的大桥的设计程序。它分为前期工作及设计阶段。前期工作包括编制预可行性研究报告和可行性研究报告。设计阶段按"三阶段设计"进行，即初步设计、技术设计与施工图设计。各阶段设计文件完成后的上报和审批都由国家指定的行政部门办理。批准后的文件就是各建设程序进行的依据，也是下一阶段设计文件编制的依据。

各设计阶段与建设程序的关系如图 2-1 所示。

2.2.1　前期工作——预可行性研究报告与可行性研究报告的编制

预可行性研究报告与可行性研究报告均属建设的前期工作，重点在于论证建桥的必要性、可行性，并确定建桥的地点、规模、标准、投资控制等一些宏观问题和重大问题。预可行性研究报告是在工程可行的基础上，着重研究建设必要性和经济合理性；可行性研究报告则是在预可行性研究报告审批后，着重研究工程和投资的可行性。

这两个阶段的文件应包括的内容主要有：

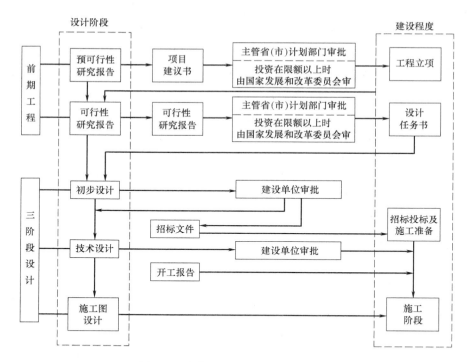

图 2-1　设计阶段与建设程序关系图

1. 工程必要性论证

必要性论证是评估桥梁建设在国民经济中的作用。铁路桥梁、公路桥梁、城市桥梁的评估方法有所不同。

铁路桥梁一般从属于路网规划。路网规划是以沿线工农业生产近期、远期需要所产生的可能运量为研究对象。铁路桥梁本身一般不作单独的研究。

公路桥梁要对拟建桥地点附近的渡口车辆流量，包括通过的车数、车型、流向进行调查。在此基础上，从发展的观点以及桥梁修通以后可能引入的车流，进行科学地分析，得出每日车流量，作为立论的依据。

城市桥梁则从属于城市规划，也必须确定通过桥梁的可能日流量。

2. 工程可行性论证

工程可行性论证的工作重点是选定桥位，确定桥梁的建设规模，解决好桥梁与河道、航运、城市规划以及已有设施（通称"外部条件"）的关系。下面将其中的一些主要问题加以说明。

（1）桥梁标准的确定

先要根据前面调查的运量或流量确定线路等级，如铁路是否干线，公路是否高速或一、二级等，并确定车道数、桥面宽度及荷载标准。铁路只有一种标准，即中-活载。公路有多种等级，并要确定是否有特殊荷载（等级以外的荷载）。其次要确定允许车速、桥梁坡度和曲线半径。还要委托地震研究机构，进行本地区的地震危险性分析，确定桥梁抗震标准。此外还要确定航运标准、航运水位、航道净空、船舶吨位以及要求的航道数量及位置等。航运标准影响桥梁的高度和跨度，直接影响桥梁建设规模以及设计时如何满足航运的需要。

（2）地形、地质、水文及周围环境的调查

为调查自然条件及周围环境而进行的勘测工作称为草测。需收集万分之一地形图，进行纸上定线，在实地桥位两岸设点，用测距仪测得跨河距加以校正，并进行现场核查。

本阶段的地质工作以收集资料为主，辅以在两岸适当布置钻孔进行验证。要探明覆盖层的性质、岩面高低、岩性及构造，有无大的构造、断层，并从地质角度对各桥位做出初步评价。

要对各桥位周围环境进行调查，包括桥头引线附近有无要交叉的公路、铁路、高压线、通信光缆；附近有无厂房、民房要拆迁，有无不能拆迁的建筑物，有无文物、古迹；桥梁高度是否在机场航空净空范围以内；附近有无码头、过江电缆、航运锚地等。以上均属要调查清楚的外部条件。对涉及的问题都必须妥善加以处理。

水文工作应提供设计流量，历史最高、最低水位，百年一遇洪水位，常水位及流速。在提供这些资料时，要考虑上游水库及拟建水库的影响。要通过资料或试验，论证河道是否稳定，主槽摆动范围，以及拟建桥梁对上、下游河段（包括壅水、河道淤积、沙洲进退、河道改变等）的不利影响。

（3）桥型方案编制

编制桥型方案的目的在于评估方案可行性，特别是基础的可行性。为此应采取较成熟的方案以提高可信度，并编制 2 个以上桥型方案。在编制桥型方案时，应根据水文、地质及航运条件，研究正桥、引桥的长度及跨度，以不同材料、不同结构形式进行同深度的比较，并提供工程量。以工程量中偏高、技术先进并且可行的方案作为一个桥位的桥型参选方案。作为桥位比选时重要的因素之一，提供"估算"用的桥式工程量不宜偏紧。"估算"得过小，国家列入的计划投资不足，会对国家计划的执行造成不利影响。

本阶段及其之前各阶段还无须提出桥型推荐方案，因还无法进入深入比较。

（4）桥位比选

应选择两个以上的桥位进行比选。遇某些特殊情况时，还需要在大范围内提出多个桥位进行比选。例如钱塘江第二大桥（公路与铁路两用）就曾提出四个桥位互相比较。上下游四个桥位中最远相距达 23km（图 2-2）。桥位比较的内容可以包括如下因素：

① 桥位对路网布置是否有利。应该把桥位置于路网内一起考虑，尽量满足选线的需要。

② 比较各桥位的航运条件，即航道是否顺直，尤其是桥位上游有无足够长的航道直线段。

③ 地质条件对基础工程的设计、施工难度以及工程规模的影响。基础位置要避开水特别深、覆盖层软弱层特别厚、基岩软、构造发育、基岩破碎、

风化严重、熔岩、岩面高差特别大等不利地层。

　　④ 外部条件的处理（如拆迁）能否落实，不同桥位的桥梁对周围设施影响程度。

　　⑤ 对环境保护的评估。

　　经综合比较，选定一个桥位作为推荐桥位。

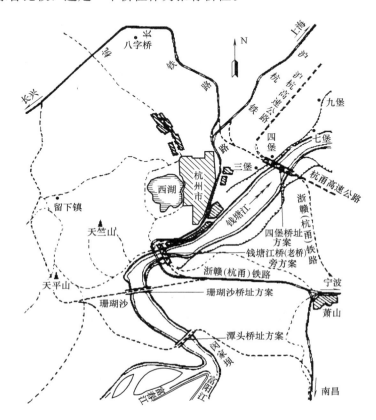

图 2-2　杭州钱塘江第二大桥（公路与铁路两用）桥位比较

注：钱塘江第二大桥四个桥位，从上游依次往下为：潭头桥址方案，珊瑚沙桥址方案，
钱塘江桥（老桥）旁方案，四堡桥址方案。四个桥位最远处相距 23km，最后选定四堡桥位。
此桥位位于涌潮河段，施工困难，但对路线走向和城市规划都有利。

3. 经济可行性论证

（1）工程造价及投资效益问题

　　经济可行性论证主要包括工程造价估算、投资效益分析，以及对当地经济发展、文化交流等的影响。

　　公路桥梁一般通过收取车辆过桥费取得回报，实际回报率一般偏低，尤其是特大桥，由于投资大，取得全部回报的时间往往很长。不过考虑回报一般也不能就桥论桥，要看到桥梁建设对全社会经济发展和社会效益的作用是巨大的。铁路干线上特大桥的经济和社会效益则更是全国性的，其回报很难由直接投资者收回。这也是一些大桥、特大桥的投资只能是国家或地方政府行为的原因。

（2）资金来源及偿还问题

对资金来源，预可行性研究报告阶段要有所设想，可行性研究报告阶段则必须予以落实。通过银行贷款、发行债券、民间集资等渠道筹措资金，并得到有关部门的批准。

2.2.2 初步设计

由计划部门下达的"设计任务书"是进行初步设计的依据。"设计任务书"应就桥位、建桥标准、建桥规模等控制性要求作出规定。在进行进一步勘测工作时如发现选定的桥位确实地质不良，并将造成设计、施工困难时，可在原选定桥位的上、下游附近不影响桥梁总体布置的范围内，通过地质条件的比较，推荐一个新的桥位。初步设计阶段的主要工作内容如下：

1. 进一步开展水文、勘测工作

进一步的水文工作主要是提供基础设计和施工所需要的水文资料，包括施工期间各月可能的高低水位、相应的流速（各个墩位处同一时期流速有所不同）、河床可能的最大冲刷和施工时可能的冲刷等。

本阶段的勘测工作称为"初勘"，主要是建立以桥位中心线为轴线的控制三角网，提供桥址范围内二千分之一地形图，并在桥轴线上的陆地及水上布置必要的钻孔。必要时还要在桥轴线的上、下游也适当布置一些钻孔，以便能控制住岩层构造情况及其变化。根据钻探取得的资料确定岩性、强度及基岩风化程度，覆盖层的物理、力学指标以及地下水位情况等。

2. 桥型方案比选

桥型方案比选是初步设计阶段的工作重点，一般均要进行多个方案比较。各方案均要求提供桥型布置图。图上必须标明桥跨、高程，上、下部结构形式及工程数量。对推荐方案，还要提供上、下部结构的结构布置图，以及一些主要的及特殊部位的细节处理图。各类结构都需经过检算并提出可行的施工方案。

在桥式布置中首先要慎重确定桥梁跨度，特别是主跨的跨度。采用大跨度对通航有利，也可减少费力费时的基础工程量。但是大跨度相对造价较高，工期较长（较小的跨度可以采用多点施工，平行作业的措施），故应加以综合比较。

桥跨布置须在充分掌握资料的基础上进行，应考虑高、中、低水位时的航道轨迹。通航桥跨应与航道相适应，并能覆盖各种水位时航道可能出现的变化。桥梁跨度应比航道要求的标准宽度稍大，过大无必要。

桥梁跨度也受到自然条件及施工条件的限制。如果基础的设计、施工困难，施工时航运繁忙，则要减少桥墩而加大跨度。基础工程在我国发展相对较为迟缓。钻孔桩在设计、施工、检验技术方面已趋成熟，施工简便，质量可靠，陆地或浅水地段使用比较有利。水中基础采用钻孔形式也是可靠的，沉井基础也常常是值得比较的基础类型。

桥梁设计应尽量采用新技术、新材料、新工艺。在设计工作中发现问题，提出问题，解决问题，研究要透，解决要细。

3. 科研项目

在初步设计阶段，应提出设计、施工中需通过试验寻求技术难题解决的科研项目及经费计划，待主管部门审批初步设计文件时一起审批，批准后才能实施。

4. 施工组织设计

对推荐桥型方案要编制施工组织设计，包括主要结构的施工方案，施工设备清单，砂、石料来源，施工安排及工期等。

5. 概算

根据工程量、施工组织设计以及标准定额编列概算。各个桥型方案都要编列相应的概算，以便进行不同方案的工程费用比较。初步设计概算不能大于前期工作已批准的估算的 10％，否则方案应重新编制。

根据具体情况，对概算适当调整，可以作为招标时的"标底"。

主管部门审批初步设计文件，如对推荐方案提出必须修改的意见，则需根据审批意见，另外编制"修改初步设计"报送上级审批。

2.2.3　技术设计

技术设计的主要任务是对选定桥型方案总体与细部的技术问题作进一步研究。在初步设计中批准的科研项目应在这一阶段中予以实施，并得出结果。

技术设计阶段要进行补充勘探（简称"技勘"）。在进行"技勘"时，水中基础应每墩布置钻孔。岸上基础的钻孔也应有一定的密度，基础下到岩层的钻孔应加密，并通过勘探判断土层变化。

技术设计的重要工作之一是对结构各部分提出详尽的设计图纸，包括结构断面、配筋，细节处理，材料清单及工程量等。技术设计的另一重要工作是根据详尽的设计图纸及其对应的工程量、调整后的施工组织设计调整概算（修正概算）。

只有技术特别复杂的特大型桥梁，我国才将技术设计从施工图设计阶段分离出来。

2.2.4　施工图设计

所谓施工图设计，即是根据批准的技术设计文件（如无技术设计阶段，则可依据初步设计文件），绘制施工详图（即能直接按其施工的图纸），并编制施工预算。所编制的施工图设计文件均须符合施工实际，满足既有施工条件及工程环境。绘制的施工详图不宜对断面做大的变动，但对细节处理及配筋，特别是钢筋布置则允许作适当改进性的变动。施工图设计阶段应进一步根据施工需要补充钻探（称"施工钻探"），特别是对于重要的基础要探明岩面高程的变化。

以上介绍的是特大桥项目的设计程序及其内容。国内公路大桥常把技术设计和施工图设计合并为一个阶段进行，而中、小桥梁的设计程序则可能更为简单。

2.3 桥梁平、纵、横断面设计

2.3.1 桥梁的平面设计

桥梁设计首先要确定桥位，按照《公路桥涵设计通用规范》JTG D60—2015 和《铁路桥涵设计规范》TB 10002—2017 的规定，小桥和涵洞的位置与线型一般应符合路线的总走向。为满足水文、线路弯道等要求，可设计斜桥和弯桥。对于公路上的特大桥及大、中桥桥位，原则上应服从路线走向，桥、路应综合考虑，尽量选择在河道顺直、水流稳定、地质条件良好的河段上。

桥梁的平曲线半径、桥面超高和加宽、缓和曲线设置、变速车道设置等，均应满足相应等级线路的规定。

公路和铁路桥梁是分建还是合建，应对其进行全面论证并报有关部门批准。

2.3.2 桥梁纵断面设计

桥梁纵断面设计包括确定桥梁总跨径、桥梁分孔、桥面高程、桥上和桥头引道纵坡以及基础埋置深度等。

1. 桥梁总跨径

桥梁总跨径一般根据水文计算来确定。其基本原则是：应使桥梁在整个使用年限内，保证设计洪水能顺利宣泄；河流中可能出现的流冰和船只、排筏等能顺利通过；避免因过分压缩河床引起河道和河岸的不利变迁；避免因桥前壅水而淹没农田、房屋、村镇和其他公共设施等。

在某些情况下，为了降低工程造价，可以在不超过允许的桥前壅水和规范规定的允许最大冲刷系数的条件下，适当增大桥下冲刷，以缩短总跨长，降低造价。例如，对于深埋基础，一般允许稍大一点的冲刷，使总跨径能适当减小；对于平原区稳定的宽滩河段，流速较小，漂流物也少，主河槽较大，这时，可以对河滩的浅水流区段作较大的压缩，但必须慎重校核，压缩后的桥梁的壅水不得危及河滩路堤以及附近农田和建筑物。

2. 桥梁分孔

对于一座较长的桥梁，应当分成若干孔，但孔径划分的大小，不仅影响到使用效果和施工难易，而且在很大程度上影响到桥梁总造价。采用的跨径增大，孔数减少，墩台的造价就降低，但上部结构造价大大增高；反之，则上部结构造价降低，但墩台造价却又有所增高。因此，在满足下述使用和技术要求的前提下，通常采用最经济的分孔方式，也就是使上、下部结构的总造价趋于最低。

桥梁分孔应考虑的主要因素有：（1）对于通航河流，在分孔时首先应满足桥下的通航要求。桥梁的通航孔应布置在航行最方便的河域。对于变迁性河流，根据具体条件，应多设几个通航孔。（2）对于平原区宽河流上的桥梁，通常在主河槽部分按需要布置较大的通航孔，而在两侧浅滩部分按经济跨径进行分孔。（3）对于在山区深谷上、水深流急的江河上，或需在水库上修桥时，为了减少中间桥墩，应加大跨径。如果条件允许，可以单孔跨越。（4）对于采用连续体系的多孔桥梁，应从结构的受力特性考虑，使边孔与中孔的跨中弯矩接近相等，合理地确定相邻跨之间的比例。（5）对于河流中存在不利的地质段，例如岩石破碎带、裂隙、溶洞等，在布孔时，为了使桥基避开这些区段，可以适当加大跨径。（6）对于有战备需求的桥梁，应尽量使全桥的跨径做得一致，并且跨径不宜太大，以便于战时抢修和互换。（7）《公路桥涵设计通用规范》JTG D60—2015 规定，对跨径 50m 以下的桥梁，宜采用标准化跨径，以便于装配化、工厂化施工。其标准化跨径规定如下：0.75、1.0、1.25、1.5、2.0、2.5、3.0、4.0、5.0、6.0、8.0、10、13、16、20、25、30、35、40、45、50（m）。铁路简支桥梁各标准跨径的梁长见表 2-1。（8）各孔跨径的选择还与施工能力有关，有时选用较大跨径虽然经济上合理，但由于缺乏足够的施工机械，不得不将跨径缩小。对于大桥施工，基础工程往往对工期起控制作用，在此情况下，从缩短工期出发，就应减少基础数量而修建较大跨径的桥梁。

铁路桥梁标准跨径与梁长 表 2-1

计算跨度（m）	4	5	6	8	10	12	16	20	24	32
梁长（m）	4.5	5.5	6.5	8.5	10.5	12.5	16.5	20.6	24.6	32.6
计算跨度（m）	40	48	56	64	80	96	112	128	144	168
梁长（m）	40.6	49.1	57.1	65.1	81.1	97.1	113.5	29.51	145.5	169.5

除此之外，在整体规划桥梁分孔时，还应重视美观上的要求，使桥梁的分孔既自身和谐又与自然环境协调。

总之，桥梁分孔是一个相当复杂的问题，必须根据使用要求、桥位处的地形和环境、河床地质、水文等具体情况，通过技术经济等方面的分析比较，才能做出比较完美的设计方案。

3. 桥面高程

桥面高程通常根据设计洪水位、桥下通航（通车）所需要的净空来确定，或由路线纵断面设计确定。

对于跨河桥梁，桥面高程应满足桥下排洪和通航的需要；对于跨线桥则应确保桥下安全行车。在平原区建桥时，桥面高程的抬高往往伴随着桥头引道路堤土方量的增加、造价提高等。因此，应综合考虑。

（1）流水净空要求

《公路桥涵设计通用规范》JTG D60—2015 有如下规定：

非通航孔或无其他特殊要求的航道，桥下流水净空应满足表 2-2 的要求。即：为了保证支座的安全和正常工作，对于设计支座的桥梁，支座底面应高出计算水位（即设计洪水位加壅水和浪高）不少于 0.25m，并高出设计最高流冰水位不少于 0.5m（图 2-3）；对于无铰拱桥，拱脚容许被洪水淹没，但淹没深度不宜超过拱圈矢高 f_0 的 2/3，且在任何情况下，拱顶底面应高出计算水位不少于 1.0m，拱脚起拱线应高出设计最高流冰水位不少于 0.25m（图 2-4）。图中：H_S——计算水位（m）（设计洪水位加壅水、浪高等）；H_{SB}——设计最高流冰水位，应考虑床面淤高（m）；对于梁底距计算水位或者设计最高流冰水位的最小高度，见表 2-2。通航孔或流放木筏的河流或有其他特殊要求的航道，桥下净空应符合通航或流放木筏的要求，桥下净空要求必然更高。

图 2-3　梁式桥纵断面规划图

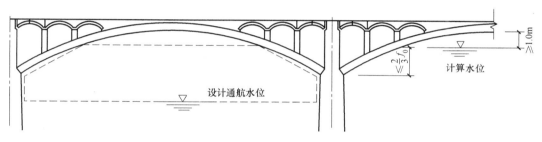

图 2-4　拱桥桥下净空图

公路桥非通航孔桥下最小净空　　　　　　　　　表 2-2

桥梁的部位		高出计算水位(m)	高出设计最高流冰水位(m)
梁底	洪水期无大漂流物	0.50	0.75
	洪水期有大漂流物	1.50	—
	有泥石流	1.00	—
支承垫石顶面		0.25	0.50
有铰拱拱脚		0.25	0.25

注：山区河流水位变化大，桥下净空安全值可适当加大。

《铁路桥涵设计规范》TB 10002—2017 规定，桥涵孔径必须保证设计频率洪水、流冰、流木、泥石流、漂流物等安全通过，并应考虑壅水、冲刷对上下游的影响，确保桥涵附近路堤的稳定。不通航桥孔，其桥下净空应满足表 2-3 的规定。

铁路桥梁桥下最小净空高度　　　　　　　　　表 2-3

桥梁的部位	高出设计洪水频率水位 加 Δh 后的最小高度(m)	高出检算洪水频率水位 加 Δh 后的最小高度(m)
梁底（洪水期无大漂流物时）	0.50	0.25
梁底（洪水期有大漂流物时）	1.50	1.00

续表

桥梁的部位	高出设计洪水频率水位 加 Δh 后的最小高度（m）	高出检算洪水频率水位 加 Δh 后的最小高度（m）
梁底（有泥石流时）	1.00	—
支座垫石顶	0.25	—
拱肋和拱圈的拱脚	0.25	—

注：1. "Δh" 系表示根据具体情况，分别考虑壅水、浪高、河弯超高、河床淤积等影响的高度。

2. 洪水期无大漂流物通过的河流，实腹式拱桥容许被设计洪水位加 Δh 后的水位淹没，但此水位不得超过矢高的一半，距拱顶距离也不得少于 1.0m。

3. 有严重泥石流或在洪水期有大漂流物通过时，应根据具体情况，采用大于表列的净空高度。

（2）通航净空要求

为了保证桥下安全通航，通航孔桥跨结构下缘的高程应高出自设计通航水位算起的净空高度。《内河通航标准》GB 50139—2014 规定了水上过河建筑物的通航净空尺度，表 2-4 列出了天然和渠化河流的通航净空尺寸，对于限制性航道、黑龙江水系和珠江三角洲至港澳内河航道的通航净空另有相关规定。此外还颁布了《海轮航道通航标准》JTS 180-3—2018，适用于沿海、海湾及区域内通航海轮航道的桥梁。表中符号见图 2-5。

天然和渠化河流水上过河建筑物通航净空尺寸（m）　　　　表 2-4

航道等级	净高 H	单向通航孔			双向通航孔		
		净宽 B	上底宽 b	侧高 h	净宽 B	上底宽 b	侧高 h
I-(1)	24.0	200	150	7.0	400	350	7.0
I-(2)	18.0	160	120	7.0	320	280	7.0
I-(3)		110	82	8.0	220	192	8.0
II-(1)	18.0	145	108	6.0	290	253	6.0
II-(2)		105	78	8.0	210	183	8.0
II-(3)	10	75	56	6.0	150	131	6.0
III-(1)	18.0★ 10.0	100	75	6.0	200	175	6.0
III-(2)	10.0	75	56	6.0	150	131	6.0
III-(3)		55	41	6.0	110	96	6.0
IV-(1)	8.0	75	61	4.0	150	136	4.0
IV-(2)		60	49	4.0	120	109	4.0
IV-(3)		45	36	5.0	90	81	5.0
IV-(4)							
V-(1)	8.0	55	44	4.5	110	99	4.5
V-(2)	8.0 或 5.0◆	40	32	5.5 或 3.5◆	80	72	5.5 或 3.5◆
V-(3)							
VI-(1)	4.5	25	18	3.4	40	33	3.4
VI-(2)	6.0			4.0			4.0

航道等级	净高 H	单向通航孔			双向通航孔		
		净宽 B	上底宽 b	侧高 h	净宽 B	上底宽 b	侧高 h
Ⅶ-(1)	3.5	20	15	2.8	32	27	2.8
Ⅶ-(2)	4.0						

注：1. ★标注的尺寸仅适用于长江；◆标注的尺寸仅适用于通航拖带船队的河流。

2. 当水上过河建筑物的法线方向与水流方向的交角大于 5°，且横向流速大于 0.3m/s 时，通航净宽需适当加大；当横向流速大于 0.8m/s 时，应一跨过河或在通航水域中不得设置墩柱。必要时，应通过模拟实验研究确定。

3. 当水上过河建筑物的墩柱附近可能出现碍航紊流时，通航宽值应适当加大。

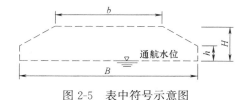

图 2-5　表中符号示意图

（3）跨线桥桥下的交通要求

跨线桥（跨越铁路或公路）的桥跨结构底缘的高程应高出规定的车辆净空高度。详见 2.3.3 节。

4. 桥上和桥头引道纵坡

一般将桥梁的纵断面设计成具有单向或双向坡度的桥梁，既利于交通，美观效果好，又便于桥面排水（对于不太长的小桥，可以做成平坡桥）。但公路桥的桥上纵坡不宜大于 4%；桥头引道纵坡不宜大于 5%。对于位于市镇混合交通繁忙处的桥梁，桥上纵坡和桥头引道纵坡均不得大于 3%，并应在纵坡变更的地方按规定设置竖曲线。对于易结冰、积雪的桥梁，桥上纵坡不宜大于 3%。

铁路桥明桥面宜设在直线平坡上，桥面应封闭。跨度大于 40m 或桥长大于 100m 的明桥面桥不宜设置在大于 0.4% 的坡道上，确有困难，应有充分的技术经济论证，但不应大于 1.2%。

综上所述，全桥位于河中各跨的桥面高程均应首先满足流水净空的要求；对于通航或桥下通车的桥孔，还应满足通航净空或建筑净空限界的要求；另外，还应考虑桥的两端能够与公路或城市道路顺利衔接等。因此，全桥各跨的桥面高程是不相同的，必须综合考虑和规划。

2.3.3　桥梁横断面设计

1. 公路桥梁建筑限界

桥梁横断面的设计，主要取决于桥面的宽度和不同桥跨结构横截面的形式。桥面宽度决定于行车和行人的交通需要，为保证桥梁的服务水平，桥面宽度应当与所在路线的路基宽度保持一致。《公路工程技术标准》JTG B01—2014 中，规定了各级公路的净空限界，如图 2-6 所示，路面各组成部分的宽度依据设计速度这一路线基准要素来确定，在建筑限界内，不得有任何部件侵入。各级公路设计速度的规定见表 2-5。路面各部分宽度可以分别从表 2-6～表 2-8 中选取。

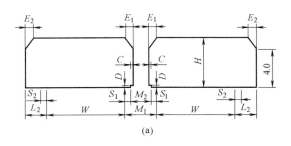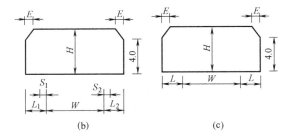

(a)　　　　　　　　　　　　(b)　　　　　(c)

图 2-6　建筑限界（尺寸单位：m）

（a）高速公路、一级公路（整体式）；（b）高速公路、一级公路（分离式）；（c）二、三、四级公路

注：1. 当桥梁设置的人行道宽度大于侧向宽度时，建筑限界应包括所增加的宽度；

2. 人行道、自行车道与行车道分开设置时，其净高一般为 2.5m。

L_2——右侧硬路肩宽度，一般规定见表 2-7；

S_2——右侧路缘带宽度，应为 0.5m；

W——行车道宽度，为设计车道数与单个车道宽度（见表 2-6）的乘积，并计入所设置的加（减）速车道、紧急停车道、爬坡车道、慢车道或错车道的宽度；

L_1——左侧路肩宽度，一般规定见表 2-8；

S_1——左侧路缘带宽度，规定见表 2-9；

M_1——中间带（由两条左侧路缘带和中央分隔带组成）宽度；

M_2——中央分隔带宽度，根据项目中央分隔带的功能确定；

C——当设计速度大于 100km/h 时为 0.5m，等于或小于 100km/h 时为 0.25m；

D——路缘石高度，小于或等于 0.25m。一般情况下，高速公路可不设路缘石；

E_1——建筑限界顶角宽度，$L_1 \leqslant 1m$ 时，$E_1 = L_1$，或 $S_1 + C \leqslant 1m$，$E_1 = S_1 + C$；当 $L_1 > 1m$ 或 $S_1 + C > 1m$ 时，$E_1 = 1m$；

E_2——建筑限界顶角宽度，$E_2 = 1m$；

H——净空高度，高速公路和一、二级公路为 5.0m，三、四级公路为 4.5m；

E——建筑限界顶角宽度，$L \leqslant 1m$ 时，$E = L$；$L > 1m$ 时，$E = 1m$；

L——侧向宽度。二级公路的侧向宽度为硬路肩宽度（L_1 或 L_2），三、四级公路的侧向宽度为路肩宽度减去 0.25m。设置护栏时，应根据需要加宽路基。

各级公路设计速度　　　　　　　表 2-5

公路等级	高速公路			一级公路			二级公路		三级公路	四级公路
设计速度(km/h)	120	100	80	100	80	60	80	60	40	30	30	20

单个车道宽度　　　　　　　表 2-6

设计速度(km/h)	120	100	80	60	40	30	20
车道宽度(m)	3.75	3.75	3.75(中、小型客车为主时,可采用 3.50)	3.50	3.50	3.25	3.00 (单车道时为 3.50)

<table>
<tr><td colspan="11" align="center">右侧硬路肩宽度　　　　　　　　　　表 2-7</td></tr>
</table>

行车速度(km/h)	高速公路			一级公路		一级公路（集散功能）和二级公路		三级公路、四级公路		
	120	100	80	100	80	80	60	40	30	20
右侧硬路肩宽度（m） 一般值	3.00 或 2.50	3.00 或 2.50	3.00 或 2.50	3.00 或 2.50	2.50	1.50	0.75	—	—	—
右侧硬路肩宽度（m） 最小值	1.50	1.50	1.50	1.50	1.50	0.75	0.25	0.75	0.50	0.25（双车道）0.50（单车道）

注：1. 正常情况下，应采用"一般值"；在设计爬坡车道、变速车道及超车路段时，受地形、地物等条件限制路段及多车道公路特大桥，可论证采用"最小值"。
　　2. 高速公路和作为干线的一级公路以通行小客车为主时，右侧硬路肩宽度可采用括号内数值。

分离式断面高速公路、一级公路左侧路肩宽度　　　　表 2-8

行车速度(km/h)	120	100	80	60
左侧硬路肩宽度(m)	1.25	1.00	0.75	0.75
左侧土路肩宽度(m)	0.75	0.75	0.75	0.50

左侧路缘带宽度　　　　表 2-9

行车速度(km/h)	120	100	80	60
左侧路缘带宽度(m)	0.75	0.75	0.50	0.50

2. 铁路桥梁建筑限界

铁路建筑限界是一个从轨面算起的，且与线路中心线垂直的极限横断面轮廓，根据机车车辆及其供电系统所需空间确定，分桥梁建筑限界和基本建筑限界两种。在桥梁建筑限界内，除机车车辆和与机车车辆有相互作用的设备（车辆减速器、路签授受器、接触电线等）外，其他设备或建筑物均不得侵入；在基本建筑限界与桥梁建筑限界之间可以装设照明、通信及信号等设备。

铁路桥面净空应符合现行的《标准轨距铁路建筑限界》GB 146.2—1983 的要求，水平直道上时速在 160km/h 以内的铁路桥梁建筑限界见图 2-7，在曲线地段限界应按规定公式适当加宽。时速在 160～200km/h 的铁路桥梁建筑限界双线之间需拉开成单线布置，并确保两线的间距不少于规定值。

高速铁路建筑限界应符合《高速铁路设计规范》TB 10621—2014 的规定，水平直道高速铁路桥梁的建筑限界基本尺寸见图 2-8，在曲线地段限界应按规定公式适当加宽。

曲线地段限界加宽公式见《标准轨距铁路建筑限界》GB 146.2—1983。

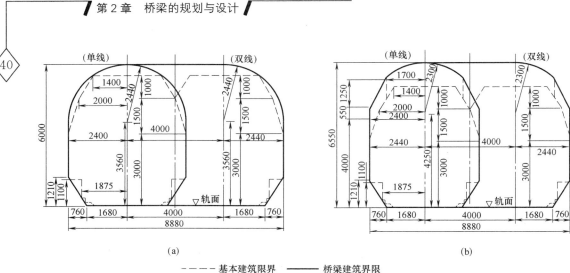

- - - - - 基本建筑限界　　──── 桥梁建筑界限

图 2-7　时速在 160km/h 以内的铁路桥梁建筑限界（尺寸单位：mm）

(a) 蒸汽及内燃牵引区段；(b) 电力牵引区段

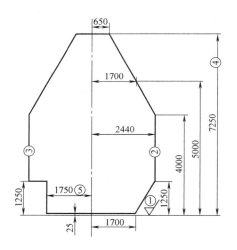

图 2-8　高速铁路建筑限界轮廓及基本尺寸（尺寸单位：mm）

①—轨面；②—区间及站内正线（无站台）建筑限界；③—有站台时建筑限界；

④—轨面以上最大高度；⑤—线路中心线至站台边缘的距离（正线不适合）

2.4　桥梁美学的基本观点

　　一座桥梁，尤其是城市和风景区桥梁，有使用和观赏两方面功能。在使用功能方面，它是工程结构物，应具有跨越障碍和承受交通荷载的能力；在观赏性方面，它也是建筑艺术品，应具有优美的轮廓、合理的布局，其风格、色彩应与周围的环境相协调，并具有新颖性。一座精美雅致、雄伟壮观的新颖桥梁，既显示出一个国家的先进技术与生产工艺水平，更反映出时代精神和当代人们的创造力。

合理的轮廓造型和布局、适当的比例选择、正确表达力的传递、保持结构风格与周围环境的和谐一致、合适的新颖性，是体现美感的主要因素，其处理也时常会对桥梁建筑的成败起到关键作用。桥梁建筑艺术设计的基本原则和美学观点，可大致归纳为以下几方面。

（1）桥梁与周围环境的融合

针对环境条件和桥梁规模，景观营造的方式可有所不同。对特大桥梁，因其本身规模宏大，可能会成为环境的主要景观，此时应当把桥梁本身视为环境主体进行美学处理；若桥梁规模不大，且当地景观业已形成，则不宜再突出桥梁，以免影响与环境的协调。较为普遍的情况是，采用适当处理手段，使桥梁与环境融为一体，自然和谐。

协调中也包含着对比。因此，材料的选择、表面的质感以及色彩的运用也较为重要。一般而言，可采用鲜明的手法，在大范围内表达出桥梁的特色，突出桥梁主题的存在；但在总体上仍应保持协调、配合的基调。大桥应注意线条轮廓，小桥则着重于质感和色彩。

（2）桥梁造型比例适当，匀称和谐

一般而言，符合自然条件、力学原理而布置的桥梁，它的结构造型自然是匀称和谐的：大桥会显示出雄伟壮观，小桥则显示出整洁清爽。在这方面，可采用的处理手段较多。例如，利用主从与对称法则，在桥梁造型的安排上突出主跨部分为"主"，边跨部分起衬托作用而为"从"，并以中轴向左右对称布置，达到桥梁造型主次分明、均衡稳重的美感。再比如，可利用统一法则来处理结构局部与整体的关系，避免各局部形成孤立、离散、自成体系的不协调现象。另外，对长桥，也需注意结构的秩序感和韵律感（指建筑体形中有组织的变化和有规律的重复），避免造型上的单调。

（3）桥梁造型结构简单，线条流畅

在这方面，技术手段和景观效果可以得到较好的统一。合理的结构体系，既表达了力的自然传递，也会体现出美的造型。用外形正确表现作用力的传递关系，用连续和明暗搭配等手法增强和渲染结构的连续感，可使桥梁具有稳定、明快、有力、流畅的美感。

（4）桥梁造型清新雅洁

风格是指设计构思所表现的具有特色或表明特征的建筑形态，是建筑物整体特点的表现，具有鲜明的时代性和民族性。在这方面，既要避免一味追求某种古典格调或民族特色，导致牵强堆砌的藻饰和不必要的投资；也要避免忽略建筑的艺术处理，导致结构的呆板粗陋，割裂了质感与美感的统一。简洁的处理，注重主体结构的主旋律与细部处理的风格和谐一致方面，往往会收到良好的艺术效果。

当代桥梁的风格特点主要表现在：结构简洁，较少装饰；造型协调，表现跨越。

2.5 混凝土桥梁耐久性及设计

结构的耐久性是指在设计确定的环境作用和维修、使用条件下，结构构件在设计使用年限内保持其适应性和安全性的能力。人们对混凝土耐久性的研究，由来已久。19 世纪 40 年代，法国工程师维卡即出版了第一部混凝土腐蚀破坏的科研专著《水硬性组分遭受海水腐蚀的化学原理及其防护方法的研究》。1880～1890 年，当第一批钢筋混凝土构件应用于工业建筑物时，人们便开始研究其在某些特殊腐蚀条件和工业大气环境下的耐久性问题。到 20 世纪 80 年代中期，众多发达国家投入大量资金和人力，研究混凝土材料的耐久性。但长期以来，人们受混凝土耐久性能良好的认识影响，工程设计中普遍存在重视强度设计而轻耐久性设计的现象，为此付出了巨大代价。当前，欧美等发达国家每年用于工程维修费用已占到当年土建投资费用总支出的 1/2。2003 年出版的《中国腐蚀调查报告》（柯伟主编）明确指出，我国建筑部门的腐蚀年损失约为 1000 亿元人民币，并存在"南锈北冻"的耐久性破坏特征；桥梁因耐久性问题而提前大修甚至损坏不用的例子也屡见不鲜。

随着研究的深入，混凝土结构耐久性设计思想也不断地被尝试引入结构设计与工程实践中，1989 年欧洲出版了《CEB 耐久混凝土结构设计指南》，1990 年日本发布了《混凝土结构耐久性设计建议》，2000 年欧盟出版了《混凝土结构耐久性设计指南》。我国在总结国内外研究成果的基础上，2000 年颁布了交通运输部行业标准《海港工程混凝土结构防腐蚀技术规范》JTJ 275—2000，2004 年中国土木工程学会编制了《混凝土结构耐久性设计与施工指南》CCES 01-2004，2004 年颁布的《公路钢筋混凝土及预应力混凝土桥涵设计规范》JTG D62—2004 增加了耐久性设计内容。

随着研究的深入和认识的提高，《混凝土结构耐久性设计规范》GB/T 50476—2008（以下简称《混凝土耐久性规范》）、《公路钢筋混凝土及预应力混凝土桥涵设计规范》JTG 3362—2018（以下简称《公路混凝土桥规》）、《铁路混凝土结构耐久性设计规范》TB 10005—2010，J1167—2011（以下简称《铁路耐久性规范》）、《公路工程混凝土结构耐久性设计规范》JTG/T 3310—2019，对混凝土结构耐久性设计做出了更为全面而详尽的规定，形成了较为成熟的标准。前 3 本规范对环境类别、控制参数、同一参数的限值的规定有所不同。第 4 本规范则是在第 2 本规范的基础上，对环境类别、控制参数、同一参数的限值的规定进一步进行了细化。下面先介绍混凝土耐久性研究的一些重要结论，再结合现行耐久性规范要求（主要是第 2、3 本规范），介绍混凝土桥梁耐久性设计原则与设计要点等。

本节内容涉及桥梁设计与建设各个阶段。

2.5.1 混凝土耐久性研究的一些重要结论

1. 混凝土结构耐久性损伤的机理

混凝土结构耐久性损伤的本质原因可概括为以下两个方面：

（1）钢筋锈蚀，它是造成混凝土结构耐久性损伤的最主要原因，钢筋锈蚀不仅使得钢筋净截面面积减小，锈蚀钢筋的力学性能退化，而且产生锈胀力，造成混凝土截面损伤，还会使钢筋与混凝土间的黏结性能退化。钢筋锈蚀严重时会造成混凝土构件的承载力退化以致失效。

新鲜混凝土孔隙中是碱度较高（pH 值约为 12～13）的氢氧化钙饱和溶液，在这样高碱性环境中，钢筋表面被氧化，形成一层厚度为 $20～60\mu m$ 的氧化膜，使钢筋处于钝化状态。但当混凝土的碳化使混凝土中的 pH 值降低，或者有足够浓度的氯离子扩散到钢筋表面，或者遭到其他化学侵蚀时，钢筋钝化膜将会遭到破坏，钢筋就失去了混凝土的保护。提高混凝土密实度，避免混凝土开裂，增加混凝土保护层厚度等，均有利于增强混凝土抗渗性，降低钢筋锈蚀风险。

（2）混凝土损伤，它是造成混凝土结构耐久性损伤的重要原因，主要表现为混凝土截面因冻胀、碱骨料反应产物（硅胶体）遇水膨胀，或者盐类结晶膨胀、磨蚀等而表层酥裂或者表面损伤。

2. 混凝土材料的耐久性指标

混凝土材料的耐久性指标主要包括混凝土的抗渗性、抗冻性、抗侵蚀性、混凝土的碳化和混凝土中的碱骨料反应。

（1）抗渗性

混凝土的抗渗性是指抵抗水、油等液体在压力作用下渗透的性能。防水混凝土的设计抗渗等级分为 P6、P8、P10、P12。混凝土的抗渗性主要与混凝土的密实度和孔隙率及孔隙结构有关。混凝土中相互连通的孔隙越多，孔径越大，则混凝土的抗渗性越差。降低水灰比，采用减水剂、掺加引气剂、防止离析和泌水现象的发生，加强养护，防止出现施工缺陷等均有利于提高混凝土抗渗性。故地下工程或与水、土壤直接接触的部位使用通过调整配合比、掺加外加剂、掺合料等方法配制而成的防水混凝土，并且对防水混凝土本身的厚度、保护层的厚度、裂缝的宽度及后期的养护均有更严格的要求。

（2）抗冻性

混凝土的抗冻性是指混凝土抵抗冻融循环作用的能力。混凝土的冻融破坏指的是混凝土中的水结冰后体积膨胀，混凝土产生细微裂缝，反复冻融使裂缝扩展，导致混凝土出现由表及里剥落破坏的现象。一般以抗冻等级来表示混凝土的抗冻性，抗冻等级根据混凝土能够承受反复冻融循环次数分为：F25、F50、F100、F150、F200、F250、F300 等。外部环境向混凝土提供的水分和冻融条件，组成材料性质及含量、养护龄期及掺加引气剂等因素对混凝土抗冻性有重要的影响。采用质量好的原材料、小水灰比、延长冻结前的养护时间、掺加引气剂、尽量减少施工缺陷等措施均可提高混凝土的抗冻性。

（3）抗侵蚀性

环境介质对混凝土的化学侵蚀有淡水、硫酸盐、海水及酸碱侵蚀等，其侵蚀机理与水泥石化学侵蚀相同。对以上各类侵蚀难以有共同的防止措施，只能采取提高混凝土的密实度，改善混凝土的孔隙结构，以使环境侵蚀介质不易渗入混凝土内部；或者直接采用外部保护措施以隔离侵蚀介质不与混凝土接触。

（4）混凝土的碳化

混凝土的碳化是环境中的 CO_2 与水泥水化产生的 $Ca(OH)_2$ 作用，生成碳酸钙和水，从而使混凝土的碱度降低的现象。碳化会使混凝土出现碳化收缩，强度下降，混凝土中的钢筋因失去碱性保护而锈蚀。影响混凝土碳化的因素有水泥品种、水灰比和环境条件。

（5）碱骨料反应

当混凝土中使用的骨料含有活性氧化硅时，如果水泥中的碱含量较多，水解后形成的氢氧化钠和氢氧化钾会与骨料中的活性氧化硅起化学反应，形成复杂的碱-硅酸凝胶。这种凝胶会吸水肿胀，把混凝土胀裂。

3. 混凝土结构耐久性评估的几种准则

混凝土结构耐久性的评估准则（或者设计方法）基本可分为两类。第一类是以适应性要求来确定，主要有有害介质到达寿命准则（有害介质到达钢筋表面）、锈胀开裂寿命准则（混凝土保护层胀裂）、裂缝宽度与钢筋锈蚀量寿命准则等，已有规范基本上是以这类准则为出发点而做出的规定。第二类以承载力满足需要来确定，即承载力寿命准则。这种设计理念，要求结构在使用寿命内，内力设计值 S 应小于结构构件抗力设计值 R 与耐久性设计系数 η 的乘积，即：$S \leqslant \eta R$。这种设计方法形式简单，但由于耐久性设计系数不易确定，因而尚不成熟。

2.5.2　混凝土桥梁耐久性的设计基本原则与设计内容

混凝土桥梁耐久性设计应遵循的原则为：应以结构具有足够的承载能力和良好的抗裂性为前提，并根据结构设计使用年限、环境类别及作用等级进行；应从方便施工和规避环境对结构的不利影响角度，合理布置结构的构造，并对处于严重腐蚀环境下的混凝土结构提出可靠的防腐蚀强化措施；应对结构在设计使用年限内的检查与维修提前作出规划，并明确跟踪检查内容等。

相应地，混凝土桥梁耐久性设计主要包括的内容有：确定混凝土桥梁及其构件的设计使用寿命；确定混凝土桥梁所处的环境类别及环境作用等级；明确混凝土结构所用材料的性能和耐久性指标要求；明确混凝土桥梁的构造措施、裂缝控制措施；明确严重腐蚀环境下对混凝土结构采取的防腐蚀强化措施；提出严重腐蚀环境下对混凝土构件的防腐蚀强化措施；对运营期的跟踪检查与维修作出规划。

2.5.3　混凝土桥梁耐久性的设计要点

1. 明确桥梁设计使用年限

我国《公路桥涵设计通用规范》JTG D60—2015 规定公路桥涵主体结构

的设计使用年限为 100 年，二级及其以下公路的中小桥涵可确定为 50 年或 30 年；我国《铁路耐久性规范》规定桥梁主体结构、无砟轨道道床板等的设计使用年限为 100 年，路基防护结构等为 60 年，其他可更换构件的设计使用年限为 30 年。

2. 确定桥梁所处的环境类别与作用等级

桥梁耐久性设计前，应对桥位处的气候、水质、土质等环境条件进行勘察或调查，确定桥梁所处的环境类别及作用等级。

不同规范对环境类别与作用等级的规定略有不同。《公路混凝土桥规》则根据环境条件将环境类别区分 7 类（见表 2-10）。鉴于公路桥梁和房屋建筑所处环境的特殊性，由《公路混凝土桥规》及《混凝土耐久性规范》的规定，又将氯盐环境区分为近海或海洋氯化物环境和除冰盐氯化物环境。《铁路耐久性规范》将混凝土结构所常处的环境类别按其对混凝土材料和钢筋的腐蚀机理细分为 6 类（见表 2-11），并将每类环境按其程度又分为 3～4 个作用等级，其中，碳化环境（有的规范称为一般环境）、氯盐环境、冻融破坏环境等的作用等级划分见表 2-12。

由表 2-12 可见，在环境类别相同时，处于空气湿度大、干湿交替、水位变动、天气炎热的地区或区域的钢筋混凝土结构更易腐蚀。

《公路混凝土桥规》环境类别划分　　　　　　　　表 2-10

环境类别	条　件
Ⅰ类—一般环境	仅受混凝土碳化影响的环境
Ⅱ类-冻融环境	受反复冻融影响的环境
Ⅲ类-近海或海洋氯化物环境	受海洋环境下氯盐影响的环境
Ⅳ类-除冰盐等其他氯化物环境	受除冰盐等氯盐影响的环境
Ⅴ类-盐结晶环境	受混凝土孔隙中硫酸盐结晶膨胀影响的环境
Ⅵ类-化学腐蚀环境	受酸碱性较强的化学物质侵蚀的环境
Ⅶ类-磨蚀环境	受风、水流或水中夹杂物的摩擦、切削、冲击等作用的环境

《铁路耐久性规范》环境类别划分　　　　　　　　表 2-11

环境类别	腐蚀机理
碳化环境	保护层混凝土碳化导致钢筋锈蚀
氯盐环境	氯盐渗入混凝土内部导致钢筋锈蚀
化学侵蚀环境	硫酸盐等化学物质与水泥水化物发生化学反应导致混凝土损伤
盐类结晶破坏环境	硫酸盐等化学物质在混凝土孔中结晶膨胀导致混凝土损伤
冻融破坏环境	反复冻融作用导致混凝土损伤
磨蚀环境	风沙、河水、泥沙或流冰在混凝土表面高速流动导致混凝土表面损伤

45

《铁路耐久性规范》三种环境的作用等级　　　　表 2-12

碳化环境(一般环境)的作用等级		氯盐环境的作用等级	
环境作用等级	环境条件	环境作用等级	环境条件
T1	室内年平均相对湿度<60%	L1	长期在海水、盐湖水的水下或土中
	长期在水下(不包括海水)或土中		高于平均水位 15m 的海上大气区
T2	室内年平均相对湿度≥60%		离涨潮岸线 100～300m 的陆上近海区
	室外环境		水中氯离子含量≥100mg/L 且≤500mg/L,并有干湿交替
T3	处于水位变动区		
	处于干湿交替区		土中氯离子含量≥150mg/L 且≤750mg/L,并有干湿交替
注:薄型结构的一侧干燥而另一侧湿润或保水时,其干燥一侧混凝土的碳化作用等级按 T3 考虑		L2	平均水位 15m 及其以内的海上大气区
冻融破坏环境的作用等级			离涨潮岸线 100m 及其以内的陆上近海区
环境作用等级	环境条件		海水潮湿区和浪溅区(非炎热地区)
D1	微冻条件,且混凝土频繁接触水		水中氯离子含量>500mg/L 且≤5000mg/L,并有干湿交替
D2	处于水位变动区		土中氯离子含量>750mg/L 且≤7500mg/L,并有干湿交替
	严寒和寒冷条件,且混凝土频繁接触水	L3	海水潮湿区和浪溅区(炎热地区)
	微冻条件,且混凝土频繁接触含氯盐水体		盐渍土地区露出地表的毛细吸附区
D3	严寒和寒冷条件,且混凝土处于水位变动区		水中氯离子含量>5000mg/L,并有干湿交替
	微冻条件,且混凝土处于含氯盐水体的水位变动区		
	严寒和寒冷条件,且混凝土频繁接触含氯盐水体		
D4	严寒和寒冷条件,且混凝土处于含氯盐水体的水位变动区		土中氯离子含量>7500mg/L,并有干湿交替
注:1. 严寒条件、寒冷条件和微冻条件下年最冷月的平均气温 t 分别为:$t \leqslant -8℃$, $-8℃ < t < -3℃$, $-3℃ \leqslant t \leqslant 2.5℃$。 2. 含氯盐水体包括海水、含有氯盐的地下水或盐湖水等		注:1. 氯离子浓度应符合现行《铁路工程水质分析规程》TB 10104 和《铁路工程岩土化学分析规程》TB 10103 的规定。 2. 炎热地区指年平均气温高于 20℃ 的地区	

3. 提出混凝土材料耐久性的基本要求

混凝土本身材料的质量是耐久性的主要因素,不同规范均对满足不同使用年限耐久性要求的混凝土最低强度等级、最大水胶比、最小胶凝材料用量、最大氯离子含量、最大碱含量、冻融区的抗冻等级等做出了规定(限值范围有所不同)。《公路混凝土桥规》对水头区的抗渗等级进行了明确规定,《铁路耐久性规范》对混凝土原材料的各项指标、混凝土胶凝材料的最大用量、混凝土的三氧化硫含量、电通量、氯盐环境下的氯离子扩散系数、盐类结晶破坏环境的抗硫酸盐结晶破坏等级等进行了规定。

《公路混凝土桥规》对混凝土材料在耐久性方面的基本要求如表2-13所示。

公路桥涵混凝土强度等级最低要求 表2-13

构件类别	梁、板、塔、拱圈、涵洞上部		墩台身、涵洞下部		承台、基础	
设计使用年限	100年	50年、30年	100年	50年、30年	100年	50年、30年
Ⅰ类——般环境	C35	C30	C30	C25	C25	C25
Ⅱ类-冻融环境	C40	C35	C35	C30	C30	C25
Ⅲ类-近海或海洋氯化物环境	C40	C35	C35	C30	C30	C25
Ⅳ类-除冰盐等其他氯化物环境	C40	C35	C35	C30	C30	C25
Ⅴ类-盐结晶环境	C40	C35	C35	C30	C30	C25
Ⅵ类-化学腐蚀环境	C40	C35	C35	C30	C30	C25
Ⅶ类-磨蚀环境	C40	C35	C35	C30	C30	C25

《铁路耐久性规范》规定碳化环境的桥涵混凝土配合比参数应满足表2-14的要求，规定混凝土抗压强度等级应满足表2-15的要求。

由表2-15可见，对最低强度，碳化环境要求最低，氯盐环境要求最高，但差距不大。

碳化环境下铁路桥涵混凝土的配合比参数限值表 表2-14

环境作用等级	100年		60年		30年	
	最大水胶比	最小胶凝材料用量（kg/m³）	最大水胶比	最小胶凝材料用量（kg/m³）	最大水胶比	最小胶凝材料用量（kg/m³）
T1	0.55	280	0.60	260	0.60	260
T2	0.50	300	0.55	280	0.55	280
T3	0.45	320	0.50	300	0.50	300

注：素混凝土水胶比不应超过0.60，最小胶凝材料用量不应低于260kg/m³。

铁路桥涵混凝土强度等级最低要求 表2-15

环境类别	环境作用等级	设计使用年限					
		100年		60年		30年	
		钢筋混凝土和预应力混凝土	素混凝土	钢筋混凝土和预应力混凝土	素混凝土	钢筋混凝土和预应力混凝土	素混凝土
碳化环境	T1	C30	C30	C25	C25	C25	C25
	T2	C35	C30	C30	C25	C30	C25
	T3	C40	C30	C35	C25	C35	C25
氯盐环境	L1	C40	C35	C35	C30	C35	C30
	L2	C45	C35	C40	C30	C40	C30
	L3	C50	C35	C45	C30	C45	C30

续表

环境 类别	环境 作用 等级	设计使用年限					
		100 年		60 年		30 年	
		钢筋混凝土和 预应力混凝土	素混凝土	钢筋混凝土和 预应力混凝土	素混凝土	钢筋混凝土和 预应力混凝土	素混凝土
化学侵蚀 环境	H1	C35	C35	C30	C30	C30	C30
	H2	C40	*	C35	C35	C35	C35
	H3	C45	*	C40	*	C40	*
	H4	C50	*	C45	*	C45	*
盐类结晶 破坏环境	Y1	C35	C35	C30	C30	C30	C30
	Y2	C40	*	C35	C35	C35	C35
	Y3	C45	*	C40	*	C40	*
	Y4	C50	*	C45	*	C45	*
冻融破坏 环境	D1	C35	C35	C30	C30	C30	C30
	D2	C40	*	C35	C35	C35	C35
	D3	C45	*	C40	*	C40	*
	D4	C50	*	C45	*	C45	*
磨蚀环境	M1	C35	C35	C30	C30	C30	C30
	M2	C40	*	C35	C35	C35	C35
	M3	C45	*	C40	*	C40	*

注：1. "＊"表示不宜使用素混凝土；
　　2. 本表中的抗压强度等级是按混凝土在标准条件下制作并养护 56d 时抗压强度值确定的。

4. 确定裂缝宽度限值与施工措施

前述 4 本规范均对钢筋混凝土结构表面裂缝计算宽度的限值进行了规定，但规定值略有不同，《公路混凝土桥规》对其规定见表 2-16，《铁路耐久性规范》对其规定见表 2-17。《铁路耐久性规范》《混凝土耐久性规范》等还对不同湿度或者不同环境类别和作用等级的混凝土施工养护制度提出了要求。

公路混凝土桥涵最大裂缝宽度限值　　　　　　　　表 2-16

环境类别	最大裂缝宽度限值（mm）	
	钢筋混凝土构件、采用预应力螺纹 钢筋的 B 类预应力混凝土构件	采用钢丝或钢绞线的 B 类 预应力混凝土构件
Ⅰ类—一般环境	0.20	0.10
Ⅱ类-冻融环境	0.20	0.10
Ⅲ类-近海或海洋氯化物环境	0.15	0.10
Ⅳ类-除冰盐等其他氯化物环境	0.15	0.10
Ⅴ类-盐结晶环境	0.10	禁止使用
Ⅵ类-化学腐蚀环境	0.15	0.10
Ⅶ类-磨蚀环境	0.20	0.10

铁路钢筋混凝土结构表面裂缝计算宽度的限值（mm） 表 2-17

环境类别	环境作用等级	表面裂缝计算宽度最大限值
碳化环境	T1	0.2
	T2	0.2
	T3	0.2
氯盐环境	L1	0.2
	L2	0.2
	L3	0.15
化学侵蚀环境	H1	0.20
	H2	0.20
	H3	0.15
	H4	0.15
盐类结晶破坏环境	Y1	0.20
	Y2	0.20
	Y3	0.15
	Y4	0.15
冻融破坏环境	D1	0.20
	D2	0.20
	D3	0.15
	D4	0.15
磨蚀环境	M1	0.20
	M2	0.20
	M3	0.15

注：当钢筋的保护层厚度超过 30mm 时，可将钢筋保护层厚度的计算值取为 30mm。

5. 确定保护层厚度与其他构造措施

同样，前述 4 本规范均对钢筋的混凝土保护层厚度给出了最小值，但《铁路耐久性规范》要求最高，《混凝土耐久性规范》要求最低。《公路混凝土桥规》要求的最小保护层厚度见表 2-18，《铁路耐久性规范》要求的桥涵混凝土结构的钢筋保护层厚度见表 2-19。

公路混凝土桥涵的钢筋最小保护层厚度（mm） 表 2-18

构件类别	梁、板、塔、拱圈、涵洞上部		墩台身、涵洞下部		承台、基础	
设计使用年限	100 年	50 年、30 年	100 年	50 年、30 年	100 年	50 年、30 年
Ⅰ类——一般环境	20	20	25	20	40	40
Ⅱ类-冻融环境	30	25	35	30	45	40
Ⅲ类-近海或海洋氯化物环境	35	30	45	40	65	60
Ⅳ类-除冰盐等其他氯化物环境	30	25	35	30	45	40
Ⅴ类-盐结晶环境	30	25	40	35	45	40

49

续表

构件类别	梁、板、塔、拱圈、涵洞上部		墩台身、涵洞下部		承台、基础	
设计使用年限	100 年	50 年、30 年	100 年	50 年、30 年	100 年	50 年、30 年
Ⅵ类-化学腐蚀环境	35	30	40	35	60	55
Ⅶ类-磨蚀环境	35	30	45	40	65	60

注：1. 表中数值是针对各环境类别的最低作用等级、按本规范第 4.5.3 条要求的最低混凝土强度等级以及钢筋和混凝土无特殊防腐措施规定的；
2. 对工厂预制的混凝土构件，其最小保护层厚度可将表中数值减小 5mm，但不得小于 20mm；
3. 表中承台和基础的最小保护层厚度，是针对基坑底无垫层或侧面无模板的情况规定的；对于有垫层或有模板的情况，混凝土最小保护层厚度可将表中数值减小 20mm，但不得小于 30mm。

铁路桥涵混凝土结构的钢筋最小保护层厚度　　表 2-19

环境类别	环境作用等级	最小保护层厚度(mm)
碳化环境	T1	35
	T2	35
	T3	45
氯盐环境	L1	45
	L2	50
	L3	60
化学侵蚀环境	H1	40
	H2	45
	H3	50
	H4	60
盐类结晶破坏环境	Y1	40
	Y2	45
	Y3	50
	Y4	60
冻融破坏环境	D1	40
	D2	45
	D3	50
	D4	60
磨蚀环境	M1	35
	M2	40
	M3	45

注：1. 设有防水层和保护层的顶面钢筋的混凝土保护层最小厚度可适当减少，但不得小于 30mm。
2. 当条件许可时，盐类结晶破坏和严重腐蚀环境下，桥涵混凝土结构钢筋的保护层最小厚度可适当增加。
3. 桩基础钢筋的混凝土保护层最小厚度应在本表基础上增加 30mm。
4. 先张法预应力筋的混凝土保护层最小厚度应在本表基础上至少增加 10mm。
5. 具有连续密封套管的后张法预应力钢筋的保护层最小厚度应与普通钢筋相同，且应不小于孔道直径的 1/2。无连续密封套管的后张法预应力钢筋的保护层最小厚度应在本表基础上至少增加 10mm。
6. 后张法预应力金属管外缘至混凝土表面的距离应不小于 1 倍管道直径（在结构的顶面和侧面）或 60mm（在结构底面）。

另外，应采取有利于减轻环境作用的构造布置和措施，如设置防排水设施，预应力筋封锚材料采用水胶比小、收缩率小的塑性混凝土，采取抹面、涂层等措施。

6. 明确防腐蚀强化措施

当混凝土结构处于严重腐蚀环境（如《公路混凝土桥规》的Ⅲ～Ⅶ类环境，《铁路耐久性规范》的 L3、H4、Y4、D4、M3）时，应根据工程的具体情况，采取防腐蚀强化措施（如钢筋进行环氧涂层或者阴极保护），桥梁结构形式、结构构造设计应有利于排水、通风，避免水汽凝结和有害物质积聚。

《铁路耐久性规范》给出的可选防腐蚀强化措施如表 2-20 所示。

不同环境下混凝土的防腐蚀强化措施（《铁路耐久性规范》）　　　表 2-20

环境作用等级 \ 强化措施	外包钢板	表面涂层	表面浸渍	防水卷材	涂层钢筋	钢筋阴极保护	降低地下水位	换填土
L3	√	√	√	√	√	√		
H4	√	√	√				√	√
Y4	√	√	√				√	√
D4	√	√	√					
M3	√	√	√					

注：1. "√"表示在该环境条件下可以选择该项防腐蚀强化措施。
　　2. 表面涂层包括防腐蚀涂层和防水涂层等。

7. 提出检查与维修要求

耐久性设计应提出检查与维修规划，明确跟踪检查的内容，预设检查与维修的构造和措施。对严重腐蚀环境下的重要构件，应在工程现场设置处于同等环境的专供跟踪检查取样用的构件，必要时埋设相应的元件。

2.5.4　提升耐久性的桥梁细部构造设计

细部构造不但关系到桥梁传力途径是否可靠、受力是否合理，而且关系到桥梁结构的耐久性能。耐久性设计不仅体现在材料选取上，而且体现在构造细节与施工工艺上。改进桥梁细部构造、提高桥梁耐久性可从以下几个方面入手：

1. 科学选用混凝土材料。高品质的材料可以减少病害的发生和降低发展速度。为了尽量避免碱骨料反应，要控制水泥、外掺剂的碱含量。在重要桥梁、重要部位使用低碱水泥，必要时加大保护层厚度，根据当地集料的特点控制混凝土的总碱含量。混凝土的配合比合理，减少混凝土的孔隙，以减缓碳化速度。

2. 上部结构应优先选用整体现浇或整体预制的方式。受运输、吊装能力的制约，过去修的桥梁多采用分片预制、分片安装，在装配式桥梁如钢筋混凝土 T 梁、空心板、双曲拱桥中，预制构件的横向连接在使用过程中容易发生应力集中、整体性差等问题，过早出现病害及病害发展过快的现象，而现浇结构和先简支后连续结构，梁与梁之间现浇连接的结构病害相对较轻，所以应优先选用。对于预制安装的结构，也要尽量设计为现浇连接。

3. 改进桥梁重要构件的可检查性、可维修性与可更换性。对于一些桥梁重要构件如梁、索塔、拉索等，一些细部构造如锚头、支座等，应采用比较易于检查的构造方式，增设检修孔，增强其可检查性，对于一些设计寿命短于桥梁主体设计寿命的构件，如拉索、系杆、吊杆、支座等，应在原桥设计时充分考虑上述构件维修、更换的操作方法，预留更换空间或装置等。

4. 完善寒冷地区混凝土的防冻设计。寒冷地区混凝土桥梁在冬季处于十分恶劣的冻融环境，雪后使用盐水，形成盐冻融将会使病害更为严重。所以设计时必须对防冻设计提出严格的要求，施工时对混凝土的配合比设计严格控制，增强密实度，达到防冻要求。

5. 避免主体结构直接受雨水侵蚀。过去的桥梁设计对此考虑的不全面，雨水常常通过栏杆外侧流向边梁，所以边梁外侧病害最为严重。因此，栏杆外侧构造应设置圆滑的滴水檐，这样既美观又耐久。

6. 设计良好的排水系统。收水口的设计必须保证不但能排桥面水，而且能排沥青铺装层间水。有很多桥的收水口高程高出水泥混凝土铺装的表面，致使沥青铺装的层间水长时间存留，造成混凝土的水损害，这种状况是必须防止的。引水管必须保证泄水通畅，不应存在堵塞现象。

7. 完善防水系统。混凝土的病害是由于外界的水溶液和二氧化碳通过混凝土的孔隙进入其内部造成的，无论是碱骨料反应、盐腐蚀、冻融还是碳化，如果没有孔隙就没有反应的条件，没有水进入就不会产生上述病害。所以一方面要提高混凝土本身的性能，另一方面要加强防护，堵住孔隙，这就需要有完善的防水系统。密封剂和涂装材料可以防止水溶液，尤其是化冰盐水的进入，防止混凝土的水损害。桥面防水非常重要，但最关键的是雨水泄水口、伸缩缝、伸缩缝处的梁端部位以及帽梁顶面、下部结构水位浮动处等都要特殊处理。总之，容易遭受水损害的部位都要进行防水处理。

8. 改善钢筋所处的环境。钢筋是在混凝土的保护下才能正常起受力作用。混凝土是具有碱性的，钢筋在碱性环境中表面形成钝化膜，阻止金属离子阳极与电解质的接触，使钢筋难于锈蚀。钝化膜一旦破坏，在有水和氧的条件下就会发生钢筋的氧化锈蚀。完好的混凝土可以保护钝化膜，一旦产生病害就破坏了碱环境，产生了钢筋锈蚀的条件，钢筋锈蚀时体积膨胀，又对混凝土产生进一步的破坏，最后导致结构使用寿命的缩短。

2.6　桥梁设计方案的比选

桥梁设计方案的比选是规划设计阶段的一个非常重要的技术经济工作，它对以后的初步设计、技术设计乃至施工图设计起着至关重要的作用。对于一定的建桥条件，在满足基本要求的情况下可以设计出多种不同的设计方案。

为了获得安全、经济、适用和美观的桥梁设计方案，应根据自然条件和技术条件，因地制宜，在综合应用所掌握的专业知识及充分了解国内外新技术、新材料、新工艺的基础上，进行深入细致的研究分析与对比工作，才能科学地得出完美的设计方案。

在确定桥位以后，桥梁设计方案的比选和确定可按下列步骤进行。

（1）拟定桥梁图式

在桥位纵断面图上，先按比例绘出设计水位、通航水位、堤顶标高、桥面标高、通航净空、堤顶行车净空位置图；再根据确定的总跨径和前述的分孔原则做出分孔规划，并对设计桥梁拟出一系列各具特色而又可能实现的桥梁图式。在拟定桥梁图式时，思路要宽广，只要基本可行，尽可能多绘一些图式（草图），以免遗漏可能的桥型方案。

对拟出的桥梁图式作进一步综合分析和判断，剔除在技术经济上明显劣势的图式，从中选出 2～4 个构思好、各具优点，但又一时难以判断优劣的图式，作进一步深入研究的比较方案。

（2）编制桥型方案

根据不同桥型、不同跨度、宽度和施工方法，拟定主要尺寸并尽可能细致地绘制各个桥型方案的尺寸详图。对于新结构，应做初步的力学分析，以准确拟定各方案的主要尺寸。在此基础上，计算出上、下部结构的主要工程数量，然后依据各省、市或行业的"估算定额"或"概算定额"，编制出各方案的主要材料（钢、木、混凝土等）用量、劳动力数量、全桥总造价。每一方案应汇出桥位处河床断面图及地质分层图。

（3）选定方案和汇总文件

在全面考虑建设造价、养护费用、建设工期、运营适用性、美观等因素基础上，进行综合分析，阐述每一个方案的优缺点，最后选定一个最佳的推荐方案。在深入比较过程中，应当及时发现并调整方案中的不尽合理之处，确保最后选定的方案是优中选优的方案。

一般说来，造价低、材料省、用工量少和桥型美观的方案是最佳的。但实际上并不尽然。因为有时当其他技术因素或使用要求上升为设计的主要矛盾时，就不得不放弃较经济的方案。因此，一定要分析和找出面临问题的关键所在，分清主次，才能探索出适合于各种具体情况的最佳方案。

上述工作全部完成之后，着手编写方案说明。说明书中应阐明方案编制的依据和标准、各方案的主要特色、施工方法、设计概算以及方案比较的综合性评述。对于推荐方案应作较详细的说明。各种测量资料、地质勘查和地震烈度复核资料、水文调查与计算资料、估算主要材料指标和造价等所依据文件名称（如概算定额、各种费率标准）等应按附件载入。

图 2-9 为湖南岳阳洞庭湖大桥的桥型方案比较图，该桥位于洞庭湖的长江出口处。各桥型主要优缺点见表 2-21，经过安全、耐久、适用、环保、经济、美观等多方面的论证，最后选择了三塔斜拉桥的方案。

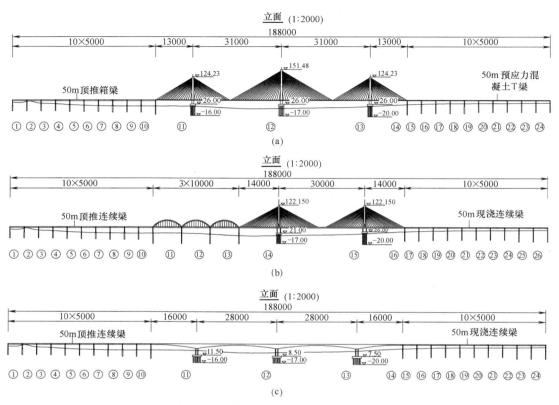

图 2-9 岳阳洞庭湖大桥桥型方案比较图

各桥型主要优缺点比较表

表 2-21

	三塔斜拉桥方案 （第1方案）	系杆拱配斜拉桥方案 （第2方案）	连续刚构方案 （第3方案）
安全性	1. 主桥跨度适中，板梁式结构施工方便，工期较短； 2. 西岸副孔采用预制T梁，可进行工厂化预制施工，质量可靠，工期有保障，但需大型预制场和吊装设备； 3. 主桥后期运营养护费用较高； 4. 行车较平顺	1. 主体采用箱梁断面，刚度大，施工安全； 2. 西岸副孔采用移动支架现浇，施工条件差，工期制约因素多并需要多套设备方能保证工期； 3. 主桥后期运营养护费用较高； 4. 行车平顺舒适	1. 主跨280m连续刚构为当前世界最大跨度，施工难度大，工期较长； 2. 西岸副孔采用预制空心板，可工厂化预制施工，质量可靠，工期有保障，但需要预制场与吊装设备； 3. 主桥后期运营养护费用少； 4. 行车平顺舒适
耐久性	1. 斜拉桥混凝土主梁主要承受轴向压力，承受的弯矩相对较小，截面不出现拉应力或者很小，耐久性较好。 2. 斜拉索寿命一般为20～30年，应考虑换索	耐久性与第1方案相当	混凝土连续刚构的跨中下挠和腹板开裂风险较大，耐久性较差

	三塔斜拉桥方案 （第1方案）	系杆拱配斜拉桥方案 （第2方案）	连续刚构方案 （第3方案）
适用性	1. 两孔310m主跨跨越主航道，与航道适应性好，通航净空大，防撞要求低； 2. 河床压缩少，有利汛期泄洪； 3. 西岸副孔30m简支T梁伸缩缝多，桥面连续易开裂	1. 主桥大跨少，对通航较不利，桥墩防撞要求较高； 2. 河床压缩较多，对汛期泄洪较不利； 3. 西岸副孔30m连续梁，伸缩缝较少	1. 两孔280m跨径连续刚构跨越主航道，与航道适应性好。通航净空大，防撞要求低； 2. 河床压缩多，汛期泄洪能力较差； 3. 西岸副孔30m空心板，伸缩缝多，桥面连续易开裂
环保性	1. 下部基础施工，要注意采取措施，避免泥浆、泥渣对湖水造成影响； 2. 主梁采用挂篮悬浇，上部结构施工对湖水影响不大； 3. 通车后，因主桥无伸缩装置，平稳性较好，对环境影响小	环保性与第1方案相当	环保性与第1方案相当
经济性	54295.7万元	53653.4万元	55412.8万元
美观性	桥型美观，气势宏伟，与周围环境协调好	高耸的桥塔与低矮的拱圈，大跨梁桥与小跨拱桥反差明显，配合不协调，桥型欠美观	主桥线条简洁明快，但因其高跨比例不很协调，影响桥型美观

小结及学习指导

（1）本章围绕桥梁规划设计的基本原则"安全、耐久、适用、环保、经济、美观"展开，分别从其内涵、实现过程（设计与建设的基本程序及各阶段工作目标与内容）、实现内容（平纵横设计、建筑美学体现、耐久性实现）、优选方案的角度展开。

（2）本章既要注意基本概念和知识体系的学习，把握知识的逻辑性、要求的完备性，又要结合规范学习，理解相应条款或者指标要求的必要性与合理性。

（3）本章的重要概念有：桥梁工程设计基本原则"安全、耐久、适用、环保、经济、美观"；预可行性研究报告、可行性研究报告、初步设计、技术设计、施工图设计；路缘带宽度、路肩宽度、中间带宽度、中央分隔带宽度；环境类别（一般环境、冻融环境、近海或海洋氯化物环境、除冰盐等其他氯化物环境、盐结晶环境、化学腐蚀环境、磨蚀环境）、作用等级等。

55

习题及思考题

2-1　桥梁设计的基本原则是什么，各有哪些具体要求？

2-2　一般桥梁设计中需要进行的资料调查工作包含哪些内容？

2-3　桥梁设计的工作程序包括哪几个方面？

2-4　预可行性研究报告与可行性研究报告的区别是什么？

2-5　初步设计的主要工作内容是什么？

2-6　技术设计的主要工作内容是什么？

2-7　工程估算、概算、预算分别在什么设计阶段进行？

2-8　桥梁平面设计中桥梁与路线走向的主从关系是什么？

2-9　桥梁纵断面设计包括哪些内容？

2-10　桥梁分孔考虑的因素有哪些？

2-11　规范对梁底（支座、拱脚）的高程规定有哪些？

2-12　绘出公路和铁路桥梁的建筑限界图。

2-13　简述桥梁建筑艺术设计的基本原则和美学观点。

2-14　桥梁耐久性的定义和设计基本原则是什么？

2-15　如何重视桥梁耐久性细部构造设计？

2-16　叙述桥梁设计方案比选的步骤和推荐方案的选定方法。

第3章
桥梁静力计算概要与防灾设计理念

本章知识点

【知识点】 桥梁静力计算与防灾设计的主要类型与内涵；桥梁风致灾害类型、近地风场特性、静风荷载与风致振动的类型及其降低方法、风振控制的气动措施；桥梁震害类型、地震成因与地震度量、地震动水准与设防目标、地震反应分析的主要方法、桥梁延性抗震设计的概念与构造规定，基于抗震的各种桥型设计原则；桥梁防撞的设计原则与措施。

【重点】 重点把握桥梁静力计算与防灾设计的主要类型与意义；风速与风压的关系，静风荷载与风致振动的类型及其降低方法，主梁颤振临界风速计算公式，涡激力频率计算公式；地震动水准与设防目标，以及地震反应分析的主要方法。

【难点】 深刻理解静风荷载与风致振动分类的机理、地震反应分析的反应谱方法与时程分析法的本质。

3.1 桥梁静力计算概要与防灾设计内涵

桥梁结构计算可分为静力计算和动力计算。静力计算包括内力与变形的计算、结构强度与刚度的验算、配筋计算等。后一部分内容已在《结构设计原理》课程中详细介绍，本教材桥梁计算只限于桥梁内力计算和变形计算两部分。动力计算主要研究结构的振动频率和振型、阻尼、车-桥相互作用、抗风性能、抗震性能和抗撞性能（如船舶撞击、汽车撞击等）等。

桥梁结构的静力设计计算是一个初拟结构，确定结构作用和结构反应，对拟定结构进行强度、刚度和稳定性验算，根据验算结果修改或确定结构的过程。为减少过程的反复次数，设计计算的顺序一般是"先上部结构后下部结构、先主要承重构件后次要承重构件"。

桥梁静力计算又分为总体计算和局部计算。总体计算一般将桥梁简化成杆系（平面杆系或空间杆系），并考虑结构的施工过程，即分阶段形成过程，因超静定桥梁的成桥状态与施工过程密不可分，如预应力混凝土梁桥就与施工过程中混凝土加载龄期、预应力张拉顺序、结构体系转换等紧密相关。局部计算主要是针对受力复杂构件或部位，以得到构件或部位的三维受力状态。

随着社会经济的发展，所建桥梁工程规模越来越大、体系越来越复杂、功能越来越多，出现了"超级工程"（Super Infrastructure）。这些工程的共同特点是：投资巨大、技术复杂、环境影响严重、灾害概率增大（包括强风、地震、海啸、船撞、恐怖袭击等），同时养护、维修、加固难度较大。因此像过去那样只局限于满足结构功能，单一层面上寻求结构安全已经不够，还必须针对桥梁结构防灾设计和耐久性设计作出规定。从 20 世纪 70 年代开始，国内外在总结经验教训的基础上，除了继续强调结构设计和施工的静力安全性之外，还逐步深入地开展结构抗风性能、抗震性能、抗撞性能的研究。结合结构防灾性能、耐久性能、整体可靠性、构件可换性等，对不同桥梁结构的灾害等级和风险水平进行分析，提出了防灾设计和耐久性设计的新概念，明确了结构寿命期。

静力设计计算是桥梁设计的基础工作，将在以后各篇中阐述。结构耐久性问题已在本篇第 2 章中阐述，本章主要阐述桥梁抗风、抗震和防船撞三方面的防灾理念和基本方法，主要目的有：第一，了解各种灾害对桥梁结构可能造成的损伤和破坏，以便在概念设计阶段就充分估计这些灾害和严重程度；第二，掌握桥梁结构抵抗各种灾害设计的基本原则、基本方法和有效手段，使得在概念设计阶段就预先准备好结构防灾方案与措施；第三，介绍国内外在桥梁结构防灾设计方面的先进理念、创新实践和成功经验，开拓经济、合理、全面、创新的防灾设计思路。从而使桥梁工程师从概念设计开始就能够全面而认真地对待桥梁结构防灾设计问题。

3.2　桥梁抗风设计理念

大跨柔性桥梁结构，除了进行必要的静力设计和分析之外，还应进行桥梁抗风设计。要进行桥梁抗风设计，首先，必须掌握风特性以及风对结构的作用；其次，需要理解桥梁主要构件（主梁和拱肋、桥塔和桥墩、主缆和拉索）等的静风荷载减少方法；再次，需要理解降低桥梁颤振、涡振、驰振以及拉索风雨激振等风致振动的工程实践和经验方法；最后，需要了解当桥梁结构自身抗风性能无法满足抗风要求时，如何改善结构抗风性能的控制措施等。

3.2.1　桥梁风致灾害

风灾是全球最常见和最严重的自然灾害之一，年复一年地给人类社会带来巨大的生命和财产损失，造成大量工程结构损伤和破坏。风灾具有发生频率高、次生灾害大（如暴雨、巨浪、风暴潮、洪水、泥石流等）、持续时间长等特点。20 世纪后 50 年国际十大自然灾害统计结果表明：风灾发生的次数最多，约占总灾害次数的 51%；风灾导致的死亡人数最多，约占 41%；风灾造成的经济损失最大，约占 40%。而我国是世界上少数几个受风灾影响最严重的国家之一。风灾发生频度高，平均每年在我国沿海地区登陆的台风有 7 个、引起严重风暴潮灾害 6 次，产生较大的经济损失。例如，2005 年我国十大自然灾害中有 4 次是风灾，造成直接经济损失 551 亿元，约占十大自然灾害全部损失的 2/3。

风对桥梁造成的灾害是多方面的，桥面振动有可能导致交通中断或使行人丧失安全感，导致桥梁构件过早疲劳破坏，严重的还会造成桥毁人亡的惨剧。而桥梁抗风设计主要针对桥梁的各种风致灾害。因此，本节主要介绍桥梁各种典型的风致灾害案例。

（1）旧塔科玛悬索桥风毁事故

旧塔科玛桥是一座三跨连续加劲悬索桥，主跨 853m，宽 11.9m，加劲梁为 H 形板梁，如图 3-1 所示，梁高只有 2.45m，是当时最细长的桥梁，加劲梁的抗扭刚度几乎等于零。

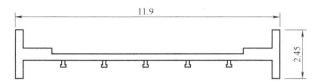

图 3-1　旧塔科玛桥加劲梁横断面图（单位：m）

旧塔科玛桥刚通车运营，就表现出了在风作用下发生强烈振动的倾向。运营初期发生的振动是竖向振动，振幅达 1.5m，但达到最大振幅后尚可以衰减下来，因为该振动为不同模态的竖向涡振，这是目前的研究学者研究证实的，但是当时并不清楚，也没有被重视。随后该桥经常发生这种竖向振动，导致跨中的连接主缆和加劲梁的斜吊索发生了疲劳损伤。直至 4 个月后，情况发生了灾难性的改变，随着跨中斜吊索的断裂，振动突然发生改变，变成了以一阶反对称扭转振型为主的振动。在 18m/s 的风速作用下，扭转振动越来越激烈，这种自激发散的振动（即颤振）持续了 3～7h，最后吊索疲劳断裂，大部分加劲梁坠入河中，如图 3-2 所示。

(a)　　　　　　　　　　　　　　　　　(b)

图 3-2　美国旧塔科玛桥的风毁
（a）风致扭转振动；（b）桥面折断坠落

59

虽然设计师莫伊塞夫在设计中已经作了当时所要求的全部抗风静力核算，

但是没有考虑风的动力作用，也没有意识到风动力作用的重要性。事实上，桥的风毁事故早已有之，如美国俄亥俄河上的威林悬索桥，主跨 308m，建成 5 年后于 1854 年被一次大风吹毁，可惜受人类认知能力的限制，这一事件没有得到应有的重视。

旧塔科玛桥这一可怕的风毁事故震惊了当时的桥梁工程界和空气动力学界，并开启了全面研究大跨度桥梁风致振动和气动弹性理论的序幕。70 多年来，特别是近 30 年来，已经取得了巨大的进展，形成了桥梁与结构的抗风设计原则和规范。

（2）日本东京湾通道桥的涡激共振

自旧塔科玛桥的风毁事故以后，大跨度桥梁设计中普遍加强了桥梁空气动力稳定性的研究，以确保桥梁在运营期间不会发生颤振毁桥事故。但是，其他形式的风致灾害还时有发生，如钢主梁的涡激共振。英国 Kossock 斜拉桥和日本东京湾通道桥均发生过这种风致振动。

东京湾通道桥全长 4384m，其中主桥为 10 跨一联的钢箱连续梁，最大跨径为 240m，钢箱梁为单箱三室结构，主跨墩顶梁高 10.5m，跨中梁高 6.0m，桥宽 22.9m。图 3-3 是该桥建成后的照片。

(a)　　　　　　　　　　　　　　　　(b)

图 3-3　东京湾通道桥
(a) 俯视图；(b) 最大跨近景

由于桥址处的设计风速高达 66.7m/s，因此设计初期就对该桥抗风研究给予了足够重视。风洞试验研究表明，该桥容易发生竖向的涡激共振，而且当风场流经钝体的箱梁后，会在梁的下游一侧发生旋涡脱落，并对桥梁产生上下交替作用力。随着风速增加，旋涡脱落的频率也增加，当脱落频率接近主梁的某阶自振频率时，就会发生共振现象，即为风致涡激共振。

按该通道建设方案，桥梁部分建成后先作为海上人工岛与隧道施工的通道，而不对公众开放。因此，建设当局决定建桥初期不采取抑振措施，观察一段时间再对症安装减振设备。正是这一决定，使桥梁工程师获得了一次在实桥上观测涡激振动的机会。

该桥于 1994 年 10 月完成了主梁架设任务，次年 2 月即观测到了明显的涡激振动现象。当风向与桥轴线接近垂直、风速达到 16~17m/s 时，桥面就发生明显的以一阶竖向模态为主的涡激共振，跨中单边振动峰值达 50cm。针对实桥涡激共振主要表现为竖向一阶和二阶振动的情况，设计了 16 台可调质量阻尼器（TMD），每台重达 100t，8 台用于抑制一阶振动，其余 8 台用于抑制二阶振动。阻尼器安装在箱梁内部，对交通没有任何影响。阻尼器安装后，风致涡激振动的振幅只有 5cm。

东京湾通道桥涡激共振的实例说明，并非只有悬索桥和斜拉桥才会发生风致振动。对于大跨度连续钢箱梁桥，当桥梁断面为明显的钝体，梁高又大，钢箱梁本身质量和阻尼相对混凝土梁要轻且小时，就有可能发生明显的涡激共振现象。另外，涡激振动是可以控制的，TMD 控制系统就是一种良好的机械控制手段。

（3）斜拉桥的拉索风雨振

随着斜拉桥跨径的不断增大，斜拉桥的拉索是斜拉桥中最为细长的柔性构件，极易发生振动，特别是在中等风速并伴有中等强度降雨的气候条件下，拉索极易发生由风雨导致的所谓风雨振动，引起斜拉索发生大幅振动。风雨振容易造成拉索和锚具的疲劳，引发桥面振动，严重影响桥梁的安全运营。

3.2.2　近地风场特性

地球被一层厚达 1000km 的大气所环绕，这一环绕地球的大气层从上到下可分为热层、中间层、平流层和对流层（又称大气边界层）。其中，大气边界层为地球表面以上约 10km 范围内的大气，人类活动主要在该层进行，例如航空飞行常常在近万米的高空，地球上最高的山峰——珠穆朗玛峰的高度为 8848m。

受地表影响，大气边界层内的自然风是一种在方向、时间及空间上具有相关特性的随机波动。根据大量风的实测资料可以看出，在风的时程曲线中，瞬时风速包含两种成分：一种是长周期部分，其值一般在 10min 以上；另一种是短周期部分，通常只有几秒钟左右。为了研究方便，通常将随机的自然风分解成以平均风速表示的平均风和均值为零的脉动风，分别加以研究，如图 3-4 所示。

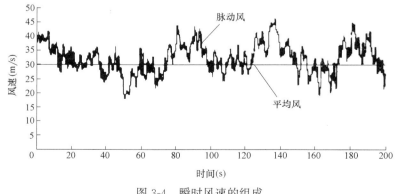

图 3-4　瞬时风速的组成

考虑到风的长周期远大于一般结构的自振周期，当桥梁结构的跨度较小（200m 以下）、刚度较大时，结构基本保持静止不动，这种空气力的作用只相当于静力作用。这种风荷载称为静风荷载（包括平均风荷载和脉动风荷载），它仅使结构产生静内力和静位移。风的风速大小、对结构的作用方向以及其他物理量都视为不随时间而变。而当桥梁结构跨度较大（200m 以上）、结构刚度较小时，由于结构的初始振动引起相对风攻角的变化，平均风作用于结构的三分力（阻力、升力、升力矩）不断变化，结构就会在平均风作用下产生风致振动（如驰振、颤振、某些形式的涡振），这种风的作用不仅具有静力特性，而且具有动力特性，称为动风荷载。此种情形，必须考虑风的风速大小、风向随时间的改变，即必须考虑脉动风的影响。同时，桥梁振动的结构会反过来影响风场，形成风与结构的相互作用，也即自激振动。

1. 平均风特性

平均风特性包括场地基本风速、风速沿高度分布的规律以及平均风速的攻角、风向等等。

（1）基本风速与风力等级

基本风速是反映结构物所在地的气候特点的一个参数，也是桥梁结构抗风设计的基本依据。基本风速的定义主要涉及地面粗糙度标准、高度标准、重现期以及时距标准等 4 个因素的选取，因此各种规范定义的基本风速标准可能不相同。例如我国气象部门选取的标准高度是 10m，而有些规范选取的基准高度是 20m，使用时应注意相互之间的换算。本书采用《公路桥梁抗风设计规范》JTG/T 3360-01—2018（以下简称现行《公路桥梁抗风设计规范》）的规定："基本风速为：桥梁所在地区开阔平坦地貌下，地面以上 10m 高度、重现期 100 年（即 100 年超越概率 63.2%）、10min 平均的年最大风速。当桥梁所在地区的气象台站具有足够的连续风观测数据时，宜采用当地气象站台 10min 平均年最大风速的概率分布模型，推算重现期 100 年（100 年超越概率 63.2%）的风速数学期望值作为基本风速"。"当缺乏风速资料时，可依据本规范，附录 A.2 全国基本风速分布值及分布图，或本规范'附录 A.3 全国主要地区不同重现期的风速值'，按较大值选取"。

平均风的大小通常按英国人蒲福（Beaufort）拟定的等级划分成 0～12 共 13 个等级，它是按照陆上地物、海面和渔船等特征以及 10m 高度处的风速、海面浪高等进行划分的，详细风力等级如表 3-1 所示。

蒲福（Beaufort）风力等级　　　　　　　　　　　　　　　表 3-1

风力等级	名称		离地 10m 高处相当风速（m/s）		陆上地物特征	海面和渔船特征	海面大概波浪高（m）	
	中文	英文	范围	中值			一般	最高
0	静风	Calm	0.0～0.2	0	静，烟直上	海面平静	—	—
1	软风	Light Air	0.3～1.5	1	烟能表示风向，风向标不能转动	微波如鱼鳞状，没有浪花；一般渔船略觉摇动，正好能使舵	0.1	0.1

风力等级	名称		离地 10m 高处相当风速（m/s）		陆上地物特征	海面和渔船特征	海面大概波浪高（m）	
	中文	英文	范围	中值			一般	最高
2	轻风	Light Breeze	1.6～3.3	2	人面感觉有风,风向标能转动	小波,波长尚短,但波形显著;渔船张帆每小时行 1～2n mile	0.2	0.3
3	微风	Gentle Breeze	3.4～5.4	4	树叶及小枝摇动不息,旗子展开	小波加大,波峰开始破裂;渔船张帆每小时可行 3～4n mile	0.6	1.0
4	和风	Moderate Breeze	5.5～7.9	7	能吹起地面灰尘和纸张,树枝动摇	小浪,波长变长;白浪成群出现;渔船满帆可使船身倾侧	1.0	1.5
5	清风	Fresh Breeze	8.0～10.7	9	有叶的小树摇摆,内陆的水面有小波	中浪,具有较显著的长波形状;渔船需缩帆一部分	2.0	2.5
6	强风	Strong Breeze	10.8～13.8	12	大树枝摇动,电线呼呼有声,撑伞困难	轻度大浪开始形成;渔船缩帆大部分	3.0	4.0
7	疾风	Near Gale	13.9～17.1	16	全树摇动,迎风步行感觉不便	轻度大浪,碎浪而成白沫沿风向呈条状;渔船不再出港	4.0	5.5
8	大风	Gale	17.2～20.7	18	小枝折断,人迎风前行感觉阻力甚大	有中度的大浪,波长较长;所有近海渔船都要靠港	5.5	7.5
9	烈风	Strong Gale	20.8～24.4	23	建筑物有小毁,屋瓦被掀起,大树枝折断	狂浪,沿风向白沫呈浓密的条带状;机帆船航行困难	7.0	10.0
10	狂风	Storm	24.5～28.4	26	树木可吹倒,一般建筑物遭破坏	狂涛,波峰长而翻卷;机帆船航行颇危险	9.0	12.5
11	暴风	Violent Storm	28.5～32.6	31	大树吹倒,一般建筑物遭严重破坏	异常狂涛,能见度受影响,机帆船遇之极危险	11.5	16.0
12	飓风	Hurricane	>32.6	—	陆上少见,摧毁力极大	海浪滔天,海面完全变白,能见度严重受到影响	14.0	—

（2）风速随高度变化的规律，地面粗糙度的影响

基本风速是在标准高度（10m）时的风速，我们研究的桥梁或其他结构物，可能位于其他高度，因此还必须解决由基本风速换算到任意高度（近地表高度，一般不超过 500m）风速的问题。

在边界层内，风速是由地表向上逐渐增加的，在竖平面，风速沿高度变化的曲线称为风速廓线。一个场地的风速廓线的具体形状与该场地的地表粗糙度有很大关系。不少研究者用理论推导加经验修正的方式，提出了各种风速廓线的函数表达式，主要有对数型和指数型两种，它们都只在离地面高度的一定范围内近似成立。

1）风速廓线的指数律

指数律计算方便，与对数律差别不大，我国现行《公路桥梁抗风设计规范》采用的是指数律，"假定大气边界层内风速沿铅直高度的分布服从幂指数律"，即

$$\frac{U_Z}{U_{10}} = \left(\frac{Z}{10}\right)^{\alpha} \tag{3-1}$$

式中　U_Z——高度 Z 处的风速（m/s）；

　　　U_{10}——高度 10m 处的风速（m/s）；

　　　α——考虑地表粗糙度影响的无量纲幂指数，见表 3-2。

地表分类　　　　　　　　　　　　　　　　　　　表 3-2

地表粗糙度类别（简称地表类别）	地表状况	α	地表粗糙高度（m）
A	海面、海岸、开阔水面、沙漠	0.12	0.01
B	田园、乡村、平坦开阔地、丛林及低层建筑物稀少地区	0.16	0.05
C	树木及低层建筑物密集地区、中高层建筑物稀少地区、平缓丘陵地区	0.22	0.3
D	中高层建筑物密集地区、起伏较大的丘陵	0.30	1.0

2）风速廓线的对数律

为此，引入地面粗糙长度 Z_0、地面阻力系数 k_d 和零平面高度 Z_d 的概念。地面粗糙长度 Z_0 是地表面旋涡尺寸的量度，它的实测值离散性很大，一般由经验确定取值范围，如表 3-3 所示。

不同地面类型的地面粗糙长度 Z_0 值　　　　　　表 3-3

地面类型	粗糙长度 Z_0(m)
砂地	0.0001～0.001
雪地	0.001～0.005
草地，干旷草原	0.01～0.04
高草地	0.04～0.10
松树林（平均树高 15m，每 $10m^2$ 一棵树，$Z_d=12$）	0.9～1.0
稀疏建设的市郊	0.20～0.40
密集建设的市郊、市区	0.80～1.20
大城市中心	2.00～3.00

地面阻力系数 k_d 由地面粗糙长度 Z_0 确定：

$$k_d = \left[\frac{k}{\ln\left(\frac{10}{Z_0}\right)} \right]^2 \tag{3-2}$$

式中 $k=0.4$ 是著名的冯卡门系数。已知 k_d 后，又可以确定零平面高度 Z_d：

$$Z_d = \overline{H} - \frac{Z_0}{k_d} \tag{3-3}$$

式中 $\overline{H}$ 是城市中建筑的平均高度。Z_d 是应用对数律风速廓线的起点高度，故称为零平面高度。设实际高度为 Z_P，那么有效高度 Z 为

$$Z = Z_P - Z_d \tag{3-4}$$

风速廓线的对数定律最后用有效高度与地面粗糙长度 Z_0 的比值表示为

$$U(Z) = \frac{1}{k} u^* \ln \frac{Z}{Z_0} \tag{3-5}$$

式中　u^*——流动剪切速度，$u^* = \left(\frac{\tau_0}{\rho}\right)^{\frac{1}{2}}$，$\tau_0$ 是空气在地表附近的剪切力。

（3）基本风压与基本风速的变换关系

为便于直接计算风的静荷载，需明确基本风速 U_J 与基本风压 q 的关系。由伯努利方程可知：

$$q = \frac{1}{2} \rho U_J^2$$

于是

$$U_J = \sqrt{\frac{2q}{\rho}}$$

式中　ρ——空气密度，对纬度 45° 的海平面附近在常温 15℃ 的干燥空气有：$\rho = 1.226\text{kg/m}^2$，其他情况可近似取该值。

2. 脉动风速特性

早期的结构工程师只注意到风的平均效应，将风力看作一个静荷载。实际上，风的脉动分量产生的效应是不可忽略的。它使结构承受随时间变化的荷载，影响疲劳寿命和使用舒适度；在某些情况下会引起共振，产生灾害性后果；它还会改变结构在平稳流中表现的气动力特性。表征风的脉动分量的参数有紊流强度、紊流积分尺度、脉动风的功率谱函数等。下面主要介绍紊流强度的概念。

（1）紊流强度

风速是一个空间矢量，可以记为 $\vec{V}$，如果取平均风速 U 所在方向为坐标轴的 x 方向，取竖平面内与 x 垂直的方向为 z 轴，按右手系定义坐标系 XYZ，则可以分解出风速 $\vec{V}$ 沿三个方向的分量，如图 3-5 所示。

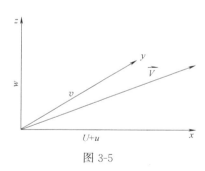

图 3-5

$$V_x = U + u(t)$$
$$V_y = v(t) \tag{3-6}$$
$$V_z = w(t)$$

由于风的随机性，速度脉动分量 $u(t)$、$v(t)$、$w(t)$ 都是随机过程，一般可假定是均值为零的平稳随机过程，可以求出脉动分量的均方差 σ_u、σ_v、σ_w，它们可以理解为脉动分量的平均变化幅度。**紊流强度**即是脉动分量平均变化幅度与平均风速之比，分别用 I_u、I_v、I_w 表示，即：

$$I_u = \frac{\sigma_u}{U}, \quad I_v = \frac{\sigma_u}{U}, \quad I_w = \frac{\sigma_w}{U} \tag{3-7}$$

依式（3-7）的定义，我们可以由桥址处风速风向的实测值计算出桥址处的紊流强度。当缺少桥址处紊流风观测数据时，我国现行《公路桥梁抗风设计规范》建议顺风向的紊流强度 I_u 的平均值按表 3-4 选取。显然，紊流强度与地面粗糙度和测点高度有很大关系，测点越高、紊流强度越小，地面越粗糙，紊流强度也越大。另外，我们从经验中也可感受到顺风向的紊流强度 I_u 一般大于水平横风向的紊流强度 I_v 和竖平面方向的紊流强度 I_w，因此我国现行《公路桥梁抗风设计规范》建议无实测资料时，可取 $I_v = 0.88 I_u$，$I_w = 0.50 I_u$。

顺风向紊流强度 I_u 表 3-4

高度(m) \ 地表粗糙度类别	A	B	C	D
$10 < Z \leqslant 20$	0.14	0.17	0.25	0.29
$20 < Z \leqslant 30$	0.13	0.16	0.23	0.29
$30 < Z \leqslant 40$	0.12	0.15	0.21	0.28
$40 < Z \leqslant 50$	0.12	0.15	0.20	0.26
$50 < Z \leqslant 70$	0.11	0.14	0.18	0.24
$70 < Z \leqslant 100$	0.11	0.13	0.17	0.22
$100 < Z \leqslant 150$	0.10	0.12	0.16	0.19
$150 < Z \leqslant 200$	0.10	0.12	0.15	0.18

（2）紊流积分尺度、风功率谱函数

简言之，紊流积分尺度是气流中紊流涡旋平均尺寸的量度；风速脉动分量的功率谱函数表示了紊流中各频率成分所做贡献的大小。两者具体内涵与计算公式见相关资料。

3. 风场的空间相关性

强风观测结果表明，在紊流风场中，空间各点的风速和风向不是完全同步的。风的空间相关性是指风场中侧向左右点的相关性和竖向上下点的相关性。特别是对于在水平方向有一定长度的大跨度桥梁，风的左右相关性的影响尤为重要。风的空间相关特性表明，在一定的风场中，当某点达到最大风速时，离该点越远的点，同时达到最大风速的概率就越小。

3.2.3 风对结构的作用及主要研究方法

如前所述，风对桥梁结构的作用可以分为静力作用和动力作用。当桥梁跨度较小时，结构刚度较大，在风中基本保持静止，风对结构的作用可采用静阵风荷载计算；当桥梁跨度逐渐增加时，结构刚度也随之减小，容易在风中振动，风对桥梁的作用体现为动力作用。风对桥梁的作用受到风的自然特性、结构的动力特性以及风与结构的相互作用三方面的制约。风对桥梁的作用分类见表 3-5。

风对桥梁的作用 表 3-5

分类	现 象			作用机制
静力作用	静风载引起的内力和变形			平均风的静风压产生的阻力、升力和扭转力矩作用
	静力不稳定	扭转发散		静（扭转）力矩作用
		横向屈曲		静阻力作用
动力作用	抖振（紊流风响应）(Buffeting)	限幅振动		紊流风随机激励作用
	自激振动	涡振（Vortex Shedding）		旋涡脱落频率与结构自振频率相近或相等时的涡激力作用
		驰振（Galloping）	单自由度	发散振动	自激励的气动负阻尼效应——阻尼振动
		扭转颤振（Flutter）		
		弯扭耦合颤振（Flutter）	二自由度	自激励的气动刚度驱动

注：现行《公路桥梁抗风设计规范》又将风对结构的静力作用效应分为静力效应与静风效应。考虑到这种区分对读者意义不显著，本书不细述。

1. 静风荷载

平均风产生的静荷载简称静风荷载，三分力系数则是描述静风荷载的一组无量纲参数。由于桥梁断面的存在改变了流场的分布与特性，由此产生了桥梁断面上下表面压强差和前后表面的压强差，分别对桥梁断面上下表面压强差和前后表面压强差进行面积积分，即可得到桥梁断面所受的升力荷载和阻力荷载，此外，由于升力与阻力的合力作用点往往与桥梁断面的形心不一致，还会产生对形心的扭矩。因此整个断面的风荷载包含升力 F_V、阻力 F_H 与扭矩 M_T 三个分量，如图 3-6 所示。

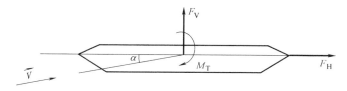

图 3-6 风荷载在体轴坐标系下的三分力

图 3-6 的三分力是按桥梁断面本身的体轴坐标系来分解定义的，因此称为体轴坐标系下的三分力。有时（例如风洞试验中）需要按风轴坐标系来测定三分力，分别记为升力 F_L、阻力 F_D 和扭矩 M_T，它们之间的转换关系为：

$$\binom{F_V}{F_H}=\begin{pmatrix} \cos\alpha & \sin\alpha \\ -\sin\alpha & \cos\alpha \end{pmatrix}\binom{F_L}{F_D} \tag{3-8}$$

如果引入无量纲的静力三分力系数来描述具有同样形状截面的静风荷载的共同特征，则体轴坐标系下，静风荷载可以表示为：

$$阻力：F_H=\frac{1}{2}\rho U^2 C_H D \tag{3-9}$$

$$升力：F_V=\frac{1}{2}\rho U^2 C_V B \tag{3-10}$$

$$扭矩：M_T=\frac{1}{2}\rho U^2 C_M B^2 \tag{3-11}$$

式中　　　U——离断面足够远的上游来流平均风速；

C_H、C_V、C_M——分别为体轴坐标系下的阻力系数、升力系数与扭矩系数；

D、B——分别为桥梁断面高度与宽度。

式（3-9）～式（3-11）表示的是单位长度的风荷载。式（3-9）用主梁投影高度 D 计算阻力 F_H 是我国现行《公路桥梁抗风设计规范》规定的方法，有些文献统一用一个特征尺寸即桥宽 B 来定义三分力系数，这时：

$$F_H=\frac{1}{2}\rho U^2 C'_H B \tag{3-12}$$

显然，对于同一种截面，由式（3-9）和式（3-12）分别定义的阻力系数存在转换关系：

$$C'_H=C_H\frac{D}{B} \tag{3-13}$$

2. 风致静力失稳

大跨度桥梁在静风荷载作用下的失稳模式因桥型不同会出现较大的差异。对于缆索承重结构如大跨度悬索桥或单索面斜拉桥，可能的失稳模式有扭转发散与侧向弯扭屈曲，前者升力矩是主因，后者阻力是主因。从风洞试验结果看，扭转发散更危险，而且可能在颤振前发生。对于大跨度拱桥，其静风荷载主要是主拱结构上的阻力，且风荷载对主拱或者加劲梁的变形依赖性不强，因此其可能失稳的模式表现为主拱的侧向屈曲失稳。因此，大跨度缆索承重桥梁扭转发散的力学计算特点是要充分考虑结构的几何非线性和外荷载非线性，材料非线性通常可忽略。大跨度拱桥侧向屈曲失稳的力学计算特点是充分考虑结构的几何与材料非线性，而可忽略外荷载非线性。

3. 边界层与动力相似定律（雷诺数）

如前所述，当风以一定的速度向前运动遇到结构阻碍时，结构即承受了风压。在顺风向，风压可分成平均风压和脉动风压。顺风向效应是结构风工程中必须考虑的效应，在一般情况下，它起着主要的作用。在横风向，由于旋涡规则或不规则脱落等原因，产生了横风向振动，偏心时还会带来扭转振动。在横风力作用下，由于旋涡形成的情况不同，结构的受力性质也将不同，它与截面形状以及雷诺数 Re 有关。

在空气流动中，对流体质点起着主要作用的是两种力：惯性力和黏性力。

根据牛顿第二定律，作用在流体上的惯性力为单位面积上的压力 $\frac{1}{2}\rho U^2$ 乘以面积。黏性力是流体抵抗剪切变形能力的力，它等于黏性应力乘以面积。事实上，虽然空气和水的黏性很小，在一般流动中，可以忽略，但在靠近物体表面处，黏性是不可忽略的。正因气体黏性的存在，紧贴物体表面的流体被黏附在物体表面上，其速度为0。物体表面附近的这一层流称为边界层。

工程科学家雷诺在 19 世纪 80 年代，通过大量试验，首先给出了以惯性力与黏性力之比（该比值后人称为雷诺数）为参数的动力相似定律，即只要雷诺数相同，动力学便相似。这样通过风洞试验便可预言真实结构所要承受的力。因为惯性力的量纲为 $\rho U^2 l^2$，而黏性力的量纲是黏性应力 $\mu U/l$（式中 μ 称为黏性）乘以面积 l^2，故雷诺数为

$$Re=\frac{\rho U^2 l^2}{\dfrac{\mu U}{l}\cdot l^2}=\frac{\rho U l}{\mu}=\frac{U l}{\eta} \tag{3-14}$$

式中，$\eta=\mu/\rho$ 称为动黏性，它等于绝对黏性 μ 除以流体密度 ρ，其值为 $0.145\times10^{-4}\ \mathrm{m^2/s}$。将该值代入上式，并用垂直于流速方向物体截面的最大尺度 B 代替上式的 l，则上式变成

$$Re=69000UB \tag{3-15}$$

4. 空气动力失稳（驰振与颤振）

在风力作用下结构必然产生响应。在一般情况下，由于结构阻尼的存在，其响应受到控制，振动是稳定的。但是在某些情况下，由于结构截面的形状以及可能产生的攻角（也称迎角，相对气流方向与截面主轴的夹角，见图 3-6），使得结构在激励作用下可能产生气动负阻尼成分。如果风速到达某一临界值，气动负阻尼大于正阻尼，结构振动不能弹回而愈演愈烈。直至到达极大的振幅而产生失稳破坏，这种现象称为空气动力失稳。由纯弯曲产生的失稳，称为**驰振**，通常发生在质量轻、柔度大的结构上，如索塔、斜拉索或吊杆。由弯扭耦合或者扭转产生的失稳则称为**颤振**。弯扭耦合颤振频率为桥梁弯曲振动固有频率和扭转振动固有频率的中间值，当扭弯频率比为 1 时，颤振临界风速最小。扭转颤振主要发生在具有尖锐棱角的非流线型截面的结构中。旧塔科玛桥的风毁事故便是由扭转颤振引起的。

在工程上须避免空气动力失稳。桥梁抗风计算的核心问题是风速临界值的验算，通过采用优化桥梁截面、提高刚度等方法来提高桥梁的颤振临界风速，使之超过当地百年一遇统计风速，以避免破坏事故的发生。

5. 风致限幅振动（涡振与抖振）

风致限幅振动包括涡激振动和抖振两种。

远方来的均匀流（平均风）经过截面（特别是钝体截面）时，在尾流中将出现交替脱落的旋涡，截面背后周期性的旋涡脱落将对截面产生周期性变化的作用力——涡激力。周期性的涡激力将引起结构的振动，称为涡激振动（简称涡振）。

涡激力的频率（漩涡脱落的频率）与风速、截面的形状尺寸（或者雷诺数）之间存在密切的关系。1898 年 Strouhal，1911 年 Von Karman、Karman-Dunn 等在基于试验或者复势场理论的流体绕圆柱体流动的规律研究中逐步得到了下列关系：

$$f_v = S_t \cdot \frac{U}{d} \tag{3-16}$$

式中　　f_v——涡激频率，也称脱落频率；

　　　　U——远方来流的风速；

　　　　d——截面投影到气流垂直的平面的特征尺度，对于一般钝体截面，可取迎风面的高度；

　　　　S_t——Strouhal 数，对于黏性和密度一定的流体和一定形状尺寸的截面，该值是常数。对于圆柱体和黏性很小的风，S_t 约为 0.2。

当涡激力的频率与结构物的自振频率一致时，即发生涡激共振。这种兼有自激和强迫特性的振动，轻者引起结构耐久性、行车舒适性问题，重者可能引起结构过大的变形，甚至强度问题。因此，应对其引起的振幅进行限制。

从式（3-16）来看，涡频 f_v 与风速 U 呈线性关系，f_v 等于结构某一自振频率 f_s 的条件只在某一风速下才能被满足，但是频率为 f_s 的振动状态将对旋涡脱落产生反作用，使得一定范围内，风速变化不能改变脱落频率，即脱落频率 f_v 在相当长的风速范围内被结构振动频率所"俘获"，这就是涡振特有的频率"锁定"现象。相应的风速区间称为涡振锁定风速。

抖振是由紊流风（不规则变化的阵风）引起的结构振动。抖振发生的风速较低，但频率较高，即使不致引起结构的破坏，也可能引起构件、接头的疲劳，或造成司乘人员的不适，因此应对其振幅进行验算。

6. 主要研究方法

桥梁风工程的研究方法主要有三种：理论分析、风洞试验与现场观测、数值模拟。

理论分析方法就是运用空气动力学原理，建立各类风荷载的数学模型，然后应用结构动力学方法，求解各类风致振动和稳定问题。理论分析方法在建立风工程的基本理论方面起着决定性的作用。

风洞试验是空气动力学研究的一个十分重要的手段。进行桥梁风工程研究的风洞均是边界层风洞。这种风洞的特点是最高风速一般不超过 100m/s，试验段应尽量长以便模拟大气边界层内自然风场的紊流特性。

桥梁的风洞试验种类繁多。按模型类型可分为全桥模型和节段模型风洞试验等。

按风对桥梁的作用现象，桥梁的风洞试验还可分为颤振、抖振、涡激振动、静力三分力试验等；按对自然风特性的模拟可分为均匀流场、紊流风场风洞试验等。

计算流体力学（CFD）在空气动力学模拟中的应用被形象地称为数值风洞技术。计算流体力学技术发展很快，并在许多商用软件中实现，应用于静力三分力系数的模拟也有相当满意的表现，但是用于颤振、涡振、抖振等计算仍有相当的困难，这些困难包括 4 个方面：模拟断面本身振动的动网络技术；模拟钝体断面周围紊流场的技术；高雷诺数要求与计算机能力的平衡；对桥梁断面上附属结构物如栏杆等模拟的灵敏度的问题。

3.2.4 降低静风荷载的概念设计方法

截面形式和结构尺寸对静风荷载的影响，下面按照主梁和拱肋、桥墩和桥塔、主缆和拉索等构件形式进行讨论。

1. 主梁和拱肋

主梁和拱肋的截面形式和结构尺寸对静风荷载值影响很大。从总体上来看，截面形式越接近于流线型，静风荷载就越小；反之，截面形式越类似于钝体，静风荷载就越大。影响静风荷载的主要结构尺寸是主梁或拱肋截面的宽度和高度，宽高比越大，静风荷载就越小，反之，宽高比越小，静风荷载就越大。

图 3-7 给出了 6 种常用的混凝土主梁截面，其中，图 3-7（a）形式静风荷载最小，图 3-7（f）形式其次，因为宽高比很大，接近流线型；图 3-7（b）形式静风荷载最大，图 3-7（c）形式其次，因为宽高比小，接近钝体。

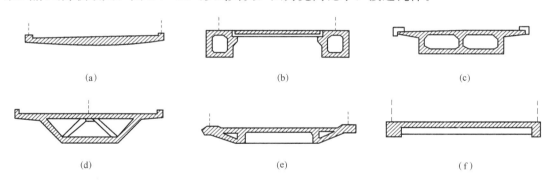

图 3-7　混凝土主梁截面

图 3-8 给出了 6 种钢实腹主梁截面，其中，图 3-8（a）、（b）、（c）和（e）形式静风荷载较大，因为直腹板接近于钝体；图 3-8（d）、（f）形式静风荷载较小，因为斜腹板流线型较好。

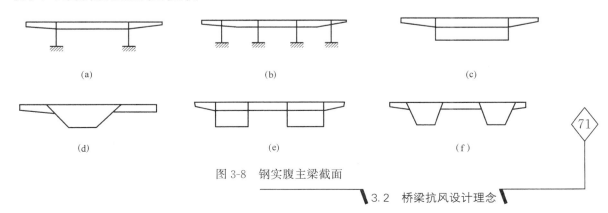

图 3-8　钢实腹主梁截面

图 3-9 给出了 4 种钢箱主梁截面，其中，图 3-9（b）形式静风荷载最小，因为宽高比最小；图 3-9（a）、（c）形式静风荷载其次，两者相近，因为前者梁高较大，但设置了长风嘴，后者尽管没有设置风嘴，但梁高较小；图 3-9（d）形式是分体式钢箱主梁截面，静风荷载稍大于以上 3 种形式，但风振性能特别是颤振稳定性较好。

拱桥一般具有两片或两片以上的拱肋，拱肋截面与主梁截面相比，宽度要小很多。作用在每片拱肋上的静风荷载一般可以忽略升力矩分量，剩下的阻力分量和升力分量主要取决于最外侧拱肋及其高度的外轮廓形状，并且每一片拱肋所受到的阻力和升力应该都是不一样的。减小静风荷载的方法主要是提高外侧拱肋组成的外轮廓的宽高比，或采用拱肋截面倒角等措施将截面流线化。

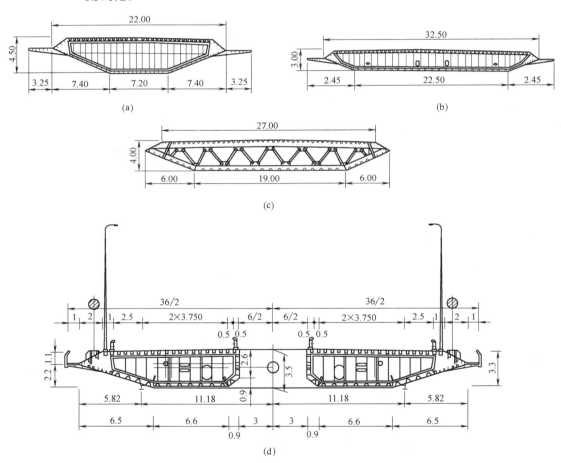

图 3-9　钢箱主梁截面（尺寸单位：m）

2. 桥墩和桥塔

桥墩和桥塔一般都是竖直构件：一方面，这类竖直构件沿着高度方向截面是变化的，风速大小也是变化的，因此，静风荷载沿高度变化比较复杂；另一方面，这类竖直构件承受升力和升力矩分量较小，且对竖直构件的受力不起控制作用。因此，静风荷载可只考虑阻力分量一项。桥墩和桥塔的静风荷载一般是指某个高度构件的静风阻力，简单几何形状截面的桥墩和桥塔的静风阻力系数可以参考表 3-6（节选自现行《公路桥梁抗风设计规范》JTG/T 3360-01—2018 表 5.4.2-1）。

桥墩和桥塔阻力系数　　　　　　　　　　表 3-6

截面形状	t/b	桥墩或桥塔的高宽比						
		1	2	4	6	10	20	40
风向 ▭ t b	≤1/4	1.3	1.4	1.5	1.6	1.7	1.9	2.1
风向 □ t b	1	1.2	1.3	1.4	1.5	1.6	1.8	2.0
风向 ▭ t b	≥4	0.8	0.8	0.8	0.8	0.8	0.9	1.1
◇ 正方形 或八角形 ⬡		1.0	1.1	1.1	1.2	1.2	1.3	1.4
○ 12边形		0.7	0.8	0.9	0.9	1.0	1.1	1.3
⊘ 光滑表面圆形 若 $Dv_0 \geq 6\text{m}^2/\text{s}$		0.5	0.5	0.5	0.5	0.5	0.6	0.6
● d 1. 光滑表面圆形若 $dU_d \leq 6\text{m}^2/\text{s}$; 2. 有粗糙面或带凸起的圆形		0.7	0.7	0.8	0.8	0.9	1.0	1.2

当桥墩或桥塔的高度很高时，静风荷载会很大，有时必须要兼顾墩柱或塔柱截面的建筑外形和静风荷载。通车时我国跨度最大的悬索桥——主跨1650m 的舟山西堠门大桥，桥塔断面就曾经进行了多轮气动选型，其中，首轮对常用的双矩形截面，比较了三种倒角形式，即外凸圆形、内凹圆形和内凹矩形，如图 3-10 所示。4 种不同倒角形式的双塔柱截面的横桥向静风阻力

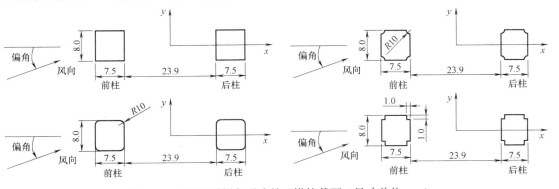

图 3-10　4 种不同倒角形式的双塔柱截面（尺寸单位：m）

系数 C_x 和顺桥向静风阻力系数 C_y 如表 3-7 所示，横桥向和顺桥向最大静风阻力系数在外凸圆形倒角后只有不倒角的 1/4 左右；内凹圆形和内凹矩形两种倒角相差不大，也都可以减小大约 30% 的静风阻力系数。所以，在满足结构要求的前提下，应当结合建筑外形设计，对矩形截面进行适当的倒角处理以减小静风荷载。

4 种不同倒角形式的双塔柱截面静风阻力系数　　　　表 3-7

系数	偏角(°)	简单矩形		外凸圆形		内凹圆形		内凹矩形	
		前柱	后柱	前柱	后柱	前柱	后柱	前柱	后柱
横桥向	0	1.45	1.88	0.37	0.34	1.06	0.49	1.03	0.50
	45	1.19	1.65	0.98	0.79	1.27	1.28	1.23	1.34
	90	0.10	−0.11	−0.04	0.05	0.10	−0.15	0.10	−0.08
顺桥向	0	0.01	0.01	0.01	−0.01	−0.10	0.00	0.00	0.03
	45	1.49	1.71	1.21	0.95	1.49	1.36	1.58	1.41
	90	1.95	1.91	0.54	0.54	1.40	1.38	1.36	1.37

　　通车时世界跨度最大的斜拉桥——主跨 1088m 的苏通长江公路大桥，桥塔断面也曾进行了气动外形的比较，图 3-11 所示为这 4 种比较的横截面形式。表 3-8 给出了不同截面的静风阻力系数，截面形式 1 和截面形式 4 的静风阻力系数在横桥向有 20% 以上的差别，在顺桥向有 30% 以上的差别，这对于 300m 高的桥塔而言，其静风荷载是相当可观的。

(a)　　　　　　　(b)　　　　　　　(c)　　　　　　　(d)

图 3-11　4 种塔柱截面形式

(a) 截面形式 1；(b) 截面形式 2；(c) 截面形式 3；(d) 截面形式 4

4 种不同塔柱截面的静风阻力系数　　　　表 3-8

截面 系数 桥向	截面形式 1	截面形式 2	截面形式 3	截面形式 4
横桥向	1.449	1.491	1.511	1.789
顺桥向	1.125	1.160	1.197	1.504

3. 主缆和拉索

具有流线型圆截面的悬索桥主缆和吊索以及斜拉桥斜拉索，所受到静风荷载的作用，与桥墩和桥塔一样，一般也只需考虑阻力分量。悬索桥主缆的静风阻力系数一般不变，单根主缆可取 0.7 左右。由于雷诺数效应的影响，斜拉桥拉索的静风阻力系数要比悬索桥主缆大，一般取值为 0.8~1.0。

3.2.5 减少或避免风致振动的概念设计方法

风致振动主要包括缆索承重桥梁的主梁颤振、驰振、涡振和抖振，大跨度拱桥钝体拱肋截面的涡振，钢桥塔的驰振和涡振，斜拉索的风振和风雨激振，吊杆的风振等。

颤振、驰振、涡振、抖振的概念已在前述。拉索风雨激振是一种大振幅的自激振动，其振幅也应限制。

在桥梁概念设计阶段，主要是考虑避免或者限制主梁颤振和驰振、主梁或拱肋涡振、拉索风雨激振等发散性或大振幅的自激振动，而其他有限振幅的非破坏性强迫振动则可在后续设计阶段加以考虑。

1. 主梁颤振和驰振

颤振几乎可以发生在任意一种主梁截面形式中，只是颤振临界风速大小不同。驰振一般发生在边长比小于 4 的类似矩形断面的钝体构件中，大跨度桥梁中一般不采用这种高宽比的主梁。

防止桥梁颤振失稳的方法，就是使桥梁颤振临界风速大于桥位颤振检验风速。桥位颤振检验风速为设计基准风速乘以风速修正系数和安全系数。桥梁颤振临界风速则由节段模型风洞试验、全桥模型风洞试验或桥梁颤振理论计算来确定。在桥梁概念设计阶段或初步设计阶段一般可以采用现行《公路桥梁抗风设计规范》中给出的颤振临界风速 v_{cr} 估算公式（两者为同一公式）进行计算。该公式为：

$$v_{cr} = \frac{5}{\sqrt{\pi}} \eta_s \eta_\alpha \frac{\sqrt[4]{mI_m}}{\sqrt{\rho b}} f_t \tag{3-17}$$

式中 　b——半桥宽，即 $b = B/2$；

　　　f_t——桥梁扭转基频（Hz）；

　m、I_m——桥梁等效质量（单位长度质量，kg/m）和质量惯性矩（单位长度质量惯性矩，kg·m²/m）；

　　　ρ——空气密度；

　η_s、η_α——主梁截面形状系数和攻角效应系数，可参照表 3-9 取值。

主梁截面形状系数和攻角效应系数　　　　　　　　表 3-9

截面形式	截面形状系数 η_s			攻角效应系数 η_α
	阻尼比			
	0.005	0.01	0.02	
▬▬▬▬ 平板	1	1	1	—
▭ 矩形截面	0.50	0.55	0.60	0.80

续表

截面形式	截面形状系数 η_s			攻角效应系数 η_α
	阻尼比			
	0.005	0.01	0.02	
带挑臂箱梁	0.65	0.70	0.75	0.70
带斜腹板箱梁	0.60	0.70	0.90	0.70
流线型箱梁	0.70	0.70	0.80	0.80
带分流板的流线型箱梁	0.80	0.80	0.80	0.80
开口板梁	0.35	0.40	0.50	0.85
分离双箱梁	1.0	—		0.8
P-K梁	0.7	—		0.7
桁架梁	0.35	—		0.7

由公式（3-17）可知，颤振临界风速的主要影响因素有：主梁截面形状（包括阻尼比）、攻角效应系数、主梁等效质量和质量惯性矩、扭转基频等。其中，阻尼比较大、流线型较好的截面，具有较高的颤振临界风速；$-3°$或$+3°$攻角的颤振临界风速低于 $0°$ 攻角；增加主梁等效质量或质量惯性矩，有助于提高颤振临界风速，但效果有限，只是一种 1/4 次幂的关系；提高桥梁扭转基频，能有效提高颤振临界风速。

在桥梁概念设计阶段（或者初步设计阶段），除了可根据以上公式，还可借助已建类似桥梁的动力特性和颤振临界风速（表 3-10 和表 3-11）来估计所设计桥梁的颤振临界风速。

典型斜拉桥振动基频和颤振临界风速　　表 3-10

序号	桥名	跨径(m)	主梁材料	主梁截面	基频（Hz）		临界风速（m/s）
					竖弯	扭转	
1	东海大桥颗珠山桥	332	结合梁	π形	0.3381	0.5287	95.0
2	海南世纪大桥	340	混凝土梁	π形	0.2728	0.6248	138.0
3	上海南浦大桥	423	结合梁	π形	0.3518	0.4498	66.4
4	荆州长江大桥	500	混凝土梁	π形	0.1987	0.3983	101.0
5	上海杨浦大桥	602	结合梁	π形	0.2733	0.5093	81.0
6	福州闽江大桥	605	结合梁	π形	0.2075	0.5346	74.0
7	南京长江二桥	628	钢梁	单箱梁	0.2426	0.7275	130.0
9	上海长江大桥	730	钢梁	双箱梁	0.2315	0.6175	>100.0
10	苏通长江公路大桥	1088	钢梁	单箱梁	0.175 4	0.5321	88.4

典型悬索桥振动基频和颤振临界风速　　　　　表 3-11

序号	桥名	跨径(m)	主梁材料	主梁截面	基频(Hz)		临界风速 (m/s)
					竖弯	扭转	
1	广西红光大桥	380	钢梁	π形	0.1915	0.3591	60.0
2	厦门海沧大桥	690	钢梁	单箱梁	—		95.0
3	广东虎门大桥	888	钢梁	单箱梁	0.1117	0.4260	88.0
4	西陵长江大桥	900	钢梁	单箱梁			>85.0
5	湖北宜昌大桥	960	钢梁	单箱梁	0.1050	0.4260	80.4
6	香港青马大桥	1377	钢梁	桁架梁	—		>95.0
7	江阴长江公路大桥	1385	钢梁	单箱梁	0.0890	0.2581	74.0
8	润扬长江公路大桥南汊桥	1490	钢梁	单箱梁	01245	0.2249	56.4
9	舟山西堠门大桥	1650	钢梁	双箱梁	0.0999	0.2323	95.0

2. 主梁或拱肋涡振

涡激共振发生的主要指标有三个：①涡振锁定风速，即涡振发生风速，只有当涡振锁定风速小于设计基准风速时才需要考虑涡振问题，对于大跨度缆索承重桥梁，涡振锁定风速一般在 5～20m/s 之间；②涡振最大振幅，即对应于某阶结构振型的最大振幅，现行《公路桥梁抗风设计规范》给出了涡激共振振幅估算公式（但建议以节段模型风洞试验为准），以及涡激共振振幅的允许值；③涡振发生频率，这是与经济性相关联的指标，从理论上讲，如果涡振锁定风速小于设计基准风速，且涡振最大振幅大于允许值，就必须考虑涡振控制措施。若采取该措施所要付出的经济代价太大，最新研究表明也可通过涡振发生频率和累计涡振时间两个指标来确定是否需要采用该措施。

著名的丹麦大贝尔特东桥、舟山西堠门大桥曾存在不同程度的涡振。

3. 拉索风雨激振

斜拉索在风和雨的环境下所发生的大幅振动，称为拉索风雨激振，引起这种振动的主要原因为在拉索表面形成了上雨线、下雨线或上下雨线。目前，我国规范还没有对这类振动问题做出明确的规定。斜拉桥拉索的节段模型风洞试验结果表明，拉索在风雨条件下的振动比干风（无雨）条件下的振动要剧烈得多。

拉索风雨激振的主要影响因素有三个：①拉索的空间姿态，一般可用倾角来表示，尽管在 25°～45°倾角下的振幅有一定差别，但都发生了振动，而这个倾角范围是绝大多数斜拉桥无法回避的；②拉索的几何尺寸，一般包括直径和长度，风洞试验结果表明 80mm 以上直径、200m 以上长度的拉索都可能发生风雨激振，这个直径和长度范围也是绝大多数大跨度斜拉桥（400m 跨度）必须面对的；③振动的风雨条件，一般可用风速和雨强来表示，风洞试验结果表明 5～15m/s 的风速、5～60mm/h 的雨强可引起拉索风雨激振，这个风速和雨强条件也是我国大多数地区经常发生的降雨条件。因此，大跨度斜拉桥的长拉索风雨激振的问题是桥梁设计师须面对的问题，在概念设计阶段应考虑对策。

3.2.6　风致振动控制的气动措施

桥梁结构抗风能力提升措施有气动措施（减少气动力）、结构措施（改变质量、刚度）和机械措施（增大阻尼）等三种。气动措施主要是指通过改变构件的截面外形或附加能改变气流绕流流态的附属物，例如稳定板、导流板、裙板、风嘴、开槽等改变气动性能的措施。这种措施对结构改变较小、经济代价较低，成为提升措施的首选。结构措施主要是指提高结构的刚度或质量、增加结构外部或内部约束等方法，这种方法一般需要付出比较大的代价，只有在结合结构总体方案变化时才考虑；机械措施主要是指外加各种阻尼器，主要包括被动阻尼器、主动阻尼器和半主动阻尼器等，例如主梁涡振和桥塔风振控制的 TMD 被动阻尼器、拉索风振控制的内置或外置半主动阻尼器、拉索风雨激振控制的磁流变主动阻尼器等。下面介绍主梁颤振控制、主梁或拱肋涡振控制和拉索风雨激振控制等三方面的气动措施。

1. 主梁颤振控制气动措施

表 3-12 给出了世界上已建成的 10 座典型大跨度的悬索桥气动措施采取前的颤振问题与采取的气动措施。大跨度桥梁的抗风研究和建设实践表明，无论采用流线型钢箱梁还是透风性较好的钢桁梁，传统悬索桥颤振稳定的跨径上限约为 1500m，超过或接近这一上限时，设计者必须考虑采用颤振控制措施改进气动稳定性。中央稳定板、开槽或分体箱梁以及两者相结合等气动措施能够保证主跨 5000m 的悬索桥具有足够高的颤振临界风速，以满足世界上大多数地区的抗风要求。

世界上已建成的 10 座典型大跨度悬索桥的风振及控制措施　　表 3-12

跨径排序	桥名	主跨(m)	主梁形式	风振问题	控制措施	国家	建成年份
1	明石海峡大桥	1990.8	桁梁	颤振	开槽/稳定板	日本	1998
2	舟山西堠门大桥	1650	箱梁	颤振	开槽	中国	2009
3	大贝尔特东桥	1624	箱梁	涡振	导流板	丹麦	1998
4	润扬长江公路大桥南汊桥	1490	箱梁	颤振	稳定板	中国	2005
5	恒比尔桥	1410	箱梁	无	无	英国	1981
6	江阴长江公路大桥	1385	箱梁	无	无	中国	1999
7	青马大桥	1377	桁梁	颤振	开槽	中国香港	1997
8	维拉扎诺桥	1298	桁梁	无	无	美国	1964
9	金门大桥	1280	桁梁	无	无	美国	1937
10	武汉阳逻长江大桥	1280	箱梁	无	无	中国	2007

图 3-12 给出了主梁颤振控制的有效气动措施。中央稳定板在润扬长江公路大桥南汊桥中得到应用，分体双箱梁在舟山西堠门大桥中得到应用，意大利墨西拿海峡大桥将要采用分体三箱梁方案，以及图 3-12（h）为 5000m 悬

索桥的稳定板与开槽组合方案。

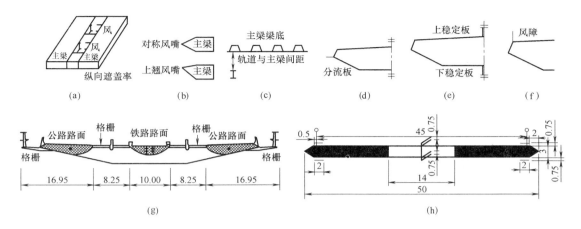

图 3-12　整体式主梁颤振控制气动措施

（a）开槽；（b）风嘴；（c）检修轨道；（d）分流板；（e）稳定板；（f）风障；

（g）墨西拿海峡大桥分体三箱梁方案；（h）5000m悬索桥的稳定板与开槽组合方案

2. 主梁或拱肋涡振控制气动措施

近年来，随着大跨度桥梁跨径的进一步增加，除了主梁颤振问题之外，主梁或拱肋的涡振问题也越来越多了，如前文中曾经提到的几座世界著名桥梁的涡振问题。实际上，这些典型桥梁涡振问题的合理解决和最后选定的气动控制措施，对未来大跨度桥梁涡振控制具有良好的示范作用。例如丹麦的大贝尔特东桥和中国香港昂船洲大桥都采用了原理相近的导流板、舟山西堠门大桥采用了桥面风障措施。图 3-13 给出了主箱梁涡振控制的一些气动措施。显然，被动气动控制措施在颤振和涡振控制方面存在较明显的趋同性。

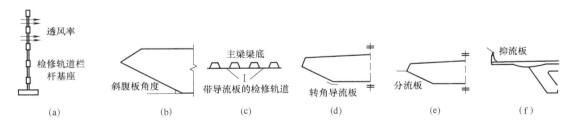

图 3-13　主箱梁涡振控制的有效气动措施

（a）栏杆；（b）风嘴；（c）检修轨道；（d）主梁导流板；（e）分流板；（f）抑流板

3. 拉索风雨激振和多模态频涡振控制气动措施

拉索风雨激振产生的主要原因是流线型圆截面拉索表面形成了上下雨线，因此，拉索风雨振最有效的控制措施应当是能够破坏表面雨线形成的措施，而控制其多模态频涡振的方法是进行流动控制。经过大量的风洞试验和现场实测，目前主要采用的气动控制措施有 3 种，即在拉索表面缠绕螺旋线（图3-14a）、刻制不规则凹坑（图 3-14b）或者外套吸吹气套环（图 3-14c），这 3

种方法都能有效地将振幅减小到允许值（$L/1700$）的范围内。

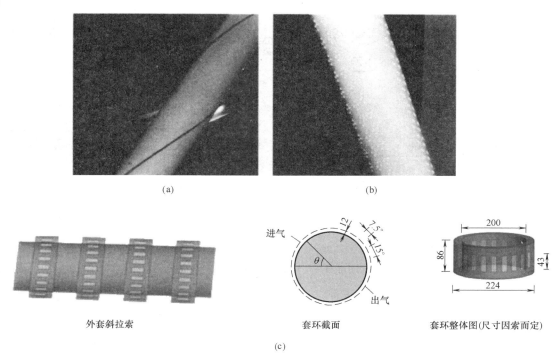

(a)   (b)

外套斜拉索　　　　　　　　　　　套环截面　　　　　　　套环整体图(尺寸因索而定)

(c)

图 3-14　拉索风雨激振控制的有效气动措施
（a）缠绕螺旋线；（b）刻制不规则凹坑；（c）外套吸吹气套环

除了采用气动措施进行拉索风雨激振的控制之外，辅助索措施也能有效减小拉索风雨激振及其他振动，例如诺曼底（Normandy）桥。但是该措施很少采用，主要是因为辅助索与斜拉索的连接比较困难。此外，如果能够有效地提高拉索阻尼也能达到振动控制的目的，增大拉索阻尼可以采用基于不同机理的阻尼器，如油阻尼器、油黏性剪切型阻尼器、摩擦型阻尼器、高阻尼橡胶阻尼器、磁力阻尼器和电力阻尼器等。

3.3　桥梁抗震设计理念

桥梁抗震设计和分析包括理论分析、振动台试验、数值模拟和震害调查等，但在概念设计阶段，一般不进行精细化的抗震设计与分析，所以建立桥梁抗震设计理念尤为重要。为此，首先，必须掌握地震地面运动的基本特性——震级和烈度、桥梁震害和抗震设防目标；其次，需要熟悉各种桥型（梁桥、拱桥、斜拉桥、悬索桥）的动力特性、地震反应特点和抗震设计原则；再次，需要了解在结构体系、承重结构和基础形式等方面国内外桥梁抗震的成功案例；最后，还要了解常用的减隔震措施——阻尼器、锁定装置和缓冲器以及减隔震支座，以便在概念设计中加以借鉴、应用和拓展。

3.3.1 桥梁震害

通过对我国唐山地震、汶川地震、日本阪神地震以及美国等一些国家的地震震害调查，可以将桥梁震害现象归纳为以下几类：

（1）支座破坏

桥梁支座的震害极为普遍，是桥梁整体抗震性能上的一个薄弱环节。其原因主要是现行支座的设计与制造未充分考虑抗震的要求，在构造上连接与支挡等构造措施不足，或是某些支座的形式和材料存在缺陷等。破坏形式主要表现为支座倾倒、脱落、移位、螺栓拔出剪断及构造上的破坏等。

（2）桥墩、桥台、基础破坏

桥墩、桥台震害具体的破坏形式有沉降、滑移、剪切、压溃，以及墩柱的屈曲、开裂等。它们既有因地震时地形、地貌产生剧烈变化（如断层、地裂）造成的，也有因其本身抗震能力不足，特别是延性变形能力不足造成的。当桥台地基或边坡为软弱土层时，在强地震作用下边坡易产生滑坡，从而带动桥台滑移，引起桥台断裂、倾斜或沉陷；各国对钢筋混凝土结构的延性抗震设计理论做了大量的研究工作。那些已增加箍筋配置约束核心混凝土的墩柱的震害虽稍轻一些，但是导致混凝土桥墩柱断裂等较大塑性变形的震害仍时有发生。

基础的破坏现象主要有两种：一种是处于软弱地基上的扩大基础发生沉降或滑移等震害现象；另一种是由于基础上部传递的剪力和弯矩过大引起桩基破坏（震后很难迅速恢复）。

（3）梁体破坏

梁体破坏形式主要有落梁、碰撞、侧倾等。落梁由墩台倾倒、错位等而引起，碰撞则与支座构造不当有关，侧倾则主要发生在 T 形梁横向连接较薄弱的情形。桥梁抗震防落梁措施主要有：横向挡块、钢夹板连接、纵横向限位装置等。

迄今为止，很少见到大跨度桥梁的主结构在地震中破坏的实例，主要原因有：近现代大跨度桥梁大都进行了谨慎小心的抗震设计，保证了结构较为安全的抗震能力；具有长周期的柔性结构在地震中更突出的问题是位移控制；设计中注意了主结构上的连接构造、支座或相连的辅助结构以及引桥结构的抗震设计；现有的大跨度桥梁还未受到严重的地震作用。

3.3.2 地震学基础

1. 地球内部构造

地球内部可大致分为地壳、地幔和地核 3 个组成部分，如图 3-15 所示。

① 地壳。是地球球层结构的最外层。大陆地壳的厚度一般为 $30\sim40$km。喜马拉雅山区的地壳厚度可达 $70\sim80$km。1909 年，莫霍洛维奇根据近震地震波走时确认了地壳下界面的存在，在此界面以下地震纵波的速度由平均 5.6km/s 突然增至 7.8km/s。后来人们把这个分界面称为莫霍界面。大陆地

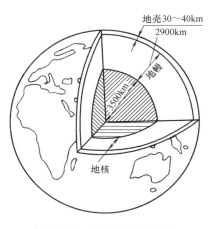

图 3-15 地球的内部构造

壳一般分为上地壳和下地壳，上地壳较硬，是主要承受应力和易发生地震的层位，下地壳较软。海洋地壳较薄，一般只有一层，且比大陆地壳均匀。

② 地幔。地壳和地核之间的中间层。平均厚度约为 2900km。1914 年，古登堡根据地震波走时测定地核和地幔之间的分界面深度为 2900km。地幔又分为上地幔（350km 深度以上）和下地幔。上地幔中存在一个地震波的低速层，低速层之上为相对坚硬的上地幔的顶部。通常把上地幔顶部与地壳合称岩石圈。地球表层的构造运动主要在岩石圈内进行。

③ 地核。地球的核心部分，主要由铁、镍元素组成，半径约为 3500km。1936 年，莱曼根据地核的地震纵波走时，提出地核内还有一个分界面，将地核分为外地核和内地核两部分。由于横波不能通过外地核，因此推断外地核的物质状态为液态。

2. 地震形成原因及地壳运动

地震是地壳的一种运动形式。地震成因是地震学科中的一个重大课题，目前有板块构造学说、大陆漂移学说、海底扩张学说等。现在大家普遍认同的是板块构造学说。1965 年加拿大著名地球物理学家威尔逊首先提出"板块"的概念，1968 年法国人把全球岩石圈划分成六大板块，即欧亚、太平洋、美洲、印度洋、非洲和南极洲板块。

这些板块中，除了太平洋板块全部浸没在海洋底部外，其他五个板块既有大陆也有海洋。随着研究的深入，有人在这些大板块中又分出一些较小的板块。所有这些板块，都漂浮在具有流动性的地幔软流层之上。随着软流层的运动，各个板块也会发生相应的水平运动。

地震发生在地壳不稳定的部位，如大陆板块和大洋板块的接触处，以及板块断裂破碎的地带。地震位置沿着构造活动带成带状分布，形成地震带。

3. 地震波

地震波包括体波和面波两种形式。

体波又分为纵波（P 波）和横波（S 波）。纵波为最先到达地面的波，是一种压缩波，质点的运动方向与波的传播方向相同，在地球内部的三维实体中传播。横波为继纵波之后到达地面的体波，是一种剪切波，质点的运动方向与波的传播方向垂直。

面波是地震波在层状场地传播过程中逐渐形成的，沿着地表面传播，分为 Love 波和 Rayleigh 波两种。Love 波传播时，质点只在沿着传播方向相垂直的地表面上左右运动，在地面上呈蛇形运动形式。Rayleigh 波传播时，质点沿波的传播方向和地面法线组成的平面内做椭圆形运动，在地面上呈滚动前进的形式。面波达到地面的时间较体波迟。

一般情况下，当横波或面波到达时，振幅增大，地面振动最猛烈，造成的危害也最大。

4. 地震的度量

（1）震级

地震震级是根据地震仪记录的地震波振幅来测定的，一般采用里氏震级标准。震级（M）是距震中 100km 处的标准地震仪（周期 0.8s，衰减常数约等于 1，放大倍率 2800 倍）所记录的地震波最大振幅值 A 的对数值，即 $M = \log A$（μm）。若地震记录非距震中 100km 位置处，则需进行换算。

震级也可用震源释放的应变能（表 3-13）表示。

表 3-13

地震震级与所释放的应变能

震级	能量（erg）	震级	能量（erg）
1	2.00×10^{13}	6	6.31×10^{20}
2	6.31×10^{14}	7	2.00×10^{22}
3	2.00×10^{16}	8	6.31×10^{23}
4	6.31×10^{17}	9	3.55×10^{24}
5	2.00×10^{19}	10	1.41×10^{25}

注：$1erg = 10^{-7}$ J。

（2）烈度

地震烈度是用来表示地震对地表及其建筑物的影响程度，它不仅与地震释放的能量、震源深度、距震中的距离有关，而且与地震波传播中的工程地质条件和建筑物的特性等有关。

为了在实际工作中评定烈度的高低，需制定统一的评定标准，这个规定的标准就是地震烈度表。在世界各国使用的有几种不同的烈度表。西方国家比较通行的是改进的麦加利烈度表，简称 MM 烈度表，从Ⅰ～Ⅻ度共分为 12 个烈度等级。日本将无感定为 0 度，有感则分为Ⅰ～Ⅶ度，共 8 个等级。苏联和中国均按 12 个烈度等级划分烈度表，它主要是根据宏观的地震影响和破坏现象（如人的感觉、物体的反应、房屋建筑物的破坏、地表改观等现象）定性划分的，详见有关规范。

（3）地震动参数

地震烈度表完全以地震造成的宏观后果为依据划分烈度等级，采用的是定性判据。如果附加地震动地面加速度峰值，则更为科学，其对照表按《中国地震动参数区划图》GB 18306—2015 给出，见表 3-14。这个地面加速度峰值，称为地震动参数。

表 3-14

Ⅱ类场地地震动峰值加速度与地震烈度对照表

Ⅱ类场地地震动峰值加速度	[0.04g, 0.09g)	[0.09g, 0.19g)	[0.19g, 0.38g)	[0.38g, 0.75g)	≥0.75g
地震烈度	Ⅵ	Ⅶ	Ⅷ	Ⅸ	≥Ⅹ

我国完成的第五代地震动参数区划图仍以地震动参数为指标表示地震危

险程度，于 2015 年以国家标准强制性条款的形式在全国颁布发行。

《中国地震动参数区划图》GB 18306—2015 可主要概括为"两图一表"。两图是指 II 类场地 50 年超越概率 10% 的峰值加速度分区图和 II 类场地阻尼比 0.05 的加速度反应谱特征周期分区图。

3.3.3　桥梁抗震设防目标

抗震设防，简单地说就是为达到预定的抗震效果，在工程建设时对建筑物进行抗震设计并采取抗震措施。抗震措施是指除结构所受地震作用计算以外的抗震设计内容，包括抗震构造措施等。抗震设防通常通过三个环节来达到：确定抗震设防要求；进行抗震设计；进行抗震施工（即严格按照抗震设计施工）。

1. 桥梁工程抗震设防规范的发展

公路桥梁抗震设计规范迄今为止主要有两本，第一本是 1990 年 1 月 1 日实施的《公路工程抗震设计规范》JTJ 004—1989（以下简称《89 公路抗震规范》）。第二本是 2008 年 8 月 29 日发布的《公路桥梁抗震设计细则》JTG/T B02-01—2008（以下简称《08 公路桥抗震规范》）。《08 公路桥抗震规范》在《89 公路抗震规范》的基础上做了很多的补充和修改，在整体抗震设防思想和抗震设计方法上均有较大的提高。

铁路桥梁抗震设计规范迄今为止也主要有两本。第一本是铁道部发布的《铁路工程抗震设计规范》GBJ 111—1987（以下简称《87 铁路抗震规范》）。第二本是建设部和国家质检总局联合发布的《铁路工程抗震设计规范》GB 50111—2006（以下简称《06 铁路抗震规范》）。《06 铁路抗震规范》在《87 铁路抗震规范》的基础上总结了铁路工程抗震设计的经验和教训，吸取了多项专题科研成果，并借鉴了国内外有关标准。

2. 新规范抗震设防思想的改进

在公路桥梁抗震设计方面，《08 公路桥抗震规范》的抗震设防标准与《89 公路抗震规范》大体相当，但抗震设防思想有很大改变。《89 公路抗震规范》采用一水准设防，一阶段设计，即按照一个设防水平的地震动参数确定地震作用，用线弹性设计方法进行抗震设计和验算。而《08 公路桥抗震规范》则采用二水准设防，二阶段设计，即针对两个设防水平的地震动参数确定地震作用，对发生概率较高（重现期为 50～100 年）的低水准地震（称为 E1 地震），用弹性设计方法验算结构的强度。而对发生概率较低（重现期约 2000 年）的高水准地震（称为 E2 地震），用弹塑性设计方法验算屈服后强度和变形（位移小于规定值）。

在具体操作过程中，《08 公路桥抗震规范》按桥梁重要性和修复的难易程度将桥梁抗震设防类别划分为 A、B、C、D 四个类别，见表 3-15。不同类别的桥梁的抗震设防目标应区别对待（见表 3-16）。由表可见，A 类、B 类和 C 类桥梁必须进行 E1 地震作用和 E2 地震作用下的抗震设计；D 类桥梁由于抗震重要性降低，只需进行 E1 地震作用下的抗震设计。同时规定，抗震设防烈度6度地区的B类、C类和D类桥梁，可只进行抗震措施设计。另外，近几十年来，震害经验、试验研究以及理论分析均表明变形能力和耗能能力不足是结构在大震作用下倒塌的主要原因，《08公路桥抗震规范》通过延性设计保证结构在罕遇地震作用下的变形能力是一个较大的改进。

桥梁抗震设防类别的适应范围   表3-15

桥梁抗震设防类别	适 应 范 围
A类	单跨跨径超过150m的特大桥
B类	单跨跨径未超过150m的高速公路、一级公路上的桥梁，单跨跨径未超过150m的二级公路上的特大桥、大桥
C类	二级公路上的中桥、小桥，单跨跨径不超过150m的三、四级公路上的特大桥、大桥
D类	三、四级公路上的中桥、小桥

各设防类别桥梁的抗震设防目标   表3-16

桥梁抗震设防类别	设防目标	
	E1地震作用	E2地震作用
A类	一般不受损坏或不需修复可继续使用	可发生局部轻微损伤，不需修复或经简单修复可继续使用
B类		可发生局部轻微损伤，不需修复或经简单修复可继续使用
C类		应保证不致倒塌或产生严重结构损伤，经临时加固后可供维持应急交通使用
D类		—

在铁路桥梁抗震设计方面，《06铁路抗震规范》也采用了分级设防的思路。在参考《87铁路抗震规范》的设防标准，结合中国铁路工程在唐山、海城等地震区的震害经验等的基础上，针对不同的地震发生概率，《06铁路抗震规范》规定了3个抗震性能设防标准（设防目标）以及相应的分析方法，如表3-17所示。

铁路工程构筑物设防标准（设防目标）及分析方法   表3-17

地震震动水准	多遇地震(重现期50年)	设计地震(重现期475年)	罕遇地震(重现期2475年)
设计方法	①梁进行强度、变形和稳定性验算 ②分析方法 一般桥梁:反应谱法 重点桥梁、技术复杂及新结构桥梁:反应谱法、时程分析法	①路基、挡土墙、隧道、桥台:按静力法进行强度、变形和稳定性验算 ②按静力法验算桥梁上、下部结构连接构造的安全 ③加强桥墩基顶处箍筋布置及设置防止落梁措施	①桥梁进行最大位移分析并对桥墩进行延性设计 ②设计方法 一般桥梁:钢筋混凝土桥墩按简化方法进行延性验算;重点桥梁、技术复杂及新结构桥梁:作非线性时程反应分析
结构反应及工程设防标准（设防目标）	结构处于弹性工作阶段;抗震性能应达到标准Ⅰ	结构整体进入非弹性工作阶段;抗震性能应达到标准Ⅱ	结构进入弹塑性工作阶段;抗震性能应达到标准Ⅲ

注：标准Ⅰ：地震后不损坏或轻微损坏，能够保持其正常使用功能；
标准Ⅱ：地震后可能损坏，经修补，短期内能恢复其正常使用功能；
标准Ⅲ：地震后可能产生较大破坏，但不出现整体倒塌，经抢修后可限速通车。

3.3.4　地震反应分析方法

地震反应分析方法包括静力法和动力响应法。而结构动力响应的计算方法又可分为解析法和数值算法两大类。解析法一般是将结构简化成简单的理想模型，用力学基本原理求解。当模型的刚度、质量和阻尼分布，外力作用形式或边界条件稍复杂时，往往难以获得解析解。相对而言，数值算法在计算模型处理方面较灵活，可全面考虑相关因素。桥梁结构线性地震响应在时域内的计算方法主要有振型分析法、反应谱法和直接积分法等。振型分析法是基于相互独立特征向量的叠加原理，因此只能用于线性结构的振动响应分析。直接积分法能够在线性振动和非线性振动的分析中应用，但计算量相对较大。反应谱法是一种计算结构最大地震响应（如加速度峰值）的近似方法，通过反应谱法求得某个振型的加速度峰值，再与质量相乘即得惯性力，进而可进行强度、稳定性等验算。下面分别介绍静力法、桥梁线性地震反应分析反应谱法和桥梁非线性地震反应分析方法。

3.3.4.1　静力法

假设结构物各部分与地震地面运动有相同的振动。假设结构物上只作用着地面运动加速度 $\ddot{X}_g$ 乘上结构物质量 m 所形成的惯性力，把惯性力视为静力作用于结构物上，然后作抗震计算。由于静力法假设结构物为刚性，未考虑弹性性能，因而未计及地震在弹性结构上引起的振动效应。静力法仅适用于刚度很大的结构（如桥台、粗矮桥墩等），用于非刚性结构计算误差太大或错误。

3.3.4.2　桥梁线性地震反应分析的反应谱法

1. 反应谱法原理

反应谱法是现行结构工程抗震规范普遍采用的估算等效地震力的方法（20 世纪 50 年代被广泛接受），适应于结构非线性反应不大，地震输入变异性较小的中、小跨度桥梁的地震力估算。由于其概念直观、计算简便，在结构设计中被普遍采用。

地震反应谱的概念可用图 3-16 简单地说明。若在一个平台上，将阻尼比为 ξ 的一组周期不同的单质点体系（图 3-16a）按 $T_1 < T_2 < T_3 < \cdots$ 排列起来，并以选定的地震加速度记录 $\ddot{X}_g(t)$ 作为输入，则经计算可得加速度反应如图 3-16（b）所示。由于地震是一种随机现象，地震波是频率成分十分复杂的波，其中含有一定的卓越频率，所以当地震的卓越频率与某个单质点体系的固有频率一致时，其动力反应就被放大，显然，各体系的反应是不同的。由图 3-16（b）中找出各体系反应的加速度最大值 S_{A1}、S_{A2}、S_{A3}、$\cdots$，以周期 T 为横坐标，振幅 S_A 为纵坐标，可以画出如图 3-16（c）所示的曲线，这就是加速度反应谱（图中的实线）。如果改变阻尼比，则又可得出对应不同阻尼比的反应谱（图中的虚线）。因为反应谱的每个横坐标对应不同周期的单质点体系，所以整个反应谱曲线就描述了很多个结构或单自由度体系

的最大反应。

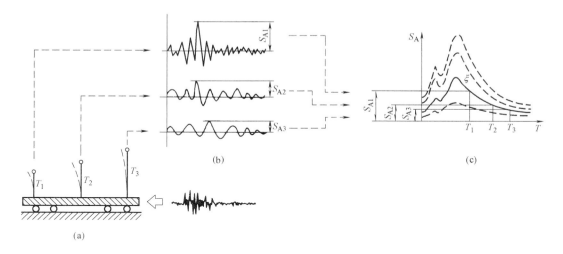

图 3-16　地震反应谱形成的基本原理

（a）地震输入 $\ddot{X}_g(t)$；（b）加速度反应波形；（c）加速度反应谱

类似地，如果以各体系反应的速度最大值 S_{V1}、S_{V2}、S_{V3}、…和位移最大值 S_{D1}、S_{D2}、S_{D3}、…为纵坐标，对应的结构自振周期为横坐标，即可得到速度反应谱和位移反应谱。上述三种反应谱常分别记为 PSD、PSV 和 PSA。

2. 规范反应谱

规范中计算地震作用主要是基于加速度反应谱。一个场地记录到的地震动与多种因素有关，比如与场地条件、震中距和震源深度、震级、震源机制和传播路径等。由于诸多随机因素影响，不同地震记录的加速度反应谱具有随机性。只有在输入大量的地震加速度记录得到众多反应谱曲线的基础上，再经平均与光滑化之后，才可得到设计使用的规范反应谱。我国目前桥梁抗震设计规范给出的反应谱曲线，是在 1050 多条国内外地震加速度记录的反应谱统计分析基础上得到的。

（1）《公路桥梁抗震设计细则》JTG/T B02-01—2008 中的反应谱

① 水平设计加速度反应谱

阻尼比为 0.05 的水平设计加速度反应谱 S（图 3-17）由下式确定：

$$S=\begin{cases} S_{max}\times(5.5T+0.45) & (T<0.1s) \\ S_{max} & (0.1s\leqslant T\leqslant T_g) \\ S_{max}\times(T_g/T) & (T>T_g) \end{cases} \quad (3\text{-}18)$$

式中　T_g——特征周期（s）；

　　　T——结构自振周期（s）；

　　　S_{max}——水平设计加速度反应谱最大值。

水平设计加速度反应谱最大值 S_{max} 由下式确定：

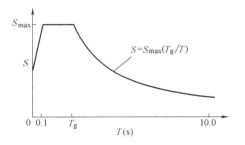

图 3-17　水平设计加速度反应谱 S

$$S_{max} = 2.25 \cdot C_i \cdot C_s \cdot C_d \cdot A \tag{3-19}$$

式中　C_i——抗震重要性系数，按表 3-18 取值；

C_s——场地系数，按表 3-19 取值；

C_d——阻尼调整系数，除有专门规定外，结构的阻尼比 ξ 取 0.05，C_d 取 1.0，当结构的阻尼比不取 0.05 时，C_d 按式（3-20）计算取值：

$$C_d = 1 + \frac{0.05 - \xi}{0.06 + 1.7\xi} \geqslant 0.55 \tag{3-20}$$

A——水平向设计基本地震动加速度峰值，按 2001 年《中国地震动参数区划图》的规定取值。

各类桥梁的抗震重要性系数 C_i　　　　　　表 3-18

桥梁分类	E1 地震作用	E2 地震作用
A 类	1.0	1.7
B 类	0.43(0.50)	1.3(1.7)
C 类	0.34	1.0
D 类	0.23	—

注：高速公路和一级公路上的大桥、特大桥，其抗震重要性系数取 B 类括号内的值。

场地系数 C_s　　　　　　表 3-19

场地 \ 烈度	6	7		8		9
	0.05g	0.1g	0.15g	0.2g	0.3g	0.4g
Ⅰ	1.2	1.0	0.9	0.9	0.9	0.9
Ⅱ	1.0	1.0	1.0	1.0	1.0	1.0
Ⅲ	1.1	1.3	1.2	1.2	1.0	1.0
Ⅳ	1.2	1.4	1.3	1.3	1.0	0.9

② 竖向设计加速度反应谱

竖向设计加速度反应谱由水平设计加速度反应谱乘以系数 R。R 取值见式（3-21）。

基岩场地

$$R = 0.65 \tag{3-21a}$$

土层场地

$$R = \begin{cases} 1.0 & (T \leqslant 0.1\mathrm{s}) \\ 0.5 & (T \geqslant 0.3\mathrm{s}) \\ \text{中间线性内插} \end{cases} \tag{3-21b}$$

式中 T——结构自振周期。

（2）《铁路工程抗震设计规范》中的反应谱

本规范给出的是动力放大系数（即水平加速度放大系数）的反应谱，乘以水平地震基本加速度后即与《公路桥梁抗震设计细则》表达的含义一致。

《06 铁路抗震规范》规定：当结构自振周期小于 2s 且阻尼比 ξ 为 0.05 时，动力放大系数（即水平加速度放大系数）β 按图 3-18 取值，当不符合上述条件时，应另行研究。图中，T_g 为地震动反应谱中的场地特征周期，应根据场地类别和地震动参数区划按该规范的表 7.2.4-2 取值；T 为结构自振周期。

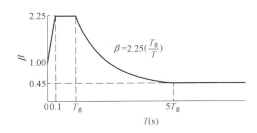

图 3-18　动力放大系数 β 曲线

3. 多振型反应谱法

对不能简化为单自由度系统的复杂桥梁，显然无法直接利用单振型反应谱分析方法，而需要首先进行振型分解。理想化为多自由度系统的复杂桥梁在单一水平方向地震动作用下的动力平衡方程可以表示为：

$$[M]\{\ddot{u}\} + [C][\dot{u}] + [K]\{u\} = -[M][I]\ddot{\delta}_g \tag{3-22}$$

式中　　　　　$\{u\}$——结构相对位移向量；

$[M]$、$[C]$ 和 $[K]$——分别为结构的质量矩阵、阻尼矩阵和刚度矩阵；

$\{I\}$——影响向量。

利用振型的正交性，对式（3-22）进行振型分解，可得类似于单自由度系统的动力平衡方程：

$$M_i\ddot{q}_i + C_i\dot{q}_i + K_i q_i = -\{\phi\}_i^{\mathrm{T}}[M]\{I\}\ddot{\delta}_g \tag{3-23}$$

或方程

$$\ddot{q}_i + 2\xi_i\omega_i\dot{q}_i + \omega_i^2 q_i = \frac{-\{\phi\}_i^{\mathrm{T}}[M]\{I\}\ddot{\delta}_g}{M_i} \tag{3-24}$$

式中　　　　　q_i——表示振型空间中的广义坐标；

$\{\phi\}_i$——第 i 阶振型向量；

M_i、C_i、K_i——$M_i = \{\phi\}_i^{\mathrm{T}}[M]\{\phi\}_i$，$C_i = \{\phi\}_i^{\mathrm{T}}[C]\{\phi\}_i$，$K_i = \{\phi\}_i^{\mathrm{T}}[K]\{\phi\}_i$，分别称为广义质量、广义阻尼和广义刚度。

式（3-24）的形式与单自由度体系的振动方程完全相同，因此，可以仿照单振型反应谱方法，求出结构的最大地震力。

由于各振型的最大反应量不一定同时发生，因此在计算某质点水平方向上的最大地震力时，必须考虑不同振型最大反应量的组合问题。目前，针对不同的情况，已经提出了不少的组合方法，如 SUM 法、SRSS 法、CQC 法和 HOC 法等。我国现行的《公路桥梁抗震设计细则》规定，在某些情况下，可仅考虑基本振型的最大反应量。

多振型反应谱法除了要考虑上述最大反应量的组合外，实际应用中，还需要考虑多向地震动作用时的振型组合问题。对此问题，各国现行规范大都采用简单的"100％＋30％"的组合原则，即分别计算两个正交的最不利水平方向的地震力，然后再把某一水平方向地震力的 100％加上与之正交的另一水平方向地震力的 30％，作为设计的地震力。

3.3.4.3　桥梁非线性地震反应分析方法

在 E2 地震或者罕遇地震中桥梁结构的部分构件将进入塑性状态，因此非线性地震反应分析在桥梁结构抗震中具有重要的地位。桥梁结构非线性主要来自以下几个方面：梁、柱子单元的材料非线性；地基土的非线性；桥梁支座、伸缩缝、挡块等边界及连接单元的非线性；大变形的几何非线性。

1. 静力弹塑性分析方法

静力弹塑性分析方法是指在一组能够近似地反映结构动力特性、单调递增的侧向荷载作用下，对结构逐步实施弹塑性静力分析，以了解和评估结构在地震作用下的内力和变形特征、塑性铰出现位置、薄弱层和薄弱构件以及结构在罕遇地震下可能的破坏和损坏机制。整个过程被称为推倒分析，即 Pushover 分析。

Pushover 分析方法是一种结构非线性地震响应简化计算方法，能够计算出结构从受力到破坏全过程的应力、变形、转角和塑性铰位置，找出结构的薄弱部位。整个分析过程明晰地刻画了结构在强震作用下可能会出现的一系列关键事件（结构的线弹性状态、逐步屈服状态和变形极限状态等）。

Pushover 分析方法在建筑结构上的应用已有较长时间，桥梁结构领域的研究也越来越多。对于桥梁结构，一般将相邻伸缩缝之间的结构当作是空间独立的框架来考虑，把桥跨结构运动视为水平平面内的刚性运动。对桥梁进行静力单调加载的弹塑性分析，施加的荷载为某种模拟地震水平惯性力的侧向力，逐级单调加大，构件如有开裂或者屈服，则修正其刚度，继续加载直至预定状态。

原理上，Pushover 分析基于两条基本假定：结构反应与其等效单自由度体系反应相关，即结构动力反应由结构第一振型控制；在整个地震反应过程中，结构的变形形态不变。

Pushover 分析的步骤如下：

① 准备结构数据，包括建立结构模型、恢复力模型，估计塑性铰可能出现的部位。

② 计算结构在竖向荷载作用下的内力，将其与水平力作用下的内力叠加，作为某一级水平力作用下构件的内力，以判断构件是否开裂或屈服。其中，水平加载模式指侧向力沿结构高度的分布方式，用来表示设计地震中的反复力作用。最简单的加载模式是：在结构质心处，施加侧向水平荷载。

③ 施加的侧向水平荷载增大一级，进行结构计算，判断是否开裂或屈服；如未开裂或屈服，再增大一级荷载计算；如此循环，直至开裂或屈服。

④ 对于开裂或屈服的构件，对其刚度进行修改后，再施加下一级荷载，使得又一个或一批构件开裂或屈服。

⑤ 不断重复步骤③和步骤④，直至结构顶点位移足够大或塑性铰足够多，或达到预定的破坏极限状态。

⑥ 绘制用 Pushover 法得到的结构的推倒分析曲线，即基底剪力和顶点位移之间的关系。

Pushover 分析过程简单，结果合理可靠。Pushover 分析方法本质上是一种静力方法。与反应谱法相此，它考虑了结构的塑性而且所得信息丰富，与时程分析方法相比，它输入数据小，工作量少，计算方便，因此 Pushover 分析方法被越来越多地应用到实际桥梁抗震设计和评估中。

2. 动力时程分析方法

动力时程分析方法，是将地震动记录或人工波作用在结构上，直接对结构运动方程进行积分，求得结构任意时刻地震反应的分析方法，所以动力时程分析方法也称为直接积分法。根据分析是否考虑结构的非线性行为，动力时程分析方法又可分为线性动力时程分析和非线性动力时程分析两种，但不管是哪一种，分析过程都需要借助计算机程序完成，其执行步骤如下：

① 振动时程分为一系列相等或不相等的微小时间间隔 Δt。

② 假定在 Δt 时间间隔内，加速度（或速度或位移）按一定规律变化（中心差分、常加速度、线性加速度、Newmark-β 法或 Wilson-θ 法等），则可从 t 时刻的位移、速度、加速度，获得 $t+\Delta t$ 时刻这三者的表达式。

③ 求解 $t+\Delta t$ 时刻结构的地震反应。将获得的 $t+\Delta t$ 的位移、速度、加速度表达式代入 $t+\Delta t$ 时刻的动力平衡方程，即可求得加速度变化的具体规律，进而得到 $t+\Delta t$ 的位移、速度、加速度。$t+\Delta t$ 时刻结构的动力平衡方程形式可以表示如下：

$$[K_D]\{\Delta u\}_{t+\Delta t}=\{\Delta F_D\} \tag{3-25}$$

式中 $[K_D]$ 和 $[\Delta F_D]$——分别为结构等效动力刚度和等效荷载向量。

④ 对一系列时间间隔按上述步骤逐步进行积分，直到完成整个振动时程。

从理论上讲，弹塑性动力时程分析提供了对结构地震反应的最准确计算，而且它还可以同时进行结构在地震动作用下进入塑性后的需求与能力比较。但是，弹塑性动力时程分析方法需要耗费大量的计算时间，输出大量的计算数据，这些都不利于工程师进行结构设计。因此，对于大量常规的桥梁结构，一般不采用这种分析方法，在很多情况下仅限于进行弹性动力时程分析。只有特别复杂和重要的桥梁，才需要使用弹塑性动力时程分析方法，例如《公路桥梁抗震设计细则》中规定，对于属于 B 类和 C 类抗震设防的非规则桥梁在 E2 地震作用下要采用线性或非线性计算方法。

3.3.5　桥梁延性抗震设计及各种桥型设计原则

1956 年，Housner 首先讨论了极限设计概念在抗震设计中的应用；1961年，美国波特兰水泥协会（PCA）发布的《多层钢筋混凝土建筑抗震设计》手册，引入了"延性"和"延性系数"概念。20 世纪 60 年代，结构非线性反应的研究盛行，在抗震研究上亦有反映。以 Newmark 为首的研究者们，提出用"延性"概括结构物超过弹性阶段的抗震能力，并认为延性大小是结构物抗震能力强弱的重要度量。在抗震设计中，除了强度与刚度之外，还必须加强延性，并提出了按延性系数将弹性反应谱修改成为弹塑性反应谱的具体方法和数据。延性抗震设计主要是利用结构、构件自身的延性耗能能力来抵抗地震作用，并通过增加结构、构件延性，对结构允许出现塑性铰的部分进行专门的延性设计来实现。通过延性设计的结构，往往容许很大的地震力和能量从地面传递给结构。

1. 延性概念

材料、构件或结构的延性，通常定义为在初始强度没有明显退化情况下的非弹性变形的能力。它包括两个方面的能力：①承受较大的非弹性变形，同时强度没有明显下降的能力；②利用滞回特性吸收能量的能力。

延性好的结构、构件或构件的某个截面的后期变形能力大，在达到屈服或最大承载能力状态后仍能吸收一定量的能量，能避免脆性破坏的发生。

2. 桥梁实用的简化延性抗震设计理论

桥梁抗震设计的基本原则之一，是要保证结构在预期的设计地震作用下的安全性。根据这个原则，按延性概念来设计抗震结构，意味着结构在预期的设计地震作用下必须具有一定可靠度保证的延性储备。也就是说，必须在概率意义上保证结构具有的延性超过预期地震动所能激起的最大非弹性变形（延性需求）。

为了实现这个目标，在设计延性抗震结构时，就必须进行延性需求与能力分析的比较。由于延性概念必然涉及结构的非弹性变形问题，因此，计算延性需求成为设计中一项困难的任务。

3. 各国抗震规范中有关延性设计的规定

当今各国的抗震规范均已向极限状态理论及延性抗震设计的方向发展，我国还有较大的差距。各国的规定不尽一致，且有许多不完善之处，最终发展为基于可靠度理论的荷载与抗力分项系数设计法。延性抗震设计的基础来源于 Newmark 的能量等值假说："具有双线性弹塑性恢复力特性的单质点系结构受地震作用时，其弹塑性响应与相当弹性响应的输入能量相等"。许多国家都做了必要的试验研究，所以各国关于延性系数的规定有所不同。

增加横向约束箍筋的体积比可使混凝土强度及极限应变增大，但对桥墩来说，若过度提高混凝土的约束力，则将使塑性铰区域变小，导致轴向钢筋断裂而达到最终极限状态。故在计算容许延性系数时，应同时考虑横向约束箍筋作用及轴向钢筋的极限应变。美国规范和欧洲规范对塑性铰区含箍率的规定比较一致，我国则偏低。日本规范为简单起见，对横向约束钢筋的体积比给定了一个上限值。

4. 延性桥梁抗震构造设计

构造设计对桥梁抗震性能的重要意义，早已被桥梁震害经验所证实，构造设计主要包括钢筋细部构造设计和防落梁构造设计。钢筋细部构造是保证结构位移延性的关键因素之一。各国规范都十分重视抗震桥梁的构造规定。下面列出各国现行规范关于钢筋细部构造设计的有关条文规定。

（1）延性桥墩中的纵向钢筋

理论分析表明，桥墩中纵向钢筋含量对桥墩的延性有一定的影响。但纵筋含量对延性如何影响，目前的认识水平相差较大。但均认为，延性桥墩中纵向钢筋的含量不宜太低，也不宜太高。表 3-20 中列出了各国现行规范对纵向钢筋配筋率的限定。

各国现行规范关于延性桥墩中纵向钢筋含量的规定　　　　表 3-20

规范名称	下限值	上限值
AASHTO 规范	0.01	0.08
Caltrans 规范	0.01	0.08
ATC-32 规范建议	0.01	0.04
JSCF 规范	没有具体规定	
Eurocode 8	没有具体规定	
TNZ 规范	0.008	$18/f_y$
《公路桥梁抗震设计细则》JTG/T B02-01—2008	0.006	0.04

为了能提供更好的约束效果，Caltrans 规范还规定纵筋之间的最大间距不得超过 20cm；欧洲规范（Eurocode 8）规定纵筋之间的最大间距不得超过核心混凝土最小尺寸的 1/3 或 35cm，但可以超过 20cm；新西兰规范（TN2）规定，对矩形及圆形截面延性桥墩，纵筋间距不得超过截面直径的 1/4，也不得超过 20cm；我国《公路桥梁抗震设计细则》规定，纵筋间距不得超过 20cm。

（2）延性桥墩中的横向箍筋

横向箍筋在延性桥墩中起到 3 个方面的作用：①用于约束塑性铰区混凝土；②提供抗剪能力；③防止纵向钢筋压屈。

因此，各国规范对延性桥墩中横向箍筋的有关规定也是最多的，表 3-21 列出了各国现行规范对塑性铰区截面横向钢筋的有关规定。

为了防止纵向钢筋在塑性铰区内压屈，新西兰规范还对桥墩塑性铰区内的矩形箍筋的最小面积作了规定。

（3）延性桥墩塑性铰区的长度

桥墩塑性铰区长度与等效塑性铰长度两个概念常常被混淆，前者是用

⟨93⟩

于确定实际施工中延性桥墩箍筋加密段的长度，后者则只是理论上的一个概念。各国现行规范都对延性桥墩的塑性铰区长度作了明确的规定，如表3-22所列。

各国现行规范对桥墩塑性铰区截面横向钢筋的有关规定　　　　表 3-21

规范名称	箍筋间距	屈服应力
AASHTO 规范	$\min(1/4b_{\min}, 10\mathrm{cm})$	$F \leqslant 400\mathrm{MPa}$
Caltrans 规范	$\min(1/5b_{\min}, 6d_{\mathrm{bl}}, 20\mathrm{cm})$	同上
JSCE 规范	$\min(1/2b_{\min}, 12d_{\mathrm{bl}})$	没有规定
Eurocode 8	$\min(6d_{\mathrm{bl}}, 1/5b_{\min})$	没有规定
TNZ 规范	$\min(6d_{\mathrm{bl}}, 1/4b_{\min})$	没有规定
《公路桥梁抗震设计细则》JTG/T B02-01—2008	$\min(1/4b_{\min}, 6d_{\mathrm{bl}}, 10\mathrm{cm})$	没有规定

注：表中 $b_{\min}$ 为最小截面尺寸，d_{bl} 为纵向钢筋直径。

各国现行规范关于桥墩中塑性铰区长度的规定　　　　表 3-22

规范名称	塑性铰区长度
AASHTO 规范	$\max(b_{\max}, 1/6h_{\mathrm{c}}, 457\mathrm{mm})$
Caltrans 规范	$\max(b_{\max}, 1/6h_{\mathrm{c}}, 610\mathrm{mm})$
ATC-32 规范建议	$\max(b_{\max}, 1/6h_{\mathrm{c}}, 610\mathrm{mm}, l_0)$
JSCE 规范	无具体规定
Eurocode 8	$\max(b_{\max}, l_0)$
TNZ 规范	$\max(b_{\max}, l_0), \eta_{\mathrm{k}} \leqslant 0.25$ $\max(2b_{\max}, l_1), 0.25 < \eta_{\mathrm{k}} \leqslant 0.5$ $\max(3b_{\max}, l_2), 0.5 < \eta_{\mathrm{k}} \leqslant 0.7\varphi N_0$
《公路桥梁抗震设计细则》JTG/T B02-01—2008	$\max(b_1, l_0)$， 当墩柱高度与横截面高度之比小于 2.5 时，取墩柱全高

注：表中 b_1 为横截面最大尺寸，h_{c} 为桥墩净高，l_0 为弯矩超过临界截面弯矩 80% 的区段长度，l_1 为弯矩超过临界截面弯矩 70% 的区段长度，l_2 为弯矩超过临界截面弯矩 60% 的区段长度，η_{k} 为轴压比，b_1 为墩柱弯曲方向的截面宽度，N_0 为桥墩轴心受压强度。在 ATC-32 规范建议中，规定若桥墩轴压比超过 0.3，则塑性铰区长度再增大 50%；Eurocode 8 规定，若桥墩轴压比大于 0.3，但小于 0.6，则塑性铰区长度再增大 50%。

（4）延性桥墩中钢筋的锚固与搭接

因钢筋锚固与搭接细部设计不当引起的桥梁震害，在多次破坏性地震中均有发现。从保证桥墩的延性能力方面考虑，对塑性铰区截面内钢筋的锚固和搭接细节必须加以仔细地考虑。各国现行规范对这方面也都作了明确的规定，表3-23列出了各国现行规范的相关规定。

各国现行规范关于钢筋锚固和搭接的有关规定　　　　表 3-23

规范名称	钢筋锚固和搭接规定
Eurocode 8	箍筋末端必须做成握裹纵筋的 135° 弯钩，弯钩伸入混凝土核心长度不低于 8 倍箍筋直径。塑性铰区内螺旋箍筋接头必须采用机械接头，纵向钢筋不应在塑性铰区截面内搭接

规范名称	钢筋锚固和搭接规定
AASHTO 规范	纵筋搭接接头只能出现在桥墩中间一半墩高的范围内,纵筋搭接按常规要求确定,纵筋搭接段内箍筋间距不得大于 10cm
Caltrans 规范	纵向钢筋不应在塑性铰区截面内搭接
JSCE 规范	箍筋锚固规定:箍筋末端必须做成握裹纵筋的锐角弯钩,并可靠锚固在核心混凝土内。纵筋搭接规定:①纵向钢筋不应在塑性铰区截面内搭接;②纵筋需要截断时,每 2 根纵筋中只允许截断 1 根;③纵筋接头之间的距离不得低于其直径的 25 倍,也不低于搭接长度＋横截面尺寸。箍筋搭接规定:①箍筋接头应保证能发挥其强度,位于塑性铰区内的接头必须采用机械连接或焊接;②箍筋接头必须错开
TNZ 规范	需要完全发挥强度的纵向钢筋,其在任何位置的接头都应采用焊接,在离塑性铰区截面长度为 D 的范围内,纵筋不应搭接,箍筋末端必须做成握裹纵筋的 135° 弯钩,弯钩伸入混凝土核心的长度不低于 8 倍(光圆钢筋)或 6 倍(变形钢筋)箍筋直径。箍筋末端重叠弯钩必须焊接
《公路桥梁抗震设计细则》JTG/T B02-01—2008	纵向钢筋的锚固与搭接长度应在《公路钢筋混凝土及预应力混凝土桥涵设计规范》要求的基础上增加 10 倍纵筋直径

5. 各种桥型的抗震设计原则

虽然桥梁因其跨度、构件尺寸和基础形式不同,表现出不同的地震反应,但是,同一类桥型在动力特性、地震反应等方面存在一定的规律性,了解这些规律和特征,了解各种桥型的抗震设计原则,有助于抗震概念设计,并在概念设计中做一些基本判断。

（1）梁桥

梁桥应尽可能采用对称的结构形式,上下部结构之间的连接构造也应尽可能均匀对称。

（2）拱桥

建在抗震设防烈度 8 度或 9 度地区的大跨度拱桥,主拱圈宜采用抗扭刚度较大、整体性较好的箱形截面形式;当采用钢筋混凝土肋拱时,必须加强横向联系;下承式和中承式拱桥应设置风撑,并加强横梁刚度。

（3）斜拉桥

斜拉桥闭口箱梁的竖向挠曲频率较开口截面高,拉索扇形或辐射形布置的竖向挠曲频率较竖琴式高。大跨度斜拉桥一般是一种长周期结构,其第一振型——纵向飘浮振型对主塔顺桥向地震反应的贡献占绝对优势。在飘浮体系斜拉桥中,对塔的横向地震反应贡献最大的是以塔的振动为主的振型（塔的对称横向振动和反对称横向振动）。

从抗震要求考虑,希望结构柔一些。因为柔性结构的振动周期长,地震反应较小,但位移反应大,应引起重视。建在抗震设防烈度 8 度或 9 度地区的斜拉桥宜优先考虑飘浮体系方案;如果飘浮体系导致梁端位移过大,宜采用塔、梁弹性约束或阻尼约束体系。

（4）悬索桥

悬索桥是柔性结构，基本周期很长，因而受地震荷载控制的可能性较小。但是，竖向地震分量对加劲梁、主塔横梁弯矩的影响，对塔柱、桩基轴力的影响等应予以重视。加劲梁与边梁间的相对位移较大也是柔性结构的又一特点。保证伸缩缝的作用、设置挡块、设置减震支座等都是减小相对位移、防止落梁的较好措施。主要承重结构——桥塔宜选择有利于提高延性变形能力的结构形式及体量，避免发生脆性破坏。

3.3.6 桥梁减隔震设计

桥梁的减隔震是通过引入减隔震装置，从而延长结构周期，减少地震输入（即减少传递到结构上的地震力和能量），并增加耗能能力来实现。它以外加耗能机制作为主要抗震构件，而以结构构件抗震为辅。减隔震技术工作机理有 3 点：①采用柔性支承延长结构周期，减小结构地震反应；②采用阻尼器式能量耗散元件，限制结构位移；③保证结构在正常使用荷载作用下具有足够的刚度。

1. 减隔震的概念与原理

减震是利用特制减震构件或装置，使之在强震时率先进入塑性区，产生大阻尼，大量消耗进入桥梁体系的能量；隔震则是利用隔震体系，设法阻止地震能量进入主体桥梁；在实践中，有时把这两种体系合二为一。

减、隔震体系主要通过增大桥梁主要振型的周期，使其落在地震能量较少的范围内或增大桥梁的能量耗散能力，从而达到减小桥梁地震反应的目的。大量研究表明，适宜进行减、隔震设计的情况主要有 3 种：①桥梁墩柱较刚性，即自振周期较小；②桥梁很不规则，如墩柱的高度变化较大，有可能导致受力不均匀；③预测的场地地震运动的能量主要集中在高频分量，而低频分量的能量较少（浅震、近震、岩石地基）。因此，要根据桥梁特点和场地地震动特点决定是否要进行减、隔震设计，以及采取什么减、隔震装置。

减隔震技术包括地基隔震、基础隔震以及上部结构隔震。

地基隔震方法可分成绝缘和屏蔽两种。绝缘利用软弱地基或高刚性基础降低输入波；屏蔽是在建筑物周围挖深沟或埋入屏蔽板等，将长周期为卓越的那部分表面波隔断。这种方法不能绝缘或屏蔽直下型输入波。

基础隔震是在基础与墩台之间设置隔震装置，分为周期延长、能量吸收及绝缘等方法。周期延长法是采用某种装置将整个结构体系周期加长的方法；能量吸收是采用减震装置以控制地震时结构物不产生过大变形，并在地震结束时尽早停止振动；绝缘是采用液体浮油、磁悬浮、滑边支承、滚动轴承等装置将地震动断开，如能保证机构的稳定性，这种方法是理想的隔震方法。

上部结构隔震是指在桥墩与上部结构之间设置隔震装置，可以分为能量吸收和附加振动两种形式。能量吸收形式是在任意层设置弹塑性型、黏滞型或摩擦型等各种阻尼器；附加振动体形式则是在任意层上加设振动体，将振动由结构物本身向附加振动体转移。

隔震的本质是将结构与地面运动尽可能分离开来。其办法是延长结构的周期，避开地震的卓越周期，从而降低传入到结构中的地震能量。但是随着结构周期延长，结构位移反应必然随之增加，可能造成设计上的困难。此外，由于结构较柔，在正常使用荷载作用下结构可能会发生有害振动。为了控制结构的有害振动，减小结构变形，可通过增加结构阻尼实现。

2. 常用减隔震措施

（1）阻尼器和锁定装置

阻尼器（即阻尼装置）的种类很多，从其输出阻尼力和位移的关系曲线一般分为黏滞阻尼器、摩擦阻尼器、黏弹性阻尼器和弹塑性阻尼器 4 种，这里介绍近年来较多应用的黏滞阻尼器。

图 3-19 所示为美国 Taylor 公司生产的黏滞阻尼器结构示意图。

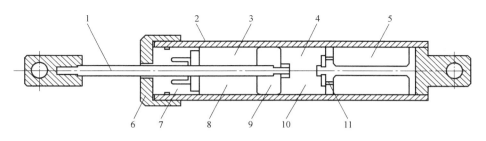

图 3-19　黏滞阻尼器

1—活塞杆；2—油缸；3、4—可压缩硅油；5—蓄压池；6—密封圈；7—高强度缩醛树脂；
8—室 A；9—带阻尼孔活塞头；10—室 B；11—控制阀

黏滞阻尼器的输出方程为：

$$F = Cv^{\alpha} \tag{3-26}$$

式中　F——阻尼力；

　　　C——阻尼系数；

　　　v——相对速度（或称传动速度；对本阻尼器，为活塞杆与油缸的相对速度）；

　　　α——速度指数：对于桥梁工程来说，α 可取 0.4～0.5；对于低烈度地震区，α 可取 2；主要抵御风致振动的桥梁，α 可取 0.5～1。

这类阻尼器产品理想的阻尼比范围为 10%～45%，阻尼力为 0.5～80MN，行程为 25～1500mm。

锁定装置是一种大阻尼的特殊阻尼装置，它的锁定力和速度的方程与阻尼装置类似，装置的锁定速度定义为输出额定锁定力时的传动速度。其值小于由于地震、风致振动等引起的结构振动速度，大于温度引起的位移速度。锁定速度一般在每秒毫米量级。

图 3-20 给出了锁定装置和阻尼装置输出阻尼力反应曲线，横坐标为反应速度（in/s），纵坐标为输出阻尼力（10^3lb）。锁定装置锁定力输出方程为：$F = 40 \times 10^6 v$，当 $v = 0.005$in/s，达到 200×10^3lb 额定锁定力；阻尼装置阻尼力输出方程为：$F = 45730 \times v^{0.4}$，当 $v = 40$in/s，达到 200×10^3lb 额定阻尼

力。由此可看出两者达到同样阻尼力（锁定力）的速度差异巨大（注：1in＝25.4mm，1lb＝4.4482N）。

图 3-21 为阻尼比为 32.6％的单质点振动位移时程曲线，图 3-22 为大阻尼作用下，锁定速度为 30mm/s 时的单质点位移时程曲线。可以看出，锁定装置对结构运动起到一种快速停止的作用，阻尼器对结构运动起到耗能、衰减振动的作用。

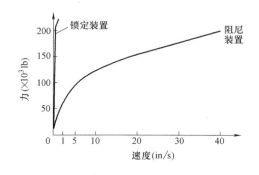

图 3-20 阻尼器和锁定装置输出反应曲线比较

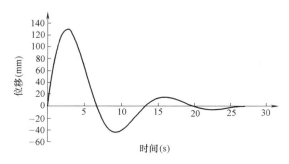

图 3-21 单质点有阻尼振动位移时程曲线

（2）各种减隔震支座

① 叠层橡胶支座

叠层橡胶支座由薄橡胶板和薄钢板交替结合而成。钢板对橡胶板的横向变形产生约束，因而增加了橡胶竖向刚度，又由于分层设置的原因，叠层橡胶支座可发生水平变形，增加了结构系统的柔性，提高了周期。橡胶材料可特殊配制，以增大材料黏性，利于能量吸收，达到减震目的。在 20 世纪 80～90 年代建设的小跨径连续梁桥中，叠层橡胶支座应用较广。但随着使用年限增加，橡胶支座在天然环境下的老化问题逐渐显现，限制了其在桥梁中的应用。

② 铅芯橡胶支座

在橡胶支座的中部或中心周围竖直地压入纯度为 99.9％的铅芯就形成了铅芯橡胶支座（图 3-23）。在支座的中心处设置铅棒，一方面，可提高支座的早期刚度，对于控制风反应和抵抗地基的微振动有利；另一方面，由于铅棒的屈服强度较低，在弹塑性变形条件下又有较好的抗疲劳性能，因而具有较大的阻尼和较强的耗能能力。但铅芯橡胶支座同样存在橡胶易老化、支座承载能力较低、低频小振幅地震激励下结构地震反应可能放大、对墩柱较柔的桥梁隔震效果不是很好等问题。因此，铅芯橡胶支座无法满足大跨度桥梁重荷载、长寿命的要求。

③ 钢质耗能支座

钢质耗能支座由一系列沿圆周排列的 C 形（或 E 形）钢质耗能单元组成（图 3-24）。在横向力作用下，通过 C 形（或 E 形）钢的挠曲变形提供位移和阻尼。设计时需注意截面在所有运动方向的应力相近，以获得较好的耗能效果。此类支座属于材料耗能体系，应保证耗能单元材料在弹性变形和塑性变形区均具有较好的抗疲劳特性，并保证与耗能单元和支座相连接的关键性构件（如销轴）具有较高强度和抗疲劳性能。

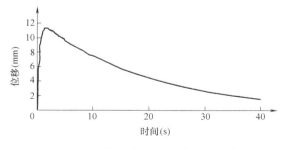

图 3-22　单质点大阻尼锁定位移时程曲线

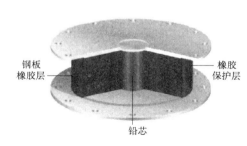

图 3-23　铅芯橡胶支座

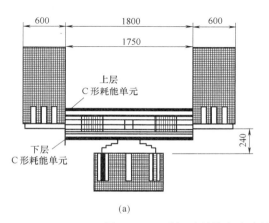

(a)

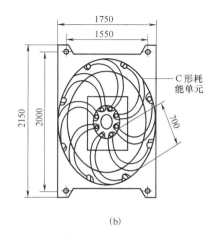

(b)

图 3-24　C 形钢质耗能支座连接方式（尺寸单位：mm）

④ 回弹滑动支座

回弹滑动支座由一组重叠放置又相互滑动的带孔聚四氟乙烯板和一个中央橡胶核、若干个卫星橡胶核组成。这种隔震装置是靠橡胶核提供指向平衡位置的恢复力，同时控制过大的相对位移，并通过聚四氟乙烯板间的摩擦和橡胶层阻尼消耗地震能量。调整聚四氟乙烯板之间的摩擦系数和中央橡胶核的直径能达到较好的隔震性能。但这种隔震支座构造比较复杂，也存在着橡胶老化问题。

⑤ 摩擦摆支座

摩擦摆支座组成见图 3-25。其中，中间层滑块由高强的抗压材料构成。其工作原理类似单摆，具体为：滑块的滑动面在下部结构发生地震位移时，由于上部结构的重力及圆弧形的下底板滑动面，总能产生指向平衡位置的回复力；通过滑块和滑动面之

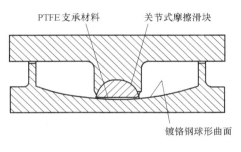

图 3-25　摩擦摆支座

间摩擦耗能；由于滑块转动面与上盖板的关节接触方式，上部结构总能保持水平状态。这种支座物理意义明确、设计思路简洁、构造简单、耐久性好，并具有自恢复能力，在美国、加拿大等国的桥梁减隔震中得到了广泛应用，并取得了良好的经济效益和很好的减震效果。

⑥ 双曲面球型减隔震支座

双曲面球型减隔震支座主要由上座板、中座板、下座板、上球面不锈钢滑板、下球面不锈钢滑板、四氟滑板、抗剪销、安全螺钉及防尘密封装置等组成，其中上四氟滑板和下四氟滑板均采用分片镶嵌的填充聚四氟乙烯复合夹层滑板。支座结构如图 3-26 所示。

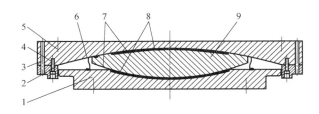

图 3-26　双曲面球型减隔震支座结构示意图

1—下座板；2—导向板；3—抗剪销；4—安全螺钉；5—上座板；

6—防尘密封装置；7—球面不锈钢滑板；8—四氟滑板；9—中座板

双曲面球型减隔震支座是以普通球型支座为基础研制的，采用大半径球面摩擦副取代普通球型支座的平面摩擦副，并设计了限位约束装置，是一种性能较好的新型支座。该支座利用钟摆机理延长了桥梁的自振周期，通过桥自重提供自复位能力，帮助桥梁上部结构回到原来的位置。

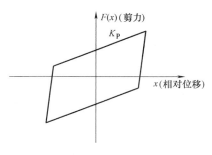

图 3-27　双曲面球型减隔震
支座滞回曲线图

双曲面球型减隔震支座的减隔震工作原理是：当地震发生且水平横向力超过预定值时，限位装置的抗剪销和安全螺钉被剪断，支座的横向限位约束被解除，大半径球面摩擦副横向即可自由滑动，通过摩擦阻力逐渐消耗地震能量。这样，延长了地震周期，达到减震、抗震效果；而地震过后，结构自重又可形成恢复力，使支座复位。支座滞回曲线如图 3-27 所示。

3.3.7　抗震设计案例

在地震烈度较高的地区，结构的地震反应往往成为控制设计的因素，所以，在概念设计阶段，对结构体系、基础形式等方案构思就必须考虑它的抗震性能。有利于抗震的结构体系，容易获得较好的结构抗震性能；相反，不利于抗震的体系方案，为了满足抗震需要，则可能要花费巨额的代价。因此，概念设计中考虑结构抗震性能生成是一个重要方面。

1. 选择有利抗震的结构体系

桥梁的大部分质量集中在上部结构，因而地震惯性力也主要集中在上部结构。上部结构的地震惯性力一般通过上下部结构之间的连接构造（支座等）传递给墩柱，再由墩柱传递给基础。比如，大跨径三跨连续梁桥，一般情况下，纵桥向设一个制动墩的支承体系能很好地满足温度变化、汽车荷载等正常使用状态的传力和变形，但对于地震响应来说，庞大的梁体的地震反应力传递给一个制动墩的墩身和基础承担就显得不合理和不经济了。从概念设计上就希望有这样一种体系：正常使用状态为一个制动墩的支承体系，地震时为 4 个桥墩共同承担梁体地震反应力。这种类似问题就需概念设计时进行思考和寻求解决。

【例 3-1】　希腊 Rion-Antirion 桥

设计思想：强震时，纵桥向、横桥向为全飘浮斜拉桥体系；其他时段，纵桥向为全漂浮、横桥向为支承体系。

该桥（图 3-28）连接希腊大陆和伯罗奔尼撒半岛之间的科林斯海湾，为 5 跨全飘浮斜拉桥体系，主跨组成为 286m＋3×560m＋286m。桥位处岩床深度超过 500m，2000 年重现期的地震最大峰值加速度达 1.2g，且半岛以每年 8～11mm 速度漂离大陆，因此抗震安全是设计最主要的控制因素。

图 3-28　建成后的希腊 Rion-Antirion 桥

为了避免强大的地震力和塔基位移，该桥选用 5 跨连续的全飘浮体系斜拉桥，上部结构为结合梁桥面，墩梁之间横桥方向如何连接？如横桥向塔梁之间采用抗风支座连接，塔基础地震受力验算通不过。如释放这个连接，主梁和塔顶横向位移、塔基础受力均过大。最后，塔梁之间横桥方向设置 5 个附加机械装置，当发生地震时容许中间保险限位装置在一定地震荷载下破坏，其余 4 个阻尼器将起到阻尼耗能的作用。平时状态，侧风作用时，保险限位装置确保大桥横向与桥塔固定连接在一起（类似于侧向抗风支座），保证主梁横桥向不晃动。在梁端安装了适应主梁纵向位移、横向阻尼限位的特殊装置，如图 3-29 所示。

【例 3-2】　苏通长江公路大桥主航道桥

设计思想：综合静力、强风和地震分析结果，最终采用阻尼器（强风时限位）连接。

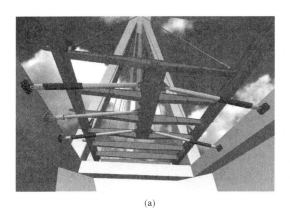
(a)

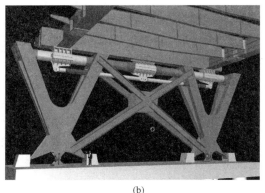
(b)

图 3-29　塔梁横向连接（梁上阻尼器）和梁端连接装置

苏通长江公路大桥主桥对阻尼限位约束体系、液压缓冲（动力锁定）限位约束体系和弹性约束体系的地震、静力分析结果与飘浮体系分析结果的比较如表 3-24 所示。表中地震反应中的两个数值为：北梁（塔）/南梁（塔）。从表 3-24 可得到如下结论：阻尼限位约束体系的纵向地震位移反应略大于动力锁定约束体系，远小于飘浮体系，是飘浮体系的 40%；在 4 种结构体系中，阻尼限位约束体系的纵桥向塔底剪力和弯矩最小，动力锁定约束体系最大；阻尼限位约束体系的纵桥向塔底剪力是飘浮体系的 86%，动力锁定约束体系的 68%；阻尼限位约束体系的纵桥向塔底弯矩是飘浮体系的 76%，动力锁定约束体系的 66%（南北索塔的平均值）。

3 种约束体系和飘浮体系的综合比较　　表 3-24

	约束名称	阻尼限位约束	动力锁定约束	弹性约束	飘浮体系
	一个塔梁连接处约束系统主要参数	$C=15000$ $\alpha=0.4$ $\pm750\text{mm}$ 限位	动力锁定 $\pm750\text{mm}$ 限位	弹性刚度 50MN/m	—
地震反应	梁端水平位移(m)	0.285/0.272	0.190/0.170	0.483/0.70	0.690/0.673
	塔顶水平位移(m)	0.371/0.368	0.237/0.227	0.637/0.625	0.820/0.818
	塔根剪力（MN）	31.7/34.3	46.9/50.4	35.6/39.6	36.8/39.6
	塔根弯矩(MN·m)	2280/1740	3160/2950	2 740/2 500	2790/2490
	装置行程(m)	0.293/0.271	0	0.421/0.439	0.683/0.673
	装置约束力（MN）	12.1/11.6	64.2/76.2	21.0/22.0	—

注：C 为阻尼系数，单位为 $\text{kN}/(\text{m/s})^{0.4}$；$\alpha$ 为速度指数。

综上，纵桥向塔梁连接采用具有额定行程量的刚性限位和动力阻尼组合的装置系统。

2. 改善承重结构的抗震性能

作为主要承重结构的桥塔、桥墩和拱圈等可以设计成具有延性变形能力的结构，从而在地震作用下通过构件耗能，例如牺牲部分细部构造，以避免脆性破坏。

【例 3-3】 美国旧金山新海湾大桥

设计思想：塔柱延性抗震设计。

原有的旧金山海湾大桥东桥在 1989 年的黑山地震中损坏，市政府决定建造一座满足 9 度烈度抗震要求的新桥。最后的实施方案为"自锚式悬索桥"体系，主跨 385m，边跨 180m。现行理念认为，在如此高的强震区，桥塔应该是门式的。这样，强震的地震能量可通过塔的横梁处形成塑性铰来消耗，使竖向塔柱依然保持弹性，如图 3-30 所示。

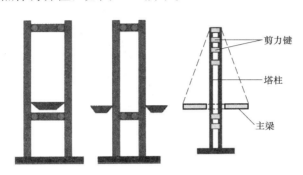

图 3-30　塔柱抗震概念

但是，大家对独塔的美观情有独钟！因此，需研究门式桥塔如何看上去更像一个独塔。如果把多根塔柱的距离拉近，整个塔在外观上就很像一个独塔结构了。把塔柱靠拢，横梁会缩短。横梁缩短后，强震下横梁就不是弯曲屈服，而是剪切屈服了。而发生剪切屈服又会如何呢？

于是，一个创新的独塔方案浮出水面，如图 3-31 所示。分析表明，这种结构的抗震性能甚至比普通的门式塔更优秀，因为可根据需要在两个塔柱间的不同位置设置需要数量的剪力键，从而显著增加桥塔的超静定次数。

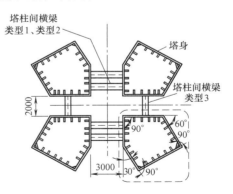

图 3-31　塔柱剪力键

3. 设计有利抗震的桥梁基础

地震首先是从基础传递给整个结构的，所以，对于高烈度地区来说，宜使基础具有一定的减隔震能力，把握好抗震、减震第一关。不同的基础形式，表现出不同的反应，如何使基础能够减弱或隔离部分地震响应，这比在上部结构上解决抗震问题可能更有效、更经济。

【例 3-4】 希腊 Rion-Antirion 桥

设计思想：加筋土隔震基础。

为了避免强大的地震力作用，希腊的 Rion-Antirion 桥选用五跨连续的全飘浮体系斜拉桥，并且将高 65m、墩底基座直径为 90m 的圆形桥墩置于由直径 2m、深 25～30m 钢管桩加固，上面铺以砂、卵石和碎石组成的 3m 厚垫层，形成可相对滑动的"加筋土隔震基础"（Reinforced Soil Foundation），这是一种创新的基础形式，其基础隔震如图 3-32 所示。

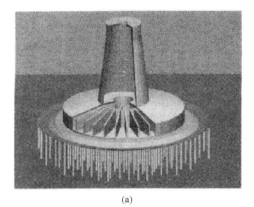
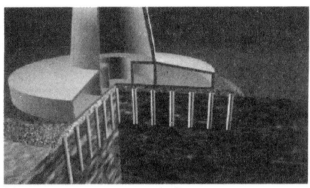

(a)　　　　　　　　　　　　　　　　(b)

图 3-32　希腊 Rion-Antirion 桥隔震基础

**3.4　桥梁防船撞设计理念

本节内容可扫描右侧二维码进行学习。

桥梁防船撞设计理念

小结及学习指导

（1）3.1 节重点把握桥梁的计算内容与考虑因素，从抗力（能力）和效应（需求）两个角度进行理解。

（2）3.2 节在了解风致桥梁病害类型，把握大气层分层、近地风特性、静风荷载、风致静力失稳、涡振、抖振、颤振、驰振、雷诺数、边界层等基本概念基础上，重点掌握速度与气体压力的公式、涡激力频率公式、主梁颤振公式及其影响因素。

（3）3.3 节在了解桥梁震害主要类型，把握地震成因、地震波、地震度量、地震设防目标及延性、减震、隔震，黏滞阻尼器、锁定装置等基本概念的基础上，重点理解反应谱法和时程分析法的基本原理，掌握桥梁常用的减隔震措施。

（4）3.4 节供学有余力的学生自学，重点在船撞的设防水准、性能目标、船撞防护系统的种类。

习题及思考题

3-1　名词解释：体轴（风轴）三分力系数，涡振、抖振、颤振、驰振，雷诺数、边界层；体波、面波、纵波、横波，震级、烈度、地震动参数，E1

地震、E2 地震，多遇地震、设计地震、罕遇地震；多振型分解法，延性，减震、隔震，黏滞阻尼器、锁定装置。

3-2 桥梁设计计算包含哪些内容？

3-3 在什么情况下，桥梁的总体计算应考虑施工过程，为什么？

3-4 描述平均风特性、脉动风特性各有哪些参数？什么是近地平均风风速廓线的指数律、对数律？风速与风压关系如何？

3-5 什么情况下可只考虑静风荷载作用，什么时候应考虑风致振动？考虑了风致振动，是否还需要考虑静风荷载？

3-6 减少主梁、拱肋、桥墩、桥塔、主缆、拉索静风荷载的主要举措有哪些？各自主要受到静三分力中哪个分力？

3-7 涡激力的频率公式是什么？什么是涡振锁定风速？

3-8 主梁颤振临界风速估算公式是什么？与哪些因素有关？如何提高该临界风速？

3-9 风致振动控制的气动措施有哪些？

3-10 桥梁震害的主要形式？地球内部构造与地震成因是什么？

3-11 《公路桥梁抗震设计细则》明确的桥梁抗震设防类别分哪几类？内涵和意义是什么？

3-12 反应谱法及其适应条件是什么？《公路桥梁抗震设计细则》的水平和竖向设计加速度反应谱是什么？

3-13 什么是静力弹塑性分析方法（Pushover 方法）、动力时程分析方法？各自分析步骤有哪些？

3-14 什么是桥梁延性抗震设计？保证桥梁抗震延性的构造措施有哪些？

3-15 各种桥型抗震设计有哪些原则？隔震常在桥梁什么部位实施？常见的减隔震措施有哪些？苏通长江公路大桥采用了哪种振动控制装置？

3-16 船撞的设防水准和性能目标是什么？船撞防护系统有哪些种类？

第4章
桥梁设计作用

本章知识点

> 【知识点】 公路桥梁和铁路桥梁各自的荷载作用分类与作用代表值（城市桥梁与公路桥梁的作用规定基本相同）；永久作用、可变作用、偶然作用、地震作用的概念、细分类型与度量表示；船只和漂流物的撞击力、汽车撞击力的取值；公路桥涵四种设计状况与极限状态验算种类的关系，作用组合的意义，公路桥梁两种极限状态下的组合类型，铁路桥涵的组合与验算方法。
>
> 【重点】 重点把握作用代表值分类及其含义、三种桥规的可变荷载的类型与取值；公路桥梁两种极限状态下的组合类型；各计算公式的影响参数与形式。
>
> 【难点】 掌握基本组合、偶然组合、地震组合、频遇组合、准永久组合、应力与稳定性验算的组合的概念，掌握相关规定的时代与实践背景，各规定间的内在联系。

荷载确定、结构分析和构造图纸绘制是桥梁设计的主要工作。荷载种类、形式和大小的选择是否恰当，关系到桥梁结构在使用年限内是否安全可靠，也关系到桥梁建设费用是否经济合理。我国《公路桥涵设计通用规范》JTG D60—2015（简称《公路桥规》）、《城市桥梁设计规范》CJJ 11—2011、《铁路桥涵设计规范》TB 10002—2017，J 460—2017 和《高速铁路设计规范》TB 10621—2014，J 1942—2014（后两本规范分别简称《铁路桥规》和《高速铁路设规》）、《城市人行天桥与人行地道技术规范》CJJ 69—1995 将作用在公路桥梁、城市桥梁、铁路桥梁和人行天桥上的各种荷载和外力归纳为永久作用（铁路规范中对应为主力的恒载）、可变作用（铁路规范中对应为主力的活载和附加力）、偶然作用（铁路规范对应为特殊荷载）以及作为特殊偶然作用的地震作用（仅《公路桥规》）等 4 类，还根据可能出现的荷载情况，规定了不同的作用组合。

使结构产生内力的作用主要包括两部分：一是荷载作用；二是结构或其构件由于温度变化等原因所产生的约束变形导致的内力。以前，把这两种作用都称为荷载，显然，把温度效应等所产生的内力称为荷载内力是欠妥的。因此，自《公路桥规》2004 版起，统一把结构中产生内力的原因通称为"作用",这在规范用词方面是正确的。但国内外大多数规范仍沿用习惯用语,可能是因为这种不妥并未在结构设计中产生误解或不良后果。因此本书对这两种叫法未作严格区分。

公路桥梁的作用,按其随时间变化的性质,分为永久作用、可变作用、偶然作用和地震作用等四类。

永久作用:习惯上称为恒载,是指在设计基准期内,其量值不随时间变化,或其变化与平均值相比可忽略不计的作用,如结构重力。

可变作用:指在设计基准期内,其量值随时间变化,且其变化与平均值相比有不可忽略的作用,如汽车、列车、人群荷载。

偶然作用:指在设计基准期内发生的概率很小,然而一旦发生,其值很大且持续时间很短的作用,如桥梁可能遇到的各类撞击作用等。

我国公路桥梁的作用分类如表 4-1 所示。

荷载分类表(公路桥梁)　　　　　　　　　　表 4-1

编号	作 用 分 类	作 用 名 称
1		结构重力(包括结构附加重力)
2		预加力
3		土的重力
4	永久作用	土侧压力
5		混凝土收缩及徐变作用
6		水的浮力
7		基础变位作用
8		汽车荷载
9		汽车冲击力
10		汽车离心力
11		汽车引起的土侧压力
12		汽车制动力
13		人群荷载
14	可变作用	疲劳荷载
15		风荷载
16		流水压力
17		冰压力
18		波浪力
19		温度(均匀温度和梯度温度)作用
20		支座摩阻力
21		船只撞击作用
22	偶然作用	漂流物撞击作用
23		汽车撞击作用
24	地震作用	地震作用

107

除了了解作用的分类外，还需掌握其大小。作用具有变异性，但在结构设计时，不可能直接引用作用随机变量或随机过程的各类统计参数，通过复杂的计算进行设计。作用代表值就是为结构设计而给定的量值，设计的要求不同，采用的作用代表值也可不同，这样可以更确切、合理地反映作用对结构在不同设计要求下的特点。

作用的代表值可以是作用的标准值或者可变作用的伴随值，后者包括可变作用的组合值、频遇值和准永久值。作用的标准值是作用的基本代表值，可变作用的组合值、频遇值和准永久值一般可以在标准值的基础上计入不同的系数后得到。作用的标准值反映了作用在设计基准期内随时间的变异，并按其最大值在设计基准期内概率分布的某一分位值确定。公路桥涵结构的设计基准期为 100 年。

作用标准值：为各种作用的基本代表值，其值可根据作用在设计基准期内的最大值概率分布的某一分位值确定。

作用组合值：使组合后的作用效应的超越概率与该作用单独出现时其标准值作用效应的超越概率趋于一致的作用值；或者是组合后使该结构具有规定可靠度指标的作用值。可通过组合值系数对作用标准值的折减来表示。《公路桥规》中组合值系数取 0.75。

作用频遇值：是可变作用的一种代表值，其值可根据在足够长的观测期内作用任意时点概率分布的 0.95 分位值确定。

作用准永久值：是可变作用的另一种代表值，可根据在足够长的观测期内作用任意时点概率分布的 0.5（或略高于 0.5）分位值确定。

作用的设计值为作用的代表值乘以相应的作用分项系数，而作用的代表值可按下列规定取用：

① 永久作用的代表值为其标准值。该标准值可按结构构件设计尺寸与材料的重力密度计算，并结合工程经验综合分析确定。

② 可变作用的代表值包括标准值、组合值、频遇值和准永久值。可变作用的组合值、频遇值和准永久值可通过其标准值分别乘以组合值系数、频遇值系数和准永久值系数来确定。

③ 偶然作用取其设计值作为代表值。可根据历史记载、现场观测和试验，并结合工程经验综合分析确定。

④ 地震作用的代表值为其标准值。应根据《公路工程抗震规范》JTG B02 的规定确定。

《城市桥梁设计规范》CJJ 11—2011 规定，城市桥梁设计采用的作用应按永久作用、可变作用、偶然作用分类，除可变作用中的汽车荷载与人群荷载外，作用与作用效应组合均应按现行行业标准《公路桥涵设计通用规范》JTG D60 的有关规定执行。

我国铁路规范荷载按荷载性质和发生的概率进行分类，将桥梁荷载分为主力（对应于公路桥的永久作用和一部分可变荷载）、附加力（对应于不包含在主力中的其他可变作用）、特殊荷载（对应于偶然荷载）。铁路桥梁各类荷载如表 4-2 所示。

荷载分类表（铁路桥梁） 表 4-2

荷载分类		荷载名称	荷载分类	荷载名称
主力	恒载	结构构件及附属设备自重 预加力 混凝土收缩和徐变的影响 土压力 静水压力及水浮力 基础变位的影响	附加力	制动力或牵引力 支座摩阻力 风力 流水压力 冰压力 温度变化的作用 冻胀力
	活载	列车竖向静活载 公路(城市道路)活载 列车竖向动力作用 离心力 横向摇摆力 活载土压力 人行道人行荷载 气动力	特殊荷载	列车脱轨荷载 船只或排筏的撞击力 汽车撞击力 施工临时荷载 地震力 长钢轨的纵向作用力(伸缩力、挠曲力和断轨力)

各类作用（或荷载）的大小或计算方法在相应规范中均有明确规定，下面阐述其主要部分。上述几种规范的荷载分类方式有差别，以下仅按《公路桥规》的荷载分类方式进行编排。所阐述荷载的类型可参考表 4-1、表 4-2 等确定。

4.1 永久作用

永久作用包括结构重力、预加力、土的重力及土侧压力、水的浮力、混凝土收缩与徐变、基础变位等。

结构物自身重力及桥面铺装、附属设施等外加重力均属结构重力，可按照结构物的实际体积或设计拟定的体积乘以材料重度得到，常用材料重度可查阅《公路桥涵设计通用规范》JTG D60—2015、《铁路桥涵设计规范》TB 10002—2017 或者采用其他可靠方法获得。桥梁结构的自重往往占全部设计荷载的很大部分，采用轻质高强材料对减轻桥梁自重、增大跨越能力有重要意义。

预加力在结构正常使用极限状态设计时，应作为永久荷载计算其效应，但应计入相应阶段的预应力损失。在结构承载能力极限状态设计时，预加力不作为荷载，而将预应力钢筋作为结构抗力的一部分，但应考虑预加力引起的次内力。

混凝土材料在持续荷载作用下随时间增长而产生的变形被称为徐变。徐变对结构产生的效应称为徐变效应。混凝土在强度形成和增长过程中，随时间增加体积缩小的现象被称为收缩。收缩产生的效应被称为收缩效应。对于超静定的混凝土结构及结合梁桥等，均应考虑混凝土收缩和徐变作用引起的效应。

4.2 可变作用

可变作用按其对桥涵结构的影响程度，可分为基本可变荷载和其他可变荷载。基本可变荷载又称活载，主要是车辆荷载及其影响力；其他可变荷载包括自然和人为产生的各种变化力。

4.2.1 基本可变荷载

基本可变荷载包括汽车、列车活载（铁路）、由汽车活载或列车活载引起的动力效应（冲击力）、曲线上的离心力、由活载引起的土侧压力及人群荷载。对铁路桥梁还有列车横向摇摆力。由于公路、城市、铁路桥梁设计荷载中可变荷载部分有较大的区别，现分别介绍于下。

1. 公路桥梁基本可变荷载（活载）

（1）汽车荷载

桥梁上行驶的车辆类型繁多，荷载情况复杂，设计时不可能对每种情况都进行计算，而是以一种统一的标准荷载来进行设计。这种标准是经过统计分析制定出来的，既概括了当前各类车辆的情况，又适当考虑了将来的发展。由于各种车辆在桥梁上出现的概率是不同的，因此标准荷载把经常、大量出现的汽车归纳为车道荷载和车辆荷载，作为计算荷载。

1）等级与组成

汽车荷载分为公路—Ⅰ级和公路—Ⅱ级两个等级。每个等级又划分为车道荷载和车辆荷载两种。车道荷载由均布荷载和集中荷载组成。桥梁结构的整体计算采用车道荷载；桥梁结构的局部加载，涵洞、桥台和挡土墙土压力等的计算采用车辆荷载。车道荷载与车辆荷载的作用不得叠加。

各级公路桥涵设计的汽车荷载等级应符合表 4-3 的规定。

汽车荷载等级 表 4-3

公路等级	高速公路	一级公路	二级公路	三级公路	四级公路
汽车荷载等级	公路—Ⅰ级	公路—Ⅰ级	公路—Ⅰ级	公路—Ⅱ级	公路—Ⅱ级

二级公路作为集散公路且交通量小、重型车辆少时，其桥涵设计可采用公路—Ⅱ级汽车荷载。

2）车道荷载

车道荷载的计算图式如图 4-1 所示。

① 公路—Ⅰ级车道荷载的均布荷载标准值 $q=10.5\text{kN/m}$；集中荷载标准值 P 按以下规定选取：桥涵计算跨径小于或等于 5m 时，$P=270\text{kN}$；桥涵计算跨径等于或大于 50m 时，$P=360\text{kN}$；桥涵计算跨径大于 5m、小于 50m 时，P 值采用直线内插求得。计算剪力效应时，上述集中荷载标准值应乘以 1.2 的系数。

② 公路—Ⅱ级车道荷载的均布荷载标准值 q 和集中荷载标准值 P，为公

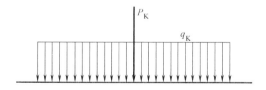

图 4-1　车道荷载

注：计算跨径为：设支座的为相邻两支座中心间的水平距离；
　　不设支座的为上、下部结构相交面中心间的水平距离。

路—Ⅰ级车道荷载的 0.75 倍。

③ 车道荷载的均布荷载标准值应满布于使结构产生最不利效应的同号影响线上；集中荷载标准值只作用于相应影响线中一个影响线峰值处。

3）车辆荷载

车辆荷载立面、平面尺寸与布置如图 4-2 所示。其主要技术指标规定见表 4-4。

车辆荷载主要技术指标　　　　　　　　　　表 4-4

项　　目	单位	技术指标
车辆重力标准值	kN	550
前轴重力标准值	kN	30
中轴重力标准值	kN	2×120
后轴重力标准值	kN	2×140
轴距	m	3+1.4+7+1.4
轮距	m	1.8
前轮着地宽度及长度	m	0.3×0.2
中、后轮着地宽度及长度	m	0.6×0.2
车辆外形尺寸（长×宽）	m	15×2.5

公路—Ⅰ级和公路—Ⅱ级汽车荷载采用相同的车辆荷载标准值。

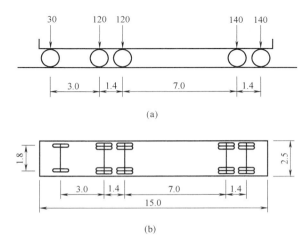

图 4-2　车辆荷载的立面、平面尺寸（轴重单位：kN，尺寸单位：m）
（a）立面图；（b）平面图

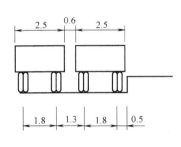

图 4-3 车辆荷载横向布置
（尺寸单位：m）

4）横向分布系数及纵横向折减

车道荷载与车辆荷载的横向分布系数，均应按设计车道数布置车辆荷载（图 4-3）进行计算。

桥涵设计车道数应符合表 4-5 规定。多车道桥梁的汽车荷载应考虑折减。布置一条车道汽车荷载时，应考虑汽车荷载的提高。当桥涵设计车道数等于或大于 2 时，由汽车荷载产生的效应应按表 4-6 规定的多车道横向折减系数进行折减，但折减后的效应不得小于两条设计车道的荷载效应。

桥涵设计车道数 表 4-5

桥面宽度 W（m）		桥涵设计车道数 n（条）
单向行驶桥梁	双向行驶桥梁	
W<7.0		1
7.0≤W<10.5	6.0≤W<14.0	2
10.5≤W<14.0		3
14.0≤W<17.5	14.0≤W<21.0	4
17.5≤W<21.0		5
21.0≤W<24.5	21.0≤W<28.0	6
24.5≤W<28.0		7
28.0≤W<31.5	28.0≤W<35.0	8

横向折减系数 表 4-6

横向布置设计车道数 n（条）	1	2	3	4	5	6	7	8
横向折减系数	1.20	1.00	0.78	0.67	0.60	0.55	0.52	0.50

大跨径桥梁上的汽车荷载应考虑纵向折减。桥梁计算跨径大于 150m 时，应按表 4-7 规定的纵向折减系数进行折减。桥梁为多跨连续结构时，整个结构应按最大计算跨径考虑汽车效应的纵向折减。

纵向折减系数 表 4-7

计算跨径 l（m）	纵向折减系数
150<l<400	0.97
400≤l<600	0.96
600≤l<800	0.95
800≤l<1000	0.94
l≥1000	0.93

（2）汽车冲击力

汽车以一定的速度在桥上行驶，由于汽车荷载快速移动、桥面不平整、汽车车轮不圆、汽车发动机抖动等原因，桥梁结构发生振动，所产生的应力、变形等效应要比大小相等的静载引起的效应大，这种由于荷载动力作用使桥梁发生振动而造成内力、变形加大的现象称为冲击作用。目前对冲击作用还不能做出完全符合实际情况的理论分析和预测，只能采用比较粗糙的近似方法，即以冲击系数 μ 来考虑。设计计算中，考虑汽车冲击后的荷载效应为汽车的静荷载（即标准值）效应乘以动力系数 $(1+\mu)$。

《公路桥涵设计通用规范》JTG D60—2015 中给出冲击系数 μ 的计算方法是以结构的基频为自变量的统计公式。

① 钢桥、钢筋混凝土及预应力混凝土桥、圬工拱桥等上部结构、支座及混凝土的柱式桥墩：当 $f<1.5$Hz 时，$\mu=0.05$；当 1.5Hz$\leqslant f \leqslant 14$Hz 时，$\mu=0.1767\ln(f)-0.0157$；当 $f>14$Hz 时，$\mu=0.45$。其中 f 为结构的基频（单位为 Hz）。

② 填料厚度（包括路面厚度）等于或大于 0.5m 的拱桥、涵洞以及重力式墩台不计冲击力。

③ 汽车荷载的局部加载及在 T 梁、箱梁等的悬臂板上的冲击系数采用 0.3。

（3）离心力

曲线桥梁需考虑汽车荷载引起的离心力。离心力为车辆荷载（不计冲击力）标准值乘以离心力系数 C。离心力系数按下式计算：

$$C=\frac{v^2}{127R} \tag{4-1}$$

式中　v——计算行车速度，应按桥梁所在路线等级的规定采用（km/h）；

　　　R——曲线半径（m）。

若车道数大于 2，亦应按表 4-6 折减。离心力的着力点在桥面以上 1.2m（为计算简便，也可移至桥面上，不计由此引起的力矩）。

（4）人群荷载

公路桥梁设置人行道时，应同时计入人群荷载。

1）桥梁计算跨径小于或等于 50m 时，人群荷载标准值为 3.0kN/m²；桥梁计算跨径等于或大于 150m 时，人群荷载标准值为 2.5kN/m²；桥梁计算跨径大于 50m、小于 150m 时，由线性内插得到人群荷载标准值。对跨径不等的连续结构，以最大计算跨径为准。

2）非机动车、行人密集地区的公路桥梁，人群荷载标准值为上述标准值的 1.15 倍。

3）专用人行桥梁，人群荷载标准值为 3.5kN/m²。

人行道板作为一块板单元进行验算时，人群荷载标准值为 4.0kN/m²。计算栏杆时，人群作用于栏杆柱顶上的水平推力标准值取为 0.75kN/m，作用于栏杆扶手的竖向力标准值取为 1kN/m。

（5）车辆荷载引起的土侧压力

车辆荷载作用在桥台台背或路堤挡土墙上，将引起台背填土或挡土墙后填土的破坏棱体对桥台或挡土墙的土侧压力。此类土侧压力可按下式换算成等代土层厚度 h 计算：

$$h=\frac{\sum G}{BL_0\gamma} \tag{4-2}$$

式中　γ——土的重度（kN/m^3）；

　　　　B——桥台的横向全宽或挡土墙的计算长度（m）；

　　　　L_0——桥台或挡土墙后填土的破坏棱体长度（m）；

　　　　$\sum G$——布置 $B \times L_0$ 面积内的车辆车轮总重力（kN）。

其他活载均可按《公路桥规》相关条文计算。

2. 城市桥梁基本可变荷载（活载）

（1）汽车荷载

汽车荷载分为城—A级和城—B级两个等级。

汽车荷载由车辆荷载和车道荷载组成。桥梁结构的局部加载（如横隔梁、行车道板）、桥台及挡土墙土压力的计算应采用车辆荷载。桥梁的整体计算（如主梁、主拱和主桁架等）应采用车道荷载。桥梁结构计算不得将车辆荷载和车道荷载的作用叠加。当桥面车行道内有轻轨车辆混合运行时，尚应按有关轻轨荷载规定进行验算，并取其最不利者进行设计。

城—A级车辆荷载的立面、平面、横向布置见图 4-4，其标准值（总重

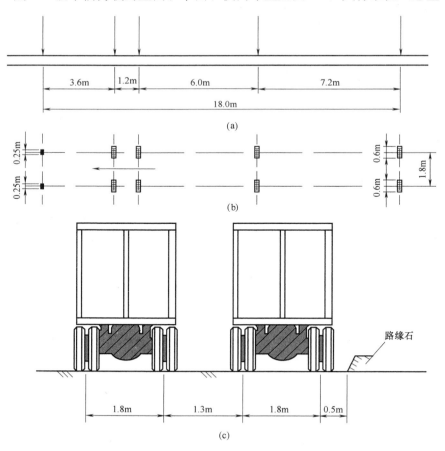

图 4-4　城—A级标准车辆立、平面布置（总重 700kN）

（轴重单位：kN；尺寸单位：m）

（a）立面布置；（b）平面布置；（c）横桥向布置

700kN）应符合表 4-8 的规定；城—B 级车辆荷载的立面、平面布置及标准值采用现行行业标准《公路桥涵设计通用规范》JTG D60 中车辆荷载的规定值。

车道荷载由均布荷载加一个集中荷载组成（图 4-5）。各自标准值按桥梁跨径确定：

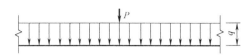

图 4-5　城—A 级和城—B 级车道荷载计算图示

1）城—A 级车道荷载的均布荷载标准值 $q = 10.5 \text{kN/m}$；集中荷载标准值 P 按以下规定选取：

桥涵计算跨径小于或等于 5m 时，$P = 180 \text{kN}$；桥涵计算跨径等于或大于 50m 时，$P = 360 \text{kN}$；桥涵计算跨径大于 5m、小于 50m 时，P 值采用直线内插求得。计算剪力效应时，上述集中荷载标准值应乘以 1.2 的系数。

2）城—B 级车道荷载的均布荷载标准值 q 和集中荷载标准值 P，为城—A 级车道荷载的 0.75 倍。

城—A 级车辆荷载   表 4-8

车辆编号	单位	1	2	3	4	5
轴重	kN	60	140	140	200	160
轮重	kN	30				
纵向轴距	m		3.6	1.2	6	7.2
每组车轮的横向中距	m	1.8	1.8	1.8	1.8	1.8
车轮着地的宽度×长度	m	0.25×0.25	0.6×0.25	0.6×0.25	0.6×0.25	0.6×0.25

车道荷载横向分布，多车道的横向折减系数，大跨度桥梁的纵向折减系数，汽车荷载的冲击力、离心力、制动力以及车辆荷载在桥台或挡土墙后填土的破坏棱体上引起的土侧压力等，均应按照现行行业标准《公路桥涵设计通用规范》JTG D60 的规定计算。

（2）人群荷载

1）人行道板（局部构件）的人群荷载应按 5kN/m^2 的均布荷载或 1.5kN 的竖向集中力作用在一块构件上，分别计算，取其不利者。

2）梁、桁架、拱及其他大跨结构的人群荷载 w，可按下列公式计算，且 w 值在任何情况下不得小于 2.4kN/m^2。

当加载长度 $l < 20 \text{m}$ 时：

城市桥梁的人群荷载 $w = 4.5 \times \dfrac{20 - \omega_{\text{p}}}{20}$ （4-3a）

专用人行桥的人群荷载 $w = 5 \times \dfrac{20 - \omega_{\text{p}}}{20}$ （4-3b）

当加载长度 $l \geqslant 20 \text{m}$ 时：

城市桥梁的人群荷载 $w = \left(4.5 - 2 \times \dfrac{l - 20}{80}\right) \times \dfrac{20 - \omega_{\text{p}}}{20}$ （4-4a）

专用人行桥的人群荷载 $w = \left(5 - 2 \times \dfrac{l - 20}{80}\right) \times \dfrac{20 - \omega_{\text{p}}}{20}$ （4-4b）

式中　w——单位面积上的人群荷载（kN/m²）；

　　　l——加载长度（m）；

　　　ω_p——城市桥梁取为单边人行道宽度（m）；专用非机动车桥及专用人行桥宜取 1/2 桥宽，大于 4m 时应按 4m 计。

3）计算桥上人行道栏杆时，作用在栏杆扶手上的活载：竖向荷载采用 1.2kN/m，水平向外荷载采用 2.5kN/m，两者应分别考虑，不得同时作用。防撞护栏的防撞等级可按表 4-9 选用。与防撞等级相应的作用于桥梁护栏上的碰撞荷载大小可按现行行业标准《公路交通安全设施设计规范》JTG D81 的规定确定。

护栏防撞等级　　　　　　　　　表 4-9

道路等级	设计车速（km/h）	车辆驶出桥外有可能造成的交通事故等级	
		重大事故或特大事故	二次重大事故或二次特大事故
快速路	100、80、60	SB、SBm	SS
主干路	60		SA、SAm
	50、40	A、Am	SB、SBm
次干路	50、40、30	A	SB
支路	40、30、20	B	A

注：1. 表中 A、Am、B、SA、SB、SAm、SBm、SS 均为防撞等级代号。

　　2. 因桥梁线形、运行速度、桥梁高度、交通量、车辆构成或桥下环境等因素造成更严重碰撞后果的区段，应在表 4-9 基础上提高护栏的防撞等级。

3. 铁路桥梁基本可变荷载（活载）

（1）列车荷载

现行行业标准《铁路列车荷载图式》TB/T 3466—2016 根据不同的线路类型，在考虑国际接轨的基础上，结合我国具体情况，分别制定了适合于高速铁路、城际铁路、客货共线铁路以及重载铁路的 ZK、ZC、ZKH、ZH 等四种铁路列车荷载图式，如表 4-10 所示。

铁路列车荷载图式　　　　　　　　表 4-10

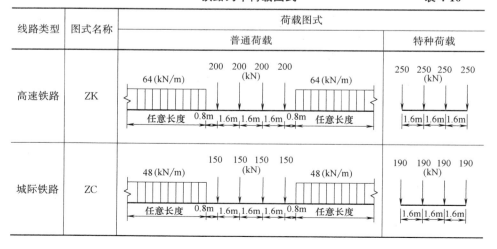

线路类型	图式名称	荷载图式	
		普通荷载	特种荷载
高速铁路	ZK		
城际铁路	ZC		

线路类型	图式名称	荷载图式		
		普通荷载		特种荷载
客货共线铁路	ZKH	85 (kN/m)　　250 250 250 250 (kN)　　85 (kN/m) 任意长度　0.8m 1.6m 1.6m 1.6m 0.8m 任意长度		250 250 250 250 (kN) 1.4m 1.4m 1.4m
重载铁路	ZH	85z (kN/m)　　250z 250z 250z 250z (kN)　　85z (kN/m) 任意长度　0.8m 1.6m 1.6m 1.6m 0.8m 任意长度 (荷载系数 $z \geqslant 1.0$)		280z 280z 280z 280z (kN) 1.4m 1.4m 1.4m (荷载系数 $z \geqslant 1.0$)

　　每种列车荷载图式均包含普通荷载与特种荷载，其中，普通荷载采用中间 4 个集中力、两边任意长度的均布荷载图式，集中力代表了列车轴重及邻近四轴的加载，均布荷载代表了车辆延米重对桥梁结构的作用。对于不同线路，图式中的集中力数值以及两侧均布荷载集度取值不同，但概化模式完全一致。特种荷载则由四个集中力组成，轴重较普通荷载大，在小跨度（或加载长度，如 6m 以下）桥涵（或杆件）设计中通常起控制作用。计算时应分别按两种荷载进行加载，并取结果的较大值。

　　《铁路桥涵设计规范》还规定：

　　① 设计加载时列车荷载图示可任意截取。加载的结构（影响线）长度应符合下列要求：a) 需要加载的结构（影响线）长度超过运营列车最大编组长度时，可采用列车最大编组长度。b) 对于多符号影响线，可在同符号影响线各区段进行加载，异符号影响线区段长度不大于 15m 时可不加活载；异符号影响线区段长度大于 15m 时，可按空车活载 10kN/m 加载。c) 用空车检算桥梁各部构件时，竖向活载应按 10kN/m 计算。d) 疲劳验算时异符号影响线区段长度内均应按活载图式中的均布荷载加载。

　　② 同时承受多线列车荷载的桥梁，其列车竖向静载计算应符合下列要求：a) 采用 ZKH 或 ZH 活载时，双线桥梁结构活载按两条线路在最不利位置承受 90% 计算；三线、四线桥梁结构活载按所有线路在最不利位置承受 80% 计算；四线以上桥梁结构活载按所有线路在最不利位置承受 75% 计算。b) 采用 ZK 或 ZC 活载时，双线桥梁结构按两条线路在最不利位置承受 100% 的 ZK 或 ZC 活载计算。多于两线的桥梁结构应按以下两种情况最不利者考虑：按两条线路在最不利位置承受 100% 的 ZK 或 ZC 活载，其余线路不承受列车活载；所有线路在最不利位置承受 75% 的 ZK 或 ZC 活载。c) 桥上所有线路不能同时运转时，应按可能同时运转的线路计算列车竖向力、离心力。d) 对承受局部活载的杆件均按该列车竖向活载的 100% 计算。e) 对于货物运输方向固定的多线重载铁路桥梁结构，列车竖向活载计算时可根据实际情况考虑相应折减。

117

（2）公路活载

铁路公路（城市道路）两用桥梁考虑同时承受铁路和公路（城市道路）活载时，铁路活载应按本章有关规定计算，公路（城市道路）活载应按现行《公路工程技术标准》JTG B01、《城市桥梁设计规范》CJJ 11—2011 规定的全部活载的 75% 计算，但对仅承受公路（城市道路）活载的构件，应按公路（城市道路）全部活载计算。

（3）列车竖向的动力效应

列车对桥梁竖向的动力作用一般也简化成静力作用来处理。

包括竖向动力作用的列车竖向活载等于列车竖向静活载乘以动力系数 $(1+\mu)$，其动力系数按下列公式计算。

① 客货共线、重载铁路

a）简支或连续的钢桥跨结构和钢墩台为

$$1+\mu=1+\frac{28}{40+L} \tag{4-5a}$$

b）钢与钢筋混凝土板的结合梁为

$$1+\mu=1+\frac{22}{40+L} \tag{4-5b}$$

c）钢筋混凝土、混凝土、石砌的桥跨结构及涵洞、刚架桥，其顶上填土厚度 $h \geqslant 3m$（从轨底算起）时不计列车竖向动力作用。当 $h < 3m$ 时为

$$1+\mu=1+\alpha\left(\frac{6}{30+L}\right) \tag{4-5c}$$

其中，$\alpha=0.32(3-h)^2$，$h < 0.5m$ 时 h 取 0.5m。

以上三式中 L 以 m 计，除承受局部活载杆件为影响线加载长度外，其余均为桥梁跨度。

d）空腹式钢筋混凝土拱桥的拱圈或拱肋为

$$1+\mu=1+\frac{15}{100+\lambda}\left(1+\frac{0.4L}{f}\right) \tag{4-5d}$$

式中 L——拱桥的跨度（m）；

       λ——计算桥跨结构的主要杆件时为计算跨度；对于只承受局部活载的杆件，则按其计算图式为一个或数个节间的长度（m）；

       f——拱的矢高（m）。

支座的动力系数计算公式与相应的桥跨结构计算公式相同。

② 高速铁路、城际铁路

a）桥梁结构

桥跨结构的动力系数按式（4-6）计算，且不小于 1.0。

$$1+\mu=1+[1.44/(L_\phi^{0.5}-0.2)-0.18] \tag{4-6}$$

式中 L_ϕ——加载长度（m）。当加载长度小于 3.61m，取 3.61m；简支梁应取梁的跨度；连续梁的加载长度可按平均跨度乘以跨度调整系数 K 确定，且不应小于最大跨度。跨度调整系数 K 与连续梁跨数 n 的关系为：$n=2$ 时，$K=1.2$；$n=3$ 时，$K=1.3$；$n=$

4 时，$K=1.4$；$n \geqslant 5$ 时，$K=1.5$。

b）涵洞及结构顶面有填土的承重结构

当顶面填土厚 $H_c > 3m$ 时，可不计列车动力作用；当 $H_c \leqslant 3m$ 时按式（4-7）计算，且不小于 1.0。

$$1+\mu = 1 + \left(\frac{1.44}{\sqrt{L_\phi - 0.2}} - 0.18 \right) - \mu_{折减} \qquad (4-7)$$

式中 L_ϕ——加载长度（m），其中 $L_\phi < 3.61m$ 时按 3.61m 计；

$\mu_{折减}$——折减系数，$\mu_{折减} = 0.63 - \dfrac{0.5}{h_c + 0.8}$，$h_c$ 为涵洞及结构顶至轨底

的填料厚度（m）。

c）其他部位

支座动力系数的计算公式与相应桥跨结构相同；计算实体墩台、基础和土压力时，不计动力作用系数。

（4）无缝线路纵向水平力

铺设无缝线路桥梁，桥梁设计应考虑无缝线路纵向力（伸缩、挠曲、断轨力）作用，作用力依照《铁路无缝线路设计规范》TB 10015 进行取值。检算墩台时，纵向力作用点为墩台支座铰中心，检算支座时为墩台支座顶中心；桥台顶断轨力作用点为台顶。

（5）离心力

曲线桥梁应考虑列车竖向静活载产生的离心力作用，离心力按下列公式计算：

$$F = f \cdot C \cdot W = f \cdot \frac{v^2}{127R} \cdot W \qquad (4-8)$$

式中 C——离心力率，应不大于 0.15；

f——列车竖向荷载折减系数，计算公式按《铁路桥涵设计规范》；

W——列车荷载图式中的集中荷载或分布荷载；

v——设计行车速度（km/h），当速度大于 250km/h 时，按 250km/h 计算；

R——曲线半径（m）。

列车离心力作用于列车重心处，一般取为轨顶以上 2m 处（客货共线）或者 1.8m 处（高速铁路、城市铁路）或者 2.4m 处（重载铁路）。

当设计速度大于 120km/h 时，离心力和列车竖向活载的组合应考虑以下三种情况：a）不折减的竖向活载和按 120km/h 速度计算的离心力（$f = 1.0$）；b）折减的竖向活载和按设计速度计算的离心力（$f < 1.0$）；c）列车静停于桥梁上。

（6）列车横向摇摆力

由于车轮踏面锥度及轨道不平整等原因，列车在行进中会发生左右摇摆（蛇形运动），产生横桥向的水平力。

横向摇摆力较难准确计算，规范规定：客货共线铁路、高速铁路、城际

铁路以及重载铁路的横向摇摆力数值大小分别为 100kN、80kN、60kN、100zkN，重载铁路横向摇摆力折减系数 z 的取值与重载铁路荷载系数一致。计算时，横向摇摆力作为一个集中荷载取最不利位置，以水平方向垂直线路中线作用于钢轨顶面。多线桥梁可仅计算任一线上的横向摇摆力。客货共线铁路、重载铁路空车时也应考虑横向摇摆力。

（7）列车脱轨荷载

长度大于 15m 的桥梁，应考虑列车脱轨荷载。列车竖向脱轨荷载可不计动力系数。对于多线桥，只考虑一线脱轨荷载，且其他线路上不作用列车活载。列车脱轨荷载应按下列两种情况考虑：

① 列车脱轨后一侧轮子仍停留在桥面轨道范围内。两条平行于线路中线、相距 1.4m 的竖向线荷载，作用于线路中线一侧不超过挡砟墙或防护墙内侧的最不利位置上。该线荷载在长度为 6.4m 的一段上为 50kN/m，前后各接以 25kN/m，如图 4-6 所示。该荷载有可能控制了桥面板和主梁的应力和裂缝验算。

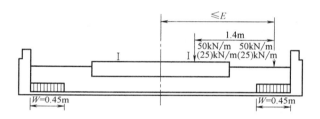

图 4-6　列车脱轨荷载 1

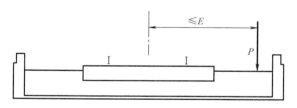

图 4-7　列车脱轨荷载 2

注：E——脱轨荷载距线路中心距离，客货共线铁路、重载铁路，脱轨荷载作用于线路中线
　　　一侧 $E \leqslant 2.0$m 范围以内的最不利位置上；高速铁路和城际铁路，
　　　脱轨荷载作用于线路中线一侧 $E \leqslant 2.2$m 范围以内的最不利位置上。
　　P——列车竖向脱轨荷载。客货共线铁路 $P = 80$kN/m；高速铁路和城际铁路
　　　$P = 64$kN/m；重载铁路 $P = 85z$kN/m（z 为 ZH 图式中重载铁路荷载系数）。

② 列车脱轨后已离开轨道范围，但仍停留在桥面边缘。该荷载为一条长度 20m 平行于线路中线的线荷载，作用于挡砟墙内侧，离线路中心线的最大距离为线路中线一侧不超过挡砟墙或防护墙内侧的距离，如图 4-7 所示。该荷载有可能控制了桥梁横向稳定性计算。

（8）作业通道及栏杆的荷载

铁路桥梁上的作业通道只考虑巡道和维修人员通行，维修时放置钢轨枕

木道砟等。作业通道竖向静活载应采用 4kPa。主梁设计时作业通道的竖向静活载可不与列车荷载同时计算。

作业通道板还应按竖向集中荷载 1.5kN 检算；通道走行检查小车时应考虑检查小车的竖向活载，主梁设计时应与列车荷载同时计算。

检算栏杆立柱及扶手时，水平推力应按 0.75kN/m 计算。水平推力作用于立柱顶面处。立柱和扶手还应按 1.0kN 集中荷载验算。

（9）气动力

铁路桥梁应考虑列车气动力的作用。由驶过列车引起的气动压力和气动吸力应由一个 5m 长的移动面荷载＋q 及一个 5m 长的移动面荷载－q 组成。气动力分为水平气动力 q_h 和垂直气动力 q_v。水平气动力 q_h 作用在轨顶之上的 5m 范围内，可按图 4-8 查取。垂直气动力 q_v 按下式计算：

$$q_v = 2q_h \frac{7D+30}{100} \tag{4-9}$$

式中　q_v——垂直气动力（kN/m^2）。

　　　q_h——水平气动力（kN/m^2）。

　　　D——作用线至线路中心距离（m）。

对于顶盖下的建筑物和构件，q_h 和 q_v 应乘以 1.5 的阻挡系数。声屏障设计时，面荷载 q_h 和 q_v 必须与有车的风荷载叠加。对于因气动力可能引起自振的结构，其气动力还应考虑动力扩大系数，该系数通过研究确定。

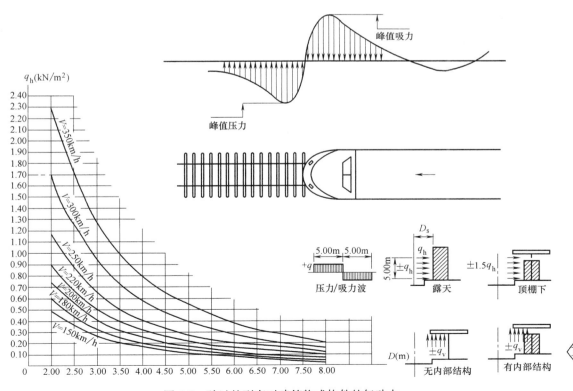

图 4-8　驶过的列车对建筑物或构件的气动力

4.2.2 其他可变荷载

其他可变荷载包括活载制动力或牵引力、风力、温度力、流水压力、冰压力和施工荷载等。

1. 制动力与牵引力

制动力是车辆减速或制动时为克服车辆的惯性力而在路面或钢轨与车辆之间发生的滑动摩擦力，其作用于桥跨结构的方向与行车方向一致。牵引力是车辆启动或加速时车辆与路面或钢轨间作用的摩擦阻力，其作用于桥跨结构的方向与行车方向相反。

（1）公路及城市桥梁的汽车制动力

汽车制动时，车辆与路面间的摩擦系数可以达 0.5 以上，但是刹车常常只限于车队的一部分车辆，所以制动力并不等于摩擦系数乘以全部车辆荷载。2015 版的《公路桥规》规定：

汽车荷载制动力按同向行驶的汽车荷载（不计冲击力）计算，并应按表 4-7 的规定，以使桥梁墩台产生最不利纵向力的加载长度进行纵向折减。

一个设计车道上由汽车荷载产生的制动力标准值，按车道荷载标准值在加载长度上的总重力的 10% 计算，但公路—Ⅰ级汽车荷载的制动力标准值不得小于 165kN，公路—Ⅱ级汽车荷载的制动力标准值不得小于 90kN。同向行驶双车道的汽车荷载制动力标准值为一个设计车道制动力标准值的 2 倍；同向行驶三车道为一个设计车道的 2.34 倍；同向行驶四车道为一个设计车道的 2.68 倍。

制动力的着力点在桥面以上 1.2m 处，计算墩台时，可移至支座铰中心或支座底座面上。计算刚构桥、拱桥时，制动力的着力点可移至桥面上，但不应计因此而产生的竖向力和力矩。

设有板式橡胶支座的简支梁、连续桥面简支梁或连续梁排架式柔性墩台，应根据支座与墩台的抗推刚度的集成情况分配和传递制动力。设有板式橡胶支座的简支梁刚性墩台，按单跨两端的板式橡胶支座的抗推刚度分配制动力。

设有固定支座、活动支座（滚动或摆动支座、聚四氟乙烯板支座）的刚性墩台传递的制动力，按表 4-11 的规定采用。每个活动支座传递的制动力，其值不应大于其摩阻力，当大于摩阻力时，按摩阻力计算。

（2）铁路桥梁的列车制动力与牵引力

铁路桥梁的列车制动力或牵引力计算原则规定如下：

① 制动力或牵引力按计算长度内列车竖向静活载的 10% 计算；当与离心力或者列车竖向动力作用同时计算时，制动力或牵引力按列车竖向静活载的 7% 计算。根据试验资料，制动力最大值仅出现于列车完全停止的瞬间，这表明最大制动力与离心力最大值不同时出现。

② 双线桥梁按一线的制动力或牵引力计算；三线或三线以上的桥梁按两线桥的制动力或牵引力计算。

刚性墩台各种支座传递的制动力   表 4-11

桥梁墩台及支座类型		应计的制动力	符号说明
简支梁桥台	固定支座	T_1	T_1——加载长度为计算跨径 时的制动力； T_2——加载长度为相邻两跨 计算跨径之和时制 动力； T_3——加载长度为一联长度 的制动力
简支梁桥台	聚四氟乙烯板支座	$0.3T_1$	
简支梁桥台	滚动(或摆动)支座	$0.25T_1$	
简支梁桥墩	两个固定支座	T_2	
简支梁桥墩	一个固定支座、一个活动支座	注	
简支梁桥墩	两个聚四氟乙烯板支座	$0.3T_2$	
简支梁桥墩	两个滚动(或摆动)支座	$0.25T_2$	
连续梁桥墩	固定支座	T_3	
连续梁桥墩	聚四氟乙烯板支座	$0.3T_3$	
连续梁桥墩	滚动(或摆动)支座	$0.25T_3$	

注：固定支座按 T_4 计算，活动支座按 $0.3T_5$（聚四氟乙烯板支座）计算或 $0.25T_5$（滚动或摆动支座）计算，T_4 和 T_5 分别为固定支座或活动支座相应的单跨跨径的制动力，桥墩承受的制动力为上述固定支座与活动支座传递的制动力之和。

③ 重载铁路制动力或牵引力的作用在轨顶以上 2.4m 处，其他标准铁路则作用在轨顶以上 2m 处；在计算墩台时移至支座中心处，计算台顶以及刚构桥、拱桥时移至轨底，但均不计因此而产生的竖向力和力矩。

④ 采用特种荷载时，不计算制动力或牵引力。

⑤ 车站内的桥梁应根据结构形式考虑制动和启动同时发生的可能进行设计。

⑥ 桥头填方破坏棱体范围内的列车竖向活载所产生的制动力或牵引力可不计算。

2. 风力

（1）横向风力（横桥方向）

即静风荷载，是指桥梁在平均风作用下静止不动时所受的阻力（静力三分力之一）（见 3.2 节），计算公式见相关规范。

列车受风面积应按 3m 高的长方带计算，其作用点在轨顶以上 2m 高度处。

桥上有列车时，风荷载强度应按 80% 计算，并不大于 1250Pa。

（2）纵向风力（顺桥方向）

纵向风力与横向风力计算方法相同。对于列车、桥面系和各类上承梁，所受的纵向风力不予计算；对于下承桁梁和塔架，应按其所受横向风荷载强度的 40% 计算。

由于桥台大部分被两侧锥体掩埋，埋式桥台前缘亦被土掩埋，且桥台自重相对较大，故纵横向风力的影响不大。为简化计算，规定在检算桥台时，不计纵横向风力。桥台施工时孤立状态的风压强度可根据各地区的具体情况按有关规定办理。

3. 温度力

温度变化将在结构中产生变形和影响力，它的大小应根据当地具体情况、

⟨123⟩

结构物所使用的材料和施工条件等因素计算确定。温度变化范围，应根据桥梁所在地区的气温条件而定。

结构温度变形引起的温度力计算，以架梁或结构合龙时的结构平均温度为准，按最高控制温度和最低控制温度，根据控制温度与架梁或结构合龙时的结构平均温度的差值，计算温度变化引起的约束力和结构内力。

4. 支座摩阻力

支座摩阻力可按下式计算：

$$F = \mu V \tag{4-10}$$

式中 V——作用于活动支座的竖向反力；

μ——支座的摩擦系数，见表4-12。

支座摩擦系数 表4-12

支座种类		μ
滚动支座或摆动支座		0.05
板式橡胶支座	支座与混凝土接触	0.30
	支座与钢板接触	0.20
	聚四氟乙烯板与不锈钢板接触	0.06（加5201硅脂润滑后）
		0.12（不加5201硅脂润滑时）
油毛毡垫层（老化后的）		0.60
盆式支座		加5201硅脂润滑后，常温型活动支座不大于0.03
		加5201硅脂润滑后，耐寒型活动支座不大于0.06
球型支座		加5201硅脂润滑后，活动支座不大于0.03（支座适用温度在−25～+60℃）
		加5201硅脂润滑后，活动支座不大于0.05（支座适用温度在−40～+60℃）

5. 施工荷载

即结构构件就地建造或安装时，作用在构件上的施工荷载以及在构件制造、运送、吊装时作用于构件上的临时荷载，应根据施工阶段、施工方法和施工条件确定。计算施工荷载时，可视具体情况分别采用各自有关的分项系数。

4.3 地震作用与偶然作用

偶然作用包括船只、漂流物以及汽车撞击作用力。地震作用及偶然作用会对结构安全产生非常巨大的影响，甚至毁坏桥梁和中断交通。因此，建造在地震区或有可能受到船只、漂流物或汽车撞击作用的桥梁应进行谨慎的抗震和防撞设计。

4.3.1 地震力

在设计位于地震区内的桥梁结构时，必须考虑地震力的作用。地震力是指地震时地面运动引起的结构惯性力，它是随机变化的动力荷载，其大小取决于地震的强烈程度、结构的动力特性（频率与阻尼等）以及结构或杆件的质量。地震作用分为竖直方向与水平方向，经验表明地震的水平运动是导致结构破坏的主要因素，结构抗震验算时，一般主要考虑水平地震作用。计算方法详见第 3 章，并参考相应的设计规范。

4.3.2　船只及漂流物撞击力

《公路桥规》指出，船只撞击作用设计值宜按专题研究确定，对内河航道以及海上航道船只的撞击作用，在缺乏实际调查资料时，撞击作用的设计值可按表 4-13、表 4-14 采用。

内河船只撞击作用设计值　　表 4-13

内河航道等级	船舶吨级 DWT(t)	横桥向撞击作用(kN)	顺桥向撞击作用(kN)
四	500	550	450
五	300	400	350
六	100	250	200
七	50	150	125

注：1. 船只撞击力假定作用在墩台计算通航水位线以上 2m 高度处。
　　2. 当设有与墩台分开的防撞击的防护结构时，可不计船只撞击力。
　　3. 对于航道内的钢筋混凝土柱墩，顺桥向撞击力按表所列数值的 50% 考虑。

海轮撞击作用设计值　　表 4-14

船舶吨级 DWT(t)	3000	5000	7500	10000	20000	30000	40000	50000
横桥向撞击作用(kN)	19600	25400	31000	35800	50700	62100	71700	80200
顺桥向撞击作用(kN)	9800	12700	15500	17900	25350	31050	35850	40100

《铁路桥规》规定的船舶撞击力是按"静力法"计算的，假定船只或排筏作用于墩面的有效动能转化为撞击力 F 所作用的静力功，则得下列公式：

$$F = \gamma v \sin\alpha \sqrt{\frac{W}{C_1 + C_2}} \tag{4-11}$$

式中　F——撞击力（kN）；

　　　γ——动能折减系数（$s/m^{1/2}$），当船只或排筏斜向（对墩台面法线方向而言）撞击时可采用 0.2，正向撞击时可采用 0.3；

　　　v——船只或排筏撞击桥墩时的速度（m/s），此项速度对于船只采用航运部门提供的数据，对于排筏可采用筏运期的水流速度；

　　　α——船只或排筏驶近方向与桥墩撞击点处切线所成的夹角，应根据具体情况确定，如困难，可采用 $\alpha = 20°$；

　　　W——船只重或排筏重（kN）；

C_1、C_2——船只或排筏的弹性变形系数和桥墩圬工的弹性变形系数，缺乏资料时可假定 $C_1 + C_2 = 0.0005 m/kN$。

有漂流物的水域中的桥梁墩台，设计时应考虑漂流物的撞击作用。其横桥向撞击力可按下式计算，漂流物的撞击作用点假定在计算通航水位线上桥墩宽度的中点：

$$F = \frac{Wv}{gT} \tag{4-12}$$

式中　W——漂流物重力（kN），应根据河流中漂流物的情况，按实际调查确定；

　　　v——水流速度（m/s）；

　　　T——撞击时间（s），应根据实际资料估计，在无实际资料的情况下，可用 1s；

　　　g——重力加速度。

4.3.3 汽车撞击力

桥墩有可能受到汽车撞击时，应考虑汽车的撞击力。《公路桥规》及《铁路桥规》均指出，汽车撞击力设计值在顺行车方向应取 1000kN，在横行车方向应取 500kN，两个方向的撞击力不同时考虑。撞击力作用于行车道以上1.2m 处，直接分布于撞击涉及的构件上。《公路桥规》还同时指出，对设有防撞设施的结构构件，可视防撞设施的防撞能力，对汽车撞击力设计值予以折减，但折减后不应低于上述规定的 1/6。

4.4　作用效应组合

4.4.1　公路桥涵作用效应组合

公路桥涵结构采用以可靠度理论为基础的概率极限状态设计法设计，并规定了桥涵结构的两种极限状态：承载能力极限状态和正常使用极限状态。

所谓极限状态，是指整体结构或构件的某一特定状态，超过这一状态界限结构或构件就不再能满足设计规定的某一功能要求。承载能力极限状态设计着重体现桥涵结构的安全性，正常使用极限状态设计则体现适用性和耐久性，它们共同反映出设计的基本原则。只有每项设计都符合相关规范的两类极限状态的要求，才能使设计的桥涵达到其全部预定功能。

根据公路桥涵在使用过程和施工中面临的情况、不同作用对桥涵的影响方式，桥涵结构设计考虑以下 4 种设计状况。

（1）持久状况：指桥涵建成后承受自重、汽车荷载等持续时间很长的状况。这种状况应进行承载能力和正常使用两种极限状态设计。

（2）短暂状况：桥涵施工过程中承受临时性作用的状况。这种状况应作承载能力极限状态设计，可根据需要作正常使用极限状态设计。

（3）偶然状况：在桥涵使用过程中可能偶然出现的状况。这种状况下一般仅作承载能力极限状态设计，不考虑正常使用极限状态设计。

（4）地震状况：应作承载能力极限状态设计。

按持久状况和短暂状况承载能力极限状态设计时，公路桥涵结构的设计安全等级按结构破坏后果的严重程度划分为三个设计安全等级，见表4-15。

桥涵结构的设计安全等级 表4-15

设计安全等级	破坏后果	适用对象
一级	很严重	（1）各等级公路上的特大桥、大桥、中桥； （2）高速公路、一级公路、二级公路、国防公路以及城市附近交通繁忙公路上的小桥
二级	严重	（1）三四级公路上的小桥； （2）高速公路、一级公路、二级公路、国防公路以及城市附近交通繁忙公路上的涵洞
三级	不严重	三四级公路上的涵洞

注：本表所列特大、大、中桥等均按规范中的单孔跨径确定，对多跨不等跨桥梁，以其中最大跨径为准。

同一桥涵结构构件的安全等级宜与整体结构相同，有特殊要求时可作部分调整，但调整后的差不得超过一级。

无论是承载能力极限状态还是正常使用极限状态，在作用效应组合时需注意，各种作用并非同时作用于桥涵上，因此应根据作用重要性和同时作用可能性进行适当组合，以确定安全合理的作用效应组合值。

① 在结构上可能同时出现的作用，才进行其效应的组合。

② 可变作用的出现对结构产生有利影响时，该作用不应参与组合，实际不可能同时出现或同时参与组合概率很小的作用，按表4-16的规定不考虑其作用效应组合。

可变作用不同时组合表 表4-16

作用名称	不同时参与组合的作用
汽车制动力	流水压力、冰压力、波浪力、支座摩阻力
流水压力	汽车制动力、冰压力、波浪力
波浪力	汽车制动力、流水压力、冰压力
冰压力	汽车制动力、流水压力、波浪力
支座摩阻力	汽车制动力

③ 施工阶段的作用效应组合，应按计算需要及结构所处条件而定。结构上的施工人员和施工机具设备均应作为临时荷载加以考虑。组合式桥梁，当把底梁作为施工支撑时，作用效应宜分两个阶段组合，底梁受荷为第一个阶段，组合梁受荷为第二个阶段。

④ 多个偶然作用不同时参与组合

《公路桥规》规定：桥涵设计不同极限状态的作用效应组合中，各类作用效应应采用不同的代表值。在各类组合下，永久作用和地震作用均采用标准值作为代表值，偶然作用取设计值作为代表值。可变作用则应根据不同的极限状态分别采用标准值、组合值、频遇值或准永久值作为其代表值。

即：承载能力极限状态设计及按弹性阶段计算结构强度时，应采用标准值作为可变作用的代表值；正常使用极限状态下，按短期效应（频遇）组合设计时，应采用频遇值作为可变作用的代表值，按长期效应（准永久）组合设计时，应采用准永久值作为可变作用的代表值。下面按两种极限状态进行阐述。

1. 承载能力极限状态

承载能力极限状态设计是以塑性理论为基础，其设计原则即：

$$\gamma_0 S \leqslant R \tag{4-13}$$

式中　γ_0——结构重要性系数，对应于设计安全等级一级、二级和三级分别取 1.1、1.0 和 0.9；桥涵的抗震设计不考虑结构的重要性系数；

S——作用效应的组合设计值；

R——构件承载力设计值，它根据构件的材料强度设计值和几何参数设计值计算。

承载能力极限状态下有 3 种作用效应组合：基本组合、偶然组合和地震组合。

（1）基本组合

永久作用的设计值与可变作用设计值相组合，其表达式为：

$$S_{ud} = \gamma_0 S \left(\sum_{i=1}^{m} \gamma_{Gi} G_{ik} + \gamma_{Q1} \gamma_L Q_{1k} + \psi_c \sum_{j=2}^{n} \gamma_{Lj} \gamma_{Qj} Q_{jk} \right) \tag{4-14a}$$

或

$$S_{ud} = \gamma_0 S \left(\sum_{i=1}^{m} G_{id} + Q_{1d} + \sum_{j=2}^{n} Q_{jd} \right) \tag{4-14b}$$

式中　S_{ud}——承载能力极限状态下作用基本组合的效应设计值；

$S(\quad)$——作用组合的效应函数；当作用与作用效应可按线性关系考虑时，组合的效应设计值可通过各分项效应代数相加而得；

γ_0——同式（4-13）；

γ_{Gi}——第 i 个永久作用的分项系数，其值按表 4-17 取用；

G_{ik}、G_{id}——第 i 个永久作用的标准值和设计值；

γ_{Q1}——汽车荷载（含汽车冲击力、离心力）的分项系数，采用车道荷载计算时取 1.4，采用车辆荷载计算时取 1.8。当某个可变作用在效应组合中其值超过汽车荷载效应时，则该作用取代汽车荷载，其分项系数采用 1.4；对专为承受某种作用而设置的结构或装置，设计时该作用的分项系数取 1.4；计算作业通道板和作业通道栏杆的局部荷载，其分项系数也取 1.4；

Q_{1k}、Q_{1d}——汽车荷载（含汽车冲击力、离心力）的标准值和设计值；

γ_{Qj}——在作用组合中除汽车荷载（含汽车冲击力、离心力）、风荷载外的其他第 j 个可变作用的分项系数，取 1.4，风荷载的分项系数取 1.1；

Q_{jk}、Q_{jd}——在作用组合中除汽车荷载（含汽车冲击力、离心力）外的其他第 j 个可变作用的标准值和设计值；

ψ_c——在作用组合中除汽车荷载（含汽车冲击力、离心力）外的其他可变作用的组合值系数，取 0.75；

γ_{Lj}——第 j 个可变作用的结构设计使用年限荷载调整系数，公路桥涵结构的设计使用年限按照现行《公路工程技术标准》JTG B01 取值时，可变作用的结构设计使用年限荷载调整系数取 1.0，否则应按专题研究确定。

<table>
<tr><td colspan="2" align="right"></td><td colspan="1" align="center">永久作用的分项系数</td><td align="right">表 4-17</td></tr>
</table>

编号	作用类别		永久作用分项系数	
			对结构承载能力不利时	对结构承载能力有利时
1	混凝土和圬工结构重力（包括结构附加重力）		1.2	1.0
	钢结构重力（包括结构附加重力）		1.1 或 1.2	1.0
2	预加力		1.2	1.0
3	土的重力		1.2	1.0
4	混凝土收缩及徐变作用		1.0	1.0
5	土侧压力		1.4	1.0
6	水的浮力		1.0	1.0
7	基础变位作用	混凝土和圬工结构	0.5	0.5
		钢结构	1.0	1.0

注：对于钢结构重力，当采用钢桥面板时永久作用分项系数取 1.1，当采用混凝土桥面板时取 1.2。

设计弯桥时，当离心力与制动力同时参与组合时，考虑到车辆行驶速度较直线桥上小一些，因而制动力标准值或设计值按 70% 取用。

基本组合用于结构的常规设计，所有桥涵结构都需考虑。基本组合中各类作用可以归结为三个部分，第一部分为永久作用。第二部分为主导的可变作用，在通常情况下其为汽车荷载（含汽车冲击力、离心力），在某些特殊情况下某种其他可变荷载可能取代汽车荷载成为控制设计的主导因素，则其归入第二部分。第三部分为可变作用荷载的补充部分，故而以组合系数 ψ_c 予以折减。

（2）偶然组合

永久作用标准值与可变作用某种代表值、一种偶然作用设计值相组合。与偶然作用同时出现的可变作用，可根据观测资料和工程经验取用频遇值或准永久值。其效应组合表达式为：

$$S_{ad} = S\left(\sum_{i=1}^{m} G_{ik} + A_d + (\psi_{fl} \text{ 或 } \psi_{q1})Q_{1k} + \sum_{j=2}^{n} \psi_{qj}Q_{jk}\right) \tag{4-15}$$

式中　S_{ad}——承载能力极限状态下作用偶然组合的效应设计值；

　　$S(\ )$——含义见式（4-14）；

　　A_d——偶然作用的设计值；

ψ_{f1}——汽车荷载（含汽车冲击力、离心力）的频遇值系数，取 0.7；
当某个可变作用在组合中其效应超过汽车荷载效应时，则该作
用取代汽车荷载；人群荷载 $\psi_f=1.0$，风荷载 $\psi_f=0.75$，温度
梯度作用 $\psi_f=0.8$，其他作用 $\psi_f=1.0$；

ψ_{q1}、ψ_{qj}——第一个和第 j 个可变作用的准永久值系数，汽车荷载（含汽车
冲击力、离心力）$\psi_q=0.4$，人群荷载 $\psi_q=0.4$，风荷载 $\psi_q=$
0.75，温度梯度作用 $\psi_q=0.8$，其他作用 $\psi_q=1.0$。

偶然组合用于结构在特殊情况下的设计，所以不是全部桥涵都要采用的，
一些结构也可以采取构造或其他预防措施来解决。

（3）地震组合

作用地震组合的效应设计值应按现行《公路工程抗震规范》JTG B02 的
有关规定计算。

2. 正常使用极限状态

正常使用极限状态设计是以弹性理论或弹塑性理论为基础，涉及构件的抗
裂、裂缝宽度和挠度三个方面的验算。对于需要进行该验算的公路桥涵结构，
需考虑可变作用的短期效应组合和长期效应组合，其可变作用代表值采用频遇
值和准永久值。众所周知，正常使用极限状态设计的结构可靠度要比承载能力
极限状态设计低得多。对构件的裂缝和挠度探索性分析表明，其最小可靠度指
标可取 1.0，而承载能力极限状态的可靠度指标应取 4.2（见《公路工程结构可
靠度设计统一标准》）。但是，以往在考虑结构正常使用极限状态设计的可变作
用时，其代表值取为标准值，该值为结构使用期内的最大值，显然过高地估算
了可变作用的量值。按照国际一般惯例，现行规范对已调查的主要可变作用的
频遇值和准永久值分别取其随机过程任意时点分布的 0.95 和 0.5 分位值；对不
可调查或尚未调查的可变作用仍取标准值或参照有关资料取值。

（1）频遇组合

永久作用标准值与汽车荷载频遇值、其他可变作用的准永久值相组合，
其效应组合表达式为：

$$S_{fd}=S\left(\sum_{i=1}^{m}G_{ik}+\psi_{f1}Q_{1k}+\psi_c\sum_{j=2}^{n}\psi_{qj}Q_{jk}\right) \qquad (4\text{-}16)$$

式中　S_{fd}——作用频遇组合的效应设计值；

$S(\ )$——含义见式（4-14）。

（2）准永久组合

永久作用标准值与可变作用准永久值相组合，其效应组合表达式为：

$$S_{qd}=S\left(\sum_{i=1}^{m}G_{ik}+\sum_{j=1}^{n}\psi_{qj}Q_{jk}\right) \qquad (4\text{-}17)$$

式中　S_{qd}——作用准永久组合效应设计值；

$S(\ )$——含义见式（4-14）。

（3）应力与稳定性验算的组合

结构构件当需进行弹性阶段截面应力计算时，除特别指明外，各作用应

采用标准值，作用分项系数应取为1.0，各项应力限值则根据各类设计规范采用。验算结构的抗倾覆、滑动稳定时，稳定系数、摩擦系数及各作用的分项系数根据不同结构按相关规范确定。

4.4.2 铁路桥涵效应组合

铁路桥涵荷载组合的总原则：凡存在的任一项恒载，均应进行组合；凡是可能出现的活载（主力），除个别情况外均应进行组合；对于附加力根据同时作用的可能性，规范具体规定了某种荷载组合时，哪些荷载不同时参与组合。

对于铁路桥涵，目前采用容许应力法设计，仍采用单一系数来综合考虑荷载效应和构件抗力的变异性及结构的可靠度。基本的组合方式有三种：①主力：恒载与活载的组合；②主力＋附加力：恒载、活载及附加力的组合；③主力＋特殊荷载：恒载、活载及特殊荷载的组合。

设计时需要注意以下几点：①铁路桥涵的荷载组合是各项荷载效应的直接叠加。②组合中的恒载等并不是表中所列的所有恒载项，而是其中需要参加组合的一项或几项；对活载、附加力、特殊荷载，也是如此。③仅考虑主力与一个方向（横桥向或顺桥向）的附加力组合。④流水压力不与冰压力组合，两者也不与制动力或牵引力组合。⑤船只或排筏的撞击力、汽车撞击力，只计算其中的一种荷载与主力相组合，不与其他附加力组合。⑥列车脱轨荷载只与主力中恒载相组合，不与主力中活载和其他附加力相组合。⑦地震力与其他荷载的组合应符合现行《铁路工程抗震设计规范》GB 50111 的规定。⑧无缝线路纵向作用力不参与常规组合，其与其他荷载组合见《铁路桥涵设计规范》TB 10002 的有关规定。

小结及学习指导

（1）本章总体上，重点把握桥梁设计作用涉及的规范名称，公路桥梁的作用类型（按时间变化性质分）、作用代表值类型，铁路桥梁规范荷载的分类（按荷载性质和出现概率）；注意区分三种规范荷载（作用）分类的区别与联系，了解本章的编排方式。

（2）4.1节重点把握永久作用所包含的内容。

（3）4.2节重点掌握汽车荷载的分级与组成、列车荷载的分类（按线路类型）与组成，公铁两用桥梁上汽车荷载的取值，其他公路桥梁可变荷载的主要类型、铁路桥梁可变荷载的主要类型及其取值方法，掌握它们组成的异同。城市桥梁设计规范规定的人群荷载集度与跨径及人行道宽度有关。

（4）4.3节重点掌握船只或漂流物撞击力、汽车撞击力的取值方法。

（5）4.4节重点掌握公路桥涵四种设计状况及其与两种极限状态的关系，并在理解作用组合概念的基础上，记住公路桥涵两种极限状态下的组合类型、铁路桥涵的组合类型与验算方法。

习题及思考题

4-1 作用的代表值有哪些？代表值与设计值之间有何联系与区别？

4-2 预加力在结构计算分析中（如正常使用极限状态与承载能力极限状态）应该如何处理？

4-3 公路汽车荷载和城市汽车荷载的等级如何，有何区别？铁路列车荷载图式是怎样的？分哪几种线路类型？

4-4 公路汽车荷载的"车道荷载"与"车辆荷载"之间，以及铁路列车荷载中的"普通荷载"与"特种荷载"之间各有何区别，加载时又有何规定？

4-5 什么是作用效应组合？公路桥梁承载能力极限状态和正常使用极限状态的作用效应组合各有哪些？具体内涵是什么？

第5章
桥面系与支座

本章知识点

【知识点】 公路桥面的组成与三种布置方式；公路桥面铺装的作用与主要类型；公路桥面排水方式和实现方法、泄水管道类型和特点；伸缩缝的作用、主要类型及其特点、伸缩装置开口量与闭口量计算考虑因素；人行道的几何尺寸与主要类型（现浇式、预制块件、专设人行道梁、整体搁置式、分块悬臂式）；栏杆的高度与形式、安全护栏的作用与形式、防落梁装置的设置方式；铁路桥面的构成与尺寸要求；铁路桥面的排水防水系统、铁路桥梁梁缝处理方式；铁路人行道与栏杆的常见设置方式；单向板、双向板的概念，车轮荷载在桥面板上的分布，有效工作宽度的概念与规定，多跨连续单向板内力与相应简支板内力的关系，铰接悬臂板受弯的最不利荷载布置；铁路桥面板的计算特点；桥梁支座的布置原则、支座的类型与构造、板式橡胶支座计算的主要内容。

【重点】 重点把握伸缩缝主要类型及其特点、伸缩量考虑因素；铁路桥梁与公路桥梁行车道板的计算方法；板式橡胶支座计算的主要内容。

【难点】 铁路桥梁行车道板与公路桥梁行车道板计算方法的区别与联系、板式橡胶支座计算的主要内容。

桥梁作为道路跨越障碍物的结构组成，直接提供服务功能的是行车平面，或称桥面系。支座是联系桥梁上部结构与下部结构重要的传力装置。桥面系与支座是桥梁日常管理与养护的重点。本章主要介绍桥面布置与构造，桥梁附属设施与构造，公路与铁路桥面板计算，支座类型与设计计算。

5.1 公路桥面布置与构造

5.1.1 桥面组成与布置

公路桥面构造包括行车道铺装、排水防水系统、人行道（或安全带）、路缘石、栏杆、护栏、照明灯具和伸缩缝等。图5-1为公路桥面的一般构造。

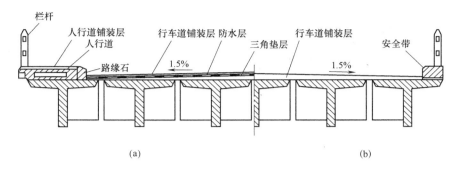

图 5-1　公路桥面一般构造

（a）设防水层；（b）不设防水层

公路桥面构造直接与汽车车辆、行人接触，它对桥梁的主要承重结构既能传力又能起保护作用，其构造合理性、施工质量和养护质量，直接影响到桥梁的使用功能。桥面布置应在桥梁总体设计中考虑，并根据道路等级、桥梁宽度、行车要求等条件确定，主要有以下几种：

（1）双向车道布置，即行车道的上下行交通布置在同一桥面上，它们之间画线分隔。由于在桥梁上同时存在上下行机动车和非机动车，车辆只能以中速或低速行驶，对交通量较大的道路，桥梁往往会造成交通滞留状态。

（2）分车道布置，即桥面上设置分隔带（图 5-2a）或分离式主梁布置（图 5-2b），使上下行交通分隔，甚至机动车道与非机动车道分隔、行车道与人行道分隔设置。这种布置方式可提高行车速度，便于交通管理。

（3）双层桥面布置，即桥梁结构在空间上提供两个不在同一平面上的桥面构造，如图 5-2（c）所示。双层桥面布置可以使不同的交通严格分道行驶，提高了车辆和行人的通行能力，便于交通管理。同时，在满足同样交通要求时，可以充分利用桥梁净空，减小桥梁宽度，缩短引桥长度，达到较好的经济效益。

5.1.2　桥面铺装

公路桥面铺装是桥面中最上层的部分，又称桥面保护层，是车轮直接作用的部分，它的主要功能是保护属于主梁整体部分的行车道板不受车辆轮胎的直接磨耗，防止主梁遭受雨水的侵蚀，并对车辆轮重的集中荷载起一定的分布作用。因此，桥面铺装应具有一定的强度，防止开裂，耐磨损，其结构形式宜与所在位置的道路路面相协调，并应有完善的桥面防水和排水系统。

1. 桥面铺装主要类型

桥面铺装主要类型有普通水泥混凝土、防水混凝土和沥青混凝土等。

（1）普通水泥混凝土。在非严寒地区的小跨径桥上，可直接采用厚80mm 的普通水泥混凝土铺装层。混凝土强度等级不应低于 C40，并有较好的密实度，混凝土的表面要求平整且粗糙，以减小车辆冲击，防滑和减弱光线的反射。普通水泥混凝土铺装的造价低，耐磨性能好，适合于重载交通，但

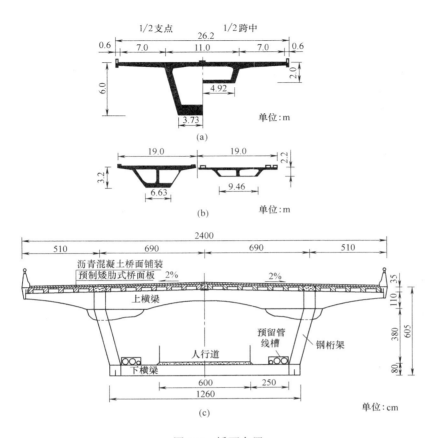

图 5-2　桥面布置

其养生期较长，修补也困难。若桥面板受力将部分混凝土铺装考虑在内，则应确保桥面铺装与桥面板的结合。水泥混凝土桥面铺装层内应设置钢筋网，直径不小于 8mm，间距不宜大于 100mm。

（2）防水混凝土。对位于非冰冻地区的桥梁需作适当的防水时，可在桥面板上铺筑 80～100mm 厚的防水混凝土作为铺装层，见图 5-3（a）。防水混凝土的强度等级不应低于 C40，其上一般可不另设面层，但为延长桥面的使用年限，宜在上面铺装 20mm 厚的沥青表面处治作为可修补的磨耗层。

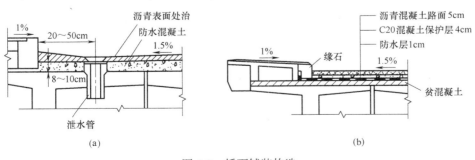

图 5-3　桥面铺装构造

（a）防水混凝土铺装层；（b）沥青混凝土桥面铺装层

（3）沥青混凝土。高速公路和一级公路上的特大桥、大桥的桥面铺装宜采用沥青混凝土桥面铺装。良好的沥青混凝土铺装使行车舒适性较好。高速公路和一、二级公路上桥梁的沥青混凝土桥面铺装层厚度不宜小于 70mm；二级以下公路桥梁的沥青混凝土桥面铺装层厚度不宜小于 50mm，见图 5-3（b）。桥上的沥青混凝土铺装可以做成单层式或双层式的。沥青混凝土铺装的自重较轻，维修养护也较方便，在铺筑后只需几小时就能通车运营，但其造价较高，日久易出现车辙。

2. 具有贴式防水层的桥面铺装

在防水程度要求高，或在桥面板位于结构受拉区而可能出现裂纹的桥梁上，往往采用柔性的贴式防水层。贴式防水层设在低强度等级混凝土排水三角垫层上面。为了保护贴式防水层不致因铺筑和翻修桥面而受到损坏，在防水层上需用厚约 40mm、强度等级不低于 C20 的细集料混凝土作为保护层。等它达到足够强度后再铺筑沥青混凝土或水泥混凝土桥面铺装层。这种防水层的造价高，施工也麻烦费时。

此外，目前桥面铺装还采用了新型的材料类型，如城市桥梁的铺装层常用改性沥青或 SMA（沥青玛蹄脂）作为桥面铺装层。纤维混凝土也应用到桥面铺装层上，利用纤维的韧性增强混凝土的抗裂性。

5.1.3　桥面排水系统

桥面积水不利于行车的安全，也给行人带来不便。桥面积水还会给结构带来损害。因为渗入混凝土细微裂纹和空隙内的水分，在结冰时会导致混凝土发生破坏；水分侵袭也会使钢筋锈蚀，影响桥梁的耐久性。因此，除在桥面铺装内设置防水层外，应设置纵横坡，以将桥面雨水迅速排出桥外。

桥面应有足够的横向和纵向排水坡度。桥面上设置纵坡，除有利于排水外，还可以在满足桥下通航净空要求的前提下，降低桥头引道高程，节省工程费用。桥面的纵坡，一般都做成双向纵坡，在纵坡变更的地方设置竖曲线。当桥面纵坡小于 0.5% 时，宜在桥面铺装较低侧边缘设置纵向渗沟排水系统。

桥面横向排水坡度宜与路面横坡度一致，当设有人行道时，人行道应设置倾向行车道 0.5%～1.5% 的横坡。行车道路面普遍采用抛物线形横坡，人行道则用直线形。横坡可直接设在墩台顶部，从而使桥梁上部构造成双向倾斜，此时，铺装层在整个桥宽上做成等厚的。横坡也可直接设在行车道板上。先铺设一层厚度变化的混凝土三角形垫层，形成双向倾斜，再铺设等厚的混凝土铺装层，横坡还可通过支座垫石的高度变化来形成或通过行车道板做成倾斜面来实现。

除纵横坡外，一般桥梁要有排水设施将雨水迅速排出桥外。排水设施的设置应根据桥面的面积、构造和当地的降雨量等情况确定。

通常当桥面纵坡大于 2% 而桥长小于 50m 时，雨水可流至桥头从引道排出，桥上不必设专门的泄水孔道。为防止雨水冲刷引道路基，应在桥头引道的两侧设置流水槽。当纵坡大于 2%，而桥长大于 50m 时，宜在桥上每隔 12～15m 设置一个泄水管。如桥面纵坡小于 2%时，则宜每隔 6～8m 设置一个泄水管。在桥梁伸缩缝的上游方向应增设泄水管，在桥面凹形竖曲线的最低点及其前后 3～5m 处应各设置一个泄水管。

桥面上泄水管的过水面积通常按每平方米桥面上不少于 200～300mm² 布置。泄水管的最大间距不宜超过 20m，且宜布置在桥面行车道边缘处，通常离路缘石的距离为 200～500mm。泄水管也可布置在人行道下面（图 5-4），为此需要在人行道块件（或路缘石部分）上留出横向进入孔，并在泄水孔的三个周边设置相应的聚水槽，起聚水、导流和拦截作用。为防止大块垃圾进入堵塞泄水道，在进水的入口处设置金属栏门。混凝土梁式桥上的常用泄水管道有以下几种。

1. 金属泄水管

适用于具有防水层的铺装结构，常见的是铸铁管（图 5-5a）。泄水口多为圆形，其直径宜为 150～200mm，泄水管下端应伸出行车道板底面以下至少 150～200mm，以防渗湿主梁梁肋表面。泄水口顶部应采用格栅盖板，其顶面宜比周围桥面铺装低 5～10mm。这种铸铁泄水管，使用效果好，但结构复杂。

2. 钢筋混凝土泄水管

适用于不设防水层而采用防水混凝土的铺装构造上（图 5-5b）。在制作时，可将栅板直接作为钢筋混凝土管的端模板，并在栅板上焊上短钢筋锚固于混凝土中。这种预制的泄水管构造比较简单，可节省钢材。若泄水口为矩形，其宽度宜为 200mm，长度宜为 300～400mm。

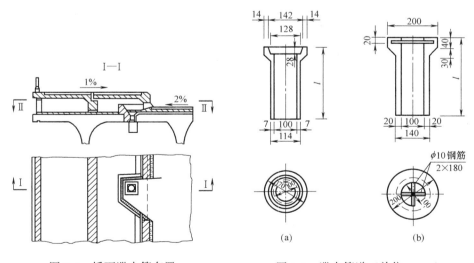

图 5-4　桥面泄水管布置

图 5-5　泄水管道（单位：mm）
(a) 金属泄水管；(b) 钢筋混凝土泄水管

3. 横向排水孔道

如图 5-6 所示，对于一些跨径不大、不设人行道的小桥，有时为了简化构

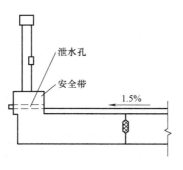

图 5-6 横向泄水孔道

造和节省材料，可以直接在行车道两侧的安全带或路缘石上预留横向孔道并用铁管或竹管等将水排出桥外。管口要伸出构件 20～30mm，以便滴水。这种做法虽简便，但因孔道坡度平缓，容易堵塞。

4. 落水管道

跨越公路、铁路、通航河流的桥梁，桥面排水宜通过设在桥梁墩台处的竖向排水管道（或称落水管道）排入地面阴沟、下水道等排水设施中，以避免影响桥梁外观和公共卫生。

5.1.4 桥梁伸缩装置

为了保证桥跨结构在气温变化、活载作用、混凝土收缩与徐变等影响下按静力图式自由地变形，需要在两梁端之间以及在梁端与桥台背墙之间设置间隙，这种间隙称为伸缩缝。为使车辆平稳通过桥面并满足桥梁上部结构变形的需要，在伸缩缝处设置各种装置的总称，称为桥梁伸缩装置。桥梁伸缩装置应具有完善的变形性能、良好的防水性能、足够的承载能力和较长的耐久性能，并易于检查和养护。其总体要求、组成材料和性能试验方法等，《公路桥梁伸缩装置通用技术条件》JT/T 327—2016 给出了详细的规定。

1. 伸缩装置的类型与构造

在伸缩装置附近的栏杆、人行道应与桥面铺装断开，以满足梁体的自由变形。桥梁伸缩装置暴露在大气中，直接经受车辆、人群荷载的反复摩擦、冲击作用，稍有缺陷或不足，就会引起跳车等不良现象，严重时还会影响到桥梁结构本身和通行者的生命安全，是桥梁中最易损坏而又较难修缮的部位，需经常养护，清除缝内杂物，并及时更换。

公路桥梁伸缩装置按伸缩结构分为：模数式伸缩装置（代号为 M，单缝为 MA，多缝为 MB)、梳齿板式伸缩装置（代号 S，悬臂式为 SC，简式为 SS：简支式活动梳齿板的齿板位于伸缩缝一侧，代号为 SSA；跨越伸缩缝者，代号为 SSB)、无缝式伸缩装置（代号 W)。橡胶伸缩装置由于使用寿命较短，病害较多，目前已很少采用，《公路桥梁伸缩装置通用技术条件》JT/T 327—2016 未列入橡胶伸缩装置。伸缩装置的选用主要根据其适用的伸缩量（即伸缩装置拉压变形的总和，通常以压缩变形为正）及使用性能进行。目前常用的各类伸缩装置的构造示意及适用的伸缩量如表 5-1 所示。

（1）无缝式伸缩装置

无缝式伸缩装置又称充填式伸缩装置，是指在结构预留的缝中填充能适应变形的材料而形成的伸缩装置，它是一种构造简单、适应小伸缩量的伸缩装置。

伸缩装置的构造示意

表 5-1

装置类型		构造示意		伸缩量 e（mm）
模数式 伸缩装置	MA		1—桥梁端部或桥台； 2—伸缩缝中心线； 3—边纵梁； 4—橡胶密封带	$20 \leqslant e \leqslant 80$
	MB		1—桥梁端部或桥台； 2—伸缩缝中心线； 3—边纵梁； 4—中纵梁； 5—横梁； 6—弹性支承元件； 7—橡胶密封带	$e \geqslant 160$
梳齿板式 伸缩装置	SC		1—桥梁端部或桥台； 2—伸缩缝中心线； 3—悬壁梳齿板； 4—导水装置	$60 \leqslant e \leqslant 240$
	SSA		1—桥梁端部或桥台； 2—伸缩缝中心线； 3—固定梳齿板； 4—活动梳齿板； 5—导水装置； 6—不锈钢板	$80 \leqslant e < 1000$
	SSB		1—桥梁端部或桥台； 2—伸缩缝中心线； 3—固定梳齿板； 4—活动梳齿板； 5—导水装置； 6—不锈钢板	$e \geqslant 1000$

续表

装置类型		构造示意		伸缩量 e（mm）
无缝式 伸缩装置	W		1—桥梁端部或桥台； 2—伸缩缝中心线； 3—弹性伸缩体； 4—隔离膜	$20 \leqslant e \leqslant 100$

对于伸缩量小于 5mm 的伸缩缝，桥面铺装可以连续，在伸缩缝处锯缝，如图 5-7（a）所示。锯缝是为防止沥青混凝土桥面因梁板伸缩产生不规则的裂缝而设置的。锯缝宽度为 5mm 左右，深度约 30～50mm，锯缝内浇灌的接缝材料须柔软，不与沥青路面发生化学反应，如用掺有橡胶的沥青灌入接缝，或由橡胶、塑料、沥青混合而成的改性沥青（TST）灌入。另一种伸缩量小于 5mm 的伸缩缝，是用改性沥青材料直接平铺在桥梁接缝处，与前后的桥面铺装形成连续体，如图 5-7（b）所示。这种伸缩缝构造简单，不需设专门的伸缩缝装置，施工方便、快速，铺装冷却后，即可开放交通。对小跨径旧桥的伸缩缝维修，可最大限度地减少对交通的中断和干扰，但它易于损坏，应严格限制使用范围。

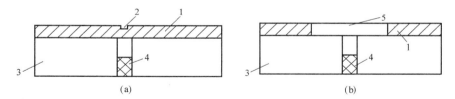

图 5-7 无缝式伸缩缝

（a）伸缩量小；（b）伸缩量大

1—桥面铺装层；2—锯缝；3—梁体；4—海绵体；5—改性沥青

图 5-8 给出了具有盖缝板的无缝式伸缩装置，填充料由碎石与特殊聚氨酯（或沥青胶结料）混合而成。该伸缩缝在国内中小桥上应用广泛。

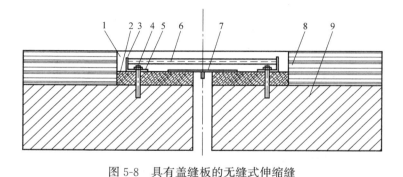

图 5-8 具有盖缝板的无缝式伸缩缝

1—特殊聚氨酯混合物；2—基体混凝土（纤维混凝土）；3—折弯钢板；4—锚固螺栓；
5—垫板；6—稳定元件；7—盖缝板；8—桥面铺装；9—混凝土主梁

（2）梳齿板式伸缩装置

梳齿板式伸缩装置是由分别连接在相邻两个梁端的梳形钢板交错咬合而成，它主要利用固定梳齿板与活动梳齿板相邻梳齿横桥向净距远小于轮胎宽度的构造特点确保车辆平稳通过，利用梳齿的张合（两者纵向间距变化）满足伸缩要求。它可以适应较大的伸缩量，是一种传统的伸缩装置。它的优点是构造简单、伸缩自如、伸缩量大，最大可达 1000mm 以上，缺点是防水性能较弱，梁端转角会在齿端形成折角，路面不平，高速行车时引起车辆跳车。早期的悬臂梳齿板伸缩装置，当伸缩缝较宽时，悬臂的钢板在车辆冲击荷载作用下，焊缝与锚固的根部容易损坏。同时，为防止雨水与尘土的侵蚀与填塞，应在钢板下设置防水装置，而这些装置易于损坏，且尘土填塞后清理困难。所以，后来又出现了简支式梳齿板伸缩装置，其活动梳齿板较宽，跨过桥体的伸缩缝而搭在另一侧的底板上。

（3）橡胶伸缩装置

橡胶伸缩缝主要有条形、板形。最简单的条形橡胶伸缩缝是塞入式（图5-9）和简单锚固式。塞入式直接将橡胶条塞进伸缩缝中：用胶粘住，有时还在其下方设有限位条，防止掉下去。经实践检验，这种伸缩装置使用寿命较短，病害较多，已逐渐被淘汰。

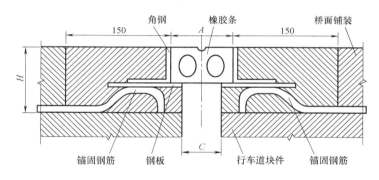

图 5-9　塞入式橡胶伸缩缝

（4）模数式伸缩装置

模数式伸缩装置是一种伸缩量大，结构较为复杂，但功能比较完善的伸缩装置，如图 5-10 所示。《公路桥梁节段装配式伸缩装置》JT/T 892—2014对模数式伸缩装置的分类、型号、结构形式、技术要求、试验方法等进行了详细的说明或规定。模数式伸缩装置可以看成是将多个异形钢条形橡胶伸缩缝组合起来，以适应较大的伸缩量，是高速公路等大交通量桥梁上常用的一种伸缩装置。德国毛肋式伸缩装置就是模数式伸缩装置，其使用较早，功能完善，带动了模数式伸缩装置的发展。该装置利用中梁（横桥向为其长度方向）承受车轮荷载，在中梁净距不超过 80mm（最大 100mm）时车轮能平稳通过，利用橡胶条的密封性防排水，通过橡胶条一定的纵桥向变形刚度控制相邻中（边）梁近似等距。密封橡胶条为鸟形结构，伸缩量为 80～1040mm。

模数式伸缩装置的主要部分是由异形钢与各种截面形式的橡胶条组成的

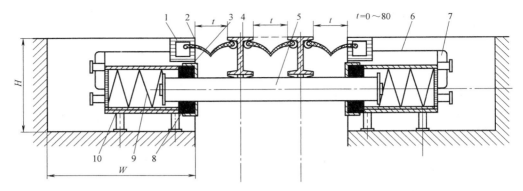

图 5-10　模数式伸缩装置（中梁的数量由需要的伸缩量确定）

1—边梁；2—密封橡胶带；3—阳极防腐活性元件；4—组合中梁；5—支承横梁；
6—防裂钢筋网；7—多孔锚固板；8—三维支承；9—弹簧；10—密封支承箱

犹如手风琴式的伸缩体，加上支承横梁、位移控制系统以及弹簧支承系统。每个伸缩体的伸缩量为 60～100mm（图 5-10 标出的一个伸缩体伸缩量为 80mm）。伸缩量更大时，可以用两个以上的伸缩体，中间用若干个中梁隔开。中梁支承在下横梁上，其作用是承受大部分车轮压力。组合伸缩缝中的橡胶条与异型钢为定型产品，可根据伸缩量大小进行模数组合，故称模数式伸缩缝。当伸缩体做成 60mm、80mm、100mm 倍数的三种型号时，视中梁根数不同，可以组合成宽度为 60mm、80mm、100mm 倍数的各种伸缩装置。伸缩装置中梁、边梁异型钢的主要形式如图 5-11 所示。

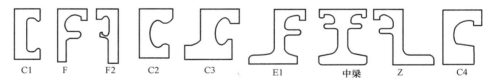

C1　　F　　F2　　C2　　C3　　E1　　中梁　　Z　　C4

图 5-11　异型钢断面（模数伸缩缝专用）

规范规定，对于多跨简支梁桥，桥面应尽量连续（跨缝处桥面钢筋加强），使得多孔简支梁在竖直荷载作用下的变形状态为简支或部分连续体系，而在纵向水平力作用下则属连续体系。但经验表明，桥面板连续部分易开裂，因而近年来更多的是使用先简支（一期恒载作用下），后结构连续（二期恒载及活载作用下）的简支-连续桥梁。

2. 伸缩装置的开口量与闭口量

根据《公路钢筋混凝土及预应力混凝土桥涵设计规范》JTG 3362—2018 规定，桥梁伸缩装置的材料及其成品的技术要求应符合《公路桥梁伸缩装置通用技术条件》JT/T 327—2016 的有关规定。采用定型生产各类伸缩装置时，可根据桥梁所在地区的气温条件和施工季节，选择伸缩装置的安装温度，计算桥梁接缝处梁体的伸长量和缩短量（接缝的闭口量和开口量），据此选用伸缩装置的类型和型号。自行设计伸缩装置时，对于承受汽车荷载的钢构件，应考虑冲击作用及重复作用引起的疲劳影响。

根据伸缩装置的安装宽度，绘制桥梁接缝处的结构图，标明安装伸缩装置所必需的槽口尺寸（深度及上、下口宽度）、伸缩装置连接所需的预埋件及其位置。同时，图纸上还应标明下列内容：槽口内填筑的材料种类及其强度等级；安装伸缩装置的温度范围，在该范围内安装伸缩装置，可保证在安装后伸缩装置工作正常；伸缩装置的类型和型号，该装置的最大及最小工作宽度（B_{max} 及 B_{min}）；伸缩装置的安装宽度或出厂宽度（梳齿板式伸缩装置为压缩后的宽度，可由工厂临时固定出厂）。

伸缩装置安装以后的伸缩量，可考虑下列因素进行计算。

（1）由温度变化引起的伸缩量

温度上升引起的梁体伸长量 Δl_t^+：

$$\Delta l_t^+ = \alpha_c l (T_{max} - T_{set,t}) \tag{5-1}$$

温度下降引起的梁体缩短量 Δl_t^-：

$$\Delta l_t^- = \alpha_c l (T_{set,u} - T_{min}) \tag{5-2}$$

式中　T_{max}、T_{min}——当地最高、最低有效气温值；

　　　$T_{set,u}$、$T_{set,t}$——预设的安装温度范围的上限值和下限值；

　　　　　　l——计算一个伸缩装置伸缩量所采用的梁体长度，视桥梁长度分段及支座布置情况而定；

　　　　　α_c——梁体混凝土材料线膨胀系数，$\alpha_c = 0.00001$。

（2）由混凝土收缩引起的梁体缩短量 Δl_s^-：

$$\Delta l_s^- = \varepsilon_{cs}(t_u, t_0) l \tag{5-3}$$

式中　$\varepsilon_{cs}(t_u, t_0)$——伸缩装置安装完成时梁体混凝土龄期 t_0 至收缩终了时混凝土龄期 t_u 之间的混凝土收缩应变。

（3）由混凝土徐变引起的梁体缩短量 Δl_c^-：

$$\Delta l_c^- = \frac{\sigma_{pc}}{E_c} \varphi(t_u, t_0) l \tag{5-4}$$

式中　σ_{pc}——由预应力（扣除相应阶段预应力损失）引起的截面重心处的法向压应力，当计算的梁为简支梁时，可取跨中截面与 1/4 跨径截面的平均值；当梁体为连续梁或连续刚构时，可取若干有代表性截面的平均值；

　　　E_c——梁体混凝土弹性模量；

$\varphi(t_u, t_0)$——伸缩装置安装完成时梁体混凝土龄期 t_0 至徐变终了时混凝土龄期 t_u 之间的混凝土徐变系数。

（4）由制动力引起的板式橡胶支座剪切变形而导致的伸缩缝开口量 Δl_b^- 或闭口量 Δl_b^+：

$$\Delta l_b^- \text{ 或 } \Delta l_b^+ = F_k t_e / G_e A_g \tag{5-5}$$

式中　F_k——分配给支座的汽车制动力标准值；

　　　t_e——支座橡胶层总厚度；

　　　G_e——支座橡胶剪变模量；

A_g——支座平面毛面积。

（5）按照梁体的伸缩量选用伸缩装置的型号

1）伸缩装置在安装后的闭口量 C^+

$$C^+ = \beta(\Delta l_t^+ + \Delta l_b^+) \tag{5-6}$$

2）伸缩装置在安装后的开口量 C^-

$$C^- = \beta(\Delta l_t^- + \Delta l_s^- + \Delta l_c^- + \Delta l_b^-) \tag{5-7}$$

式中 β——伸缩装置伸缩量增大系数，可取 $\beta=1.2\sim1.4$。

3）伸缩装置的伸缩量 C 应满足：

$$C \geqslant C^+ + C^- \tag{5-8}$$

对于影响伸缩装置伸缩量的其他因素，如地震作用、风荷载、梁的挠度等，应视具体情况予以考虑。当施工安装温度在设计规定的安装温度范围以外时，伸缩装置应另行计算。

伸缩装置的安装宽度（或出厂宽度），可根据计算得到的开口量 C^- 和闭口量 C^+ 进行计算，其值可在 $[B_{min}+(C-C^-)]$ 与 $(B_{min}+C^+)$ 两者中或两者之间取用，其中 C 为选用的伸缩装置的伸缩量，B_{min} 为选用的伸缩装置的最小工作宽度。

5.2 桥梁附属设施与构造

5.2.1 人行道

高速公路上的桥梁不宜设人行道。一、二、三、四级公路上桥梁的桥上人行道和自行车道的设置，应根据需要而定，并应与前后路线布置协调。人行道、自行车道与行车道之间，应设护栏或路缘石等分隔设施。人行道的宽度宜为 1.0m；大于 1.0m 时，按 0.5m 的级差增加。人行道一般高于行车道 0.25～0.35m。当跨越急流、大河、深谷、重要道路、铁路、主要航道，或桥面常有积雪、结冰时，其高度可取较大值。

在跨径较小的现浇板梁桥中，可现浇悬臂板作为人行道板，如图 5-12（a）所示；在装配式板桥中，可专设人行道梁，采用加高墩台盖梁的方法来抬高人行道梁，如图 5-12（b）所示；在跨径较大的装配式板桥中，专设人行道梁就不经济，此时通常预制一些人行道块件搁置于板上，形成人行道，如图 5-12（c）所示。

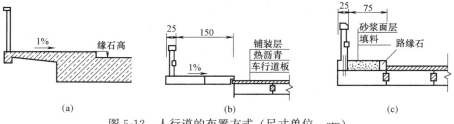

图 5-12 人行道的布置方式（尺寸单位：cm）

（a）现浇悬臂板；（b）专设人行道梁；（c）预制块件

在装配式肋梁桥上，人行道通常是做成预制块件安装的。预制块件可为整体式或块件式；安装方式可为悬臂式或搁置式。

图 5-13 为一整体搁置式预制人行道的构造形式，截面呈肋板式。人行道与行车道板之间无需连接，人行道板下可过管线。图 5-14 是一种分块悬臂式人行道的构造形式。人行道由人行道板、人行道梁、支撑梁及路缘石组成。人行道梁搁在行车道的主梁上，一端悬臂挑出；另一端则通过预埋的钢板与主梁预留的锚固钢筋焊接固定。人行道梁分 A、B 两

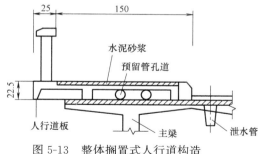

图 5-13　整体搁置式人行道构造
（尺寸单位：cm）

种，A 式较宽，其悬出端留有方孔以安装栏杆柱；B 式较窄。支撑梁靠主梁纵向布置，用以固定人行道梁，人行道板则铺装在人行道梁上。这种分块悬臂式人行道构造的预制块件小而轻，但施工较烦琐。

人行道板顶面一般铺设 20mm 厚的水泥砂浆或沥青砂作为面层，并做成内倾桥面的排水横坡，坡度在 1% 左右。

在桥面伸缩缝处，人行道（包括栏杆）也必须断开。

在不设人行道的桥上，两边应设宽度不小于 0.25m、高为 0.25~0.35m 的护轮安全带。安全带可以做成预制块件或与桥面铺装层一起现浇。预制的安全带有矩形截面和肋板式截面两种，见图 5-15，以矩形截面最为常用。现浇的宜每隔 2.5~3m 做一断缝，以免参与主梁受力而被破坏。

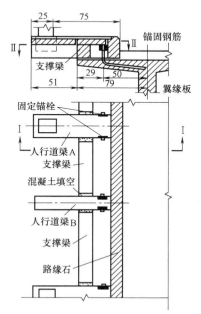

图 5-14　分块悬臂式人行道构造
（尺寸单位：cm）

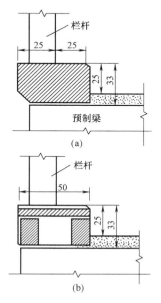

图 5-15　矩形和肋板式安全带
（尺寸单位：cm）
（a）矩形截面；（b）肋板式截面

5.2.2 栏杆与护栏

1. 栏杆

桥梁栏杆设置在人行道上，是用来保障行人或车辆行驶安全、防止坠落的一种必备的安全设施，要求坚固耐用。它与行人接近，其造型设计直接影响整体景观，要求简洁、明快。位于桥梁人行道的栏杆，从人行道顶面起，其最小高度应为 110cm。栏杆构件间的最大净间距不得大于 14cm，且不宜采用横线条栏杆。采用金属网状栏杆时，网状开口不应大于 5cm。位于桥梁自行车道的栏杆，从自行车道顶面起，其栏杆的最小高度应为 140cm。栏杆结构设计必须安全可靠，栏杆底座应设置钢筋。其受力条件应满足现行《公路桥涵设计通用规范》的规定。栏杆按外观形式主要分为四大类，即栅栏式、栏板式、棂格式和混合式，如图 5-16 所示。栏杆节间由立柱、扶手及横档（或栏杆板）组成，扶手支承于立柱上。

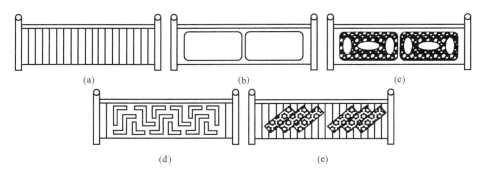

图 5-16 栏杆示意图
（a）栅栏式；（b）栏板式；（c）、（d）棂格式；（e）混合式

栏杆按主要材料可分为混凝土、钢筋混凝土、钢、钢-混凝土组合栏杆。图 5-17～图 5-20 给出了钢筋混凝土栏杆、钢栏杆、钢-混凝土组合栏杆、大理石栏杆（连接部分用不锈钢管）的实例照片。

图 5-17 钢筋混凝土栏杆　　　　　　　　图 5-18 钢栏杆

2. 安全护栏

安全护栏是诱导驾驶员视线、防止运行中失控车辆驶出公路外或进入对向车道或人行道、增加驾驶员和乘客安全感的设施。各等级公路桥梁必须设

图 5-19　钢-混凝土组合栏杆

图 5-20　大理石栏杆

置路侧护栏。安全护栏设置在高速公路桥梁、主要集散的一级公路桥梁的中央分隔带以及高速、一级公路的路基边缘，其他各级公路的高路堤、桥头、极限最小半径平曲线、陡坡、依山傍水等路段的路基边缘。设计速度小于或等于 60km/h 的公路桥梁设置人行道（自行车道）时，可通过路缘石将人行道（自行车道）和车行道进行分离；设计速度大于 60km/h 的公路桥梁设置人行道（自行车道）时，应通过桥梁护栏将人行道（自行车道）与行车道进行隔离。设置护栏的桥梁，桥梁护栏与桥面板应进行可靠连接。根据护栏形式，可采用直接埋入、地脚螺栓和预埋钢筋的连接方式。护栏按结构和用途分为梁型（型钢或钢筋混凝土）、拉索型、刚性墙型、柱型、网型及弹性型等。护栏大样如图5-21～图5-23 所示。

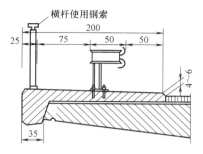

图 5-21　钢制桥梁护栏图
（尺寸单位：cm）

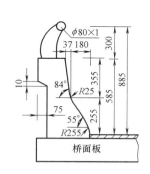

图 5-22　组合式桥梁护栏
（尺寸单位：cm）

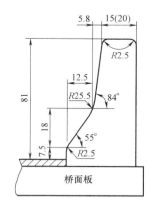

图 5-23　钢筋混凝土墙式桥梁护栏
（尺寸单位：cm）

5.2.3　照明

照明是交通设施之一，它能提高驾驶员夜间行车的视觉能力。照明灯每隔一定间距连续布置。立交桥区域一般采用高杆灯照明的方式，以让驾驶员能够看到与白天相似的立交桥全景。

在城市及城郊行人和车辆较多的桥梁上，应有照明设备，一般采用灯柱式照明。灯柱可以利用栏杆柱，也可单独设在人行道内侧。照明用灯一般高出车道5m左右。

特大型桥梁照明宜根据桥梁结构形式采用与之相适应的照明灯具和布设方式。桥梁照明应防止眩光，必要时采用严格控光灯具，不得使用对船舶航行等水上交通及渔业活动造成不利影响的照明设施。

5.2.4　防落梁装置

历次地震的震害表明，落梁是一种常见的震害。因此，采取有效的构造措施以防止落梁为多震害国家的桥梁设计所重视。这种措施主要包含两个方面，一是限制支承连接部位的支承面最小宽度；二是相邻梁之间、梁与墩台之间采取刚体位移约束措施。

对于简支梁梁端至墩、台帽或盖梁边缘的距离最小值（图5-24），《公路桥梁抗震设计细则》JTG/T B02-01—2008 的规定为：

$$a \geqslant 70\text{cm} + 0.005L \tag{5-9}$$

式中　L——梁的计算跨径。

斜桥与曲线梁桥比正桥更易发生落梁，更要注意留有足够的梁端边缘距离，其最小值的规定详见《公路桥梁抗震设计细则》JTG/T B02-01—2008。

在地震烈度7度区及以上的地区，对桥面不连续的简支梁（板），应采取挡块、螺栓连接和钢夹板连接等防止纵横向落梁的措施，对连续梁和桥面连续简支梁（板）桥，则应采取防止横向较大位移的措施。图5-25和图5-26所示的是两种典型的拉杆式和挡块式纵向约束装置。在梁与梁之间、梁与桥台胸墙之间，应加装橡胶垫或其他弹性衬垫，以缓和冲击作用和限制梁的位移。

图5-24　梁端最小边缘距离

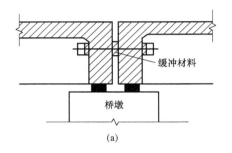
(a)

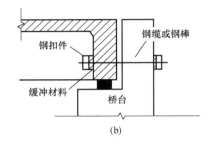
(b)

图5-25　拉杆式约束装置

（a）梁与梁之间；（b）梁与桥台之间

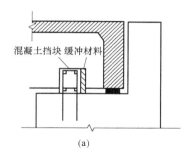 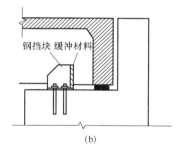

图 5-26 挡块式约束装置

在强震区,对于重要桥梁,还可根据需要设置锚栓将上下部结构连接在一起,如地震烈度 8 度区的连续曲梁,边墩和上部构造之间宜采用锚栓连接,防止边墩与梁脱离。

对于支座较高的桥梁,为防止地震时支座的损坏造成主梁之间的高差,还可采用防落差装置,即在支座附近的纵桥向或横桥向再布置略低于它的橡胶支座。

5.3 铁路桥面构造

铁路桥面构造通常包括钢轨、轨枕、道砟、挡砟墙、泄水管、人行道、栏杆和钢轨伸缩调节器等,如图 5-27 所示。铺设道砟的桥面称为道砟桥面,钢桥桥面则一般不铺设道砟,而将铁轨直接铺在纵梁上,称为明桥面。

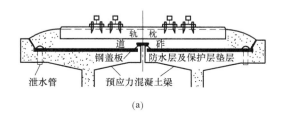 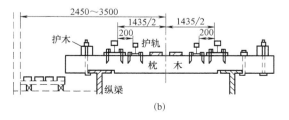

图 5-27 铁路桥面一般构造 (尺寸单位:mm)
(a) 道砟桥面;(b) 明桥面

5.3.1 道床

道床(图 5-28)指枕木及其周围的道砟层。道床两侧设挡砟墙。梁顶面与挡砟墙构成道砟槽。道床的作用为:减弱列车对桥梁的冲击作用,缓和列车的振动,防止枕木位移,将车轮集中荷载分布到梁顶面,调整轨底的标高。挡砟墙的作用是挡住道砟。为了不使挡砟墙参与梁的共同受力,沿其纵向每隔 3~4m,横向设断缝(包括挡砟墙上纵向钢筋断开),缝内填塞防水材料。

149

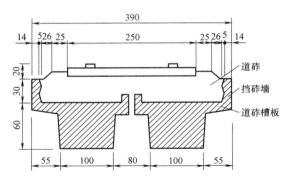

图 5-28　道床构造（尺寸单位：cm）

图 5-28 是直线、单线桥一般采用的道床尺寸。道砟槽顶宽不得小于 3.9m。为了便于抽换枕木，枕木底应高出挡砟墙顶面。为了适应养护机械化，枕木底下厚度一般不得小于 25cm。

5.3.2　排水防水系统

排水防水系统包括道砟层下设横向排水坡、防水层及泄水管（图 5-29）。其作用是使桥面水迅速排除，防止桥面水渗入梁体内，影响结构耐久性与美观。横向排水坡坡度为 1.5%。

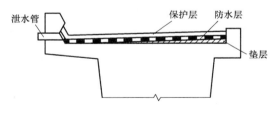

图 5-29　防水层与泄水管道

桥面防水层铺设在垫层上面。为了不使防水层遭到破坏，在防水层上再铺 3cm 厚的水泥砂浆保护层，并用细钢丝网加强。道砟槽板上的雨水流向挡砟墙，沿挡砟墙汇流到泄水管排出（图 5-29）。

防水层应不透水、坚固、弹韧性强、与圬工黏结牢固。防水层分热沥青防水层和冷作防水层。热沥青防水层劳动条件差，不便施工。目前，较多采用冷作防水层，这种防水层铺设比较简便，劳动条件好。

5.3.3　梁缝处理

梁缝包括梁与梁、梁与台之间的横向伸缩缝及两片梁（对于由两片梁组成的桥跨）之间的纵向构造缝。铁路桥梁缝处理比较简单，图 5-30 是横向、纵向梁缝处理构造：在梁缝上设置铁盖板或钢筋混凝土盖板，板下隔一定间距焊有短钢筋，以防止盖板移位。若梁缝较宽，可以焊两排钢筋（图中为一排钢筋）。

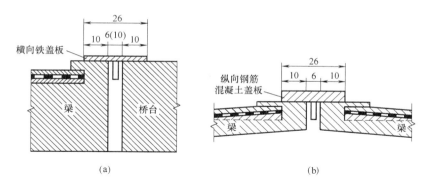

图 5-30　梁缝处理（尺寸单位：cm）

（a）横向梁缝处理构造；（b）纵向梁缝处理构造

5.3.4　人行道与栏杆

铁路桥梁设置人行道是为了养护人员工作及翻修道床时堆放道砟。图 5-31 为一般混凝土简支梁的人行道及栏杆构造图，由图可见角钢支架通过预埋在挡砟墙内的 U 形螺栓进行固定，预制钢筋混凝土步板铺设在支架上。桥上栏杆高度不应小于步板顶面 1.0m。

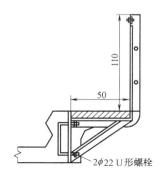

图 5-31　人行道及栏杆构造（尺寸单位：cm）

5.4　公路桥面板（行车道板）的计算

5.4.1　计算模型

混凝土肋梁桥的桥面板是直接承受车辆轮压的混凝土板，它与主梁梁肋和横隔梁连接在一起，既保证了梁的整体作用，又将活载传递给主梁。

对于整体现浇的 T 形梁桥，梁肋和横（隔）梁之间的矩形桥面板，属于周边支承板，如图 5-32（a）所示。通常对于这种矩形的四边支承的板，当长边长度与短边长度之比（l_a/l_b）等于或大于 2 时，可按短边计算跨径的单向板计算；否则，应按双向板计算。

对于 $l_a/l_b \geqslant 2$ 的装配式 T 形梁桥，如果在两主梁的翼板之间：（a）采用钢板连接（图 5-32b）时，则桥面板可简化为悬臂板；（b）采用不承担弯矩的铰接缝连接（图 5-32c）时，则可简化为铰接悬臂板。

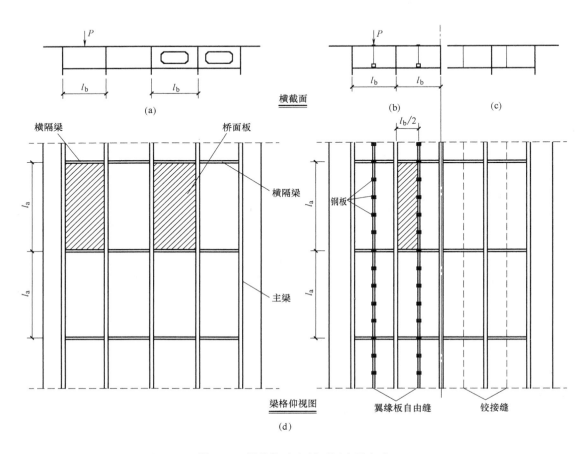

图 5-32　梁格构造和桥面板支承方式

（a）整体现浇梁；（b）装配式梁桥（翼板间钢板连接）；（c）装配式梁桥（翼板间铰接）；（d）梁格仰视图

5.4.2　车辆荷载在板上的分布

车轮与桥面的接触面接近于椭圆，荷载通过铺装层扩散，实际压力面的形状十分复杂，为简化计算可假定为矩形。以 a_2 记作车轮沿行车方向的着地长度，以 b_2 记作车轮的宽度。各类荷载的 a_2 和 b_2 的值可从《公路钢筋混凝土及预应力混凝土桥涵设计规范》JTG 3362—2018 中查得。

根据试验研究，作用在混凝土或沥青混凝土铺装面层上的车轮荷载，偏安全地假定以 45°角散布于混凝土板面上，如图 5-33 所示，则最后作用于混凝土桥面板顶面的矩形荷载压力面的边长为：

沿行车方向：

沿横向方向：

$$\left.\begin{aligned} a_1 &= a_2 = 2H \\ b_1 &= b_2 + 2H \end{aligned}\right\} \qquad (5\text{-}10)$$

式中　H——铺装层的厚度。

据此，当车辆荷载作用于桥面板上时，作用于板面上的局部分布荷载为：

$$p = \frac{P_{轮}}{a_1 b_1} \qquad (5\text{-}11)$$

式中　$P_{轮}$——轮重，是车辆荷载轴重 P 的 $1/2$。

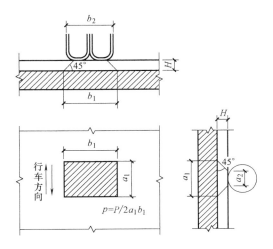

图 5-33　车辆荷载在板上的分布

5.4.3　有效工作宽度

当荷载以 $a_1 \times b_1$ 的分布面积作用在板上时，板除了沿计算跨径 x 方向产生挠曲变形 w_x 外，沿垂直于计算跨径的 y 方向也必然发生挠曲变形 w_y（图 5-34a）。这说明荷载作用不仅使直接承压的宽度为 a_1 的板条受力，其邻近的板也参与工作，共同承受车轮荷载所产生的弯矩。

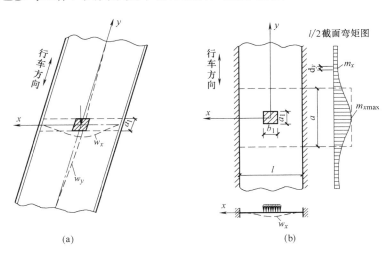

(a)　　　　　　　　　　　　　(b)

图 5-34　行车道板的受力状态

为了计算方便，设想以宽度为 a 的板均匀承受车轮荷载产生的总弯矩（图 5-34b），即

$$M = \int m_x \, \mathrm{d}y = a \times m_{x\max} \tag{5-12}$$

则得弯矩图形的换算宽度为：

$$a = \frac{M}{m_{x\max}} \tag{5-13}$$

式中　M——车轮荷载产生的跨中总弯矩，可直接由结构力学方法计算得到；

　　　$m_{x\max}$——荷载中心处的最大单宽弯矩值，精确解需由板的空间计算才能得到。

上式的 a 定义为板的有效工作宽度，或称为荷载有效分布宽度。

《公路钢筋混凝土及预应力混凝土桥涵设计规范》JTG 3362—2018 基于大量理论研究，对板的有效工作宽度有如下规定：

1. 整体单向板的荷载分布宽度可按下列规定计算：

（1）单个车轮在板的跨径中部时（图 5-35a）

$$a = a_1 + \frac{l}{3} = a_2 + 2H + \frac{l}{3} \geqslant \frac{2}{3}l \tag{5-14}$$

式中　l——板的计算跨径。

（2）多个相同车轮在板的跨径中部时，当各单个车轮按公式（5-14）计算的荷载分布宽度有重叠时（图 5-35b）

$$a = a_1 + d + \frac{l}{3} \geqslant \frac{2}{3}l + d \tag{5-15}$$

式中　d——多个车轮外轮之间的中距。

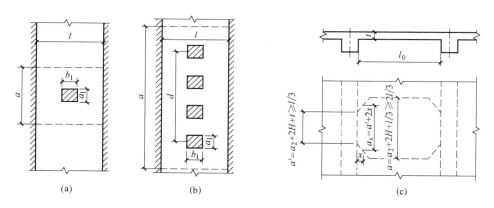

图 5-35　单向板的荷载有效分布宽度

（3）车轮在板的支承处时

$$a = a_1 + t = a_2 + 2H + t \tag{5-16}$$

式中　t——板的跨中厚度。

（4）车轮在板的支承附近，距支点的距离为 x 时

$$a = a_1 + t + 2x = a_2 + 2H + t + 2x \tag{5-17}$$

但不大于车轮在板的跨径中部的分布宽度。

按上述公式算得的所有分布宽度，当大于板全宽时取板全宽；彼此不相连的预制板，车轮在板内分布宽度不大于预制板宽度。

根据以上所述，对于不同荷载位置时单向板的有效分布宽度图形如图 5-35（c）所示。

2. 悬臂板的车轮荷载分布宽度可按下列规定计算：

当 $l_c \leqslant 2.5\text{m}$ 时： $\qquad a = a_1 + l_c = a_2 + 2H + l_c$ \hfill (5-18)

式中 l_c ——平行于悬臂板跨径的车轮着地尺寸的外缘，通过铺装层 45°分布线的外边线至腹板外边缘的距离（图 5-36）。

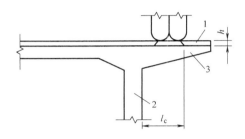

图 5-36 车轮荷载在悬臂板上的分布
1—桥面铺装；2—腹板；3—悬臂板

对于实体矩形行车道板通常由弯矩控制设计，设计时习惯以每米宽板条来计算，借助板的有效工作宽度，就可以计算得到每米宽板条上的荷载及其引起的弯矩。

5.4.4 内力计算

1. 多跨连续单向板的内力

（1）弯矩计算

与梁肋整体连接的板，计算弯矩时，其计算跨径可取为两肋间的净距加板厚，但不大于两肋中心之间的距离。其跨中正弯矩和支点负弯矩按下列简化方法计算。

当板厚与梁肋高度比小于 1/4 时（即主梁抗扭能力较大者）：

$$\left.\begin{array}{l} M_{\text{中}} = +0.5M_0 \\ M_{\text{支}} = -0.7M_0 \end{array}\right\} \qquad (5\text{-}19)$$

当板厚与梁肋高度比等于或大于 1/4 时（即主梁抗扭能力较小者）：

$$\left.\begin{array}{l} M_{\text{中}} = +0.7M_0 \\ M_{\text{支}} = -0.7M_0 \end{array}\right\} \qquad (5\text{-}20)$$

式中 M_0 ——与计算跨径相同的单宽简支板跨中弯矩，它是 M_{op} 和 M_{og} 两部分的内力组合，内力组合如表 5-2 所示。

M_{og} 为单宽简支板跨中恒载弯矩，可按结构力学方法计算。M_{op} 为单宽简支板的跨中活载弯矩（图 5-37a），对于车辆荷载：

$$M_{\text{op}} = (1+\mu) \cdot \frac{P}{8a}\left(l - \frac{b_1}{2}\right) \tag{5-21}$$

式中　P——轴重，对于车辆荷载应取用后轴的轴重计算（若前后车轮的有效分布宽度发生重叠，则 P 为前后车轴重量之和，本节下同）；

　　　a——板的有效工作宽度；

　　　l——板的计算跨径；

　　　μ——冲击系数。

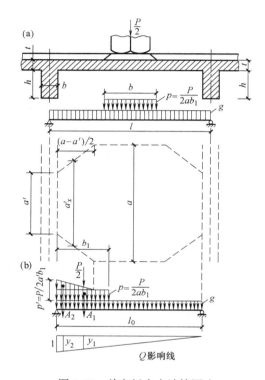

图 5-37　单向板内力计算图式

（2）支点剪力计算

与梁肋整体连接的板，计算剪力时其计算跨径可取为两肋间的净距，剪力可按该计算跨径的简支板计算（不考虑板和主梁的弹性固结作用）。

对于跨径内只有一个车轮荷载的情况，考虑了相应的有效工作宽度后，每米板宽承受的分布荷载如图 5-37（b）所示。则汽车引起的支点剪力为：

$$Q_{\text{支p}} = (1+\mu)(A_1 \cdot y_1 + A_2 \cdot y_2) + gl_0/2 \tag{5-22}$$

式中　g——单宽板条每延米的恒载重量；

　　　A_1——矩形部分荷载的合力，以 $p = \dfrac{P}{2ab_1}$，代入得：

$$A_1 = p \cdot b_1 = \frac{p}{2a} \tag{5-23}$$

　　　A_2——三角形部分荷载的合力，以 $p' = \dfrac{P}{2a'b_1}$ 代入得：

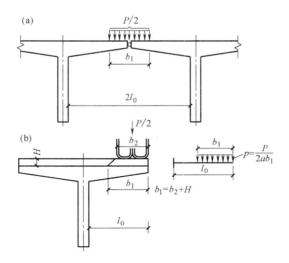

图 5-38　铰接悬臂板和悬臂板内力计算图式

(a) 铰接悬臂板；(b) 悬臂板 ($b_1 = b_2 + H$)

$$A_2 = \frac{1}{2}(p' - p) \cdot \frac{1}{2}(a - a') = \frac{P}{8aa'b_1}(a - a')^2 \qquad (5\text{-}24)$$

式中　p 和 p'——对应于有效工作宽度 a 和 a' 处的荷载强度；

　　　y_1 和 y_2——对应于荷载合力 A_1 和 A_2 的支点剪力影响线竖标值。

若跨径内不止一个车轮进入，还应计及其他车轮的影响。

2. 铰接悬臂板的内力

用铰接方式连接的 T 形梁翼缘板的最大弯矩在悬臂根部。计算活载弯矩 $M_{\min,p}$ 时，近似地把车轮荷载对中布置在铰接处作为最不利的荷载位置，这时铰内的剪力为零，两相邻悬臂板各承受半个车轮荷载，即 $P/4$，如图 5-38 (a) 所示。因此每米宽悬臂板的活载弯矩 $M_{\min,p}$ 为：

$$M_{\min,p} = -(1 + \mu)\frac{P}{4a}\left(l_0 - \frac{b_1}{4}\right) \qquad (5\text{-}25)$$

式中　l_0——铰接双悬臂板的净跨径。

悬臂根部 1m 板宽的总弯矩是活载弯矩 $M_{\min,p}$ 和恒载弯矩 M_{og} 两部分的内力组合，内力组合如表 5-2 所示。

悬臂根部的剪力可以偏安全地按一般悬臂板的图式来计算，这里从略。

3. 悬臂板的内力

计算根部最大弯矩时，车轮荷载应靠板的边缘布置，如图 5-38 (b) 所示，此时 $b_1 = b_2 + H$。则恒载弯矩值 M_{og} 和活载弯矩值 $M_{\min,p}$ 可按结构力学方法求得。

活载弯矩：

$$M_{\min,p} = -(1 + \mu) \cdot p b_1 \left(l_0 - \frac{b_1}{2}\right) = -(1 + \mu) \cdot \frac{P}{2a}\left(l_0 - \frac{b_1}{2}\right) \quad (b_1 < l_0 \ 时)$$

$$(5\text{-}26)$$

式中　　p——$p = \dfrac{P}{2ab_1}$，为车辆荷载作用在单宽板条上的每延米荷载强度；

　　　　l_0——悬臂板的长度。

悬臂根部 1m 板宽的总弯矩是 $M_{\min,p}$ 和 M_{og} 两部分的内力组合，内力组合如表 5-2 所示。

5.4.5　内力组合

计算出恒载和活载内力后，进行板的持久状况承载能力验算时，可按表 5-2 求最大组合内力。

内力组合　　　　　　　　　　　　　　　　　　　　　　表 5-2

恒载与活载产生同号内力时	基本组合 $S_{ud} = 1.2 S_{Gk} + 1.8 S_{Q1k} + 0.75 \times 1.4 S_{Qjk}$
恒载与活载产生异号内力时	基本组合 $S_{ud} = S_{Gk} + 1.8 S_{Q1k} + 0.75 \times 1.4 S_{Qjk}$

注：S_{ud} 为作用基本组合相应的计算内力（弯矩或剪力）；S_{Gk} 为永久作用效应中结构重量产生的内力（弯矩或剪力）；S_{Q1k} 为汽车荷载（含汽车冲击力、离心力）产生的内力（弯矩或剪力）；S_{Qjk} 除汽车荷载（含汽车冲击力、离心力）、风荷载外的其他可变作用产生的内力（弯矩和剪力）。

【例 5-1】　计算图 5-39 所示 T 形梁翼板所构成铰接悬臂板的设计内力。桥面铺装为 2cm 的沥青混凝土面层（重度为 21kN/m³）和平均 9cm 厚的混凝土垫层（重度为 23kN/m³），T 形梁翼板的重度为 25kN/m³。已知荷载为公路—Ⅰ级。

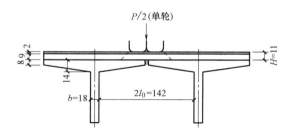

图 5-39　T 形梁横断面图（尺寸单位：cm）

【解】　1. 恒载及其内力（按纵向 1m 宽的板条计算）

（1）每延米板上恒载 g 的计算见表 5-3。

每延米板上的恒载　　　　　　　　　　　　　　　表 5-3

沥青混凝土面层 g_1	$0.02 \times 1.0 \times 21 \text{kN/m} = 0.42 \text{kN/m}$
混凝土垫层 g_2	$0.09 \times 1.0 \times 23 = 2.07 \text{kN/m}$
T 形梁翼板自重 g_3	$\dfrac{0.08 + 0.14}{2} \times 1.0 \times 25 = 2.75 \text{kN/m}$
合计	$g = \sum g_i = 5.24 \text{kN/m}$

（2）每米宽板条的恒载内力

$$M_{og} = -\frac{1}{2} g l_0^2 = -\frac{1}{2} \times 5.24 \times 0.71^2 = -1.32 \text{kN} \cdot \text{m}$$

$$Q_{og} = g \cdot l_0 = 5.24 \times 0.71 = 3.72 \text{kN}$$

2. 车辆荷载产生的内力

将车辆中、后轮作用于铰缝轴线上（参见图 5-39），由《公路桥涵设计通用规范》JTG D60—2015 查得，车轮荷载后轮着地长度为 $a_2 = 0.20\text{m}$，宽度为 $b_2 = 0.60\text{m}$，则

$$a_1 = a_2 + 2H = 0.2 + 2 \times 0.11 = 0.42\text{m}$$
$$b_1 = b_2 + 2H = 0.6 + 2 \times 0.11 = 0.82\text{m}$$

轮压分布宽度如图 5-40 所示，由于中、后轴有效分布宽度发生重叠，故作用力为 $P = 2 \times 140 = 280\text{kN}$。荷载对于悬臂根部的有效分布宽度：

$$a = a_1 + d + 2l_0 = 0.42 + 1.4 + 2 \times 0.71 = 3.24\text{m}$$

由于 $2l_0 = 1.42\text{m} < 5\text{m}$，所以冲击系数为 $1 + \mu = 1.3$。

作用于每米宽板条上的弯矩为：

$$M_{\text{min,p}} = -(1+\mu)\frac{P}{4a}\left(l_0 - \frac{b_1}{4}\right) = -1.3 \times \frac{280}{4 \times 3.24} \times \left(0.71 - \frac{0.82}{4}\right)\text{kN} \cdot \text{m}$$
$$= -14.18\text{kN} \cdot \text{m}$$

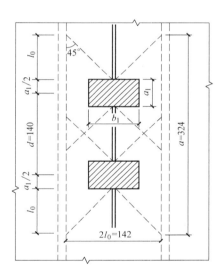

图 5-40 公路—Ⅰ级的计算图式

（尺寸单位：cm）

作用于每米宽板条上的剪力为：

$$Q_{\text{min,p}} = (1+\mu)\frac{P}{4a} = 1.3 \times \frac{280}{4 \times 3.24} = 28.09\text{kN}$$

3. 荷载组合

（1）持久状况承载能力极限状态内力组合（用于验算强度）：

$$M_{ud} = 1.2M_{og} + 1.8M_{\text{min,p}} = 1.2 \times (-1.32) + 1.8 \times (-14.18) = -27.11\text{kN} \cdot \text{m}$$
$$Q_{ud} = 1.2Q_{og} + 1.8Q_{\text{min,p}} = 1.2 \times 3.72 + 1.8 \times 28.09 = 55.03\text{kN}$$

（2）持久状况正常使用极限状态内力组合（用于验算应力和裂缝）：

$$M_{sd} = M_{og} + 0.7M_{min,p(不计冲击力)} = -1.32 + 0.7 \times (-14.18)/1.3$$
$$= -8.96 \text{kN} \cdot \text{m}$$

$$Q_{sd} = Q_{og} + 0.7Q_{min,p(不计冲击力)} = 3.72 + 0.7 \times 28.09/1.3 = 18.85 \text{kN} \cdot \text{m}$$

故行车道板的设计内力为 $M = -27.11 \text{kN} \cdot \text{m}$，$Q = 55.03 \text{kN}$。

5.5 铁路桥面板（道砟槽板）的计算

5.5.1 计算图式与荷载

道砟槽板承担的荷载除其自重外，还有列车荷载和桥上附属物的重量。

1. 恒载

道砟槽板上所承受的恒载有板自重以及道砟重量（包括线路设备）。道砟重度按 20kN/m³ 计。

2. 列车荷载

道砟槽板承受的列车荷载按特种荷载计，特种荷载轴重经钢轨、枕木、道砟分布到道砟槽板顶上，如图 5-41 所示。特种荷载轴重（图示为高速铁路的特种荷载轴重）自枕木底面向下横桥向按 45°扩散。顺桥向由于钢轨作用分布长度取 1.2m。如果桥上采用枕木，枕木长 2.5m，枕木下道砟厚度为 0.32m，则横桥向分布长度为 2.5m＋2×0.32m＝3.14m。那么列车活载集度为：

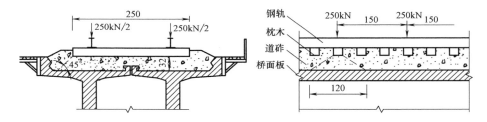

图 5-41 道砟槽板的计算图式（尺寸单位：cm）

$$q = (1+\mu)\frac{250}{1.2 \times 3.14} \text{kN/m}^2 = 66.3(1+\mu)\text{kN/m}^2 \qquad (5-27)$$

式中 $1+\mu$——竖向活载动力系数（《公路桥涵设计通用规范》称为冲击系数），《铁路桥涵设计基本规范》TB 10002.1—2005，J 460—2005 规定混凝土梁顶上的填土厚度 $h \geqslant 1\text{m}$ 时（从轨底算起）不计冲击力；当 $h < 1\text{m}$ 时，按下式计算：

$$(1+\mu) = 1 + a\frac{6}{30+l} \qquad (5-28)$$

式中 a——$a = 4(1-h) \leqslant 2\text{m}$；

h——从轨底至道砟槽板顶面的填料厚度（m）；

l——板的计算跨度（m）。

3. 人行道的恒载和活载

外侧道砟槽板还应计算人行道的恒载和活载。

人行道恒载包括人行道支架栏杆和步板重量。人行道活载，在距桥中心 2.45m 以内的一段考虑养护翻修道床时堆放道砟，按 $10kN/m^2$ 计算，在距离桥中心 2.45m 以外按 $4.0kN/m^2$ 计算。明桥面的人行道按 $4.0kN/m^2$ 计算。

5.5.2 内力计算

道砟槽板横向支承在主梁梁肋上，在纵向有横梁或横隔梁支承。对梁若是用单元划分较细的空间有限元方法进行分析，就不必对道砟槽板另做内力计算。若是采用平面分析，可用下述简化方法对道砟槽板进行近似计算。

1. 双向板计算

若梁肋间距和横梁间距相当时，道砟槽板呈现双向板的受力特征。对于图 5-42 所示双向板，在板中取出两个互相垂直且宽度相同的板带，其跨长分别为 l_1 和 l_2。假定板上的总均布荷载为 q，按照这两条板带在跨中相交处挠度相等的条件，将 q 分配给这两个板带。设跨长为 l_1 的板带分得的均布荷载为 q_1，跨长为 l_2 的板带分得的均布荷载为 q_2，显然：

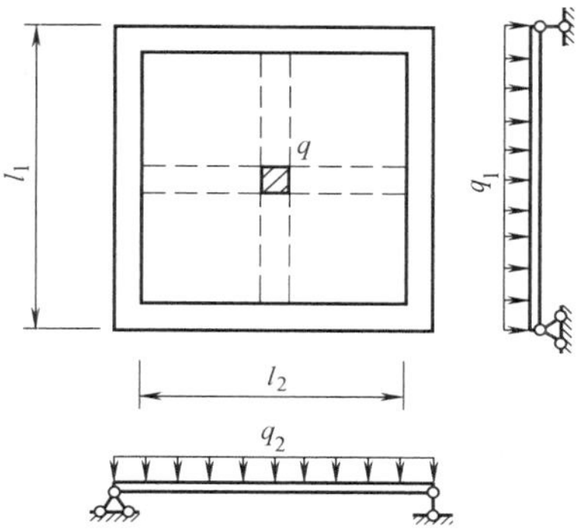

图 5-42　在双向板计算中所取用的板带

$$q = q_1 + q_2 \tag{5-29}$$

根据均质梁的理论，两端简支的受弯构件在均布荷载作用下的跨中挠度为 $f = \dfrac{5ql^4}{384EI}$（若两端并非简支支承情况，则系数 5/384 应作改变）。假定上述两个板带的 EI 值相等，且两端支承情况相同，则根据 $f_1 = f_2$ 的条件可得

$$q_1 l_1^4 = q_2 l_2^4 \tag{5-30}$$

此式与式（5-29）联立求解，即得：

$$q_1 = q \cdot \frac{l_2^4}{(l_1^4 + l_2^4)}$$

$$\tag{5-31}$$

$$q_2 = q \cdot \frac{l_1^4}{(l_1^4 + l_2^4)}$$

因此，当 $l_1 : l_2 \geqslant 2$ 时，$q_2 \geqslant \dfrac{16}{17}q$ 而 $q_1 \leqslant \dfrac{1}{17}q$，一般来说，这时若按 $q_2 = q$ 进行板的计算，其误差已在允许范围之内。同时，按 q_1 算出的弯矩已很小，而按构造要求配置的分配钢筋已能承受这个弯矩。因此《铁路桥规》规定，当板的长短边之比等于或大于 2 时，应以短边跨度作为梁来计算；小于 2 时，

则可算出 $q_1 = q \cdot \dfrac{l_2^4}{(l_1^4 + l_2^4)}$，$q_2 = q \cdot \dfrac{l_1^4}{(l_1^4 + l_2^4)}$，然后分别算出两个板带的最大弯矩，并按之配筋。应该指出，这样求得的弯矩并未考虑相邻板带的影响。若考虑相邻板带的影响，则按上述方法求得的弯矩应乘以小于 1 的修正系数，再根据修正之后的弯矩配筋。

《铁路桥规》规定，布置四周支承的双向板的钢筋时，可将板沿纵向及横向各划分为三部分。靠边部分的宽度均为板的短边宽度的 1/4。中间部分按上述方法的计算数量配筋，靠边部分的钢筋则按半数设置。钢筋间距不大于 25cm，也不大于板厚的 2 倍。

2. 单向板计算

桥梁中常见的板多数是按单向板计算的。例如箱形梁中两腹板间的桥面板，虽然支承在主梁梁肋和横隔梁上，但横隔梁的间距一般大于主梁梁肋间距的 2 倍，故按单向板设计。但应在横隔梁上方板的顶部设置垂直于横隔梁的钢筋，以承受该处存在的负弯矩。

板的宽度通常很大，一般取单位板宽按梁来计算。

位于主梁梁肋间的板，其支承情况实质上是弹性固定，支点截面可偏安全地按固定端考虑，在均布荷载（$q+g$）的作用下，两端固结梁的支承弯矩为：

$$M_g = -\frac{1}{12}(q+g)L_b^2 = -\frac{2}{3}\left[\frac{1}{8}(q+g)L_b^2\right] \approx -0.7M_0 \qquad (5\text{-}32)$$

板跨中截面弯矩常按弹性半固定考虑，即

$$M_{L_b/2} = \frac{1}{16}(q+g)L_b^2 = 0.5\left[\frac{1}{8}(q+g)L_b^2\right] = 0.5M_0 \qquad (5\text{-}33)$$

式中　q——列车荷载集度；

　　　g——板的自重集度；

　　　M_0——均布荷载（$q+g$）作用下简支梁跨中截面弯矩；

　　　L_b——$L_b = L_0 + h_b$ 为板的计算跨径；

　　　L_0——主梁梁肋间的净距；

　　　h_b——主梁梁肋间的板厚。

板的最大剪力 Q 发生在支承处，且

$$Q_{max} = \frac{1}{2}(q+g)L_b \qquad (5\text{-}34)$$

π 形梁梁肋内外侧的道砟槽板，箱梁的外伸肢常按悬臂板计算，其计算跨度为悬臂端至梁肋外侧的距离。悬臂板也属单向板。

单向板最常见的情况是由构造要求先确定板厚。通常构造要求的厚度比设计计算所需的厚度大，因此板的设计多为低筋设计。

3. 横梁和纵梁设计

横梁的受力较复杂，为安全计，通常按简支梁计算其跨中弯矩，横梁和梁肋连接处按跨中弯矩的一半计。最大剪力按简支计。

在下承式桥中，若有纵梁的话，纵梁则可按照支承在横梁上的连续梁计算。

5.6 桥梁支座

5.6.1 支座的作用和要求

桥梁支座是连接桥梁上下部结构的重要构件，是桥跨结构的支承部分和整个桥梁结构的重要组成部分。其主要功能是将上部结构承受的结构自重、汽车荷载等竖向作用有效传递给墩台，并适应桥梁上部结构的变形（位移和转角），使上、下部结构的实际受力图式与设计相符，同时应保证在风荷载、地震作用等水平荷载作用下上部结构的安全。

作用在支座上的竖向力有永久作用、可变作用等引起的支点反力。当支座出现负反力时，应设置为拉力支座。拉力支座因有疲劳问题应特别注意，并尽可能避免。

正交直线桥的支座，一般仅需计入纵向水平力。斜桥与弯桥的支座，还需考虑由车辆离心力及风力等产生的横向水平力。

桥梁支座按其变位的可能性可分为固定支座与活动支座。固定支座允许上部结构在支座处自由转动，但不能水平移动。活动支座又分为多向活动支座（纵向、横向均可自由移动）和单向活动支座（仅一个方向可自由移动）。

5.6.2 支座的布置

桥梁支座的布置方式，主要根据桥梁的结构形式及桥梁的宽度确定。

简支梁桥在理论上一端设固定支座，另一端设活动支座。

铁路桥梁由于桥宽较小，支座横向变位很小，一般只需设置单向活动支座（纵向活动支座如图 5-43 所示。图中箭头所指表示支座活动方向，无箭头者表示不能活动）。公路 T 形梁桥由于桥面较宽，因而要考虑支座横桥向移动的可能性，支座布置如图 5-44 所示，即在固定墩上设置一个固定支座，相邻的支座设置为横向可动、纵向固定的单向活动支座，而在活动墩上设置一个纵向活动支座（与固定支座相对应），其余均设置多向活动支座。

连续梁桥每联只设一个固定支座。为避免梁的活动端伸缩缝过大，固定支座宜置于每联的中间支点上。但若该处墩身较高，则应考虑避开；或采取特殊措施，以避免该墩身承受水平力过大。

当桥梁位于坡道上时，固定支座应设在较低一端，以使梁体在竖向荷载沿坡道方向分力的作用下受压，以便能抵消一部分竖向荷载产生的梁下缘拉力；当桥梁位于平坡上时，固定支座宜设在主要行车方向的前端。

桥梁的使用效果，与支座能否准确地发挥其功能有着密切的关系，因此在安放支座时，应使上部结构的支点位置与下部结构的支座中线在基准设计温度下对中，以确保不同环境温度条件下支座的正常工作。

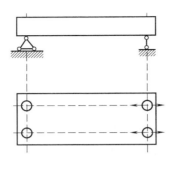

图 5-43　铁路简支梁桥支座布置图

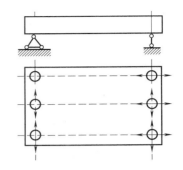

图 5-44　公路简支梁桥支座布置图

合理地确定支座所受荷载和活动支座位移量关系到支座的使用寿命。一般而言，固定支座除承受竖向压力外，还必须能承受水平力。这些水平力总是应当偏大地取用，且要求支座应伸至上、下部结构中进行锚固或销结。对于弯、斜和宽桥，支座受力较复杂，需从三个坐标方向去考察。

位移量计算应考虑各种可能出现的工况，对温差产生的位移，要有足够估计。桥梁的挠曲、基础的不均匀沉降也会产生纵向位移。对于高桥墩，墩顶位移可通过活动支座上的挡块加以限制，它能使基底反力变化，并阻止不均匀沉降。由于一些不可估计的因素，通常计算的位移量宜乘以 1.3 左右的安全系数。

梁桥支座的支承面一般是水平设置的。当桥墩盖梁或桥台台面有横坡时，支座垫石顶面应设计成水平的。同样，预制梁的支座处也要有支座楔形块。

5.6.3　支座的类型与构造

桥梁支座除按变形方向分类外，还可按结构形式和材料等进行分类。按结构形式可分为弧形支座、摇轴支座、辊轴支座、板式橡胶支座、盆式橡胶支座和球形支座等。按材料可分为简易垫层支座、钢支座、聚四氟乙烯支座（滑动支座）、橡胶支座、混凝土支座和铅支座等 6 种。

1. 简易垫层支座

简易垫层支座是指在梁底和墩台顶面之间设置垫层来支承上部结构的支座。垫层可用油毛毡、石棉板或铅板等做成，利用这些材料比较柔软又具有一定强度的特性来适应梁端比较微小的转动与伸缩变形的要求。固定的一端，加设套在铁管中的锚钉锚固。锚钉预埋在墩台帽内。简易垫层支座仅适用于跨度 10m 以下的公路桥和 4m 以下的铁路桥。这种支座自由伸缩性差，为避免主梁端部和墩台混凝土拉裂，宜在支座部位的梁端和墩台顶面布设钢筋网加强。

2. 钢支座

钢支座是靠钢部件的滚动、摇动和滑动来完成支座的位移和转动的。它的特点是承载能力强，能适应桥梁的位移和转动的需要。钢支座常用的有铸钢支座和特种钢支座。钢支座在铁路钢桥上应用较多，我国的公路桥在 20 世纪 60 年代以前也常用，现已较少使用。常见的钢支座有弧形支座、平板支座、摇轴支座与辊轴支座四种形式，其中平板支座现已被板式橡胶支座代替，不再使用。弧形支座由上、下支座板和销钉组成，如图 5-45（a）所示。摇轴支座有固定支座（图 5-45b）和活动支座（图 5-45c）之分。为适应更大跨径变形的需要，可以将摇轴支座支承于辊轴之上，则成为辊轴支座，如图 5-45（d）所示。

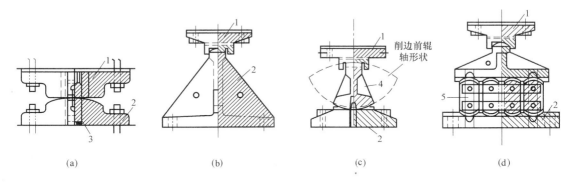

图 5-45　钢支座
1—上板；2—下板；3—销钉；4—摇轴；5—辊轴

3. 钢筋混凝土支座

钢筋混凝土摆柱式支座（图 5-46）曾用于跨径大于或等于 20m 的公路梁桥，或跨径大于 13m 的公路悬臂梁桥的挂孔。它的水平位移量较大，承载力为 5500kN 左右，摩阻系数为 0.05。

钢筋混凝土摆柱式支座由钢垫板、弧形钢板和钢筋混凝土摆柱组成。摆柱的混凝土强度等级为 C40～C50，按含筋率约 0.5% 配置竖向钢筋，同时配置水平钢筋网，以承受支座在竖向压力作用下所产生的横向拉力。摆柱的平面尺寸根据混凝土强度及压力计算确定。摆柱高度取用圆弧形钢板半径的 2 倍，以使圆弧的圆心与摆柱的对称中心点重合，以便于摆动。与摆柱式支座接触的梁底及墩台上的支承垫石须用钢筋网加强。在常年平均气温时，摆柱应直立。因支座占用高度较大，其应用并不普遍。

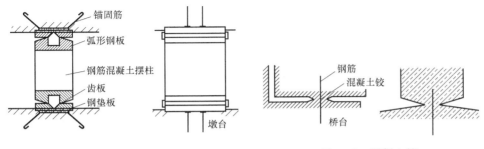

图 5-46　钢筋混凝土摆柱式支座　　　　图 5-47　混凝土铰

4. 板式橡胶支座

板式橡胶支座可分无加劲层的纯橡胶支座和有加劲层的橡胶支座两种。

前者容许压应力甚小，约 3000kPa，适合于小跨径桥梁。后者因有侧向约束，容许压应力大大提高，适用于中等跨度的桥梁。所用的橡胶有天然橡胶和人工合成氯丁橡胶。氯丁橡胶的使用温度应不低于 −25℃，天然橡胶不低于 −40℃。

除此之外，还有能够满足不同要求的坡型板式橡胶支座、球冠圆板式橡胶支座和适应较大滑动量的四氟板式橡胶支座。

板式橡胶支座的活动机理是：利用橡胶的不均匀弹性压缩实现转角，利用其剪切变形实现水平位移。因橡胶与钢或混凝土之间有足够大的摩阻力（摩擦系数 0.25～0.40），橡胶板与梁底和墩台顶之间一般无需连接。在墩台顶部，需铺设一层砂浆，以保证支座放置平稳。采用橡胶支座可不设固定支座，所有水平力由各个支座均匀分担，必要时也可采用不等高的橡胶板来调节各支座传递的水平力。

（1）加劲板式橡胶支座

加劲板式橡胶支座是在橡胶内设置若干层钢丝网、薄钢片或带孔钢片做成的加劲物（图 5-48），以承受橡胶受压时的水平径向拉力。加劲板式橡胶支座的承载能力可以达到 2000～8000kN，而加劲物对橡胶板的转动变形和剪切变形几乎没有影响。

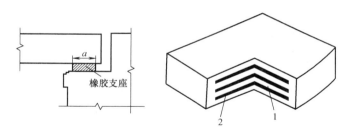

图 5-48　加劲板式橡胶支座构造示意图

1—橡胶片（外层 $\delta=2.5$mm，内层 $\delta=5$mm）；2—加劲薄钢片（$\delta=2$mm）

为满足橡胶支座的承压和转动的要求，支座的长度 a 与宽度 b 之比取决于主梁下的有效宽度及所需的剪切角。一般应充分利用有效宽度 b，而尽可能减小 a 的尺寸，以降低阻抗力矩。

（2）坡型板式橡胶支座

斜桥的梁体坡度可达 1%～4%，有的甚至达 8% 左右。为适应梁体坡度的要求，坡型板式橡胶支座就应运而生，如图 5-49 专为有梁体坡度的斜桥设计的支座。

（3）球冠圆板式橡胶支座

如图 5-50 所示，桥梁球冠圆板式橡胶支座在平面上为各向同性，通过球冠调节受力。既适用于一般桥梁，也适用于布置复杂、纵横坡度较大的立交桥及高架桥。其坡度适用范围为 3%～

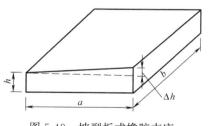

图 5-49　坡型板式橡胶支座

5%，并可根据不同坡度需要调整球面半径。

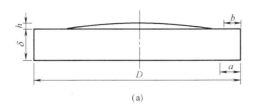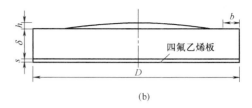

(a)   (b)

图 5-50 桥梁球冠圆板式橡胶支座
（a）球冠圆板式橡胶支座；（b）球冠聚四氟乙烯圆板式橡胶支座

（4）聚四氟乙烯板式橡胶支座

当橡胶支座用作水平位移较大的活动支座时，为满足橡胶板容许剪切变形的要求，就需增加橡胶板的厚度。这样既多耗材料，又降低了支座的稳定性。在相邻支座上方的桥面衔接处，当车辆驶过时，还会产生高差，行车不顺。为克服这些缺点，在橡胶板顶面上贴一片聚四氟乙烯板，再在聚四氟乙烯板与梁底之间垫上一块光洁度很高的不锈钢薄板，就成了四氟板式橡胶支座。由于聚四氟乙烯板与不锈钢板之间的摩阻力极小（摩擦系数 $\mu < 0.04$），故可以利用它们之间的滑动来满足活动支座位移的需要。

5. 盆式橡胶支座与球面支座

盆式橡胶支座是在板式橡胶支座的基础上进一步完善后的产品。它将素橡胶置于圆形钢盆内，橡胶在受压后的变形受到钢盆的约束，处于三向受压状态。只要钢盆不破坏，橡胶就不会丧失承载力，其容许抗压强度可以进一步提高到 25MPa 左右。密封在钢盆内的橡胶，转动十分灵活，再加上聚四氟乙烯板和不锈钢板，就可做成活动支座。橡胶密封在钢盆内，与大气及紫外线隔绝，其耐老化性能也大大提高。

盆式橡胶支座分活动支座与固定支座，活动支座又分为单向活动和双向活动两种。组合上、中支座板构造或利用上下支座连接板即可形成固定支座。

图 5-51、图 5-52 为盆式橡胶支座的构造。盆式橡胶支座构造简单，加工容易，体积小，重量轻，功能完善。在同样载重下，它的体积（高度）和重量不到钢支座的 1/10，而且它在纵向及横向均可转动及伸缩，在功能上优于钢支座，能满足宽桥对支座横向转动及伸缩的要求，因此在大跨度铁路及公路桥上均已得到广泛应用。但它与板式橡胶支座比，造价较高，因此中小跨径中应用较多的还是板式橡胶支座。

图 5-53 为一球面支座的构造示意图。球面支座的构造与盆式橡胶支座很相似，但盆式橡胶支座是利用橡胶的内外压缩差来实现支座的转动的，而球面支座则是利用球冠形钢衬板的旋转来实现支座在任一方向的转动的，因此转动能力更大。由于转动时球冠形钢衬板与承托它的钢盆（下支座板）接触面之间要产生滑动，故需在二者之间垫以球面形聚四氟乙烯板。球面支座适用于梁端转角较大的桥梁，是一种更为完善的支座。

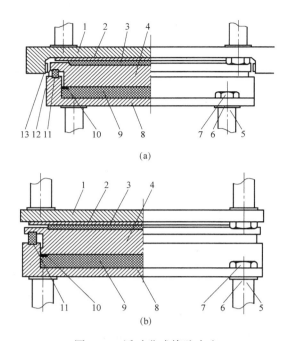

(a)

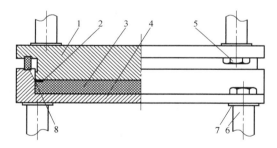

(b)

图 5-51 活动盆式橡胶支座

（a）单向活动盆式橡胶支座；（b）双向活动盆式橡胶支座

1—顶板；2—不锈钢冷轧钢板；3—聚四氟乙烯板；4—中间钢板；5—套筒；6—垫圈；

7—锚固螺栓；8—钢盆；9—橡胶板；10—黄铜密封圈；11—防尘圈；

12—导向滑条；13—侧向不锈钢条

图 5-52 固定盆式橡胶支座

1—顶板；2—黄铜密封圈；3—橡胶板；4—钢盆；

5—锚固螺栓；6—套筒；7—垫圈；8—防尘圈

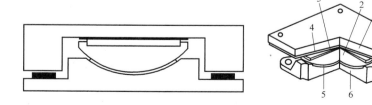

图 5-53 球面支座

1—上支座板；2—球冠形钢衬板；3—平面聚四氟乙烯板；

4—不锈钢板；5—球面聚四氟乙烯板；6—下支座板

6. 隔振橡胶支座

隔振橡胶支座分为天然橡胶支座、高阻尼橡胶支座和铅芯橡胶支座。橡胶与连接板可通过螺栓、黏结和暗槽等连接。相关技术参数要求与确定方法参见相关规范。

5.6.4 橡胶支座的设计与计算

1. 支座反力及位移量的确定

在进行桥梁支座尺寸的选定和强度及稳定性验算时，必须先求得每个支座承受的竖向力及水平力设计值、支座处梁的相对位移量。

支座竖向力设计值应按竖向荷载（汽车荷载应计入冲击系数）标准值进行组合计算；支座水平力设计值应按水平向作用的标准值进行组合计算。计算支座处梁的相对位移量时应考虑以下因素：①因温度变化、汽车制动力等引起的位移；②因梁挠曲引起的位移；③因施加预应力引起的主梁位移；④因混凝土收缩徐变引起的位移；⑤因地震等偶然作用引起的位移。

2. 板式橡胶支座的设计与计算

《公路钢筋混凝土及预应力混凝土桥涵设计规范》JTG 3362—2018 的规定：板式橡胶支座的基本设计数据及其产品分类、技术要求、试验方法、检验规则等应符合《公路桥梁板式橡胶支座》JT/T 4 的规定。

（1）确定支座的平面尺寸

板式橡胶支座有效承压面积应满足以下条件：

$$A_e = \frac{R_{ck}}{[\sigma_c]} \qquad (5\text{-}35)$$

式中　A_e——支座有效承压面积（承压加劲钢板面积）；

　　　R_{ck}——支座压力设计值，汽车荷载应计入冲击系数；

　　　$[\sigma_c]$——支座使用阶段的平均压应力限值，按《公路桥梁板式橡胶支座》
　　　　　　　JT/T 4 取用，一般 $[\sigma_c]=10.0\text{MPa}$。

（2）橡胶层总厚度的确定

① 满足剪切变形需要

板式橡胶支座的重要特点是：梁的水平位移要通过全部橡胶片的剪切变形来实现。显然，橡胶片的总厚度 t_e 与梁体水平位移 Δ_l 之间应满足下列关系：

$$\tan\gamma = \frac{\Delta_l}{t_e} \leqslant [\tan\gamma] \qquad (5\text{-}36)$$

式中　t_e——橡胶片的总厚度；

　　　$[\tan\gamma]$——橡胶片的容许剪切角正切值，对于硬度为 $55°\sim60°$ 的氯丁橡胶，
　　　　　　　规范规定，不计制动力时采用 0.5；当计入制动力时采用 0.7。

因而，式（5-36）可写成

不计制动力时： $t_e \geqslant 2\Delta_l$ (5-37)

计入制动力时： $t_e \geqslant 1.43\Delta_l$ (5-38)

当板式橡胶支座在横桥向平行于墩台帽或盖梁顶横坡上设置时，支座橡胶层总厚度应符合下列条件：

不计制动力时： $t_e \geqslant 2\sqrt{\Delta_l^2 + \Delta_t^2}$ (5-39)

计入制动力时： $t_e \geqslant 1.43\sqrt{\Delta_l^2 + \Delta_t^2}$ (5-40)

式中 Δ_l——由上部结构温度变化、混凝土收缩和徐变等作用标准值引起的剪切变形和纵向力标准值（计入制动力标准值）产生的支座剪切变形，以及支座直接设置于不大于 1‰ 纵坡的梁底面下、在支座顶面由支座反力设计值顺纵坡方向分力产生的剪切变形之和；

Δ_t——支座在横桥向平行于不大于 2% 的墩台帽或盖梁顶横坡上设置，由支座反力设计值平行于横坡方向分力产生的剪切变形。

② 满足支座受压稳定性需要

为了保证板式橡胶支座受压稳定性，应符合以下条件：

矩形支座： $\dfrac{l_a}{10} \leqslant t_e \leqslant \dfrac{l_a}{5}$ (5-41)

圆形支座： $\dfrac{d}{10} \leqslant t_e \leqslant \dfrac{d}{5}$ (5-42)

式中 l_a——矩形支座短边尺寸；

d——圆形支座直径。

（3）支座竖向平均压缩变形的验算

板式橡胶支座竖向平均压缩变形应符合下列规定：

$$\delta_{c,m} = \frac{R_{ck}t_e}{A_e E_e} + \frac{R_{ck}t_e}{A_e E_b} \tag{5-43}$$

$$\theta \frac{l_a}{2} \leqslant \delta_{c,m} \leqslant 0.07 t_e \tag{5-44}$$

式中 $\delta_{c,m}$——支座竖向平均压缩变形；

E_e——支座抗压弹性模量，按《公路桥梁板式橡胶支座》JT/T 4 取用；

E_b——橡胶弹性体体积模量，按《公路桥梁板式橡胶支座》JT/T 4 取用，一般取 $E_b = 2000\text{MPa}$；

l_a——矩形支座短边尺寸或圆形支座直径；

θ——由上部结构挠曲在支座顶面引起的倾角，以及支座直接设置于不大于 1‰ 纵坡的梁底面下，在支座顶引起的纵坡坡角（rad）。

（4）板式橡胶支座加劲钢板厚度的确定

板式橡胶支座加劲钢板应符合下列规定，且其最小厚度不应小于 2mm。

$$t_s \geqslant \frac{K_p R_{ck}(t_{es,u} + t_{es,l})}{A_e \sigma_s} \tag{5-45}$$

式中 　t_s——支座加劲钢板厚度；

　　　　K_p——应力校正系数，取 1.3；

$t_{es,u}$、$t_{es,l}$——一块加劲钢板上、下橡胶层厚度；

　　　　σ_s——加劲钢板轴向拉应力限值，可取钢材屈服强度的 0.65 倍。

加劲钢板与支座边缘的最小距离不应小于 5mm，上、下保护层厚度不应小 2.5mm。

（5）橡胶支座抗滑稳定性的验算

① 板式橡胶支座抗滑稳定性应符合下列规定：

不计汽车制动力时：　　$\mu R_{Gk} \geqslant 1.4 G_e A_g \dfrac{\Delta_l}{t_e}$ 　　　　　　　（5-46）

计入汽车制动力时：　　$\mu R'_{ck} \geqslant 1.4 G_e A_g \dfrac{\Delta_l}{t_e} + F_{bk}$ 　　　　　（5-47）

式中 　R_{Gk}——由结构自重引起的支座反力；

　　　　R'_{ck}——由结构自重标准值与 0.5 倍汽车荷载标准值（计入冲击系数）引起的支座反力；

　　　　μ——支座与接触面的摩擦系数，按《公路桥梁板式橡胶支座》JT/T 4 取用，即：支座与混凝土接触时，$\mu = 0.3$，支座与钢板接触时，$\mu = 0.3$，有实测资料时，可按实测资料采用；

　　　　G_e——橡胶支座抗剪弹性模量，按《公路桥梁板式橡胶支座》JT/T 4 取用，常温下一般取 1.0MPa，并随橡胶变冷而递增；

　　　　Δ_l——同式（5-40）中的含义，但不包括汽车制动力引起的剪切变形；

　　　　F_{bk}——由汽车荷载引起的制动力标准值；

　　　　A_g——支座平面毛面积。

② 聚四氟乙烯板式橡胶支座的摩擦力应符合下列规定；

不计汽车制动力时：　　$u_f R_{Gk} \leqslant G_e A_g \tan\alpha$ 　　　　　　　（5-48）

计入汽车制动力时：　　$\mu_f R_{ck,b} \leqslant G_e A_g \tan\alpha$ 　　　　　　（5-49）

式中 　μ_f——聚四氟乙烯板与不锈钢板的摩擦系数，按《公路桥梁板式橡胶支座》JT/T 4 取用，即：聚四氟乙烯板与不锈钢板接触（加硅脂）时，$\mu_f = 0.06$；当温度低于 $-25℃$ 时，μ_f 值增大 30%；当不加硅脂时，μ_f 值应加倍；

　　　　$\tan\alpha$——橡胶支座剪切角正切值的限值；

　　　　$R_{ck,b}$——由结构自重标准值和汽车荷载标准值（计入冲击系数）引起的支座反力；

　　　　A_g——支座平面毛面积。

3. 盆式橡胶支座的选用与验算

盆式橡胶支座的竖向承载力一般为 400～60000kN，分为 33 级，并按使用性能分为 DX（单向活动支座）、SX（双向活动支座）、GD（固定支座）、

JZGD（减震型固定支座）和 JZDX（减震型单向活动支座）；按适用温度范围可分为：常温型支座（适用于－25℃～＋60℃）和耐寒型支座（适用于－40℃～＋60℃）。双向活动支座和单向活动支座顺桥向位移量可分为五级：±50mm，±100mm，±150mm，±200mm，±250mm；双向活动支座横桥向位移量为±50mm。

在实际工程中，设计人员主要是根据支座反力和变形按《公路桥梁盆式支座》JT/T 391—2009 选配适合的支座，同时考虑温度和地震两个因素，以确定适配常温型和耐寒型支座和采用何种减震型支座或减震措施。主要要求如下：

① 在竖向设计承载力作用下，支座压缩变形不大于支座总高度的 2%，钢盆盆环上口径向变形不大于盆环外径的 0.05%。

② 固定支座和单向活动支座非滑移方向的水平承载力均不小于支座竖向承载力的 10%；减震型固定支座和减震型单向活动支座非滑移方向的水平承载力均不小于支座竖向承载力的 20%。

③ 支座正常工作时，支座竖向转动角度不大于 0.02rad。

盆式橡胶支座的设计验算内容有：确定聚四氟乙烯板和氯丁橡胶板的尺寸；确定钢盆环的直径；盆塞的计算（包括底面积尺寸、盆塞厚度、盆塞的抗滑验算等）；钢密封环的设计；橡胶密封圈的设计；盆环顶偏转的控制；钢盆环与顶板之间的焊缝应力验算等。

小结及学习指导

（1）5.1 节重点把握公路桥面构造的组成及桥面布置方式，桥面铺装、泄水管、伸缩缝等的类型及特点。

（2）5.2 节了解人行道、栏杆与护栏、照明、防落梁装置等桥梁附属设施的设置位置与类型。

（3）5.3 节重点掌握铁路桥面构造的组成、道床组成、人行道组成、排水防水及梁缝处理的方式。

（4）5.4 节掌握有效工作宽度、单向板、连续单向板、铰接悬臂板等概念，理解有效工作宽度取值的相关规定，连续单向板、铰接悬臂板弯矩和剪力的计算方法。

（5）5.5 节重点掌握铁路桥面板计算中列车荷载的活载集度确定方法（按"纵向长度 1.2m，横向宽度为枕木长度＋2 倍道砟厚度"均匀分布），常见箱形梁桥面单向板支点截面弯矩偏安全地按两端固结梁、常见箱形梁桥面板支点截面弯矩偏安全地按弹性半固定的计算模式，双向板的简化计算方法与配筋规定，横梁跨中和横梁与梁肋连接处截面弯矩的计算方法。

（6）5.6 节重点掌握固定支座与活动支座的概念及其在简支梁和连续梁中的纵横向布置，板式橡胶支座的类型、组成与受力特点，盆式橡胶支座及球面支座的类型、构造组成，板式橡胶支座的计算内容等。

习题及思考题

5-1 桥面部分包括哪些内容？各有什么作用？

5-2 桥面铺装的功能是什么？桥面铺装有哪些类型，各自的特点是什么？

5-3 桥面横坡有哪几种设置方式？桥面连续的本质是什么？

5-4 伸缩缝的作用如何？有哪些类型，各自特点是什么？

5-5 人行道和安全带的设置原则是什么？栏杆和护栏各有哪些类型？人行道有哪些设置方式？

5-6 防落梁装置有哪些？主要作用是什么？

5-7 铁路桥面构造主要包括哪些？道床的组成有哪些？

5-8 铁路桥梁人行道的作用和常见组成是什么？

5-9 什么是单向板？什么是双向板？什么是板的有效工作宽度？

5-10 单向板、悬臂板和铰接悬臂板的有效工作宽度如何确定？

5-11 铁路桥面板计算中列车荷载的活载集度如何确定？常见箱形梁桥面单向板支点截面弯矩按什么模型计算？

5-12 支座的作用是什么？通常设置在什么位置？

5-13 支座按其变位的可能性可分为哪几类？各有何受力特点？

5-14 支座按结构形式可划分为哪几类？

5-15 板式橡胶支座的工作原理是什么？

5-16 支座的设置原则是什么？通常的布置方式有哪些？

5-17 计算如图 5-54 所示 T 形梁翼板所构成铰接悬臂板的设计内力。桥梁荷载为公路—I 级，桥面铺装为 80mm 厚 C50 混凝土，采用 $\phi 8@100$ 钢筋网，重度为 $25kN/m^3$；下设 40mm 厚素混凝土找平层，重度为 $23kN/m^3$；T 形梁翼板材料重度为 $25kN/m^3$。

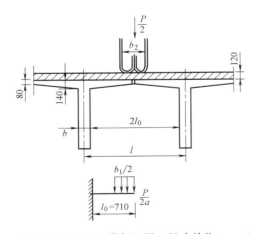

图 5-54　T 形梁横断面图（尺寸单位：mm）

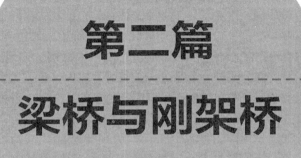

第二篇

梁桥与刚架桥

第6章
概述

本章知识点

> **【知识点】** 铁路桥梁与公路桥梁的最大不同点，混凝土梁式桥的三种分类方式。

公路桥梁、城市桥梁与铁路桥梁既有共同点，又有不同点。最大不同主要体现在3方面：一是荷载差异巨大，二是桥宽明显不同（铁路桥宽较窄），三是因车辆速度差异（高速铁路时速高许多）和舒适度要求，刚度要求差别大。限于篇幅，以下未指明者均为公路桥梁或城市桥梁。

中小跨径公路桥梁或城市桥梁，尽管钢、钢-混组合梁桥近年来逐渐增多，但大部分仍然是钢筋混凝土和预应力混凝土梁桥。钢筋混凝土和预应力混凝土梁桥具有能就地取材、工业化施工、耐久性好、适应性强、整体性好以及美观等诸多优点。预应力混凝土梁桥更兼有梁高较低和跨越能力大的长处，特别是预应力技术的采用，为现代装配式结构提供了最有效的接头和拼装手段，使建桥技术和运营质量均产生了较大的飞跃。混凝土简支梁跨径一般在20m以内，预应力混凝土简支梁的经济跨径约40m，最大跨径已达50～70m，连续刚构桥最大主跨径已达301m。

按承重结构横截面形式，混凝土梁桥可分为板桥、肋梁桥和箱形梁桥。板桥（图 6-1a、b）是最简单的构造形式，施工方便；肋梁桥（图 6-1c、d）是在板桥截面的基础上，将梁下缘受拉区混凝土很大程度地挖空，从而显著减轻了结构自重，提高了跨越能力；箱形截面（图 6-1e、f）提供了足够的能承受正、负弯矩的混凝土受压区，抗弯、抗扭能力强，因而更适用于较大跨

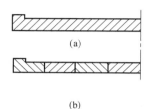
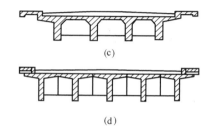
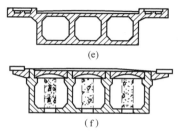

图 6-1 典型的混凝土梁桥横截面

(a)、(b) 板桥；(c)、(d) 肋梁桥；(e)、(f) 箱形梁桥

径的悬臂体系梁桥和连续体系梁桥。

按受力特点，混凝土梁桥可分为简支梁（板）桥、连续梁（板）桥和悬臂梁（板）桥。简支梁桥（图 6-2a）属静定结构，是建桥实践中受力和构造最简单的桥型，应用广泛；连续梁桥（图 6-2b）属超静定结构，因在荷载作用下支点截面产生负弯矩，从而大大减小了跨中的正弯矩，跨越能力增大，适用于桥基良好的场合；悬臂梁桥（图 6-2c）属于静定结构，跨越能力比简支梁桥大，但逊于连续梁，因行驶状况不良，目前较少采用。

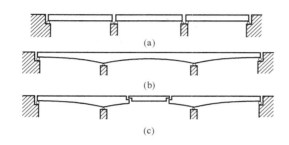

图 6-2　梁桥的基本体系
（a）简支体系；（b）连续体系；（c）悬臂体系

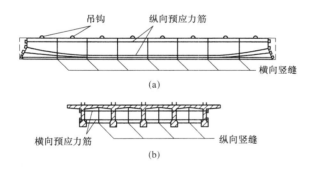

图 6-3　纵、横向分段装配式梁（串连梁）

按施工方法，混凝土梁桥可分为整体浇筑式梁桥（见图 6-1a、c、e）和预制装配式梁桥（图 6-1b、d、f）两类。整体浇筑式梁桥具有整体性好的优势，而预测装配式梁桥具有施工方便、大量节省支架模板、不受季节性影响等优点，目前在公路、铁路简支梁中应用最为广泛。按照装配式结构块件划分方式的不同，常分为纵向竖缝划分（图 6-1b、d），纵向水平缝划分（图 6-1f）和纵、横向竖缝划分（图 6-3）3 种。应根据现场实际的预制、运输和起重等条件，确定拼装形式以及拼装单元的最大尺寸和重量，尽量减少接头数量和块件形式，确保接头牢固可靠，施工方便。

本篇将一一详细介绍这些桥型的构造和设计要点，有关施工方面的内容见第 11 章。

177

小结及学习指导

联系上一篇学习过的内容，理解铁路桥梁与公路桥梁、城市桥梁的主要不同点；掌握混凝土梁桥的3种分类方法。

习题及思考题

6-1 铁路桥梁与公路桥梁、城市桥梁的主要不同点有哪些？

6-2 混凝土梁桥有哪些分类方法，各分为哪些类型？

第7章
混凝土梁桥构造与设计要点

本章知识点

【知识点】　公路混凝土简支梁桥、铁路混凝土简支梁桥、公路悬臂体系混凝土梁桥、公路连续体系混凝土梁桥、公路混凝土刚构桥的构造与特点。

【重点】　各自主要类型及其力学特点、其他性能特点、配筋特点、梁高取值及适应范围。

【难点】　掌握截面尺寸取值的常见范围。

7.1 公路混凝土简支板桥的构造及特点

在所有的桥梁形式中，板桥因其建筑高度小、外形最简单而久用不衰。板桥不单外部形状简单，而且内部一般无需专门配置抗剪钢筋，只需按构造要求将部分主筋弯起，因而施工简单，模板和钢筋工程较省。对于高等级公路和城市立交工程，板桥（尤其是整体式板桥）又因极易满足斜、弯、坡以及S形、喇叭形等特殊要求而受到重视。板桥的建筑高度小，适宜桥下净空受到限制的桥梁使用，既可降低桥面高度，又可缩短引道长度。

7.1.1 整体式简支板桥

1. 总体构造

整体式板桥一般做成实体式等厚度的矩形截面（图 7-1a），为了减轻自重也可做成矮肋板式截面（图 7-1b）。城市高架桥的板桥可采用单波（图 7-1c）或双波（图 7-1d）截面，与独柱墩配合使用，桥下净空开阔，形成优美的造型。整体式简支板桥的跨径一般为 4～10m，板的厚度一般取跨径的 1/23～1/16。随跨径增大取用较小值。整体式板桥采用现浇施工，简支结构多应用于单独一跨的情形，多跨时一般做成连续结构。

2. 钢筋构造

截面配筋应依据计算的纵横弯矩来确定，主钢筋直径应不小于 12mm，间距应不大于 20cm，一般也不宜小于 7cm；考虑到车辆荷载在板边缘的分布范围比中间板带小，两侧各 1/6 板宽范围内的主筋宜较中间板带增加 15%。整体式简支板桥的桥面宽度往往大于跨径，在荷载作用下，桥面板实际上是

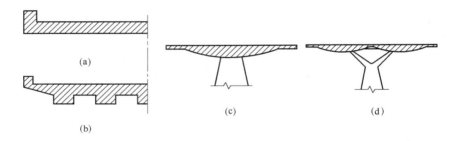

图 7-1　整体式板桥横截面形式

(a) 矩形截面；(b) 矮肋板式截面；(c) 单波截面；(d) 双波截面

处于双向受力状态，即板中部将承受较大的纵、横向弯矩。因此，当桥面板宽较大时，除配置纵向的受力钢筋外，尚应计算配置板的横向受力钢筋。在城市修建宽桥时为了防止产生过大的横向弯矩以及温度变化和混凝土收缩引起的纵向裂纹，可以沿中线分开，做成两幅。

7.1.2　装配式简支板桥

1. 总体构造

装配式简支板桥跨径一般为 6～20m，按横截面形式分为实心板和空心板两种。实心板跨径一般在 10m 以下，当跨径增大时，则宜采用空心板截面。空心板能减轻自重，而且能充分合理地利用材料。空心板的开孔形式如图 7-2、图 7-3 所示。其中图 7-2 为单孔，挖空率大，但顶板需配置横向受力钢筋，其中图 7-2 (a) 顶部略呈拱形，可以节省一些钢筋，但模板较复杂。图 7-3 为双圆孔形，其中图 7-3 (a) 施工时可用无缝钢管（或充气囊）作芯模，但挖空率小，自重较大，图 7-3 (b) 芯模则由两个半圆和两块侧模板组成，当板的厚度改变时，只需改变侧板高度即可。空心板横截面的最薄处不得小于 7cm，以保证施工质量和承载的需要。

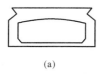
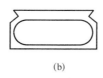
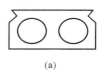
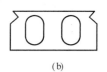

(a)　　　　　　　(b)　　　　　　　(a)　　　　　　　(b)

图 7-2　单孔空心板横截面形式　　　　图 7-3　双孔空心板横截面形式

2008 年版交通运输部《公路桥涵标准图》编制了 6m、8m、10m 和 13m 跨径的装配式钢筋混凝土空心简支板标准图，各跨径对应的预制板厚分别为 0.4m、0.5m、0.6m 和 0.7m；编制了 10m、13m、16m 和 20m 跨径的后张法装配式预应力混凝土空心简支板标准图（表 7-1），各跨径对应的预制板厚分别为 0.5m、0.6m、0.75m 和 0.9m；此外，还编制了先张法装配式预应力混凝土空心简支板标准图，跨径有 10m、13m 和 16m 三种，由于先张法需要专门的台座，实际工程中较少采用。

装配式预应力混凝土空心板标准设计的主要参数表　　　　表 7-1

标准跨径(m)	计算跨径(m)	预制板长(m)	预制板高(cm)	预应力筋
10	9.3	9.96	50	$4\times4\phi^s15$
13	12.3	12.96	60	$4\times5\phi^s15$
16	15.3	15.96	75	$4\times6\phi^s15$
20	19.3	19.96	90	$4\times7\phi^s15$

注：计算板高为预制板加 8cm 现浇混凝土铺装。

2. 钢筋构造

图 7-4 为标准跨径 8m 的装配式钢筋混凝土空心板的中板截面和钢筋布置图，荷载等级为公路—Ⅰ级，板全长 7.96m。计算跨径 7.70m，板厚 40cm，横截面采用双圆孔，直径 18cm，采用 C40 混凝土预制。每块板底层配 8 根 $\phi25$ 主筋，板顶面配置 3 根 $\phi8$ 钢筋，用以承担剪力的箍筋 N5 和 N6 做成开口式，待立好芯模后，再与其上的横向钢筋 N4 相绑扎组成封闭式的箍筋。

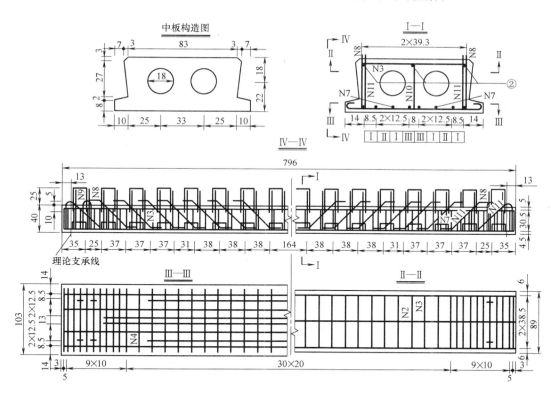

图 7-4　标准跨径 8m 的装配式钢筋混凝土空心板构造（尺寸单位：cm）

装配式斜板桥的钢筋布置与正交桥有所不同。图 7-5 为斜交角 30°时的斜板的顶层、底层钢筋布置，其余钢筋布置与图 7-4 所示的直桥相同。

图 7-6 为标准跨径 16m 的后张法装配式预应力混凝土空心简支板的截面和预应力筋布置图。荷载等级为公路—Ⅰ级或公路—Ⅱ级。板高为 0.75m，采用 C40 混凝土预制，两肋下部各布置 2 束钢绞线，每束由 6 根 ϕ^s15 钢绞线

7.1　公路混凝土简支板桥的构造及特点

组成。标准图中采用 1570MPa 级钢绞线，目前工程中较多采用 1860MPa 级钢绞线，在设计中作等效替换即可。在顶板和底板布置有 φ8 的纵向钢筋以增强板的抗裂性。箍筋在板端加密，以承受剪力。

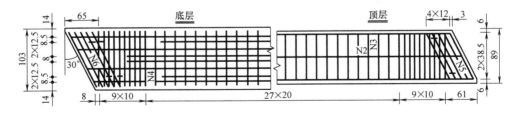

图 7-5　斜角 30°时装配式斜板桥钢筋布置（尺寸单位：cm）

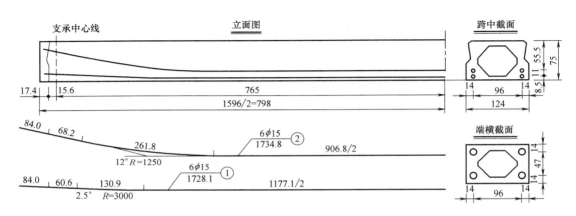

图 7-6　标准跨径 16m 的后张法装配式预应力混凝土空心简支板构造（尺寸单位：cm）

3. 板间横向连接构造

装配式板桥板块之间必须采用横向连接构造，以保证板块共同承受车辆荷载。常用的横向连接方式有企口式混凝土铰连接和钢板焊接连接。

企口式混凝土铰如图 7-7 所示，铰的上口宽度应保证插入式振捣器能够伸入，铰的深度不应小于板厚的 2/3。板块安装就位后，在铰缝内用 C25～C40 细骨料混凝土填实；如果要使桥面铺装层也参与受力，可以将预制板中的钢筋伸出与相邻板的同种钢筋互相绑扎，再将它们浇筑在铺装层内（图 7-7b）。实践证明，企口式混凝土铰能保证传递横向剪力，使各块板共同受力。

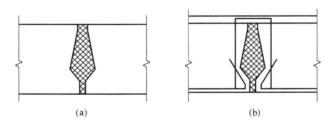

图 7-7　企口式混凝土铰

由于企口缝内的混凝土需要养护一段时间才能通车，当为了提前通车而加快工程进度时也可采用钢板连接。具体做法是预制时将一钢板预埋于板顶部，板块安放就位后，焊接一盖板在相邻两板块的预埋钢板上。连接构造的纵向中距通常为 80～150cm，跨中部分布置较密，向两端支点处逐渐变疏。此方式连接较弱，采用较少。

7.2 公路混凝土简支肋梁桥和箱梁桥的结构及特点

肋梁桥因其在横截面上具有明显的肋形结构而得名，其受力明确，充分利用了混凝土抗压和钢筋抗拉的特征，施工也较方便，是中小跨径桥梁中应用最广泛的桥型。简支肋梁桥常用截面形式有 T 形和 I 形（也称工字形）。I 形梁往往作为预制部分与现浇桥面板构成组合梁。

7.2.1 装配式 T 形简支梁桥

图 7-8 所示为一座装配式 T 形简支梁桥的构造图，该桥桥面宽度为净－9＋2×1.0m 人行道，梁的全长为 19.96m，计算跨径为 19.50m，主梁高度 1.50m，全桥设置 5 道横隔梁。

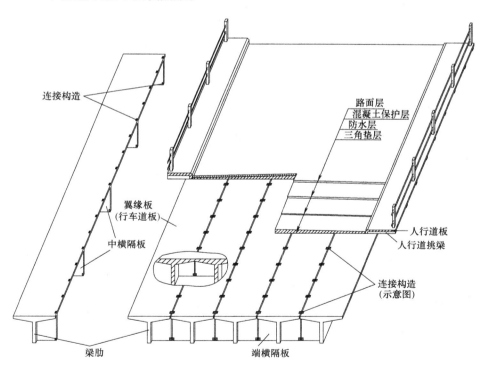

图 7-8 装配式 T 形简支梁桥概貌

从图中可以看出，T 形简支梁桥的上部构造由主梁、横隔梁（也称横隔板）、桥面板、桥面结构等部分组成。主梁是桥梁的主要承重结构，由肋和翼

184

缘板组成。主梁的上翼缘既是主梁的一部分，又联合构成桥面板，承受车辆和人群荷载的作用。横隔梁的作用是保证各根主梁相互结成整体，共同承受荷载。

装配式 T 形简支梁桥是使用最为普遍的结构形式，其优点是制造简单，整体性好，接头也方便。图 7-9 是常见的装配式 T 形简支梁横截面。

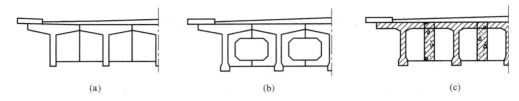

(a)　　　　　　　　　　　　(b)　　　　　　　　　　　　(c)

图 7-9　装配式 T 形简支梁横截面

1. 主梁构造

钢筋混凝土 T 形简支梁桥常用跨径不大于 20m，预应力混凝土 T 形简支梁常用跨径为 25～50m。

主梁梁肋的厚度要求与整体式 T 形梁类同。当主梁间距小于 2m 时，梁肋一般做成全长等厚度；主梁间距大于 2m 时，梁肋端部 2.0～5.0m 范围内可逐渐加宽，以满足抗剪和安放支座要求。对于预应力主梁梁肋，肋下部同样应做成马蹄形，如图 7-9（b）所示。主梁间距一般在 1.6～2.5m 之间，过去较多采用 1.6m。2008 年版交通运输部《公路桥涵标准图》采用的主梁间距为 2.2m，其预制宽度为 1.6m，吊装后铰缝宽为 60cm，如图 7-9（c）所示。对于跨径较大的结构，加大主梁间距，减少主梁片数更为经济合理，当吊装重量允许时，主梁间距采用 1.8～2.2m 为宜。

表 7-2、表 7-3 分别为装配式钢筋混凝土 T 形梁和装配式预应力混凝土 T 形梁的总体特征。

装配式钢筋混凝土 T 形梁桥主梁总体特征　　　　　　　　表 7-2

标准跨径 （m）	计算跨径 （m）	梁长 （m）	梁高（m）	高跨比	跨中肋宽 （cm）	横隔梁 根数	最大吊重 （t）
10	9.5	9.96	0.9	1/11	18	3	12.0
13	12.5	12.96	1.1	1/12	18	3	16.9
16	15.5	15.96	1.3	1/12.3	18	4	22.8
20	19.5	19.96	1.5	1/13.3	18	5	32.5

装配式预应力混凝土 T 形梁桥主梁总体特征　　　　　　　　表 7-3

标准跨径 （m）	计算跨径 （m）	梁长 （m）	梁高（m）	高跨比	跨中肋宽 （cm）	横隔梁 根数	最大吊重 （t）
25	24.28	24.96	1.75	1/14.3	16	6	48.8
30	29.14	29.96	2.00	1/15.0	16	7	63.4
35	34.00	34.96	2.25	1/15.6	16	8	83.0
40	38.86	39.96	2.50	1/16.0	16	9	101.0

图 7-10 是标准跨径 20m 的 T 形简支梁桥梁肋钢筋布置图，所有钢筋均采

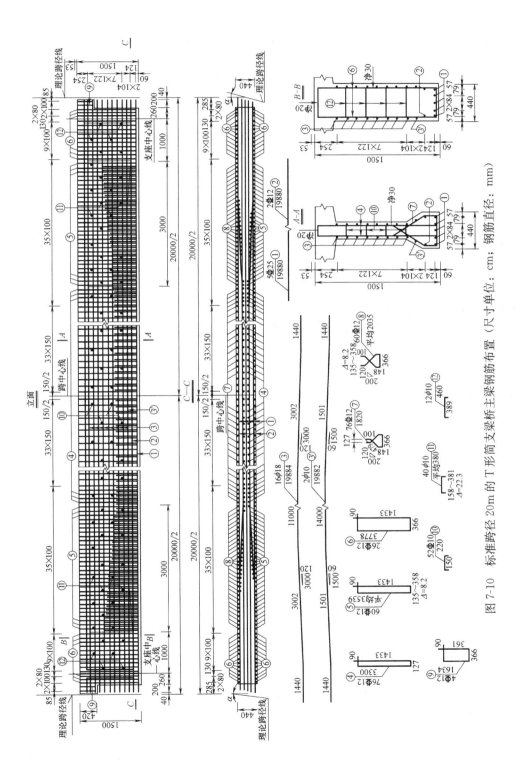

图 7-10 标准跨径 20m 的 T 形简支梁桥主梁钢筋布置 (尺寸单位: cm; 钢筋直径: mm)

7.2 公路混凝土简支肋梁桥和箱梁桥的结构及特点

用 HRB335 钢筋。主筋为 5 根直径 25mm 和 2 根直径 12mm 的钢筋；下马蹄处的交叉钢筋直径为 12mm，在跨中处加密；防收缩钢筋直径为 12mm；箍筋直径 12mm，间距 15cm，支座附近因剪力较大而加密。

图 7-11 是标准跨径 25m 的装配式预应力混凝土 T 形主梁的一般构造和预应力筋布置示意图。计算跨径为 24.2m，荷载为公路—Ⅰ级，人群荷载 3.5kN/m²。预制梁采用 C40 混凝土，每片梁配 8 束 24×φ15 的钢丝束，钢丝标准强度为 1570MPa。

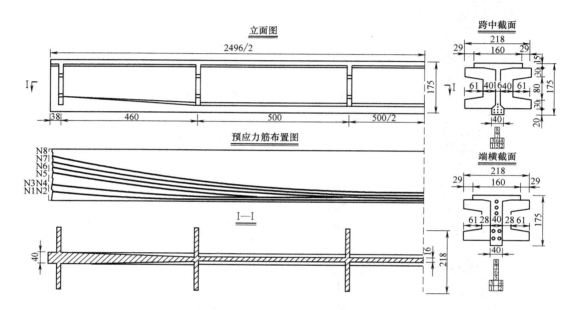

图 7-11　标准跨径 25m 的装配式预应力混凝土 T 形主梁构造（尺寸单位：cm）

2. 桥面板及横向连接构造

装配式简支梁桥桥面板（翼缘板）一般采用变厚式，其厚度随主梁间距而定，翼缘根部（与梁肋衔接处）的厚度应不小于梁高的 1/12，主梁间距小于 2.0m 的铰接梁桥，板边缘厚度可采用 8cm（桥面铺装不参与受力）或 6cm（桥面铺装通过预埋的连接钢筋与翼缘板共同受力）；主梁间距大于 2.0m 的刚接梁桥，桥面板的跨中厚度一般不小于 15cm，边缘板边厚度不小于 10cm。

图 7-12 是 T 形梁桥的桥面板钢筋布置图。板上缘承受负弯矩，翼缘受力钢筋直径不小于 12mm，间距不大于 20cm；在垂直于主筋方向布置分布钢筋，其直径不小于 6mm，间距不大于 25cm，且在单位板宽内分布钢筋的截面面积应不小于主筋截面面积的 15%，在有横隔板的部位，分布筋的截面面积应增至主筋截面面积的 30%，以承受集中轮载作用下的局部负弯矩，所有增加的分布钢筋应从横隔板轴线伸出 L/4（L 为横隔板的间距）的长度。

预制 T 形主梁吊装就位后，当设有横隔梁时，必须借助横隔梁和翼缘板的接头将所有主梁连接成整体。对于少横隔梁的主梁，应在翼缘板上加设接头钢筋和加强桥面铺装，使横向连成整体。因此接头应有足够的强度，以保

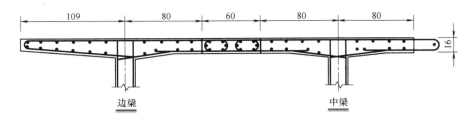

图7-12　桥面板钢筋布置（尺寸单位：cm）

证结构的整体性，并使其在运营过程中能安全承受荷载的反复作用和冲击作用，而不发生松动。

常用的桥面板（翼缘板）横向连接有刚性接头和铰接接头两种：

① 刚性接头既可承受弯矩，也可承受剪力。图7-12中T形梁桥面板的接头称为钢筋扣环接头。图7-13（a）的构造为在铺装层内配置受力钢筋，将翼缘板内预留的横向钢筋伸出，梁肋顶上增设 n 形钢筋锚固于铺装层中；图7-13（b）的构造为翼缘板用钢板连接，接缝处铺装混凝土内放置上下两层钢筋网。

② 铰接接头只能承受剪力。图7-14（a）为钢板铰接接头，图7-14（b）为企口式铰接接头。

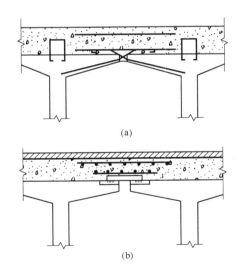

(a)

(b)

图7-13　装配式 T 形梁桥面板刚性接头钢筋布置

3. 横隔梁及横向连接构造

横隔梁刚度越大，梁的整体性越好，在荷载作用下各主梁越能更好地共同受力。端横隔梁是必须设置的，跨内的横隔梁随跨径的增大宜每隔5.0～8.0m 设置一道。

从运输和安装的稳定性考虑，通常将端横隔梁做成与梁同高。横隔梁的高度一般为主梁梁肋高度的 0.7～0.9 倍，通常为 0.75 倍。预应力梁的横隔

187

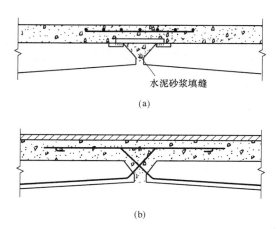

图 7-14　装配式 T 形梁桥面板铰接接头构造

梁常与马蹄的斜坡下端齐平，其中部还可挖空，以减轻重量和利于施工。横隔梁的厚度一般为 15～18cm，为便于施工脱模，一般做成上宽下窄和内宽外窄的楔形。

图 7-15 为标准跨径 20m 钢筋混凝土 T 形梁的横隔梁钢筋布置示意图，在每一块横隔梁的上缘布置 2 根受力钢筋 N1，下缘配置 4 根受力钢筋 N1，同时在上下钢筋骨架中加焊锚固钢板的短钢筋 N2 和 N3。端横隔梁靠墩台一侧，因不好施焊可不做钢板接头。

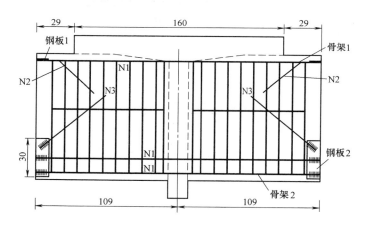

图 7-15　横隔梁钢筋布置（尺寸单位：cm）

横隔梁常用横向连接有钢板焊接连接和钢筋扣环连接：

① 钢板焊接连接如图 7-16（a）所示，它也是图 7-15 所示的横隔梁接头布置。②钢筋扣环连接如图 7-16（b）所示。其设置方法为：先在横隔梁预制中预留钢筋扣环 A，安装时在相邻构件的扣环两侧再安上接头扣环 B，在形成的圆环中插入短分布筋后，现浇混凝土封闭接缝。

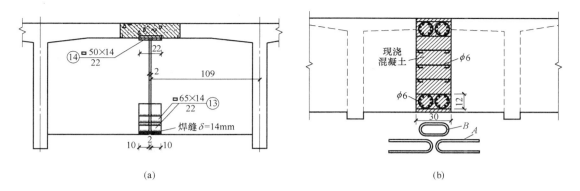

图 7-16　装配式横隔梁连接（尺寸单位：cm，钢板尺寸单位：mm）

(a) 横隔梁钢板接头；(b) 横隔梁扣环接头

7.2.2　整体式 T 形简支梁桥

常用的整体式 T 形简支梁桥如图 7-17 所示。在保证抗剪、稳定的条件下，主梁肋宽约为梁高的 1/7～1/6，但不宜小于 14cm，以利于浇筑混凝土；当肋宽有变化时，其过渡段长度不小于 12 倍肋宽差。主梁高度通常为跨径的 1/16～1/8。为了减小桥面板的跨径（一般限制在 2～3m 之内），还可以在两根主梁之间设置次纵梁，如图 7-17 (b) 所示。钢筋混凝土 T 形梁因配筋多采用焊接钢筋骨架，故梁肋为矩形截面。预应力混凝土 T 形梁为布置预应力筋和提高配筋率，梁肋下部做成马蹄形，马蹄形斜面一般为 45°。肋端部宽度尚应满足预应力锚具布置的要求，一般加宽至与马蹄同宽。

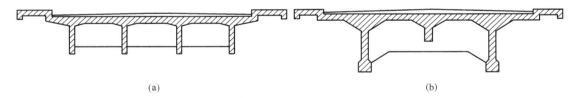

图 7-17　整体式 T 形简支梁横截面

整体式简支梁桥桥面板的跨中板厚不应小于 10cm。桥面板与梁肋衔接处一般都设置承托结构，承托长高比一般不大于 3。为加强整体性，必须设置端横隔梁，而且每隔 10m 需加设中间横隔梁。

7.2.3　公路混凝土组合梁桥

组合梁桥也是一种装配式的桥跨结构，即用纵向水平缝将桥梁的梁肋部分与桥面板（翼缘板）分隔开来，使单梁的整体截面变成板与肋的组合截面。施工时先架设梁肋，再安装预制板（有时采用微弯板以节省钢筋），最后在接缝内或连同板现浇一部分混凝土使结构连成整体。目前国内外采用的组合梁桥有两种形式：I 形组合梁桥和箱形组合梁桥，它们的优点在于可以显著减轻预制构件的重量，便于集中制造和运输吊装。

我国 2008 年版交通运输部《公路桥涵标准图》编制了跨径 20m、30m、40m 的后张法预应力混凝土Ⅰ形组合梁斜桥的标准图，其斜交角有 0°、15°、30°、45°等几种。荷载有公路—Ⅰ级和公路—Ⅱ级两种，桥宽有净－11.5＋2×0.5m、净－9.75＋2×0.5m、净－9＋2×1.5m、净－9＋2×1.0m 和净－7＋2×1.0m 等五种，除净－11.5 的主梁间距为 2.5m 外，其他均为 2.15m。

图 7-18 为标准跨径 30m、桥宽净－9＋2×1.0m 的预应力混凝土Ⅰ形组合梁桥的概貌。梁高 2.0m，预制Ⅰ形梁高为 1.8m。标准设计图中，所有预制Ⅰ形梁的肋宽为 18cm，下翼缘宽度为 54cm，端部肋宽加厚至与下翼缘同宽。主梁间用 5cm 厚的预制板作为现浇桥面板的底。Ⅰ形梁和桥面底板采用 C50 混凝土，现浇横隔板和桥面板采用 C30 混凝土。

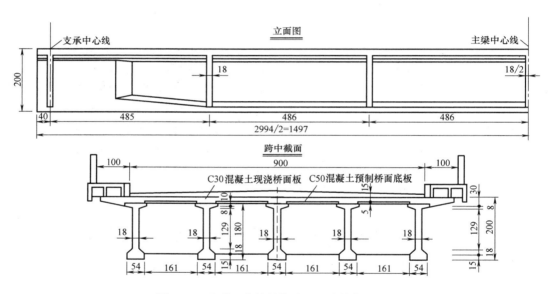

图 7-18　Ⅰ形组合梁桥构造（尺寸单位：cm）

组合梁是分阶段受力的，安装在预制梁上的桥面预制底板的重量和现浇桥面板（甚至现浇横隔梁）的重量，连同预制梁本身的自重，都要由预制梁来承受，这与装配式 T 形梁由主梁全截面来承受全部恒载不同。

7.2.4　公路混凝土箱形简支梁桥

箱形截面具有良好的受力性能，与同等截面积的肋梁桥和板桥相比，闭口的箱体具有很大的抗扭刚度和横向抗弯刚度，因而对弯桥、斜桥很有利。在修建简支弯桥、斜桥时，箱形梁是很好的备选方案，不过其构造要复杂些。此外，箱形梁可做成薄壁结构，对自重占大部分的大跨径简支梁桥是较为经济合理的。

整体式箱形梁往往在桥孔支架模板上现场浇筑，个别也有整体预制、整孔架设的情况。其截面形式有单箱单室（图 7-19a）、单箱多室（图 7-19b）等。

装配式箱形简支梁的典型截面如图 7-19（c）所示；图 7-19（d）则为装配式组合箱形梁的典型截面。装配式箱形梁的吊装重量通常比较大，这在确定桥梁类型时需加以考虑。

箱形梁在中、大跨径桥梁中的应用已相当普遍，连续和悬臂体系混凝土桥梁中，箱形梁几乎占统治地位。箱形截面的构造将在以后的章节中详细介绍。

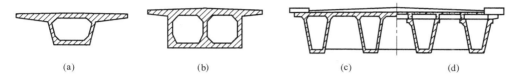

图 7-19　箱形截面

7.3　铁路混凝土简支梁桥的结构及特点

我国铁路混凝土简支梁桥与公路混凝土简支梁桥相比，更广泛地采用装配式施工，梁体一般在专门的制梁工厂按标准设计或通用设计制造。钢筋混凝土简支梁（板）适用跨径一般在 16m 以下。跨径 16m 以上的则一般采用预应力混凝土简支梁，目前的标准设计最大跨径为 32m。铁路混凝土简支梁桥横截面较多地采用板式和肋梁式，变化较少。板式适用于较小跨径，肋梁式适用于较大跨径，而且由于铁路桥桥面较窄，其装配式梁横向一般分为两片预制，也有整体预制、整体架设的设计。

7.3.1　钢筋混凝土简支梁

铁路简支梁标准设计分为普通高度梁与低高度梁，一般情况下采用普通高度梁，在平原、河网地区和枢纽站场以及城市立交建造桥梁时，梁的建筑高度受到限制，则可采用低高度梁。表 7-4 和表 7-5 分别为普通高度梁和低高度梁标准设计的主要技术参数。

普通高度钢筋混凝土梁主要技术参数表　　　　　　　　表 7-4

计算跨径 （m）	梁长 （m）	截面形式	建筑高度 （m）	梁高 （m）	高跨比	梁肋中心距 （m）
4.00	4.50	板式	1.00	0.50	1/8	1.80
5.00	5.50	板式	1.10	0.60	1/8.3	1.80
6.00	6.50	板式	1.20	0.70	1/8.6	1.80
8.00	8.50	肋式	1.75	1.25	1/6.4	1.80
10.00	10.50	肋式	1.90	1.40	1/7.2	1.80
12.00	12.50	肋式	2.05	1.55	1/7.8	1.80
16.00	16.50	肋式	2.40	1.90	1/8.4	1.80
20.00	20.50	肋式	2.70	2.20	1/9.1	1.80

注：表中建筑高度为轨底至梁底的高度。

低高度钢筋混凝土梁主要技术参数表

表 7-5

计算跨径 （m）	全长 （m）	截面形式	建筑高度 （m）	梁高 （m）	高跨比	梁肋中心距 （m）
4.00	4.50	板式	0.85	0.35	1/11.4	1.70
5.00	5.50	板式	0.90	0.40	1/12.5	1.70
6.00	6.50	板式	0.95	0.45	1/13.5	1.70
8.00	8.50	肋式	1.05	0.55	1/14.5	1.70
10.00	10.50	肋式	1.20	0.70	1/14.3	1.70
12.00	12.50	肋式	1.35	0.85	1/14.1	1.80
16.00	16.50	肋式	1.60	1.10	1/14.6	1.80
20.00	20.50	肋式	1.85	1.35	1/14.8	1.80

注：表中建筑高度为轨底至梁底的高度。

由表中数据对比可知，普通高度梁的高跨比为 1/9.1～1/6.4，低高度梁的梁高显著降低，其高跨比为 1/14.8～1/11.4。低高度梁的混凝土强度等级比普通高度梁有所提高，钢筋用量增加了 20%～40%，跨径较大的肋梁桥的混凝土用量还有所增加。混凝土用量增加是因为低高度梁为降低钢筋重心，加大了 T 形梁的下翼缘宽度，做成 I 形截面，另外由于梁高减少，抗剪能力也降低，需要增加腹板厚度，导致混凝土用量及梁重增加。

1. 板桥

对于跨径不大于 6m 的梁，采用板式截面。图 7-20 所示为一孔的板式梁横截面，是由两片主梁组成的单线铁路桥。为了节省材料，在板的下部适当减窄。由于板底支承面较宽，截面重心又较低，不会发生侧向倾覆，故两片梁之间未设置任何联结。

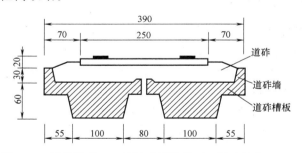

图 7-20 计算跨径 5m 的板式梁横截面（尺寸单位：mm）

2. 肋梁桥

对于跨径在 8m 以上的梁，采用 T 形截面。单片 T 形梁容易发生侧向倾覆，在运输和架设就位时应在两侧设置临时支撑。在架设安装完成后，再用横隔梁连成整体。

铁路钢筋混凝土简支肋梁桥与公路钢筋混凝土简支肋梁桥的构造相差不大，只是由于桥梁上的荷载不一样，梁体顶面的布置略有不同。图 7-21 为计算跨径 16m 道砟桥面钢筋混凝土简支梁一般构造图。梁全长 16.5m，主梁用纵向缝分为两个 T 形块件，主梁高度为 1.9m，道砟槽宽为 3.90m，两片梁的中心间距为 1.8m。跨中部分腹板厚 30cm，靠近梁端部分增厚到 49cm，下翼缘宽 70cm。道砟槽板厚按规定最小为 12cm，道砟槽板与梁肋相交处设置梗肋，其底坡为 1∶3，板与肋相交处的板厚为 24cm。

在梁端以及距梁端 5.25m 处，设有与梁一起灌注的横隔梁。横隔梁的作用不仅在于使两片梁连成整体，保持横向稳定性，更重要的是使两片梁在列车荷载作用下能很好地分担荷载，共同工作和防止主梁发生扭转变形。两片梁架好后，应先将横隔梁连接好才能通车。中间横隔梁厚度为 16cm。端横隔梁厚度较大，为 46cm，主要是考虑到维修或更换支座时，需在端横隔梁下放置千斤顶，因此端横隔梁又称顶梁，为了便于维修检查，所有横隔梁中间留有方孔。

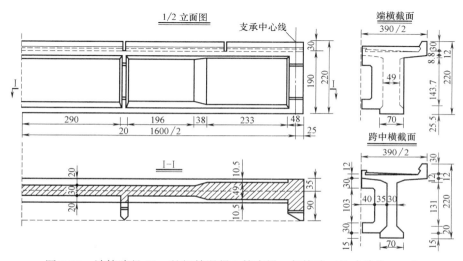

图 7-21　计算跨径 16m 的钢筋混凝土简支梁一般构造（尺寸单位：cm）

7.3.2　后张法预应力混凝土简支梁

1. 两片式有砟后张法预应力混凝土简支梁

两片式有砟后张法预应力混凝土简支梁是跨径 16m 以上的铁路预应力混凝土简支梁的常见形式。

随着张拉锚固体系的不断改进，1958 年、1975 年、1983 年我国铁道部门先后编制了拉锚式（钢丝束固定在锚具上，千斤顶张拉锚具使钢丝束被张拉）后张法预应力混凝土梁标准设计图、拉丝式（千斤顶直接张拉钢丝后进行锚固）后张法预应力混凝土梁标准设计图、钢绞线式预应力混凝土梁标准设计图。2016 年，国家铁路局发布了行业标准《高速铁路预制后张法预应力混凝土简支梁》TB/T 3432—2016。

近 20 年来，钢绞线式已成为主流。铁路后张法预应力混凝土简支梁在结构形式、张拉锚固体系上已形成系列化和标准化，预应力采用高强度低松弛力筋，配以大吨位锚固体系。

193

图 7-22 为计算跨径 32m 铁路后张法预应力混凝土简支梁的概图。梁全长为 32.6m，梁高为 2.5m，高跨比约为 1/12.8，每孔由两片 T 形梁组成。每片梁总重为 1120kN，可用 130t 架桥机架设。梁体上翼缘宽 1.92m，最小厚度 0.12m，上翼缘和腹板相交处厚度为 0.304m，大于梁高的 1/10。为了使梁体截面重心接近腹板中心线，同时使梁顶具有横向排水斜坡，内侧的翼缘板较厚。每片梁的腹板厚度在跨中部分 24m 范围内为 0.16m，距离端部 2～4.3m 范围内加厚至 0.20m，端部腹板厚为 0.44m。下翼缘宽度为 0.88m，高为 0.20m，下翼缘顶面设 1∶1 的斜坡。

图 7-23 为计算跨径 32m 的后张法预应力混凝土简支梁预应力钢绞束布置图。每片梁中布置预应力钢绞束 13 束，每束由 5 根 ϕ15.24 钢绞线组成，钢绞线的强度标准值为 1570MPa。

在梁肋周边按构造要求布置纵向普通钢筋。梁肋箍筋、道砟槽板和横隔梁钢筋布置与钢筋混凝土梁基本相同。

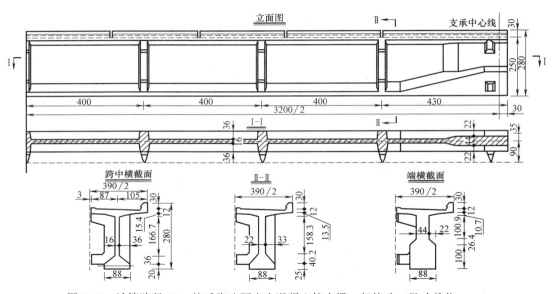

图 7-22　计算跨径 32m 的后张法预应力混凝土简支梁一般构造（尺寸单位：cm）

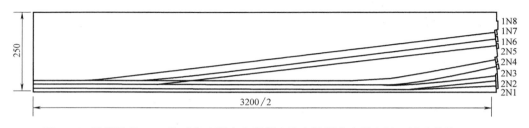

图 7-23　计算跨径 32m 的后张法预应力混凝土简支梁预应力筋布置（尺寸单位：cm）

2. 整孔式无砟无枕预应力混凝土简支梁

道砟桥面梁因受梁重和运输限界限制，难以整孔架设和运送。无砟桥面梁的优点是：桥上不用道砟，桥面宽度由原来的 3.9m 减少至 2.3～2.5m，梁重也相应减轻。跨径 24m 的整孔无砟无枕梁，其整孔重仅为 878kN（道砟桥面分片式梁每片重 734kN），32m 梁整孔重约 1200kN（道砟桥面梁每片重 1113.7kN），可以满足架桥机的起吊能力。

整孔式无砟无枕预应力混凝土简支梁截面形式有 π 形和箱形两种。图 7-24（a）为跨径 24m 后张 π 形梁横截面图。图 7-24（b）为跨径 24m 无砟后张单室箱梁跨中横截面图。梁高 2.1m，两腹板中心距 1.6m，桥面板宽度 2.4m。

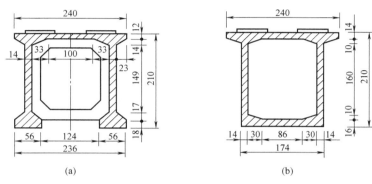

图 7-24　整孔式无砟无枕预应力混凝土简支梁（尺寸单位：cm）
(a) 24m π 形梁断面图；(b) 24m 箱梁跨中断面图

同工字形梁一样，桥面板上设有承轨台，承轨台之间留有 20cm 的空隙，以利排水。混凝土强度等级为 C50，每孔梁重 845kN。采用 130t 架桥机，可以整孔吊装就位。

有砟有枕梁可以用道砟和枕木来调整轨顶标高。无砟无枕梁轨道是直接搁置在桥面上的，如何保证轨道位置准确是一个关键问题，目前采取如下措施：在灌注梁体混凝土时整个承轨台范围内（包括 20cm 空隙）预留深约 5～7cm 的槽沟，待预应力施加完毕后，再按设计强度等级灌注第二次混凝土并抹平，以利安装钢轨弹条扣件，弹条扣件如图 7-25 所示。此扣件左右调整量为 ±14mm，上下调整量为（30^{+25}_{-5}）mm。

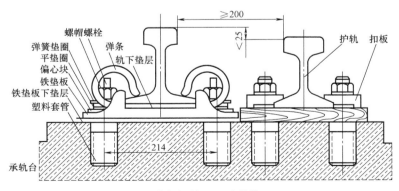

图 7-25　弹条扣件（尺寸单位：mm）

一般来说，箱梁抗弯刚度和抗扭刚度均较大，但其底板灌注混凝土困难，内模不便拆除。π 形梁下部是开口的，内模拆除较方便，有利于工厂成批生产，但抗弯刚度和抗扭刚度均小于箱梁。

3. 槽形预应力混凝土简支梁

铁路槽形预应力混凝土简支梁，是一种中承式桥梁，如图 7-26 所示。与上承式桥梁相比，槽形梁可大大降低建筑高度，跨径越大，其效果越显著。同时，槽形梁还可减小噪声污染。槽形梁是由道床板、主梁及端横梁组成。道床板直接承受荷载，亦作为主梁的下翼缘，其厚度取决于桥的宽度。一般有砟单线的道床板厚度可取 0.40～0.45m，有砟双线道床板厚度可取 0.60～0.65m。主梁承受由道床板传来的荷载，这种荷载除引起主梁弯曲外，还使主梁受扭和竖向受拉。利用铁路限界下部的缩小部分，主梁腹板做成斜的，并将主梁上翼缘的大部分移向外侧，构成斜墙式，若主梁腹板是竖直的则为直墙式。端横梁主要起到加强结构抗扭的作用。

在槽形梁的道床板中，除布置横向预应力筋外，还要布置纵向预应力筋。在主梁的腹板中除布置纵向预应力筋外，为了承受道床板传来的竖向拉应力，还要布置竖向预应力筋，所以槽形梁是三向预应力结构。

国外最早的槽形预应力混凝土梁，是英国 1952 年建造的罗什尔汉桥。日本为适应立交桥的发展，修建了多座槽形梁桥，20 世纪 70 年代修建的第二丘里桥是目前跨径最大的铁路槽形梁，其跨径为 68m。我国 1982 年在京（北京）承（承德）线怀柔车站附近建造一孔 20m 双线铁路槽形预应力混凝土梁桥，在大（大同）秦（秦皇岛）线通县西双桥编组站内建造了 2 孔 24m 的单线槽形梁桥。

图 7-26（a）为跨径 20m 双线槽形梁的截面图，图 7-26（b）为跨径 24m 单线槽形梁的截面图。下面以 20m 双线槽形梁为例，说明其构造要点。

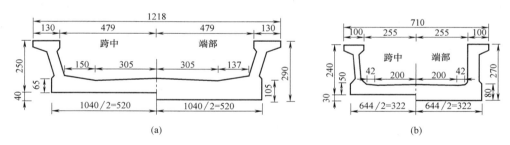

图 7-26　双线槽形梁和单线槽形梁的截面图（尺寸单位：cm）

（a）双线槽形梁截面图；（b）单线槽形梁截面图

此双线槽形梁采用了斜墙式主梁，高 2.5m，道床板厚在 0.6～0.65m 范围内变化。由于双线列车要在槽内通过，故两主梁内侧间距取为 9.58m。腹板厚度在端部 2.65m 范围内为 0.65m，经过 0.6m 的过渡段后，跨中部分的腹板厚度为 0.40m。该梁设有较宽的端横梁，宽度为 1.3～1.7m，端横梁高度为 1.05m。

槽形梁降低了建筑高度，这是它的主要优点，但其结构复杂，现场施工工作量大，需要较多机械设备，同时梁内钢筋密集，制作技术要求较高，在结构构造和施工技术上还有待进一步改进，只有在需要满足净空要求和城市立交等特殊条件下才采用。

7.3.3 先张法预应力混凝土简支梁

先张法预应力混凝土简支梁适合于小跨度桥梁，常做成两片式，用于有砟轨道。小跨度梁张拉力总吨位小，便于台座制造。与后张法相比，省去了管道形成、压浆、堵头等工艺，省去了锚具。力筋张拉在台座上进行，每个台座上可制造数片，工效高。我国于 1960 年末和 1990 年初先后编制或改进编制了铁路先张法预应力混凝土简支梁的标准设计图。前者的图号为参标桥 2017、参标桥 2020、参标桥 2022；后者为专桥 2080、专桥 2081、专桥 2082。上述标准设计的跨径为 8～16m，分为普通高度梁和低高度梁。8m、10m、12m 和 16m 普通高度梁的梁高分别为 1.25m、1.4m、1.55m 和 1.90m，相同跨径低高度梁的梁高则分别为 0.55m、0.70m、0.85m 和 1.10m。这些取值与钢筋混凝土梁的取值相同。

铁路先张法预应力混凝土简支梁的截面形式有板式和工字形两种，其中板式有空心和实心两种，如图 7-27 所示。普通高度的先张法梁采用工字形截面（图 7-27a），每孔分为两片，梁在工地架设就位后，用横隔梁将其连接成整体。对于低高度先张法梁，跨径 8m 的采用实心板式截面（图 7-27b），跨径 10m 的采用空心板式截面（图 7-27c），跨径 12m、16m 采用工字形截面（图 7-27d）。由于梁高较低，预应力筋数量有所增加，为降低预应力筋重心位置，梁下翼缘较宽，梁的自身稳定性较好，两片梁架设就位后无需连接即可通车。

先张法预应力混凝土简支梁的力筋可以采用高强钢丝、粗钢筋和钢绞线三种。由于先张梁的预应力筋两端不设锚具，完全靠黏结自锚。光圆高强钢丝与混凝土黏结性能较差，当应力超过 1000MPa 时，应采用刻痕钢丝。

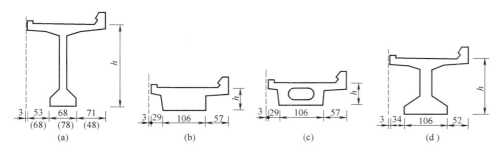

图 7-27 先张法预应力混凝土简支梁横截面形式（尺寸单位：cm）

采用强度不低于 850MPa 的精轧螺纹钢筋时，其强度和耐疲劳性能应符合铁路动载的要求。近年来，高强度低松弛钢绞线的强度达 2000MPa，松弛率不大于 3.5%，质量稳定，自锚可靠，作为先张法梁的力筋较为理想。

先张法梁中预应力筋一般采用直线配筋（也有折线配筋形式）。为适应荷载弯矩沿跨径的变化，避免靠梁端部区段上缘混凝土因预压力偏心过大使混凝土开裂，在跨径 1/4 左右至梁端有不同数量的钢绞线分批进行"绝缘"，即用硬质塑料套管套在钢绞线上，使钢绞线与混凝土隔开，以消除绝缘段钢绞

197

线的预应力。

图 7-28 为计算跨径 16m 普通高度的先张法预应力混凝土简支梁标准设计的梁体尺寸及预应力筋布置。

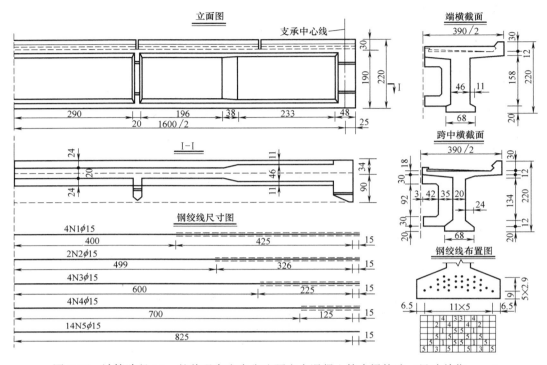

图 7-28 计算跨径 16m 的普通高度先张法预应力混凝土简支梁构造（尺寸单位：cm）

由于先张法梁中预应力筋不能弯起承担剪力，因此腹板厚度根据主拉应力和剪力沿梁长变化，在支点附近区段适当加厚。跨中 9.98m 范围内腹板厚为 20cm，两端 2.49m 范围内为 46cm，其余部分按直线变化过渡。下翼缘宽度为 68cm，高度为 20cm。

每片梁下翼缘布置 28 根 ϕ15.24 钢绞线。除 14 根全长有效外，其余 14 根分四批在两端不同长度内用塑料套管绝缘，按设计决定其有效长度。主梁混凝土采用 C40，每片梁自重为 488.4kN，可用 65t 架桥机架设。

7.3.4 秦沈客运专线简支梁简介

为适应高速铁路建设的需要，我国于 2001 年建成了秦（秦皇岛）沈（沈阳）客运专线，设计时速为 160km/h 以上（试验段为 250km/h 左右），并把列车运行舒适度作为设计的控制指标。2001～2002 年组织了三次大规模行车试验，试验时速达 321.5km/h。试验中该线所有桥梁均能高标准地满足运行安全性及舒适性的要求。近十年来，我国高铁建设运营标准提升至 350km/h，运行试车速度曾跑出 486.1km/h。与此同时，也形成了我国高速铁路时速 250km/h、350km/h 的桥梁通用图。目前，应用较多的为跨径 24m、32m、40m 的简支梁、连续梁和连续刚构，其中 95％为预应力混凝土简支梁。梁体以竖向基频为动力控制的主要指标，同时严格控制混凝土最大压应力和梁体截面上下缘应力差，以实现对徐变挠度的精细控制，保证长期的舒适性。高速铁路桥梁的桥面宽度应满足《高速铁路设计规范》TB 10621—2014，J 1942—2014 的规定。其主要规定如表 7-6 和图 7-29 所示。

路基面标准宽度   表 7-6

轨道类型	设计最高速度（km/h）	双线线间距（m）	路基面宽度	
			单线（m）	双线（m）
无砟轨道	250	4.6	8.6	13.2
	300	4.8		13.4
	350	5.0		13.6
有砟轨道	250	4.6	8.8	13.4
	300	4.8		13.6
	350	5.0		13.8

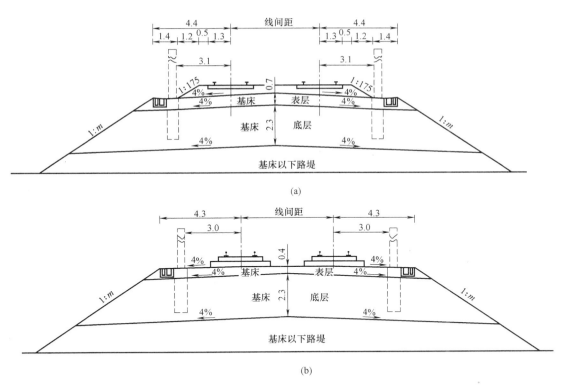

图 7-29　双线路堤标准横断面示意图（尺寸单位：m）

（a）有砟轨道；（b）无砟轨道

1. 预应力混凝土简支 T 形梁

秦沈客运专线预应力混凝土简支 T 形梁桥每孔由 4 片 T 形梁组成，通过桥面板、横隔梁之间的湿接缝及横向预应力钢筋连成整体。其截面形式如图 7-30 所示。主要尺寸、工程数量和设计指标见表 7-7。

7.3　铁路混凝土简支梁桥的结构及特点

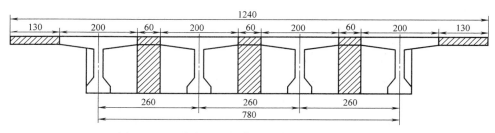

图 7-30　四片式 T 形梁截面形式（尺寸单位：cm）

四片式 T 形梁主要尺寸、工程数量和设计指标　　　　表 7-7

跨度(m)	12	16
全长(m)	12.5	16.5
梁高(m)	1.3	1.6
单片(中梁/边梁)重(t)	38.04/40.25	54.37/59.40
每孔混凝土用量(m³)	76.27	109.10
每孔钢绞线用量(t)	2.17	3.36
每孔钢筋用量(t)	11.75	16.09
静活载作用下挠跨比	1/4800	1/3810
竖向自振频率(Hz)	—	8.92

其结构构造特点如下：

① 除端横隔梁外，12m 四片式 T 形梁设一道中横隔梁，16m 四片式 T 形梁设两道中横隔梁。

② T 形梁分片架设后，为保证横隔梁和桥面连成整体，采用施加横向预应力的构造措施。制梁时预留孔道，架梁就位及灌注湿接缝后穿横向预应力钢筋，张拉、压浆，然后封锚。由于桥面和隔墙采用横向预应力，横向预留孔道位置需精确定位。

③ 跨度 12m、16m 四片式后张法预应力混凝土简支 T 形梁在扣除自重影响后，预应力产生的上拱度分别为 0.41cm 及 0.71cm，静活载产生的挠度分别为 0.23cm 及 0.42cm，为保证线路在运营状态下的平顺性，需在跨中的桥面和梁底分别设 0.63cm 及 1.0cm 的反拱。

2. 预应力混凝土简支箱梁

秦沈客运专线后张法预应力混凝土整孔预制简支箱梁的截面形式分为双线单箱（双线箱梁）及单线单箱（单线箱梁），如图 7-31、图 7-32 所示。主要尺寸、工程数量和主要设计指标见表 7-8。

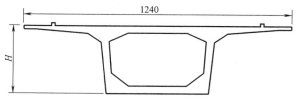

图 7-31　双线箱梁横截面（尺寸单位：cm）

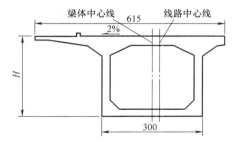

图 7-32　单线箱梁横截面（尺寸单位：cm）

预应力混凝土简支箱梁主要尺寸、工程量和主要设计指标　　　　表 7-8

	双线箱梁（双线孔）			单线箱梁（单线孔）		
跨度(m)	20	24	32	20	24	32
全长(m)	20.6	24.6	32.6	20.6	24.6	32.6
梁高(m)	1.8	2.0	2.6	1.8	2.0	2.7
顶宽(m)	12.4	12.4	12.4	6.15	6.15	6.15
箱底宽(m)	6.16	6.12	6.40	3.00	3.00	3.00
梁重(t)	421.0	510.75	722.0	205.92	251.75	368.5
每孔混凝土数量(m^3)	168.4	204.3	288.8	82.37	100.7	147.4
每孔钢绞线用量(t)	4.316	6.250	11.18	2.109	3.125	5.439
每孔钢筋用量(t)	29.95	34.78	53.09	12.09	14.42	21.14
静活载作用下的挠跨比	1/5000	1/4000	1/3689	1/4878	1/3871	1/3704
竖向自振频率(Hz)	7.18	5.64	4.09	7.16	5.65	4.49

其结构构造特点如下：

① 双线箱梁。采用斜腹板截面，减小了梁体对墩台顶帽尺寸上的要求和桥面横向悬臂板的长度，同时梁体外形比较美观。箱梁跨中截面顶板厚35cm，腹板厚45cm，底板厚25cm。

② 单线箱梁。考虑整孔箱梁架设时，架桥机支腿反力宜直接传递到腹板上，因此，各种跨度的箱梁采用直腹板和同一箱宽。

单线箱梁为不对称结构，为减小梁体受力时发生的斜弯曲影响，在桥面外悬臂板设置一定数量的横向断缝，以调整截面主轴的偏斜。

简支 T 形梁和箱梁施工以沿线设制梁场预制、架桥机架设为主。由于箱梁体积大、梁体重，箱梁的运输和架设采用了国产新研制或引进的重型架桥机和运梁车进行，架桥机设计吊装能力从过去的 130t 级跃至 450～600t 级。

*7.4　悬臂体系梁桥的构造及特点

普通钢筋混凝土和预应力混凝土简支梁桥的经济跨径分别为 20m 和 40m 左右，当跨径超出此范围时，跨中恒载弯矩和活载弯矩将会迅速增大，从而导致梁的截面尺寸和自重显著增加，并且给装配式施工造成很大的困难。因此，对于较大跨径的桥梁，宜采用能减小跨中弯矩值的其他体系桥梁，例如悬臂体系、连续体系的梁桥，本节和下一节将分别介绍这两类桥梁。

7.4.1 悬臂梁桥

1. 结构类型

悬臂体系梁桥的布置方式主要有两大类：

（1）带挂梁的悬臂梁桥（图7-33b、c、d）

一般做成三跨，其边孔称锚孔；如需设计成多孔悬臂梁桥时，就可采用双悬臂梁桥，即从简支梁的两端向外对称各伸出一个悬臂，挂梁每间隔一孔设置，图7-33（b）所示为三跨双悬臂梁桥，图7-33（d）为带挂梁的三跨T形刚构桥。

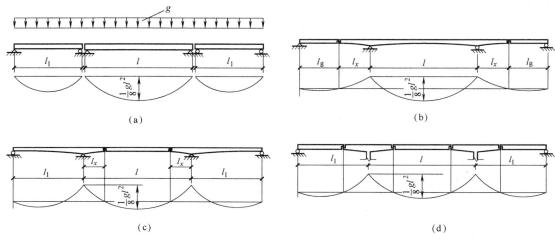

图 7-33 恒载弯矩图

（a）简支梁桥；（b）及（c）悬臂梁桥；（d）T形刚构桥

（2）不带挂梁的单孔双悬臂梁桥（图7-34a）

这类悬臂梁桥在桥头两端不设置桥台，而仅设置搭板与路堤相衔接，由于行车时，搭板容易损坏，故多用在跨干线的人行桥梁上。

2. 总体特点与适应情况

悬臂梁桥和简支梁桥一样，都属于静定体系，它们的内力不受基础不均匀沉降等附加变形的影响。与简支梁桥相比较，悬臂梁桥由于支点恒载负弯矩的存在，使跨中正弯矩显著减小，故可以减小跨度内主梁的高度，从而可降低钢筋混凝土数量和结构自重，而这本身又导致了恒载内力的减小。悬臂梁桥与多孔简支梁桥相比较的另一个重要特点是：从桥的立面上看，在桥墩上只需设置一排沿墩中心布置的支座，从而可相应地减小桥墩的尺寸。

悬臂梁桥在悬臂端与挂梁衔接处的挠曲线易发生不利于行车的折点，伸缩缝装置需经常更换，悬臂根部承受较大的负弯矩，其上缘易开裂，浸入雨水影响耐久性。故这种桥型目前在我国已较少采用。

国内箱形薄壁钢筋混凝土悬臂梁桥最大跨径为 55m，国外一般在 70～80m 以下；预应力混凝土悬臂梁桥世界最大跨径为 150m，一般亦在 100m 以下。

3. 构造特点

（1）跨径布置和梁高尺寸

各种悬臂梁桥的跨径布置和梁高尺寸如图 7-34 所示。

用于跨线桥上的单孔双悬臂梁桥，其中孔跨径由桥下的行车净空要求确定。当主梁为 T 形截面时，由于中支点处 T 形梁下缘的受压面积小，故其悬臂长度不宜过长，一般取中跨长度的 0.3～0.4 倍。当采用箱形截面时，为使中跨跨中最大正弯矩和支点最大负弯矩的绝对值大致相等，以充分发挥材料的受压作用，悬臂长度可适当加大，但最大不能超过中跨长度的 0.5 倍，尤其是当它用作行车的桥梁时，过长会使活载挠度增大，跳车现象加剧，桥与路堤的连接构造易遭破坏。

跨河的单孔悬臂梁桥及多孔悬臂梁桥的主孔通常由通航净空确定，或与边孔一起由河床泄洪、地形和地质等条件综合考虑来选定。当不受上述这些条件限制时，就可按照梁的弯矩包络图面积为最小的原则来确定边孔与中孔跨径的划分，以达到节省材料的目的。根据已建桥梁的资料分析，边孔跨长 l_1，挂梁长度 l_g 与中孔跨长 l 之间的比例关系大致在图 7-34 中所示的范围内。

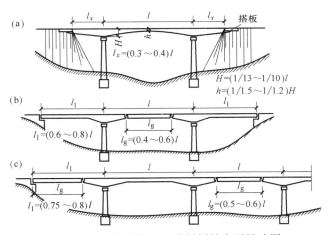

图 7-34 钢筋混凝土悬臂梁桥的主要尺寸图

（2）截面形式

悬臂体系梁桥的主梁在支点附近要承受较大的负弯矩，因此在进行截面设计时，支点截面的底部受压区往往需要加强。常用的截面形式有带马蹄形的 T 形截面（图 7-35）和箱形截面（图 7-36）。带马蹄形的 T 形截面（图 7-35a）适用于跨径在 30m 以内的钢筋混凝土桥梁，底部加宽的 T 形截面（图 7-35b）适用于跨径在 30～50m 以内的预应力混凝土桥梁。当跨径在 50m 以上时，一般使用箱形截面，如图 7-36 所示，有单箱单室（图 7-36a）、分离式双箱单室（图 7-36b）和单箱多室（图 7-36c）等。

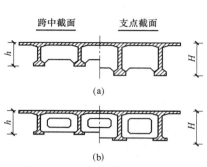

图 7-35　底部加强的截面形式

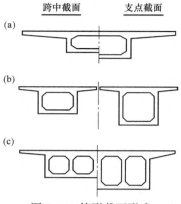

图 7-36　箱形截面形式

　　箱形截面由顶板、底板、腹板等组成，它的细部尺寸拟定既要满足箱梁纵、横向的受力要求，又要满足结构构造及施工上的需要。悬臂梁、T 形刚构因接近悬臂端的截面承受负弯矩较小，因此底板厚度主要由构造要求决定。表 7-9 列出了单孔双悬臂梁桥的常用尺寸。

单孔双悬臂梁桥的常用尺寸　　　　　　　　　　　　　表 7-9

桥型	跨径	高跨比(h、H 分别为跨中和支点梁高)		
普通钢筋 混凝土	$l_x = (0.3 \sim 0.4)l$	T 形截面	$H = (1/13 \sim 1/10)l$	$h = (1/1.5 \sim 1/1.2)H$
		箱形截面	$H = (1/15 \sim 1/12)l$	$h = (1/2.5 \sim 1/2)H$
预应力钢 筋混凝土	$l_x = (0.3 \sim 0.50)l$	T 形截面	$H = (1/15 \sim 1/12)l$	$h = (1/1.5 \sim 1/1.2)H$
		箱形截面	$H = (1/18 \sim 1/15)l$	$h = (1/2.5 \sim 1/2)H$

7.4.2　T 形刚构桥

　　将悬臂梁桥的墩柱与梁体固结后便形成了带挂梁或带铰的结构，称为 T 形刚构桥，是具有悬臂受力特点的梁式桥。

　　1. 分类及力学特点

　　T 形刚构桥又可分为两种类型：带挂梁的 T 形刚构桥和带铰的 T 形刚构桥，如图 7-37 所示。

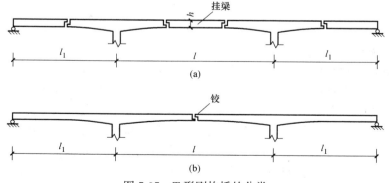

图 7-37　T 形刚构桥的分类

（a）带挂梁的 T 形刚构桥；（b）带铰的 T 形刚构桥

（1）带挂梁的 T 形刚构桥

属静定结构，其基础的不均匀沉降、混凝土收缩徐变及温度变化等因素都不会对结构产生次内力。它与连续梁相比，悬臂施工阶段的受力状态与运营阶段一致，无需体系转换，具有省掉设置大吨位支座装置及更换支座的麻烦等优点；它与带剪力铰的 T 形刚构桥相比，其受力和变形性能均略差一些，但其受力明确，对施工阶段的标高控制的精度可以稍放宽些，也没有更换剪力铰处支座的麻烦；它与连续刚构桥相比，不受温度及基础沉降产生次内力的影响。

（2）带铰的 T 形刚构桥

属超静定结构，两个大悬臂在端部借所谓"剪力铰"相连接，它是一种只能传递竖向剪力而不传递水平力和弯矩的连接构造。当在一个 T 形刚构桥面上作用有竖向荷载时，相邻的 T 形刚构结构通过剪力铰而共同受力。因而，从结构受力和牵制悬臂端变形来看，剪力铰起到了有利的作用。

2. 构造特点

T 形刚构桥的悬臂梁，可以是箱形截面，也可以做成桁架结构。其支点、跨中梁高与跨径的关系可参考表 7-10。

预应力混凝土 T 形刚构桥支点、跨中梁高与跨径的关系　　　　表 7-10

桥型	挂梁跨径	跨径与支点梁高的关系	跨中梁高
带挂梁的 T 形刚构桥	$l_g=(0.25\sim0.50)l$ 且不大于 35～40m	$l>100m,H=(1/21\sim1/17)l$	与挂梁同高
带铰的 T 形刚构桥		$l<100m$ 时,$H=(1/18\sim1/14)l$	$h=(0.2\sim0.4)H$,且不小于 2.0m

当在墩柱一侧的桥跨上布载时，墩柱将承受较大的不平衡力矩，因此墩柱尺寸一般较大，墩宽可取 $(0.7\sim1.0)H$。

3. 适用情况

T 形刚构桥结合了刚架桥和多孔静定悬臂梁桥的特点，是我国 20 世纪 70～80 年代修建较多的一种桥型。钢筋混凝土 T 形刚构桥常用跨径为 40～50m，预应力混凝土 T 形刚构桥的常用跨径为 60～150m。目前最大跨径为 174m（重庆长江大桥，跨径为 85.6m＋4×138m＋156m＋174m＋104.5m）。

然而，几十年来的实践证明：带挂梁的 T 形刚构桥在混凝土的长期收缩徐变作用和汽车荷载的冲击力作用下，T 形刚构桥悬臂梁端会发生下挠，从而导致悬臂端与挂梁之间易形成折角，增大冲击作用，使伸缩缝的处理和养护较困难；各 T 形刚构之间不能共同工作，使其跨径受到限制。而在带铰的 T 形刚构桥中，铰的左右两侧主梁变形不一致，难于调整，行车不平顺；施工过程中有时还需强迫合龙；当 T 形刚构结构的两边温度变化不同时，易产生不均匀变形，引起较大次内力；加上剪力铰的构造与计算图式中的理想铰尚存在差异，难以准确地计算出各种因素产生的次内力。因此，带挂梁和带铰的 T 形刚构桥目前均已较少采用。

7.4.3　预应力筋的布置

预应力混凝土梁桥的布束原则是：①应选择适当的预应力束筋形式和锚具形式；②应考虑施工的方便，尽可能少地切断预应力筋；③符合结构受力的特点，既要满足施工阶段的受力要求，又要满足成桥后使用阶段各种荷载组合下的受力要求；既要考虑结构在使用阶段的弹性受力状态的需要，也要考虑到结构在破坏阶段时的需要；并注意避免在超静定结构体系中引起过大的结构次内力；④考虑材料经济指标的先进性，预应力束筋在结构横断面上布置要考虑剪力滞效应；⑤尽量避免使用多次反向曲率的连续束，以降低摩阻损失。

预应力筋的具体布置与数量应通过计算确定。

7.4.4　牛腿构造和计算

1. 牛腿的受力特点

悬臂梁桥的悬臂端和挂梁端结合部的局部构造称为牛腿，如图 7-38 所示。图中，由于梁端的相互搭接，中间还要设置传力支座来传递较大的竖向力，因此牛腿的高度被削弱至不到悬臂梁高和挂梁梁高的一半，却又要传递较大的竖向力。这就使其成为上部结构中的薄弱部位。鉴于牛腿处梁高的骤然减小，在凹角处应力集中现象严重（图 7-38a）。因此设计时除了将此处梁肋加宽并设置端横梁加强外，还应适当改变牛腿的形状，避免尖的凹角（图 7-38b），同时还需配置密集的钢筋网或预应力筋。此外，为改善牛腿的受力状况，还应尽量减小支座的高度，如采用橡胶支座等。

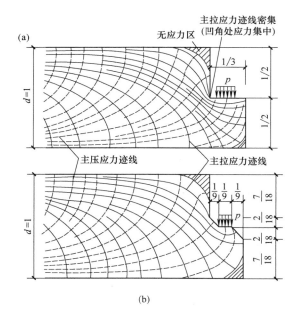

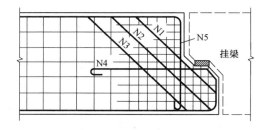

图 7-38　牛腿的构造及受力

2. 牛腿的计算

通常所谓牛腿计算，实质上就是对预先设计好的牛腿进行配筋和应力、强度验算。

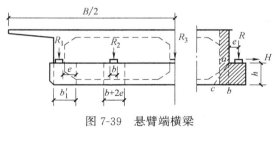

图 7-39 悬臂端横梁

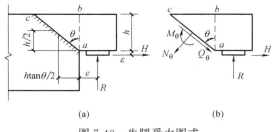

(a)   (b)

图 7-40 牛腿受力图式

（1）牛腿的截面内力的确定

如图 7-39 和图 7-40 所示，在外力 R 和 H 作用下，沿任意斜截面 a-c 截取脱离体，考察脱离体的平衡（图 7-40b）：

$$N_\theta = R\sin\theta + H\cos\theta$$
$$Q_\theta = R\cos\theta - H\sin\theta \tag{7-1}$$
$$M_\theta = R\left(e + \frac{h}{2}\tan\theta\right) + H\left(\frac{h}{2} + \varepsilon\right)$$

式中 R——恒载和活载支点反力（对于汽车活载应计入冲击力）；

        H——活载制动力或温度变化引起的支座摩阻力，取其大者；当不计附加荷载时 $H=0$；

        θ——斜截面对竖直面的倾斜角；对于竖直面 a-b 则 $\theta=0$；

        ε——支座垫板高出牛腿底面的高度。

（2）竖截面 a-b 的验算

作用于竖截面 a-b 上的内力为：

$$N_{\theta=0} = H, \quad Q_{\theta=0} = R, \quad M_{\theta=0} = Re + H\left(\frac{h}{2} + \varepsilon\right) \tag{7-2}$$

据此可按钢筋混凝土偏心受拉构件验算抗弯和抗剪强度。当不计附加荷载时，$N_{\theta=0}=0$，就按受弯构件验算强度。对于有预应力筋的牛腿，应按预应力混凝土构件验算其强度。

（3）最弱斜截面验算

最弱斜截面是指按纯混凝土截面计算时拉应力 $\sigma_拉$ 为最大的一个截面。相

207

应于该斜截面倾斜角 θ 的正切表达式为：

$$\tan2\theta=\frac{2Rh}{3Re+3H\varepsilon+2Hh} \tag{7-3}$$

对于预应力混凝土牛腿，最弱斜截面的倾角 θ，其值为：

$$\tan2\theta=\frac{2Rh-2N_yh\sin\alpha}{3Re+3H\varepsilon+2Hh-N_y(2h-3m)\cos\alpha} \tag{7-4}$$

式中　N_y——牛腿部位预压力的合力；

　　　α——牛腿部位预压力合力 N_y 对水位线的倾角；

　　　m——牛腿部位预压力合力 N_y 与内角竖直线 a-b 的交点至内角点 a 的距离；

其余符号意义同前。

（4）45°斜截面的抗拉验算

在牛腿钢筋设计中，为了确保钢筋具有足够的抗拉强度，尚需验算假设混凝土沿45°斜截面开裂后的受力状态，此时全部斜拉力将由钢筋承受（对于预应力混凝土牛腿包括预应力筋）。此时近似按轴心受拉构件验算，如图7-41所示，则：

$$KZ\leqslant R_g(\sum A_{gw}+\sum A_{gH}\cos45°+\sum A_{gV}\cos45°) \tag{7-5}$$

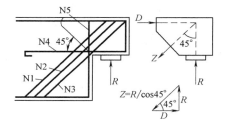

图 7-41　45°斜截面抗拉验算图式

式中　　　　K——钢筋混凝土轴心受拉构件强度安全系数；

　　　　　　Z——外力作用下斜截面上总斜拉力；

　　　　　　R_g——钢筋抗拉设计强度；

　　　$\sum A_{gw}$——裂缝截面上所有斜筋的截面积，如图7-41中 N1、N2 和 N3 钢筋的总截面积；

$\sum A_{gH}\cos45°$——裂缝截面上所有水平钢筋（图中 N4）的有效截面积；

$\sum A_{gV}\cos45°$——裂缝截面上所有竖向钢筋（图中 N5）的有效截面积。

尚应注意，锚固长度不够的竖向钢筋和离裂缝起点（牛腿内角）较远的斜钢筋，因这些钢筋均受力不大，故在计算时可偏安全地不计它们的抗拉作用。

鉴于牛腿是整根梁的薄弱环节，受力情况复杂，各种验算也带有一定的假设性，故对于斜筋和水平钢筋的设计应适当富余些，而且在牛腿部分还应布置较密的箍筋和纵向水平钢筋。

*7.5 连续体系梁桥的构造及特点

多伸缩缝的悬臂梁桥和 T 形刚构桥难以满足人们日益增长的行车平稳舒适的要求，超静定连续梁桥则以其结构刚度大、变形小、伸缩缝少和行车平稳舒适等突出优点而得到了迅速的发展。普通钢筋混凝土连续梁桥的适用跨径为 15～30m，当跨径进一步增大时，则需采用预应力混凝土连续梁桥。通过高强钢筋对混凝土预压，不仅充分发挥了高强材料的特性，而且提高了混凝土的抗裂性，促使结构轻型化，因而预应力混凝土结构具有比钢筋混凝土结构大得多的跨越能力。

7.5.1 预应力混凝土连续梁桥

1. 等截面连续梁桥

除了按简支—连续法施工的连续梁桥，超静定结构的连续梁在恒载和活载作用下，支点截面负弯矩一般比跨中截面正弯矩大，但跨径不大时这个差值不是很大，可以考虑采用等截面或者等梁高形式。

等截面连续梁桥可选用等跨和不等跨两种布置方式，如图 7-42 所示。

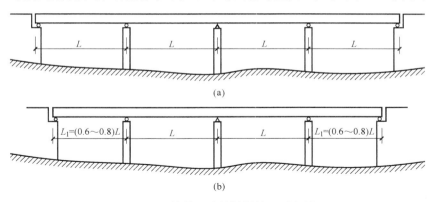

图 7-42 等截面连续梁桥的立面布置
(a) 等跨等截面连续梁；(b) 不等跨等截面连续梁

等跨布置的跨径大小主要取决于经济分孔和施工的设备条件。高跨比一般为 1/25～1/15；在顶推施工的等截面连续梁桥中梁高（H）与顶推跨径 L_0 之比一般为 1/17～1/12。

当标准跨径较大时，为减少边跨正弯矩，边跨跨径可取中跨跨长的 0.6～0.8 倍左右。

当等跨径不能满足通航或桥下交通要求而需加大个别跨的跨径时，常常不改变高度，而是采用增加钢束和调整截面尺寸的方式予以解决，使桥梁外观仍保持等高度布置。这样做既使桥梁的立面协调一致，又能减少构件及模板的规格。

等截面连续梁一般适应于跨径 40～60m（国外也有达到 80m 跨径者），可采用有支架施工、逐孔架设施工、移动模架施工或顶推法施工的桥梁，分孔可以是等跨径的，也可以不等跨。

2. 变截面连续梁桥

（1）力学特点

当连续梁的主跨跨径接近或大于 70m 时，若主梁仍采用等截面布置，在恒载和活载作用下，主梁支点截面的负弯矩将比跨中截面的正弯矩大得多，从受力上讲就显得不太合理，且不经济，这时，采用变截面连续梁桥更符合受力要求，高度变化基本上与内力变化相适应。

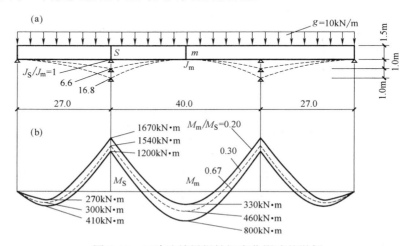

图 7-43　三跨连续梁惯性矩变化影响的举例

从图 7-43 中分析可以得知：当加大靠近支点附近的梁高（即加大了截面惯性矩）做成变截面梁时，还能进一步降低跨中的设计弯矩。从图中可见，在满布均布荷载 $g = 10\text{kN/m}$ 的作用下，三种不同的支点梁高（1.50m、2.50m 和 3.50m）所对应的跨中弯矩分别为 800kN・m、460kN・m 和 330kN・m，也就是说将支点梁高局部地从 1.50m 加大至 3.50m 时，跨中最大弯矩比等高梁降低一半多。一般地说，加大支点附近梁高是合理的，因为这样做既对恒载引起的截面内力影响不大，也与桥下通航的净空要求不冲突，并且还能适应抵抗支点处很大剪力的要求。这也是连续体系梁桥比简支梁桥，甚至比悬臂梁桥，能跨越更大跨度的原因。可见，连续梁采用变截面结构不仅外形美观，还可节省材料并增大桥下净空高度。同时，采用变截面布置适合悬臂法施工（悬臂浇筑和悬臂拼装），施工阶段主梁的刚度大，且内力与运营阶段的主梁内力基本一致。

（2）构造特点

连续梁超过 5 跨时的内力情况虽然与 5 跨的相差不大，但连续过长会增大温度变化的附加影响，造成梁端伸缩量很大，需设置大位移量的伸缩缝，因此连续孔数一般不超过 5 跨，但也有为减少伸缩缝而采用多于 5 跨的情形。在宽阔的河流或旱谷上修建多孔连续梁时，通常可按 3～7 孔为一联分联布置，联与联的衔接处，通过两排支座支承在一个桥墩上。

变截面形式的大跨度预应力混凝土连续梁桥，立面一般采用不等跨布置。但多于 3 跨的连续梁桥，除边跨外，其中间各跨一般采用等跨布置，以方便悬臂施工。对于多于两跨的连续梁桥，其边跨一般为中跨的 0.6～0.8 倍左右，如图 7-44（a）所示。当采用箱形截面的三跨连续梁时，边孔跨径甚至可减少至中孔的 0.5～0.7 倍。有时为了满足城市桥梁或跨线桥的交通要求而需增大中跨跨径时，可将边跨跨径设计成仅为中跨的 0.5 倍以下，在此情况下，端支点上将出现较大的负反力，故必须在该位置设置能抵抗拉力的支座或压重以消除负反力，如图 7-44（b）所示。

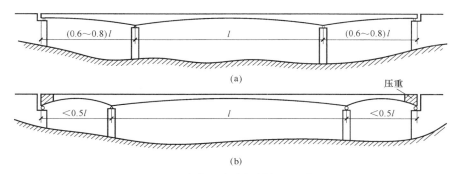

图 7-44　变截面连续梁桥的立面布置

在不受建筑高度限制的前提下，连续箱梁的梁底曲线可采用二次抛物线、折线和介于折线与二次抛物线之间的 1.5～1.8 次抛物线变化形式，抛物线的变化规律应与连续梁的弯矩变化规律基本接近，采用折线形截面变化布置可使桥梁的构造简单，施工方便。具体的选用形式应按照各截面上下缘受力均匀、容易布束确定。

根据已建成桥梁的资料分析，支点截面的梁高 $H_{支}$ 约为 $\left(\dfrac{1}{18}\sim\dfrac{1}{16}\right)l$（$l$ 为中间跨跨长），一般不小于 $\dfrac{l}{20}$，跨中梁高 $H_{中}$ 约为 $\left(\dfrac{1}{2.5}\sim\dfrac{1}{1.5}\right)H_{支}$。在大跨度预应力混凝土连续梁桥中，除截面高度变化外，还可将截面的底板、顶板和腹板做成变厚度，以满足主梁内各截面的不同受力要求。

（3）适用范围

变截面连续梁适应跨径在 70m 以上，其常用施工方法是悬臂浇筑或悬臂拼装两种。大跨度预应力混凝土连续梁桥采用悬臂法施工时，存在墩梁临时固结和体系转换的工序，结构稳定性应予以重视；此外，连续梁主墩需要布置大型橡胶支座，存在养护甚至更换上的麻烦。

7.5.2　连续刚构桥与刚构-连续组合体系桥

预应力混凝土连续刚构桥是连续梁桥与 T 形刚构桥的组合体系，也称墩梁固结的连续梁桥，如图 7-45 所示。对于连续四跨以上的桥梁，可将两较高的相邻桥墩与主梁固接，而其余桥墩与主梁间采用滑动支承连接，从而形成刚构-连续组合体系。

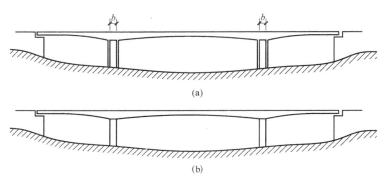

图 7-45　连续刚构桥

1. 力学特点与适应范围

大跨度连续刚构桥结构的受力特点主要为：梁体连续，墩、梁固结为一个整体共同受力。在恒载作用下，连续刚构桥与连续梁桥的跨中弯矩和竖向位移基本一致，但在采用双肢薄壁墩的连续刚构桥（图 7-45a）中，墩顶截面的恒载负弯矩要较相同跨径连续梁桥的小；其次，由于墩梁固结共同参与工作，连续刚构桥由活载引起的跨中正弯矩较连续梁的要小，因而可以降低跨中区域的梁高，并使恒载内力进一步降低。但当桥墩相对高度较矮时，桥墩水平抗推刚度增大，连续刚构桥由于温度变化、混凝土收缩徐变引起的内力将远大于连续梁桥，因此，连续刚构桥适应桥墩较高的桥位，且主跨径可以比连续梁桥的设计得大一些。

连续刚构桥因高墩纵向刚度较小，在竖向荷载作用下，基本上属于一种无推力的结构。连续刚构桥既保持了连续梁无伸缩缝、行车平顺的优点，又保持了 T 形刚构无需设大吨位支座的优点，同时避免了连续梁（存在临时固结和体系转换）和 T 形刚构（伸缩缝）两者的缺点，养护工作量小。此外，连续刚构桥施工稳固性好，减少或避免边跨梁端搭架合龙的难度。

连续刚构桥对地基承载力的要求更高，若地基发生过大的不均匀沉降，连续梁桥可通过调整墩顶支座的标高，抵消下沉来补救，而连续刚构桥则做不到。对于大跨度连续刚构桥，当其主墩刚度过大时，中跨梁体因而产生过大的温降拉力而对结构受力不利。此外，梁墩连接处应力复杂也是连续刚构桥的一个缺点。

目前，连续刚构桥已成为预应力混凝土大跨径梁式桥的主要形式，最大跨径已经突破 300m。

2. 分孔与梁高

在国内外已建成的连续刚构桥中，边跨和主跨的跨径比值在 0.5～0.692 之间，大部分比值在 0.55～0.58 之间，比连续梁桥的边主跨比 0.6～0.8 小。这是由于墩梁固结，边跨的长短对中跨活载弯矩的影响较小，而边、主跨跨径之比在 0.54～0.56 时，由于边跨合龙段长度小，可以在边跨悬臂端用导梁支承于边墩上，进行边跨合龙，从而取消落地支架，施工方便和经济。

连续刚构桥的主梁纵桥向采用不等跨变截面的结构布置形式，以适应主梁内力的变化。主梁底部的线形基本上与变截面连续梁桥相类似，可以是曲线形、折线形、曲线加直线形等，具体应根据主梁内力的分布情况，按等载强比原则选定。

主梁截面一般为箱形。箱梁根部梁高与跨径之比一般为 1/20～1/16。跨中梁高通常为支点梁高的 1/3.5～1/2.5，略小于连续梁，这是由于连续刚构桥墩梁固结，活载作用于中跨时，与相同跨径的连续梁相比，连续刚构跨中正弯矩较小的缘故。

3. 桥墩形式

连续刚构桥桥墩的水平抗推刚度宜在满足桥梁施工、运行稳定性要求的前提下尽量地小，而在横向的刚度宜设计得尽量大一些。连续刚构桥柔性墩主要有 3 种：

（1）双肢薄壁墩

用两个相互平行的竖直薄壁与主梁固结作为桥墩（如图 7-45a），即双肢薄壁墩，适用于桥墩不很高的情形。较竖直单肢薄壁墩，双肢薄壁墩在承受竖向荷载能力相同时，桥墩水平位移产生的弯矩（及桥墩水平抗推刚度）显著减少；同时，由于主梁的负弯矩峰值出现在两肢墩的墩顶，且较单肢薄壁墩小一些，故可减小主梁在墩顶截面处的尺寸，增加桥梁美感。但双肢薄壁墩占据的宽度较大，防撞设施需保护的范围也较大，由此将增加部分费用。偶然的船舶撞力往往是作用其中一肢薄壁墩上，当一肢薄壁墩遭到破坏后，另一肢薄壁墩很容易因承载力和稳定性不够而随之破坏。

每肢薄壁墩又有空心和实心之分。实心双肢薄壁墩施工方便，抗撞能力强，空心双肢薄壁墩可以节约混凝土 40% 左右，设计中应根据具体条件选用。

（2）单肢薄壁墩

在深谷和深水河流的高桥墩上经常采用竖直单肢薄壁墩（如图 7-45b）。它在外观上呈 "一" 字形，其截面形式一般为箱梁截面的空心桥墩。具体尺寸需根据对柔性的要求确定。

一般来说，单肢薄壁墩特别是箱形截面单肢薄壁墩的抗扭性能好，稳定性强，能增大通航孔的有效跨径，但其柔性不如双肢薄壁墩大，但随着墩身高度的不断增加，单肢薄壁墩的柔性逐渐增加，允许的纵向变位增大。因此，对于墩身很高的大跨度连续刚构桥或中等跨径的连续刚构桥来说，箱形单肢薄壁墩也是理想的墩身形式。

（3）V 形墩（或 Y 形柱式墩）

在刚构桥中为了减小内支点处的负弯矩峰值，可将墩柱做成 V 形墩形式，V 形托架可使主梁的负弯矩峰值降低一半以上，见图 7-46。

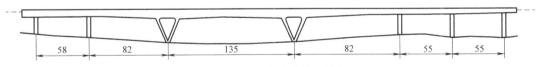

图 7-46　V 形墩连续刚构桥（单位：m）

Y 形柱式墩是上部为 V 形托架，下部为单柱式，两者在立面上构成 Y 字形。下部的单柱具有一定的柔性，可满足纵向变形的要求。

7.5.3　横截面形式和尺寸

预应力连续体系梁桥横截面形式主要有板式、肋梁式和箱形截面。其中，板式、肋梁式截面构造简单、施工方便；箱形截面具有良好的抗弯和抗扭性能，是预应力混凝土连续体系梁桥的主要截面形式。

1. 板式和 T 形截面

板式截面分实体截面（图 7-47a、b）和空心截面（图 7-47c、d）。

矩形实体截面多用于小跨径，尤其是曲线桥梁，支点板厚为（1/20～1/16）l（l 为主跨跨径），变截面板跨中板厚为支点的 1/1.5～1/1.2，多配以支架现浇施工。空心截面常用跨径为 15～30m，板厚一般为 0.8～1.5m，也采用支架现浇为主。肋式截面（图 7-47e）常用跨径为 25～50m，梁高为 1.3～2.6m，常采用预制架设施工，并在梁段安装后经体系转换为连续梁桥。

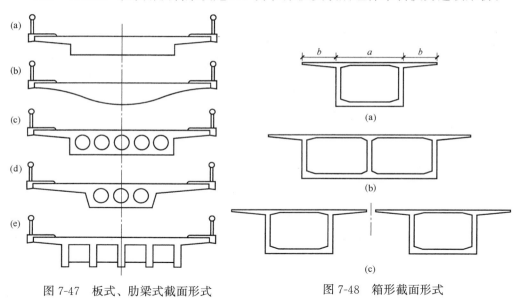

图 7-47　板式、肋梁式截面形式　　　　图 7-48　箱形截面形式

2. 箱形截面

当连续体系梁桥的跨径在 40～60m 或更大时，主梁多采用箱形截面，常用的有单箱单室、单箱双室和分离式双箱单室等几种。单箱单室截面的顶板宽度一般小于 20m（图 7-48a）；单箱双室的约为 25m 左右（图 7-48b）；双箱单室的可达 40m 左右（图 7-48c）。一般地，等高度箱梁可采用直腹板或斜腹板，变高度箱梁宜采用直腹板。单箱单室截面 $b:a$ 之比为 1：3.0～1：2.5 时横向受力状态较好。

（1）顶板

确定箱梁截面顶板厚度一般需考虑两个因素，即满足桥面板横向弯矩的要求（恒载、活载、日照温差等）；满足布置纵、横向预应力钢束的要求。行车道部分的箱梁顶板或其他呈现连续板受力特性的桥面板以及悬臂板厚度，可参考表 7-11 拟定（来自《日本本州四国联络桥上部结构设计标准》）。

行车道部分桥面板的厚度　　　　　　　　表 7-11

位置	桥面板跨度方向	
	垂直于行车道方向	平行于行车道方向
顶板或连续板	$3L/100+11$cm(纵肋之间)	$5L/100+13$cm(横隔之间)
悬臂板	$L<0.25$ 时,$28L/100+16$cm	$24L/100+13$cm
	$L>0.25$ 时,$8L/100+21$cm	

注：两个方向厚度计算后取小值，L 为桥面板的跨度。

（2）底板

纵向负弯矩区受压底板的厚度对改善全桥受力状态、减小徐变下挠十分重要，因而大跨度连续体系梁桥中，应确保承受负弯矩的内支点区域的箱梁底板有足够的厚度。箱梁底板厚度随箱梁负弯矩的增大而逐渐加厚至墩顶，以适应箱梁下缘受压的要求，墩顶区域底板不宜过薄，否则压应力过高，由此产生的徐变将使跨中区域梁体下挠较大。底板厚度与主跨之比宜为 $1/170\sim1/140$，跨中区域底板厚度则可按构造要求设计，一般为 $0.22\sim0.28$m。

（3）腹板

箱梁腹板的主要功能是承受结构的弯曲剪应力和扭转剪应力所引起的主拉应力，墩顶区域剪力大，因而腹板较厚，跨中区域的腹板较薄，但腹板的最小厚度应考虑钢束管道布置、钢筋布置和混凝土浇筑的要求。

英国水泥和混凝土协会提出如下两个关于预应力混凝土连续梁最佳腹板厚度参数的公式，其指标可供参考（图 7-49）。

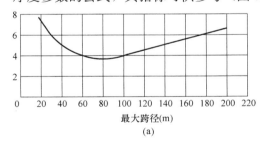 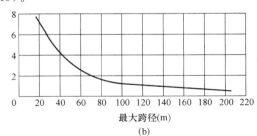

图 7-49　最大跨径连续箱梁最佳横截面几何参数曲线
（a）墩上腹板厚度参数 K_1；（b）跨中腹板厚度参数 K_2

墩上腹板厚度参数：

$$K_1=\frac{t_{\text{wp}}\times h_{\text{p}}}{B\times L_{\text{max}}}\times10^3 \tag{7-6}$$

跨中腹板厚度参数：

$$K_2=\frac{t_{\text{wm}}\times h_{\text{m}}}{B\times L_{\text{max}}}\times10^3 \tag{7-7}$$

式中　t_{wp}——墩上腹板厚度的总和；

t_{wm}——跨中腹板厚度的总和；

h_p——墩上梁高；

h_m——跨中梁高；

B——桥面总宽；

L_{max}——桥梁最大跨径。

腹板的最小厚度应考虑预应力束的布置和混凝土浇筑的要求，一般的设计经验为：

（1）腹板内无预应力束筋管道布置时，其最小厚度可采用 $t_{min}=20cm$；

（2）腹板内有预应力束筋管道布置时，可采用 $t_{min}=25\sim30cm$；

（3）腹板内有预应力束筋锚固头时，则采用 $t_{min}=35cm$。

顶板与腹板接头处设置梗腋，可提高截面的抗扭刚度和抗弯刚度，减小扭转剪应力和畸变应力。加腋有竖加腋和水平加腋两种。如图 7-50 所示，图 7-50（a）为一般箱梁上的常用形式；图 7-50（b）和（c）常用于箱梁截面较小的情形；图 7-50（d）、（e）常用于斜腹板与顶板之间；图 7-50（f）、（g）常用于底板与腹板之间的下梗腋，以便于底板混凝土的浇筑。

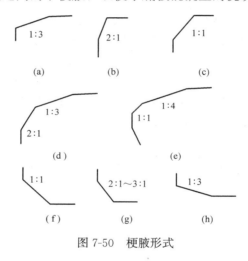

图 7-50　梗腋形式

表 7-12 给出了国内预应力混凝土连续体系梁桥的部分资料。

7.5.4　预应力筋布置

连续梁主梁的内力主要有 3 个：纵向受弯、受剪以及横向受弯。通常所说的三向预应力就是为了抵抗上述 3 个内力。纵向预应力抵抗纵向受弯和部分受剪，竖向预应力抵抗受剪，横向预应力则抵抗横向受弯。预应力数量和布筋位置都需要根据结构在使用阶段的受力状态予以确定，同时，也要满足施工各阶段的受力需要。施工方法不同，施工阶段的受力状态差别很大，因此，结构配筋必须结合施工方法考虑。

1. 纵向预应力筋

沿桥跨方向的纵向预应力筋又称为主筋，是用以保证桥梁在恒、活载作用下纵向跨越能力的主要受力钢筋，可布置在顶、底板和腹板中。

国内预应力混凝土连续体系梁桥的部分资料

表 7-12

序号	桥名	跨径布置(m)	结构	边中跨比	截面 形式	顶板厚	腹板厚(cm)	底板厚	梁高(m) 根部	梁高(m) 跨中	高跨比 根部	高跨比 跨中	梁宽(m) 顶	梁宽(m) 底
1	虎门大桥辅航道桥	150+270+150	连续刚构	0.556	单室箱	25	40~60	32~130	14.8	5.0	1/18.2	1/54	15.0	7.0
2	云南元江大桥	58+182+2×265+194+70	连续刚构		单室箱	28	40~60	32~150	14.5	5.0	1/18.3	1/53	22.5	11.5
3	宁德下白石大桥	145+2×260+145	连续刚构	0.558	两单室箱	25	40~70	30~140	14.0	4.2	1/18.6	1/61.9	12.0	6.0
4	泸州长江二桥	145+252+54.8	连续刚构	0.583	单室箱	28	50~70	32~120	14.0	4.0	1/18	1/63	25.0	13.0
5	重庆黄花园大桥	137+3×250+137	连续刚构	0.548	单室箱	25	40~70	28~150	13.8	4.3	1/18.1	1/58.1	15.0	7
6	马鞍石嘉陵江大桥	146+3×250+146	连续刚构	0.584	单室箱	25	40~60	32~150	13.7	4.2	1/18.2	1/59.5	11.5	5.5
7	黄石长江大桥	162.5+3×245+162.5	连续刚构	0.663	单室箱	25	50~80	32~135	13.0	4.1	1/18.8	1/59.8	19.6	10.0
8	江津长江大桥	140+240+140	连续刚构	0.583	单室箱	25	50~80	32~120	13.5	4.0	1/17.8	1/60	22.0	11.5
9	重庆高家花园嘉陵江大桥	140+240+140	连续刚构	0.583	单室箱		40~60	32~120		3.6		1/66.7	15.36	8.0
10	贵毕公路六广河大桥	145.1+240+145.1	连续刚构	0.518	单室箱	28	40~70	28~150	13.4	4.1	1/17.9	1/58.5	13.0	7.0
11	重庆龙溪河大桥	140+240+140	连续刚构	0.583	两单室箱	25	40~60	32~120	13.6	3.6	1/17.6	1/66.7	11.5	5.5
12	杭州钱塘江下沙大桥(六桥)	127+3×232+127	连续刚构	0.547	两单室箱		45~75	30~125	12.5	4.0	1/18.6	1/58	16.6	8.0
13	南澳跨海大桥	122+221+122	连续刚构	0.552	单室箱	25	40~60	32~110	11.0	3.0	1/18.6	1/73.7	17.1	8.0
14	龙永高速公路红岩溪特大桥	116+220+116	连续刚构		单室箱	30(80)*	50~105	32~120	13.4	4.0			12.0	6.5
15	广佛肇高速北江特大桥	115+210+115	连续刚构	0.535	单室箱	30	50~90	32~110	12.8	4.2	1/16.8	1/51.2	16.25	8.25
16	金厂岭澜沧江大桥	130+200+85	连续刚构	0.650 0.425	单室箱	33	60~90	35~140	13.0	4.0	1/15.4	1/50	22.5	12.2

217

7.5 连续体系梁桥的构造及特点

续表

序号	桥名	跨径布置(m)	结构	边中跨比	截面(cm)				梁高(m)		高跨比		梁宽(m)	
					形式	顶板厚	腹板厚	底板厚	根部	跨中	根部	跨中	顶	底
17	汝郴高速山店江大桥	104.68+200+104.68	连续刚构	0.523	单室箱	30(90)*	50~90	32~120	12.12	3.5	1/18.2	1/62.9	12.0	6.5
18	华南大桥	110+190+110	连续刚构	0.579	单室箱	28	35~55	32~100	9.5	3.0	1/20.0	1/63.3	17.75	9.5
19	广东镇海湾大桥	105+190+105	连续刚构	0.553	两单室箱				10.5	3.2	1/18.1	1/59.4	13.5	7.0
20	洛溪大桥	65+125+180+110	连续刚构	0.611 0.520	单室箱	28	50~70	32~120	10.0	3.0	1/18	1/60	15.14	8.0
21	宁德八尺门大桥	90+2×170+90	连续刚构	0.529	单室箱	28	40~70	32~120	10.0	3.0	1/17	1/56.7	12.0	6.0
22	南京长江二桥北汊桥	90+3×165+90	连续梁	0.545	两单室箱		40~90	30~140	8.8	3.2	1/18.8	1/55.6	15.42	
23	广潊高速九江大桥	50+100+2×165+100+50	连续梁	0.625	两单室箱				9.0	3.0	1/17.8	1/53.3	11.9	
24	三门峡黄河大桥	105+4×160+105	连续刚构	0.656	单室箱	25	40~65	25~100	8.0	3.0	1/20.0	1/53.3	17.5	9.0
25	云南六库怒江桥	85+154+85	连续梁	0.552	单室箱	18~43	44	30~120	8.53	2.83	1/18.1	1/54.4	10.0	5.0
26	荆州三八洲大桥	100+6×150+100	连续梁	0.667	两单室箱		40~70	32~115	8.0	3.3	1/18.8	1/45.5	12.5	7.0
27	湖南白沙大桥	90+150+90	连续梁	0.60	单室箱	26	40~70	28~100	8.5	3.5	1/17.7	1/42.9	13.0	
28	沅陵沅水大桥	85+140+85+42	连续刚构	0.607	单室箱		40~60	30~80	8.0	2.8	1/17.5	1/50	14.0	8.0
29	厦门海沧大桥西航道桥	78+140+78+42+42	连续刚构	0.557	单室箱	28	50~65	32~85	7.5	2.5	1/18.7	1/56	15.25	7.0
30	元磨高速K293+367大桥	77+140+77	连续刚构	0.550	单室箱	28	50~70	32~95	7.5	3.0	1/18.7	1/46.7	22.5	11.5
31	云南大保高速K442+665大桥	77+2×140+77	连续刚构	0.550	单室箱	28	50~70	32~95	7.5	3.0	1/18.7	1/46.7	22.5	11.5
32	肇庆大桥	87+4×136+87	连续梁	0.640	单室箱	25	50,65,75	30~100	8.0	3.0	1/17.0	1/45.3	22.0	10.0
33	安徽涂山淮河大桥	45+90+130+90+45	连续梁	0.692	两单室箱				7.0	2.5	1/18.6	1/52.0	13.5	

序号	桥名	跨径布置(m)	结构	边中跨比	截面(cm)				梁高(m)		高跨比		梁宽(m)	
					形式	顶板厚	腹板厚	底板厚	根部	跨中	根部	跨中	顶	底
34	福建刺桐大桥	90+130+90	连续刚构	0.692	单室箱	25	40~60	25~100	7.0	2.5	1/18.6	1/52	13.2	6.6
35	武汉长江二桥	83+130+125	连续刚构	0.638	两单室箱		40~70		10.0	3.5	1/13	1/37.1	13.2	6.8
36	南昆铁路清水河大桥	72.8+128+72.8	连续刚构	0.569	单室箱	50	40~70	40~90	8.8	4.4	1/14.5	1/29.1	8.1	6.1
37	广东德庆西江大桥	82+2×128+82	连续梁	0.641	两单室箱				7.0	2.8	1/18.3	1/45.7		
38	广东德胜大桥	82+128+82	连续梁	0.641	两单室箱				7.0	2.6	1/18.3	1/49.2		
39	珠海大桥	70+2×125+70	连续刚构	0.560	单室箱	28	40~54	30~70	6.8	2.5	1/18.4	1/50	13.3	7.0
40	广西六律邕江大桥	80+125+80	连续刚构	0.640	单室箱		40~55	32~80	6.8	2.5	1/18.4	1/50	13.5	7.0
41	广东潭州大桥	75+125+75	连续梁	0.60	两单室箱				7.0	2.75	1/17.9	1/45.5	13.85	
42	上海奉浦大桥	85+3×125+85	连续梁	0.68	单室箱	30,40（支点80）	48,55（支点105）	30~90（支点140）	7.0	2.8	1/17.9	1/44.6	18.6	8.6
43	惠州大桥	62+92+124+92+62	连续梁	0.742	单室箱	30	46~68	30~85	7.0	3.0	1/17.7	1/41.3	19.5	
44	常德沅水大桥	84+3×120+84	连续梁	0.70	单室箱	30	46~68	30~85	6.2	3.0	1/19.4	1/40.0	17.6	9.0
45	东明黄河大桥	75+7×120+75	连续刚构	0.625	单室箱	25	40~55	25~80	6.5	2.6	1/18.5	1/46.2	18.34	9.0
46	南海金沙大桥	66+120+66	连续刚构	0.550	单室箱	28	40	32~60	6.0	2.5	1/20	1/48	21.0	11.0
47	吉林九站松花江大桥	75+120+75	连续刚构	0.625	单室箱	30	40~80	32~80	5.71	3.0	1/21	1/40	14.0	6.5
48	广东南海广河公路大桥	66+120+66	连续刚构	0.550	单室箱	28	40	25~80	6.0	2.5	1/20	1/48	17.5	8.5
49	湘阴湘江大桥	65+3×100+65+50	连续梁	0.650	单室箱	28	40,55,70	26~80	5.9	3.2	1/16.9	1/31.3	16.0	9.0
50	榕华大桥	55+2×80+55	连续梁	0.688	两单室箱	28~40	40	22~36.9	4.5	2.0	1/17.8	1/40.0	12.49	7.0
51	珠海大桥副航道桥	45+2×80+45	连续梁	0.563	两单室箱	28（0号块40）	36,50（0号块80）	26~50（0号块100）	4.5	2.0	1/17.8	1/40.0	14.1	7.0

注：*——括号内为根部局部梁段的顶板厚度。

7.5 连续体系梁桥的构造及特点

预应力混凝土连续梁桥中纵向预应力筋的布置方式有多种多样，与所采用的施工方法以及预应力筋的种类等有密切的关系。

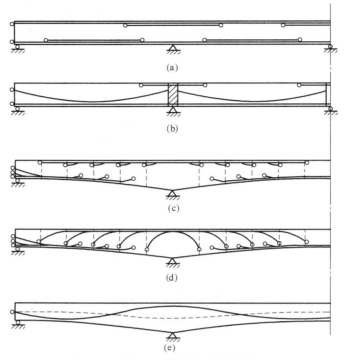

图 7-51　预应力混凝土连续梁配筋方式

　　图 7-51（a）表示采用顶推法施工的直线形预应力筋布置方式。上、下的通束使截面接近轴心受压，以抵抗顶推过程中各截面承受的正负弯矩的交替变化。待顶推完成后，再在跨中的底部和支点的顶部增加局部预应力筋，用来满足运营荷载下相应的内力要求。有时按设计还在跨中的顶部和支点附近的底部设置局部的施工临时束，待顶推完成后即予卸除。

　　图 7-51（b）表示采用先简支后连续施工方法的预应力筋布置方式。待墩上接缝混凝土达到强度后，用设置在接缝顶部的局部预应力筋来建立结构的连续性。

　　图 7-51（c）和（d）表示为采用悬臂施工方法的预应力筋布置方式。梁中除了正弯矩区和负弯矩区各需布置顶部和底部预应力筋外，在有正、负弯矩的区段内，顶、底板中均需设置预应力筋。图 7-51（c）所示为直线布束方式，即顶板预应力筋沿水平布置并锚固在梗肋处，此种布束方式可减少预应力筋的摩阻损失，并且穿束方便，也改善了腹板的混凝土浇筑条件。水平预应力筋的设计和构造仅由弯曲应力决定，而抗剪强度则由竖向预应力筋来提供。图 7-51（d）所示为顶板预应力筋在腹板内弯曲并下弯锚固在腹板上，以减小外荷载所产生的剪力。此时腹板应具有足够的厚度以承受集中的锚固力。

　　图 7-51（e）表示整根曲线形通束锚固于梁端的布置方式，一般用于整联现浇的情形。在此情况下，若预应力筋又长且弯曲次数又多，就显著加大了

预应力筋的摩阻损失。因而联长或力筋不宜过长。

预应力筋的布置要考虑到张拉操作的方便。当需要在梁内、梁顶或梁底锚固预应力筋时，应根据预应力筋锚固区的受力特点给予局部加强，以防开裂损坏。

2. 横向预应力筋

横向预应力筋是用以保证桥梁的横向整体性、桥面板及横隔板横向抗弯能力的主要受力钢筋，一般布置在横隔板和顶板中。图 7-52 示出了对箱梁截面的顶板施加横向预应力的力筋构造。由于目前大跨度梁式桥主梁大都采用箱形截面，顶板厚度一般在 25～35cm 左右，在保证大量纵向预应力筋穿过的前提下，所剩的空间位置有限，此时横向预应力筋趋向于采用扁锚体系，以减少布筋所需空间。

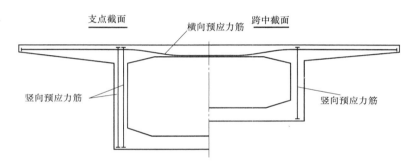

图 7-52　箱梁横向及竖向配筋布置方式

3. 竖向预应力筋

竖向预应力筋布置在腹板中，主要作用是提高截面的抗剪能力。图 7-52 中还示出了对箱梁截面的腹板施加竖向预应力的力筋构造。竖向预应力筋在梁体腹板内沿纵向的布置间距可根据竖向剪力的分布而进行调整，靠支点截面位置较密，靠跨中位置较疏。竖向预应力筋比较短，故常采用高强粗钢筋以减少力筋张拉锚固时的回缩损失。但是由于粗钢筋强度较低（小于1000MPa），长度较短，因而张拉伸长量小，在使用中容易造成预应力损失过大或失效。为克服这一问题，对施工提出二次张拉的要求是十分必要的，这样做可消除大部分混凝土弹塑性压缩引起的预应力损失。

另外，一种拉索式锚具也已广泛用于钢绞线竖向预应力体系中，如图 7-53 所示。具体方法也是进行二次张拉：第一次张拉使锚杯内的夹片夹紧预应力筋，第二次张拉锚杯，直至设计张拉力后，拧紧锚杯外螺母固定。这种预应力筋张拉的回缩损失十分小，而二次张拉和钢绞线的大延伸量使其在使用中不易失效。

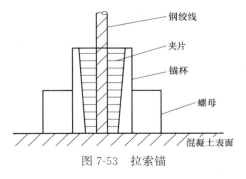

图 7-53　拉索锚

7.5　连续体系梁桥的构造及特点

预应力筋张拉后应及时对管道作压浆处理并封锚，压浆应密实饱满，否则预应力筋的锈蚀断裂可能造成灾难性的后果。

*7.6　混凝土刚架桥

桥跨结构（主梁）和墩台（支柱）整体相连的桥梁叫刚架桥。由于两者之间的刚性连接，在竖向荷载作用下，将在主梁端部产生负弯矩，因而减少了跨中的正弯矩，跨中截面尺寸也相应得以减小，故刚架桥的主梁高度可以较梁桥小。因此刚架桥通常适用于需要较大的桥下净空和建筑高度受到限制的桥梁结构中，如立交桥、高架桥等。

刚架桥在竖向荷载作用下，支柱除承受压力外，还承受弯矩，是一种压弯构件。同时刚架桥在竖向荷载作用下，还产生水平推力，因此其主梁受力又有拱的特征。当然由于存在水平推力，需要有良好的地基条件，或用较深的基础和用特殊的构造措施来抵抗推力作用。

刚架桥由于采用墩梁固结的构造，使之既可省掉昂贵的支座装置，又可在施工中不用进行体系的转换；特别是在恒载条件下，桥墩两侧梁体结构的受力状态接近平衡，桥墩接近中心受压，主梁以受弯为主，仍属于梁式桥的受力状态。

刚架桥除了几种常用的形式，如前一节介绍的连续刚构桥和刚构-连续组合体系桥外，还有门式刚架桥、斜腿刚架桥等。

7.6.1　门式刚架桥

图 7-54 所示是一座跨越城市交通干线的门式刚架桥示例。它的主要特点是将桥台台身与主梁固结，既省掉了主梁与桥台之间的伸缩缝，改善了桥头行车的平顺性，又提高了结构的刚性。在竖向荷载作用下，可以利用固结端的负弯矩来部分地降低梁的跨中弯矩，从而达到减小梁高的目的。在城市中当遇到线路立体交叉或需要跨越不太宽的河流时，采用这种桥型，就能降低线路标高，改善纵坡和减少路堤土方量。当桥面标高已经确定时，采用这种桥型可以增加桥下净空。

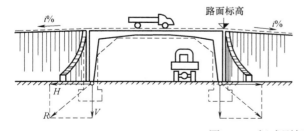

图 7-54　门式刚架桥示例

另一方面，它由于台梁固结，改变了结构的体系，使其受力状态介于梁桥和拱桥之间，由此也带来以下一些缺点：

① 薄壁台身（或立柱）除承受轴向压力外，还承受横向弯矩，并且在基脚处还产生水平推力。因此，必须要求有良好的地基条件，或者采用较深的基础和特殊的构造措施来抵抗水平推力的作用。

② 基脚无论采用固结或者铰接构造，都会因预应力、徐变、收缩、温度变化以及基础变位等因素，而产生较大的次内力，如图 7-55 所示。

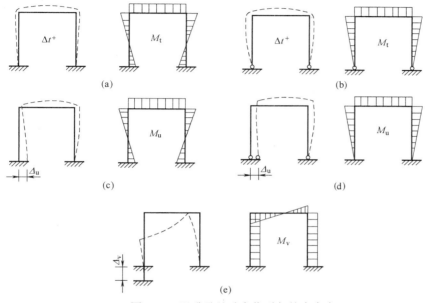

图 7-55　温升及基础变位引起的次内力

③ 当基脚采用铰接构造时（图 7-56），固然可以改善基底的受力状态，使地基应力趋于均匀，但铰的构造比较复杂，特别是当铰支承修建在河水中或被接线路堤掩埋时，不仅施工困难，而且易于腐蚀，难以养护和维修。

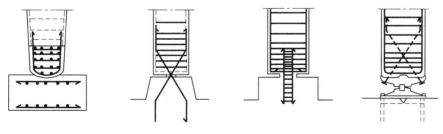

图 7-56　各种铰的构造

④ 角隅节点（台身与主梁连接处）的截面承受较大的负弯矩，因此节点内缘的混凝土会产生很高的压应力，而节点外缘的拉应力虽然由钢筋来承担，但此处的主拉应力常常也会使角隅截面产生劈裂的裂缝，如图 7-57（a）所示。因此，工程设计中必须在此处设置防劈钢筋予以特别加强，如图 7-57（b）所示。

⑤ 这种桥型宜采用有支架的整体浇筑法施工，相对于普通的装配式简支梁桥，施工工期往往拖延较长。

223

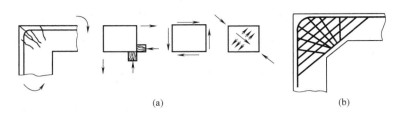

图 7-57　角隅节点的受力与防劈钢筋构造

（a）角隅节点受力示意图；（b）角隅节点普通钢筋构造图

7.6.2　斜腿刚架桥

由一对斜置的撑杆与梁体固结后来承担车辆荷载的桥梁称之为斜腿刚架桥（图 7-58）。这种桥型可以克服门式刚架桥中所存在的一些缺点。

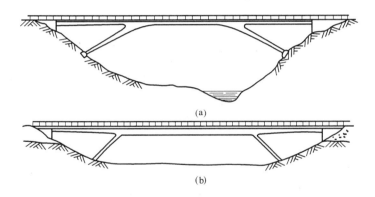

图 7-58　斜腿刚架桥

（a）跨越有坚岩陡坡或谷地上的刚架桥；（b）高速公路上的跨线桥

① 斜腿刚架桥的主跨相当于一座折线形拱式桥，其压力线接近于拱桥的受力状态，斜腿以受压为主，比门式刚架桥的立墙或立柱受力更合理，故其跨越能力也大。

② 斜腿刚架桥的两端具有较长的伸臂长度，通过调整边跨与中跨的跨长比，可以使两端支座成为单向受压铰支座而不致向上翘起，从而改善行车条件，同时在恒载作用下边跨对主跨的跨中弯矩也能起到卸载作用，有利于将主跨的梁高降低。

③ 斜腿下端的铰支座一般坐落在岸边的坚硬岩石上或者桥台上，不会被水淹没或者被土堤掩埋，故在施工上和维护保养上都比门式刚架桥简单和容易些。

因此，斜腿刚架桥常常建造在跨越深谷地带或用在跨越其他线路（公路或铁路）的立交桥上。

然而，斜腿刚架桥也存在一些与门式刚架桥相类似的缺点，主要包括：

① 主梁的恒重和车辆荷载都是通过主梁与斜腿相交处的横隔板（图7-59a、b），再经过斜腿传至地基土上。这样的单隔板或呈三角形的隔板将使此处梁截面产生较大的负弯矩峰值，使得通过此截面的预应力钢筋十分密集，在构造布置上比较复杂（图7-59c）。

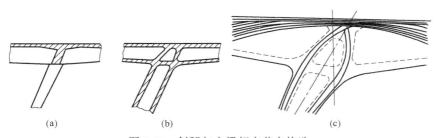

(a)　　　　　　　(b)　　　　　　　(c)

图7-59　斜腿与主梁相交节点构造

（a）、（b）横隔板形式；（c）节点预应力钢筋

② 预应力、徐变、收缩、温度变化以及基础变位等因素都会使斜腿刚架桥产生次内力，受力分析上也相对较复杂。因此，为了减少超静定次数，同时使斜腿基脚处的地基应力均匀些，一般将斜腿基脚处设计成铰支座。

此外，斜腿刚架桥还存在一个比门式刚架桥更严重的缺点，那就是它具有与地面呈40°～50°夹角的斜腿，造成施工上有一定的难度，这也是限制这种桥型获得进一步推广的主要原因之一。

小结及学习指导

（1）7.1节重点把握公路混凝土整体式简支板桥、装配式简支板桥的截面形式、适应跨径、板厚以及构造特点；装配式斜板桥的受力及配筋特点。

（2）7.2节重点把握公路装配式T形简支梁桥的上部结构组成、适用跨径、梁高、梁宽，桥面板及横向连接构造，横隔梁间距及横向连接方式；公路的整体式T形简支梁、混凝土组合梁桥、混凝土箱形简支梁桥的截面形式。

（3）7.3节重点把握铁路的钢筋混凝土简支梁、后张法预应力混凝土简支梁、先张法预应力混凝土简支梁的截面形式、适用跨径、梁高等主要尺寸常见取值；把握高速铁路线路间距范围。

（4）7.4节了解悬臂梁桥和T形刚构桥的形式、总体特点与适应情况，重点把握牛腿概念，了解其验算内容。

（5）7.5节重点把握连续梁桥、连续刚构桥在力学、构造和分孔方面的异同以及各自的适用范围，掌握主要截面尺寸取值范围和配筋特点。

（6）7.6节了解刚架桥的类型与特点。

7.1、7.2、7.3、7.5节本章重点，另外7.4和7.6节了解即可。铁路桥梁主要是在承受的荷载、桥面宽度以及刚度要求（基频）方面与公路桥梁不同，其他方面大体相同，这是学习时需注意的。

习题及思考题

7-1 混凝土梁桥有哪些分类方法，分别分为哪几类？装配式梁桥有哪些优点？

7-2 装配式简支板桥的受力、配筋特点是什么？装配式简支板桥横向连接方式有哪些？

7-3 装配式 T 形梁桥的桥面板和横隔梁的横向连接有哪些方式？

7-4 混凝土组合式梁桥与装配式 T 形梁桥的受力特点有什么不同？

7-5 铁路预应力混凝土简支梁桥在构造上主要有哪些特点？

7-6 简述悬臂体系和连续体系跨越能力比简支梁桥大的主要原因。

7-7 连续梁加大支座附近梁高做成变截面形式有什么意义？

7-8 预应力混凝土梁桥的布束原则有哪些？什么是连续梁主梁的三向预应力？

7-9 叙述 T 形刚构桥、连续梁桥和连续刚构桥三种结构的主要优缺点并进行比较。

7-10 斜腿刚架桥有哪些优、缺点？斜腿刚架桥的主要施工方法有哪些？

第8章
混凝土简支梁桥的计算理论

本章知识点

> 【知识点】 荷载横向分布系数的概念与计算方法；主梁内力计算方法与公式；横隔梁内力计算方法；刚度要求（活载挠度限值）与预拱度计算；其他梁桥荷载横向分布系数的计算特点。
>
> 【重点】 重点把握桥梁空间受力转化为平面受力进行计算的方法、荷载横向分布系数的概念，以及横向分布计算各方法的假定、适应条件和主要公式。
>
> 【难点】 深刻理解桥梁空间受力转化为平面受力进行计算的方法与荷载横向分布系数的概念。

8.1 概述

设计一座桥梁首先要重视总体方案、桥型及布置的合理性。上部结构的构造形式、跨径等被确定后，就要进行桥梁各部构件的详细计算。

在第一篇"总论"中已经阐明了桥梁设计的基本要求、桥梁的概念设计方法、桥面系及支座的构造及其计算，在本篇的前几章中介绍了钢筋混凝土梁桥的类型组成，纵、横截面的布置以及各种构件主要尺寸的选定和构造细节。本章将在已熟知的梁桥结构设计与构造的基础上，进一步详细阐述主梁及其横隔梁的计算原理和方法。

上承式简支梁桥设计计算的项目一般有主梁、横隔梁、桥面板和支座等。主梁是主要承重构件，无论从结构的安全或材料消耗上来看，它是梁桥的重要组成部分。横隔梁主要增强桥梁的横向刚性，起分布荷载的作用。桥梁的具体设计计算，习惯上从主梁开始，其次为横隔梁，再是桥面板和支座。当然，从桥面板开始，从上而下进行计算，也未尝不可。

在进行工程结构设计时，通常总是先根据使用要求、跨径大小、桥面净宽、荷载等级、施工条件等基本资料，运用结构的构造知识并参考已有桥梁的设计经验来拟定结构各构件的截面形式和细部尺寸，估算结构的自重，然后根据作用在结构上的荷载，用熟知的数学、力学方法借助计算机软件计算出结构各部分所受的不利内力，再由已求得的内力进行强度、刚度和稳定性的验算，以此来判断原先所拟定的细部尺寸是否符合要求。

如果验算结果不能满足要求，或者尺寸选得过大，则需修正原来所拟定的尺寸再进行验算，直到满足要求为止。

鉴于钢筋混凝土构件的截面设计和验算问题属于"结构设计原理"课程的内容，本章将着重阐明主梁和横隔梁的受载特点和最不利内力（包括内力组合）的计算方法。关于行车道板及支座的布置、构造和计算，已在第 5 章中阐述。

8.2　公路桥梁荷载横向分布系数的计算

作用在桥梁上的荷载包括恒载与活载。恒载计算比较简单，除了考虑结构自重外，通常可近似地将桥面铺装、人行道、栏杆等质量分摊给各片主梁来承担。鉴于人行道、栏杆等构件一般是在桥梁连成整体后安装于边梁，为了精确起见，也可将这些恒载按下述荷载横向分布的方法来计算。

下面先以熟知的单梁内力计算作为比较，阐明一座梁桥在活载作用下内力计算的特点。

对于单梁来说，如以 $\eta_1(x)$ 表示梁上某一截面的内力影响线，则就可方便地计算该截面的内力值 $S = P \cdot \eta_1(x)$。这里的 $\eta_1(x)$ 是一个单值函数，梁在 xoz 平面内受力，它是一种简单的平面问题。对于一座梁式板桥或者由多片主梁通过桥面板和横隔梁组成的梁桥来说，如图 8-1 所示，情况就完全不同了。当桥上作用荷载 P 时，由于结构的横向刚性必然会使荷载在 x 和 y 方向内同时发生传递，并使所有主梁都以不同程度参与工作。鉴于结构受力和变形的空间性，故求解这种结构的受力属于空间计算理论问题。20 世纪 50 年代以来，国内外对这一问题进行过许多理论和实验研究，但由于实际结构的复杂性，完全精确的计算仍难实现。每一种理论都有一定的假设条件和适用范围。总的来说，作为空间计算理论的共同点是直接求解结构上任一点的内力

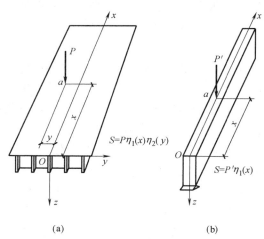

图 8-1　荷载作用下的内力计算

（a）在梁桥上；（b）在单梁上

或挠度，并且也可像单梁计算中应用影响线那样，借助理论分析所得的影响面来计算某点的内力值。如果结构某点截面的内力影响面用双值函数 $\eta(x, y)$ 来表示，则该截面的内力值可表示为 $S = P \cdot \eta(x, y)$。

由于作用于桥上的车辆荷载沿纵横向均能移动，用影响面求解最不利的内力值仍是非常繁重的工作，因此上述这种空间计算方法实际上没有推广应用。

目前广泛使用的一种方法，是将复杂的空间问题合理转化成图 8-1（a）所示简单的平面问题来求解。这种方法的实质是将前述的影响面 $\eta(x, y)$ 分离成两个单值函数的乘积，即 $\eta_1(x) \cdot \eta_2(y)$，因此，对于某根主梁某一截面的内力值就可表示为：

$$S = P \cdot \eta(x, y) \approx P \cdot \eta_2(y) \cdot \eta_1(x) \tag{8-1}$$

上式中 $\eta_1(x)$ 就是单梁某一截面的内力影响线（图 8-1a），如果我们将 $\eta_2(y)$ 看作是单位荷载沿横向作用在不同位置时对某梁所分配的荷载比值曲线，即某梁的荷载横向分布影响线，则 $P \cdot \eta_2(y)$ 就是 P 作用于 $a(x, y)$ 点时沿横向分布给某梁的荷载（图 8-1b），暂以 P' 表示，即 $P' = P \cdot \eta_2(y)$，这样，就可像图 8-1（a）所示平面问题一样，求得某梁上某截面的内力值，这就是利用荷载横向分布计算内力的基本原理。

下面进一步阐明荷载横向分布系数的概念。图 8-2（a）表示桥上作用着一辆前后轴各重 P_1 和 P_2 的车辆荷载，相应的轮重为 $P_1/2$ 和 $P_2/2$。

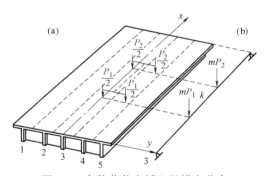

图 8-2　车轮荷载在桥上的横向分布

如欲求 3 号梁 k 点的截面内力，则可先用 3 号梁的荷载横向分布影响线求出桥上横向各排轮重对该梁分布的总荷载（按横向最不利荷载位置求最大值），再用这些荷载通过单梁 k 点截面的内力影响线来计算 3 号梁该截面的最大内力值。显然，如果桥梁的结构一定，轮重在桥上的位置也确定，则分布至 3 号梁的荷载也是一个定值。在桥梁设计中，通常用一个表征荷载分布程度的系数 m 与轴重的乘积来表示这个定值，因此前后轴的两排轮重分布至 3 号梁的荷载可分别表示为 mP_1 和 mP_2（图 8-2b）。这个 m 就称为**荷载横向分布系数**，它表示某根主梁（这里指 3 号梁）所承担的最大荷载是各个轴重的倍数（通常小于1）。

需要说明的是，上述将空间计算问题转化成平面问题的做法是一种近似的处理方法，因为实际上荷载沿横向通过桥面板和多根横隔梁向相邻主梁传递时情况是很复杂的，原来的集中荷载传到相邻梁的就不再是同一纵向位置的集中荷载了。但是，理论和试验研究指出，对于直线梁桥，通过沿横向的挠度关系来确定荷载横向分布规律，由此引起的误差很小。如果考虑到实际作用在桥上的荷载并非只是一个集中荷载，而是分布在桥跨不同位置的多个车轮荷载，那么此种误差就会更小。

显然，同一座桥梁内各根梁的荷载横向分布系数 m 是不相同的，不同类型的荷载（如汽车、人群荷载等）其 m 值也各异，而且荷载在梁上沿纵向的位置对 m 也有影响。这些问题将在以后的各节中加以阐明。现分析桥梁结构横向连接刚度对于荷载横向分布的影响。

图 8-3 表示 5 根主梁所组成的桥梁在跨度内承受荷载 P 的跨中横截面。图 8-3（a）表示主梁与主梁间没有任何联系的结构，此时如中梁的跨中有集中力 P 作用，则全桥中只有直接承载的中梁受力，也就是说，该梁的横向分布系数 $m=1$，显然这种结构形式整体性差，而且是很不经济的。

图 8-3（c）表示横隔梁的刚度接近无穷大（$EI_H \approx \infty$）的情况，此时在同样的荷载 P 作用下，由于横隔梁无弯曲变形，所有 5 根主梁的挠度均相等，荷载 P 由 5 根梁均匀分担，每根梁只承受 $\frac{1}{5}P$，也就是说，各梁的横向分布系数 $m=0.2$。

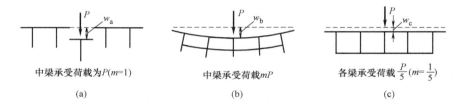

中梁承受荷载为 $P(m=1)$　　　中梁承受荷载 mP　　　各梁承受荷载 $\frac{P}{5}(m=\frac{1}{5})$

　　　　(a)　　　　　　　　　　　(b)　　　　　　　　　　(c)

图 8-3　不同横向刚度时主梁的变形和受力情况
（a）横向无联系；（b）$\infty > EI_H > 0$；（c）$EI_H \to \infty$

然而，实际情况是：各根主梁虽通过横向结构连成整体，但是横向结构的刚度并非无穷大。因此，在相同的荷载 P 作用下各根主梁将按照某种复杂的规律变形（图 8-3b），此时中梁的挠度 w_b 必然要小于 w_a 而大于 w_c，设中梁所受的荷载为 mP，则其横向分布系数 m 也必然小于 1 而大于 0.2。

由此可见，桥上荷载横向分布的规律与结构横向连接刚度有着密切关系，横向连接刚度越大、荷载横向分布作用越显著，各主梁的分担也越趋于均匀。

在实践中，由于施工特点、构造设计等的不同，钢筋混凝土和预应力混凝土梁桥上可能采用不同类型的横向结构。因此，为使荷载横向分布的计算能更好地适应各种类型的结构特性，就需要按不同的横向结构简化计算模型拟定出相应的计算方法。目前常用以下几种荷载横向分布计算方法：

（1）杠杆原理法——把横向结构（桥面板和横隔梁）视作在主梁上断开而简支在其上的简支梁。

（2）偏心压力法——把横隔梁视作刚性极大的梁，当计及主梁抗扭刚度影响时，此法为修正偏心压力法。

（3）横向铰接板（梁）法——把相邻板（梁）之间视为铰接，只传递剪力。

（4）横向刚接梁法——把相邻主梁之间视为刚性连接，即传递剪力和弯矩。

（5）比拟正交异性板法——将主梁和横隔梁的刚度换算成两向刚度不同的比拟弹性平板来求解。

总的说来，上列各种实用的计算方法的共同特点是：从分析荷载在桥上的横向分布出发，求得各梁的荷载横向分布影响线，进而通过横向最不利布载计算荷载横向分布系数 m。有了作用于单梁上的最大荷载，就能按熟知的方法求得主梁的活载内力值。

钢筋混凝土和预应力混凝土梁桥的恒载一般比较大，即使在计算活载内力中会带来一些误差，但对于主梁总的设计内力来说，这种误差的影响一般是不大的。

下面分别介绍各种计算荷载横向分布系数方法的基本原理并举例。

8.2.1 杠杆原理法

1. 计算原理和适用场合

杠杆原理法基本假定是忽略主梁之间横向结构的联系作用，即假设桥面板在主梁上断开，而当作沿横向支承在主梁上的简支梁或悬臂梁来考虑。

图 8-4（a）所示即为桥面板直接搁在工字形主梁上的装配式桥梁。当桥上有车辆荷载作用时，很明显，作用在左边悬臂板上的轮重 $P_1/2$ 只传递至 1 号和 2 号梁，作用在中部简支板上者只传给 2 号和 3 号梁（图 8-4b），也就是，板上的轮重 $P_1/2$ 各按简支梁反力的方式分配给左右两根主梁，而反力 R_i 的大小只要利用简支板的静力平衡条件即可求出，这就是通常所谓作用力平衡的"杠杆原理"。如果主梁所支承的相邻两块板上都有荷载，则该梁所受的荷载是两个支承反力之和，如图 8-4（b）中 2 号梁所受的荷载为 $R_2 = R_2' + R_2''$。

求主梁所受的最大荷载，通常可利用反力影响线，即荷载横向分布影响线进行，如图 8-5 所示。

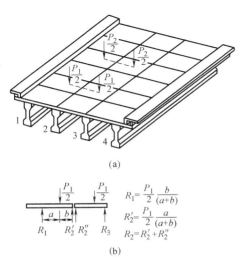

图 8-4　按杠杆原理受力图式

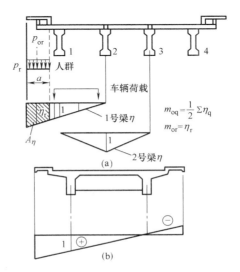

图 8-5　按杠杆原理法计算横向分布系数

8.2　公路桥梁荷载横向分布系数的计算

有了各根主梁的荷载横向影响线，就可根据汽车和人群的最不利荷载位置求得相应的横向分布系数 m_{oq} 和 m_{or}，如图 8-5（a）所示，这里 m_o 表示按杠杆原理法计算的荷载横向分布系数，下脚标 q 和 r 相应表示汽车和人群荷载。图中 $p_{or}=p_r \cdot a$，它表示每延米人群荷载的强度。

尚需注意，采用杠杆原理法计算时，应当计算几根主梁的横向分布系数，以便得到受载最大的主梁的最大内力作为设计的依据。

对于图 8-5（b）所示的双主梁桥，采用杠杆原理法计算荷载的横向分布是足够精确的。

对于一般多梁式桥，不论跨度内有无中间横隔梁，当桥上荷载作用在靠近支点处时，例如当计算支点剪力时的情形，荷载的绝大部分通过相邻的主梁直接传至墩台。因此，可偏安全地用杠杆原理法计算荷载位于靠近主梁支点时的横向分布系数。

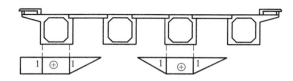

杠杆原理法也可近似应用于横向联系很弱的无中间横隔梁的桥梁，由此计算的荷载分布系数通常对于中间主梁会偏大些，而对于边梁则会偏小。对于无横隔梁的装配式箱形梁桥的初步设计，主梁荷载横向影响线可

图 8-6　无横隔梁装配式箱形梁桥的主梁荷载横向影响线

假设箱形截面宽度内是不变的，其竖标值均等于 1，如图 8-6 所示。

2. 计算举例

【例 8-1】　图 8-7（a）所示为一桥面净空为净－7＋2×0.75m 人行道的钢筋混凝土 T 形梁桥，共设 5 根主梁。试求荷载位于支点处时 1 号梁和 2 号梁相应于车辆荷载和人群荷载的横向分布系数。

【解】　当荷载位于支点处时，应按杠杆原理法计算荷载横向分布系数。

首先绘制 1 号梁和 2 号梁的荷载横向影响线，如图 8-7（b）、（c）所示。

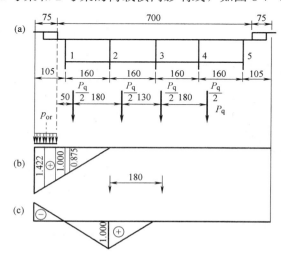

图 8-7　杠杆原理法计算横向分布系数（尺寸单位：cm）

（a）桥梁横截面；（b）1 号梁横向影响线；（c）2 号梁横向影响线

再根据《公路桥涵设计通用规范》JTG D60—2015 规定，在横向影响线上确定荷载沿横向最不利的布置位置。例如，对于车辆荷载，规定的车轮横向轮距为 1.80m，两列汽车车轮的横向最小间距为 1.30m，车轮距离人行道路缘石最少为 0.50m。求出相应于荷载位置的影响线竖标值后，就可得到横向所有荷载分布给 1 号梁的最大荷载值为：

车辆荷载：

$$\max A_{1q} = \sum \frac{P_q}{2} \cdot \eta_q = \sum \frac{\eta_q}{2} \cdot P_q = \frac{0.875}{2} \cdot P_q = 0.438 P_q$$

人群荷载：

$$\max A_{1r} = \eta_r \cdot p_r \cdot 0.75 = 1.422 p_{or}$$

式中　P_q 和 p_{or}——相应为汽车荷载轴重和每延米跨长的人群荷载集度；

η_q 和 η_r——对应于汽车车轮和人群荷载集度的影响线竖标。

由此可得 1 号梁在车辆荷载和人群荷载作用下的最不利荷载横向分布系数分别为：$m_{oq} = 0.438$ 和 $m_{or} = 1.422$。

同理，按图 8-7 (c) 可计算得 2 号梁的最不利荷载横向分布系数为：$m_{oq} = 0.5$ 和 $m_{or} = 0$。这里，在人行道上没有布载，因为人行道荷载引起的负反力在考虑荷载组合时反而会减少 2 号梁的受力。

8.2.2　偏心压力法

在钢筋混凝土或预应力混凝土梁桥上，通常除在桥的两端设置横隔梁外，还在跨度中央，甚至还在跨度四分点处设置中间横隔梁，这样可以显著增加桥梁的整体性，并加大横向结构的刚度。根据试验观测结果和理论分析，对具有可靠横向连接，且宽跨比 B/l 不大于 0.5 的桥梁（一般称为窄桥），车辆荷载作用下中间横隔梁的弹性挠曲变形同主梁的相比微不足道，中间横隔梁像一根刚度无穷大的刚性梁一样保持直线的形状，如图 8-8 所示，图中 w 表示桥跨中央的竖向挠度。从桥上受荷后各主梁的变形（挠度）横桥向分布规律来看，它完全类似于一般材料力学中杆件偏心受压的情况，这就是计算荷载横向分布的偏心压力法名称的由来。鉴于横隔梁无限刚性的假定，此法也称"刚性横梁法"。

下面根据上述假定分析荷载对各主梁的横向分布。

1. 偏心荷载 P 对各主梁的荷载分布

由图 8-8 可见，在偏心荷载 P 作用下，由于各根梁的挠曲变形，刚性的中间横隔梁将从原来的 c-d 位置变位至 c'-d'（为倾斜直线）；靠近 P 的边梁 1 的跨中挠度 w_1 最大，远离 P 的边梁 5 的 w_5 最小（也可能出现负值），其他任意梁的跨中挠度均按 c'-d' 线呈直线分布。因在弹性范围内某根主梁所受到的荷载 R_i 与该荷载所产生的弹性挠度 w_i 成正比，所以上述情况下，边梁 1 受的荷载最大，边梁 5 受的荷载最小（也可能承受反向荷载）。由此可得出结论：在中间横隔梁刚度相当大的窄桥上，在横向偏心布置的车辆荷载作用下，总是靠近荷载一侧的边梁受载最大。

为了计算 1 号边梁所受的荷载，现在考察图 8-9 所示在跨中有单位荷载 $P=1$ 作用在左边 1 号梁梁轴上（偏心距为 e）时的荷载分布情况。作为一般的情形，假定各种主梁的惯性矩 I_i 是不相等的（实践中往往有边梁大于中间主梁的情况）。显然，对于具有近似刚性中间横隔梁的结构，图 8-9（a）所示的荷载可以用作用于桥轴线的中心荷载 $P=1$ 和偏心力矩 $M=1 \cdot e$ 来替代，如图 8-9（b）所示。因此，只要分别求出上述两种荷载下（图 8-9c、d）对于各主梁的作用力，并将它们相应地叠加，便可得到偏心荷载 $P=1$ 对各根主梁的荷载横向分布。

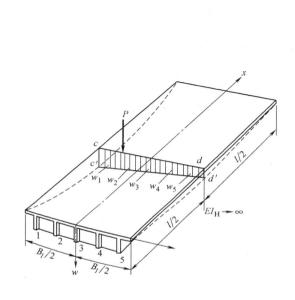

图 8-8　梁桥挠曲变形（刚性横梁）

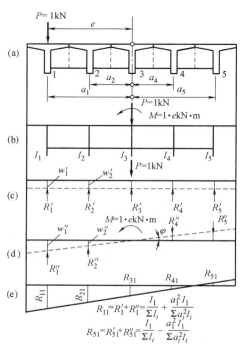

图 8-9　偏心荷载 $P=1$ 对各主梁的荷载分布

注：$B_1/l \leqslant 0.5$ 作为窄桥的范围，这是一种粗略的概括。近年来根据理论分析研究，认为以 $\theta = \dfrac{B_1}{2l} \sqrt[4]{\dfrac{J_x}{J_y}} < 0.3$ 来定名窄桥比较适宜，J_x 和 J_y 相应为桥梁纵向和横向的单宽抗弯惯性矩（详见 8.2.5 节）。因此较精确地说，对于 $B_1/l \leqslant 0.5$ 的桥，尚应满足 $J_y/J_x > 0.48$ 的条件才属窄桥。

（1）中心荷载 $P=1$ 的作用

由于假定中间横隔梁是刚性的，且横截面对称于桥中线，各根主梁就产生同样的挠度（图 8-9c），即：

$$w_1' = w_2' = \cdots = w_n' \tag{8-2}$$

根据材料力学，作用于简支梁跨中的荷载（即主梁所分担的荷载）与挠度的关系为：

$$w_i' = R_i' l^3 / 48EI_i \quad \text{或} \quad R_i' = \alpha I_i w_i' \tag{8-3}$$

式中，$\alpha = 48E/l^3 = $ 常数（E 为梁体材料的弹性模量）。

由静力平衡条件并代入式（8-3），可得：

$$\sum_{i=1}^{n} R'_i = \alpha w'_i \sum_{i=1}^{n} I_i = 1$$

故：

$$\alpha w'_i = \frac{1}{\sum\limits_{i=1}^{n} I_i} \tag{8-4}$$

将上式代入式（8-3），即得中心荷载 $P=1$ 在各梁间的荷载分布为：

$$R'_i = \frac{I_i}{\sum\limits_{i=1}^{n} I_i} \tag{8-5}$$

对于 1 号梁：
$$R'_1 = \frac{I_1}{\sum\limits_{i=1}^{n} I_i}$$

式中 I_1——1 号梁（边梁）的抗弯惯性矩；

$\sum\limits_{i=1}^{n} I_i$——桥梁横截面内所有主梁抗弯惯性矩的总和，对于已经确定的桥

梁横截面它是常数。

如果各主梁的截面均相同，则得：

$$R'_1 = R'_2 = \cdots = R'_n = 1/n \tag{8-6}$$

式中 n——主梁根数。

（2）偏心力矩 $M = 1 \cdot e$ 的作用

在偏心力矩 $M = 1 \cdot e$ 的作用下，会使桥的横截面产生绕中心点 O 的转角 φ（图 8-9d），因此各根主梁产生的竖向挠度 w''_i 可表示为：

$$w''_i = a_i \tan\varphi \tag{8-7a}$$

由式（8-7a），主梁所受荷载与挠度的关系为：

$$R''_i = \alpha I_i w''_i \tag{8-7b}$$

将式（8-7a）代入上式即得：

$$R''_i = \alpha \tan\varphi a_i I_i = \beta a_i I_i \qquad (\beta = \alpha \tan\varphi) \tag{8-8}$$

从图 8-9 (d) 中可知，R''_i 对桥的截面中心点 O 所形成的反力矩之和应与外力 $M = 1 \cdot e$ 平衡，故据此平衡条件并利用式（8-8）可得：

$$\sum_{i=1}^{n} R''_i \cdot a_i = \beta \sum_{i=1}^{n} a_i^2 I_i = 1 \cdot e$$

则：

$$\beta = \frac{e}{\sum\limits_{i=1}^{n} a_i^2 I_i} \tag{8-9}$$

式中，$\sum\limits_{i=1}^{n} a_i^2 I_i = a_1^2 I_1 + a_2^2 I_2 + \cdots + a_n^2 I_n$，对于已经确定的桥梁截面它是常数。

8.2 公路桥梁荷载横向分布系数的计算

将式（8-9）代入式（8-8），即得偏心力矩 $M = 1 \cdot e$ 作用下各主梁所分配的荷载为：

$$R''_i = \frac{e a_i I_i}{\sum\limits_{i=1}^{n} a_i{}^2 I_i} \tag{8-10}$$

注意：上式中的荷载位置 e 和梁位 a_i 是具有共同原点 O 的横坐标值，因此在取值时应当计入正、负号。例如，当 e 和 a_i 位于同一侧时两者的乘积取正号，反之应取负号。故对于 1 号边梁为：

$$R''_1 = \frac{e a_1 I_1}{\sum\limits_{i=1}^{n} a_i{}^2 I_i} \tag{8-10'}$$

若以 $e = a_1$ 代入上式，即荷载也作用在 1 号边梁轴线上时，就有：

$$R''_{11} = \frac{a_1{}^2 I_1}{\sum\limits_{i=1}^{n} a_i{}^2 I_i} \tag{8-11}$$

如果各根主梁的截面均相同，则：

$$R''_{11} = \frac{a_1{}^2}{\sum\limits_{i=1}^{n} a_i{}^2} \tag{8-12}$$

式中，R''_{11} 的第二个脚标表示荷载作用位置，第一个脚标则表示由于该荷载引起反力的梁号。

（3）偏心荷载 $P = 1$ 对各主梁的总作用

将式（8-5）和式（8-10）相叠加，并设荷载位于 k 号梁轴上（$e = a_k$），就可写出任意 i 号主梁荷载分布的一般公式为：

$$R_{ik} = \frac{I_i}{\sum\limits_{i=1}^{n} I_i} + \frac{a_i a_k I_i}{\sum\limits_{i=1}^{n} a_i{}^2 I_i} \tag{8-13}$$

由此也不难得到关系式：

$$R_{ik} = R_{ki} \frac{I_i}{I_k} \tag{8-14}$$

对于图 8-9 情形，如欲求 $P = 1$ 作用在 1 号梁轴线上时边主梁（1 号和 5 号梁）所受的总荷载，只要在式（8-13）中将 a_k 代入 a_1，将 $a_i I_i$ 分别代以 $a_1 I_1$ 和 $a_5 I_5$，并注意到 $I_5 = I_1$ 和 $a_5 = -a_1$，则得：

$$R_{11} = \frac{I_1}{\sum\limits_{i=1}^{n} I_i} + \frac{a_1{}^2 I_1}{\sum\limits_{i=1}^{n} a_i{}^2 I_i}$$

$$R_{51} = \frac{I_1}{\sum\limits_{i=1}^{n} I_i} - \frac{a_1{}^2 I_1}{\sum\limits_{i=1}^{n} a_i{}^2 I_i} \tag{8-15}$$

求得了各根梁所受的荷载 R_{11}、R_{21}、$\cdots$、R_{n1}，就可绘出 $P=1$ 作用在 1 号梁上时对各主梁的荷载分布图式，如图 8-9（e）所示。鉴于 R_{i1} 图形呈直线分布（各梁挠度横桥向呈直线），故实际上只要计算两根边梁的荷载值 R_{11} 和 R_{51} 就足够了。

2. 利用荷载横向影响线求主梁的荷载横向分布系数

以上论述了沿桥横向只有一个（竖向）集中荷载作用的情况。然而实际上沿桥宽作用的车轮荷载不止一个，为方便起见，通常利用荷载横向影响线计算横向一排荷载对某根主梁的总影响。

已经知道，单位荷载 $P=1$ 作用在桥跨中任一主梁 k 轴线上的各根主梁所受荷载 R_{ik}［式（8-13）］，利用式（8-14）的关系，可得到荷载 $P=1$ 作用在任意梁轴线上时分布至 k 号梁的荷载为：

$$R_{ki}=R_{ik}\frac{I_k}{I_i}$$

这就是 k 号主梁的荷载横向影响线在各梁位处的竖标值，通常写成 η_{ki}（$i=1$，2，$\cdots$，n）。如果各根主梁的截面尺寸相同，则：

$$\eta_{ki}=R_{ki}=R_{ik}$$

如以 1 号边梁为例，它的横向影响线的两个控制竖标值就是：

$$\left.\begin{aligned}\eta_{11}=R_{11}=\frac{I_1}{\sum\limits_{i=1}^{n}I_i}+\frac{a_1{}^2 I_1}{\sum\limits_{i=1}^{n}a_i{}^2 I_i}\\[2mm]\eta_{15}=R_{51}=\frac{I_1}{\sum\limits_{i=1}^{n}I_i}-\frac{a_1{}^2 I_1}{\sum\limits_{i=1}^{n}a_i{}^2 I_i}\end{aligned}\right\} \tag{8-16}$$

若各主梁的截面均相同，上式可简化成：

$$\left.\begin{aligned}\eta_{11}=\frac{1}{n}+\frac{a_1{}^2}{\sum\limits_{i=1}^{n}a_i{}^2}\\[2mm]\eta_{15}=\frac{1}{n}-\frac{a_1{}^2}{\sum\limits_{i=1}^{n}a_i{}^2}\end{aligned}\right\} \tag{8-16'}$$

有了荷载横向影响线，就可以根据荷载沿横向的最不利位置来计算相应的横向分布系数，从而求得其所受的最大荷载。

3. 计算举例

【例 8-2】 计算跨径 $l=19.50\text{m}$ 的桥梁，其横截面如图 8-10（a）所示，试求荷载位于跨中时 1 号边梁的荷载横向分布系数 m_{cq}（汽车荷载）和 m_{cr}（人群荷载），设此桥在跨度内设有刚度较大的横隔梁。

承重结构的长宽比为：

$$\frac{l}{B_1}=\frac{19.50}{5}\times1.60=2.4>2$$

故可按偏心压力法来绘制横向影响线，进而计算横向分布系数 m_c。

本桥各根主梁的横截面均相等，梁数 $n=5$，梁间距为 1.60m，则：

$$\sum_{i=1}^{5} a_i{}^2 = a_1{}^2 + a_2{}^2 + a_3{}^2 + a_4{}^2 + a_5{}^2$$

$$= (2\times1.60)^2 + 1.60^2 + 0 + (-1.60)^2 + (-2\times1.60)^2 = 25.60\text{m}^2$$

由式（8-16′），1 号梁横向影响线的竖标值为：

$$\eta_{11} = \frac{1}{n} + \frac{a_1{}^2}{\sum\limits_{i=1}^{n} a_i{}^2} = \frac{1}{5} + \frac{(2\times1.60)^2}{25.60} = 0.20 + 0.40 = 0.60$$

$$\eta_{15} = \frac{1}{n} - \frac{a_1{}^2}{\sum\limits_{i=1}^{n} a_i{}^2} = 0.20 - 0.40 = -0.20$$

由 η_{11} 和 η_{15} 绘制 1 号梁横向影响线，如图 8-10（b）所示，图中按《公路桥涵设计通用规范》JTG D60—2015 规定确定了汽车荷载的最不利荷载位置。

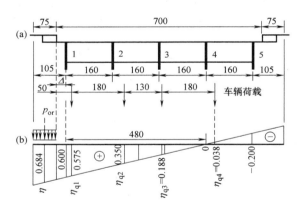

图 8-10　横向分布系数计算图示（尺寸单位：cm）

（a）桥梁横截面；（b）1 号梁横向影响线

进而由 η_{11} 和 η_{15} 计算横向影响线的零点位置，在本例中，设零点至 1 号梁位的距离为 x，则：

$$\frac{x}{0.60} = \frac{4\times1.60 - x}{0.20}, \text{解得：} x = 4.80\text{m}$$

零点位置已知后，就可求出各类荷载相应于各个荷载位置的横向影响线竖标值 η_q 和 η_r。

人行道路缘石至 1 号梁轴线的距离 Δ 为：

$$\Delta = \frac{(7.0 - 4\times1.60)}{2} = 0.3\text{m}$$

于是，1 号梁的荷载横向分布系数可计算如下（以 x_{qi} 和 x_r 分别表示影响线零点至汽车车轮和人群荷载集度的横坐标距离）：

车辆荷载：

$$m_{cq}=\frac{1}{2}\sum\eta_q=\frac{1}{2}\cdot(\eta_{q1}+\eta_{q2}+\eta_{q3}+\eta_{q4})=\frac{1}{2}\cdot\frac{\eta_{11}}{x}(x_{q1}+x_{q2}+x_{q3}+x_{q4})$$

$$=\frac{1}{2}\cdot\frac{0.60}{4.80}(4.60+2.80+1.50-0.30)=0.538$$

人群荷载：

$$m_{cr}=\eta=\frac{\eta_{11}}{x}\cdot x_r=\frac{0.60}{4.80}\left(4.80+0.30+\frac{0.75}{2}\right)=0.684$$

求得 1 号梁的各种荷载横向分布系数后，就可得到各类荷载分布至该梁的最大荷载值。

8.2.3 考虑主梁抗扭刚度的修正偏心压力法

前面介绍的偏心压力法具有概念清楚、公式简明和计算方便等优点。然而横隔梁近似绝对刚性和忽略主梁抗扭刚度的两项假定，导致了边梁受力计算值偏大。因此也有将按偏心压力法求得的边梁最大横向分布系数乘以 0.9 加以折减的方法。

为了弥补偏心压力法的不足，国内外也广泛地采用考虑主梁抗扭刚度的修正偏心压力法。这一方法既不失偏心压力法之优点，又避免了结果偏大的缺陷，是一个具有较高实用价值的近似法。

如前所述，偏心压力法荷载横向影响线坐标（以 1 号边梁为例）的公式为：

$$\eta_{11}=\frac{I_1}{\sum\limits_{i=1}^{n}I_i}+\frac{a_1^2 I_1}{\sum\limits_{i=1}^{n}a_i^2 I_i}$$

上式中等号右边第一项是中心荷载 $P=1$ 所引起，此时各主梁只发生挠度而无转动（参见图 8-9c），显然它与主梁的抗扭无关。等号右边的第二项由偏心力矩 $M=1\cdot e$ 的作用引起。此时，由于截面的转动，各主梁不仅发生竖向挠度，而且还必然同时引起扭转，可是算式中却没有计入主梁的抗扭作用。由此可见，要计入主梁抗扭影响，只需对等式第二项给予修正。

下面研究跨中垂直于桥轴平面内有外力矩 $M=1\cdot e$ 作用下桥梁的变形和受力情况。如图 8-11 所示，此时每根主梁除产生不相同的挠度 w_i'' 外，尚转动一个相同的 φ 角（图 8-11b）。若设荷载通过跨中的刚性横隔梁传递，截出此横隔梁作为脱离体来分析，可得各根主梁对横隔梁的反作用竖向力 R_i'' 和扭矩 M_T（图 8-11c）。

根据平衡条件：

$$\sum_{i=1}^{n}R_i''a_i+\sum_{i=1}^{n}M_{Ti}=1\cdot e \tag{8-17}$$

由材料力学知，简支梁考虑自由扭转时跨中截面扭矩与扭角以及竖向力与挠度的关系为：

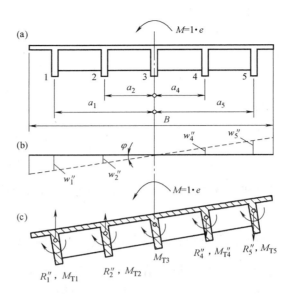

图 8-11　考虑主梁抗扭的计算图式

$$\varphi = \frac{lM_{\mathrm{T}i}}{4GI_{\mathrm{T}i}},\, w''_i = \frac{R''_i l^3}{48EI_i} \tag{8-18}$$

式中　l——简支梁的跨度；

$I_{\mathrm{T}i}$——梁的抗扭惯性矩；

G——材料的剪切模量；

其余符号同前。

由几何关系（图 8-11b）：

$$\varphi \approx \tan\varphi = \frac{w''_i}{a_i} \tag{8-19}$$

将式（8-18）代入，则：

$$\varphi = \frac{R''_i l^3}{48a_i EI_i} \tag{8-20}$$

再将上式代入与 $M_{\mathrm{T}i}$ 的关系式，就得：

$$M_{\mathrm{T}i} = R''_i \frac{l^2 GI_{\mathrm{T}i}}{12a_i EI_i} \tag{8-21}$$

为了计算任意 k 号梁的荷载，利用几何关系和式（8-18），则：

$$\frac{w''_i}{w''_k} = \frac{a_i}{a_k} = \frac{R''_i / I_i}{R''_k / I_k} \tag{8-22}$$

即得：

$$R''_i = R''_k \frac{a_i I_i}{a_k I_k}$$

再将式（8-21）和式（8-22）代入平衡条件式（8-17），则得：

$$\sum_{i=1}^{n} R''_k \frac{a_i^2 I_i}{a_k I_k} + \sum_{i=1}^{n} R''_k \cdot \frac{a_i I_i}{a_k I_k} \cdot \frac{l^2 GI_{\mathrm{T}i}}{12a_i EI_i} = e$$

$$R''_k \cdot \frac{1}{a_k I_k} \left(\sum_{i=1}^{n} a_i{}^2 I_i + \frac{Gl^2}{12E} \sum_{i=1}^{n} I_{Ti} \right) = e$$

于是：

$$R''_k = \frac{ea_k I_k}{\sum\limits_{i=1}^{n} a_i{}^2 I_i + \dfrac{Gl^2}{12E} \sum\limits_{i=1}^{n} I_{Ti}} = \frac{ea_k I_k}{\sum\limits_{i=1}^{n} a_i{}^2 I_i} \left[\frac{1}{1 + \dfrac{Gl^2}{12E} \dfrac{\sum I_{Ti}}{\sum a_i{}^2 I_i}} \right]$$

$$= \beta \frac{ea_k I_k}{\sum\limits_{i=1}^{n} a_i{}^2 I_i} \tag{8-23}$$

最后可得考虑主梁抗扭刚度后任意 k 号梁的横向影响线竖标为：

$$\eta_{ki} = \frac{I_k}{\sum\limits_{i=1}^{n} I_i} \pm \beta \frac{ea_k I_k}{\sum\limits_{i=1}^{n} a_i{}^2 I_i} \tag{8-24}$$

式中：

$$\beta = \frac{1}{1 + \dfrac{Gl^2}{12E} \dfrac{\sum I_{Ti}}{\sum a_i{}^2 I_i}} < 1 \tag{8-25}$$

β 称为抗扭修正系数，它与梁号无关，单纯取决于结构的几何尺寸和材料特性。同理，对于 1 号边梁的横向影响线竖标为：

$$\eta_{1i} = \frac{I_1}{\sum\limits_{i=1}^{n} I_i} \pm \beta \frac{ea_1 I_1}{\sum\limits_{i=1}^{n} a_i{}^2 I_i} \tag{8-26}$$

由此可见，与偏心压力法公式不同点仅在于第二项上乘了小于 1 的抗扭修正系数 β，所以此法称为"修正偏心压力法"。此方法最早于 1947 年由德国工程师舒根提出，被称为舒根修正。

为了简明起见，以上是针对等截面简支梁的跨中截面进行分析的，对于其他体系梁桥以及荷载不在跨中的情况，只要从相应扭角与扭矩以及竖向力与挠度的关系式出发［参见式（8-18）］，同样也可求出该情况 β 值。

对于简支梁桥，如果主梁的截面均相同，即 $I_i = I$，$I_{Ti} = I_T$，并且跨中荷载 $P=1$ 作用在 1 号梁上，即 $e=a_1$，则得 1 号梁横向影响线的两个坐标值为：

$$\left. \begin{aligned} \eta_{11} &= \frac{1}{n} + \beta \frac{a_1{}^2}{\sum\limits_{i=1}^{n} a_i{}^2} \\ \eta_{15} &= \frac{1}{n} - \beta \frac{a_1{}^2}{\sum\limits_{i=1}^{n} a_i{}^2} \end{aligned} \right\} \tag{8-27}$$

此时：

$$\beta = \frac{1}{1 + \dfrac{nl^2 G I_T}{12EI \sum a_i{}^2}} \tag{8-28}$$

在计算时，式中混凝土的剪切模量 G 可取 $0.425E$；对于由矩形组合而成的梁截面，如 T 形或 I 字形梁，其抗扭惯矩 I_T 近似等于各个矩形截面的抗扭惯性矩之和：

$$I_T = \sum_{i=1}^{m} c_i b_i t_i^3 \tag{8-29}$$

式中　b_i、t_i——相应为单个矩形截面的宽度和厚度；

$\qquad c_i$——矩形截面抗扭刚度系数，根据 t/b 比值按表 8-1 计算；

$\qquad m$——梁截面划分成单个矩形截面的块数。

矩形截面抗扭刚度系数 表 8-1

t/b	1	0.9	0.8	0.7	0.6	0.5	0.4	0.3	0.2	0.1	<0.1
c	0.141	0.155	0.171	0.189	0.209	0.229	0.250	0.270	0.291	0.312	1/3

多个实例表明：边梁按修正偏心压力法计算汽车的荷载横向分布系数较偏心压力法降低 $3\%\sim10\%$；人群荷载横向分布系数降低 $7\%\sim13\%$，其降低幅度与桥宽和抗扭刚度有关。

8.2.4　铰接板（梁）法和刚接梁法

对于用现浇混凝土纵向企口缝连接的装配式板桥，以及仅在翼缘板间用焊接钢板或伸出交叉钢筋连接的无中间横隔梁的装配式桥，由于块件间横向具有一定的连接构造，但其连接刚性又很薄弱，对于跨中荷载横向分布的计算，上面所述的"杠杆原理法"和"偏心压力法"均不适用。鉴于这类结构的受力状态实际接近于数根并列而相互间横向铰接的狭长板（梁），其荷载的横向分布可按横向铰接板（梁）理论来计算。本节将着重阐明铰接板（梁）法的基本假定、计算参数的确定，最后给出按该法求解荷载横向分布系数的计算举例。至于刚接梁法，因为它可看作铰接板（梁）理论的一种推广，为了节省篇幅，本节中只介绍其相异的计算特点。

1. 铰接板（梁）法

首先来分析铰接板桥的受力特点。

图 8-12 为用混凝土企口缝连接的装配式板桥承受荷载 P 的变形图式。

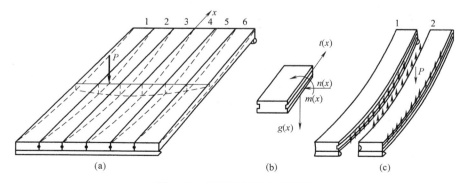

图 8-12　铰接板桥受力示意图

当 2 号板块上有荷载 P 作用时，除了本身引起纵向挠曲外（板块本身的横向变形极微小，可略去不计），其他板块也会受力而发生相应的挠曲。显然，这是因为各板块之间通过接合缝所承受的内力在传递荷载。图 8-12（b）示出一般情况下接合缝上的内力即竖向剪力 $g(x)$、横向弯矩 $m(x)$、纵向剪力 $t(x)$ 和法向力 $n(x)$。然而，当桥上主要作用竖向车轮荷载时，纵向剪力和法向力同竖向剪力相比影响极小；加之在构造上，接合缝（企口缝）的高度不大、刚性甚弱，通常可视作近似铰接（即铰缝），横向弯矩对传布荷载的影响极小，也可忽略。这样，为了简化计算，就可以假定竖向荷载作用下接合缝内只传递竖向剪力 $g(x)$，如图 8-12（c）所示，这就是横向铰接板（梁）计算理论的基本假定之一。

尚需指出，把一个空间计算问题，借助按横向挠度分布规律来确定荷载横向分布的原理，简化为一个平面问题来处理，严格来说，应当满足下述关系（以 1、2 号板梁为例）：

$$\frac{w_1(x)}{w_2(x)} = \frac{M_1(x)}{M_2(x)} = \frac{Q_1(x)}{Q_2(x)} = \frac{P_1(x)}{P_2(x)} = 常数$$

此式表明，在桥上荷载作用下，任意两根板梁所分配到的荷载比值与挠度比值以及截面内力的比值都相同。

对于每条板梁有关系式：$M(x) = -EIw''$ 和 $Q(x) = -EIw'''$，代入上式，并设 EI 为常量，则：

$$\frac{w_1(x)}{w_2(x)} = \frac{w_1''(x)}{w_2''(x)} = \frac{w_1'''(x)}{w_2'''(x)} = \frac{P_1(x)}{P_2(x)} = 常数 \tag{8-30}$$

但是，实际上无论对于集中轮重或分布荷载的作用情况，都不能满足上式的条件。就以图 8-12（c）铰接板的受力情况来看，2 号板梁上的集中荷载 P 与 1 号板梁经竖向剪力传递的分布荷载 $g(x)$ 是性质完全不同的荷载，这就根本无法谈论它们之间的比值 $P_1(x)/P_2(x)$ 和其他比值了。

然而，如果采用具有某一峰值 p_0 的半波正弦荷载的话，根据其积分和求导的性质，条件式（8-30）就能得到满足。对于研究荷载横向分布，还可方便地设 $p_0 = 1$ 而直接采用单位正弦荷载来分析。此时各根板梁的挠曲线将是半波正弦曲线，它们所分配到的荷载也是具有不同峰值的半波正弦荷载。这样，就使荷载、挠度和内力三者的变化规律趋于协调统一。

$$p(x) = p_0 \sin\frac{\pi x}{l} \tag{8-31}$$

由此可见，严格说来，荷载横向分布的处理方法，理论上仅对常截面的简支梁桥（w 为正弦函数时满足简支的边界条件）作用半波正弦荷载时才属正确。鉴于用正弦荷载代替跨中的集中荷载，在计算各梁跨中挠度时的误差很小，而且计算内力时虽有稍大的误差，但考虑到实际计算时有许多车轮沿桥跨分布，这样又进一步可使误差减少，故在铰接板（梁）法中，作为一个基本假定，也就是采用半波正弦荷载来分析跨中荷载横向分布的规律。

（1）铰接板桥的荷载横向分布

根据以上所做的基本假定，铰接板桥的受力图式如图 8-13 所示。

在正弦荷载 $p(x) = p_0 \sin \dfrac{\pi x}{l}$ 作用下，各条铰缝内也产生正弦分布的铰接

力（竖向剪力）$g_i(x) = g_i \sin \dfrac{\pi x}{l}$，图 8-13（b）中示出任意一条板梁的铰接力分布图形。鉴于荷载、铰接力和挠度三者的协调性，对于研究各条板梁所分布荷载的相对规律来说，可方便地取跨中单位长度和截割段来进行分析，而不失其一般性。此时各板条间铰接力可用正弦分布铰接力的峰值 g_i 来表示。

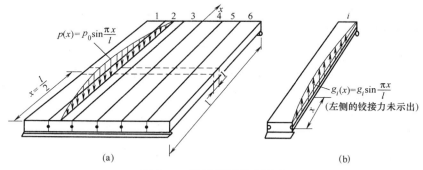

图 8-13　铰接板桥受力图式

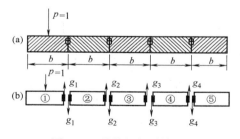

图 8-14　铰接板桥计算图示

图 8-14（a）表示一座横向铰接板桥的横截面图，现在我们来研究单位正弦荷载作用在 1 号板梁轴线上时，荷载在各条板梁内的横向分布，如图 8-14（b）所示。

显然，对于具有 n 条板梁组成的桥梁，必然具有（$n-1$）条铰缝。在板梁间沿铰缝切开，则每一铰缝内作用着一对大小相等方向相反的正弦分布铰接力，因此对于 n 条板梁就有（$n-1$）个欲求的未知铰接力峰值 g_i。如果求得了所有的 g_i，则根据力的平衡原理，可得分配到各板块的竖向荷载的峰值 p_{i1}。例如，图 8-14（b）所示的 5 块板有：

$$
\left.
\begin{aligned}
1\text{号板} \quad & p_{11} = 1 - g_1 \\
2\text{号板} \quad & p_{21} = g_1 - g_2 \\
3\text{号板} \quad & p_{31} = g_2 - g_3 \\
4\text{号板} \quad & p_{41} = g_3 - g_4 \\
5\text{号板} \quad & p_{51} = g_4
\end{aligned}
\right\}
\tag{8-32}
$$

下面按《结构力学》中的"力法"原理来求解正弦分布铰接力的峰值 g_i。

显然，对于具有（$n-1$）个未知铰接力的超静定问题，总有（$n-1$）条铰缝，将每一铰缝切开形成基本体系，利用两相邻板块在铰缝处的竖向相对位移为零的变形协调条件，就可解出全部铰接力峰值。为此，对于

图 8-14（b）的基本体系，可以列出四个正则方程如下：

$$\left.\begin{array}{l}
\delta_{11}g_1+\delta_{12}g_2+\delta_{13}g_3+\delta_{14}g_4+\delta_{1p}=0 \\
\delta_{21}g_1+\delta_{22}g_2+\delta_{23}g_3+\delta_{24}g_4+\delta_{2p}=0 \\
\delta_{31}g_1+\delta_{32}g_2+\delta_{33}g_3+\delta_{34}g_4+\delta_{3p}=0 \\
\delta_{41}g_1+\delta_{42}g_2+\delta_{43}g_3+\delta_{44}g_4+\delta_{4p}=0
\end{array}\right\} \qquad (8\text{-}33)$$

式中　δ_{ik}——铰缝 k 内作用单位正弦铰接力，在铰缝 i 处引起的竖向相对位移；

　　　δ_{ip}——荷载 p 在铰缝 i 处引起的竖向位移。

为确定正则方程中的常系数 δ_{ik} 和 δ_{ip}，考察图 8-15（a）所示任意板梁上左边铰缝内作用单位正弦铰接力的典型情况。图 8-15（b）为跨中单位长度截割段的示意图。对于横向近乎刚性的板块，偏心的单位正弦铰接力可以用一个中心作用的荷载和一个正弦分布的扭矩来代替，图 8-15（c）中示出了作用在跨中段上的相应峰值 $g_i=1$ 和 $m_t=b/2$。设上述中心作用荷载在板跨中央产生的挠度为 w，上述扭矩引起的跨中扭角为 φ，这样在板块左侧产生的总挠度为 $w+(b/2)\varphi$，在板块右侧则 $w-(b/2)\varphi$。掌握了这一典型的变形规律，参照图 8-14（b）的基本体系，就不难确定以 w 和 φ 表示的全部 δ_{ik} 和 δ_{ip}。计算中应遵循下述符号规定：当 δ_{ik} 和 g_i 的方向一致时取正号，也就是说，使某一铰缝增大相对位移的挠度取正号，反之取负号。至此，依据图 8-14（b）的基本体系就可写出正则方程式（8-33）中的常系数为：

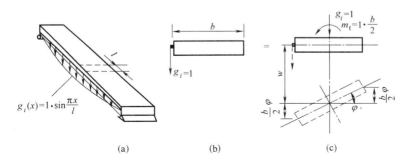

(a)　　　　　　(b)　　　　　　(c)

图 8-15　板梁的典型受力图式

$$\delta_{11}=\delta_{22}=\delta_{33}=\delta_{44}=2\left(w+\frac{b}{2}\varphi\right)$$

$$\delta_{12}=\delta_{23}=\delta_{34}=\delta_{21}=\delta_{32}=\delta_{43}=-\left(w-\frac{b}{2}\varphi\right)$$

$$\delta_{13}=\delta_{14}=\delta_{24}=\delta_{31}=\delta_{41}=\delta_{42}=0$$

$$\delta_{1p}=-w$$

$$\delta_{2p}=\delta_{3p}=\delta_{4p}=0$$

将上述系数代入式（8-33），使全式除以 w 并设刚度参数 $\gamma=\dfrac{\dfrac{b}{2}\varphi}{w}$，则得正则方程的简化形式：

$$\left.\begin{array}{l} 2(1+\gamma)g_1-(1-\gamma)g_2=1 \\ -(1-\gamma)g_1+2(1+\gamma)g_2-(1-\gamma)g_3=0 \\ -(1-\gamma)g_2+2(1+\gamma)g_3-(1-\gamma)g_4=0 \\ -(1-\gamma)g_3+2(1+\gamma)g_4=0 \end{array}\right\} \tag{8-34}$$

一般说来有 n 块板就有 $(n-1)$ 个联立方程，其主系数 $\frac{1}{w}\delta_{ii}$ 都为 $2(1+\gamma)$，副系数 $\frac{1}{w}\delta_{ik}$ $(k=i\pm1)$ 都为 $-(1-\gamma)$，其余都为零。荷载项系数除了直接受荷的 1 号板块处为 -1 以外，其余均为 0。

由此可见，只要确定了刚度参数 γ、板块数量 n 和荷载作用位置，就可解出所有 $(n-1)$ 个未知铰接力的峰值。有了 g_i 就能按式（8-32）得到荷载作用下分配到各板块的竖向荷载的峰值。

（2）铰接板桥的荷载横向影响线和横向分布系数

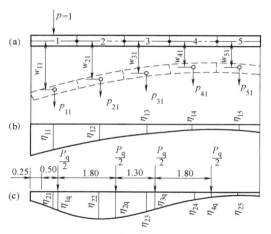

图 8-16　跨中荷载横向影线

上面我们阐明了沿桥的横向只有一个荷载（用单位正弦荷载代替）作用下的荷载横向分布问题。为了计算横向可移动的一排车轮荷载对某根梁的总影响，最方便的方法就是利用该板梁的荷载横向影响线来计算横向分布系数。下面将从荷载横向分布计算出发来绘制横向影响线。

图 8-16（a）表示荷载作用在 1 号板梁上时，各块板梁的挠度和所分配的荷载图式。

对于弹性板梁，荷载与挠度呈正比关系，即：

$$p_{i1}=\alpha_1 w_{i1}$$
$$p_{1i}=\alpha_2 w_{1i}$$

同理，由变位互等定理 $w_{i1}=w_{1i}$，且每块板梁的截面相同（比例常数 $\alpha_1=\alpha_2$），就得：

$$p_{1i}=p_{i1}$$

上式表明，单位荷载作用在 1 号板梁轴线上时任一板梁所分配的荷载，就等于单位荷载作用于任意板梁轴线上时 1 号板梁所分配到的荷载，这就是 1 号板梁荷载横向影响线的竖标值，通常以 η_{1i} 表示。由式（8-32）得：

$$\left\{\begin{array}{l} \eta_{11}=p_{11}=1-g_1 \\ \eta_{12}=p_{21}=g_1-g_2 \\ \eta_{13}=p_{31}=g_2-g_3 \\ \eta_{14}=p_{41}=g_3-g_4 \\ \eta_{15}=p_{51}=g_4 \end{array}\right. \tag{8-35}$$

把各个 η_{1i} 按比例描绘在相应板梁的轴线位置，用光滑的曲线（或近似地用折线）连接这些竖标点，就是 1 号板梁的横向影响线，如图 8-16 （b）所示。

同理，如将单位荷载 $p=1$ 作用在 2 号板梁轴线上，就可求得 p_{i2}，从而可得 η_{2i}。

按上述原理，可以编写板块数量为 n 的横向影响线竖标的计算程序，或者可根据该程序编制出便于查表计算的表格。

有了跨中荷载横向影响线，就可按 8.2.2～8.2.4 节中同样的方法计算各类荷载的跨中横向分布系数 m_c。

（3）刚度参数 γ 值的计算

刚度参数为 $\gamma=\dfrac{b}{2}\varphi/w$，因此，为了计算 γ，首先要确定偏心的正弦荷载作用下所产生的跨中竖向挠度 w 和扭角 φ，如图 8-17 所示。

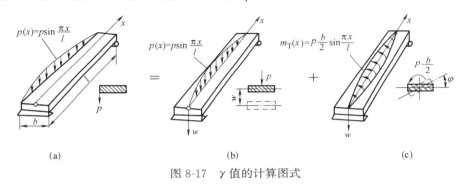

图 8-17　γ 值的计算图式

① 跨中挠度 w 的计算

简支板梁轴线上作用正弦荷载 $p(x)=p\sin\dfrac{\pi x}{l}$ 时，如图 8-17 （b）所示，根据梁的挠曲理论可得微分方程：

$$EIw''''(x)=p(x)=p\sin\frac{\pi x}{l}$$

式中　E、I——分别为材料的弹性模量和板梁截面的抗弯惯性矩。

将上式逐次积分后可得：

$$EIw(x)=\frac{pl^4}{\pi^4}\sin\frac{\pi x}{l}+\frac{A x^3}{6}+\frac{B}{2}x^2+Cx+D$$

由两端简支的边界条件求得积分常数：

$x=0$，$w(0)=0$：$D=0$；　　　　$w''(0)=0$：$B=0$

$x=l$，$w(l)=0$：$\dfrac{1}{6}Al^3+Cl=0$；$w''(l)=0$：$A=0$

得

$$A=B=C=D=0$$

从而得挠度方程为：

$$w(x) = \frac{pl^4}{\pi^4 EI} \sin \frac{\pi x}{l} \tag{8-36}$$

当 $x = \frac{l}{2}$ 时，跨中挠度为：

$$w(x) = \frac{pl^4}{\pi^4 EI} \tag{8-37}$$

② 跨中扭角 φ 的计算

简支板梁轴线上作用正弦分布的扭矩 $m_T(x) = \frac{b}{2} \cdot p \sin \frac{\pi x}{l}$ 时，如图 8-17（c）所示，根据梁的扭转理论可得微分方程：

$$GI_T \varphi''(x) = -m_T(x) = -\frac{b}{2} \cdot p \sin \frac{\pi x}{l}$$

式中　G、I_T——分别为材料的剪切模量和板梁截面的抗扭惯性矩。

将上式逐次积分可得：

$$GI_T \varphi'(x) = \frac{pb}{2} \cdot \frac{l}{\pi} \cos \frac{\pi x}{l} + A$$

$$GI_T \varphi(x) = \frac{pb}{2} \cdot \frac{l^2}{\pi^2} \sin \frac{\pi x}{l} + Ax + B$$

由两端无扭角的边界条件求积分常数：

$$x = 0, \ \varphi(0) = 0 : B = 0$$
$$x = l, \ \varphi(l) = 0 : A = 0$$

从而得扭角方程为：

$$\varphi(x) = \frac{pbl^2}{2\pi^2 GI_T} \sin \frac{\pi x}{l} \tag{8-38}$$

当 $x = \frac{l}{2}$ 时，跨中扭角为：

$$\varphi(x) = \frac{pbl^2}{2\pi^2 GI_T} \tag{8-39}$$

③ 刚度参数 γ 的计算

利用式（8-37）和式（8-39）即得：

$$\gamma = \frac{b}{2} \varphi / w = \frac{b}{2} \cdot \frac{\dfrac{pbl^2}{2\pi^2 GI_T}}{\dfrac{pl^4}{\pi^4 EI}} = \frac{\pi^2 EI}{4GI_T} \left(\frac{b}{l}\right)^2 \approx 5.8 \frac{I}{I_T} \left(\frac{b}{l}\right)^2 \tag{8-40}$$

式中，对于混凝土取

$$G = 0.425E \tag{8-41}$$

从式（8-35）和式（8-37）可以看出，板梁的两种变形与荷载具有相似的变化规律，这也是简支梁桥荷载横向分布理论中采用半波正弦荷载的一个重要原因。

④ 抗扭惯性矩 I_T 的计算

在刚度参数 γ 值的计算中需要计算构件的抗扭惯性矩。

对于矩形截面或多个矩形组成的开口截面，可利用 8.2.4 节中的式 (8-29) 和表 8-1 计算抗扭惯性矩 I_T。

对于封闭的薄壁截面或箱形截面，截面抗扭剪应力的分布规律与开口式截面存在本质不同，不能按式 (8-29) 来计算。下面介绍此类截面抗扭惯性矩 I_T 的计算原理和公式。

设任意不等厚的封闭式薄壁截面构件承受纯扭矩 M_T 的作用，如图 8-18 (a) 所示。从构件中截取一微段 Δx (图 8-18b)，在横截面上必然产生抵抗扭矩的剪力。由于壁不厚，可以认为剪应力沿厚度方向均匀分布，但它沿周边 s 方向可以是变化的。再从微段上沿 1、2 纵线切取局部微块 (图 8-18c)，则上下两个纵切面上的剪应力就等于横截面上 1 点和 2 点处的剪应力 τ_1 和 τ_2 (剪应力互等定理)，因此，由纵向力的平衡条件可得：

$$\tau_1 t_1 \Delta x = \tau_2 t_2 \Delta x$$

也即：

$$\tau_1 t_1 = \tau_2 t_2$$

式中 t_1、t_2——1 点和 2 点处的壁厚 (图 8-18c)。

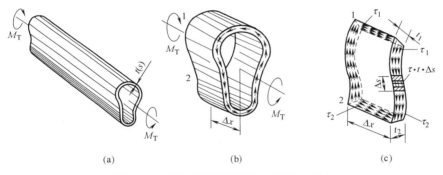

图 8-18 封闭式薄壁截面构件的受力图式

鉴于纵切面 1 和 2 是任意的，故知封闭式薄壁截面构件单位周长上的剪力 $\tau \cdot t$ 为一常量，它就称为剪力流，以 q 表示，由此得出一个重要结论：沿周边壁厚最小处剪应力最大。

如图 8-19 所示，若在横截面上取任意点 O，则周长 ds 内的剪力 $q ds$ 对 O 点的力矩为 $q \cdot r ds$，此处 r 为 O 点至剪力 $q ds$ 作用线的垂直距离。鉴于剪力流是由扭矩 M_T 引起的，故剪力流对 O 点产生的总力矩应等于扭矩 M_T，即得：

$$M_T = \oint q \cdot r ds = q \oint r ds = 2\Omega q$$

也即剪力流为：

$$q = \tau \cdot t = \frac{M_T}{2\Omega} \tag{8-42}$$

式中 Ω——薄壁中线所围的面积。

下面再利用剪切应变能等于扭矩所作之功的原理来推导出抗扭惯性矩 I_T 的计算公式。

弹性体单位体积的剪切应变能为（图 8-20a）：

$$\bar{u} = \frac{1}{2}\tau \cdot (1 \cdot r) = \frac{1}{2}\frac{\tau^2}{G}$$

则单位长薄壁闭合截面构件的总应变能为（图 8-20b）：

$$\bar{U} = \oint \frac{1}{2}\frac{\tau^2}{G} \cdot t\,\mathrm{d}s = \frac{q^2}{2\Omega^2}\oint \frac{\mathrm{d}s}{t}$$

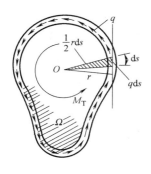
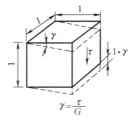
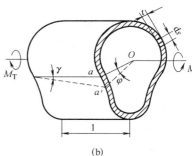

图 8-19　封闭式薄壁截面的几何性质　　　　　图 8-20　剪切应变能计算图式

代入式（8-42）则得：

$$\bar{U} = \frac{M_T^2}{8G\Omega^2}\oint \frac{\mathrm{d}s}{t}$$

由图 8-20（b），单位长度构件上扭矩所做的功为：

$$\bar{W} = \frac{1}{2}M_T \cdot \varphi = \frac{M_T^2}{2GI_T}\left(因为\ \varphi = \frac{M_T}{GI_T}\right)$$

因 $\bar{U} = \bar{W}$，则最后可得封闭式薄壁截面的抗扭惯性矩公式为：

$$I_T = \frac{4\Omega^2}{\oint \dfrac{\mathrm{d}s}{t}} \tag{8-43}$$

若遇到封闭式薄壁截面上带有"翅翼"，如图 8-21 所示，一般情况下，则其总抗扭惯性矩可近似地叠加计算：

$$I_T = \frac{4\Omega^2}{\oint \dfrac{\mathrm{d}s}{t}} + \sum_{i=1}^{n} c_i b_i t_i^3 \tag{8-44}$$

式中第二项为式（8-29）。

下面，以图 8-22 所示的箱形截面为例说明式（8-44）的应用。显然：

$$\Omega = b \cdot h$$

$$\oint \frac{\mathrm{d}s}{t} = \frac{b}{t_1} + \frac{b}{t_2} + \frac{2h}{t_3}$$

所以：
$$I_T = \frac{4\Omega^2}{\oint \frac{ds}{t}} + \sum_{i=1}^{n} c_i b_i t_i^{\ 3} = \frac{4b^2 h^2}{b\left(\frac{1}{t_1} + \frac{1}{t_2}\right) + \frac{2h}{t_3}} + 2c \cdot at_4^{\ 3} \qquad (8\text{-}45)$$

式中的 c 由 $\dfrac{t_4}{a}$ 之值查表 8-1 求得。

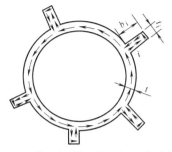

图 8-21 带"翅翼"的封闭式薄壁截面

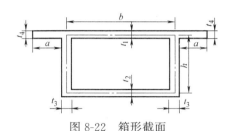

图 8-22 箱形截面

（4）铰接 T 形梁桥的计算特点

小跨径的钢筋混凝土 T 形梁桥，为了便于预制施工，往往不设中间横隔梁，仅对翼缘板的板边适当连接，或者仅由现浇的桥面板使各梁连接在一起。这种梁桥的横向连接刚度很弱，其受力特点就像横向铰接的结构。此外，对于无横隔梁的组合式梁桥，也因横向连接刚度小而可以近似作为横向铰接来计算。下面将阐明横向铰接 T 形梁桥与铰接板桥相比较，在计算荷载横向分布方面的不同特点。

图 8-23（a）、（b）表示一座铰接 T 形梁桥在单位正弦荷载作用下沿跨中单位长度截割段的铰接力计算图式。如果将它们与前面铰接板桥计算图式（图 8-14a、b）相比较，可见两者对于荷载横向分配的表达式（式 8-32）是完全一样的。唯一的不同点是利用式（8-33）的正则方程求铰接力 g_i 时，在所有主系数 δ_{ii} 中除了考虑 w 和 φ 的影响外，还应计入 T 形梁翼缘板悬臂端的弹性挠度 f（图 8-23c、d）。

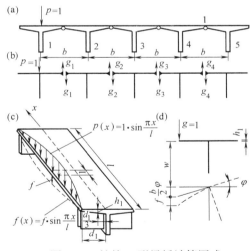

图 8-23 铰接 T 形梁桥计算图式

鉴于翼缘板边缘有单位正弦荷载作用时，翼缘板可视为在梁肋处固定的悬臂板，其板端挠度接近于正弦分布，即 $f(x) = f \cdot \sin\dfrac{\pi x}{l}$（$f$ 为挠度峰值），如图 8-23（c）所示，则得：

$$f = \frac{d_1^{\ 3}}{3EI_1} = \frac{4d_1^{\ 3}}{Eh_1^{\ 3}} \qquad (8\text{-}46)$$

式中 d_1——翼缘板的悬出长度；

h_1——翼缘板厚度，对于变厚度的翼板，可近似地取距离梁肋 $\dfrac{d_1}{3}$ 处的板厚来计算，见图 8-23（c）；

I_1——单位宽度翼缘板的抗弯惯性矩，$I_1 = \dfrac{h_1^3}{12}$。

因此，对于铰接 T 形梁桥，正则方程式（8-33）中只有 δ_{ii} 应改为：

$$\delta_{11} = \delta_{22} = \delta_{33} = \cdots = 2\left(w + \frac{b}{2}\varphi + f\right)$$

如令 $\beta = \dfrac{f}{w}$，则：

$$\beta = \frac{\dfrac{4d_1^3}{Eh_1^3}}{\dfrac{l^4}{\pi^4 EI}} \approx 390\,\frac{I}{l^4}\left(\frac{d_1}{h_1}\right)^3 \tag{8-47}$$

将改变后的 δ_{ii} 代入式（8-33）并经与铰接板的类似处理后，就是铰接 T 形梁的正则方程：

$$\left.\begin{aligned}
2(1+\gamma+\beta)g_1 - (1-\gamma)g_2 &= 1 \\
-(1-\gamma)g_1 + 2(1+\gamma+\beta)g_2 - (1-\gamma)g_3 &= 0 \\
-(1-\gamma)g_2 + 2(1+\gamma+\beta)g_3 - (1-\gamma)g_4 &= 0 \\
-(1-\gamma)g_3 + 2(1+\gamma+\beta)g_4 &= 0
\end{aligned}\right\} \tag{8-48}$$

由此可见，只要确定了刚度参数 γ 和 β，就可像在铰接板桥中一样，解出所有未知铰接力的峰值，并利用 $\eta_{ki} = p_{ik}$ 的关系（参见式 8-35）绘制荷载横向影响线。

（5）计算举例

【例 8-3】 无中横隔梁的横向铰接 T 形梁桥，跨径 $l = 10.0$m，桥面净空为净-7 + 2 × 0.25m 护轮带，由间距 $b = 1.5$m 的 5 根主梁组成。主梁的截面尺寸如图 8-24 所示。试计算各主梁的汽车荷载横向分布系数。

【解】 ①计算截面特性

主梁翼缘板的平均厚度为 12cm，则截面形心距翼缘板顶面的距离 e 为：

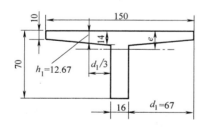

图 8-24　T 形梁截面尺寸（尺寸单位：cm）

$$e = \frac{16 \times 70 \times \dfrac{70}{2} + (150-16) \times 12 \times \dfrac{12}{2}}{16 \times 70 + (150-16) \times 12} = 17.91\text{cm}$$

抗弯惯性矩为：

$$\begin{aligned}
I =\ & \frac{1}{12} \times 16 \times 70^3 + (16 \times 70)\left(\frac{70}{2} - 17.91\right)^2 + \frac{1}{12}(150-16) \times 12^3 + \\
& (150-16) \times 12 \times \left(17.91 - \frac{12}{2}\right)^2 \\
=\ & 1031800\text{cm}^4
\end{aligned}$$

由式（8-29）和表 8-1 计算抗扭惯性矩 I_T。对于翼缘板，$\frac{t_1}{b_1}=\frac{12}{150}<0.1$，可得 $c_1=\frac{1}{3}$；对于梁肋，$\frac{t_2}{b_2}=\frac{12}{(70-12)}=0.276$，可得 $c_2=0.275$。抗扭惯性矩为：

$$I_T=\sum c_i b_i t_i^3=\frac{1}{3}\times150\times12^3+0.275\times58\times16^3$$

$$=86400+65330=151700\mathrm{cm}^4$$

② 求刚度参数 γ 和 β

$$\gamma=5.8\frac{I}{I_T}\left(\frac{b}{l}\right)^2=5.8\times\frac{1031800}{151700}\times\left(\frac{150}{1000}\right)^2=0.8880$$

$$\beta=390\frac{I}{l^4}\left(\frac{d_1}{h_1}\right)^3=390\times\frac{1031800}{1000^4}\times\left(\frac{67}{12.67}\right)^3=0.0595$$

$$\frac{\beta}{1+\gamma}=\frac{0.0595}{1+0.8880}=0.0315$$

由计算结果可见，β 值对正则方程式（8-48）系数的影响只有 3% 左右，因此可以忽略不计。

③ 绘制跨中荷载横向分布影响线

利用编写的程序，可计算 $\gamma=0.888$ 的影响线竖标值 η_{1i}、η_{2i} 和 η_{3i}，并绘成各梁的荷载横向分布影响线，如图 8-25（b）、（c）和（d）。

④ 计算各主梁的荷载横向分布系数

汽车荷载的横向最不利布置如图 8-25 所示，则得各主梁的横向分布系数为：

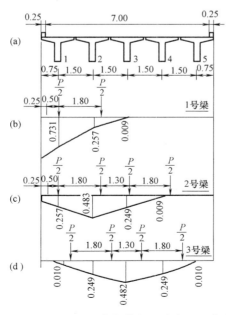

图 8-25　1、2 和 3 号梁的荷载横向影响线（尺寸单位：m）

1 号梁：$m_{cq} = \dfrac{1}{2}(0.713 + 0.216) = 0.474$

2 号梁：$m_{cq} = \dfrac{1}{2}(0.257 + 0.440 + 0.248 + 0) = 0.473$

3 号梁：$m_{cq} = \dfrac{1}{2}(0.384 + 0.100) \times 2 = 0.484$

本例的计算结果表明，中间主梁对汽车荷载的横向分布系数比边主梁的要稍大一些，而且各主梁的横向分布系数均较接近。

2. 刚接梁法的计算特点

对于翼缘板刚性连接的肋梁桥，只要在铰接板（梁）桥计算理论的基础上，在接缝处补充引入赘余弯矩 m_i，就可建立计算横向刚性连接特点的赘余力正则方程。用这一方法来求解各梁荷载横向分布的问题，就称为**刚接梁法**。

有关刚接梁法的详细阐述和计算表格，可参阅同济大学路桥教研组编写的《公路桥梁荷载横向分布计算》一书。

8.2.5　比拟正交异性板法

前面介绍的几种计算荷载横向分布系数的方法，都有一个共同的特点，就是把全桥视作一系列并排放置的主梁所构成的梁系结构来进行力学分析，各种方法的不同之处，就在于根据各种不同桥梁结构的具体特点对横向结构的连接刚性作了不同程度的假设。然而，由于实际的钢筋混凝土梁桥结构的多样性，这些方法还不足以反映与上述梁系力学图式差别较大的桥梁结构的受力情况。例如，对于由主梁、连续的桥面板和多道横隔梁所组成的钢筋混凝土梁桥，当其宽度与其跨度之比较大时，为了能比较精确地反映实际结构的受力情况，还可把此类结构简化成为纵横相交的梁格系，按杆件系统的空间结构来求解，也可设法将其比拟简化为一块矩形的平板，作为弹性薄板按古典弹性理论来进行分析，并且做出计算图表便于实际应用。目前最常用的是后一种方法，即所谓"比拟正交异性板法"或称"G-M 法"。

为了使读者能领会"比拟正交异性板法"的基本概念，并掌握其实用计算图表的具体应用，本小节将在各向同性板挠曲微分方程的基础上，引出比拟正交异性板的挠曲微分方程，阐明桥梁结构近似比拟成板的途径，最后再详述应用图表的原理和实用计算方法。

1. 弹性板的挠曲微分方程

在均质弹性薄板的古典理论中，对于图 8-26 所示的正交均质弹性薄板，由弹性力学知识得到如下关系。

应力与应变：

$$\left.\begin{array}{l} \sigma_x = \dfrac{E}{1-\upsilon^2}(\varepsilon_x + \upsilon\varepsilon_y) \\[3mm] \sigma_y = \dfrac{E}{1-\upsilon^2}(\varepsilon_y + \upsilon\varepsilon_x) \\[3mm] \tau_{xy} = G\gamma_{xy} = \dfrac{E}{2(1+\upsilon)}\gamma_{xy} \end{array}\right\} \tag{8-49}$$

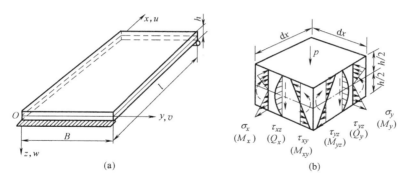

图 8-26 弹性薄板计算图式

（a）板的一般图式；（b）板微元上的应力和内力

应变与位移：

$$\left.\begin{aligned}\varepsilon_x &= -z\frac{\partial^2 w}{\partial x^2}\\[2mm]\varepsilon_y &= -z\frac{\partial^2 w}{\partial y^2}\\[2mm]\gamma_{xy} &= -2z\frac{\partial^2 w}{\partial x \partial y}\end{aligned}\right\} \tag{8-50}$$

内力与位移：

$$\left.\begin{aligned}M_x &= -D\left[\frac{\partial^2 w}{\partial x^2} + v\frac{\partial^2 w}{\partial y^2}\right]\\[2mm]M_y &= -D\left[\frac{\partial^2 w}{\partial y^2} + v\frac{\partial^2 w}{\partial x^2}\right]\\[2mm]M_{xy} &= -(1-v)D\frac{\partial^2 w}{\partial x \partial y}\end{aligned}\right\} \tag{8-51}$$

式中，$D = \dfrac{Eh^3}{12(1-v^2)}$ 是板的单宽抗弯刚度，E 为弹性模量，v 为泊松比。

内力与荷载的平衡关系为：

$$\frac{\partial^2 M_x}{\partial x^2} + 2\frac{\partial^2 M_{xy}}{\partial x \partial y} + \frac{\partial^2 M_y}{\partial y^2} = -p \tag{8-52}$$

将式（8-51）代入式（8-52）后，就得熟知的正交均质弹性板的挠曲微分方程为：

$$\frac{\partial^4 w}{\partial x^4} + 2\frac{\partial^4 w}{\partial x^2 \partial y^2} + \frac{\partial^4 w}{\partial y^4} = \frac{p}{D} \tag{8-53}$$

有了正交均质弹性板的理论基础，就不难推导出正交异性板的挠曲微分方程。

一般所指的正交异性板，其特点是结构材料在 x 和 y 两个方向的弹性性质不同，若以弹性性质的对称面作为坐标面，于是应力与应变关系为：

$$\left.\begin{aligned} \varepsilon_x &= \frac{1}{E_x}(\sigma_x - \upsilon_x \sigma_y) \\ \varepsilon_y &= \frac{1}{E_y}(\sigma_y - \upsilon_y \sigma_x) \\ \gamma_{xy} &= \frac{\tau_{xy}}{G} \end{aligned}\right\} \qquad (8\text{-}54a)$$

式中　E_x、E_y——相应为材料沿 x、y 方向的弹性模量；

υ_x、υ_y——相应为引起变形 ε_x、ε_y 的泊松比。

式（8-54a）也可写成：

$$\left.\begin{aligned} \sigma_x &= E'_x \varepsilon_x + E'' \varepsilon_y \\ \sigma_y &= E'_y \varepsilon_y + E'' \varepsilon_x \\ \tau_{xy} &= G \gamma_{xy} \end{aligned}\right\} \qquad (8\text{-}54b)$$

上式中的常量为：

$$E'_x = \frac{E_x}{1 - \upsilon_x \upsilon_y}; E'_y = \frac{E_y}{1 - \upsilon_x \upsilon_y}; E'' = \frac{\upsilon_x E_y}{1 - \upsilon_x \upsilon_y} = \frac{\upsilon_y E_x}{1 - \upsilon_x \upsilon_y}$$

于是，像均质板理论一样，将式（8-50）代入式（8-54b），并将所得的应力式代入内力计算式（参见图 8-28b），即得：

$$\begin{aligned} M_x &= \int_{-\frac{h}{2}}^{+\frac{h}{2}} \sigma_x z\,\mathrm{d}z = -\left(D_x \frac{\partial^2 w}{\partial x^2} + D_1 \frac{\partial^2 w}{\partial y^2} \right) \\ M_y &= \int_{-\frac{h}{2}}^{+\frac{h}{2}} \sigma_y z\,\mathrm{d}z = -\left(D_y \frac{\partial^2 w}{\partial y^2} + D_1 \frac{\partial^2 w}{\partial x^2} \right) \\ M_{xy} &= \int_{-\frac{h}{2}}^{+\frac{h}{2}} \tau_{xy} z\,\mathrm{d}z = -D_{xy} \frac{\partial^2 w}{\partial x \partial y} \end{aligned} \qquad (8\text{-}55)$$

式中　$D_x = \dfrac{E'_x h^3}{12}$、$D_y = \dfrac{E'_y h^3}{12}$——分别为 x 和 y 方向的单宽抗弯刚度；

$$D_{xy} = \frac{Gh^3}{6}\text{——单宽抗扭刚度；}$$

$$D_1 = \frac{E'' h^3}{12}\text{——单宽相关抗弯刚度。}$$

将式（8-55）作相应微分后代入平衡方程式（8-52），经整理后可得：

$$D_x \frac{\partial^4 w}{\partial x^4} + 2H \frac{\partial^4 w}{\partial x^2 \partial y^2} + D_y \frac{\partial^4 w}{\partial y^4} = p(x, y) \qquad (8\text{-}56)$$

其中，$H = D_1 + D_{xy}$。

方程（8-56）即为正交各向（材料）异性板的挠曲微分方程。式中如设 $E_x = E_y = E$ 和 $\upsilon_x = \upsilon_y = \upsilon$，就可得到各向同性板的方程式（8-53）。

下面要进一步阐明对于具有多根纵向主梁和横向横隔梁的肋形梁桥，如何比拟成正交各向异性板来分析其挠曲问题。

2. 比拟正交异性板挠曲微分方程

图 8-27（a）表示实际桥跨结构纵横向的构造图式，纵向主梁的中心距离

为 b，每根主梁的截面抗弯惯性矩和抗扭惯性矩分别为 I_x 和 I_{Tx}；横隔梁的中心距离为 a，其截面抗弯惯性矩和抗扭惯性矩分别为 I_y 和 I_{Ty}。如果梁肋间距 a 和 b 相应地与桥跨结构的宽度或长度相比是相当小的，并且桥面板与梁肋之间具有完善的结合，我们就可设想将主梁的截面惯性矩 I_x 和 I_{Tx} 平均分摊于宽度 b，将横隔梁的截面惯性矩 I_y 和 I_{Ty} 平均分摊于宽度 a，这样就把实际的纵横梁格系比拟成了一块假想的平板，如图 8-27（b）所示。图中沿 x 方向的板厚表示成虚线，这说明了所比拟的板在 x 和 y 两个方向的换算厚度是不相同的。此时，比拟板在纵向和横向每米宽度的截面抗弯惯性矩和抗扭惯性矩相应为：

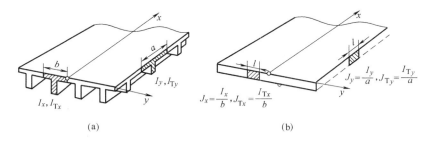

图 8-27　实际结构换算成比拟板的图式

（a）实际结构；（b）换算后的比拟异性板

$$J_x = \frac{I_x}{b} \text{ 和 } J_{Tx} = \frac{I_{Tx}}{b}$$

以及：

$$J_y = \frac{I_y}{a} \text{ 和 } J_{Ty} = \frac{I_{Ty}}{a}$$

对于肋梁式钢筋混凝土或预应力混凝土结构，为了简化理论分析，可近似地忽略混凝土的泊松比 υ 的影响。这样便得到一块在 x 和 y 两个正交方向的截面单宽刚度为 EJ_x、GJ_{Tx} 和 EJ_y、GJ_{Ty} 的比拟正交异性板。依照式（8-55）并注意到 $E_x = E_y = E$ 和 $\upsilon_x = \upsilon_y = 0$，就得内力与挠曲变形的关系为：

$$\left. \begin{array}{l} M_x = -EJ_x \dfrac{\partial^2 w}{\partial x^2}, \ M_y = -EJ_y \dfrac{\partial^2 w}{\partial y^2} \\[3mm] M_{yx} = -GJ_{Tx} \dfrac{\partial^2 w}{\partial x \partial y}, \ M_{xy} = -GJ_{Ty} \dfrac{\partial^2 w}{\partial x \partial y} \end{array} \right\} \qquad (8\text{-}57)$$

把上列关系代入板微元的平衡方程式（8-52）中，便得到比拟正交（构造）异性板的挠曲微分方程：

$$EJ_x \frac{\partial^4 w}{\partial x^4} + G(J_{Tx} + J_{Ty}) \frac{\partial^4 w}{\partial x^2 \partial y^2} + EJ_y \frac{\partial^4 w}{\partial y^4} = p(x, y) \qquad (8\text{-}58a)$$

上式可改写成如下的形式：

$$EJ_x \frac{\partial^4 w}{\partial x^4} + 2\alpha E \sqrt{J_x J_y} \frac{\partial^4 w}{\partial x^2 \partial y^2} + EJ_y \frac{\partial^4 w}{\partial y^4} = p(x, y) \qquad (8\text{-}58b)$$

其中：$\alpha=\dfrac{G(J_{Tx}+J_{Ty})}{2E\sqrt{J_xJ_y}}$。

若设 $D_x=EJ_x$，$D_y=EJ_y$ 和 $H=\alpha E\sqrt{J_xJ_y}$，上式就可写成：

$$D_x\frac{\partial^4 w}{\partial x^4}+2H\frac{\partial^4 w}{\partial x^2\partial y^2}+D_y\frac{\partial^4 w}{\partial y^4}=p(x,y)$$

这样就得到与正交各向（材料）异性板的式（8-56）在形式上完全一致的挠曲微分方程，它是一个四阶非齐次的偏微分方程，解得荷载作用下任意点的挠度值 w 后，就可得到相应的内力值。

由此可见，任何纵横梁格系结构比拟成的异性板，可以完全依照真正的材料异性板来求解，只是方程中的刚度常数不同罢了。这就是"比拟正交异性板"的真实意义。同时必须指出，由于梁格系的梁肋并非对称于板的中面布置，故此法所得的解也是近似的。

式（8-58b）中的常数 α 称为扭弯参数，它表示比拟板两个方向的单宽抗扭刚度代数平均值与单宽抗弯刚度几何平均值之比。对于常用的 T 形梁或 I 字形梁，α 在 $0\sim1$ 之间变化。

1946 年法国的居翁（Guyon）引用正交异性板的理论解决了无扭梁格（$\alpha=0$）的荷载横向分布计算问题。1950 年麦桑纳特（Massonnet）又在保留参数 α 的情况下使居翁的理论得到了推广，因此人们就习惯地把这两个方法合称为"G-M 法"。

不难看出，当 $\alpha=1$ 且两个方向的单宽抗弯刚度相同（$J_x=J_y$）时，式（8-58b）又简化成各向同性板的式（8-53）。

关于比拟正交异性板挠曲微分方程式（8-58b）的详细求解这里不作介绍，读者可参阅有关著述。下面将详细介绍应用"G-M 法"计算荷载横向分布系数的原理和方法。

3. 计算荷载横向分布的基本原理

（1）荷载横向影响线的绘制

设图 8-28（a）表示一块纵、横向截面单宽惯性矩分别为 J_x、J_{Tx} 和 J_y、J_{Ty} 的简支比拟板。当板上在任意横向位置 k 作用单位正弦荷载 $p(x)=1\cdot\sin\dfrac{\pi x}{l}$ 时，板在跨中就产生弹性挠曲，如图中 o'-e' 线所示。

为了分析方便，我们将全板按横向不同位置分作许多纵向板条①、②、③、⑦、…、⑦，并且以单位板宽（简称板条）来考虑。于是，在 k 处有单位正弦荷载作用下，任一板条沿 x 方向的挠度将为：

$$w_i(x)=w_i\sin\frac{\pi x}{l}$$

式中　w_i——与荷载峰值 1 相对应的第 i 根板条的挠度峰值。

如果我们来研究各板条在跨中（即 $x=\dfrac{l}{2}$）的挠度和受力关系，则可得荷载和挠度分布图形如图 8-28（b）、（c）所示。图中 η_{1k}、η_{2k}、η_{3k}、…、η_{nk}

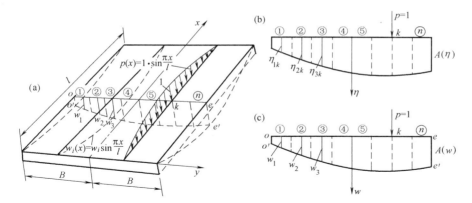

图 8-28 比拟板的横向挠度 w 和横向影响线竖标 η

表示 k 点在单位荷载作用下各板条所分担的荷载。

根据荷载与挠度的正比关系，显然有：

$$\eta_{1k} = Cw_1$$
$$\eta_{2k} = Cw_2$$
$$\eta_{3k} = Cw_3$$
$$\cdots\cdots$$
$$\eta_{nk} = Cw_n$$

式中　C——与跨度和截面刚度相关的常数。

将等号左边所有的 η_{ik} 相加并乘以板条宽度，再由平衡条件就得：

$$(\eta_{1k} + \eta_{2k} + \eta_{3k} + \cdots + \eta_{nk}) \cdot 1 = \sum_{i=1}^{n} \eta_{ik} \cdot 1 = A(\eta) = 1$$

同样，将等号右边所有的 Cw_i 相加并乘以板条宽度，可得：

$$(Cw_1 + Cw_2 + Cw_3 + \cdots + Cw_n) \cdot 1 = C \cdot \sum_{i=1}^{n} w_i \cdot 1 = CA(w)$$

式中　$A(\eta)$、$A(w)$——相应为跨中荷载横向分布图形的面积和挠度横向分布图形的面积（图 8-28b、c）。

上述两式应相等，由此可得：

$$C = \frac{1}{A(w)}$$

显然，在荷载 $p(x) = 1 \cdot \sin\dfrac{\pi x}{l}$ 作用下的挠度图面积，也可以用每一板条承受等分荷载 $\dfrac{1}{n} \cdot \sin\dfrac{\pi x}{l}$ 时的平均挠度 $\overline{w}$ 来表示，则：

$$A(w) = 2B \cdot \overline{w}$$

式中　B——桥宽的一半。

因此得到：

$$C = \frac{1}{2B\overline{w}}$$

8.2　公路桥梁荷载横向分布系数的计算

这样，当 $p=1$ 作用在跨中截面 k 点时，任一板条所分配的荷载峰值可写成：

$$\eta_{ik}=Cw_{ik}=\frac{w_{ik}}{2B\overline{w}}$$

根据变位互等定理和反力互等定理，上式也可写成：

$$\eta_{ki}=\frac{w_{ik}}{2B\overline{w}}$$

将荷载作用在任意位置 i 时，k 点的挠度值 w_{ki} 与同一荷载下设想的平均挠度值 $\overline{w}$ 之比定义为影响系数 K_{ki}，即：

$$K_{ki}=\frac{w_{ki}}{\overline{w}}$$

代入上式就得：

$$\eta_{ki}=\frac{K_{ki}}{2B} \tag{8-59}$$

这里 η_{ki} 为 $p=1$ 作用在任意位置 i 时分配至 k 点的荷载；显然，这就是对于 k 点的荷载横向影响线的坐标值，它就等于影响系数 K_{ki} 除以桥宽 $2B$。

由求解 w_{ki} 不难看出，K_{ki} 是欲计算的板条位置 k，荷载位置 i，扭弯参数 α 以及纵、横向截面抗弯刚度之比 θ 的函数，居翁和麦桑纳特已根据理论分析编制了 $K_0=f(\alpha=0,\theta,k,i)$ 和 $K_1=f(\alpha=1,\theta,k,i)$ 的曲线图表（参见有关著作）。对于一般梁肋式结构所比拟成的正交各向异性板来说，α 的变化范围在 0~1 之间，而 K_α 可足够精确地由下式内插求得：

$$K_\alpha=K_0+(K_1-K_0)\sqrt{\alpha}$$

参数 θ 和 α 为：$\theta=\frac{B}{l}\cdot\sqrt[4]{\frac{J_x}{J_y}}$，$\alpha=\frac{G(J_{Tx}+J_{Ty})}{2E\sqrt{J_x\cdot J_y}}$。

这里需要说明，已有的 K_0 和 K_1 的图表是将桥的全宽分为8等分共9个

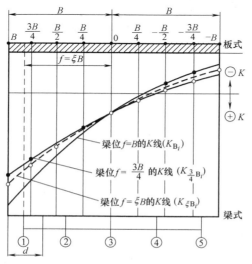

图 8-29 梁位 $f=\xi B$ 的 K 值计算

点的位置来计算的，以桥宽中间点为0，向左（或向右）依次为正的（或负的）$\frac{1}{4}B$、$\frac{1}{2}B$、$\frac{3}{4}B$ 和 B（图 8-29）。如果所求的主梁位置不是正好在这9个点上，例如欲求图 8-29 中①号梁（梁位 $f=\xi B$）处的 K 值时，则要根据相邻两个点的 K_{B_i} 和 $K_{\frac{3}{4}B_i}$ 值（由图表查得）进行内插，最后求得的 $K_{\xi B_i}$ 如图中虚线所示。尚需指出的是，K 值是可以互换的，即 $K_{ki}=K_{ik}$，适当利用这一关系，可缩减查表计算的工作量。

至此，已说明了对于比拟板上某点位置（或某一板条）的横向影响线 9 个坐标值的计算方法。显然，如果要针对中距为 b 的某一主梁 $\textcircled{k}$ 求算其影响线坐标值，则只要首先求出对于轴线位置 $\textcircled{k}$ 处的各点影响线坐标，再将这些坐标值各乘以 b 就可以了，也即：

$$R_{ki} = \eta_{ki} \cdot b = \frac{K_{ki}}{2B} \cdot b$$

式中　R_{ki}——对于某根主梁的荷载横向影响线坐标。

考虑到全桥宽共有 n 根主梁，即 $b = \dfrac{2B}{n}$，则可得：

$$R_{ki} = \frac{K_{ki}}{2B} \cdot \frac{2B}{n} = \frac{K_{ki}}{n} \tag{8-60}$$

由此可见，对于横截面整齐布置的梁桥，只要将影响系数 K 除以梁数 n 就可绘制出一根主梁的荷载横向影响线，如图 8-30 (c) 所示。

有了荷载横向影响线，就可用一般方法来计算某一主梁的荷载横向分布系数，诚然，用比拟正交异性板法求得的荷载横向分布系数也是对于位于跨中的荷载而言的，在计算支点剪力时，也要按"杠杆原理法"来计算位于支点荷载的横向分布系数。

尚需指出的是，如果观察已有的 K_0 和 K_1 的曲线图就可发现，当弯曲刚度参数 $\theta < 0.3$ 时，曲线沿 K 轴方向的间隔基本相等，也就是说，当 $\theta < 0.3$ 时，横断面的挠曲线接近于直线。这就与"偏心压力法"中假定横向刚度无限大的结果趋于一致。因此为了计算方便可以认为：$\theta \leqslant 0.3$ 时属于窄桥，$\theta > 0.3$ 时为宽桥，这样规定所发生的误差在 5% 左右，最大不超过 10%。可见用 θ 的值来考虑窄桥与宽桥的界限，要比简单地由宽跨比来考虑更加合理。

（2）关于 K 值的校核

为简捷地校验查表、内插等的正确性，尚可对所得的各个 K 值进行快速检查。

图 8-31 示出了比拟正交异性板跨中横截面在 $P = 1$ 作用下和将 $P = 1$ 均分作用于 1～9 点上的挠曲图形，很明显，后者产生平均挠度 $\overline{w}$。

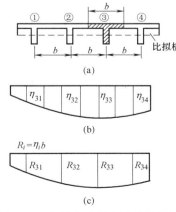

图 8-30　主梁荷载横向影响线的计算

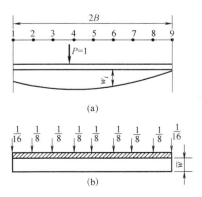

图 8-31　跨中截面的挠曲图式

8.2　公路桥梁荷载横向分布系数的计算

根据功的互等定理即有：

$$1 \cdot \overline{w} = \frac{1}{8} \sum_{i=2}^{8} w_i + \frac{1}{16} (w_1 + w_9)$$

则得：

$$\sum_{i=2}^{8} \frac{w_i}{\overline{w}} + \frac{1}{2} \left(\frac{w_1}{\overline{w}} + \frac{w_9}{\overline{w}} \right) = 8$$

或

$$\sum_{i=2}^{8} K_i + \frac{1}{2} (K_1 + K_9) = 8 \tag{8-61}$$

式（8-61）就可用来校核所计算 K 值的准确性。

（3）关于截面抗弯和抗扭刚度的计算

在利用 G-M 法的图表计算荷载横向影响线坐标时，需要预先算出参数 θ 和 α，因此就要计算纵、横向的单宽惯性矩值（见图 8-27）：

$$J_x = \frac{I_x}{b} \quad 和 \quad J_{Tx} = \frac{I_{Tx}}{b}$$

以及

$$J_y = \frac{I_y}{a} \quad 和 \quad J_{Ty} = \frac{I_{Ty}}{a}$$

① 抗弯惯性矩

对于纵向主梁的抗弯惯性矩 I_x，就按翼缘板宽为 b 的 T 形截面用一般方法进行计算，这里不必赘述。

对于横隔梁的抗弯惯性矩 I_y，由于肋的间距较大，受弯时翼缘板宽度为 a 的 T 形梁不再符合平截面假设，也就是说，翼缘板内的压应力沿宽度 a 的分布是很不均匀的，如图 8-32 所示。为了较精确地考虑这一因素，通常就引入所谓受压翼缘板有效宽度的概念。每侧翼缘板有效宽度的值就相当于把实际应力图形换算成以最大应力 σ_{max} 为基准的矩形图形的长度 λ（见图 8-32）。根据理论分析结果，λ 值可按 c/l 之比由表 8-2 计算，其中 l 为横梁的长度，可取两根边主梁的中心距计算。

受压翼缘板有效宽度 λ 取值　　　　　　　　表 8-2

c/l	0.05	0.10	0.15	0.20	0.25	0.30	0.35	0.40	0.45	0.50
λ/c	0.983	0.936	0.867	0.789	0.710	0.635	0.568	0.509	0.459	0.416

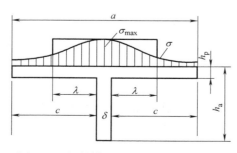

图 8-32　沿桥横向翼缘板内的应力分布

得到 λ 值后，就可按翼缘板宽度为 $(2\lambda + \delta)$ 的 T 形截面来计算 I_y 值。

② 抗扭惯性矩

纵向和横向单宽抗扭惯性矩 J_{Tx} 和 J_{Ty}，可分成梁肋和翼缘板两部分来计算。梁肋部分的抗扭惯性矩按前面式（8-29）和表 8-1

来计算。

对于翼缘板部分，我们应分清图 8-33 所示的两种情况。

图 8-33（a）表示独立的宽扁矩形截面（b 比 h 大得多），按一般公式可知其抗扭惯性矩为：

$$J''_{\mathrm{T}} = \frac{I''_{\mathrm{T}}}{b} = \frac{1}{b} \cdot \frac{1}{3} bh^3 = \frac{h^3}{3}$$

对于图 8-33（b）所示连续的桥面板来说，情况就不同。根据弹性薄板的分析，从前面的式（8-51）和式（8-57）则有：

$$GJ_{\mathrm{T}} = (1-\upsilon)D$$

将 $G = \dfrac{E}{2(1+\upsilon)}$ 和 $D = \dfrac{Eh^3}{12(1-\upsilon^2)}$ 代入上式，可得：

$$J_{\mathrm{T}} = \frac{h^3}{6}$$

由此可见，连续桥面板的单宽抗扭惯性矩只有独立宽扁板者的一半。这一点可以这样来解释：独立宽扁板沿短边的剪力 τ_{xz} 也参与抗扭作用，而连续板的单宽部分则不出现此种剪应力（见图 8-33）。

这样，对于连续桥面板的整体式梁桥以及对于翼缘板刚性连接的装配式梁桥，在应用"G-M 法"时，为计算扭弯参数 α 所需的纵横向截面单宽抗扭惯性矩之和可由下式求得：

$$J_{\mathrm{T}x} + J_{\mathrm{T}y} = \frac{1}{3}h^3 + \frac{1}{b}I'_{\mathrm{T}x} + \frac{1}{a}I'_{\mathrm{T}y} \tag{8-62}$$

式中　　h——桥面板的厚度；

$I'_{\mathrm{T}x}$、$I'_{\mathrm{T}y}$——分别表示主梁肋和内横隔梁肋的截面抗扭惯性矩。

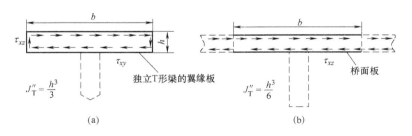

图 8-33　翼缘板抗扭惯性矩计算图式

8.3　公路和铁路主梁内力计算

对于跨径在 10m 以内的简支梁，通常只需计算跨中截面的最大弯矩和支点截面及跨中截面的剪力；跨中与支点之间各截面的剪力可以近似地按直线规律变化，弯矩可假设按二次抛物线规律变化。对于较大跨径的简支梁，一般还应计算 1/4 跨径截面的弯矩和剪力。如果主梁沿桥轴方向截面有变化，例如梁肋宽或梁高变化，则还应计算变化处截面的内力。有了截面内力，就可按钢筋混凝土和预应力混凝土结构的计算原理进行主梁各截面的配筋设计和验算。本节重点介绍如何计算主梁的最不利内力。

8.3.1　恒载

混凝土桥梁的恒载，往往占全部设计荷载很大的比重（通常占 60%～90%），梁的跨径越大，恒载所占的比重也越大。在计算恒载内力时，为了简化起见，往往将横梁、铺装层（铁路桥为道砟、线路设备等）、人行道和栏杆等重量均匀分给各主梁承受。因此，对于等截面梁桥的主梁，其恒载可按简单的均布荷载进行计算。为了更精确起见，也可根据施工安装的情况，分阶段，按荷载横向分布的规律进行分配计算。

【例 8-4】　一座五梁式装配式预应力混凝土简支梁桥的主梁和横隔梁截面如图 8-34 所示，计算跨径 $l=24.20\text{m}$。求主梁的恒载内力。已知每侧的栏杆及人行道构件重量的作用力为 5.5kN/m。

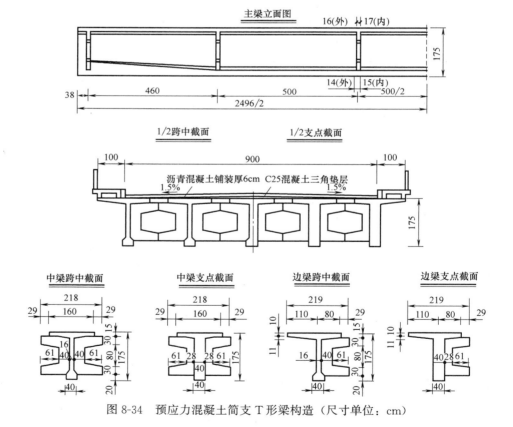

图 8-34　预应力混凝土简支 T 形梁构造（尺寸单位：cm）

【解】　（1）计算恒载集度（表 8-3）

跨中处边梁截面面积为 0.6205m^2，中梁截面面积为 0.5824m^2。中间横隔梁体积为 0.300m^3，端横隔梁体积为 0.252m^3。

第一期恒载	主梁自重	边主梁	$g_{1边}=0.6205\times25=15.51\text{kN/m}$
		中主梁	$g_{1中}=0.5824\times25=14.56\text{kN/m}$
	横隔梁折算荷载	边主梁	$g'_{1边}=[(0.30\times4)+(0.252\times2)]\times25\times0.5/24.96=0.853\text{kN/m}$
		中主梁	$g'_{1中}=[(0.30\times4)+(0.252\times2)]\times25/24.96=1.706\text{kN/m}$
	马蹄加高,梁端加宽增加的重量折算荷载		$g''_1=2.885\text{kN/m}$
第二期恒载	现浇桥板湿接缝	边主梁	$g_{2边}=0.3\times0.15\times25=1.125\text{kN/m}$
		中主梁	$g_{2中}=0.6\times0.15\times25=2.25\text{kN/m}$
第三期恒载	桥面铺装层		$g_3=\left(0.08\times23+\dfrac{0.068}{2}\times25\right)\times9/5=4.842\text{kN/m}$
	栏杆和人行道		$g'_3=5.5\times2/5=2.20\text{kN/m}$
合计	边主梁		$g_边=(15.51+0.853+2.885+1.125+4.842+2.20)=27.415\text{kN/m}$
	中主梁		$g_中=(14.56+1.706+2.885+2.25+4.842+2.20)=28.443\text{kN/m}$

(2) 恒载内力计算（表8-4）

内力 / 截面位置 x	边梁		中梁	
	弯矩 $M(\text{kN}\cdot\text{m})$	剪力 $Q(\text{kN})$	弯矩 $M(\text{kN}\cdot\text{m})$	剪力 $Q(\text{kN})$
$x=0$	0	331.72	0	344.16
$x=l/4$	1505.19	165.86	1561.63	172.08
$x=l/2$	2006.92	0	2082.17	0

8.3.2 活载

公路桥梁的活载计算包括汽车和人群荷载两部分；铁路桥梁则包括列车和人群荷载。活载内力计算可以采用直接布载和利用等代荷载等两种方法。

1. 直接布载法

直接布载法的一般计算公式为

$$S=(1+\mu)\cdot\xi\cdot m_i\left(P_k\cdot y+\sum q_k\cdot\omega_j\right) \tag{8-63}$$

式中 S——所示截面的弯矩或剪力；

$(1+\mu)$——对于公路桥梁，称为荷载冲击系数，人群荷载的荷载冲击系数值为1（不计冲击影响）；对于铁路桥梁，称为列车荷载动力系数；汽车、普通铁路列车、高速铁路列车的 $(1+\mu)$ 分别按《公路桥规》、《铁路桥规》《高速铁路设规》取值。

ξ——汽车荷载横向折减系数，《公路桥规》规定：横向按两列车队布载时 $\xi=1.0$，按三列车队布载时 $\xi=0.78$，按四列车队布载时 $\xi=0.67$，但均不得小于两列车队布载的计算结果；

266

m_i——沿桥跨纵向与荷载位置对应的横向分布系数，参见图 8-35；

ω_j——使结构产生最不利效应的同号影响线面积；

q_k——车道荷载（普通铁路为单线中-活载；高速铁路为单线 ZK 活载，下同）均布荷载标准值。对于公路—I 级 $q_k=10.5\text{kN/m}$；对于普通铁路为 92kN/m（长度不超过 30m）和 80kN/m；对于高速铁路为 64kN/m；

P_k——车道荷载、中-活载或者 ZK 活载的集中荷载标准值，按相应桥梁规范规定取值；

y——所加载影响线中一个最大影响线峰值。

2. 等代荷载法

等代荷载法的一般公式为

$$S=(1+\mu)\cdot\xi\cdot m_c\cdot k\Omega \tag{8-64}$$

式中　k——一行车辆、履带荷载、单线中-活载或单线 ZK 活载的等代荷载值，可由专门编制的等代荷载表查得；当计算人群荷载的内力时，表示纵向每延米人群荷载的强度；

Ω——弯矩、剪力影响线的面积。

注意，利用公式（8-63）计算支点截面剪力或靠近支点截面的剪力时，应另外计及靠支点附近各个荷载的荷载横向分布系数变化而引起的内力增（或减）值。

【例 8-5】　仍以例 8-4 所述五梁式装配式预应力混凝土简支梁桥为例，计算边主梁在公路—I 级和人群荷载 $p_r=3.0\text{kN/m}^2$ 作用下的跨中最大弯矩、最大剪力以及支点截面的最大剪力。

【解】　（1）计算各项参数

简支梁桥的基频：

$$f=\frac{\pi}{2l^2}\sqrt{\frac{EI_c}{q_c}}$$

式中　l——结构的计算跨径，本例 $l=24.2\text{m}$；

E——混凝土弹性模量，本例 C40 混凝土的 $E=3.25\times10^4\text{N/m}^2$；

I_c——结构跨中截面惯性矩，本例 $I_c=0.1818\text{m}^4$；

q_c——结构跨中处单位长度质量，本例 $q_c=2800\text{kg/m}$。

因此，可计算得到：$f=3.959$，根据《公路桥涵设计通用规范》规定：当 $1.5\text{Hz}\leqslant f\leqslant14\text{Hz}$ 时，$\mu=0.176\ln f-0.0157$，则可得：

$$1+\mu=1+(0.176\ln3.959-0.0157)=1.226$$

桥面车行道为 9.0m 宽，双车道不折减，故 $\xi=1$。

桥梁横向分布系数汇总，见表 8-5。

边主梁荷载横向分布系数汇总　　　　　　　　表 8-5

荷载位置	车辆荷载	人群	备注
跨中 m_c	0.628	0.655	按"偏心压力法"计算
支点 m_0	0.409	1.273	按"杠杆原理法"计算

简支梁控制截面内力影响线及影响线面积，见表 8-6。

内力影响线面积

表 8-6

类型 截面	影响线面积	影响线图式
$M_{1/2}$	$\Omega=\dfrac{1}{8}l^2=\dfrac{1}{8}\times 22.4^2=73.205\mathrm{m}^2$	
$Q_{1/2}$	$\Omega=\dfrac{l}{8}=\dfrac{22.4}{8}=3.025\mathrm{m}^2$	
Q_o	$\Omega=\dfrac{l}{2}=\dfrac{24.2}{2}=12.1\mathrm{m}^2$	

（2）计算公路—Ⅰ级荷载的跨中弯矩

$q_\mathrm{k}=10.5\mathrm{kN/m}$；$P_\mathrm{k}=180\left(1+\dfrac{24.2-5}{50-5}\right)=256.8\mathrm{kN}$（按《公路桥涵设计通用规范》内插求得）

$$
\begin{aligned}
M_{l/2,\mathrm{q}} &=(1+\mu)\cdot\xi\cdot m_\mathrm{cq}\cdot(P_\mathrm{k}\cdot y+q_\mathrm{k}\cdot\omega)\\
&=1.226\times 1\times 0.628\times(256.8\times 6.05+10.5\times 73.2)\\
&=1787.96\mathrm{kN}\cdot\mathrm{m}
\end{aligned}
$$

（3）计算人群荷载跨中弯矩

$$M_{l/2,\mathrm{r}}=m_\mathrm{cr}\cdot p_\mathrm{r}\cdot\omega=0.655\times 3.0\times 73.2=143.84\mathrm{kN}\cdot\mathrm{m}$$

（4）计算车道荷载载跨中截面最大剪力

鉴于跨中剪力 $Q_{1/2}$ 影响线的较大坐标位于跨中部分，故采用全跨统一的荷载横向分布系数来计算。

$$Q_{1/2,\mathrm{q}}=1.226\times 1\times 0.628\times(1.2\times 256.8\times 0.5+10.5\times 3.025)=143.08\mathrm{kN}$$

（5）计算人群荷载跨中剪力

$$Q_{l/2,\mathrm{r}}=0.655\times 3.0\times 3.025=5.94\mathrm{kN}$$

（6）计算支点截面车道荷载最大剪力

绘制车辆荷载和人群荷载横向分布系数沿桥方向的变化图形以及支点剪力影响线如图 8-35（a）、（b）和（c）所示。

车道荷载最大剪力，利用式（8-63）计算，则得：

$$
\begin{aligned}
Q_{\mathrm{oq}} &=(1+\mu)\cdot\xi\cdot m_\mathrm{cq}\cdot(1.2\cdot P_\mathrm{k}\cdot y+q_\mathrm{k}\cdot\omega)+\Delta Q_{\mathrm{oq}}\\
&=1.226\times 1\times 0.628\times(1.2\times 256.8\times 1+10.5\times 12.1)+\Delta Q_{\mathrm{oq}}=\\
&\quad 335.08\mathrm{kN}+\Delta Q_{\mathrm{oq}}
\end{aligned}
$$

附加三角形荷载重心处的影响线坐标为

267

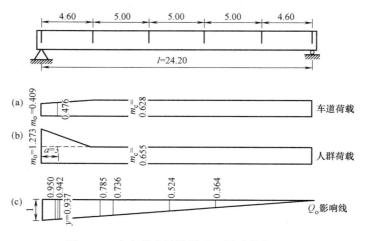

图 8-35　支点剪力计算图示（尺寸单位：m）

$$\overline{y} = \frac{1 \times \left(24.2 - \frac{1}{3} \times 4.6\right)}{24.2} = 0.9366, 且\ m_o < m_c$$

因此，可计算得到：

$$\Delta Q_{oq} = 1.226 \times 1 \times \left[\frac{4.6}{2}(0.409 - 0.628) \times 10.5 \times 0.9366 + \right.$$

$$= (0.409 - 0.628) \times 1.2 \times 256.8 \times 1\right] = -88.8 \text{kN}$$

故公路—Ⅰ级荷载支点剪力为：

$$Q_{oq} = 335.08 - 88.8 = 246.27 \text{kN}$$

（7）计算支点截面人群荷载最大剪力

人群荷载 m 变化区荷载重心处的影响线坐标 $\overline{y} = 0.937$。人群荷载引起的支点剪力按公式（8-64）计算：

$$Q_{or} = m_c \cdot p_r \cdot \omega + \frac{a}{2}(m_0 - m_c)p_r \cdot \overline{y}$$

$$= 0.655 \times 3.0 \times 12.1 + \frac{4.6}{2} \times (1.273 - 0.655) \times 3.0 \times 0.937 = 27.77 \text{kN}$$

8.3.3　主要内力组合

公路混凝土简支梁一般按恒载＋汽车＋人群组合；铁路混凝土梁桥一般为恒载＋列车，但在特殊情况下允许城镇居民通行而加宽了人行道部分，此时人群荷载与列车荷载同时计入。

【例 8-6】　利用例 8-4 和例 8-5 的计算结果，确定例 8-4 中边主梁控制设计的计算内力。

按内力组合的方法列表计算控制设计的计算内力（表 8-7），得到控制设计的计算内力值，就可以依据这些数据进行配筋计算。

序号	荷载类别	弯矩(kN·m)		剪力(kN)	
		梁端	跨中	梁端	跨中
①	恒载	0	2 006.92	331.71	0
②	汽车荷载	0	1 787.96	246.27	143.08
③	人群荷载	0	143.84	27.77	5.94
④	1.2×①	0	2 408.30	398.06	0
⑤	1.4×[②+③]	0	2 704.52	383.66	208.63
⑥	S=④+⑤	0	5 112.82	781.72	208.63

控制设计的计算内力的确定　　　　表 8-7

8.4　横隔梁内力计算

为了保证各主梁共同受力和加强结构的整体性，横隔梁本身或其装配式接头应具有足够的强度。对于具有多根内横隔梁的桥梁，通常就只要计算受力最大的跨中横隔梁的内力，其他横隔梁可偏安全地仿此设计。

下面介绍按偏心压力法原理计算横隔梁内力的实用方法。

8.4.1　作用在横隔梁上的计算荷载

对于跨中一根横隔梁来说，除了直接作用在其上的轮重外，前后的轮重对它也有影响。在计算中可假设荷载在相邻横隔梁之间按杠杆原理传递，如图 8-36 所示。因此，纵向一行汽车轮重分布给该横隔梁的计算荷载为：

$$P_{oq} = \frac{1}{2} \sum P_i \cdot y_i \qquad (8-65)$$

式中　P_i——轴重，应注意将加重车的重轴布置在计算的横隔梁上；

y_i——按杠杆原理计算的纵向荷载影响线竖坐标值。

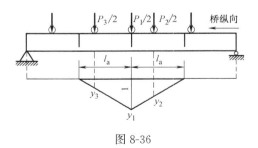

图 8-36

同理，对人群：$P_{or} = p_{or} \cdot \Omega_r = p_{or} l_a$（影响线上布满荷载）

式中　p_{or}——相应为一侧人行道每延米的人群荷载；

Ω_r——相应为人群荷载范围的影响线面积；

l_a——横隔梁的间距。

8.4.2 横隔梁的内力影响线

将桥梁的中横隔梁近似地视作竖向支承在多根弹性主梁上的多跨弹性支承连续梁，如图 8-37 所示。当桥梁在跨中有单位荷载 $P=1$ 作用时，各主梁所受的荷载将为 R_1、R_2、R_3、$\cdots$、R_n，这也就是横隔梁的弹性支承反力。因此，取 r 截面左侧为隔离体，如图 8-37（c）所示，由力的平衡条件就可写出横隔梁任意截面 r 的内力计算公式。

（1）荷载 $P=1$ 位于截面 r 的左侧时：

$$\left.\begin{aligned}
M_r &= R_1 \cdot b_1 + R_2 \cdot b_2 - 1 \cdot e = \sum^{左} R_i \cdot b_i - e \\
Q_r &= R_1 + R_2 - 1 = \sum^{左} R_i - 1
\end{aligned}\right\} \tag{8-66}$$

（2）荷载 $P=1$ 位于截面 r 的右侧时：

$$\left.\begin{aligned}
M_r &= R_1 \cdot b_1 + R_2 \cdot b_2 = \sum^{左} R_i \cdot b_i \\
Q_r &= R_1 + R_2 = \sum^{左} R_i
\end{aligned}\right\} \tag{8-67}$$

式中　M_r 和 Q_r——横隔梁任意截面 r 的弯矩和剪力；

$\quad\quad e$——荷载 $P=1$ 至所求截面的距离；

$\quad\quad b_i$——支承反力 R_i 至所求截面的距离；

$\quad\displaystyle\sum^{左} R_i$——表示涉及所求截面以左的全部支承反力的总和。

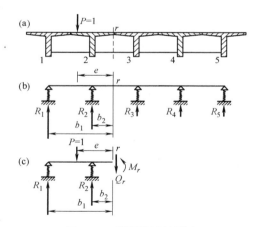

图 8-37　横隔梁计算图式

由此可以直接利用已经求得的 R_i 横向影响线来绘制横隔梁上某个截面的内力影响线。

8.4.3 横隔梁内力计算

用上述的计算荷载在横隔梁某截面的内力影响线上按最不利位置加载，就可求得横隔梁在该截面上的最大（或最小）内力值：

$$S = (1+\mu) \cdot \xi \cdot P_{oq} \sum \eta \qquad (8\text{-}68)$$

式中　　η——横隔梁内力影响线竖标；
$(1+\mu)$ 和 ξ——近似地取用主梁的冲击系数 $(1+\mu)$ 和 ξ 值。

8.5 挠度、预拱度的计算

一座桥梁如果发生过大的变形，首先会给人一种不安全的感观，它不但会影响行车舒适性，而且容易使桥面铺装层和结构的辅助设备受到损坏，严重者甚至危及桥梁的安全。因此，必须计算梁的变形（通常指竖向挠度），以确保结构具有足够的刚度。

桥梁挠度产生的原因有恒载挠度和活载挠度。恒载（包括长期预应力、混凝土徐变和收缩作用）是恒久存在的，其产生挠度与持续时间相关。恒载挠度可以通过施工时预设的反向挠度（又称预拱度）来加以抵消，因此桥梁预拱度通常取全部恒载和一半静活载所产生的竖向挠度值，使竣工后的桥梁达到理想的线型。对于一般小跨径的钢筋混凝土梁桥，当恒载活载所计算的挠度不超过 $l/1600$ 时，可以不设预拱度。

活载挠度虽然是临时出现的，但是随着活载的移动，挠度大小逐渐变化，在最不利的荷载位置下，挠度达到最大值，一旦活载驶离桥梁，挠度就消失。因此在桥梁设计中需要验算活载挠度来体现结构的刚度特性。刚度越大，舒适性就越好，但经济性就差，因此一个合理的刚度限值规定，既要考虑舒适性，又要考虑经济性。

《公路桥规》规定，对于钢筋混凝土及预应力混凝土梁桥，用汽车荷载（不计冲击力）计算的上部结构跨中最大竖向挠度，不应超过 $l/600$，l 为计算跨径。梁桥主梁悬臂端挠度不应超过悬臂长度的 $l/300$。

《铁路桥涵设计基本规范》TB 10002—2017 规定，对于普通铁路线上的简支钢筋混凝土及预应力混凝土梁桥，用列车竖向静活载计算的竖向挠度不应超过 $l/800$。

《高速铁路设计规范》TB 10621—2014 规定，双线高铁梁体结构在 ZK 竖向静活载作用下竖向挠度限值，当设计速度为 300km/h，$l \leqslant 40$m 时为 $l/1500$，40m$<l\leqslant 80$m 时为 $l/1600$，$l>80$m 时为 $l/1100$。

《城市轨道交通桥梁设计规范》GB/T 51234—2017 规定：对于梁式桥跨结构，由列车竖向静活载引起的竖向挠度限值，$l \leqslant 30$m 时为 $l/2000$，30m$<l\leqslant 60$m 时为 $l/1500$，60m$<l\leqslant 80$m 时为 $l/1200$，80m$<l$ 时为 $l/1000$；对于斜拉桥，由列车引起的竖向挠度宜不超过计算跨度的 $1/600$，由列车与汽车共同引起的竖向挠度宜不超过计算跨度的 $1/500$；有砟轨道桥梁梁端的列车静活载竖向转角不应超过 $5/1000$，无砟轨道则不应超过 $3/1000$。城市轨道桥梁刚度要求的其他规定详见该规范。

混凝土简支梁跨中挠度计算用到的截面等效抗弯刚度 B 可按《公路桥规》或者其他桥规的规定进行计算，计算时考虑了截面开裂对刚度的减小及未开

271

裂截面对截面抗弯刚度的贡献。

挠度计算时应考虑荷载长期效应的影响，按荷载短期效应组合弯矩和截面等效刚度计算挠度后，应乘以挠度长期增长系数 η_θ。

采用 C40 以下混凝土时，$\eta_\theta = 1.6$，采用 C40～C80 混凝土时，$\eta_\theta = 1.45～1.35$，中间强度等级按直线内插取用。

根据《公路桥规》要求，计算得到的长期挠度值在消除结构自重产生的长期挠度后，对于钢筋混凝土梁桥，当超过跨径的 1/1600 时，应设置预拱度，其值等于结构自重和 1/2 可变荷载频遇值所产生的长期挠度之和。

*8.6 其他梁桥的计算特点

计算悬臂体系和连续体系（统称非简支体系）梁桥活载内力的计算公式为：

$$S = (1+\mu) \cdot \xi \cdot (m_c \cdot q_k \cdot \Omega + m_i \cdot P_k \cdot y_i)$$

其中的冲击系数 μ、荷载横向折减系数 ξ 以及车道荷载 q_k、P_k 均已在式 (8-63) 中作了详细介绍，内力影响线竖标 y_i 的计算方法和原理已在《结构力学》课程中详细阐述。故本节仅就非简支体系梁桥的荷载横向分布系数 m 的计算方法——荷载横向分布计算的等代简支梁法进行介绍。

非简支体系梁桥与简支梁桥除了受力体系存在差别外，还存在着结构构造上的差别。简支梁桥一般设计成等高度的开口截面（T 形、工字形等）形式，而非简支梁桥除了小跨径的以外，一般设计成变高度的、抗扭刚度较大的箱形截面形式。因此，它们的荷载横向分布问题更复杂。为了满足工程设计需要，国内外学者从各种途径探索了许多近似分析方法，其中易为人们掌握且偏于安全的方法应为等代简支梁法。因为它只要将其中某些参数进行修正后，就可以完全按照求简支梁荷载横向分布系数的方法来完成计算，故本节主要介绍该方法的原理和计算方法。

1. 基本原理

等代简支梁法的原理主要有以下 3 个要点：

（1）将多室箱梁假想地从各室顶、底板中点切开，使之变为由 n 片 T 形梁（或工字形梁）组成的桥跨结构，然后应用 8.2 节所介绍的修正偏心压力法公式（8-24）计算其荷载横向分布系数 m，如图 8-38（a）、（b）所示。

（2）按照在跨中集中荷载 $P=1$ 作用下跨中挠度 w 相等的原理反算抗弯惯性矩换算系数 C_w。现以图 8-39 中三跨变截面连续梁的中跨为例加以说明。设该跨跨中截面的抗弯惯性矩为 I_c，在 $P=1$ 作用下的跨中挠度为 $w_{连}$，现用

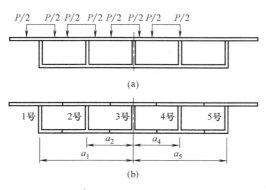

图 8-38 多室箱梁的划分

同跨径的等截面简支梁来代替该跨，使得该等代梁的抗弯惯性矩为 $C_w I_c$ 时，其跨中挠度与实际梁跨中挠度相等，即 $w_代 = w_连$，如图 8-39（b）、（d）所示。

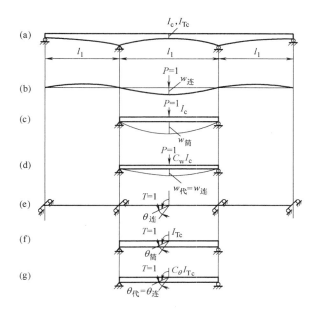

图 8-39　等代简支梁法的原理示意图

（3）按照类似的原理，令实际梁与等代梁在集中扭矩 $T=1$ 作用下扭转（自由扭转）角相等（$\theta_代 = \theta_连$）即可反求连续梁中跨的抗扭惯性矩换算系数 C_θ（设实际梁的跨中截面抗扭惯性矩为 I_{Tc}），如图 8-39（a）、（e）、（g）所示。

同理，对于连续梁的边跨也是在其中点施加 $P=1$ 和 $T=1$ 分别来反算该跨的换算系数 C_w 和 C_θ。当求出各跨的这些换算系数后，代入到本章的式（8-25）中，则抗扭修正系数 β 可以改写成如下形式：

$$\beta = \cfrac{1}{1+\cfrac{l^2}{12} \cdot \cfrac{G}{E} \cdot \cfrac{C_\theta I_{Tc}}{(C_w I_c/n) \cdot \sum a_i^2}}$$

或

$$\beta = \cfrac{1}{1+\cfrac{nl^2}{12} \cdot \cfrac{G}{E} \cdot \cfrac{C_\theta}{C_w} \cdot \cfrac{I_{Tc}}{I_c} \cdot \cfrac{1}{\sum a_i^2}} \qquad (8-69)$$

式中的 I_c 和 I_{Tc} 分别为整个箱梁截面的抗弯惯性矩和抗扭惯性矩，其余各个符号意义同前，a_i 可参见图 8-38（b）。

2. C_w 的计算

这里仍然用图 8-39（d）所示的中跨等代梁来阐明。在 P 作用下，跨中挠度 $w_代$ 为

$$w_代 = \frac{Pl^3}{48E(C_w I_c)} \qquad (8-70)$$

令截面抗弯刚度为 EI_c 的普通简支梁跨中挠度为 $w_简$（图 8-39c），则有

$$w_简 = \frac{Pl^3}{48EI_c} \tag{8-71}$$

将它与式（8-70）比较后，便得

$$w_代 = \frac{w_简}{C_w}$$

或

$$C_w = \frac{w_简}{w_连}$$

写成一般的形式，便为

$$C_w = \frac{w_简}{w_非} \tag{8-72}$$

式中　$w_非$——非简支体系梁桥中需考察的某跨跨中挠度；可借助平面杆系有
　　　　　　限元法计算得到；

　　　$w_简$——具有与实际梁跨中截面抗弯惯性矩 I_c 相同的等截面简支梁跨
　　　　　　中挠度。

3. C_θ 的计算

（1）C_θ 的表达式

根据上述推导 C_w 的原理和参考图 8-39（e）、（f）、（g）的图式，可以直接写出 C_θ 的表达式如下：

$$C_\theta = \frac{\theta_简}{\theta_非} \tag{8-73}$$

其中

$$\theta_简 = \frac{Tl}{4GI_{Tc}} \tag{8-74}$$

式中　$\theta_非$——非简支体系梁桥中欲考察的某跨在作自由扭转时的跨中截面扭
　　　　　　转角；

　　　T——为外力扭矩，其余符号与式（8-69）中的相同。

（2）悬臂体系梁桥悬臂跨的 C_θ 计算公式

根据杆件自由扭转的特点，如果悬臂梁的支点截面无横向转动，则锚跨对悬臂梁自由端的扭转角 θ 不产生影响，这样就可简化计算。显然，当全梁为等截面时，其抗扭惯性矩换算系数 $C_\theta =$ 1。对于变截面悬臂梁则可应用总和法进行近似计算。现以图 8-40 的悬臂梁为例进行具体推导。它们的等代梁结构形式基本相同，如图 8-41 所示。由于

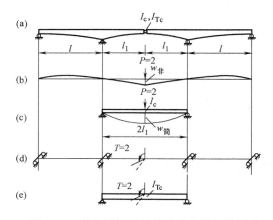

图 8-40　单悬臂梁桥的等代简支梁计算图式

结构与荷载均为对称的，故可取其半结构进行分析。

无论是实际的梁结构还是等代梁结构，它们的支点反力扭矩均等于 1，其扭矩内力分布图也是相同的，如图 8-41（c）所示。对于等截面简支梁（图 8-41b）的跨中扭转角 $\theta_{简}$ 可由式（8-74）得出：

$$\theta_{简}=\frac{2\times 2l_1}{4GI_{Tc}}=\frac{l_1}{GI_{Tc}}$$

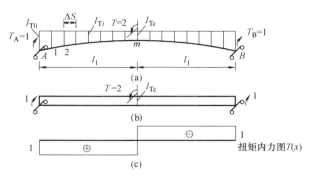

图 8-41　变截面悬臂梁的节段划分与内力图

对于实际的变截面结构（图 8-41a）可以根据精度的要求，将左半跨等分为 m 段，共有 $m+1$ 个节点截面。然后逐一计算这些节点截面的抗扭惯性矩 I_{Ti}（$i=0$，1，2，…，m），每个节段的长度 $\Delta S=\dfrac{l_1}{m}$。于是，跨中扭转角 θ_c 为

$$\theta_c=\theta_{非}=\int_0^{l_1}\frac{T(x)\mathrm{d}x}{GI_T(x)}$$

$$\approx\frac{\Delta S}{G}\left[\frac{1}{2}\left(\frac{1}{I_{T0}}+\frac{1}{T_{Tc}}\right)+\sum_{i=1}^{m-1}\frac{1}{I_{Ti}}\right]$$

式中的 $T(x)$ 为杆件的扭转内力分布矩。对于本例 $T(x)=1$，将上两式代入式（8-73）便得悬臂梁抗扭惯性矩换算系数的具体计算公式：

$$C_\theta=\frac{2m}{\left[\dfrac{1}{I_{T0}}+\dfrac{1}{I_{Tc}}+2\sum\limits_{i=1}^{m-1}\dfrac{1}{I_{Ti}}\right]\cdot I_{Tc}} \tag{8-75}$$

不难看出，当为等截面梁时，$I_{Ti}=$ 常数，则 $C_\theta=1$。

（3）连续梁桥的 C_θ 计算公式

连续梁中跨一般为对称于跨径中点的截面形式，故它的 C_θ 计算公式与式（8-75）完全相同。对于其他非对称形式的中跨或者边跨，可将全跨等分为偶数的 n 个节段，如图 8-42 所示。等截面简支梁的跨中扭转角 $\theta_{简}$ 可直接由式（8-74）写出。

$$\theta_{简}=\frac{l}{4GI_{Tc}} \tag{8-76}$$

对于图 8-42（a）的结构，由于截面是连续的，故自 A 端起算至中点的扭

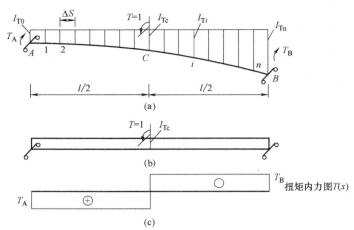

图 8-42　非对称变截面边跨梁的节段划分与内力图

转角 θ_{CA} 应等于自 B 端起算至中点的扭转角 θ_{CB}，即：

$$\theta_{CA}=\theta_{CB} \tag{8-77}$$

且有：

$$\theta_{CA}=\int_0^{l/2}\frac{T(x)}{GI_T(x)}\mathrm{d}x\approx\frac{\Delta S}{G}\left[\frac{1}{2}\left(\frac{1}{I_{T0}}+\frac{1}{I_{Tc}}\right)+\sum_{i=1}^{\frac{n}{2}-1}\frac{1}{I_{Ti}}\right]\cdot T_A \tag{8-78}$$

$$\theta_{CB}=\int_{l/2}^{l}\frac{T(x)}{GI_T(x)}\mathrm{d}x\approx\frac{\Delta S}{G}\left[\frac{1}{2}\left(\frac{1}{I_{Tc}}+\frac{1}{I_{Tn}}\right)+\sum_{i=\frac{n}{2}+1}^{n-1}\frac{1}{I_{Ti}}\right]\cdot T_B \tag{8-79}$$

根据平衡条件有：

$$T_A+T_B=1 \tag{8-80}$$

联立求解和化简后，可以得到

$$\theta_C=\theta_{\text{非}}=\frac{\Delta S\left(\dfrac{1}{I_{T0}}+\dfrac{1}{I_{Tc}}+2\displaystyle\sum_{i=1}^{\frac{n}{2}-1}\frac{1}{I_{Ti}}\right)\left(\dfrac{1}{I_{Tc}}+\dfrac{1}{I_{Tn}}+2\displaystyle\sum_{i=\frac{n}{2}+1}^{n-1}\frac{1}{I_{Ti}}\right)}{2G\left(\dfrac{1}{I_{T0}}+\dfrac{1}{I_{Tn}}+2\displaystyle\sum_{i=1}^{n-1}\frac{1}{I_{Ti}}\right)}$$

$$\tag{8-81}$$

将式（8-76）与式（8-81）代入式（8-73）后，便得到截面呈任意形式变化的桥跨结构抗扭换算系数 C_θ，即

$$C_\theta=\frac{n}{2I_{Tc}}\cdot\frac{\left(\dfrac{1}{I_{T0}}+\dfrac{1}{I_{Tn}}+2\displaystyle\sum_{i=1}^{n-1}\frac{1}{I_{Ti}}\right)}{\left(\dfrac{1}{I_{T0}}+\dfrac{1}{I_{Tc}}+2\displaystyle\sum_{i=1}^{\frac{n}{2}-1}\frac{1}{I_{Ti}}\right)\left(\dfrac{1}{I_{Tc}}+\dfrac{1}{I_{Tn}}+2\displaystyle\sum_{i=\frac{n}{2}+1}^{n-1}\frac{1}{I_{Ti}}\right)} \tag{8-82}$$

式中任意截面抗扭惯性矩 I_{Ti} 的计算公式均可从《公路桥涵设计手册》等参考书中查到。当为等截面梁时，$C_\theta=1$；当边跨截面变化对称于边跨跨中，且 $n=2m$ 时，则上式结果与式（8-75）相同。

4. 荷载增大系数

上面的公式推导是把箱形截面梁近似地视作开口截面梁，经过刚度等效和修正后，再应用修正偏心压力法公式（8-24）和活载的最不利横向布置，分别计算每根主梁的荷载横向分布系数 m_i，一般情况下具有最大值 m_{max} 的应是边主梁。然而从图 8-38（a）可以看出，箱形截面是一个整体构造，若将它分开为若干单片梁进行结构受力分析和截面配筋设计就不合理了，而且也比较麻烦。工程中为了计算简化和偏安全取值，便假定图 8-38（b）中每片梁均达到了边梁的荷载横向分布系数 m_{max}，于是引入荷载增大系数 ζ 的概念，它可表示为

$$\zeta = n \cdot m_{max} \tag{8-83}$$

式中的 n 为腹板数。在对非简支体系桥跨结构的受力分析时，便用相应桥跨的荷载增大系数 ζ 直接乘各跨上的车道荷载 P_k 和 q_k，如图 8-43 所示。按此图式计算出来的内力值便是箱形截面梁由全截面承担的内力。

综上所述，在对非简支体系变截面梁桥的活载内力分析之前，需要作以下几个步骤的数据准备工作：

（1）采用合适的方法分别求出实际梁各跨跨中（或悬臂端）在 $P=1$ 作用下的挠度 $w_{非}$。

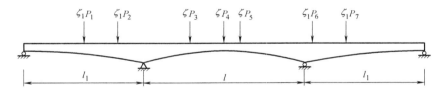

图 8-43　变截面连续梁的内力计算图式

（2）用式（8-71）和式（8-72）求等代简支梁的抗弯惯性矩换算系数 C_w。

（3）应用式（8-75）或式（8-82）求抗扭惯性矩换算系数 C_θ，其中的 I_{Ti} 可从《公路桥涵设计手册》查找相应的计算公式。

（4）C_w 和 C_θ 代入式（8-69）中求抗扭修正系数 β。

（5）将 β 代入到修正偏心压力法的公式（8-24）中，绘出图 8-38 中边腹板的荷载横向分布影响线，然后在它上面进行最不利的横向布载，求出荷载横向分布系数的最大值 m_{max}。

（6）应用式（8-83）求得相应桥跨的荷载增大系数 ζ，然后按照图 8-43 中的示例，将 ζ_i 分别乘相应桥跨上的车道荷载 P_k 和 q_k，也可以偏安全地对全桥取统一的 ζ_{max} 值。

5. 示例

【例 8-7】　图 8-44 所示三跨变高度连续箱梁桥的跨径组合为 40m＋60m＋40m，混凝土强度等级为 C40，截面周边平均尺寸变化规律示于图 8-44（b）及表 8-8 中，试求边跨及中跨抗扭修正系数 β 及边跨的荷载增大系数。

单室箱截面尺寸及抗扭惯性矩　　　　　　表 8-8

截面号	h（m）	t_2（m）	I_{Ti}（m⁴）	截面号	h（m）	t_2（m）	I_{Ti}（m⁴）
				8	2.22	0.39	13.86885
	边跨			9	2.62	0.42	19.80626
0	1.60	0.25	6.122441	10	3.00	0.45	26.25381
1	1.60	0.25	6.122441		中跨		
2	1.60	0.25	6.122441	11	2.50	0.41	17.92404
3	1.60	0.25	6.122441	12	2.11	0.37	12.33403
4	1.61	0.26	6.279955	13	1.82	0.33	8.745476
5	1.64	0.31	6.835647	14	1.66	0.29	6.921904
6	1.76	0.34	8.161065	15	1.60	0.25	6.122441
7	1.95	0.36	10.34677				

注：每跨各分 10 级，即 $n=10$。

【解】　本例计算步骤如下：

（1）C_w 计算

① 计算边跨和中跨的跨中截面抗弯惯性矩 I_c（过程从略）

边跨　$I_c' = 2.7465\text{m}^4$

中跨　$I_c = 2.3875\text{m}^4$

② 按式（8-71）分别计算该两跨的简支梁跨中挠度（单位为 m）：

边跨　$w'_简 = \dfrac{Pl^3}{48EI_c'} = \dfrac{P \times 40^3}{48 \times 3.3 \times 10^7 \times 2.7465} = P \times 1.47111 \times 10^{-5}$

中跨　$w_简 = \dfrac{P \times 60^3}{48 \times 3.3 \times 10^7 \times 2.3875} = P \times 5.71157 \times 10^{-5}$

③ 应用平面杆系有限元计算程序分别计算边跨和中跨跨中在集中力 P 作用下的跨中挠度：

边跨　　　　　　　　$w'_非 = P \times 0.9128 \times 10^{-5}$

中跨　　　　　　　　$w_非 = P \times 0.1679 \times 10^{-4}$

④ 按式（8-72）计算两跨的抗弯惯性矩换算系数 C_w：

边跨　　　　$C_w' = \dfrac{w'_简}{w'_非} = \dfrac{P \times 1.47111 \times 10^{-5}}{P \times 0.9128 \times 10^{-5}} = 1.6116$

中跨　　　　$C_w = \dfrac{w_简}{w_非} = \dfrac{P \times 5.71157 \times 10^{-5}}{P \times 0.1679 \times 10^{-4}} = 3.4018$

（2）C_θ 计算

① 按《公路桥涵设计手册——基本资料》中的公式计算图 8-44（a）各节点截面的抗扭惯性矩 I_{Ti}，对于单箱单室截面，该公式的一般表达式如下：

$$I_{Ti} = \dfrac{4F^2}{\oint \dfrac{ds}{t}} + 2 \cdot K \cdot b_1 \cdot t_4^{\,3}$$

式中　F——箱形截面中心线包围的面积；

t——板厚；

b_1——每侧悬臂板长度；

K——与板的长厚比（b_1/t_4）有关的系数，本例 $b_1/t_4=2.70/0.3=9$，
查《公路桥涵设计手册》中表 3-98 得 $K\approx0.31$；

ds——周边微段长度。

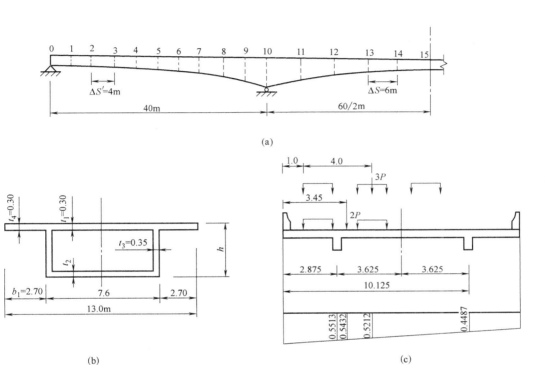

图 8-44　例 8-7 的桥梁跨径、截面尺寸及荷载横向分布影响线

现以图中 0 号截面为例进行计算：

$$I_{T0}=\frac{4\times\left[\left(1.6-\dfrac{0.3}{2}-\dfrac{0.25}{2}\right)\times(7.6-0.35)\right]^2}{\left(1.6-\dfrac{0.3+0.25}{2}\right)\left(\dfrac{2}{0.35}\right)+(7.6-0.35)\left(\dfrac{1}{0.3}+\dfrac{1}{0.25}\right)}+2\times0.31\times2.7\times0.3^3$$

$=6.077243+0.045198=6.122441\text{m}^4$

其余截面照此法计算，一并汇总于表 8-8 中，其中边跨跨中抗扭惯性矩 I'_{Tc} 和中跨跨中抗扭惯性矩 I_{Tc} 分别为：

$$I'_{Tc}=6.835647\text{m}^4, \quad I_{Tc}=6.122441\text{m}^4$$

② 按式（8-75）和式（8-82）分别计算边跨和中跨的抗扭惯性矩换算系数 C_θ。现以中跨为例，将表 8-8 中的 I_{Ti} 代入，并注意到 $m=n/2=5$（段），得：

$$C_\theta = \frac{2m}{\left[\dfrac{1}{I_{T0}} + \dfrac{1}{I_{Tc}} + 2\displaystyle\sum_{i=1}^{m-1}\dfrac{1}{I_{Ti}}\right] \cdot I_{Tc}}$$

$$= \frac{2\times 5}{\left[\dfrac{1}{26.25381} + \dfrac{1}{6.122441} + 2\left(\dfrac{1}{17.92404} + \cdots + \dfrac{1}{6.921904}\right)\right] \times 6.122441}$$

$$= 1.645205$$

同理，得边跨的抗扭惯性矩换算系数 $C_\theta' = 1.297622$

（3）抗扭修正系数 β 计算

① β 公式中的各个参数

$n = 2$（腹板数）

$a_i = a_1 = a_2 = (7.6 - 0.35)/2 = 3.625$（腹板至中心线距离）

$l_{边} = 40\text{m}$，$l_{中} = 60\text{m}$

$G = 0.43E$（剪切模量）

② β 值计算

边跨

$$\beta' = \frac{1}{1 + \dfrac{nl_{边}^2}{12} \cdot \dfrac{G}{E} \cdot \dfrac{C_\theta'}{C_w'} \cdot \dfrac{I_{Tc}'}{I_c'} \cdot \dfrac{1}{\sum a_i^2}}$$

$$= \frac{1}{1 + \dfrac{2\times 40^2}{12} \cdot \dfrac{0.43E}{E} \cdot \dfrac{1.297622}{1.6116} \cdot \dfrac{6.835647}{2.7465} \cdot \dfrac{1}{2\times 3.625^2}} = 0.1026$$

中跨的 $\beta = 0.0759$，计算过程从略。上述的 C_w 和 C_θ 计算若编制成简单的计算程序，则可以大大节约手算时间。

（4）荷载增大系数 ζ 计算

现以边跨为例，荷载沿横桥向按两行车和三行车两种工况进行偏心布置，如图 8-44（c）所示。

① 左侧 1 号腹板的荷载横向分布影响线

按式（8-24）进行计算，分别得到荷载位于两侧腹板处时对 1 号腹板的影响线竖标为：

$$\eta_{11} = \frac{1}{n} + \beta\frac{a_1^2}{\sum a_i^2} = \frac{1}{2} + 0.1026 \times \frac{3.625^2}{2\times 3.625^2} = 0.5513$$

$$\eta_{12} = \frac{1}{n} + \beta\frac{a_1 a_2}{\sum a_i^2} = \frac{1}{2} - 0.1026 \times \frac{3.625^2}{2\times 3.625^2} = 0.4487$$

② 求 1 号腹板的荷载横向分布系数 m

按荷载横向分布影响线进行内插，可得两行车和三行车合力作用点所对应的竖标分别为 0.5368 和 0.5163。

对于两行车的荷载横向分布系数：

$$m = 2\times 0.5368 = 1.0736$$

对于三行车的荷载横向分布系数：

$$m=3×0.5163=1.5489$$

③ 求荷载增大系数 ζ

按式（8-83）计算，对于三行车还应按《公路桥规》计入多车道的横向折减系数 ξ，对于三车道 $\xi=0.78$，少于三车道则不予折减，于是有：

对于二车道：$\zeta=n·m_{max}=2×1.0736=2.1473$

对于三车道：$\zeta=\xi n·m_{max}=0.78×2×1.5489=2.4163$

经比较，对于边跨应取 $\zeta=2.4163$。

小结及学习指导

（1）8.1 节掌握混凝土桥梁主梁与横隔板内力的计算原理、方法。

（2）8.2 节重点把握桥梁空间受力转化为平面受力进行计算的方法、荷载横向分布系数的概念，以及杠杆法、偏心压力法、比拟正交异性板法的假定、适应条件和主要公式，了解铰接板法（刚接梁法）的基本原理与假定。

（3）8.3 节了解恒载和活载内力的大致比例，理解掌握活载内力的计算公式。

（4）8.4 节了解横隔梁内力的计算特点。

（5）8.5 节掌握公路、铁路桥梁的不同刚度要求（活载挠度限值）、预拱度概念与计算方法。

（6）8.6 节把握其他梁桥荷载横向分布系数的计算特点。

习题及思考题

8-1 简述简支梁桥内力计算的基本思路。

8-2 荷载横向分布系数计算有哪些方法，各自的适用条件、基本假定和主要公式是什么？

8-3 桥梁刚度限值有什么要求？合理确定这些限值，应主要考虑哪些因素？

8-4 阐述横隔梁内力计算要点。

8-5 其他梁桥的计算特点是什么？

*第9章
超静定混凝土桥梁非直接荷载的效应分析

本章知识点

> 【知识点】　直接荷载与非直接荷载的概念、非直接荷载类型与求解其效应的一般方法，预加力效应分析，徐变、收缩效应分析，基础沉降效应分析，温度效应理论。
>
> 【重点】　重点掌握基本概念（如：非直接荷载、次力矩、总预矩、预应力效应计算的等效荷载法、收缩、徐变、老化理论、狄辛格方法、初应变法、换算弹性模量法、温度场、日温差、年温差、次应力、自应力等）、4 种效应的分析方法。
>
> 【难点】　掌握狄辛格方法的假定与实质。

对静定结构必然产生支座反力的荷载，本章中称之为直接荷载，如混凝土桥梁承受的自重、停放在结构上的设备或附属物的重量、车辆、人群、风、雪、地震等；而对静定结构不产生支座反力的荷载，则称为非直接荷载，如承受的预加力、基础变位、温度变化、混凝土收缩与徐变等。混凝土桥梁结构直接荷载效应问题可按普通的结构力学问题求解，本章不予赘述。

超静定混凝土桥梁的非直接荷载效应问题在其各截面内力已知后，即变为静定混凝土桥梁的非直接荷载效应问题。由于静定混凝土桥梁的非直接荷载效应问题相对简单，本章将着重讨论预加力、基础变位、温度变化、混凝土收缩与徐变等 4 种非直接荷载作用下，超静定结构内力的求解问题。预加力、基础变位、温度变化、混凝土徐变与收缩等非直接荷载引起结构强迫变形，从而在多余约束处产生多余约束力，引起结构的附加内力，这部分内力称为结构的次内力（或二次力）。超静定混凝土桥梁的荷载效应求解问题主要是结构次内力的求解问题。本章求次内力主要采用"力法＋叠加"原理，一般步骤如下：

（1）选取基本结构，标出多余力 x_i

（2）由变形协调条件，写出力法典型方程：

$$\begin{cases} \delta_{11}x_1+\delta_{12}x_2+\cdots+\delta_{1n}x_n+\Delta_{1p}=0 \\ \delta_{21}x_1+\delta_{22}x_2+\cdots+\delta_{2n}x_n+\Delta_{2p}=0 \\ \cdots \\ \delta_{n1}x_1+\delta_{n2}x_2+\cdots+\delta_{nn}x_n+\Delta_{np}=0 \end{cases}$$

（3）求出主系数（δ_{ii}）和副系数 δ_{ij}（$i \neq j$）

主系数和副系数统称为常变位系数，可用虚功原理求出。

（4）求出自由项（也称载变位）Δ_{ip}（$i=1$，…，n）

该自由项是由产生次内力的因素（预加力、基础变位、温度变化、混凝土收缩和徐变等）所引起。知道了产生自由项的原因，也就不难由虚功原理求出自由项。

（5）解力法典型方程，求出多余力

（6）由平衡条件求出荷载和多余力作用下各截面内力

按平衡条件求出多余力作用下各截面内力即为次内力。

以上是一般步骤和原理，后面分析各种不同因素引起的次内力时，需进一步具体化。

显然，由次内力（由多余力引起）的概念知道结构次内力的共同特征为：次弯矩在梁内的分布是线性的。

9.1 预加力效应分析

预加力不仅引起结构的变形，而且引起混凝土截面部分承担的轴力和弯矩发生变化，对于超静定桥梁结构还引起多余约束力。为了分析预加力的效应，需引入次力矩、初预矩、总预矩三个概念。

次力矩：由多余约束力或次反力引起的力矩称为次力矩。

初预矩：如图 9-1 所示，初预矩 M_0 为有效预应力值与偏心距的乘积，不计次反力引起的次力矩，即：

$$M_0 = -N_y \cdot e$$

式中　N_y——梁截面的有效预应力值；

　　　e——有效预应力值 N_y 的偏心距。在中性轴之上为负，之下为正。

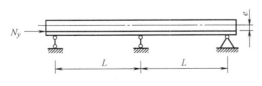

图 9-1　连续梁的预加力

总预矩：预加力引起的由截面的混凝土部分承担的弯矩称为总预矩。

显然，总预矩为初预矩与次力矩的叠加。在初预矩求得后，总预矩、次力矩只要求出其一，另一个也就能方便求得。有了上述的概念，预加力效应问题就转化为次力矩或总预矩的求解问题。可用后述的力法或等效荷载法求解。

9.1.1　用力法求解预加力次力矩

下面利用前述的原理与步骤分析如下两种情况下的次力矩。

1. 直线配筋

已知：两跨等截面连续梁，形成后，施加预应力。有效预应力值为 N_y，且沿梁长不变，偏心距为 e（图 9-2a），求总预矩 M_N。

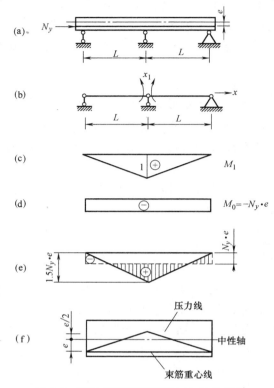

图 9-2　直线配筋连续梁预加力的总预矩

求解：

（1）取简支梁为基本结构（图 9-2b），多余力为 x_1

（2）写出力法方程：

$$x_1 \delta_{11} + \Delta_{1N} = 0 \tag{9-1}$$

（3）求 δ_{11}、Δ_{1N}

① 求 δ_{11}

a）先作 $\overline{M}_1$ 图（图 9-2c）。

b）求 δ_{11}

$$\delta_{11} = \int \frac{\overline{M}_1^2}{EI} \mathrm{d}x = \frac{1}{EI} \cdot 2 \cdot \left[\frac{1}{2}l \cdot \frac{2}{3} \right] = \frac{2l}{3EI} \tag{9-2}$$

② 求 Δ_{1N}

a）先作预加力引起基本结构的内力图 M_0（图 9-2d）。

b）由虚功原理求 Δ_{1N}

$$\Delta_{1N} = \int \frac{\overline{M}_1 \cdot M_0}{EI} \mathrm{d}x = \frac{2}{EI} \left[\left(\frac{1}{2} \cdot l \right) \cdot (-N_y \cdot e) \right] = -\frac{N_y \cdot e \cdot l}{EI} \tag{9-3}$$

（4）由式（9-1）求 x_1

将 Δ_{1N}、δ_{11} 的表达式（9-2）、式（9-3）代入式（9-1），求得：

$$x_1 = -\frac{\Delta_{1N}}{\delta_{11}} = \frac{3}{2}N_y \cdot e \qquad (9\text{-}4)$$

（5）根据叠加原理（也可根据平衡条件）求各截面内力（图 9-2e）

$$M_N = M_0 + x_1 \cdot \overline{M}_1 = -N_y \cdot e + \frac{3}{2}N_y \cdot e \cdot \overline{M}_1 \qquad (9\text{-}5)$$

混凝土压力线与梁轴线之间的偏离值为 y（在梁轴之上为正）（图 9-2f）：

$$y = \frac{M_N}{N_y} = -e + \frac{3}{2}e \cdot \overline{M}_1 \qquad (9\text{-}6)$$

2. 曲线配筋

情况 1：已知如图 9-3 所示的两跨等截面连续梁，形成后，施加预应力。其束筋两端通过截面形心，在中支点预应力束筋偏心距为 e，在两跨中间，束筋矢高为 f_1、f_2。梁轴方向有效预应力值分量 N_y 沿梁长设为常数。求预应力引起的次内力。

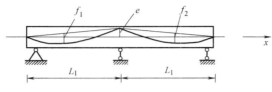

图 9-3　曲线配筋连续梁

该种情况的求解过程和方法与直线配筋相同，只是自由项 Δ_{1N} 的表达式有所不同，结果也就不同。

情况 2：与情况 1 基本相同，只是束筋重心线在两端偏心距不为零，而分别为 e_1、e_2。该种情况的求解过程和方法与直线配筋的求解过程和方法也相同。

对于变截面连续梁、多跨连续梁、其他超静定结构等情况的次内力的求解，也均可采用力法原理，其计算步骤与直线配筋的求解过程相同。

9.1.2　用等效荷载法求解预加力的总预矩

1. 基本思想

用等效荷载法求解预加力的总预矩的基本思想为：把预加力对混凝土的作用用等效荷载的形式来替代，然后求这个等效荷载作用下结构的弯矩，即是预加力的总预矩。

等效替代原则为：预加力引起基本结构的（混凝土承担的）弯矩（图）与等效荷载引起基本结构的弯矩（图）相同。基本结构可取为静定结构，预加力引起静定结构的弯矩即为初预矩 $M_0 = -N_y \cdot e$。之所以可以采取弯矩（图）相同的等效替代原则，是因为不计轴向、剪切变形对变位的影响，且不考虑扭转（仅直梁桥）。显然，轴力、剪力则不能用此法求得。

2. 求等效荷载的方法

$$q = Q'_x = M''_x \qquad (9\text{-}7)$$

式中　q——等效荷载，它垂直梁轴方向且为分布荷载；

　　　M_x——初预矩。

3. 用等效荷载法求解预加力总预矩的步骤

（1）作出预加力引起的静定基本结构（混凝土部分）的弯矩图（即初预矩图）。

（2）求等效荷载，使基本结构在等效荷载作用上的弯矩图与初预矩图相同。为此应画出等效荷载图。

（3）求出等效荷载作用于原结构所引起的弯矩，即总预矩。

求解方法有力法、位移法、力矩分配法、影响线法等结构力学一般方法。

4. 几种初预矩图的等效荷载

根据等效荷载引起静定基本结构的弯矩图与初预矩图相同的原则即可确定如下情况下的等效荷载。

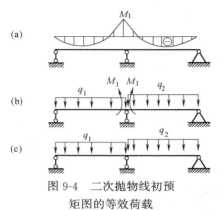

图 9-4　二次抛物线初预
矩图的等效荷载

① 初预矩图为二次抛物线或圆弧线等效荷载为均布竖向荷载（图 9-4）。

a）初预矩图为二次曲线；

b）求等效荷载图（可取双跨简支梁为基本结构求得等效荷载）；

c）将等效荷载作用于原结构。

显然，图 9-4（b）中的 M_1-M_1 一对力偶（作用于同一点）对连续梁（图 9-4c）的作用相互抵消。故有图 9-4（c）的等效荷载，即图 9-4（c）所示等效荷载下的弯矩图与具有图 9-4（a）所示的初预矩图的预加力作用下的混凝土梁承担的弯矩图（总预矩）一致。同理，可以证明如下结论。

结论 1：等效荷载值只与初预矩在跨中的形状和初预矩在梁端的大小有关，而与初预矩在中间支承上的大小无关。

分析如下：

a）设初预矩图 M_0 如图 9-5（a）所示。

b）求等效荷载图（基本结构）如图 9-5（b）：

$q = M_0''$——与 M_0 形状有关（二次导数）；

$\left.\begin{array}{r} M_1 \\ M_3 \end{array}\right\}$——与梁端初预矩值相同；

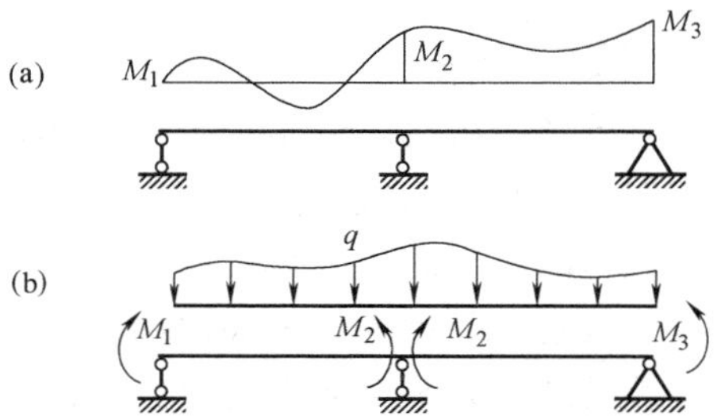

图 9-5　一般曲线初预矩图的等效荷载

M_2——与中支点处的初预矩值相等。

c）将等效荷载作用于原结构上，M_2-M_2 相互抵消，故有结论 1。

如果 N_y 沿跨长不变（或者计算的总预矩值可以认为不变），则由 $M_0 =$

$-N_y \cdot e$ 和结论 1 可得结论 2。

结论 2：当 N_y 沿跨长不变，等效荷载值只与束筋在跨中的形状和梁端的偏心距有关，而与束筋在中间支承点上的偏心距无关。

② 初预矩图为折线形，端支承处为零，等效荷载为集中力，作用在折线的转折点（顶点处）。

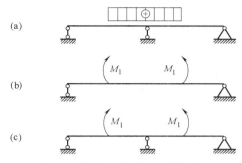

图 9-6　矩形初预矩图的等效荷载

③ 初预矩图为矩形，即局部配筋（图 9-6a）

等效荷载为一对力偶，作用在矩形的两端点。

a）初预矩图，如图 9-6（a）所示。

b）求等效荷载图（取静定基本结构），如图 9-6（b）所示。

c）等效荷载作用于原结构，如图 9-6（c）所示。

由结论 2 "当 N_y 沿梁长方向不变（或者可以认为不变时），等效荷载仅与束筋在梁端的偏心距和束筋在跨内的形状有关，而与束筋在中间支承上的偏心距无关"可知：当梁端偏心距和束筋在跨内形状不变，而只改变束筋在中间支承点上的偏心距，则梁（混凝土部分）内总预矩不变，梁内的混凝土压力线也不变（因为等效荷载不变，等效荷载引起的弯矩也不变）。这个结论称为线性转换原则。这个原则，为预应力混凝土超静定结构设计中预应力束筋的布置提供了方便，它允许在不改变结构内混凝土压力线位置的条件下调整力筋合力线的位置，以适应结构构造上的要求（图 9-7）。

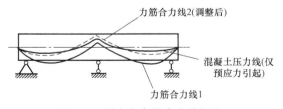

图 9-7　预应力束筋合力线调整

9.2　徐变、收缩效应分析

混凝土徐变与收缩，是混凝土桥梁结构设计计算中的一项重要内容。徐变、收缩对混凝土桥梁的影响具有时间跨度大的特点，且与结构形式、构件截面组成方式以及施工内容等因素有关。混凝土的徐变与收缩对大跨度桥梁的变形和内力影响较大，尤其是采用悬臂施工方法时，混凝土龄期短，徐变、收缩效应更加明显。在钢筋混凝土和预应力混凝土中，随时间而增加的混凝土徐变和收缩受到内部钢筋的约束将导致应力重分布。悬臂施工的预应力混凝土结构在施工过程中发生体系转换时，前期结构继承下来的应力状态所产生的徐变变形增量受到后期结构的约束，导致内力重分布。结构不对称或悬臂施工的进度不同，使徐变、收缩发展的过程不同，使左右两半跨产生的挠度和转角不同，如果不能预先准确地计入徐变、收缩效应，并采取相应措施，则将导致合龙困难。因此，选择逼近实际的徐变和收缩模式，合理地进行徐变收缩效应分析，从而正确地考虑徐变与收缩的影响非常必要。

人们对混凝土收缩与徐变现象的认识始于 20 世纪初，对这种现象的系统研究始于 20 世纪 30 年代，混凝土徐变、收缩理论应用于实际结构则更晚。直到 20 世纪 40 年代后期，多数设计人员还认为混凝土收缩、徐变是一个单纯的属于材料科学的学术问题。经过几十年的研究，人们对徐变和收缩的认识在不断提高，徐变、收缩理论在不断发展，其效应的分析方法在不断地改进。目前，国内外对混凝土徐变形成了多种理论，提出了各种不同的计算模式，常用的模式有 ACI、CEB-FIP、BP 和 BP2 等。结构的徐变效应分析方法大体上可以归结为 4 种：狄辛格方法、扩展狄辛格方法、换算弹性模量法和初应变法。

9.2.1　混凝土徐变和收缩的概念

1. 轴心受压混凝土柱体的变形性质

徐变和收缩是混凝土黏弹性体的两种与时间有关的变形性质。下面用图 9-8 来说明混凝土柱体在加载—卸载整个过程的变形情况。如图 9-8（a）所示

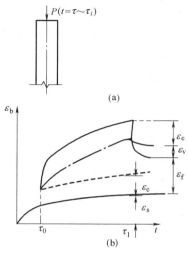

图 9-8　混凝土柱体的变形

为一混凝土柱体，在龄期为 τ_0 时施加荷载 P，该荷载持续作用于柱体上至时间 τ_1，然后卸去荷载，经量测，该柱体的变形过程如图 9-8（b）所示。

其中，ε_s 为收缩应变，不因是否作用荷载，也不因荷载大小而变化。对于一定的混凝土结构而言，它只与时间 t（距硬化起始时刻）有关。它是相对于硬化开始时的结构所发生的应变。ε_e 为瞬时弹性应变（$t=\tau_0$ 和 $t=\tau_1$ 时相同），$\varepsilon_e=\dfrac{\sigma}{E}$。$\varepsilon_v$、$\varepsilon_f$ 分别为滞后弹性应变和屈服应变。荷载在 $t=\tau_1$ 时卸去，混凝土柱体除了恢复

瞬时弹性应变外，还随时间恢复了一部分附加应变。这部分附加应变即是滞后弹性应变。残留的不可恢复的应变即为屈服应变 ε_f（图 9-8b）。ε_b 为总应变，$\varepsilon_b = \varepsilon_s + \varepsilon_e + (\varepsilon_v + \varepsilon_f)$。$\varepsilon_c$ 为徐变应变，$\varepsilon_c = \varepsilon_v + \varepsilon_f = \varepsilon_b - \varepsilon_s - \varepsilon_e$，它与应力的大小有关，随应力的增大而增大，随应力持续时间的增加而增加。

试验表明，在长期荷载作用下，加载初期徐变应变增长较快，后期增长较慢，几年以后就基本停止增长。结构的累计徐变变形可以是同样应力下弹性变形的 1.5～3 倍或更大。

2. 徐变（ε_c）曲线与收缩（ε_s）曲线的影响因素

徐变、收缩的机理在于混凝土水化水泥浆的物理结构，而不在于水泥的化学性质。化学性质截然不同的水泥制造的混凝土，其徐变、收缩的机理在本质上是一样的。

混凝土的收缩机理可以归纳为：①自发收缩。这是一种在水分没有转移的情况下，水泥和水起化学反应生成水泥水化物时体积的缩小。这种收缩的量值较小。②干燥收缩。这是混凝土内部吸附水由于蒸发等原因而消失所造成体积缩小。这是混凝土收缩应变的主要部分。③碳化收缩。由水泥水化物与空气中的二氧化碳发生化学反应而产生。

对于混凝土的徐变机理，迄今还没有形成一种能被广泛接受的认识。美国混凝土学会 209 委员会在 1972 年的报告中将徐变机理分为：①在应力和吸附水层润滑的共同作用下，水泥胶凝体的滑动或剪切所产生的黏稠变形。②在应力作用下，由于吸附水的渗流或层间水转动而导致的紧缩。③水泥胶凝体对骨架弹性变形的约束作用所引起的滞后弹性应变。④局部发生微裂及结晶破坏以及重新结晶与新的连接所产生的永久变形。

根据混凝土徐变、收缩机理，可以分析出它们的主要影响因素。

徐变曲线的影响因素可以归纳为以下 5 种，即：①混凝土的组成材料、配合比；②构件周围环境的温度、湿度、养护条件；③构件的截面面积；④混凝土的龄期；⑤应力的大小。当应力小于极限强度的 50% 左右时，徐变符合徐变线性理论。否则，为徐变非线性理论。收缩曲线的影响因素主要包括 3 种，即上述的①、②、③条。

各种影响因素的影响分述如下：

（1）水泥品种

一般情况下，水泥的化学成分对混凝土收缩无影响。但水泥的石膏不足会导致较大的收缩。个别品种水泥制作的混凝土徐变较大，如火山灰水泥。

（2）水灰比、水泥用量、含水量

在单位体积混凝土的水泥用量相同时，水灰比越大则收缩越大。当含水量不变时，单位体积混凝土的水泥用量越大则收缩越大。在其他条件相同时，混凝土的徐变随水灰比的增大而增大。

（3）骨料

在混凝土内部，骨料对水泥石的收缩和徐变起制约作用。制约作用的大小与骨料所占的分量及其弹性模量有关。普通的骨料一般不发生收缩及徐变，但轻质骨料和吸水性较大的骨料，由于含水量较大、空隙率较高、弹性模量较低等将增加混凝土的收缩和徐变量。

（4）周围介质的温度、湿度和加载龄期

周围介质的相对湿度对混凝土的收缩和徐变均有显著影响。湿度越大，吸附水的蒸发量越小，水泥的水化程度越高，水泥胶凝体的密度也越高，收缩和徐变均将减小。相对湿度对加载早期的徐变影响更大。介质的温度对混凝土收缩影响不大，对混凝土徐变有显著影响。大多数学者认为，随着介质温度升高，徐变率将加大，在20℃～90℃之间以71℃徐变率最大，随后又开始下降。加载龄期对混凝土徐变有显著影响，加载龄期越早，水化越不充分，强度越低，混凝土的徐变也就越大。

（5）养护条件

采用蒸汽养护或高压蒸汽养护，有利于保证水泥水化的湿度和温度，有利于混凝土强度的形成和水泥胶凝体密度的提高。因而，其能大幅度减少收缩，并有利于徐变的减少。

（6）构件尺寸

构件尺寸决定了介质温度和湿度影响混凝土体内温度和水分逸出的程度，但当混凝土与环境达到湿度平衡时，尺寸效应将消失。试验表明，当构件尺寸超过0.9m时，尺寸因素可以忽略不计。

（7）混凝土的应力

试验表明，当压应力小于混凝土强度的50%时，徐变应变可以被认为与所施加的应力具有线性关系。超过这一应力，将导致非线性关系。

由此可见，影响徐变和收缩的因素十分复杂，而且，这些因素连同它们产生的结果本身都是随机变量，其变异系数常达到15%～20%。因而，要精确地计算徐变和收缩对结构的影响是十分困难的。计算徐变和收缩对结构影响的误差总是存在的，问题是如何降低这些误差。对于一些特别重要的工程，应通过模型试验或实桥测量的方法来调整计算中采用的参数，降低这些误差，以提高计算结果与实际接近的程度。

3. 混凝土徐变和收缩对桥梁结构的影响

(1) 结构在受压区的徐变和收缩会引起变形的改变（增加）。

(2) 偏压柱由于徐变使弯曲增加，增大了初始偏心，降低柱的承载能力。

(3) 预应力混凝土构件中，收缩和徐变导致预应力损失。

(4) 结构构件截面，若为组合截面，收缩徐变会使截面应力重分布。

(5) 对于超静定结构，收缩徐变将导致内力重分布。

(6) 收缩使较厚构件的表面开裂。

4. 徐变线性理论与徐变非线性理论

(1) 徐变线性理论的基本假定：徐变应变 ε_c 与初始弹性应变 ε_e 之比即徐变系数 φ（$\varphi = \varepsilon_c / \varepsilon_e$）与持续应力的大小无关，即徐变应变与初始弹性应变成线性比例。这种徐变假定的理论称为徐变线性理论。

(2) 徐变线性理论的适用性：在桥梁结构中，混凝土的使用应力一般不

超过其极限强度的 $40\%\sim50\%$，从试验中观察到，当混凝土棱柱体应力不大于 $0.5Ra$ 时（Ra 为设计抗压强度），徐变变形与初始弹性变形之比与应力大小无关的假定是成立的。故以后所述均以徐变线性理论的基本假定为基础。

（3）徐变非线性理论：徐变系数 φ 与持续应力的大小有关，即徐变应变与初始弹性应变不成线性比例。这种理论称为徐变非线性理论。

在环境一定的情况下，对于一混凝土构件，徐变系数可表示为：

$$\varphi=\frac{\varepsilon_c}{\varepsilon_e}=\varphi(t,\tau_0,\sigma)\Rightarrow\begin{cases}\varphi(t,\tau_0) & \text{徐变线性理论}\\ \varphi(t,\tau_0,\sigma) & \text{徐变非线性理论}\end{cases}$$

5. 基本假定

混凝土徐变引起结构徐变变形及次内力计算，因客观因素的复杂性，要精确分析十分困难，实际工程常采用如下假定：

① 采用徐变线性理论。

② 不考虑结构内配筋的影响。把结构当作素混凝土，这对预应力混凝土结构（因含筋率较小）是适应的，但对不同材料或不同龄期下相同材料（弹性模量相差较大）组成的复合结构是不适用的。

③混凝土的弹性模量假定为常值。试验证明，混凝土弹性模量随时间变化而变化，一般可增加 $10\%\sim15\%$。但考虑到徐变系数的计算中已部分包含了这一因素，故可取常值计算。

9.2.2 徐变系数的计算理论和公式

在徐变线性理论中通过徐变系数和弹性应变（应力）即可求出总的应变。

在应力不变条件下，总应变 $\varepsilon_b(t)$：

$$\varepsilon_b(t)=\varepsilon_c(t)+\varepsilon_e=\varphi(t,\tau)\cdot\varepsilon_e+\varepsilon_e=\varepsilon_e[1+\varphi(t,\tau)]=\frac{\sigma}{E}[1+\varphi(t,\tau)]$$

在应力不断变化的条件下（如图 9-9），$\varepsilon_b(t)$ 为：

$$\varepsilon_b(t)=\frac{\sigma(\tau_0)}{E}[1+\varphi(t,\tau_0)]+\int_{\tau_0}^{t}\frac{\partial\sigma(\tau)}{\partial\tau}\cdot\frac{1}{E}[1+\varphi(t,\tau)]\mathrm{d}\tau$$

上式也可写为：

$$\varepsilon_b(t)=\frac{\sigma(\tau_0)}{E}[1+\varphi(t,\tau_0)]+\lim_{\Delta\tau\to0}\sum_{i=1}^{n}\Delta\sigma(\tau_i)\cdot\frac{1}{E}[1+\varphi(t,\tau_i)]$$

由此可见，徐变系数 $\varphi(t,\tau)$ 是指加载时刻为 τ 的 t 时刻的徐变系数。同时可见，只要已知弹性应变（应力）和徐变系数，则不难求出总应变。故确定徐变系数则是关键问题之一。

1. 徐变系数的研究方法

（1）偏重实验的方法

以实验为依据，通过大量的实验总结出相应的经验公式。规范公式常属于此类，计算结果与实际差别较小。

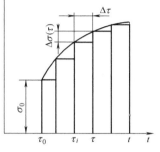

图 9-9 应力-时间曲线

（2）偏重理论的方法

以实验为依据，做出一些假定，以便于计算和分析。一般从以下两个方面来讨论：

① 加载龄期 τ 与徐变系数 $\varphi(t,\tau)$ 的关系

根据加载龄期 τ 与徐变系数 $\varphi(t,\tau)$ 的关系不同，其假定一般有 3 大理论，即：老化理论、先天理论和混合理论。

② 徐变基本曲线的函数 $\varphi(t,0)$

目前，徐变基本曲线的函数 $\varphi(t,0)$ 最广泛采用的是狄辛格公式。

2. 偏重理论的徐变系数公式

（1）$\varphi(t,\tau)$ 与 τ 的关系

① 老化理论

a）基本假定

在不同加载龄期 τ，混凝土徐变曲线在任意时刻 $t(t>\tau)$（t 和 τ 均是相对于硬化起始时的时间间隔）的徐变增长率都相同，即 $\varphi'_t(t,\tau)$ 与 τ 无关，如图 9-10 所示。

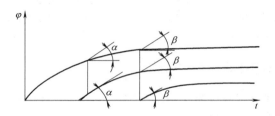

图 9-10　按老化理论表示同一混凝土在不同加载龄期时的徐变曲线

b）推断结论

ⅰ）已知 $\varphi(t,\tau_0)$，将该曲线垂直平移（φ 为竖坐标，t 为横坐标）即可得：$\varphi(t,\tau_1)$，$\varphi(t,\tau_2)$，$\varphi(t,\tau_3)$，…。

ⅱ）因为 $\varphi(t,\tau)=\int_{\tau}^{t}\varphi'_t(t,\tau_0)\mathrm{d}t$，可得 $\varphi(t,\tau)=\varphi(t,\tau_0)-\varphi(\tau,\tau_0)$。

ⅲ）τ 增大到至一定值（如 3～5 年）时，$\varphi(t,\tau)\to0$。

② 先天理论

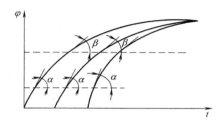

图 9-11　按先天理论表示同一混凝土
在不同加载龄期时的徐变曲线

a）基本假定

不同加载龄期的混凝土的徐变增长规律都是一样的，即 $\varphi(t,\tau_0)$ 可以表示为 $\varphi(t-\tau_0)$，即仅为 $(t-\tau_0)$ 的函数，如图 9-11 所示。

b）推断结论

ⅰ）已知 $\varphi(t,\tau_0)$，将该曲线水平平移（φ 为竖坐标，t 为横坐标）即可得：$\varphi(t,\tau_1)$，$\varphi(t,\tau_2)$，…。

ⅱ）$\varphi(\infty,\tau)$ 不因 τ 而变化，即 $\varphi(\infty,\tau)=\varphi_k$。

ⅲ）加载龄期（τ）不同，但持续荷载作用的时间（$t-\tau$）相同，则发生的徐变系数相同，即 $\varphi(t,\tau_0)=\varphi(t+\tau_i,\tau_0+\tau_i)$，其中 τ_i 为任意正数。

③ 混合理论

加载初期用老化理论，加载后期用先天理论较符合实际。这种理论称为混合理论。

（2）$\varphi(t,0)$ 的公式

狄辛格于 20 世纪 30 年代末提出的徐变基本曲线公式为：

$$\varphi_{t,0}=\varphi_{k0}(1-e^{-\beta t})$$

式中　φ_{k0}——徐变系数终极值，即加载龄期为 $\tau=0$、$t=\infty$ 时的徐变系数；

　　　　β——徐变增长速度系数；

　　　$\varphi_{t,0}$——$\varphi(t,0)$，加载龄期 $\tau=0$（即混凝土开始硬化时）的混凝土在 t（$t>\tau$）时的徐变系数。

有了徐变基本曲线的函数式，应用老化理论或先天理论不难得出一般的徐变系数计算公式。例如，由老化理论有：$\varphi(t,\tau_0)=\varphi(t,0)-\varphi(\tau_0,0)=\varphi_{k0}(1-e^{-\beta t})-\varphi_{k0}(1-e^{-\beta\tau_0})=\varphi_{k0}e^{-\beta\tau_0}\left[1-e^{-\beta(t-\tau_0)}\right]$

（3）偏重理论的公式应用情况

① 狄辛格公式＋先天理论

这种方法将狄辛格公式和先天理论结合起来得出徐变系数曲线。这种方法得到的徐变系数曲线与试验测试结果误差太大，因而应用较少。

② 狄辛格公式＋老化理论

这里将狄辛格公式和老化理论结合起来得出徐变系数曲线。根据徐变次内力计算方法的不同或者是否对狄辛格公式作修正，又可分为 3 种方法。即：

a）狄辛格方法。目前，在计算超静定次内力时因较方便，该方法仍较多使用，但分析结果偏大。

b）换算弹性模量法。

c）扩展狄辛格方法。

方法 b）和 c）均考虑了滞后弹性效应，其使用也较多。

这 3 种方法得出的结果误差相对较小。

3. 偏重实验的徐变系数公式——经验公式

目前，国内外对计算混凝土的徐变形成了各种理论，提出了各种不同的计算模式，由于考虑的因素不同，计算公式也不同，归纳起来有两种方法，一是将徐变系数表达成各分项系数乘积的形式，具有代表性的有 ACI-209（1982）、BS5400、CEB-FIP（1990）（为我国现行《公路混凝土桥规》所采用）的规定，二是将徐变系数表达成各分项系数之和的形式，如 CEB-FIP（1978）将徐变系数表达成初始急变、滞后弹变、流变三者之和（为我国的 1985 公路桥涵规范所采用）。常用计算方法具体阐述如下。

（1）ACI-209（1982）方法

混凝土随时间发展的徐变系数 $\varphi(t,t_0)$ 等于以双曲线形式表示的时间函

293

数乘以终极徐变系数，即

$$\varphi(t,t_0)=\frac{(t-t_0)^{0.6}}{10+(t-t_0)^{0.6}}\varphi(\infty) \tag{9-8}$$

式中，t_0 为加载龄期，要求大于等于 7 天，否则该公式不适用；t 为计算龄期；$\varphi(\infty)$ 为终极徐变系数，且 $\varphi(\infty)=2.35\beta_1\beta_2\beta_3\beta_4\beta_5\beta_6$，其中 β_1 为混凝土加载龄期影响系数：$\beta_1=1.25t_0^{-0.118}$；β_2 为环境相对湿度 H 的影响系数：$\beta_2=1.27-0.0067H$（当 $H>40\%$ 时）；β_3 为混凝土构件平均厚度的影响系数，取值见表 9-1；β_4 为混凝土稠度的影响系数：$\beta_4=0.82+0.00264S$，S 为新鲜混凝土的坍落度（mm）；β_5 为细集料含量影响系数：$\beta_5=0.88+0.0024f$，f 为细集料（$<4.8\text{mm}$）占总集料百分率；β_6 为空气含量影响系数：$\beta_6=0.46+0.09A_c\geqslant1$，$A_c$ 为新鲜混凝土中空气含量的体积（%）。

混凝土构件平均厚度影响系数 β_3　　　　表 9-1

序号	d 的范围(mm)	β_3					
1	$50\leqslant d\leqslant150$	d(mm)	50	75	100	125	150
		β_3	1.3	1.17	1.11	1.04	1.00
2	$150\leqslant d\leqslant380$	当 $t-t_0\leqslant365$ 天时，$\beta_3=1.14-0.00091d$					
		当 $t-t_0>365$ 天时，$\beta_3=1.10-0.00067d$					
3	$d\geqslant380$	$\beta_3=\dfrac{2}{3}(1+1.13e^{-0.0212V/S})$					

注：d 为构件的平均厚度，V/S 为构件体积与表面积之比。

（2）中国建筑科学研究院（86）方法

$$\varphi(t,t_0)=\frac{(t-t_0)^{0.6}}{3.803+0.265(t-t_0)^{0.6}}\beta_1\beta_2\beta_3\beta_4 \tag{9-9}$$

式中，β_1 为混凝土加载龄期影响系数，$t_0=28$ 天时 β_1 为 1，$t_0=90$ 天时 β_1 为 0.88；β_2 为环境相对湿度 H 的影响系数，当 $H>80\%$ 时 β_2 取 0.70；β_3 为混凝土成分影响系数，一般取 1；β_4 为截面尺寸影响系数，当 $V/S=2.5$（cm）时，β_4 取 1.15。

（3）1985 年《公路钢筋混凝土与预应力混凝土桥涵设计规范》法（即 CEB-FIP 1978）

我国 1985 版《公路钢筋混凝土及预应力混凝土桥涵设计规范》（以下简称 1985 版《公桥规》）采用了 1978 年 CEB-FIP 的建议公式（详见 1985 版《公桥规》附录四）。徐变系数的计算公式为：

$$\varphi(t,\tau)=\beta_\alpha(\tau)+0.4\beta_d(t-\tau)+\varphi_f[\beta_f(t)-\beta_f(\tau)] \tag{9-10}$$

式中　$\beta_\alpha(\tau)=0.8\left[1-\dfrac{R_{(\tau)}}{R_\infty}\right]$——瞬时徐变，即加载瞬时所发生的塑性变形；

$R_{(\tau)}/R_\infty$——混凝土龄期为 τ 时的强度 $R_{(\tau)}$ 与最终强度 R_∞ 之比，可由 1985 版《公桥规》附图 4.2 查取；

$\beta_d(t-\tau)$——随时间而增长的滞后弹性应变，可以从 1985

版《公桥规》附图 4.1 查取；

φ_f——流塑系数，$\varphi_f=\varphi_{f1}\cdot\varphi_{f2}$；

φ_{f1}——依环境而定，可从 1985 版《公桥规》的附表 4.1 查得；

φ_{f2}——与理论厚度 h 有关的系数，可从 1985 版《公桥规》附图 4.3 查得；

$\beta_f(t),\beta_f(\tau)$——随混凝土龄期而增长的滞后塑性应变，与理论厚度 h 有关，可从 1985 版《公桥规》附图 4.4 查取；

h——构件的理论厚度，$h=\lambda\dfrac{2A_h}{u}$；

λ——依周围环境而定的系数，可从 1985 版《公桥规》附表 4.1 查取；

A_h——构件混凝土截面面积；

u——与大气接触的截面周边长度。

表 9-2 列出了 3 种不同计算方法徐变系数的计算结果。

3 种方法的徐变系数计算结果对比 （$t_0=28$ 天）　　　　表 9-2

公式＼计算龄期 t	100	200	300	360	720	1080	3600	7200
ACI-209	0.84	1.02	1.11	1.14	1.24	1.29	1.39	1.43
1985 版《公桥规》	1.11	1.46	1.62	1.68	1.89	2.01	2.18	2.19
建科院	1.32	1.67	1.85	1.93	2.16	2.27	2.51	2.59

由此可见，美国认证协会（ACI）方法误差较大，其余两种方法吻合较好。

（4）2018 年《公路钢筋混凝土及预应力混凝土桥涵设计规范》法（即 CEB-FIP 1990 方法，该方法从 2004 版《公桥规》就开始采用）

1990 年版的 CEB-FIP 标准规范的徐变系数表达式改为各项系数的乘积，即：

$$\varphi(t,\tau)=\varphi_0\beta_c(t-\tau)=\varphi_{RH}\cdot\beta_{fcm}\cdot\beta(\tau)\cdot\beta_c(t-\tau) \qquad (9\text{-}11)$$

式中　φ_0——名义徐变系数；

φ_{RH}——环境相对湿度的修正系数，$\varphi_{RH}=1+\dfrac{1-RH/RH_0}{0.46(h/h_0)^{\frac{1}{3}}}$；

β_{fcm}——混凝土强度修正系数，$\beta_{fcm}=\dfrac{5.3}{(f_{cm}/f_{cm0})^{0.5}}$；

$\beta(\tau)$——加载龄期修正系数，$\beta(\tau)=\dfrac{1}{0.1+(\tau/t_1)^{0.2}}$；

$\beta_c(t-\tau)$——徐变进程时间函数，$\beta_c(t-\tau)=\left[\dfrac{(t-\tau)/t_1}{\beta_H+(t-\tau)/t_1}\right]^{0.3}$，其中 $\beta_H=$

$$150\left[1+\left(1.2\frac{RH}{RH_0}\right)^{18}\right]\cdot\frac{h}{h_0},\ f_{cm0}=10\text{MPa},\ t_1=1\text{d},\ h_0=0.1\text{m}。$$

4. 混凝土的弹性模量随时间的发展

在精确的徐变分析中，应考虑混凝土弹性模量随时间而发展的客观现实。混凝土弹性模量随时间的变化规律在 ACI-209 1982 年的报告和 1990 年版的 CEB-FIP 标准规范中均有建议值。

（1）ACI-209 公式

$$E(t)=\sqrt{\frac{t}{c_1+c_2t}}E_{28} \tag{9-12}$$

式中　$E(t)$——龄期 t 时刻的混凝土弹性模量；

　　　E_{28}——龄期 28 天的混凝土弹性模量；

　　　c_1、c_2——与养护条件、水泥品种等有关的常数。

（2）CEB-FIP 1990 公式

$$E(t)=\left[e^{sa(t)}\right]^{0.6}E_{28} \tag{9-13}$$

式中　$E(t)$——龄期 t 时刻的混凝土弹性模量；

　　　E_{28}——龄期 28 天的混凝土弹性模量；

　　　s、$\alpha(t)$——分别与水泥品种和龄期 t 有关的系数。

9.2.3　徐变效应分析

（一）混凝土徐变引起的变位计算

1. 应力不变条件下结构的徐变变形计算

结构混凝土加载龄期 τ 至龄期 t 时，结构内任意点上的应力为常值，则：

① 结构内任意点在 t 时刻的总应变 $\varepsilon(x,y)$ 为：

$$\varepsilon(x,y)=\frac{\sigma(x,y)}{E}\left[1+\varphi(t,\tau)\right] \tag{9-14}$$

任意点 k 在 t 时刻的总变形（弹性变形与徐变变形之和）为（由虚功原理得）：

$$\Delta_{kp}=\int_L\int_F\varepsilon(x,y)\cdot\bar{\sigma}(x,y)\text{d}F\text{d}x \tag{9-15}$$

② 如图 9-12 所示，对于受弯构件，如果只考虑由弯曲（弯矩产生）引起的变形，且弯矩在 $\tau\sim t$ 时不变，则：

$$
\begin{aligned}
\Delta_{kp}&=\int\overline{M}_k(x)\cdot\text{d}\phi_b(x)=\int\overline{M}_k(x)\cdot\frac{\varepsilon_{b,A}}{y_A}\text{d}x\\
&=\int\overline{M}_x(x)\cdot\frac{\varepsilon_{e,A}\left[1+\varphi(t,\tau)\right]}{y_A}\text{d}x\\
&=\int\overline{M}_x(x)\cdot\left[1+\varphi(t,\tau)\right]\cdot\text{d}\phi_e(x)\\
&=\int\overline{M}_k(x)\cdot\frac{M_p(x)}{EI}\text{d}x\left[1+\varphi(t,\tau)\right]
\end{aligned} \tag{9-16}
$$

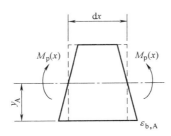

图 9-12　梁微段的受力与变形

显然，前项是结构在外荷载作用下的弹性变形积分，后项是结构的徐变变形。

上式用结构力学符号表示，则为：

$$\Delta_{kp} = \Delta_{kp,e}[1 + \varphi(t,\tau)]$$

2. 应力变化条件下结构的徐变变形计算

① 总应变计算的一般公式

$$\varepsilon_b = \frac{\sigma(\tau_0)}{E}[1 + \varphi(t,\tau_0)] + \frac{1}{E}\int_{\tau_0}^{t}\frac{\partial\sigma(\tau)}{\partial\tau}[1 + \varphi(t,\tau)]d\tau \qquad (9\text{-}17)$$

即：

$$\varepsilon_b = \frac{\sigma(\tau_0)}{E}[1 + \varphi(t,\tau_0)] + \frac{\sigma(t) - \sigma(\tau_0)}{E} \cdot$$

$$\left[1 + \frac{\int_{\tau_0}^{t}\frac{\partial\sigma(\tau)}{\partial\tau}\varphi(t,\tau)d\tau}{[\sigma(t) - \sigma(\tau_0)]\varphi(t,\tau_0)} \cdot \varphi(t,\tau_0)\right]$$

令：

$$\rho(t,\tau_0) = \frac{\int_{\tau_0}^{t}\frac{\partial\sigma(\tau)}{\partial\tau}\varphi(t,\tau)d\tau}{[\sigma(t) - \sigma(\tau_0)]\varphi(t,\tau_0)} \qquad (9\text{-}18)$$

$\rho(t,\tau)$ 称为时效系数，也是难以积分的。

则

$$\varepsilon_b = \frac{\sigma(\tau_0)}{E}[1 + \varphi(t,\tau_0)] + \frac{\sigma(t) - \sigma(\tau_0)}{E}[1 + \rho(t,\tau_0) \cdot \varphi(t,\tau_0)] \qquad (9\text{-}19)$$

或

$$\varepsilon_b = \frac{\sigma(\tau_0)}{E}[1 + \varphi(t,\tau_0)] + \frac{\sigma(t) - \sigma(\tau_0)}{E_\phi} \qquad (9\text{-}20)$$

其中，$E_\phi = E/[1 + \rho(t,\tau_0) \cdot \varphi(t,\tau_0)]$

显然，式（9-17）的后项积分或式（9-18）的计算很难实现，为解决这一困难，许多学者假定应力的变化规律（与实际有差别），从而求出 ε_b 或者 $\rho(t,\tau)$，如后面要介绍的 Bazant 公式、金成棣公式等采用的就是这种方法。

② 只考虑弯矩引起的变形，则可根据虚功原理、式（9-20）即可写出荷载作用下 k 点的总位移 Δ_{kp}

$$\Delta_{kp} = \int \frac{M_0 \cdot \overline{M}_k}{EI}[1 + \varphi(t,\tau_0)]dx + \int \frac{M(t) \cdot \overline{M}_k}{E_\phi I}dx \qquad (9\text{-}21)$$

式中　　　$M(t)$——结构徐变次弯矩；

$\overline{M}_k$——k 点作用单位荷载时的弯矩；

M_0——初始弯矩；

等号右边第一项——加载龄期 τ_0 时初始力引起的总变形；

等号右边第二项——结构徐变次内力引起的总变形。

③ Bazant 公式

设
$$\sigma(t,\tau_0)=\sigma_0 \cdot R(t,\tau_0) \tag{9-22}$$

则
$$\rho(t,\tau_0)=\frac{1}{1-R(t,\tau_0)}-\frac{1}{\varphi(t,\tau_0)} \tag{9-23}$$

④ 金成棣公式

设
$$\sigma(t,\tau_0)=\sigma_0 \cdot e^{-\varphi(t,\tau_0)} \tag{9-24}$$

则
$$\rho(t,\tau_0)=\frac{1}{1-e^{-\varphi(t,\tau_0)}}-\frac{1}{\varphi(t,\tau_0)} \tag{9-25}$$

（二）混凝土徐变引起结构次内力的计算

1. 狄辛格方法

（1）假定：徐变规律符合老化理论，徐变系数采用狄辛格公式。

（2）求徐变次内力的步骤：

①取出基本结构，标出多余约束处的徐变多余力；

②求在时间增量 dt 内，基本结构由于弹性变形和徐变变形所引起的多余约束处的位移增量：

a）分析结构的初始内力状态；

b）写出由初始内力和多余力（次内力）引起的徐变和弹性变形增量。

③ 由各多余约束处（每时每刻）位移之和为零的条件（每时每刻变形协调的条件），即可得出微分方程。

④ 求解微分方程，得出徐变多余未知力的通解。

⑤ 利用初始条件（如 $t=\tau$ 时，徐变多余未知力为零的条件），即可求出徐变多余力。

⑥ 利用平衡条件，取脱离体即可求得各截面的次内力。

以上方法与结构力学的力法原理是一样的。只是变形协调是指每时每刻（微分增量时间内都满足）而言，而且变形的求解既要考虑弹性变形，又要考虑徐变变形。

（3）徐变次内力的求解

以下用一个例子说明徐变次内力的求解，并说明采取以上求解次内力的步骤为什么需要（1）的假定。

【例 9-1】　如图 9-13 所示，第一阶段架设梁段①，经若干时间后进行第二阶段即架设梁段②。梁段②的左端简支于梁段①的右端，完成后，再在两段之间进行固结。求徐变引起的次内力。

【解】

① 取（求徐变次内力的）基本结构——双跨简支梁，标出徐变多余力，如图 9-13（c）；

② 求（基本结构在）多余约束处时间增量 dt 时间内的变形增量（弹性变形增量，徐变变形增量）：

a）分析结构的初始内力状态（徐变次内力为 0 时的状态）：图 9-13（d）和（e）的初始弯矩状态，可由静力平衡条件求得（分解而得）。

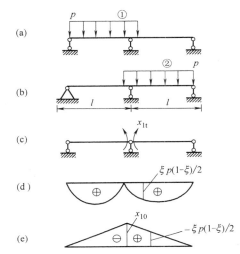

图 9-13 不同加载龄期两跨连续梁次内力计算图式

b）写出 dt 时间内基本结构在多余约束处的变形增量：由于使用了老化理论，d$\varphi(t_i, \tau)$ 的值与混凝土加载初始龄期 τ 无关，故混凝土在时间增量 dt 时间内任意点 i 的总应变增量为：

$$d\varepsilon_{t,i} = \frac{d\sigma_{t,i}}{E} + \frac{\sigma_{t,i}}{E} d\varphi(t_i, \tau)$$

式中　　$\sigma_{t,i}$——表示 t 时刻点 i 的应力；

　　　　E——弹性模量；

　　　　t_i——表示 t 时刻点 i 处混凝土的龄期；

　　　　τ——点 i 处混凝土加载初始龄期，根据老化理论，微分增量的大小与初始龄期无关（只要 dt 一定），故可直接用 τ 表示；

　　$\dfrac{d\sigma_{t,i}}{E}$——弹性应变增量，对应的为弹性变形增量；

$\dfrac{\sigma_{t,i}}{E} d\varphi(t_i, \tau)$——徐变应变增量，对应的为徐变变形增量。

下面写出应变增量引起任意点 k 的位移增量。

一般式可由虚功原理写出；如果只计弯矩引起的变形（应变），则任一点 k 的位移可由虚功原理写出。

$$d\Delta_{kp} = \int_v (\overline{\sigma}_{k,i} \cdot d\varepsilon_{t,i}) dv$$
$$= \int \frac{dM_{t,i} \cdot \overline{M}_k}{EI} dx + \int \frac{M_{t,i} \cdot \overline{M}_k}{EI} dx \cdot d\varphi(t_i, \tau)$$

即

$$d\Delta_{kp} = \int \frac{dM_t \cdot \overline{M}_k}{EI} dx + \int \frac{M_t \cdot \overline{M}_k}{EI} d\varphi(t_i,\tau) dx \tag{9-26}$$

式中　　　M_k——点 k 作用单位荷载下梁各截面的弯矩;

$\quad M_{t,i}$ （记为 M_t）——梁中任意时刻 t 的弯矩, 可表示为 $M_t = M_0 + M(t)$;

$\quad\quad\quad M_0$——初始弯矩;

$\quad\quad\quad M(t)$——次内力弯矩。

显然, $dM_t = dM(t)$, 代入上式则有 $d\Delta_{kp}$ 的另一种表达方式。

对于图 9-13 (a) 所示情况:

$k=1$, $dM_t = \overline{M}_1 \cdot dx_{1t}$, $M_t = M_p + x_{10} \cdot \overline{M}_1 + x_{1t} \cdot \overline{M}_1$, $\overline{M}_k = \overline{M}_1$, M_p 为简支梁的弯矩, 梁段①: $t_i = t_1$, 梁段②: $t_i = t_2$。代入式 (9-26) 得:

$$d\Delta_{1p} = dx_{1t} \cdot \int_0^{2l} \frac{\overline{M}_1^2 dx}{EI} + (x_{10} + x_{1t}) \cdot$$

$$\left[\left(\int_0^{l+\xi l} \frac{\overline{M}_1^2}{EI} dx \right) d\varphi(t_1,\tau) + \left(\int_{l+\xi l}^{2l} \frac{\overline{M}_1^2}{EI} dx \right) \cdot d\varphi(t_2,\tau) \right]$$

$$+ \left[\left(\int_0^{l+\xi l} \frac{M_p \cdot \overline{M}_1}{EI} dx \right) d\varphi(t_1,\tau) + \left(\int_{l+\xi l}^{2l} \frac{M_p \cdot \overline{M}_1}{EI} dx \right) \cdot d\varphi(t_2,\tau) \right]$$

$$= \delta_{11} \cdot dx_{1t} + (x_{10} + x_{1t})[\delta_{11}^{(1)} \cdot d\varphi(t_1,\tau) + \delta_{11}^{(2)} d\varphi(t_2,\tau)]$$

$$+ [\delta_{1p}^{(1)} \cdot d\varphi(t_1,\tau) + \delta_{1p}^{(2)} d\varphi(t_2,\tau)]$$

$$= \delta_{11} \cdot dx_{1t} + (x_{10} + x_{1t})\delta_{11}^* \cdot d\varphi(t_2,\tau) + \delta_{1p}^* d\varphi(t_2,\tau)$$

即:

$$d\Delta_{1p} = \delta_{11} \cdot dx_{1t} + (x_{10} + x_{1t})\delta_{11}^* \cdot d\varphi(t_2,\tau) + \delta_{1p}^* d\varphi(t_2,\tau) \tag{9-27}$$

其中,

$$\left. \begin{aligned} \delta_{11}^* &= \delta_{11}^{(1)} \cdot \frac{d\varphi(t_1,\tau)}{d\varphi(t_2,\tau)} + \delta_{11}^{(2)} \\ \delta_{1p}^* &= \delta_{1p}^{(1)} \cdot \frac{d\varphi(t_1,\tau)}{d\varphi(t_2,\tau)} + \delta_{1p}^{(2)} \end{aligned} \right\} \tag{9-28}$$

式中　x_{10}——多余约束处的初始力;

$\quad\quad x_{1t}$——徐变引起的多余约束处的多余力增量。

$$\delta_{11} = \int_0^{2l} \frac{\overline{M}_1^2 \cdot dx}{EI}, \quad \delta_{11}^{(1)} = \int_0^{l+\xi l} \frac{\overline{M}_1^2 \cdot dx}{EI}, \quad \delta_{11}^{(2)} = \int_{l+\xi l}^{2l} \frac{\overline{M}_1^2 \cdot dx}{EI}$$

$$\delta_{1p}^{(1)} = \int_0^{l+\xi l} \frac{\overline{M}_1 \cdot M_p dx}{EI}, \quad \delta_{1p}^{(2)} = \int_{l+\xi l}^{2l} \frac{\overline{M}_1 \cdot M_p dx}{EI}$$

设时刻 t 是以梁段②硬化起始时刻为基准的时间间距表示, 则:

$$t_2 = t \tag{9-29}$$

设梁段①硬化起始时刻距梁段②硬化起始时刻的时间间隔为 τ_1, 则:

$$t_1 = t + \tau_1 \tag{9-30}$$

根据狄辛格公式 $\varphi(t,\tau) = \varphi_{k0}(e^{-\beta\tau} - e^{-\beta t})$ 有:

$$d\varphi(t,\tau) = \varphi_{k0} \cdot \beta \cdot e^{-\beta t} dt \tag{9-31}$$

将式（9-29）、式（9-30）分别代入式（9-31）即可求得：

$$\frac{\mathrm{d}\varphi(t_1,\tau)}{\mathrm{d}\varphi(t_2,\tau)}=\frac{\varphi_{k0}\cdot\beta\cdot e^{-\beta(t+\tau_1)}\cdot\mathrm{d}t}{\varphi_{k0}\cdot\beta\cdot e^{-\beta(t)}\mathrm{d}t}=e^{-\beta\tau_1} \tag{9-32}$$

将式（9-32）代入式（9-28）即可求得 δ_{11}^*、δ_{1p}^*。

显然，若 $t_1=t_2$，则式（9-28）有：

$$\begin{cases}\delta_{11}^*=\delta_{11}^{(1)}+\delta_{11}^{(2)}=\delta_{11}\\\delta_{1p}^*=\delta_{1p}^{(1)}+\delta_{1p}^{(2)}=\delta_{1p}\end{cases} \tag{9-33}$$

③ 根据变形协调条件，写出微分方程：

$$\mathrm{d}\Delta_{1p}=0 \tag{9-34}$$

将式（9-27）或式（9-29）代入式（9-34）得：

$$\delta_{11}\mathrm{d}x_{1t}+(x_{10}+x_{1t})\delta_{11}^*\mathrm{d}\varphi(t,\tau)+\delta_{1p}^*\mathrm{d}\varphi(t,\tau)=0 \tag{9-35}$$

上式将 x_{1t} 看作因变量，$\varphi(t,\tau)$ 看作自变量，则是一个一阶常系数线性非齐次方程（τ 为梁段②安装时的时间，可为任意值），可用高等数学方法求解，其通解为：

$$x_{1t}=C_1\cdot e^{-\frac{\delta_{11}^*}{\delta_{11}}\varphi(t,\tau)}-\left(x_{10}+\frac{\delta_{1p}^*}{\delta_{11}^*}\right) \tag{9-36}$$

④ 利用初始条件确定积分常数，求 x_{1t}（特解）：

当 $t=\tau$ 时：

$$x_{1t}\big|_{t=\tau}=0 \tag{9-37}$$

将（9-37）代入式（9-36）得：$C_1-\left(x_{10}+\dfrac{\delta_{1p}^*}{\delta_{11}^*}\right)=0$

故：

$$C_1=\left(x_{10}+\frac{\delta_{1p}^*}{\delta_{11}^*}\right) \tag{9-38}$$

将式（9-38）代入式（9-36）得：

$$\begin{aligned}x_{1t}&=\left(-\frac{\delta_{1p}^*}{\delta_{11}^*}-x_{10}\right)[1-e^{-\frac{\delta_{11}^*}{\delta_{11}}\varphi(t,\tau)}]\\&=(x_1^*-x_{10})\cdot[1-e^{-\frac{\delta_{11}^*}{\delta_{11}}\varphi(t,\tau)}]\end{aligned} \tag{9-39}$$

式中 $x_1^*=-\dfrac{\delta_{1p}^*}{\delta_{11}^*}$ 为结构徐变体系的稳定力。

⑤ 截面内力

据式（9-39）由脱离体静力平衡条件即可求出。

（4）徐变次内力的性质分析

在式（9-39）中，如果各梁段的加载龄期相同（$\delta_{11}^*=\delta_{11}$，$\delta_{1p}^*=\delta_{1p}$）且结构是一次落架$\left(\text{则 }x_{10}=-\dfrac{\delta_{1p}}{\delta_{11}}\right)$则有：

301

$$x_1^* = -\frac{\delta_{1p}^*}{\delta_{11}^*} = -\frac{\delta_{1p}}{\delta_{11}} = x_{10} \tag{9-40}$$

代入式（9-39）则有：$x_{1t} = 0$，即不产生徐变次内力。

因此可得到结论：若各梁段的加载龄期相同，且不存在体系转换，则徐变只引起变形的增加，而不会引起次内力。

2. 扩展狄辛格方法

（1）假定：徐变符合老化理论，徐变系数计算为扩展狄辛格公式。即：

$$\varphi(t,\tau) = 0.4 + \varphi_{k0}e^{-\beta\tau}[1 - e^{-\beta(t-\tau)}] = 0.4 + \phi(t,\tau) \tag{9-41}$$

（2）计算步骤：同狄辛格方法，下面只列出其中的不同点（仍以图 9-13a 所示为例题）。

① 微分方程（由变形协调条件建立）

$$[\delta_{11}^*(x_{1t} + x_{10}) + \delta_{1p}^*]\mathrm{d}\phi_t + 1.4\delta_{11}\mathrm{d}x_{1t} = 0 \tag{9-42}$$

② 初始条件

$$\phi = 0, \quad x_{1t0} = \frac{0.4}{1.4}(x_1^* - x_{10}) \tag{9-43}$$

初始条件推导如下：如图 9-14 所示，考虑发生瞬时徐变（系数为 0.4）后那一刻的变形协调方程（多余处变形增量为零）有：

$$\Delta_1 = x_{10}(0.4\delta_{11}^*) + x_{1t0}(\delta_{11}^* + 0.4\delta_{11}^*) + 0.4 \cdot \delta_{1p}^* = 0$$

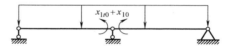

图 9-14　扩展狄辛格方法两跨连续梁瞬时徐变后的受力图

即：
$$x_{1t0} = \frac{0.4}{1.4}\left(-\frac{\delta_{1p}^*}{\delta_{11}^*} - x_{10}\right) = \frac{0.4}{1.4}(x_1^* - x_{10})$$

③ 求解微分方程（9-42）得通解；将（9-43）代入求出积分常数，从而求出 x_{1t}，再利用脱离体平衡条件即可求得次内力。

同样，对多次超静定问题，可得出齐次微分方程组，再利用初始条件求解。

3. 换算弹性模量法

根据前面学过的应力变化条件下变形计算公式（9-20）知道，该式前项为徐变次内力等于零时的初始力引起的总变形，后项为次内力引起的总变形。

下面仍考察图 9-13 所示的情况。

① 由于初始力所引起的基本结构在多余约束处的 t 时刻的位移为：

$$\delta_{1p}^* = \int \frac{M_0 \cdot \overline{M}_1}{EI}[\varphi(t, \tau_0)]\mathrm{d}x$$

$$= \int_0^{l+\varepsilon l} \frac{(x_{10} \cdot \overline{M}_1 + M_p)\overline{M}_1}{EI}[\varphi(t_1, \tau_{01})] \cdot \mathrm{d}x +$$

$$\int_{l+\varepsilon l}^{l} \overline{M}_1 \frac{x_{10}\overline{M}_1 + M_p}{EI} \cdot [\varphi(t_2, \tau_{02})] \cdot \mathrm{d}x \tag{9-44}$$

② 多余力引起基本结构 t 时刻在多余约束处的位移为：

$$\int_{2l} \frac{M(t) \cdot \overline{M}_k}{E_\phi I} \mathrm{d}x = \int_{2l} \frac{x_{1t} \cdot \overline{M}_1^2}{E_\phi I} \mathrm{d}x \qquad (9\text{-}45)$$

式中，$E_\phi = E / [1 + \rho(t_i, \tau_{0i}) \cdot \varphi(t_i, \tau_{0i})]$

假定应力的松弛规律，则有金成棣公式：

$$\rho(t_i, \tau_{0i}) = \frac{1}{1 - e^{-\varphi(t_i, \tau_{0i})}} - \frac{1}{\varphi(t_i, \tau_{0i})}$$

由于 E_ϕ 在 $0 \sim (\xi l + l)$ 和 $(\xi l + l) \sim 2l$ 区间表达式不同，故式（9-45）的积分应为分段积分。

由变形协调（至 t 时刻变形增量在多余约束处应为 0）有：式（9-44）与式（9-45）相加应为零。

即
$$\delta_{1p}^* + \int_{2l} \frac{x_{1t} \overline{M}_1^2}{E_\phi I} \mathrm{d}x = 0$$

即
$$\delta_{1p}^* + x_{1t} \cdot \delta_{11}^* = 0$$

亦即
$$\delta_{1p}^* + x_{1t} \cdot \delta_{11}^* = 0 \quad （代数方程）$$

故
$$x_{1t} = -\frac{\delta_{1p}^*}{\delta_{11}^*}$$

知道了多余力，就不难求出各截面次内力。

对于高次超静定，则是代数方程组，求解原理完全相同，不再赘述。

下面对换算弹性模量法和狄辛格方法作一比较，见表 9-3。

求徐变内力的换算弹性模量法与狄辛格方法比较表　　　　表 9-3

方法 项目	换算弹性模量法	狄辛格方法
假定	徐变符合老化理论,先假定应力松弛规律	徐变符合老化理论,计算公式采用狄辛格公式
求解原理	变形协调	变形协调（任意 $\mathrm{d}t$ 增量内）
方程表现形式	代数方程	微分方程（较复杂）
方法本身完整性	有矛盾之处,先假定应力松弛规律与求解出徐变次内力后用平衡条件和平截面假定求得的应力可能不符。故从这点上说是近似法	完整（只要符合假定,计算结果则是精确的）

4. 初应变法

上述三种方法均假定徐变规律符合老化理论。而规范公式则不一定与老化理论完全吻合，这时可采用更一般的方法——初应变法来分析徐变次内力的影响。

用初应变法分析徐变的基本思想和步骤如下（如图 9-15）：

（1）一般弹性力学问题

① 把时间 $\Delta\tau$（$\Delta\tau = t - \tau_0$）划分为一系列时段

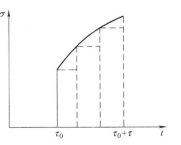

图 9-15　应力时间曲线图

9.2　徐变、收缩效应分析

$\Delta\tau_1$，$\Delta\tau_2$，$\Delta\tau_3$，…。假定全部荷载（包括温度）及材料常数的变化只发生在时段的开始，而在时段中间保持不变。

② 据 $t = \tau_0$ 的荷载和材料常数计算弹性应力 $\Delta\{\sigma\}_1$。假定应力在第一时段 $\Delta\tau_1$ 内不变，计算第一时段末的徐变应变 $\Delta\{\varepsilon_c\}_1$。

③ 在第二时段 $\Delta\tau_2$ 开始时，把 $\Delta\{\varepsilon_c\}_1$ 看成初应变，加上当时的荷载增量，再解弹性问题，得应力增量 $\Delta\{\sigma_2\}$。假定在第二时段 $\Delta\tau_2$ 内，应力和材料常数不变，算出第二时段末的徐变应变增量 $\Delta\{\varepsilon_c\}_2$。

如此一步一步计算下去，即得不同时间的应力增量、弹性应变增量和徐变应变增量。对应力增量加以累计即得不同时刻的应力：$\{\sigma\} = \sum_i \Delta\{\sigma\}_i$；对弹性应变增量和徐变应变增量加以累计，即得不同时刻的应变。

显然，若 $\Delta\tau$ 取为无限小，计算将是准确的。实际计算经验表明，可以用相当大的时间步长而得到适用的计算精度。

（2）杆系问题

只需将上述的应力改为内力，应变改为变位即可。

在使用初应变法时，为了减少计算机的内存消耗，发挥计算机运算速度快的特点，需将徐变系数拟合成指数函数，以便建立递推公式。

狄辛格方法和初应变法各有优缺点。狄辛格方法更适用于定性分析，是解析方法，但误差较大。初应变法是数值解法，不便于定性分析，但易于定量计算，只要徐变系数的规律符合实际，计算就足够精确。

9.2.4 收缩引起的次内力计算

1. 收缩应变的数学表达式

混凝土收缩应变通常采用以下几种形式的数学表达式。

（1）相似于徐变变化规律的表达式

$$\varepsilon_s(t) = \frac{\varepsilon_s(\infty) \cdot \varphi(t,\tau)}{\varphi(\infty,\tau)} \tag{9-46}$$

式中　$\varepsilon_s(t)$——任意时刻 t 的收缩应变；

　　　$\varepsilon_s(\infty)$——收缩应变在 $t = \infty$ 时的终极值。

（2）双曲函数表达式——美国 ACI-209 建议公式

$$\varepsilon_s(t) = \varepsilon_s(\infty) \cdot \frac{t-\tau}{A+(t-\tau)} \tag{9-47}$$

式中　A——与混凝土养护条件有关的参数。

（3）平方根双曲函数表达式——BP 模式

$$\varepsilon_s(t) = \varepsilon_s(\infty) \cdot \sqrt{\frac{t-\tau}{A_1+(t-\tau)}} \tag{9-48}$$

式中　A_1——与构件形状、有效厚度及开始干燥的龄期等有关的常数。

2. 收缩引起的变位和次内力（含徐变影响）的分析方法

收缩引起的变位和次内力（含徐变影响）的分析方法与徐变引起的内力分析方法相同。

例如：

$$\left[\delta_{11}^{*} \cdot x_{1t}+\frac{\delta_{1,s}}{\varphi(\infty,\tau)}\right]\mathrm{d}\varphi_t+\delta_{11} \cdot \mathrm{d}x_{1t}=0$$

上式为狄辛格方法，其中 $\delta_{11}^{*} \cdot x_{1t}$ 为徐变变形增量，$\frac{\delta_{1,s}}{\varphi(\infty,\tau)}$ 为收缩项增量，$\delta_{11} \cdot \mathrm{d}x_{1t}$ 为弹性变形增量。

3. 重要结论

对于墩梁固接的连续-刚构体系，应考虑收缩引起的次内力，计算常、载变位时必须考虑轴力项。

9.3　预应力混凝土连续梁因基础沉降引起的次内力计算

1. 基础沉降规律

$$\Delta_{\mathrm{d}}(t)=\frac{\Delta_{\mathrm{d}}(\infty)\varphi(t,\tau)}{\varphi(\infty,\tau)}=\Delta_{\mathrm{d}}(\infty) \cdot \left[1-e^{-\rho(t-\tau)}\right] \tag{9-49}$$

式中　$\Delta_{\mathrm{d}}(t)$——t 时刻的墩台基础沉降值；

$\Delta_{\mathrm{d}}(\infty)$——$t=\infty$ 时刻墩台基础沉降终极值；

ρ——墩台沉降增长速度，取值根据土壤的试验资料决定。一般可取：砂质与砂质土壤 $\rho=36$，接近瞬时沉降；砂质粉土与砂质黏土 $\rho=4\sim14$；黏土 $\rho=1$。

2. 分析次内力方法同徐变引起次内力计算的分析方法。

3. 重要结论

在混凝土连续梁中，采用支座瞬时位移进行人工调整内力是没有多大效果的。因为随着时间增加，人工调整的内力基本松弛了，只剩下 $10\%\sim20\%$ 的原值。故连续梁内力分布调整常采用压重或平衡重来调整。

9.4　混凝土桥梁的温度效应理论

置于自然环境中的混凝土结构，长期经受自然界气温变化和日照辐射等剧烈作用。由于混凝土结构的热传导性能差，其周围环境气温变化以及日辐射等，使其表面迅速升温或降温，但结构的内部温度仍处于原来状态，从而在截面上产生非线性温度变化。这种截面内的温度变化不但引起结构的变形，而且引起较大的温度自约束应力（简称温度自应力），对于超静定桥梁还有温度体系约束应力（简称温度次应力）。

从 20 世纪 50 年代开始，人们逐渐认识到了温度应力对结构的影响程度。许多桥墩裂缝及箱梁破损都是由于温度应力引起。德国 Jagst 厚腹板箱梁桥通车第 5 年发现了严重裂缝，估算温度拉应力高达 2.6MPa；美国 Champigny 箱形梁桥日照温差拉应力高达 3.92MPa；湖北光化大桥箱梁顶板底面有明显的纵向裂缝（1984 年调查时发现的），其顶板的温度拉应力高达 2.7MPa。

305

Fritz Leonhardt 在对德国几座预应力混凝土箱形梁桥发生严重裂缝的情况进行现场试验观测和理论研究后提出：箱形桥梁和板梁桥表面和下边缘之间，温差高达 27～33℃，温度应力是混凝土箱梁发生裂缝的主要原因。所以，在没有考虑温度应力的设计中，轻信计算荷载下不发生拉应力，结构就不会开裂是错误的。随着混凝土空心桥墩、大跨度预应力混凝土箱形桥梁等结构的发展，温度应力对结构的影响和危害越来越受到工程界的重视。

9.4.1 混凝土结构的温度场

混凝土结构竣工后，由于内部水化热和外界的太阳辐射以及气温等变化的影响，混凝土结构表面和内部各点的温度状态，随时都在发生变化。将某一时刻结构内部与表面各点的温度状态称为该结构此时刻的温度场。显然某结构温度场不仅是空间坐标的函数，而且是时间的函数，通常用 $T(x,y,z,t)$ 表示。在日照或气温急剧变化的条件下，混凝土结构的温度场常常呈非线性分布。

（一）温度场的主要影响因素及其分布特点

1. 外部因素

影响混凝土温度场的外部因素主要是大气温度的变化，如太阳辐射、夜间降温、寒流、风、雨、雪等各种气象因素，此外结构物的朝向、所处的地理纬度和地区对混凝土的温度场也有影响。最高气温一般发生在每年的 7～8 月的 12～15 点，而且总是在无云、无风、干燥的高气压的日子里出现，而最低气温一般在每年的 1～2 月的夜间出现，夏天混凝土的表面温度比冬天常高出一倍以上。但混凝土结构的最大温差分布不一定在夏天出现，根据结构方位与所处的地理纬度等，也可能在秋、冬季节出现。混凝土结构物的水平表面最高温度发生在太阳辐射最强的 14 点左右；同时，在向阳面和背阳面之间，发生最大温差。混凝土结构物垂直朝东表面一般在上午 10 点前后出现当天的最高温度；朝西表面则在下午 5 点前后出现当天的最高温度，并发生壁厚方向的最大温差分布。混凝土桥梁结构的底板表面因终日不受日照，底板温度几乎不变。地理纬度对我国桥梁结构的顶、底板表面的最大温差影响比较小，对桥宽方向的最大温差分布有明显影响。日温差较小的海洋性气候地区的混凝土结构物温差比大陆性气候地区的混凝土结构物温差要小；空气浑浊度较大的城市附近的混凝土结构物的温差一般比山区要小，深山峡谷中几乎不受日照的桥梁除外。

2. 内部因素

影响混凝土温度场的内部因素主要是混凝土的热物理性能、构件的形状，铺装层的厚度和颜色对结构物的温度场也有较大影响。

（1）混凝土的热物理性能

混凝土的热物理性能主要包括混凝土的导热系数、比热容等热工参数和热膨胀系数。影响它们的主要因素为：骨料种类、骨料用量和混凝土的含水状态，而混凝土的龄期和水灰比则对混凝土热物理性能影响较小。一般骨料混凝土的导热系数为 $1.86\sim3.49\mathrm{W}/(\mathrm{m}\cdot℃)$，如玄武岩骨料混凝土导热系数为 $1.86\sim2.33\mathrm{W}/(\mathrm{m}\cdot℃)$，砂岩骨料混凝土导热系数为 $2.91\sim3.49\mathrm{W}/(\mathrm{m}\cdot℃)$，约为黑色金属的 1/27，而轻质骨料混凝土导热系数约为 $1.16\mathrm{W}/(\mathrm{m}\cdot℃)$；干燥状态的混凝土的导热系数约为含水状态的混凝土导热系数的 $0.6\sim0.7$ 倍。普通骨料混凝土的比热为容 $8.79\times10^{5}\sim1.09\times10^{6}\mathrm{J}/(\mathrm{kg}\cdot℃)$，约为轻质骨料混凝土比热的 1.6 倍左右。混凝土的热膨胀系数，在常温下一般是不变的，约为 $0.7\times10^{-5}\sim1.4\times10^{-5}/℃$，随骨料性质和用量而变。在一般工程设计计算中，除石灰岩骨料混凝土的热膨胀系数可取为 $0.7\times10^{-5}/℃$ 外，其他骨料混凝土的热膨胀系数可取为 $1.0\times10^{-5}/℃$。

显然，混凝土的导热系数越低、比热容越小，在外界气温急剧变化或太阳强烈辐射的条件下，温度场分布越不均匀。热膨胀系数虽然对温度分布没有影响，但直接影响了自由温度变形的大小，是决定温度约束应力的主要因素之一。

(2) 构件的形状与铺装层的厚度与颜色

构件形状对混凝土结构的温度场有明显影响。在太阳强烈辐射的条件下，箱形桥梁的温度分布和温度变化有以下规律（图 9-16）：箱梁顶板表面的温度分布比较均匀，但升幅最大，温度分布沿梁厚方向近似呈指数变化，变化剧烈；腹板沿高度方向略有温差，但差别不大，温度分布沿厚度方向近似呈指数变化，变化较剧烈；中腹板和底板温度几乎不变。在同样条件下，由于壁板式桥墩、塔柱等受日照的情况与箱形桥梁的腹板相似，其温度分布沿板厚方向也近似呈指数函数或双向指数函数形式。T 形桥梁由于大多数腹板不受太阳的直接照射，故沿腹板厚度方向的温度分布较为均匀，而沿梁高方向也近似呈指数函数形式（图 9-17）。

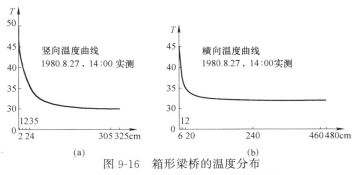

图 9-16　箱形梁桥的温度分布

（a）沿梁高竖向温度分布；（b）沿梁宽横向温度分布

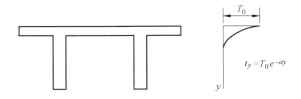

图 9-17　双 T 形梁桥的温度分布

另外，公路桥梁顶板上的沥青铺装层，当其较厚时对顶板有明显的降温作用，但其较薄时因其吸热作用而对顶板不利。九江长江大桥 40m 箱梁的日照温度场测试表明，颜色略深的 113 号梁的表面温度比 124 号梁高出 5℃左右。我国南方夏天黑色沥青路面的温度可达 70℃。

（二）温度作用类型

置于自然环境中的混凝土结构，其温度场受到太阳辐射、夜间降温、季节气温变化、寒流、风、雨、雪等多种外界因素的影响，按照其对温度场变化影响的剧烈程度和作用的方式，可将混凝土结构的温度作用分为日照温度、骤然降温、年温变化等 3 种温度作用类型。

这 3 种温度作用类型的特点汇总于表 9-4 中。

各种温度作用类型特点汇总表　　　　　　　　表 9-4

特点 温度荷载	主要影响因素	时间性	作用范围	分布状态	对结构影响	复杂性
日照温度	太阳辐射	短时急变	局部性	不均匀	局部应力大	最复杂
骤然降温	强冷空气	短时变化	整体	较均匀	应力较大	较复杂
年温变化	缓慢温变	长期缓慢	整体	均匀	全体位移大	简单

大量的试验研究表明，短时的、变化急剧的太阳辐射引起的结构温度变化和骤然降温（包括日落降温和寒流等）引起的结构温度变化，对混凝土结构的影响比长期缓慢的年气温荷载影响更大。

（三）温度场的确定方法

在 3 种温度作用类型中，年温变化会引起混凝土构件的温度随时间（季节）而变化，但因其是长期的缓慢作用，因而认为：年温变化作用下各时刻混凝土结构的温度场是均匀的，各部分之间没有温差，温度随季节而变化。在考虑年温对结构物的作用时，均以结构物的平均温度为依据。一般以最高与最低月平均温度的变化值作为年温变化幅度。

日照温度、骤然降温（包括寒流、日落等），不仅引起混凝土结构的温度随时间而变化，而且引起混凝土体内各点的温度差，形成不均匀的温度场。确定此种情况下混凝土结构的温度场比年温变化下的温度场要复杂得多。目前主要有两种研究方法确定此种情况下混凝土结构的温度场。第一种方法为建立热传导微分方程，并进行求解；第二种方法为对不同形状不同地区的混凝土结构在不同的气候条件下截面各点的温度进行实测，在此基础上建立工程实用的经验计算公式。下面分别介绍这两种方法。

1. 热传导微分方程确定温度场的方法

（1）热传导微分方程

混凝土构件内部和表面的某一点，在某瞬间的温度 T 可用式（9-50）表示：

$$T = f(x, y, z, t) \tag{9-50}$$

该点的温度 T 不仅与坐标 x、y、z 有关，而且与时间 t 有关。根据热传导理论，对于均质、各向同性的混凝土，按弹性力学的推导可得下列三维非稳态导热方程：

$$\lambda\left(\frac{\partial^2 T}{\partial x^2}+\frac{\partial^2 T}{\partial y^2}+\frac{\partial^2 T}{\partial z^2}\right)=c\gamma\frac{\partial T}{\partial t}-q \tag{9-51}$$

式中　λ——混凝土的导热系数；

　　　c——混凝土的比热容；

　　　γ——混凝土的重度；

　　　q——混凝土单位体积单位时间内放出的热量。

当不研究大体积混凝土构件浇筑阶段内部存在水化热时，式（9-51）中热量 q 可取 0。

在热传导初始瞬时，温度场坐标 (x, y, z) 的已知函数为 $T_0(x, y, z)$，即当 $t=0$ 时：

$$T(x, y, z, 0)=T_0(x, y, z) \tag{9-52}$$

在很多情况下，初始瞬时的温度分布可以认为是常数，即当 $t=0$ 时：

$$T(x, y, z, 0)=T_0=常数 \tag{9-53}$$

在混凝土与岩基及新老混凝土之间的接触面上，初始温度往往不是连续的。

一般情况下，方程常用的边界条件由以下 3 种方式给出。

1）第一类边界条件

混凝土表面 T 是时间的已知函数，即：

$$T(t)=f(t) \tag{9-54}$$

混凝土与水接触时，表面温度等于已知水温，其属于这种边界条件。

2）第二类边界条件

混凝土表面的热流量是时间的已知函数，即：

$$-\lambda\frac{\partial T}{\partial n}=C_1(t) \tag{9-55}$$

式中 n 为表面外法线方向。若表面是绝热的，则有：

$$\frac{\partial T}{\partial n}=0$$

3）第三类边界条件

当混凝土与空气接触时，假定经过混凝土表面的热流量与混凝土表面温度 T 和气温 T_a 及日辐射的关系为：

$$-\lambda\frac{\partial T}{\partial n}=\beta(T-T_a)-a_s S \tag{9-56}$$

式中　β——表面总放热系数，考虑对流与辐射的综合热交换；

　　　T_a——蔽阳处气温；

　　　a_s——结构表面日辐射热量吸收系数；

　　　S——日辐射强度。

当桥梁位于荫蔽处，公式中 β 应取为对流放热系数，T_a 为荫蔽处气温，

$S=0$；当研究箱梁内表面时，β 则应取内部综合放热系数，T_a 为内部空间气温，$S=0$。

工程实践经验表明，按第三类边界条件求解，往往要选取合适的放热系数，才能得到较满意的计算结果。但结构物边界的热交换系数的测定是很困难的，至今缺乏这方面的实测试验数据。为简化起见，并考虑导热系数、放热系数的复杂性，直接用边界的实测温度数据作为边界条件，即采用第一类边界条件进行求解则相对方便。

带边值条件的热传导微分方程的直接求解，在数学上是一个难题，故宜采用差分法、有限元法等数值计算方法求解。在差分法中，用差分代替微分，将微分方程变为代数方程进行求解，对于边界规则的情况是比较适用的。在有限元法中，通过变分原理将带边值条件热传导微分方程的求解问题转化为变分的极值问题，进而利用有限元法求解。由于有限元法适用的情况更广，现成的软件更多，故此法使用更为优先。

（2）桥梁结构热传导微分方程的简化

现场实测资料分析表明：桥梁结构在沿桥长方向的温度分布一般总是很接近的，可以略去桥长方向温差的微小影响；在梁高较小时，垂直方向的热传导远远大于水平方向，往往可略去水平方向很小的热传导作用，近似用垂直方向的一维热传导状态来分析；对于梁高较大的箱梁，若忽略角隅区附近的复杂热传导状态，则可近似地用垂直和水平两个方向各自的一维导热状态分别计算，然后再叠加起来。于是，简化计算主要研究的是一维热传导问题：

$$a = \frac{\partial^2 T}{\partial x^2} = \frac{\partial T}{\partial t} \tag{9-57}$$

式中 a——混凝土的导温系数，$a = \dfrac{\lambda}{\gamma c}$。

对于壁板结构，在近似认为其为一块半无限厚板，并假定气温变化为谐波形式的情况下，式（9-57）可得第一类边界条件的弹性力学解：

$$T(x,t) = A_0 e^{-\sqrt{\frac{\omega}{2a}}x} \sin\left(\omega t - \sqrt{\frac{\omega}{2a}}x\right) \tag{9-58}$$

式中 A_0——壁板表面温度波动峰值；

ω——圆频率（rad/s）；

x——计算点至板表面的距离（m）；

t——时间。

由式（9-58）可知，温度分布包络线的值为：

$$T(x) = A_0 e^{-\sqrt{\frac{\omega}{2a}}x} \tag{9-59}$$

式（9-58）、式（9-59）都采用了第一类边界条件。而影响第一类边界条件的主要外部因素为：太阳辐射强度、气温变化、风速等。为此，国内外学者都通过实测试验及理论分析，提出了相应公式。

2. 半经验半理论公式

用热传导微分方程的方法确定混凝土结构的温度场，对复杂结构是一种有效的方法。然而，这种方法在工程设计中应用并不方便，因为计算温度应力时，需要的是温度场变化值（即温差分布），而该方法难以确定控制时刻及控制时刻的温度场函数表达式。因此，有必要寻找一种可供设计计算用的简明方法，来确定控制时刻的温度分布。这种方法就是，从现场实测数据出发，考虑影响控制温度的主要因素，用数理统计的方法，建立控制时刻温度场计算的经验公式。用这种方法建立的控制时刻温度场计算公式，即为半经验半理论公式。

（1）混凝土结构物表面温度计算公式

20 世纪 50 年代初，苏联学者什克罗维尔提出了混凝土结构表面温度公式。但该公式物理概念不明确，引入材料热工参数较多，计算较烦琐。20 世纪 70 年代中后期，铁道第四勘察设计院提出了圆形钢筋混凝土水塔外表面温度的计算公式。此公式比什克罗维尔公式改进了一步，它不仅能计算最大值，而且可以计算各时刻的外表面温度。但该公式中的参数 $a=30$ 为定值，不一定适应各种具体的气象条件，而且误差较大，一般在 4℃ 左右，最大可达 11.5℃。20 世纪 80 年代，上海铁道学院等在对郭溪桥柔性桥墩温度场的试验研究中，提出了墩壁外表面在太阳辐射下的温度计算公式；铁道第四勘察设计院在圆形钢筋混凝土水塔实测数据的基础上，提出了墩壁内部温度的计算公式；铁道部科学研究院西南研究所刘兴法在红水河斜拉桥预应力混凝土箱梁和九江长江大桥引桥简支箱梁的温度场观测资料的基础上提出了混凝土结构顶面（水平向阳板顶面）、背阳板内部表面及垂直壁板表面的温度计算公式。下面介绍误差相对较小的刘兴法公式。

1）混凝土结构顶面（水平向阳板顶面）的温度计算公式：

$$T = \overline{T} + K_1 S + K_2 \Delta T \tag{9-60}$$

式中　T——混凝土结构顶面的温度；

　　　$\overline{T}$——日初始温度；

　　　ΔT——日气温差；

K_1、K_2——两个系数，$K_1 = 15.2$，$K_2 = 0.26$。

两个系数 K_1、K_2 是通过实测资料的回归分析得到的。日气温差在我国各地差别相当大，其平均值在西北地区约 14℃，黄河中下游地区约 10～12℃，长江地区和华南地区约 6～8℃（山区达 10℃ 以上）。一年中个别天气的日气温差各地区均可达 15℃ 以上。按式（9-60）计算，15℃ 的日气温差将使结构表面温度变化 5℃ 左右；也就是说，日气温变化只有一部分转化为混凝土结构表面温度，使表面温度增加。

2）背阳板内部表面的温度计算公式

$$T_n = \overline{T} + 2k \tag{9-61}$$

式中　T_n——背阳板内部表面温度；

　　　k——结构物距地面高度系数。当高度小于 15m 时，$k=1$；大于等于 15m、小于 30m 时，$k=0.5$；大于等于 30m 时，$k=0.2$。

3）垂直壁板表面的温度计算公式

$$T_h = \overline{T} + 18S_h \tag{9-62}$$

$$S_h = S'c \tanh \cos(\alpha_s - \alpha_w) \tag{9-63}$$

式中　S'——腹板表面日最大总辐射到达时刻的相应水平面上日辐射强度；

　　　h——腹板表面日最大总辐射到达时刻的高度角；

　　　α_s——相应时刻的太阳方位角；

　　　α_w——垂直壁板方位角。

（2）混凝土结构物内部温度计算公式

实测数据表明，在日照升温和骤然降温的情况下，控制时刻的温度分布的基本形式都是指数型曲线，这与一维半无限厚板在周期性热作用下温度分布的包络线的形式是一致的。因此，在工程实践中，英国的 D. A. Stephenson、新西兰的 M. J. N. Priestlay、铁道部科学研究院西南研究所的刘兴法等，均采用 $T(x) = A_0 e^{-c_X x}$ 来表示沿板厚或壁厚方向的温度分布，其中 c_X 为实验参数，$c_X \approx 10$（x 以 m 计），A_0 为表面温度的波幅，根据以前的分析，由于箱梁底板和中腹板的温度在一天中几乎不变，故 A_0 也近似为内外表面的温差。

9.4.2　温度荷载

确定了各控制时刻混凝土内部的温度场，即确定了混凝土内部各点的温度变化量，根据混凝土的热物理性能，利用线膨胀系数，就可形成温度荷载。

年温变化引起的温度荷载较简单。在年温变化条件下，混凝土结构各部分之间没有温差，混凝土结构体内温度随季节而变化，其年温变化幅度一般取为最高与最低月平均温度的差值。

日照升温、日落降温或寒流降温引起的温度荷载可用混凝土体内温差分布来表示，这主要是考虑到此种温度作用类型作用下控制时刻箱梁底板和中腹板的温度、T 形梁肋下缘附近的温度、空心桥墩内壁的温度几乎不变。故日照升温、骤然降温等引起的温度荷载又称为温差荷载。下面叙述各种情况的温差分布。

图 9-18　T 形与 π 形桥梁的温差分布

1. 混凝土 T 形梁与 π 形梁桥梁的温差分布

在日照作用下，T 形梁与 π 形梁桥梁底部的很小的温差和肋板水平方向的温差一般被略去，温差分布近似地简化为单向温差分布曲线（图 9-18）。

$$T(y) = T_0 e^{-c_0 y} \tag{9-64}$$

式中　T_0——梁顶、底的温差（一般取值约 20℃）；

C_0——指数系数（一般取为5）；

y——计算至受热表面的距离（m）。

钢-混凝土结合梁的桥面板、板梁桥的温差分布，也符合上述规律。

2. 箱梁桥梁温差分布

（1）单室箱梁的温差分布

在日照升温、日落降温等因素作用下，箱梁沿桥长方向的温差可忽略不计，竖向沿梁高与横向沿梁宽的温差分布可简化为（图9-19）：

$$\left. \begin{array}{l} T(y)=T_{0y}e^{-C_y y} \\ T(x)=T_{0x}e^{-C_x x} \end{array} \right\} \tag{9-65}$$

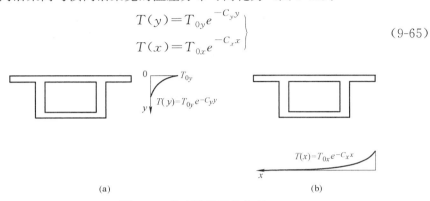

(a)　　　　　　　　　　　　　　　　　　(b)

图9-19　单室箱梁温差分布

（a）沿梁高温差分布；（b）沿梁宽温差分布

式中　T_{0y}——箱梁顶、底的温差，一般取值约为15℃，仅计算竖向温差时取约20℃；

T_{0x}——箱梁两外侧腹板的温差，一般取值约为15℃；

C_x、C_y——指数系数，随结构形式、部位、计算时刻等因素而异。大量实测结果统计表明，控制时刻即地方时间14时前后$C_y=5$，地方时间10时前后$C_x=7$；

y、x——计算至受热表面的距离（m）。

因受寒流降温影响，箱梁各板壁厚度方向的温差分布（图9-20），可按下式计算：

$$\overline{T}(y)=\overline{T}_0 e^{-\overline{C}y} \tag{9-66}$$

式中　$\overline{C}$——指数系数，一般取12；

y——计算至受热（冷）表面的距离（m）；

$\overline{T}_0$——箱梁壁板的负温差，一般可取-10℃。

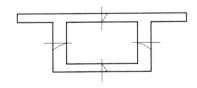

图9-20　单室箱梁寒流降温温差分布

313

（2）双室与多室箱梁的温差分布

根据实测资料，双室与多室箱梁的温差分布规律与单室箱梁基本上是一致的，只是中腹板的温度变化较小。双室与多室箱梁横向的温差荷载分布规律和数值，均与单室箱梁相似。

3. 规范规定的桥梁上部结构的温差分布图式

（1）BS5400 规范

英国 BS5400 规范关于温度荷载的规定，是迄今为止国外关于桥梁结构温度荷载规定中最为详细的。在总则中，考虑了气温、太阳辐射、逆辐射等每日和季节变化的因素。

在 BS5400 规范中，T 形梁与 π 形梁桥梁沿竖向梁高方向的温差分布如图 9-21 所示。

对于箱梁顶板，BS5400 所考虑的沿竖向梁高方向升、降温的温差分布如图 9-22 所示。

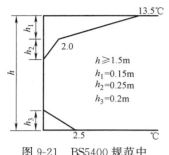

图 9-21 BS5400 规范中 T 形、π 形梁的温差分布

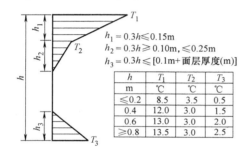

(a)

$h_1 = 0.3h \leq 0.15\mathrm{m}$
$h_2 = 0.3h \geq 0.10\mathrm{m}, \leq 0.25\mathrm{m}$
$h_3 = 0.3h \leq [0.1\mathrm{m} + 面层厚度(\mathrm{m})]$

h	T_1	T_2	T_3
m	℃	℃	℃
≤0.2	8.5	3.5	0.5
0.4	12.0	3.0	1.5
0.6	13.0	3.0	2.0
≥0.8	13.5	3.0	2.5

(b)

$h_1 = h_4 = 0.2h \leq 0.25\mathrm{m}$
$h_2 = h_3 = 0.25h \geq 0.20\mathrm{m}$

h	T_1	T_2	T_3	T_4
m	℃	℃	℃	℃
≤0.2	2.0	0.5	0.5	1.5
0.4	4.5	1.4	1.0	3.5
0.6	6.5	1.8	1.5	5.0
0.8	7.6	1.7	1.5	6.0
1.0	8.0	1.5	1.5	6.3
≥1.5	8.4	0.5	1.0	6.5

图 9-22 BS5400 规范中箱梁顶板的温差分布
（a）升温；（b）降温

（2）澳大利亚国家道路管理局全国协会规定（图 9-23）

（3）新西兰桥梁规范（图 9-24）

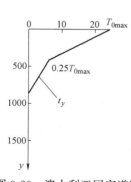

图 9-23 澳大利亚国家道路管理局规定的温差曲线

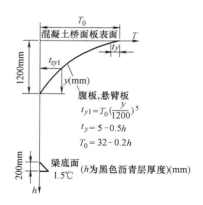

图 9-24 新西兰桥规的温差曲线

（4）我国的《公路桥涵设计通用规范》JTG D60—2015

规范将桥梁结构处于自然环境中所受的温度作用分为两种，即均匀温度

作用和梯度温度作用。规范规定，对于桥梁结构因均匀温度作用引起的外加变形或约束变形的计算，应从受到约束时的结构温度开始，考虑最高和最低有效温度的作用效应。在缺乏实际调查资料的情况下，规范给出了公路混凝土和钢结构的最高和最低有效温度标准值。

规范规定，计算桥梁结构由于梯度温度引起的效应时，可采用如图 9-25 所示的竖向温度曲线，其桥面板表面的最高温度 T_1 的规定如表 9-5 所示。图中，对混凝土结构，当梁高 $H<400\text{mm}$ 时，$A=H-100\text{(m)}$；梁高 $H\geqslant400\text{mm}$ 时，$A=300\text{mm}$。对带混凝土桥面板的钢结构，$A=300\text{mm}$，图中 t 为混凝土桥面板的厚度（mm）。

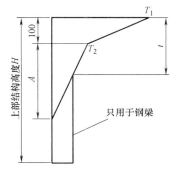

图 9-25 竖向梯度温度
（尺寸单位：mm）

竖向日照正温差计算的温度基数

表 9-5

结构类型	$T_1(℃)$	$T_2(℃)$
水泥混凝土铺装	25	6.7
50mm 厚沥青混凝土铺装层	20	6.7
100mm 厚沥青混凝土铺装层	14	5.5

对于混凝土上部结构和带混凝土桥面板的钢结构的竖向日照反温差为正温差乘以−0.5；计算圬工拱桥考虑徐变影响引起的温差作用效应时，计算温差效应应乘以 0.7 的折减系数。

对公路斜拉桥，除上述规定外，我国《公路斜拉桥设计细则》JTG D65-01—2007 还规定：当无实测数据资料时，拉索与混凝土主梁、索塔间温差可采用±（10～15℃）；塔身左右侧面温差可采用±5℃；结合梁内钢梁与混凝土桥面板间的温差可采用±（10～15℃）；斜拉索与钢主梁间的温差可采用±10℃。

（5）我国的《铁路桥涵混凝土结构设计规范》TB 10092—2017，J 462—2017

2017 年颁布的《铁路桥涵混凝土结构设计规范》，对混凝土箱梁桥温差分布曲线作了规定，现简述如下。

1）日照温差分布曲线

① 混凝土箱梁沿梁高、梁宽方向的温差分布曲线，可按下式计算：

$$T(y)=T_0 e^{-\alpha y} \tag{9-67}$$

式中　T_0——箱梁沿梁高或梁宽方向的温差（℃），对于标准设计按表 9-6 取用；

　　　α——指数系数，按表 9-6 取用；

　　　y——计算至箱梁外表面的距离（m）。

箱梁梁高、梁宽方向温差曲线指数值和温差幅值表

表 9-6

方向	$\alpha(\text{m}^{-1})$	$T_0(℃)$
单向（沿梁高方向）	5	20
单向（沿梁宽方向）	7	16

315

② 混凝土箱梁沿板厚方向的温差分布曲线，可按下式计算：

$$T'(y) = T'_0 e^{-\alpha' y} \tag{9-68}$$

式中　T'_0——$T'_0 = T_0(1 - e^{-\alpha' \delta})$；

α'——指数系数，按表 9-7 取用；

δ——板厚（m）。

沿板厚温差曲线的指数值　　　　　　表 9-7

板厚 δ(m)	0.16	0.18	0.20	0.24	$\geqslant 0.26$
α'	15	14	13	11	10

2）降温温差曲线

混凝土箱梁沿顶板、外腹板板厚温差曲线如式（9-68）所示，其中指数值 $\alpha' = 14$，温差幅值 $T'_0 = -10℃$；铺设无砟轨道或者铺砟后，相应的 T'_0 采用 $-5℃$。底板和中腹板的温度变化忽略不计。

3）箱梁沿梁高、梁宽方向温差幅值的计算

规范根据桥梁所处的地理纬度、大气透明度、腹板的方位角分别规定了沿梁高、梁宽及双向组合温差幅值曲线，详见《铁路桥涵混凝土结构设计规范》TB 10092—2017，J 462—2017 附录 B 的第 B.0.1 条。

4. 混凝土壁板式柔性墩温差分布

略去沿墩高方向和沿壁板宽度方向的微小温差，日照辐射引起的墩壁控制温度沿壁厚方向的分布如图 9-26 所示，其计算采用式（9-69）。

$$T(y) = T_0 e^{-C_y y} \tag{9-69}$$

式中　T_0——向阳与背阳墩壁的温差，一般取值约为 20℃；

C_y——指数系数，一般取 9.75，y 以"m"计。寒流、降温引起的温差分布也同样可以表示成指数函数形式。

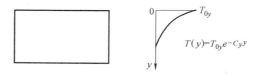

图 9-26　墩身截面的温差分布

5. 混凝土空心高桥墩、桥塔的温差分布

计算日照温差应力时，当太阳斜晒时可采用两个方向的温差 T_{0x}、T_{0y}，分别按正晒情况计算，然后再叠加起来。大量实测数据表明，当太阳正晒时，略去沿墩高方向的微小温差，沿正晒板板厚方向的温差分布规律（以 y 方向为例）如下：

$$T(t) = T_{0y} e^{-C_y y} \tag{9-70}$$

式中　T_{0y}——向阳面箱壁温差，$T_{0y} = t_1 - t_2$，约为 15℃，仅计算单向温差时取 20℃，见图 9-27；

y——计算至受热表面的距离（m）；

C_y——指数系数，一般取 9.75，y 以 m 计。

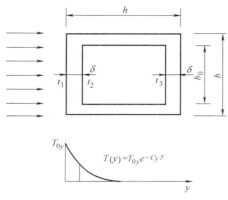

图 9-27　箱形墩截面的温差分布

x 方向横截面温差分布规律和系数取值同上。

由寒流、降温产生的温差荷载分布同箱形桥梁一致，见式（9-67）。

9.4.3　温度应力的计算

线性温差分布，对静定结构只会引起变形不会引起内力，也不会引起应力。对超静定结构则会引起次内力。对于杆系结构，温度变化引起的截面自由变形将符合平截面假定。而非线性温差分布，对静定结构，由于梁变形后要保持平截面假定，故温差引起的纤维伸长会相互约束，从而产生纵向约束应力，这部分在截面相互平衡的约束应力称为温度自约束应力（简称温度自应力）；对超静定结构，除了温度自应力，还应考虑多余约束阻止结构变形产生的温度体系约束内力所引起的温度体系约束应力（简称温度次应力）。

1. 静定基本结构上温度自约束应力计算

如图 9-28 所示，某一结构的截面温度变化梯度沿梁高分布的曲线为 $T(y)$，求其温度自应力时，应用的原理包括：①符合平截面假定，共两个未知数，即 ε——温度变化引起截面下缘的应变，和 χ——温度变化引起单位长度截面的转角增量；②有两个平衡条件。

具体求解过程如下：

（1）各纤维自由应变

$$\varepsilon_T(y) = \alpha \cdot T(y)$$

式中　α——材料的线膨胀系数。

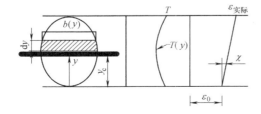

图 9-28　温度自约束应力计算示意图

（2）各纤维的实际应变量（χ、ε_0 待求）：

$$\varepsilon_{实}(y)=\varepsilon_0+\chi \cdot y$$

（3）产生应力的应变

$$\varepsilon_0(y)=\varepsilon_T(y)-\varepsilon_{实}(y)=\alpha \cdot T(y)-\varepsilon_0-\chi \cdot y \qquad (9\text{-}71)$$

故　　　　$$\sigma(y)=\varepsilon_0(y) \cdot E=[\alpha \cdot T(y)-\varepsilon_0-\chi \cdot y] \cdot E \qquad (9\text{-}72)$$

（4）平衡条件

$$\begin{cases} N=\displaystyle\int \sigma(y) \cdot b(y) \cdot \mathrm{d}y=0 \\[2mm] M=\displaystyle\int y\sigma(y) \cdot b(y) \cdot \mathrm{d}y=0 \end{cases} \qquad (9\text{-}73)$$

将式（9-72）代入式（9-73）即可求得 χ、ε_0，进而代入（9-71）可求得各点应力。

$$\left.\begin{array}{l} \varepsilon_0=\dfrac{\alpha}{A}\displaystyle\int_h T(y)b(y)\mathrm{d}y-y_c\chi \\[3mm] \chi=\dfrac{\alpha}{I}\displaystyle\int_h T(y)b(y)(y-y_c)\mathrm{d}y \end{array}\right\} \qquad (9\text{-}74)$$

式中　　A——截面面积，$A=\displaystyle\int_h b(y)\mathrm{d}y$；

y_c——中性轴到截面下边缘的距离，$y_c=\dfrac{S}{A}$，S 为截面对下边缘的

静矩；

I——截面对其中性轴的惯性矩，$I=\displaystyle\int_h b(y) \cdot y \cdot (y-y_c)\mathrm{d}y$。

2. 超静定结构温度体系约束内力和约束应力计算

超静定结构温度体系约束内力和约束应力可用采用结构力学的力法或有限元法计算，此处不再赘述。

上述介绍的温差应力计算方法是一般方法，无论是计算桥梁纵向温差自约束应力、纵向温差体系约束应力，还是计算箱梁的横向温差自约束应力、横向温差体系约束应力均适用。

小结及学习指导

（1）9.1 节重点把握总预矩、次力矩和初预矩的概念；用等效荷载法求解预加力总预矩的基本思想，几种常见初预矩图的等效荷载，线性转换原则。

（2）9.2 节重点把握收缩徐变的概念、影响因素、效应；徐变线性理论与非线性理论的概念、假定；偏重理论与偏重实验的徐变系数公式类型；徐变效应分析的 4 种方法的原理、假定、适用条件和特点；收缩效应的分析方法。

（3）9.3 节重点把握预应力混凝土连续梁因基础沉降引起次内力的重要结论。

（4）9.4 节了解混凝土结构温度场影响的内外因素；重点把握温度场类型、温度场的确定方法；日照温度梯度荷载形式及其相关规范规定；温度自

应力、次应力的概念及其计算方法。

习题及思考题

9-1 次力矩、初预矩以及总预矩各自的含义分别是什么？预加力效应分析方法有哪些？各有何特点？

9-2 徐变系数的研究方法有哪些？利用狄辛格方法计算混凝土徐变引起结构次内力的步骤有哪些？

9-3 在混凝土连续梁中，为什么说采用支座瞬时位移进行人工调整结构内力是没有多大效果的？

9-4 均匀温度作用与梯度温度作用有何区别？求解温度自应力的基本思想是什么？

*第10章
箱形截面梁的受力分析

本章知识点

【知识点】 荷载分解、箱梁剪力滞、箱梁扭转、箱梁畸变、箱梁局部荷载效应。

【重点】 重点掌握基本概念（如：剪力滞、剪力滞系数，自由扭转、约束扭转、刚性扭转，畸变、畸变角，平面框架法等）；简支梁剪力滞变分法的基本假定与分析方法，连续梁剪力滞分析方法。

【难点】 深刻理解横截面内反对称荷载的分解方式及畸变微分方程的建立方法。

10.1 荷载的分解

作用在箱形截面梁上的车辆荷载一般是偏心荷载，其受力精确分析需要应用空间弹性理论，例如板壳理论、广义坐标法等，或者应用空间有限元法。但是，不论采用哪一种计算方法，对于工程设计人员来说均是十分复杂的，没有按平面杆系理论计算简便。因此，国内外一些学者通过研究，提出了一种荷载分解的分析方法，即先将作用于箱梁上的偏载进行分解，然后分别按不同的平面杆系进行分析，最后进行内力或应力叠加，得到问题的最终解。为了说明这种方法，本章仅用一个最简单的单箱单室矩形截面梁作为例子，让读者先建立基本概念，理解其基本原理，然后在实践中，参考一些资料去分析更复杂的截面。

图 10-1 示出了桥面作用有偏心集中力 P 的单箱单室截面梁。将力 P 分解为以下 4 种工况：

（1）按两侧腹板底部具有铰支承（一个为固定，另一个为活动）的框架结构，计算其顶、底板及腹板的横向内力，这里简称它为局部荷载效应（图 10-1b）；

（2）按两腹板处具有对称集中力 $\left(\dfrac{\alpha+\beta}{2}\right) P$ 作用的箱梁（简称对称荷载），计算整个截面上各点的正应力（图 10-1d）。

（3）按箱形截面梁具有外扭矩 $\left(\dfrac{\alpha-\beta}{2}\right) P \cdot b$ 作用时的工况，计算其刚性扭

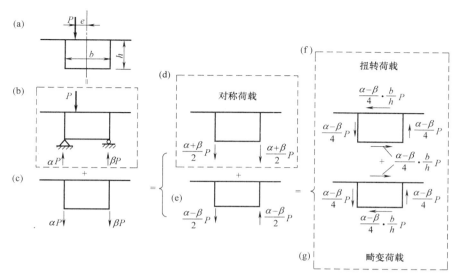

图 10-1　箱梁的荷载分解

转（截面顶、底板和腹板不发生横向挠曲）下的内力和应力，简称这个荷载为扭转荷载（图 10-1f）；

（4）按箱梁两腹板具有一对反对称荷载 $\left(\dfrac{\alpha-\beta}{4}\right)P$ 和顶底板具有另一对反方向的反对称荷载 $\left(\dfrac{\alpha-\beta}{4}\right)\dfrac{b}{h}P$ 作用的工况，计算箱梁的横向挠曲及其相应的内力和应力，简称这种荷载为畸变荷载（图 10-1g）。

图中的 α 和 β 为支点反力的系数，可由集中力 P 的平衡条件求得。

由上可见，根据荷载分解方式，箱梁的受力可以分成竖向弯曲（含剪力滞）、扭转、畸变和横向框架的局部效应等（单因素分析理论），下面分别叙述。

10.2　箱梁的剪力滞

10.2.1　剪力滞概念

1. 定义

初等梁理论采用平截面假定，在弯矩作用下，截面同一高度处正应力相同。当截面翼缘较宽时，平截面假定并不完全成立，截面上、下翼缘的正应力沿宽度方向将呈不均匀分布。这种现象称为剪力滞或剪滞效应，如图 10-2 所示（图中虚线为初等梁理论所得正应力）。

为了说明这种应力不均匀分布的原理，下面举一个宽翼缘 T 形梁的简单例子进行剖析。图 10-3（a）是一根承受集中荷载 P 的矩形截面简支梁，如果在加载之前在它的顶部两侧各扩宽一个矩形条带 1 号，构成了 T 形截面

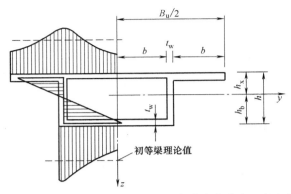

图 10-2 对称带悬板的单箱单室箱形截面的弯曲应力分布(考虑剪力滞效应)

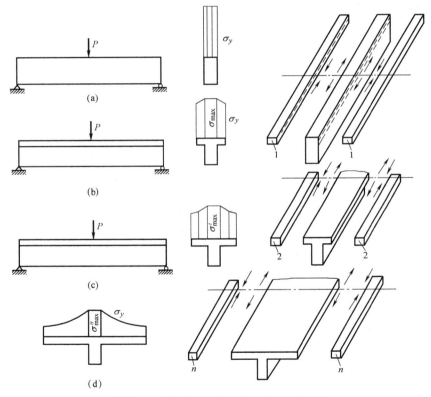

图 10-3 宽翼缘梁剪力滞现象分析举例

(图 10-3b)。显然,两侧条带 1 号与腹板(原形梁)之间的接触面上便各产生一组大小相等、方向相反的剪切力,这些剪切力对腹板而言,可阻止上缘被压缩,从而减小了梁的跨中挠度;但对 1 号条带而言,便相当于受到一个偏心压力,使其内侧的压应力大于其外侧的压应力。同理,在图 10-3(b)的两侧再扩大条带 2 号,又由于同样的剪力传递原因,使 2 号条带内侧的压应力比其外侧的大图 10-3(c)。如此类推,便构成了图 10-3(d)所示的应力沿翼缘宽度方向不均匀分布的图形。根据这个简单道理,就完全可以理解上述

图 10-2 中箱形截面梁应力分布现象。

2. 研究剪力滞的意义

试验和理论都证实，宽翼缘箱形截面梁（包括 T 形梁和 I 形梁）存在剪力滞现象，其梁肋初正应力值 $\sigma_{肋}$ 一般大于按初等梁理论计算的正应力平均值 $\overline{\sigma}$。引入剪力滞系数 λ，它表示为：

$$\lambda = \frac{\sigma_{肋}}{\overline{\sigma}} \tag{10-1}$$

$\lambda \geqslant 1$ 的情况，称为正剪力滞，但有时还会出现 $\lambda < 1$ 的情况，则称为负剪力滞。对于剪力滞问题，工程设计人员在进行结构截面设计时，必须注意以下两点：

（1）采用适当的计算方法，如翼缘有效宽度法计算出截面的最大（最小）正应力值，据此确定所需钢筋截面面积；

（2）有了准确的钢筋截面面积之后，在布置钢筋时，不可平均分配，而应大体上按应力变化的规律进行分配，才能保证结构的安全。实际工程中因忽略了这一点而使结构产生裂缝的例子也不少，应当引起注意。

10.2.2 剪力滞的实用计算法

1. 原理

在工程设计中，如果按照精确的剪力滞计算公式或空间有限元来分析结构的截面应力较不方便。因此，工程上往往采用偏安全的实用计算方法——翼缘有效宽度法，其基本步骤是：（1）先按平面杆系（即符合平截面假定）计算箱梁各截面的内力（弯矩）；（2）对不同位置的箱形截面，用不同的有效宽度折减系数将其翼缘宽度进行折减；（3）按照折减后的截面尺寸进行配筋设计。

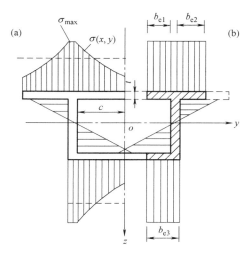

图 10-4 翼缘有效宽度及正应力

有效分布宽度的简单定义是：按初等梁理论公式算得的应力（图 10-4b）与其实际应力峰值（图 10-4a）相等的那个翼缘折算宽度，称为有效宽度。例如：对于图中的有效宽度 b_{el}，按下式换算求得：

$$b_{el} = \frac{t \int_0^c \sigma(x,y)\,dy}{t\sigma_{max}}$$ (10-2)

式中　c——腹板至截面中线的净宽；

$\quad\quad\ t$——上翼缘厚度；

$\quad\quad\ x$——沿跨长方向的坐标；

$\quad\quad\ y$——沿横截面宽度方向的坐标；

$\sigma(x,y)$——翼缘板的正应力函数。

2. 规范规定

根据这个原理，《公路钢筋混凝土及预应力混凝土桥涵设计规范》JTG 3362—2018 针对箱形截面梁在腹板两侧上、下翼缘的有效宽度 b_{mi}（图 10-5），作了下列的规定：

（1）简支梁和连续梁各跨中部梁段、悬臂梁中间跨的中部梁段：

$$b_{mi} = \rho_f b_i$$ (10-3)

$$\rho_f = -6.44(b_i/l_i)^4 + 10.10(b_i/l_i)^3 - 3.56(b_i/l_i)^2 - 1.44(b_i/l_i) + 1.08$$
  (10-4)

（2）简支梁支点、连续梁边支点及中间支点、悬臂梁悬臂段：

$$b_{mi} = \rho_s b_i$$ (10-5)

$$\rho_s = 21.86(b_i/l_i)^4 - 38.01(b_i/l_i)^3 + 24.57(b_i/l_i)^2 - 7.67(b_i/l_i) + 1.27$$
  (10-6)

式中　b_{mi}、b_i——分别为腹板上、下各翼缘的有效宽度和实际宽度（$i=1$，2，3…）；

$\quad\quad \rho_f$、ρ_s——分别为相关梁跨内中部和支点处截面的翼缘有效宽度计算系数；

$\quad\quad\ l_i$——理论跨径，按表 10-1 确定。

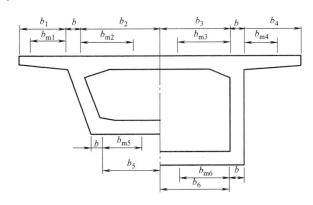

图 10-5　箱形截面梁翼缘有效宽度

（3）当梁高 $h \geqslant \dfrac{b_i}{0.3}$ 时，翼缘有效宽度采用翼缘全宽。

（4）预应力混凝土梁在计算预加力引起的混凝土应力时，由轴向力产生的应力可按翼缘全宽计算；由偏心弯矩产生的应力可按翼缘有效宽度计算。

（5）对超静定结构进行内力分析时，箱形截面梁的翼缘宽度可取全宽。

ρ_s、ρ_f 的应用位置和理论跨径 l_i 　　　　表 10-1

结构体系			理论跨径 l_i
简支梁		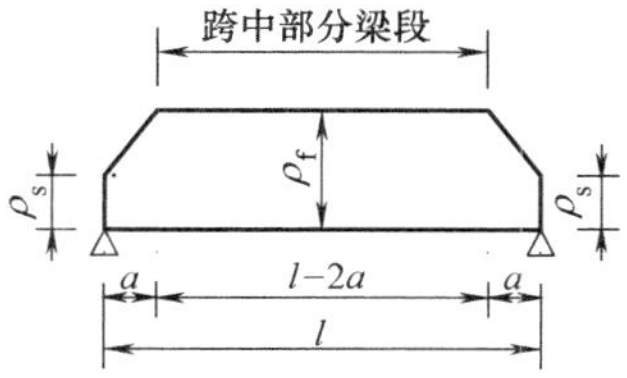	$l_i = l$
连续梁	边跨	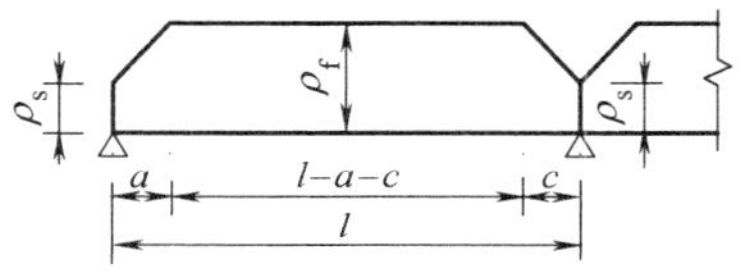	边支点或跨中部分梁段 $l_i = 0.8l$
	中间跨	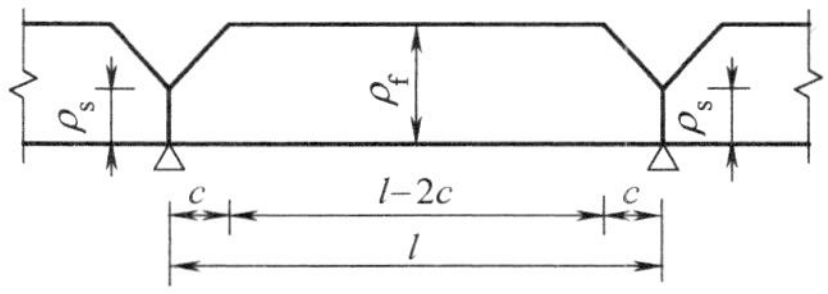	跨中部分梁段 $l_i = 0.6l$，中间支点 l_i 取 0.2 倍的两相邻跨径之和
悬臂梁		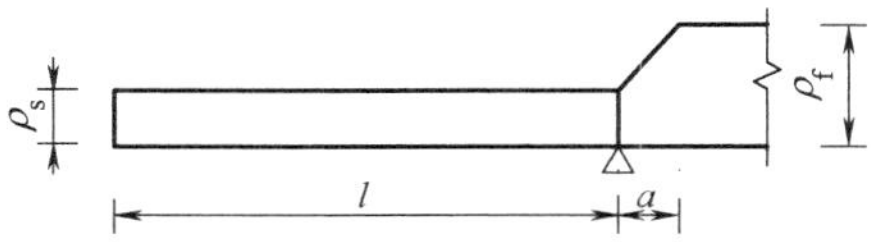	$l_i = 1.5l$

注：1. a 取为所求计算宽度 b_{mi}（图 10-5）相应的翼缘宽度 b_i（如求 b_{m1} 时，a 取 b_1），但 a 不大于 $0.25l$，l 为梁的计算跨径；

　　2. $c = 0.1l$；

　　3. 在长度 a 或 c 的梁段内，有效宽度计算系数可用直线插入法在 ρ_s 与 ρ_f 之间求取。

《公路钢筋混凝土及预应力混凝土桥涵设计规范》JTG 3362—2018 还给出了 T 形、工字形截面梁受压翼缘的有效宽度的取值规定。

10.2.3 剪力滞的变分法分析

1. 基本假定

（1）宽翼缘箱形梁（图 10-6）在对称竖直荷载作用下，整个截面的变形有 3 个特点：

① 中和轴仍位于按初等梁理论计算的位置；

② 腹板的变形仍符合平截面假定；

③ 腹板两侧的纵向位移 $u_i(x,y)$ 的通式假定为：

$$u_i(x,y)=\mp Z_{\text{上(下)}}\left\{\frac{\mathrm{d}w}{\mathrm{d}x}+\zeta_i\left[1-\frac{y^3}{(\xi_i b)^3}\right]U_{(x)}\right\}\quad(i=1,2)\quad(10\text{-}7)$$

式中　　y——顶、底板上任意一点距离截面中线的横向距离；

$\zeta_i U_{(x)}$——翼缘剪切变形所引起的纵向位差函数，其中，$\zeta_i=\eta\left(\dfrac{\xi_i}{\xi_{\max}}\right)$，它

是考虑腹板内外侧翼缘板宽度和边界条件不同的一个修正系数，根据有限条法分析及试验结果，对于外侧翼缘板取 $\eta=1.2$，对于内侧翼缘板取 $\eta=1$；

w——箱形梁的竖向挠度；

$Z_{\text{上}}$、$Z_{\text{下}}$——分别为上、下翼缘板中面至中和轴的距离；

ξ_i——翼缘板宽度系数，$i=1$、2，b 可取为腹板净距的一半或者两悬臂翼缘板净宽的较大者。

上式右边最前面的"$-$"号代表上翼缘为压缩，"$+$"号代表下翼缘为拉伸。

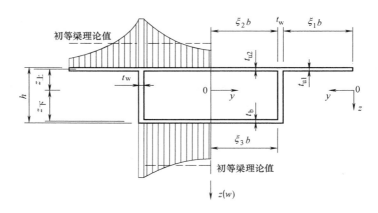

图 10-6　箱梁截面尺寸与应力分布图

（2）上、下翼缘板的竖向应力 $\sigma_z=0$，板平面外的剪切变形 γ_{xz}、γ_{yz} 以及横向应变 ε_y 均很小，可以略去不计，对于腹板只计其弯曲应变能。

（3）对于超静定梁，当计算由外荷载引起的弯矩 $M(x)$ 分布时，不考虑翼缘有效宽度的变化对它的影响，因此，$M(x)$ 沿跨长方向的分布是一个已知函数。

2. 基本微分方程及其求解

根据上述的假定和应用能量法原理，可以推导得到箱形梁翼缘板中的正应力和梁中和轴的挠度，其推导过程详见参考书《箱形薄壁梁剪力滞效应》（张士铎，邓小华，王文州著，人民交通出版社，1998），具体计算公式分别为：

（1）翼缘板中的应力

$$\sigma_i(x,y) = E\frac{\partial u_i(x,y)}{\partial x}$$

$$= \mp Ez_{\text{上(下)}}\left\{\frac{M(x)}{EI} - \left[\zeta_i\left(1 - \frac{y^3}{(\xi_1 b)^3}\right) - \frac{3I_{f1}}{4I}\right]U'(x)\right\} \quad (i=1,2) \quad (10\text{-}8)$$

（2）求解翼缘板最大纵向位移差 $U(x)$ 和梁中和轴挠度 $w(x)$ 的微分方程为

$$U'' - k^2 U = \frac{7n \cdot Q(x)}{6EI}$$

$$w'''' - k^2 w'' = k^2\frac{M(x)}{EI} - n\frac{M''(x)}{EI} \quad (10\text{-}9)$$

其中：

$$\left.\begin{aligned} n &= 1\bigg/\left(\frac{I_{f2}}{I_{f1}} - \frac{7}{8}\cdot\frac{I_{f1}}{I}\right)\\ k &= \frac{1}{b}\sqrt{\frac{14Gn}{5E}\cdot\frac{I_{f3}}{I_{f1}}} \end{aligned}\right\} \quad (10\text{-}10)$$

$$\left.\begin{aligned} I &= I_w + I_{f0}\\ I_{f0} &= I_{fu1} + I_{fu2} + I_{fb}\\ I_{f1} &= \zeta_1 I_{fu1} + \zeta_2 I_{fu2} + \zeta_3 I_{fb}\\ I_{f2} &= \zeta_1^2 I_{fu1} + \zeta_2^2 I_{fu2} + \zeta_3^2 I_{fb}\\ I_{f3} &= \frac{\zeta_1^2}{\xi_1^2}I_{fu1} + \frac{\zeta_2^2}{\xi_2^2}I_{fu2} + \frac{\zeta_3^2}{\xi_3^2}I_{fb} \end{aligned}\right\} \quad (10\text{-}11)$$

$$\left.\begin{aligned} I_{fu1} &= 2t_{u1}\cdot\xi_1 b\cdot z_{\text{上}}^2 + \frac{2\xi_1 b(t_{u1})^3}{12}\\[4pt] I_{fu2} &= 2t_{u1}\cdot\xi_2 b\cdot z_{\text{上}}^2 + \frac{2\xi_2 b(t_{u2})^3}{12}\\[4pt] I_{fb} &= 2t_b\cdot\xi_3 b\cdot z_{\text{下}}^2 + \frac{2\xi_3 b(t_b)^3}{12}\\[4pt] I_w &= 2\left(\frac{t_w h^3}{12}\right) + 2h\cdot t_w\left(\frac{h}{2} - z_{\text{下}} - \frac{t_b}{2}\right)^2 \end{aligned}\right\} \quad (10\text{-}12)$$

对于图 10-6 所示的矩形截面箱梁，则有：

$$\zeta_3 = \zeta_2, \quad \xi_3 = \xi_2$$

式中各个符号的意义为：

$\quad I_{f0}$——上下翼缘板对截面形心轴的惯性矩；

I_{f1}、I_{f2}、I_{f3}——广义翼缘板惯性矩；

$\quad I_w$——梁腹板部分惯性矩（忽略翼缘板自身惯性矩）；

$\quad I$——全截面惯性矩；

其余尺寸符号参见图 10-6。

求出边界条件已知的单跨梁各截面弯矩，代入微分方程（10-9），利用边

327

界条件和公式（10-8），即可求得翼缘板应力和中性轴挠度。

各种单跨梁的应力和挠曲线公式参见《箱形薄壁梁剪力滞效应》（张士铎，邓小华，王文州著，人民交通出版社，1998）一书。

10.2.4 箱形截面连续梁剪力滞近似分析

1. 叠加法

应用叠加法分析连续梁剪力滞的原理是：先不考虑剪力滞影响，按一般结构力学解超静定梁的方法，求得中间支点的反力（图 10-7a）；然后，将此支反力也当作外力，使整个结构变为有 3 个集中荷载作用的简支梁（图 10-7b、c、d），分别按上述公式计算相同截面的应力，最后进行叠加，即：

$$\sigma(x,y)=\sigma^{(b)}(x,y)+\sigma^{(c)}(x,y)+\sigma^{(d)}(x,y) \tag{10-13}$$

式中的上角标（b）、（c）、（d）代表图 10-7（b）、（c）、（d）的三种工况。将式（10-13）的计算结果代入式（10-2）便可求出所需截面的翼缘有效宽度。

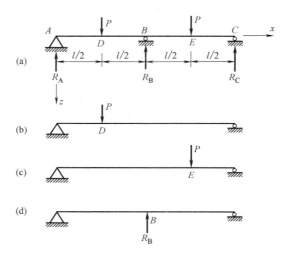

图 10-7 叠加法分析

2. 等代简支梁法

等代简支梁法的原理是：先不考虑剪力滞效应的影响，按照实际结构计算出全梁上的各个零弯矩点位置；然后将每两个相邻的零弯矩点之间的一段，当作等代简支梁，再利用上述的关于简支梁的计算公式计算所求截面的剪力滞效应，进而求得相应截面的翼缘有效宽度。

10.2.5 宽翼缘梁负剪力滞效应简介

负剪力滞现象（图 10-8b 所示）多在悬臂箱梁中的以下三种工况下出现。即：（1）均布（或分布）荷载满布于全跨长（图 10-8c）；（2）集中荷载作用于悬臂跨上除自由端及固定端以外的任意位置（图 10-8d）；（3）集中弯矩作用于悬臂跨上除自由端及固定端以外的任意位置（图 10-8e）。

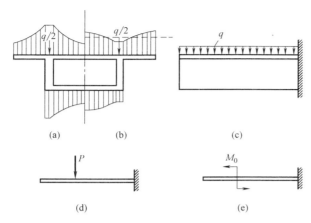

图 10-8　负剪力滞现象

为了对负剪力滞现象的发生有一个较清晰的概念，仍从简单的 T 形截面悬臂梁在集中荷载作用的情况谈起，如图 10-9（a）所示。首先，设想将此梁从 C 截面切开（图 10-9b），此时的 AC 段处于无应力状态，CB 段由于垂直集中力的作用，将使上翼缘产生非均匀变形，即图 10-9（c）中的 C″-C″ 曲线。由于实际结构的 AC、CB 两段在 C 截面是一个连续的整体，故图 10-9（d）的 C′-C′ 与 C″-C″ 两条曲线应满足变形协调条件，从而使梁肋处的翼缘板内将产生压应力，在两侧翼缘的大部分范围内产生拉应力。由于翼缘板外边缘与梁肋处的位移差最大，故它的拉应力最大（图 10-9d）。这样，就在梁的翼缘内出现边缘处的应力比梁肋处附近的应力要大的负剪力滞现象，而在梁的全长范围内将被划分成正剪力滞和负剪力滞两个区段。

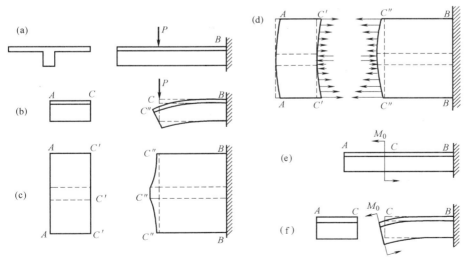

图 10-9　悬臂 T 形梁的负剪力滞

根据上述分析的原理，可以推断，当集中弯矩作用于悬臂跨内某一位置时，同样也会在梁翼缘内产生负剪力滞（图 10-9e、f）。

10.3 箱梁的扭转

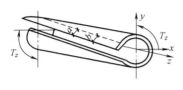

图 10-10 开口截面薄壁
杆件的自由扭转

薄壁箱梁在扭矩作用下，截面除了发生整体转动（各角点连线在原截面平面内投影形状不变）外，各角点连线在原截面平面内投影形状将发生改变。前者称为刚性扭转，后者称为畸变。本节仅讨论刚性扭转。

箱梁刚性扭转又分为自由扭转和约束扭转两种。自由扭转又称圣维南扭转，即结构受扭时，截面各纤维的纵向变形自由，杆件端面虽出现凹凸，但纵向纤维无伸长或缩短，能自由翘曲，因而不产生纵向正应力，只产生自由扭转剪应力（图 10-10）。约束扭转则为结构受扭时，截面纤维纵向变形不自由，受到拉伸或压缩，截面不能自由翘曲而产生翘曲正应力和约束扭转剪应力（图 10-11）。计算理论有乌曼斯基第一和第二理论、詹涅里杰和巴诺夫柯理论、符拉索夫的广义坐标法等理论。

由乌曼斯基第二理论有：

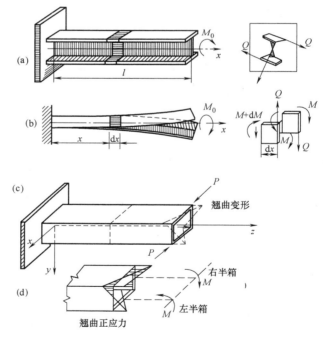

图 10-11 薄壁杆件的约束扭转

自由扭转的微分方程

$$GK\varphi'(z) - T = 0 \tag{10-14}$$

式中　$\varphi(z)$——杆中截面的扭转角；

　　　　T——作用于杆件上的外扭矩；

K——杆件抗扭惯性矩;

G——剪切模量。

约束扭转的微分方程

$$\frac{1}{D}EI_{\hat{\omega}}\varphi''''(z)-GK\varphi''(z)=m_\mathrm{t}(z) \tag{10-15}$$

其中:

$$\left.\begin{aligned}D&=1-\frac{K}{I_\rho}\\I_\rho&=\int_A\rho_0^2\mathrm{d}A\end{aligned}\right\} \tag{10-16}$$

式中　$I_{\hat{\omega}}$——闭口截面扇形惯性矩;

　　　I_ρ——对剪切中心的惯性矩;

　　　ρ_0——断面周边中心线上各点的切线至剪切中心的垂距;

　　　E——材料的弹性模量;

　　　m_t——分布外扭矩;

　　　A——断面周边总面积。

求出截面扭转角后,即可利用相应理论求出约束扭转增加的剪应力和约束扭转翘曲正应力。自由扭转的剪应力可利用平衡条件和切口处变形协调条件求得,详见有关书籍。

10.4　箱梁的畸变

1. 畸变位移

从图 10-1 中的荷载分解得知,箱梁的畸变荷载分力是一组自相平衡的力系,由畸变变形导致的内力,自然也是自相平衡的。因此,畸变位移包括:

(1) 畸变横向挠曲,即垂直于各板单元平面的位移,它将受到箱梁截面框架刚度的抵抗;

(2) 畸变纵向翘曲,即在各板单元平面内与梁纵轴方向平行的翘曲位移,它将受到翘曲刚度的抵抗。

对于第一种变形是容易理解的,对于第二种变形,可以通过图 10-12 来阐明。由于畸变荷载(分力)使箱梁的每一块板单元都在各自的平面内发生挠曲,例如,当顶板凹向右侧时(图 10-12b),则顶板左侧受压,右侧受拉,而底板恰相反。对于两侧腹板亦然,从而使箱梁的每一个横截面内产生纵向翘曲位移及翘曲应力。

畸变横向挠曲对结构是十分有害的,它很容易使箱梁在拐角处产生纵向裂缝,降低结构的承载能力。因此,在工程设计中,常将箱梁的拐角处设计呈 "倒角",用斜置钢筋予以加强,并且每隔一定的距离,在箱内设置抗畸变变形的横隔板。

2. 基本假定

在分析箱梁畸变时,采用下列基本假定:

（1）忽略各板平面的法向应变；

（2）忽略各板平面内的剪切应变；

（3）翘曲正应力在板厚方向为常数，而在截面中线方向则呈直线分布（图 10-12c）。

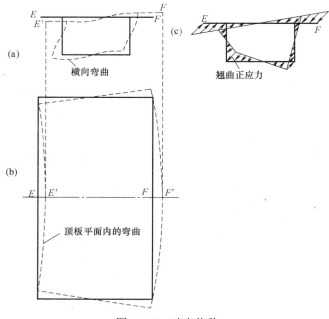

图 10-12　畸变位移

3. 畸变量

表征箱梁的畸变量一般采用下列两种方式来表示：

（1）畸变挠度 w：指的是腹板顶点因畸变荷载而产生的垂直挠度（图 10-13a）。

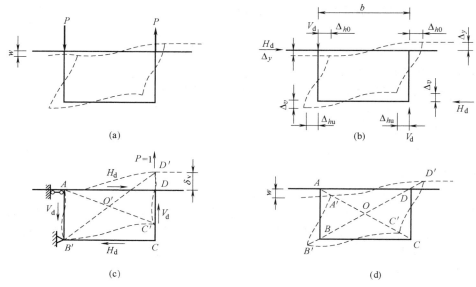

图 10-13　表征畸变的量

（2）畸变角 γ：指节点连线因畸变荷载而产生的角度改变量（图 10-13b），近似为

$$\gamma = \frac{2\Delta_v}{b} + \frac{2\Delta_h}{h} \qquad (10\text{-}17)$$

其中：

$$\Delta_h = \frac{\Delta_{h0} + \Delta_{hu}}{2} \qquad (10\text{-}18)$$

式中的 Δ_v、Δ_{h0}、Δ_{hu}、b、h 参见图 10-13（b）。

如果用 δ_v 表示单位长箱段两腹板的相对垂直挠度（图 10-13c），则畸变角可表示为：

$$\gamma = \frac{\delta_v}{b} \qquad (10\text{-}19)$$

将图 10-13（c）中周边变形曲线与图 10-13（d）中实际的变形曲线作比较后，可以看出，对于矩形截面箱梁，畸变挠度近似地等于 $\frac{\delta_v}{4}$，即

$$w = \frac{\delta_v}{4} \qquad (10\text{-}20)$$

于是，由式（10-19）和式（10-20）可得两种畸变量的关系式为

$$\gamma = \frac{4w}{b} \qquad (10\text{-}21)$$

4. 畸变微分方程及其求解

以畸变角 γ 表示的微分方程表达式为

$$EI_{11}\gamma'''' + EI_R\gamma = V_d b \qquad (10\text{-}22)$$

式中 EI_{11}——箱梁的抗畸变翘曲刚度；

EI_R——箱梁抗畸变框架刚度。其具体表达式见有关专著。

以畸变挠度 w 表示的畸变微分方程为：

$$EI_b w'''' + Kw = V_d \qquad (10\text{-}23)$$

式中各参数具体表达式见有关专著。

式（10-22）和式（10-23）均与弹性地基梁控制微分方程具有相同形式，因此可按弹性地基梁求解方法求解，其解答可参见相关设计手册或专著。

求出了畸变量后，即可求得各板所承受的面内和面外弯矩，继而计算出相应的畸变翘曲应力。

10.5　箱梁局部荷载效应

箱梁在竖向荷载作用下，不仅在箱梁横截面中产生内力，而且由于箱梁

腹板间距较大，箱梁顶板、底板、腹板和翼缘板中产生横向内力。对于箱梁横向框架受力分析，我国主要采用加刚性支承的平面框架分析法。其具体的计算步骤如下：

（1）将箱梁的悬臂板视作固支悬臂板，将中部顶板视作简支在两腹板上的简支板，然后分别按现行《公路桥规》关于板的有关规定，即第 5.4 节所介绍的内容，来确定车轮荷载在板上的有效分布宽度。

（2）将两种有效宽度内的车轮荷载分别除以相应的分布宽度，便可得到纵向单位长箱梁（即单宽平面框架）上的等代荷载。

（3）按平面杆系结构的计算方法来确定此单宽平面框架内的横向弯矩。

（4）实际上顶板是弹性嵌固在两侧腹板上的，故应将算得顶板中点的弯矩值乘以 1.1 的修正系数，其余的弯矩值不变，这便是箱梁在该荷载平面内的弯矩最终计算值。

【例 10-1】　求图 10-14（a）～（d）所示箱梁跨中截面各点的横向内力。

1. 截面尺寸

截面尺寸取梯形和矩形两种，腹板间距在顶板的一端为 $B=5$、6、6.8、8m 共四种截面形式，横隔板间距取 30m，其余细部尺寸如图 10-14 示。弹性模量 $E=2.7\times10^4\mathrm{MPa}$，泊松比 $\mu=1/6$。

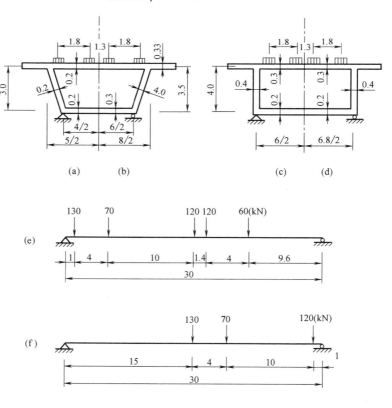

图 10-14　箱梁截面尺寸（尺寸单位：m）

2. 荷载布置

（1）横向

将汽车-20 级车队按规定的轮距对称于顶板中线布置，确定板的有效分布宽度时，车轮压力面的尺寸为 $u \times v = 0.4 \times 0.8\text{m}$；当对单宽平面框架进行分析时，车轮荷载均按集中力考虑，u 为顺桥向尺寸，v 为横桥向尺寸。

（2）纵向

沿纵向分两种情况布置荷载，并把两个横隔板视作支承点：

工况 Ⅰ：加重车的重轴 120kN 置于两横隔板之间的中点（图 10-14e）；

工况 Ⅱ：将一辆主车后轴 130kN 置于两横隔板之间的中点（图 10-14f）。

【解】

1. 顶板按支承于两侧腹板上的简支板来确定其有效分布宽度，现在先以图 10-14（a）的截面尺寸为例，其计算过程如下：

① 对于工况 Ⅰ

跨径中部的两排车轮轴距为 $d = 1.4\text{m}$，显然其相邻轮的有效分布宽度发生重叠，故其按《公路桥规》规定分布宽度为

$$a = a_1 + d + \frac{l}{3} = u + d + \frac{B}{3} = 0.4 + 1.4 + \frac{5}{3} = 3.467\text{m}$$

同时需满足

$$a \geqslant \frac{2}{3}l + d = \frac{2}{3} \times 5 + 1.4 = 4.73\text{m}$$

故最终取

$$a = 4.73\text{m}$$

② 对于工况 Ⅱ

跨径中部的两排车轮轴距 $d = 4.0\text{m}$，相邻轮的有效分布宽度不会出现重叠，故其有效分布宽度为：

$$a = a_1 + \frac{l}{3} = u + \frac{B}{3} = 0.4 + \frac{5}{3} = 2.067\text{m}$$

同时需满足

$$a \geqslant \frac{2}{3}l = \frac{2}{3} \times 5 = 3.33\text{m}$$

故最终取

$$a = 3.33\text{m}$$

对于其余截面，其计算方法均与此相同，其计算结果均列于表 10-2 中。

2. 用算得的有效分布宽度 a 去除所对应的轮重，便得到单宽平面框架上荷载及计算图式，如图 10-14（a）～（d）所示。

3. 为了简化分析，可以将小块分布荷载换为集中力，然后用力法或平面杆系有限元法计算此框架内各截面的横向弯矩，为偏安全计，仅对顶板中点的正弯矩乘以 1.1 的修正系数，其余各值均不作修正，表 10-2 中列出了所有的计算结果。

为了对比计算结果的精度，表中还列出了它们的弹性理论分析值，显示二者比较接近。

箱梁的横向内力分析及比较（单位：10kN·m）

示意图	弯矩位置	按图 10-14(e) 纵向布载 按弹性理论分析 $\overline{M}^{理}$	有效宽度 a(m)	按单宽平面框架分析 弯矩 $\overline{M}^{框}$	$\dfrac{\overline{M}^{框}}{\overline{M}^{理}}$	弯矩修正 $\dfrac{\overline{M}_A^{框}=1.1}{\overline{M}^{框}}$	按图 10-14(f) 纵向布载 按弹性理论分析 $\overline{M}^{理}$	有效宽度 a(m)	按单宽平面框架分析 弯矩 $\overline{M}^{框}$	$\dfrac{\overline{M}^{框}}{\overline{M}^{理}}$	弯矩修正 $\dfrac{\overline{M}_A^{框}=1.1}{\overline{M}^{框}}$
$B=5\text{m}$	A	2.6745		2.5706	0.961	2.8277	1.8600		1.9772	1.063	2.1749
	B	−1.9567	4.73	−2.2463	1.148	—	−1.3053	3.33	−1.7278	1.324	—
	C	0.3453		0.3777	1.094	—	0.2268		0.2095	0.924	—
	D	0.2332		0.3777	1.620	—	0.1545		0.2095	1.356	—
$B=6\text{m}$	A	3.1368		2.8268	0.901	3.1095	2.1855		2.0671	0.946	2.2738
	B	−3.1134	5.40	−3.6176	1.162	—	−2.0920	4.00	−2.6454	1.265	—
	C	0.1245		0.0952	0.765	—	0.0827		0.0696	0.842	—
	D	0.0533		0.0952	1.786	—	0.0353		0.0696	1.972	—
$B=6.8\text{m}$	A	3.6232		3.2154	0.887	3.5369	2.5138		2.2796	0.907	2.5076
	B	−3.9490	5.93	−4.2676	1.081	—	−2.6758	4.53	−3.0255	1.131	—
	C	0.1402		0.0999	0.697	—	0.0951		0.0707	0.741	—
	D	0.0625		0.0999	1.595	—	0.0381		0.0707	1.856	—
$B=8\text{m}$	A	4.2053		3.8385	0.912	4.2223	2.9041		2.6250	0.904	2.8875
	B	−5.0525	6.73	−4.8942	0.969	—	−3.4379	5.33	−3.3469	0.974	—
	C	0.3809		0.3566	1.154	—	0.2494		0.2439	0.978	—
	D	0.1964		0.3566	1.816	—	0.1302		0.2439	1.873	—

小结及学习指导

（1）10.1节重点掌握荷载分解的方法。注意：本教材提供的将横截面内的反对称荷载分解为扭转荷载和畸变荷载的量值是近似值，分解的量值可以有不同。

（2）10.2节掌握箱梁剪力滞产生的条件（横向对称荷载作用下）、初等梁理论的矛盾、剪力滞系数的概念，以及简支梁剪力滞计算的变分法原理与假定，连续梁剪力滞近似分析的方法。

（3）10.3节重点把握自由扭转与约束扭转的概念。

（4）10.4节重点把握畸变分析的基本假定与基本微分方程的推导原理以及求解思路。

（5）10.5节理解箱梁局部荷载效应分析的平面框架法。

习题及思考题

10-1 如何分解箱形截面梁承受集中荷载作用的效应分析？

10-2 剪力滞理论与初等梁理论的本质区别是什么，工程中应如何考虑？剪力滞效应变分法分析的基本假定是什么？

10-3 什么是箱梁自由扭转、约束扭转、刚性扭转？其扭转微分方程建立运用了哪些原理？

10-4 什么是箱梁的畸变？畸变微分方程建立运用了哪些原理？

10-5 箱梁局部荷载效应分析的平面框架法的计算步骤是什么？

第11章
混凝土梁桥的制造和架设

本章知识点

【知识点】　混凝土梁桥的各种施工方法，每种方法的工艺特点、要求及其适用情况等。模板和简易支架的类型及其特点，钢筋加工工序及工艺要求，混凝土施工工序及工艺要求等；预应力混凝土简支梁先张法、后张法的施工工艺流程、施工设备、技术要求及其适用情况等；装配式预应力混凝土简支梁桥的运输设备及要求，装配式预应力混凝土简支梁桥的安装方法、设备分类及其使用要求、适用情况等；悬臂和连续体系桥梁的施工方法分类、特点、施工流程、工艺要求、适用情况等；全预制拼装桥梁简介，全预制拼装桥梁的特点，下部结构（桥墩）预制拼装连接方式的类型、特点、工艺要求及适用情况，预制拼装需要注意的一些问题等。

【重点】　混凝土梁桥的各种施工方法、每种方法的工艺特点及其适用情况；预应力混凝土简支梁先张法、后张法的施工工艺流程、施工设备及适用情况等；装配式预应力混凝土简支梁桥的安装方法、设备分类及其适用情况等；悬臂和连续体系桥梁的施工方法分类、特点、施工流程、适用情况等；全预制拼装桥梁的特点，下部结构预制拼装连接方式的类型、特点及适用情况等。

【难点】　深刻理解各种施工工艺流程和要求。

混凝土梁桥的施工，可分为预制安装和现浇两大类。

预制安装法施工的优点是：上、下部结构可平行施工，工期短；混凝土收缩徐变的影响小，质量易于控制；无需在高空进行构件制作；有利于大规模工业化制造。但是这种方法需要设置预制场地和必要的运输和吊装设备。

现浇法施工的优点是：无需预制场地，并且不需要大型吊装设备，结构整体性能好。但需要搭设支架，工期也长，施工质量不如预制容易控制，而且对于预应力混凝土梁由于收缩和徐变引起的应力损失也较大等。

以下简要介绍钢筋混凝土和预应力混凝土梁桥的施工工艺以及各种常用的运输安装方法。

11.1 钢筋混凝土简支梁桥的制造工艺

11.1.1 模板和简易支架

模板和支架都是施工过程中的临时性结构，对梁体的制作十分重要。模板和支架不仅控制着梁体尺寸的精度，直接影响施工进度和混凝土浇筑质量，而且还影响到施工安全。

1. 模板的分类和构造

按制作材料分类，桥梁施工常用的模板有木模板、钢模板、钢木结合模板。按模板的装拆方法分类，可分为零拼式模板、分片装拆式模板、整体装拆式模板等。从前我国公路桥梁上常用木模板。目前，既能节约木材又可提高预制质量而且经久耐用的钢模板已得到广泛使用和推广。

木模板的基本构造由紧贴于混凝土表面的壳板（又称面板）、支承壳板的肋木和立柱或横挡组成，壳板可以竖直拼装（图 11-1a）或水平拼装（图 11-1b）。

壳板的接缝可做成平缝（图 11-1b）、搭接缝或企口缝（图 11-1c）。当采用平缝拼接时，应在拼缝处衬压塑料薄膜或水泥袋纸以防漏浆。为了增加木模板的周转次数并方便脱模，往往在壳板面上加钉一层薄铁皮。

壳板的厚度一般为 2～5cm，宽 15～18cm，不宜超过 20cm，过薄与过宽的板容易变形。肋木的间距一般为 0.7～1.5m。

图 11-2 所示为常用 T 形梁的分片装拆式木制模板结构。相邻横隔板之间的模板形成一个柜箱，梁体两侧的一对柜箱用顶部横木和穿通梁肋的螺栓拉杆来固定。并借柱底的木楔进行装、拆调整。

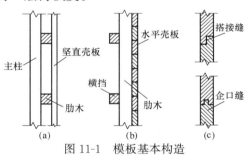

图 11-1　模板基本构造

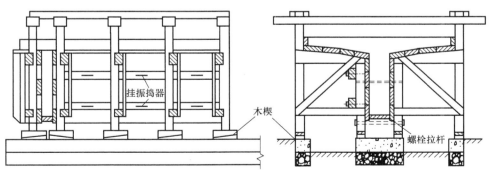

图 11-2　T 形梁的木模构造

图 11-3 所示为一种分片装拆式钢模板的结构组成。

侧模由厚度一般为 4～8mm 的钢壳板，角钢做成的水平和竖向肋，支托竖向肋的直撑、斜撑，固定侧模用的顶横杆和底部拉杆，以及安装在壳板上的振捣架等构成。底模常用 6～12mm 的钢板制成，通过垫木支承在底部钢横梁上。在拼装钢模板时，所有紧贴混凝土的接缝内都用止浆垫使接缝密闭不漏浆，止浆垫一般采用柔软、耐用和弹性大的 5～8mm 橡胶板或厚 10mm 左右的泡沫塑料板。

图 11-4 所示的是桥梁工程中常用于空心板梁的木制芯模构造。为了便于搬运装拆，每根梁的模板分成两节。木壳板的侧面装置铰链，使壳板可以转动。芯模的骨架和活动撑板，每隔 70cm 设置一道。撑板下端的半边朝梁端一侧用铰链与壳板连接，安装时借榫头顶紧壳板纵面的上下斜缝，并在撑板上部设置＋20mm 的拉杆。撑板将壳板撑实后，在模壳外用铅丝捆扎以防散开或变形。

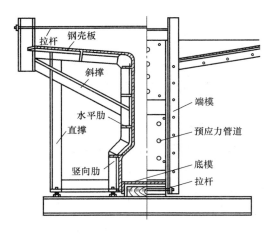

图 11-3　钢模板的组成

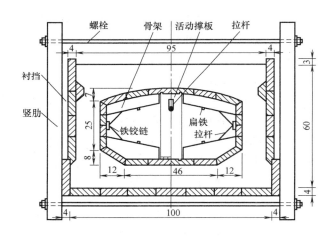

图 11-4　空心板梁芯模构造（尺寸单位：cm）

上述芯模也可改用特制的充气橡胶管来完成。不管采用何种模板，为了避免壳板与混凝土粘连，通常均需在壳板面上涂以隔离剂，如石灰乳浆、肥皂或废机油等。

2. 简易支架

目前，在桥梁施工中采用较多的简易支架是木支架和钢管支架，并以立柱式支架为多，如图 11-5 所示。立柱在顺桥方向的间距，应根据施工过程中荷载大小由计算来确定。靠墩台的立柱可设在墩台基础的襟边上；在横桥方向，立柱一般设置在梁肋下。

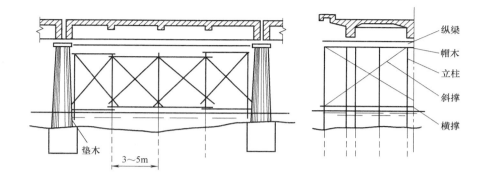

图 11-5　简易支架

　　近年来，为了进一步节约木材，对中小型公路桥梁普遍使用工具式钢管脚手架。这种脚手架备有各式连接扣件，操作方便，损耗率低，在施工中质量有保证，并且可取得良好的经济效益。

　　应注意的是：支架在承受荷载后会因弹性和非弹性变形以及地基的沉降而发生下沉。因此在浇筑混凝土之前，通常要将支架进行预压，以期尽可能消除这些变形。

11.1.2　钢筋工作

　　钢筋工作加工工序多，包括钢筋整直、切断、除锈、弯制、焊接或绑扎成型等，而且钢筋的规格和型号尺寸也比较多。鉴于钢筋的加工质量和布置在浇筑混凝土后再也无法检查，故必须仔细认真地严格控制钢筋工作的施工质量。

　　1. 钢筋加工的准备工作

　　首先应对进场的钢筋通过抽样试验进行质量鉴定，合格的才能使用。抽样试验主要包括抗拉极限强度、屈服点和冷弯试验。

　　钢筋的整直工作根据钢筋直径的大小采用不同的方法。对于直径在 10mm 以上的钢筋一般用锤打整直，对于直径不到 10mm 的常用手摇或电动绞车通过冷拉整直（伸长率不大于 1%），这样还能提高钢筋的强度和清除铁锈。

　　经锤直的钢筋可用钢丝刷或喷砂枪喷砂除锈去污，也可将钢筋在砂堆中来回抽动以除锈去污。

　　为了使成型的钢筋比较精确地符合设计要求，在下料前应计算图纸上所标明的折线尺寸与弯折处实际弧线尺寸之差值（通常可查阅现成的计算表格），同时还应计入钢筋在冷作弯折过程中的伸长量。弯折伸长量可按表 11-1 估算。图 11-6（a）示出通常设计图纸中标明的折线尺寸。图 11-6（c）为扣除了加工伸长量的实际划线下料尺寸。

341

钢筋弯折伸长量（单位：cm）　　　　　表 11-1

钢筋直径 (mm)	弯折角度			钢筋直径 (mm)	弯折角度		
	180°	90°	45°		180°	90°	45°
6	1.0	0.5		20	3.0	1.5	1.0
8	1.0	1.0	不计	20	4.0	2.0	1.0
10	1.5	1.0		25	4.5	2.5	1.5
12	1.5	1.0	0.5	27	5.0	3.0	2.0
14	2.0	1.5	0.5	32	6.0	3.5	2.5
16	2.5	1.5	0.5				

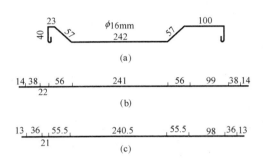

图 11-6　弯折前的钢筋划线（尺寸单位：mm）
(a) 钢筋设计图；(b) 考虑实际弧长的展
直尺寸；(c) 计入弯折伸长的下料尺寸

钢筋弯制前准备工作的最后一道工序为下料，即截断钢筋，通常视钢筋直径的大小，用手动剪切机和电动剪切机来进行。

2. 钢筋的弯制成型和接头

下料后的钢筋可在工作平台上用电动弯筋器按规定的弯曲半径弯制成型，钢筋的两端也应按图纸弯成所需的标准弯钩。若钢筋图中对弯曲半径未作规定时，则宜按钢筋直径的 15 倍为半径进行弯制。需要较长的钢筋时，最好在接长以后再弯制，这样较易控制尺寸。

钢筋的接头应采用电焊，并以闪光接触对焊为宜，这种接头的传力性能好，且省材料。在不能进行闪光接触对焊时，可采用电弧焊（如搭接焊、帮条焊、坡口焊、熔槽焊等）。焊接接头在构件内应尽量错开布置，且受拉主钢筋的接头截面积不得超过受力钢筋总截面积的 50%。装配式构件连接处受力钢筋的焊接接头可不受此限制。

当钢筋的接头采用焊接困难时，也可采用绑扎搭接，受拉钢筋的绑扎接头搭接长度应符合表 11-2 的规定；受压钢筋的绑扎接头搭接长度，应取受拉钢筋搭接长度的 0.7 倍，且搭接长度区段内受力钢筋接头的截面积，在受拉区不得超过钢筋总截面积的 25%，在受压区不得超过 50%。

受拉钢筋绑扎接头搭接长度　　　　　表 11-2

钢筋	混凝土强度等级		
	C20	C25	>C25
R235	35d	30d	25d
HRB335	45d	40d	35d
HPR400、KL400	—	50d	45d

注：1. 当带肋钢筋直径 d 大于 25mm 时，其受拉钢筋的搭接长度应按表值增加 5d 采用；当带肋钢筋直径小于 25m 时，搭接长度可按表值减少 5d 采用；

2. 当混凝土在凝固过程中受力钢筋易受扰动时，其搭接长度应增加 5d；

3. 在任何情况下，受拉钢筋的搭接长度不应小于 300mm；受压钢筋的搭接长度不应小于 200mm；

4. 环氧树脂涂层钢筋的绑扎接头搭接长度，受拉钢筋按表值的 1.5 倍采用；

5. 受拉区段内，R235 钢筋绑扎接头的末端应做成弯钩，HRB335、HRB400、KL400 钢筋的末端可不做成弯钩。

3. 钢筋骨架的成组与安装

装配式 T 形梁的焊接钢筋骨架应在坚固的焊接工作台上进行施工。骨架的焊接一般采用电弧焊，先焊成单片平面骨架，再将它组拼成立体骨架。组拼后的骨架须有足够的刚度，焊缝须有足够的强度，以便在搬运、安装和灌注混凝土过程中不致变形、松散。

为了防止或减小焊接骨架产生翘曲变形和焊缝开裂的收缩应力，一般以采用双面焊缝为好，即先焊好一面的焊缝后把骨架翻身，再焊另一面的焊缝。当大跨径骨架，翻身困难而不得不采用单面焊时，则须在垂直骨架平面的方向做成预拱度（其大小可由实地测验而定）。同时，在焊接操作上应采用分层跳焊法，见图 11-7（a）；在同一断面处，若钢筋层次多，各道焊缝也应互相交错跳焊，如图 11-7（b）所示；同时，每道焊缝可分两层焊足高度。当多层钢筋直径不同时，则可先焊两直径相同的钢筋，再焊直径不同的钢筋。焊缝在焊成后应全部敲掉药皮。

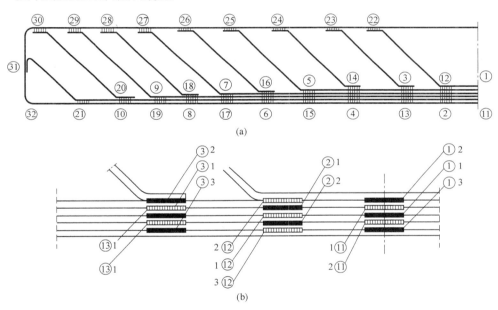

图 11-7　骨架焊缝焊接程序示意图
（a）焊接顺序编号；（b）多层焊缝跳焊编号

实践表明，装配式简支梁焊接钢筋骨架焊接后在骨架平面内还会发生两端上翘的焊接变形。为此，尚应结合骨架在安装时可能产生的挠度，事先将骨架拼成具有一定的预拱度，再进行施焊。预留拱度的数值可由试验来确定，一般也可参照表 11-3 取用。

焊接成型的钢筋骨架，安装比较简单，用一般起重设备吊入模板即可。

简支 T 形梁钢筋骨架的预留拱度　　　　　表 11-3

T 形梁跨径（m）	<10	10	16	20
工作台上预留拱度（cm）	0.3	3～5	4～6	5～7

11.1　钢筋混凝土简支梁桥的制造工艺

对于绑扎钢筋的安装，应事先拟定安装顺序。一般的梁肋钢筋，先放箍筋，再安放下排主筋，后装上排钢筋。

11.1.3　混凝土工程

混凝土施工包括混凝土拌制、运输、浇筑和振捣、养护以及拆模等工序。

1. 混凝土的拌制

混凝土一般采用机械搅拌，人工搅拌只许用于少量混凝土工程的塑性混凝土或半干硬性混凝土。不论采用机械还是人工搅拌，都应使石子表面包满砂浆、拌合料混合均匀、颜色一致。

目前，为了提高干硬或半干硬性混凝土的和易性、减少混凝土的单位用水量以提高其强度并且达到节约水泥用量的目的，尚可在混凝土中掺用减水剂。近年来我国进行研究和试用的减水剂有亚甲基二萘磺酸钠（NNO）、木质素磺酸盐及萘磺酸甲醛高缩合物（FDN）等。掺加减水剂的种类、数量、方法都必须通过试验确定。

保证混凝土拌合均匀的重要条件是有足够的拌合时间，可参照表 11-4 取用。但要注意，拌合时间也不能过长，否则会造成混凝土混合物的分离现象。

混凝土延续搅拌的最短时间　　　　　　　　表 11-4

混凝土拌合机容量(L)	延续拌合时间(s)		
	混凝土坍落度(cm)		
	0～1	2～7	＞7
≤400	120	60	45
800	150	60	60
1200		120	90

2. 混凝土的运输

混凝土应以最少的转运次数、最短的距离迅速从搅拌地点运往浇筑位置。运输道路要平整，防止混凝土因颠簸振动而发生离析、泌水和灰浆流失等，一经发现上述现象，必须在浇筑前进行再次搅拌。

混凝土从拌合机内卸出，经运输、浇筑直至振捣完毕的允许时间如表 11-5 所示。如果超出规定时间，应在浇筑点检验其稠度，并制作试验块检验其强度。

混凝土运输、浇筑允许时间表　　　　　　　表 11-5

混凝土温度(℃)	20～30	10～19	5～9
混凝土延续时间	不超过 1h	不超过 1.5h	不超过 2h

若混凝土自高处倾落时，为防止离析，其自由倾落高度不宜超过 2m；超过 2m 时，应采用溜管、溜槽或串筒输送；倾落高度大于 10m 时，串筒内应附设减速叶片。

3. 混凝土的浇筑

混凝土的浇筑方法直接影响到混凝土的密实度和整体性，这与混凝土的质量关系很大。因此，必须根据混凝土的拌制能力、运距与浇筑速度、气温及振捣能力等因素，合理制定混凝土的浇筑工艺。当采用厂拌的商品混凝土，运至工地后进行浇筑时，特别要检查混凝土的稠度要求，绝对不允许使用因过时而加水重拌的混凝土。

当构件的高度（或厚度）较大时，为了保证混凝土能振捣密实，应采用分层浇筑法。浇筑层的厚度与混凝土的稠度及振捣方式有关，在一般稠度下，用插入式振捣器振捣时，浇筑层厚度为振捣器作用部分长度的 1.25 倍；用平板式振捣器振捣时，浇筑厚度不超过 20cm。薄腹 T 形梁或箱梁的梁肋，当用侧向附着式振捣器振捣时，浇筑厚度一般为 30～40cm。采用人工振捣时，视钢筋疏密程度，通常取浇筑厚度为 15～25cm。

中小跨径的 T 形梁一般均采用水平层浇筑（图 11-8a），其横隔梁的混凝土与梁肋同时浇筑。对于又高又长的梁体，当混凝土的供应量跟不上按水平层浇筑的进度时，可采用斜层浇筑法，由梁的一端浇向另一端（图 11-8b）。

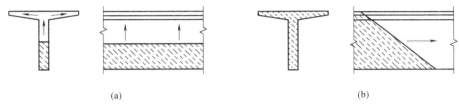

(a)   (b)

图 11-8　分层法浇筑混凝土
（a）水平层浇筑；（b）斜层浇筑

浇筑空心板梁，一般先浇筑底板，再立芯模，扎焊顶面钢筋，然后浇筑肋板与面板混凝土，待混凝土初凝后，即可抽卸芯模。

分层浇筑时，应在前层混凝土开始凝结之前，即将次层混凝土浇筑捣实完毕。在此情况下，上下层浇筑时间相隔不宜超过 1h（当气温在 30℃以上时）或 1.5h（当气温在 30℃以下时）。也可由试验资料来确定容许的相隔时间。

如果在浇筑次层时前层混凝土已经凝结，则要待前层混凝土具有不小于 1200kPa 的强度时，经接合缝处理后才可浇筑次层混凝土；当要求接合缝具有不渗水性时，应在前层混凝土强度达到 2500kPa 后，再浇筑新混凝土。

4. 混凝土的振捣

混凝土的振捣可分人工（用铁钎）振捣和机械振捣两种。人工振捣适用于混凝土数量少或钢筋过密部位的场合。大规模的混凝土浇筑，必须使用机械振捣。

混凝土振捣设备有插入式振捣器、附着式振捣器、平板式振捣器和振动台等。

平板式振捣器用于大面积混凝土施工，如桥面、基础等；附着式振捣器是挂在模板外部振捣，借振动模板来振捣混凝土，对模板要求较高，而振动的效果不是太好，常用于薄壁混凝土构件，如梁肋部分等；插入式振捣器，常用的是软管式的，需构件断面有足够的空间插入振捣器，而且钢筋又不太密时采用，它的效果比平板式及附着式要好。

混凝土每次振捣的时间要掌握好，振捣时间过短或过长均有弊病，一般以振捣至混凝土不再下沉、无显著气泡上升、混凝土表面出现薄层水泥浆、表面达到平整为宜。当用附着式振捣器时，因振捣效率较差，一般需 2min 左右。当用插入式振捣器时，效果较好，一般只要 15～30s。当用平板式振捣器时，在每个位置上的振捣时间约为 25～40s。

5. 混凝土的养护及模板拆除

目前在桥梁施工中采用最多的是在自然气温条件下（5℃以上）的自然养护方法。此法是在混凝土终凝后，在构件上覆盖草袋、麻袋、稻草或砂子，经常洒水，以保持构件经常处于湿润状态。

自然养护法的养护时间与水泥品种和是否掺用塑化剂有关。一般情况下，用普通硅酸盐水泥的混凝土为 7 昼夜以上；用矿渣水泥、火山灰水泥或掺用塑化剂的为 14 昼夜以上。每天浇水的次数，以能使混凝土保持充分潮湿为度。在一般气候条件下，当温度高于 15℃时，前三天内白天每隔 1～2h 浇水一次，夜间至少浇水 2～4 次，在以后的养护期间内可酌情减少。在干燥的气候条件下，或在大风天气中，应适当增加浇水的次数。

自然养护法比较经济，但混凝土强度增长较慢、模板占用时间也长，特别在低温下（5℃以下）不能采用。

为了加速模板周转和施工进度，可采用蒸汽法养护混凝土。混凝土经过养护，当强度达到设计强度等级的 25%～50% 时，即可拆除梁的侧模；达到设计吊装强度并不低于设计强度等级的 70% 时，就可起吊主梁。

11.2　预应力混凝土简支梁桥的制造工艺

有关预应力的基本概念和方法、预应力筋和锚具等的内容已在"结构设计原理"课程中做过介绍，这里不再重复。本节主要阐述先张法和后张法的施工工艺。

11.2.1　先张法简支梁的制造工艺

先张法的制梁工艺是在浇筑混凝土前张拉预应力筋，将其临时锚固在张拉台座上，然后立模浇筑混凝土，待混凝土达到规定强度（不得低于设计强度的 70%）时，逐渐将预应力筋放松，这样预应力筋弹性回缩，通过其与混凝土之间的黏结作用，使混凝土获得预压应力。

先张法生产可采用台座法或机组流水法。采用台座法时，构件施工的各道工序全部在固定台座上进行。采用机组流水法时，构件在移动式的钢模中生产，钢模按流水方式通过张拉、浇筑、养护等各个固定机组完成每道工序。

机组流水法可加快生产速度，但需要大量钢模和较高的机械化程度，且需配合蒸汽养护，因此只用于工厂内预制定型构件。台座法不需复杂机械设备，施工适用性强，故应用较广。下面着重介绍台座、预应力筋的制备、张拉工艺及预应力筋放松等问题。

1. 台座

台座是先张法生产中的主要设备之一，要求有足够的强度和稳定性。台座按构造形式不同，可分为墩式和槽式两类。

（1）墩式台座（图 11-9）

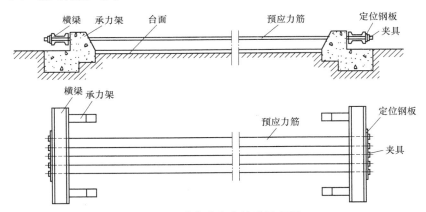

图 11-9　重力式台座构造示意图

墩式台座是靠自重和土压力来平衡张拉力所产生的倾覆力矩，并靠土壤的反力和摩擦力抵抗水平位移。在地质条件良好、台座张拉线较长的情况下，采用墩式台座可节约大量混凝土。

台座由台面、承力架、横梁和定位钢板等组成（图 11-9）。台面有整体式混凝土台面和装配式台面两种，它是制梁的底模。承力架要承受全部的张拉力，设计建造时须保证变形小、经济、安全和操作方便。按照受力大小和现场地基条件的不同，承力架可因地制宜地采取不同的形式，如图 11-10 所示。横梁是将预应力筋张拉力传给承力架的构件，常用型钢设计制成。定位钢板用来固定预应力筋的位置，其厚度必须保证承受张拉力后具有足够的刚度。定位板的圆孔位置按梁体预应力筋的设计位置确定，孔径比预应力筋大 2～5mm，以便穿束。

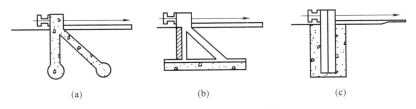

图 11-10　台座承力架的形式
（a）爆扩桩式；（b）三脚架式；（c）锚桩式

（2）槽式台座（图 11-11）

当现场地质条件较差、台座又不很长时，可采用由台面、传力柱、横梁、横系梁等组成的槽式台座（图 11-11）。传力柱和横系梁一般用钢筋混凝土做成，其他部分与墩式台座的相同。

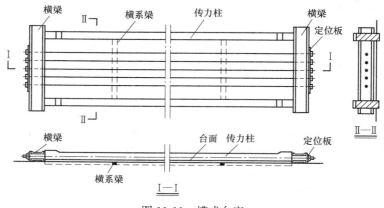

图 11-11　槽式台座

2. 预应力筋的制备

先张法预应力混凝土梁可用精轧螺纹粗钢筋、钢绞线、螺旋肋钢丝或刻痕钢丝和冷拔低碳钢丝作为预应力筋。下面介绍我国公路桥梁上常用的可焊性较好的 40 硅 2 矾冷拉精轧螺纹粗钢筋（直径为 12～28mm）的制备工作，它包括下料、对焊、镦粗或轧丝、冷拉等工序。

（1）下料

钢筋下料长度应根据台座长度、梁长、焊接接头压缩长度、冷拉伸长率、弹性回缩率等综合考虑决定。下料长度必须精确计算，以防止下料过长或过短造成浪费或给张拉、锚固带来困难。

预应力筋在加工前的下料长度一般可按下式计算：

$$L = \frac{l_0}{(1+\gamma)(1-\delta)} + nb \tag{11-1}$$

式中　L——钢筋下料的总长度（不包括两端螺栓端杆或锚具需要的长度）；

l_0——预应力筋加工后需要的长度（即经对焊和冷拉后要求的长度）；

b——每个对焊接头的压缩损耗量，一般为 3～4cm；

n——焊接头数量（包括焊接两端螺栓端杆的接头）；

γ——钢筋冷拉伸长率（%），由试验确定；

δ——钢筋冷拉后的弹性回缩率（‰），由试验确定。

在长线式台座上同时生产几片梁时，下料长度应包括梁与梁间连接器的长度。

（2）对焊（图 11-1）

精轧螺纹粗钢筋的出厂长度为 9～10m，因此需要对焊接长后才可应用。

对焊一般应在冷拉前进行，以免冷拉钢筋高温回火后失去冷拉所提高的强度。对焊质量应严格控制，精轧螺纹粗钢筋的对焊一般在对焊机上进行。40硅2矾冷拉精轧螺纹粗钢筋的可焊性较好，焊后可不进行热处理，但一般均采用闪光—预热—闪光焊工艺来改善接头性能。

（3）墩粗或轧丝

钢筋端的张拉和锚固，除了焊接螺栓端杆的方法外，也可采用镦头锚具或轧制螺纹锚具（或称轧丝锚具），以简化锚固方法和节约优质钢材。

采用镦头锚具时，对于直径在12mm以下的钢筋可采用液压冷镦机将钢筋端头镦粗成圆头，并利用开孔的钢垫板组成锚具。对于较粗的钢筋需要用热镦法来加工，即可利用对焊机将钢筋加热加压形成镦头。直径大于 22mm 的钢筋，因镦粗时需用较大的压力，则可采用锻压方法加工成镦头。精轧螺纹粗钢筋在镦制后一般尚应进行热处理，以消除其脆硬组织。镦头制成后要进行外观检查，不得有烧伤、歪斜及裂缝。

采用轧制螺纹锚具时，关键在于钢筋端部的螺纹加工（简称轧丝）。通常可利用特制的钢模通过压力机进行冷压轧丝，轧丝后钢筋的平均直径与原钢筋相差无几，而且还可以提高钢筋的强度。

（4）冷拉

为了提高钢筋的强度和节约钢材，预应力粗钢筋在使用前一般需要进行冷拉（即在常温下，用超过钢筋屈服强度的拉力拉伸钢筋）。

钢筋冷拉按照控制方法可分为"单控"（即仅控制冷拉伸长率）和"双控"（即同时控制应力和冷拉伸长率）两种。目前由于受钢材质量的影响，即使同一种规格的钢筋，采用相同冷拉伸长率冷拉后所建立的屈服强度也并不一致；或在同一控制应力下，伸长率又不一致。因此单按哪一种控制都不能保证质量，最好能采用"双控"冷拉，这样既可保证质量，还可在设计上充分利用钢材强度。采用"双控"冷拉时应以应力控制为主，伸长率控制为辅。在没有测力设备的情况下，只能采用"单控"冷拉。

冷拉控制应力和伸长率规定如表 11-6 所示。当用"双控"冷拉时，如钢筋已拉到控制应力而伸长率尚未超过允许值，则认为合格；若钢筋已达到允许伸长率，而应力还小于控制应力，则这根钢筋应降低强度使用。

冷拉控制应力和伸长率　　　　　　　　表 11-6

钢筋级别	双控		单控
	控制应力 σ (t/m²; kN/m²)	冷拉伸长率 γ (%) 不大于	冷拉伸长率 γ (%) 不大于
HRB400	53000(519400)	5.0	3.5~5.0
精轧螺纹	75000(735000)	4.0	2.5~4.0

钢筋冷拉前，应先算出冷拉拉力值和伸长值，以作为控制应力 σ 和伸长率 γ 的控制依据。拉力值即为表 11-6 所列控制应力与钢筋冷拉前公称截面积的乘积；伸长值即为测量开始时钢筋实际长度与冷拉伸长率的乘积（$\Delta L = \gamma L$），当钢筋用连接杆接长时，应计入其弹性伸长。

预应力筋冷拉后宜经人工时效处理，如条件不够可经自然时效，即至少应在自然温度下（25～30℃）放置 24h，使钢筋的力学性能稳定后再使用。

3. 预应力筋的张拉

（1）张拉前的准备工作

张拉前应先在端横梁上安装预应力筋的定位钢板，同时检查其孔位和孔径是否符合设计要求。安装定位钢板时要保证最下层和最外侧预应力筋的混凝土保护层尺寸。

然后在台座上安装预应力筋，将其穿过端横梁和定位钢板用锚具固定在板上，穿筋时应注意不碰掉台面上的隔离剂和玷污预应力筋。

预应力筋的控制张拉力是张拉前需要确定的一个重要数据。它由预应力筋的张拉控制应力 σ_{con} 与截面积 A_g 的乘积来确定，而《公路钢筋混凝土及预应力混凝土桥涵设计规范》规定，钢筋中的最大控制应力对钢丝、钢绞线不应超过 $0.75f_{pk}$，对冷拉粗钢筋不应超过 $0.90f_{pk}$，f_{pk} 为预应力筋的抗拉强度标准值。因此，对于冷拉粗钢筋的最大控制张拉力为：

$$N_{con} = \sigma_{con} \cdot A_g = 0.9 \cdot f_{pk} \cdot A_g \qquad (11\text{-}2)$$

确定了张拉力后，还要将其换算成液压拉伸机上油压表的读数，才能在张拉时操作控制。油压表上的读数表示千斤顶油缸内单位面积油压。在理论上将油压表读数 C 乘以千斤顶油缸内活塞面积 A 就得张拉力的大小，即 $N = CA$，但由于油缸与活塞之间存在摩阻损失，实有的张拉力要小于理论计算值。另外，油压表本身也有示值误差。因此，事前就要用标准压力计（如压力环或传感器等）和标准油压表按 5t（49kN）一级来测定所用千斤顶的校正系数 K_1 和油压表的校正系数 K_2。鉴于此，当理论值为 $N = CA$ 时，实际张拉力值为：

$$N' = \frac{CA}{K_1 K_2} \qquad (11\text{-}3)$$

或者，需要达到的张拉力值为 N 时，换算的油压表读数应为：

$$C' = K_1 K_2 \cdot \frac{N}{A} \qquad (11\text{-}4)$$

式中　K_1——所用千斤顶理论计算吨位与标准压力计实测吨位之比，它随拉力值的不同而变化，一般为 1.02～1.05，如大于 1.05，则应检修活塞与垫圈；

　　　K_2——所用油压表读数与标准油压表读数之比，它不应有 ±0.5 以上的偏差，过大时宜更换新油压表。

对于张拉设备的各个部件在张拉前均应仔细检查，只有在一切无误的情况下才能开始张拉。

（2）张拉程序

为了减少预应力筋的应力松弛损失，通常采用超张拉的方法，按照表 11-

7 规定的张拉程序进行张拉。其中应力由 $105\%\sigma_{con}$ 退至 $90\%\sigma_{con}$ 主要是为了设置预埋件、绑扎钢筋和支模时的安全。初应力值一般取 $10\%\sigma_{con}$，以保证成组张拉时每根钢筋应力均匀。

先张法预应力筋张拉程序　　　　　　　表 11-7

钢筋	$0\rightarrow$初应力$\rightarrow105\%\sigma_{con}$（持荷 2min）$\rightarrow90\%\sigma_{con}\rightarrow\sigma_{con}$（锚固）
碳素钢丝、钢绞线	$0\rightarrow$初应力$\rightarrow105\%\sigma_{con}$（持荷 2min）$\rightarrow0\rightarrow\sigma_{con}$（锚固）
冷拔低碳钢丝	$0\rightarrow105\%\sigma_{con}$（持荷 2min）$\rightarrow\sigma_{con}$ 或 $0\rightarrow103\%\sigma_{con}$（锚固）

为了避免台座承受过大的偏心力，应先张拉靠近台座截面重心处的预应力筋。

如遇钢筋的伸长值大于拉伸机油缸最大工作行程时，可采用重复张拉的办法来解决。

单根张拉和多根整批张拉的操作方法基本相同。通常在将预应力筋拉至初应力状态时，应检查钢筋保护层尺寸，如发现有偏差时就需调整定位板的位置。

图 11-12 示出多根预应力筋成批张拉的平面布置。在此情况下，为了使每根力筋受力均匀，就必须使它们的初始长度保持一致。为此，可在钢筋的一端选用螺栓端杆锚具，另一端选用镦头锚具与张拉千斤顶连接（图 11-12）。这样就可以利用螺栓端杆上的螺母来调整各根钢筋的初始长度，对于直径较小的钢筋，在保证精确下料长度的情况下，两端都可采用镦头锚具。

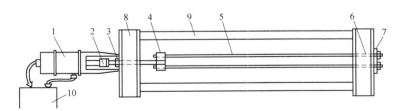

图 11-12　多根钢筋成批张拉图式

1—60t 拉杆式千斤顶；2—千斤顶套碗；3—固定螺母；4—镦头锚具；5—预应力筋；
6—螺栓端杆锚具；7—定位板；8—横梁；9—承力压杆；10—高压油泵

张拉时，台座两端不得站人，操作人员要站在放在台座侧面的油泵外侧面进行工作，以保安全。钢筋拉到张拉力后，要静停 2～3min，待稳定后再锚固。

4. 混凝土工程

预应力混凝土梁的混凝土工程，除了因所用强度较高而在配料、制备、浇筑、振捣和养护等方面更应严格要求外，基本操作与钢筋混凝土结构相仿。此外，在台座内每条生产线上的构件，其混凝土必须一次连续灌注完毕；振捣时，应避免碰击预应力筋。

5. 预应力筋张拉力的放松

预应力筋的放松必须待混凝土养护达到设计规定的强度（一般为混凝土

351

强度的 70%～80%）以后才可以进行。放松过早会造成较多的预应力损失（主要是收缩、徐变损失），或因混凝土与钢筋的黏结力不足而造成预应力筋弹性收缩滑动和在构件端部出现水平裂缝的质量事故；放松过迟，则影响台座和模板的周转。放松操作时速度不应过快，尽量使构件受力对称均匀。只有待预应力筋被放松后，才能切割每个构件端部的钢筋。

下列为几种放松预应力筋的方法：

① 千斤顶放松：当混凝土达到规定强度后，再安装千斤顶重新将钢筋张拉至能够扭松固定螺母时止（图 11-12），随着固定螺母的松动，逐渐放松千斤顶，让钢筋慢慢回缩。

② 砂筒放松：在张拉预应力筋之前，在承力架（或传力柱）与横梁间各放置一个灌满（约达 2/3 筒身）烘干细砂子的砂筒（图 11-13）。张拉时筒内砂子被压实，需要放松预应力筋时，可将出砂口打开，使砂子慢慢流出，活塞徐徐顶入，直到张拉力全部放松为止。

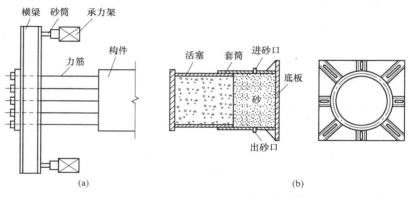

图 11-13　砂筒放松示意图

(a) 砂筒布置；(b) 砂筒构造

利用砂筒放松，易于控制放松的速度，能较好地保证预应力梁的质量。

③ 滑楔放松：代替上述的砂筒，也可用图 11-14 所示的钢制滑楔来放松张拉力。滑楔由三块钢楔块组成，中间一块上装有螺钉。将螺钉拧进螺杆就使三个楔块连成一体。需要放松时，将螺钉慢慢往上拧松，由于钢筋的回缩力，随着中间楔块的向上滑移，张拉力就被放松。

④ 螺杆、张拉架放松：在台座的固定端设置用来锚固预应力筋的螺杆和张拉架（图 11-15）。放松时，拧松螺杆上的螺母，钢筋慢慢回缩，张拉力即被放松。但由于作用在螺母上的压力很大，拧松螺母比较费力。

11.2.2　后张法简支梁的制造工艺

后张法制梁的步骤是先制作留有预应力筋孔道的梁体，待其混凝土达到规定强度后，再在孔道内穿入预应力筋进行张拉并锚固，最后进行孔道压浆并灌梁端封头混凝土。

后张法工序较先张法复杂（例如需要预留孔道、穿筋、灌浆等），且构件

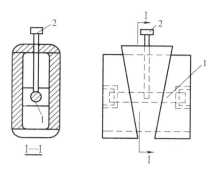

图 11-14 钢制滑楔
1—螺杆；2—螺钉

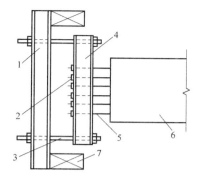

图 11-15 螺杆、张拉架放松示意图
1—横梁；2—夹具；3—螺杆；4—张拉架；
5—预应力筋；6—构件；7—承力架

上耗用的锚具和埋设件等增加了用钢量和制作成本，但鉴于此法不需要强大的张拉台座，便于在现场施工，而且又适用于配置曲线形预应力筋的大型和重型构件制作，因此目前在公路桥梁上得到广泛的应用。

制梁过程中有关模板和混凝土等工作与钢筋混凝土梁和先张法预应力梁基本相同，不再赘述。下面介绍后张法制梁所特有的一些工序。

1. 预应力筋的制备

后张法预应力混凝土梁常用高强碳素钢丝束、钢绞线和冷拉 HRB400、精轧螺纹粗钢筋作为预应力筋。对于跨径较小的 T 形梁，也可采用冷拔低碳钢丝作为预应力筋。

（1）粗钢筋的制备

后张法粗钢筋的制备，主要包括下料、对焊、镦粗（采用镦头锚具时）、冷拉等工序。对焊、镦粗、冷拉等工序与先张法相同，不再赘述。

为了对钢筋进行张拉、锚固，预应力筋对焊和冷拉后的需要长度应为孔道长度 L_0 加上必要的工作长度 L_y，它视构件端面上锚垫板的厚度与数量、锚具的类型、张拉设备类型和工作条件等而定。确定了钢筋需要的长度后，就可像先张法中所述一样计算出下料长度。

（2）碳素钢丝束的制备

碳素钢丝束的制作，包括下料和编束工作。碳素钢丝都是盘圆，若盘径小于 1.5m，则下料前应先在钢丝调直机上调直。对于在厂内先经矫直回火处理且盘径为 1.7m 的高强钢丝，则一般不必整直就可下料。下料前除应抽样试验钢丝的力学性能外，还要测量钢丝的圆度，对于直径为 5mm 的钢丝，其正负容许偏差为 +0.8mm 和 −0.4mm。

钢丝的下料长度应为：

$$L = L_0 + L_1 \tag{11-5}$$

式中 L_0——构件混凝土预留孔道长度；

L_1——固定端和张拉端（或两个张拉端）所需的钢丝工作长度。

当构件的两端均采用锥形锚具、双作用或三作用千斤顶张拉钢丝时，其工作长度一般可取 140～160cm。当采用其他类型锚具及张拉设备时，应根据实际需要计算钢丝的工作长度。

对于采用锥形螺杆锚具和镦头锚具的钢丝束，应保证每根钢丝下料长度相等，这就要求钢丝在应力状态下切断下料，控制应力为 300000kPa。因此直径为 5mm 的钢丝都在 6.0kN 拉力下切断。无应力下料时，应加上钢丝的弹性伸长。

为了防止钢丝扭结，必须进行编束。编束时可将钢丝对齐后穿入特制的梳丝板（图 11-16），使之排列整齐，然后一边梳理钢丝一边每隔 1～1.5m 衬以长 3～4cm 的螺旋衬圈或短钢管，并在设衬圈处用 2 号铁丝缠绕 20～30 道捆扎成束。图 11-17 就表示用 24 根钢丝配合锥形锚编制的钢丝束断面。这种制束工艺对防锈、压浆有利，但操作较麻烦。

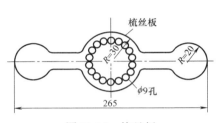

图 11-16　梳丝板

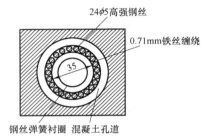

图 11-17　钢丝束断面

（3）钢绞线的制备

钢绞线预应力筋是以盘条供应的，在使用前应进行预拉，以减少钢绞线的构造变形和应力松弛损失，并便于等长控制。预拉应力取标准抗拉强度的 85%，拉至规定应力后应保持 5～10min 再放松。

钢绞线的下料长度也由孔道长度和工作长度来确定。下料时最好采用电弧熔割法，使切口绞线熔焊在一起。

成束使用的钢绞线也要用 18～20 号铅丝，每隔 1～1.5m 绑扎一道形成束状。

2. 预应力筋孔道成型

孔道成型是后张法梁体施工中的一项重要工序。它的主要工作内容有：选择和安装制孔器，抽拔制孔器和孔道通孔检验等。

（1）制孔器的种类

制孔器可分为抽拔式与埋置式两类。埋置式制孔器主要采用薄铁皮波纹套管或塑料波纹管。预埋波纹套管能使成孔均匀，摩阻力小，但其冷作加工和安装比较困难，使用后不能回收因而成本高和钢材耗用量大。抽拔式制孔器的最大优点是能够周转重复使用，经济而省钢材。我国常用的抽拔式制孔器有以下三种：

① 橡胶管制孔器：分夹布胶管和钢丝网胶管两种。通常选用具有 5～7 层夹布的高压输水（气）管作为制孔器，要求管壁牢固，耐磨性能好，能承受 5kN 以上的工作拉力，并且弹性恢复性能好，有良好的挠曲适应性。

预应力混凝土 T 形梁的预留孔道长度一般在 25m 以上，而胶管的出厂长度却不到 25m，并且考虑到制孔器安装和抽拔的方便，故常采用两根胶管对接的构造形式。常用的胶管接头构造如图 11-18 所示。接头要牢固严密，防止浇筑混凝土时脱节或进浆堵塞。

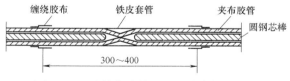

图 11-18　胶管接头构造（尺寸单位：mm）

② 金属伸缩管制孔器：它是一种用金属丝纺织成的可伸缩网套，具有压缩时直径增大而拉伸时直径减小的特性。为了防止漏浆和增强刚度，网套内可衬以普通橡胶的衬管和插入圆钢或 5mm 钢丝束芯棒（图 11-19）。

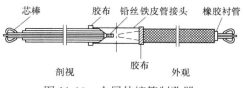

图 11-19　金属伸缩管制孔器

③ 钢管制孔器：它是用表面平整光滑的钢管焊接制成。焊接接头应磨平，钢管制孔器抽拔力大，但不能弯曲，仅适用于短而直的孔道。混凝土浇筑完结后要定时转动钢管。

无论采用何种制孔器，都应按设计规定或施工需要预留排气、排水和灌浆用的孔眼。

（2）制孔器的抽拔

制孔器可由人工逐根或用机械（电动卷扬机或手摇绞车）分批地进行抽拔。抽拔时先抽芯棒，后拔胶管；先拔下层胶管，后拔上层胶管；先拔早浇筑的半根梁，后拔晚浇筑的半根梁。

混凝土浇筑后合适的抽拔时间关系到能否顺利抽拔和保证成孔质量。如抽拔过早，则混凝土容易塌陷而堵塞孔道；如抽拔过迟，则可能拔断胶管。因此，制孔器的抽拔要在混凝土初凝之后与终凝之前，待其抗压强度达 4000～8000kPa 时方合适。根据经验，制孔器的抽拔时间可参考表 11-8 或按下式估计：

$$H = \frac{100}{T} \tag{11-6}$$

式中　H——混凝土浇筑完毕至抽拔制孔器的时间（h）；

　　　T——预制构件所处的环境温度（℃）。

制孔器抽拔时间表　　　　　　　　　　表 11-8

环境温度（℃）	抽拔时间（h）
30 以上	3
30～20	3～5
20～10	5～8
10 以下	8～12

由于确定可能抽拔时间的幅度较大，施工中也可通过试验来掌握其规律。

（3）孔道检查

制孔器抽拔完毕后，即用比孔径小 4～7mm 的钢制橄榄形通孔器进行通孔检查，若发现孔道堵塞，及时用钢筋芯棒通捣，若金属伸缩套或胶管因拉断而残留于孔道中，则应及时标出准确位置，从侧面凿开取出，疏通管道，重设制孔器，修补缺口。

3. 预应力筋的张拉

当梁体混凝土的强度达到设计强度的 70% 以上时，才可进行穿束张拉。穿束前，可用空压机吹风等方法清理孔道内的污物和积水，以确保孔道畅通。

预应力筋张拉时，应按顺序对称地进行，以防过大偏心压力导致梁体出现较大的侧弯现象；分批张拉时，先张拉的预应力筋应考虑因以后张拉其他预应力筋所引起的弹性压缩的预应力损失。

预应力筋的具体张拉程序和操作方法与所用的预应力筋形式、锚具类型和张拉机具有关。后张法张拉预应力筋所用的液压千斤顶按其作用可分为单作用（张拉）、双作用（张拉和顶紧锚塞）和三作用（张拉、顶锚和退楔）等 3 种形式；按其构造特点则可分为锥锚式、拉杆式和穿心式等 3 种形式。下面介绍几种常用的张拉设备。

（1）锥锚式千斤顶

图 11-20 表示 TD-60 型锥锚式三作用千斤顶的构造和张拉装置简图，这种千斤顶适用于锥形锚具的钢丝束张拉。千斤顶通过高压油泵的进、回油来控制，施加预应力大小靠油表读数及钢丝伸长率大小来控制。

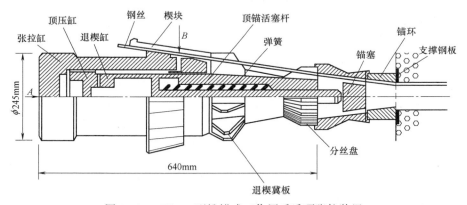

图 11-20　TD-60 型锥锚式三作用千斤顶张拉装置

（2）拉杆式千斤顶

拉杆式千斤顶构造简单、操作方便，适用于张拉带有螺杆式和镦头式锚、夹具的单根粗钢筋、钢筋束或碳素钢丝束。张拉吨位常用的有 60t 和 80t 两种。

图 11-21 为常用的 $GJ_2 Y$-60A 型拉杆式千斤顶的构造示意图。张拉时将预应力筋的螺栓端杆用连接器与千斤顶拉杆相连接，并使传力架支承在构

件端部的预埋钢板上，然后开动油泵从主缸油嘴 A 进油，推动活塞张拉预应力筋。

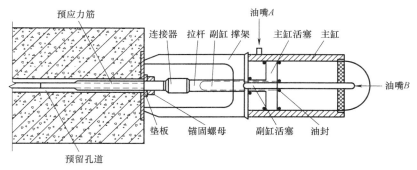

图 11-21　GJ$_2$Y-60A 型拉杆式千斤顶构造示意图

（3）穿心式千斤顶

穿心式千斤顶的构造特点是沿千斤顶轴线有一穿过预应力筋的穿心孔道。这种千斤顶主要用于张拉带有夹片式锚、夹具的单根钢筋、钢绞线或钢筋束、钢绞线束。常用张拉吨位有 18t、25t 和 60t 等。

图 11-22 示出 GJ$_2$Y-60 型（即 YC-60 型）穿心式千斤顶的构造简图。张拉前先将预应力筋穿过千斤顶，在其后端用锥销式工具锚锚住。从主缸油嘴 A 进油而顶压油缸，使其后移而带动工具锚并张拉预应力筋。

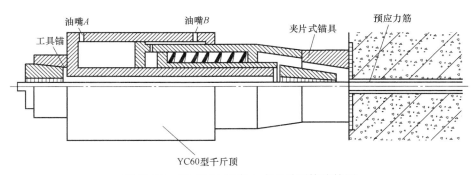

图 11-22　GJ$_2$Y-60 型穿心式千斤顶构造简图

4. 孔道压浆

孔道压浆是为了保护预应力筋不致锈蚀，并使力筋与混凝土梁体黏结成整体，从而既能减小锚具的受力，又能提高梁的承载能力、抗裂性能和耐久性。孔道压浆用专门的压浆泵进行，压浆时要求密实、饱满，并应在张拉后尽早完成。

5. 封端

孔道压浆后应立即将梁端水泥浆冲洗干净，并将端面混凝土凿毛。在绑扎端部钢筋网和安装封端模板时，要妥善固定，以免在浇筑混凝土时因模板走动而影响梁长。封端混凝土的强度应不低于梁体的强度。浇筑完封端混凝土并静置 1～2h 后，应按一般规定进行洒水养护。

357

11.3　装配式简支梁桥的运输和安装

11.3.1　预制梁的运输

装配式简支梁桥的主梁通常在施工现场的预制场内或可在桥梁厂内预制。为此就要配合架梁的方法解决如何将梁运至桥头或桥孔下的问题。

从工地预制场至桥头的运输，称场内运输，通常需铺设钢轨便道，由预制场的龙门吊车将梁装上平车后用绞车牵引运抵桥头。运输中，梁应竖立放置，为了防止构件发生倾倒、滑动或跳动等现象，需要在构件两侧采用斜撑和木楔等临时固定。对于小跨径梁或规模不大的工程，也可设置木板便道，利用钢管或硬圆木作滚子，使梁靠两端支承在几根滚子上用绞车拖曳，边前进边换滚子运至桥头。

当采用水上浮吊架梁而需要使预制梁上船时，运梁便道应延伸至河边能使驳船靠拢的地方，为此就需要修筑一段装船用的临时栈桥（码头）。

当预制工厂距桥工地甚远时，通常可用大型平板拖车、火车或驳船将梁运至工地存放，或直接运至桥头或桥孔下进行架设。

在场内运梁时，为使平稳前进以确保安全，通常在用牵引绞车徐徐向前拖拉的同时，后面的制动索应跟着慢慢放松，以控制前进的速度。

梁在起吊和安放时，应按设计规定的位置布置吊点或支承点。

11.3.2　预制梁的安装

预制梁的安装是装配式简支梁桥施工中的关键性工作。应结合施工现场条件、桥梁跨径大小、设备能力等具体情况，从节省造价、加快施工速度和充分保证施工安全等方面来合理选择架梁的方法。

简支梁、板构件的架设，一般包括起吊、纵移、横移、落梁等工序。从架梁的工艺类别来分，有陆地架设、浮吊架设和利用安装导梁或塔架、缆索的高空架设等，每一类架设工艺中，按起重、吊装等机具的不同，又可分成各种独具特色的架设方法。

下面简要介绍各种常用架梁方法的工艺特点。

1. 陆地架设法

（1）自行式吊车架梁

在桥不高，场内又可设置行车便道的情况下，用自行式吊车（汽车吊车或履带吊车）架设中、小跨径的桥梁十分方便（图 11-23a）。此法视吊装质量不同，还可采用单吊（一台吊车）或双吊（两台吊车）两种。其特点是机动性好，不需要动力设备，不需要准备作业，架梁速度快。一般吊装能力为 150～1000kN，国外已出现 4100kN 的轮子式吊车。

（2）跨墩门式吊车架梁

对于桥不太高，架桥孔数又多，沿桥墩两侧铺设轨道不困难的情况，可

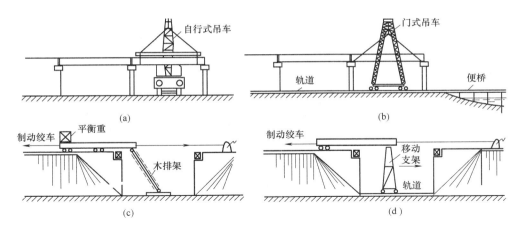

图 11-23　陆地架梁法

(a) 自行式吊车架梁；(b) 跨墩门式吊车架梁；(c) 摆动排架架梁；(d) 移动支架架梁

以采用一台或两台跨墩门式吊车来架梁（图 11-23b）。此时，除了吊车行走轨道外，在其内侧尚应铺设运梁轨道，或者设便道用拖车运梁。梁运到后，就用门式吊车起吊、横移，并安装在预定位置。当一孔架设完后，吊车前移，再架设下一孔。

在水深不超过 5m、水流平缓、不通航的中小河流上，也可以搭设便桥并铺轨后用门式吊车架梁。

（3）摆动排架架梁

用木排架或钢排架作为承力的摆动支点，由牵引绞车和制动绞车控制摆动速度。当预制梁就位后，再用千斤顶落梁就位。此法适用于小跨径桥梁（图 11-23c）。

（4）移动支架架梁

对于高度不大的中、小跨径桥梁，当桥下地基良好能设置简易轨道时，可采用木制或钢制的移动支架来架梁（图 11-23d）。随着牵引索前拉，移动支架带梁沿轨道前进，到位后再用千斤顶落梁。

2. 浮吊架设法

（1）浮吊船架梁

在海上和深水大河上修建桥梁时，用可回转的伸臂式浮吊架梁比较方便（图 11-24a）。这种架梁方法，高空作业较少，施工比较安全，吊装能力也大，工效也高，但需要大型浮吊。鉴于浮吊船来回运梁航行时间长，要增加费用，故一般采取用装梁船储梁后成批一起架设的方法。

浮吊船架梁时需在岸边设置临时码头来移运预制梁。

架梁时，浮吊船要锚固牢靠。若流速不大时，则可用预先抛入河中的混凝土锚来作为锚固点。国外目前采用浮吊的吊装能力已达 80000kN。我国在修建全长达 36km 的杭州湾大桥时，已用 25000kN 的浮吊来架设跨长 70m 整孔预制的引桥预制梁。

（2）固定式悬臂浮吊架梁

在缺乏大型伸臂式浮吊时，也可用钢制万能杆件或贝雷架拼装固定式的悬臂浮吊进行架梁（图 11-24b）。

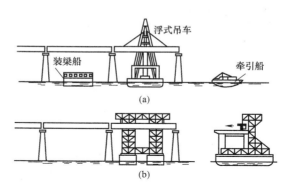

图 11-24　浮吊架设法

架梁前，先从存梁场吊运预制梁至下河栈桥，再由固定式悬臂浮吊接运并安放稳妥，再用拖轮将重载的浮吊拖运至待架桥孔处，并使浮吊初步就位。将船上的定位钢丝绳与桥墩锚系，慢慢调整定位，在对准梁位后落梁就位。在流速不大、桥墩不高的情况下，用此法架设 30m 的 T 形梁或 T 形刚构的挂梁都很方便。

该方法的不足之处是每架一片梁，浮吊都要拖至河边栈桥处取梁，这样不但影响架梁的速度，而且也增加了浮吊来回拖运的经济耗费。

3. 高空架设法

（1）联合架桥机架梁

此法适合于架设中、小跨径的多跨简支梁桥，其优点是不受水深和墩高的影响，并且在作业过程中不阻塞通航。

联合架桥机由一根两跨长的钢导梁、两套门式吊车和一个托架（又称蝴蝶架）三部分组成（图 11-25）。导梁顶面铺设运梁平车和托架行走的轨道。门式吊车顶横梁上设有吊梁用的行走小车；为了不影响架梁的净空位置，其立柱底部还可做成在横向内倾斜的小斜腿，这样的吊车又称拐脚龙门架。

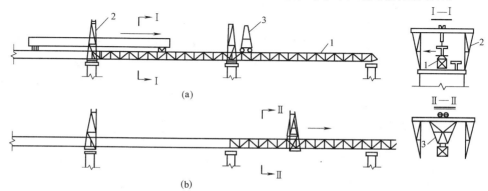

图 11-25　联合架桥机架梁
1—钢导梁；2—门式吊车；3—托架（运送门式吊车用）

架梁操作工序如下：

① 在桥头拼装钢导梁，铺设钢轨，并用绞车纵向拖拉导梁就位；

② 拼装蝴蝶架和门式吊车，用蝴蝶架将两个门式吊车移运至架梁孔的桥墩（台）上；

③ 由平车轨道运送预制梁至架梁孔位，将导梁两侧可以安装的预制梁用两个门式吊车起吊、横移并落梁就位（图11-25a）；

④ 将导梁所占位置的预制梁临时安放在已架设的梁上；

⑤ 用绞车纵向拖拉导梁至下一孔后，将临时安放的梁架设完毕；

⑥ 在已架设的梁上铺接钢轨后，用蝴蝶架顺次将两个门式吊车托起并运至前一孔的桥墩上（图11-25b）。

如此反复，直至将各孔梁全部架设好为止。

用此法架梁时作业比较复杂，需要熟练的操作工人，而且架梁前的准备工作和架梁后的拆除工作比较费时。因此，此法用于孔数多、桥较长的桥梁比较经济。

（2）闸门式架桥机架梁

在桥高、水深的情况下，也可用闸门式架桥机（或称穿巷式吊机）来架设多孔中、小跨径的装配式梁桥。架桥机主要由两根分离布置的安装梁、两根起重横梁和可伸缩的钢支腿三部分组成（图11-26）。安装梁用四片钢桁架或贝雷桁架组拼而成，下设移梁平车，可沿铺在已架设梁顶面的轨道行走。两根型钢组成的起重横梁支承在能沿安装梁顶面轨道行走的平车上，横梁上设有带复式滑车的起重小车。其架梁步骤如下：

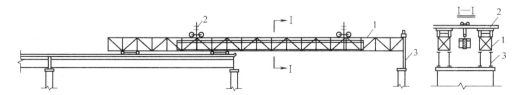

图11-26　闸门式架桥机架梁
1—安装梁；2—起重横梁；3—可伸缩支腿

① 将拼装好的安装梁用绞车纵向拖拉就位，使可伸缩支腿支承在架梁孔的前墩上（安装梁不够长时可在其尾部用前方起重横梁吊起预制梁作为平衡压重）；

② 前方起重横梁运梁前进，当预制梁尾端进入安装梁巷道时，用后方起重横梁将梁吊起，继续运梁前进至安装位置后，固定起重横梁；

③ 借起重小车落梁安放在滑道垫板上，并借墩顶横移将梁（除一片中梁外）安装就位；

④ 用以上步骤并直接用起重小车架设中梁，整孔梁架完后即铺设移运安装梁的轨道。

重复上述工序，直至全桥架梁完毕。

用此法架梁，由于有两根安装梁承载，起吊能力较大，可以架设跨度较大较重的构件。我国已用这种类型的架桥机架设了全长 51m、重 131t 的预应力混凝土 T 形梁桥。当梁较轻时用此法就可能不经济。

11.4　悬臂体系与连续体系梁桥的制造工艺

11.4.1　支架浇筑施工法

支架浇筑施工法与简支梁桥的支架浇筑施工法基本相同。不同的是悬臂体系与连续体系梁桥中墩处主梁截面是连续的，而且承担了较大的负弯矩。

悬臂体系与连续体系梁桥就地浇筑施工，施工时一般要分层或分段进行。一种是水平分层方法，先浇筑底板，待达到一定强度后进行腹板施工，或直接先浇筑完底板与腹板，然后浇筑顶板。当工程量较大时，各部位可分数次完成浇筑。另一种施工方法是分段施工法，根据施工能力，每隔一定距离设置连接缝，该连接缝一般设在梁的弯矩较小的区域，待各段混凝土浇筑完成后，最后在接缝处施工合龙。

鉴于悬臂体系与连续体系梁桥在中墩处是连续的，而桥墩刚性远比临时支架的刚度大得多，因此在施工中必须设法消除由于支架沉降不均匀而导致梁体在支承处的裂缝。为此，在浇筑混凝土时应从跨中向两端墩台进行，其邻跨也从悬臂端向墩、台进行，在墩台处设置接缝，待支架沉降稳定后，再浇筑墩顶处梁的接缝混凝土。在浇筑悬臂梁和连续梁的混凝土时，由于不可能在初凝前一次浇完整根梁，一般就在墩台处留出工作缝，如图 11-27（a）所示。若施工支架中采用了跨径较大的梁式构件时，鉴于支架的挠度曲线将在梁的支承处有明显转折，因此在这些部位上也应设置工作缝，如图 11-27（b）。工作缝宽度应不小于 0.8～1.0m，由于工作缝处的端板上有钢筋通过，故制作安装都很困难，而且在浇筑前还要对已浇端面进行凿毛和清洗等工作。

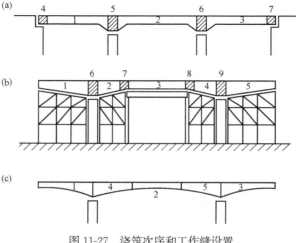

图 11-27　浇筑次序和工作缝设置

有时为了避免设置工作缝的麻烦，也可以采取不设宽工作缝的分段浇筑方法，如图 11-27（c）所示，此时 4、5 段须待 1、2、3 段强度达到设计要求后才能浇筑。

分段浇筑的顺序，应使支架沉降较均匀地发展。对于支承处加高的梁，通常应从支承处向两边浇筑，这样还可避免砂浆由高处流向低处。分段浇筑时，大部分混凝土重力在梁体合龙之前已作用上去，这样可减少支架早期变形和由此原因而引起的梁体的开裂。大跨径桥梁，除在桥墩处设置接缝外，还可在支架的硬支点附近设置接缝。当悬臂梁设有挂梁时，须待悬臂梁混凝土强度达到 70％以上的设计强度时方可进行挂梁施工。

11.4.2 悬臂施工法

悬臂施工法建造悬臂体系与连续体系梁桥时，不需要在河中搭设支架，而直接从已建墩台顶部．逐段向跨径方向延伸施工，每延伸一段就施加预应力使其与成桥部分连接成整体。

1. 悬臂施工法关键

采用悬臂施工法时，要特别注意两个关键问题：

（1）在施工过程中必须保证墩与梁固结

用悬臂施工法从桥墩两侧逐段延伸来建造预应力混凝土悬臂梁桥时，为了承受施工过程中可能出现的不平衡力矩，保证施工过程中结构的稳定可靠，就需要采取措施使墩顶的 0 号块件与桥墩临时固结起来。图 11-28 表示将 0 号块梁段与桥墩用钢筋或预应力筋临时固结，待需要解除固结时切断。

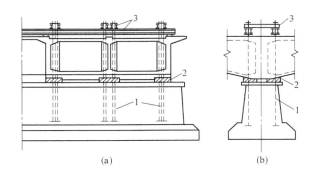

(a)　　　　　　　　(b)

图 11-28　0 号块梁段与桥墩的临时固结
1—锚固螺杆；2—承压临时支座；3—扁担梁

图 11-29 示出另外几种临时固结的做法。其中图 11-29（a）是当桥不高，水又不深而易于搭设临时支架时的支架式固结措施，在此情况下，拼装中的不平衡力矩完全靠梁段的自重来保持稳定；图 11-29（b）是利用临时立柱和预应力筋来锚固上下部结构的构造，预应力筋的下端埋固在基础承台内，上端在箱梁底板上张拉并锚固，借以使立柱在施工过程中始终受压以维持稳定；在桥高水深的情况下，也可采用围建在墩身上部的三角形撑架来敷设梁段的临时支承，并可使用砂筒作为悬臂拼装完毕后转换体系的卸架设备（图 11-29c）。临时梁墩固结要考虑两侧对称施工时有一个梁段超前的不平衡力矩，应验算其稳定性，

363

364

稳定性系数不小于 1.5。

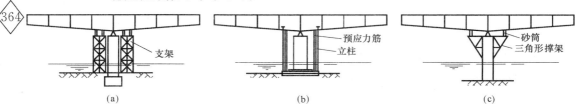

图 11-29　临时固结措施

（2）必须充分考虑施工期出现的体系转换问题

结构体系转换是指在施工过程中，当某一施工程序完成后，桥梁结构的受力体系发生了变化，如简支体系变化为悬臂体系或连续体系等等，这种变化过程简称为体系转换。下面以三孔连续梁悬臂施工为例来说明其体系转换过程，见图 11-30。

图 11-30（a）表示从桥墩向两侧用对称平衡的悬臂施工法建造双悬臂梁，此时结构体系如同 T 形刚构。图 11-30（b）为在临时支架上浇筑（或拼装）不平衡的边孔边段，安装端支座，拆除临时固结措施，使墩上永久支座进入工作，此时结构属单悬臂体系。图 11-30（c）表示继续浇筑（或拼装）中跨中央段，使体系转换成三跨连续梁，采用这种体系转换方式，只有小部分后加荷载（桥面铺装及人行道）以及活载才具有连续梁的受力效果，因此梁内的预应力筋大部分按悬臂弯矩图布置，体系连续后再在跨中区段张拉承受正弯矩的预应力筋。

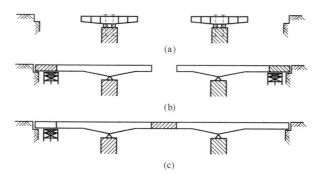

图 11-30　悬臂施工法建造连续梁中的体系转换

悬臂施工法不受桥高、河深等影响，适应性强，不仅适用于悬臂体系与连续梁体系梁桥的施工，而且还广泛应用于混凝土斜拉桥以及钢筋混凝土拱桥等施工中。

2. 悬臂施工法分类

按照梁体的制作方式，悬臂施工法又可分为悬臂浇筑和悬臂拼装两类。下面分别介绍这两种方法。

（1）悬臂浇筑法

悬臂浇筑法目前主要采用挂篮悬臂浇筑施工。挂篮悬臂浇筑是利用悬吊式的活动脚手架（或称挂篮）在墩柱两侧对称平衡地浇筑梁段混凝土（每段长 2～5m），每浇筑完一对梁段，待达到规定强度后张拉预应力筋并锚固，然后向前移动挂篮，进行下一梁段的施工，直到合龙前一梁段为止。挂篮主要有梁式挂篮、斜拉式挂篮及组合斜拉式挂篮三种。

图 11-31 示出梁式挂篮结构简图，它由底模架 1，悬吊系统 2、3、4，承重结构 5，行走系统 6，平衡重 7，锚固系统 8 及工作平台 9 等部分组成。挂篮的承重结构可用万能杆件或贝雷架拼成，或采取专门设计的结构，它除了要能承受梁段自重和施工荷载外，还要求具备自重轻、刚度大、变形小、稳定性好、行走方便等特点。

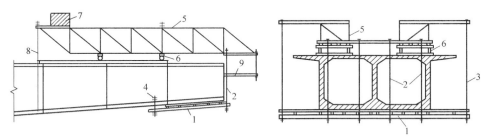

图 11-31　梁式挂篮结构简图

图 11-32 所示为斜拉式挂篮构造。斜拉式挂篮也称为轻型挂篮。随着桥梁跨径越来越大，为了减轻挂篮自重，以达到减少施工阶段增加的临时钢丝束，在梁式挂篮的基础上研制了斜拉式挂篮。斜拉式挂盘承重结构由纵梁、立柱、前后斜拉杆组成，其杆件少，结构简单，受力明确，承重结构轻巧，其他构造系统与梁式挂篮相似。

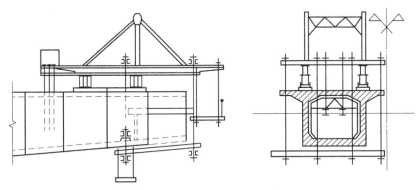

图 11-32　斜拉式挂篮结构简图

图 11-33 为组合斜拉式挂篮构造。它是在斜拉式挂篮的基础上加以改进的一种新的结构形式。承重结构由主梁、主上横梁、前上横梁和后上横梁组成一体，承受和传递斜拉带及内、外滑梁的荷载。悬吊系包括斜拉带、下后锚带、内外滑梁吊带。主梁后部有水平和竖向限位器，其功能除固定挂篮位置外，还起传递施工荷载的作用。挂篮行走时竖向限位器换成压轮，以控制挂篮行走时的稳定性。挂篮自重更轻，其承重比不大于 0.4，最大变形量不大于

11.4　悬臂体系与连续体系梁桥的制造工艺

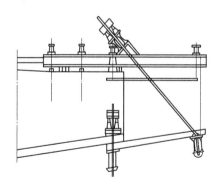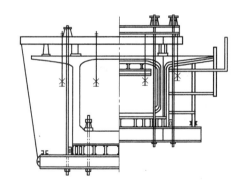

图 11-33　组合斜拉式挂篮构造简图

20mm，行走方便，箱梁段施工周期更短。

　　用挂篮浇筑墩侧第一对梁段时，由于墩顶位置受限，往往需要将两侧挂篮的承重结构连在一起，如图 11-34（a）所示。待浇筑到一定长度后再将两侧承重结构分开。如果墩顶位置过小而开始用挂篮浇筑发生困难时，可以设立局部支架来浇筑墩侧的前几对梁段（图 11-34b），然后再安装挂篮。

　　每浇筑一个箱形梁段的工艺流程为：移挂篮→装底、侧模→装底、肋板钢筋和预留管道→装内模→装顶板钢筋和预留管道→浇筑混凝土→养护→穿预应力筋、张拉和锚固→管道压浆。

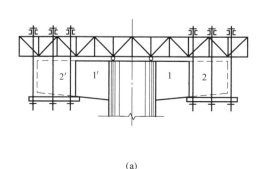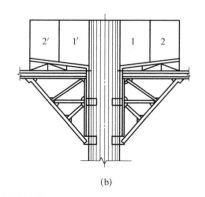

（a）　　　　　　　　　　　　　　　　　　　（b）

图 11-34　墩侧前几对梁段的浇筑

　　悬臂浇筑一般采用由快凝水泥配制的强度等级 C40～C60 的混凝土。在自然条件下，浇筑后 30～36h，混凝土强度就可达到 30MPa 左右（接近标准强度的 75％），这样可以加快挂篮的移位。目前每段施工周期约为 7～10d，视工作量、设备、气温等条件而异。

　　悬臂浇筑法施工的主要优点是：不需要占地很大的预制场；逐段浇筑，易于调整和控制梁段的位置，且整体性好；不需要大型机械设备；主要作业在设有顶棚、养护设备等的挂篮内进行，可以做到施工不受气候条件影响；各段施工属严密的重复作业，需要施工人员少，技术熟练快，工作效率高等。主要缺点是：梁体部分不能与墩柱平行施工，施工周期较长，而且悬臂浇筑的混凝土加载龄期短，混凝土收缩和徐变影响较大。

常采用悬臂浇筑法施工的桥梁的跨径为 50～120m。

（2）悬臂拼装法

悬臂拼装法施工是在工厂或桥位附近将梁体沿轴线划分成适当的块件进行预制，然后用船或平板车从水上或从已建成部分桥位上运至架设地点，并用活动吊机等起吊后向墩柱两侧对称均衡地拼装就位，张拉预应力筋，重复这些工序直至拼装完悬臂梁全部块件为止。因此，悬臂拼装的基本施工工序是：梁段预制、移位、堆放和运输、梁段起吊拼装和施加预应力。

预制的长度取决于运输、吊装设备的能力，实践中已采用的块件长度为 1.4～6.0m。块件质量为 14～170t。但从桥跨结构和安装设备统一来考虑，块件的最佳尺寸应使质量在 35～60t 范围内。预制尺寸要求准确，特别是拼装接缝要密贴，预留孔道的对接要顺畅。为此，通常采用间隔浇筑法来预制块件，使得先完成块件的端面成为浇筑相邻块件时的端模，如图 11-35 所示（图中数字表示浇筑次序）。在浇筑相邻块件之前，应在先浇块件端面上涂刷肥皂水等隔离剂，以便分离出坑。在预制好的块件上应精确测量各块相对高程，在接缝处做出对准标志，以便拼装时易于控制块件位置，保证接缝密贴，外形准确。

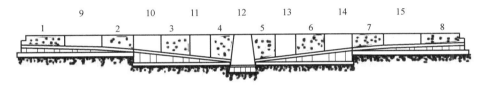

图 11-35　间隔浇筑法块件预制

预制块件的悬臂拼装可根据现场布置和设备条件采用不同的方法来实现。当靠岸边的桥跨不高且可在陆地或便桥上施工时，可采用自行式吊车、门式吊车来拼装。对于河中桥孔，也可采用水上浮吊进行安装。如果桥墩很高，或水流湍急而不便在陆上、水上施工时，就可利用各种吊机进行高空悬臂施工。

图 11-36（a）表示用沿轨道移动的伸臂吊机进行悬臂拼装，预制块件用船运至桥下。国外用此法曾拼装了长 6m、重 170t 的箱形块件。

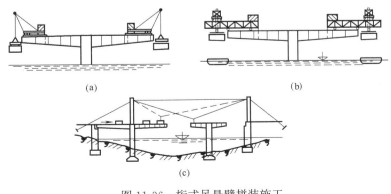

图 11-36　桁式吊悬臂拼装施工

11.4　悬臂体系与连续体系梁桥的制造工艺

图 11-36（b）为用拼拆式活动吊机，进行悬臂拼装的示意图。吊机的承重结构与悬臂浇筑法中的挂篮相仿，不过在吊机就位固定后起重平车可沿承重梁顶面的轨道纵向移动，以便拼装时调整位置。

图 11-36（c）为用缆索起重机吊运和拼装块件的简图，此法适用于起重机跨度不太大，块件质量也较轻的场合。

在无法用浮运设备运送块件至桥下面而需要从桥的一岸出发修建多孔大跨径预应力混凝土桥梁时，还可以采用特制的自行式悬臂-闸门式吊机进行悬臂拼装施工。图 11-37 展示了这种吊机在施工过程中两种主要位置的图式。

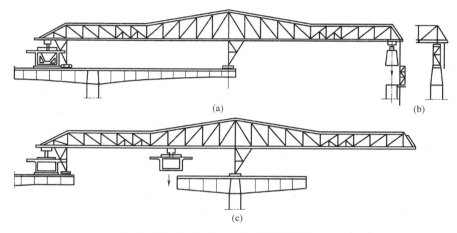

图 11-37　悬臂-闸门式吊机悬臂拼装施工

悬臂拼装时，预制块件间接缝可采用湿接缝和胶接缝。湿接缝宽度约为 0.1~0.2m，拼装时下面设置临时托架，梁段位置调准后，使用高强度等级的砂浆或细石混凝土填实，待接缝混凝土达到设计强度后再施加预应力。胶接缝是用环氧树脂加水泥在节段接缝面上涂上约 0.8mm 厚的薄层，它在施工中可使接缝易于密贴，可以提高结构的抗剪能力、整体刚度和不透水性。但胶接缝要求梁段接缝制造精度高。

悬臂拼装法施工的主要优点是：梁体块件的预制和下部结构的施工可同时进行，拼装成桥的速度较现浇的快，可显著缩短工期；块件在预制场内集中制作，质量较易保证；梁体塑性变形小，可减少预应力损失，施工不受气候影响等。主要缺点是：需要占地空间较大的预制场地，为了移运和安装需要大型的机械设备；如不用湿接缝，则块件安装的位置不易调整等。

11.4.3　逐跨顶推施工法

预应力混凝土连续梁顶推施工法的构思，源于钢桥架设中普遍采用的纵向拖拉法。但由于混凝土结构自重大，滑道设备过于庞大，而且配置承受施工中变号内力的预应力筋也比较复杂，因而这种方法未能很早实现。随着预应力混凝土技术的发展和高强低摩阻滑道材料（聚四氟乙烯塑料）的问世，至 20 世纪 60 年代初，德国首创用此法架设预应力混凝土桥梁获得成功。目前，顶推施工法已作为架设连续梁桥的先进工艺，在世界各国得到了广泛的应用。

1. 施工临时设施

顶推施工时梁的受力状态变化较大，施工应力状态与运营应力状态相差也较多，因此采用顶推施工法时，需要同时满足施工与运营荷载的要求。在施工法时可采取加设临时墩、设置导梁和其他措施（托架及斜拉索）等临时设施，这样可以减小施工内力和施工难度。

2. 顶推施工作业

顶推施工法的基本步骤为：在桥台后面的引道上或在刚性好的临时支架上设置制梁场，集中制作（现浇或预制装配）一般为等高度的箱形梁段（约 10～30m 一段），待施工 2～3 段后，在上、下翼缘板内施加能承受施工中变号内力的预应力，然后用水平千斤顶等顶推设备将支承在聚四氟乙烯塑料板与不锈钢板滑道上的箱梁向前推移，推出一段再接长一段，这样周期性地反复操作直至最终位置，进而调整预应力（通常是卸除支点区段底部和跨中区段顶部的部分预应力筋，并且增加和张拉一部分支点区段顶部和跨中区段底部的预应力筋），使满足后加恒载和活载内力的需要，最后，将滑道支承移置成永久支座，至此施工完毕。

顶推施工法按水平力的施加位置和施加方法可分为单点顶推和多点顶推，按顶推的施工方向可分为单向顶推和双向顶推，按支承系统可分为设置临时滑动支承顶推和使用永久滑动支承顶推等。图 11-38（a）表示一般单向单点顶推的情况。顶推设备只设在一岸桥台处。在顶推中为了减少悬臂负弯矩，一般要在梁的前端安装一节长度约为顶推跨径（0.6～0.7）倍的钢导梁，导梁应自重轻而刚度大。单向顶推最宜于建造跨度 40～60m 的多跨连续梁桥。对于特别长的多联多跨桥梁也可以应用多点顶推的方式，使每联单独顶推就位，如图 11-38（b）所示情况，在墩顶上均可设置顶推装置，且梁的前后端

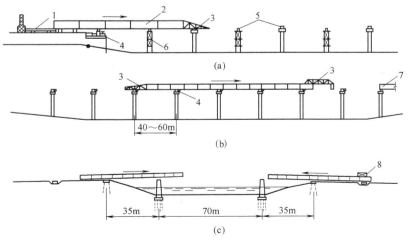

图 11-38　连续梁顶推施工法示意图

1—顶推平台；2—导梁；3—导梁前部；4、5—滑道；6—临时桥墩；7—顶推梁体；8—压重

都应安装导梁。图 11-38（c）示出三跨不等跨连续梁采用从两岸双向顶推施工的图式，用此法可以不设临时墩而修建中跨跨径更大的连续梁桥。

3. 主要顶推设备

顶推施工中采用的主要设备是千斤顶和滑道。根据不同的传力方式，顶推工艺又有推头式或拉杆式两种。

图 11-39 表示推头式顶推装置。图 11-39（a）是设置在桥台上进行顶推的布置，利用竖向千斤顶将梁顶起后，就启动水平千斤顶推动竖向千斤顶（推头），由于推头与梁底间橡胶垫板（或粗齿垫板）的摩擦力显著大于推头与桥台间滑板的摩擦力，这样就能将梁向前推动。一个行程推完后，降下竖向千斤顶使梁落在支承垫板上，水平千斤顶退回，然后又重复上一循环将梁推进。图 11-39（b）为多点顶推时安装在桥墩上的顶推装置。顶推时梁体压紧在推头上，水平千斤顶拉动推头使其沿钢板滑移，这样就将梁推动前进。走完一个行程后，用竖顶将梁顶起，水平千斤顶活塞杆带动推头退回原处，再落梁并重复将梁推进。推头式顶推工艺的主要特点是在顶推循环中必须有竖向千斤顶顶起和放落的工序。

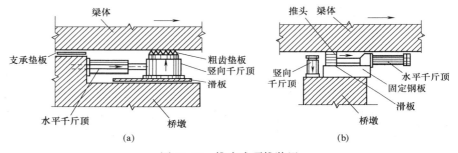

图 11-39 推头式顶推装置

图 11-40 示出拉杆式顶推装置的布置。图 11-40（a）的顶推工艺为：水平千斤顶通过传力架固定在桥墩（台）顶部靠近主梁的外侧，装配式的拉杆用

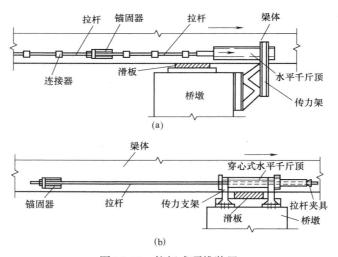

图 11-40 拉杆式顶推装置

连接器接长后与埋固在箱梁腹板上的锚固器相连接，驱动水平千斤顶后活塞杆拉动拉杆，使梁借助梁底滑板装置向前滑移，水平千斤顶每走完一个行程后，就卸下一节拉杆，然后水平千斤顶回油使活塞杆退回，再连接拉杆并进行下一顶推循环。也可以用图 11-40（b）所示穿心式水平千斤顶来拉梁前进，在此情况下，拉杆的一端固定在梁的锚固器上，另一端穿过水平千斤顶后用夹具锚固在活塞杆尾端，水平千斤顶每走完一个行程，松去夹具，活塞杆退回，然后重新用夹具锚固拉杆并进行下一顶推循环。

采用拉杆式顶推装置的主要优点是在顶推过程中不需要用竖顶作反复顶梁和落梁的工序，简化了操作并加快了推进速度。

必须注意，在顶推过程中要严格控制梁体两侧千斤顶同步运行。为了防止梁体在平面内发生偏移（特别在单点顶推的场合），通常在墩顶梁体旁边可设置横向导向装置。

采用顶推施工法，每一节段从制梁开始到顶推完毕，一个循环约需 6～8d；全梁顶推完毕后，即可调整、张拉和锚固部分预应力筋，进行灌浆、封端、安装永久支座，主体工程即告完成。

综上所述，预应力混凝土连续梁顶推施工法具有如下特点：

① 梁段集中在桥台后机械化程度较高的小型预制场内制作，不受气候影响，施工质量易保证。

② 用现浇法制作梁段时，非预应力钢筋连续通过接缝，结构整体性好。

③ 顶推设备简单，不需要大型起重机械就能无支架建造大跨径连续梁桥，桥越长经济效益越好。

④ 施工平稳、安全、无噪声，需用劳动力少，劳动强度轻。

⑤ 施工是周期性重复作业，操作技术易于熟练掌握，施工管理方便，工程进度易于控制。

顶推施工法适用于建造跨度 30～60m 的多跨等高度连续梁桥。

11.4.4　移动模架施工法

移动模架施工法就是利用机械化的支架和模板逐跨移动并进行现浇混凝土施工的方法。采用移动模架施工法就像构建了一座沿桥梁跨径方向封闭的"桥梁预制工厂"，随着施工进程不断移动连续灌注施工。自 1950 年在德国首次实施以来，这种施工方法已经得到广泛应用。

移动模架的形式很多，就其基本结构而言主要由 3 个部分构成：承重梁、从承重梁伸出的肋骨状横梁和支承主梁的移动支承结构，如图 11-41 所示。

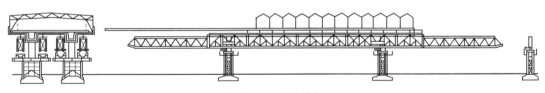

图 11-41　移动模架

承重梁通常采用钢梁，长度一般大于两倍主梁跨径，是承受施工设备自重、模板系统重量和现浇混凝土重量的主要承重构件。承重梁的后端通过可移动式支承结构悬吊在已完成的梁段上，将重量传递给桥墩。承重梁的前端支承在桥墩上，其工作状态为单悬臂状态。除了起到主要承重作用外，承重梁还将在一孔梁施工完成后作为导梁同悬吊模架一起纵移至下一施工孔，其移位以及内部运输由数组千斤顶或起重机完成，并通过中心控制室操作。

从承重梁两侧伸出呈悬臂状态的肋骨状横梁覆盖桥梁全宽，并通过 2～3 组钢索锚固在承重梁上以增加刚度。横梁两端垂直向下，到主梁以下再呈水平状态，从而形成下端开口的框架并将主梁包在内部。当模板支架处于浇筑混凝土状态时，模板依靠下端的悬臂梁和锚固在横梁上的吊杆定位，并用千斤顶固定模板以浇筑混凝土。当模板支架需要运送时，放松千斤顶和吊杆，模板固定在下端悬臂上，并转动前端以顺利通过桥墩。

移动模架施工法的特点在于高度的精细化，机械化、自动化程度高。同时由于施工作业是周期性进行的，且不受气候和外界因素干扰，能提高工程质量和加快施工进度。因此，对于中等跨径的多跨等高度桥梁而言，移动模架施工法是一种较为适宜的施工方法。

11.5　全预制拼装桥梁施工

随着我国桥梁建设的蓬勃发展，桥梁的施工环境越来越受到重视，尤其是在城市建设的桥梁。采用传统的以现场浇筑混凝土为主的施工方法，势必会将桥址地面作为施工场地，较长时间地阻断交通，而且施工噪声也无法有效控制，施工设备、辅助设施需要重复配置，造成资源能源消耗大，财力物力浪费多等问题。如何在保证工程质量的前提下，尽量减少现场混凝土浇筑工程量、减少施工占地和工期，使桥梁建设更环保、少干扰、更优质、更安全、低消耗，是一个必须解决的课题。

全预制拼装桥梁，是一种将桥梁上部结构和下部结构的主要构件在工厂或预制场预制、现场拼装的桥梁（图 11-42），是加快施工速度、减少现场污

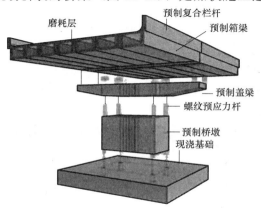

图 11-42　全预制拼装桥梁

染、实现低碳化建设的有效手段。全预制拼装主要有以下优点：

① 构件工厂化预制，提高了混凝土浇筑质量；拼装施工工艺更多地依靠机械设备，减少了人员因素对施工质量的影响；

② 桥梁的不同构件可同时预制，工序间的时间控制相关性减少，施工速度快；拼接安装机械化程度高，特别适用于长大高架桥梁的快速化施工；

③ 施工过程中对周边环境的空气污染、噪声、交通干扰等不利的影响都能降到最小的程度，是环境友好型的施工技术。

11.5.1 上部结构预制拼装

目前桥梁上部结构预制拼装技术发展较成熟，主要施工方法有悬臂拼装法、逐孔拼装法及整孔架设法等，具体详见 11.3、11.4 节内容，此处不赘述。

11.5.2 下部结构预制拼装

桩基与承台施工一般采用常规施工方法，立柱和盖梁采用预制拼装施工（图 11-43）。由于立柱和盖梁均为工厂预制，其质量易保证，但选择科学合理的立柱与盖梁及承台的连接方式，确保连接安全可靠是全预制拼装施工的重要环节。

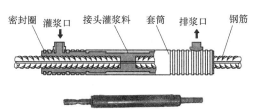

图 11-43　预制立柱与盖梁及承台的连接

1. 预制拼装连接方式

（1）现浇湿接缝：力学性能往往与传统现浇混凝土桥墩类似，但湿接缝会增加施工时间，因为其仍然需要养护时间，从快速化施工角度考虑，该方案存在一定不足。

（2）灌浆套筒连接：即通过金属套筒与专用灌浆料将钢筋进行传力连接，如图 11-44 所示。灌浆材料采用 UHPC，强度要求 1d 时不小于 35MPa；3d 时不小于 60MPa；28d 时不小于 100MPa。套筒灌浆料、垫层浆料初凝时间短，实际有效工作时间在 15～30min，浆液需在现场拌制。

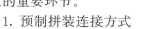

图 11-44　灌浆套筒连接示意图

密封圈　灌浆口　接头灌浆料　套筒　排浆口　钢筋

该方法造价略高，正常使用条件下的力学性能与传统现浇混凝土桥墩类似。

（3）灌浆金属波纹管连接：该连接构造与灌浆套筒连接形式的主要区别是连接方式的不同，常适用于墩身与承台或盖梁的连接。预制墩身通过预埋于盖梁或承台内的灌浆金属波纹管连接墩身内伸出的钢筋，在墩身与盖梁或承台之间的接触面往往采用砂浆垫层，墩身节段之间采用环氧胶接缝构造，如图 11-45、图 11-46 所示。

374

该方法现场施工时间短，但需要满足纵筋足够的锚固长度，其力学性能与现浇混凝土类似。

目前国内外已有桥梁使用这种连接构造进行施工，上海中环路内圈国定东路下匝道新建工程采用了此方法。

图 11-45　灌浆金属波纹管

图 11-46　墩身与盖梁通过灌浆金属波纹管连接

（4）承插式接缝连接：该连接构造是将预制墩身插入基础对应的预留孔内，插入长度一般为墩身截面尺寸的 1.2～1.5 倍，底部铺设一定厚度的砂浆，周围用高强砂浆或混凝土进行填充，如图 11-47 所示。

该方法特点是施工工序简单，现场作业量少。上海嘉闵高架 JMB2-4 标在匝道桥墩部位进行了承插式接缝连接的应用，如图 11-48 所示。

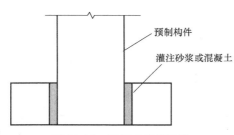

图 11-47　承插式接缝连接

图 11-48　嘉闵高架承插式接缝连接

（5）承槽式接缝连接：即在上层构件上预留带有剪力键的孔洞，下层构件钢筋伸入后现浇混凝土，可用于盖梁与立柱或承台与桩基连接，如图 11-49、图 11-50 所示。

该方法特点是所需施工公差相对比较大，现场需要浇筑一定的混凝土，仍需养护时间，所需时间约 2d 左右。

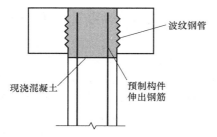

图 11-49　承槽式接缝连接示意图

图 11-50　承槽式接缝连接工程图片

2. 预制拼装需要注意的一些问题

（1）拼接缝

1）立柱与承台、立柱与盖梁等构件拼接缝间设置高强砂浆垫层；

2）施工中需通过垫层厚度调整立柱高度和平整度，考虑到预制立柱受力要求，砂浆垫层厚度不宜过大；

3）预制拼装桥墩中立柱与承台或立柱与盖梁之间的拼装接缝砂浆垫层厚度宜为 10～30mm；

4）不同类型构件拼接缝间的砂浆垫层，应采用高强无收缩砂浆，28d 抗压强度应不小于 60MPa 且高出被连接构件强度一个等级（7MPa），28d 竖向膨胀率应控制在 0.02%～0.10%。

（2）锚固长度

1）为保证钢筋、灌浆料和连接体系的性能可靠，伸入连接套筒及金属波纹管的钢筋锚固长度需满足其受力性能的要求；

2）灌浆套筒连接预制安装端及现场拼装端钢筋伸入长度均不应小于 $10d$（被连接纵筋直径）；金属波纹管全长应不小于 $24d_s$（被连接纵筋直径），常规设计钢筋最小锚固长度为（20～25）d。

（3）相关规范

1）常规受力设计总体符合《公路桥涵设计通用规范》JTG D60—2015、《公路钢筋混凝土及预应力混凝土桥涵设计规范》JTG 3362—2018；

2）抗震设计总体符合《城市桥梁抗震设计规范》CJJ 166—2011、《公路桥梁抗震设计细则》JTG/T B02-01—2008 规范的规定；

3）用于预制拼装桥墩的混凝土、普通钢筋、预应力筋、灌浆料需满足相关的国家材料标准；

4）采用普通钢筋进行连接的预制拼装桥墩，连接部位应满足《钢筋机械连接技术规程》JGJ 107—2016 中 I 级接头的要求；采用预应力进行连接的预制拼装桥墩，其预应力筋-锚具组装件的静载锚固性能、抗地震的周期荷载性能的试验要求，需满足现行国家标准《预应力筋用锚具、夹具和连接器》GB/T 14370—2015 中对锚具锚固性能的要求；

5）同时参考国家和交通运输行业其他现行相关标准，对以上各规范未有明确规定的部分给予相应的专门研究。

小结及学习指导

（1）通过本章学习，要掌握混凝土梁桥的各种施工方法、每种方法的工艺特点及其适用情况；了解模板的类型及其特点，简易支架的类型及其特点，钢筋加工工序及要求，混凝土施工工序及要求；

（2）通过本章学习，要掌握预应力混凝土简支梁先张法、后张法的施工工艺流程、施工设备及技术要求等；掌握装配式预应力混凝土简支梁桥的安装方法、设备分类及其使用要求、适用情况等；

（3）通过本章学习，要掌握悬臂体系和连续体系桥梁的施工方法分类、特点、施工流程、工艺要求、适用情况等；

（4）通过本章学习，要掌握全预制拼装桥梁的特点，下部结构预制拼装连接方式的类型、特点、工艺要求及适用情况，了解预制拼装需要注意的一些问题。

习题及思考题

11-1 简支梁桥施工中制梁模板和支架应符合哪些要求？

11-2 按材料的不同，模板有哪些种类？各类模板的构造特点是什么？

11-3 简述先张法预应力混凝土梁的施工工艺。

11-4 装配式简支梁的安装方法有哪些，各有什么特点？

11-5 悬臂拼装法和悬臂浇筑法比较有哪些不同，各有什么特点？

11-6 试述悬臂浇筑法挂篮的类型与构造。

11-7 顶推施工法中的临时设施有哪些？顶推施工法具有哪些特点？

11-8 全预制拼装桥梁施工的特点是什么？其下部结构的拼装连接方式有哪些？各有何特点？

第12章
钢桥

本章知识点

【知识点】 钢桥分类和主要结构形式、钢桥连接、钢板梁桥/钢桁梁桥/钢箱梁桥的结构形式与构造、钢桥稳定与疲劳的分析、钢桥的制造与架设、组合梁桥的构造与计算要点。

【重点】 重点把握钢桥的连接方式、钢板梁桥/钢桁梁桥/钢箱梁桥的结构形式与构造。

【难点】 理解钢桥整体稳定与局部稳定的计算理论、钢桥疲劳计算方法。

12.1 概述

12.1.1 钢桥的发展

钢桥是指其主要承重结构及构件由钢材制造并拼接而成的桥梁结构。钢桥结构及其基本构件通常为钢板和型钢等的连接组合件。钢桥具有如下突出特点：

（1）材料性能稳定。钢材在钢厂严格、精密控制生产，组成元素含量相对准确。

（2）材料轻质高强。钢材的抗拉、抗压和抗剪强度均较高，钢材匀质、各向同性，韧性好，强度与质量比较高。

（3）材料应用的安全性。钢材的延性好，受拉破断极限应变通常是弹性使用极限应变的 100 倍左右，因此具有突出的安全性能（含抗震安全性能）。

（4）制造质量高。构件通常采用工厂化加工、制造，其质量有保证。

（5）建造速度快。钢桥构件的工厂制造可以和下部结构的现场施工同步，钢桥整体结构的工地装配式架设施工更节约时间。

（6）结构整体的耐久性高。除钢材和钢结构的耐久性能之外，钢桥结构相对灵活的局部切除与连接，便于结构的维修和部件的更换，由此提高结构整体的耐久性。

（7）钢桥的报废结构材料可以再次熔炼利用，有利于社会的可持续发展。

（8）钢桥存在易腐蚀、噪声大和防火性能差等缺点。

由于钢桥的诸多优点，逐渐成为近、现代桥梁建造的主要结构。中华人民共和国成立前所建的钢桥大多由外国人建造。由于受到当时政治、经济和科技条件的限制，材料、设计、制造水平和施工技术相对落后，钢桥的发展极为缓慢，其中大多数为结构简单的小跨度钢梁。我国设计、制造和安装的第一座钢桥是 1894 年詹天佑主持修建的滦河大桥，如图 12-1 所示；1937 年茅以升主持设计和建造的钱塘江大桥为我国第一座公铁两用现代钢桥，如图 12-2 所示。

图 12-1　滦河大桥　　　　　　　　图 12-2　钱塘江大桥

1949～1995 年，我国钢材供应严重不足，但仍然建造出武汉长江大桥、南京长江大桥、九江长江大桥、芜湖长江大桥、济南黄河大桥等标志性钢桥。

1995 年以来，随着我国经济高速发展，交通基础设施建设迅猛，我国的大跨钢拱桥、钢斜拉桥和钢悬索桥等已取得了世界瞩目的突出业绩。

1. 大跨度钢拱桥

2003 年上海建成 550m 的世界第二跨度拱桥——卢浦大桥，如图 12-3 所示；

2009 年重庆建成 552m 的世界最大跨度拱桥——朝天门长江大桥，如图 12-4 所示；

图 12-3　卢浦大桥　　　　　　　　图 12-4　朝天门长江大桥

2011 年南京建成两跨 336m 的世界最大跨度连跨拱桥——大胜关长江大桥（6 线轨道，用钢量近 8 万 t），如图 12-5 所示；

2013 年广东建成 450m 的世界最大跨度铁路拱桥——南广铁路肇庆西江大桥，如图 12-6 所示。

2. 大跨度钢斜拉桥

2008 年江苏建成 1088m 的当时世界第一跨度斜拉桥——苏通长江公路大桥，如图 12-7 所示；

图 12-5　大胜关长江大桥

图 12-6　南广铁路肇庆西江大桥

2009 年香港建成 1018m 的当时世界第二跨度斜拉桥——昂船洲大桥，如图 12-8 所示；

图 12-7　苏通长江公路大桥

图 12-8　昂船洲大桥

2015 年安徽建成 630m 的世界最大跨度公铁两用斜拉桥——铜陵第二长江大桥，如图 12-9 所示；

2011 年湖北建成两跨 616m 的当时世界第一跨度多塔斜拉桥——武汉二七长江大桥，如图 12-10 所示。

图 12-9　铜陵第二长江大桥

图 12-10　武汉二七长江大桥

3. 大跨度钢悬索桥

2009 年浙江建成了 1650m、当时世界最大跨度的悬索桥——舟山西堠门大桥，如图 12-11 所示；

2012 年江苏建成两跨 1080m 的世界最大跨度多塔悬索桥——泰州长江大桥，如图 12-12 所示。

图 12-11　舟山西堠门大桥

图 12-12　泰州长江大桥

4. 跨海长桥

2005 年，上海建成长度 32.5km 的我国第一座真正意义上的跨海大桥——东海大桥，如图 12-13 所示；

2018 年，我国建成长度 55.6km 的世界最长跨海通道——港珠澳大桥，含钢桥和组合桥 22.9km，隧道 6.8km，如图 12-14 所示。

图 12-13　东海大桥

图 12-14　港珠澳大桥

12.1.2　钢桥的分类与主要结构形式

钢桥按照用途可分为公路桥、铁路桥、公铁两用桥和人行桥等。

钢桥根据连接形式主要有以下 5 种形式：（1）铆接；（2）普通螺栓；（3）高强度螺栓；（4）栓焊，即高强度螺栓和焊接相结合；（5）全焊，即全部连接采用焊接。

钢桥根据主要承重结构的受力体系可分为：梁桥、拱桥、刚构桥、斜拉桥、悬索桥和组合体系桥梁。

1. 梁桥

钢梁桥按主梁形式可以分为钢板梁桥、钢箱梁桥和钢桁梁桥，如图 12-15 所示。梁桥的梁身可以做成实腹式，也可以做成空腹式（桁梁）。

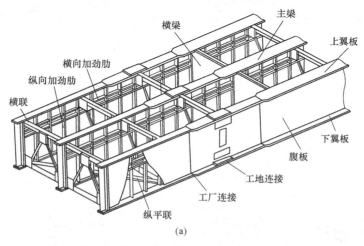

(a)

图 12-15　钢梁桥（一）

（a）钢板梁

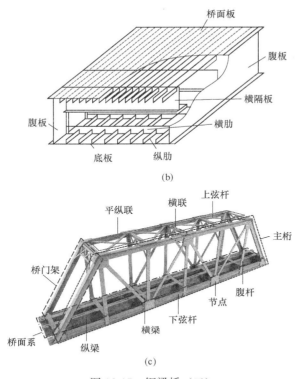

图 12-15 钢梁桥 (二)

(b) 钢箱梁；(c) 钢桁梁

2. 拱桥

钢拱桥与钢筋混凝土拱桥、钢管混凝土拱桥类似，按照使用功能分为公路桥、铁路桥、公铁两用桥和人行桥等；按照行车道相对拱圈的位置分为上承式、中承式和下承式；按照拱轴线形分抛物线、悬链线、圆曲线等；按照拱圈截面分为实腹拱圈和空腹拱圈；按照结构体系分为简单体系拱桥、组合体系拱桥、网状吊杆拱桥、空间拱桥等。图 12-16 为有推力拱和无推力拱图式。

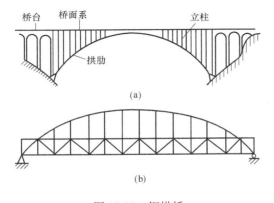

图 12-16 钢拱桥

(a) 有推力拱；(b) 无推力拱

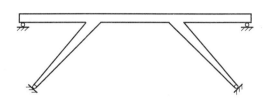

图 12-17　斜腿刚架桥

3. 刚架桥

刚架桥的受力兼有梁桥与拱桥的特点，承重结构主要偏心受压和受弯。常见的钢刚架桥为斜腿刚架桥（图 12-17）。

4. 斜拉桥

将主梁设计成钢结构形式的斜拉桥（图 12-18），其跨越能力比预应力混凝土主梁斜拉桥更大。目前主梁多采用扁平钢箱梁或钢桁梁。

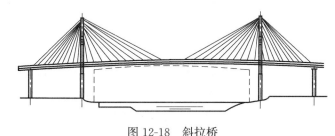

图 12-18　斜拉桥

5. 悬索桥

与斜拉桥相似，现代悬索桥（图 12-19）的加劲梁多采用扁平钢箱梁或钢桁梁，主要承重的悬索端部可直接锚固于锚碇上（地锚式）或锚固于加劲梁端部（自锚式）。

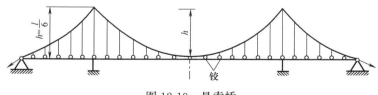

图 12-19　悬索桥

6. 组合体系桥梁

除以上 5 种桥梁基本结构形式以外，还有组合体系桥梁。常见的组合方式包括：实腹梁与桁架的组合；梁与拱的组合；悬索与斜拉的组合等。图 12-20 列举了几座建成的组合体系桥梁。

12.1.3　钢桥设计的一般要求与计算基本原则

1. 钢桥设计一般要求

钢桥为高强、轻质薄壁结构，截面和自重比混凝土桥小，跨越能力大。同时，钢桥的刚度相对较小，变形和振动比混凝土桥大。为了保证车辆行驶安全和舒适性，避免过大的变形和振动对钢桥结构产生不利的影响。钢桥必须有足够的整体刚度。规范规定，由汽车荷载引起的竖向挠度不应超过相应的容许值；当恒载引起的挠度较大时，应设预拱度。

随着桥梁跨径的不断增大，桥塔高耸化、箱梁薄壁化以及高强材料的应

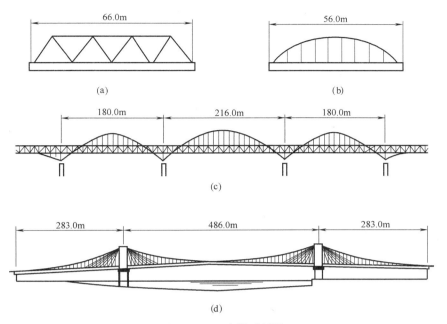

图 12-20　组合体系桥梁

（a）苏联的全焊钢桥；（b）兰新铁路新疆昌吉河桥；（c）九江长江大桥；（d）纽约布鲁克林桥

用，结构整体和局部的刚度下降，使得稳定问题显得比以往更为突出，因此钢桥设计必须防止结构的整体失稳以及构件或板件的局部失稳。

为了防止钢桥的横向失稳和过大的横向振动，桥梁结构应具有必要的横向刚度。特别是铁路钢桥，往往桥宽较窄、活载大、列车的蛇形运动容易产生横向振动。在特大跨度公路钢桥中，宽跨比较小，也可能出现横向失稳，特别是大跨度钢拱桥，应从构造和结构尺寸两方面保证结构的横向稳定。通常跨宽比超过 20 时，应验算桥梁结构的横向稳定。桥跨结构在施工架设时期也应保证横向和纵向的倾覆稳定性。《公路钢结构桥梁设计规范》JTG D64—2015（以下简称《公路钢桥规》）规定稳定系数应不小于 1.3。

钢桥设计不仅要满足使用阶段的受力和工作性能要求，而且应分析施工吊装和支座调整等受力状况，使钢桥在施工过程中满足应力和变形的要求。考虑到吊装过程中的惯性作用和其他不可预见的不利因素影响，《公路钢桥规》规定，钢桥施工验算时起顶设施及结构本身都应按起顶重力增加 30% 验算。

钢桥的最大缺点是容易腐蚀。如果钢桥的设计和养护不当，将严重影响钢桥的耐久性和使用寿命。目前钢桥采用较多的防腐措施为重防腐油漆涂装或采用防腐性能好的钢材，如不锈钢或耐候钢等。

钢桥的另一缺点是疲劳。影响钢桥疲劳的主要因素有：钢材品质、荷载性质、应力状态、连接构造、构造细节等。钢桥的设计必须选用有足够韧性的钢材，尽可能避免由截面急剧变化等导致的应力集中和容易出现疲劳的构造细节、连接构造等。

为了提高钢桥制作与安装的工作效率，应尽可能减少构件和零件的种类，钢结构的构件设计尽可能标准化，使同型构件互换。钢桥构件单元的尺寸和重量大小，应充分考虑运输条件、能力和吊装能力。同时，应尽可能减少工地组装或安装的工作量，减少工地连接，加快施工速度和提高结构质量。

2. 钢桥的设计计算方法

目前，国内外钢桥设计主要采用容许应力设计法和半概率极限状态设计法两种。其中容许应力设计法，也叫使用荷载设计法，以弹性设计理论为基础，采用使用荷载计算结构指标，要求该指标不超过材料考虑统一安全系数的检验指标；该设计方法计算简便，我国铁路钢桥和日本钢桥设计规范采用该方法。

半概率极限状态设计法是根据不同荷载和材料与构件的统计特性，采用分项安全系数表示，该方法也被称为荷载分项系数设计法（LRFD）。我国公路钢桥规范、美国 AASHTO 规范、英国 BS5400 钢桥设计规范采用该设计方法。

由于钢桥破坏状态的复杂性，钢桥结构失效不能采用单一极限状态表达，一般应包括破坏（承载能力）极限状态和正常使用极限状态。

破坏极限状态指钢桥构件和连接的强度破坏，结构、构件丧失稳定和结构倾覆状态等，通常对应于结构或构件的最大承载能力；通常把钢桥疲劳导致的失效状态也归为破坏极限状态。

正常使用极限状态是指影响钢桥结构、构件正常使用的变形、振动、开裂和影响结构耐久性的局部损伤状态。

12.2 钢桥的连接

钢桥是由各种杆件或部件组合而成的，而这些杆件和部件又都是由钢板及各种型钢组成的。所以，钢桥连接既包括将型钢、钢板组合成杆件与部件，也包括将部件及杆件连接成钢桥整体。连接在钢桥中占很重要的地位，将直接影响钢桥的制造安装、经济指标和使用性能。连接设计应符合安全可靠、节省钢材、构造简单、制造安装方便等原则。

钢桥中部件的连接方式有铆钉连接、螺栓连接和焊接三种（图 12-21）。其中普通螺栓连接使用最早，约从 18 世纪中叶开始使用，至今仍是安装连接的一种重要方法。19 世纪 20 年代开始使用铆钉连接，19 世纪后期出现焊接，20 世纪逐渐被广泛使用并取代铆钉连接，成为钢结构主要连接方法。20 世纪

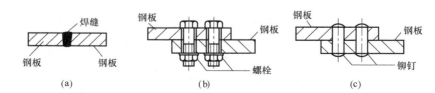

图 12-21 钢桥的连接方法

(a) 焊接；(b) 螺栓连接；(c) 铆钉连接

中期发展了高强度螺栓连接，现已在钢桥的工地安装连接中被广泛使用。

12.2.1 焊接

焊接是现代钢桥最主要的连接方法，焊接的优点是对钢材从任何方位、角度和形状相交都能方便使用，一般不需要附加连接板、连接角钢等部件，也不需要在钢材上开孔导致截面削弱。因此，其构造简单，节省钢材，制造方便，并易于采用自动化操作，生产效率高。此外，焊接的刚度较大，密封性较好。

焊接的缺点是焊缝附近钢材因焊接高温作用形成热影响区，其金相组织和机械性能发生变化，某些部位材质变脆；焊接过程中钢材受到不均匀的高温和冷却，使结构产生焊接残余应力和残余变形，影响结构的承载力、刚度和使用性能；焊缝可能出现气孔、夹渣、咬边、弧坑裂纹、根部收缩、接头不良等影响结构疲劳强度的缺陷。因此，与高强度螺栓和铆钉连接相比，焊接的塑性和韧性较差，脆性较大，疲劳强度较低。此外，工地焊接的拼装定位和操作较麻烦，通常需要用螺栓或销钉定位和临时固定，焊接后拆除；而且，工地焊接操作空间和焊接姿势往往受到限制，焊接作业和检查困难，质量不易控制。因此，构件间的工地现场安装连接常常采用高强度螺栓连接，或设安装螺栓定位后再焊接。

钢桥中主要采用电弧焊和栓钉焊，电弧焊用于钢板和型钢等的连接，栓钉焊用于栓钉的焊接。钢桥中常用的电弧焊有手工电弧焊、埋弧焊和气体保护焊，其中埋弧焊和气体保护焊一般为自动或半自动焊。在钢桥的工厂焊接工作中，95%是自动焊，焊缝质量有保证。焊缝连接按其本身的构造分为全熔透坡口焊（如熔透对接焊）、贴角焊和部分熔透坡口焊等形式，如图 12-22 所示。

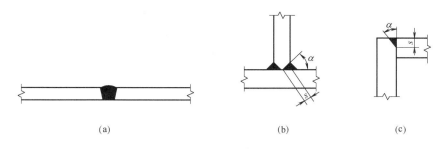

图 12-22 焊接接头的焊缝类型
（a）熔透对接焊；（b）贴角焊；（c）部分熔透坡口焊

12.2.2 螺栓连接

螺栓连接可分为普通螺栓连接和高强度螺栓连接。普通螺栓用普通扳手拧紧，通过螺杆承受剪力和杆件孔壁承受压力或者螺杆受拉来传力；高强度螺栓则用高强度钢材制成并经热处理，用特制的、能控制扭矩或螺栓拉力的扳手拧紧，使螺栓有较高的预拉力值，相应地把被连接的板件高度夹紧，使部件接触面间产生很大的摩擦力，主要通过摩擦力或者板间的预压力来传力。

普通螺栓和高强度螺栓连接的优点是安装方便，特别适用于工地安装连接。普通螺栓也便于拆卸，适用于需要装拆的结构连接和临时连接。高强度螺栓不仅安装方便，而且具有强度高、对螺孔加工精度要求低、连接构件间不易产生滑动、刚度大等优点，适合构件间的工地现场安装连接。螺栓连接的缺点是需要在板件上开孔和拼装时对孔，增加制造工作量，螺栓孔还使构件截面削弱，且被连接的板件需要互相搭接或另加角钢或拼接板等连接件，因而多费钢材。

1. 普通螺栓连接

普通螺栓连接一般采用 C 级螺栓（俗称粗制螺栓）；极少情况下可采用质量要求较高的 A、B 级螺栓（俗称精制螺栓）。

C 级螺栓连接的优点是结构的装配和螺栓装拆方便，操作不需要复杂的设备，并比较适用于承受拉力。但其受剪性能较差，各个螺栓受力较不均匀。因此，它常用于承受拉力的安装螺栓连接、次要结构和可拆卸结构的受剪连接以及安装时的临时连接。

A、B 级螺栓连接由于加工精度高、尺寸准确和杆壁接触紧密，可用于承受较大的剪力、拉力的安装连接，受力和抗疲劳性能较好，连接变形较小。但其制造和安装都较费时、价格较贵，故在钢桥中很少采用，目前已经基本被摩擦型高强度螺栓连接取代。

2. 高强度螺栓连接

高强度螺栓连接是近四五十年来迅速发展和应用的螺栓连接形式，如图 12-23 所示。高强度螺栓的杆身、螺帽和垫圈都用抗拉强度很高的钢材制作。

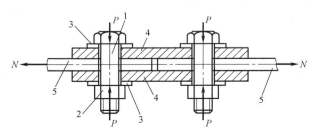

图 12-23　高强度螺栓连接示意图

1—高强度螺栓；2—高强度螺母；3—高强度垫圈；4—拼接板；5—杆件

高强度螺栓连接采用拧紧高强度螺栓使部件间产生摩擦力来传递力的连接方法。由于其以较大的面积传递力，所以有效缓解螺孔周围的应力集中现象，因而耐疲劳性能和接头的刚度显著提高。

根据高强度螺栓的设计破坏判断标准不同，分为摩擦型和承压型两种形式。

摩擦型高强度螺栓连接，由螺栓拧紧力所提供的摩擦力抵抗外荷载，即保证连接在整个使用期间剪力不超过最大摩擦力。因此，板件间不会发生相对滑移变形，被连接板件按弹性整体受力。摩擦型高强度螺栓连接以产生急剧变形（主滑动）时的荷载作为设计强度标准，但高强度螺栓连接发生主滑动后，仍然有相当大的承载能力，具有足够的安全储备。

承压型高强度螺栓连接，受剪设计时只保证在正常使用荷载下，外剪力不超过最大摩擦力。但如果荷载超过标准值，剪力可能超过最大摩擦力，被连接板件间将发生相对滑移变形，直到螺栓杆与孔壁接触，最后以杆身剪切或孔壁承压破坏。该连接以杆身剪切或孔壁承压破坏时的荷载作为连接受剪的极限承载力，螺栓的高强度得到充分利用，但由于容许接头产生相对滑移，其整体性和刚度差，变形大。

高强度螺栓连接保持了普通螺栓连接的施工条件好、安装方便、可拆卸等优点。摩擦型高强度螺栓连接由于始终保持板件接触面间摩擦力不被克服和不产生相对滑移，因而其整体性好和刚度大、变形小、受力可靠、耐疲劳，在桥梁中被广泛应用于结构的工地安装连接。承压型高强度螺栓连接由于受剪时利用摩擦力克服后承载力继续增长，因而其设计承载力高于摩擦型，可节省螺栓用量；但与摩擦型高强度螺栓连接相比，其整体性、刚度和动力性能差，变形大，实际强度储备小，在桥梁中较少采用。

12.2.3　铆钉连接

铆钉连接在受力和设计上与普通螺栓连接类似。钢结构中一般采用热铆，即把预先制好的一端带有铆钉头的铆钉加热到 1000~1100℃淡黄色（铆钉枪铆合）或 650~670℃褐红色（压铆机铆合），插入铆钉孔，然后用压缩空气铆钉枪连续锤击或压铆机挤压形成另一端的铆钉，如图 12-24所示。

铆钉通常以具有良好塑性和顶锻性能的普通碳素铆螺钢 ML2 或 ML3 制成，以孔径作为铆钉公称直径，预制铆钉杆径比孔径小 1~1.5mm。铆钉

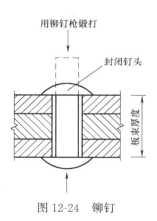

图 12-24　铆钉

杆烧红铆合时在压力下膨胀，紧紧填满全孔，冷却时杆身缩短，使两端铆钉头压紧被连接的钢板，铆钉杆承受一定的初拉力。因此，铆钉连接的塑性、韧性和整体性好，连接变形小，传力可靠，承受动力荷载时的疲劳性能好，质量也便于检查，是早期钢桥的主要连接形式。

但是，铆钉连接的构造复杂，用钢量大，施工麻烦，打铆时噪声大，工作条件差。因此，目前已很少采用，被焊接或高强度螺栓连接取代。

铆钉连接的受力性能、构造排列要求和设计方法，原则上与普通螺栓连接相同，不同的是对铆钉连接的抗拉、抗剪和孔壁承压强度规定有不同的设计值，以及计算时取杆径等于孔径，并且不存在螺纹削弱问题。

12.3　钢板梁桥

钢板梁桥是由钢板或型钢等通过焊接、螺栓连接或铆钉连接而成工字形

截面的实腹式钢梁作为主要承重结构的桥梁。钢板梁桥是中小跨径钢桥最常用的形式。

12.3.1 钢板梁桥的结构形式

钢板梁桥的主梁通常采用工字钢、H 型钢、焊接工形梁等结构形式，如图 12-25 所示，主梁与主梁之间采用横梁和纵梁相连形成整体受力结构，主梁和横梁在平面上形成梁格，因此钢板梁也被称为格子梁桥。

工字钢和 H 型钢由工厂轧制而成，通常为等截面形式，与焊接钢梁相比，具有结构简单、造价低的特点。但是，采用工字钢和 H 型钢作为钢板梁桥的主梁，截面尺寸往往会受到工厂轧制能力的限制，跨越能力较小，通常在 20m 以下。为了提高工字钢和 H 型钢的跨越能力，可在上下翼缘板增加盖板。焊接工形梁是由上下翼缘板和腹板焊接而成，具有结构灵活、构造简单、受力明确、工地连接方便、单个构件重量轻等优点，适用跨径可以达到 60m，是中小跨径钢梁桥最为经济和采用最多的结构形式。但是，焊接工形梁的抗扭刚度和横向抗弯刚度小，在运输和安装过程中或桥梁的宽跨比较小时，必须充分注意横向失稳问题。

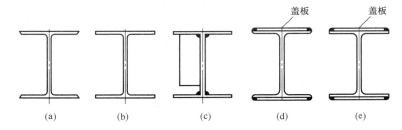

图 12-25 钢板梁桥截面形式

（a）工字钢；（b）H 型钢；（c）焊接工形梁；（d）工字钢＋盖板；（e）H 型钢＋盖板

钢板梁桥根据用途分为公路与铁路钢板梁桥。根据支承条件和受力特点可分为简支、连续和悬臂钢板梁桥；按桥面板形式可分为钢筋混凝土桥面板钢板梁桥、钢桥面板钢板梁桥。依据桥面板参与主梁受力的情况又分为组合梁桥和非组合梁桥。对于钢筋混凝土桥面板组合梁桥，桥面板与钢梁通过剪力连接件连接。公路钢板梁桥主要采用钢筋混凝土桥面板，铁路钢板梁桥分明桥面和道砟桥面钢板梁桥。

钢桥面由顶板和焊接于顶板上的纵向及横向加劲肋组成，具有自重轻、极限能力大、钢桥面建筑高度小等优点，是大跨度钢桥和建筑高度受到限制时桥梁最常用的结构形式。

如图 12-15（a）所示，钢板梁桥上部结构主要由主梁、横向联结系、纵向联结系和桥面系组成。主梁起到整个桥梁承重作用，把纵、横向联结系和桥面系传来的荷载传递到支座。横向联结系有实腹式梁和空腹式桁架形式，前者称为横梁，后者称为横联。横向联结系主要作用是将各个主梁连接成整体，起到荷载横向分布、防止主梁侧向失稳的作用。纵向联结系通常采用桁架式结构，其主要作用是加强桥梁整体稳定性，并与横梁共同承担横向力和扭矩。桥面系提供桥梁行车部分，把桥面荷载传递到主梁和横梁。

12.3.2　公路钢板梁桥构造

1. 主梁构造

（1）主梁翼缘构造要求

主梁翼缘板的构造设计必须考虑翼缘板局部稳定和主梁弯扭屈曲，确保钢梁在制作、运输、安装和运营等各种状态下不出现翼缘板局部失稳和主梁弯扭失稳。《公路钢桥规》规定焊接板梁受压翼缘的伸出肢宽不宜大于 40cm，也不应大于其厚度的 $12\sqrt{345f_y}$ 倍（f_y 为钢材的屈服强度），受拉翼缘的伸出肢宽不应大于其厚度的 $16\sqrt{345f_y}$ 倍。此外，翼缘面外惯性矩应满足：

$$0.1 \leqslant \frac{I_{yc}}{I_{yt}} \leqslant 10 \tag{12-1}$$

式中　I_{yc}、I_{yt}——分别为受压翼缘和受拉翼缘对竖轴的惯性矩。

翼缘板应有足够宽度，以确保钢板梁不致产生整体弯扭失稳。当跨径不大（<60m）并且有足够横向连接时，翼缘板宽度一般为 250～650mm，跨径大者可以取较大值。当采用高强度螺栓连接时，考虑到螺栓布置，翼缘板宽度不宜太宽，一般 $b=(0.2～0.45)h<600$mm（h 为梁高）。从弯扭屈曲角度考虑，受压翼缘宽度可以比受拉翼缘稍宽一些。

当用外贴翼缘钢板时，其纵向截断点应延至理论截断点以外，延伸部分的焊缝长度按该板截面强度的 50% 计算确定，并将板端沿板宽方向做成不大于 1:2 的斜角。组成翼缘截面的板不宜超过两块；当纵向加劲肋连续时，应将其计入有效截面中。

翼缘板与腹板的连接可采用角焊缝，腹板两侧有效焊缝厚度之和应大于腹板厚度；也可将翼缘板与腹板的连接采用全焊透焊缝。翼缘拼接焊缝与腹板拼接焊缝错开的距离不宜小于 10 倍腹板厚度，且拼接不应布置在应力最大的位置。

（2）主梁腹板构造要求

在弯矩和剪力作用下，腹板同时存在弯曲正应力和剪应力，需满足强度和稳定要求。此外，腹板还应满足一定的刚度要求，以避免在荷载作用下发生过度压曲引起腹板-翼缘板连接处及其附近区域的疲劳。

为提高腹板临界应力，可采取增加板厚和设置加劲肋两种方法，其中设置加劲肋效果更显著，焊接板梁中设置加劲肋时应满足《公路钢桥规》的要求：

① 与腹板对接焊缝平行的加劲肋，其距离对接焊缝应不小于 10 倍腹板厚度，或不小于 100mm。

② 与腹板对接焊缝相交的加劲肋，加劲肋及其焊缝应连续跨过腹板焊缝。

③ 纵向加劲肋与横向加劲肋相交时，横向加劲肋宜连续通过。

④ 横向加劲肋与梁的翼缘板焊接时，应将加劲肋切出不大于 5 倍腹板厚

度的斜角。

⑤ 纵向加劲肋与横向加劲肋的相交处，宜采用焊接或螺栓连接。

横向加劲肋（也可称为竖向加劲肋）除设置在主梁支承处和外力集中处的支承加劲肋外，还有一类是中间横向加劲肋，其主要作用是防止腹板剪切失稳，如图 12-26 所示。

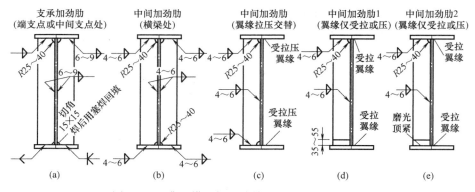

图 12-26　典型横向加劲肋结构形式与连接（mm）

设置横向加劲肋和纵向加劲肋的腹板，在正应力和剪应力作用下，可能出现两种失稳模态：当加劲肋刚度相对腹板厚度较小时，失稳模态下加劲肋随同腹板的面外变形产生弯曲，加劲肋起到增加腹板面外刚度作用；当加劲肋刚度相对腹板厚度足够大时，加劲肋可以约束腹板面外变形，失稳状态下，腹板在加劲肋处不出现面外变形，加劲肋对腹板起到支承作用，失稳模态在加劲肋处形成节线。横向加劲肋应该具有足够刚度，当变量达到极限承载状态时，其应能够成为腹板屈曲变形波的波节，否则腹板承载力必须折减。

为了防止腹板在弯曲压应力作用下的弯压失稳，可在设置横向加劲肋同时设置纵向加劲肋。纵向加劲肋可与横向加劲肋设置在腹板同一侧，也可设置在不同侧，如图 12-27 所示。由腹板稳定条件，纵向加劲肋刚度有两种方法确定：一种是要求腹板失稳荷载要大于翼缘板屈曲荷载，要求纵向加劲肋有

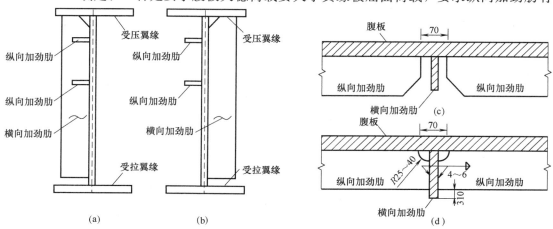

图 12-27　纵向加劲肋设置（mm）

足够刚度，当腹板达到极限承载状态时，它应能够成为腹板变形波的波节，以腹板加劲肋围成的局部失稳荷载作为腹板失稳判别标准；另一种是当腹板达到极限承载状态时，不要求加劲肋成为腹板变形波的波节，以腹板整体失稳荷载作为腹板失稳判别标准，加劲肋刚度换算为腹板的抗弯刚度计算。

2. 联结系构造

（1）纵向联结系构造

《公路钢桥规》中要求翼缘上下平面内宜设纵向联结系，承受水平荷载和偏心荷载等产生的扭矩作用。纵向联结系通常通过采用节点板的结构形式实现与主梁的连接。节点板位于纵向联结系平面，焊接于腹板。平联杆件通常是在工地拼装时与主梁连接，采用高强度螺栓连接于节点板上。

（2）横向联结系构造

钢板梁间应设横向联结系，并满足下列要求：

① 宜与梁的上、下翼缘连接，间距不宜大于受压翼缘宽度的30倍。

② 支承处必须设置端横梁。

③ 下承式钢板梁桥的横梁宜设置肋板与腹板加劲肋连接。

横向联结系的连接方式取决于横梁与主梁相对位置。当横梁与主梁顶面同高时，横梁可搭接、对接、焊接于主梁横向加劲肋，也可连续通过主梁等多种形式。横梁上翼缘与主梁连接形式可采用连接板焊接于主梁上翼缘，也可采用螺栓搭接于主梁上翼缘，当主梁间有高差或上翼缘倾斜，横梁与主梁可采用楔形填板连接、在连接处将横梁翼缘板弯折、将主梁翼缘板做成倾斜等方式连接。

由于受拉翼缘疲劳强度受焊接影响较大，平纵联杆件端部的节点板可与上翼缘焊接连接，但不应与受拉的下翼缘焊接。通常，平纵联斜杆端的节点板，常与腹板焊接，而横撑则焊在加劲肋上，以免降低翼缘疲劳强度。

12.3.3 铁路钢板梁桥构造

1. 铁路上承式钢板梁桥构造

铁路上承式钢板梁桥（图 12-28）的主要承重结构是两片工字形截面的板梁。其上铺设桥面，活载及板梁桥的自重由这两片板梁承受，通过支座将力

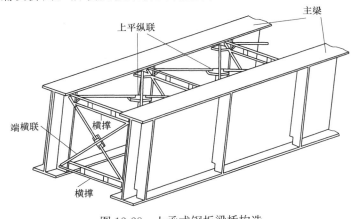

图 12-28　上承式钢板梁桥构造

传递至墩台。两片主梁之间有许多杆件联系，使之成为一个稳定空间结构。上面杆件与主梁上部翼缘组成一个水平桁架，称"上平纵联"，下面的称"下平纵联"。两片主梁之间设有交叉杆，与上下横撑及主梁的加劲肋和一部分腹板组成一个横向平面结构，称"横联"，位于中间者称为"中横联"，位于主梁两端者称为"端横联"。

图 12-29　上承式钢板梁桥面

桥面主要由桥枕、护木、正轨和护轨等组成，如图 12-29 所示。该桥面叫作"明桥面"，明桥面设置在主梁顶上的铁路钢板梁桥称为明桥面铁路上承式钢板梁桥，简称"上承式板梁桥"。铁路上承式板梁桥构造简单，用钢量较省，可以整孔架设，其标准跨度 24m、32m 为全焊梁设计；40m 为栓焊梁设计。简支钢板梁桥的经济跨径一般在 40m 以下，连续钢板梁桥的经济跨径可以达到 60m。

主梁工字形截面由翼缘板和腹板组成。跨度较小板梁桥的主梁常采用等截面板梁，翼缘只用一块钢板（图 12-30a）；对于跨度较大的板梁桥，为了使主梁截面承受弯矩的能力大致符合弯矩图以节省钢材，主梁常设计成变截面，翼缘若仍用一块钢板，则翼缘板可在宽度或厚度方面加以变化，靠梁端翼缘板用较薄或较窄钢板（图 12-31a、b）；当翼缘采用两块钢板（图 12-30b）时，跨中区段可用两块板，靠两端区段的翼缘则用一块板（图 12-31c）。

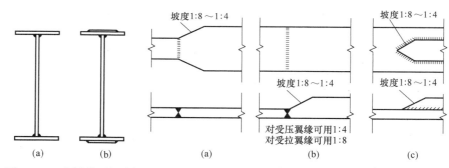

图 12-30　主梁截面组成　　　　　图 12-31　翼缘板宽度或厚度变化

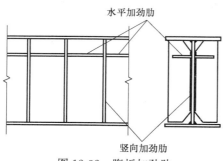

图 12-32　腹板加劲肋

为保证主梁腹板稳定，腹板两侧通常需设置竖向加劲肋，当腹板较高时，有时还需要加设水平加劲肋（图 12-32）。

竖向加劲肋通过一对板条，用角焊缝对称焊接于腹板两侧，焊缝两端至翼缘角焊缝距离不小于 80mm；加劲肋与上翼缘相连的焊缝，其端头至翼缘角焊缝的距离应不小于 50mm，以免焊缝相隔太近而降低该处疲劳强度（图12-33）。由于主梁上翼缘直接承受桥枕压力，因此加劲肋上端常与上翼缘顶紧，以达到支承翼缘板作用。在横联处，加劲肋还是横联的一个组成部分，受力较大，可将加劲肋上端与上翼缘焊牢。加劲肋下端无需与下翼缘顶紧，更不应与下翼缘焊接。端加劲肋即是端横联的一部分，还要传递板梁桥支承反力。因此，端加劲肋上端应与上翼缘顶紧焊牢，下端应磨光顶紧并与下翼缘焊牢。

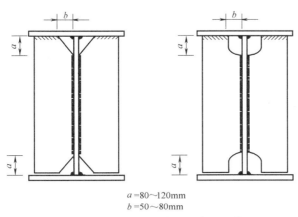

$a=80\sim120mm$
$b=50\sim80mm$

图 12-33　竖向加劲肋与翼缘板连接

2. 铁路下承式钢板梁桥构造

下承式钢板梁桥（图12-34）的主要承重结构也是两片工字形截面板梁。在两片主梁之间设置由纵梁和横联组成的桥面系，桥面不是搁置在主梁上，而是在纵梁上。由于纵梁高度较主梁高度小很多，因而建筑高度（自轨底至梁底）较低。由于桥面是布置在两片主梁之间，列车在两片主梁之间通过，这就要求两片主梁之间净空能满足桥梁净空要求。桥梁净空宽度为4.88m，因此下承式板梁桥标准设计两片主梁间距为5.4m。为了使下承式板梁桥成为一个空间稳定结构，在其主梁下面同样设有下平纵联。由于要满足桥梁净空要求，无法设置上平联，故在横联和主梁之间加设肱板，一方面肱板对主梁上翼缘起支撑作用，保证上翼缘稳定；同时，肱板与横梁连成一块，相当于横联。

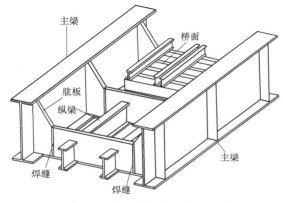

图 12-34　下承式钢板梁桥构造

下承式板梁桥与上承式板梁桥相比，在结构方面增加了桥面系，用料较多，制造也费工，由于其宽度大，无法整孔运送，因此增添运输与架梁工作量。所以，当铁路桥梁采用板梁桥时，应尽可能采用上承式。但由于下承式板梁桥具有较小建筑高度，在某些条件下仍有采用下承式板梁桥的必要。

12.4　钢桁梁桥

当桥梁跨度增大，板梁桥及组合梁桥所需的梁高和用钢量将增加，一般当桥梁跨度大于 40m 时，采用钢桁梁结构比较经济。简支钢桁梁桥是一种最常用的铁路桥梁结构。钢桁梁也常用于吊桥、斜拉桥、拱桥等结构中。

12.4.1　钢桁梁桥的结构形式

钢桁梁桥是由若干个平面钢桁架通过一定的连接方式形成的稳定的空间受弯结构，主要由主桁、桥面系和联结系组成，如图 12-15 (c) 所示。

钢桁梁桥的主桁为竖向承重体系，其作用是承担竖向荷载，并将荷载通过支座传给墩台。主桁由弦杆和腹杆组成，弦杆包括上弦杆和下弦杆，连接上、下弦杆的杆件叫腹杆，按杆件方向不同分为竖腹杆和斜腹杆。弦杆与腹杆所在的平面就叫主桁平面。弦杆与腹杆交汇的地方称为节点。有斜腹杆交汇的节点，受力和构造比较复杂，节点板尺寸也较大，通常被称为大节点。仅有竖腹杆和弦杆交汇的节点，受力与构造较简单，节点板尺寸也较小，通常被称为小节点。相邻两节点之间的水平距离为一个节间。

联结系分为纵向联结系和横向联结系，其作用是将主桁连接起来，使桥跨结构成为稳定的空间结构，能承担各种水平方向荷载。纵向联结系设在主桁的上、下平面内，其中位于主桁上弦杆平面内的称为上平纵联，位于主桁下弦杆平面内的称为下平纵联。纵向联结系的主要作用是承受作用于桥跨结构上的横向水平荷载，此外还可以作为横向支撑以减小弦杆面外自由长度。横向联结系设在桥跨结构的横桥向平面内，其中位于钢桁梁端部的横向联结系称为端横联（在下承式桁梁桥中称为桥门架），位于钢桁梁中部的横向联结系称为中横联。桥门架设在主桁端斜腹杆平面内；中横联设在主桁竖腹杆平面内，主桁没有竖腹杆时，可设在主桁斜腹杆平面内。横向联结系的主要作用是增加钢桁梁的抗扭刚度，提高横断面的稳定性，确保各片主桁共同受力。

桥面系由桥面板和纵、横梁组成。桥面板主要作用是保证车辆与行人的行走，直接承受车辆、人群等荷载作用。纵、横梁作为桥面板的支撑结构，其作用是将桥面板承受的荷载传递给主桁，同时横梁还起到了荷载横向分布的作用。

钢桁梁桥按桥面系和主桁的相对位置可分为上承式钢桁梁桥、下承式钢桁梁桥和中承式钢桁梁桥，如图 12-35 所示。

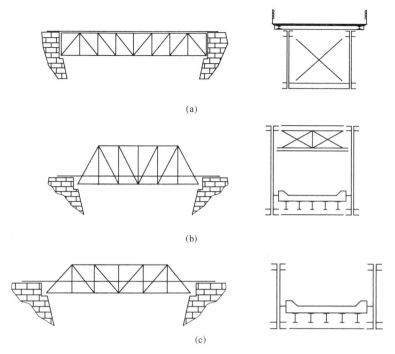

(a)

(b)

(c)

图 12-35　钢桁梁桥

（a）上承式；（b）下承式；（c）中承式

12.4.2　钢桁梁桥的布置与构造

1. 总体布置

（1）桥跨布置

钢桁梁桥按结构体系分为简支钢桁梁桥、连续钢桁梁桥和悬臂钢桁梁桥，简支钢桁梁桥和连续钢桁梁桥用得较多，悬臂钢桁梁桥现在已经很少采用。

连续钢桁梁桥是超静定结构，由于支点负弯矩的影响，与同跨度的简支梁桥相比，控制的杆件内力要小一些，所以大跨度钢梁桥采用连续梁较多。在我国铁路钢桥的标准设计中，考虑到制造的标准化程度较高，所以连续桁梁的桁高、节间长度、主桁中心距一般都采用与简支梁相同的模式。

（2）立面布置

按弦杆立面布置形式，主桁可分为平行弦杆桁架、曲线弦杆桁架和加劲弦杆桁架。

平行弦杆桁架通常采用等桁高布置，上、下弦杆均在顺桥向平行布置，杆件规格较为统一，节点类型较少，特别适合标准化设计和装配化施工。平行弦杆桁架在简支钢桁梁桥、等跨径连续钢桁梁桥中应用较多，大跨径钢桁梁斜拉桥或悬索桥主梁也多采用平行弦杆桁架，如图 12-36 所示。

曲线弦杆桁架（图 12-37）通常采用变桁高布置，上弦杆或下弦杆呈曲线布置，弦杆线形与结构弯矩包络图较为接近，内力分布均匀，受力较为合理。

由于桁高与线形沿着纵桥向变化，结构弦杆、腹杆的尺寸在不断变化，导致杆件类型较多，节点类型也多，桥梁施工难度增加，效率降低。

图 12-36　平行弦杆桁架桥

图 12-37　曲线弦杆桁架桥

图 12-38　第三弦杆桁架桥

加劲弦杆桁架也称为第三弦杆桁架（图 12-38），桁梁主体结构为平行弦杆桁架，仅在桁梁负弯矩区设曲线加劲弦来改善结构受力，使得主桁结构设计更经济。因此，加劲弦杆桁架兼具平行弦杆桁架与曲线弦杆桁架的优点。加劲弦杆可以布置在平行弦杆的上方，也可以布置在支点附近平行弦杆的下方。

（3）横截面布置

传统两片钢主桁是最常见的截面布置形式，其上、下各两根弦杆，在纵向通过腹杆连接成两片钢主桁，再通过横联和平联连接成稳定的空间结构，如图 12-39（a）所示。在桥梁宽度不是很宽的情况下，钢桁梁桥多采用双主桁。当采用双主桁无法满足桥宽要求时，可采用三主桁形式，如图 12-39（b）。三主桁适用于宽桥，其横向稳定性较双主桁更好。

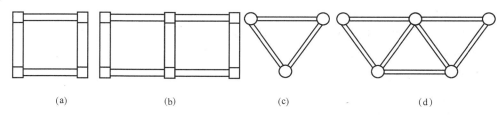

图 12-39　主桁横断面布置形式
（a）双主桁；（b）三主桁；（c）三角形主桁；（d）梯形主桁

近些年，空间桁架在桥梁中逐渐开始应用。空间桁架最简单的断面形式为三角形截面，即截面有两根上弦杆和一根下弦杆，在纵向通过腹杆连接成下弦杆共用的两片连体钢主桁，两根上弦杆通过横向水平杆件连接，形成稳定的空间桁架结构，如图 12-39（c）。三角形截面的空间桁架适用于宽度较小的中小跨径桥梁，钢结构通常采用管结构。钢管材料的使用及便捷高效的施工方法，使其获得了很好的经济性。当采用三角形截面无法满足桥宽要求时，可采用梯形截面，截面上下分别有三根和两根弦杆，中间的一根上弦管为两个三角形桁架共用，两根下弦杆通过横向水平杆件连接，形成稳定的空间桁架结构，如图12-39（d）。这种主桁形式在纵、横双向都形成了稳固的受力体系，且可以适应更宽的桥面要求，非常适合公路桥梁。空间桁架布置使得下层空间受限，难以适应双层桥梁的要求，下层一般不设桥面，或者只布置非机动车道或人行道。

2. 主桁构造

（1）主桁参数

桁架结构的基本单元是三角形，由三角形组成各种主桁图式（简称桁式）。桁式与桁高、节间长度、腹杆角度等紧密相关，必须联系在一起综合考虑。此外，桁宽须分别满足桥梁横向刚度和使用功能（铁道线路和公路车道数布置）两方面的要求。

桁高是上、下弦杆重心间距离，是决定桁架杆件内力和桁梁挠度的重要因素。《铁路桥涵设计规范》TB 10002—2017规定：钢桁梁由静活载引起的竖向挠度，简支桁梁及连续桁梁的边跨不应大于$L/900$，连续桁梁的中跨不应大于$L/750$。挠度限值是桁高的主要控制条件之一。在已建成的大桥中，3跨及3跨以上的等跨连续桁梁桥，常用高跨比为$1/10\sim1/8$。

节间长度与弦杆长度及其长细比、纵梁跨度、横梁内力、平面联结系斜撑杆长度等直接相关，节间长度不宜过大或过小。过大时会使受压弦杆稳定承载力折减过多，或者为使压杆稳定承载力满足要求须增加截面轮廓尺寸，会导致设计不经济。此外，还会引起桥面系纵梁内力增加，以至增加纵、横梁梁高。节间长度过小时，杆件刚度较大，其抵抗转动的能力也较强，发生二次应力也越大。因此，在桁架中的构件不宜采用短而粗的构件。一般情况下，中小跨度的钢桁梁桥，节间长度为$8\sim10$m；大跨度钢桁梁桥用到$12\sim15$m，甚至更长。

斜腹杆倾角由主桁高度与节间长度的比值决定，对腹杆用钢量和节点构造有很大影响。倾角过小，腹杆数量少，长度增大，内力较大。倾角过大，腹杆数量多，长度减小，内力较小。此外，倾角过小或过大，均使斜腹杆无法伸入节点中心，节点板变得很长或很高，使面外刚度很差。斜腹杆倾角一般不应小于$45°$，且有竖腹杆的桁架的合理倾角为$50°$左右，无竖腹杆的桁架的合理倾角为$60°$左右。

桁宽确定须同时考虑横向刚度和使用功能要求，《铁路桥涵设计规范》TB 10002—2017中对横向刚度的限制按照横向挠度、宽跨比和横向自振频率进行了规定。在横向力作用下，横向挠度应小于或等于计算跨度的$1/4000$。宽跨比分别规定为：下承式简支梁和连续桁梁的边跨不小于$1/20$；连续桁梁中跨不小于$1/25$。

（2）主桁图式

图12-40给出了一些常见主桁图式。

　　图 12-40（a）是最简洁的三角形桁式，适用于中小跨度桁架桥。跨度增大时桁高随之增加，节间长度也增加。图 12-40（b）与（a）相比，多了竖腹杆。加竖腹杆的作用是减小节间长度，大大扩充了三角形桁式的适用范围。以上两种桁式受力明确，构造简洁，是使用频率最高的桁式。

　　图 12-40（c）是标准的双腹杆体系菱形桁式。双腹杆体系的明显优点是，随着桁高的增加，节间长度和斜腹杆长度仍然可以保持在合理范围之内。对于这种桁式需要注意的是，端部和中间支点集中力作用处必须设大竖腹杆。因为只有设大竖腹杆才能使两个腹杆体系均衡传力。

　　图 12-40（d）是在中间支点处增加了桁高的菱形桁式。在中间支点处增加桁高的主要原因是边跨挠度不能满足要求，同时，伸臂安装时，梁端挠度和支点附近杆件内力都可能成为控制条件。通常，平行弦杆、桁高与跨度之比达到了 1/10 的时候，边跨挠度就会超限。与平行弦杆菱形桁式一样，也要特别注意大竖腹杆的使用。不仅支点处要设大竖腹杆，加劲弦端部也需设置。

　　图 12-40（e）也是支点增加了桁高，但没有设中弦。主桁加高部分使用了菱形和 K 形桁式，其余为 N 形桁式。当跨度特别大，可采用双腹杆体系时，也可全部用 K 形桁式。

　　图 12-40（f）是 N 形桁式。N 形桁式需要特别注意的是尽量做成对称结构。因为结构不对称，内力和相应的杆件截面不对称，从而增加了结构设计和制造工作量。此外，与带竖腹杆的三角形桁式相比，N 形桁式的竖腹杆是主要受力杆件，而三角形桁式的竖腹杆是局部受力杆件。

　　图 12-40（g）是 K 形桁式，为双腹杆体系。K 形桁式的竖腹杆比菱形桁式多 1 倍，且都是主要受力杆件；而菱形桁式竖腹杆较少，且只有大竖腹杆是主要受力杆件，其他小竖腹杆都是局部受力杆件。

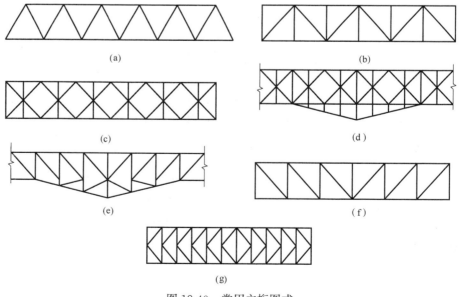

图 12-40　常用主桁图式

（3）主桁杆件

① 弦杆截面

整体节点的弦杆几乎全都采用箱形截面，这是因为箱形杆抗压性能好，又由于弦杆是在节点外拼接，方便箱形杆件四个面的拼接。箱形截面的缺点是下弦的上翼缘板（上弦的下翼缘板）距腹杆端头很近，会严重妨碍拼接操作。用 H 形杆主要是为了便于在节点中心的拼接操作。

图 12-41 给出了一些主桁杆件截面布置形式。图 12-41（a）是上、下弦杆和腹杆常用截面形状以及它们之间的尺寸关系。桁高 H 是弦杆重心之间的距离，弦杆宽度 b 是指内宽。上、下弦都是不对称矩形，靠外的翼缘板都向外伸出。这套截面组成有以下优点：

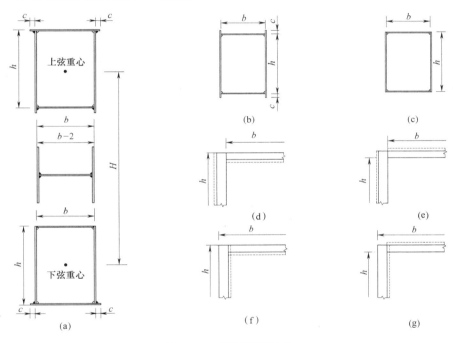

图 12-41　弦杆截面示意

（a）除下弦杆的上翼缘为棱角焊外，其余都是普通角焊缝，为制造提供了很大的方便；

（b）竖板在节点处可以很方便地加高为节点板；

（c）翼缘板的伸出部分为连接横向联结系、横梁及上、下平联提供了方便，下翼缘还特别容易与支座连接；

（d）充分考虑了排水；

（e）腹杆外宽比弦杆内宽（也即节点板内宽）少 2mm，便于腹杆安装连接。

截面的外伸部分长度 c，国内要求不小于 30mm，但也不必太大。太小时，难以满足埋弧自动焊焊剂铺设需要；太大时，所产生的焊接收缩变形也会较大，而且难以矫正。

图 12-41（b）可适用于内力较大的腹杆，特别是支点处的竖腹杆和斜腹

杆，其主要优点是可全部使用普通角焊缝。图 12-41（c）与（b）相比，只是将普通角焊缝改成了棱角焊缝，其他都是一样的。棱角焊需要开坡口，不如普通角焊缝方便，一般不采用。

图 12-41（d）、（e）、（f）、（g）是指弦杆高度和宽度的合理控制，要求腹板和翼缘板板厚变化时，既不相互干扰，也不引起主桁横向联结系等的尺寸变化；图 12-41（d）是控制外高和内宽，虚线表示厚度变化。图 12-41（e）会使杆件高度随翼缘板厚度变化而变化；图 12-41（f）、（g）两块板的厚度变化相互干扰，不宜采用。

② 腹杆截面

腹杆常使用箱形截面和 H 形截面，如图 12-42（a）～（c）所示。

从便于节点连接的角度考虑，腹杆应尽可能使用 H 形截面。腹杆外宽与节点板内宽应留 2mm 间隙，主要考虑到腹杆能够顺利插入节点板内，并达到设计位置。从受力的角度考虑，对于内力较大的腹杆，应优先考虑箱形截面。

H 形斜腹杆端头的腹板上应开缺口，原因是进入拼接区段后，腹板轴向应力通过高强度螺栓向节点板传递。杆件端部腹板应力逐渐减小到零，因此可以切去。这样做的好处是可以减小杆端的刚度，使其容易插入，栓合更紧密。

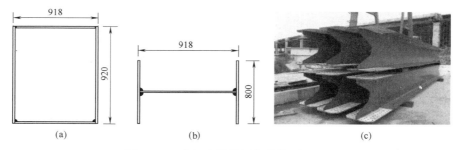

图 12-42 东江大桥腹杆典型截面（mm）
（a）箱形截面；（b）、（c）H 形截面

（4）主桁节点

主桁杆件交汇于主桁节点，同时纵联、横联、桥面系横梁通过节点实现与主桁的连接，且杆件规格不同，因此，节点的构造和受力往往比较复杂。根据制造工艺的不同，主桁节点一般可以分为外贴式节点、整体式节点和全焊节点，如图 12-43 所示。

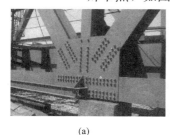
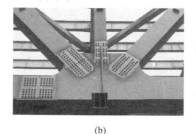

（a）   （b）   （c）

图 12-43 节点类型
（a）外贴式；（b）整体式；（c）全焊节点

外贴式节点的杆件可采用焊接或高强度螺栓连接。在杆件两侧放置节点板并采用铆钉或者高强度螺栓使节点板与杆件密贴实现杆件之间的连接。这类节点构造简单，拼装方便，但拼装工作量较大，且整体性较差，现在已较少采用。

整体式节点是近年来在我国钢桁梁桥建造中应用较多的一种节点形式，其通常将节点和与之相连的一侧弦杆预先在工厂焊接成整体，其节点及杆件的加劲肋同时也在工厂焊接完成，节点部分与其他各个交汇杆件则在现场通过拼接板和高强度螺栓进行连接（图 12-44 中 F 处）。这样便将构件在节点处的连接变为在节点外构件横断面之间的拼接，避免了节点处焊缝或螺栓的集中，节点力学性能得到提升。箱形截面杆件拼接处还会预留手孔（图 12-44 中 G 处），在杆件内部为螺栓的施工预留出操作空间。节点板边缘则采用大弧过渡及高质量的熔透焊缝（图 12-44 中 O 处），焊缝端部进行打磨锤击处理，以满足此处焊接疲劳性能要求。

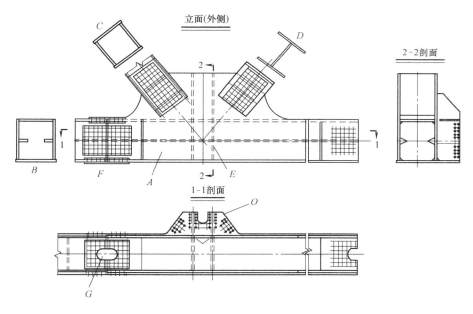

图 12-44　整体式节点构造图
A—整体式节点板；B—弦杆；C—受压腹杆；D—受拉腹杆；E—内部加劲肋；
F—拼接板；G—手孔；O—横联接头

由于整体式节点在现场只需采用拼接板和螺栓将相应杆件拼接，其余部分均在工厂预制、焊接完成，因此可以大大提高现场的施工效率以及保证节点的施工质量。因此，整体节点具有质量可靠、精度高、现场作业量小等优点。但整体式节点也有一定的缺点，一方面整体的焊接工作量大，另一方面厚板节点板在焊接时产生的不可矫正的残余变形会造成插入式斜腹杆、竖腹杆在现场拼装时高强度螺栓夹紧困难。

全焊节点的杆件之间完全采用焊接连接，整体性较好。图 12-43（c）为采用全焊节点的钢桁梁桥。

3. 联结系构造

（1）横向联结系

横向联结系是连接主桁、制约主桁水平偏移的专设构件。横向联结系的设置应综合考虑主桁的横桥向稳定性、桥面净空等因素。现行《公路钢结构桥梁设计规范》JTG D64—2015 规定：上承式桁梁应在两端及跨间设横向联结系；下承式桁梁应在两端设桥门架，跨间设门架式横向联结系，其间距不宜超过两个节间；开口式桁架应在每个横梁竖向平面内设置半框架。

上承式钢桁梁桥横联的设置不受桥面净空的限制，可根据结构构造与受力要求灵活布置，如图 12-45（a）～（d）所示；下承式钢桁梁桥横联的设置必须考虑桥面净空要求，通常做成扁平框架形式，如图 12-45（e）～（g）所示。当主桁较高而主桁间距较小时，还可采用双层框架形式，可减小杆件的计算长度。联结系杆件截面常采用 I 形、L 形或 T 形。图 12-45 为常见的几种横联形式。

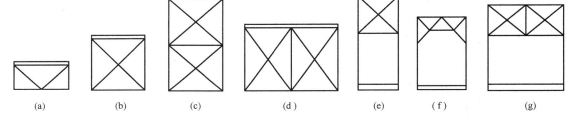

图 12-45　横联类型

（a）～（d）上承式钢桁梁横联；（e）～（g）下承式钢桁梁横联

桥门架（图 12-46）通常设置在端斜杆平面内，且其刚度较中横联更大，其不仅具有横联的作用，还可将上平纵联所受的风荷载经由桥门架向支座传递。现行《公路钢结构桥梁设计规范》JTG D64—2015 规定：作为桥门架腿杆的主桁斜腹杆或竖腹杆，应计算桥门架受横向力时产生的轴力和弯矩；计算时应视桥门架为下端固定的框架。由于风力作用使桥门架所产生的轴力的水平分力，应计入下弦杆杆力之内。

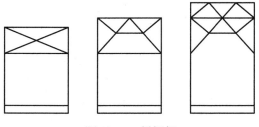

图 12-46　桥门架

（2）纵向联结系

现行《公路钢结构桥梁设计规范》JTG D64—2015 指出钢桁梁应在主桁

上、下弦杆的水平面内分别设置纵向联结系。当钢桁梁桥面系置于某一纵向联结系平面内时，由于其在成桥阶段刚度较大可代替纵向联结系的作用，因此平面内可不设纵联，但施工阶段仍应设置临时纵向联结系以提高稳定性，并抵抗风荷载。《铁路桥梁钢结构设计规范》TB 10091—2017（简称《铁略钢桥规》）的条文说明 7.2.1 条规定：当钢梁采用整体桥面时，可不设纵向联结系，采用纵、横梁桥面时，为保证结构的整体稳定及传递水平力，钢梁应设置上、下平纵联。

纵向联结系为水平桁架体系，由主桁弦杆与水平腹杆组成。通常，腹杆所受内力较小，因此截面尺寸较小，一般小于主桁杆件。腹杆的设计需依据刚度要求进行选择，截面常采用工字形、L 形等。铁路桥梁中，由于已建成的桥梁在使用过程中存在一些刚度偏弱的问题，为了适应列车提速的需要，加强桥梁的联结系刚度，增加安全储备，规定了纵向联结系杆件宜采用工字形截面。

纵向联结系常见形式有三角形、交叉形、菱形、K 形等，如图 12-47 所示。现行《公路钢结构桥梁设计规范》JTG D64—2015 规定纵向联结系不宜采用三角形或菱形桁架，主要原因是当纵联参加主桁弦杆共同作用时，主桁弦杆受横梁的约束，会导致主桁弦杆承受较大的次应力，故不宜采用。

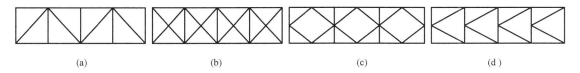

(a)   (b)   (c)   (d)

图 12-47　平纵联图示

(a) 三角形；(b) 交叉形；(c) 菱形；(d) K 形

（3）制动联结系

在铁路钢桁梁中，为了将直接作用于轨顶的列车牵引力或制动力传递给主桁，需要设置制动联结系，将纵、横梁连接于平联，通过平联斜撑将上述水平力传给主桁节点。当桥面板未设伸缩缝时，制动联结系的位置通常设于跨中；当设有伸缩纵梁时，应设于两伸缩纵梁之间，或设于伸缩纵梁与梁端之间。

《铁路桥梁钢结构设计规范》TB 10091—2017 规定：当采用纵横梁体系的桥面结构时，跨度大于 48m 的钢梁应在跨度的中部设制动联结系；跨度大于 80m 的简支梁宜在跨间设置可使纵梁纵向移动的活动支座，其间距不宜大于 80m；当纵梁连续长度大于 48m 时，还应在中部设制动联结系。

考虑到汽车在钢桁梁桥上制动产生的纵向力比列车的要小得多，公路钢桁梁桥一般不设制动联结系。图 12-48 为某已建成铁路钢桁梁桥的制动联结系示意。

（4）联结系与节点的连接

平联与节点的连接主要是平联节点板设计位置及细部处理问题。当跨度较小，弦杆不太高时，可使上、下平联节点板与弦杆翼缘对齐，如图 12-49（a）

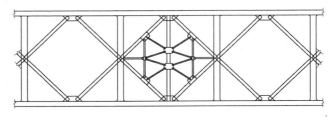

图 12-48　某铁路钢桁梁桥制动联结系示意

所示。平联上节点板与弦杆上翼缘板是一个整体，是上翼缘板在此向内突出，局部加宽形成，如图 12-49（b）所示。

　　实际上大多数钢桁梁的弦杆都比平联杆件高得多。在这种情况下，通常有以下两种做法：其一是将平联内侧节点板焊在上、下翼缘之间的节点板上，如图 12-49（c）所示。其二是将平联杆端部加高到与弦杆同高，使平联杆件作为不等高杆件，如图 12-49（d）所示。若弦杆与平联杆高度相差太大，宜采用第一种做法。

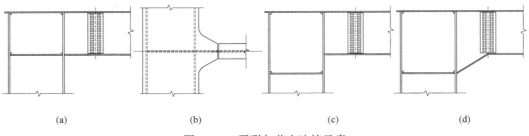

(a)　　　　　　　　(b)　　　　　　　　(c)　　　　　　　　(d)

图 12-49　平联与节点连接示意

　　横联与主桁连接通常是与主桁节点和竖腹杆连接，当主桁没有竖腹杆时，与主桁斜腹杆连接。图 12-50（a）、（b）分别为实桥中平纵联和横联与主桁连接构造。

(a)　　　　　　　　　　　　　　　　　　(b)

图 12-50　主桁与联结系的连接

（a）平纵联与主桁连接；（b）横联与主桁连接

12.5 钢箱梁桥

12.5.1 钢箱梁桥的结构形式

钢箱梁桥是指由具有箱形截面的实腹式钢梁作为主要承重结构的桥梁。典型的箱形截面梁主要由顶板、底板、腹板和加劲肋等组成（图12-15b），钢箱梁的顶、底板和腹板的厚度较小，是典型的闭口型薄壁结构，往往需要一定数量的加劲构件（如加劲肋、横隔板）来保证其受力性能。为此需要沿顶、底板纵向设置足够的加劲肋，横向设置横隔板。箱形截面梁的顶板又兼做桥面板之用，为了减轻重量和增加箱梁的整体性，正交异性钢桥面板的应用越来越广泛。

钢箱梁具有很好的受力特性，与开口截面钢板梁相比具有以下优点：翼缘宽度大，具有很大的抗弯能力，跨越能力比工形钢板梁大得多，目前钢箱梁连续梁桥的最大跨径已经达到300m。具有很大的抗弯刚度，荷载横向分配均匀，即使采用单箱结构形式，两个腹板的弯矩也相差不大，而且适合于扭矩较大的弯桥等复杂桥梁。具有很大的横向抗弯刚度，横向稳定性好，可以抵抗很大的水平力作用，省去纵向联结系，对于单箱结构不需要横向联结系。单根箱梁的整体稳定性好，便于吊装和无支架施工；并且构件数量比工形梁少，施工速度快。梁高小，适合于立交桥和建筑高度受限制的桥梁等。采用较小的梁高可以有效地缩短引桥或引道的长度，降低整体工程造价。横隔板和加劲结构等都在箱内，外观美观。箱内为中空结构，便于布置电缆、水管、煤气管等附属设施，箱内还可以作为检修和维护的通道。

钢箱梁桥的主要结构形式如图12-51所示：（a）为单箱单室箱梁桥，适用于宽跨比较小的桥梁；（b）和（f）为双箱单室箱梁桥，适用于较大宽跨比的桥梁，是钢箱梁桥中采用最多的主梁结构形式；（c）为三箱单室结构形式，以其为代表的多箱单室箱梁桥，适用于更大宽跨比的桥梁，但箱梁之间的横向连接更加复杂，制作安装存在不便；（d）是具有3个以上腹板的多室箱梁桥，由于制作安装不便，工程中很少采用；（e）为斜腹板倒梯形箱梁桥，所需桥墩宽度较小；（g）为扁平钢箱梁，梁高与桥宽之比很小，主要用于悬索桥、斜拉桥和拱桥等的加劲梁，梁桥中很少采用。

钢箱梁桥根据支承条件和受力特点分为简支钢箱梁桥、连续钢箱梁桥和悬臂钢箱梁桥，钢箱梁桥尤其适合于连续梁桥。按照钢箱梁桥的平面形状分为直桥、斜桥和曲线桥。钢箱梁桥面板可以采用钢筋混凝土桥面板和钢桥面板。钢筋混凝土桥面参与钢板梁上翼缘受压，提高了桥梁的抗弯能力，从而可以节省用钢量或降低建筑高度。由于这些原因，公路桥梁工程中，钢筋混凝土桥面板钢箱梁已获得广泛的使用。通常跨径小于60m时采用钢筋混凝土桥面板较为经济，跨径大于80m时采用钢桥面板较为经济，跨径60～80m时需要进行较为详细的技术与经济比较。

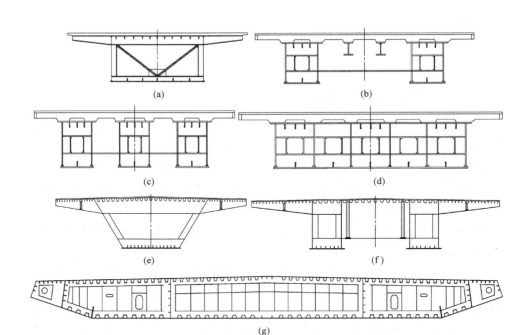

(a)

(b)

(c)

(d)

(e)

(f)

(g)

图 12-51　钢箱梁桥截面形式

12.5.2　钢箱梁桥的构造与特点

钢箱梁桥的横向连接系与主梁组成箱梁桥梁格系结构。为了使横梁有较好的横向分配效果和支承纵梁，横梁要有足够的刚度。对于双箱或多箱结构钢梁桥，梁端或中间支承处设置横梁，使得各主梁受力较均匀，并支承纵梁和桥面板，可以有效提高桥梁整体抗扭能力和分散支点反力，保证桥梁的整体受力和抵抗偏心荷载、风荷载等产生的扭矩。除了单箱梁桥或多幅完全分离式单箱梁桥外，必须设置端横梁。

在箱梁桥中，由于活载的偏心加载作用以及轮载直接作用于箱梁的顶板上，使得箱梁断面发生畸变和横向弯曲变形（图 12-52），为了减少钢箱梁的这种变形，增加整体刚度，防止过大的局部应力，需要在钢箱梁的支点处和

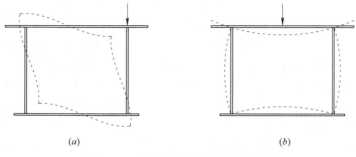

(a)

(b)

图 12-52　箱梁畸变和横向弯曲变形

（a）畸变；（b）横向弯曲变形

跨间设置横隔板。

钢箱梁桥中横隔板分为中间横隔板（见图 12-53）和支点横隔板（见图 12-54），作用是限制钢箱梁的畸变和横向弯曲变形，保持一定的截面形状，对于支点横隔板还将承受支座处的局部荷载，起到分散支座反力的作用。横隔板必须具有一定的刚度，由于两种横隔板不同，其构造形式不同，采用的设计方法也不同。

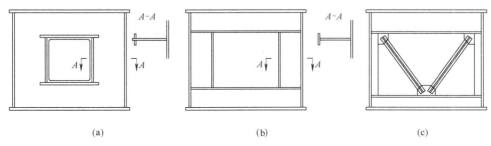

图 12-53　中间横隔板结构形式
（a）实腹式；（b）框架式；（c）桁架式

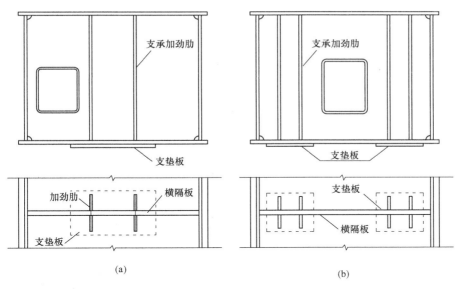

图 12-54　支点横隔板结构形式
（a）单个支座；（b）两个支座

箱梁腹板加劲肋设在箱的内侧，在支点处及横肋与腹板连接处应设置竖向加劲肋。水平加劲肋的数量与腹板高度和厚度有关，可设置 3 层以上。箱形截面梁底板一般也设置有纵、横肋，横肋与桥面板上的横肋位置一致，以组成横向连接系，纵肋布置间距较顶板间距大。

主梁加劲肋包括钢箱梁顶、底板加劲肋和腹板加劲肋；箱梁腹板加劲肋构造和设计与工形钢板梁桥基本相同。钢桥纵肋截面的基本形式有开口式和闭口式两种（图 12-55），开口截面中有平钢板，正、偏球头钢板，不等边角钢和倒 T 形；闭口截面中有梯形、U 形、V 形和 Y 形。开口纵肋易于工厂制造和养护，肋与肋之间的连接也较方便；闭口纵肋具有较大的抗扭刚度，屈曲稳定性也较好。肋与板的连接是从肋外侧用贴角焊缝焊接，故焊缝长度可较开口式纵肋减少一半，因而焊接变形也较小。

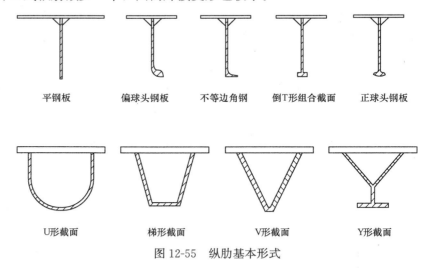

| 平钢板 | 偏球头钢板 | 不等边角钢 | 倒T形组合截面 | 正球头钢板 |

| U形截面 | 梯形截面 | V形截面 | Y形截面 |

图 12-55　纵肋基本形式

*12.6　钢桥稳定

钢材的强度高，许多钢构件往往不是由强度控制设计，而是在其应力还远低于钢材屈服强度之前就已屈曲失稳。在钢桥设计中最重要的稳定问题有两类，即杆件整体稳定性和杆件中各板块的局部稳定性。

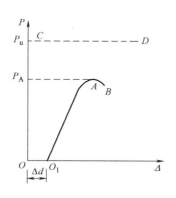

图 12-56　屈曲和压溃曲线

稳定问题通常又分为第一类稳定问题和第二类稳定问题。第一类稳定问题是指理想直、平杆件和板件在中心加载，当荷载达到一个特定值（该值也叫欧拉荷载或屈曲荷载）时，构件（杆或板）由直变曲很快超出承载力，即失稳。构件在达到屈曲荷载之前一直保持原来的平直状态。荷载变形（P-Δ 关系）历程如图 12-56 中的 OCD 曲线，屈曲荷载为 P_u。而实际上构件都有几何缺陷（初始不平度）和物理缺陷（焊接残余应力），在未加载前就有初弯曲，随着荷载的增加，初弯曲不断扩大直至被压溃，荷载变形（P-Δ 关系）如图 12-56 中 O_1AB 曲线，极限承载能力即失稳荷载为 P_A，这就是第二类稳定问题。

桥梁实际工程中的问题一般表现为第二类稳定问题。但是，由于第一类稳定问题（小挠度理论）是特征值问题，求解方便，在许多情况下桥梁实际工程两类问题临界值又相差不大，因此研究基于小挠度理论的第一类稳定问题仍有工程意义。

随着钢桥跨径增大，桥塔高耸化、箱梁薄壁化以及高强材料的应用，结构整体和局部稳定问题显著。

1. 整体稳定性问题（压杆的稳定）

理想直杆中心加载的临界力计算如下：

$$P_u = \frac{\pi^2 EI}{l^2} \tag{12-2}$$

式中　E——压杆材料的弹性模量；

$\quad\quad I$——压杆弱轴方向的惯性矩；

$\quad\quad l$——压杆的自由长度，它与两端的约束有关，若压杆两端简支，l 为两铰支点之间的距离。

相应的临界应力为

$$\sigma_u = \frac{P_u}{A_m} = \frac{\pi^2 EI}{l^2 A_m} \tag{12-3}$$

式中　A_m——杆的毛截面积。

截面的回转半径为

$$r_x = \sqrt{\frac{I_x}{A_m}}, \quad r_y = \sqrt{\frac{I_y}{A_m}} \tag{12-4}$$

杆件的长细比 λ 定义为

$$\lambda = \frac{l}{r} \tag{12-5}$$

其中令 $r = \min(r_x, r_y)$。则上面临界应力也可写成

$$\sigma_u = \frac{\pi^2 E}{\lambda^2} \tag{12-6}$$

由此可得压杆容许应力折减系数为

$$\varphi = \frac{\sigma_u}{\sigma_s} = \frac{\pi^2 E}{\lambda^2} \cdot \frac{1}{\sigma_s} \tag{12-7}$$

式中　σ_s——钢材的屈服强度。

式（12-7）中 $\pi^2 E$、σ_s 均为常量，折减系数 φ 仅与长细比 λ 有关。

因此，压杆的长细比 λ 是代表压杆屈曲刚度的最重要的参数，也是判断其稳定性的最重要的参数。《公路钢桥规》和《铁路钢桥规》在验算压杆稳定性时都列表给出 λ-φ 的对应数值，然后按下列公式验算：

$$\sigma = \frac{P}{A_m} \leqslant \varphi[\sigma] \tag{12-8}$$

式中　σ——名义应力，和强度验算的公式一致；

$\quad\quad P$——杆件所承受的压力；

$\quad\quad [\sigma]$——钢材的容许应力。

拉杆有时也要限制长细比 λ，以防止因杆太细引起振动。

2. 局部稳定问题

钢构件通常都是用薄板制成的，在构件强度和整体稳定性都能验算通过时，还须验算每一板件是否会局部失稳。按弹性理论计算，其临界应力为

$$\sigma_c = K \frac{\pi^2 E}{12(1-\nu^2)}\left(\frac{t}{b}\right)^2 \tag{12-9}$$

式中　K——与边界约束和荷载类别有关的系数，如对单向受压四边简支的板，$K = 4.0$；

　　　　ν——泊松比；

　　　　t——板厚；

　　　　b——板宽。

对于单纯受弯、受剪的板件，其欧拉临界应力的算式仍如式（12-9）所示，只是 K 的取值不同而已。

从上式可得，一旦材料选定，对于给定的边界约束和受力状况，板的局部稳定性仅与其宽厚比 b/t 有关。因此，对于板梁和箱梁各构件，桁梁各受压、受剪构件，其各板件要保证不发生局部失稳现象，一是加大板厚，这很不经济；二是减小板宽。减小板宽的措施是设加劲肋，例如板梁的腹板常设多道竖向加劲肋，板太高时还应设纵向水平加劲肋，把一块大的腹板分割成多个小板块，这些小板块就靠其周边的加劲肋和翼缘板支承。加劲肋应按压杆验算，特别是板梁的端加劲肋，该处的剪力很大，此剪力就是端加劲肋的压力。加劲肋不失稳，就能给被围板块提供有效的弹性支承（通常按简支处理）。这就是板梁、箱梁及桁梁受压、受剪构件设置加劲肋的依据，也是决定加劲肋间距及其截面尺寸的依据。

总之，对于钢桥，稳定问题十分重要，其构件轮廓尺寸及相对距离的确定几乎都与稳定问题有关。为使设计方便，又将杆件整体稳定性归纳为长细比 λ 的限制；对于板则为其宽厚比 b/t 的限制，这就大大简化了稳定分析的计算。

*12.7　钢桥疲劳

12.7.1　钢桥疲劳机理

自钢桥疲劳问题提出以来，各国学者对其展开了深入、系统的研究，各国也制定了相应的钢桥疲劳设计规范，如美国 AASHTO 规范、英国 BS5400 规范、欧洲 Eurocode 规范等。我国颁布的《公路钢结构桥梁设计规范》JTG D64—2015 中也对钢桥的抗疲劳设计进行了相关规定。但即使在今天，人类对疲劳问题已有相当多的认识，钢桥疲劳问题仍广泛存在。根据美国土木工程师协会（ASCE）1982 年的统计报告，工程结构中的疲劳断裂破坏占全部力学破坏的 $80\% \sim 90\%$。

如图 12-57 所示，在轴力往复循环作用下，尽管最大拉/压应力小于材料

的屈服强度,但在数量级为百万次的轴力往复循环作用下,钢结构可能产生疲劳裂纹,甚至断裂。钢桥疲劳可以定义为在反复循环应力作用下,从缺陷或瑕疵点处引发的局部微细裂纹的形成和缓慢扩展直至最后发生断裂的一种进行性破坏行为。

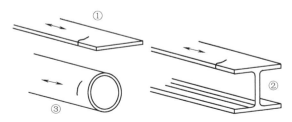

图 12-57　轴力往复循环作用下典型钢构件疲劳开裂示意图

1. 疲劳裂纹扩展。疲劳断裂过程都要经历裂纹萌生、稳定扩展和失稳扩展三个主要阶段,且在疲劳断口上可观察到相应的疲劳裂纹源区、裂纹扩展区和最后(瞬时)断裂区,如图 12-58 所示。裂纹往往从钢板表面或焊缝表面的初始缺陷开始萌生和扩展,早期微裂纹萌生和扩展过程较为缓慢,占疲劳寿命的绝大部分,随后裂纹扩展速度越来越快,图 12-59 给出三种理想初始缺陷形状下疲劳裂纹的扩展过程示意图。

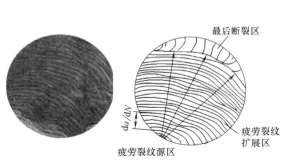

图 12-58　疲劳断口低倍图像

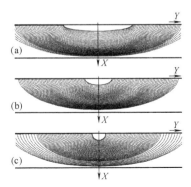

图 12-59　表面中裂纹扩展特征

2. 疲劳荷载与应力幅。桥梁在服役过程中不断受到车辆荷载、人群荷载、风荷载等动荷载的作用,这些随时间变化的荷载可统称为疲劳荷载。由疲劳荷载引起的结构应力称为疲劳应力,疲劳应力也是不断变化的,疲劳荷载的应力时程曲线可能是规则的,也可能是随机的。疲劳应力时程曲线中影响疲劳寿命的关键特征为应力幅和应力比,如图 12-60 所示为规则的应力循环形式。其中:应力幅 $\Delta\sigma = \sigma_{max} - \sigma_{min}$,应力比 $\rho = \sigma_{min}/\sigma_{max}$(此处 σ_{max} 为最大拉应力,σ_{min} 为最小应力,拉应力取正值,压应力取负值)。应力幅越大,越容易疲劳开裂;应力比越小,疲劳强度越低。焊接结构的疲劳性能直接与应力幅有关,而与应力比的关系不是非常密切。因此,疲劳设计时,可简化不考虑应力比,只考虑应力幅的影响。

因此,在确定钢桥疲劳破坏荷载时,就不能如静力强度破坏和失稳破坏

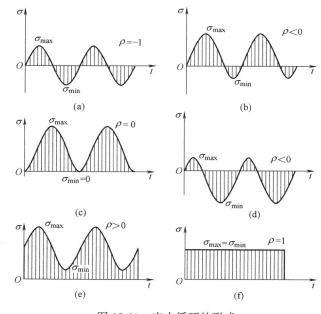

图 12-60　应力循环的形式

那样仅关心荷载的最大值及其组合，而应该关注出现频率高的较大荷载，尤其是疲劳荷载作用下的应力幅及其频率。

3. 应力集中影响因素。钢桥疲劳裂纹通常发生在几何形状发生突变或焊接缺陷等应力集中处。因此对构件细节的几何形状、表面状态、焊接工艺、加工过程以及使用环境等因素比较敏感。裂纹起始阶段的扩展寿命是断裂前疲劳寿命的重要组成部分，因此材料的表面物理状态和应力状态对构件的疲劳性能有重要影响。材料表面的粗糙不平、表面损伤等意味着材料表面会出现应力集中。部分构造细节不可避免地存在开孔、倒角等截面突变，如图 12-61 所示，荷载作用下这些部位容易出现局部应力增大的现象，即出现应力集中。

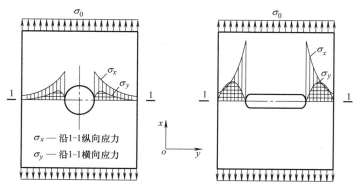

图 12-61　孔洞及槽孔处的应力集中现象

4. 疲劳构造细节。钢桥的构造细节影响受力结构的内力和应力分布规律和大小，钢板厚度对疲劳性能的影响同样不可忽视。以正交异性钢桥面板为例，如图 12-62 所示，由于顶板直接承受车轮荷载，顶板刚度过小会引起较大的局部变形，对钢桥面板构造细节（尤其是顶板与 U 形肋焊缝细节）的疲劳性能极为不利，易导致如图 12-63 所示的疲劳裂纹。

图 12-62　车辆荷载作用下横桥向变形

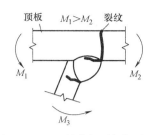

图 12-63　U 形肋与顶板焊缝受力情况（裂缝起源于焊趾）

5. 疲劳损伤积累。钢桥的疲劳破坏属于低名义应力、高周疲劳的范畴，即构件的名义应力远远低于材料的屈服强度，疲劳破坏的循环次数较多且多在百万次以上。根据 P-M 线性损伤累积准则，构件在循环荷载作用下，各个应力幅之间相互独立，其疲劳损伤可线性累加。

在某恒定应力幅 $\Delta\sigma$ 作用下，结构疲劳开裂所需应力幅循环次数为 N_i，经历 n_i 次循环的损伤为：

$$D = \sum \frac{n_i}{N_i} \qquad (12\text{-}10)$$

Miner 准则假定钢结构疲劳开裂的条件为累积损伤 $D \geqslant 1$，即应力幅循环次数 $n_i \geqslant N_i$。构件的应力越小，其疲劳开裂时的循环次数 n 就越多；构件的应力越大，其疲劳开裂时的循环次数 n 越少，如图 12-64 所示。

钢梁的结构构造、板厚、连接、成型、切割、焊接等均会影响结构的应力集中情况，各类构造细节具有不同的表

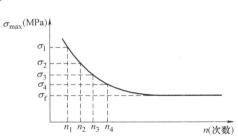

图 12-64　应力-疲劳开裂循环次数曲线

面状态、焊接工艺、加工过程，因此也就具有不同的疲劳强度以及不同的 S-N 曲线。《公路钢桥规》的附录 C 详细列出了各种疲劳细节，这里仅列出其中的部分疲劳细节，如图 12-65 所示。同样的板材，切割或机械气割后修整的材料疲劳类别 $\Delta\sigma_c$ 为 140，边缘带有浅且规则的线痕的机械气割材料或修整过边缘不连续的手工气割材料疲劳类别 $\Delta\sigma_c$ 为 125。显然，切割后修整过的板材的容许疲劳强度大于切割后带线痕的板材。同理，板厚小于 12mm 的结构的疲劳类别 $\Delta\sigma_c$ 大于板厚大于 12mm 的结构。

12.7.2　疲劳计算理论

对于大多数公路桥梁结构，汽车荷载是导致疲劳荷载的主要因素。我国

部分细节类别	构造细节	说明
140	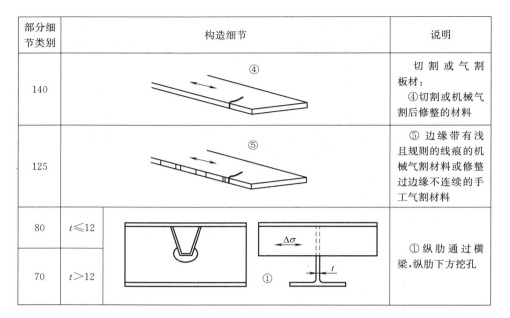	切割或气割板材：④切割或机械气割后修整的材料
125		⑤边缘带有浅且规则的线痕的机械气割材料或修整过边缘不连续的手工气割材料
80　$t \leqslant 12$		①纵肋通过横梁，纵肋下方挖孔
70　$t > 12$		

图 12-65　部分疲劳细节

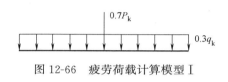

图 12-66　疲劳荷载计算模型Ⅰ

现行《公路钢结构桥梁设计规范》JTG D64—2015 针对公路钢桥疲劳验算推荐了 3 种疲劳荷载模型，即车道荷载（图 12-66，疲劳荷载计算模型Ⅰ）、双车模型（图 12-67，疲劳荷载计算模型Ⅱ）、单车模型（图 12-68，疲劳荷载计算模型Ⅲ）。

疲劳荷载计算模型Ⅰ和疲劳荷载计算模型Ⅱ适用于整体受力计算；采用疲劳荷载计算模型Ⅰ进行疲劳强度验算，当构件或连接不满足其验算要求时，应按疲劳荷载计算模型Ⅱ进行验算。疲劳荷载计算模型Ⅲ适用于局部受力构件（包括正交异性板、横隔板、桥面系构件等）的疲劳强度验算。

疲劳荷载计算模型Ⅰ对应于无限寿命设计法，考虑的是构件不出现疲劳破坏的情况，采用等效的车道荷载，集中荷载为 $0.7P_k$，均布荷载为 $0.3q_k$。横桥向布置多道汽车荷载时，应考虑汽车荷载的折减；仅布置一条车道汽车荷载时，应考虑汽车荷载的提高。关于荷载横向布置的具体要求可参考《公路桥涵设计通用规范》JTG D60—2015 中的相关规定。

$$\gamma_{Ff} \Delta\sigma_p \leqslant \frac{k_s \Delta\sigma_D}{\gamma_{Mf}} \qquad (12\text{-}11)$$

$$\gamma_{Ff} \Delta\tau_p \leqslant \frac{\Delta\tau_L}{\gamma_{Mf}} \qquad (12\text{-}12)$$

式中　γ_{Ff}——疲劳荷载分项系数，取 1.0；

γ_{Mf}——疲劳抗力分项系数，对重要构件取 1.35，对次要构件取 1.15；

k_s——尺寸效应折减系数，未说明时，取 1.0。

$\Delta\sigma_D$——正应力常幅疲劳极限（MPa），具体取值参照《公路钢桥规》附录 C 中的细节类别；

$\Delta\tau_L$——剪应力幅疲劳截止限（MPa），具体取值参照《公路钢桥规》附录 C 中的细节类别。

$\Delta\sigma_p$、$\Delta\tau_p$——按疲劳荷载计算模型I计算的应力幅（MPa），计算方法如下：

$$\Delta\sigma_p=(1+\Delta\phi)(\sigma_{pmax}-\sigma_{pmin}) \tag{12-13}$$

$$\Delta\tau_p=(1+\Delta\phi)(\tau_{pmax}-\tau_{pmin}) \tag{12-14}$$

式中 σ_{pmax}、σ_{pmin}——将疲劳荷载计算模型按最不利情况加载于影响线得出的最大和最小正应力（MPa）；

τ_{pmax}、τ_{pmin}——将疲劳荷载计算模型按最不利情况加载于影响线得出的最大和最小剪应力（MPa）；

$\Delta\phi$——伸缩缝附近构件放大系数：

$$\Delta\phi=\begin{cases}0.3\left(1-\dfrac{D}{6}\right) & (D\leqslant6)\\[2mm]0 & (D>6)\end{cases} \tag{12-15}$$

式中 D——验算截面到伸缩缝的距离（m）。

疲劳荷载计算模型Ⅱ采用双车模型，两辆车轴重与轴距相同，中心距不小于 40m。其单车的轴重与轴距布置如图 12-67 所示。

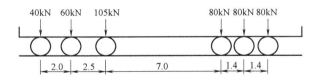

图 12-67　疲劳荷载计算模型Ⅱ（单位：m）

疲劳荷载计算模型Ⅲ采用单车模型，车轴重及轴距规定如图 12-68 所示。

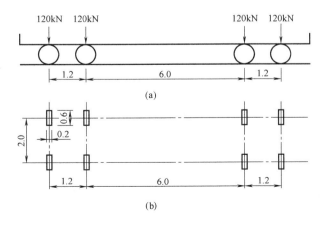

图 12-68　疲劳荷载计算模型Ⅲ（单位：m）

（a）立面图；（b）平面图

416

当采用疲劳荷载计算模型Ⅱ和模型Ⅲ进行疲劳验算时，验算应力应取按 2.0×10^6 次常幅疲劳循环换算得到的等效常值应力幅，并按下式验算：

$$\gamma_{Ff} \Delta\sigma_{E2} \leqslant \frac{\Delta\sigma_C}{\gamma_{Mf}} \qquad (12\text{-}16)$$

$$\gamma_{Ff} \Delta\tau_{E2} \leqslant \frac{\Delta\tau_C}{\gamma_{Mf}} \qquad (12\text{-}17)$$

式中　$\Delta\sigma_C$、$\Delta\tau_C$——疲劳细节类别（MPa），为对应于 2.0×10^6 次常幅疲劳循环的疲劳应力强度，具体取值参照《公路钢桥规》附录 C；

　　$\Delta\sigma_{E2}$、$\Delta\tau_{E2}$——按 2.0×10^6 次常幅疲劳循环换算得到的等效常值应力幅（MPa），其计算方法如下：

$$\Delta\sigma_{E2} = (1 + \Delta\phi)\gamma(\sigma_{pmax} - \sigma_{pmin}) \qquad (12\text{-}18)$$
$$\Delta\tau_{E2} = (1 + \Delta\phi)\gamma(\tau_{pmax} - \tau_{pmin}) \qquad (12\text{-}19)$$

式中　γ——损伤等效系数，$\gamma = \gamma_1 \cdot \gamma_2 \cdot \gamma_3 \cdot \gamma_4$，且 $\gamma \leqslant \gamma_{max}$，其中 γ_1、γ_2、γ_3、γ_4、γ_{max} 的具体取值参照《公路钢桥规》附录 D。

采用疲劳荷载计算模型Ⅲ进行局部受力构件验算时，正交异性板各疲劳细节的有效影响面范围狭窄，其疲劳细节对轮载的横向位置十分敏感。因而需考虑车轮在车道上的横向概率（如图 12-69 所示，加载区域 1 应布置在最不利位置）。

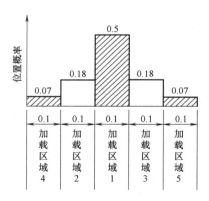

图 12-69　正交异性板车轮横向概率

其具体的加载步骤如下：

① 建立正交异性板的局部有限元模型，计算各疲劳细节的影响面。

② 找出疲劳影响线上应力数值最大的点，该点所对应的影响线为加载区域 1，加载区域 1 向两侧横向偏移 0.1m 对应的影响线分别为加载区域 2 和 3，加载区域 1 向两侧横向偏移 0.2m 对应的影响线分别为加载区域 4 和 5。

③ 将疲劳荷载计算模型Ⅲ一侧的轮载分别加于加载区域 1～加载区域 5，并分别算出对应的 $\sigma_{pmax,i}$ 和 $\sigma_{pmin,i}$，其中 i 为区域编号，2×10^6 次常幅疲劳循环时等效常值应力幅 $\Delta\sigma_{E2}$ 按下式计算：

$$\Delta\sigma_{E2} = (1+\Delta\phi)\gamma^3 \sqrt{\begin{array}{l} 0.5(\sigma_{pmax,1}-\sigma_{pmin,1})^3 + 0.18(\sigma_{pmax,2}-\sigma_{pmin,2})^3 + \\ 0.18(\sigma_{pmax,3}-\sigma_{pmin,3})^3 + 0.07(\sigma_{pmax,4}-\sigma_{pmin,4})^3 + \\ 0.07(\sigma_{pmax,5}-\sigma_{pmin,5})^3 \end{array}}$$

$$(12-20)$$

由于计算机的广泛使用，钢桥内力和应力通常是用有限元法完成的，只要明确了本节所述计算原则，疲劳荷载模式作用下的内力和应力就可借助于计算机完成。

12.8　钢桥制造与架设

在钢桥设计图纸完成以后，下一道程序就是钢桥制造。通常情况下，这部分工作应在具备完善设备和成熟工艺的钢结构制造工厂进行；特殊情况下，如抢修或装配施工临时辅助结构，制造也可在工地进行。

钢桥制造应以桥梁的技术设计图纸为依据，遵循相关的行业规定，绘制施工详图。随着现代管理理论和计算机技术的进步，计算机辅助制造（CAM）和计算机集成制造系统（CIM）得到重视。在制造设备方面，以数字控制为核心的，能自动划线、切割、制孔、焊接的各类数控机床已逐步付诸应用。

12.8.1　钢桥构件工厂制造

钢厂将钢料随同质量保证书一道送到桥梁厂。钢料进厂后首先进行化学成分及力学性能复验和焊接工艺试验。合格的钢料按规定的工艺流程进行钢梁生产。工艺流程如图 12-70 所示。

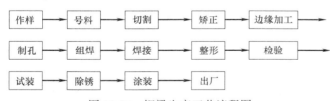

图 12-70　钢梁生产工艺流程图

① 作样。根据施工图及工艺规定把桥梁的每一个零件或部件在放样间做成与实物相同的样板，或与实物长短一样的样杆、样条。

② 号料。在材料场根据放样间做成的样板、样杆、样条确定选用的材料，并在选用的材料上准确地划好切割线，用钢印打好编号。

③ 切割。根据要求的精度，印有编号的料分别用精密切割、手工氧切或剪切制成整备的零件。

④ 矫正。将切割好的零件，滚压整平，加工矫正。

⑤ 边缘加工。根据要求对零件的边缘进行刨或铣。精密切割的边缘视制造要求也可以不用刨边、铣边。边缘加工的目的是为了保证焊接质量与外观整齐、美观。

⑥ 制孔。根据图纸规定的栓（钉）孔位置，用覆盖式样板或立体式机器样板进行制孔。

样板上按一定的位置嵌配有钻孔套。钻孔套是用硬金属做成的中空圆柱体，中空的位置就是钻孔位置。一块覆盖式样板有许多钻孔套，用它可以在平面上钻成一组钉孔群。加工样板时钻孔套相互间距离精确度很高，能保证通过钻孔套钻成的钉孔相互的位置误差很小（图 12-71）。如果一个构件上有几组栓（钉）孔群要钻孔，这些栓（钉）孔群可能位于一个平面，也可能位于不同平面，则在制孔时，为了保证栓（钉）孔群与群之间距离准确，须使用立体机器样板。立体机器样板的原理是根据构件的外形，设计一个能将构件固定的结构，并在其上安装所需要的若干块覆盖式样板。钻孔时，构件可以是固定的，即构件固定在立体式机器样板内后进行钻孔；也可以是转动式的，即将构件固定在立体式机器样板内后，将其转动至钻机的钻孔位置后钻孔。图 12-72 是 H 形构件转动式钻孔立体机器样板。

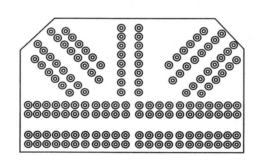

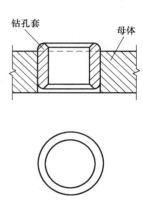

图 12-71　覆盖式样板

⑦ 组焊。将整备好的零、部件放入组装胎型中，用点焊组装成型。组装胎型是使零、部件按设计位置组合成构件的一种专用成型台架。

⑧ 焊接。按规定的焊接方法和工艺施焊。

⑨ 整形。部件焊好后会有变形，称之为焊接残余变形。根据变形的情况可用机械冷矫或用火焰热矫，将部件矫正至符合规定标准。

⑩ 检验。桥梁重要部件的焊缝都要用超声波和 X 光检查，若发现有缺陷的焊缝要返修重焊。除对焊缝进行无损探伤外，在制造过程中，还要同步做一定数量的试件进行规定的力学性能试验。试验结果应不低于制梁前所做的焊接工艺评定标准。

⑪ 试装。取全桥有代表性的结构在工厂进行试装。目的是检查制造中有无错误，组装有无问题，以及杆件或构件之间的连接处、栓（钉）孔的过孔率是否达到要求。

最后喷砂除锈，涂装，发送工地。

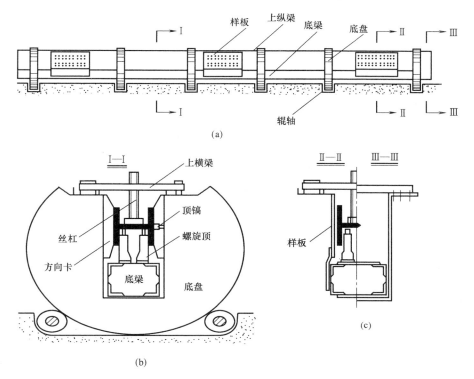

图 12-72　H 形构件转动式钻孔立体机器样板

12.8.2　钢桥架设

钢桥构件由制造工厂运抵桥址以后，必须在结构架设就位、牢固支承连接、建造好桥面和其他必要设施后，才能行车。这部分施工工作，称为架设（或安装）。

钢桥常用的架设方法有悬（伸）臂法、顶推法、浮运法等。需要结合具体情况，选择合理有利的安装方法。影响选择钢梁架设方法的因素有：桥址的地形条件、气象条件和桥梁的技术条件（桥孔的多少、跨度的大小、构件的重量以及结构构造特征等）。

1. 悬臂法架设钢梁

悬臂法是指在桥位上拼装钢梁时，不借用桥下临时支墩，将杆件逐根（段）依次拼装在平衡梁上或已拼好的部分钢梁上，从墩台形成向桥孔中央逐渐增长的悬臂，直至下一墩（台）上，称全悬臂拼装。若在悬臂拼装时，在桥孔中设置一个或多个临时支墩，借以缩短悬臂长度，则称为半悬臂拼装。对多跨连续钢结构，桥跨的安装可从中间桥墩开始，同时向左、右两跨中央对称延伸，称平衡悬臂拼装，将悬臂梁段由墩（台）向中间拼装直至桥孔中央并互相连接，称跨中合龙。图 12-73 为简支桁梁半悬臂拼装示意。

钢梁在悬臂拼装过程中，随着悬臂长度的增加，悬臂端点的挠度和悬臂支承处附近的杆件内力将逐渐增大，有时超出容许范围。因此，降低钢梁拼装应力和梁端挠度，减少悬臂孔的施工荷载，保证钢梁拼装时的安全，是悬臂拼装的关键问题。

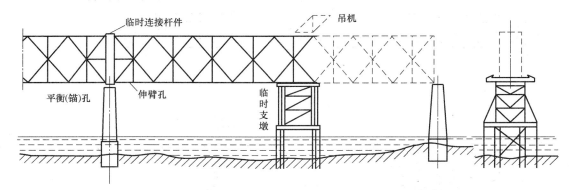

图 12-73 简支桁梁半悬臂拼装示意

2. 拖拉法/顶推法架设钢梁

拖拉法/顶推法架设的共同特征是：将岸边沿桥纵向已拼好的梁（段）沿纵向移动，前端悬臂而出，直至前端达到前方的墩台。当纵移力是由绞车、滑轮组、钢丝绳提供时，称为拖拉法；当纵移力是由水平向千斤顶提供时，称顶推法。

拖拉法架设的优点是，钢梁的现场拼装工作大部分是在岸边路基或工作平台上进行，工作条件好，容易保证质量，同时减少了高空作业。其次，钢梁的拼装工作可以与墩台基础的施工并列进行，可以缩短工期。但使用拖拉法需要有一定的拖拉牵引设备，需要设置一定数量的滑道以及布置临时墩架等。

顶推法借用拖拉法的施工原理，区别在于滑道设置和驱动方式。顶推法采用不锈钢板和聚四氟乙烯板形成滑道，改滚动为滑动；在墩台顶设置水平向-竖向千斤顶，改拖拉为顶推。根据实际情况，可采用单点顶推或多点顶推、步履式顶推、单向或双向顶推、滑道支承方式顶推或永久支承方式顶推等不同工艺。图 12-74 为顶推法架设钢桁梁。

3. 浮运法架设钢梁

传统的浮运法是指在桥位岸边，将钢梁拼装成整孔后，利用码头把钢梁滚移到浮船上，再浮运至预定架设的桥孔上架梁就位。

浮运法架梁对自然环境条件有一定要求，如要求桥孔中有适当水深，钢梁底面距施工水位净空不宜过高，浮运过程中风力与水流流速

图 12-74 顶推法架设钢桁梁

不大，架设时水位较稳定，岸边有拼装钢梁的场地和修建码头的条件等。

浮运法架梁的主要优点在于：钢梁拼装可在岸上进行，且可与基础、墩台施工平行开展。架设多孔钢梁时，主要浮运设备如码头、浮船等可重复使用，节省投资。

现代大型浮吊的起吊能力大，通常自带动力，这使得桥梁的大件或整孔的吊运及安装更为便利，因此在桥梁施工中具有广阔的应用前景，尤其适合于近海环境中采用预

图 12-75　浮运架设连续钢箱梁

制吊装方法建造的长桥。图 12-75 为某连续钢箱梁浮运架设时的情形。

4. 缆索施工钢梁

大跨度斜拉桥和悬索桥一般采用缆索架设钢梁。具体施工过程详见第四篇——缆索承重桥梁。

12.9　组合梁桥

12.9.1　概述

钢筋混凝土公路桥面板或铁路道砟槽板与钢梁（板梁或桁梁）结合成一体共同受力的梁，称为组合梁（图 12-76）。桥面板与钢梁的共同工作靠二者之间的剪力连接件完成。剪力连接件使钢筋混凝土板与钢梁在竖向荷载作用下共同受弯，钢筋混凝土板受压，钢梁主要受拉，充分发挥混凝土和钢材的受力特性。

组合梁主要特点有：

（1）组合梁的梁高比同跨度混凝土梁小，重量比同跨度混凝土梁轻。

（2）起吊重量轻，便于制造、安装，其建造方法是：先架设钢梁，然后在钢

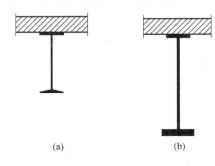

(a)　　　　　(b)

图 12-76　钢筋混凝土板与钢梁组合梁

梁上立模板，浇筑钢筋混凝土桥面板，或安装预制桥面板。

（3）由于混凝土参与承压，可节省钢梁上翼缘或上弦杆的用钢量，同时增加梁的竖向及横向刚度，但剪力连接件的钢材用量不小，与钢梁相比，总的钢料节约有限。

（4）组合梁的钢筋混凝土板同时用作公路上的桥面板或铁路上的道砟槽板，在活载作用下比全钢梁桥的噪声小，且能适用于曲线及坡道。

（5）需要计算混凝土收缩、徐变及钢梁与钢筋混凝土板的温差引起的应力或内力重分布。

基于以上特点，组合梁常用于建筑高度受限制的跨线桥、城市立交桥。由于重量轻、钢筋混凝土板又能抵抗纵向压力，我国公路 500m 以上跨度斜拉桥的主梁大都采用组合梁，如上海杨浦大桥、徐浦大桥，福建的闽江大桥。主跨度 423m 的南浦大桥（上海），跨度 465m 的安纳西斯桥（加拿大）主梁也为组合梁。芜湖长江大桥，主跨 312m 为钢桁梁与钢筋混凝土板组合梁。

12.9.2 构造特点

组合梁桥主要由钢主梁、横向联结系、纵向联结系、连接件和桥面系组成。早期的桥面系直接放置在钢主梁上，二者之间连接较弱，钢主梁成为整个桥梁承受竖向荷载的关键承重构件；后来随着制造技术的发展和计算方法的进步，在钢梁与钢筋混凝土桥面板之间设置连接件，把钢梁与混凝土连接到一起成为组合梁，组合梁成为了整个桥梁承受竖向荷载的关键承重构件。根据工字形钢梁的数量，组合梁可分为双主梁和多主梁结构形式，分别如图 12-77（a）和（b）所示。

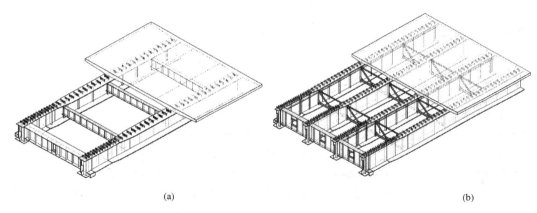

(a)   (b)

图 12-77　钢板组合梁结构形式

(a) 双主梁形式组合梁；(b) 多主梁形式组合梁

双主梁桥是最简单的组合结构桥梁形式，常用于桥面板宽度低于 13m 的桥梁中。双主梁结构构造简单，大大减少了工厂钢结构制造的工作量，同时可以达到提高桥梁施工架设速度和降低桥梁建设成本的目的。由于桥面板的横桥向支承跨度相对较大，往往需要加厚钢筋混凝土桥面板或者施加横向预应力才能保证结构受力安全。总体上，这种桥梁的安全储备冗余度较低，在有重车通行的情况下桥面板和钢梁的安全储备需要引起重视。多主梁形式的钢板组合梁一般用于桥宽大于 8m 的桥梁中。多主梁比双主梁构造复杂，加工制作及安装时间长，钢主梁的数量增多，导致其用钢量指标比双主梁的多一些，但是其钢筋混凝土桥面板的厚度可以比双主梁的小，桥面板不容易出现开裂等病害，这种桥梁的安全储备冗余度较高，适合于在有重车通行的公路桥梁和一般城市桥梁。

在组合结构桥梁中随着不同的施工方法的出现，结构的受力性能也在不断发生变化，比较常用的施工方法是先架设钢主梁，再安装钢筋混凝土桥面板。在钢筋混凝土桥面板没有与钢梁组合成完整的组合截面时，钢梁承担了结构的自重，这种情况下钢结构的稳定性较差，需要横向联结系等构件加强结构的稳定性。比较完整的钢梁（主梁）及其支撑体系如图 12-15（a）所示。

1. 主梁

主梁有型钢梁（如工字钢、H 型钢）和焊接钢梁等结构形式。其中桥梁中应用最多的是焊接钢梁，钢主梁一般由上翼缘板、腹板和下翼缘板焊接而成。上、下翼缘板承受拉、压正应力。由于钢筋混凝土桥面板参与钢梁上翼缘受压，可以大大减小钢梁上翼缘的截面面积，因此，除了工字钢做成的小跨径钢梁外（图 12-76a），一般钢梁的截面都做成不对称的，上翼缘由尽可能最小的钢板组成，下翼缘通常采用很厚的翼缘板（图 12-76b）。

为了防止板件的局部失稳，上、下翼缘根据其受力情况沿跨径方向变化，一种方法是变化板件的宽度，一种方法是变化板件的厚度。腹板在桥梁中的受力较为复杂，在靠近支座位置附近是以承受剪应力为主，在跨中附近腹板以承受不均匀的纵桥向正应力为主，在车轮荷载作用下和支座反力作用下还要承受局部竖向应力作用。因此为了防止腹板局部失稳需要设置加劲肋，根据受力情况需要设置横向加劲肋和纵向加劲肋，在支承处设置支承垫板和承受支座反力的竖向加劲肋。另外，在梁端腹板设置检修人员通行用的通行孔。钢主梁的加劲肋设置如图 12-78 所示。

2. 连接件

为了保证钢筋混凝土桥面板与钢梁共同受力，形成组合梁，必须在两者之间设置可靠的连接件，确保钢筋混凝土桥面板与钢梁之间不产生相对错动。目前常用的连接有黏结型、胶结型、摩擦型以及连接件型等多种形式。黏结型连接（图 12-79）就是指依靠水泥砂浆与钢梁翼缘自然黏结而形成的一种连接形式。为了进一步扩大两者间的结合面积，增大咬合力，有时可在钢板上设置凸起部，起到材料间的咬合作用，提升黏结性能。胶结型连接（图 12-80）主要是指利用环氧树脂等有机材料把钢材与混凝土结合起来。结合面积相同时，环氧树脂相对于水泥砂浆的自然黏结力要大。桥梁工业化建造推进过程中，构件的预制装配是主要方向。对预制装配式组合结构进行拼装

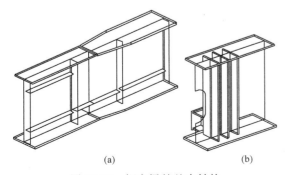

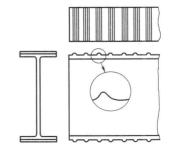

（a）　　　　　　　　　　（b）

图 12-78　钢主梁的基本结构　　　　　图 12-79　黏结型连接

（a）翼缘变化及腹板加劲肋布置；（b）腹板上支承加劲肋及通行孔

时，利用摩擦力使钢材与混凝土结合在一起即为摩擦型连接形式（图 12-81）。在组合结构中，还有一种将钢筋、金属棒、型钢或钢板等材料构件插入混凝土中，通过抵抗钢与混凝土界面之间的剪力等作用来实现钢与混凝土结合的一种连接方式，也有学者称其为销栓型或机械型连接形式（图 12-82）。

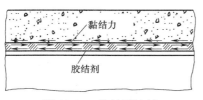

图 12-80　胶结型连接

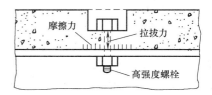

图 12-81　摩擦型连接件

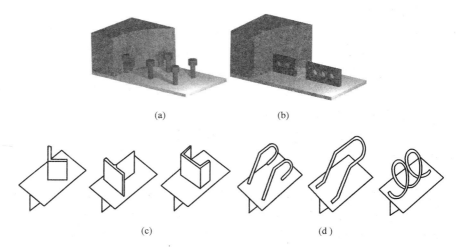

(a)　　　　　　　　　　(b)

(c)　　　　　　　　　　(d)

图 12-82　机械型连接件
(a) 焊钉；(b) 开孔板；(c) 型钢；(d) 钢筋

在上述众多形式连接件中，焊钉具有各向同性、抗剪承载力高、抗掀起能力好、施工快速方便、焊接质量易得到保证等优点，是目前应用最广泛、综合受力性能最好的抗剪连接件。焊钉连接件在组合梁桥中的使用往往根据桥面板的施工方法分成均匀布钉和群钉布置两种方式，均匀布钉通常适用于钢筋混凝土桥面板为现浇或桥面板横桥向分块预制的方法，群钉布置的方式通常适用于钢筋混凝土桥面板横桥向整块预制的方法。这两种方式的焊钉布置示意图如图 12-83 所示。焊钉的数量及规格必须根据结构的受力来确定。

3. 钢筋混凝土板

在钢梁上的钢筋混凝土板是预制板或在钢梁上支架模板，现浇混凝土。预制板可以减小混凝土收缩、徐变影响，但整体性不如现浇混凝土。

采用预制板是将桥面纵、横向分块（铁路桥一般只在横向分块），预制板内预留连接件位置的孔洞（图 12-84）。预制板之间用湿接缝混凝土及钢筋连接。孔洞内及湿接缝填微膨胀混凝土，以抵消现浇混凝土的收缩影响。

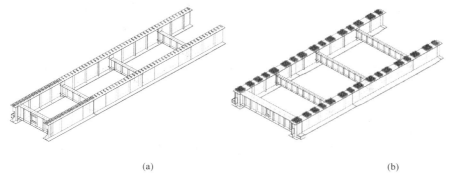

(a)   (b)

图 12-83　焊钉连接件在主梁上的布置形式

（a）焊钉均匀布置；（b）群钉布置

连续组合梁或斜拉桥主梁等出现负弯矩区，钢筋混凝土板受拉。此时可以采用预应力，例如，以连续组合梁的中间支点范围内的钢筋混凝土板为对象，对这部分的混凝土施加预应力，在使用条件下能一定程度上防止或控制混凝土裂缝。这种做法既增大结构的刚性，还具有防止钢材和钢筋锈蚀的作用。

混凝土的预应力施加方法大致有两种：一种是在浇钢筋混凝土板（或安装预制板）前，在中间支点处对钢梁施加一向上预顶力，待钢筋混凝土板与钢梁组合或接合后，释放掉预顶力，混凝土板就受到预压力。另一种是采用张拉钢绞线对受拉区混凝土施加预压力。

两种方法都有缺点：前者由于混凝土收缩徐变及加载龄期不可能太长，预压力损失较大；后者在操作、构造

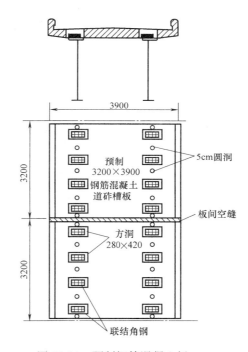

图 12-84　预制钢筋混凝土板

上不方便。因此，国外已倾向于在负弯矩区采用高配筋（配筋率在 3％以上）混凝土或高性能混凝土（钢纤维混凝土等），以期限制裂缝的宽度。实验表明，采用整体现浇高配筋混凝土板，在反复荷载作用下，负弯矩区裂缝分布比较分散，裂缝宽度可以控制不超过 0.2mm。

12.9.3　计算要点

1. 内力组合特点

组合梁的计算分为两个阶段：第一阶段为钢筋混凝土桥面板结硬前，此时荷载单独由钢梁承受，包括钢梁、桥面板，对现浇混凝土板还有模板等重

425

量;第二阶段为钢筋混凝土桥面板参与钢梁共同受弯后,承受其余部分设计荷载,包括桥面铺装层(或道砟层)、人行道等组成的恒载以及活载。

组合梁的另一计算特点是钢梁与混凝土的温差及混凝土收缩与徐变对截面应力产生影响。在混凝土徐变影响下,钢筋混凝土板的恒载应力有所降低,钢梁的应力有所提高。

2. 组合梁换算截面几何特性

在钢筋混凝土板与钢梁连接牢固的前提下,组合梁弯曲时,截面符合平截面变形假定,材料服从虎克定律,故引入钢和混凝土的弹性模量之比 n_0:

$$n_0 = \frac{E_c}{E_s} \tag{12-21}$$

式中 E_c——混凝土的弹性模量;

E_s——钢的弹性模量。

计算时,在相同位置上钢筋混凝土截面换算成 $1/n_0$ 倍的等价钢梁换算截面,并据此计算换算截面的几何特性。如图 12-85 所示,换算截面的几何特性如下:

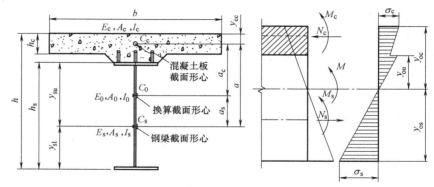

图 12-85 组合梁换算截面

$$A_0 = A_s + \frac{A_c}{n_0} \tag{12-22}$$

$$a_c = \frac{A_s}{A_0} a \tag{12-23}$$

$$a_s = \frac{A_c}{n_0 A_0} a \tag{12-24}$$

$$I_0 = I_s + \frac{I_c}{n_0} + A_s a_s^2 + \frac{A_c}{n_0} a_c^2 \tag{12-25}$$

式中 A_0——组合梁的换算面积;

A_c——钢筋混凝土板的截面积;

A_s——钢梁截面积;

a_c、a_s——分别为组合梁换算截面形心至钢筋混凝土板和钢梁两者形心的距离;

a——钢筋混凝土板与钢梁形心间的距离;

I_0——组合梁的换算惯性矩；

I_c、I_s——分别为混凝土板和钢梁对自身截面形心的惯性矩。

3. 混凝土板的有效工作宽度

如图 12-86 所示为钢-混凝土组合梁桥的典型横断面。根据弹性力学分析可知，组合梁承受荷载产生弯曲变形时，支承于钢梁上的混凝土翼缘板的纵向压应力沿翼缘板宽度方向的分布是不均匀的。离钢梁腹板越远，压应力越小，其分布规律主要取决于截面和跨径的相对尺寸。组合梁桥的钢梁间距通常较大，即翼缘板的宽度较大。考虑到远离钢梁腹板处混凝土翼缘板的压应力较小，故在设计中把混凝土翼缘板参与钢梁共同工作的宽度限制在一定的范围，称之为混凝土板的有效工作宽度 b_{eff}，并假定在有效工作宽度 b_{eff} 范围内压应力沿横桥向是均匀分布的。在概念上这与钢筋混凝土 T 形梁的有效工作宽度是一致的。

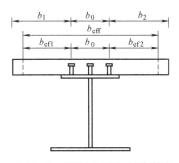

图 12-86　混凝土板的有效宽度

按照《公路钢混组合桥梁设计与施工规范》JTG/T D64-01—2015 和《钢-混凝土组合桥梁设计规范》GB 50917—2013 的相关规定：计算正弯矩产生的弯曲应力时，组合截面应包括钢梁截面和混凝土板的有效工作宽度的换算截面；计算由负弯矩产生的应力时，组合截面应包括钢梁截面和混凝土板有效工作宽度内的纵向钢筋截面。

（1）钢-混凝土组合梁桥各跨跨中及中间支座处的翼缘板有效宽度 b_{eff}，按下式计算，且不应大于翼缘板实际宽度，参见图 12-86：

$$b_{eff} = b_0 + \sum b_{ef,i}, b_{ef,i} = \frac{L_{e,i}}{6} \leqslant b_i \qquad (12\text{-}26)$$

式中　b_0——外侧剪力连接件中心间的距离；

$b_{ef,i}$——外侧剪力连接件一侧的混凝土翼缘板有效工作宽度；

b_i——外侧剪力连接件中心至相邻钢梁腹板上方的外侧剪力连接件中心的距离的一半或外侧剪力连接件中心至混凝土桥面板自由边之间的距离；

$L_{e,i}$——等效跨径，简支梁应取其计算跨径，连续梁应按图 12-87 取。

（2）简支梁支点和连续梁边支点处的混凝土翼缘板有效工作宽度 b_{eff}，按下式计算：

$$b_{eff} = b_0 + \sum \beta_i b_{ef,i}, \beta_i = 0.55 + 0.025 \frac{L_{e,i}}{b_i} \leqslant 1.0 \qquad (12\text{-}27)$$

式中　$L_{e,i}$——边跨的等效跨径，如图 12-87（a）所示；

β_i——在端支承处单侧翼缘板有效工作宽度折减系数。

（3）混凝土翼缘板有效工作宽度 b_{eff} 沿梁长的分布可假设为如图 12-87（b）所示的形式。

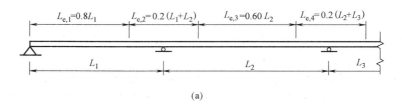

(a)

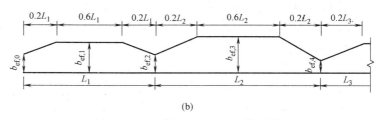

(b)

图 12-87 组合梁混凝土板的等效跨径

（a）连续组合梁等效跨径；（b）桥面板有效宽度沿梁长分布

（4）预应力组合梁在计算预加力引起的混凝土应力时，预加力作为轴向力产生的应力可按实际翼缘板全宽计算；由预加力偏心引起的弯矩产生的应力可按翼缘板有效工作宽度计算。

（5）对超静定结构进行整体分析时，组合梁的翼缘板有效工作宽度可取其实际宽度。

4. 组合梁应力

（1）轴力作用

由轴力 N_0 所产生的组合梁混凝土板及钢梁应力，根据换算截面法，由下式可得：

$$\sigma_c = \frac{N_0}{n_0 A_0} \tag{12-28}$$

$$\sigma_s = \frac{N_0}{A_0} \tag{12-29}$$

（2）弯矩作用

由弯矩 M 所产生的组合梁混凝土板及钢梁边缘应力，根据换算截面法，由下式可得：

$$\sigma_c = \frac{M}{n_0 I_0} y_{0c} \tag{12-30}$$

$$\sigma_s = \frac{M}{I_0} y_{0s} \tag{12-31}$$

或者将作用在梁上的弯矩 M 分解为混凝土板和钢梁承担的弯矩 M_c 与 M_s；以及由分别作用在混凝土板和钢梁形心上的轴向力 N 所构成的力偶 Na，由下式可得：

$$\sigma_c = \frac{N_c}{A_0} + \frac{M_c}{I_c} y_c \tag{12-32}$$

$$\sigma_s = \frac{N_s}{A_s} + \frac{M_s}{I_s} y_s \tag{12-33}$$

其中，弯矩 M_c 与 M_s 和力偶 Na，可根据刚度分配法求得：

$$M_s = \frac{I_s}{I_0} M \qquad (12\text{-}34)$$

$$M_c = \frac{I_s}{n_0 I_0} M \qquad (12\text{-}35)$$

$$N = N_s = N_c = \frac{A_0 a_s a_c}{a I_0} M \qquad (12\text{-}36)$$

（3）剪力作用

作用在混凝土板和钢梁接触面单位长度上的水平剪力 T 为：

$$T = \frac{QS}{I_0} = \frac{Q A_c a_c}{n_0 I_0} \qquad (12\text{-}37)$$

式中　Q——作用于组合梁横截面上，由于第二阶段荷载所产生的竖向剪力；

　　　　S——混凝土板对组合梁截面重心轴的面积矩；

　　　　I_0——组合梁的截面换算惯性矩。

5. 剪力连接件的计算与布置

由混凝土板和钢梁通过连接件组成的组合梁，在荷载作用下，假定混凝土板和钢梁结合面产生错动的纵向水平剪力 T，如果每排剪力器间隔为 a，则每个连接件所受的水平剪力 V 按下式计算：

$$V = \frac{T}{m} a \qquad (12\text{-}38)$$

式中　m——组合梁横截面上每排连接件的个数；

　　　　a——连接件纵向间距。

恒载和活载引起的剪力在支点处最大，到跨中最小，呈三角形分布。混凝土板的收缩或板与钢梁之间的温差产生的剪力在端部也最大。连接件可按剪力图面积进行分配，即支点处间距密，跨中间距大。为了构造简单，可分段等距或等距布置。

剪力连接件应作静力承载性能设计及疲劳安全性检验。剪力连接件验算含两方面内容：连接件抗剪强度、剪力连接件接触面的混凝土局部抗压强度。对于各种类型连接件的承载力计算以及疲劳验算，可参阅有关规范或手册，这里不赘述。

6. 温差、混凝土收缩和徐变计算

（1）温差、混凝土收缩产生内力

当大气温度变化或受到太阳光的辐射，钢的导热率大于钢筋混凝土板的导热率造成板和钢梁的温度差，在组合梁中要引起温度内力。应根据钢梁和钢筋混凝土之间实际的温度变化计算由此产生的内应力，在缺乏足够的技术资料时，可认为在梁和板内的温度在各自高度范围内为一定值，其差值可取 $\pm 15\,^{\circ}\mathrm{C}$。

混凝土收缩相当于混凝土降温，如果在推导过程中忽略收缩同时发生的混凝土徐变的影响，其计算与梁和板温度为一定值的温差引起的计算是一样

429

的。计算时，可取如下混凝土收缩率：对于整体浇筑的钢筋混凝土板，相当于降低温度 15℃；对于分段浇筑的钢筋混凝土板，相当于降低温度 10℃；对于装配式钢筋混凝土板，相当于降低温度 5~10℃。

下面就梁和板温度为一定值，由于两者温差引起的力作推导。推导时作下列假定：梁变形符合平截面假定；钢与混凝土相互之间的连接是可靠的，虽可能有较微小的滑移，忽略不计；混凝土与钢线膨胀系数相同。

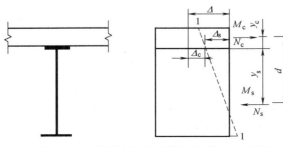

图 12-88　混凝土板与钢梁温差引起组合梁应力

设在温度变化下，混凝土板与钢梁的温差为 Δt，混凝土板若不受约束，相对钢梁要缩短 $\Delta = \alpha \Delta t$（图 12-88），α 为混凝土线膨胀系数。实际上钢梁与混凝土板通过连接件成为一个整体，混凝土板底面与钢梁顶面不可能发生错动，故实际变形位置为图 12-88 中的 1-1 平面，此时混凝土板中的轴力为 N_c，弯矩为 M_c，钢梁中的轴力为 N_s，弯矩为 M_s（图 12-88）。因静定梁在温度变化下，截面不会产生内力，故任一截面中均应符合平衡条件：

$$N_c = N_s = N \tag{12-39}$$

$$M_c = M_s = N \cdot d \tag{12-40}$$

此外，梁受弯后，板和钢梁的曲率相同，即

$$\frac{1}{R_c} = \frac{1}{R_s} \ \text{或} \ \frac{M_c}{E_c I_c} = \frac{M_s}{E_s I_s} \tag{12-41}$$

式中　R_c、R_s——混凝板与钢梁的曲率半径；

$\quad\quad E_c$、E_s——混凝土与钢的弹性模量；

$\quad\quad I_c$、I_s——混凝土板和钢梁对自身截面形心的惯性矩。

混凝土板与钢梁的截面上的变形相互协调，得

$$\Delta_c + \Delta_s = \Delta \tag{12-42}$$

$$\Delta_c = \frac{N_c}{E_c A_c} + \frac{M_c}{E_c I_c} y_c \tag{12-43}$$

$$\Delta_s = \frac{N_s}{E_s I_s} + \frac{M_s}{E_s I_s} y_s \tag{12-44}$$

将式（12-43）、式（12-44）代入式（12-42），得：

$$\frac{N_c}{E_c A_c} + \frac{M_c}{E_c I_c} y_c + \frac{N_s}{E_s A_s} + \frac{M_s}{E_s I_s} y_s = \Delta \tag{12-45}$$

式中　A_c、A_s——混凝土板与钢梁的截面积；

$\quad\quad y_c$、y_s——混凝土板重心与钢梁重心到结合面的距离。

由式（12-39）、式（12-40）、式（12-41）、式（12-45）4 式，可解得

$$N = \beta(E_c I_c + E_s I_s)\Delta \tag{12-46}$$

$$M_c = \beta d E_c I_c \Delta \tag{12-47}$$

$$M_s = \beta d E_s I_s \Delta \qquad (12\text{-}48)$$

$$\beta = \cfrac{1}{d^2 + (E_c I_c + E_s I_s)\left(\cfrac{1}{E_c A_c} + \cfrac{1}{E_s A_s}\right)} \qquad (12\text{-}49)$$

利用上式求出内力 N、M_c、M_s 后，即可计算组合梁截面应力（受拉为正，受压为负）。

混凝土板缘应力：

$$\sigma_c^{\pm} = \frac{N}{A_c} - \frac{M_c}{I_c} y_1 \qquad (12\text{-}50)$$

混凝土板下缘应力：

$$\sigma_c^{\mp} = \frac{N}{A_c} + \frac{M_c}{I_c} y_c \qquad (12\text{-}51)$$

钢梁上缘应力：

$$\sigma_s^{\pm} = -\frac{N}{A_s} - \frac{M_s}{I_s} y_s \qquad (12\text{-}52)$$

钢梁下缘应力：

$$\sigma_s^{\mp} = -\frac{N}{A_s} + \frac{M_s}{I_s} y_2 \qquad (12\text{-}53)$$

式中　y_1——混凝土板重心至上缘距离；

　　　y_2——钢梁重心至下缘距离。

混凝土板与钢梁之间的轴力靠连接件传递，因此连接件承受的总剪切力为 N。为设计剪力连接件，还需要知道梁内剪力的分布。

通常连接件承受的剪切力计算忽略了其自身变形，当计入变形影响后，纵向剪力仅在梁端分布，分布可近似为三角形，在梁端最大，分布长度可按下式计算：

$$L_{cs} = 2\sqrt{\frac{\mu N}{\delta}} \qquad (12\text{-}54)$$

式中，$\mu = \dfrac{a}{J}$，a 为连接件间距，J 为连接件模量，即为使一个剪力连接件在结合面上沿梁的纵向产生单位位移所需的力。

于是得梁端混凝土板与钢梁的剪切力为

$$Q_{\max} = \frac{2N}{L_{cs}} \qquad (12\text{-}55)$$

混凝土板与钢梁温差产生的纵向剪力由 L_{cs} 范围内相应位置上的剪力连接件承担。

以上是对于静定梁算得的自应力，对于连续梁等超静定结构，除计算上述自应力外，尚需计算温差和混凝土收缩引起的二次内力，计算可采用第 9 章中关于温度次内力的计算方法。

（2）混凝土徐变引起的内力

混凝土徐变引起非线性内力变化，可参照第 9 章有关徐变内力的计算原理进行计算。

小结及学习指导

（1）通过本章的学习，不但要掌握钢桥的结构形式、结构构造和连接方式，而且需要深刻把握防止钢桥出现整体与局部失稳问题的方法，对钢桥疲劳开裂机理有所理解，熟悉钢桥的架设与施工方法。

（2）注意从结构形式、构造特点等方面把握钢板梁桥、钢桁梁桥、钢箱梁桥和组合梁桥的特点与不同。

（3）近些年来，我国修建了大量钢桥，也出现了不少设计、施工、维护、管理等方面问题，仍需我国工程技术人员积极探索、认真借鉴、博采众长。

习题及思考题

12-1　与混凝土桥相比，钢桥有哪些优点？

12-2　钢桥有哪些连接方式？简述它们的主要特点和适应情况。

12-3　简述钢板梁桥的结构形式与特点及其组成和各部分的作用。

12-4　公路钢桁梁桥和铁路钢桁梁桥有哪些异同点？

12-5　简述钢桁梁节点的构造形式和基本要求。

12-6　简述钢箱梁桥的主要受力特点与构造特点。

12-7　什么是结构的整体失稳与构件的局部失稳？如何提高整体稳定性与防止局部失稳？

12-8　钢桥疲劳破坏的机理是什么？与哪些因素有关？

12-9　简述钢桥制造的常规工艺流程。

12-10　与钢板梁桥相比，组合梁桥的计算有何异同点？

*第13章
立交桥与斜弯桥

本章知识点

【知识点】 立交桥的组成和特点、立交桥的平面与立面布置、立交桥的分类；斜板桥的受力特点与配筋方案、整体式简支斜板桥的恒载与活载内力计算方法、装配式铰接斜板桥的近似计算方法；弯梁桥的分类、弯梁桥的受力特点、弯梁桥的布置与构造。

【重点】 重点掌握立交桥的类型；斜板桥的受力特点；弯梁桥的受力特点。

【难点】 能够应用斜板桥的计算理论和方法进行结构的受力分析。

在城市立交和高等级公路中，因地形、路线或周围建筑物等限制，许多桥梁位于线路的圆曲线、缓和曲线内或者桥梁轴线与支承线不垂直，而被修成弯桥或斜桥。相比正交桥梁，斜弯桥的结构、受力、设计等相对复杂。本章先从路线交叉角度介绍立交桥类型、特点，再从结构角度介绍斜弯桥构造特点、适用范围及主要计算方法。

13.1 立交桥的组成及特点

立交桥全称为"立体交叉桥"，是指在两条以上的交叉道路交汇处建立的上下分层、多方向互不相扰的现代化桥梁，包括立体交叉工程中的下沉式隧道（因为隧道主体上方即会形成桥型结构）。狭义立交桥则指线路立体交叉的半互通或全互通的桥梁工程，而不包括不能互通的公路铁路跨线桥或支路天桥（常见于高快速路的收费站出入口附近）等。由于建设成本较高，立交桥通常只在高速公路互通、城市干道或快速路之间的交汇处建设，主要作用是使各个方向的车辆不受路口上的红绿灯管制而快速通过。立交桥还可增设掉头匝道，给车辆提供较安全的掉头环境且不影响主线车辆快速行驶。

立交一般由主线、被交路、构造物、匝道、变速车道、出口与入口、三角地带、辅助车道、集散道路等组成。立体交叉中的构造物是指匝道与干道、干道与干道、匝道与匝道相交叉处所修建的立交桥或隧道，是立交的主要组成部分。常见的互通立交形式有苜蓿叶形立交、定向式、菱形、喇叭形、环形等。图 13-1 所示为苜蓿叶形立体交叉的组成。

图 13-2 为北京四元立交桥。它是首都机场高速公路、京顺公路和四环 3 路交汇的重要交通枢纽，由 2 座主桥、6 座通道桥、8 座跨河桥、10 座匝道桥，共计 26 座结构类型不同的桥梁组成的定向如苜蓿叶形四层大型立交桥群。整座桥群立交线形复杂，平面形式多样，斜桥、弯桥、叉口桥等异型桥梁占 92%以上，且均采用预应力工艺，具有弯、坡、高、斜，跨径大等特点，被誉为"国门第一桥"。

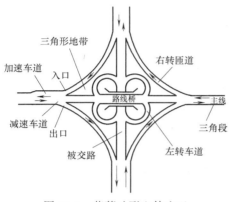

图 13-1　苜蓿叶形立体交叉

图 13-2　北京四元立交桥

立交桥主要特点和要求如下：（1）基本上是旱地修桥，下部结构工程施工相对简单。（2）匝道高架桥的长度一般较长，常存在大量的弯、坡、斜桥。（3）常为多层，因而减少每一层上部构造的建筑高度的经济意义较大。（4）立交桥往往是一个线路段的标志性建筑，应力求造型美观，结构轻盈，注意桥下净空和透视度。（5）立交桥跨度一般不大，上部结构多采用板桥和梁桥，也偶尔有刚构桥、拱桥、斜拉桥等桥型。（6）立交桥占用土地较多，对当地环境易形成破坏，压缩绿化种植空间，遮挡低层住宅居民的阳光和视野，干扰车主对两旁街道情况的视线。（7）立交桥造型应以交通功能的发挥为首要考虑，造型本身应力求有较好的交通引导作用，并具有明确的交通标识，以便于驾驶员对行车方向的判断和行车。

13.2　立交桥的布置与分类

13.2.1　立交模式

1. 全分离式

全分离式立交桥（图 13-3）是广义立交桥中最简单的一种，即两条以上的线路通过立交工程使它们自然分层交叉，目的仅为了将不同线路的交通车辆完全从平面隔离以实现各行其道、避免互相干扰，最大缺点是无法实现异层间的互通。这种立交桥主要用于高架道路与一般道路、高快速路与一般道路、铁路与其他道路或铁路的立体交叉。

2. 半分离式

半分离式立交桥是一种简易立交桥，其特点是主干线上（一般为直行）的道路通过高架桥梁（图 13-4）或下沉隧道（图 13-5）与其他道路从原平面上分离，其余道路仍在原平面

图 13-3　全分离式立交桥

交汇。主路方向上的车辆可以不受干扰而连续通过，其余方向车辆依旧要经过平面交叉路口，通常还需要设置交通信号灯来控制管理或者采用环岛路口。这种立交具有设计结构简单、占用空间较小、兼顾较多支线、方便车辆掉头、建设成本较低等诸多优点，但它不能从根本上消除大车流量下的交叉通行冲突点，不能实现所有方向无障碍的快速互通。

当这种立交的平面交叉层采用环岛路口时，这种立交就称为环岛型立交（图 13-4）。通过环岛路口的车辆必须减速慢行，交通通行能力依然有限。

如果采用灯控路口，若信号灯时间控制合理，则可适当提高通行能力，但均有等待时间。

图 13-4　环岛型立交

图 13-5　半分离式立交

3. 半互通式

半互通式立交桥是一种介于全分离式和全互通式之间的立交桥，其特点是只实现部分道路方向的立交互通。比如在 T 字形立交桥中，支线的车辆只能汇入主线中的一个方向而不能转入主线的另一个方向。

图 13-6　全互通式立交桥

4. 全互通式

全互通式立交桥（图 13-6）是能实现所有方向（但不一定包括掉头方向）互相换行的立交桥，理论上能保证任何方向上的车辆无障碍通行。具体类型复杂繁多，结构设计千姿百态。全互通式立交桥的设计总是力求在经济、车速、空间、容量、美学、安全等一系列繁杂问题中寻求最佳平

435

衡点。最大优点是可以实现全方位互通，最大缺点是结构复杂、空间占用大，且一经建成很难再进行改造。

此外，直行车辆、左转弯车辆、右转弯车辆的通过还可根据地势，在交叉范围外单独建匝道、地道实现，或者通过别的立交桥实现。这样的好处在于其形式灵活，可以与别的立交桥在功能上互补，体积不大，最适宜在现有地铁等建筑物的城市建造，能解决交通拥堵，是立交桥的发展趋势。

13.2.2 全互通式立交桥的主要类型

1. 蝴蝶形

蝴蝶形立交是城市全互通式立交桥中传统形式，也称苜蓿叶形，以其形状命名。可细分为完整蝴蝶形（图 13-7，简称完整蝶形，也称完全苜蓿叶形）和半蝴蝶形（图 13-8，简称半蝶形，也称不完全苜蓿叶形）。完整蝶形立交桥的最大特征有两点。其一，两条交叉线路的直行交通上行与下行在立交处不横向拉开，且横向标高差可由横坡引起，不会错层；其二，左转车辆先直行过主桥面或桥洞，再通过匝道右转 270° 汇入至另一层主线，从而实现左转。完整蝶形立交桥结构简单，只需两层就可以实现所有方向的互通，且能保证两条互呈直角交叉的主干线车辆同时快速通过，还可以像环岛立交一样能让车辆掉头或错过右转后仍有改正机会。这种立交以其简易、美观、方便和全能等优势成为城市传统立交桥的建设主流，其匝道多数情况下能"以坡代桥"减少建设成本和施工难度，对十字形交叉路口有较好的适应性，通行能力远大于环岛立交。不过此类立交桥土地占用面积较大，汇入主线的车辆和要驶离主线的车辆易在交织点上产生冲突。它适用于具有较大用地面积的城市互通立交或非高速路互通立交。

图 13-7 完整蝶形（完全苜蓿叶形）立交

图 13-8 半蝶形（不完全苜蓿叶形）立交

半蝶形立交是在完整蝶形立交的基础上因地制宜发展起来的。其最大特征有两点。其一，上跨主线上、下行在不同里程处的高程差变化较大，在跨越另一主线处高程差不大（以缩小建筑高度），在通过左转 90° 实现车辆左转弯的匝道处主线上、下行标高差较大，以便匝道下穿；其二，每条线路上、下行某一方向左转车辆是通过匝道右转 270° 实现，另一方向左转则是通过匝道左转 90° 实现，其方向性决定了蝶翼所在的象限。如笔者参与设计的长沙的赤新路立交，如图 13-8 所示。

2. 目形

目形立交桥（图 13-9）是在传统蝴蝶形立交桥的基础上发展起来的，同样以其形状命名。它的两个最大特征，一是上跨主线的上、下行在立交处横向拉开，下层主线上下行仍保持原间距通过，另一个是所有左转车道均在跨越或穿过另一条线路的一个方向道路后，通过匝道左转 90°汇入另一层主线，从而实现左转。与蝴蝶形立交相比，同样存在汇入主线的车辆和要驶离主线的车辆易在交织点上产生冲突，以及因匝道短，适应净层高有限（不超过 2.5～3.5m）的不足，但其占地小，匝道短，造价相对较低。这种立交桥适应于下层净空要求不高、占地不大、汽车最小转弯直径为 14～20m 的十字路口全互通要求。

图 13-9　目形立交

3. 无交织型

无交织型立交桥如图 13-10 所示，它是规模最庞大、结构最复杂、互通功能最完善、形式最繁多的立交桥类型，可以消除所有方向车辆的通行交织点，每个方向的车辆都不会与其他方向车辆产生干扰，主路与支路车辆之间只存在分离或汇入情况。这种立交桥的最大特点是各主路上先分离左右转车辆，再接纳从其他线路上汇入而来的车辆。但其建设难度、占用空间、造价金额等十分巨大。它适用于多条高快速之间的连接以及在空间许可情况下多条主干道、快捷路等的交汇。

4. 喇叭形立交桥

喇叭形立交常出现在 T 形交叉路口中，也常用于收费站与高快速路的连接匝道。实际上是结合了苜蓿叶形立交和全半定向匝道简化而来的，参见图 13-11。

此外，直行车辆、左转弯车辆、右转弯车辆的通过还可根据地势，在交叉范围外单独建匝道实现或者利用地道、别的立交桥等。这样的好处在于其形

图 13-10　无交织型立交　　　　　　　图 13-11　喇叭形立交桥

式灵活，可以与别的立交桥在功能上互补，体积不大，最适宜在现有地铁等建筑物的城市建造，能解决交通拥堵，是立交桥的发展趋势。

13.2.3　平面尺寸与占地面积

立交桥跨的平面线形应符合线形设计的规定。平面布置应与相衔接的道路标准一致。设置斜桥时，其斜角应尽量不大于 45°，曲线桥最大超高不宜大于 6%。桥孔布置应力求达到结构简单和标准化。

立交桥的平面参数主要有曲线半径和占地面积。

（1）双层苜蓿叶形立交（图 13-12）

$$R_1 = \frac{2+\sqrt{2}}{\sqrt{2}-1}R = 5.8284R \tag{13-1}$$

占地面积：

$$S = 4\left(R_1^2 - \frac{\pi R_1^2}{4}\right) = 0.86R_1^2 = 30R^2 \tag{13-2}$$

式中符号意义详见图 13-12。

（2）三层环形立交（图 13-13）

$$R = R_1(\sqrt{2}-1) = 0.41R_1 \tag{13-3}$$

占地面积：

$$S = 4R_1^2\left(1 - \frac{\pi}{4}\right) = 0.86R_1^2 = 5.1R^2 \tag{13-4}$$

式中符号意义详见图 13-13。

（3）四层立交（图 13-14）

$$R_1 = 2R \tag{13-5}$$

占地面积：

$$S = 0.86R_1^2 = 3.44R^2 \tag{13-6}$$

式中符号意义详见图 13-14。

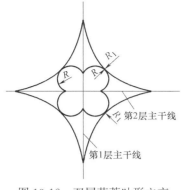

图 13-12　双层苜蓿叶形立交

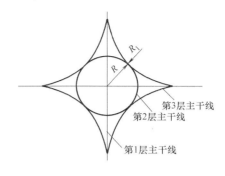

图 13-13　三层环形立交

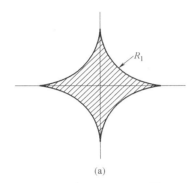

(a)

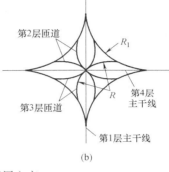

(b)

图 13-14　四层立交

13.2.4　立交桥的桥跨布置

1. 桥跨的立面布置

在满足所跨道路净空要求的前提下，立交桥跨主线的桥梁跨径一般为 20～30m，最大不超过 45m；跨匝道桥的跨径为 8～20m。立交桥的桥梁结构各部尺寸比例应协调，梁高与跨径之比一般以 1/30～1/20 为宜，跨径与净高的比例以 2：1～5：1 为宜，梁高与桥下净高比以 1：6～1：4 为宜。对于多跨桥梁结构，主跨与边跨跨径比：三孔宜为 5：3～5：4，五孔宜为 1：0.9：0.65。为使桥下有较好的透空度，桥头填土高度一般不大于 2.5～3.0m，否则宜采用以桥代路。

2. 桥跨的平面布置

立交桥桥跨的平面布置有直线桥（正桥、斜桥）、弯桥。直线桥多用于主线桥梁，根据与被交路的平面交叉关系，可以采用正交桥、斜交斜做、斜交正做和分肋式斜交正做等方式进行平面布置，如图 13-15～图 13-18 所示。曲线桥平面布置如图 13-19、图 13-20 所示。

立交桥按跨越形式可分为跨线桥及地道桥两大类型。跨线桥是在既有线路之上跨越，又分为分离式和互通式。前者只保证上下层线路的车辆各自独立通行；后者能使上下层线路的车辆相互通行，在平面和立面上需修建复杂的

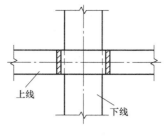

图 13-15　正立桥

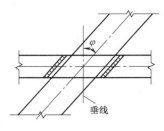

图 13-16　斜交斜做

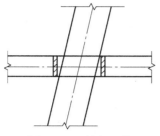

图 13-17　斜交正做

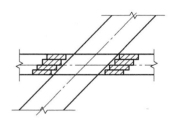

图 13-18　分肋式斜交正做

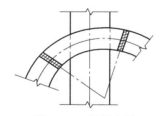

图 13-19　辐射布置

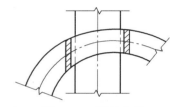

图 13-20　平行布置

迂回匝道，占用很多土地。为减少噪声，多采用预应力混凝土桥。地道桥是从地下穿越既有线路，由桥洞、引道和附属结构组成。修建时，需拆迁地下管线，附属工程量大，远不如修建跨线桥经济，且设计时应注意净空、通风、照明、排水和防冰（严寒地带）等要求。

上跨环道的桥梁可以分设两座桥跨越（环道所夹的中间部分为挡土墙＋路堤），详见图 13-21（a）；也可采用连续梁跨越，如图 13-21（b）所示。

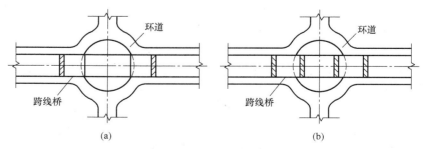

图 13-21　桥梁上跨环道
（a）分设两座桥；（b）一座多跨连续梁

下穿环道一般采用地道桥形式，平面布置详见图 13-22。

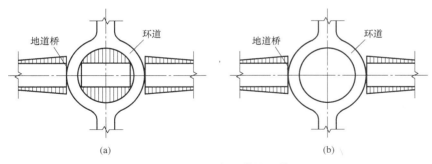

图 13-22　下穿环道的地道
（a）分设两座地道；（b）设一座地道

13.3　斜板（梁）桥

13.3.1　概述

桥梁上部结构的轴线与桥台、桥墩的支承线不垂直的桥梁称为斜桥；上部结构为梁式结构时称为斜梁桥，上部结构为板式结构时称为斜板桥。

斜桥的修建总是比正桥显得困难。在设计上，它的非对称性使得其很难与周围环境协调搭配；在计算上，斜桥比正桥受力复杂；在施工上，斜桥的配筋、构造等也均比正桥复杂。所以，过去当遇到桥轴线与水流流向斜交时，常采用"斜桥正做"的方法，如图 13-23（a）所示，其上部结构的面积为 Bl_1。而 $l_1 = l/\cos\varphi + B\tan\varphi$。显然斜桥正做时桥梁的上部结构面积 Bl_1 比斜桥（图 13-23b）的上部结构面积 Bl 要大很多。

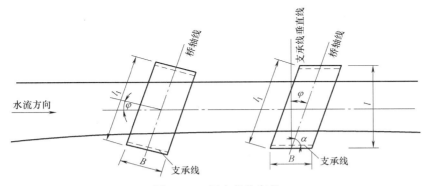

图 13-23　斜交角的定义
（a）斜桥正做；（b）斜桥

表征斜梁桥偏斜程度的方法有两种：一种是用梁轴中心线与支承线构成的小于 90°的角 α 表示；另一种是用梁轴中心线的垂线与支承线构成的角 φ 表示，如图 13-23（b）所示。显然，角 α 和角 φ 互为余角。由于角 φ 越大，表示斜交的程度越大，因此，我国公路桥梁中是用支承轴线垂直线与桥纵轴线的夹角（即 φ）来定义斜桥的斜交角。

与正梁桥相似，斜梁桥的截面也有板式、肋式和箱式，相应地称为斜板桥、斜肋梁桥和斜箱梁桥。

斜板桥的截面形式主要有实心板和空心板两种。按照制造工艺，钢筋混凝土斜实心板也可以分为整体式和预制装配式两种。整体斜实心板桥是小跨径斜桥常用的结构形式，它的模板简单，建筑高度小。装配式钢筋混凝土斜空心板标准跨径分为 6m、8m、10m、13m 4 种；装配式预应力混凝土空心板的最大跨径可达 30m。

斜肋梁桥的截面形式通常有 T 形梁、I 形组合梁、槽形组合梁以及小箱梁等多种形式，其截面形式参见第 2 章。考虑到吊装设备的起重能力，采用装配式结构和装配式组合结构是比较合适的。

斜箱梁桥多用在连续体系的桥梁上，其截面的抗扭刚度较大，更适应斜梁的受力特点。按截面形式一般可分为单箱单室和单箱多室，以后者居多。由于其支座是斜置的，故不宜采用悬臂法施工，而一般采用有支架的施工方法。

斜梁桥按跨数可分为单跨斜梁桥及多跨（连续）斜梁桥。单跨斜梁桥按两端的斜度又可分为规则斜梁和异形斜梁，如图 13-24 所示。

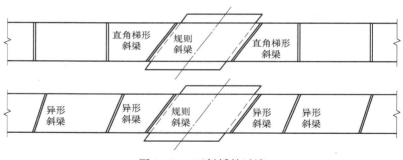

图 13-24　正斜桥的过渡

对于单跨斜梁来说，如果斜梁的两个斜度（两支承边与轴线夹角）相等（$\varphi_1 = \varphi_2$），即称为规则斜梁。由规则斜梁组成的桥梁，即为规则斜桥（Regular Skew Bridge）。

单跨斜梁当两端斜度不等（$\varphi_1 \neq \varphi_2$）时，即为异形斜梁，也称为梯形斜梁。由此构成的斜桥即为异形斜桥，或称为不规则斜桥（Irregular Skew Bridge）。直角梯形斜梁是异形斜梁的特例，即其中有一个为直角，而另一个不为直角。

13.3.2　斜板桥

1. 斜板桥的受力特点

（1）支承边反力

斜板在支承边上的反力很不均匀。钝角角隅处的反力比正板大数倍，而锐角处的反力却有所减小，甚至出现负反力。对于正板，支座的个数越多，每个支座分得的反力就越小；但对于斜板，支座的个数越多，反力却越集中于钝角。理论和试验研究发现，采用弹性支承可以使斜板的支承反力分布趋于均匀，且钝角上缘的负弯矩也有所减小。

（2）跨中主弯矩

斜板的荷载一般有向支承边的最短距离传递的趋势。宽跨比较小的情况下，主弯矩方向朝支承边的垂直方向偏转；宽跨比较大的情况下，板中央的主弯矩几乎垂直于支承边，边缘的主弯矩平行于自由边（图 13-25）。并且，弯矩值沿板宽分布也是不均匀的。对于均布荷载，中部弯矩值大于两侧；对于集中荷载，则以荷载点处的最大。

（3）钝角负弯矩

如同连续梁的中支点截面一样（图 13-26），在钝角 B、C 处产生负主弯矩，有时它的绝对值比跨中主弯矩还要大，其负主弯矩的方向接近与钝角的二等分线相正交。

（4）横向弯矩

斜板的最大纵向弯矩虽比相应的正板小，可是横向弯矩却比正板大得多，尤其是跨中部分的横向弯矩。横向弯矩的增加量大致上可以认为等于纵向弯矩的减小量。

（5）扭矩

图 13-26 所示的 A、D 两点，有翘起的趋势，如果固定 A、D 两点，那么将使斜板在两个方向产生扭矩，这也是斜板的一个重要特点。

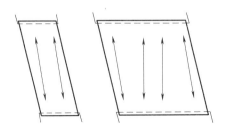

图 13-25　斜板桥的主弯矩方向

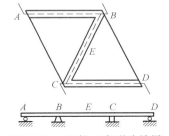

图 13-26　比拟 Z 字形连续梁

综上所述，斜板的受力特点可以用图 13-26 所示的以 ABCD 为支点的 Z 字形连续梁来比拟：跨中点 E 处的弯矩，大致在 BC 方向上最大；在钝角点 B 和 C 处产生较大的负弯矩和支点反力；在锐角点 A 和 D 处产生相当于连续梁边支承处的较小的反力；在支承线 AB 和 CD 上增加支座，对支承边的横向弯矩有较大影响，而对跨中点 E 处的弯矩影响不大。

在外界因素（如温度变化、混凝土收缩、徐变、预加力等）发生变化时，斜桥在其行车道平面内的各点将有位移产生，在各支承（支座）处会产生变位，即在支承（支座）上产生约束反力（与行车道平面平行），这些力可能会产生一个不平衡的旋转力矩，从而引起"斜桥的爬移"。另一方面，斜桥在外荷载（如制动力、风力、地震力等）作用时，如果这些力的合力不通过转动中心，则这些力即对转动中心产生不平衡的力矩及合力，引起斜桥在其平面内的转动及平移。斜桥的爬移实际上是由横桥向的水平累计位移引起的，解决的方法是在墩台上设置限制侧向位移的构造。

2. 斜板桥构造特点

根据斜板的受力性能，斜板桥的钢筋布置有以下特点：

（1）当 $l_{\varphi} \leqslant 1.3b$ 时，桥梁宽度较大（整体式斜板桥），板中央纵向钢筋垂直于支承边布置，边缘处纵向钢筋平行于自由边布置；横向钢筋平行于支承边布置。常见的钢筋布置方式有两种：一种是渐变布置（图 13-27a），另一种是重叠布置（图 13-27b）。斜交角较小时（$\varphi \leqslant 30°$），纵向钢筋可以完全平行于自由边布置（图 13-27c）；斜交角较大时（$\varphi > 30°$），可以完全垂直于支承边布置（图 13-27d）。

（2）为抵抗自由边的扭矩，可在距自由边一倍板厚的范围内设置加强箍筋（图 13-27c、d）。

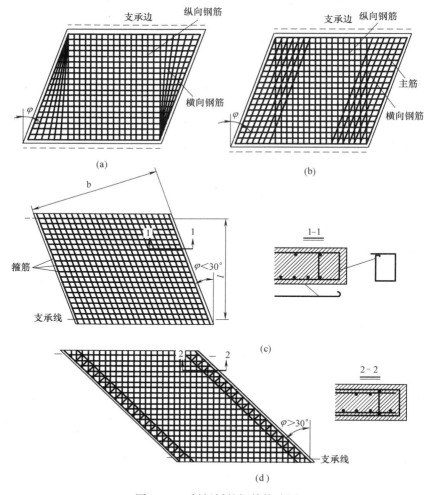

图 13-27　斜板桥的钢筋构造图

（a）渐变布置；（b）重叠布置；（c）斜交角 $\varphi \leqslant 30°$ 时的钢筋布置方向；
（d）斜交角 $\varphi > 30°$ 时的钢筋布置方向

（3）当 $l_\varphi > 1.3b$ 时，为窄斜板桥（或装配式斜板桥中的预制斜板），纵向钢筋平行于自由边布置；跨中横向钢筋垂直于自由边布置，两端横向钢筋平行于支承边布置，如图 13-28 所示。

（4）在钝角顶面 $l_\varphi/5$ 范围内，应在角平分线的垂直方向设置抵抗负弯矩的钢筋。单位宽度内钢筋数量 A_{g1} 可按下式计算：

$$A_{g1} = kA_g \tag{13-7}$$

式中　A_g——每米桥宽的主钢筋数量；

　　　k——与斜交角有关的系数，按表 13-1 取值。

k 值表　　　　　　　　　　　　　　　表 13-1

φ	k	φ	k
0°~15°	0.6	30°~45°	1.0
15°~30°	0.8		

（5）因为承担很大的支反力，应在钝角底面平行于角平分线方向上设置附加钢筋（图 13-29）。另外必须注意，斜交板桥在运营过程中，在平面内有向钝角方向转动的趋势，如果板的支座没有充分锚固住，应加强锐角处桥台顶部的耳墙，使它免遭挤裂。

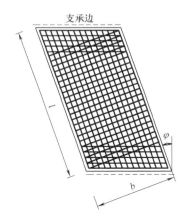

图 13-28　窄斜板桥的钢筋构造图

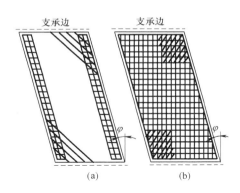

图 13-29　钝角部位的加固钢筋
（a）上层钢筋；（b）下层钢筋

13.3.3　斜梁桥

斜肋梁桥跨结构主要由纵向梁肋、横隔板和桥面板三部分构成。其受力特点可以分为以下两个方面。

1. 恒载（自重）作用下的受力性能

图 13-30 所示是一座斜交角为 φ 的五梁式斜桥，各主梁截面尺寸相同。为了分析这类桥梁的受力特点，暂设主梁之间没有横隔梁，并且将这座桥的桥面从相邻两梁肋之间截开，于是每根主梁在自重作用下的跨中挠度虽然相等，但显然不在同一个横截面上，并且沿相邻梁接缝线上的每一点处，两侧

翼缘板均产生挠度差，如图 13-30 所示。由此不难理解：

（1）每根主梁翼缘板结合面上的垂直剪切力分布是反对称于其跨中截面的，图 13-30 仅示出了 1 号边主梁靠内侧翼缘结合面上的剪力分布图。

（2）由于上述的反对称剪力导致各主梁内产生扭矩。

（3）由于各根主梁之间存在变形差，故在设计预制构件时，其翼缘板和横隔梁不宜从相邻两梁之间的中界线上划分，而应预留有一定宽度的纵向现浇接缝条带，以协调安装后相邻梁留下的变形差。

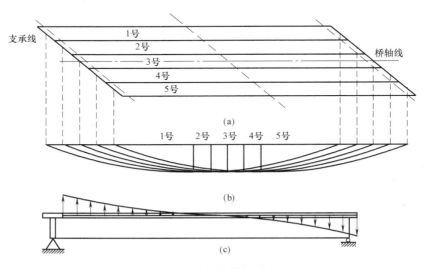

图 13-30　斜肋梁桥受力图式

2. 活载作用下的受力性能

为了保证各主梁工作的整体性，一般均在跨内设置横隔梁。横隔梁布置方式有两种：其一是横隔梁与桥轴线正交；其二是横隔梁平行于支承边，如图 13-31 所示。究竟采用哪一种方式有利于荷载横向分布，国外学者曾用模型试验和理论分析进行过比较，图 13-31 所示是两种横隔梁布置方式的试验模型示意图，斜交角为 40°。

试验结果表明，从挠度和应变的分布来看，以横隔梁按正交于桥轴线的布置方式为优。例如，图 13-31 所示的组合断面，当在中主梁的跨中施加 60kN 的垂直集中力时，正交格子梁桥荷载点的挠度为斜交格子梁桥的 84.5%；主梁下缘沿桥轴向的应变值，前者为后者的 81.4%。

荷载横向分布与横隔梁的刚度密切相关，当横隔梁与桥轴线正交时，相邻主梁间的横隔梁长度最短，因而它的刚度最大，分散荷载的能力也就相对较强。基于这一受力特点，在我国的标准设计图中，均采用中间横隔梁与桥轴线正交和端横隔梁与支承线平行的布置方式。

13.3.4　连续斜梁桥支座布置

在连续斜梁桥的两端桥台上，一般布置具有抗扭功能的双支座，但在中间

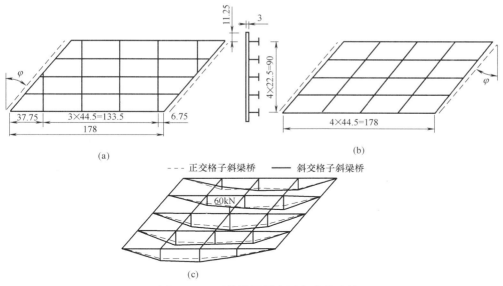

図 13-31　两种横隔梁布置方式的比较

桥墩顶面上，支座的布置形式却是多种多样的，归纳起来，大体上有以下几种。

（1）A 型：全桥各个墩（台）上均布置双支座（图 13-32a）。这种布置方式对于抵抗上部结构的偏载扭矩十分有利，也是高速公路上常采用的方式。其缺点是：①采用的支座数量相对较多；②一般采用斜置的双柱式桥墩，这将有损于城市立交桥的桥下美观，若采用独柱式墩，则要求桥墩具有较强的斜向抗弯刚度。

（2）B 型：两端为抗扭双支座，中墩均为单点铰支座（图 13-32b）。这种布置方式的优点是可以将中间桥墩设计成独柱式的，对于城市立交桥可以增强美观性，若修建在河中可以减小阻水面积。但其主要缺点是对抵抗上部结构的扭矩不利。因此，它一般用在跨数不多（3～4 跨）、全桥不太长和桥不太宽的场合。

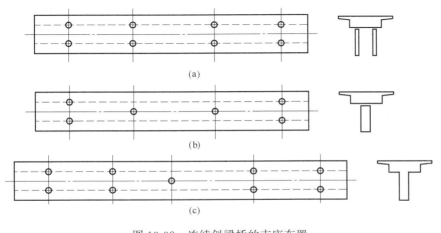

图 13-32　连续斜梁桥的支座布置

（3）混合型：部分中墩为单点铰支座（图 13-32c）。这种方式实际上是综合了 A 型和 B 型的优点，设计中可以结合桥位处的实际条件布设单点铰支座。

（4）工程设计中还可能采用其他的布置方式，例如单点铰支承处改为墩梁固结的形式（如图 13-32c 中断面图所示）。

13.3.5 斜桥计算简介

1. 整体式简支斜板桥的近似计算方法

（1）恒载内力计算

近似计算法是将桥面构造（包括斜板自重）的重力视作均匀荷载分布于整个桥面上，然后按照下面的一般表达式计算斜板中央点、自由边中点和钝角位置处在两个正交方向上单位板宽的主弯矩 M_1、M_2（图 13-33）：

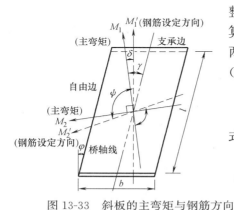

图 13-33 斜板的主弯矩与钢筋方向

$$M_1 = k_1 q l^2 \qquad (13-8)$$

$$M_2 = k_2 q l^2 \qquad (13-9)$$

式中 q——斜板在单位面积上的荷载集度；

l——斜板的斜跨跨长；

k_1、k_2——分别为 M_1、M_2 方向的弯矩系数，由斜交角及宽跨比 b/l 查表 13-2 得到。

整体式简支斜板桥的弯矩系数 k_1、k_2 表 13-2

位置	b/l	弯矩系数	斜交角				
			0°	15°	30°	45°	60°
板跨中央	0.5	k_1	0.125	0.118	0.096	0.068	0.040
		k_2	0	−0.003	−0.011	−0.015	−0.009
	1.0	k_1	0.125	0.118	0.092	0.067	0.039
		k_2	0	−0.002	−0.004	−0.006	−0.003
	2.0	k_1	0.125	0.117	0.061	0.065	0.036
		k_2	0	0	−0.001	−0.001	−0.01
自由边中央	0.5～2.0	k_1	0.125	0.118	0.095	0.067	0.035
		k_2	0	−0.006	−0.018	−0.024	−0.019
钝角部分	0.5	k_1	0.016	0.029	0.034	0.028	0.018
		k_2	−0.016	−0.049	−0.101	−0.159	−0.249
	1.0	k_1	0.031	0.040	0.040	0.031	0.019
		k_2	−0.031	−0.067	−0.120	−0.173	−0.250
	2.0	k_1	0.063	0.063	0.053	0.038	0.021
		k_2	−0.063	−0.105	−0.160	−0.124	−0.268

主弯矩 M_1 的方向角 γ 随斜交角 φ 的变化而异，它可从图 13-34 中查得。钝角部分的 M_1 的方向则用 $\gamma = 90° - \dfrac{\varphi}{2}$ 来表示。

拟配置的钢筋方向的弯矩 M_1' 和 M_2' 可根据主弯矩值按式（13-10）和式

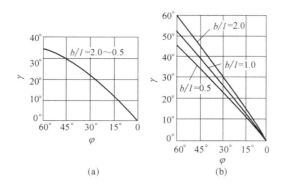

图 13-34　主弯矩 M_1 方向

(a) 自由边中点；(b) 跨中弯矩

（13-11）求算。

$$
\begin{aligned}
M_1' = \frac{1}{\sin\psi} & \{M_1\cos\delta\sin(\psi-\delta) \\
& + M_2\cos^2(\psi-\delta) + [M_1\sin\delta\cos\delta - M_2\cos\delta\cos(\psi-\delta)]\} \\
M_2' = \frac{1}{\sin\psi} & \{M_1\sin^2\delta + M_2\cos\delta\sin(\psi-\delta) \\
& + [M_1\sin\delta\sin(\psi-\delta) - M_2\sin(\psi-\delta)\cos(\psi-\delta)]\}
\end{aligned}
\quad (13\text{-}10)
$$

当 $\psi=90°$ 时（即纵横向钢筋配置互相垂直时）

$$
\left.
\begin{aligned}
M_1' = M_1\cos^2\delta + M_2\sin^2\delta + (M_1-M_2)\sin\delta\cos\delta \\
M_2' = M_1\sin^2\delta + M_2\cos^2\delta + (M_1-M_2)\sin\delta\cos\delta
\end{aligned}
\right\}
\quad (13\text{-}11)
$$

式中　δ——钢筋配置方向与主弯矩方向的夹角；

　　　ψ——纵横两个方向钢筋之间的夹角（见图 13-33）。

（2）活载内力计算

活载内力可按图 13-35 所示步骤及公式进行计算，其中斜板桥弯矩及扭矩折减系数表（$k_y^\varphi = M_y^\varphi/M_y^0$；$k_x^\varphi = M_x^\varphi/M_x^0$；$k_{xy}^\varphi = M_{xy}^\varphi/M_{xy}^0$）见表 13-3，可供公路—Ⅰ、Ⅱ级荷载作近似分析时参考。

折减系数表　　　　　　　　　　　　　　　　　表 13-3

位置	角度	公路—Ⅱ级			公路—Ⅰ级		
		k_y^φ	k_x^φ	$k_{xy}^{\varphi*}$	k_y^φ	k_x^φ	$k_{xy}^{\varphi*}$
板跨中央	0°	1.000	1.000	1.000	1.000	1.000	1.000
	15°	0.925	1.159	∓2.725	0.985	1.052	∓3.442
	30°	0.769	1.435	∓19.027	0.897	1.116	∓6.711
	45°	0.537	1.626	∓13.473	0.667	1.148	∓10.276
	60°	0.321	1.236	∓7.365	0.481	1.861	∓12.655
自由中点	0°	1.000	1.000	1.000	1.000	1.000	1.000
	15°	0.982	1.340	∓14.357	1.000	1.210	∓5.159
	30°	0.849	1.518	∓22.821	0.868	1.563	∓7.940
	45°	0.648	1.598	∓22.446	0.539	1.874	∓9.795
	60°	0.426	1.317	∓18.089	0.217	3.788	∓13.512

注：表中带"*"者，从支承线垂线到自由边的旋转角为顺时针时取正号，反之取负号。

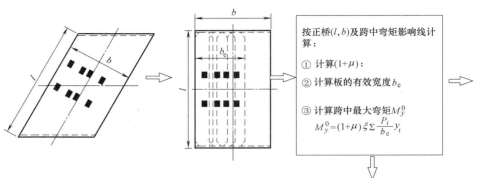

按正桥(l,b)及跨中弯矩影响线计算：

① 计算$(1+\mu)$；

② 计算板的有效宽度b_e

③ 计算跨中最大弯矩M_y^0

$$M_y^0=(1+\mu)\xi\Sigma\frac{P_i}{b_e}y_i$$

位置	列表计算斜板纵、横向弯矩及扭矩 （单位:kN·m）							
	纵向弯矩		横向弯矩			扭矩		
	k_y^φ	$M_y^e=k_y^\varphi M_y^0$	k_x^0	k_x^φ	$M_x^\varphi=k_x^0 k_x^\varphi M_y^0$	k_{xy}^0	k_{xy}^φ	$M_{xy}^\varphi=k_{xy}^0 k_{xy}^\varphi M_y^0$
板跨中央								
自由边中央								

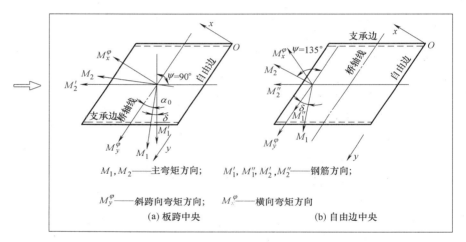

M_1, M_2——主弯矩方向；

M_1', M_1'', M_2', M_2''——钢筋方向；

M_y^φ——斜跨向弯矩方向；　　M_x^φ——横向弯矩方向

(a) 板跨中央　　　　　　(b) 自由边中央

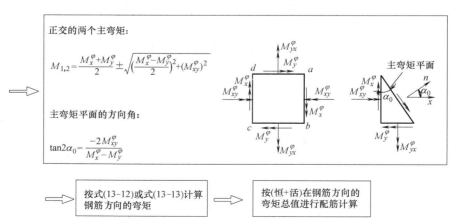

正交的两个主弯矩：

$$M_{1,2}=\frac{M_x^\varphi+M_y^\varphi}{2}\pm\sqrt{\left(\frac{M_x^\varphi-M_y^\varphi}{2}\right)^2+(M_{xy}^\varphi)^2}$$

主弯矩平面的方向角：

$$\tan2\alpha_0=\frac{-2M_{xy}^\varphi}{M_x^\varphi-M_y^\varphi}$$

按式(13-12)或式(13-13)计算钢筋方向的弯矩　⟹　按(恒+活)在钢筋方向的弯矩总值进行配筋计算

图 13-35　斜板活载内力计算步骤及公式

正交板桥跨中横向弯矩与扭矩折减系数表见表 13-4。

正交板弯矩与扭矩折减系数表   表 13-4

荷载等级	位置	$k_x^0 = M_x^0/M_y^0$	$k_{xy}^0 = M_{xy}^0/M_y^0$
公路—Ⅱ级	板跨中央	0.325	0.009
	自由边中点	0.145	0.007
公路—Ⅰ级	板跨中央	0.274	0.017
	自由边中点	0.099	0.039

符号说明：

M_y^φ、M_x^φ、M_{xy}^φ——斜交角为 φ 时的斜跨向跨中弯矩，垂直于斜跨向的弯矩、扭矩；

M_y^0、M_x^0、M_{xy}^0——以斜跨长作为正交板跨径（$\varphi = 0$）的跨中弯矩、横向弯矩及扭矩；

k_y^φ、k_x^φ、k_{xy}^φ——斜跨向的跨中弯矩、垂直于斜跨向的弯矩及扭矩的折减系数；

k_x^0、k_y^0——正交板桥（$\varphi = 0$）跨中的横向弯矩与扭矩的折减系数。

2. 装配式铰接简支斜板桥近似计算法

铰接斜板桥活载内力的实用计算方法和整体式板的计算方法相似，即采用斜交角折减系数法，所不同的是，整体式板是取"有效宽度"内的单位宽板条进行计算，而装配式板是取其中的各单块板分别计算，因此，它需先求出各块板的荷载横向分布系数 m_i。图 13-36 示出铰接简支斜板桥活载内力的计算步骤。

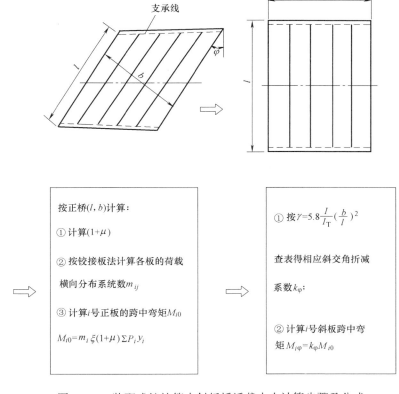

图 13-36 装配式铰接简支斜板桥活载内力计算步骤及公式

按正桥(l, b)计算：

① 计算$(1+\mu)$

② 按铰接板法计算各板的荷载横向分布系统数 m_{ij}

③ 计算 i 号正板的跨中弯矩 M_{i0}

$$M_{i0} = m_i \xi (1+\mu) \sum P_i y_i$$

① 按 $\gamma = 5.8 \dfrac{l}{l_T} \left(\dfrac{b}{l}\right)^2$

查表得相应斜交角折减系数 k_φ；

② 计算 i 号斜板跨中弯矩 $M_{i\varphi} = k_\varphi M_{i0}$

斜交角折减系数 k_φ 载于《公路桥涵设计手册—梁桥（上册）》中，表 13-5 仅示出五板式桥中的 1 号板（边板）的有关系数。

铰接板桥荷载横向分布影响线及斜交角折减系数表

（摘录）（梁 5-1）　　　　　　　　　　　　　　　表 13-5

γ	影响线坐标					斜交角折减系数 k_φ			
	η_{11}	η_{12}	η_{13}	η_{14}	η_{15}	15°	30°	45°	60°
0	0.240	0.217	0.193	0.179	0.171	0.979	0.911	0.807	0.690
0.020	0.272	0.230	0.187	0.161	0.149	0.979	0.911	0.809	0.691
⋮	⋮					⋮			
0.090	0.416	0.277	0.152	0.090	0.065	0.979	0.912	0.806	0.682
0.100	0.430	0.280	0.148	0.084	0.058	0.979	0.909	0.800	0.673
0.150	0.486	0.290	0.128	0.061	0.036	0.978	0.906	0.794	0.665
0.200	0.527	0.294	0.112	0.045	0.022	0.977	0.903	0.789	0.659
⋮	⋮					⋮			
0.800	0.724	0.261	0.014	0.001	0.000	0.969	0.875	0.741	0.614
1.000	0.753	0.248	−0.001	0.000	0.000	0.962	0.854	0.710	0.592
2.000	0.830	0.199	−0.34	0.006	−0.001	0.958	0.840	0.693	0.581

这里需要指出的是，在斜板桥中，板跨间的最大弯矩值并不在跨中截面，而是随斜交角的增大而向钝角的方向偏移，如图 13-37 所示。因此，弯矩包络图也不是对称于跨中截面。但是，在实际设计中，往往把它设计成对称于跨中截面的。所以，在绘制包络图时，要注意峰值顶点不应该从跨中开始，而可以偏安全地在跨中保留一个平直段。平直段的长度，根据试验结果，可在跨中截面的两侧各取 $l/8$。其值大小假定等于按上述方法算得的弯矩值。对于较重要的桥梁，为慎重起见，还要在八分点截面用不折减的弯矩值作比较来确定设计弯矩值，取其中较大者。对于恒载的作用，也可近似地按活载的折减 k_φ 进行计算。

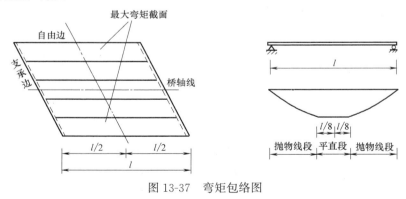

图 13-37　弯矩包络图

13.4　弯梁桥

13.4.1　概述

弯桥是指桥梁轴线在平面上呈曲线的桥。弯梁桥是指承重结构为梁式结构的弯桥，图 13-38 所示的是一座高速公路上的弯梁桥。弯梁桥的分类方法可以从平面形状、曲线形状、材料种类、横截面形式、结构体系和施工方法等方面划分。

1. 按平面形状分类

弯梁桥可分为扇形弯梁桥（图 13-39a）和斜交弯梁桥（图 13-39b、c），显然，上述平面形状中扇形弯梁桥是研究弯梁桥的最基本形状。

图 13-38　福建漳龙高速公路上的弯梁桥

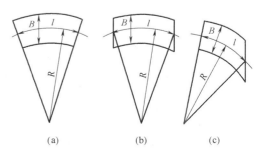

图 13-39　扇形弯梁桥和斜交弯梁桥

2. 按曲线形状分类

弯梁桥中常用的平面曲线有圆曲线、缓和曲线等。其中，圆曲线采用得最多，其次是缓和曲线，有时还采用由两种不同曲线组合而成的曲线。

3. 按材料种类分类

弯梁桥可分为钢弯梁桥、钢筋混凝土弯梁桥、预应力混凝土弯梁桥和钢-混凝土组合弯梁桥等。美国和日本等国采用钢梁和钢-混凝土组合梁较多。我国应用较多的是钢筋混凝土弯梁桥和预应力混凝土弯梁桥。

4. 按横截面形式分类

与直线梁桥一样，弯梁桥的截面也有板梁、T 形梁、I 形梁和箱梁等截面形式。由于弯桥对抗扭能力要求高，所以弯梁桥的截面形式以板梁与箱梁为多。为了使各根主梁受力更为合理，在构造上满足设置单向超高横坡的要求，也有采用增大外侧主梁断面高度的布置方案。

5. 按结构体系分类

弯梁桥最常采用的是连续梁体系，但在中小跨径时，也有采用简支梁的。为了降低弯梁桥的跨间弯矩，常在跨间增设"独柱墩"，但因其抗扭跨径并未缩减，所以"独柱墩"对提高抗扭能力效果不大。在特定情况下，也可采用预应力混凝土曲线 T 形刚构或其他体系，但目前在国内还甚少见。

6. 按施工方法分类

与直线梁桥相同，弯梁桥可以采用整体现场浇筑施工，也可采用预制拼装施工，还可以采用顶推施工法等。如香港大埔干线桥就是典型的采用顶推法施工的弯梁桥，如图 13-40 所示。但是，由于弯梁桥中各构件尺寸的一致性较差，且弯梁桥的配筋也较复杂，故我国目前还是以采用现浇混凝土的方法施工为主。

13.4.2 弯梁桥的特点

1. 弯梁桥的受力特点

（1）恒载作用

以等厚度矩形截面实心板为例，当在桥中心轴线上截取单位弧长，再从弯曲中心引出两根辐射线与该弧长两端相连，便构成了两个扇形，如图 13-41 所示。

图 13-40　顶推施工法的弯梁桥

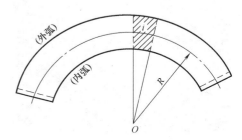

图 13-41　弯梁桥体积重心的偏心

由于外弧侧的扇形面积大于内弧侧面积，全截面的体积重心将偏离轴线向外弧的一侧，其偏心距离为 e。这就是说，即使桥面上为均布荷载，对弯梁桥的作用也可分解为一个作用于桥中心线的垂直分力和向外弧侧倾翻的扭矩。

（2）活载作用

① 汽车荷载

对于两端具有抗扭支座的单跨弯梁桥，如图 13-42 所示，当跨中 C 点有集中力 P 作用时，由于 A、B、C 三点不在同一直线上，且荷载点 C 距 AB 连线的垂距为 e，故支点除支反力 R_A 和 R_B 外，还有支点的反力扭矩 T_A 和 T_B。因此，在桥跨内每个截面上除了产生弯矩以外，还产生扭矩，曲率半径越小，此扭矩值越大。如果将每个支点上的支反力和反力扭矩先进行分解再合成，便会发现外侧支座反力大和内侧支座反力小甚至为负反力的现象。

② 汽车离心力

如图 13-43 所示，车辆在桥面上行驶时，产生一个指向外弧且离桥面高度为 h_{zc} 的离心力 P_h，该力对结构也会产生向外倾翻的扭矩 $T = h_c P_h$。

因此，弯梁桥的受力特点主要有以下三点：

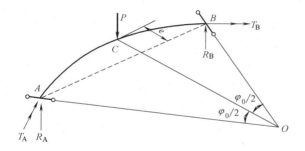

图 13-42　弯桥受集中力 P 作用

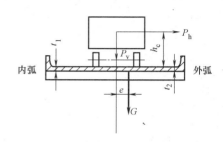

图 13-43　弯梁桥横坡和离心力的影响

（a）在结构自重作用下，除支点截面外，弯梁桥外边缘的挠度一般大于内边缘，而且曲线半径越小这种差异越明显。

（b）在自重和外荷载作用下，梁截面产生弯矩的同时，必然伴随产生"耦合扭矩"，即所称的"弯-扭"耦合作用。

（c）对于两端均有抗扭支座的弯梁桥，其外弧侧的支座反力一般大于内弧侧，曲率半径较小时，内弧侧还可能出现负反力。

2. 弯梁桥在平面内的变形特点

引起弯梁桥在平面内产生位移的因素有两类，且两类位移的方向有很大的差别。

（1）由于温度变化和混凝土收缩引起的水平位移

这类位移是属于弧线段膨胀或缩短性质的位移，以图 13-44 为例，当温降或者混凝土收缩时，位于 1、2、3 支座处的桥面会分别产生指向固定支座 O 处的水平位移 δ_1、δ_2 和 δ_3。曲率半径发生了改变，而圆心角不变，即曲率半径由 r_0 变为了 r，φ_0 不变。

（2）由于预加力和混凝土徐变引起的水平位移

这类位移是属于切线方向的位移，如图 13-45 所示，是在截面形心处施加预应力时由弹性压缩和徐变变形所引起的水平位移。显然，曲率半径不发生改变，而圆心角却发生了改变，即 r_0 不变，φ_0 变为了 φ。

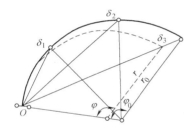

图 13-44　温度变化和混凝土收缩
引起的水平位移

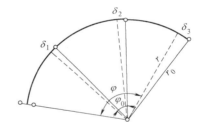

图 13-45　预加力和混凝土徐变
引起的水平位移

（3）弯梁桥的爬移

弯梁桥的转动中心不在中轴线上，而在桥梁平面外。混凝土收缩、徐变、温度变化和外荷载作用引起的变形很复杂，轴向位移时常伴有"横桥向位移"，这个"横桥向位移"长期累积后，会出现桥跨结构发生偏转"爬移"现象。

如深圳市某立交桥 A 匝道第三联为六跨连续弯箱梁桥，桥梁中线曲线半径为 255m，全长 239.751m，跨径组成为 22.813m＋35m＋55m＋39.938m＋55m＋32m。设计支座布置如下：联间共用墩 A5 及 A11 各采用两块板式橡胶支座，中心距为 3.6m；梁端桥中线处设有一抗震锚栓；中间 A8 墩采用单向活动盆式橡胶支座（施工时变更为双向活动盆式支座），切向固定，径向活动；其余各墩均采用双向活动盆式橡胶支座；A6、A10 墩支座设预偏心，分别偏向外侧 0.4m 和 0.45m。由于温度升高使梁体产生向曲线外侧的整体位移和转动，A5～A11 墩顶梁体产生的位移和转动详见表 13-6，可见如此大的位移足够致使交通中断。

A 匝道第三联各墩顶梁体实测位移 表 13-6

墩号	A5	A6	A7	A8	A9	A10	A11
径向(cm)	18	18	33	47	16	23	19
切向(cm)	16	13	7	3	9	20	22
转角(°)	2.42	—	—	—	—	—	2.35

注：表中径向位移以向曲线外侧为正，切向位移以向桥中心为正。

弯梁桥的爬移实际上是由横桥向的水平累积位移引起的。解决的方法是在墩台上设置限制侧向位移的构造。

13.4.3 弯梁桥总体布置与构造

1. 弯梁桥的总体布置

弯梁桥的平面布置应服从整体线形布置的要求，在平面上除采用圆曲线外，也常有缓和曲线进入桥梁范围的情况，甚至在特殊地形地貌时，也有采用反向曲线的实例。在桥头既有桥梁与道路径向连接（正交）的弯梁桥，也有桥梁与道路斜交的弯梁桥。

在立面布置上，应包括结构体系的选择，如桥梁分孔，梁高选择，墩、台形式选择和基础方案的选用等，桥梁纵坡一般服从全线纵坡设计的要求。从理论上讲，一切适用于直线桥的结构体系都可应用于弯桥结构，如弯梁桥、弯拱桥、弯刚架桥、弯斜拉桥等。但目前应用最多的是连续弯梁桥，尤以等高度连续弯梁桥为主。弯梁桥的跨径范围大都是 50～60m 以下的中等跨径，为了简化结构构造和施工工艺，多选用等高度梁截面。但当跨径很大，半径也很大时，也有采用变高梁的实例，如法国让纳维利埃桥（105m＋172m＋74.12m＋172m＋113m，$R=650$m，根部梁高 9.0m，跨中梁高 3.5m）。

弯梁桥的横断面布置方案可以是多种多样的，考虑到桥面超高和受扭时外边梁受力较大，可有意识地在桥梁的横向将各主梁布置成不同的梁高。为了构造上的简单，也可将各主梁的高度做成一样，其超高横坡设置在墩顶；或通过在墩顶或梁底设置垫块；或在桥面铺装上进行调整。

2. 弯梁桥的横截面形式

和直线梁桥一样，混凝土弯梁桥的截面形式有板式、肋板式、肋式和箱式等。板式、肋板式、肋式截面多采用整体式和预制装配式；箱式截面则多采用现浇方式。从弯梁桥存在较大扭矩的受力特点考虑，宜采用箱式截面。常用的箱式截面有单箱单室、单箱多室、多箱单室和多箱多室等。箱梁腹板还可以做成倾斜的，以减少翼缘板的悬臂长度。

3. 弯梁桥的构造及布置

对支架现浇和平面曲度较大的预制装配式弯梁桥，腹板应做成曲线形。这样，不仅外形美观，而且对施工也有利，因为车道板的支架、模板、配筋均可全长一致，详见图 13-46（a）。

对平面曲度不大的弯梁桥，其横截面形状可以采用直线桥的横截面形状（以折代弯），但由于弯梁桥的工作特性与直线梁桥不同，横截面的刚度应设计得比同类直线梁桥大。这些直线梁支承在宽度不等的墩帽（或盖梁）上，内外弧长度差用封锚块调整，或者在墩顶作楔形块来调整，桥面两边将翼缘板做成曲线形，详见图 13-46（b）、（c）。

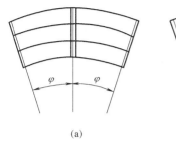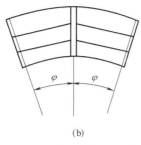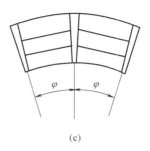

（a）　　　　　　　　　　（b）　　　　　　　　　　（c）

图 13-46　装配式弯梁的布置

（a）弯梁桥；（b）以折代弯（用封锚块调整）；（c）以折代弯（墩顶作楔形块调整）

在单跨梁板式弯梁桥中，圆心角 φ 不应大于 20°，而在多跨连续弯梁桥中，每跨圆心角不应超过 40°。

多室箱梁多用于宽桥，但施工比较麻烦，而且在横向受力分析上也比较复杂。因此常将一座宽桥设计成两座独立而平行的桥梁，即做成分离式弯箱梁桥。

4. 弯梁桥的墩台形式

弯梁桥墩台的形式一般与正交桥无本质上的差别，但根据弯梁桥的受力特点，在设计中应考虑以下几点：①必须配合支座布置，合理设计抗扭约束的墩台；②弯梁桥内外侧梁的受力不均，在设计中应注意墩台在横桥向的受力不均；③桥面上存在离心力和横向力矩作用，对横向刚度小的独柱墩构造，应注意此项作用的影响。

对于采用顶推法或悬臂法施工的连续弯梁桥，墩台设计中应考虑施工过程的抗扭约束，并应注意由弯梁恒载产生的弯扭影响，以确保施工期间墩台的稳定性。

当弯梁桥上部结构采用箱形截面时，桥墩设计时可选用图 13-47 中的相应布置图式。其中，图 13-47（a）为独柱墩，这种桥墩在弯梁桥中应用广泛，特别是当连续弯梁桥的曲率半径较小时应用最多。它有利于城市立交桥的墩位布置，占地范围小，若建在河中则阻水面积小，桥下空间大，视野开阔，同时还可使整个桥型更加美观。当曲率半径较大时，则视具体情况，在中间适当的墩位处布置抗扭双支座，墩身可采用上宽下窄或上窄下宽的构造，视墩身的内力和地基的承载能力而定，如图 13-47（b）、（c）所示。图 13-47（d）为分离柱式墩。如果桥面很宽或采用分离式双箱时，桥墩也可以采用分离式的，如图 13-47（e）、（f）所示。

5. 弯梁桥的支座布置

对于弯梁桥尤其是连续弯梁桥而言，支座布置是一个较复杂的问题：支

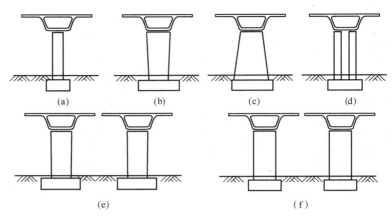

图 13-47　箱形上部结构的桥墩横向布置

（a）独柱墩；（b）、（c）墩位处布置抗扭双支座的独柱墩；

（d）分离柱式墩；（e）、（f）分离式桥墩

座布置是否合理，不但会影响到结构的受力，而且还会影响车辆的正常行驶。

　　对于单跨弯梁桥，可以采用简支静定结构和简支超静定两种结构，详见图 13-48（a）、（b）所示。

　　对于连续弯梁桥，一般在一联的两端设置抗扭支座。对于中间支承，当弯梁曲率半径较大时，可在每个墩上布置抗扭支座，如图 13-48（c）所示；也可每隔 2～3 个支墩交替采用，如图 13-48（d）所示。当弯梁曲率半径较小，上部结构采用具有较大抗扭刚度的箱梁结构时，可将中间墩全部布置成独柱墩、点铰支承的构造，如图 13-48（e）所示。

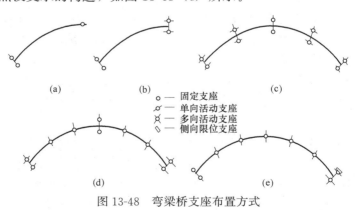

○ —— 固定支座
⚲ —— 单向活动支座
⚮ —— 多向活动支座
⬦ —— 侧向限位支座

图 13-48　弯梁桥支座布置方式

　　由前述弯梁桥平面内变形特点可知，温度变化和混凝土收缩在各支座处会产生纵桥向和横桥向的位移，给伸缩缝的活动带来困难。因此，上部结构的桥面不宜太宽，以降低横向抗弯刚度来适应平面内的弯曲。当桥面宽度较大时，宜设成分离的两座窄桥，同时还要对这些支座的径向受力情况作必要的验算。不能满足要求时，要对横桥向位移进行限制，这时可在布置伸缩缝的墩台处设置侧向限位支座，如图 13-48（e）所示，即限制径向位移，但允许发生切向位移和平面扭转。

在独柱墩较高的情况下，可以采用墩梁固结的形式，充分利用桥墩的柔性来适应上部结构的变形要求，既省去了价格昂贵的支座，又简化了墩梁连接处的施工。但应考虑上部结构对桥墩受力的影响，保证桥墩有足够的强度。

为了达到人为地调整梁内扭矩分布的目的，对于中间各个单点铰支座，可以分别给梁一定的预偏心，如图13-49所示。但应注意，支座预偏心只能调整扭矩的分布，对某一跨的扭矩峰值差影响很小。

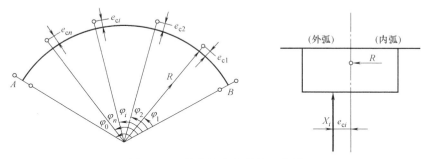

图13-49　单点铰支座预偏心布置

由于弯梁桥的质量重心位于杆轴两端连线之外，无论是恒载还是活载作用，桥跨结构均会产生扭矩，所以弯梁桥在支座布置时均设置抗扭支座。但是，如果抗扭支座设置不当，不能承受所有荷载作用产生的组合扭矩作用时，就会产生内侧支座脱空、桥跨结构侧倾现象。

支座脱空的主要原因在于支座设置不合理，处理措施有：调整边跨与中跨的比例；设置端横梁压重并将支座横向距离拉大，增加抗扭力矩；设置预偏心；限制一联跨数，不宜太长；合理布置支座，单点支撑不宜太多，每隔两个墩最好有双点支撑。

13.4.4　弯梁桥计算简介

弯梁桥的计算方法主要有两大类，一类是把弯梁桥模拟成一根单曲梁，采用纯扭转或者约束扭转理论计算，横截面内力分析采用横向分布理论，这种方法力学概念清晰，计算简单，与直线梁桥的分析方法类似，但对于变截面、变半径弯梁桥的计算有很大困难，且弯梁桥横向分布理论还有很大的局限性。另一类是数值计算方法，如有限元、有限条法等。这两类方法根据采用的单元不同，可分为杆系有限元法和三维实体有限元法。目前较多采用由直梁或曲梁单元组成的杆系有限元法，该方法计算工作量小，能较准确模拟实际结构，且计算结果为截面内力，与现行规范一致。三维实体有限元法多采用板、壳单元和实体单元离散实际结构，能较精确地模拟结构的受力行为，但是计算工作量大，且计算结果为应力，比较适合于结构的研究分析。

13.4.5　弯梁桥预应力钢束的布置

1. 预应力钢束的力学特性

为分析图13-50所示的预应力钢束在简支超静定梁（两端具有抗扭支承的

梁）中的受力特点，取左腹板（外弧侧）中的一条索进行研究。该索两端的锚固点距形心轴分别为 e_1 和 e_2，跨中的垂度为 f（图 13-50a），该索在平面上的投影是以 $(R+b)$ 为半径的圆弧线，因此该索在几何上是具有双曲率的空间索。在索两端施加预加力 N_y 后，该索对结构产生了一个垂直向上和一个水平径向的等效分布力 q_v 和 q_h（图 13-50b、c），q_v 作用于左腹板平面内，q_h 按索位的高度不同连续分布在左腹板的径向（图 13-50d、f）。由这些分解的力不难推断出连续曲线梁在预加力作用下的一些特点：

（1）等效垂直分力 q_v，可以分解为作用于中轴线上的均布力 q_v 和均布扭矩 $q_v b$（图 13-50e）。等效分布径向力 q_h 除作为水平径向均布荷载 q_h 作用在"平拱结构"上外，还对扭转中心产生非均匀分布的扭矩 $q_h z(\varphi)$ [$z(\varphi)$ 是索位至截面扭心的距离]。所有这些垂直力和扭矩都将对结构产生次内力。

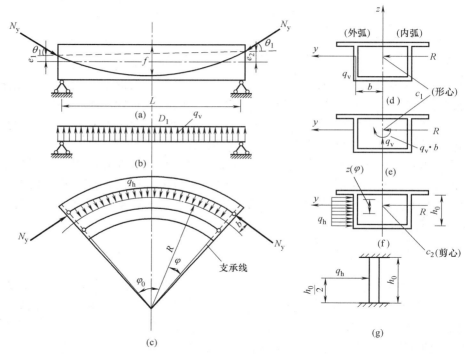

图 13-50　预应力等效荷载

（2）由于预应力索具有双曲率，故它的摩阻损失比直线梁中的要大，因此，当在连续曲线梁中采用贯通全长的长预应力索时，必须仔细分析各索段产生的预应力摩阻损失，至于其余的预应力损失则与直梁桥的计算相同。

（3）由于连续曲线梁桥存在弯扭耦合作用，相邻两支座之间的次弯矩图不再呈线性变化，因此，如果沿用连续直线梁桥中仅仅通过调整中支座处索的竖向位置的方法，那么调整后连续曲线梁内各截面的总预矩就不能像连续直线梁那样保持不变，并且也达不到吻合索的效果。

2. 预应力钢束摩阻损失计算

在弯梁中，对于平面曲线预应力筋，其与管道壁之间摩擦产生的预应力损失可采用直线梁桥中相同的公式计算，见式（13-12）。

$$\sigma_{12} = \sigma_{con}\left[1 - e^{-(\mu\theta + kx)}\right] \qquad (13\text{-}12)$$

式中　σ_{12}——因摩擦引起的预应力损失值；

$\quad\sigma_{con}$——锚下张拉控制应力；

$\quad\mu$——钢筋与管道壁的摩擦系数；

$\quad\theta$——从张拉端至计算截面间管道平面曲线的夹角；

$\quad k$——管道每米长度的局部偏差对摩擦的影响系数；

$\quad x$——从张拉端至计算截面的管道长度在构件纵轴上的投影长度，或为三维空间曲线管道的长度，以 m 计。系数的具体取值见《公路混凝土桥规》或《结构设计原理》教材。

弯梁桥中的大部分预应力筋为空间曲线，既有竖曲线又有平曲线，其预应力损失要比正交桥的大，对于较长的钢束，此项损失可能会超过 10%，其摩阻损失计算仍然可以采用式（13-12）计算，但是 θ 和 x 的计算比较复杂。经过理论推导和计算对比，按式（13-13）近似计算所得的空间曲线包角与实际包角相差甚小，可以作为实用公式：

$$\theta = \sqrt{\theta_h^2 + \theta_v^2} \qquad (13\text{-}13)$$

式中　θ_h——空间曲线在水平面上的投影包角；

$\quad\theta_v$——空间曲线在竖向圆柱面上的投影包角。

3. 预应力钢束的布置原则

鉴于弯梁桥中存在弯扭耦合作用，难以像正交桥一样配置较为理想的吻合索，"线性变换"原理也不再适用。因此，工程设计中常从实际出发，按照以下几项原则来解决弯梁桥的预应力钢束的配置问题。

（1）预配索。参照连续直线梁桥的方法，按照抵抗弯矩的要求计算所需预应力筋的数量和线形。

（2）移动抗弯预应力筋，尽量抵消外扭矩。具体可采用以下两种方法：①内外侧腹板采用不同线形的预应力筋；②内外侧腹板上预应力筋线形对称，但张拉力（或数量）不同。

（3）计算剩余扭矩和剩余剪力，配置局部预应力筋或普通钢筋。

（4）全桥预应力效应校验。

4. 预应力束的侧向防崩

如图 13-51 所示，由于 q_h 的存在，如果预应力束在腹板中布置不当，可能将腹板崩裂。一般地，近似将 q_h 按图 13-51 图式验算腹板局部抗弯强度。预应力束布置时应尽可能靠腹板中朝外弧的一侧，使内侧混凝土具有足够的抵抗厚度。当曲线内侧的保护层厚度较小时，应沿预应

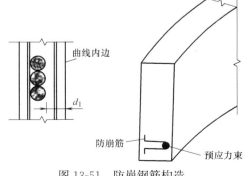

图 13-51　防崩钢筋构造

力束设置防崩筋，扣住预应力索，并与钢筋骨架扎牢，如图 13-51 所示。

小结及学习指导

（1）随着我国高速公路、城市道路的发展，桥梁服从线路的要求使得立交桥、斜桥、弯桥越来越被广泛采用。

（2）立交模式是其功能、美观等的重要影响因素。选择合理的立交桥形式对解决交叉道路的车辆通行问题至关重要。

（3）斜桥、弯桥不同于正交桥，都存在"弯扭耦合"现象，因此需要理解其受力特点及构造上的特别之处。

习题及思考题

13-1　立交桥在现代道路中有何重要作用？

13-2　常见的立交平面布置有哪些形式？

13-3　什么是斜桥？斜交角如何定义？

13-4　斜板桥的受力有何特点？

13-5　连续斜梁桥的支座布置有何形式？受力上有何不同？

13-6　整体式简支斜板桥如何计算配筋方向的弯矩值？

13-7　如何利用正交桥的荷载横向分布系数概念计算装配式简支斜桥的活载作用效应？

13-8　弯桥受力上有何特点？

13-9　弯桥变形上有何特点？

13-10　如何考虑弯桥中预应力筋的荷载效应？

13-11　在弯桥中如何防止预应力束的侧崩？

**第14章
梁桥实例

本章内容可扫描右侧二维码进行学习。

梁桥实例

第三篇

拱　桥

第15章
概述

本章知识点

> **【知识点】** 拱桥的特点；拱桥的组成及其各主要组成部分的定义；拱桥的多种不同分类方式、具体类型及每种类型拱桥的特点。
>
> **【重点】** 拱桥的特点、组成和分类，不同类型拱桥的比较。
>
> **【难点】** 深刻理解不同类型拱桥的优缺点。

15.1　拱桥的主要特点

拱桥是主要承重结构为拱的桥型。拱桥与梁桥的区别，不仅在于外形不同，更重要的是两者受力性能有较大差别。梁式结构在竖向荷载作用下，支承处仅产生竖向支承反力，而拱式结构在竖向荷载作用下，两端支承除了有竖向反力外，还将产生水平推力。正是这个水平推力，使拱内产生轴向压力，从而大大减小了拱圈的截面弯矩，使之成为偏心受压构件，截面上的应力分布（图 15-1a）与受弯梁的应力（图 15-1b）相比，较为均匀。因此，可以充分利用主拱截面材料强度，使跨越能力增大。根据理论推算，按现有的材料技术水平，混凝土拱桥的极限跨度可达 500m，钢拱桥的极限跨度可达 1200m。

拱桥的主要优点是：（1）跨越能力较大；（2）能充分就地取材，与混凝土梁桥相比，可以节省大量的钢材和水泥；（3）耐久性能好，维修、养护费用少；（4）外形美观；（5）构造较简单。

但拱桥也有缺点，主要是：（1）自重较大，相应的水平推力也较大，增加了下部结构的工程量，当采用无铰拱时，对地基条件要求高；（2）由于拱桥水平推力较大，在连续多孔的大、中桥梁中，为防止一孔破坏而影响全桥的安全，需要采用较复杂的措施，例如设置单向推力墩，也会增加造价；（3）与梁桥相比，上承式拱桥的建筑高度较高，当用于城市立交及平原地区时，因桥面标高提高，使两岸接线长度增长，或者使桥面纵坡增大，既增加了造价又对行车不利。

拱桥虽然存在上述缺点，但只要在条件合适的情况下，修建拱桥往往是经济合理的，且优点突出。因此拱桥在我国公路桥梁建设中得到了广泛的使

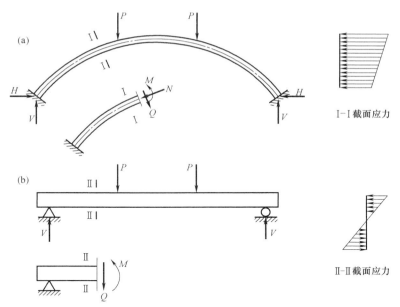

图 15-1　拱和梁的应力分布

用，而且拱桥的缺点也正在得到改善和克服。如必须在地质条件不良的地区修建拱桥时，就从结构体系上、构造形式上采取措施，或采用轻质材料来减轻结构物的自重，或设法提高地基承载力等；为了节约劳动力、加快施工进度，就设法提高预制构件的比重，以利于机械化和工业化施工。这些措施的采用更加扩大了拱桥的使用范围。

在今后一个较长时期内，拱桥仍将是我国公路桥梁的主要形式之一。结合我国具体情况，进一步研究拱桥的设计理念，并使结构构造和施工工艺更完善，更重视装配化、轻型化、机械化的施工方法，以加快桥梁建设的速度。

15.2　拱桥的组成及主要类型

15.2.1　拱桥的主要组成

拱桥的上部结构和下部结构各主要组成部分的名称如图 15-2 所示。

拱桥上部结构由主拱圈和拱上建筑组成。主拱圈是拱桥的主要承重结构。由于拱圈是曲线形，一般情况下车辆都无法直接在弧面上行驶，所以在桥面与主拱圈之间需要有传递压力的构件或填充物，以使车辆能在平顺的桥面上行驶。桥面系和这些传力构件或填充物统称为拱上结构或拱上建筑。

拱桥的下部结构由桥墩、桥台及基础等组成，用以支承桥跨结构，将桥跨结构的荷载传至地基。桥台还起到与两岸路堤相连接的作用，使路桥形成一个协调的整体。

拱圈最高处称为拱顶，拱圈和墩台连接处称为拱脚（或起拱面）。拱圈各横向截面（或换算截面）的形心连线称为拱轴线。拱圈的上曲面称为拱背，

467

下曲面称为拱腹。起拱面与拱腹相交的直线称为起拱线。

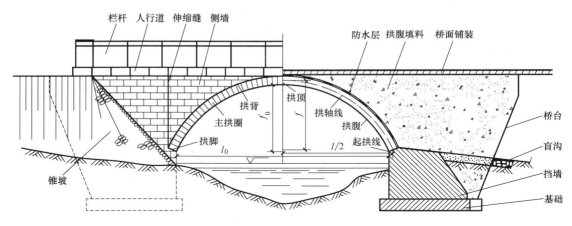

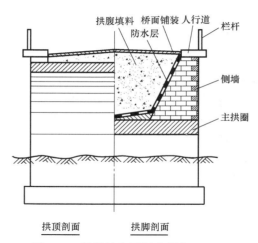

拱顶剖面　　　　拱脚剖面

图 15-2　拱桥的主要组成部分

l_0—净跨径；l—计算跨径；f_0—净矢高；f—计算矢高；$D = \dfrac{f}{l}$（或 $D_0 = \dfrac{f_0}{l_0}$）—矢跨比

　　有关拱桥的主要尺寸和其他技术名称，可参见第 1 章内容，这里不再重复。

15.2.2　拱桥的主要类型

　　拱桥的形式可以按照以下几种不同的方式进行分类。

　　按照主拱圈所使用的建筑材料可以分为：圬工拱桥、钢筋混凝土拱桥、钢拱桥和钢-混凝土组合拱桥等。

　　按照拱上建筑的形式可以分为：实腹式拱桥和空腹式拱桥。

　　按照主拱圈轴线线形可分为：圆弧线拱桥、抛物线拱桥和悬链线拱桥。

　　按照桥面的立面位置可分为：上承式拱桥、中承式拱桥和下承式拱桥

（图 15-3）。

按照是否对下部结构作用水平推力可分为：有推力拱桥和无推力拱桥。

按照结构受力图式可分为：简单体系拱桥、组合体系拱桥和拱片桥。

按照拱圈截面形式可分为：板拱桥、板肋拱桥、肋拱桥、双曲拱桥、箱形拱桥、钢管混凝土拱桥、劲性骨架混凝土拱桥、钢拱桥。

下面仅按其中两种分类方式作一些介绍。

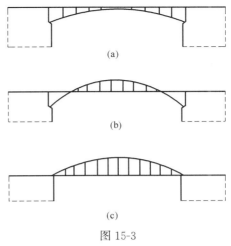

图 15-3
（a）上承式；（b）中承式；（c）下承式

1. 按照结构受力图式分类

（1）简单体系拱桥

简单体系拱桥，均为有推力拱，可以做成上承式、中承式和下承式。

按照主拱的静力体系，简单体系拱桥又可以分成如下 3 种。

1）三铰拱

它属于外部静定结构。由温度变化、混凝土收缩徐变、支座沉陷等因素引起的变形不会对它产生附加内力，故计算时无需考虑体系变形对内力的影响。它适合于在地基条件很差的地区修建，但由于铰的存在，其构造复杂，施工困难，维护费用增高，而且减小了结构的整体刚度，降低了抗震能力，又由于拱的挠度曲线在顶铰处有转折，对行车不利，因此，三铰拱一般较少采用。

2）两铰拱

它属于外部一次超静定结构。由于取消了拱顶铰，使结构整体刚度较相应三铰拱大。由基础位移、温度变化、混凝土收缩和徐变等引起的附加内力比对无铰拱的影响要小，故可在地基条件较差时或坦拱中采用。

3）无铰拱

它属于外部三次超静定结构。在自重及外荷载作用下，拱内的弯矩分布比两铰拱均匀，材料用量省。由于没有设铰，结构的整体刚度大，构造简单，施工方便，维护费用少，因此在实际中使用最广泛。但由于无铰拱的超静定次数高，温度变化、收缩徐变，特别是墩台位移会在拱内产生较大的附加内力，所以无铰拱一般修建在地基良好的条件下，这使它的使用范围受到一定限制。

（2）组合体系拱桥

组合体系拱桥一般由拱肋、系杆、吊杆（或立柱）、行车道梁（板）及桥面系等组成。

组合体系拱桥将梁和拱两种基本结构组合起来，共同承受桥面荷载和水平推力，充分发挥梁受弯、拱受压的结构特性及其组合作用，达到节省材料

469

的目的。组合体系拱桥一般可划分为有推力的和无推力的两种类型。

1）无推力组合体系拱桥

无推力组合体系拱桥（也称系杆拱桥）是外部静定结构，兼有拱桥的较大跨越能力和简支梁桥对地基适应能力强的两大特点。拱的推力由系杆承受，系杆的含义就是一个将两拱脚相互联系在一起的水平构件，因而墩台不承受水平推力。根据拱肋和系杆（梁）相对刚度的大小及吊杆的布置形式可以分为：具有竖直吊杆的柔性系杆刚性拱——系杆拱（图 15-4a）；具有竖直吊杆的刚性系杆柔性拱——蓝格尔拱（图 15-4b）；具有竖直吊杆的刚性系杆刚性拱——洛泽拱（图 15-4c）。

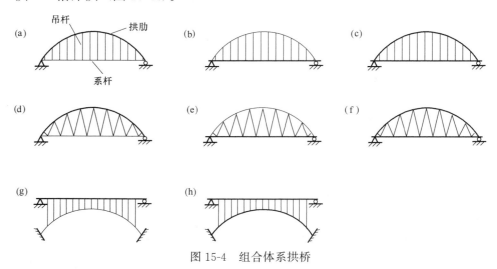

图 15-4　组合体系拱桥

以上三种拱，当用斜吊杆来代替竖直吊杆时，称为尼尔森拱（图 15-4d、e、f）。

2）有推力的组合体系拱桥

此种组合体系拱桥没有系杆，由单独的梁和拱共同受力，拱的推力仍由墩台承受。图 15-4（g）是刚性梁柔性拱（倒蓝格尔拱）；图 15-4（h）是刚性梁刚性拱（倒洛泽拱）。

（3）拱片桥

上边缘与桥面纵向平行，下边缘是拱形的有推力结构，称为拱片，如图 15-5 所示。在拱片中，行车道系与拱肋刚性连成一整体，共同承受荷载，故它仅能用于上承式拱桥。拱片的立面一般被挖空做成桁架的形式。根据桥梁宽度的不同，拱片桥可由两片以上的拱片组成，并用横向联系将各拱片连成整体，行车道板支承在拱片上。

2. 按主拱圈截面形式分类

拱桥的主拱圈，沿拱轴线可以做成等截面或变截面的形式。

主拱圈所使用的建筑材料主要有圬工、钢筋混凝土、钢材和钢-混凝土组合结构等。根据材料的特性，圬工拱桥主要用于跨径小，并且能就地取材的情况，目前新建较少；钢拱桥主要用于大跨径，由于材料、价格等原因目前

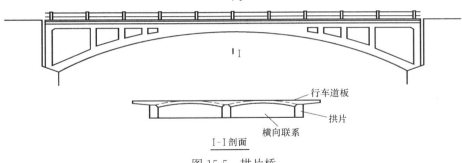

图 15-5　拱片桥

在我国应用不是很广泛；我国大部分拱桥都采用钢筋混凝土结构，随着设计理论和施工工艺的完善，钢筋混凝土拱桥目前已是最具有竞争力的桥型之一；钢-混凝土组合结构是近几十年发展起来的，主要有钢管混凝土拱桥和劲性骨架混凝土拱桥两种，它们在超大跨径桥梁中具有较强竞争力；钢拱桥近些年也有些应用，但不及钢管混凝土拱桥。下面按照拱圈截面形式分别作简要介绍（因篇幅原因，未涉及钢拱桥）。

（1）板拱桥

主拱圈采用实体矩形截面的拱桥称为板拱桥（图 15-6a）。它的构造简单、施工方便，但在相同截面面积的条件下，实体矩形截面比其他形式截面的截面抵抗矩小。如果为了获得较大的截面抵抗矩，必须增大截面尺寸，这就相应地增加了材料用量和结构自重，从而加重了下部结构的负担，这是不经济的。因此，通常只在地基条件较好的中、小跨径圬工拱桥中才采用这种形式。

如果在较薄的拱板上增加几条纵向肋，以提高拱圈的抗弯刚度，就构成板拱的另外一种形式，即板肋拱（图 15-6b），它的拱圈截面由板和肋组成。当肋置于板上时，可用于抵抗负弯矩，适合拱脚及附近截面；当肋置于板下时，可用于抵抗正弯矩，适合拱顶及附近截面。

（2）混凝土肋拱桥（图 15-6c）

肋拱桥是在板拱桥的基础上发展形成的，它是将板拱划分成两条或多条分离的拱肋，肋与肋间用横系梁相连。这样就可以用较小的截面面积获得较大的截面抵抗矩，从而节省材料，减轻拱桥的自重，因此多用于大、中跨径的拱桥。

（3）双曲拱桥（图 15-6d）

其主拱圈横截面由多个拱肋、多个拱波和整块拱板组成。由于主拱圈的纵向及横向均呈曲线形，故称之为双曲拱桥。这种截面抵抗矩较相同材料用量的板拱大，故可节省材料。主拱圈采用"预制拼装＋现浇"的施工方法（即拱肋、拱波为预制拼装，拱板为现浇），具有施工"化整为零"和受力"集零为整"的优势，同时存在着施工工序多、组合截面整体性较差和易开裂等缺点。因而，在吊装能力有限的 20 世纪六七十年代，中、小跨径双曲拱桥建造较多。随着吊装能力发展和双曲拱桥病害不断出现，从 20 世纪 80 年代

471

开始，双曲拱桥已不再建造。本书也不再细述。

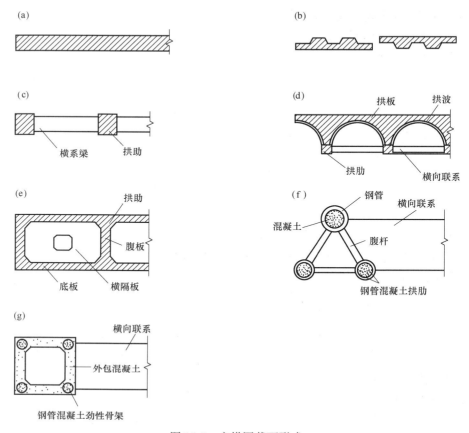

图 15-6 主拱圈截面形式

(a) 板拱；(b) 板肋拱；(c) 肋拱；(d) 双曲拱；(e) 箱形拱；

(f) 钢管混凝土拱；(g) 劲性骨架混凝土拱

（4）箱形拱桥（图 15-6e）

这类拱桥外形与板拱相似，但由于截面挖空，使箱形拱的截面抵抗矩较相同材料用量的板拱大很多，所以能节省材料，减轻自重，相应地也减少下部结构材料用量，对于大跨径拱桥则效果更为显著。又因它是闭口箱形截面，截面抗扭刚度大，横向整体性和结构稳定性均较双曲拱好，故特别适用于无支架施工。但箱形截面施工制作较复杂。

（5）钢管混凝土拱桥

钢管混凝土简称为 CFST（Concrete Filled Steel Tube），它属于钢-混凝土组合结构中的一种，主要用于以受压为主的结构。它一方面借助内填混凝土增强钢管壁的稳定性，同时又利用钢管对核心混凝土的套箍作用，使核心混凝土处于三向受压状态，从而使其具有更高的抗压强度和抗变形能力，如图 15-6（f）所示。此外，钢管混凝土尚具有以下几方面的优点：

1）总体性能方面

由于钢管混凝土承载能力大，正常使用状态是以应力控制设计，外表不存在混凝土裂缝问题，因而可以使主拱圈截面及其宽度相对地减小，这样便可以减小桥面上由承重结构所占的宽度，提高了中、下承式拱的桥面宽度的使用效率。

2）施工方面

钢管本身相当于混凝土的外模板，它具有强度高，重量轻，易于吊装或转体的特点，可以先将空管拱肋合龙，再压注管内混凝土，从而大大降低了大跨径拱桥施工的难度，省去了支模、拆模等工序，并可适用泵送混凝土工艺。

与所有材料一样，钢管混凝土材料也有它自身的缺点。对于管壁外露的钢管混凝土，在阳光照射下，钢管受热膨胀，容易造成钢管与内填混凝土之间出现脱空现象；泵送管内混凝土也常出现不能完全饱满的情况，使拱圈受力不够明确。

（6）劲性骨架混凝土拱桥

劲性骨架混凝土拱桥与普通钢筋混凝土拱桥的区别在于前者以钢骨拱桁架作为受力筋，它可以是型钢，也可以是钢管，采用钢管作劲性骨架的混凝土拱又可称为内填外包型钢管混凝土拱，如图 15-6（g）所示。它主要用在大跨度拱桥中，同时也解决了大跨度拱桥施工的"自架设问题"，即首先架设自重轻，刚度、强度均较大的钢管骨架，然后在空钢管内压注混凝土形成钢管混凝土，使骨架进一步硬化，再在钢管混凝土骨架上外挂模板浇筑外包混凝土，形成钢筋混凝土结构。在这种结构中，钢管和随后形成的钢管混凝土主要是作为施工的劲性骨架来考虑的。成桥后，它也可以参与受力，但其用量通常是由施工设计控制。当时世界最大跨径的钢筋混凝土拱桥——万州长江大桥即为用钢管作劲性骨架的拱桥。劲性骨架混凝土拱桥跨越能力大、超载潜力大、施工方便，是一种极具发展前途的拱桥结构形式。

小结及学习指导

（1）通过本章学习，首先简要了解拱桥的发展历史，其次要掌握拱桥的特点、组成和分类。

（2）应重点掌握不同分类方式、不同类型拱桥的特点和异同，尤其是按照受力图式、拱圈截面形式、主拱圈轴线线型进行分类的拱桥。

习题及思考题

15-1 拱与梁在受力上的区别及其截面正应力分布上有何不同？

15-2 总结拱桥的优缺点，研究分析克服拱桥缺点的解决方法。

15-3 简述拱桥净矢高与计算矢高、净跨径与计算跨径的区别。

15-4 无推力拱桥的推力去哪里了？

15-5 拱桥按照主拱圈截面形式可分成哪几类，各有什么特点，你觉得还可能发展出新型截面吗？

第16章
拱桥的设计与构造

本章知识点

> 【知识点】 拱桥的总体布置内容包含；拱桥矢跨比和 4 个设计控制高程的确定；拱桥的结构类型确定需要考虑的因素；4 种不同拱轴线拱桥的特点和适用情况；减小多跨连续拱桥桥墩处恒载不平衡水平推力的方法；板拱、肋拱和箱形拱的构造特点、常规设计尺寸及其他设计要点；桁架拱桥和刚架拱桥特点、组成、构造和分类，不同类型桁架拱桥和刚架拱桥构造特点和适用情况；拱上建筑的组成、分类、特点；拱上填料、桥面及人行道、伸缩缝与变形缝、排水与防水层和拱桥中铰的类型、构造、设计要点；中、下承式拱桥的特点、组成、构造和分类；组合体系拱桥的特点、组成、构造和分类；钢拱桥的主要结构形式、类型、主拱构造、常规设计尺寸及设计要点；钢管混凝土拱桥的发展、特点、类型、组成、拱肋构造和分类。
>
> 【重点】 拱桥矢跨比和 4 个设计控制高程的确定；4 种不同拱轴线拱桥的特点和适用情况；减小多跨连续拱桥桥墩处恒载不平衡水平推力的方法；板拱、肋拱和箱形拱的构造特点；桁架拱桥和刚架拱桥特点、分类和适用情况；拱上建筑的组成和特点；伸缩缝与变形缝的异同和适用情况，拱桥中铰的类型和适用情况；中、下承式拱桥的特点、组成和分类；拱式组合体系桥的特点、组成和分类；钢拱桥的主要结构形式、主拱构造和类型；钢管混凝土拱桥的特点、组成和分类。
>
> 【难点】 深刻理解和掌握不同类型拱桥的构造特点与设计要求。

公路桥涵工程应按照安全、耐久、适用、环保、经济、美观的原则进行设计。如何根据这些原则结合实际情况合理地进行设计，就是本章所要解决的主要问题。

16.1 拱桥总体布置与设计构思

在通过必要的桥址方案比较确定了桥位之后，根据当地水文、地质等具体情况，合理地拟定桥梁的长度、跨径、跨数、桥面高程等，是拱桥总体设计的主要内容。有关确定桥长和桥梁分孔的一般原则，在第 2 章中的桥梁纵断面设计部分已作了介绍，这里不再重复。下面将重点阐明拱桥的总体布置与设计构思。

16.1.1 设计控制高程和矢跨比的确定

1. 设计控制高程的确定

拱桥的设计控制高程主要有 4 个，即桥面高程、跨中结构（拱或桥面结构）底面高程、起拱线高程及基础底面高程（图 16-1）。这几项高程对拱桥的设计有直接的影响，设计时需按有关规定同有关部门商定。拱桥的桥面高程，一方面由两岸线路的纵断面设计来控制，另一方面也要保证桥下净空能满足泄洪、通航或地面行车的要求。桥下设计水位或地面道路、铁路设计高程加上桥下净空高度，决定了拱桥跨中区段结构底面的最低高程；而桥面高程与跨中区段结构底面的最低高程之差，也就决定了拱桥跨中区段建筑高度的容许范围。起拱线高程主要由流冰水位、施工要求等决定。

拟定起拱线高程时，为了尽量减小桥墩（台）基础底面的弯矩、节省墩台的圬工数量，一般宜选择低拱脚的设计方案。但在具体设计时，拱脚位置往往又受到通航净空、排洪、流冰条件以及结构体系等要求的限制，并要符合相关桥梁规范中的有关规定（图 16-1），详细情况可参见第 2 章 2.3 节的内容。

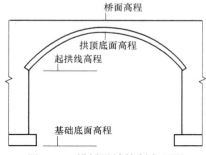

图 16-1　拱桥设计控制高程图

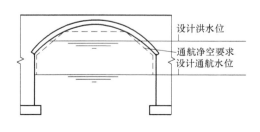

图 16-2　拱桥净空规定图

2. 矢跨比的确定

在分孔时初步拟定跨径后，根据跨径及拱顶、拱脚高程，就可以确定主拱的矢跨比（f/l）。矢跨比是拱桥设计的主要参数之一，它的大小不仅影响主拱内力的大小，而且也影响到拱桥的构造形式和施工方法的选择。

由结构力学可知，拱脚水平推力与矢跨比呈反比关系。对于简单体系拱桥，如采用圬工及钢筋混凝土拱圈，水平推力大，拱内的轴向压力也大，对拱圈自身的受力是有利的，但对墩台基础是不利的；同时，矢跨比越小，弹性压缩、温度变化、混凝土收缩徐变以及墩台位移等因素，在拱圈内引起的附加内力也越大。然而，较小的矢跨比却能提供较大的桥下有效净空（桥面高程不变时），或降低桥面高程减小引道长度。另外，拱桥的外形是否美观、

475

与周围景物能否协调等，也与矢跨比有很大关系。因此，拱圈的矢跨比应经过综合比较后才能进行选定；但在设计高程、跨径限制很严的情况下，矢跨比又是不能随意选定的。

对于简单体系拱桥，石、混凝土等圬工拱桥的矢跨比一般为 1/8～1/4，一般不宜小于 1/10；混凝土拱桥的矢跨比一般为 1/8～1/5。通常情况下，矢跨比小于 1/5 的拱称为坦拱，等于及大于 1/5 的拱称为陡拱。对于组合体系拱桥，矢跨比一般为 1/10～1/5，或者更小一些，按构造形式而变化，但一般不小于 1/12。

16.1.2　结构类型的选择

1. 桥结构静力图式的选择

对于简单体系拱桥，在地基较差的地区，一般可考虑采用两铰拱结构，因其仅有一次超静定，较能适应不良地基引起的墩台不均匀沉降、水平位移及转动。虽然静定结构即三铰拱更适合不良地基，但因拱顶铰构造复杂、施工困难及结构整体刚度差等原因，现已极少采用，故可不考虑。

对于组合体系拱桥，静定与超静定结构均有。当遇到不良地基时，对于结构外部有水平推力的单跨桁架拱桥或刚架拱桥，可以考虑拱脚设铰的静力图式；对于多跨组合体系拱桥，不仅可考虑拱脚设铰，而且也可将桥墩处拱座与承台之间的水平约束释放，使其成为与连续梁一样的外部静力图式。当然，外部静定的组合体系拱桥更适合用于不良地基。

2. 拱桥上部构造形式的选择

拱桥上部构造的形式，受上部结构的设计高程控制。桥面系在拱桥上部结构立面中的位置，即采用上承、中承或下承式结构，将直接与拱桥跨中桥面高程、结构底面高程和起拱线高程有关。一旦拱桥的设计控制高程确定，拱桥的构造形式也就基本被限定。

对于给定的设计跨径，由上述三个设计控制高程和合理的矢跨比，可判断采用上承式结构的可能性。若桥面与拱脚高差较小、矢跨比不能满足上承式结构要求时，可考虑采用中承式或下承式结构。但需注意，无推力的中承式组合拱桥为多跨结构，在单跨情况下只能采用下承式结构。

对于平原地区尤其是城市桥梁，由于受到地面建筑物、纵坡等影响，桥面高程是严格控制的；同时桥下净空则受到航道等级、排洪或地面行车等要求的限制，跨中结构底面高程也被下限值所控制。采用中承或下承式拱桥可降低建筑高度，提供较大的桥下净空。

16.1.3　拱轴线的选择

由结构力学可知，拱轴线的形状不仅直接影响着拱的内力及截面应力的分布（强度影响），而且它与结构的耐久性（开裂影响）、经济合理性和施工安全性等都有密切的关系。因此，在拱桥设计中，选择合适的拱轴线形是一个需要解决的重要问题。

选择拱轴线的原则，就是尽可能降低由荷载产生的弯矩。最理想的拱轴线是采用拱上各种荷载作用下的压力线，即拱轴线与压力线吻合。但事实上是不可能获得这样的拱轴线的，因为除恒载外，拱还要受到活载、温度变化和材料徐变、收缩等因素的作用。当恒载压力线与拱轴线吻合时，在活载作用下就不再吻合。然而，公路拱桥的恒载占全部荷载的比重较大，如一座30m跨径的双车道公路拱桥，活载大约只是恒载的 20%，随着跨径的增大，恒载所占的比重还将增大。故一般来说，若以恒载压力线作为设计拱轴线，基本上就是适宜的。此时的拱轴线也称合理拱轴线，恒载作用下的拱截面只承受轴向压力，而无弯矩作用，能充分利用圬工材料的抗压性能。但是恒载作用下拱轴线还将因弹性压缩而在无铰拱或两铰拱产生附加内力，致使其实际压力线与原设计所用的拱轴线发生偏离。因此在主拱设计时，即使要选一条能够使恒载作用下的截面弯矩都为零的拱轴线，也是非常困难的。

一般来说，拱桥设计中所选择的拱轴线应满足以下三方面的要求：尽量减小主拱截面的弯矩，使其在计入弹性压缩、均匀温度、混凝土徐变、收缩等影响下各主要截面的应力相差不大，且最大限度地减小截面拉应力，最好是不出现拉应力；对于无支架施工的拱桥，应能满足各施工阶段的受力要求，并尽可能少用或不用临时性施工措施；线形美观，且便于施工。

目前，我国拱桥常用的拱轴线形有以下几种。

1. 圆弧线

圆弧线简单，施工方便，易于掌握。但在一般情况下，圆弧形拱轴线与恒载压力线偏离较大，使拱圈各截面受力不均匀。因此圆弧线常用于 15～20m 以下的小跨径拱桥。少量的大跨径预制装配式钢筋混凝土拱桥，也有采用圆弧形拱轴线的。

2. 悬链线

实腹式拱桥的恒载集度（单位长度上的重力），从拱顶向拱脚是逐渐增加的（图 16-3）。在这种荷载分布图式下，拱圈的压力线是一条悬链线。因此，实腹式拱桥采用悬链线作为拱轴线，在恒载作用下当不计拱圈弹性压缩的影响时，拱圈截面将只承受轴压力而无弯矩。

对于空腹式拱桥，由于拱上建筑的形式发生了变化，从拱顶到拱脚的恒载集度也不再是逐渐增加的，相应的恒载压力线将是一条有转折点的多段曲线。若仍用相应的悬链线作为拱轴线，恒载压力线与拱轴线将有偏离。然而，理论分析证明，这种偏离

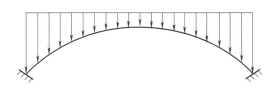

图 16-3　实腹式拱桥恒载分布示意

对拱圈控制截面的受力是有利的。另一方面，悬链线拱轴线对各种空腹式拱上建筑的适应性较强，并已有现成完备的计算图表可利用。因此，空腹式拱桥也广泛采用悬链线作为拱轴线。悬链线是目前我国大、中跨径拱桥采用最普遍的拱轴线形。

3. 抛物线

由结构力学可知，在竖向均布荷载作用下，其压力线为二次抛物线。对于恒载集度接近均布的拱桥，往往可以采用二次抛物线作为拱轴线。如中承与下承式简单体系拱桥、组合体系拱桥的恒载分布较均匀，因此二次抛物线作为拱轴线是适宜的。

在某些大跨径拱桥中，由于拱上建筑布置的特殊性（如腹孔跨径特别大等），为了使拱轴线尽可能与恒载压力线相吻合，也有采用高次抛物线（如四次或六次抛物线）作为拱轴线的。

4. 异形拱轴线

为追求拱桥的外形美观，特别是在城市桥梁中，也可采用异形拱轴线。其合理拱轴线是一条对称轴平行于斜吊杆的斜抛物线。长沙黄柏浏阳河大桥是一座修建较早的异形拱桥（图 16-4）。

由上可见，拱上建筑的形式与布置、桥面结构的支承方式，与拱轴线选择有密切的关系。在

图 16-4　长沙黄柏浏阳河大桥

一般情况下，上承式小跨径拱桥可采用实腹圆弧拱或实腹悬链线拱；大、中跨径上承式拱桥可采用空腹悬链线拱；轻型拱桥、矢跨比较小的大跨径上承式拱桥、中承式和下承式拱桥及各种组合体系拱桥，可以采用抛物线拱。

16.1.4　多跨连续拱桥的布置

简单体系拱桥和部分组合体系拱桥，对下部结构作用水平推力。为了使多跨连续拱桥（简称连拱）在桥墩处恒载水平推力尽量相互抵消，减少不平衡水平推力对下部结构的不利影响，最好选用等跨分孔的方案。但在受地形、地质、通航等条件的限制，或引桥很长应考虑与桥面纵坡协调一致时，或对桥梁美观有特殊要求（如城市或风景区的桥梁）时，可以考虑采用不等跨的分孔方案。如湖南罗依溪大桥，全长 376m，谷底至桥面最高处达 80m 左右。根据地形、地质条件和技术经济比较等综合考虑后，采用不等跨分孔为宜。于是，跨越深谷的主孔跨径采用 116m，而两边的边孔跨径均采用 72m（图 16-5）。

由于相邻跨的恒载水平推力不相等，桥墩和基础增加了不平衡的恒载水平推力。在采用柔性墩的多跨连续拱桥中，还需考虑恒载不平衡水平推力产生的连拱作用，这将使计算和构造复杂。为了减小这个不平衡水平推力，改善桥墩、基础的受力状况，节省材料和造价，可采用以下措施。

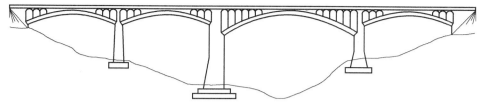

图 16-5　不等跨分孔拱桥示意

1. 采用不同的矢跨比

利用在跨径一定时矢跨比与水平推力大小成反比的关系，在相邻两跨中，大跨径用较陡的拱（矢跨比较大），小跨径用较坦的拱（矢跨比较小），使两相邻跨在恒载作用下的不平衡水平推力尽量减小。

2. 采用不同的拱脚高程

由于采用了不同的矢跨比，致使两相邻孔的拱脚高程不在同一水平线上。因大跨径孔的矢跨比大，拱脚高程相对降低，减小了拱脚水平推力对基底的力臂，这样可以使大跨与小跨的恒载水平推力对基底所产生的弯矩得到平衡（图 16-6）。

3. 调整上部结构的自重

若必须使相邻跨的拱脚放置在相同（或相接近）的高程上时（如美观要求等），则可用调整上部结构的自重来减小相邻跨之间的不平衡水平推力。例如，对于上承式拱桥，大跨径拱可用自重较小的拱圈截面和轻质的拱上填料或空腹式拱上建筑，小跨径

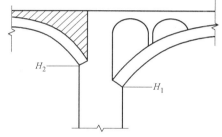

图 16-6　大、小跨拱脚的不同高程

拱用自重较大的拱圈截面及重量大的拱上填料或实腹式拱上建筑，以改变恒载重力来调整拱桥的恒载水平推力。

4. 采用不同的拱跨结构

一般地，板拱桥、箱拱桥结构自重较大，肋拱桥自重较小。因此大跨度采用肋拱桥、小跨径采用板拱桥或箱拱桥等。

在具体设计时，也可以同时采用几种措施。如果仍不能达到完全平衡推力的目的，则需设计体形不对称的或大尺寸的桥墩和基础，来平衡或承受不平衡水平推力。

16.2　上承式圬工拱桥及混凝土拱桥的设计与构造

上承式拱桥分为两大类：一类是普通型上承式拱桥，这类拱桥由主拱（圈）、拱上传载构件、桥面系组成，主拱（圈）是主要承重结构；另一类是整体型上承式拱桥，这类拱桥则是由主拱片（指由拱圈与拱上传载构件组成的整体结构）和桥面系组成，主拱片是主要承重结构。本节未特别指明者是

479

指混凝土拱桥或钢筋混凝土拱桥。

16.2.1 主拱的构造与尺寸拟定

1. 普通型上承式拱桥

根据主拱（圈）截面形式的不同可分为板拱、肋拱和箱形拱等。

（1）板拱

按照主拱所用的建筑材料划分，板拱又可分为石板拱、混凝土板拱和钢筋混凝土板拱等。

1）石板拱

砌筑石板拱主拱圈的石料主要有料石、块石和砖石等。用粗料石砌筑拱圈时，拱石需要随拱轴线和截面形式不同而分别进行编号，以便加工，等截面圆弧拱（图 16-7a、b）的拱石规格少，编号简单；变截面圆弧拱（图 16-7c）的拱石类型较多，编号较复杂，施工不便。因此，目前大多采用等截面拱桥。

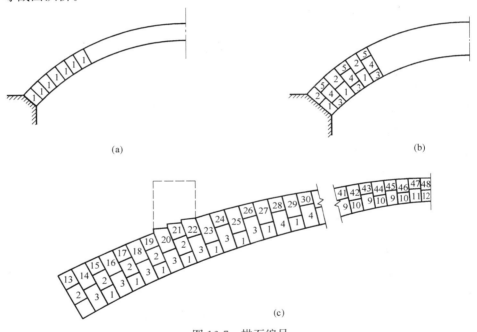

(a)

(b)

(c)

图 16-7 拱石编号

(a)、(b) 等截面圆弧拱的拱石编号；(c) 变截面圆弧拱的拱石编号

(注：图中数字为拱石编号)

用于拱圈砌筑的石料应要求石质均匀，不易风化和无裂纹。石料强度等级不得低于 C30，砌筑拱石用的砂浆，对大、中跨径拱桥不得低于 C7.5，对于小跨径拱桥不得低于 C5。在必要时也可用小石子混凝土进行砌筑，小石子粒径一般不得大于 2cm。采用小石子混凝土砌筑的片石板拱，其砌体强度比用同强度的水泥砂浆的砌体强度要高，而且可以节约水泥 1/4～1/3。

根据拱圈的受力（主要承受压力，其次是弯矩）特点和需要，拱圈砌筑应满足下列构造要求。

① 错缝

对料石拱，拱石受压面的砌缝应与拱轴线垂直，可以不错缝；当拱圈厚度不大时，可采用单层砌筑（图 16-7a），但其横向砌缝必须错开且不小于 10cm；当拱圈厚度较大时，采用多层砌筑（图 16-7b、c），但其垂直于受压面的顺桥向砌缝（图 16-8a）、拱圈横截面内拱石竖向砌缝（图 16-8b、c）以及各层横向砌缝必须错开且不小于 10cm，以免因存在通缝而降低砌体的抗剪强度和削弱其整体性。对于块石拱，应选择较大平面与拱轴线垂直，拱石大头在上，小头在下，砌缝错开且不小于 8cm。对于片石拱，拱石较大面与拱轴线垂直，大头在上，砌缝交错。

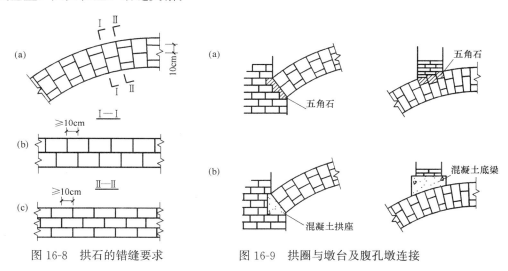

图 16-8　拱石的错缝要求　　　图 16-9　拱圈与墩台及腹孔墩连接

② 限制砌缝宽度

拱石砌缝宽度不能太大，因砂浆强度比拱石低得多，缝太宽必将影响砌体强度和整体性。通常，对料石拱不大于 2cm，对块石拱不大于 3cm，对片石拱不大于 4cm，采用小石子混凝土砌筑时，块石砌缝宽不大于 5cm，片石砌缝宽为 4～7cm。

③ 设五角石

拱圈与墩台以及拱圈与空腹式拱上建筑的腹孔墩连接处，应采用特别的五角石（图 16-9a），以改善该处的受力状况。为避免施工时损坏或被压碎，五角石不得带有锐角，为了简化施工，目前常用现浇混凝土拱座及腹孔墩底梁（图 16-9b）代替石质五角石。

小跨径等截面石板拱的拱圈厚度可按下式估算：

$$h = \beta k \sqrt[3]{l_0} \qquad (16\text{-}1)$$

式中　h——拱圈厚度（cm）；

　　　l_0——拱圈净跨径（cm）；

　　　β——系数，一般为 4.5～6.0，取值随矢跨比的减小而增大；

481

k——荷载系数，一般取 1.2。

2）混凝土板拱

① 素混凝土板拱

这类拱桥主要用于缺乏合格天然石料的地区，可以采用整体现浇，也可以预制砌筑。整体现浇混凝土拱圈，拱内收缩应力大，受力不利，同时，拱架、模板木材用量大，工期长，质量不易控制，故较少采用。预制砌筑就是将混凝土板拱划分成若干块件，然后预制混凝土块件，最后进行块件砌筑成拱。预制砌块在砌筑前应有足够的养护期，以消除或减少混凝土收缩的影响。

② 钢筋混凝土板拱

较之于混凝土板拱，这类拱桥可以设计成较小的板厚，其构造简单、外表整齐、轻巧美观，如图 16-10 所示。根据桥宽需要可做成单条整体拱圈或多条平行板（肋）拱圈，施工时可反复利用一套较窄的拱架与模板来完成，大大节省材料。

钢筋混凝土等截面板拱的拱圈高度可按跨径的 1/70～1/60 初拟，跨径大时取小者。

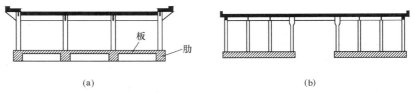

(a)　　　　　　　　　　　　　　　(b)

图 16-10　钢筋混凝土板拱的横断面

(a) 肋形板拱；(b) 分离式板拱

（2）肋拱

肋拱桥是由两条或多条分离的拱肋、横系梁、立柱和由横梁支承的行车道部分组成，如图 16-11 所示。

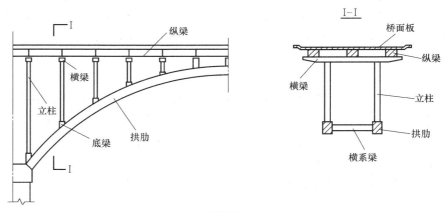

图 16-11　肋拱桥立面布置图

拱肋是主要承重结构，可由混凝土、钢筋混凝土、钢、钢管混凝土、劲性骨架混凝土做成。拱肋的数目和间距以及截面形式主要根据桥梁宽度、肋型、材料性能、荷载等级、施工条件、拱上结构等各方面综合考虑决定。为了简化构造，一般在吊装能力满足要求的情况下，宜采用少肋形式。通常，桥宽在20m以内时均可考虑采用双肋式，当桥宽在20m以上时，宜采用分离的双幅双肋拱，以避免由于肋中距增大而使肋间横系梁、拱上结构横向跨度与尺寸增大太多。上下游拱肋最外缘的间距一般不宜小于跨径的1/20，以保证肋拱的横向整体稳定性。

拱肋的截面形式分为实体矩形、工字形、箱形、管形和劲性骨架混凝土箱形等。矩形截面构造简单、施工方便，一般仅用于中小跨径的肋拱。肋高可取跨径的1/60～1/40，肋宽可为肋高的0.5～2.0倍。工字形截面，常用于大、中跨径的肋拱桥，肋高一般为跨径的1/35～1/25，肋宽约为肋高的0.4～0.5倍，腹板厚度常为30～50cm。管形肋拱是指采用钢管混凝土结构作为拱肋的拱桥，其肋高与跨径之比在1/65～1/45之间。当肋拱桥的跨径大、桥面宽时，拱肋还可采用箱形截面。

箱形肋拱由双肋或多肋组成，肋间设置横系梁使之形成整体。

箱形肋拱拱肋尺寸根据受力需要确定，初拟时一般肋高取为跨径的1/70～1/50，或按式（16-2）估算。肋宽取为肋高的1.0～2.0倍。箱形肋之间的横系梁除具有增强肋拱横向整体稳定性外，还可起到横向分布荷载的作用，要求具有足够的强度和刚度，并与拱肋固结。肋间横系梁常用钢筋混凝土材料，目前有3种断面类型，如图16-12所示。

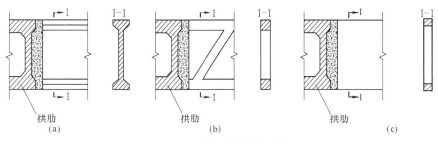

图 16-12　箱形肋拱横系梁

（a）工字形；（b）桁片；（c）箱形

箱形肋拱通常采用等截面形式，以方便施工。对于特大跨径的箱形肋拱也可采用受力更为合理的变截面形式。

（3）箱形拱

主拱圈截面由多室箱构成的拱称为箱形拱，如图16-13所示。

箱形拱的主要特点是：

① 截面挖空率大，挖空率可达全截面的50%～60%，与板拱相比，可节省大量圬工体积，减轻重量；

② 箱形截面的中性轴大致居中，对于抵抗正负弯矩具有几乎相等的能力，能较好地适应主拱圈各截面正负

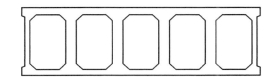

图 16-13　箱形拱拱圈断面示意

484

弯矩变化的需要；

③ 由于是闭合空心截面，抗弯和抗扭刚度大，拱圈的整体性好，应力分布较均匀；

④ 单条箱肋刚度较大，稳定性较好，能单箱肋成拱，便于无支架吊装；

⑤ 制作要求较高，吊装设备较多，主要用于大跨径拱桥。

箱形拱的拱圈，可以由一个闭合箱（单室箱）或由几个闭合箱（多室箱）组成，每一个闭合箱又由箱壁（侧板）、顶板（盖板）、底板及横隔梁组成（图 16-14）。

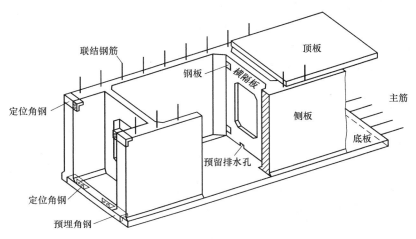

图 16-14　箱形拱闭合箱的构造

箱形拱截面的组成方式有以下几种：

① 由多条 U 形肋组成的多室箱形截面（图 16-15a）；

② 由多条工字形肋组成的多室箱形截面（图 16-15b）；

③ 由多条闭合箱肋组成的多室箱形截面（图 16-15c）；

④ 整体式单箱多室截面（图 16-15d）。

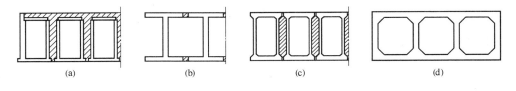

图 16-15　箱形截面组成方式

拟定箱形拱截面尺寸主要包括拱圈的高度、宽度、箱肋的宽度以及顶底板及腹板尺寸。

拱圈的高度主要取决于拱的跨度，还与拱圈所用主拱圈材料强度有很大关系。初拟混凝土箱形截面拱圈的高度时，拱圈高度可取跨径的 $1/75 \sim 1/55$，或者按如下经验公式估算：

$$h = \frac{l_0}{100} + \Delta \qquad (16\text{-}2)$$

式中　h——拱圈高度（m）；

　　　l_0——净跨径（m）；

　　　Δ——箱形拱为 0.6～0.7m，箱肋拱为 0.8～1.0m。

提高混凝土的强度，可以减少截面尺寸，从而减轻拱体本身的自重或加大跨径。目前常用 C40～C50 混凝土，对特大跨径拱桥应尽量采用强度等级更高的混凝土，如超高性能混凝土（UHPC）。

拟定拱圈的宽度时，可考虑采用悬挑桥面，减小拱圈宽度，即采用窄拱圈形式。拱圈宽度一般可为桥宽的 0.6～1.0 倍，桥面悬挑可达到 4.0m，但为保证其横向稳定性，一般希望拱宽不小于跨径的 1/20，但特大跨径桥的拱圈宽度常难以满足该条件，只要横向稳定性能得到保证即可。

箱肋是组成预制吊装施工的箱形拱桥的基本构件。拱圈宽度确定后，根据（缆索）吊装能力，在横向划分为几个箱肋，即可确定箱肋的宽度。

对常用的由多条闭口箱肋组成的箱形拱（图 16-16），其顶底板及腹板各部分尺寸与跨径及荷载大小有关。顶、底板厚度 t_d 一般为 15～22cm，两外箱肋外腹板厚 t_{wf} 一般为 12～15cm，内箱肋腹板厚 t_{nf} 常取 5～7cm，以尽量减轻吊装重量。但需注意的是，拱圈顶、底、腹板太薄可能出现压溃，其原因除构造尺寸太小外，就是应力允许值用得太大（国际上对压板应力值限制很严），故应对其作必要的局部应力验算。填缝宽度 t_f 根据受力大小确定（主要考虑轴力大小），一般采用 20～35cm。为保证填缝混凝土浇筑质量，Δ_1 不宜小于 15cm，Δ_2 为安装缝，通常为 4cm。

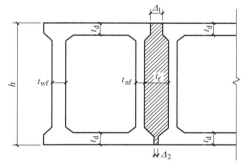

图 16-16　常用的混凝土箱形拱截面构造

箱形拱的构造与施工方法有密切的联系。修建箱形拱，可以采用预制拱箱无支架吊装或有支架现场浇筑等施工方法。若采用无支架施工时，拱箱可分段预制，当吊装能力很大时，可以采用封闭式拱箱，这样可以增加拱箱在施工过程中的整体稳定性，减少施工步骤。其具体过程为：在横向将拱截面划分为多条箱形肋，在纵向将箱形肋分段，先预制各箱肋段，然后安装各箱肋段成拱，最后现浇各箱肋间的填缝混凝土形成箱形拱。

2. 整体型上承式拱桥

整体型上承式拱桥包括桁架拱桥和刚架拱桥。这些桥型进一步减轻了拱桥自重，理论上增强桥梁结构的整体性，并发挥了装配式结构的优点，在 20 世纪 80～90 年代得到了应用。但因混凝土桁架节点易开裂，混凝土桁架拱桥已较少新建。

（1）桁架拱桥

桁架拱桥又称拱形桁架桥。桁架拱桥是一种有水平推力的桁架结构，其上部结构由桁架拱片、横向联结系和桥面组成。桁架拱片是主要承重结构，由上、下弦杆，腹杆和实腹段组成，其立面布置如图 16-17 所示。

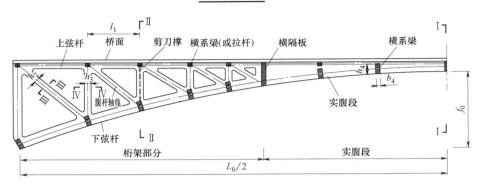

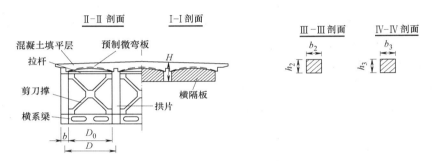

图 16-17　桁架拱桥的主要组成部分

　　根据其构造不同可以分为斜（腹）杆式、竖（腹）杆式、桁肋式和组合式四种。

　　① 斜（腹）杆式

　　斜（腹）杆式，如图 16-18 所示。三角形腹杆的桁架拱片，腹杆根数少，杆件的总长度最短，因此腹杆用料省，整体刚度较大。

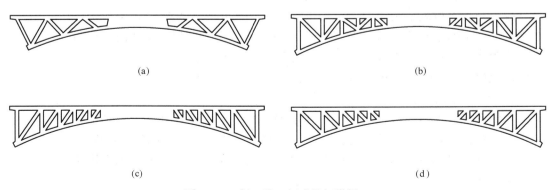

图 16-18　斜（腹）杆式桁架拱桥

② 竖（腹）杆式

竖（腹）杆式桁架拱片（图 16-19a）外形美观，节点构造简单，施工较方便，但整体刚度较小，竖杆与上、下弦杆连接的节点处易开裂，故适用于荷载小、跨径较小的桥梁。

③ 桁肋式

桁肋式拱片（图 16-19b）实质上为普通型上承式拱桥，仅是将主拱圈改为桁架结构。桁肋自重轻，吊装方便，适宜于无支架施工。但由于桁架在拱脚处固结，基础变位、温度变化和混凝土收缩徐变引起的附加内力较大，拱脚上弦杆易开裂。

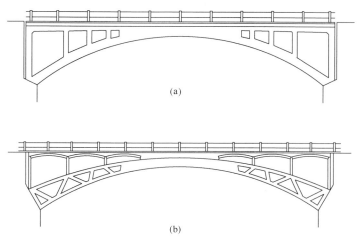

图 16-19　竖（腹）杆式和桁肋式拱片
(a) 竖（腹）杆式；(b) 桁肋式

④ 组合式

组合式桁架拱与前面三种桁架拱的主要区别在于上弦杆断点位置不同。普通桁架拱的上弦杆简支于墩（台）上，上弦杆在墩（台）之间没有断缝（即断点），而组合式桁架拱上弦杆却是在墩（台）顶部至拱顶之间适当位置断开，形成一条断缝（即断点），从断点至墩（台）顶部形成一个悬臂桁架［与墩（台）固结］，跨间两断点之间为一普通桁架拱，全桥下弦杆保持连续，如图 16-20 所示。组合式桁架拱常用于 $100m$ 以上的大型预应力混凝土拱桥，设置断缝有利于减小由于日照温差引起的附加内力。

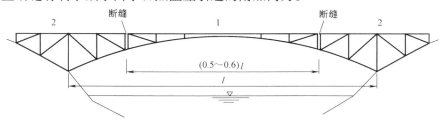

图 16-20　组合式桁架拱桥的组成
1—桁架拱部分；2—悬臂桁梁部分

16.2　上承式圬工拱桥及混凝土拱桥的设计与构造

由于混凝土桁架拱桥施工工序多，整体性能较差，运营期间开裂现象较严重，从 20 世纪 90 年代开始，已很少采用。

（2）刚架拱桥

刚架拱桥的上部结构由刚架拱片、横向联结系和桥面等部分组成（图 16-21）。

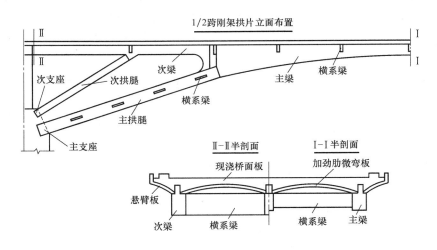

图 16-21 刚架拱桥的主要组成部分

拱片是刚架拱桥的主要承重结构，一般由跨中实腹段的主梁、空腹段的次梁、主拱腿（主斜撑）、次拱腿（次斜撑）等构成，与桥面板一起形成刚架拱的主拱片。主梁和主拱腿的交接处称为主节点，次梁和次拱腿的交接处称为次节点。节点构造一般均按固结设计。

主梁和主拱腿构成的拱形结构的几何形状是否合理，对全桥结构的受力有显著的影响，其设计原则是在恒载作用下弯矩最小。主梁和次梁的梁肋上缘线一般与桥面纵向平行，主梁下边缘线一般可采用二次抛物线、圆弧线或悬链线，使主梁成为变截面构件。主拱腿可根据跨径大小和施工方法等不同，设计成等截面直杆或微曲杆。有时从美观考虑，也可采用与主梁同一曲线的弧形杆，但需注意其受压稳定性。

横向联结系的作用是将刚架拱片连成整体共同受力，并保证其横向稳定。

刚架拱片可以采用现浇或预制安装的方法施工，应根据运输条件和安装能力具体确定，目前大多数采用后者。为了减小吊装质量，可将主梁和次梁、斜撑等分别预制，用现浇混凝土接头连接。当跨径较大时，次梁还可分段预制。

刚架拱桥属于有推力的高次超静定结构，具有构件少、质量轻、整体性好、刚度大、施工简便、造价低、造型美观等优点，可在软土地基上修建，被广泛用于跨径为 25～70m 的桥梁。

16.2.2 拱上建筑构造

拱上建筑是拱桥的一部分，按照拱上建筑采用的不同构造方式，可将拱桥分为实腹式和空腹式两种。

1. 实腹式拱上建筑

实腹式拱上建筑构造简单，施工方便，填料数量较多，恒载较重，所以，一般用于小跨径的拱桥。实腹式拱上建筑由拱腹填料、侧墙、护拱、变形缝、防水层、泄水管以及桥面系组成（图16-22）。

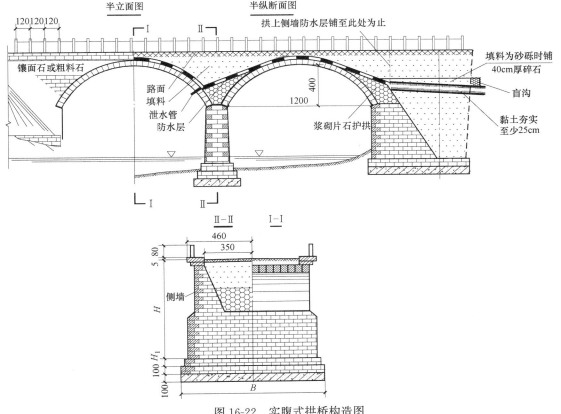

图 16-22　实腹式拱桥构造图

拱腹填料分为填充式和砌筑式两种。填充式拱腹填料应尽量做到就地取材，通常采用透水性好、土侧压力小的砾石、碎石、粗砂或卵石类黏土等材料，分层夯实，还可采用其他轻质材料，如炉渣与黏土的混合物、陶粒混凝土等以减轻拱上建筑重量，使其适用于地质条件较差地区。砌筑式拱腹填料就是在散粒料不易取得时才采用的一种干砌圬工方式。侧墙用来围护拱腹上的散粒填料，设置在拱圈两侧，通常采用浆砌块、片石，若有特殊的美观要求，可用料石镶面。对混凝土或钢筋混凝土板拱，也可用钢筋混凝土护壁式侧墙。这种侧墙可以与主拱浇筑为一体。侧墙一般要求承受填料土侧压力和车辆作用下的土侧压力，故按挡土墙进行设计。对浆砌圬工侧墙，顶面厚度一般为50～70cm，向下逐渐增厚，墙脚厚度取用该处墙高的0.4倍。护拱设于拱脚段，以便加强拱脚段的拱圈，同时，为便于在多孔拱桥上设置防水层和泄水管，通常采用浆砌块、片石结构。

2. 空腹式拱上建筑

大、中跨径的拱桥，特别是当矢高较大时，应以空腹式拱上建筑为宜。空腹式拱上建筑除具有实腹式拱上建筑相同的构造外，还具有腹孔和腹孔墩。

（1）腹孔

根据腹孔构造，可分为拱式拱上建筑和梁式拱上建筑两种。

1）拱式拱上建筑

拱式拱上建筑构造简单，外形美观，但重量较大，一般用于圬工拱桥。腹孔的形式和跨径的选择，要既能减轻拱上建筑的重量，又不致因荷载过分集中于腹孔墩处，给主拱圈受力状况造成不利影响，同时还要使拱桥外型协调美观。

腹孔一般对称布置在靠拱脚侧的一定区段内，其长度约为跨径的 1/4～1/3（图 16-23a），跨中区段采用实腹式。对于中小跨径拱桥，腹孔跨数以 3～6 孔为宜。目前也有采用全空腹形式（图 16-23b），一般以奇数孔为宜。腹孔跨径，对中小跨径拱桥一般选用 2.5～5.5m，对大跨径拱桥则控制在主拱跨径的 1/15～1/8 之间。腹孔构造宜统一，以便于施工和有利于腹孔墩的受力。

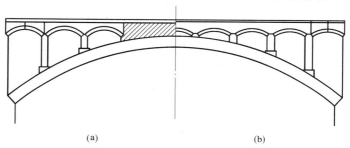

(a)　　　　　　　　　　　　　　(b)

图 16-23　空腹式拱上建筑

（a）带实腹段的空腹式拱；（b）全空腹式拱

腹拱圈一般采用矢跨比为 1/5～1/2 的圆弧线板式结构，或矢跨比为 1/12～1/10 的微弯板或扁壳结构。腹拱圈的厚度与它的构造形式有关，当跨径小于 4m 时，石板拱为 30cm，混凝土板拱为 15cm，微弯板为 14cm（其中预制 6cm，现浇 8cm）；当跨径大于 4m 时，腹拱圈厚度则可按板拱厚度经验公式拟定或参考已成桥的资料确定。腹拱拱腹填料与实腹拱相同。

紧靠桥墩（台）的第一个腹拱，目前较多的有两种做法，一种是将腹拱的拱脚直接支承在墩（台）上（图 16-24a、b）；一种是跨越桥墩，使桥墩两侧的腹拱圈相连（图 16-24c），由于拱圈受力后变形较大，而墩台变形较小，容易造成第一个腹拱因拱脚变位而开裂，因而靠近墩台的第一个腹拱应做成三铰拱。

2）梁式拱上建筑

梁式拱上建筑，可减轻拱上重量，降低拱轴系数（使拱上建筑的恒载分布接近于均布荷载），改善拱圈在施工过程中的受力状况，获得更好的经济效果。腹孔的布置与上述拱式拱上建筑的腹拱布置要求基本相同。

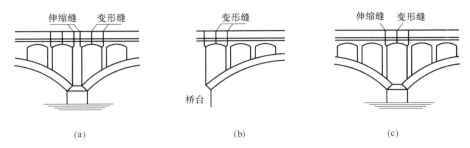

图 16-24　桥墩（台）上腹拱的布置方式

梁式腹孔结构有简支、连续和框架式等多种形式。

①简支腹孔（纵铺桥道板梁）（图 16-25a、b）

简支腹孔由底梁（座）、立柱、盖梁和纵向简支桥道板（梁）组成。这种形式的结构体系简单，基本上不存在拱与拱上建筑的联合作用，受力明确，是大跨径拱桥拱上建筑主要采用的形式。

腹孔布置的范围及实腹段的构造与拱式腹拱相同（图 16-25a）。由于拱顶段上面全部被覆盖，空腹、实腹段拱上荷载差异较大。目前，大跨径拱桥的梁式拱上建筑一般都取消拱顶实腹段，而采用全空腹式拱上建筑（图 16-25b）。

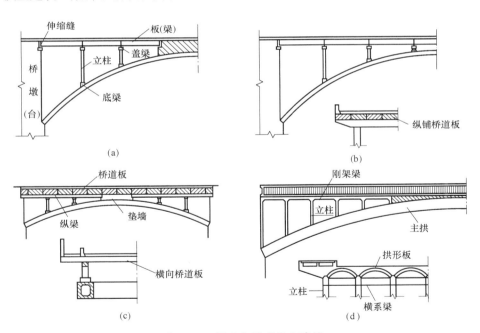

图 16-25　梁式空腹式拱上建筑

（a）带实腹段的简支腹孔；（b）全空腹式的简支腹孔；（c）连续腹孔；（d）框架腹孔

全空腹式腹孔数宜采用奇数，避免拱顶设有立柱，使拱顶受力不利。通常先确定两拱脚的立柱位置，然后将其间距除以某个奇数后，即可确定各立柱位置和腹孔跨径，若得出的腹孔跨径不合适，可调整孔数以满足受力需要。

② 连续腹孔（横铺桥道板梁）（图 16-25c）

连续腹孔由立柱、纵梁、实腹段垫墙及桥道板组成。先在拱的立柱上设置连续纵梁，然后再在纵梁上和拱顶段垫墙上铺设横向桥道板，形成拱上传载结构，这种形式主要用于肋拱桥。其特点是桥面板横置，拱顶上只有一个板厚（含垫墙）及桥面铺装厚，建筑高度很小，适合于建筑高度受限制的拱桥。

③ 框架腹孔（图 16-25d）

框架腹孔在横桥向根据需要需设置多片，每片通过横系梁形成整体。

（2）腹孔墩

腹孔墩可分为横墙式或排架式两种。

1）横墙式（图 16-26a）

这种腹孔墩采用横墙式墩身，一般用圬工材料砌筑或现浇混凝土形成，施工简便。为了便于维修、减轻重量，可在横向挖一个或几个孔。横墙式腹孔墩自重较大，但节省钢材，多用于砖、石拱桥中。腹孔墩的厚度，用浆砌片、块石时，不宜小于 0.60m，用混凝土砌筑时，一般应大于腹拱圈厚度的一倍。底梁能使横墙传下来的压力较均匀地分布到主拱圈全宽上，其每边尺寸较横墙宽 5cm，其高度则以使较矮一侧为 5~10cm 为原则来确定。底梁常采用素混凝土结构。墩帽宽度宜大于墙宽 5cm，也采用素混凝土。

横墙式腹孔墩有利于增强拱圈横向受力整体性，并对提高船舶侧向撞击防护能力有利。

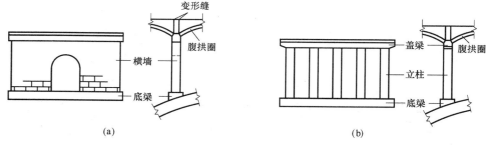

图 16-26 腹孔墩构造形式

2）排架式（图 16-26b）

排架式腹孔墩是由立柱和盖梁组成的钢筋混凝土排架结构。为了使立柱传递给主拱圈的压力不致过分集中，通常在立柱下面设置底梁。立柱和盖梁常采用矩形截面。截面尺寸及钢筋配置除了满足结构受力需要外，还应考虑和拱桥的外形及构造相协调。腹孔墩的侧面一般做成竖直的，以方便施工。

排架式腹孔墩结构强度大，自重轻，有利于减少主拱恒载受力。

对于拱上结构与主拱连接成整体的钢筋混凝土空腹式拱桥，在活载或温度变化等因素作用下将引起拱上结构变形，在腹孔墩中产生附加弯矩，从而导致节点附近产生裂缝。为了使拱上结构不参与主拱受力，可以将腹孔墩的

上下端设铰，使它成为仅受轴向
压力的受力构件，以改善拱上建
筑腹孔墩的受力情况。由力学知
识可知，当腹孔墩的截面尺寸相
同时，高度较大的腹孔墩的相对
刚度要比矮腹孔墩小，因此附加
内力的影响也较小。为了简化构
造和方便施工，一般高立柱仍可
采用固结形式，而只将靠近拱顶

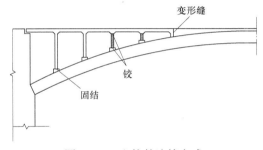

图 16-27　立柱的连接方式

处的 1～2 根高度较小的矮立柱上、下端设铰（图 16-27）。

16.2.3　其他细部构造

1. 拱上填料、桥面及人行道

拱上建筑中的填料，一方面可以扩大车辆荷载作用的面积，同时还可以
减小车辆荷载对拱圈的冲击，但也增加了拱桥的恒载重量。无论是实腹拱，
还是空腹拱（除无拱上填料的轻型拱桥），在拱顶截面上缘以上都做了拱腹填
充处理。填充后，通常还需设置一层填料，即拱顶填料，在该填料以上才是
桥面铺装（图 16-28）。主拱圈及腹拱圈的拱顶处，填料厚度（包括路面厚度）
均不宜小于 30cm，根据《公路桥涵设计通用规
范》JTG D60—2015 的规定，当拱上填料厚度
（包括桥面铺装厚度）等于或大于 50cm 时，设计
计算中不计汽车荷载的冲击力。

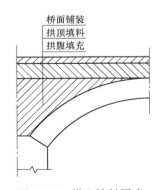

图 16-28　拱上填料图式

在地基条件很差的情况下，为了进一步减轻
拱上建筑重量，可减薄拱上填料厚度，甚至可以
不要拱上填料，直接在拱顶截面上缘以上铺筑混
凝土桥面，此时应计入汽车荷载的冲击力。

2. 伸缩缝与变形缝

由于拱上建筑与主拱圈的共同作用，一方面
拱上建筑能够提高主拱圈的承载能力，但另一方
面，它对主拱圈的变形又起约束作用，在主拱圈和拱上建筑内均产生附加内
力，使结构受力复杂。

为了使结构的计算图式尽量与实际的受力情况相符合，避免拱上建筑的
不规则开裂，以保证结构的安全使用和耐久性，除在设计计算上应作充分的
考虑外，还需在构造上采取必要的措施。通常是在相对变形（位移或转角）
较大的位置设置伸缩缝，而在相对变形较小处设置变形缝。

对小跨径实腹拱，伸缩缝设在两拱脚的上方（图 16-29a），并在横桥方向
贯通全宽和侧墙的全高及至人行道。伸缩缝多做成直线形，以使构造简单，
施工方便。对拱式空腹拱桥（图 16-29b），通常将紧靠墩（台）的第一个腹拱
做成三铰拱，并在紧靠墩（台）的拱铰上方设置伸缩缝，且应贯通全桥宽，

而其余两拱铰上方设置变形缝。在大跨径拱桥中，还应将靠拱顶的腹拱做成两铰或三铰拱，并在拱铰上方也设置变形缝，以使拱上建筑更好地适应主拱的变形。对梁式腹孔，通常是在桥台和墩顶立柱处设置标准伸缩缝，而在其余立柱处采用桥面连续。

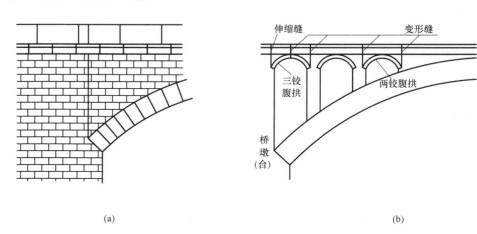

(a)　　　　　　　　　　　　　　　　　　(b)

图 16-29　拱桥伸缩缝及变形缝的布置

伸缩缝宽 2～3cm，其缝内填料可用锯末屑与沥青按 1：1 的比例制成预制板，在施工时嵌入，并在上缘设置能活动而不透水的覆盖层。另外，也可采用沥青砂等其他材料填塞伸缩缝。变形缝不留缝宽，其缝可干砌、用油毛毡隔开或用低强度等级的砂浆砌筑。

3. 排水与防水层

对于拱桥，不仅要求将桥面雨水及时排除，而且要求将透过桥面铺装渗入到拱腹的雨水及时排除。桥面雨水的排除，除了桥梁设置纵坡和桥面设置横坡外，一般还沿桥面两侧路缘石边缘设置泄水管（图 16-30）。通过桥面铺装渗入到拱腹内的雨水，应由防水层汇集于预埋在拱腹内的泄水管排出，防水层和泄水管的设置方式，与上部结构形式有关。

实腹式拱桥防水层应沿拱背护拱、侧墙铺设。如果是单孔，可以不设拱腹泄水管，积水沿防水层流至两个桥台后面的盲沟，然后沿盲沟排出路堤（图 16-31）。如果是多孔拱桥，可在跨径 1/4 处设泄水管（图 16-31a）。对于空腹拱桥，防水层应沿腹拱上方与主拱圈跨中实腹段的拱背设置，泄水管也宜布置在 1/4 跨径处（图 16-31b）。对跨线桥、城市桥或其他特殊桥梁，需设置全封闭式排水系统。

防水层在全桥范围内不宜断开，在通过伸缩缝或变形缝处应妥善处理，使其既能防水又可以适应变形。

4. 拱桥中铰的设置

拱桥中需要设置铰的情况有 4 种：

（1）按两铰拱或三铰拱设计的主拱圈；

（2）按构造要求需要采用两铰拱或三铰拱的腹拱圈；

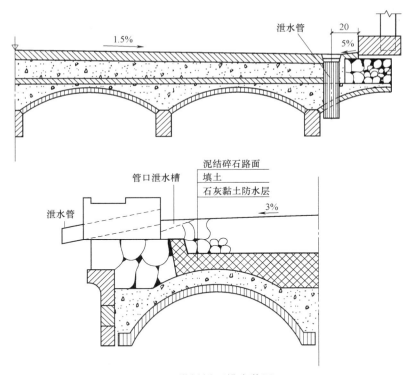

图 16-30　拱桥桥面排水装置

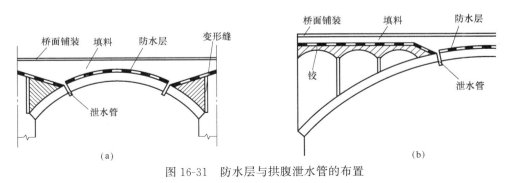

图 16-31　防水层与拱腹泄水管的布置

（3）需设置铰的矮小腹孔墩，即将铰设置在墩上端与顶梁和下端与底梁的连接处；

（4）在施工过程中，为消除或减小主拱圈的部分附加内力以及对主拱圈内力作适当调整时，需要在拱脚处设置临时铰。

前面 3 种情况属于永久性拱铰，它必须满足设计要求，并能保证长期正常使用，故对其要求较高，构造较复杂，需经常养护，费用较高。最后一种是临时性拱铰，一般待施工结束时，就将其封固，故构造较简单，但必须可靠。

常用的拱铰形式有：弧形铰、铅垫铰、平铰、不完全铰和钢铰。

（1）弧形铰（图 16-32）

弧形铰由两个具有不同半径弧形表面的块件组成，一个为凹面（半径为 R_2），一个为凸面（半径为 R_1）。R_2 与 R_1 的比值常在 $1.2 \sim 1.5$ 范围内。铰

496

的宽度应等于构件的宽度，沿拱轴线的长度取为拱厚的 1.15～1.20 倍。铰的接触面应精加工，以保证紧密结合。由于构造复杂，加工铰面既费工，又难以保证质量，故主要用于主拱圈的拱铰。弧形铰一般用钢筋混凝土、混凝土或石料等做成。

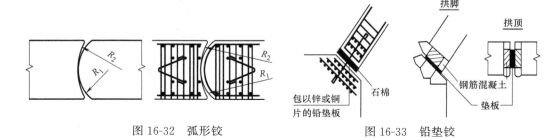

图 16-32　弧形铰　　　　　　　　图 16-33　铅垫铰

（2）铅垫铰（图 16-33）

主要用于中小跨径的板拱或肋拱，此外，铅垫铰也可用作临时铰。铅垫铰一般由厚度 1.5～2.0cm 的铅垫板外包以锌、铜薄片（1.0～2.0cm）构成。垫板宽度为拱圈厚度的 1/4～3/4，在主拱圈的全部宽度上分段设置。铅垫铰是利用铅的塑性变形实现支承面的自由转动，从而实现铰的功能。

（3）平铰（图 16-34）

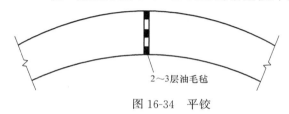

图 16-34　平铰

平铰就是构件两端面（平面）直接抵承，其接缝可铺一层低强度等级砂浆，也可垫衬油毛毡或直接干砌，一般用在空腹式的腹拱圈上。

（4）不完全铰（图 16-35a、b、c）

多用在小跨径或轻型的拱圈以及空腹式拱桥的腹孔墩柱上，其构造是将拱截面突然减小（一般为全截面的 1/3～2/5），以实现该截面的转动功能。在施工时拱圈不断开，使用时又能起铰的作用。由于截面突然变小而使其应力很大，容易开裂，故必须配以斜钢筋。

（5）钢铰

钢铰（图 16-35d）通常做成理想铰。钢铰除用于少数有铰钢拱桥的永久性铰结构外，更多的用于施工需要的临时铰。

16.3　中、下承式混凝土拱桥的设计与构造

16.3.1　概述

中承式拱桥的行车道位于拱肋的中部，桥面系（行车道、人行道、栏杆等）一部分用吊杆悬挂在拱肋下，一部分用刚架立柱支承在拱肋上，如图 16-36 所示。

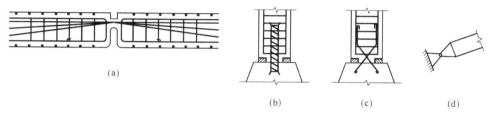

(a)

(b)　　　(c)　　　(d)

图 16-35　其他类型铰

(a)、(b)、(c) 不完全铰；(d) 钢铰

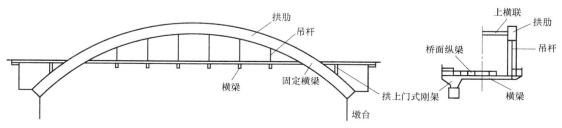

图 16-36　中承式钢筋混凝土拱桥的总体布置

下承式拱桥的桥跨结构由拱肋、悬吊结构和横向联结系三部分组成，如图 16-37 所示。由于车辆在两片拱肋之间行驶，所以，需要用吊杆将纵、横梁系统悬挂在拱肋下，在纵、横梁系统上支承车道板，组成桥面系（行车道、人行道、栏杆等）。桥面系和这些传力构件统称为悬吊结构。

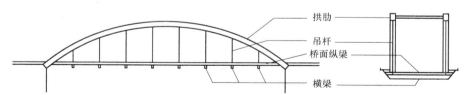

图 16-37　下承式钢筋混凝土拱桥的总体布置

从图中可以看出，中、下承式拱桥仍保持了上承式拱桥的基本力学特性，可以充分发挥拱圈混凝土材料的抗压性能。更重要的一点是，当桥梁的建筑高度受到严格限制，若采用上承式拱桥往往有困难或矢跨比过小时，可采用中、下承式拱桥满足桥下净空要求；在不等跨的多孔连续拱桥中，为了平衡左右桥墩的水平推力，将较大跨径一孔的矢跨比加大，做成中承式拱桥，可以减小大跨的水平推力；在平坦地形的河流上，采用中、下承式拱桥可以降低桥面高度，有利于改善桥梁两端引道的纵面线形，减少引道的工程数量；有时为了满足当地景观和美学的需要，特别是多孔连续的中、下承式拱桥，以其波浪形起伏、构件轻巧而给人以美感。

16.3.2　中、下承式拱桥的基本组成和构造

1. 拱肋

中、下承式拱桥的主要承重构件是两个分离式的拱肋，组成拱肋的材料

可以是钢筋混凝土、钢管混凝土、劲性骨架混凝土或纯钢材，两片拱肋一般在两个相互平行的平面内。有时也可使两拱肋顶部互相内倾，使之在水平面上的投影呈"X"形（即提篮式拱，如图 16-38 所示）以提高拱肋的横向稳定性和承载力。

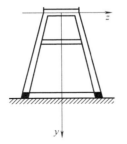

图 16-38　提篮式拱示意图

中、下承式拱桥由于行车道布置在两拱肋之间，在相同桥面净宽的条件下，拱肋的间距比上承式拱桥的大。因为两拱肋间距增大，拱肋之间设置横向联结系困难，往往将人行道设于吊杆外侧。中、下承式拱桥的拱肋一般采用无铰拱形式，以保证其刚度。其恒载分布比较均匀，因此拱轴线形可采用二次抛物线，也可采用悬链线。钢筋混凝土拱肋的截面形状根据跨径的大小、荷载等级和结构的总体尺寸，可以选用矩形、工字形、箱形或管形（即构成钢管混凝土拱肋）。截面沿拱轴的变化规律可以为等截面或变截面。有时为了增强肋拱的横向刚度和稳定性，可将拱脚段的肋宽增大。其截面尺寸的拟定及配筋与上承式肋拱一样。

矩形截面的拱肋施工简单，一般用于中、小跨径的拱桥，拱肋的高度约为跨径的 1/70～1/40，肋宽约为肋高的 0.5～1.0 倍；工字形和箱形截面常用于大跨径的拱肋。拱顶肋高的拟定采用下列经验公式：

（1）跨径 $l_0 \leqslant 100\mathrm{m}$ 时，

$$h_\mathrm{d} = \frac{1}{100}l_0 + \Delta \tag{16-3}$$

式中　l_0——拱的净跨径；

　　　Δ——取 0.6～1.0m，跨径大时选用上限。

（2）当跨径 $100\mathrm{m} < l_0 \leqslant 300\mathrm{m}$ 时，

$$h_\mathrm{d} = \frac{1}{100}l_0 + \alpha\Delta \tag{16-4}$$

式中　l_0——拱的净跨径；

　　　α——高度修正系数，取值范围为 0.6～1.0；

　　　Δ——常数，取值范围为 2.0～2.5m。

肋拱矢跨比的取值在 1/7～1/4 之间。拱肋可以在拱架上立模现浇，也可采用顶制拼装。

2. 横向联系

为了保证两片拱肋的横向刚度和稳定以承受作用在拱肋、桥面及吊杆上的横向水平力，一般须在两片分离的拱肋间设置横向联系。横向联系可做成横撑、对角撑或空格式构造等形式，如图 16-39 所示，横撑的宽度不应小于其长度的 1/15。横向联系的设置往往受桥面净空高度的限制，横向联系构件只容许设置在桥面净空高度范围之外的拱段（对于中承式拱肋，还可以设置在桥面系以下的肋段），有时为了满足规定的桥面净空高度要求，而不得不将拱肋矢高加大来设置横向构件。横撑一般由钢筋混凝土做成，当拱肋间距较大时，为减轻重量，横撑可由钢结构做成。高悬在桥面以上的横向构件，对结构物的外观和行车都是不利的，有时为了满足桥面净空要求和改善桥上的视野而取消行车道以上的横向构件，做成敞口式拱桥。

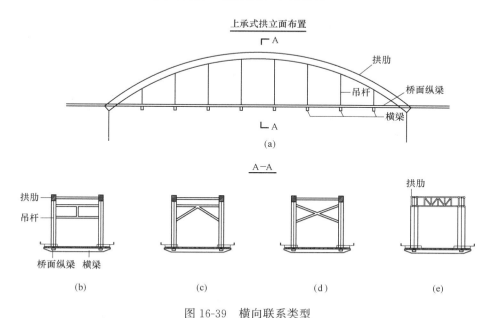

图 16-39　横向联系类型

（a）上承式拱立面布置；（b）一字形和 H 形横撑；（c）K 形对角撑；
（d）X 形对角撑；（e）空格式构造型

无横向风撑的中、下承式拱桥（图 16-40）主要依赖以下几个因素来保证横向稳定：

（1）拱脚具有牢靠的刚性固结；

（2）对于中承式拱桥，要加强在桥面以下至拱脚区段的拱肋间固结横梁的刚度，并设置 K 撑或 X 撑；

（3）对于下承式拱桥，可采用半框架式的结构，即采用刚性吊杆，并与整体式桥面结构或刚度较大的横梁固结，如图 16-40（a）所示，给拱肋提供足够刚度的侧向弹性支承，以承受拱肋上的横向水平力；

（4）加大拱肋的宽度，使其本身具有足够的横向刚度和稳定性；

（5）柔性吊杆的"非保向力"作用，如图 16-40（b）所示。

3. 悬挂结构

悬挂结构包括吊杆和桥面系等，吊杆将纵梁和横梁系统悬挂在拱肋下，桥面荷载通过吊杆和桥面系将作

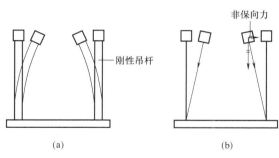

图 16-40　无横向风撑的拱桥断面

（a）刚性吊杆；（b）柔性吊杆

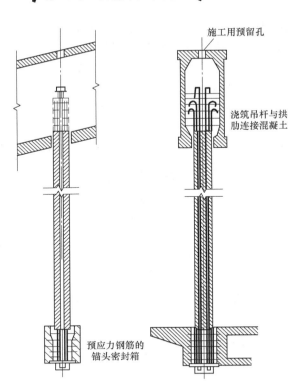

图 16-41　预应力混凝土刚性吊杆构造图

用力传递到拱肋上。

（1）吊杆

桥面系悬挂在吊杆上，受拉吊杆根据其构造分为刚性吊杆和柔性吊杆两类。

刚性吊杆（图 16-41）采用钢筋混凝土或预应力混凝土制作，刚性吊杆可以增强拱肋的横向刚度，但用钢量较大，施工程序多，工艺复杂。采用刚性吊杆时，吊杆两端的钢筋应扣牢在拱肋与横梁中。刚性吊杆截面一般设计为矩形，它除了承担轴向拉力之外，还须抵抗上下节点处的局部弯曲。为了减小刚性吊杆承受的弯矩，其截面尺寸在顺桥向应设计得小一些，但为了增强拱肋面外的稳定性，横桥向尺寸应该设计得大一些。

柔性吊杆（图 16-42）一般用冷轧粗钢筋、高强钢丝或钢绞线等高强钢材制作。高强钢丝束做的吊杆通常采用镦头锚或冷铸锚，而粗钢筋则采用轧丝锚与拱肋、横梁相连。

为了提高钢索的耐久性，必须防止钢索锈蚀，为此要求防护层有足够的强度、韧性、抗老化性和附着性，确保使用周期内防护层不开裂或脱落。钢索的防护方法很多，主要有缠包法和套管法等。目前主要用 PE 热挤索套防护工艺，直接在工厂制成成品索，简单可靠且较经济。

中、下承式拱桥的吊杆长度相差较大，接近拱脚处的短吊杆设计尤其应特别注意。吊杆较短时，其线刚度（EA/l）就较大，相应地，它比长吊杆承担更大的活载及活载冲击力，因而短吊杆内的应力及应力变幅均较大，需适当增大短吊杆的截面面积。另一方面，在温度变化的作用下，短吊杆下端随桥面一起发生水平位移，若施工处理不当，短吊杆的上下两个锚点将偏离垂直线，形成很大的折角，致使吊杆护套破损，钢丝受力不匀，钢丝腐蚀断裂。为避免出现这种情况，可将短吊杆两端设计成铰接（图 16-43），或采取适当的措施减小短吊杆的水平位移（如设伸缩缝、改变局部构造等）。

吊杆的间距一般根据构造要求和经济美观等因素决定。吊杆的间距即为行车道纵梁的跨长。间距大时，吊杆的数目减少，但纵、横梁的用料增多；反之，吊杆数目增多，纵、横梁的用料减少。一般吊杆的间距为 4～10m，通常吊杆取等间距。

（2）横梁

中承式拱桥的桥面横梁可以分为固定横梁、普通横梁和刚架横梁三类。根

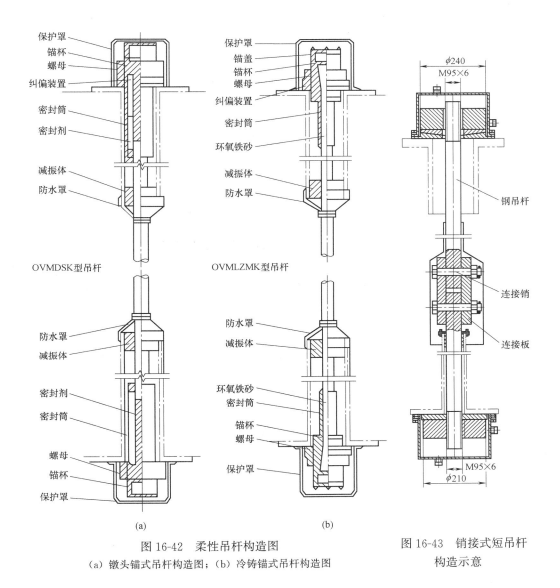

图 16-42 柔性吊杆构造图

（a）镦头锚式吊杆构造图；（b）冷铸锚式吊杆构造图

图 16-43 销接式短吊杆
构造示意

据横梁间距的不同，横梁高度可取拱肋间距（横梁跨径）的 $1/15\sim1/10$，为满足搁置和连接桥面板的需要，横梁上缘宽度不宜小于 60cm。桥面系与拱肋相交处的横梁一般与拱肋刚性连接，其截面尺寸与刚度比其他横梁大，通常称为固定横梁；通过吊杆悬挂在拱肋下面的横梁称为普通横梁；通过立柱支承在拱肋之上的横梁称为刚架横梁。

固定横梁（图 16-44）由于其位置特殊，既要能传递垂直荷载和水平横向荷载，有时还要传递纵向制动力以及从拱肋和桥面传来的弯矩、扭矩和剪力，因此必须与拱肋刚性连接，且其外形须与拱肋和桥面系相适应。因为在此处，主拱占去了一定宽度的桥面，为了保证人行道宽度不在此处颈缩，固定横梁一般比普通横梁要长，常用的截面形式有工字形、不对称工字形和三角形等。

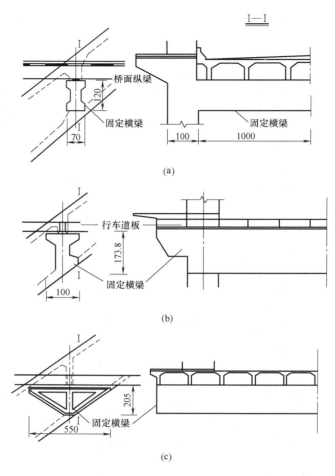

图 16-44　固定横梁构造图

（a）工字形固定横梁；（b）不对称工字形固定横梁；（c）三角形双室箱形固定横梁

普通横梁如图 16-45 所示，其截面形式常用的有矩形、工字形和土字形。

大型横梁也可以采用箱形截面，其尺寸取决于横梁的跨度（拱肋中距）和承担桥面荷载的长度（吊杆间距），一般为钢筋混凝土构件，跨度较大时，也可以采用预应力混凝土构件。图 16-46 为某一下承式拱桥的横梁处横断面构造图。

（3）纵梁（图 16-47）

由于横梁的间距一般在 4～10m 之间，纵梁多采用 T 形、Π 形小梁，设计成简支梁结构或连续梁结构，或直接在横梁上满铺空心板、实心板形成桥面板。

（4）行车道系

行车道系由纵、横梁和行车道板组成。车道板上铺桥面铺装，安设人行道和栏杆等。桥面板有时可与纵梁连成整体，形成 T 形梁或 H 形梁，也可在预制的纵梁上现浇桥面板形成组合梁。另一种方案是采用在横梁上密铺预制

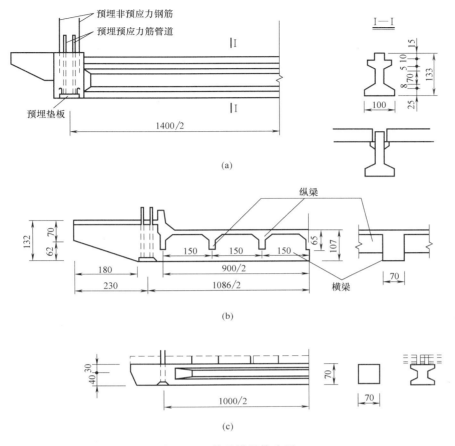

图 16-45 普通横梁构造图

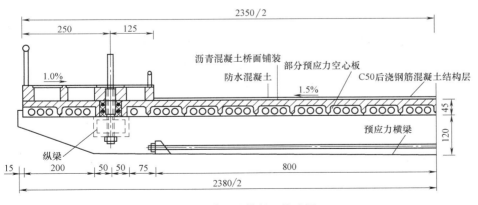

图 16-46 横梁处横断面构造图

空心板或实心板来取代桥面板和纵梁两者的作用。桥面板一般为普通钢筋混凝土结构，也可采用预应力或部分预应力结构。

为减小横梁和横向联系的跨度，通常将人行道布置在吊杆的外侧。为确

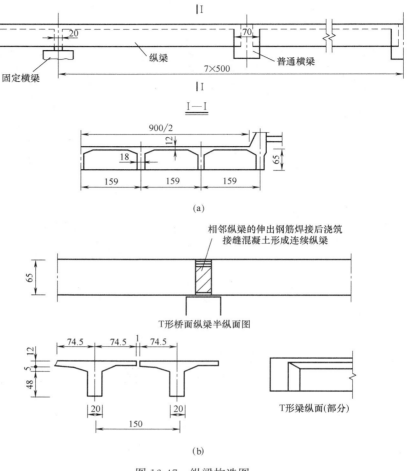

图 16-47　纵梁构造图

(a) T 形桥面简支纵梁构造图；(b) T 形桥面连续纵梁构造图

保安全，须在吊杆位于行车道一侧的桥面上设置防撞栏杆，以避免吊杆遭到车辆碰撞破坏，使桥面垮塌的严重事故。

在布置行车道时，必须注意在适当位置设横向断缝，以避免由于拱肋的变形而使桥面被拉坏。在中承式拱桥中，行车道系与拱肋交会处，行车道系总是支承在固定横梁上（该横梁还起横撑的作用）而与拱肋连接在一起。如果在行车道不设断缝，拱肋在外力（包括拱肋和桥面之间温度变化的影响）作用下发生变形时，行车道系将受到附加拉伸，行车道的防水层和混凝土可能被拉裂，因而影响桥梁的耐久性。

行车道的断缝可设于跨度中部，也可设于边上。为了防止行车道系受到附加拉伸，工程上也可将行车道系与一端的固定横梁采用固定铰支座相连，限制其竖向与水平位移，而在另一端与固定横梁采用活动铰支座相连，如滑动橡胶支座，仅限制其竖向位移，而允许水平方向纵向位移，这样就能避开系杆拉伸的影响，且不影响行车道板的功能。

16.4　混凝土组合体系拱桥的设计与构造

16.4.1　概述

组合体系拱桥是将梁和拱两种基本结构组合起来，共同承受荷载，充分发挥梁受弯、拱受压的结构特性及其组合作用，达到节省材料的目的。根据拱肋和行车道梁的连接方式不同，组合体系拱桥一般可划分为有推力和无推力两种类型。

无推力组合体系拱桥（也称系杆拱桥）是外部静定结构，兼有拱桥的较大跨越能力和梁桥对地基适应能力强的两大特点，故使用较多。当桥面高程受到严格限制而桥下又要求保证较大的净空，或当墩台基础地质条件不良易发生沉降，但又要保证较大跨径时，无推力组合体系拱桥是较优的桥型。

在考虑组合体系拱桥的总体布置时，除了满足一般的基本原则外，还应注意如下方面：当组合体系拱桥的跨径在100m以下时，材料用量的综合指标一般差别不大，但下部结构因跨径增大，桥墩减少，可以减少墩台的圬工量。因此，在不显著增加施工难度时，应尽可能将跨径放大。同时，分孔时主孔可以采取简支体系，采用多跨时，边跨应尽可能短；当按三跨布置时，对于组合体系拱桥，边跨末端支座尽可能不出现拉力，为此，可通过压重予以解决。同时边跨还要求受力以负弯矩为主，即使出现正弯矩，也只限于在活载作用下发生，而且正弯矩区域限制在较小的范围内，这样有利于配置预应力束，使其基本上是直索。

组合体系拱桥的基本形式具有以下3种。

1. 简支梁拱组合式桥梁（图16-48）

这类桥梁只用于下承式且为无推力的组合体系拱。拱肋材料一般为钢管混凝土和钢筋混凝土，桥面上常设置风撑。外部为静定结构，内部为高次超静定结构，主要承重构件除拱肋外，还有加劲纵梁，它与横梁组成平面框架，通过吊杆上下联系以达到共同受力的目的。

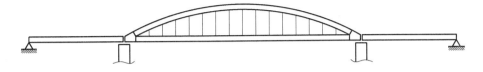

图 16-48　简支梁拱组合式桥梁体系示意图

根据拱肋和系杆（梁）相对刚度的大小，无推力拱式组合体系可划分为：柔性系杆刚性拱、刚性系杆柔性拱和刚性系杆刚性拱3种基本组合体系。

2. 连续梁拱组合式桥梁（图16-49）

这种体系可以是上承式、中承式及下承式，也可以是多肋拱、双肋拱或单肋拱与加劲梁组合。多肋拱及双肋拱的加劲梁的截面形式可类似于简支梁拱组合式桥梁布置；而单片拱肋必须配置有箱形加劲梁，以加劲梁强大的抗扭刚度抵消偏载影响。这种桥型本身刚度大，跨越能力大，造型美观。其加劲梁常为预应力混凝土，拱肋为钢筋混凝土。

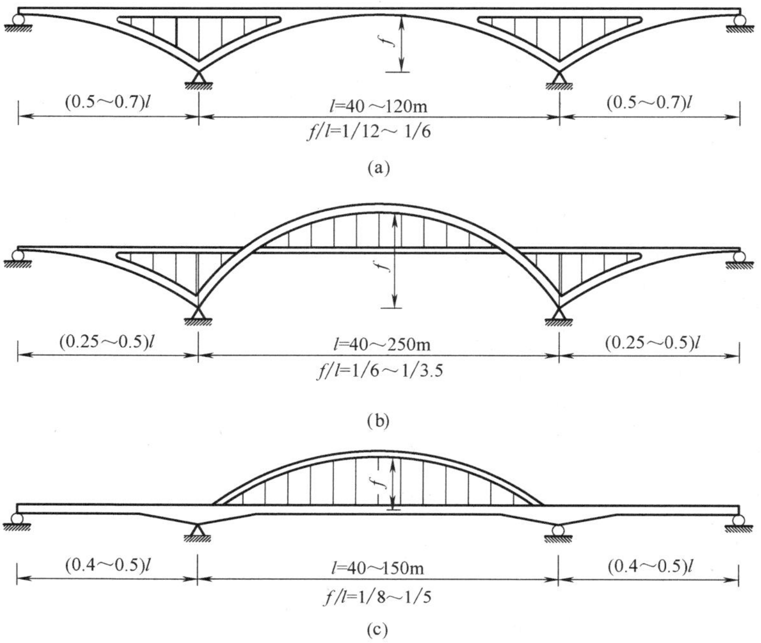

图 16-49　连续梁拱组合式桥梁体系示意图

（a）上承式；（b）中承式；（c）下承式

3. 单悬臂梁拱组合式桥梁（图 16-50）

单悬臂梁拱组合式桥梁只适用于上承式，采用转体施工特别方便。单悬臂梁拱组合式桥梁实际上是将实腹梁挖空，用立柱代替梁腹板，原腹板剪力主要由拱肋竖向分力及加劲梁剪力平衡。这样的结构使加劲梁受拉弯作用，加劲梁采用预应力混凝土，拱肋为钢筋混凝土。

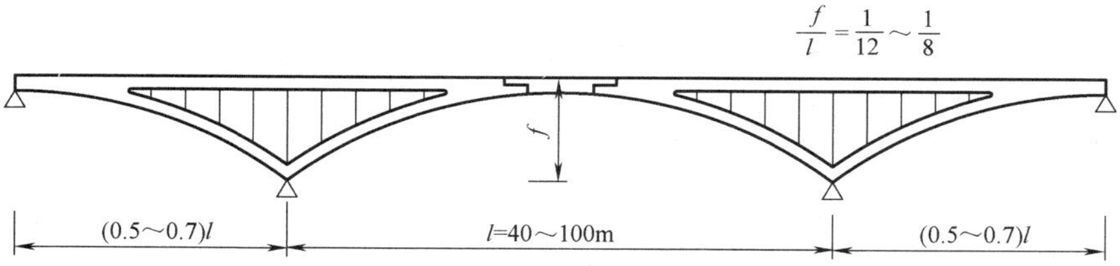

图 16-50　悬臂梁拱组合式桥梁体系示意图

16.4.2　组合体系拱桥的基本组成和构造

组合体系拱桥一般由拱肋、系杆、吊杆（或立柱）、行车道梁（板）及桥面系等组成。

1. 拱肋

对于柔性系杆刚性拱，拱肋的构造和截面形式可参考普通的下承式肋拱桥，矢跨比一般在 1/5～1/4 之间取值。拱肋截面可根据跨径的大小和荷载等级选用矩形、工字形或箱形。拱肋高度对于公路桥取 $h=(1/50\sim1/30)l$，拱肋宽度 $b=(0.4\sim0.5)h$。一般矩形截面用于较小跨径，当肋高超过 1.5～3.5m 时，采用工字形或箱形较为合理。

刚性系杆柔性拱以梁为受力主体，矢跨比通常为 1/7～1/5。拱肋在保证一定强度和稳定性的条件下，可将拱肋高度 h 从常用的 $(1/120\sim1/100)l$ 压缩到 $(1/160\sim1/140)l$，拱肋宽度一般采用 $b=(1.5\sim2.5)h$，对公路桥，刚性系杆高度为 $h=(1/35\sim1/25)l$，跨度较大时，还可做成变截面。拱肋截面常采用宽矮实心矩形断面。若采用刚性吊杆，则横向刚度较大的拱肋与吊杆、横梁组成半框架，一般情况下，拱肋间可不设横撑，设计成敞口桥，使视野开阔。拱轴线通常采用二次抛物线。拱肋截面内的钢筋可采用普通钢筋、型钢及钢管，以缩小拱肋面积。为了增强混凝土的承压能力，可采用螺旋箍筋。

在刚性系杆刚性拱中，拱轴线常采用二次抛物线。为了方便支承节点处的构造连接，常将拱肋和系杆设计成相同的截面形式。中小跨径拱桥多采用工字形截面，当跨径较大时，常采用箱形截面。拱肋高度 $h=(1/80\sim1/50)l$，拱肋宽度 $b=(0.8\sim1.2)h$，系杆的梁高较柔性拱要小，具体尺寸应根据拱的刚度及桥面宽度、荷载情况确定。

2. 系杆

系杆的设置在系杆拱的设计中是个关键问题，一方面要考虑系杆与拱肋的连接，保证系杆能很好地与拱肋共同受力；另一方面又要考虑系杆与行车道之间的相互作用，避免桥面行车道阻碍系杆的受拉而使其遭到破坏。构造上常见的处理方法有：

（1）在行车道中设置横向断缝，使行车道不参与系杆的受力（图16-51a），行车道简支在横梁上。这种形式受力明确，应用较多。

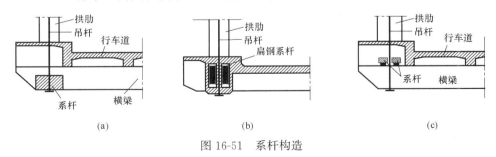

(a)　　　　　　　　　(b)　　　　　　　　　(c)

图 16-51　系杆构造

（2）系杆采用型钢或扁钢制作，与行车道完全不接触（图 16-51b），为了防止行车道参与系杆受力，一般还要在行车道内设置横向断缝，其缺点是外露系杆易锈蚀，在温度变化时，外露金属系杆和钢筋混凝土拱肋的温度有差别，由此而产生附加应力。

（3）采用独立的钢筋混凝土系杆（图 16-51c），每个系杆由两部分组成，安放在吊杆两旁，自由地搁置在横梁上，一般尽量把系杆做得矮宽以增加柔性，故常用于柔性系杆刚性拱中。

（4）采用预应力钢筋混凝土系杆，为了方便连接，系杆截面形式与拱肋截面形式一致，行车道可设横向断缝，亦可不设，考虑行车条件，不设为宜。这种系杆较为合理，由于预加压力可克服混凝土承受的拉力，避免了混凝土的开裂，维修费用比钢系杆低。

刚性系杆是偏心受拉构件，一般设计成箱形或工字形截面。由于截面正负弯矩的绝对值一般相差不大，故钢筋宜上下缘对称或接近对称布置。同时，沿截面高度应布置一定数量的分布钢筋，防止裂缝扩展。

值得注意的是，拱肋与系杆的连接构造是重要而又复杂的问题，其构造形式随拱肋和系杆截面尺寸的不同而不同，具体连接构造方法可参考相关书目。

3. 吊杆

吊杆一般是长细构件，设计时通常将其作为轴向受力构件考虑，故顺桥向尺寸一般设计得较小，使之具有柔性而不承受弯矩，只承受拉力，横桥向尺寸设计得较大，以增强拱肋的稳定性。吊杆以前多采用钢筋混凝土或预应力混凝土构件，由于钢筋混凝土吊杆易产生裂缝，预应力混凝土吊杆施工麻烦，现在吊杆的发展趋势是采用高强钢丝束或粗钢筋。

吊杆与拱肋及梁的连接方式可参考本章 16.3 节的内容。

4. 横向联结系

参考本章 16.3 节的有关内容。

16.4.3　组合体系拱桥的基本力学特征

1. 简支梁拱组合式体系

简支梁拱组合式体系相当于在简支梁上设置加强拱，梁拱端节点刚结，其间布置吊杆，通过调整吊杆张拉力，可使纵梁的受力状态处于最有利状态。采用刚性支承连续梁法确定恒载状态下的弯矩、剪力和轴力图，如图 16-52 所示。由图可见，体系中拱肋主要承担轴压力，梁主要承担轴拉力，而弯矩及剪力主要受节间荷载的影响。通过模拟施工过程，调整索力，可使拱和梁处于均匀受力状态。

2. 连续梁拱组合式体系

（1）上承式连续梁拱组合式桥梁

上承式连续梁拱组合式桥梁，上弦加劲梁承受拉弯作用，下弦拱肋承受压弯作用。这类桥梁是一种用拱肋来加强的连续梁。中墩位置处的较大负弯矩则靠梁内预应力来平衡。在跨径布置中，应尽可能减少边跨长度，使边跨上基本不出现正弯矩，以避免下弦出现拉应力。为了避免负反力出现，可在端部设置平衡重，或将边跨连续地向外延伸形成五跨连续的梁拱组合体系。预应力索可采用直索，通长布置，不仅可靠，而且可以减少锚头的用量及预应力管道摩阻损失。拱内剪力一般很小，不控制断面设计；同样加劲梁的剪力也很小，不再是控制腹板厚度的因素。

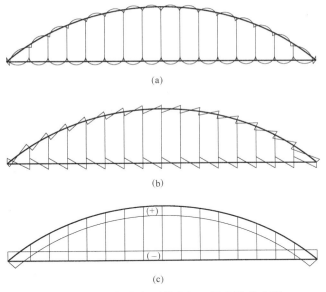

图 16-52　恒载状态下的弯矩、轴力及剪力图

(a) 弯矩；(b) 剪力；(c) 轴力（＋ 为压，－为拉）

(2) 中承式连续梁拱组合式桥梁

中承式连续梁拱组合式桥梁是目前我国在梁拱组合式桥梁的设计与建造中采用得较多的一种桥型，它的特点是结构布置合理，造型美观，施工方便。这类桥梁一般由三跨组成，它包括两个边跨的半拱和中跨全拱以及通长的加劲纵梁，其间设置立柱及吊杆，即由两个半拱与中间简支梁拱相组合。连续梁不仅承担弯矩与剪力，而且还需以轴向拉力来平衡拱的轴向压力，如图16-53 所示。连续梁的弯矩图随梁的刚度变化而变化，随着拱的加强，由梁拱所组合的连续梁刚度已非原来的连续梁，其弯矩零点位置必然有所调整。这类桥型一般采用较大的矢跨比，对施工不会带来多大的困难，但可减少水平推力，也可以减少梁内的水平拉力。桥上、桥下矢高的分配，从美观的角度，桥上约占 $2f/3$，桥下约占 $f/3$。

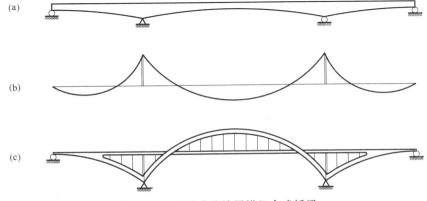

图 16-53　中承式连续梁拱组合式桥梁

(a) 连续梁；(b) 连续梁恒载弯矩示意图；(c) 中承式连续梁拱组合式桥梁示意图

509

（3）下承式连续梁拱组合式桥梁

三跨下承式连续梁拱组合式桥梁实际上属于三跨变截面连续梁，如图 16-54 所示。当中孔用拱加强后，通过张拉吊杆，显著地减小了中跨主梁的正负弯矩，使得主梁的建筑高度可以大幅度减小。两个边跨由于受到中跨拱的刚度影响，虽减小了负弯矩的负担，但边跨正弯矩比原来的有所增大，因而宜将边跨跨径适当减小。

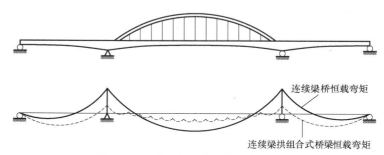

图 16-54　下承式连续梁拱组合式桥梁

16.5　钢拱桥的设计与构造

钢拱桥具有外形雄伟壮观、跨越能力大、承载能力高等优点。已建成的钢拱桥，最大跨度已达 552m。20 世纪 80 年代以前，在各种形式的大跨度桥梁中，它具有重要的地位。随着现代斜拉桥的发展和完善，钢拱桥的修建数量大为减少，这是由于跨度在 250 ～500m 范围内，钢斜拉桥与钢拱桥相比，具有刚度大、稳定性和抗震性好、施工方便等优点。但桥址处于风速和地震烈度较大的地区，或桥梁承受铁路荷载且地质条件良好时，钢拱桥仍不失为大跨度桥梁的优选方案。表 1-6 列出了国内外已建成的跨度较大的钢拱桥。

1. 钢拱桥的主要结构形式

钢拱桥既有组合体系拱桥，也有简单体系拱桥。在组合体系拱桥中，有系杆拱、洛泽拱、蓝格尔拱和其他组合体系拱桥等几种。系杆拱桥中，拱的刚度远大于梁的刚度，弯矩全部由拱来承担，拱的推力由系杆来平衡。由于系杆较柔，容易造成拱的竖向抖动。悉尼港大桥、英国朗克恩大桥、重庆朝天门长江大桥均采用系杆拱形式。洛泽拱由于钢拱肋和钢桁架的抗弯刚度均较大，因而适合在重载的铁路桥梁中采用，我国的重庆万州长江铁路大桥和京沪高铁南京大胜关大桥均采用此类形式。蓝格尔拱中，假定拱肋和吊杆为铰接，采用加劲梁之后才能保持稳定的形状，忽略拱肋绕其水平轴的截面惯性矩，它只承担轴向力。我国的九江长江大桥即为蓝格尔拱。其他组合体系主要是指悬臂梁-拱-桁架的组合结构，此种结构通常是中央挂跨为系杆拱桥，支承于边跨的伸臂梁上。巴拿马的塔歇尔桥、加拿大的 Laviolette 桥均采用此结构。

钢拱桥多采用上承式或中承式两铰拱或无铰拱形式。目前世界上两铰拱跨度最大的是美国新河谷桥（518.2m），在超过300m以上的钢拱桥中，只有两座是无铰拱桥，一座是美国刘易斯顿-昆斯顿桥（拱跨304.8m，箱形肋拱桥），另一座是中国巫山大宁河大桥（净跨400m，钢桁拱桥）。

2. 主拱构造

钢拱桥拱肋截面形式有桁架形、箱形、板肋形，分别称桁拱、箱拱、板拱。国外多建造桁架拱桥，国内建造了十多座钢箱拱桥，板拱因用钢量大，很少采用。钢箱拱的截面形式与钢箱梁的截面形式大体相同，限于篇幅，本节主要介绍钢桁架拱桥的主拱构造。

桁架拱桥主拱高度沿跨度方向可以是等高度的，也可是变高度的。

在大跨度钢桁架拱桥总体设计中，主要确定的设计参数有：①拱肋桁架的布置形式；②拱轴线的选取；③矢跨比；④拱顶和拱脚高度的选择；⑤不同的边界条件；⑥杆件截面形式的选取；⑦杆件截面面积的初步确定。

桁架拱肋的特点在于能够采用较小的材料截面取得较大的纵横向抗弯刚度，且杆件以受轴向力为主，能够发挥材料的特性。与箱形拱肋相比，桁梁拱肋减轻了自重，使拱桥具有更强的跨越能力，而且桁梁拱肋具有每个节间杆件能够灵活地改变截面和钢种的特点。桁梁拱肋按主桁框架分类可分为 K式桁架、柏式（Pratt，也叫 P 式）桁架、华伦（Warren，也叫 W 式）桁架等多种形式（图 16-55）。不同的布置形式其斜杆和竖杆的受力特点各不相同。

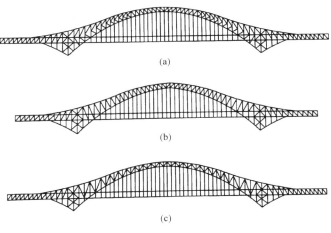

(a)

(b)

(c)

图 16-55　三种不同桁架布置形式的钢桁拱桥
（a）K 式桁架拱肋；（b）P 式桁架拱肋；（c）W 式桁架拱肋

在力学性能方面，K 式桁架为最好的选择；从经济性能方面，W 式桁架用钢量最小；在构造施工及美学方面，P 式桁架具有优势。大跨径桥梁，通常被赋予地标式建筑的重任，强调功能与形式并重，因此美学上的和谐统一往往起到关键的作用，这可能是钢桁架拱桥多选择 P 式桁架的重要原因。

在钢桁架拱桥中，吊杆可做成刚性吊杆或柔性吊杆两种形式。刚性吊杆多用钢管或型钢制成，一般情况下承受拉力，但在活载作用下也可能部分出现压力；柔性吊杆可采用高强平行钢丝束或钢绞线，只能承受拉力。使用刚性吊杆对增强拱肋的横向刚度有利，但施工程序多，工艺较复杂，使用柔性吊杆可以部分消除拱肋和桥面系之间的相互影响，施工方便、外形较好。

对于无推力拱桥，拱的推力全部由系杆承担，因此系杆将承受较大的轴向拉力。系杆亦分为刚性系杆和柔性系杆两种形式。刚性系杆用型钢制成，并通常作为桁式加劲梁的弦杆，此种形式与主桁拱间的连接构造简单，受力明确。在铁路桥中多采用刚性系杆，可以减少拱脚的水平变位，增加结构竖向刚度；柔性系杆可采用平行钢丝束或钢绞线制成，其特点是便于施工安装，但在主桁上的锚固构造设计难度大。

加劲梁是保证车辆行驶、提供结构刚度的二次结构，主要承受弯曲内力。加劲梁在铁路桥中多采用桁架形式以提高结构刚度，在公路桥中多采用箱形截面。

从已建成的拱桥来看，绝大部分拱桥的矢跨比均在 1/6～1/4，表 16-1 给出了几座钢桁架拱桥的矢跨比（矢高为拱肋下弦杆至拱脚的垂直距离）。

钢桁架拱桥的矢跨比　　　　　　　　　　　　　　　　表 16-1

桥名	悉尼港大桥	英国朗克恩大桥	首尔傍花大桥	重庆万州长江铁路大桥	京沪高铁南京大胜关大桥	重庆朝天门长江大桥	重庆巫山大宁河大桥
矢跨比	1/4.7	1/4.3	1/3.9	1/4.8	1/4.0	1/4.3	1/5

众所周知，矢跨比减小时，拱的推力增加，反之则推力降低。推力增加对桥梁基础部分不利，对于无推力的拱来说，会增加系杆或水平拉索的用量；矢跨比过大，则会导致拱圈部分用量增加，对拱桥的抗倾覆能力和抗震性能也是一个考验，同时，在钢桁架拱桥的施工方面，不利于拱上爬行吊机的工作。因此，在设计时，矢跨比的大小应经过综合比较确定。

钢桁架拱的拱顶与拱脚高度选择是钢桁架拱桥的重要参数，它们的选择不仅要满足受力的要求，同时也要考虑到全桥整体架构的和谐。在连续钢桁架拱-梁组合体系桥中，拱脚高度的选择往往由施工中产生的最大内力来控制，特别是对于悬臂拼装的施工方法；而拱顶高度是由成桥以后运营状态产生的内力来决定，并且不宜取得过高，否则会增加竖杆特别是斜腹杆的自由长度，不利于受压杆件的稳定。表 16-2 所示为几座钢桁架拱桥拱顶和拱脚的高度。

钢桁架拱桥的拱顶高度和拱脚高度　　　　　　　　　　表 16-2

桥名	悉尼港大桥	英国朗克恩大桥	首尔傍花大桥	重庆万州长江铁路大桥	京沪高铁南京大胜关大桥	天津国泰桥	重庆巫山大宁河大桥	重庆朝天门长江大桥
拱顶高度（m）	18	10.74	6	8	12	4	10	14
拱脚高度（m）	57	32.31	26.14	41	55	15.8	10	73.13
跨度（m）	503	330	181.5	360	336	146	400	552
拱顶高度/跨度	1/27.9	1/30.7	1/30.25	1/45	1/28	1/36.5	1/40	1/39.4
拱脚高度/跨度	1/8.8	1/10.2	1/6.9	1/8.8	1/6.1	1/9.2	1/40	1/7.5
拱顶/拱脚高度	1/3.2	1/3	1/4.4	1/5.1	1/4.6	1/4.0	1/1	1/5.2

由上表统计的数据可以看出，钢桁架桥的拱顶高度与跨度之比一般为 $1/45\sim1/30$；拱脚高度与跨度之比为 $1/10\sim1/6$；拱顶与拱脚高度之比一般为 $1/5\sim1/3$。

采用不同的边界条件对结构的受力会产生较大的影响。对于单跨的钢桁架拱桥，在已建成的桥梁中除重庆巫山大宁河大桥采用两端固结外，其他均采用两端铰支的支座条件。

在桁架拱桥中，主桁架杆件的截面形式主要有：H 形截面、箱形截面、圆形钢管截面。

H 形截面的优点：构造简单，易于施焊，焊接变形较易控制和修整，工地安装时也比较方便。H 形截面的主要缺点：截面对 X-X 轴的回转半径比对 Y-Y 轴的小很多，当压杆用 H 形截面时，基本容许应力的折减相当大。扩充截面的腹板为间接拼接不宜过厚，若加大翼缘板高度又会受到局部稳定的限制，而加厚翼缘板尺寸，容许应力将降低。因此，对内力不很大的杆件和长度不大的压杆，采用 H 形截面比较适宜。

箱形截面的优点：两个主轴的回转半径相近，具有较大的抗扭刚度，扩大截面也容易，因此它在承受纵向压力方面较 H 形更佳。但是采用这种截面形式的杆件在工厂制造时比较费工，焊接变形也较难控制和修整。

圆形钢管截面有以下优点：

① 杆件整体屈曲强度高。受压杆件整体屈曲强度随长细比 l/r 的减小而增加，钢管与相同截面积的正方形箱形截面杆件相比，回转半径 r 约增加 10%，所以钢管整体屈曲强度高。

② 抗扭能力强。钢管的抗扭刚度为同截面面积、同厚度的正方形截面的 1.6 倍，同时达到容许剪应力时钢管所能承受的扭矩也约为正方形截面的 1.27 倍。

③ 挠曲强度高。钢管截面抵抗矩与同截面的正方形截面相比大体相当，不过就从弹性极限到达全部塑性的抗弯潜力来说，H 形截面及箱形截面的截面形状系数为 $1.1\sim1.2$，而相应的钢管截面系数为 1.28，所以说钢管的抗弯潜力大。

④ 局部屈曲强度大。对于正方形截面，若其宽度与壁厚比为 $b/t=40$，局部屈曲的容许应力为 140MPa，而当钢管的外径与壁厚比 $R/t=50$ 时，局部屈曲的容许应力也为 140MPa。此时两者所选取的截面积相等，并在要求有相同的局部屈曲强度条件下，钢管的壁厚可以减薄到约等于正方形截面壁厚的 $1/1.4$。

⑤ 因为截面形状的原因，圆管截面具有较小的阻力系数，在抗风设计方面具有优势。

⑥ 可降低制造费用和维修费用。在制造方面，与通常的带棱角的截面相比，钢管的焊缝总长度可以减小；同时，由于钢管局部屈曲强度大，可以减少使用加劲材料；其次，钢管表面积一般与带棱角杆件相比，要小 $30\%\sim40\%$。可以大幅减小油漆费用。在维护费用方面，因为钢管表面相当光滑，其腐蚀比较轻。

⑦ 建筑美观性具有优势。合理地使用钢管截面，在一般情况下都会得到一个整洁和宽敞的结构。

在选择圆形钢管截面时需要注意以下几个方面：

① 制造精度。作为桁架主要承受压应力的钢管杆件，其局部屈曲强度受管壁初期挠度影响较大，因此对制造精度较高。

② 在钢管桁架结构中，在节点处常常采用无节点板，直接把钢管杆件焊接在一起。这时，对交汇于节点的各钢管间直径比、钢管直径与壁厚比、节点的加劲方法以及节点局部屈曲问题等，都需研究清楚。

③ 加劲环的处理。当使用与壁厚相比为大直径的薄壁钢管时，应采用加劲环对管壁加劲，但有关加劲环间距和刚度之间的关系还需进一步研究。

考虑风荷载、防腐和建筑外观，圆形钢管截面相对另外两种截面形式，毫无疑问是更合理的。现在，桥梁外观变得更为重要，由于环境限制，保护和维修也更为昂贵，这些势必会进一步促进圆形钢管截面结构设计的发展。

在我国大跨度钢桁架拱桥的设计中，弦杆多采用箱形截面，腹杆多采用 H 形截面。

16.6 钢管混凝土拱桥的设计与构造

钢管混凝土拱桥是国内近 20 多年来发展起来的一种桥梁结构。钢管混凝土是在圆形薄壁钢管内填充混凝土而形成的一种复合材料，它一方面借助了内填混凝土增强钢管壁的稳定性．同时，又利用钢管对内填混凝土的套箍作用，使核心混凝土处于三向受压状态，从而比单纯钢管或混凝土具有更高的抗压强度和抗变形能力。

钢管混凝土在桥梁工程中的应用已有一百多年历史。早在 1879 年，英国在 Severn 铁路桥建设中就采用了钢管混凝土桥墩，当时主要用来防止内部锈蚀并承受压力。20 世纪 30 年代末期，苏联曾用钢管混凝土建造了跨度 101m 的公路拱桥和 140m 的铁路拱桥。我国从 20 世纪 80 年代开始研究和应用钢管混凝土拱桥，1991 年 5 月，建成了国内第一座钢管混凝土拱桥——四川旺苍的净跨 115m 的下承式钢管混凝土刚架系杆拱桥，同年底又建成两孔净跨 100m 的广东高明大桥。从此以后，钢管混凝土拱桥在国内得到迅速推广（表 16-3）。

中国 10 座典型的钢管混凝土拱桥　　　　　　　　　　　　表 16-3

序号	桥名	建成时间	主跨(m)	矢跨比	结构形式
1	重庆巫山长江大桥	2005	460	1/3.8	中承式
2	支井河大桥	2009	430	1/6	上承式
3	益阳茅草街大桥	2006	368	1/5	中承式
4	广州丫髻沙大桥	2000	360	1/4.5	中承式
5	广西南宁永和大桥	2004	349.5	1/5	中承式
6	湖北沪蓉西小河特大桥	2009	338	1/5	上承式

序号	桥名	建成时间	主跨(m)	矢跨比	结构形式
7	浙江千岛湖南浦大桥	2003	308	1/5.5	下承式
8	重庆奉节梅溪河大桥	2001	288	1/5	上承式
9	武汉江汉三桥	2001	280	1/5	下承式
10	广西三岸邕江大桥	1998	270	1/5	中承式

钢管混凝土用在拱桥上有两种形式：一种是直接用做主拱结构，即钢管混凝土拱桥；另一种是用钢管混凝土作为劲性骨架。劲性骨架是伴随大跨度拱桥修建而出现的，先用无支架方法架设拱形劲性骨架，然后围绕骨架浇筑混凝土，把骨架作为混凝土的钢筋骨架，不再拆卸收回，因此，又叫埋入式钢拱架。1909 年德国修建了一座 130m 的 Eschelsbach 大桥，后因这种桥型用钢量大、费用高而很少使用。20 世纪 70 年代，日本配合塔架斜拉索法，又开始使用劲性骨架，建造了两座拱桥。

我国在劲性骨架基础上，发展了半劲性骨架锚索假载施工法，并用此法建造了一座 70m 的箱形拱桥。进入 20 世纪 90 年代，劲性骨架混凝土拱桥无论在设计理论还是施工工艺上都得到迅速发展，先后建成了重庆万州长江大桥（420m，上承式）、广西邕宁邕江大桥（312m，中承式）等一批具有世界先进水平的拱桥。

1. 钢管混凝土拱桥的组成与拱轴线形

钢管混凝土拱桥均为肋拱桥。其上、中、下承式拱桥的组成与钢筋混凝土上、中、下承式拱桥相似，也是由拱肋、悬吊系统、纵横梁、行车道系和桥面系等组成，只是钢筋混凝土拱肋和钢筋混凝土横向联结系由钢管混凝土拱肋和钢管桁架横向联结系所取代。

钢管混凝土拱桥的拱轴系数应使主拱在作用组合下，轴向力的偏心距较小，即拱轴线与荷载压力线尽量重合。上承式钢管混凝土拱桥，因拱脚附近的拱上立柱较高，结构自重集度沿跨径方向变化较大，悬链线拱的拱轴系数应较大，一般取为 1.4～2.514；中承式拱、飞燕式拱因结构自重分布比较均衡，跨径小者可采用二次抛物线，跨径大者宜选用悬链线，其拱轴系数一般不超过 1.543；下承式拱桥的拱轴线宜采用二次抛物线或悬链线，拱轴系数一般不大于 1.167。

矢跨比方面，上承式拱桥一般采用 1/6～1/5，中承式拱桥和飞燕式拱桥一般采用 1/5～1/4，下承式刚架系杆拱、组合体系拱桥一般采用 1/5.5～1/4.5。

2. 拱肋截面形式、尺寸与用材

(1) 拱肋截面形式

钢管混凝土拱肋横截面形式，按钢管的根数及布置形式，有单管型（通常为圆形）、哑铃型、桁架型和集束型等 4 种，如图 16-56 所示。

单管圆形截面（图 16-56a）是最简单的拱肋截面，具有加工简单，抗扭

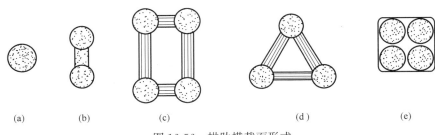

图 16-56 拱肋横截面形式

（a）单管型；（b）哑铃型；（c）四肢桁架型；（d）三肢桁架型；（e）集束型

性能好，能发挥钢管套箍作用及景观效果好的优点。但跨径较大时，单管截面抗弯能力弱，用钢量偏多，单管直径和壁厚较大，给钢管制作带来困难。因而，单管型适用于跨径在 80m 以内的中、下承式小跨径拱桥。

哑铃型截面（图 16-56b）由上、下两个钢管通过缀板连接而成，与单管拱肋相比，哑铃型截面由于承压面距中心轴较远，因此，纵向抗弯刚度大，占用桥面空间少，是中等跨径拱桥一种较为理想的截面形式。但哑铃型截面两块平行的缀板并不能对其内的混凝土产生套箍效应，且灌注其内混凝土时，缀板容易变形和爆裂，需设置缀板拉杆或腹腔内部不灌注混凝土加以解决。哑铃型截面的侧向刚度较小，应在桥面系上、下设置足够的风撑，确保其侧向稳定性，适用于跨径在 150m 以内的钢管混凝土拱桥。

桁架型截面由上、下肢钢管（又称弦杆、弦管）与腹杆（空钢管）连接而成，因外形与桁架结构相似，故称为桁架型。桁架型截面根据弦管肢数的不同，有单片桁架型、三肢桁架型、四肢桁架型、六肢桁架型等，其中以四肢桁架型应用最广，其他形式应用相对较少。桁架型截面将承受弯矩的上、下弦管布置于远离截面中性轴位置，能够用较小的钢管直径取得较大的纵、横向抗弯刚度，同时，桁架型截面能将拱肋截面中的局部弯矩转变为杆件的拉压轴力，使杆件以承受轴向力为主，能够充分发挥钢管混凝土这种材料的受力特性。因此，桁架型截面是大跨度钢管混凝土拱桥常用的截面形式。

由两个相互平行的单片桁架通过横向联结系连接而成的矩形四肢桁架型截面，设中性轴处的轴向力和弯矩分别为 N 和 M，截面上、下弦杆中心距离为 h，则上、下每个弦管承受的轴向力分别为：

$$N_{上、下} = \frac{N}{4} \pm \frac{M}{2h} \tag{16-5}$$

从式（16-5）可以看出，随着截面上、下弦杆中心距离 h 的增大，由弯矩引起的拉压轴力将减小，上下弦管承受的轴向力趋于均匀，因此，在拱肋高度不受限制的情况下，宜选用较大的拱肋高度，以获取较大的抗弯刚度和较均匀的轴向力。在结构自重作用下，拱顶承受正弯矩，拱脚承受负弯矩，根据式（16-5），拱顶上弦杆承受的轴向力要大于下弦杆，而拱脚截面刚好相反，下弦杆承受的轴向力大于上弦杆，因此当以钢管应力控制设计时，应根据截面受力，适当调整上、下钢管壁厚，使钢管应力趋于均匀。

四肢桁架型截面，按上下平联的构造形式，有横哑铃桁架型截面（图 16-57a）、全桁架型截面（图 16-57c）和混合式桁架型截面（图 16-57b）三种。

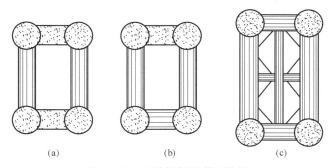

图 16-57　四肢桁架型截面构造

（a）横哑铃桁架型截面；（b）混合式桁架型截面；（c）全桁架型截面

横哑铃桁架型截面有 2 个横放的哑铃通过中间的腹杆（肢管）连接而成，是较早出现的桁架型截面。横哑铃缀板中的混凝土较前述的哑铃型截面对加大抗弯刚度有较大作用。

对中、下承式拱桥，吊杆多布置于下弦管的缀板上，吊杆套管穿过下缀板。为避免缀板内混凝土灌注时堵管与压爆，取消其内的混凝土，而发展为混合式桁架型截面。即上弦杆采用横哑铃型，下弦杆采用钢管平联连接，如重庆彭水高谷乌江大桥——净跨 150m 的钢管混凝土中承式拱桥就采用这种形式。

全桁架型截面的上、下平联和腹杆均采用钢管，形成格构型截面，这种截面较横哑铃桁架型截面，节省了用钢量和混凝土用量，减轻了自重，使钢管混凝土拱桥具有更大跨越能力。由于各管均以轴向力为主，受力明确，更易于采用钢管混凝土理论进行计算。

对大跨度钢管混凝土拱桥，由于拱肋高度大，需要在桁架型截面中增设腹杆（图 16-57c）以增强其自身刚度和稳定性。因此，腹杆的用钢量有可能会超出弦杆用量，如重庆巫山长江大桥，主拱弦杆用钢量约 3000t，而腹杆等构件的用钢量比弦杆用量还要多些。

除了四肢桁架型截面外，到目前为止，仅有广州丫髻沙大桥和沪蓉西小河特大桥采用了六肢桁架型截面。六肢桁架型截面构造相对复杂，加工制作难度大，因此，实际应用不多。

三肢桁架型截面纵向刚度大和横向刚度较大，适用于无风撑钢管混凝土拱桥，但受力不尽合理，不宜采用。集束型是将钢管桁架改成集束钢管，钢管间采用螺栓、电焊以及钢板箍（间距 2~3m）连成整体形成拱肋。与钢管桁架相比，集成在一起的集束钢管抗弯刚度小，不利于钢管混凝土性能的发挥，应用很少。

当拱脚段淹没于水中，或拱脚段受力较大，或有防撞要求时，可将拱脚段做成钢管混凝土实体结构。

（2）拱肋截面的尺寸与用材

钢管混凝土拱桥拱肋截面形式、高度、宽度、弦管与支管直径的拟定，应充分考虑主拱跨径、桥梁宽度、拱肋片数和荷载等级等因素。

具有桁架型截面的钢管混凝土拱肋，跨度 250m 以内时可采用等高度；超过 250m，宜采用变高度。考虑到拱肋的加工制作，拱肋宽度一般不变。

等高度桁架型截面的拱桥，拱肋拱顶高度可按下式进行估算：

$$h_d = k_1 \cdot k_2 \left[0.2 \left(\frac{l_a}{100} \right)^2 + \frac{l_a}{100} + 1.2 \right] \tag{16-6}$$

式中　h_d——截面高度（m）；

l_a——净跨径（m）；

k_1——荷载系数，对公路—Ⅰ级，取 1.0；对公路—Ⅱ级，取 0.9；

k_2——桥宽系数，对 6 车道取 1.1；对 4 车道取 1.0；对 2～3 车道，取 0.9。

变高度桁架型截面的拱桥，初步拟定拱顶截面中心高度时，可取式（16-6）计算值的 0.7 倍，拱脚截面中心高度一般为拱顶中心高度的 1.6～2.0 倍。表 16-4 为国内几座变截面钢管混凝土拱桥拱顶和拱脚截面上、下钢管中心高度。

国内几座变截面钢管混凝土拱桥拱顶、
拱脚截面中心高度一览表　　　　表 16-4

桥名	跨度（m）	荷载等级	桥面宽度（m）	拱顶高度（m）	拱脚高度（m）
重庆巫山长江大桥	460	汽-超 20，挂-120	净-15+2×2.0	7.0	14.0
支井河大桥	430	公路—Ⅰ级	2×(0.5+11.5+0.5)	6.5	13.0
湖北沪蓉西小河大桥	338	公路—Ⅰ级	2×(0.5+11.5+0.5)	4.9	7.9
广州丫髻沙珠江大桥	76+360+76	汽-超 20，挂-120	2×[0.45+3.0+3×3.75+0.5+2.0/2]，总宽 32.4	4.0	8.039
益阳茅草街大桥	80+368+80	汽-20，挂-100	净-15+2×0.5	4.0	8.0
重庆奉节梅溪河大桥	288	汽-20，挂-100	净-14+2×1.75	5.0	8.0

桁架型截面的拱肋宽度可采用 $(0.5～0.6)h_d$，弦管直径取 $(0.19～0.23)h_d$，随拱肋高度的增大而取用较大值。

采用等高度哑铃型截面的拱桥，拱肋高度也可按式（16-6）进行初步估算：其弦管直径取 $(0.37～0.45)h_d$。

单管圆形截面的小跨径拱桥，拱肋高度可按下式进行估算：

$$h_d = 0.58 \cdot k_1 \cdot k_2 \cdot e^{\frac{l_a}{94}} \tag{16-7}$$

式中符号含义同上。

考虑制作与安装因素后，弦管直径一般为 600～1200mm。

在选定截面形式和弦管直径后，再确定壁厚。考虑结构强度、钢材防腐要求，壁厚不宜小于 12mm。考虑韧性需要和钢管卷制难度，壁厚不宜大于 24mm。拱肋钢管外径常取为定值，钢管壁厚则可根据截面位置和受力要求做成等厚度或变厚度。考虑壁厚变化对焊接施工影响，壁厚厚度种类不宜太多，宜控制在 4 种规格以内。

变高度拱肋截面高度变化规律按 Ritter 公式取值，即：

$$h = \frac{h_d}{\sqrt{1-(1-n)\cos\varphi}} \tag{16-8}$$

式中 n——拱厚系数，$n = \dfrac{I_d}{I_a \cos\varphi_a}$。

弦管材质应根据应力水平、连接方法、钢板厚度和工作环境等因素综合考虑，宜采用 Q235、Q345、Q390 钢或者桥梁钢。当钢管直径在 800mm 以内且壁厚满足要求时，宜优先选用无缝钢管。对管径较大或壁厚超过成品钢管规格时，可用钢板冷卷或热压后焊接成相应的空钢管。焊缝可以采用螺旋焊接，也可以采用直缝焊接，但都应符合现行《钢结构设计标准》GB 50017—2017 的有关质量检验标准。由于焊接质量直接关系到桥梁的安全，焊缝必须进行超声波检测，重点部位还需进行 X 射线检测。

钢管对混凝土的套箍能力可用套箍系数 ζ 来反映：

$$\zeta = \frac{A_s f_{sd}}{A_c f_{cd}} = \alpha \cdot \frac{f_{sd}}{f_{cd}} \tag{16-9}$$

式中 A_s、A_c——钢管与混凝土的截面积，两者之比为截面含钢率 α，$\alpha = \dfrac{A_s}{A_c}$；

f_{sd}、f_{cd}——钢管与混凝土的强度设计值。

为保证管内混凝土足够的延性，防止套箍能力不足而引起脆性破坏，套箍系数不宜小于 0.5。为防止混凝土强度等级过低而在使用荷载作用下产生塑形变形，管内混凝土强度等级不应低于 C30，常为 C40～C60，同时，套箍系数也不能太高。《钢管混凝土结构技术规范》GB 50936—2014 规定，套箍系数不超过 2.0。若以钢管直径 D 和壁厚 t 之比为参数，则 D/t 应小于 100。国内 200 余座钢管混凝土拱桥的统计分析表明，含钢率一般在 5%～12%。

3. 桁架型拱肋的节间构造

在确定了桁架型拱肋的截面形式、尺寸和用材后，即可沿桥跨方向布置直腹杆和斜腹杆以及上下平联。腹杆和平联（统称为支管）均采用空钢管。

腹杆多与弦管直接焊接。相邻两根直腹杆的间距 d 应使斜腹杆与直腹杆之间的夹角为 35°～55°。腹杆与弦杆轴线宜交于一点，或腹杆轴线交点与弦杆轴线的间距不大于 d/4（d 为弦管的外直径），否则应考虑其偏心影响。腹杆端部净间距应不小于 50mm，以方便钢管焊接（图 16-58）。

若运营时拱脚段处在水中，往往需外包混凝土，既提高拱脚段的承载能力，又避免钢管直接浸泡在水中而腐蚀。

腹杆节间宜按等间距布置，以使吊杆间距保持一致，一般在 5～12m。钢管混凝土拱肋大多采用节段吊装法施工，拱肋节段划分除考虑吊重外，还应

519

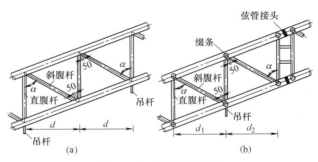

图 16-58 拱肋腹杆布置

考虑分段位置斜腹杆的安装。按图 16-58 (a) 节段划分，节段端部的斜腹杆只能在节段吊装完成后再安装，施工较麻烦；图 16-58 (b) 则在拱肋节段的直腹杆处分段，节段安装后只需焊接两个水平支管即可，重量轻，施工方便。

腹杆与平联等支管应确保一定的线刚度，支管面积应不小于 1/4 弦管面积，支管直径与弦管直径的比例应控制在 0.35～0.60，支管壁厚与弦管壁厚的比例宜大于 0.55。通常，平联钢管直径要大于腹杆钢管直径 20%～30%，以满足设置吊点构造的需要。对四肢桁架型截面，由于平联钢管、腹杆钢管在同一截面与弦管焊接，为预留出焊接所必需的间隙，支管最大直径一般只能达到弦管直径的 0.58～0.61 倍。为防止空钢管受力时管壁局部失稳，其最大径厚比不应超过 $90(235/f_y)$，同时钢管的最小径厚比也不宜小于 35，以避免制作工艺出现困难。由于腹杆、平联钢管管径较小，更多采用了无缝钢管，其最小径厚比允许适当放宽，但其最大径厚比不应超过 60。

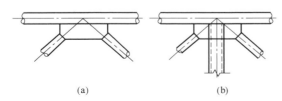

(a)　　　　　(b)

图 16-59　腹杆与弦（腹）杆的连接构造

腹杆的壁厚也不宜超过弦管壁厚，且不得穿入弦管内。在任何情况下，弦管不允许开孔。腹杆与弦管、腹杆与腹杆、腹杆与横系梁之间的连接也尽可能采用直接对接的方式，只有在连接管数较多，且发生冲突时，才可采用节点板连接方式，如图 16-59 所示。当采用节点板连接时必须将空心的腹杆端头封死，以免潮气侵入，造成管内锈蚀。相关连接构造要求和受拉承载力计算，应满足《钢结构设计标准》的有关规定。

横哑铃桁架型拱肋上下平联用缀板（钢板）连接，如图 16-60 (a) 所示，全桁架型拱肋上下缀条（钢管）连接构造如图 16-60 (b) 所示。缀板和缀条应采用与弦管相同的钢材。

缀板厚度 t 一般在 10～14mm，相邻两缀板之间的高度为弦管外径 D 的 0.6～0.8 倍，以利于缀板混凝土的灌注和吊杆锚头布置。缀条直径 D 为弦管外径 D 的 0.45～0.75 倍。

采用全桁架型截面的拱肋，应在每个直腹杆对应的上、下弦管中心布置缀条，如图 16-58 (b) 所示。

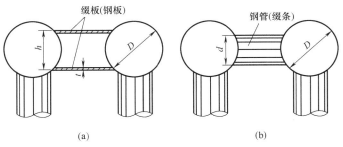

图 16-60 桁架型断面上下平联连接构造

4. 拱肋节段接头及合龙接头构造

拱肋节段接头及合龙接头应做到构造简单、整体性好、传力明确、安全可靠、节省材料、方便施工。

（1）拱脚接头

拱脚接头的构造形式与临时铰构造有关，当采用钢管转轴铰、拱肋中心销铰和拱轴角钢平面铰时，在上、下弦管对应的拱座中预埋不少于弦管直径的弦管，并在对应弦管间留有一道约20cm的断缝，如图 16-61 所示。拱肋合龙后，焊接断缝弦管，拱肋由两铰拱转为无铰拱，实现体系转换。

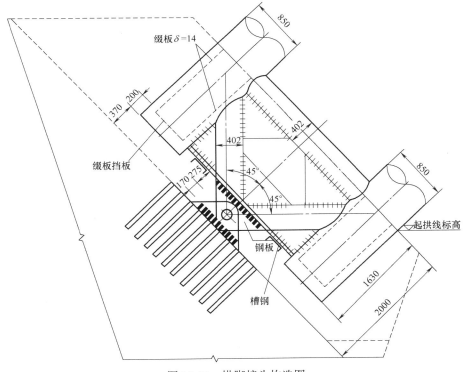

图 16-61 拱脚接头构造图

（2）节段接头

拱肋节段的连接，宜采用法兰连接法。根据法兰盘位置的不同，有外法兰和内法兰两种，早期钢管拱肋大多采用外法兰连接，如图 16-62 所示。法兰

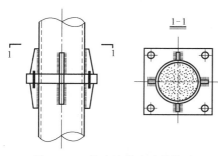

图 16-62 外法兰接头连接构造

布置在弦管外缘，钢管对接后，用高强度螺栓连接，调整拱轴线形后，焊接法兰完成固结。这种构造的优点在于构造简单，不阻碍混凝土的灌注，但影响钢管外观，目前已很少采用。内法兰是在管内焊接肋板和法兰盘，法兰盘间用高强度螺栓等强度连接。待安装就位并连接好法兰后，焊接搭接套管。搭接套管由与弦管等直径和等厚度的两个半圆组成，如图 16-63 和图 16-64 所示。这种构造的最大优点在于美观，从外形上看不出拱肋接头位置，但由于法兰设置在管内，会局部影响到接头位置混凝土的灌注和密实。

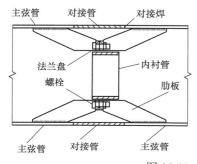

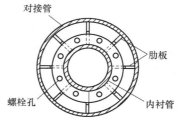

图 16-63 内法兰接头连接构造　　　　　图 16-64 内法兰构造

（3）合龙接头构造

拱肋应在设计合龙温度下瞬时合龙（锁定）。合龙段弦管需在无应力状态下焊接，因此，合龙接头应构造简单，便于操作。通常设计的拱顶合龙段长度为 50～60cm，并通过现场量取合龙口距离（随一天中温度变化而变化）再下料。

拱顶合龙接头构造较多，有型钢接头、内置式法兰接头等。型钢接头是在合龙段弦管内壁沿四个方向焊接型钢（如槽钢），如图 16-65 所示。预先将型钢放置在合龙段内，并与一侧弦管事先焊接，等调整好线形和高程后，焊接另一侧型钢，完成合龙段锁定。这种接头构造简单，

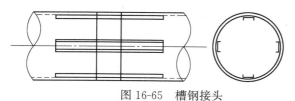

图 16-65 槽钢接头

操作方便，用于跨径在 250m 以下的钢管混凝土拱桥。

5. 两组拱肋间的横向联结系

钢管混凝土拱桥均为肋拱桥，随着拱肋跨度的增大，其宽跨比减小，横向稳定问题较为突出，必须设置横向联结系将拱肋连成整体，并提高其横向稳定性。

钢管混凝土拱桥横向联结系构造形式较多，常见的有横撑（或一字撑）、

K撑、X撑（剪刀撑）和米形撑（双K撑）。为便于与拱肋弦管连接，横向联结系多采用空钢管桁架。

上承式拱桥，可采用多肋结构或多肢结构以加大拱肋的宽度，横向联结系通常在立柱横向之间设置K撑、剪刀撑或米形撑，在靠近拱脚第一排立柱的拱肋横向之间应设置剪刀撑或米形撑。

中、下承式拱桥，横向联结系在桥面附近受到行车空间的限制，同时对横向动力特性和美观也有很大影响，因此其合理布置十分重要。

横向联结系既可沿拱轴线径向布置，也可沿拱轴线切向布置。研究表明，拱顶附近横向联结系布置成与拱轴线正交（径向）、其他地方与拱轴线相切的形式，对提高横向稳定效果较好。这是由于拱肋横向失稳向面外侧倾时，拱顶处的横向联结系主要承受拱肋的扭转变形，采用竖向布置的联结系增强了对拱肋在拱顶处的扭转变形的约束，提高了拱的面外稳定性。在其他地方，尤其是1/4跨附近拱肋侧倾时，横向联结系要承受拱肋的相对错动，联结系承受横向弯矩。因此，采用切向布置（如K撑），对约束拱肋的相对错动有较大的作用。

横向联结系能提高横向稳定性，提篮拱也能提高横向稳定性。

6. 拱上（桥面系）构造

上承式拱桥靠近拱脚拱上立柱较高，拱上立柱常采用钢管立柱或钢箱立柱。中承式拱桥拱脚附近的立柱高度大大降低，拱上立柱既可采用钢管或钢管混凝土立柱，也可采用钢筋混凝土立柱。

钢管、钢管混凝土或者钢筋混凝土拱上立柱，纵桥向可布置成单排或双排钢管的排架，横桥向则应在每个拱肋钢管上布置。立柱间应设置横向联结系，以增强其整体性和稳定性。各立柱截面尺寸通常相同。

钢箱立柱在纵桥向可采用不同大小尺寸的截面，横桥向每根拱肋钢管上也应布置立柱。但受到钢管直径的限制，只能是等宽度，立柱间同样需要设置横向联结系。

钢管混凝土拱桥的桥面系构造与钢筋混凝土肋拱桥的桥面系基本一致。下面就钢管混凝土拱桥中一些特殊构造加以说明。

上承式钢管混凝土拱桥拱上立柱间距应从主拱受力和外形美观两方面考虑，其间距一般取20～30m。因此，桥面系纵梁可采用预应力混凝土T形梁或箱形梁，也可采用钢-混凝土组合梁。

中承式拱桥和系杆拱桥的吊杆间距也按等间距布置，其大小与腹杆节间长度、主拱跨度等有关。对单管型和哑铃型截面的拱桥，主拱跨度相对较小，吊杆间距通常在6.0m以内；对桁架型截面的拱桥，跨度大，通常每两个桁架节间布置一个吊杆，吊杆间距一般在5.0～12.0m，吊杆应布置在桁架节间的直腹杆附近。

中承式拱桥的吊杆横梁，应根据吊杆的纵、横向间距，采用钢筋混凝土、预应力混凝土或钢梁，截面形式有矩形、工字形、T形、凸字形、带凸字形的工字形和箱形。横梁应采用变高度以形成横坡，使桥面铺装做成等厚度。

横梁顶作为桥面板的支承面，预制桥面板通过现浇混凝土结合成桥面结构。

小结及学习指导

本章共分 6 节。16.1 节介绍了拱桥的总体布置与设计构思，虽然未区分混凝土拱桥、钢拱桥、钢管混凝土拱桥等，但更主要的是针对混凝土拱桥。16.2、16.3 节的名称虽然指明为圬工或混凝土拱桥，但其中许多构造原理也适应钢拱桥和钢管混凝土拱桥，16.4 节介绍了组合体系拱桥的设计与构造，限于篇幅，16.5 节的钢拱桥和 16.6 节的钢管混凝土拱桥不再做过多重复，请读者注意理解。

习题及思考题

16-1　拱桥总体布置需要解决哪些问题？

16-2　拱桥设计高程如何确定？

16-3　拱桥矢跨比的影响因素需综合考虑哪些方面？

16-4　不同地基如何选择拱桥结构静力图式？

16-5　理想拱轴线和合理拱轴线的区别有哪些？

16-6　常用的拱轴线的选取原则是什么？

16-7　多跨连续拱桥对不平衡推力的处理方法有哪些？

16-8　上承式拱桥对于不同截面形式在构造形式、使用特点、适用跨径等方面的不同之处有哪些？

16-9　实腹式、空腹式拱上建筑的组成与构造特点有哪些？

16-10　拱桥其他细部构造包含哪些部分？各自有什么具体要求？

16-11　中、下承式拱桥有哪些基本组成和构造？

16-12　钢管混凝土拱桥的拱肋各截面形式的特点是什么？

第17章
拱桥的计算

本章知识点

> 【知识点】 简单体系拱桥的计算模型——平面杆系结构；悬链线拱几何性质与推导原理，主拱恒载内力与主拱活载内力，拱圈内力调整方法，简单体系拱桥有限元分析要点；组合体系拱桥计算要点；拱桥的稳定性验算；连拱概念与力学特点。
>
> 【重点】 重点把握悬链线拱的拱轴线方程、推导原理、弹性中心位置，弹性压缩引起的内力公式，拱顶、拱脚和 1/4 截面的弯矩影响线形状，水平推力影响线形状。
>
> 【难点】 深刻理解简单体系拱桥按平面杆系计算的原理与条件。

17.1 概述

即使对于简单体系的上承式拱桥，拱上建筑也将参与拱圈共同作用，这种现象称为"拱上建筑与主拱的联合作用"或简称"联合作用"。研究表明，简单体系上承式拱桥中，拱式拱上建筑的联合作用较强，而梁式拱上建筑的联合作用较弱。在拱式拱上建筑中，联合作用的大小又与许多因素有关。例如，拱上建筑相对拱圈的刚度越大，联合作用越显著，其抗推刚度越大，联合作用也越大。此外，同一拱桥不同截面的联合作用也不相同。一般情况下，拱脚与 1/4 截面的联合作用较大而拱顶较小。随着拱上建筑的轻型化和主拱的约束减小，联合作用也随之减小，当采用轻型的梁式拱上建筑时，联合作用的影响可以略去不计。

拱桥是一种空间结构。在横桥方向，不论活载如何作用，拱圈（肋）的横断面上都会出现应力（内力）不均匀分布，这种现象称为"活载的横向分布"。拱桥的活载横向分布也与结构形式、拱上建筑的形式、拱圈的截面形式与刚度等许多因素有关。对于上承式板式拱圈的石拱、箱形拱及拱上建筑为立墙的双曲拱桥，联合作用较大的拱脚及 1/4 截面，横向分布比较均匀；而联合作用较弱的拱顶截面，活载横向分布影响较大。但总体而言，这些拱桥的拱圈横向受力比较均匀。然而，肋拱桥尤其是中承与下承式结构、拱上建筑为排架式双曲拱桥活载横向分布影响较大。同样，整体式拱桥和组合体系

525

拱桥，也是活载横向分布影响较大的结构。因此，简单体系的肋拱桥、组合体系拱桥，都是活载横向不均匀分布影响较大的结构。

多次超静定、空间受力的拱桥，虽然受力复杂但其整体受力特点明显，具有空间受力平面简化的条件。因此，除一些结构局部空间应力分析、空间稳定及动力分析等特殊问题外，为了便于设计计算，拱桥通常被简化为平面杆系结构。这种平面结构是沿拱桥纵向划分出的一条、一根或一片可以代表结构整体的部分。如：肋（箱肋）拱桥可以取出一根代表性的拱肋（箱拱肋）及相应肋间范围内的结构部分将空间结构平面化；板拱桥可以划出某一宽度的板拱条和相应拱上结构部分而化为平面结构；整体式拱桥可取出一平面拱片成为平面结构。其他构造的拱桥也是用相似的方法，实现空间结构的平面简化。

在简单体系拱桥的设计计算中，若采用手算则一般不考虑联合作用的影响，即假定作用在桥上的活载全部由拱圈承担。实际上，拱顶截面不考虑联合作用和横向分布影响，往往会偏于不安全。对于拱上建筑为立墙的上承式板式拱圈的石拱、箱形拱及双曲拱桥，当活载横桥向分布不超出拱圈范围时，一般可假定活载由拱圈全宽均匀承受，不考虑横向不均匀受力影响。根据结构空间受力的特点，双肋拱桥一般可近似采用杠杆法计算横向分布系数；对于多肋拱桥的横向分布系数，窄桥时可采用偏心压力法计算、宽桥时则可用弹性支承连续梁法计算。整体式拱桥在设计时就已考虑了联合作用，因此结构构造及结构受力图式明确；组合体系拱桥是另一种组合式结构，拱、梁、吊杆、立柱共同作用，也有明确的结构构造与受力图式。整体式拱桥和组合体系拱桥横向分布系数的计算方法同上述肋拱桥一样。

17.2　简单体系拱桥的计算

为了充分发挥圬工材料的抗压能力、节省钢材用量，拱轴线的选取成为拱桥设计中的最重要的内容之一。悬链线是普通拱桥尤其是大跨拱桥常用的拱轴线，其特有的与拱圈内力联系在一起的几何性质以及与悬链线拱桥相应的计算内容将在本节详细介绍。

17.2.1　悬链线拱的几何性质

1. 实腹式悬链线拱

上承实腹式拱是用恒载压力线作为拱轴线（不计弹性压缩）的拱，而这一恒载压力线的方程就是悬链线方程。下面将以恒载压力线作为拱轴线，推导出悬链线方程。

设实腹式拱的恒载包括拱圈、拱上填料和桥面层自重（图 17-1a）的分布规律如图 17-1 （b）所示。取图 17-1 所示坐标系，设拱轴线即为恒载压力线，故在恒载作用下拱顶截面的弯矩 $M_d=0$、剪力 $Q_d=0$（结构和荷载对称、剪力为反对称），于是，拱顶截面仅作用恒载轴压力即恒载水平推力 H_g。现对拱脚截面取矩，则有：

$$H_g = \frac{\sum M_j}{f} \qquad (17\text{-}1)$$

式中　H_g——拱的恒载水平推力（不考虑弹性压缩）；

　　　$\sum M_j$——半拱恒载对拱脚截面的弯矩；

　　　f——拱的计算矢高。

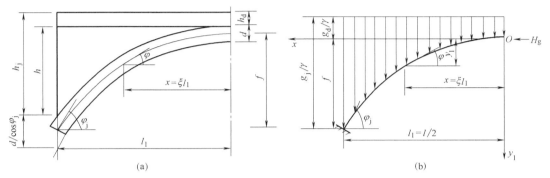

图 17-1　实腹式悬链线拱轴计算图式

对任意截面取矩，可得：

$$y_1 = \frac{M_x}{H_g} \qquad (17\text{-}2)$$

式中　y_1——以拱顶为坐标原点，拱轴上任意点的坐标；

　　　M_x——任意截面以右（半拱）的全部恒载对该截面的弯矩值；

　　　其余符号意义同前。

式（17-2）即为求算恒载压力线的基本方程。将上式两边对 x 求导两次得：

$$\frac{d^2 y_1}{dx^2} = \frac{1}{H_g} \frac{d^2 M_x}{dx^2} = \frac{g_x}{H_g} \qquad (17\text{-}3)$$

式（17-3）为恒载压力线的基本微分方程式。为了得到拱轴线（即恒载压力线）的一般方程，必须知道恒载集度的分布规律。由图 17-1（b），任意点的恒载集度 g_x 可以由下式表示：

$$g_x = g_d + \gamma y_1 \qquad (17\text{-}4)$$

式中　g_d——拱顶处恒载集度；

　　　γ——拱上建筑材料重度；

　　　其余符号意义同前。

由式（17-4）得：

$$g_j = g_d + \gamma f = m g_d \qquad (17\text{-}5)$$

$$m = \frac{g_j}{g_d} \qquad (17\text{-}6)$$

式中　g_j——拱脚处恒载集度；

527

m——拱轴系数（或称拱轴曲线系数，即拱脚荷载集度与拱顶荷载集度之比）；

其余符号意义同前。

由式（17-5）得：

$$\gamma = (m-1)\frac{g_d}{f} \tag{17-7}$$

将式（17-7）代入式（17-4）可得：

$$g_x = g_d + y_1(m-1)\frac{g_d}{f} = g_d\left[1+(m-1)\frac{y_1}{f}\right] \tag{17-8}$$

式中符号意义同前。

再将上式代入基本微分方程（17-3）。为使最终结果简单，引入参数 $x=\xi l_1$

则：
$$dx = l_1 d\xi$$

可得：

$$\frac{d^2 y_1}{d\xi^2} = g_d \frac{l_1^2}{H_g}\left[1+(m-1)\frac{y_1}{f}\right] \tag{17-9}$$

令：

$$k^2 = \frac{g_d l_1^2}{f H_g}(m-1) \tag{17-10}$$

则：

$$\frac{d^2 y_1}{d\xi^2} = \frac{g_d l_1^2}{H_g} + k^2 y_1 \tag{17-11}$$

式中符号意义同前。

式（17-11）为二阶非齐次常系数线性微分方程。利用微分方程的边界条件：当 $\xi=0$ 时，顶点坐标 $y_1=0$、顶点的斜率 $y_1'=0$，解此方程，则得拱轴线方程为：

$$y_1 = \frac{f}{m-1}(\cosh k\xi - 1) \tag{17-12}$$

式中符号意义同前。

式（17-12）一般也称为悬链线方程。以拱脚截面 $\xi=1$，$y_1=f$ 代入式（17-12）得：

$$\cosh k = m \tag{17-13}$$

通常 m 已知，则 k 值可由下式求得：

$$k = \cosh^{-1} m = \ln(m+\sqrt{m^2-1}) \tag{17-14}$$

式中符号意义同前。

当 $m=1$ 时，则 $g_x = g_d$，表示的恒载是均布荷载。不难理解，在均布荷载作用下拱的压力线为二次抛物线，其方程为：$y_1 = f\xi^2$。悬链线拱的拱轴系数一般不宜大于 3.5。

由悬链线方程（17-12）可以看出，当拱的矢跨比确定后，拱轴线各点的纵坐标将取决于拱轴系数 m，各种 m 值的拱轴线坐标可直接由《公路桥涵设计手册——拱桥》（以下简称《拱桥》）附录表Ⅲ查出，一般不必按式(17-12)计算。

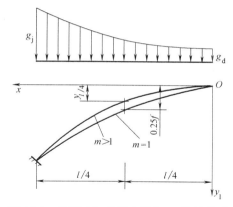

图 17-2　拱跨 $l/4$ 点纵坐标与 m 值的关系

当拱的跨径和矢高确定之后，悬链线的形状取决于拱轴系数 m，其线形特征可用 $l/4$ 点纵坐标 $y_{l/4}$ 的大小表示（图 17-2）。

拱跨 $1/4$ 的纵坐标 $y_{l/4}$ 与 m 值有下述关系。当 $\xi=1/2$ 时，$y_1=y_{l/4}$ ，代入式（17-12）得：

$$\frac{y_{l/4}}{f}=\frac{1}{m-1}\left(\cosh\frac{k}{2}-1\right) \tag{17-15}$$

由于 $\cosh\dfrac{k}{2}=\sqrt{\dfrac{\cosh k+1}{2}}=\sqrt{\dfrac{m+1}{2}}$ ，故有 $\dfrac{y_{l/4}}{f}=\dfrac{\sqrt{\dfrac{m+1}{2}}-1}{m-1}=\dfrac{1}{\sqrt{2(m+1)}+2}$ 。

由上式可见，$y_{l/4}$ 与 m 值成反比关系。当 m 增大时，拱轴线抬高；反之，当 m 减小时，拱轴线降低（图 17-2）。在一般的悬链线拱桥中，恒载从拱顶至拱脚逐渐增加，$g_j>g_d$ ，因而 $m>1$ 。只有在均布荷载作用下，即 $g_j=g_d$ 时，方能出现 $m=1$ 的情况。由式（17-15）可得，在这种情况下 $y_{l/4}=0.25f$ （图 17-2）。

在《拱桥》附录的计算用表中，除了可以根据拱轴系数 m 查得所需的表值之外，亦可借助相应的 $y_{l/4}$ 查得同样的表位。$y_{l/4}$ 与 m 的对应关系见表 17-1，读者可以根据计算的方便，利用 m 值或者 $y_{l/4}$ 的数值查表，其结果是一致的。从表中可以看出，$\dfrac{y_{l/4}}{f}$ 是按 0.005 一级编制的，其范围为 [0.250, 0.180]。

拱轴系数 m 与 $\dfrac{y_{l/4}}{f}$ 的关系表　　　　　　　表 17-1

m	1.000	1.167	1.347	1.543	1.756	1.988	2.240	2.514	2.814	3.142	3.500	⋯	5.321
$\dfrac{y_{l/4}}{f}$	0.250	0.245	0.240	0.235	0.230	0.225	0.220	0.215	0.210	0.205	0.200	⋯	0.180

下面介绍实腹式悬链线拱拱轴系数的确定。

因为：

$$m=\frac{g_j}{g_d} \tag{17-16}$$

由图 17-1 知，拱顶处恒载集度为：

$$g_d = \gamma_1 h_d + \gamma d \tag{17-17}$$

在拱脚处 $h_j = h_d + h$，则其恒载集度为：

$$g_j = \gamma_1 h_d + \gamma_2 h + \gamma \frac{d}{\cos\varphi_j} \tag{17-18}$$

$$h = f + \frac{d}{2} - \frac{d}{2\cos\varphi_j} \tag{17-19}$$

式中　h_d——拱顶处填料厚度；

$\quad\quad\ h_j$——拱脚处填料厚度；

$\quad\quad\ d$——拱圈高度；

$\quad\quad\ \gamma$——拱圈重度；

$\quad\quad\ \gamma_1$——拱顶填料及路面的平均重度；

$\quad\quad\ \gamma_2$——拱腹填料平均重度；

$\quad\quad\ \varphi_j$——拱脚处拱轴线的水平倾角；

其余符号意义同前。

从式（17-17）和式（17-18）可以看出，这两式中除了 φ_j 为未知数外，其余均为已知数。由于 φ_j 为未知，故不能直接算出 m 值，需采用迭代法确定：（1）先根据跨径和矢高假定 m 值；（2）由《拱桥》附录表Ⅲ-20 查得拱脚处的 $\cos\varphi_j$ 值；（3）计算 g_j、g_d；（4）代入式（17-6）算得 m 计算值；（5）比较 m 的假定值和计算值，若两者相符，或达到计算精度，则终止迭代，否则以 m 的计算值作为假定值，重复（2）~（4）步。迭代时，计算精度按下式计算：

$$\left| \left(\frac{y_{l/4}}{f}\right)_{m_{计}} - \left(\frac{y_{l/4}}{f}\right)_{m_{假}} \right| = \left| \frac{1}{\sqrt{2(m_{计}+1)}+2} - \frac{1}{\sqrt{2(m_{假}+1)}+2} \right| \leqslant 0.0025$$

2. 空腹式悬链线拱

在上承式空腹式拱桥中，桥跨结构的恒载可视为由两部分组成：拱圈与实腹段自重力的分布荷载与空腹部分通过腹孔墩传下的集中力（图 17-3a）。由于集中力的存在，拱的恒载压力线是一条转折的、不光滑的曲线。在设计空腹式拱桥时，由于悬链线拱的受力与线形均较好，又有完整的计算表格可用，故多采用悬链线作为拱轴线。为使采用的悬链线拱轴线与其恒载压力线接近，一般采用"五点重合法"确定悬链线拱轴线的 m 值。所谓"五点重合法"，是指在拱跨上有 5 个点（拱顶、两个 $l/4$ 点和两拱脚）的拱轴线与相应三铰拱的恒载压力线重合（图 17-3b）。

欲达此目的，可以采用上述 5 点弯矩为零的条件来确定 m 值。

由拱顶弯矩为零及恒载的对称条件知，拱顶仅有通过截面重心的恒载轴力，亦即拱的恒载水平推力 H_g，弯矩及剪力为零。

在图 17-3（a）、（b）中，由 $\sum M_A = 0$ 得：

$$H_g = \frac{\sum M_j}{f} \tag{17-20}$$

由 $\sum M_B = 0$ 得

$$H_g y_{l/4} - \sum M_{l/4} = 0 \quad (17\text{-}21)$$

则：

$$H_g = \frac{\sum M_{l/4}}{y_{l/4}} \quad (17\text{-}22)$$

将式（17-20）的 H_g 代入上式，可得：

$$\frac{\sum M_j}{f} = \frac{\sum M_{l/4}}{y_{l/4}} \quad (17\text{-}23)$$

式中　$\sum M_{l/4}$——自拱顶至拱跨 $l/4$ 点的恒载对 $l/4$ 截面的力矩；

其余符号意义同前。

等截面悬链线拱的拱圈恒载对 $l/4$ 及拱脚截面的弯矩 $M_{l/4}$、M_j，可由《拱桥》附录表Ⅲ-19查得。

求得 $y_{l/4}/f$ 之后，可由式（17-15）反求 m。即：

$$m = \frac{1}{2}\left(\frac{f}{y_{l/4}} - 2\right) - 1 \quad (17\text{-}24)$$

式中符号意义同前。

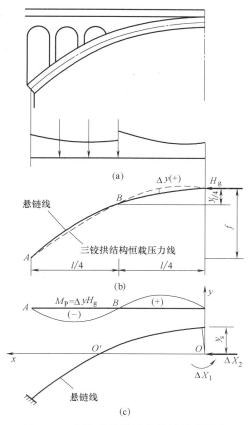

图 17-3　空腹式悬链线拱轴线计算图式

空腹式拱桥的 m 值，仍可采用迭代法确定：（1）假定 m 值，定出拱轴线，布置拱上建筑；（2）计算拱圈和拱上建筑的恒载对 $l/4$ 和拱脚截面的力矩 $\sum M_{l/4}$ 和 $\sum M_j$；（3）计算 $\dfrac{y_{l/4}}{f} = \dfrac{\sum M_{l/4}}{\sum M_j}$；（4）利用式（17-24）算出 m 值；（5）比较 m 的假定值与计算值，达到精度则终止迭代，否则以 m 的计算值作为假定值，重复（2）～（4）步。计算精度的控制条件与实腹式拱桥 m 确定的条件一致。

应当注意，用上述方法确定空腹拱的拱轴线，仅与相应三铰拱恒载压力线保持五点重合，其他截面处的拱轴线与三铰拱恒载压力线都有不同程度的偏离。大量计算证明，从拱顶到 $l/4$ 点，一般恒载压力线在拱轴线之上，而从 $l/4$ 点到拱脚，恒载压力线则大多在拱轴线之下。拱轴线与相应三铰拱恒载压力线的偏离类似于一个正弦波（图17-3b）。

恒载压力线与拱轴线的偏离会引起拱弯曲，并在拱中产生相应附加内力。对于三铰拱，各截面的偏离弯矩 M_P 可按压力线与拱轴线在该截面处的偏离值 Δy 计算，表示为 $M_P = H_g \Delta y$；但对于无铰拱，偏离弯矩则应根据结构力学方法算得。

由结构力学知，若采用力法求解偏离弯矩，可采用悬臂曲梁为基本结构

（图 17-3c），恒载（包括 H_g）引起的在弹性中心的赘余力满足方程：

$$\Delta X_1 \delta_{11} + \Delta_{1p} = 0 \tag{17-25}$$

$$\Delta X_2 \delta_{22} + \Delta_{2p} = 0 \tag{17-26}$$

式中　ΔX_1、ΔX_2——压力线与拱轴线偏离引起的在弹性中心处的弯矩和轴力；

　　　　δ_{11}、δ_{22}——基本结构在 ΔX_1、ΔX_2 方向的柔度；

　　　　Δ_{1p}、Δ_{2p}——恒载（包括 H_g）在 ΔX_1、ΔX_2 方向引起的变形。

求解式（17-25）与式（17-26），可得任意截面处的偏离弯矩（图 17-3c）

$$\Delta M = \Delta X_1 - \Delta X_2 y + M_P \tag{17-27}$$

式中 y 为以弹性中心为原点（向上为正）的拱轴线坐标，其余符号意义同前。

对于拱顶、拱脚截面，偏离弯矩为：

$$\Delta M_d = \Delta X_1 - \Delta X_2 y_s < 0 \tag{17-28a}$$

$$\Delta M_j = \Delta X_1 - \Delta X_2 (f - y_s) > 0 \tag{17-28b}$$

式中　y_s——弹性中心至拱顶的距离；

其余符号意义同前。

由式（17-28）可见，由于拱轴线与恒载压力线有偏离，在拱顶、拱脚都产生了偏离弯矩。因 Δy 值正、负交替，Δ_{1p} 的数值较小，于是 ΔX_1 值也较小；而大量计算证明 ΔX_2 恒为正值。因此，拱顶的偏离弯矩 ΔM_d 为负而拱脚的偏离弯矩 ΔM_j 为正，这恰好与这两截面控制弯矩的符号相反。这一事实说明，在空腹式拱桥中，用"五点重合法"确定的悬链线拱轴线，偏离弯矩对拱顶、拱脚都是有利的。因而，空腹式无铰拱采用悬链线拱轴线，比采用恒载压力线更加合理。

空腹式无铰拱桥，采用"五点重合法"确定的拱轴线，与相应三铰拱的恒载压力线在拱顶、两 $l/4$ 点和两拱脚五点重合，而与无铰拱的恒载压力线（简称恒载压力线）实际上并不存在五点重合的关系。

3. 拱轴线的水平倾角 φ

将式（17-12）对 ξ 取导数得

$$\frac{dy_1}{d\xi} = \frac{fk}{m-1} \sinh k\xi \tag{17-29}$$

因为

$$\tan\varphi = \frac{dy_1}{dx} = \frac{dy_1}{l_1 d\xi} = \frac{2dy_1}{l d\xi} \tag{17-30}$$

将式（17-29）代入上式得：

$$\tan\varphi = \frac{2fk}{l(m-1)} \sinh k\xi = \eta \sinh k\xi \tag{17-31}$$

$$\eta = \frac{2fk}{l(m-1)} \tag{17-32}$$

式中符号意义同前。

由上式可见，拱轴水平倾角与拱轴系数 m 有关。拱轴线上各点的水平倾

角 $\tan\varphi$，可直接由《拱桥》附录表Ⅲ-2查出。

4. 悬链线无铰拱的弹性中心

在用力法计算无铰拱的内力（恒载、温度变化、徐变收缩和拱脚变位等）时，为了简化计算工作，常利用拱的弹性中心法。在此，我们讨论的是对称拱，其弹性中心在对称轴上。

由结构力学知，弹性中心距拱顶的距离为（图17-4）：

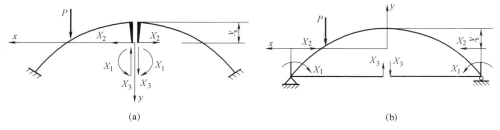

|（a）| |（b）|

图 17-4　拱的弹性中心

$$y_s = \frac{\int_s \dfrac{y_1 \mathrm{d}s}{EI}}{\int_s \dfrac{\mathrm{d}s}{EI}} \tag{17-33}$$

$$y_1 = \frac{f}{m-1}(\cosh k\xi - 1) \tag{17-34}$$

$$\mathrm{d}s = \frac{\mathrm{d}x}{\cos\varphi} = \frac{1}{2\cos\varphi}\mathrm{d}\xi \tag{17-35}$$

其中，

$$\cos\varphi = \frac{1}{\sqrt{1+\tan^2\varphi}} = \frac{1}{\sqrt{1+\eta^2 \sinh^2 k\xi}} \tag{17-36}$$

则

$$\mathrm{d}s = \frac{l}{2}\sqrt{1+\eta^2 \sinh^2 k\xi}\,\mathrm{d}\xi \tag{17-37}$$

以上式中符号意义同前。

以 y_1 及 $\mathrm{d}s$ 代入式（17-33），并注意到等截面拱中 I 为常数，则：

$$y_s = \alpha_1 f \tag{17-38}$$

$$\alpha_1 = \frac{1}{m-1}\frac{\int_0^1 (\cosh k\xi - 1)\sqrt{1+\eta^2 \sinh^2 k\xi}\,\mathrm{d}\xi}{\int_0^1 \sqrt{1+\eta^2 \sinh^2 k\xi}\,\mathrm{d}\xi} \tag{17-39}$$

系数 α_1 可由《拱桥》附录表Ⅲ-3查得，其余符号意义同前。从表中可以看出，对于通常的拱轴系数和矢跨比，$\alpha_1 \in [0.29, 0.40]$。

17.2.2　拱圈内力计算

简单体系拱桥内力可以用手算或电算求得。手算主要采用结构力学中的力法，并配合使用现成的《拱桥》中的图表进行计算；电算则采用计算机语言编程的有限单元法进行分析。这里先介绍手算方法,有关电算的要点将在本节的最后介绍。

当采用结构力学力法手算悬链线拱圈内力时,基本结构有两种取法:图 17-4(a)为以悬臂曲梁为基本结构,图 17-4(b)为以简支曲梁为基本结构。在计算无铰拱的内力影响线时,为了简化计算,常用简支曲梁为基本结构。

1. 拱圈恒载内力

采用恒载压力线作为拱轴线,若不考虑拱圈变形的影响,则拱圈的恒载内力只有轴向压力,即拱圈处于纯压状态。但是,拱圈材料在恒载轴向压力作用下会产生弹性压缩,使拱轴长度缩短。这种现象称为拱的弹性压缩。由于无铰拱是超静定结构,弹性压缩引起拱轴的缩短,将在拱中产生内力。为便于设计计算,恒载内力一般分为两部分,即不考虑弹性压缩影响的内力与弹性压缩引起的内力,两者相加即得恒载作用下的总内力。

(1)不考虑弹性压缩的恒载内力

1)实腹式拱

在不考虑弹性压缩的情况下,拱圈的恒载内力,可按纯压拱的公式计算。由公式(17-10)得:

$$k^2 = \frac{g_d l_1^2}{f H_g}(m-1) \tag{17-40}$$

可得恒载水平推力为:

$$H_g = \frac{m-1}{4k^2} \frac{g_d l^2}{f} = k_g \frac{g_d l^2}{f} \tag{17-41}$$

$$k_g = \frac{m-1}{4k^2} \tag{17-42}$$

以上式中符号意义同前。

恒载作用下,拱脚的竖向反力为半拱的恒载重力,即:

$$V_g = \int_0^{l_1} g_x \, dx = \int_0^1 g_x l_1 d\xi \tag{17-43}$$

将式(17-8)、式(17-11)代入上式积分得:

$$V_g = \frac{\sqrt{m^2-1}}{2\left[\ln(m+\sqrt{m^2-1})\right]} g_d l = k_g' g_d l \tag{17-44}$$

$$k_g' = \frac{\sqrt{m^2-1}}{2\left[\ln(m+\sqrt{m^2-1})\right]} \tag{17-45}$$

系数 k_g、k_g' 可在《拱桥》附录表Ⅲ-4 中查得,式中其余符号意义同前。

拱圈各截面的轴向力 N 按下式计算,恒载弯矩和剪力均为零。

$$N = \frac{H_g}{\cos\varphi} \tag{17-46}$$

式中符号意义同前。

2)空腹式拱

由于拱轴线与恒载压力线有偏离,空腹式悬链线无铰拱的拱顶、拱脚和

1/4 点都有恒载弯矩。为了便于设计计算，将此恒载内力分为两部分：首先不考虑偏离的影响，将拱轴线视为恒载压力线；然后再考虑偏离的影响，按式（17-25）～式（17-27）计算由偏离引起的恒载内力。两者叠加后，得空腹式无铰拱不考虑弹性压缩的恒载内力。

不考虑偏离的影响时，空腹式拱的恒载内力也按纯压拱计算。此时，拱的恒载推力 H_g 和拱脚竖向反力 V_g，可直接由静力平衡条件写出：

$$H_g = \frac{\sum M_j}{f}$$

$$V_g = \sum p \quad （半拱恒载）$$

式中符号意义同前。

算出 H_g 之后，即可利用纯压拱的公式（17-46）计算各截面的轴向力。此时，拱中的弯矩和剪力均为零。

在设计中、小跨径空腹式拱桥时，可偏安全地不考虑偏离弯矩的影响。大跨径空腹式拱桥，恒载压力线与拱轴线的偏离一般较大，恒载偏离弯矩是一种可供利用的有利因素。此时，应当计入偏离弯矩的影响。计算恒载偏离弯矩的影响时，除了计算偏离弯矩对拱顶、拱脚的有利影响之外，还应计入偏离弯矩对 $l/8$ 和 $3l/8$ 截面的不利影响。尤其是 $3l/8$ 截面，往往成为正弯矩的控制截面。

（2）弹性压缩引起的内力

在恒载轴向压力作用下，拱圈的弹性压缩表现为拱轴长度的缩短。按结构力学中的力法，将拱顶切开，取悬臂曲梁为基本结构。弹性压缩会使拱轴在跨径方向缩短，而由拱顶的变形协调条件，可求得赘余力 ΔH（图 17-5a），即：

$$\Delta H \delta_{22} + \Delta l = 0 \tag{17-47}$$

式中符号意义见图 17-5。

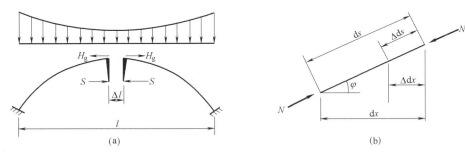

图 17-5 拱圈弹性压缩计算图式

从拱中取出一微段 ds（图 17-5b），在轴向力 N 作用下缩短 Δds，其水平分量为 $\Delta dx = \Delta ds \cos\varphi$，则整个拱轴缩短的水平分量为：

$$\Delta l = \int_0^l \Delta\,dx = \int_s \Delta\,ds\cos\varphi = \int_s \frac{N\,ds}{EA}\cos\varphi \tag{17-48}$$

将式（17-46）代入上式得：

$$\Delta l = \int_0^l \frac{H_g \mathrm{d}x}{EA\cos\varphi} = H_g \int_0^l \frac{\mathrm{d}x}{EA\cos\varphi} \tag{17-49}$$

考虑轴向力的影响后，在 S 方向的柔度为：

$$\delta'_{22} = \int_s \frac{\overline{M}_2^2 \mathrm{d}s}{EI} + \int_s \frac{\overline{N}_2^2 \mathrm{d}s}{EI} = \int_s \frac{y^2 \mathrm{d}s}{EI} + \int_s \frac{\cos^2\varphi \mathrm{d}s}{EA} = (1+\mu)\int_s \frac{y^2 \mathrm{d}s}{EI}$$

$$\tag{17-50}$$

$$\mu = \frac{\displaystyle\int_s \frac{\cos^2\varphi \mathrm{d}s}{EA}}{\displaystyle\int_s \frac{y^2 \mathrm{d}s}{EI}} \tag{17-51}$$

$$\overline{M}_2 = -y; \quad \overline{N}_2 = \cos\varphi \tag{17-52}$$

式中　E——拱圈材料的弹性模量；

　　　A——拱圈截面面积；

　　　I——拱圈截面抗弯惯性矩；

其余符号意义同前及见图 17-5。

将式（17-48）、式（17-50）代入式（17-47）得：

$$\Delta H = -H_g \frac{1}{1+\mu}\frac{\displaystyle\int_0^l \frac{\mathrm{d}x}{EA\cos\varphi}}{\displaystyle\int_s \frac{y^2 \mathrm{d}s}{EI}} = -H_g \frac{\mu_1}{1+\mu} \tag{17-53}$$

$$\mu_1 = \frac{\displaystyle\int_0^l \frac{\mathrm{d}x}{EA\cos\varphi}}{\displaystyle\int_s \frac{y^2 \mathrm{d}s}{EI}} \tag{17-54}$$

式中符号意义同前。

为了便于计算，对于等截面拱，可将式（17-51）、式（17-54）改写为：

$$\mu = \frac{1}{Ev A \displaystyle\int_s \frac{y^2 \mathrm{d}s}{EI}} \tag{17-55}$$

$$\mu_1 = \frac{1}{Ev_1 A \displaystyle\int_s \frac{y^2 \mathrm{d}s}{EI}} \tag{17-56}$$

式中符号意义同前。

以上诸式中，$\int \dfrac{y^2 \mathrm{d}s}{EI}$ 可由《拱桥》附录表Ⅲ-5 中查得，v、v_1 可自附录表Ⅲ-8、Ⅲ-10 查得。等截面拱的 μ 和 μ_1，可直接由附录表Ⅲ-9、Ⅲ-11 查出。

（3）恒载作用下拱圈各截面的总内力

按结构力学符号规定，弯矩以使拱圈内缘受拉为正，剪力以绕脱离体逆时针旋转为正，轴向力则使拱圈受压为正。图 17-6 所示 M、Q、N 均为正。

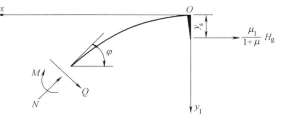

图 17-6　弹性压缩产生的内力

当不考虑空腹式拱恒载压力线偏离拱轴线的影响时，拱圈各截面的恒载内力为：不考虑弹性压缩的恒载内力［仅有按式（17-46）计算的轴向力 N］加上弹性压缩产生的内力（图 17-6）。

轴向力：
$$N = \frac{H_g}{\cos\varphi} - \frac{\mu_1}{1+\mu} H_g \cos\varphi \qquad (17\text{-}57)$$

弯矩：
$$M = \frac{\mu_1}{1+\mu} H_g (y_s - y_1) \qquad (17\text{-}58)$$

剪力：
$$Q = \mp \frac{\mu_1}{1+\mu} H_g \sin\varphi \quad（左半拱为"-"，右半拱为"+"）\qquad (17\text{-}59)$$

以上式中符号意义同前。

由式（17-58）可见，考虑了恒载弹性压缩之后，不论是空腹式拱还是实腹式拱，恒载压力线将不可能和拱轴线重合。

按式（17-25）～式（17-27），计入偏离的影响之后，各截面的内力公式为：
$$\left. \begin{aligned} N &= \frac{H_g}{\cos\varphi} + \Delta X_2 \cos\varphi - \frac{\mu_1}{1+\mu}(H_g + \Delta X_2)\cos\varphi \\ M &= \frac{\mu_1}{1+\mu}(H_g + \Delta X_2)(y_s - y_1) + \Delta M \\ Q &= \mp \frac{\mu_1}{1+\mu}(H_g + \Delta X_2)\sin\varphi \pm \Delta X_2 \sin\varphi \end{aligned} \right\} \qquad (17\text{-}60)$$

式中的 ΔX_2、ΔM 按式（17-26）、式（17-27）计算，其余符号意义同前。

在下列情况下，设计时可不计弹性压缩的影响：$l \leqslant 30\text{m}$，$\frac{f}{l} \geqslant \frac{1}{3}$；$l \leqslant 20\text{m}$，$\frac{f}{l} \geqslant \frac{1}{4}$；$l \leqslant 10\text{m}$，$\frac{f}{l} \geqslant \frac{1}{5}$。

（4）裸拱自重内力

采用早脱架施工（拱圈合龙达到一定强度后就卸落支架）及无支架施工的拱桥，须计算裸拱自重产生的内力，以便进行裸拱强度和稳定性验算。

取悬臂曲梁为基本结构（图 17-7）。对于等截面拱，任意截面 i 的恒载集度 g_i 为：

$$g_i = \frac{g_d}{\cos\varphi_i} \tag{17-61}$$

式中符号意义见图 17-7。

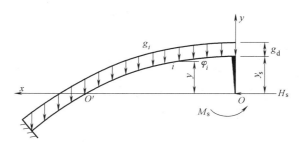

图 17-7　拱圈自重作用下内力计算图式

由于结构和荷载均为正对称，故在弹性中心仅有两个正对称的赘余力：弯矩 M_s 和水平力 H_s。由变形协调方程求得：

$$
\left.
\begin{aligned}
M_s &= -\frac{\Delta_{1p}}{\delta_{11}} = -\frac{\int_s \dfrac{\overline{M}_1 M_p \mathrm{d}s}{EI}}{\int_s \dfrac{\overline{M}_1^2 \mathrm{d}s}{EI}} = -\frac{\int_s \dfrac{M_p \mathrm{d}s}{EI}}{\int \dfrac{\mathrm{d}s}{EI}} = \frac{A\gamma l^2}{4} V_1 \\[4mm]
H_s &= -\frac{\Delta_{2p}}{\delta'_{22}} = -\frac{\int_s \dfrac{\overline{M}_2 M_p \mathrm{d}s}{EI}}{\int_s \dfrac{\overline{M}_2^2 \mathrm{d}s}{EI} + \int_s \dfrac{\overline{N}_2^2 \mathrm{d}s}{EA}} = -\frac{\int_s \dfrac{M_p y \mathrm{d}s}{EI}}{(1+\mu)\int_s \dfrac{y^2 \mathrm{d}s}{EI}} = \frac{A\gamma l^2}{4(1+\mu)f} V_2
\end{aligned}
\right\} \tag{17-62}
$$

式中　γ——拱圈重度；

　　　A——裸拱圈截面积；

V_1、V_2——系数，可从《拱桥》附录表Ⅲ-15、16 查得；

　　　其余符号意义同前。

由静力平衡条件得任意截面 i 的弯矩和轴向力为：

$$
\left.
\begin{aligned}
M_i &= M_s - H_s y - \sum_n^i M \\[2mm]
N_i &= H_s \cos\varphi_i + \sin\varphi_i \sum_n^i P
\end{aligned}
\right\} \tag{17-63}
$$

式中　$\displaystyle\sum_n^i M$——拱顶至 i 截面裸拱自重对 i 截面产生的弯矩，可查《拱桥》

　　　　　　附录表Ⅲ-19 得；

　　　$\displaystyle\sum_n^i P$——拱顶至 i 截面裸拱自重之和，可查《拱桥》附录表Ⅲ-19 得；

　　　　　n——拱顶截面的编号，在设计中 n 常采用 12 或 24；

　　　其余符号意义同前。

当拱的矢跨比为 $1/10\sim1/5$ 时，裸拱恒载压力线的拱轴系数 $m_0=1.079\sim$ 1.305，通常比拱轴线采用的 m 值小。计算表明，在裸拱的自重作用下，拱顶、拱脚一般都产生正弯矩。拱轴线 m 与 m_0 差得越多，拱顶、拱脚的正弯矩就越大。因而，采用无支架施工或早脱架施工的拱桥，宜适当降低拱轴系数。

2. 拱圈活载及附加荷载内力

在求拱圈活载内力时，为了便于简化计算，活载内力的计算仍分两步进行：先计算不考虑拱轴向弹性压缩影响的活载内力，然后再计入弹性压缩的影响。

（1）不考虑弹性压缩影响的活载内力

不考虑弹性压缩影响的活载内力采用内力影响线加载计算。先计算赘余力影响线，然后用叠加法计算内力影响线，最后由内力影响线按最不利情况布载计算活载内力。

1）简支曲梁的基本结构

在求解拱的内力影响线时，可采用简支曲梁为基本结构（图 17-8a）。根据结构力学的力法和弹性中心的特性，即可求出单位荷载 $P=1$ 作用在图示位置时的弹性中心处赘余力 X_1、X_2、X_3。

2）赘余力影响线

为了计算赘余力的影响线坐标，一般将拱圈沿跨径方向分成 48（或 24）等分。当 $P=1$ 从图 17-8（a）中的左拱脚按步长移到右拱脚时，即可利用力法算出 P 在各个分点上 X_1、X_2、X_3 的影响线竖标。三个赘余力影响线的图形见图 17-8（b）、（c）、（d）。

3）内力影响线

有了赘余力的影响线之后，拱中任何截面的内力影响线均可利用静力平衡条件和叠加原理求得。

① 水平推力 H 的影响线

由 $\sum X=0$ 知，拱中任意截面的水平推力 $H=X_2$，因此，H 的影响线即为 X_2 的影响线。H 的影响线（图 17-8c）的各点竖坐标，可由《拱桥》附录表Ⅲ-12 查得。

② 拱脚竖向反力 V 的影响线

将 X_3 移至两支点后，由 $\sum Y=0$ 得：

$$V=V_0 \mp X_3 \tag{17-64}$$

式中 V_0——简支曲梁的反力影响线，"－"、"＋"分别适用于左、右拱脚，其余符号意义同前。

由 V_0 与 X_3 两条影响线叠加而成的竖向反力影响线 V（见图 17-8e，为左拱脚的竖向反力影响线）。显然，拱脚竖向反力 V 影响线的总面积为 $\omega=l/2$。

③ 任意截面的弯矩影响线

由图 17-9（a）得任意截面的弯矩为：

$$M = M_0 - Hy \pm X_3 x + X_1 \tag{17-65}$$

式中 M_0——简支曲梁的弯矩影响线，"一"、"十"分别适用于左、右半拱
（以下均同）；

其余符号意义同前。

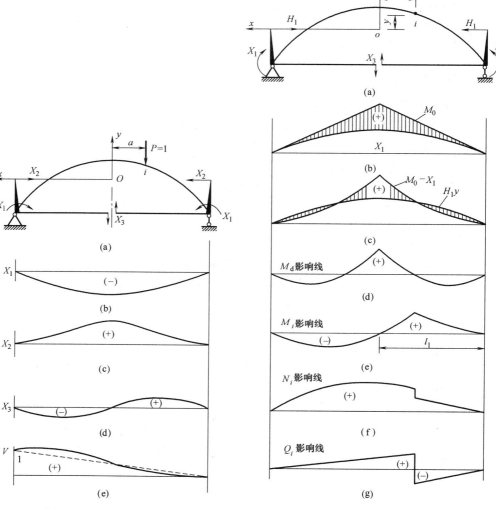

图 17-8 拱的简支曲梁基本结构
与赘余力影响线

图 17-9 拱的内力影响线

对于拱顶弯矩 M_d，可按图 17-9（b）、（c）、（d）获得：

$$M_d = M_{d_0} - Hy + X_1 \tag{17-66}$$

式中 M_{d_0}——简支曲梁跨中截面的弯矩影响线；

其余符号意义同前。

同理可得，拱中任意截面 i 的弯矩影响线 M_i（图 17-9e）。拱中各截面不
考虑弹性压缩的弯矩影响线坐标，可由《拱桥》附录表Ⅲ-13 查得。

截面 i 的轴力 N_i 及剪力 Q_i 的影响线为：

$$N_i = N_{i_0} \mp H\cos\varphi_i \mp V\sin\varphi_i \qquad (17\text{-}67)$$

$$Q_i = Q_{i_0} \mp H\sin\varphi_i \mp V\cos\varphi_i \qquad (17\text{-}68)$$

式中　　N_{i_0}、Q_{i_0}——简支曲梁在截面的轴力与剪力影响线，等号右边第二、三项的上侧符号适用于左半拱，下侧符号适用于右半拱；

其余符号意义同前。

从图 17-9（f）、（g）可见，轴向力 N_i 及剪力 Q_i 影响线在截面 i 处均有突变，故该截面两侧的 N 及 Q 也将有突变。一般可先计算 H、V，然后再由 H、V 近似计算 N_i 及 Q_i。

为了便于计算拱的内力，《拱桥》附录表Ⅲ-14 列有不计弹性压缩的弯矩 M 及相应的 H、V 影响线面积表，供计算活载内力时选用。

4）活载内力计算

圬工拱桥计算时，认为荷载在拱桥的横向全宽均布。石拱桥常取 1m 拱宽作为计算单元，双曲拱桥则常取一个单元宽度来计算。

拱圈是偏心受压构件，一般以最大正（负）弯矩控制设计。计算拱中各截面的最大内力时，均按该截面弯矩影响线的最不利情况布载，通常计算两种荷载工况：$M_{\max}$（最大正弯矩）及相应的 N；$M_{\min}$（最大负弯矩）及相应的 N。但在特殊情况下，也可出现非最大正（负）弯矩控制的荷载工况。

活载内力可通过内力影响线加载计算。图 17-10 为求拱脚最大正弯矩及相应的轴向力的加载方法。

在计算下部结构时，常以最大水平力控制设计。此时，应在 H 的影响线上按最不利情

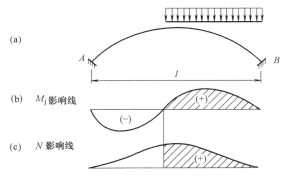

图 17-10　求拱脚 $M_{\max}$ 及相应 N 布载方式

况加载，然后按 $H_{\max}$ 的布载位置计算其他相应内力与反力。

（2）活载作用下弹性压缩引起的内力

活载弹性压缩影响计算与恒载弹性压缩相似，它是考虑由活载产生的轴向力对拱轴变形的影响，也在弹性中心产生赘余水平力 ΔH（拉力）。由变形协调方程得：

$$\Delta H = -\frac{\Delta l}{\delta'_{22}} = -\frac{\displaystyle\int_s \frac{N\,\mathrm{d}s}{EA}\cos\varphi}{\delta'_{22}} \qquad (17\text{-}69)$$

式中符号意义同前。

取脱离体如图 17-11 所示，轴力 N 可表示为：

$$N = \frac{H - Q\sin\varphi}{\cos\varphi} = \frac{H}{\cos\varphi}\left(1 - \frac{Q}{H}\sin\varphi\right) \qquad (17\text{-}70)$$

541

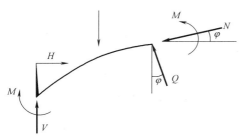

图 17-11　活载弹性压缩引起的内力计算简图

式中的第二项 $Q\sin\varphi/H$ 常可近似略去，则得：

$$N = \frac{H}{\cos\varphi} \qquad (17\text{-}71)$$

式中符号意义同前。

于是，

$$\Delta l = \int_s \frac{N\,\mathrm{d}s}{EA}\cos\varphi = H\int_l \frac{\mathrm{d}x}{EA\cos\varphi} \qquad (17\text{-}72)$$

将上式代入式（17-69）得：

$$\Delta H = -\frac{H\displaystyle\int_s \frac{\mathrm{d}x}{EA\cos\varphi}}{\delta'_{22}} = -\frac{H\displaystyle\int_s \frac{\mathrm{d}x}{EA\cos\varphi}}{(1+\mu)\displaystyle\int_s \frac{y^2\mathrm{d}s}{EI}} = -H\frac{\mu_1}{1+\mu} \qquad (17\text{-}73)$$

式中符号意义同前。

活载弹性压缩引起的内力为：

$$\left.\begin{aligned}
\Delta M &= -\Delta Hy = \frac{\mu_1}{1+\mu}Hy \\[2mm]
\Delta N &= \Delta H\cos\varphi = -\frac{\mu_1}{1+\mu}H\cos\varphi \\[2mm]
\Delta Q &= \pm\Delta H\sin\varphi = \mp\frac{\mu_1}{1+\mu}H\sin\varphi
\end{aligned}\right\} \qquad (17\text{-}74)$$

式中符号意义同前。

将不考虑弹性压缩的活载内力与活载弹性压缩产生的内力叠加起来，即得活载作用下的总内力。不考虑弹性压缩的活载内力可通过内力影响线加载计算，活载弹性压缩产生的内力可根据 μ 与 μ_1 由式（17-74）直接求出。

（3）附加荷载引起的内力

在超静定的拱桥中，温度变化、混凝土收缩和拱脚变位都会产生附加内力。我国许多地区温度变化幅度大，温度变化产生的附加内力不容忽视；混凝土收缩，尤其是就地浇筑的混凝土的收缩变形，易使拱桥开裂；在软土地基上建造圬工拱桥，墩台变位的影响比较突出，水平位移的影响更为严重。

1）温度变化产生的附加内力计算

根据拱圈材料的物理性能，当大气温度高于拱圈合龙温度（拱圈施工合龙时的温度）时，将引起拱体相对膨胀；反之，当大气温度比合龙温度低时，则引起拱体相对收缩。不论是拱体膨胀还是收缩都会在拱中产生内力。

在图 17-12 中，设温度变化引起基本结构在水平方向的变位为 Δ_t，则在弹性中心将产生水平力 H_t。由在 H_t 方向变形协调方程得：

$$
\left.\begin{array}{r}
H_t = -\dfrac{\Delta_t}{\delta'_{22}} = -\dfrac{\Delta_t}{(1+\mu)\displaystyle\int_s \dfrac{y^2\,\mathrm{d}s}{EI}} \\[4mm]
\Delta_t = -\alpha\,\Delta t\,l
\end{array}\right\}
\tag{17-75}
$$

式中　Δ_t——温度增值，即最高（或最低）温度与合龙温度之差；

　　　　α——材料的线膨胀系数，混凝土或钢筋混凝土结构 $\alpha=0.000010$，混凝土预制块砌体 $\alpha=0.000009$，石砌体 $\alpha=0.000008$；

其余符号意义同前。

由温度变化引起拱中任意截面的附加内力为（图 17-13）：

$$
\left.\begin{array}{r}
M_t = -H_t y = -H_t(y_s - y_t) \\[1mm]
N_t = H_t\cos\varphi \\[1mm]
Q_t = \pm H_t\sin\varphi
\end{array}\right\}
\tag{17-76}
$$

式中符号意义同前。

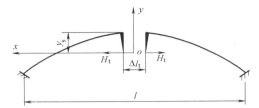

图 17-12　温度变化引起赘余力计算简图　　图 17-13　温度变化引起内力计算简图

对于箱形拱桥，温度计算内容尚应包括箱室内外温差效应。当无可靠资料时，箱室内外温差可按 $\pm10\text{℃}$ 计算。箱室内外温差效应计算方法与箱梁桥相似。

2）混凝土收缩引起的内力

混凝土的收缩作用与温度下降相似，通常将混凝土收缩折算为温度的额外降低。根据结构施工方法，混凝土收缩的影响可按以下建议计算：

① 整体浇筑混凝土，一般地区相当于降低温度 20℃，干燥地区为 30℃；整体浇筑的钢筋混凝土，相当于降低温度 $15\sim20\text{℃}$。

② 分段浇筑的混凝土或钢筋混凝土，相当于降低温度 $10\sim15\text{℃}$。

③ 装配式钢筋混凝土，相当于降低温度 $5\sim10\text{℃}$。

计算拱圈的温度变化和混凝土收缩影响时，可根据实际资料考虑混凝土徐变的影响。若缺乏实际资料，计算内力可乘以下列系数：温度变化影响力取 0.7；混凝土收缩影响力取 0.45。但考虑到目前已完全有能力将混凝土徐变效应在结构分析中计入，故不建议折减混凝土徐变的影响。因为这种简化方法可能不利于对混凝土的徐变及其他效应的认识与判断。

3）拱脚变位引起的内力计算

在软土地基上修建的拱桥以及桥墩较柔的多孔拱桥，拱脚变位是难以避免的。拱脚的变位包括拱脚的水平位移、垂直位移（沉降）和转动，每一种变位都将在拱中产生内力。

在图 17-14 中，设两拱脚发生相对水平和竖向位移为 Δ_h、Δ_v，两拱脚发

543

生相对转角 Δ_θ。在弹性中心处的变形协调方程为：

$$\left.\begin{array}{r} X_1\delta_{11}+\Delta_{1\Delta}=0 \\ X_2\delta'_{22}+\Delta_{2\Delta}=0 \\ X_3\delta_{33}+\Delta_{3\Delta}=0 \end{array}\right\} \tag{17-77}$$

根据虚功原理，由拱脚变位在赘余力方向的位移为：

$$\Delta_{1\Delta}=-(-1\times\Delta_\theta)=\Delta_\theta \tag{17-78}$$

$$\Delta_{2\Delta}=-[-1\times\Delta_h-(f-y_s)\Delta_\theta]=\Delta_h+(f-y_s)\Delta_\theta \tag{17-79}$$

$$\Delta_{3\Delta}=-\left(-1\times\Delta_v+\frac{l}{2}\times\Delta_\theta\right)=\Delta_v-\frac{l\theta}{2} \tag{17-80}$$

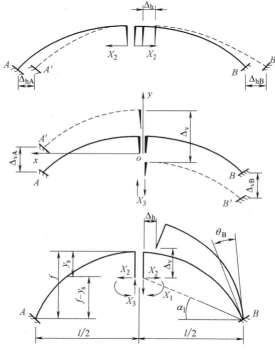

图 17-14　拱脚位移引起的内力计算简图

代入方程组（17-77）得：

$$\left.\begin{array}{l} X_1=-\dfrac{\Delta_{1\Delta}}{\delta_{11}}=-\dfrac{\Delta_\theta}{\displaystyle\int_s\dfrac{\mathrm{d}s}{EI}} \\[4mm] X_2=-\dfrac{\Delta_{2\Delta}}{\delta'_{22}}=-\dfrac{\Delta_h+(f-y_s)\Delta_\theta}{(1+\mu)\displaystyle\int_s\dfrac{y^2\mathrm{d}s}{EI}} \\[4mm] X_3=-\dfrac{\Delta_{3\Delta}}{\delta_{33}}=-\dfrac{\Delta_v-\dfrac{l\Delta_\theta}{2}}{\displaystyle\int_s\dfrac{x^2}{EI}\mathrm{d}s} \end{array}\right\} \tag{17-81}$$

式中符号意义同前。

拱脚变位引起的内力可按下式计算：

$$\left.\begin{array}{l} M_\Delta = X_1 - X_2 y \pm X_3 x \\ N_\Delta = \mp X_3 \sin\varphi + X_2 \cos\varphi \\ Q_\Delta = X_3 \cos\varphi \pm X_2 \sin\varphi \end{array}\right\}$$ (17-82)

式中符号意义同前。

17.2.3 拱圈内力调整

无铰拱桥在最不利荷载组合时，常出现拱脚负弯矩和拱顶正弯矩过大的情况。为了减小拱脚、拱顶的不利弯矩，可从设计或施工方面采取一些措施调整拱圈恒载内力。

1. 假载法

当拱顶和拱脚两个截面中一个截面弯矩很大而另一截面弯矩较小时，则可采用假载法进行调整。

所谓假载法，实质上就是通过改变拱轴系数来改变拱轴线，使拱轴线与恒载压力线偏离所产生的内力有利于拱顶或拱脚截面的受力。理论和计算表明，拱脚负弯矩过大时，可适当提高 m 值（图17-15a），使拱轴线与恒载压力线发生相对偏离，拱顶与拱脚都将产生附加正弯矩，从而可减小拱脚的负弯矩。反之，则可通过降低 m 值（图17-15b），使拱顶、拱脚都产生附加负弯矩，从而改善拱顶截面的受力。

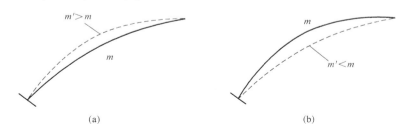

图 17-15　拱轴线随 m 值变化示意图

在图17-16所示的实腹式拱中，设调整前的拱轴系数为 m（$m = g_j/g_d$），调整后的拱轴系数为 m'（$m' = g_j'/g_d'$），由图17-16知：

$$m' = \frac{g_j'}{g_d'} = \frac{g_j \mp g_x}{g_d \mp g_x}$$ (17-83)

式中　g_x——假想减去（图17-16b）或增加（图17-16c）的一层均布荷载，
　　　称为假载。

事实上，拱轴线的微量变动对恒载的影响是可以忽略不计的，但因悬链线拱的拱轴系数与恒载的特殊关系，故引出了所谓假载的概念。在图17-16（b）中，减去的假载 g_x 是实际恒载的一部分，因而，拱的实际恒载内力为按 m'（$m' > m$）算出的恒载内力加上 g_x 所产生的内力。同样，在图17-16（c）中，增加的假载 g_x 事实上是不存在的，因而拱的实际恒载内力为按 m'（$m' <$

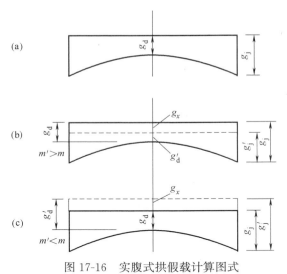

图 17-16　实腹式拱假载计算图式

m）算出的恒载内力减去 g_x 所产生的内力。

把假载看成一种荷载，也便于理解其调整内力的作用。由于拱顶、拱脚两个截面的弯矩影响线都是正面积比负面积大，因而增加一层假载时（图 17-16b），在拱顶、拱脚两截面都产生正弯矩，而减少一层假载时（图 17-16c），在拱顶、拱脚都产生负弯矩。

在拱圈内力调整后，拱的几何尺寸应按 m' 来计算，所有的荷载引起的内力也应按 m' 计算。为了便于利用《拱桥》中的表格计算拱的几何尺寸及各项内力，m' 总是取表中所列的值。按拱轴系数为 m' 计算恒载内力时，因拱轴线与考虑假载后的恒载压力线完全吻合，因而可按纯压拱计算内力。至于假载 g_x 所产生的内力，可以很方便地利用内力影响线计算。将 g_x 布置在 M、H 和 V 等影响线的全部面积上，即可求得 g_x 所产生的内力值。

对于空腹式拱桥，拱轴线形的变化是通过改变 $y_{l/4}$ 来实现的。设调整前的拱轴系数为 m，拱跨 $l/4$ 点的纵坐标为 $y_{l/4}$；调整后的拱轴系数为 m'，相应点的纵坐标为 $y_{l/4}$。假载 g_x 可由下式解出：

$$\frac{y'_{l/4}}{f}=\frac{\sum M_{l/4}\mp\dfrac{g_x l^2}{32}}{\sum M_j\mp\dfrac{g_x l^2}{8}} \tag{17-84}$$

式中 g_x 前的符号取法同式（17-83）一样，即当 $m'>m$ 时取负，$m'<m$ 时取正。其余符号意义同前。

空腹式拱桥恒载内力的计算方法与实腹式拱桥相似。在恒载和假载 g_x 共同作用下，不计算弹性压缩的恒载推力按下式计算：

$$H_g=\frac{\sum M_i\mp\dfrac{g_x l^2}{8}}{l} \tag{17-85}$$

式中符号意义同前。

应该指出：改变拱轴系数的办法，不能同时改善拱顶、拱脚两个控制截面的内力。例如，提高 m 值，拱脚负弯矩减小，而拱顶正弯矩则相应增加；反之则拱顶正弯矩减小，而拱脚负弯矩则相应增大。但是由于假载法只需改变拱轴系数大小，无需采取结构措施，是设计阶段可以采用的方法，基本无费用，因此是一种应优先采用的调整方法。

2. 临时铰法

拱圈施工时，在拱顶、拱脚先用铅垫板做成临时铰；拆除拱架后，由于临时铰的存在，拱圈成为静定的三铰拱。待拱上建筑完成后，再用高强度水泥砂浆封固，成为无铰拱。由于拱圈在恒载作用下是静定三铰拱，拱的恒载弹性压缩以及封铰前已发生的墩台变位均不产生附加内力，从而减小了拱中的弯矩。

若将临时铰偏心布置，尚可进一步消除日后因混凝土收缩引起的附加内力。设混凝土收缩在拱顶引起正弯矩 M_d，在拱脚引起负弯矩 M_j，为了消除这两个弯矩，可将临时铰偏心布置（图17-17）。即拱顶截面的临时铰布置在拱轴线以下（距拱轴为 e_d），而拱脚截面的临时铰则布置在拱轴线以上（距拱轴为 e_j），使恒载作用时

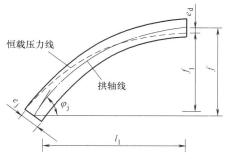

图 17-17 临时铰调整拱圈内力示意图

在拱顶产生负弯矩 M_d、在拱脚产生正弯矩 M_j。欲达此目的，偏心距 e_d、e_j 可按下述方法确定。

设置临时铰后，压力线的矢高为（图17-17）：

$$f_1 = f - e_d - e_j \cos\varphi_j \tag{17-86}$$

此时，拱的恒载推力值变为：

$$H'_g = H_g \frac{f}{f_1} \tag{17-87}$$

式中　H_g——不设置临时铰时拱的恒载推力，其余符号意义同前。

根据需要调整的弯矩值 M_d、M_j，可求偏心距：

$$e_d = \frac{M_d}{H'_g} = \frac{M_d}{H_g} \frac{f_1}{f}, \quad e_j = \frac{M_j}{H'_g \cos\varphi_j} = \frac{M_j}{H_g} \frac{f_1}{f \cos\varphi_j} \tag{17-88}$$

式中符号意义同前。

将式（17-88）代入式（17-86），有 $f_1 = \dfrac{H_g f^2}{H_g f + M_d + M_j}$，再代入式（17-88），即可求出临时铰设置的偏移量值。

用临时铰调整应力，实质上是人为地改变拱中恒载压力线，使恒载压力线对拱轴线造成有利的偏离。消除拱顶与拱脚不利的弯矩，达到调整拱圈内力的目的。

国外大跨径钢筋混凝土拱桥，大多采用千斤顶调整内力。在砌筑拱上构造之前，在拱顶预留接头处设置上、下两排千斤顶，使拱顶产生负弯矩、拱脚产生正弯矩，以消除弹性压缩、收缩及徐变产生的内力。

用临时铰或千斤顶调整应力，效果相当显著，但其施工比较复杂。

3. 改变拱轴线形法

在前面图17-3中，由于悬链线拱轴线与三铰拱恒载压力线存在近似正弦

547

波形的自然偏离，可以不同程度地减小拱顶与拱脚偏大的弯矩。根据这个原理，可在三铰拱恒载压力线的基础上，根据各桥的实际需要叠加一个正弦波形的调整曲线（图 17-18），采用逐次近似法调整，使恒载、弹性压缩和混凝土收缩等各因素作用下，拱顶、拱脚两截面的弯矩趋近于零。为了实现上述目的，要求调整曲线的零点通过 o' 点，并使拱轴线与三铰拱恒载压力线具有相同的弹性中心。根据弹性中心的定义，则有：

$$\int_s \frac{(y-\Delta y)}{EI}\mathrm{d}s = \int_s \frac{y\,\mathrm{d}s}{EI} - \int_s \frac{\Delta y\,\mathrm{d}s}{EI} = 0 \tag{17-89}$$

因

$$\int_s \frac{y\,\mathrm{d}s}{EI} = 0$$

故

$$\int_s \frac{\Delta y\,\mathrm{d}s}{EI} = 0$$

式中符号意义同前。

由式（17-25）、式（17-26），拱轴线偏离三铰拱恒载压力线在弹性中心的赘余力（图 17-18b）为：

$$\left.\begin{array}{l} \Delta X_1 = 0 \\[2mm] \Delta X_2 = H_\mathrm{g}\dfrac{\displaystyle\int_s \frac{y\,\Delta y\,\mathrm{d}s}{EI}}{\displaystyle\int_s \frac{y^2\,\mathrm{d}s}{EI}} \end{array}\right\} \tag{17-90}$$

式中符号意义同前。

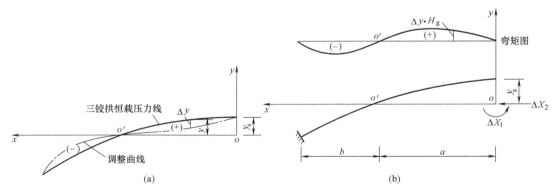

图 17-18　改变拱轴线形调整拱圈内力示意

由图 17-18（b）可知，上式中的 y 与 Δy 总是同号的，因而，上式中的 ΔX_2 必为正值（压力）。众所周知，弹性压缩和混凝土收缩在弹性中心将产生一对水平拉力，通过适当地调整曲线竖标 Δy，使按式（17-90）算得的水平力 ΔX_2 与弹性压缩等所产生的水平力大小相等、方向相反，即可抵消弹性压缩和混凝土收缩在拱顶、拱脚产生的弯矩值，起到调整内力的作用。

17.2.4 简单体系拱桥有限元分析要点

随着计算机技术的迅速发展，结构电算已是一种简便和实用的方法。

除一些结构局部空间应力分析、空间稳定及动力分析等特殊问题外，简
单体系拱桥通常都采用平面杆系结
构模型进行有限元分析。

根据材料力学、结构力学的基
本约定，拱桥的计算模型可以用构
件轴线及相应约束条件组成。对于
施工中的裸拱，根据拱脚的约束条
件，计算模型可以表示为如图 17-19
所示；上承式拱桥成型后的计算模

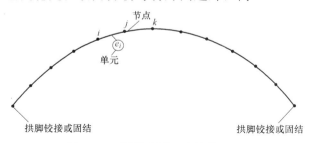

图 17-19　裸拱有限元计算模型

型表示为如图 17-20（a）所示；中承和下承式拱桥成型后的计算模型可分别
表示为如图 17-20（b）、图 17-20（c）所示，图中以柔性吊杆为例。

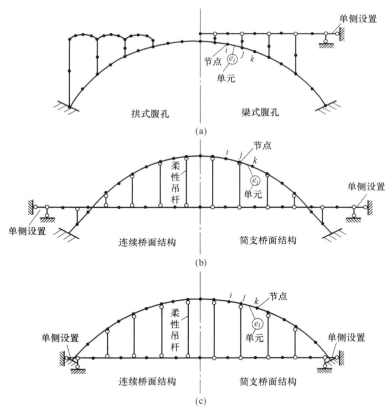

图 17-20　拱桥成桥后有限元计算模型
（a）上承式；（b）中承式；（c）下承式

在上述计算模型确定过程中应注意几个问题。一般平面杆系结构有限元
分析软件，对于曲线形的拱都是用逐段直线杆模拟，因此在单元划分时不宜

分得太长。由于结构构造原因，构件连接处的各构件轴线有时不相交于一点，或即使相交于一点但在某一区域内轴线所代表的各构件实际上是一个块体，考虑到这些区域已超出杆系模拟的范围，同时也不会发生像杆系那样的变形，故近似采用刚臂连接来代替这一区域的轴线。

在进行结构有限元分析时，除应按相关规范要求考虑各种荷载因素（施工荷载、使用荷载及附加荷载等）、时间因素（混凝土徐变、收缩）外，尚应逐阶段考虑结构施工步骤、体系变化等过程。拱桥的建成需经历一个复杂的成型、受力过程，结构一次落架、荷载一次施加是不存在的。

以往由于受到手算能力及简化分析思路的影响，对模拟施工全过程的结构受力分析未能给予足够重视。随着拱桥向大跨径方向发展、施工方法的多样化，进行模拟施工全过程的结构受力分析，将是确保拱桥施工期安全的重要内容。

*17.3 组合体系拱桥的计算

组合体系拱桥，目前主要采用有限单元法由计算机完成。当然，在没有电算的情况下，简单结构也可以采用结构力学方法手算完成。下面将着重讲述整体式拱桥、拱梁组合桥在结构计算时的基本假定、计算模型以及应考虑的施工过程等问题，并从手算与电算两方面给出相应的方法。

17.3.1 整体式拱桥的计算

钢筋混凝土桁架拱桥与刚架拱桥的受力特点为拱上建筑与拱圈共同形成结构承担荷载，因此称为整体式拱桥。该桥型均是先形成整体式拱片，然后再与桥面板形成组合截面。因此，无论手算或电算，均需考虑施工成型方面的特点。无论手算或电算，对恒载，均可直接按平面杆系计算；对于活载，为了简化计算，通常是通过荷载横向分布系数简化为平面杆系（单个拱片）进行。

1. 横向分布系数的计算方法

对于桁架拱桥：计算其整体结构受力时，横向分布系数计算常用偏心压力法；计算其上弦杆在局部荷载作用下的受力时，常用杠杆原理法。对于刚架拱桥：试验表明，其荷载横向分布与弹性支承连续梁分布曲线接近，因而其横向分布系数计算常采用弹性支承连续梁法。

2. 单个拱片的电算

无论刚架拱桥或者桁架拱桥，单个拱片的电算，各杆件之间的连接均视为刚接，而拱脚与墩台的连接则可根据其构造特点简化为铰接或者刚接；若各杆件在节点处重叠，形成一个刚度很大的区域，则应按"刚性域"或者"刚臂"处理（图 17-21）。另外，电算还需考虑各杆件截面成形过程，并计算收缩徐变影响。

3. 单个拱片的手算

进行手算时，为了减少单个拱片的超静定次数，减轻计算工作量，需要根据桁架拱桥和刚架拱桥的受力特点进行简化。

（1）桁架拱桥

桁架部分的腹杆与下弦杆主要承受轴向力；桁架部分的上弦杆，除承受轴向压力外，还直接承受车辆荷载所产生的局部弯矩；跨中实腹段部分承受轴向力和弯矩。

从桁架拱桥的施工及受力过程来看，桁架拱桥的桥面板是在预制的桁架拱片上逐步施工成形的，桥面板最初不参与预制上弦杆、实腹段承受恒载，经徐变内力重分布，逐步参与承担恒载；而在成桥后活载及附加荷载作用下，桥面板将一直与预制上弦杆、实腹段共同作用。

简化计算模型如图17-22所示。简化过程如下：①以各杆件的轴线形成结构计算图。在桁架与实腹段连接的截面处，按平截面假定利用刚臂将各构件计算图相连。②在进行结构整体内力计算时，假定桁架拱的节点为理想铰接。③考虑到桁架拱片的拱脚在构造上仅插入墩台预留孔中，故假定桁架拱片的拱脚与墩台的连接为铰接。这样，桁架拱桥简化为外部一次超静定的两铰拱结构（图17-22）。

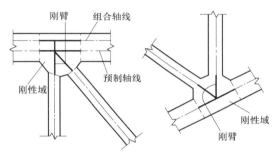 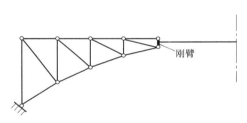

图17-21　桁架拱杆件的刚性域节点　　　图17-22　桁架拱桥上部结构简化计算模型

计算模型在恒载或单位竖向荷载下的求解可用力学进行，进而可求出恒载及活载最不利内力。

桁架拱桥的恒载包括桁架拱片、横向联结系和桥面板等的重量。桁架拱桥的恒载内力需考虑两种情况：一种是恒载全部由裸桁架拱（由预制桁架拱片和横系梁组成的结构）单独承受，另一种是考虑恒载由桥面板参与共同作用的整体桁架拱承受。恒载由桁架拱片单独承受，符合施工刚完成时的受力情况；按桥面板参与共同作用来计算恒载内力，为结构经徐变内力重分布后渐近但无法完全达到的受力状况。桁架拱桥的恒载内力分别按以上两种情况进行计算，从中选取最不利的内力作为设计内力，以避免进行复杂的徐变内力重分布计算。

计算桁架拱桥活载内力时，对于偏心受压的实腹段，应分别按弯矩和轴力的最不利情况进行加载，对于每一种布载情况同时计算这两项内力。

应当指出，桁架拱桥的上弦杆除作为整体桁架杆件承受轴力外，在运营时还直接承受局部荷载产生的弯矩。由于桁架第一节间上弦杆跨度最大，局部荷载产生的弯矩也最大，在所有的上弦杆中，常以第一节间上弦杆控制设计。上弦杆的杆端和跨中截面的弯矩可用下式进行估算：

$$M_A = -0.7M_P - 0.06gl^2$$
$$M_c = 0.8M_P - 0.06gl^2$$

$$(17\text{-}91)$$

式中　M_P——简支梁的活载弯矩；

　　　　g——恒载集度；

　　　　l——上弦杆净跨（即上弦杆扣除节点块后的净长）。

在下弦杆中，因靠近拱脚的第一根下弦杆轴向力较大，常以这一根下弦杆作为控制设计。具体设计时，应将下弦杆所承受的轴向压力提高 20%，以考虑节点固结所产生的次弯矩影响。

（2）刚架拱桥

刚架拱桥除两个边腹孔纵梁为受弯构件外，其余杆件，如拱腿、内腹孔纵梁、斜撑及实腹段，均属于压弯构件，部分具有刚架的受力特点。

按照刚架拱桥的施工与受力过程，结构由最初的裸拱（预制拱腿及实腹段）逐步施工为裸肋结构（拱腿、实腹段、空腹段纵梁、斜撑及横系梁组成的结构），再与桥面板组合形成最终的整体结构，桥面板最初不参与纵梁、实腹段承受恒载，经徐变内力重分布后逐步参与承担恒载；而在成桥后活载及附加荷载作用下，桥面板将一直参与纵梁和实腹段共同受力。

简化计算模型如图 17-23 所示。简化过程如下：①以刚架拱各杆件的轴线为计算图线。在空、实腹交界的截面处，利用刚臂将各构件计算图线相连。②考虑到拱脚和斜撑脚仅插入墩台预留孔中，故均假定为铰接。③假定斜撑以半铰的方式与空腹段纵梁连接。这样，刚架拱桥简化为五次超静定结构（图 17-23）。

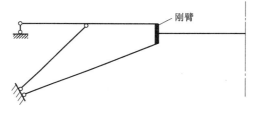

图 17-23　刚架拱桥上部结构简化计算模型

计算模型在恒载或单位竖向荷载下的求解可用力学进行，进而可求出恒载及活载最不利内力。

需要指出的是，由于刚架拱桥一般采用预制组装的施工方法，结构将产生徐变内力重分布，为了避免用手算解决这种复杂问题，恒载内力计算可采用与桁架拱相似的方法，即按两种情况考虑：一种是恒载全部由裸刚架拱（拱腿、实腹段、空腹段纵梁、斜撑和横系梁组成的结构）单独承受；另一种是考虑恒载由桥面板参与纵梁和实腹段共同作用的整体刚架拱承受。前一种情况符合结构施工及受力过程，结构内力接近于竣工时的受力状况；按桥面板参与共同作用来计算恒载内力，为结构经徐变内力重分布后渐近但无法达到的受力状况。刚架拱桥的恒载内力分别按以上两种情况进行计算，从中选取最不利的内力作为设计内力。

17.3.2　拱梁组合桥的计算

拱梁组合桥是一种在构造与受力方面很有特点的组合体系拱桥。目前，拱梁组合桥主要采用平面杆系有限单元法电算。下面介绍拱梁组合桥在结构电算时的基本假定、计算模型以及应考虑的施工过程等问题。

1. 基本假定及计算模型

在采用电算进行结构分析时，吊杆一般均可看作只承受轴向力的构件，除非采用刚性吊杆，如截面较大的预应力混凝土或钢管混凝土吊杆。对于拱梁组合结构，在拱肋与纵梁连接处的重叠部分，按拱肋轴线延长轨迹通过刚臂与纵梁轴线相连；当采用刚性吊杆时，其与拱肋和纵梁重叠部分也宜用刚臂替代；采用柔性吊杆时，如热挤 PE 护套的平行钢丝成品索，吊杆的轴线一般直接与拱、梁轴线相交。对于系杆拱组合结构，桥面结构作为附属结构悬吊于拱肋，系杆表示为只承受轴向力的构件。按平面杆系有限元计算要求，除在各构件连接点设计算节点外，还应在构件中设置适当数量的节点，尤其是一些变截面和曲线构件；在一个构件中，两相邻节点间为一个计算单元。其他具体要求按所用软件决定。

2. 几个结构计算问题

（1）柔性吊杆初张力

不论在施工阶段还是在使用阶段，吊杆的拉力主要取决于结构的整体受力；纵梁的成形线形，则应由施工阶段的初始预变位（拱度）所决定。确定柔性吊杆初张力的方法同混凝土斜拉桥确定初始索力的方法相似，读者可参考有关资料，此不赘述。

（2）钢管混凝土拱截面应力重分布

钢管混凝土拱是拱梁组合桥的主要构造特点，但钢管中混凝土的收缩、徐变，使混凝土与钢之间引起不可忽视的内力重分布，尤其在拱的轴压力较大时。通过对不同形式、采用钢管混凝土拱的拱梁组合桥的分析，得到了这样的结果：当钢管截面占拱截面 2%～8% 左右时，在施工至竣工后的三年内，混凝土收缩、徐变使钢管内混凝土的压力相对卸载约 3%～30%，钢管的压力相应增大，截面内力发生明显的重分布。因此，结构分析时应重视钢管混凝土拱截面应力重分布问题。

（3）横梁简化计算

双拱肋的中承与下承式拱梁组合结构的横梁与纵梁刚性连接，节点处又与吊杆连接；横梁两端的这种弹性固结作用，使其处于较复杂的受力状态，按平面结构计算时受力图式是不明确的。但分析横梁在特殊荷载下的受力情况可以发现：在局部荷载（如单辆汽车）作用下，纵梁对横梁的约束作用接近于两端刚性固结（图 17-24a）；而在满跨车道荷载作用下，横梁的约束则接近于两端铰接（图 17-24b）。为了简化横梁活载内力计算，可偏安全地取按上述两种图式得到的内力的包络值；而对于恒载作用下的横梁内力，考虑到横梁的整体变形受纵梁约束的影响很小，也可采用简支计算模型计算。

上承式、多拱肋的中承与下承式拱梁组合结构的横梁，可考虑按弹性支承连续梁计算。

553

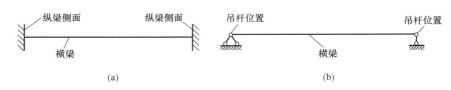

图 17-24　横梁计算模型

(a) 固结计算图式；(b) 铰接计算图式

活载沿桥梁纵向移动对横梁内力的影响计算，可参照简支梁桥横梁计算中的有关内容进行。

(4) 活载横向分布

拱梁组合桥是一种复杂的空间结构，但纵、横构件构造很有规律，因此，目前实用计算仍采用空间结构平面化的方法。当然，利用横向分布系数反映活载的影响是一种较近似的计算方法。根据理论分析与试验验证，对于上承式拱梁组合结构，当桥宽小于跨径的 1/2 时（即窄桥），通常可以采用偏心压力法计算横向分布系数；对于双拱肋的中承与下承式结构，可以采用杠杆原理法计算横向分布系数；对于多拱肋的宽桥结构，可采用弹性支承连续梁法计算横向分布系数；对于单拱肋的拱梁组合结构，主要考虑偏载对箱梁（即纵梁）内力的影响，偏载内力增大系数可取 1.10～1.15。

3. 应考虑的施工过程

拱梁组合桥的施工方法很多、简繁不同，但无论如何都要经历一个结构逐步成型、荷载变化的过程。下面介绍一些在结构分析时应考虑的特殊施工问题。

(1) 钢管混凝土拱成型过程

根据常用施工方法，钢管拱内的混凝土一般以合龙成拱后的钢管为支撑，分段灌注而成；少数情况下也有在混凝土灌注时钢管外另设支架，不让钢管拱单独承担未成型的混凝土荷载。这两种施工方法对钢管混凝土拱受力的影响较大，尤其是对钢管混凝土收缩、徐变内力重分布的影响较大。因此，在拱梁组合桥的施工分析中，应注意考虑钢管与混凝土的传力、受力及截面组合等过程。

(2) 柔性吊杆的张拉过程

拱梁组合桥的柔性吊杆，与斜拉桥相似，需根据施工与结构受力要求按一定的次序张拉。张拉力的大小、张拉的次序均对结构受力产生不小的影响。故在施工分析时应认识并考虑这一特殊施工工况。

(3) 各种结构与体系变化过程

在拱梁组合结构的计算中还有其他一些需要考虑的工况，如：纵梁在支架上分段施工、连续、张拉预应力筋以及截面分次组合等；中承式连续结构采用转体施工时的临时塔架、辅助拉索；上承式、中承式连续结构的梁或拱合龙前的跨中临时固结等，均应在结构施工分析中反映出来，简单地采用结构一次成桥（落架）是不可取的。

17.4 拱桥的稳定性验算

拱桥的稳定性验算，主要是针对以受压为主的承重构件拱圈或拱肋进行的。若拱的长细比较大，则当其承受的荷载达到某一临界值时，拱的稳定平衡状态将不能保持：在竖平面内轴线可能离开原来的稳定位置（纵向失稳），或者轴线可能侧倾离开原竖平面（横向失稳），导致拱的承载能力丧失。这两种离开原来稳定平衡状态而丧失承载能力的现象，称为第一类稳定（失稳）问题。对于轴压偏心的拱，当承受的荷载逐步增大时，其变形将沿着初始方向从几乎线性到非线性的规律逐渐发展，直至最后丧失承载能力。这种平衡状态不发生变化的承载能力丧失问题，称为第二类稳定（失稳）问题。事实上，一般拱桥都属于第二类稳定问题，因为纯轴向受压的拱是不存在的。但从实用角度来看，拱桥失稳的事故主要发生在施工阶段。第一类失稳一旦发生往往先于第二类失稳，且很快使拱丧失承载能力，故在拱桥设计中应先验算第一类稳定问题。拱桥的第二类稳定问题属于考虑非线性影响的强度问题，也需加以验算。

在拱桥设计计算中，拱圈或拱肋的稳定性验算分为纵向与横向两个方面。小跨径上承式实腹拱桥，可以不验算拱圈的纵、横向稳定性；在拱上建筑合龙后再卸落拱架的大、中跨径拱桥，由于拱上建筑与拱圈的共同作用，也无需验算拱圈或拱肋的纵向稳定性。采用无支架施工或拱上建筑合龙前就脱架的上承式拱桥，应验算拱圈或拱肋的纵、横向稳定性。拱圈宽度小于跨径1/20的上承式拱桥，应验算横向稳定性。中承与下承式拱桥均应进行拱肋纵、横向稳定性验算。

下面将主要介绍利用相关规范或手算进行拱圈或拱肋稳定性验算的方法，对复杂结构稳定性分析也提出了建议。

17.4.1 纵向稳定性验算

在验算拱圈或拱肋稳定性时，当长细比不大且矢跨比较小时，可将拱圈或拱肋换算为相当稳定计算长度的压杆，以验算抗压承载力的形式验算其稳定性；当长细比超出某一范围后，则以验算临界轴向力的方式验算其稳定性。

1. 对于中、小跨径砌体拱圈或拱肋、混凝土拱圈或拱肋，当轴向力偏心距小于《公路圬工桥涵设计规范》JTG D61—2005 的限值、长细比在表 17-2 所列范围时，可采用下列承载力计算公式验算稳定性：

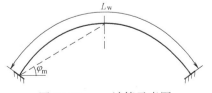

图 17-25　φ_m 计算示意图

$$\gamma_0 N_d \leqslant \varphi A f_{cd} \qquad (17\text{-}92)$$

式中　γ_0——结构重要性系数，按公路桥涵的设计安全等级分为：一级、二级、三级，分别取 1.1、1.0、0.9；

N_d——拱圈或拱肋轴向力设计值，可近似表示成 $N_d = H_d / \cos\varphi_m$，其中 H_d 为拱圈拱肋水平推力的设计值，φ_m 含义如图 17-25 所示；

A——拱圈或拱肋的截面面积，组合截面时为各层截面换算成标准层强度的换算截面面积；

f_{cd}——拱圈或拱肋材料轴心抗压强度设计值，对于组合截面为标准层材料轴心抗压强度设计值；

φ——拱圈或拱肋换算压杆的纵向弯曲系数或纵向弯曲与偏心影响系数，对于混凝土拱圈或拱肋按表 17-2 取值，对于砌体拱圈或拱肋按如下公式计算：

$$\varphi = \frac{1}{\dfrac{1}{\varphi_x} + \dfrac{1}{\varphi_y} - 1} \tag{17-93}$$

$$\varphi_x = \frac{1 - \left(\dfrac{e_x}{x}\right)^m}{1 + \left(\dfrac{e_x}{i_y}\right)^2} \cdot \frac{1}{1 + \alpha\beta_x(\beta_x - 3)\left[1 + 1.33\left(\dfrac{e_x}{i_y}\right)^2\right]} \tag{17-94}$$

$$\varphi_y = \frac{1 - \left(\dfrac{e_y}{y}\right)^m}{1 + \left(\dfrac{e_y}{i_x}\right)^2} \cdot \frac{1}{1 + \alpha\beta_y(\beta_y - 3)\left[1 + 1.33\left(\dfrac{e_y}{i_x}\right)^2\right]} \tag{17-95}$$

$$\beta_x = \frac{\gamma_\beta l_0}{3.5 i_y} \tag{17-96a}$$

$$\beta_y = \frac{\gamma_\beta l_0}{3.5 i_x} \tag{17-96b}$$

式中 φ_x、φ_y——分别为截面 x 轴方向和 y 轴方向纵向弯曲与偏心影响系数；

e_x、e_y——作用（或荷载）设计值产生的轴向力在截面（或换算截面）x 轴方向和 y 轴方向的偏心距，其值应小于规范限值；

x、y——分别为截面 x 轴方向和 y 轴方向的形心（或换算截面形心）至轴向力偏心侧截面边缘的距离；

i_x、i_y——弯曲平面内拱圈或拱肋截面的回转半径 $i_x = \sqrt{I_x/A}$，$i_y = \sqrt{I_y/A}$，其中 I_x、I_y 分别为截面（或换算截面）绕 x 轴和绕 y 轴的抗弯惯性矩，A 为截面（或换算截面）面积；

m——截面形状系数，圆形截面取 2.5，T 形或 U 形截面取 3.5，箱形或矩形截面取 8.0；

α——与砂浆强度有关的系数，当砂浆强度等级大于或等 M5 时取 0.002，当砂浆强度低于 M5 时取 0.013；

β_x、β_y——分别为拱圈或拱肋换算压杆在截面 x 轴方向和 y 轴方向的长细比，当 β_x、β_y 小于 3 时取 3；

γ_β——长细比修正系数，对于混凝土预制块砌体或组合构件取 1.0，细料石、半细料石砌体取 1.1，对于粗料石、块石、片石砌体取 1.3；

l_0——拱圈或拱肋稳定的计算长度，拱圈或拱肋纵向稳定的计算长度为：无铰拱 $l_0 = 0.35L_a$，两铰拱 $l_0 = 0.54L_a$，三铰拱 $l_0 = 0.58L_a$，其中 L_a 为拱轴线的弧长；

以上符号意义参见《公路圬工桥涵设计规范》JTG D61—2005 有关条款。

混凝土拱圈或拱肋纵向弯曲系数 φ 表 17-2

l_0/b	<4	4	6	8	10	12	14	16	18	20	22	24	26	28	30
l_0/i	<14	14	21	28	35	42	49	56	63	70	76	83	90	97	104
φ	1.00	0.98	0.96	0.91	0.86	0.82	0.77	0.72	0.68	0.63	0.59	0.55	0.51	0.47	0.44

注：表中 b 为弯曲平面内拱圈或拱肋截面高度，其余符号意义同前。

2. 对于钢筋混凝土拱圈或拱肋，应按《公路钢筋混凝土及预应力混凝土桥涵设计规范》JTG 3362—2018 进行验算。当其长细比在表 17-3 所列范围时，也将其换算为相当计算长度的压杆，按下列承载力计算公式验算稳定性：

$$\gamma_0 N_d \leqslant 0.9\varphi(f_{cd}A + f'_{sd}A'_s) \tag{17-97}$$

式中　φ——拱圈或拱肋换算为轴压构件的稳定系数，按表 17-3 取用；

f_{cd}——拱圈或拱肋混凝土材料抗压强度设计值；

A——拱圈或拱肋的截面面积，当纵向钢筋配筋率大于 3% 时取混凝土净截面面积；

f'_{sd}——纵向钢筋抗压强度设计值；

A'_s——纵向钢筋截面面积。

其余符号意义同前。

钢筋混凝土拱圈或拱肋换算的轴压构件的稳定系数   表 17-3

l_0/b	≤8	10	12	14	16	18	20	22	24	26	28
l_0/d_i	≤7	8.5	10.5	12	14	15.5	17	19	21	22.5	24
l_0/i	≤28	35	42	48	55	62	69	76	83	92	97
φ	1.00	0.98	0.95	0.92	0.87	0.81	0.75	0.70	0.65	0.60	0.56
l_0/b	30	32	34	36	38	40	42	44	46	48	50
l_0/d_i	26	28	2904	31	33	34.5	36.5	38	40	41.5	43
l_0/i	104	111	118	125	132	139	146	153	160	167	174
φ	0.52	0.48	0.44	0.40	0.36	0.32	0.29	0.26	0.23	0.21	0.19

注：表中 b 为矩形截面拱圈或拱肋的短边长度；d_i 为圆形截面拱圈或拱肋的直径；i 为截面最小回转半径；其余符号意义同前。

3. 当拱圈或拱肋换算压杆的长细比超出表 17-2 或表 17-3 的范围时，可近似采用欧拉临界力验算稳定性，即：

$$N_d \leqslant \frac{N_{L1}}{K_1} \tag{17-98}$$

式中　N_{d}——拱圈或拱肋轴向力设计值；

$\quad\quad K_1$——纵向稳定安全系数，一般取 $4\sim5$；

$\quad\quad N_{\mathrm{L1}}$——纵向失稳的临界轴向力，表示为：

$$N_{\mathrm{L1}}=\frac{H_{\mathrm{L1}}}{\cos\varphi_{\mathrm{m}}} \qquad (17\text{-}99)$$

H_{L1} 为纵向失稳的临界水平推力，按下式计算：

$$H_{\mathrm{L1}}=k_1\frac{E_{\mathrm{a}}I_x}{l^2} \qquad (17\text{-}100)$$

式中　E_{a}——拱圈或拱肋材料的弹性模量；

$\quad\quad I_x$——拱圈或拱肋截面对自身水平轴的惯性矩；

$\quad\quad k_1$——纵向失稳的临界推力系数。等截面悬链线和抛物线拱在均布荷载下的 k_1 值可分别按表 17-4、表 17-5 取用；

其余符号意义同前。

悬链线拱临界推力系数 k_1　　　　　表 17-4

f/l	0.1	0.2	0.3	0.4	0.5
无铰拱	74.2	63.5	51.0	33.7	15.0
两铰拱	36.0	28.5	19.0	12.9	8.5

抛物线拱临界推力系数 k_1　　　　　表 17-5

f/l	1/10	1/9	1/8	1/7	1/6	1/5	1/4
两铰拱	35.6	35.0	34.1	32.9	31.0	28.4	23.5
无铰拱	75.8	74.8	73.3	71.1	68.0	63.0	55.5

17.4.2　横向稳定性验算

对于中承与下承式拱桥、拱圈宽度小于跨径的 1/20 的上承式拱桥，肋拱桥、特大跨径拱桥及无支架施工中的拱圈或拱肋，均应进行横向稳定性验算。目前，工程上常用与纵向稳定相似的方法验算拱的横向稳定性。因此，横向稳定验算的关键是确定换算压杆的计算长度。《公路钢筋混凝土及预应力混凝土桥涵设计规范》JTG 3362—2018 的 4.4.8 条规定：计算以横系梁连接的肋拱横向稳定时，可将其视为长度等于拱轴线长度的平面桁架，根据其支承条件，按受压组合构件确定其计算长度和长细比。

对于中承与下承式拱桥，当拱肋发生侧倾时，吊杆上端将同时随拱肋侧移，若桥面结构纵向整体连续并与拱肋刚性连接，则吊杆下端的横移将受到限制。倾斜吊杆的拉力 T 将对拱肋、桥面结构产生一对向内与向外的水平分力 H（图 17-26），前一分力对拱肋起着扶正的作用，后一分力使桥面结构发生向外的水平位移。吊杆拉力对结构产生的这种效应，称为非保向力效应。简单体系的中承与下承式拱桥，因桥面结构纵向设断缝而非整体连续，故吊杆的非保向力效应并不显著。吊杆具有非保向力效应的拱桥，主要是拱梁组合桥。

拱梁组合桥拱肋横向失稳的模态，一般为单向侧倾型和反对称 S 鼓出型；桥面结构的模态与拱肋相似。由于拱肋受到吊杆水平分力的扶正作用，即非保向力作用，稳定安全系数得到较大提高。下面以下承式简支（圆弧）拱梁组合桥为例，介绍吊杆非保向力效应对拱肋稳定性的影响。

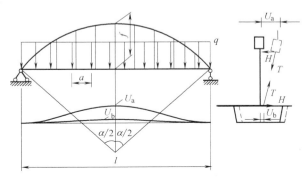

图 17-26　吊杆非保向力效应示意图

对于下承式简支（圆弧）拱梁组合桥，以拱肋与桥面结构侧移作为失稳模式，其中将吊杆拉力 T 简化为间距 a 范围的均布荷载 q，利用变分法得到考虑非保向力效应的拱肋临界轴向力计算公式：

$$N_{L2} = \eta \cdot N_{L2,0} = \eta \cdot \frac{E_a I_y}{R^2} \left(\frac{2\pi}{a}\right)^2 \xi \qquad (17\text{-}101)$$

$$\eta = \frac{1}{1-C} \qquad (17\text{-}102)$$

$$\xi = \frac{1 + 2(\gamma-1)\left(\dfrac{a}{2\pi}\right)^2 + 3\left(\dfrac{a}{2\pi}\right)^4}{1 + 3\gamma\left(\dfrac{a}{2\pi}\right)^2} \qquad (17\text{-}103)$$

$$C = \frac{1}{\dfrac{a}{2}\left(\dfrac{2\pi}{a}\right)^2} \int_{-a/2}^{a/2} \frac{\left(1 + \cos\dfrac{2\pi\varphi}{a}\right)^2}{(\cos\varphi - 1) + \dfrac{f}{R}} \, d\varphi \qquad (17\text{-}104)$$

式中　η——非保向力效应的影响系数；

$N_{L2,0}$——不考虑非保向力效应的拱肋临界轴力；

　R——圆弧拱的半径；

　a——吊杆的间距；

　C——非保向力效应的参数，考虑到拱顶段较大，可偏安全地近似取为：

$$C = \frac{3R}{4f}\left(\frac{a}{\pi}\right)^2 \qquad (17\text{-}105)$$

经计算，非保向力效应的影响系数列于表 17-6。考虑非保向力效应之后，拱肋横向稳定性提高约 3 倍，随矢跨比减小而减小。采用上述近似的非保向力效应参数计算公式，对于工程设计计算都有足够的精度，且偏于安全。

559

非保向力效应的影响系数 η							表 17-6
f/l		1/3	1/4	1/5	1/6	1/7	1/8
η	近似值	3.16	2.88	2.76	2.70	2.65	2.64
	精确值	3.50	3.31	3.22	3.17	3.14	3.12

非保向力效应对拱肋稳定性的影响较大。因此，拱梁组合桥在进行空间稳定验算时，应考虑吊杆的非保向力效应（空间有限元稳定性分析，一般会自动计入）。

17.4.3　拱桥稳定性验算的相关发展

由于拱桥实用结构材料并非理想弹性，在到达弹性稳定临界荷载之前，材料也可能已进入塑性阶段；同时，在拱平面内拱圈或拱肋本来就是具有初始偏心的受压构件，拱圈或拱肋在平面内的实际失稳形态大部分属于第二类失稳，即已成为极值点失稳或极限强度问题。

现有规范稳定计算公式主要基于弹性稳定理论，其弹性稳定安全系数的建议值为 4～5。基于考虑材料、几何非线性的空间有限元分析的弹塑性稳定安全系数应不小于 1.5～2.0。

随着有限元软件的普及，目前工程上越来越多地借助有限元分析验算拱桥的稳定性。往往先计算弹性稳定系数，满足者再验算弹塑性稳定系数。

＊17.5　连拱概念与力学特点

多跨拱桥在荷载作用下，拱与墩的节点会产生水平位移和转角（图 17-27a）。考虑拱与墩节点产生变位的计算，称为连拱计算。在拱与墩节点的两个变位中，水平位移 Δ 对拱、墩内力的影响较大，而转角对拱、墩内力的影响较小。因而，从定性分析时可以用节点水平位移的大小，近似地反映连拱影响的程度。

17.5.1　连拱的力学特点

一般而言，桥墩相对拱圈越细柔，拱墩节点的水平位移越大，连拱的影响越显著。当桥墩相对拱圈的刚度接近无限大，即可忽略连拱影响时，多跨拱桥可各自按拱脚固定的单跨拱计算（图 17-27b），称为按固定拱计算，由此算得的内力称为固定拱内力。但在实际拱桥中，桥墩相对拱圈的刚度不可能无限大。即使是采用刚度较大的重力式墩，仍有一定的连拱作用，而钻孔灌注桩的桩柱式桥墩和轻型桥墩的连拱作用相当显著。为了更准确地反映桥梁的实际受力情况，一般多跨拱桥均应考虑连拱影响。

鉴于按连拱计算与按固定拱计算的根本区别在于墩顶（拱脚）是否产生变位。因而，按连拱计算的内力，可视为按固定拱计算的内力加上连拱影响产生的内力。对上部结构而言，连拱影响主要是拱脚水平位移的影响，因而，

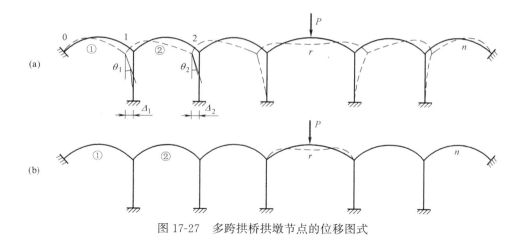

图 17-27 多跨拱桥拱墩节点的位移图式

连拱的内力也可视为固定拱内力加上拱脚水平位移产生的内力。

为了阐明连拱内力与固定拱内力的特性，图 17-28（b）～（g）示出了 3 孔连拱与相应固定拱的几种主要影响线。根据各截面连拱及相应固定拱影响线，可以看出如下几个问题：

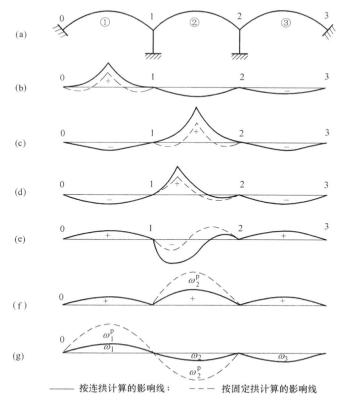

—— 按连拱计算的影响线； ---- 按固定拱计算的影响线

图 17-28 连拱内力影响线

（a）3 孔连拱；（b）第①孔拱顶弯矩影响线；（c）第②孔拱顶弯矩影响线；（d）第②孔 $l/4$ 截面弯矩影响线；（e）第②孔左拱脚弯矩影响线；（f）第②孔水平力影响线 H_2；（g）1 号墩水平力影响线 H_1

（1）连拱内力影响线与相应固定拱内力影响线不同。除了影响线的荷载长度和最大竖标位置不同（图 17-28b～e）之外，还有与连续梁影响线相似的特点。

理论与实践证明，在多跨拱桥中，连拱作用影响最大的是荷载孔。离荷载孔越远，拱墩节点的变位越小，因而连拱作用的影响也越小。

（2）计算拱脚、$l/8$ 截面最大负弯矩及拱中其他截面的最大正弯矩时，均以单跨（计算截面所在跨）布载不利（图 17-28b～e）；计算拱脚、$l/8$ 截面的最大正弯矩及拱中其他截面的最大负弯矩时，以多跨布载不利。

由于拱脚水平位移的影响，连拱受到的水平反力（图 17-28f）比固定拱小，而控制设计的拱脚负弯矩和拱顶正弯矩则比固定拱大。因而连拱设计时需要适当地增强拱圈，以承受比固定拱更大的弯矩值。

（3）按连拱计算时，墩顶水平力影响线的正、负面积均比固定拱小（图 17-28g），而桥墩又常以墩顶水平力控制设计，故按连拱计算时桥墩承受的水平力比固定拱小，可以节省桥墩的材料。

假使在图 17-28（a）中，三跨连拱跨径相等、拱轴线又相同，则在图 17-28（g）中必有：

$$\omega_1+\omega_2+\omega_3=0 \text{ 或 } \omega_1=|\omega_2+\omega_3| \tag{17-106}$$

要证明上式的正确性，只需将图 17-28（a）中的等跨连拱同时施加均布荷载，则因 1 号墩墩顶水平力自相平衡，而式（17-106）得证。

由式（17-106）知，计算 1 号墩顶最大水平力时，以荷载作用在第 1 跨为不利。同样，对于任意等跨连拱，计算边墩最大水平力时，以荷载作用在边跨为不利；而计算拱中最大弯矩时，则荷载作用在中跨为不利。

不难证明，计算中墩的最大水平力时，不论是等跨或不等跨连拱，最不利布载情况，一般有两种可能性：其一，墩左各孔布载，墩右各孔无载；其二，墩右各孔布载，墩左各孔无载。即墩顶向水平力最大方式布载。

17.5.2　连拱的简化计算方法

1. 计算简图

这种简化计算方法是根据桥墩的抗推刚度 K'（按下端固结、上端铰接计算）与拱的抗推刚度 K 的不同比值，而采用不同的简化计算图式。经过计算对比分析，根据 K'/K 的不同比值，采用三种不同的简化计算图式（表 17-7）。

连拱简化计算图式　　　　　　　　　　　　　　　　　表 17-7

	计算简图	适用范围
第一种		$\dfrac{K'}{K}\leqslant\dfrac{2}{3}$
第二种		$\dfrac{2}{3}<\dfrac{K'}{K}\leqslant 7$

	计算简图	适用范围
第三种	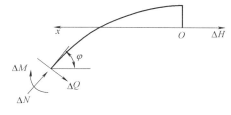	$\dfrac{K'}{K} > 7$

注：表中 K 为拱的抗推刚度；K' 为下端固结上端铰接墩的抗推刚度。

（1）当 $K'/K \leqslant 2/3$ 时，无铰连拱可按表 17-7 第一种连拱简化图式计算。此时，由于拱的抗推刚度较大而墩的抗推刚度较小，在拱墩节点变位中，拱对墩有较大的约束作用，阻碍了墩顶的转动。在这种情况下，拱墩节点采用固结的图式，并假定节点的转角为零。

（2）当 $2/3 < K'/K \leqslant 7$ 时，无铰连拱可按表 17-7 中第二种连拱简化图式计算。即将墩顶视为铰接，并假定拱脚的转角为零。

（3）当 $K'/K > 7$ 时，无铰连拱可按表 17-7 中第三种连拱简化图式计算。此时，由于墩的抗推刚度 K' 比拱的抗推刚度 K 大了许多倍，拱圈已不能制止墩顶的转动，略去墩顶的约束作用，则墩顶呈铰接状态。

表 17-7 中的三种连拱简化计算图式，从结构力学角度讲，它们有着明显的共性，即在位移法的基本未知数中，只有水平位移一个未知数。因而，可用位移法建立统一的计算公式，计算节点变位和拱、墩内力。

2. 内力计算

根据前面的分析，连拱的内力可视为固定拱的内力加上连拱影响产生的内力。由于这种简化计算方法只考虑了节点水平位移的影响，故连拱作用的附加力仅由拱脚产生的水平位移所引起。对于荷载跨而言，两拱脚所产生的水平位移都是向外的，由此引起的附加力将在拱的弹性中心产生一对水平拉力 ΔH（图 17-29）。

图 17-29 连拱作用引起的附加内力

采用结构力学中的力法计算得到 ΔH 后，就能计算 ΔH 引起的附加内力 ΔN 和 ΔM，其与固定拱的内力叠加后即为连拱的内力。

上述连拱简化计算方法的优点是未知数少，计算比较简单。但是，这种简化计算方法由于忽略了节点转角的影响，拱、墩内力特别是墩顶与拱脚的截面内力，常与精确解相差较多。

连拱的简化计算方法有三种，上述方法仅为其中的一种。其他两种方法为同时考虑墩顶节点位移和转角影响的总和法（简称 Σ 法）及换算刚度法。读者若有兴趣，可阅读有关文献。

需要指出的是，上述连拱简化计算方法虽为手算带来了较大方便，但随着结构有限元计算方法的普及，手算方法的使用已逐渐减少。因此，介绍简化计算方法的目的，主要在于使读者认识、了解连拱作用的基本概念、连拱结构的受力特点与性能。

小结及学习指导

（1）17.1 节掌握"拱上建筑联合作用、应力横向分布不均匀"等概念。

（2）17.2 节重点掌握实腹式拱桥拱轴线推导原理、拱轴线方程、弹性中心位置、弹性压缩引起的水平力、空腹式拱桥拱轴线确定的"五点重合法"，并以此为基础理解拱桥恒载内力的计算公式；重点掌握假载法基本原理，主要截面弯矩影响线及水平推力影响线的形状。

（3）17.3 节重点掌握桁架拱桥、刚架拱桥手算与电算的模型简化方法：先通过荷载横向分布系数简化为平面拱片，再对平面拱片进行分析（手算模型要特别注意各自的受力特点，以减少各自的方程组元数），以及拱梁组合桥模型简化方法。

（4）17.4 节了解拱桥纵、横向稳定性计算的常用公式与概念以及稳定系数的要求。稳定系数计算目前较多采用软件计算，故近似公式只要求了解即可。了解非保向力的概念及其对拱梁组合桥横向稳定的贡献程度。

（5）17.5 节重点掌握连拱的概念以及与固定拱受力的区别与联系。

习题及思考题

17-1　实腹式悬链线拱桥的拱轴方程建立的假定、边界条件是什么？

17-2　什么叫拱轴系数 m？

17-3　叙述实腹式悬链线无铰拱拱轴系数的确定方法。

17-4　什么是"五点重合法"？如何用"五点重合法"确定空腹式悬链线拱的拱轴系数 m？

17-5　求拱圈内力之前，为什么必须先求弹性中心的内力？

17-6　为什么目前修建的大、小桥的拱轴线常采用悬链线拱，而不采用圆弧拱和抛物线拱？

17-7　在现行设计中，不计恒载压力线和拱轴线偏离产生的偏离弯矩有何影响？

17-8　无支架和少支架施工的拱桥为什么宜降低拱轴系数？

17-9　拱圈除进行强度验算外为什么还要进行偏心验算？

17-10　拱圈在求出结构重力、活载和温度变化引起的内力之后，接着验算其强度，强度即使足够，为何还要进行裸拱圈强度验算？

17-11　调整主拱圈内力的方法有哪几种？

17-12　拱桥计算中，什么情况下可以近似地不计荷载横向分布的影响，而什么情况下必须考虑？

17-13　什么是拱上建筑与主拱圈的联合作用，设计中的近似处理有何影响？

17-14　连拱作用的基本概念是什么？

17-15 实腹式无铰拱，拱上建筑及主拱圈荷载集度如图 17-30 所示（长度单位为 m），试确定拱轴系数 m。

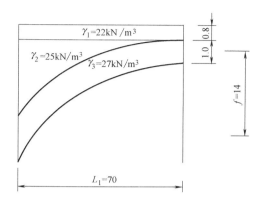

图 17-30 习题 17-15 图

17-16 等截面悬链线无铰拱，拱轴系数 $m=2.24$，计算跨径 $L=30\mathrm{m}$、计算矢高 $f=5\mathrm{m}$、弹性模量 $E=3.0\times10^4\mathrm{MPa}$，主拱圈截面抗弯惯性矩为 $I=2\mathrm{m}^4$，试求当右侧拱脚水平变位为 2cm 时，结构产生的弯矩、轴力和剪力，并绘出内力图。其中 $y_\mathrm{s}=0.332f$、$\delta_{22}=0.095818\dfrac{Lf^2}{EI}$。

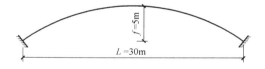

图 17-31 习题 17-16 图

第18章
拱桥施工简介

本章知识点

【知识点】 有支架施工的拱架类型、组成及加载程序；缆索吊装施工的主要设备组成与斜拉扣挂法；转体施工法的分类及主要原理；劲性骨架施工法要点；拱桥悬臂施工法的类型与主要工序。

【重点】 有支架施工加载程序的总体原则；缆索吊装施工的主索、起重索、牵引索的作用；斜拉扣挂法的内涵；转体施工法的转动原理。

【难点】 深刻理解有支架施工加载程序的总体原则。

拱桥施工大体上分为 3 个阶段。第一阶段为拱架施工（无支架施工实质上为施工设备与机具的架设）；第二阶段为拱圈（拱肋）施工；第三阶段为拱上建筑施工，包括桥面系、泄水管、伸缩缝和附属工程等施工。

混凝土拱桥的施工按其主拱圈成形的方法可以分为有支架施工法和无支架施工法两大类，有支架施工法是指在事先设置的拱架上进行桥体的砌筑、浇筑、安装，而无支架施工法，是在无法设置拱架或设置拱架不合理的情况下，合理地借助一定的设备直接架设拱圈单元体的施工方法。不同形式的拱桥可以采用不同的施工方法，根据跨径大小、桥梁所处环境、地形条件、施工技术能力与施工条件、工期及经费情况等综合考虑。

圬工（砖石、混凝土）拱桥一般采用有支架施工法。

钢筋混凝土肋拱、箱形拱桥，可以采用有支架施工法、缆索吊装法、转体施工法、悬臂施工法、劲性骨架施工法。

钢管混凝土拱桥一般采用缆索吊装法、转体施工法或有支架施工法（对小跨径）架设骨架，然后管内浇筑混凝土。

桁架拱桥根据跨径大小可以考虑采用有支架安装、缆索吊装、转体施工、悬臂安装施工。

刚架拱桥主要采用有支架施工法或缆索吊装法施工。

对于钢拱桥，有支架施工法、缆索吊装法、转体施工法、悬臂施工法等都可以考虑。

18.1　有支架施工

有支架施工的拱桥，需要在桥位上搭拱架砌筑拱石或立模板绑扎钢筋和浇筑混凝土，其主要施工工序有材料的准备、拱圈放样（包括石拱桥拱石放样）、拱架制作与安装、拱圈及拱上建筑的砌筑等。本节主要介绍后面两部分内容。

关于拱桥的材料选择，应满足设计与施工有关规范的要求。对于石拱桥，石料的准备（包括开采、加工和运输等）是决定石拱桥施工进度的一个重要环节，也在很大程度上影响桥梁的造价和质量。特别是料石拱圈，拱石规格繁多，所费劳动力也就多。为了加快桥梁建设速度，降低桥梁造价，减少劳动力消耗，可以采用小石子混凝土砌筑片石等多种方法修建拱桥。

拱圈及拱架的准确放样，是保证拱桥符合设计要求的基本条件之一。石拱桥的拱石，要按照拱圈的设计尺寸进行加工，为了保证尺寸准确，就需要制作拱石样板。一般采用在样台按 1：1 比例放出拱圈大样，然后用木板或锌铁皮在样台上按分块大小制成样板，并注明拱石编号，以利加工。主拱圈放样完毕后，有时还需要在样台上放出拱架主要构件大样。

拱架承受荷载后将产生弹性变形与非弹性变形，另外当拱圈砌筑完成后，强度虽达到要求但拱架还未卸落前，由于承受自重、温度变化和墩台位移等因素影响，也会发生下沉。为了使卸架之后的拱轴线符合设计要求，必须在拱架上预留施工拱度，以便能消除这些可能的垂直变形。

18.1.1 拱架构造

拱架是有支架施工建造拱桥必不可少的辅助结构，在整个施工期间，用以支承全部或部分拱圈和拱上建筑的自重，并保证拱圈的形状符合设计要求。设计与安装拱架，应根据桥型结构与实际施工条件进行多方面的技术经济比较。

拱架的种类很多，按材料的不同可分为木拱架、钢拱架、竹拱架和竹木拱架等形式。

拱架按其受力特征可分为满布式拱架和拱式拱架。前者拱架上的拱圈重量主要通过跨间的竖向支承传至地基（图 18-1a、图 18-2）；后者拱架上拱圈重量主要通过一跨两端的竖向支承及水平反力承受（图 18-3、图 18-4、图 18-5a）。

在修建拱桥时，可根据桥址的地形、地质情况、材料供应和施工能力，因地制宜地选择经济合理的拱架形式。下面介绍常见的几种拱架。

1. 木拱架

木拱架有排架式、撑架式、扇形式及木桁架式等。前 3 者跨中或多或少设有支点，统称满布式，后者则可完全不设支点。

（1）排架式拱架

排架式拱架一般采用木材制作，图 18-1 所示是其构造示意图。它的上部（又称拱盔）由斜梁、立柱、斜撑和拉杆组成拱形桁架。它的下部是由立柱和横向联系（斜夹木和水平夹木）组成支架，上下部之间放置卸架设备（木楔或砂筒等）。这种支架的立柱数很多，结构简单且稳定性好，只适合于拱桥不太高、跨度不大且无通航要求的拱桥施工。

（2）撑架式拱架

这种拱架的上部与排架式拱架相同，其下部是用少数框架式支架加斜撑来代替众多数目的立柱，支点间距较大，因此木材用量相对较少，如图 18-2 所示，这种拱架构造上并不复杂，而且能在桥孔下留出适当的空间，以减小

567

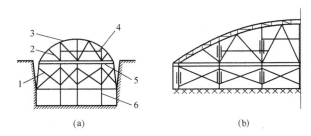

图 18-1　排架式拱架

(a) $L=8\sim15\mathrm{m}$；(b) $L=20\sim30\mathrm{m}$

1—斜夹木；2—斜撑；3—斜架；4—水平夹木；5—拉杆；6—立柱

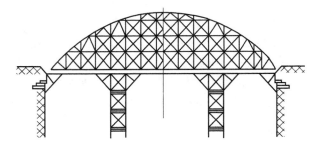

图 18-2　撑架式拱架

洪水及漂流物的威胁，并在一定程度上满足通航要求。

（3）扇形式拱架

扇形式拱架比撑架式拱架更复杂，但支点间距可比撑架式加大些，当设置中间支架有困难，或者拱度很大时采用该种拱架较为适宜。

（4）木桁架式拱架

三铰木桁架式拱架是由两片对称弓形桁架在拱顶处拼装而成，其两端直接支承在墩台所挑出的牛腿上或者紧贴墩台的临时排架上，跨中一般不另设支架，如图 18-3 所示。

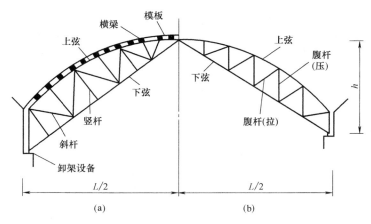

图 18-3　三铰木桁架式拱架

（a）N式撑架；（b）V式撑架

这种拱架不受洪水、漂流物的影响，在施工期间能维持通航。适用于墩高、水深、流急或要求通航的河流。由于在拱铰处结合较弱，因此，除在结构构造上要加强纵横向联系外，还需设抗风缆索，以加强拱架的整体稳定性。在施工中应注意对称均匀浇筑混凝土，并加强观测。

2. 工字钢拱架

工字钢拱架构造简单，拼装方便，可重复使用，是比较常用的钢拱架。拱架由工字钢（分成几种不同长度）、楔形插节（由同号工字钢截成）、拱顶铰及拱脚铰等基本构件组成，如图 18-4 所示。拱架片数可根据拱圈宽度和重量来确定，拱片间可用角钢和螺栓连接。

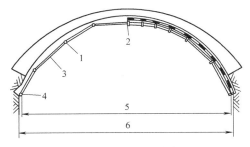

图 18-4　工字钢拱架

1—楔形插节；2—拱顶落架设备；3—基本节；
4—拱脚铰；5—拱圈跨度；6—拱架跨度

该方法适用于不同曲率的拱以及河流需保持畅通、墩台较高、河水较深或地质条件较差的桥孔。

3. 钢桁架拱架

钢桁架拱架的结构类型有以下几种：

（1）拼装式

此类拱架由标准节、拱顶节、拱脚节及连接杆等以钢销连接组成。纵横向联结系将两拱架连接组成一组，即可作为浇筑或吊装一片拱肋的支架。调整拱的曲度和跨度由变换连接杆长度的方法来实现，构造如图 18-5 所示。

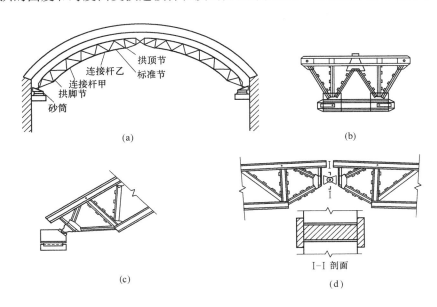

图 18-5　常备拼装式桁架拱架

（a）常备拼装式；（b）标准节；（c）拱脚节；（d）拱顶节

（2）装配式钢桥桁节拼装拱架

在装配式钢桥桁节上弦接头处加上一个不同长度的钢铰接头，就可拼成用于多种曲度和跨度的拱架。拱架两端另外加设拱脚节及支座，以构成双铰拱架。为了使完工后卸架方便，应在弧形木下设置木楔。拱架的横向稳定则需依靠各片拱架的抗风拉杆、撑木以及风缆等设备。构造如图18-6所示，图中底、面层撑木为横向联结系撑木。

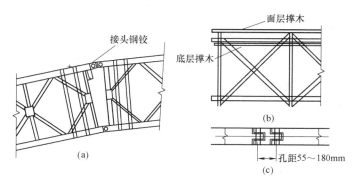

图18-6 装配式钢桥桁节拼装拱架

（a）桁节连接；（b）拱架横向连接；（c）钢铰接头平面

4. 拱架卸落

（1）卸架设备

卸架设备，一般采用木楔、砂筒和千斤顶3种。

1）木楔

木楔有单木楔和组合木楔两种。

① 单木楔

它由两块坡度1：10～1：6斜面的硬木块组成，如图18-7（a）所示。落架时，用铁锤轻敲木楔小头，将木楔取出后，拱架随即下落。它的构造简单，但在敲出时震动较大，容易造成下落不匀。它仅适用于跨径小于10m的满布式拱架。

② 双向木楔。它由互相垂直的两对简单木楔构成，如图18-7（b）所示。

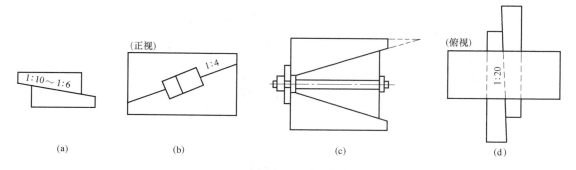

图18-7 卸落用木楔

（a）单木楔；（b）双向木楔；（c）组合木楔；（d）双向木楔（俯视）

其优点是不用铁件，载重较大，卸模方便，适用于 30m 以内的满布式拱架。

③ 组合木楔。由 3 块木楔和 1 根拉紧螺栓组成，如图 18-7（c）所示。卸载时只需拧松螺栓，则木楔徐徐下降。它的下落比较均匀，可用于 30m 以下的满布式拱架或 20m 以下的拱式拱架。

2）砂筒

砂筒的承载力较大，可用于 50m 以上的满布式拱架和 30m 以上的拱式拱架。砂筒可用钢板制成圆筒或用短方木拼成方盒，砂筒内装干的砂子应均匀、干燥、洁净，上部插入顶心（木制或混凝土制）组成，其构造如图 18-8 所示，h_0 为顶心放入砂筒深度，一般

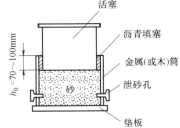

图 18-8　拱架卸落砂筒

为 7～10cm。卸落是靠砂子从筒的下部预留泄砂孔流出，砂筒与顶心间的空隙应用沥青填塞，防止砂子受潮而不易流出。由砂子泄出量（砂子可从砂筒下部小孔掏放）可控制拱架卸落高度。

3）千斤顶

采用千斤顶拆除拱架常与拱圈调整内力同时进行。一般在拱顶预留放置千斤顶的缺口，调整千斤顶可用来消除混凝土的收缩、徐变以及弹性压缩的内力，也可以使拱架脱离拱圈。

（2）卸架程序设计

卸架的一般程序是：对于满布式拱架的中小跨径拱桥，可从拱顶开始，逐渐向拱脚对称卸落，对于大跨径拱圈，为了避免拱圈发生"M"形的变形，也有从两边 $L/4$ 处逐次对称地向拱脚和拱顶均匀地卸落。卸架时宜在白天气温较高时进行，这样的条件对卸落拱架工作较方便。

多孔连续拱桥施工时，还应考虑相邻孔间的影响。若桥墩设计容许承受单孔施工荷载，就可以单孔卸架。否则应多孔同时卸落拱架，以避免桥墩不能承受单向推力而产生过大的位移，甚至引起严重的施工事故。

18.1.2　拱圈及拱上建筑的施工

拱圈及拱上建筑施工的总体原则是"对称、均衡、分段、分环"。至于分段、分环、均衡的程度则需通过受力计算与验算确定。下面介绍一些经验做法。

1. 砖石拱圈及拱上建筑的砌筑

在拱架上砌筑拱圈时，拱架将随着荷载的增加而不断变形。有可能使已砌筑圬工产生裂缝，为了保证在整个砌筑过程中，拱架受力均匀，变形最小，拱圈的质量符合设计要求，必须选择适当的砌筑方法和顺序。

（1）拱圈按顺序对称砌筑

对于跨径小于 16m 的拱圈，用满布式拱架时，可从两端拱脚起按顺序向拱顶方向对称砌筑，必须做到均衡，最后在拱顶合龙，如图 18-9 中的拱顶石。拱式拱架砌筑宜分段对称地先砌拱脚和拱顶段，最后砌 1/4 跨径段。

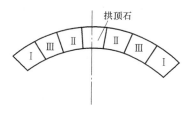

图 18-9　分段砌筑（跨径小于 25m）

（2）拱圈三分法砌筑

1）分段砌筑

跨径 16～25m 的拱圈，每半跨均应分成三段对称砌筑。分段位置一般在拱跨 1/4 点及拱顶（3/8 点）附近。当为满布式拱架时，分段位置宜在拱架节点上。如图 18-9 所示，先砌Ⅰ段和Ⅱ段、后砌 1/4 段（Ⅲ），两半跨应对称同时砌筑，最后砌拱顶石段。隔开砌段，若摩擦力不够而使倾角过大时，应在拱段下侧设临时支撑。

跨径大于 25m 时，应按跨径大小及拱架类型等情况，在两半跨各分成若干段，均匀对称地砌筑。分段砌筑时应预留空缝，以防止拱圈开裂（由于拱架变形而产生的），并起部分顶压作用。空缝宽度为 3～4cm，空缝数量视分段长度而定，一般在拱脚附近、1/4 点、拱顶及满布式拱架的节点处设置。

2）分环砌筑

较大跨径石拱桥的拱圈，当拱圈较厚，由 3 层以上拱石组成时（跨径为 146m 的山西丹河大桥分 5 层砌筑），可将全部拱圈分成几环砌筑，砌一环合龙一环。当下环砌完并养护数天后，砌缝砂浆达到一定强度时，再砌筑上环。按此方法砌筑时，下环可与拱架共同承担其上的重力，因而可减轻拱架的荷载。

（3）拱架预压

预加压力砌筑法是指砌筑前在拱架上预加一定重力，以防止或减少拱架弹性和非弹性下沉的砌筑方法。此法对于预防拱圈产生不正常变形和开裂较为有效。所需压重材料以利用拱圈本身准备使用的拱石较为简便和节省。加压顺序应与计划砌筑顺序一致。砌筑时，应尽量利用附近压重拱石就地安装，随撤随砌，使拱架保持稳定。

压重材料不能利用拱石时，也可采用砂袋等其他材料。对于刚性较差的拱架，预压须均匀地进行，不可单纯压顶。

（4）分段支撑

分段砌筑拱圈时，如拱段倾斜角大于石块与模板间摩擦角（20°左右），则拱段将在切线方向产生一定的滑动。必须在拱段下方临时设置分段支撑，以防拱段向下滑动。分段支撑所需强度应通过计算求出。

分段支撑的构造依支撑强度而定，强度较大时须做成三角支撑并须支撑于拱架上。较平坦的拱段，可简单地用横木、立柱、斜撑木等支撑于拱架或模板上。分环砌筑时，上环也可用撑木支撑在下环的拱石上。

（5）拱圈合龙

砌筑拱圈时，常在拱顶预留一龙口，在各拱段砌筑完成后安砌拱顶石合龙。分段较多的拱圈和分环砌筑的拱圈，为使拱架受力对称和均匀，可在拱圈两半跨的 1/4 处或在几处同时砌筑合龙。为防止拱圈因温度变化而产生过大的附加应力，拱圈合龙应在设计规定的温度下进行，设计无规定时，宜选择在接近当地年平均温度或昼夜平均温度（一般为 10～15℃）时进行。

（6）拱上砌体的砌筑

拱上砌体的砌筑，必须在拱圈砌筑合龙和空缝填塞后，待砌缝砂浆强度达到 75％时才能进行，养护时间一般不少于合龙后 3d，跨径较大时应适当延长。

砌筑实腹式拱的拱上砌体时，应将侧墙等拱上砌体分成几部分，由拱脚向拱顶对称地作台阶式砌筑，如图 18-10 所示。拱腹填料可随侧墙砌筑顺序及进度进行填筑。填料数量较大时宜在侧墙砌完后再分部进行填筑。实腹式拱应在侧墙与桥台间设伸缩缝使两者分开。

为防止空腹式拱桥的腹拱受到主拱圈卸落拱架时的变形影响，可在卸落拱架后，再砌筑腹拱拱圈。腹拱上的侧墙，应在腹拱拱铰处设置变形缝。

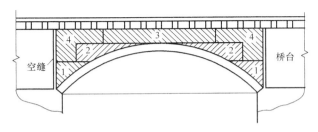

图 18-10　砌筑实腹式拱的拱上砌体程序
（图中数字为砌筑顺序）

2. 钢筋混凝土拱圈施工及拱上结构的砌筑

（1）现浇钢筋混凝土拱圈浇筑程序

浇筑一般可分 3 个阶段：第一阶段，浇筑拱圈（拱肋）及拱上立柱的拱脚；第二阶段，浇筑拱上立柱、联结系及横梁等；第三阶段，浇筑桥面系。拱圈或拱肋的拱架，可在拱圈混凝土强度达到设计强度 70％以上后，在第二阶段或第三阶段开始前拆除。但应事先对拱架拆除后裸拱的强度与稳定性进行验算。

（2）拱圈连续浇筑

对于跨度小于 15m 的拱圈（拱肋）混凝土，应自两侧拱脚向拱顶对称连续浇筑，并在拱脚处混凝土初凝前完成。若预计不能完成的，则应在拱脚处留设间隔缝于最后浇筑。

（3）拱圈分段浇筑

对于跨度大于 15m 的拱圈（拱肋），应采用分段浇筑法进行混凝土浇筑，以减小混凝土收缩应力和拱架变形所产生的裂缝。划分拱段时，以拱顶为准，保持拱顶两侧对称均匀，拱段长度一般为 6～15m。分段点宜设在拱架支点、节点等处并适当留间隔缝。间隔缝的位置应避开横撑、隔板、吊杆及刚架节点处。间隔缝宽度要以便于施工操作和钢筋连接要求长度为标准，一般为 30～100cm。间隔缝用混凝土强度等级比拱圈高 1.5 倍的干硬微膨混凝土。拱段的浇筑程序应符合设计规定，在拱顶两侧对称进行，保持变形均匀与最小。

573

一般采用分段、分环的浇筑方法，分段方法与前述方法相同。分环的方法一般分成二环或三环。如图 18-11 所示。分两环浇筑时，先分段浇筑底板，然后分段浇筑肋墙、隔墙与顶板。分三环浇筑时，先分段浇筑底板，然后分段浇筑肋墙、隔墙，最后分段浇筑顶板。分环分段浇筑时可采用分环填间隔缝合龙和全拱完成后一次填筑间隔缝合龙两种不同的合龙方法。

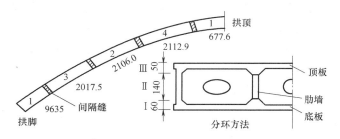

图 18-11　箱形拱圈分环分段浇筑（尺寸单位：cm）

18.2　缆索吊装施工

缆索吊装设备由于具有跨越能力大、水平和垂直运输机动灵活、适应性广（用途多样）、施工比较稳妥、方便等优点，得到广泛适用。

拱桥缆索吊装施工大致包括：拱肋（箱）的预制、移运和吊装，拱上建筑的砌筑或者安装，桥面结构的施工等主要工序。可以看出，除缆索吊装设备以及拱肋（箱）的预制、移运和吊装、拱肋和拱圈合龙等几项工序外，其余工序都与有支架施工方法相同（或相近）。

缆索吊装设备，按其用途和作用可以分为主索、工作索（即起重索）、塔架和锚固装置等四个基本组成部分。其中主要机具设备包括主索、起重索、牵引索、结索、扣索、浪风索、塔架（包括索鞍）、地锚（地垄）、滑轮、电动卷扬机或手摇绞车等（图 18-12）。

主索亦称为承重索或运输天线。它横跨桥渡，支承在两侧塔架的索鞍上，两端锚固于地锚，吊运构件的行车支承在主索上。主索的截面积（根数）根据吊运构件的重量、垂度、计算跨径等因素由计算确定。横桥向主索的组数，可根据桥面宽度（两外侧拱肋间的距离）、塔架高度（随着塔架高度增大，横移构件的宽度范围相应地增大）及设备供应情况等合理选择，一般可选 1～2 组。每组主索可由 2～4 根平行钢丝绳组成。

起重索用来控制吊物的升降（即垂直运输），一端与卷扬机滚筒相连，另一端固定于对岸的地锚上。这样，当行车在主索上沿桥跨往复运行时，可保持行车与吊钩间的起重索长度不随行车的移动而改变（图 18-13）。

牵引索用来牵引行车在主索上沿桥跨方向移动（即水平运输）。故需在行车两端各设置一根牵引索。这两根牵引索的另一端既可分别连接在两台卷扬机上，也可合拴在一台双滚筒卷扬机上，便于操作。

结索用于悬挂分索器，使主索、起重索、牵引索不致相互干扰。它仅承

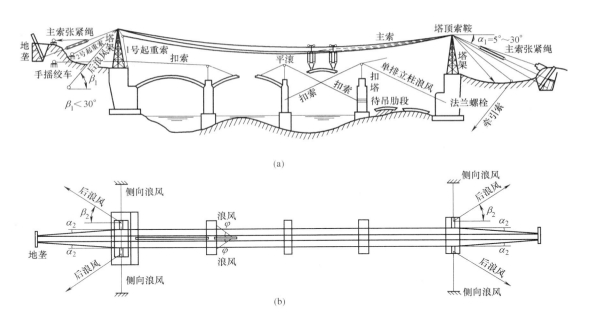

图 18-12 缆索吊装布置示例

受分索器（包括临时作用在它上面的工作索）的重量及自重。

当拱肋分段吊装时，需用扣索悬挂端肋及调整端肋接头处标高。扣索的一端系在拱肋接头附近的扣环上，另一端锚固在塔架上。为了确保塔架的受力合理，在塔架与地锚之间设置锚索（或称背索）。扣索和锚索的延长线宜交于塔架的铅直的轴线上。这

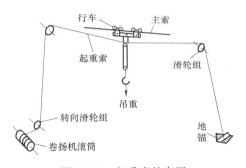

图 18-13 起重索的布置

样，两者的水平力相等时，塔架仅承受轴向力。扣索及锚索的索长或索力通过千斤顶精确控制。图 18-14 给出了重庆万州长江大桥劲性骨架架设的斜拉扣挂的缆索吊装施工法示意图。

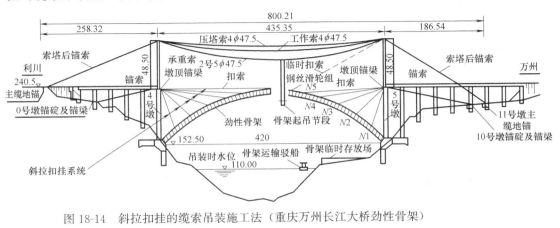

图 18-14 斜拉扣挂的缆索吊装施工法（重庆万州长江大桥劲性骨架）

浪风索亦称缆风索，用来保证塔架、扣索排架等的纵、横向稳定及拱肋安装就位后的横向稳定。

塔架是用来提高主索的临空高度及支承各种受力钢索的重要结构。塔架的形式是多种多样的，按材料可分为木塔架和钢塔架两类。

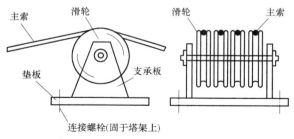

图 18-15　索鞍构造图

塔架顶上设置了为放置主索、起重索、扣索等用的索鞍（图 18-15），它可以减少钢丝绳与塔架间的摩阻力，使塔架承受较小的水平力，并减小钢丝绳的磨损。

地锚也称地垄或锚碇。用于锚固主索、扣索、起重索及绞车等。地锚的可靠性对缆索吊装的安全有决定性影响，设计和施工时都必须高度重视。按照承载能力的大小及地形、地质条件的不同，地锚的形式和构造可以是多种多样的。条件允许时，还可以利用桥梁墩、台作锚碇，这样能节约材料，否则需设置专门的地锚。

电动卷扬机及手摇绞车用作牵引、起吊等的动力装置。电动卷扬机速度快，但不易控制。对于要求精细调整钢索长度的部位，多采用手摇绞车，以便于操纵。

其他附属设备还有捯链、花篮螺栓、钢丝卡子（钢丝扎头）、千斤绳、横移索等。缆索吊装设备形式及规格非常多，必须因地制宜地结合各工程的具体情况合理选用。

为满足纵向稳定的要求，一般应使拟定的拱肋截面高度大于纵向稳定所需要的最小高度。而为了减小吊装重量，拱肋宽度不宜过大，这样，单肋合龙的横向稳定性难以满足。在此情况下可采用双肋合龙或多肋合龙的形式（图 18-16），以满足拱肋横向稳定的要求。

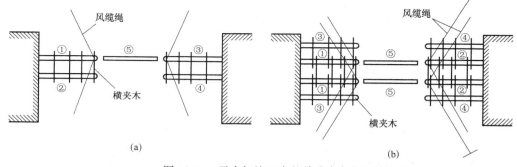

（a）　　　　　　　　　　　　　　　　　　　　　（b）

图 18-16　无支架施工中的单肋合龙与双肋合龙

（a）三段吊装单肋合龙；（b）三段吊装双肋合龙

注：图中数字表示拱肋吊装序号。

18.3　转体施工法

桥梁转体施工法是在河流的两岸或适当的位置，利用地形使用合适的支架先将半桥预制完成，之后以桥梁结构本身为转动体，使用一些机具设备，分别将两个半桥转体到桥位轴线位置合龙成桥。转体施工法可适用于单孔、双孔或三孔的桥梁。

转体施工法的主要特点如下：①可以利用地形，方便预制构件；②施工期间不断航，不影响桥下交通，并可在跨越通车线路上进行桥梁施工；③施工设备少，装置简单，容易制作并便于掌握；④节省施工用料，转体施工与缆索吊装施工比较，可节省施工用钢60％左右；⑤减少高空作业，施工工序简单，施工快捷。

转体可以采用平面转体、竖向转体或平竖结合转体等方法。

平面转体是在河流的两岸或城市主干道两侧进行半桥的预制工作，之后将预制桥梁水平转动至桥位轴线位置，从而克服在桥位轴线上施工的困难。

竖向转体是在桥下地面或水面进行半桥的预制拼装，之后将桥梁结构竖向转动至设计标高。

目前转体施工法已应用在拱桥、梁桥、斜拉桥、斜腿刚架桥等不同桥型上部结构的施工中。用转体施工法建造大跨径桥，可不搭设费用昂贵的支架，减少安装架设工序。把复杂的、技术性强的高空作业和水上作业变为岸边的陆上作业，不但施工安全、质量可靠，而且在通航河道或车辆频繁的跨线立交桥的施工中可不干扰交通，不间断通航，减少对环境的损害，减少施工费用和机具设备，是具有良好的技术经济效益和社会效益的桥梁施工方法之一。

18.3.1　竖向转体法

图18-17给出了某桥钢管拱肋竖向转体法的施工总体布置图。其工作内容为：将中拱分成两个半拱在地面胎架上焊接完成，在对焊接质量、几何尺寸、拱轴线形等验收合格后，由竖立在两个主墩顶部的两副扒杆分别将其拉起，在空中对接合龙（图18-17）。

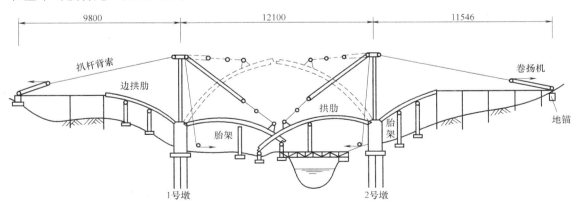

图18-17　扒杆吊装系统总布置图（尺寸单位：cm）

由于两边拱处地形较高，故边拱拱肋直接由吊车在胎架上就位拼装。扒杆吊装系统设计的主要工作为：起吊及平衡系统的计算；扒杆的计算；扒杆背索及主地锚的计算；设置拱脚旋转装置（图18-18）等。具体可以参考有关设计资料。

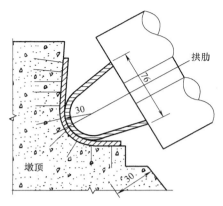

图 18-18　拱脚旋转装置（尺寸单位：cm）

18.3.2　有平衡重的平面转体法

有平衡重的平面转体法施工的特点是转体重量大，施工的关键是转体（图 18-19）。要把数百吨重的转动体系顺利、稳妥地转到设计位置，主要依靠以下两项措施实现：正确的转体设计；制作灵活可靠的转体装置，并布设牵引驱动系统。

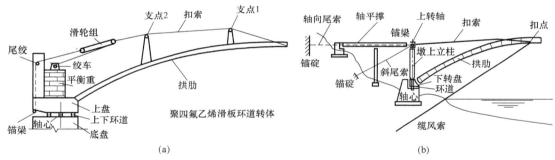

图 18-19　转动体系的一般构造

转体装置有两种，第一种是以聚四氟乙烯作为滑板的环道平面承重转体；第二种是以球面铰辅以轨道板和滚轮的轴心承重转体，如图 18-20、图 18-21 所示。

1. 转动体系的构造

从图 18-20、图 18-21 中可知，转动体系主要由底盘、上盘、背墙、桥体

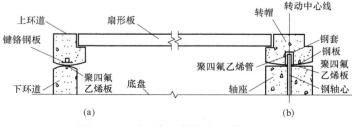

图 18-20　聚四氟乙烯滑板环道的构造

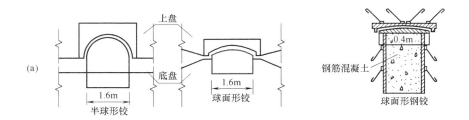

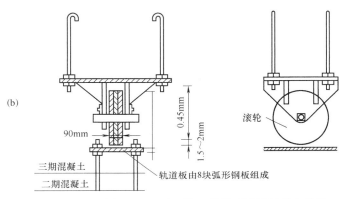

图 18-21　球面铰、轨道板及钢滚轮的构造

上部构造、拉杆（或拉索）组成。底盘和上盘都是桥台基础的一部分，底盘和上盘之间设有能使其相互间灵活转动的转体装置。背墙一般就是桥台的前墙，它不但是转动体系的平衡重，而且还是转体阶段桥体上部拉杆的锚碇反力墙。拉杆一般就是拱桥的上弦杆（桁架拱、刚架拱）或是临时设置的体外拉杆钢筋（或扣索钢丝绳）。

转动体系最关键的部位是转体装置，它是由固定的底盘和能旋转的上转盘构成。底盘就是桥台的下部。

（1）聚四氟乙烯滑板环道

这是一种平面承重转体装置，它由设在底盘和上转盘向的轴心和环形滑道组成，具体构造见图 18-20。图 18-20（a）为环形滑道构造；图 18-20（b）为轴心构造，其间由扇形板连接。

（2）球面铰辅以轨道板和钢滚轮

这是一种以铰为轴心承重的转动装置。它的特点是整个转动体系的重心必须落在球面铰上，球面铰既起定位作用，又承受全部转体重力，钢滚轮只能起到稳定和保险作用。

球面铰可以分为半球形钢筋混凝土铰、球面形钢筋混凝土铰、球面形钢铰。前两种由于直径较大，故能承受较大的转体重力。

各种球面铰和钢滚轮、轨道板的构造，如图 18-21 所示。

2. 有平衡重的平面转体施工的设计要点

有平衡重的平面转体施工的设计要点包括转体施工计算以及转体合龙后

体系转换的计算等。

（1）转动体系各部杆件的计算：①转体阶段结构强度验算；②转体阶段桥台计算；③上转盘应力验算。

（2）转动工艺设计：①转动体系重心计算；②转体装置的计算；③转体牵引设计。

18.3.3 无平衡重的平面转体法

无平衡重平面转体施工是把有平衡重转体施工中的拱圈、扣索、拉力锚在两岸岩体中，从而节省了庞大的平衡重。锚碇拉力是由尾索预加应力传给引桥桥面板（或平撑、斜撑），以压力的形式储备（图 18-22）。桥面板的压力随着拱箱转体的角度变化而变化，当转体到位时达到最小。

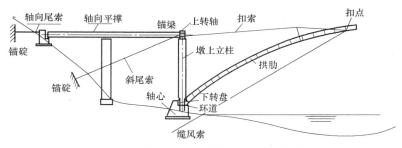

图 18-22 拱桥无平衡重平面转体一般构造

根据桥位两岸的地形，无平衡重平面转体施工可以把半跨拱圈分为上、下游两个部件，同步对称转体；或在上、下游分别在不对称的位置上预制，转体时先转到对称位置，再对称同步转体，以使扣索产生的横向力互相平衡；或直接做成半跨拱体（桥全宽），一次转体合龙。

转体时，缆风索的走速在启动时宜选用 0.5～0.6m/min，一般行走时宜选用 0.8～1.0m/min。

18.3.4 合龙卸扣施工

拱顶合龙后的高差，通过张紧扣索提升拱顶、放松扣索降低拱顶来调整到设计位置。封拱宜选择低温时进行。先用多对钢楔楔紧拱顶、焊接主筋、预埋铁件，然后先封桥台拱座混凝土，再封拱顶接头混凝土。当混凝土达到70％设计强度后，即可卸扣索，卸扣索应对称、均衡、分级进行。

*18.4 其他施工方法

18.4.1 劲性骨架施工法

劲性骨架施工法，是指在事先架设的拱形劲性骨架上，围绕骨架分环分段浇筑混凝土，最终形成钢筋混凝土拱圈（肋）的一种施工方法。劲性骨架在施工过程中起拱架作用，在拱圈形成后埋入混凝土中，作为混凝土拱圈截面的一部分。劲性骨架法又称埋入式拱架法，国外也称米兰法。

劲性骨架最初采用型钢（如角钢、工字钢、槽钢等）做成，但其柔性较大，在混凝土拱圈形成过程中难以保证混凝土拱圈的设计线形，骨架截面应力大，尤其是在由开口箱向闭口箱转换过程中，骨架上弦杆容易出现应力超限和局部失稳的现象，因此，在施工安全上存在一定的风险。钢管混凝土结构在桥梁上的应用，对改进劲性骨架开辟了一条新路。目前已普遍采用桁构式钢管混凝土劲性骨架，其特点是刚度大、用钢量省、经济、安全。

1. 劲性骨架施工法步骤

（1）在现场按设计进行骨架 1∶1 放样、下料、加工以及分段拼装成形。

（2）采用缆索吊装法进行骨架的安装、成拱，如图 18-14 所示，在架设成钢管拱骨架后还需灌注管内混凝土，形成钢管混凝土劲性骨架。

（3）在骨架上悬挂模板，采用分环、分段、多工作面浇筑拱圈混凝土。

采用劲性骨架施工法，混凝土浇筑顺序是关键，直接影响到混凝土拱圈形成过程中的变形、应力与稳定。为此，必须进行详细的施工加载程序设计和有效的控制手段，以确保骨架在任何施工时刻的结构安全和混凝土拱圈形成后的线形。

2. 水箱调载法

四川宜宾小南门大桥主拱圈混凝土浇筑采取了水箱调载法（图 18-23）。该法是在拱形骨架成形后，在拱顶部位设置多个水箱，在拱圈混凝土浇筑过程中，根据预先计算的加载重向水箱内注水，确保拱圈变形和截面应力控制在允许范围内。与此同时，进行变形和应力检测，如发现异常，及时调整水量和浇筑速度、张紧或放松八字浪风索等。该方法的缺点是水箱设备较复杂，操作也较麻烦。

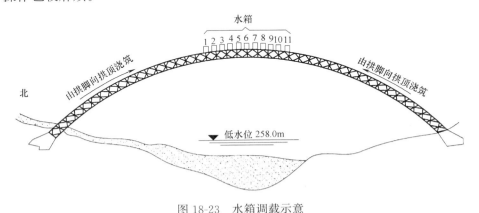

图 18-23　水箱调载示意

3. 千斤顶斜拉扣挂调载法

广西邕宁邕江大桥主拱圈浇筑中，采用了千斤顶斜拉扣挂调载法，该法是利用缆索吊装扣挂骨架节段时使用的斜拉索，调整混凝土浇筑过程中拱轴变形和结构各部分应力，如图 18-24 所示。但由于劲性骨架已成超静定体系，斜拉索张拉不仅影响调整区段的混凝土应力和变形，而且张拉点的混凝土拉应力往往容易超限，张拉力需要通过反复试算才能确定。

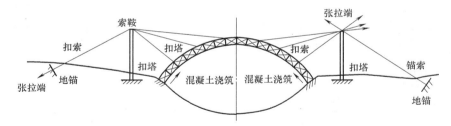

图 18-24 斜拉扣挂系统和斜拉索力调整张拉方式

4. 多点均衡浇筑法

多点均衡浇筑法是将拱圈横向分块、纵向分环、各环分段。施工时，按确定方案进行多点均衡浇筑混凝土，使拱圈受力、变形及稳定状态保持在允许范围内，并分环合龙。每环混凝土间隔一定龄期，达到一定强度后能参与骨架联合作用，共同承受下环混凝土的重力。图 18-25 所示为万州长江大桥拱圈混凝土横向浇筑顺序。多点均衡浇筑法，依靠多工作面浇筑的混凝土保持拱圈自身平衡，它对施工要求比较严格，各工作面的进度须严格控制，一次浇筑的混凝土方量少，工序转换比较多，工期比较长，但不需要额外加载增加劲性骨架负担，其稳定性得到保证，变形和应力变化比较均匀、平顺。但对施工要求比较严格，各工种面的进度须严格控制，工序转换比较多，工期比较长。

劲性骨架施法是目前特大跨径混凝土拱桥施工的主要方法，但该法存在空中浇筑拱圈混凝土工序多、时间长、混凝土质量控制较难等不足，且后期收缩徐变大。在今后还有待对其作进一步改进。

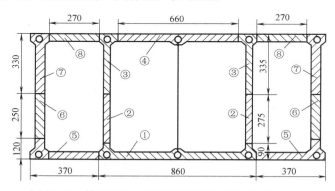

图 18-25 拱圈混凝土横向浇筑顺序（尺寸单位：cm）

18.4.2 悬臂施工法

1. 悬臂浇筑法

这种方法是指拱圈、拱上立柱和预应力混凝土桥面板等齐头并进，边浇筑边构成桁架。施工时，用预应力钢筋作为桁架的斜拉杆和桥面板的临时索，将桁架锚固在后面桥台上。其施工程序如图18-26所示。

图18-26（a）为在边孔完成后，在桥面板上设置临时明索，然后在吊架上浇筑头一段拱圈。头一段拱圈浇筑完成并到达要求强度后，在其上设置临时预应力明索，并撤去吊架，直接系吊于斜拉杆上，然后在前端安装悬臂挂篮。图18-26（b）用挂篮逐段悬臂浇筑拱圈。当挂篮通过拱上立柱 P_2 位置后，须立即浇筑立柱 P_2 及 P_1、P_2 间桥面板，然后用挂篮继续向前浇筑，至通过下一个立柱 P_3 位置后，再安装 P_1、P_2 间桥面板临时明索及斜拉杆 T_2，并浇筑立柱 P_3 及 P_2、P_3 间桥面板。每当桥面板前进一步，须将桥面板临时明索收紧一次。整个桥孔就这样一面用斜拉预应力钢筋构成桁架，一面悬臂浇筑，直至拱顶附近，最后拱顶部分用挂篮浇筑合龙。

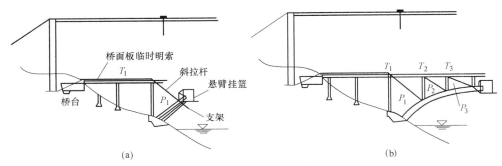

图 18-26　悬臂浇筑施工程序

2. 悬臂拼装法

这种方法是将拱圈的各个组成部分（腹板、顶底板等）先预制，然后将整孔桥跨的拱肋、立柱通过临时斜压杆（或斜拉杆）和上下弦杆件组成桁架拱片，沿桥跨分作几段（一般 3～7 段），再用横系梁和临时风构将两个桁架拱片组成框构，每节框构整体运至桥孔，由两端向跨中逐段悬臂拼装至合龙。悬伸出去的拱体通过上弦杆和锚固装置固定于墩台上维持稳定。也可以将拱圈的各个组成部分分别在拱圈上悬臂组拼成拱圈，然后利用立柱与临时斜杆和上拉杆组成桁架体系，逐节拼装，直至合龙。1980 年建成的主跨 390m 的克尔克桥大桥，是采用悬臂拼装法建成的跨径最大的钢筋混凝土箱形拱桥。箱形拱由预制的底板、顶板和两片中肋（腹板）用缆索吊机吊运。由可在拱圈上移动的钢架组拼，然后就地浇筑接缝形成拱箱。悬拼中采用钢索加强的钢拉杆作工具式斜杆和上弦杆，以与拱上立柱和主拱圈一起形成临时悬臂桁架，自两端向跨中逐段延伸直至基箱合龙。随后在其两侧拼边箱。

上述悬臂拼装法，均是在施工时增加临时斜杆（拉或压杆）与临时上弦杆，施工完毕后又要全部拆除这些临时杆件，不仅增加了施工工序，而且还要延长施工工期。预应力混凝土悬臂桁架拱桥可以克服这个缺点。这种体系的特点是：斜杆（拉杆）与上拉杆（上弦杆）在施工过程中是组成桁架的构件之一，施工完毕不再拆除，作为拱体的一部分，上弦杆与桥面板组成桥面系。因此，在悬臂拼装阶段和运营阶段，结构受力与材料使用均有很好的协调性。图 18-27 所示为预应力混凝土悬臂桁架拱桥节段吊装就位的两个施工状态。

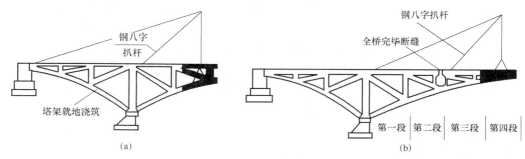

图 18-27 悬臂桁架拱桥施工

小结及学习指导

（1）18.1 节重点掌握有支架施工拱架的主要类型、拱架卸落的主要装置和拱上加载的总体原则。

（2）18.2 节重点掌握缆索吊装施工设备的主要组成（承重索、起重索、牵引索、行走小车、卷扬机、滑轮组），斜拉扣挂法与缆索吊装施工的配套使用。

（3）18.3 节重点掌握转体施工法的分类和实现转动的基本原理。

（4）18.4 节了解劲性骨架施工法的拱上加载与有支架施工拱上加载总体原则是一致的；掌握拱桥悬臂浇筑法与悬臂拼装法的核心工序。

习题及思考题

18-1 有支架施工中，拱圈或拱上建筑的加载总体原则是什么？为什么？

18-2 缆索吊装设备由几部分组成？主要机具设备有哪些？

18-3 拱桥的缆索吊装施工中，主要考虑哪些内力计算？

18-4 转体施工主要适用于哪些桥梁施工？有哪些转体方法？

18-5 有平衡重和无平衡重转体施工的主要区别是什么？

18-6 什么是拱桥施工的斜拉扣挂法？

18-7 拱桥施工的悬臂浇筑法和悬臂拼装法主要施工工艺是什么？

第19章
拱桥实例

拱桥示例可扫描右侧二维码进行学习。

拱桥实例

第四篇

缆索承重桥梁

第20章
概　论

本章知识点

> 【知识点】　缆索承重桥梁的特点；缆索承重桥梁的组成；缆索承重桥梁的类型及每种类型的特点。
> 【重点】　缆索承重桥梁的特点、组成和分类。
> 【难点】　深刻理解缆索承重桥梁的特点和类型。

20.1　缆索承重桥梁的基本特点

图 20-1　藤索支承桥梁

缆索承重桥梁（也称缆索支承桥梁）的基本特征是依靠支承在塔柱上的缆索承担外荷载。中国古代出现的藤索支承桥梁（图 20-1）就是这种桥型，现代缆索承重桥梁出现在高强钢材出现以后。对于绝大多数缆索承重桥梁，其结构体系可分为四个主要部分（图 20-2），即：（1）包括桥面结构在内的加劲梁；（2）支承加劲梁的缆索系统；（3）支承缆索系统的索塔；（4）在竖向或水平向嵌固缆索系统的锚固体。

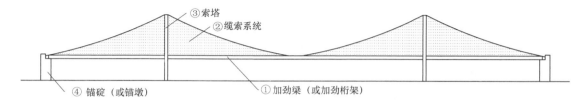

　　③索塔
　　②缆索系统
　　④ 锚碇（或锚墩）　　　　①加劲梁（或加劲桁架）

图 20-2　缆索承重桥梁的基本构成

缆索承重桥梁之所以可以建成大跨径桥梁，主要有结构受力体系与材料两方面的原因。

在结构受力体系方面，缆索承重桥梁具有比梁桥、拱桥更优越的跨越性能。对于梁桥，外荷载弯矩是通过上下缘的拉、压应力合力组成的力矩来承担的，腹板对抗弯基本不起作用，相反还增加梁的自重。在相同材料强度下要获得更大跨径必须增大梁高，但由于自重的限制，梁高不可能增加得很大。拱桥则由于拱脚水平推力的存在使拱圈主要受压，而弯矩很小，这虽然可以充分发挥材料抗压强度而具备较大跨越能力，但因受压，存在失稳的问题，因而跨度也受到限制。

缆索承重桥梁由于主要承重结构缆索全断面均匀受拉，可充分发挥高强钢丝的抗拉性能（是普通钢材强度的4～8倍），因而跨径相对较大。

20.2　缆索承重桥梁的类型

根据缆索系统的布置形状，缆索承重桥梁分为悬索桥（Suspension Bridge）、斜拉桥（Cable-stayed Bridge）、悬索-斜拉混合体系桥、索网体系桥等。

悬索桥的主要承重结构是悬挂在主塔顶的主缆，加劲梁通过竖向或倾斜的吊索悬吊在主缆上，加劲梁主要承受局部纵桥向弯矩和横桥向弯矩。图 20-3 显示了悬索桥的基本组成。

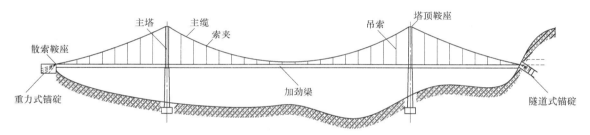

图 20-3　悬索桥的基本组成

斜拉桥的主梁通过倾斜斜拉索直接连接在主塔上，由于承担斜拉索的水平分力，主梁除受局部弯矩外，还承担从跨中向塔根逐渐增大的轴力。图 20-4 显示了斜拉桥的基本组成。

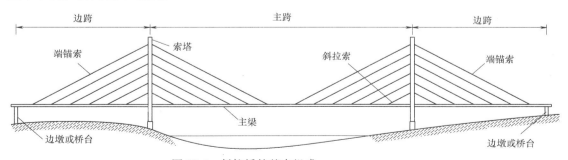

图 20-4　斜拉桥的基本组成

由于计算机水平的限制，现代斜拉桥的发展晚于现代悬索桥的发展，直至 20 世纪 60 年代，斜拉桥才开始迅速发展。从受力性能上看，当跨径不是

589

很大时，斜拉桥中斜拉索直接锚固在索塔上，对主梁的支承效率比悬索桥中的"主缆＋吊索"高，所以，斜拉桥单位跨长材料用量比悬索桥低。但是，随着跨径的增大，斜拉索垂度增大，斜拉索刚度降低，锚固效率随之降低；同时，斜拉索的振动加剧；另外，随着跨径增大，主梁的水平轴力大大增加，主梁的稳定问题越来越突出。因此，从目前的技术看，对于超过千米跨度的桥梁，悬索桥比斜拉桥更具有竞争优势。

大跨度悬索桥设计的问题之一是如何提高结构的刚度，根据以上分析结果，如果在悬索桥中增加一些斜拉索，形成悬索-斜拉混合体系，可以大大提高结构刚度。早期的 Brooklyn 桥为了提高桥梁抗风能力，采用了悬索-斜拉混合体系，除了整跨连续布置的吊杆外，在塔附近布置了斜拉索，如图 20-5 所示。

图 20-5　Brooklyn 桥的悬索-斜拉混合体系

在随后的桥梁设计中，工程师多次提出悬索-斜拉混合体系方案，与 Brooklyn 桥不同的是：提高拉索效率的概念更加明确，靠近塔附近，斜拉索支承效果好。因此，塔附近主梁上荷载完全由斜拉索承担，跨中荷载则通过吊杆由悬索承担，如图 20-6 所示。但这种构思使桥梁在结构性能与外形方面均产生明显的间断性，而且斜拉与悬吊交界处的吊索在活载作用下有较大的应力幅，疲劳问题严重，因此，这种桥型到目前为止尚未得到广泛的应用。

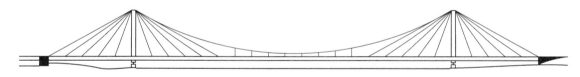

图 20-6　Dishinger 建议的斜拉与悬吊协作体系

斜拉索与悬索桥吊索具有各自的优势，为了获得斜拉索与吊索的双重效果，且避免上述的不利因素，可以采用垂直于辐射状基本索的辅助索来形成索网体系，如图 20-7 所示。正交辅助索的用钢量只有主索的 1%，却可使整个缆索体系的形状改变，减小了斜拉索的自由长度，增大了有效弹性模量，同时也使单根斜拉索的不利振动得以消除，而且激起整个索网体系的振动几乎是不可能的。

图 20-7　索网体系

小结及学习指导

（1）通过本章学习，首先要掌握缆索承重桥梁的特点、组成和分类；其次也要了解各种缆索承重桥梁的特点和异同。

（2）缆索承重桥梁中应用较多的是斜拉桥和悬索桥，应重点掌握这两种桥型的特点和异同，尤其是认识到悬索桥比斜拉桥跨度更大的原因。

（3）了解缆索承重桥梁的发展历程。

习题及思考题

20-1　缆索承重桥梁有哪些类型？各由哪几大部分组成？

第21章
斜拉桥

本章知识点

【知识点】　斜拉桥的特点、发展；斜拉桥总体布置孔跨布局的类型及特点，索塔的布置形式及其适用情况，拉索的布置形式、特点及其适用情况，斜拉桥按照受力特点进行分类，每种桥型的特点及其适用情况；斜拉桥主梁、索塔、斜拉索的类型、特点、构造尺寸及其适用情况，斜拉索在梁上和塔上的锚固方式类型及其特点，斜拉索的防腐和减震措施；斜拉桥的计算应包含的内容，斜拉桥结构分析计算图式的建模方法，斜拉索的垂度效应计算方法，斜拉桥合理成桥状态的确定方法，施工张拉力和预拱度的计算方法，主梁立模标高或制作线形的确定方法；斜拉桥主梁、索塔和斜拉索的施工方法及其特点和适用情况。

【重点】　斜拉桥总体布置孔跨布局的类型及特点，索塔的布置形式及其适用情况，拉索的布置形式、特点及其适用情况，斜拉桥按照受力特点进行分类及每种桥型的特点及其适用情况；斜拉桥主梁、索塔、斜拉索的类型、特点及其适用情况，斜拉索在梁上和塔上的锚固方式类型及其特点，斜拉索的防腐和减震措施；斜拉桥的计算应包含的内容，斜拉桥结构分析计算图式的建模方法，斜拉索的垂度效应计算方法，斜拉桥合理成桥状态的确定方法，施工张拉力和预拱度的计算方法，主梁立模标高或制作线形的确定方法。

【难点】　深刻理解斜拉索的防腐和减震措施；深刻理解斜拉桥的计算，理解和掌握斜拉桥结构分析计算图式的建模方法，斜拉索的垂度效应计算方法，斜拉桥合理成桥状态的确定方法，施工张拉力和预拱度的计算方法，主梁立模标高或制作线形的确定方法。

斜拉桥主要由主梁、索塔和斜拉索组成。主梁一般采用混凝土结构、钢-混凝土组合结构或钢结构，索塔多采用混凝土结构，而斜拉索则采用高强材料（高强钢丝或钢绞线）制成。斜拉桥中荷载传递的路径是：斜拉索的两端分别锚固在主梁和索塔上，将主梁的恒载和车辆荷载传递至索塔，再通过索塔传至地基。因而主梁在斜拉索的各点支承作用下，像多跨弹性支承的连续梁一样，使弯矩值得以大大降低，这不但可以使主梁尺寸大大减小（梁高一般为跨度的 1/200～1/50，甚至更小），节省了结构材料，又能大幅度地增大桥梁的跨越能力。需要指出的是：斜拉索对主梁的多点弹性支承作用，只有在拉索始终处于拉紧状态时才能得到充分发挥。因此在主梁承受荷载之前对斜拉索要进行预张拉。预张拉力的结果可以给主梁一个初始支承力，以调整主梁初始内力，使主梁受力状况更趋于均匀合理，并提高斜拉索的刚度。图21-1（a）表示三跨连续梁及其典型的恒载弯矩图，而图 21-1（b）为三跨斜拉桥及其恒载内力图。从图中可以看出，由于斜拉索的支承作用，主梁恒载弯矩显著减小。此外，斜拉索轴力产生的水平分力对主梁施加了预压力，从而可以增强主梁的抗裂性能，节约主梁中预应力钢材的用量。

斜拉桥属高次超静定结构，与梁桥等桥型相比，包含着更多的设计变量，全桥总的技术经济合理性不易简单地由结构体积小、重量轻或者满足应力等概念准确地表示出来，这就给选定桥型方案和寻求合理设计带来一定困难。

现代斜拉桥的发展大致经历了以下三个阶段：第一阶段：稀索布置，主梁较高，主梁以受弯为主，拉索更换不方便；第二阶段：中密索布置，主梁较矮，主梁承受较大轴力和弯矩；第三阶段：密索布置，主梁更矮，并广泛采用梁板式开口断面。

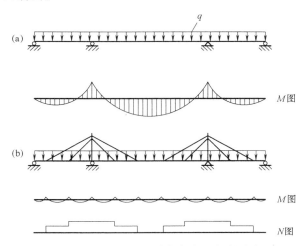

图 21-1　三跨连续梁和三跨斜拉桥的恒载内力对比
（a）三跨连续梁及其恒载弯矩示意图；（b）三跨斜拉桥及其恒载弯矩和轴力示意图

在斜拉桥的发展历史中，以下几座斜拉桥具有里程碑意义：

1955 年瑞典建成的第一座现代钢斜拉桥——主跨 182.6m 的斯特罗姆海峡桥；

1962 年委内瑞拉建成的第一座混凝土斜拉桥——主跨 5×235m 的马拉开波桥；

1978 年美国建成的第一座密索体系混凝土斜拉桥——主跨 299m 的 P-K（帕斯卡-肯尼斯克）桥；

1992 年挪威建成的斯卡恩圣特桥，为主跨 530m 的混凝土斜拉桥，梁高仅 2.15m，至今仍保持混凝土主梁斜拉桥最大跨径的记录；

1993 年上海建成的杨浦大桥，主跨 602m，为当时世界最大跨径的钢-混凝土组合梁斜拉桥；

1995 年法国建成的诺曼底桥，主跨 856m，为当时世界最大跨径的混合梁斜拉桥；

1999 年日本建成的多多罗大桥，主跨 890m，为当时世界最大跨径的混合梁斜拉桥；

2008 年我国江苏建成的苏通长江公路大桥，主跨 1088m，主梁为钢箱梁，为当时世界最大跨径的斜拉桥；

2012 年俄罗斯海参崴建成俄罗斯岛大桥，主跨 1104m，主梁为混合梁，目前保持世界最大跨径斜拉桥的记录。

21.1 斜拉桥的总体布置

21.1.1 孔跨布局

1. 双塔三跨式

图 21-2 所示双塔三跨式斜拉桥是一种最常见的孔跨布置方式。由于它的主跨跨径较大，一般适用于跨越较大河流的情况。

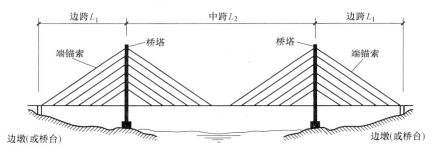

图 21-2　双塔三跨式斜拉桥

在这类桥式中，边跨与主跨的比例非常重要，为了在视觉上清楚地表现主跨，边主跨之比应小于 0.5。从受力上看，边主跨之比与斜拉桥的整体刚度、端锚索的应力幅有着很大的关系。当主跨有活载时边跨梁端点的端锚索产生正轴力（拉力），而当边跨有活载时端锚索又产生负轴力（拉力松减），由此引起较大应力幅而产生疲劳问题。边跨较小时，边跨主梁的刚度较大，边跨拉索较短，刚度也就相对较大，因而此时边跨对索塔的锚固作用就大，主跨的刚度也就相应增大。对于活载比重较小的公路和城市桥梁，合理的边主跨之比为 0.40~0.45，而对于活载比重大的铁路桥梁，边主跨之比宜为 0.20~0.25，同样道理，钢斜拉桥的边跨应比相同跨径混凝土斜拉桥的跨径小。

2. 独塔双跨式

图 21-3 所示独塔双跨式斜拉桥也是一种较常见的孔跨布置方式，由于它的

主孔跨径一般比双塔三跨式的主孔跨径小，适用于跨越中小河流和城市通道。

独塔双跨式斜拉桥的主跨跨径 L_2 与边跨跨径 L_1 之间的比例关系一般为 $L_1=(0.5\sim0.8)L_2$，但多数接近于 $L_1=0.66L_2$，两跨相等时，由于失去了边跨及端锚索对主跨变形的约束作用，因而这种形式较少采用。

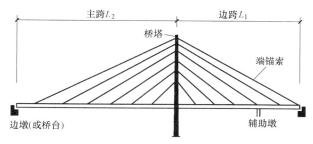

图 21-3　独塔双跨式斜拉桥

3. 三塔四跨式和多塔多跨式

斜拉桥与悬索桥一样，很少采用三塔四跨式或多塔多跨式。一个极简单的原因是，多塔多跨式中的中间塔塔顶没有端锚索来有效地限制它的变位（图 21-4）。因此，已经是柔性结构的斜拉桥或悬索桥采用多塔多跨式将使结构柔性进一步增大，随之而来的是变形过大（图 21-5）。

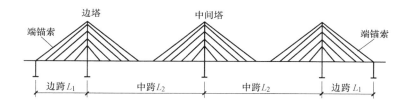

图 21-4　三塔四跨式斜拉桥

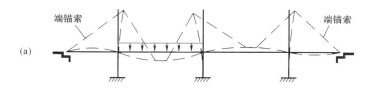

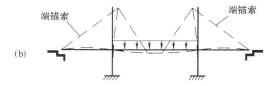

图 21-5　斜拉桥变形

（a）三塔四跨式斜拉桥的变形；（b）双塔三跨式斜拉桥的变形

增加主梁的刚度可以在一定程度上提高多塔斜拉桥的整体刚度，但这样做必然会增加桥梁的自重，当必须采用多塔多跨式斜拉桥时，则可将中间塔做成刚性索塔（如马拉开波桥），但此时索塔和基础的工程量将会增加很多，或用长拉索将中间塔顶分别锚固在两个边塔的塔顶或塔底加劲（如我国香港的汀九桥），这种方式的缺点是长索下垂量很大，索的刚度较小，大风有可能将其破坏，还有一种方法是加粗尾索并在锚固尾索的梁段上压重，以增加索的刚度（如洞庭湖大桥）。

4. 辅助墩和边引跨

活载往往在边跨梁端附近区域产生很大的正弯矩，并导致梁体转动，伸缩缝易受损，在此情况下，可以通过加长边梁以形成引跨或设置辅助墩的方法予以解决，如图 21-6 所示。同时，设辅助墩可以减小拉索应力幅，提高主跨刚度，又能缓和端支点负反力，是大跨度斜拉桥中常用的方法。

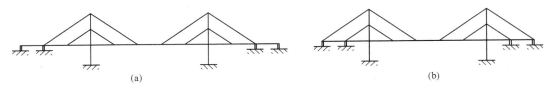

图 21-6　边引跨和辅助墩

（a）设引跨；（b）设辅助墩

21.1.2　索塔布置

1. 索塔的形式

索塔是表达斜拉桥个性和视觉效果的主要结构物，因而对于索塔的美学设计应予足够的重视。

索塔设计必须适合于拉索的布置，传力应简单明确，在恒载作用下，索塔应尽可能处于轴心受压状态。

单索面斜拉桥和双索面斜拉桥索塔的纵、横向布置形式如图 21-7和图 21-8 所示。

图 21-7　索塔的纵向布置形式

索塔沿桥纵向的布置有独柱式、A 字形、倒 Y 形等几种，独柱式索塔构造简单；A 字形和倒 Y 形在顺桥向刚度大，有利于承受索塔两侧斜拉索的不平衡拉力；A 字形还可减小主梁在该点处的负弯矩。

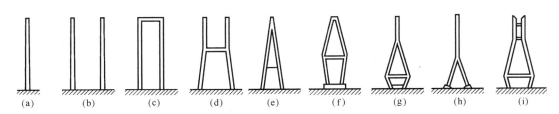

图 21-8　索塔的横向布置形式

索塔横桥方向的布置方式，可分为独柱式、双柱式、门形或 H 形、A 字形、宝石形或倒 Y 形等，如图 21-8 所示。

索塔纵横向布置均呈独柱式的索塔，一般适用于单索面斜拉桥。当需要加强横桥向抗风刚度时，则可以配合采用图 21-8（g）或 21-8（h）的形式。图 21-8（b）～（d）一般适用于平面双索面的情况；图 21-8（e）、（f）和（i）一般适用于空间双索面的斜拉桥。

2. 塔的高跨比

索塔的高度 H 决定着整个桥梁的刚度和经济性，如图 21-9 所示。

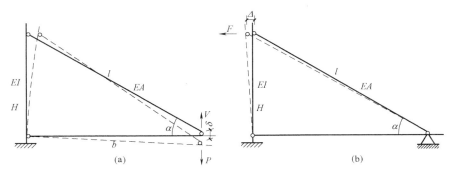

图 21-9　塔高和索长、倾角的相互关系

（a）普通索；（b）端锚索

若忽略主梁弯曲刚度的影响，则主梁的支承刚度将来自于索和塔两方面。如图 21-9（a）所示，对于相同的主梁拉索锚固位置 b，索对梁的支承刚度主要取决于索力的竖向分力 V 和拉索的线刚度 EA/l，从图中可知，V 与 $\sin\alpha$ 成正比，EA/l 与 $\cos\alpha$ 成正比。对塔来说，H 越大，则塔抗水平变位的刚度就越弱，在刚性主梁拉索锚点处荷载 P 的作用下，主梁下挠量 δ 为：

$$\delta = \frac{Pb}{EA\sin^2\alpha\cos\alpha} + \frac{Pb^3}{3EI}\tan\alpha \tag{21-1}$$

上式右边第一项为拉索所引起的挠度。从公式可知当表达式中 $\sin^2\alpha\cos\alpha$ 的值为最大时，拉索对主梁的支承刚度最大，此时拉索的角度倾向于 55°。公式右边第二项为塔引起的挠度，其中 EI 为综合考虑背索影响的索塔等截面当量刚度，显然 $\tan\alpha$ 越小，即塔越矮，则塔对梁的支承刚度就越大。

对于端锚索情形，如图 21-9（b）所示，当中跨布载时，在水平力 F 的作用下，塔顶水平位移 Δ 为：

$$\Delta = \frac{F \cdot H}{EA\sin\alpha \cdot \cos^2\alpha} \tag{21-2}$$

即 $\alpha \to 35°$ 时，Δ 最小，端锚索提供的支承刚度最大。

若拉索截面面积 A 由容许应力 $[\sigma_s]$ 控制设计，即 $A = N/[\sigma_s]$，由于轴力 N 与倾角 α 有关，经简单推导可知，对于图 21-9（a）、（b）两种情形，α 均应等于 45°。

综合索和塔对刚度和经济性的共同影响，对于每一座斜拉桥，都存在着一个最佳塔高 H，使得索和塔对主梁的支承刚度达到最大。

图 21-10 是双塔和独塔斜拉桥索塔的常见高跨比范围。

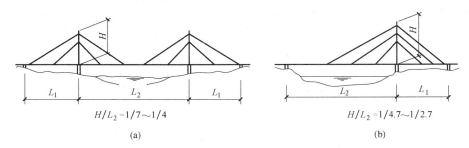

$$H/L_2 = 1/7 \sim 1/4$$

$$H/L_2 = 1/4.7 \sim 1/2.7$$

(a)

(b)

图 21-10 索塔高跨比范围

（a）双塔斜拉桥；（b）独塔斜拉桥

21.1.3 拉索布置

1. 索面位置

索面位置一般有图 21-11 所示的 4 种类型，即单索面、平面双索面、空间双索面、多索面和空间多索面。

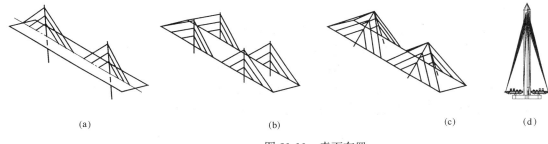

(a)　　　　　　　　　(b)　　　　　　　　　(c)　　　(d)

图 21-11 索面布置

（a）单索面；（b）平面双索面；（c）空间双索面；（d）空间多索面

从力学角度来看，采用单索面时，拉索对抗扭不起作用。因此，主梁应采用抗扭刚度较大的截面。单索面的优点是桥面上视野开阔。采用双索面时，作用于桥梁上的扭矩可由拉索的轴力来抵抗，主梁可采用较小抗扭刚度的截面。至于空间双索面，它对桥面梁体抵抗风力扭振特别有利（倾斜的双索面限制了主梁的横向摆动）。倾斜的双索面应采用倒 Y 形、A 字形或双子型索塔。

2. 索面形状

索面形状主要有如图 21-12 所示的 3 种基本类型，即辐射形、竖琴形和扇形。它们各自的特点如下。

（1）辐射形布置的斜拉索沿主梁为均匀分布，而在索塔上则集中于塔顶一点。由于其斜拉索与水平面的平均交角较大，故斜拉索的垂直分力对主梁的支承效果也大，与竖琴形布置相比，可节省钢材 15%～20%，但塔顶上的锚固点构造过于复杂，目前已较少应用。

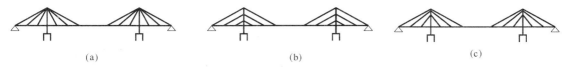

图 21-12　斜拉索立面布置方式

(a) 辐射形；(b) 竖琴形；(c) 扇形

（2）竖琴形布置中的斜拉索呈平行排列，在索数少时显得比较简洁，并可简化斜拉索与索塔的连接构造，塔上锚固点分散，对索塔的受力有利，缺点是斜拉索的倾角较小，索的总拉力大，故钢索用量较多。

（3）扇形布置的斜拉索是不相互平行的，它兼有上面两种布置方式的优点，故在设计中获得广泛应用。

3. 索距的布置

索距的布置，可以分为"稀索"与"密索"。在早期的斜拉桥中都为"稀索"（超静定次数少），现代斜拉桥则多为"密索"（必须利用电子计算机计算）。密索优点如下：

（1）索距小，主梁弯矩小；

（2）索力较小，锚固点构造简单；

（3）锚固点附近应力流变化小，补强范围小；

（4）利于悬臂架设；

（5）易于换索。

斜拉桥采用悬臂施工法架设时，索间距宜为 5～15m，混凝土主梁因自重大，索距应密些，较大的索距适合于钢或钢-混凝土组合主梁。

21.1.4　主要结构体系

斜拉桥的结构体系，可以有以下几种不同的划分方式：

（1）按照塔、梁、墩相互结合方式，可划分为漂浮体系、半漂浮体系、塔梁固结体系和刚构体系。

（2）按照主梁的连续方式，有连续体系和 T 构体系等。

（3）按照斜拉索的锚固方式，有自锚体系、部分地锚体系和地锚体系。

（4）按照塔的高度不同，有常规斜拉桥和矮塔部分斜拉桥体系。

现将几种主要的斜拉桥体系分别介绍如下：

1. 漂浮体系

漂浮体系（图 21-13）的特点是塔墩固结、塔梁分离。主梁除两端有支承外，其余全部用拉索悬吊，属于一种在纵向可稍作浮动的多跨弹性支承连续梁。空间动力分析表明，斜拉索是不能对梁提供有效的横向支承的，为了抵抗由于风力等引起主梁的横向水平位移，一般应在塔柱和主梁之间设置一种用来限制侧向变位的板式或聚四氟乙烯盆式橡胶支座，简称侧向限位支座，如图 21-14 所示。

该体系的主要优点是主跨满载时，塔柱处的主梁截面无负弯矩峰值；由

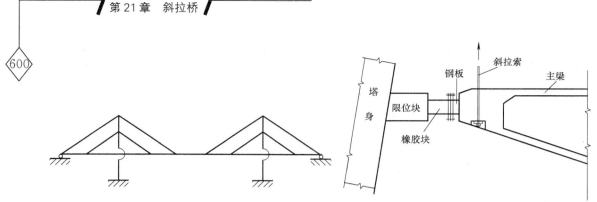

图 21-13　漂浮体系斜拉桥　　　　　图 21-14　主梁侧向限位支座

于主梁可以随塔柱的缩短而下降，所以温度、收缩和徐变次内力均较小。密索体系中主梁各截面的变形和内力的变化较平缓，受力较均匀；地震时允许全梁纵向摆荡，作长周期运动，从而吸震消能。目前，大跨斜拉桥（主跨400m 以上）多采用此种体系。

漂浮体系的缺点是：当采用悬臂施工时，塔柱处主梁需临时固结，以抵抗施工过程中的不平衡弯矩和纵向剪力，由于施工不可能做到完全对称，成桥后解除临时固结时，主梁会发生纵向摆动，应予注意。

为了防止纵向飓风和地震荷载使漂浮体系斜拉桥产生过大的摆动，影响安全，十分有必要在斜拉桥塔上的梁底部位设置高阻尼的主梁水平弹性限位装置。

2. 半漂浮体系

半漂浮体系（图 21-15）的特点是塔墩固结，主梁在塔墩上设置竖向支承，成为具有多点弹性支承的三跨连续梁。可以是 1 个固定支座，3 个活动支座；也可以是 4 个活动支座，但一般均设活动支座，以避免由于不对称约束而导致不均衡温度变位，水平位移将由斜拉索制约。

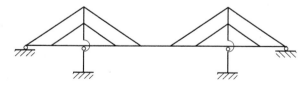

图 21-15　半漂浮体系斜拉桥

半漂浮体系若采用一般支座来处理则无明显优点，因为当两跨满载时，塔柱处主梁有负弯矩尖峰，温度、收缩、徐变次内力仍较大。若在墩顶设置一种可以用来调节高度的支座或弹簧支承来替代从塔柱中心悬吊下来的拉索（一般称"零号索"），并在成桥时调整支座反力，以消除大部分收缩、徐变等的不利影响，这样就可以与漂浮体系相媲美，并且在经济和减小纵向漂移方面将会有一定好处。

3. 塔梁固结体系

塔梁固结体系（图 21-16）的特点是将塔梁固结并支承在墩上，斜拉索变为弹性支承。主梁的内力与挠度直接同主梁与索塔的弯曲刚度比值有关。这

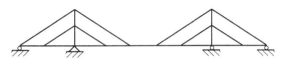

图 21-16　塔梁固结体系斜拉桥

种体系的主梁一般只在一个塔柱处设置固定支座，而其余均为纵向可以活动的支座。

这种体系的优点是，显著地减小主梁中央段承受的轴向拉力，并且在索塔和主梁中的温度内力极小。缺点是中孔满载时，主梁在墩顶处转角位移导致塔柱倾斜，使塔顶产生较大的水平位移，从而显著地增大主梁跨中挠度和边跨负弯矩；另外上部结构重量和活载反力都需由支座传给桥墩，这就需要设置很大吨位的支座。在大跨径斜拉桥中，这种支座甚至达到上万吨级，这样给支座的设计制造及日后养护、更换均带来较大的困难。

4. 刚构体系

刚构体系（图 21-17）的特点是塔梁墩相互固结，形成跨度内具有多点弹性支承的刚构。

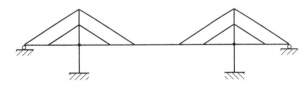

图 21-17　刚构体系斜拉桥

这种体系的优点是既免除了大型支座又能满足悬臂施工的稳定要求；结构的整体刚度比较好，主梁挠度又小。缺点是主梁固结处负弯矩大，使固结处附近截面需要加大；再者，为消除温度应力，该体系应用于双塔斜拉桥中时要求墩身具有一定的柔性，常用于高墩的场合，以避免出现过大的附加内力。另外，这种体系比较适合于独塔斜拉桥。

5. T 构体系

T 构体系斜拉桥与刚构体系的区别是主梁跨中区域无轴拉力。具体做法有两种：一是在斜拉桥主跨中央部分插入一小跨悬挂结构，如四川三台涪江桥所示（图 21-18）。二是以"剪力铰"代替悬挂结构（图 21-19），这种剪力铰的功能是只传递弯矩、剪力，不传递轴力。

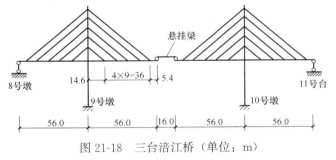

图 21-18　三台涪江桥（单位：m）

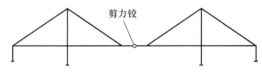

图 21-19　插入剪力铰

6. 部分地锚体系

一般来说，悬索桥的主缆多数是地锚体系；而斜拉桥的拉索则相反，多数是自锚体系。只有在如主跨很大边跨很小等特殊情况下，少数斜拉桥才采用部分地锚体系。

地锚式斜拉桥的实例，参见图 21-20［西班牙卢纳桥（Barrios de Luna）］和图 21-21（湖北郧阳汉江桥）。

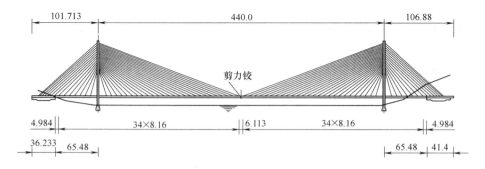

图 21-20　西班牙卢纳桥（单位：m）

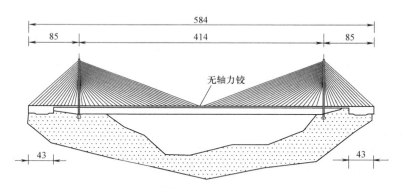

图 21-21　郧阳汉江桥（单位：m）

7. 矮塔部分斜拉桥体系

矮塔部分斜拉桥结构如图 21-22 所示。由力学知识可知，在截面相同的情况下，塔的抗水平变位刚度与塔高 h 的三次方成反比，因而塔高降低则塔身刚度会迅速提高。但塔高降低后拉索的水平倾角也将减小，拉索对主梁的支承作用减弱，而水平压力增大，这相当于拉索对主梁施加了一个较大的体外预应力。矮塔部分斜拉桥由于拉索不能提供足够的支承刚度，故要求主梁的刚度较大。因拉索只提供部分刚度，"部分斜拉桥"由此得名。其受力性能介于梁桥和斜拉桥之间。

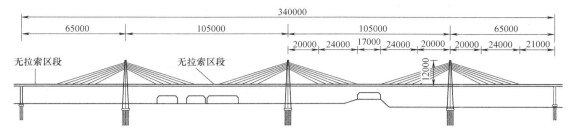

图 21-22　矮塔部分斜拉桥（单位：mm）

矮塔部分斜拉桥具有以下特点：

（1）塔较矮。常规斜拉桥的塔高与跨度之比为 1/5～1/4，而矮塔部分斜拉桥的塔高为 1/12～1/8。

（2）梁的无索区较长，没有端锚索。

（3）边跨与主跨的比值较大，一般大于 0.5。

（4）梁高较大，高跨比为 1/40～1/30，甚至做成变高度梁。

（5）拉索对竖向恒活载的分担率小于 30%，受力以梁为主，索为辅。

（6）由于梁的刚度大，活载作用下斜拉索的应力幅较小，可按体外预应力索设计。

21.2　斜拉桥的构造

21.2.1　主梁的构造

主梁的主要作用有三个方面：

（1）将恒、活载分散传给拉索。梁的刚度越小，则承担的弯矩越小。

（2）与拉索及索塔一起成为整个桥梁的一部分，主梁承受的力主要是拉索的水平分力所引起的轴压力，因而需有足够的刚度防止压屈。

（3）抵抗横向风荷载和地震作用，并把这些力传给下部结构。

当拉索间距较大时，主梁由弯矩控制设计。对于单索面斜拉桥，主梁由扭转控制设计。对于双索面密索体系，主梁设计主要应考虑轴压力因素以及整个桥的纵向弯曲。另外，应考虑到在减小活载的情况下主梁有足够的强度和刚度以更换拉索。并需考虑个别拉索偶然拉断或退出工作时结构仍具有足够的安全储备。

主梁的高跨比正常范围为：对于双索面情形，1/150～1/100；对于单索面情形，1/100～1/50，且高宽比不宜小于 1/10。

1. 实体梁式和板式主梁

实体梁式和板式截面的主梁一般仅适用于双索面斜拉桥，因为这种截面具有构造简单和施工方便的优点。特别是当拉索在实体的边主梁中锚固时，锚固构造非常简单，而且在索面内具有一定的抗弯刚度，在锚固点处可以避免产生大的横向力流。

603

604

梁高较矮时，截面空气阻力小，在空气动力性能方面是合理与有效的，特别当桥面宽度增大到整个截面近似于一块平板时。

实体梁式主梁是混凝土斜拉桥中比较简单的一种截面形式。图21-23为瑞典焦恩桥主梁截面，两主梁间用混凝土横梁和桥面板连接，拉索的锚固点设于桥面两侧人行道外，要设计专用的锚固块；图21-24为重庆大佛寺长江大桥主梁（主跨450m，建成于2001年）；图21-25为荆州长江大桥主梁（主跨500m，建成于2002年）。

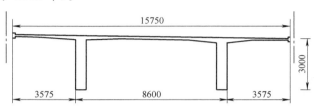

图 21-23　瑞典焦恩桥实体梁式主梁（单位：mm）

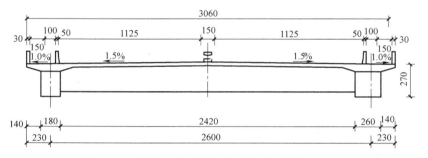

图 21-24　重庆大佛寺长江大桥主梁（单位：cm）

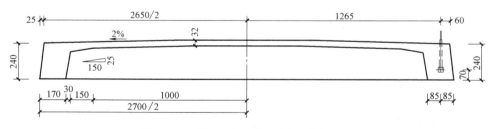

图 21-25　荆州长江大桥主梁（单位：cm）

实体板式主梁包括纯板式和矮梁板式截面形式（图21-26），它们的出现是20世纪80年代以来斜拉桥主梁的跨高比一再增大，主梁高度相对减小的结果。所谓矮梁板式主梁，是指主梁位于两边，且梁高相对于桥宽来说很小，但两主梁间仍有横梁和桥面板相连，如图21-26（b）所示。

2. 混凝土箱形截面主梁

混凝土箱形截面主梁是现代斜拉桥中经常采用的截面形式。这是因为它的抗弯和抗扭刚度大，能适应稀索、密索、单索面或双索面等不同拉索布置；其组合截面，也可以方便地形成封闭式的单箱形式或分离式的双箱形式，以适应不同桥宽的需要；截面的组合构造，也可以部分预制、部分现场浇筑

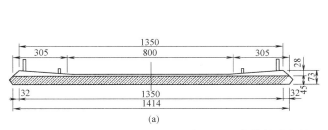

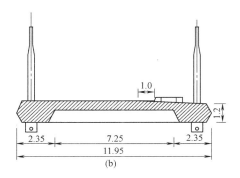

图 21-26 实体板式主梁

（a）希腊 Evripos 桥（主跨 215m，单位：cm）；（b）挪威 Helgeland 桥（主跨 425m，单位：m）

[如法国布鲁东纳（Brotonne）桥]，为桥梁施工方案提供了更多的选择。

单索面布置的箱形截面，首创于法国布鲁东纳桥（主跨 320m，索距 6m，建成于 1977 年）；而 10 年后建成的美国日照（Sunshine Skyway）桥（主跨 365.2m，索距 7.3m，建成于 1987 年），均为同一工程设计公司（Figg&Muller Engineering Group）的著名作品。如图 21-27 所示的这两座姐妹桥，已成为世界混凝土斜拉桥的标准截面形式之一。

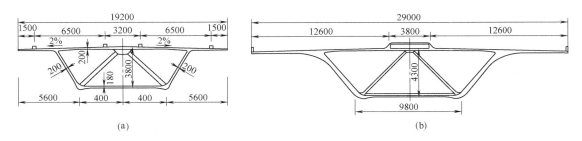

图 21-27 单索面箱形截面主梁（单位：mm）

（a）法国布鲁东纳（Brotonne）桥；（b）美国日照（Sunshine Skyway）桥

在双索面混凝土斜拉桥中，箱形截面的主梁常以分离式的两个箱体各自锚固于拉索，两箱之间则以横梁和桥面板连接。双箱梁的典型截面为倒梯形，如图 21-28 所示的武汉长江二桥（主跨 400m，索距 8m，建成于 1996 年）。

在混凝土双箱梁截面的发展演化过程中，美国 P-K 桥（Pasco-Ken-

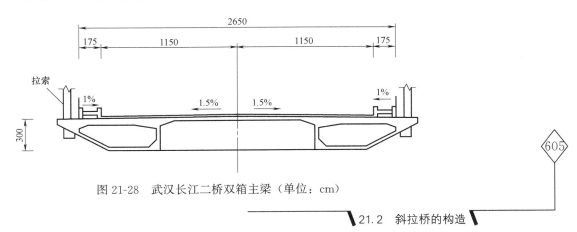

图 21-28 武汉长江二桥双箱主梁（单位：cm）

newick，主跨 299m，索距 9.3m，建成于 1978 年）首次采用三角形双箱梁，如图 21-29 所示。

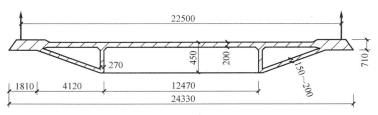

图 21-29 美国 P-K 桥三角形双箱梁（单位：mm）

在双箱梁的两个分离式箱体之间用底板将其封闭，即成为三室的单箱梁截面，双索面混凝土斜拉桥采用三室箱梁的实例很多，如法国诺曼底桥边跨混凝土主梁部分的倒梯形三室箱梁截面。

挪威 Skarnsunddet 桥主梁采用了三角形的箱形截面，如图 21-30 所示，该桥主跨为 530m，建于 1992 年。

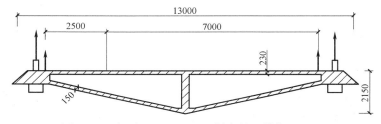

图 21-30 挪威 Skarnsunddet 桥主梁（单位：mm）

双索面桥与单索面桥的三室箱梁截面应有所不同。采用双索面时，应将两个中间竖腹板尽量拉大，使中室大于边室，以期取得较大的横向惯性矩；对于单索面，则应将其尽量靠拢，以便将拉索锚固于较小的中室内，如图 21-31 所示为长沙湘江北大桥（主跨 210m）的三室箱梁截面。

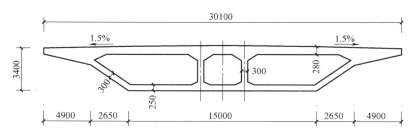

图 21-31 长沙湘江北大桥三室箱梁截面（单位：mm）

表 21-1 给出了若干种具有代表截面形式的主梁的特点和适用范围。

3. 钢梁

斜拉桥钢梁采用钢箱梁居多，钢桁梁多在双层桥面时应用，其他形式钢梁也有少量应用。

（1）钢箱梁

钢箱梁截面一般由顶板、底板、腹板和横隔板、纵隔板及加劲肋等通过全

斜拉桥混凝土主梁的截面形式

表 21-1

截面形式	示意图	特 点	适用范围
板式截面	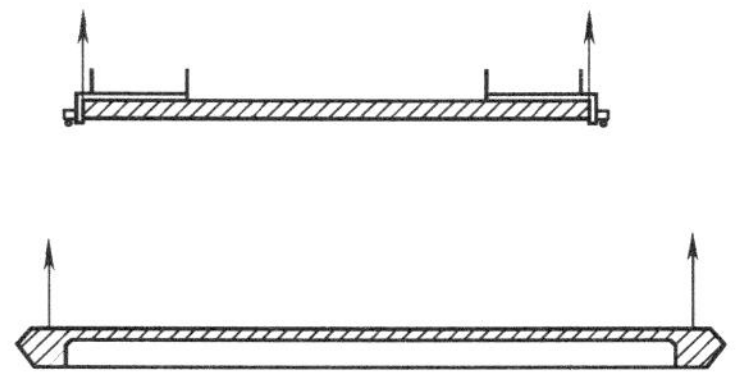	构造最简单,抗风性能也好;但抗扭能力较小,截面效率较低	双面密索且宽度不太大的桥
双主梁截面	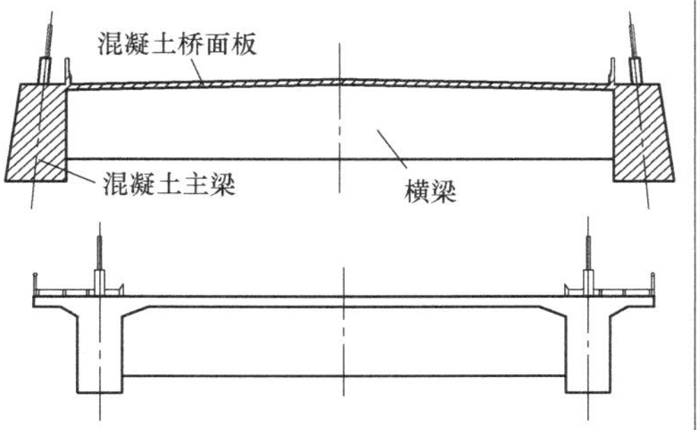 混凝土桥面板 混凝土主梁 横梁	施工方便。采用悬臂施工法时,为了减轻挂篮的负荷,可以将两个边主梁先行浇筑,然后,在挂索后再浇筑横梁,最后浇筑桥面板混凝土,使形成整体,共同受力	双索面斜拉桥
半封闭式双箱梁	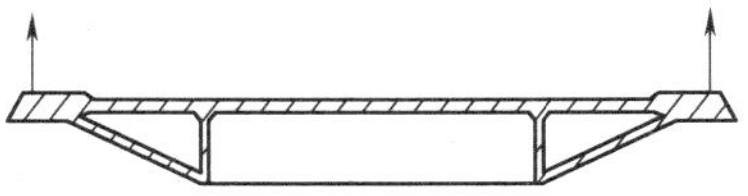	抗风性能良好,中部无底板,可减轻结构自重	双索面斜拉桥
单箱单室截面	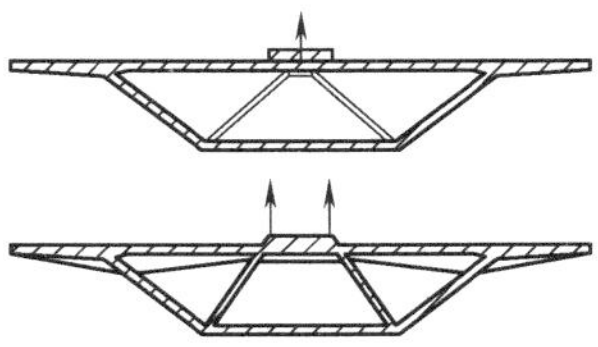	采用斜腹板,可以改善抗风性能,又可减小墩台的宽度,且箱形截面的抗扭刚度也大	单索面斜拉桥
单箱双室截面	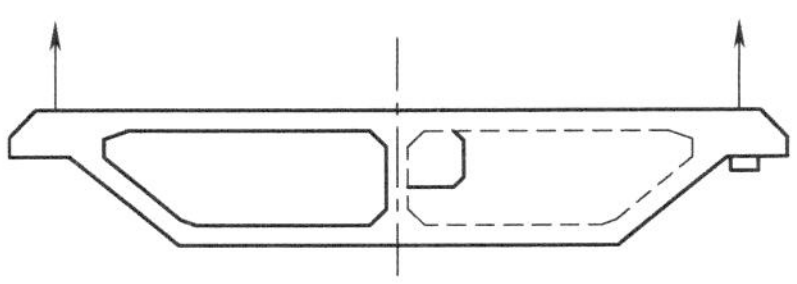	在上述单箱的基础上增加一道中腹板,虽然增加了自重,但可减小桥面板的计算跨径	单索面或双索面斜拉桥
单箱三室截面	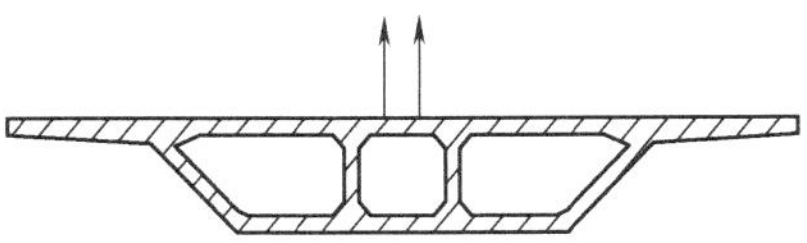	桥面全宽可达30~35m,但在悬臂施工时,须将截面分成三福,先施工中间箱,待挂完拉索后,再完成两侧边箱的施工,呈品字形前进,将截面构成整体	单索面斜拉桥
准三角形三室箱形截面	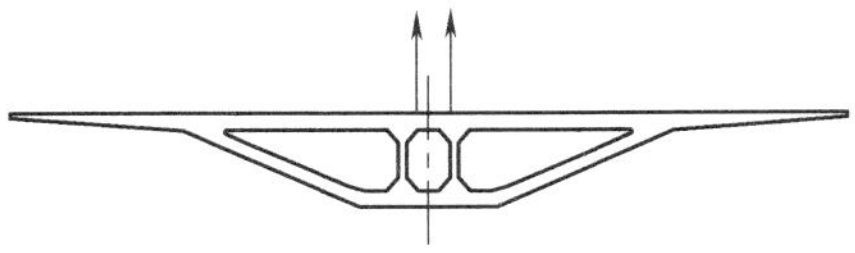	和上述三室箱梁不同之处在于,中腹板间距较小,有利于单索面的传力,边腹板倾角更小,对抗风更有利	单索面斜拉桥

607

续表

截面形式	示意图	特　点	适用范围
三角形箱形截面		三角形截面对抗风最有利	双索面或单索面斜拉桥

焊接的方式连接而成。其中顶板为由盖板和纵向加劲肋构成的正交异性桥面板。在现代斜拉桥中，钢箱主梁的跨度达几百米甚至上千米，一般分为若干梁段制造和安装，其横截面具有宽幅和扁平的外形特点。如图 21-32 所示的嘉绍大桥主航道桥（六塔独柱四索面分幅钢箱梁斜拉桥，跨径布置为 $70+200+5×428+200+70=2680m$）为两侧带有风嘴的双幅扁平钢箱梁截面。

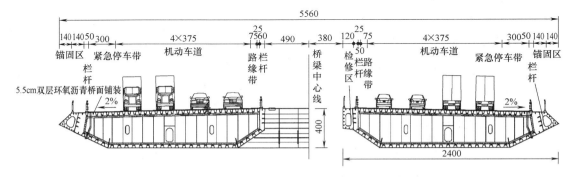

图 21-32　嘉绍大桥主航道桥主梁构造（单位：cm）

从多多罗大桥到苏通长江公路大桥，从杭州湾跨海大桥到海参崴俄罗斯岛大桥，钢箱梁在大跨和超大跨斜拉桥中应用广泛。

（2）钢桁梁

斜拉桥采用钢桁梁，一般主要是由于布置双层桥面的需要。典型的钢桁梁截面为主跨 420m 的日本本州四国联络桥儿岛至坂出线上的岩黑岛与柜石岛公铁（轻载铁道）两用桥双层桥面的主梁截面（图 21-33）。该桥上层桥面通

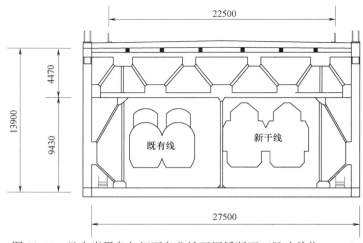

图 21-33　日本岩黑岛与柜石岛公铁两用桥断面（尺寸单位：mm）

行汽车，下层桥面通行轻载铁道列车（每线 38kN/m，低于我国的铁路桥活载每线 80kN/m）。桁高 13.9m，跨高比为 30。主跨 460m 的日本横滨湾大桥（1988 年）的钢桁梁截面，上下两层桥面均布置 6 个车道（公路）。此桥与一般钢桥架的不同点为：用一个整体的带钢桥面板与风嘴的扁平钢板梁来替代传统的分离式弦杆，这样可以充分发挥组合桥梁全截面的受力功能。拉索锚固点及一切附加物均置于此上弦钢箱中。桁高 12m，跨高比为 38。

我国芜湖长江大桥为公铁两用桥，采用了矮塔部分斜拉桥，于 2002 年建成。桁架主梁如图 21-34 所示。

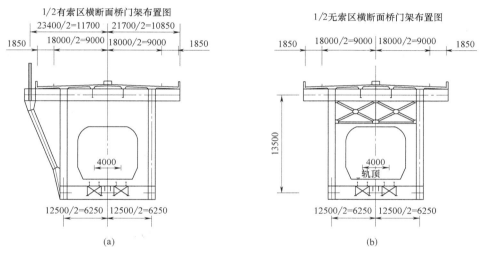

图 21-34　芜湖长江大桥桁架主梁（尺寸单位：mm）

4. 组合梁

组合梁又常称为结合梁或叠合梁，一般由钢和混凝土两种材料组成。钢主梁、钢横梁及钢纵梁等组成钢梁，与混凝土桥面板通过连接构件形成一个整体组合梁，作为主梁共同受力。组合梁斜拉桥自重较混凝土梁小，也相应减少了斜拉索和基础工程量。组合梁一般用于双索面斜拉桥。

组合梁斜拉桥是在 20 世纪 80 年代后才发展起来的。其中的代表作首推加拿大的安那西斯（Annacis）桥（主跨 465m）。我国上海南浦大桥、杨浦大桥、福建青州闽江大桥等，均采用了组合梁截面形式。

中开高速银洲湖特大桥主通航孔桥（斜拉桥，主跨 530m）主梁断面如图 21-35 所示。

5. 混合梁

混合梁斜拉桥是指其主跨为钢梁（或钢-混凝土组合梁）而边跨或部分边跨为混凝土梁的斜拉桥。钢梁与混凝土梁的连接点一般设在索塔附近，也可以设在边跨中任一部位。

斜拉桥边跨采用混凝土梁的构思，取其梁的自重大，有利于边跨发挥其锚固跨的作用。

混凝土梁与钢梁的连接点选择在索塔附近，原因是该处梁的弯矩最小，

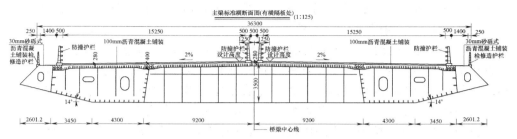

图 21-35　银洲湖特大桥主通航孔桥组合梁标准横断面图（单位：mm）

梁的轴力最大。对混凝土梁与钢梁连接的细节构造而言，传递轴力的构造要比传递弯矩的构造容易处理得多。

混凝土梁与钢梁的连接点选择在边跨尾部，是为了更进一步突出边跨尾部的压重与锚固作用，以使得中跨与整体结构所获得的刚度值为最优。

混合梁斜拉桥的构思，是 1963 年德国 Leverkusen 桥进行设计方案比较时首次提出的。此方案是 50m+280m+50m 三跨斜拉桥。由于边跨与主跨的比值过小，故建议边跨采用混凝土梁，主跨采用钢梁。但当时此方案未被采纳，最终建成的仍是钢斜拉桥，边跨由 50m 增加为 106.26m。到 1972 年，德国首次建成世界第一座混合梁斜拉桥，即 Kurt-Schumacher 桥。此桥主跨 287m 为钢梁，边跨 146.4m 为混凝土梁。1955 年，法国建成了诺曼底桥。这是一座三跨混合梁斜拉桥。其主跨达到 856m。值得说明的是，诺曼底桥钢混接头选择在主跨距索塔 116m 处。1999 年，日本建成了多多罗大桥，主跨跨径达 890m，也是采用混合梁。而多多罗大桥主梁钢混接头选择在边跨的尾部，两端 PC 梁的长度分别为 105.5m 和 62.5m，受力与线形均较合理。

我国第一座混合梁斜拉桥，是 1996 年施工的汕头海湾二桥。该桥主跨 518m，在边跨长度 194m 中加设 2 个辅助墩，形成 2×47m+100m+518m+100m+2×47m 七跨钢-混凝土混合梁斜拉桥。边跨与主跨比为 0.375。钢箱梁与混凝土梁的连接点选在边跨距索塔 96m 处，这样既可以避免采用大跨的混凝土梁，也便于混合梁连接点处的施工。1997 年建成的上海徐浦大桥（主跨 590m）以及 2000 年建成的武汉白沙洲大桥（主跨 618m）也都采用了混合梁斜拉桥结构。

6. 不同材料主梁的适宜跨径

斜拉桥主梁有下列四种不同的组成方式：

（1）预应力混凝土梁，称为混凝土斜拉桥。

（2）钢-混凝土组合梁，称为组合梁斜拉桥。

（3）钢主梁，称为钢斜拉桥。

（4）主跨为钢主梁或钢-混凝土组合梁，边跨为混凝土梁，称为混合梁斜拉桥。

不同材料制作的主梁所对应的经济跨径是不同的。1995 年，Svensson 曾对 200~1000m 跨径斜拉桥选用不同材料主梁的经济性问题作过研究，认为跨径为 200～400m 时，采用混凝土主梁是最经济的，400～600m 时，采用钢-混凝土组合梁是最经济的，大于 600m 时，应采用钢主梁。另外，当跨径处于 400m 和 600m 两个临界区域时，应综合考虑其他因素分别对两种不同材料主梁作经济比较。

但 Svensson 的研究未考虑桥面宽度的影响。当桥面为 6 车道及以上时，混凝土横梁的重量将占相当大的比重，此时设计应考虑采用钢横梁方案。

主跨主梁和边跨主梁的设计理念是不同的。主跨必须有良好的动力特性，自重较轻。对于大跨度斜拉桥，边跨由于其拉索起着稳定索塔的作用，因而边跨应具有克服上提力的功能，这就需通过边跨的自重、刚度或设辅助墩的方式来解决。

各种材料主梁每平方米桥面的自重估计值如下：

钢梁：　　　　　　　　2.5～3.5kN/m²；

钢-混凝土组合梁：　　　6.5～8.5kN/m²；

混凝土梁：　　　　　　10.0～15.0kN/m²。

21.2.2 索塔

斜拉桥的柔细感与直线感虽基本上来自于梁体与拉索，但索塔的形状对全桥的景观也至关重要，它在美学上几乎起决定性的作用。因此，必须非常慎重地选择索塔的形状，精心勾画出优美的尺寸比例。具体的做法可借助于制作模型来进行比较，然后决定取舍并进行局部优化。

1. 索塔构件组成

组成索塔的主要构件是塔柱，另外还有塔柱之间的横梁或其他连接构件（图 21-36）。

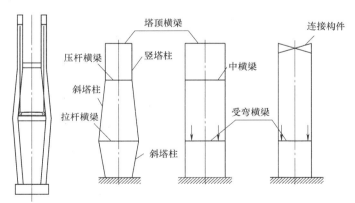

图 21-36　索塔构件组成

塔柱之间的横梁一般可分为承重横梁与非承重横梁。前者为设置主梁支座的受弯横梁以及塔柱转折处的压杆横梁或拉杆横梁；后者为塔顶横梁和塔柱无转折的中间横梁。

2. 混凝土索塔的构造

混凝土索塔常采用的截面形式见表 21-2。实心索塔一般适用于中小跨径的斜拉桥，对于小跨径可采用等截面，对于中等跨径可采用空心截面。矩形截面索塔的构造简单，其四角宜做成倒角或圆角，以利抗风。由此看来，所有其他多边形截面的索塔均比矩形截面的对抗风有利，而且还能增加桥梁外形的美观。八角形截面有利于配置封闭式环向预应力筋，但构造稍复杂。H形截面在立面上可以不使锚头外露，对美观有所改善。各种空心截面和H形截面，一般均需在每一层拉索锚头处增设水平隔板，其作用为：第一，有利于将索力传递到塔柱全截面上；第二，在施工阶段和养护时可将它作为工作平台。

混凝土索塔常采用的截面形式 表 21-2

类别	示 意 图	
	实 心	空 心
矩形		
五角形		
六角形		
八角形	—	
H 形		—

21.2.3 拉索

1. 拉索的构造

在近代大跨度斜拉桥中，拉索的构造基本上分为整体安装的拉索和分散安装的拉索两大类。前者的代表为平行钢丝索配冷铸锚，后者的代表为平行钢绞线索配夹片锚。

（1）平行钢丝索配冷铸锚

平行钢丝索的截面组成和冷铸锚如图 21-37 所示。

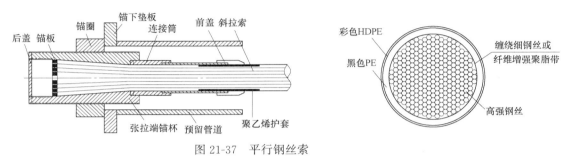

图 21-37　平行钢丝索

平行钢丝索配冷铸锚的拉索，在工厂整体制造。平行钢丝索由 φ5mm 或 φ7mm 高强度镀锌钢丝（抗拉强度 σ_b＝1600MPa 左右）组成，一般排列成六角形，表层由玻璃丝布包扎定型后用热挤高密 PE（HDPE）塑造成正圆形截面。这种拉索具有厚镀锌层（锌层 300g/m）和厚 PE 层（厚度 6mm）的双重防腐保护。

然后将钢丝束穿入冷铸锚中，钢丝尾镦头后锚定在冷铸锚的后锚板上，再在锚体内分段常温浇灌环氧树脂加铁丸和环氧树脂加岩粉（辉绿岩）等混合填料，使锚体与钢丝束之间的刚度匀顺变化，避免在索和锚的交界处刚度突变。最后，将冷铸锚头放入加热炉中加热养护，加热温度约 150℃。由于是在常温下浇铸填料，不同于传统的锌基合金填料的浇铸温度，故相对而言称为"冷铸锚"。冷铸锚的锚固力，由锚筒的圆锥体内腔和筒内填料的横向挤压力承受，在正常情况下镦头不受力，只是作为安全储备。

平行钢丝索配冷铸锚，由于其性能可靠（承载能力、疲劳强度和防腐措施），从 20 世纪 70 年代起在欧洲和日本开始使用，至今已被广泛使用。但由于其要求整体制造、整体运输和整体安装，在某些特定环境下受到限制。

由于运输需求，钢索必须盘绕在圆筒上，为避免索的钢丝产生过高的弯曲应力和外包 PE 套被撕裂，一般规定圆筒直径不小于索径的 20～25 倍。因此，在跨度大因而索也大的斜拉桥中，粗而长的拉索其索径可达 200mm 以上，索长 200m 以上。如以索径 200mm 计，则圆筒直径超过 4m，绕索后的圆筒将更粗，这将给陆路运输（火车或汽车）造成困难，而在桥位处无水运条件（例如山区或内陆水库）时则更难解决。因此，在现代大跨度斜拉桥中提出拉索分散制作、现场安装成索的要求。这就是平行钢绞线索配夹片锚的拉索。

为方便平行钢丝索在圆筒上的盘绕，在工厂制造中常将索扭转一个 2°～4°的小角（增加柔性），此小扭角不影响索的特性（弹性模量和疲劳性能）。

（2）平行钢绞线索配夹片锚

平行钢绞线索截面组成和夹片锚如图 21-38 所示。

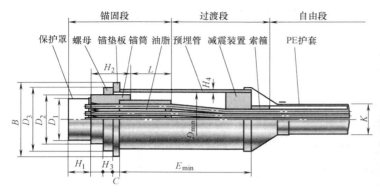
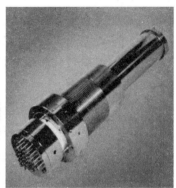

图 21-38　平行钢绞线索

将平行钢丝索中的钢丝换成等截面的钢绞线即成为平行钢绞线索。

钢绞线在索中是平行排列的，有别于早期曾出现过的将多根钢绞线扭绞而成的螺旋形钢绞线索，故称为平行钢绞线索。

此种 $\phi 15$mm 钢绞线为后张法体内预应力无黏结钢绞线（抗拉强度 $\sigma_b=$ 1860MPa），是将镀锌钢绞线表面涂油（或蜡）后外套两层 PE 管而成。钢绞线成盘运至现场，在现场截取需要长度后除去两端部分长度的套管，逐根安装、张拉，两端裸线由夹片锚固定。

采用夹片锚的原因，是在现场施工中难以将 $\phi 15$mm 的钢绞线镦头（镦头机体积太大）和保证其质量。

在钢绞线的逐根张拉中，须使最终拉索中的各根钢绞线拉力相等。此施拉工艺称为"等值张拉法"（Iso-tension），最先由法国弗雷西奈公司提出。此法系在一群钢绞线中选定一"参照线"，对该"参照线"拉力在张拉过程中进行同步精密标定，每张拉一根钢绞线，即按照此"参照线"的标定值确定该线的张拉值。待全部钢绞线张拉完毕后，各根钢绞线的拉力与"参照线"的相同，然后再用大能量小行程的张拉千斤顶将整索钢绞线同步张拉至预定索力。

对于平行钢绞线索配夹片锚的体系，需要注意的问题是：

① 夹片锚的疲劳强度；

② 夹片和锚孔之间的圆锥度配合要精确，否则咬合力将集中在夹片小端形成"切口效应"，成为疲劳破坏之源；

③ 对夹片应设置防松脱装置，否则在较小索力（小于 $0.25\sigma_b$）下受振动荷载时，夹片可因咬合力不足而松脱导致事故；

④ 钢绞线进入锚管内有两处转折，一在钢绞线散开的约束圈处；二在钢绞线进入锚孔处。在第二个转折处，亦为拉索的锚固点，存在着固端弯矩。

由于轴向索应力和挠曲应力的叠加，该处产生最大的应力幅。为分散应力幅，需在锚管内加设一"支承圈"，据实验研究，该"支承圈"可分散 80% 以上的应力幅。

当前，在斜拉索中使用的平行钢绞线索配夹片锚共有 4 种体系，即弗雷西奈体系（法国），迪维达克体系（德国）、VSL 体系（瑞士）和强力（Stronghold）体系（英国）。

2. 拉索的锚固

（1）拉索与混凝土梁的锚固

常见形式大体上也有 5 种，具体内容见表 21-3，局部构造示于图 21-39。

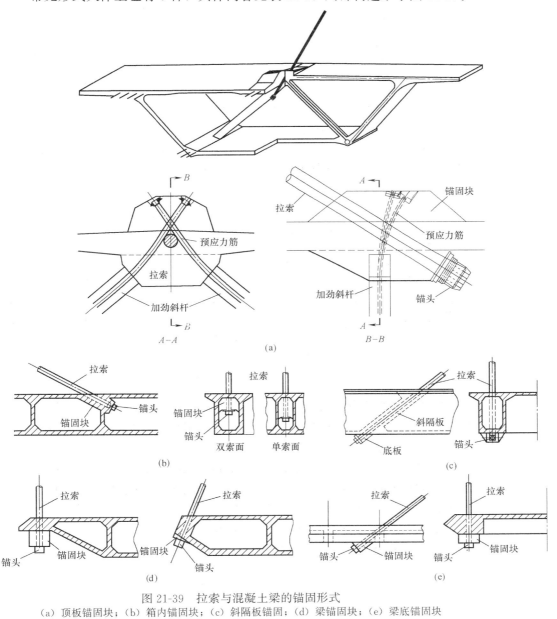

图 21-39　拉索与混凝土梁的锚固形式
（a）顶板锚固块；（b）箱内锚固块；（c）斜隔板锚固；（d）梁锚固块；（e）梁底锚固块

拉索与混凝土梁的锚固 表 21-3

编号	锚固形式	构造要点	力的传递	适用范围
1	顶板锚固块 (图 21-39a)	以箱梁顶板为基础，向上、下两个方向延伸加厚而成	拉索水平分力传至梁截面，垂直分力由加劲斜杆平衡	箱内具有加劲斜杆的单索面斜拉桥
2	箱内锚固块 (图 21-39b)	锚固块位于顶板之下和两个腹板之间，并与它们固结在一起	垂直分力通过锚固块左右的腹板传递	两个分离式单箱的双索面斜拉桥和带有中间箱室的单索面斜拉桥
3	斜隔板锚固 (图 21-39c)	锚头设在梁底外面，也可埋入斜隔板预留的凹槽内	垂直分力由斜隔板两侧的腹板以剪力形式传递	同编号 2
4	梁两侧设锚固块 (图 21-39d)	设在风嘴实体之下或边腹板之下		双索面斜拉桥
5	梁底两侧设锚固块 (图 21-39e)	锚固块设在梁底		双主梁或板式截面斜拉桥

（2）拉索在索塔上的锚固

① 在实体塔上交错锚固（图 21-40a）。其具体构造是在塔柱中埋设钢管，再将拉索穿入和用锚头锚固在钢管上端的锚垫板上。

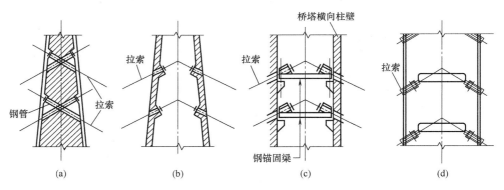

图 21-40　拉索与索塔的锚固形式

② 在空心塔上作非交错锚固（图 21-40b）。其构造与上述的相同，但需在箱形桥塔的壁板内配置环向预应力钢筋，以抵抗拉索在箱壁内产生的拉力。

③ 采用钢锚固梁来锚固（图 21-40c）。这是将钢锚固梁搁置在混凝土塔柱内侧的牛腿上，拉索通过埋设在塔壁中的钢管锚固在钢锚固梁两端的锚块上。

当塔柱两侧的索力及拉索倾角相等时，水平分力由钢锚固梁的轴向拉力及两端的偏心弯矩来平衡，与塔柱无关。垂直分力则由钢锚固梁通过牛腿凸块传给塔柱。当塔柱两侧的索力或斜索倾角不等时，如图 21-41 所示，水平分力的不平衡值 $\Delta H = H_1 - H_2$ 由挡块传给柱壁；垂直反力 R_1 及 R_2 通过牛腿凸块传给塔柱。

④ 利用钢锚箱锚固（图 21-40d），整个钢锚箱是由各层的钢锚箱进行上下焊接而成，然后将锚箱用焊钉使之与混凝土塔身连接，另外还要用环形预

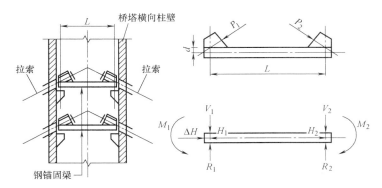

图 21-41　用钢锚固梁锚固拉索

应力筋将锚箱夹在混凝土的塔柱内，以增加对拉索水平荷载的抵抗力。

3. 拉索防腐

拉索防腐是斜拉桥设计的重要课题。由于斜拉桥发展的历史还不长，拉索防腐措施尚未经历足够的时间考验，但在近代确实有因拉索腐蚀断丝或保护层破损而进行换索的实例。早期的斜拉桥设计，其最大的失误就是拉索防腐措施不足。

在现代斜拉桥所广泛采用的两种拉索（平行钢丝索配冷铸锚、平行钢绞线索配夹片锚）中，拉索防腐的典型措施是这样的：

平行钢丝索配冷铸锚——镀锌钢丝为高密度 PE 套所防护，裸索埋于冷铸锚的环氧树脂混合料中。钢丝受到镀锌层和高性能 PE 套的保护。

平行钢绞线索配夹片锚——镀锌钢绞线涂以油（或蜡）层后，用双层 PE 套防护并将整索弯于 PE 套内，套内灌以水泥砂浆或其他有机防腐剂，裸索埋于钢套的防腐油脂中。钢绞线受到镀锌层、油层、PE 层和 PE 套管的 4 层保护。

国际预应力学会（FIP）有关体外索（包括斜拉索）的防护措施建议（1996 年）如表 21-4 所示。

体外预应力的材料和体系　　　　　　　　　　　　　　　表 21-4

预应力钢材	管道	腐蚀防护	锚具压浆管	分离器及鞍座
（a）普通钢丝与钢绞线 （b）镀锌钢丝与钢绞线 （c）涂油、涂蜡或其他软防护和涂塑单根钢绞线 （d）环氧护面钢丝、钢绞线和钢筋	（a）钢管或波纹铁皮管 （b）聚乙烯或聚丙烯管 （c）用金属套管加劲的塑料管	（a）水泥浆 （b）油脂或与水泥浆组合 （c）环氧沥青 （d）蜡 （e）沥青产品 （f）聚氨酯水泥浆	钢管或高密度聚乙烯或两者组合	（a）钢管或高密度聚乙烯，或两者组合 （b）钢、铸铁或预制混凝土制成的梳形板 （c）带有塑性垫块及滑动部件的鞍座

4. 拉索的应力

拉索的应力控制需要考虑三个因素，即有效弹性模量、破断强度和疲劳。

21.2　斜拉桥的构造

根据 Ernst 公式，拉索的等效弹性模量 E_{eq} 为：

$$E_{eq} = \frac{E}{1 + \dfrac{\gamma^2 l^2 E}{12\sigma^3}} \tag{21-3}$$

式中　E——拉索钢材的弹性模量；

　　　γ——索的重度；

　　　l——拉索的水平投影长度；

　　　σ——拉索的应力。

若拉索的应力过低，则拉索的垂度大，索的有效模量就小，这也是拉索必须采用高强度钢材的直接原因。因而控制拉索的最小应力是十分必要的。

根据钢材的受力特性，当拉索的荷载超过破断强度的 50% 时，钢的非弹性应变将快速增加，因而对于一般荷载组合，拉索的最大荷载只能到它破断强度的 40%。

另外，拉索应具有足够的抗疲劳能力，即在规定的应力幅下，拉索在承受 200 万次的荷载循环后，其强度不小于原来强度的 95%。拉索的抗疲劳能力与钢材和锚具有关，目前生产的成品拉索应力幅为 220～250MPa。

5. 拉索的减振

拉索的风致振动现象在各种跨径和类型的斜拉桥上普遍存在，拉索的振动易导致疲劳和外包破损。目前对斜拉桥的拉索采取的减振措施主要有以下几种：

（1）气动控制法

该法是将拉索原来的光滑表面做成带有螺旋凸纹、条形凸纹、V 形凹纹或圆形凹点的非光滑表面。通过提高拉索表面的粗糙度，使气流经过拉索时在表面边界层形成湍流，从而防止涡激共振的产生；拉索表面的凹凸纹还能阻碍下雨时拉索上、下缘迎风面水线的形成，从而防止雨振的发生。但其对塔、梁在外界激励下导致索两端的支座激振（又称参数振动）无减振作用，且由于表面粗糙度的增加，会增大拉索对风的阻力。

（2）阻尼减振法

阻尼减振法的作用机理就是通过安装阻尼装置，提高拉索的阻尼比从而抑制拉索的振动。它对涡激共振、尾流驰振、雨振以及由支座激励引起的拉索共振和参数振动都能起到较好的抑制作用。根据与拉索的相互关系，阻尼装置又可分为安放在套筒内的内置式阻尼器（图 21-42）和附着于拉索之上的外置式阻尼器（图 21-43）。

（3）改变拉索动力特性法

采用连接器（索夹）或辅助索将若干根索相互连接起来，辅助索可以采用直径比主索小得多的索。其作用机理是：通过连接，将长索转换成为相对较短的短索，使拉索的振动基频提高，从而抑制索的振动。这对防止低频振动十分有效，同时也能降低雨振以及单根索振动发生的概率，但对通常以高阶形式出现的涡激振动抑制作用不明显。另外，辅助索易疲劳断裂，对桥梁景观有一定影响。

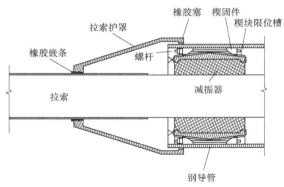

图 21-42　内置式阻尼器　　　　　　　图 21-43　外置式阻尼器

图 21-44 是多多罗大桥采用这种方式的示意图，最大索长超过 450m。每半个扇面采用 4 道制振缆索，每道的截面为 $2\times\phi30mm$。除此之外该桥上还兼用了一些阻尼减振器。

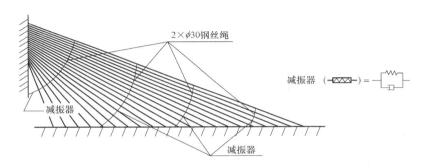

图 21-44　多多罗大桥的制振缆索

21.3　斜拉桥的计算

斜拉桥的结构计算内容主要包括静力、稳定和动力分析三大类。

斜拉桥的静力计算包含整体计算和局部计算两部分。斜拉桥静力受力特性与一般梁桥有所不同，对于梁桥，如果结构尺寸、材料、二期恒载确定后，结构的恒载内力也随之基本确定，无法进行较大的调整。而对于斜拉桥，在外部体系、结构尺寸、材料、二期恒载等确定后，结构的受力在很大程度上取决于斜拉索的张拉力，索力的大小以及多根索力之间的分配比例可以组成无数组索力张拉方案和对应的结构内力状态。因此，斜拉桥的设计计算首先要确定其合理的成桥状态，即以成桥时的线形和内力状态为最优，最佳状态时主梁和塔的恒载弯矩很小。斜拉桥的活载受力性能与恒载有很大区别，恒载的受力状态可以通过索力进行调整，但是活载内力只与体系、截面、材料有关，而不受索力调整的影响。大跨度混凝土斜拉桥主梁的自重集度很大，斜拉索的活载增量很小，只占索力的 20% 左右，但是活载在主梁与塔柱产生

619

的弯矩可能超过恒载产生的弯矩，并成为弯矩的主要部分。除上述恒载、活载外，斜拉桥设计中需要考虑的静力效应主要还有：预应力效应、温度效应、混凝土收缩徐变等。当确定了斜拉桥的理想成桥状态后还必须根据此状态确定各施工阶段的合理状态。斜拉桥局部计算对象主要包括横梁、桥面板、锚固体和其他需要计算局部应力的构件。

斜拉桥的主梁及塔柱都是偏心受压构件，必须考虑成桥和施工阶段的稳定性，跨度不大时应进行弹性稳定计算，超大跨度斜拉桥还必须进行弹塑性稳定计算。

斜拉桥的动力计算主要包括抗震计算和抗风计算。一般的梁桥、拱桥和刚架桥设计时，首先是考虑到对桥梁的恒载和使用荷载进行计算，其次是对桥梁的地震荷载和风荷载进行验算。但对于跨度较大的斜拉桥，环境荷载和使用荷载同样重要。在一些地震较频繁的地区，通常是在初步设计阶段就考虑地震荷载，尤其是纵向漂浮体系的斜拉桥，其塔底的纵向弯矩有时会控制设计。在超大跨度斜拉桥中风效应也是控制设计的主要因素之一。斜拉桥由于其高次超静定，故其结构行为表现出较强的耦合性，尤其是扭转和竖向弯曲振型经常强烈耦合在一起，因此，在动力计算时最好采用空间模型。

斜拉桥存在着材料非线性和结构几何非线性影响。材料非线性主要指混凝土收缩徐变的影响；材料非线性还应包括拉索锚固区局部应力考虑塑性重分布的影响等。斜拉桥结构几何非线性主要包括：单元初始内力对单元刚度矩阵的影响（梁-柱效应）、大位移对结构平衡方程的影响（大位移效应）、拉索垂度的影响（垂度效应）。其中垂度效应见本节 21.3.2 小节，其余内容的计算详见相关专业文献，本书略。

斜拉桥施工阶段的计算很重要，特别是主梁在施工阶段的受力条件往往起控制作用，这是由于主梁的抗弯承载力一般限制在一个较小的范围内，以便采取较小的主梁尺寸以减轻它的自重，提高跨越能力。在斜拉桥中恒活载引起的内力的平衡主要依靠索、塔及主梁的轴力来实现，因此，索力的微小偏差均能在主梁内引起较大的弯矩，这一点是施工阶段计算的重点。此外，斜拉桥施工多采取悬臂浇筑或悬臂拼装法来实现，故施工阶段的变形计算也很重要，通过变形计算以确定预拱度，控制桥面高程，使施工完成后的桥面线形平顺。为了控制好斜拉桥的内力和变形，一般要进行施工控制计算和施工监测。

本书斜拉桥的计算重点介绍结构分析计算图式、斜拉索的垂度效应计算、斜拉桥合理成桥状态的确定、施工张拉力和预拱度的计算等内容，限于篇幅，其余计算方面的内容详见相关专业文献，本书略。

21.3.1　结构分析计算图式

斜拉桥是高次超静定结构，常规分析可采用平面杆系有限元法，即基于小位移的直接刚度矩阵法。

有限元分析首先是建立计算模型，对整体结构划分单元和节点，形成结构离散图，研究各单元的性质，并用合适的单元模型进行模拟。

对于柔性拉索，可用拉压杆单元进行模拟，同时按后面介绍的等效弹性模量方法考虑斜拉索的垂度影响，对于梁和塔单元，则用梁单元进行模拟。

斜拉桥与其他超静定桥梁一样，它的最终恒载受力状态与施工过程密切相关，因此结构分析必须准确模拟和修正施工过程。

图 21-45 是一座斜拉桥的结构分析离散图。

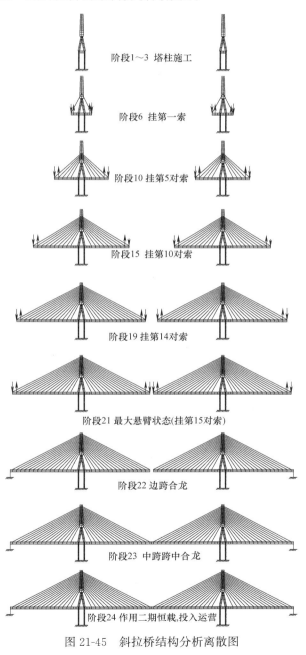

图 21-45　斜拉桥结构分析离散图

21.3.2　斜拉索的垂度效应计算

1. 等效弹性模量

斜拉桥的拉索一般采用柔性索，斜索在自重的作用下会产生一定的垂度，这一垂度的大小与索力有关，垂度与索力呈非线性关系。拉索张拉时，索的伸长量包括弹性伸长以及克服垂度所带来的伸长，为方便计算，可以用等效弹性模量的方法，在弹性伸长公式中计入垂度的影响。

等效弹性模量常用 Ernst 公式，推导如下：

如图 21-46 所示，q 为拉索自重集度，f_m 为拉索跨中 m 的径向挠度。因索不承担弯矩，根据 m 处索弯矩为零的条件，得到：

$$T \cdot f_m = \frac{1}{8} q_1 l^2 = \frac{1}{8} q l^2 \cdot \cos\alpha$$

$$f_m = \frac{q l^2}{8T} \cos\alpha \tag{21-4}$$

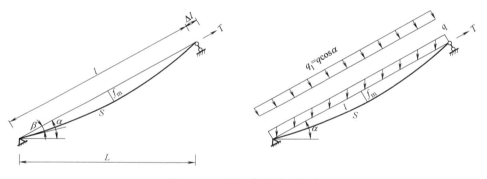

图 21-46　斜拉索的受力图式

索形应该是悬链线，对于 f_m 很小的情形，可近似地按抛物线计算，索的长度为：

$$S = l + \frac{8}{3} \cdot \frac{f_m^2}{l} \tag{21-5}$$

$$\Delta l = S - l = \frac{8}{3} \cdot \frac{f_m^2}{l} = \frac{q^2 l^3}{24 T^2} \cos^2\alpha$$

$$\frac{\mathrm{d}\Delta l}{\mathrm{d}T} = -\frac{q^2 l^3}{12 T^3} \cos^2\alpha \tag{21-6}$$

用弹性模量的概念表示上述垂度的影响，则有：

$$E_f = \frac{\mathrm{d}T}{\mathrm{d}\Delta l} \cdot \frac{l}{A} = \frac{12 l T^3}{A q^2 l^3 \cos^2\alpha} = \frac{12\sigma^3}{(\gamma L)^2} \tag{21-7}$$

式中　σ——$\sigma = T/A$；

q——$q = \gamma A$；

L——$L = l \cdot \cos\alpha$，为拉索的水平投影长度；

E_f——计算垂度效应的当量弹性模量。

在 T 的作用下，拉索的弹性应变为：

$$\varepsilon_{\rm e} = \frac{\sigma}{E_{\rm e}}$$

因此，等效弹性模量 $E_{\rm eq}$ 为：

$$E_{\rm eq} = \frac{\sigma}{\varepsilon_{\rm e} + \varepsilon_{\rm f}} = \frac{\sigma}{\dfrac{\sigma}{E_{\rm e}} + \dfrac{\sigma}{E_{\rm f}}} = \frac{E_{\rm e}}{1 + \dfrac{E_{\rm e}}{E_{\rm f}}}$$

即：

$$E_{\rm eq} = \frac{E_{\rm e}}{1 + \dfrac{(\gamma L)^2}{12\sigma^3} E_{\rm e}} = \mu E_{\rm e} \quad (\mu < 1) \qquad (21\text{-}8)$$

拉索等效弹性模量与拉索水平投影长 L 的关系如图 21-47 所示。

2. 斜拉索两端倾角修正

斜拉索两端的钢导管在安装时，必须考虑垂度引起的索两端倾角的变化量 β，否则将造成导管轴线偏位。一般情况下，可按抛物线计算，即：

$$\tan\beta = \frac{4f_{\rm m}}{l} = \frac{4}{l} \cdot \frac{ql^2}{8T}\cos\alpha$$

$$= \frac{q}{2T} \cdot L = \frac{\gamma L}{2\sigma} \qquad (21\text{-}9)$$

$$\beta = \tan^{-1}\left(\frac{\gamma L}{2\sigma}\right)$$

当索的水平投影长度很长时 $(L > 300{\rm m})$，按抛物线计算会带

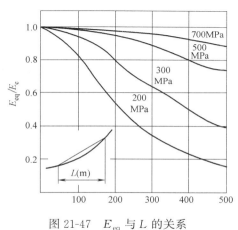

图 21-47 $E_{\rm eq}$ 与 L 的关系
($E_{\rm e} = 205000{\rm MPa}$，$\gamma = 98{\rm kN/m^3}$)

来一定的误差，因而应采用更精确的悬链线方程求解。

21.3.3 斜拉桥合理成桥状态的确定

斜拉桥是高次超静定结构，斜拉桥结构受力与索力大小密切相关，而斜拉索索力可以调节，故斜拉桥的设计存在一个合理成桥状态确定问题，通过优化成桥索力使斜拉桥成桥时结构内力和线形符合规范要求或达到与设计理想状态基本吻合的状态。为了寻求合理的成桥状态，国内外学者探索出了多种方法，主要有：刚性支承连续梁法、内力平衡法（或应力平衡法）、影响矩阵法、用索量最小法、最小弯曲能量原理法、最小弯矩法、考虑活载效应的分步算法（简称分步算法）等。

刚性支承连续梁法：此法的原理是选择合理成桥索力，使结构在成桥状态的恒载内力与以拉索锚固点为主梁支点的刚性支承连续梁的内力一致。这种方法确定的索力可能导致索力跳跃很大，不均匀，但主梁弯矩很小。对于不对称结构，塔的弯矩难以兼顾，所得结果将难以应用。

内力（或应力）平衡法：该法以控制截面内力（或应力）为目标，通过合理选择索力来实现这一目标。控制截面可包括主梁和主塔，因此，主梁和主塔的内力（或应力）都可照顾到，若控制截面及相应的控制值选择合理，效果会比前一种方法好。该法的难点在于如何合理地选择控制截面和相应的控制值。在这方面，可以采用有的学者提出的应力平衡原则，即设计适当的斜拉索索力，以使结构各控制截面在恒载和活载共同作用下，上翼缘的最大应力和材料容许应力之比等于下翼缘的最大应力和材料容许应力之比。实际上，刚性支承连续梁法也是内力平衡法的一个特例，特例之处在于规定了控制截面内力的确定方法。

影响矩阵法：将结构中关心截面的内力、位移或应力等独立元素所组成的列向量作为受调向量 $\{D\}$，将结构物中可实施调整以改变受调向量的独立元素——斜拉索索力所组成的列向量作为施调向量 $\{X\}$，通过影响矩阵 $[A]$ 建立受调向量与施调向量之间的关系 $[A]\{X\}=\{D\}$，这是一个线性方程组，若受调向量的独立元素个数 m 与施调向量独立元素个数 n 相同，即 $m=n$，求解该线性方程组即可得施调向量的调整量 $\{X\}$。若 $m>n$，则该线性方程组是一个矛盾方程组，可用最小二乘法求解。若在线性方程组上再增加一些不等式约束，则构成了一个线性规划问题。实际上，内力（应力）平衡法、最小弯曲能量原理法、用索量最小法、刚性支承连续梁法等均可用影响矩阵的形式来表示，均可归结为影响矩阵法。

用索量最小法：以斜拉索用量（索力乘索长）作为目标函数，再增加一些约束条件，如索力均匀性约束、控制截面内力约束等。使用这种方法，必须合理确定约束方程，否则容易引起错误结果。

最小弯曲能量原理法、最小弯矩法：这两种方法分别以弯曲应变能最小和弯矩平方和最小为目标函数。最初该法只适用于恒载索力优化，无法考虑活载和预应力的影响；将该法与影响矩阵结合后，这个缺点可以克服。

分步算法：在内力整体优化（可用传统的最小弯曲能量原理法）的基础上，适度进行索力调匀；再根据正常使用极限状态的截面上下缘应力条件，计入活载影响，并考虑设计者给出的最小可行域得出合理预加力和合理可行域；以索力进行适度调匀、主梁恒载弯矩位于合理可行域中值附近、主塔恒载弯矩向跨径较小的一侧有一定预偏为原则确定受调向量（包括索力、主梁弯矩、主塔弯矩）的目标值，建立控制方程，通常为矛盾线性方程组，用最小二乘法求广义解；然后再用实际的可行域进行检验。不合格则需再次确定受调向量的目标值，直至检验合格。

有的文献也将斜拉桥合理成桥状态确定方法归结为如下的三大类，即：指定受力状态的索力优化法（如刚性支承连续梁法、零位移法）、无约束索力优化法（如最小弯曲能量原理、最小弯矩法等）、有约束索力优化法（如用索量最小法、分步算法等）。

本节将介绍较为实用且有代表性的最小弯曲能量原理法、分步算法和影响矩阵法。

1. 最小弯曲能量原理法

分析静载作用下斜拉桥结构内力，如图 21-48 所示，最方便直观的方法是将斜拉索切断，用力来代替，如图 21-48（b）所示。设 $x_i = 1$ 作用在基本结构，产生梁和塔的弯矩为 m_i，静载作用下基本结构的弯矩为 M_p，那么，任意截面的总弯矩为：

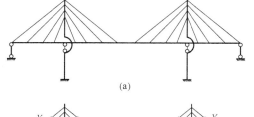

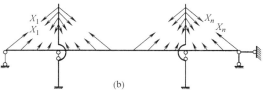

$$M = M_p + \sum_{i=1}^{n} x_i m_i \qquad (21\text{-}10)$$

式中　n——斜拉索的根数。

图 21-48　基本结构合理索力分析示意图

接着，要建立优化目标函数。通常希望梁和塔在静载作用下弯矩尽可能要小一些，因此用结构弯矩产生的余能作为优化目标函数是很合适的，如果正是这样，弯矩产生的余能为

$$U = \frac{1}{2} \int \frac{M^2}{EI} \mathrm{d}s \qquad (21\text{-}11)$$

将式（21-10）代入式（21-11），有

$$U = \frac{1}{2} \int \frac{1}{EI} \left[M_p + \sum_{i=1}^{n} x_i m_i \right]^2 \mathrm{d}s$$

$$= \frac{1}{2} \int \frac{1}{EI} \left(M_p^2 + \sum_{i=1}^{m} \sum_{j=1}^{n} x_i x_j m_i m_j + 2 M_p \sum_{i=1}^{n} x_i m_i \right) \mathrm{d}s \qquad (21\text{-}12)$$

令：
$$\delta_{ij} = \int \frac{m_i m_j}{EI} \mathrm{d}s \qquad (21\text{-}13)$$

$$\Delta_{ip} = \int \frac{m_i M_p}{EI} \mathrm{d}s \qquad (21\text{-}14)$$

则：
$$U = \frac{1}{2} \left(\int \frac{M_p^2}{EI} \mathrm{d}s + \sum_{i=1}^{n} \sum_{j=1}^{n} x_i x_j \delta_{ij} + \sum_{i=1}^{n} x_i \Delta_{ip} \right) \qquad (21\text{-}15)$$

很明显，弯矩余能与索力有关，要使 U 最小，其必要条件为

$$\frac{\partial U}{\partial x_i} = 0 \qquad (21\text{-}16)$$

$$\sum_{j=1}^{n} x_j \delta_{ij} + \Delta_{ip} = 0 \quad i = 1, 2, \cdots, n \qquad (21\text{-}17)$$

式（21-17）共有 n 个方程，因此能解得静载作用下的索力而使弯矩余能最小，也就是说弯矩所耗费的材料最少。值得注意的是式（21-11）中的 I 是可以任意选择的，它完全可以是虚构的，例如，梁与塔的 I 不同比值，或者边跨与中跨的 I 亦可以有不同选择，这完全取决于力学的要求。另一方面，

21.3　斜拉桥的计算

如果直接按式（21-13）、式（21-14）和式（21-17）去解合理索力，需要有专门的程序，如果作如下处理：

$$\delta_{ij} = \int \frac{m_i m_j}{EI} \mathrm{d}s + \int \frac{N_i N_j}{EA} \mathrm{d}s \tag{21-18}$$

$$\Delta_{ip} = \int \frac{m_i M_p}{EI} \mathrm{d}s + \int \frac{N_i N_p}{EA} \mathrm{d}s \tag{21-19}$$

N_i 为 $x_i = 1$ 时基本结构的轴力，N_p 为静载产生的基本结构的轴力，A 为结构构件截面面积。很明显，当 A 取很大值时，式（21-18）、式（21-19）就与式（21-13）、式（21-14）相同，这时，方程（21-17）就是力法方程。故用最小弯曲能量原理确定成桥内力的具体做法可以是：将索、塔和梁的面积取得很大，用平面杆系程序来计算静载内力，此时索的重量未被计入，因为静载索力尚未求出，待求出索力后（静载加活载），算出斜拉索面积及斜拉索的分布重量，并再加到优化结构上重新计算静载内力，这时的内力为优化内力（如果计算出的索力有的拉力很小，甚至受压，说明索的布置需要调整，或者用 I 来调整），然后，再恢复结构的真实面积，作后续计算。

2. 分步算法

（1）计算步骤

在斜拉桥结构尺寸初步拟定后，用分步算法进行斜拉桥合理成桥内力状态确定的主要步骤如下：

① 根据最小弯曲能量原理初定成桥状态。所确定的结果是主梁恒载弯矩较小，也较均匀，但尾索附近索力跳跃较大。

② 将索力适度"调匀"。使短索的索力小，长索的索力大，呈递增趋势，局部地方允许索力有突变，如 0 号索和 1 号索的索力通常用较大的值，同时，所有索中不宜有太大或太小索力的索，并尽量采用第①步确定的索力结果。

③ 根据确定的恒载索力估算各根索截面面积，确定索的规格，在此基础上，即可计算主梁活载应力包络图。

④ 根据设计者确定的主梁恒载弯矩最小可行域和前面确定的主梁恒载（预应力除外）轴力、上下缘活载应力等计算最小预加力，并配置预应力筋；再计算在实际预加力下主梁恒载弯矩可行域。

⑤ 目标索力在第②步已被确定，主梁恒载弯矩目标值按"该值位于其可行域中值附近"的原则确定，主塔恒载弯矩目标值按"该值使塔向跨径较小一侧有一定预偏"的原则确定。于是，确定了受调向量（含索力、主梁、主塔弯矩）的调整量。选择索力作为施调向量，建立受调向量调整量与施调向量调整量之间的关系，即控制方程。

⑥ 控制方程为矛盾线性方程组，用最小二乘法求其广义解，得出施调向量的调整量，从而得出修正索力。

⑦ 成桥状态检验，即在修正索力的条件下进行斜拉索应力检算、主梁恒载弯矩可行域和主梁恒载弯矩计算及检验。不符合要求者，转入第②步，再

次调整，直至符合要求。该步骤用框图表示，如图 21-49 所示。

在上述过程中，未将边墩和辅助墩的反力作为控制目标，其原因是用调索方法来大幅度调整其值很难有效。边墩和辅助墩反力的合理取值，通常以在各种荷载组合下不出现负反力，也不太大为原则。其调整措施主要是增大或减少边跨配重。

在图 21-49 所示的主要步骤中，下面将重点介绍步骤 4 和步骤 6 的相关原理。其余各步骤的原理如前所述。

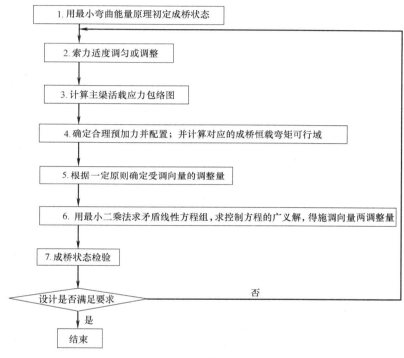

图 21-49　分步算法主要步骤

（2）最小预加力与主梁恒载弯矩可行域的概念

设各符号的含义如下：

N_d——恒载（除预加力以外）产生的主梁轴向力（以压为正）；

M_d——包括全部预加力在内的所有恒载产生的主梁弯矩（以引起下缘拉应力为正）；

N_y——全部有效预加力（拉力为正）；

σ_{sm}、σ_{xm}——主梁截面上、下缘活载最大应力（应力以拉为正、压为负）；

σ_{sn}、σ_{xn}——主梁截面上、下缘活载最小应力（应力以拉为正、压为负）；

A、W_x、W_s——主梁面积、下缘和上缘抗弯截面模量；

$[\sigma_l]$——材料的允许拉应力；

$[\sigma_a]$——材料容许压应力（其值为负）。

由正常使用极限状态，有主梁截面上下缘恒载、活载组合下最大拉应力和最小压应力的控制条件：

$$\sigma_{\rm sl}=-\frac{N_{\rm d}+N_{\rm y}}{A}-\frac{M_{\rm d}}{W_{\rm s}}+\sigma_{\rm sm}\leqslant[\sigma_l] \tag{21-20}$$

$$\sigma_{\rm xl}=-\frac{N_{\rm d}+N_{\rm y}}{A}+\frac{M_{\rm d}}{W_{\rm x}}+\sigma_{\rm xm}\leqslant[\sigma_l] \tag{21-21}$$

和

$$\sigma_{\rm xa}=-\frac{N_{\rm d}+N_{\rm y}}{A}+\frac{M_{\rm d}}{W_{\rm x}}+\sigma_{\rm xn}\geqslant[\sigma_a] \tag{21-22}$$

$$\sigma_{\rm sa}=-\frac{N_{\rm d}+N_{\rm y}}{A}-\frac{M_{\rm d}}{W_{\rm s}}+\sigma_{\rm sn}\geqslant[\sigma_a] \tag{21-23}$$

得到：

$$M_{\rm d}\geqslant\left[-\frac{N_{\rm d}+N_{\rm y}}{A}-[\sigma_l]+\sigma_{\rm sm}\right]W_{\rm s}=M_{{\rm d}l2}\quad（上缘拉应力控制条件）$$
$$\tag{21-24}$$

$$M_{\rm d}\leqslant\left[\frac{N_{\rm d}+N_{\rm y}}{A}+[\sigma_l]+\sigma_{\rm xm}\right]W_{\rm x}=M_{{\rm d}l1}\quad（下缘拉应力控制条件）$$
$$\tag{21-25}$$

$$M_{\rm d}\geqslant\left[\frac{N_{\rm d}+N_{\rm y}}{A}+[\sigma_a]+\sigma_{\rm xn}\right]W_{\rm x}=M_{{\rm da}2}\quad（下缘压应力控制条件）$$
$$\tag{21-26}$$

$$M_{\rm d}\leqslant\left[-\frac{N_{\rm d}+N_{\rm y}}{A}-[\sigma_a]+\sigma_{\rm sn}\right]W_{\rm s}=M_{{\rm da}1}\quad（上缘压应力控制条件）$$
$$\tag{21-27}$$

令 $M_{\rm d1}=\mathrm{Min}(M_{{\rm d}l1},\ M_{{\rm da}1})$，$M_{\rm d2}=\mathrm{Max}(M_{{\rm d}l2},\ M_{{\rm da}2})$，当主梁成桥恒载弯矩 $M_{\rm d}$ 落在 $[M_{\rm d2},\ M_{\rm d1}]$ 域内时，主梁在各种荷载组合下截面上下缘的正应力均能满足正常使用极限状态的要求。故将闭区间 $[M_{\rm d2},\ M_{\rm d1}]$ 定义为主梁恒载弯矩可行域。

如果设计者给出一个值 $[\Delta M_{\rm d}]$，使得

$$M_{\rm d1}-M_{\rm d2}\geqslant[\Delta M_{\rm d}] \tag{21-28}$$

则满足式（21-28）的最小预加力数量 $N_{\rm y}$ 称之为最小预加力，$[\Delta M_{\rm d}]$ 称为主梁恒载弯矩最小可行域。由式（21-24）～式（21-28）即可求出最小预加力。如果无解，则说明设计不合理，可能的原因有：①截面选取不合理，如截面太小，或者截面效率指标低（面积大但抗弯惯性矩小）；②结构体系布置不合理，造成活载应力过大；③参数（$[\sigma_l]$、$[\sigma_a]$、$[\Delta M_{\rm d}]$）选择过于苛刻。对这些原因需作具体分析。

最小预加力的计算结果可作为实际预应力配置的依据，实际配置的总有效预加力不能少于最小预加力。

（3）主梁最小预加力的计算

由式（21-25）和式（21-27）可见，当 $N_{\rm y}$ 增大时，$M_{{\rm d}l1}$ 增大，$M_{{\rm da}1}$ 减小；同样由式（21-24）和式（21-26）可见，当 $N_{\rm y}$ 增大时，$M_{{\rm d}l2}$ 减小，

M_{da2} 增大。

令 $M_{dl1}=M_{da1}$，由式（21-25）和式（21-27）得：

$$N_y=\frac{A}{1+\alpha}\{(\sigma_{sn}-[\sigma_a])\alpha+\sigma_{xm}-[\sigma_l]\}-N_d=N_{yj1} \tag{21-29}$$

其中：$\alpha=W_s/W_x$。

令 $M_{dl2}=M_{da2}$，由式（21-24）和式（21-26）得：

$$N_y=\frac{A}{1+\alpha}\{\sigma_{xn}-[\sigma_a]+(\sigma_{sm}-[\sigma_l])\alpha\}-N_d=N_{yj2} \tag{21-30}$$

当 $N_y>N_{yj1}$ 时，$M_{d1}=M_{da1}$（上缘压应力条件控制），否则，$M_{d1}=M_{dl1}$（下缘拉应力条件控制）；当 $N_y>N_{yj2}$ 时，$M_{d2}=M_{da2}$（下缘压应力条件控制），否则，$M_{d2}=M_{dl2}$（上缘拉应力条件控制）。

由于通常都只采用预拉预应力，故 $N_y\geqslant0$。可用试算的办法来确定 N_y，让 N_y 从 0 开始按一定的步长增加，直至式（21-28）成立为止，即可得 N_y。但当截面不合理时，式（21-28）总得不到满足。

为了便于分析，可以根据由式（21-29）和式（21-30）确定的 N_{yj1}、N_{yj2} 将式（21-28）分段来表达，将 N_y 分成 4 个可能的区段，从区段①至区段④逐一顺序检验，如果本区段的条件得到满足，即得到所求的合理预加力 N_y；否则，进入下一区段。

① 当 $N_y\leqslant\mathrm{Min}(N_{yj1}，N_{yj2})$ 且 $\mathrm{Min}(N_{yj1}，N_{yj2})>0$ 时，式（21-28）成为：

$$M_{dl1}-M_{dl2}\geqslant[\Delta M_d] \tag{21-31}$$

将式（21-24）和式（21-25）代入式（21-31）得：

$$N_y\geqslant\frac{A}{1+\alpha}(\sigma_{sm}\alpha+\sigma_{xm})-N_d-[\sigma_l]\cdot A+\frac{[\Delta M_d]\cdot A}{(1+\alpha)\cdot W_x}=N_{y1} \tag{21-32}$$

当 $N_{y1}\leqslant\mathrm{Min}(N_{yj1}，N_{yj2})$ 时，满足此区段要求，N_y 分两种情况取值：a) 当 $N_{y1}>0$ 时，取 $N_y=N_{y1}$；b) 当 $N_{y1}<0$ 时，取 $N_y=0$。

当 $N_{y1}>\mathrm{Min}(N_{yj1}，N_{yj2})$ 时，N_y 不在该区段取值，进入下一区段。

② 当 $\mathrm{Min}(N_{yj1}，N_{yj2})<N_y<\mathrm{Max}(N_{yj1}，N_{yj2})$ 且 $N_{yj1}>N_{yj2}$，$N_{yj1}>0$ 时，式（21-28）成为：

$$M_{dl1}-M_{da2}\geqslant[\Delta M_d] \tag{21-33}$$

将式（21-25）和式（21-26）代入式（21-33）得：

$$[\sigma_l]-[\sigma_a]-(\sigma_{xm}-\sigma_{xn})\geqslant[\Delta M_d]/W_x \tag{21-34}$$

式（21-34）说明只要 N_y 在该区段取值，则式（21-33）与 N_y 无关，如果式（21-34）得到满足，N_y 分两种情况取值：a) 当 $N_{yj2}\geqslant0$ 时，$N_y=N_{yj2}$，b) 当 $N_{yj2}<0$ 时，取 $N_y=0$。

③ 当 $\mathrm{Min}(N_{yj1}，N_{yj2})<N_y<\mathrm{Max}(N_{yj1}，N_{yj2})$ 且 $N_{yj1}<N_{yj2}$，$N_{yj2}>0$ 时，式（21-28）成为：

$$M_{\mathrm{da1}} - M_{d/2} \geqslant [\Delta M_{\mathrm{d}}] \tag{21-35}$$

将式（21-24）和式（21-27）代入式（21-33）得：

$$[\sigma_l] - [\sigma_{\mathrm{a}}] - (\sigma_{\mathrm{sm}} - \sigma_{\mathrm{sn}}) \geqslant [\Delta M_{\mathrm{d}}]/W_{\mathrm{s}} \tag{21-36}$$

与分段②相似，式（21-36）与 N_{y} 无关，如果式（21-36）得到满足，N_{y} 也分两种情况取值：a) $N_{\mathrm{yj1}} > 0$，取 $N_{\mathrm{y}} = N_{\mathrm{yj1}}$；b) 当 $N_{\mathrm{yj1}} < 0$ 时，取 $N_{\mathrm{y}} = 0$。

④ 当 $N_{\mathrm{y}} \geqslant \mathrm{Max}(N_{\mathrm{yj1}},\ N_{\mathrm{yj2}})$ 时，式（21-28）成为：

$$M_{\mathrm{da1}} - M_{\mathrm{da2}} \geqslant [\Delta M_{\mathrm{d}}] \tag{21-37}$$

将式（21-26）和式（21-27）代入式（21-37）得：

$$N_{\mathrm{y}} \leqslant \frac{A}{1+\alpha}(\sigma_{\mathrm{sn}}\alpha + \sigma_{\mathrm{xn}}) - N_{\mathrm{d}} - [\sigma_{\mathrm{a}}] \cdot A - \frac{[\Delta M_{\mathrm{d}}] \cdot A}{(1+\alpha) \cdot W_{\mathrm{x}}} = N_{\mathrm{y2}} \tag{21-38}$$

当 $N_{\mathrm{y2}} \geqslant \mathrm{Max}(N_{\mathrm{yj1}},\ N_{\mathrm{yj2}})$ 且 $N_{\mathrm{y2}} > 0$ 时，满足此区段要求，N_{y} 分两种情况取值：a) $\mathrm{Max}(N_{\mathrm{yj1}},\ N_{\mathrm{yj2}}) \geqslant 0$，取 $N_{\mathrm{y}} = \mathrm{Max}(N_{\mathrm{yj1}},\ N_{\mathrm{yj2}})$；b) $\mathrm{Max}(N_{\mathrm{yj1}},\ N_{\mathrm{yj2}}) < 0$，取 $N_{\mathrm{y}} = 0$。

如果 4 个区段的条件均不能满足，则说明无解。

（4）控制方程与最小二乘法

以图 21-49 所示的第 5 步所确定的所有起控制作用的物理量作为控制目标，以成桥索力作为施调向量，假设斜拉桥受力处于线弹性状态，即可建立控制方程：

$$[A]\{\Delta T\} = \{\Delta R\} \tag{21-39}$$

式中　$\{\Delta T\}$——待求的成桥索力调整量；

　　　$\{\Delta R\}$——成桥状态控制目标需调整的量；

　　　$[A]$——索力调整对控制目标的影响矩阵。

通常，未知数个数小于方程数个数，这个控制方程得出的结果才有实际意义，这是一个矛盾的线性方程组，可用最小二乘法求其广义解。即求使

$$Q = \| [A]\{\Delta T\} - \{\Delta R\} \|^2 = \sum_{i=1}^{m} \left[\Delta R_i - \sum_{j=1}^{n} a_{ij} \cdot \Delta T_j \right]^2 \tag{21-40}$$

为最小的 $\{\Delta T\}$，其中 m、n 分别为 $\{\Delta R\}$ 和 $\{\Delta T\}$ 的元素个数。

根据极值原理，满足 $Q(\{\Delta T\})$ 最小的 ΔT_k 必须满足：

$$\frac{\partial Q(\{\Delta T\})}{\partial \Delta T_k} = 2 \sum_{i=1}^{m} \left\{ \left[\Delta R_i - \sum_{j=1}^{n} a_{ij} \cdot \Delta T_j \right] \cdot (-a_{ik}) \right\} = 0 \quad (k = 1,2,\cdots,n)$$

$$\tag{21-41}$$

或者：

$$\sum_{j=1}^{n} \left[\sum_{i=1}^{m} (a_{ik}a_{ij}) \cdot \Delta T_j \right] = \sum_{i=1}^{m} a_{ik} \cdot \Delta R_i \quad (k = 1,2,\cdots,n) \tag{21-42}$$

上式写成矩阵形式为：

$$[A]^{\mathrm{T}}[A]\{\Delta T\} = [A]^{\mathrm{T}}\{\Delta R\} \tag{21-43}$$

上式是有 n 个未知量 n 个方程的线性方程组。可以证明当 $[A]$ 列满秩时，上式有唯一解。由上式解出 $\{\Delta T\}$ 后，即可得到调整后的控制目标值：

$$\{R\}=\{R_0\}+[A]\{\Delta T\} \tag{21-44}$$

式中 $\{R_0\}$——控制目标在调整前的值。

考虑到受调向量可能是截面上弯矩、索力等混合变量组成，这些变量的量纲各异，若直接选用误差向量的模的平方作为目标函数，可能导致优化失败，为此，引入反映各控制变量量纲和其自身重要性的正定对角的权矩阵 $[\rho_1]$ 和 $[\rho_2]$，使得 (21-39) 的控制方程变为：

$$[\rho_1][\rho_2][A]\{\Delta T\}=[\rho_1][\rho_2]\{\Delta R\} \tag{21-45}$$

其后，该控制方程即可用前述的最小二乘法求解。通常，取 $[\rho_1]$ 中的元素 ρ_1 为基准物理量目标值的平均值与该元素对应的物理量的相应值之比，$[\rho_2]$ 中的元素 ρ_2 视其受控程度的重要性取为 $1\sim10$。

3. 影响矩阵法

先以弯曲能量最小为目标函数推导成桥索力优化的影响矩阵法，再通过讨论来认识这种方法对多种目标函数成桥索力优化的统一性。

杆系结构的弯曲应变能为：

$$U=\int_s \frac{M^2(s)}{2EI}\mathrm{d}s$$

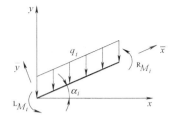

图 21-50　杆系结构单元 i 的受力图式

设杆系结构单元 i 的受力图式如图 21-50 所示，则由 m 个单元组成的杆系结构的应变能为：

$$U=\sum_{i=1}^{m}\frac{l_i}{6E_iI_i}\Big[({}^{\mathrm{L}}M_i^2+{}^{\mathrm{R}}M_i^2-{}^{\mathrm{L}}M_i\cdot{}^{\mathrm{R}}M_i)+$$
$$\frac{q_i}{4}\cdot l_i^2\cos\alpha_i({}^{\mathrm{R}}M_i-{}^{\mathrm{L}}M_i)+\frac{1}{40}q_i^2l_i^4\cos\alpha_i\Big] \tag{21-46}$$

式中　　m——结构单元总数；

l_i、E_i、I_i——分别表示 i 号单元的杆件长度、材料弹性模量和截面惯性矩；

${}^{\mathrm{L}}M_i$、${}^{\mathrm{R}}M_i$——分别表示单元左、右端弯矩；

q_i——设梁单元除承受杆端力外，只承受均布铅直向下的荷载，q_i即为梁单元 i 单位梁长承受的荷载值；

α_i——单元 i 轴线与水平线的夹角。

式 (21-46) 可写成：

$$U=\{{}^{\mathrm{L}}M\}^{\mathrm{T}}[B]\{{}^{\mathrm{L}}M\}+\{{}^{\mathrm{R}}M\}^{\mathrm{T}}[B]\{{}^{\mathrm{R}}M\}-\{{}^{\mathrm{L}}M\}^{\mathrm{T}}[B]\{{}^{\mathrm{R}}M\}$$
$$+\{C\}^{\mathrm{T}}(\{{}^{\mathrm{R}}M\}-\{{}^{\mathrm{L}}M\})+D \tag{21-47}$$

式中　$\{{}^{\mathrm{L}}M\}$、$\{{}^{\mathrm{R}}M\}$——分别是左、右端弯矩向量；

$[B]$——系数矩阵，按下式计算：

$$[B]=\begin{bmatrix} b_{11} & 0 & \cdots & 0 \\ & b_{22} & \cdots & 0 \\ & & \cdots & \\ & & & \cdots \\ 对称 & & & b_{mm} \end{bmatrix},\ b_{ii}=\frac{l_i}{6E_iI_i}\ (i=1,2,\cdots,m) \tag{21-48}$$

631

$$\{C\}^{\mathrm{T}}=\left[\begin{array}{cccc}\dfrac{q_1 l_1^3 \cos\alpha_1}{24 E_1 I_1} & \dfrac{q_2 l_2^3 \cos\alpha_2}{24 E_2 I_2} & \cdots & \dfrac{q_m l_m^3 \cos\alpha_m}{24 E_m I_m}\end{array}\right]$$

$D=\sum\limits_{i=1}^{m}\dfrac{q_i^2 l_i^5 \cos\alpha_i}{240 E_i I_i}$，为与杆端弯矩无关的常量。

令调索前左、右端弯矩向量分别为 $\{^{\mathrm{L}}M_0\}$ 和 $\{^{\mathrm{R}}M_0\}$，改变索力的施调向量为 $\{T\}$，则调索后弯矩向量为：

$$\left.\begin{array}{l}\{^{\mathrm{L}}M\}=\{^{\mathrm{L}}M_0\}+[C_{\mathrm{L}}]\{T\}\\[6pt]\{^{\mathrm{R}}M\}=\{^{\mathrm{R}}M_0\}+[C_{\mathrm{R}}]\{T\}\end{array}\right\} \tag{21-49}$$

式中　$[C_{\mathrm{L}}]$、$[C_{\mathrm{R}}]$——分别为索力对左、右端弯矩的影响矩阵。

将式（21-49）代入式（21-47）得：

$$\begin{aligned}
U={}&C_0+\{^{\mathrm{L}}M_0\}^{\mathrm{T}}[B][C_{\mathrm{L}}]\{T\}+\{T\}^{\mathrm{T}}[C_{\mathrm{L}}]^{\mathrm{T}}[B]\{^{\mathrm{L}}M_0\}+\\
&\{T\}^{\mathrm{T}}[C_{\mathrm{L}}]^{\mathrm{T}}[B][C_{\mathrm{L}}]\{T\}+\{^{\mathrm{R}}M_0\}^{\mathrm{T}}[B][C_{\mathrm{R}}]\{T\}+\\
&\{T\}^{\mathrm{T}}[C_{\mathrm{R}}]^{\mathrm{T}}[B]\{^{\mathrm{R}}M_0\}+\{T\}^{\mathrm{T}}[C_{\mathrm{R}}]^{\mathrm{T}}[B][C_{\mathrm{R}}]\{T\}-\\
&\{^{\mathrm{L}}M_0\}^{\mathrm{T}}[B][C_{\mathrm{R}}]\{T\}-\{T\}^{\mathrm{T}}[C_{\mathrm{L}}]^{\mathrm{T}}[B]\{^{\mathrm{R}}M_0\}-\\
&\{T\}^{\mathrm{T}}[C_{\mathrm{L}}]^{\mathrm{T}}[B][C_{\mathrm{R}}]\{T\}+\{C\}^{\mathrm{T}}([C_{\mathrm{R}}]\{T\}-[C_{\mathrm{L}}]\{T\})+C_0
\end{aligned}$$

$$\tag{21-50}$$

式中　C_0——与 $\{T\}$ 无关的常数。

要使索力调整后结构应变能最小，则：

$$\frac{\partial U}{\partial T}=0 \quad (i=1,\ 2,\ \cdots,\ l) \tag{21-51}$$

将式（21-50）代入式（21-51）并写成矩阵形式：

$$([C_{\mathrm{L}}]^{\mathrm{T}}[B][C_{\mathrm{L}}]+[C_{\mathrm{R}}]^{\mathrm{T}}[B][C_{\mathrm{R}}]-[C_{\mathrm{L}}]^{\mathrm{T}}[B][C_{\mathrm{R}}])\{T\}$$

$$=-[C_{\mathrm{R}}]^{\mathrm{T}}[B]\{^{\mathrm{R}}M_0\}-[C_{\mathrm{L}}]^{\mathrm{T}}[B]\{^{\mathrm{L}}M_0\}+\frac{1}{2}[C_{\mathrm{R}}]^{\mathrm{T}}[B]\{^{\mathrm{L}}M_0\}+$$

$$\frac{1}{2}[C_{\mathrm{L}}]^{\mathrm{T}}[B]\{^{\mathrm{R}}M_0\}+\frac{1}{2}([C_{\mathrm{L}}]^{\mathrm{T}}-[C_{\mathrm{R}}]^{\mathrm{T}})\{C\} \tag{21-52}$$

于是，成桥索力优化问题就转化为式（21-50）的 l 阶线性代数方程求解问题。

式（21-52）给出了使整个结构弯曲能量最小时最优索力与弯矩影响矩阵的关系。通过分析，容易得到如下结论：

（1）如果取弯曲应变能与拉压应变能之和为目标函数，则只要在式（21-52）左、右端增加构件拉压力与索力影响矩阵的关系项，就可得出相应的最优索力方程。

（2）如果索力优化时只将结构中一部分关心截面上的内力应变能作为目标函数，则式（21-52）左、右端的影响矩阵用索力相应于这些关心截面内力的影响矩阵取代就可得出相应的最优索力方程。用相似的方法还可定义许多有实际工程意义的目标函数，并通过变换得到与式（21-52）相似的索力优化方程。

（3）式（21-52）中的 $[B]$ 矩阵可以看成单元柔度对单元弯矩的加权矩阵，对于变截面的斜拉桥，优化结果意味着刚度大的截面可适当多分担些弯矩。如果 $[B]$ 矩阵可任意调整，则可根据构件的重要性和自身特点，人为给出各构件在优化时的加权量。当 $[B]$ 为单位阵时，优化目标函数就变成了弯矩平方和。显然，以弯矩平方和作为目标函数，没有考虑到构件柔度对弯曲能量吸收的权，一般来说，优化结果不如用弯曲能量为目标函数的结果合理。

（4）在形成影响矩阵时，如果结构中已张拉了预应力索，则计算影响矩阵时就自然包含了预应力的影响项，因此，用影响矩阵法进行索力优化，能自动计入预应力索对优化结果的影响。

（5）在优化整体内力的同时，如果还需指定某些关心截面上的内力为定值，索力优化问题就变成了求条件极值问题。

令 k 个断面（$k<l$）的内力指定值向量为 $\{P\}$，调索前为 $\{P_0\}$，施调索力向量为 $\{T\}$，则：

$$\{P\}=\{P_0\}+[C_K]\{T\} \tag{21-53}$$

式中 $[C_K]$——索力对应于内力指定值向量 $\{P\}$ 的影响矩阵。

令：

$$\{\varphi\}=\{P\}-\{P_0\}-[C_K]\{T\} \tag{21-54}$$

应用拉格朗日乘子法，式（21-53）和式（21-51）的条件极值问题等价为：

$$\left.\begin{array}{l} \dfrac{\partial U}{\partial T_i}+\displaystyle\sum_{j=1}^{k} 2\lambda_j \dfrac{\partial \varphi_j}{\partial T_i}=0 \\[3mm] \{\varphi\}=0 \end{array}\right\} \quad (i=1,2,3,\cdots k) \tag{21-55}$$

将式（21-50）、式（21-53）代入式（21-55），令 $\{\lambda\}=\{\lambda_1, \lambda_2, \cdots, \lambda_k\}^T$，得：

$$([C_L]^T[B][C_L]+[C_R]^T[B][C_R]-[C_L]^T[B][C_R])\{T\}-[C_K]^T\{\lambda\}$$
$$=-[C_R]^T[B]\{{}^R M_0\}-[C_L]^T[B]\{{}^L M_0\}+$$
$$\frac{1}{2}[C_R]^T[B]\{{}^L M_0\}+\frac{1}{2}[C_L]^T[B]\{{}^R M_0\}+$$
$$\frac{1}{2}([C_L]^T-[C_R]^T)\{C\}\{P\}=\{P_0\}+[C_K]\{T\} \tag{21-56}$$

求解 $k+m$ 方程，便可得到相应的最优索力向量 $\{T\}$。

（6）对于限制一些控制变量在某一范围内的不等式约束问题，可先将这些控制变量用施调索力向量与影响矩阵表示，再引入松弛变量，参照（5）的方法，也能得到最优化索力方程。

21.3.4 施工张拉力和预拱度的计算

斜拉桥的成桥状态要通过一系列的施工步骤来实现。成桥状态确定后，

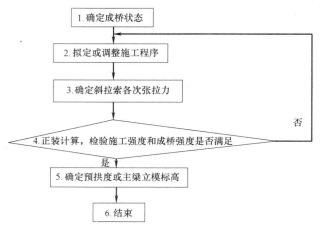

图 21-51　施工张拉力及预拱度确定过程

斜拉桥的设计和施工都应以成桥状态（含内力和纵面线形）为目标，按一定的施工流程和方法控制结构应力和线形，使其符合相关规范要求的施工状态，即达到合理施工状态。问题的关键是在拟定施工程序后如何确定斜拉索的各次张拉力和梁段的预拱度。事实上，确定合理施工程序与斜拉索各次张拉力和预拱度要综合起来考虑，其确定过程见图 21-52。

在图 21-51 中，步骤 1 已在前面介绍，步骤 4 中的正装计算即是按步骤 2 和步骤 3 确定的施工过程及荷载施加过程进行前进分析，步骤 4 中的强度检验可按《结构设计原理》的有关方法进行。

步骤 2——拟定或调整施工程序，不仅要综合考虑施工设备调配、各部分实际或预计的施工进度、受力的合理性，而且要考虑施工简便。斜拉索张拉尽量采用一次张拉法，为了改善主梁和边墩受力，尾索或者尾索附近几对斜拉索在合龙后应进行调索，即第二次张拉。下面说明斜拉索张拉中"次"和"步"的有关概念。

斜拉桥主梁施工按斜拉索张拉次数的不同可分为一次张拉法和多次张拉法，一次张拉法又分为一次一步张拉法和一次多步张拉法，多次张拉法分为多次一步张拉法和多次多步张拉法。所谓"m 次 n 步张拉法"中的"一次"是指"某根斜拉索在非本根斜拉索所在断面的斜拉索用千斤顶张拉之前的所有张拉次数"，"一步"是指"一次"中该根斜拉索张拉了一次，以后称为一步。例如主梁前支点挂篮悬浇施工的"一次三步"张拉的标准施工过程如下：①挂篮前移并立模定位；②挂当前梁段斜拉索与挂篮前端相连，并进行第一步张拉；③安装钢筋，并浇筑部分混凝土；④当前梁段斜拉索进行第二步张拉；⑤浇完梁段混凝土；⑥混凝土待达到强度后张拉梁内预应力；⑦降挂篮，当前梁段斜拉索进行第三步张拉。通常，在前支点挂篮悬浇混凝土过程中，为了改善已浇梁段和挂篮本身在这个过程中的受力，当前梁段斜拉索张拉要分 3 步或 4 步进行（属于一次），即采用 3 步张拉法或 4 步张拉法。显然，在一次张拉中，不管分多少步，斜拉索锚下的千斤顶是无需吊运的，在不同的张拉次数中，则需搬运千斤顶或增加其数量，故在拟定施工程序时，要尽量减少每根斜拉索张拉次数（而不是步数）。后支点挂篮悬浇施工则一般采用一步张拉法，即：①挂篮前移并立模定位；②安装钢筋，并浇筑混凝土；③混凝土待达到强度后张拉梁内预应力；④挂对应梁段的斜拉索，并进行张拉。斜拉索的张拉力分某次张拉力和某次某步张拉力，所谓斜拉索某次张拉力是指该斜拉索该次最后一步的张拉力。

步骤3——在成桥状态目标和施工程序拟定以后，即可确定斜拉索施工各次张拉力。其中斜拉索的初张拉力可按恒载平衡法初步拟定，目前，确定斜拉索各次张拉力的方法主要有：倒拆法、正装-倒拆迭代法、正装迭代法。这些方法将在本节随后介绍。斜拉索某次最后一步之前的各步张拉力可以单独另行（如根据挂篮的受力要求）确定，也可在正装计算中作为工况计入。

步骤5——确定预拱度或主梁立模标高，也将在本节随后介绍。

1. 斜拉索初张力初值确定的方法——恒载平衡法

如图 21-52 所示，对于主跨，忽略主梁抗弯刚度的影响，则 W_m 为第 i 号索所支承的恒载重量，根据竖向力的平衡，得到：

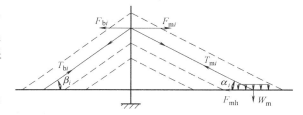

图 21-52　索力初拟计算图式

$$T_{mi} = W_m / \sin\alpha_i \qquad (21\text{-}57)$$

拉索引起的水平力为：

$$F_{mi} = T_{mi} \cdot \cos\alpha_i = W_m / \tan\alpha_i \qquad (21\text{-}58)$$

进一步考察边跨，忽略塔的抗弯刚度，则主、边跨拉索的水平分力应相等，得到：

$$T_{bi} = F_{bi} / \cos\beta_i = F_{mi} / \cos\beta_i = \frac{W_m}{(\tan\alpha_i \cdot \cos\beta_i)} \qquad (21\text{-}59)$$

边跨第 i 号索支承的恒载重量 W_b 可依据 T_{bi} 作相应的调整：

$$W_b = T_{bi} \cdot \sin\beta_i = W_m \cdot \frac{\tan\beta_i}{\tan\alpha_i} \qquad (21\text{-}60)$$

2. 倒拆法

倒拆法也称为倒退分析法，是以成桥内力状态为参考状态，以设计的成桥线形为参考构形，按照施工工序的逆过程，对结构进行虚拟倒拆并逐阶段进行分析，计算每次卸除一个施工段对剩余结构的影响的计算方法。

以图 21-53 为例来说明倒退分析原理。首先可按本章前述方法确定成桥内力状态，再按施工工序的逆过程进行倒拆并考虑斜拉索非线性效应。左半结构的杆件已经编号，倒拆顺序如下：

（1）基本对称地调整最长索或者最长索附近几对斜拉索的索力。最长索或者最长索附近几对斜拉索的索力的调整量的确定原则是：使杆⑦两端的弯矩接近或者等于零，并满足施工强度的要求。

（2）拆除杆⑦，计算剩下的结构内力，如图 21-54 所示。

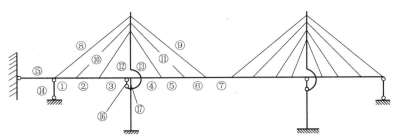

图 21-53　有限元分析杆件单元编号

（3）固结杆⑰后再拆除杆⑭、⑮、⑯，如图 21-55 所示，求得斜拉索⑧、⑨的张拉力及结构的变形。

（4）继续拆除⑧、⑨、①、⑥，如图 21-56 所示，求得斜拉索⑩、⑪的张拉力及结构的变形。

（5）拆除⑩、⑪、②、⑤，如图 21-57 所示，求得斜拉索⑫、⑬的张拉力及结构变形。

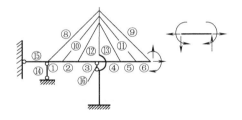

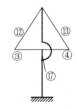

图 21-54　拆除杆元的力学计算图式　　　　　图 21-55　塔梁开始固接

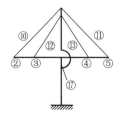

图 21-56　施工中间状态　　　　　　图 21-57　最后阶段

在上述单纯的倒退分析计算中，一方面难以计及收缩、徐变的影响，另一方面考虑几何非线性时，每次增量迭代过程中力和位移的修正量都是从施工的后一阶段向前计算得到的，与按实际由前向后的工序进行计算存在误差，再者拆除合龙段以及支座单元时，其杆端力不为零，与实际成桥过程不一致，因而，按倒拆结果做正装计算将得不出原来的成桥状态，这就是所谓的结构状态不闭合问题。

为了消除这种不闭合的影响，某些学者又提出了正装-倒拆迭代法。该方法的基本思路是：先倒拆计算，不计各种非线性影响；然后根据倒拆结果，正装计算，计入各种非线性影响，并将各工况下的非线性影响储存起来；再做倒拆计算，并计入上轮正装计算时储存起来的非线性影响值，得到新一轮倒拆结果，如此反复几次，即可消除前两种原因造成的结构状态不闭合现象，而第三种原因引起的不闭合值可以通过图 21-53 中的顺序（1）中的措施减少或消除。

3. 正装迭代法

倒拆法、正装-倒拆迭代法、正装迭代法都是图 21-51 中步骤 3 确定斜拉索各次张拉力的方法。在倒拆法或正装-倒拆迭代法中，要确定有效减少或消除由于拆除合龙段及支座单元时其杆端力不为零所引起的不闭合问题的措施不甚方便，而正装迭代法则可较方便地通过最小二乘法将这种不闭合的影响降低到最低限度，并消除其他原因引起的不闭合问题。正装迭代法的基本思路是：先假定一个张拉索力，按正装计算得到一个成桥状态，将该成桥状态与事先定好的合理成桥状态比较，按最小二乘法使两个成桥状态相差最小，以此来修正张拉索力，再进行下一轮计算，直至收敛。

（1）基本方法

设需张拉的拉索总次数为 n，需要控制的参数个数为 m，首先选定一组张拉索力 $\{T\}_{n \times 1}$，一般可将成桥恒载索力记为 $\{T_1\}$，按施工顺序正装计算至成桥，得到成桥状态的控制参数值 $\{F\}_{m \times 1}$，控制参数可以是索力、主梁和塔的弯矩、桥墩反力等。在正装计算过程中，在每根索张拉时，可获得该索（设为 j 号索）张拉单位力时 i 控制参数的增量 a_{ij}（索力影响系数）。如果按某种方法确定的合理成桥状态的控制参数值为 $\{F_0\}_{m \times 1}$，则控制参数的目标值与当前状态的差值为：

$$\{b\} = \{F_0\} - \{F\} \tag{21-61}$$

张拉索力的调整量假定为 $\{x\}$，则

$$[a]\{x\} = \{b\} \tag{21-62}$$

通常控制参数个数多于需张拉的斜拉索次数，式（21-62）则变成矛盾方程组，可用最小二乘法进行求解，原理为求 x，使其满足：

$$Q(x) = \|[a]\{x\} - \{b\}\|^2 = \min \tag{21-63}$$

根据极值原理可得：

$$[a]^{\mathrm{T}}[a] \cdot \{x\} = [a]^{\mathrm{T}}\{b\} \tag{21-64}$$

如果在式（21-64）两边同乘一个加权矩阵 $[\rho]$，则式（21-64）成为：

$$[a]^{\mathrm{T}}[\rho]^2[a]\{x\} = [a]^{\mathrm{T}}[\rho]^2\{b\} \tag{21-65}$$

式（21-64）和式（21-65）均是 n 个方程、n 个未知量的线性方程组，可以证明当 $[a]$ 列满秩时，它们均有唯一解。

式（21-64）和式（21-65）解出 $\{x\}$ 后，则新的张拉索力为：

$$\{T_2\} = \{T_1\} + \{x\} \tag{21-66}$$

按 $\{T_2\}$ 再进行正装计算，得到新的成桥状态控制参数以及控制参数不符值 $\{b\}$，同时也获得了新的索力影响系数 a_{ij}，由式（21-64）和式（21-65）可求出新的张拉索力调整量 $\{x\}$，则下一轮张拉索力为：

$$\{T_3\} = \{T_2\} + \{x\} \tag{21-67}$$

重复以上过程，直到收敛为止。

收敛准则：

$$\sum_{i=1}^{n} \frac{|x_i|}{nT_i} < \varepsilon_1 \tag{21-68}$$

并且

$$\max \frac{|x_i|}{T_i} < \varepsilon_2 \tag{21-69}$$

通常可取 $\varepsilon_1 = 0.005 \sim 0.02$，$\varepsilon_2 = 0.01 \sim 0.05$，根据精度要求来确定。

（2）应用中应注意的问题

在上述的基本方法中，成桥状态控制参数的个数 m、待求张拉索力数 n 及迭代索力初值 $\{T_1\}$ 的选取是否应满足或满足哪些原则，下面分别讨论。显然，成桥状态控制参数的个数 m 必须等于或多于能唯一确定成桥受力状态的参数个数，否则，成桥状态都未完全确定。待求张拉索力数 n 应等于或大于成桥状态结构的超静定次数，否则正装迭代法的结果将导致主梁弯矩很不合理。通常，为施工方便，一般的斜拉索采用一次张拉法，为了改善边墩和主梁的受力，尾索和次尾索在合龙后要再次调索，即尾索和次尾索采用二次张拉法，从而使得待求张拉索力数 n 应等于或大于成桥状态结构的超静定次数。迭代索力初值 $\{T_1\}$ 的选取较为宽松，取不同的初值，大多能迅速收敛于同一结果。通常，取其为合理成桥状态的恒载索力或者该值的一半。

在上述的正装迭代法中，控制参数仅仅取自成桥状态，如果增加少量的取自施工阶段受力状态的控制参数，则更为科学与合理，能加速综合确定施工工序、斜拉索施工各次张拉力和预拱度。

针对目前斜拉桥合理状态确定中先确定合理成桥状态再确定合理施工状态计算难以闭合或计算烦琐且工作量大的问题，可将斜拉桥合理施工状态与成桥状态的确定过程合二为一。基本思路为：根据规范和设计确定的成桥状态下控制参数的容许范围或期望值，综合利用恒载平衡法、结构应力和塔顶偏位控制法初定斜拉索初张力初值，利用正装迭代法确定斜拉桥索初张力和调索索力，使桥梁各施工工况结构内力状态均满足规范和设计要求；考虑可变作用后进行作用效应组合，将成桥状态视为施工过程的最后一个施工工况，通过调整斜拉索初张力或桥面铺装施工前后的调索索力，使成桥后作用效应组合应力符合规范和设计要求且有一定的安全储备，从而同时确定合理施工状态与合理成桥状态。

4. 主梁立模标高或制作线形的确定

对于悬臂浇筑的混凝土主梁有：

$$H_1 = H_0 + f \qquad (21\text{-}70)$$

式中 H_1——悬浇节段主梁前端的立模标高;

f——悬浇节段主梁前端从立模开始至通车时或成桥后 $10\sim20$ 年的累计挠度（向下为正），包括挂篮从该节段主梁立模开始到该节段主梁混凝土受力过程中的竖向位移量（向下为正），f 也称为预拱度;

H_0——通车时或成桥后 $10\sim20$ 年主梁该点的目标标高，即设计标高。

若需考虑几何非线性，则可采用 U. L 列式法，在正装计算中，主梁节点的初始竖坐标要采用立模标高。为此，第一次正装计算时，主梁节点的初始竖坐标可采用成桥设计标高，得出第一次正装计算累计挠度值；代入式（21-70）得第二次正装计算时主梁的立模标高，以此类推，止于计算的累计挠度收敛。

对于混凝土梁、钢梁等预制拼装施工的主梁，主梁节段均是在无应力状态下在制作台上按一定的线形预制，节段之间的接头也是按制作线形进行设计的。主梁节段按制作线形预制后，即可进行悬臂拼装，成桥后主梁应达到成桥设计标高。因而，对于预制拼装的主梁施工，存在一个主梁的制作线形和拼装立模标高确定的问题。

为了确定主梁的制作线形和拼装立模标高，可按下述方法进行正装计算：在安装第一个梁段时，就把后面尚待安装的所有梁段除合龙段外全部一次安装上去，此时只是安装那些梁段的无重单元，其后斜拉索施工、主梁自重施加、合龙、桥面系施工等均按实际施工程序进行安装或加载。在这个正装计算中，所有梁段除合龙段外全部一次安装上去时的线形，即梁段均不受力时的线形为制作线形，故有：

$$\left.\begin{array}{l} H_2 = H_0 + f_i \\ H_1 = H_0 + f \end{array}\right\} \qquad (21\text{-}71)$$

式中 H_2——主梁制作线形相对标高;

f_i——按上述正装计算得出的主梁累计挠度（向下为正）;

H_0——通车时或成桥后 $10\sim20$ 年主梁该点的目标标高，即设计标高;

f——拼装节段主梁前端从定位完成时开始至通车时或成桥后 $10\sim20$ 年的累计挠度（向下为正）;

H_1——拼装节段主梁前端的定位标高。

21.4 斜拉桥的施工

21.4.1 主梁施工方法

斜拉桥的施工方法大体上可以归纳为：有支架施工法、顶推施工法、转体施工法和悬臂施工法等 4 类。斜拉桥的建造最适宜的方法是悬臂施工法，其余 3 种方法一般只能用在河水较浅或者修建在旱地上的中、小跨径斜拉桥上，主要有以下两个原因：

① 斜拉桥的跨径一般较大，常在 200m 以上，其主跨一般要跨越河水较深、地质情况较复杂的通航河道上。如果不采用悬臂施工法，而采用其他 3 种方法都会给施工带来更大的困难，增大施工临时设施费用，甚至影响到河道的通航。

② 在斜拉桥上采用悬臂施工法要比在 T 形刚构桥、连续梁桥和连续钢桥上采用更为有利，这可通过图 21-58 两种桥型的对比来说明。

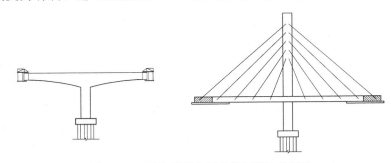

图 21-58　两种桥型应用悬臂浇筑法的对比

梁桥若要增大悬臂施工的跨长，必须依靠增大梁高来实现，但当达到一定的跨长之后，即使再增大梁的高度，所提高的强度和刚度都将被其本身的自重和挂篮的重量所抵消，这是梁桥跨径受到限制的根本原因，而斜拉桥通过斜拉索提供的弹性支承可以大幅度地提高结构的强度和刚度，在施工过程中，它类似于多个弹性支承的悬臂梁，通过调整索力来减小主梁内力，这样就可以减小梁高和减轻自重，增大桥梁的跨越能力，因而成为大跨度桥梁中具有竞争力的一种桥型。

斜拉桥的悬臂施工也有悬臂拼装法和悬臂浇筑法两种，下面将分别介绍。

1. 悬臂拼装法

悬臂拼装法主要用在钢主梁（桁架梁或箱形梁）的斜拉桥上。钢主梁一般先在工厂加工制作，再运至桥位处吊装就位。钢主梁预制节段长度应从起吊能力和方便施工方面考虑，一般以布置 1～2 根斜拉索和 2～4 根横梁为宜，节段与节段之间的连接分全断面高强度螺栓连接和全断面焊接两种，连接之后必须严格按照设计精度进行预拼装和校正。常用的起重设备有悬臂吊机、大型浮吊以及各种自制吊机。这种方法的优点是钢主梁和索塔可以同时在不同的场地进行施工，因此具有施工快捷和方便的特点。

图 21-59（a）所示是双塔斜拉桥在采用悬臂拼装法施工时全桥合龙之前的全貌，图 21-59（b）所示是取其中一座索塔从两侧逐节扩展的过程，大体步骤如图所示，图 21-59（c）所示是其中一个典型悬臂拼装的工况图。

2. 悬臂浇筑法

悬臂浇筑法主要用在具有预应力混凝土主梁的斜拉桥上。其主梁混凝土的悬臂浇筑与一般预应力混凝土梁桥的基本相同。这种方法的优点是结构的

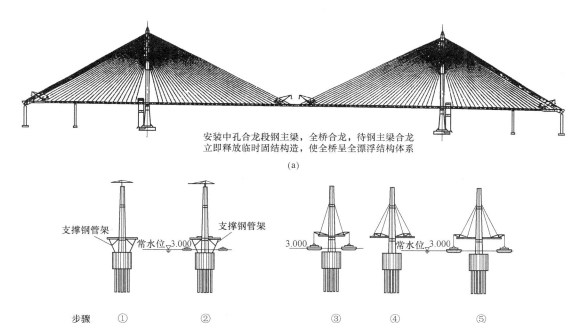

安装中孔合龙段钢主梁，全桥合龙，待钢主梁合龙
立即释放临时固结构造，使全桥呈全漂浮结构体系

(a)

步骤　　　①　　　②　　　　　　　　③　　　④　　　⑤

①利用塔上塔吊搭设0号、1号块件临时用的支撑钢管架；②利用塔吊安装好0号及1号块件；③安装好1号块件的斜拉索，并在其上架设主梁悬臂吊机，拆除塔上塔吊和临时支撑架；④利用悬臂吊机安装两侧的2号块的钢主梁，并挂相应的两侧斜拉索；⑤重复上一循环直至全桥合龙。

(b)

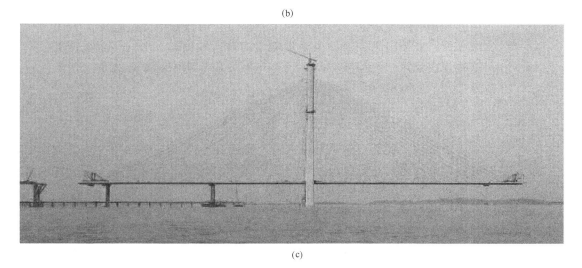

(c)

图 21-59　悬臂拼装程序

(a) 合龙之前全貌；(b) 悬臂拼装施工步骤；(c) 典型悬臂拼装工况图

整体性好，施工中不需用大吨位悬臂吊机和运输预制节段块件的驳船；但其不足之处是在整个施工过程中必须严格控制挂篮的变形和混凝土收缩、徐变的影响，相对于悬臂拼装法而言其施工周期较长。

图 21-60 所示是斜拉桥采用悬臂浇筑法的施工程序图。

其中的现拼支架仍可利用如图 21-59（b）中的塔吊进行安装，前支点挂篮构造如图 21-61 所示，它的工作原理是利用待浇梁段斜拉索作为挂篮的前支

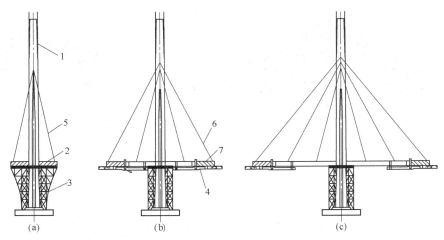

图 21-60　悬臂浇筑程序

（a）支架现浇 0 号及 1 号块并挂索；（b）拼装牵索挂篮，对称悬浇梁段；（c）挂篮前移，依次悬浇梁段
1—索塔；2—现浇梁段；3—现拼支架；4—前支点挂篮；5—斜拉索；6—前支点斜拉索；7—悬浇梁段

点，施工过程中将挂篮后端锚固在已浇梁段上，它能充分发挥斜拉索的效用，由斜拉索和已浇梁段共同来承担待浇节段的混凝土梁段的重量。待主梁混凝土达到设计强度后，拆除斜拉索与挂篮的连接，使节段重力转换到斜拉索上，再前移挂篮。前支点挂篮的优越性在于它使普通挂篮中的悬臂梁受力变为简支梁受力，使节段悬浇长度及承重能力均大大地提高，加快了施工进度。不足之处是在浇筑一个节段混凝土过程中要分阶段调索，工艺复杂，挂篮与斜拉索之间的套管定位难度较大。

3. 悬臂施工法中的其他问题

（1）塔梁临时固结

不论采用上述哪一种悬臂施工法，都存在一个塔与梁之间在施工过程中临时固结的问题，除非所设计的斜拉桥本身就是塔梁固结体系。斜拉桥主梁施工临时固结的措施主要有以下两种。

① 加临时支座并锚固主梁（图 21-62）

这种方法构造简单，制作和装拆方便，安全可靠。即在下横梁上设置 4 个混凝土临时支座，将粗螺纹钢的下端预埋在主塔下横梁中，钢筋中段穿过支座和梁体并锚在 0 号梁段顶部；钢筋的数量由施工反力计算确定。为便于拆除，在每个支座中间可设 20mm 厚的硫磺砂浆夹层。

② 设临时支承

在塔墩两旁设立临时支承与临时支座共同承担施工反力，临时支承常用钢管桩或钢护筒。在下塔柱上设置预埋件作为临时支承的锚座。

如果塔两侧的主梁不对称，拆除临时支承时漂浮体系会引起体系转换，梁向一端（通常是向岸端）水平移动，索力重新分布，若该水平位移很大，而且是突然发生时，会引起事故，因此拆除支承时应特别注意。

（2）边孔局部梁段的施工

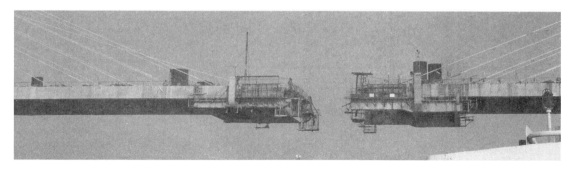

(a)

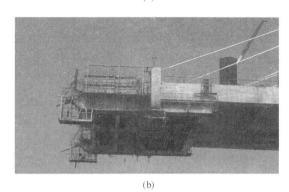

(b)

图 21-61　前支点挂篮图

(a) 合龙前全貌图；(b) 放大图

前面已述，斜拉桥的边跨对主跨起到锚固作用，故在悬臂施工过程中，边跨往往先于主跨合龙，以增加斜拉桥施工中的安全性。基于这个原因，如果在主梁靠岸的局部区段内水不太深时，则可以采用满布支架进行主梁的施工，尽可能早地将它与用悬臂施工法的梁段连成整体，发挥锚固跨的作用，如图 21-63 所示。当水较深时，设计时应适当减小边跨长度，以方便用导梁或者移动模架快速合龙。

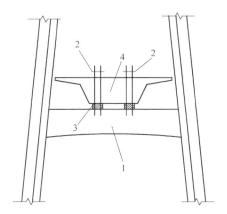

图 21-62　临时固结支座示意图

1—下横梁；2—锚筋；3—临时固结支座；4—0 号块

21.4.2　索塔施工要点

1. 索塔施工顺序

一般来讲，钢塔采用预制拼装的方法施工，混凝土塔的施工则有搭架现浇、预制拼装、滑升模板浇筑、翻转模板浇筑、爬升模板浇筑等多种施工方法可供选择。

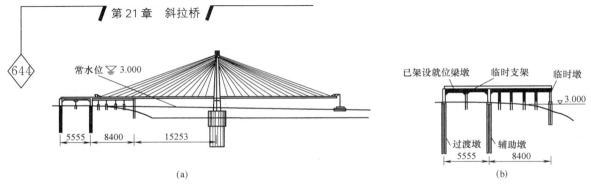

图 21-63　边跨局部区段的有支架施工

根据斜拉桥的受力特点，索塔要承受巨大的竖向轴力，还要承受部分弯矩。斜拉桥设计对成桥后索塔的几何尺寸和轴线位置的准确性要求都很高。混凝土塔柱施工过程受施工偏差，混凝土收缩、徐变，基础沉降，风荷载，温度变化等因素影响，其几何尺寸、平面位置将发生变化，若控制不当，则会造成缺陷，影响索塔外观质量，甚至产生次内力。因此不管是何种结构形式的索塔，采用哪种施工方法，施工过程中都必须实行严格的施工测量控制，确保索塔施工质量及内力分布满足设计及规范要求。

混凝土索塔的基本施工顺序如图 21-64 所示。

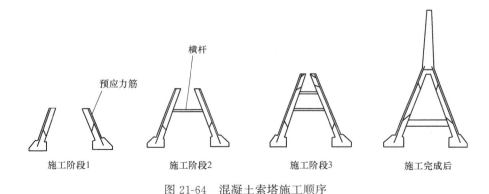

图 21-64　混凝土索塔施工顺序

2. 劲性骨架

混凝土塔柱的塔壁内往往需设置劲性骨架，劲性骨架在工厂分节段加工，在现场分段超前拼接，精确定位。劲性骨架安装定位后，可供测量放样、立模、钢筋绑扎及斜拉索钢套管定位使用，也可承受部分施工荷载。劲性骨架在倾斜塔柱中，其功能作用更大，它的设计往往结合构件受力需要设置。当倾斜塔柱为内倾或外倾布置时，应考虑在两塔肢之间每隔一定的高度设置受压横杆（塔柱内倾）或受拉横杆（塔柱外倾）以减小斜塔柱的受力和变形，具体的布置间距应根据塔柱构造经过设计计算确定。

3. 起重设备

目前大多数索塔施工起重设备均采用塔吊辅以人货两用电梯。

（1）塔吊

斜拉桥索塔施工中，一般均采用附着式自升塔吊，其起重力矩为 600～

2500kN·m 不等。起重力可达 100kN 以上，吊装高度可达 150m 以上，典型的塔吊结构见图 21-65。实际施工时，可综合索塔构造特点、工期要求、塔柱施工方法等因素来确定应选用的塔吊型号和布置方式，塔吊选择应考虑如下几点：①塔吊性能参数满足施工要求；②起重能力和生产效率满足施工进度的要求，匹配合理，功能大小合适；③适应施工现场的环境，便于进场、安装架设和拆除退场。

（2）人货两用电梯

用于斜拉桥索塔施工的人货两用电梯一般有直爬和斜爬式两种，主要由轨道架、轿厢、驱动机构、安全装置、电控系统、提升接高系统等几大部分组成，具有构造简单、适用性强、安装可靠等特点，能极大地方便施工人员的上下及小型机具与材料的运输。电梯一般布置在顺桥向索塔的一侧，并附着在塔柱上。电梯布置如图 21-66 所示。施工中应根据索塔的高度和形状选用合适的电梯。

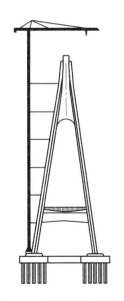

图 21-65　附着式自升塔吊

图 21-66　电梯布置示意图

4. 索塔施工模板

索塔施工的模板按照结构形式不同可分为提升模和滑模。提升模按其吊点不同可分为依靠外部吊点的单节整体模板逐段提升、多节模板交替提升（翻转模板）及本身带爬架的爬升模板（爬模）。滑模因只适用于等截面的垂直塔柱，有较大的局限性，目前已较少采用，而提升模因适应性强、施工快捷的特点被大量采用。无论采用提升模还是滑模，均可以实现索塔的无支架现浇。

（1）单节整体模板逐段提升

对于截面尺寸相同，外观质量要求一般的混凝土索塔施工，可采用单节整体模板逐段提升。施工时先制作和组拼模板，分块组装，模板下端夹紧塔壁以防止漏浆，然后进行混凝土全模板高度浇筑，待混凝土达到规定的设计强度后，将模板拆成几块后提升到下一待浇节段并组装，继续施工。单节整体模板逐段提升可分为组拼式钢模和自制钢模。模板一次浇筑分节高度一般为3～6m。

单节整体模板逐段提升施工简便，在无吊机的情况下，可利用索塔内的劲性骨架作支撑，用捯链提升。但在索塔截面尺寸变化较大、混凝土接缝质量要求高的情况下，其使用有一定的局限性，目前此法已很少采用。

（2）翻转模板（多节模板交替提升）

每套翻转模板由内、外模，对拉螺杆，护栏及内工作平台等组成，不必另设内外脚手架，如图21-67所示。模板分节高度及分块大小，应根据起重设备吊装能力和塔柱构造要求确定。一般情况下，每套模板沿高度方向分为底节、中节和顶节等3个分节，每个分节高度为1～3m。施工时先安装第一层模板，浇筑混凝土，完成第一层基本节段的施工；再以已浇混凝土为依托，拆除已浇节段的下两个分节模板，顶节不拆，向上提升并接于顶节之上，安装对拉螺杆和内撑，完成第二层模板安装。如此由下至上依次交替上升，直至达到设计的施工高度为止。

翻转模板依靠混凝土对模板的黏着力自成体系，制造简单，构件种类少，模板的大小可根据施工能力大小灵活选用。混凝土接缝较易处理，施工速度快，能适应各种结构形式的斜拉桥索塔施工，目前被大量使用，特别是折线形索塔使用翻转模板施工更有优势，但此类模板自身不能爬升，要依靠塔吊等起重设备提升翻转循环使用，因而对起重设备要求较高。

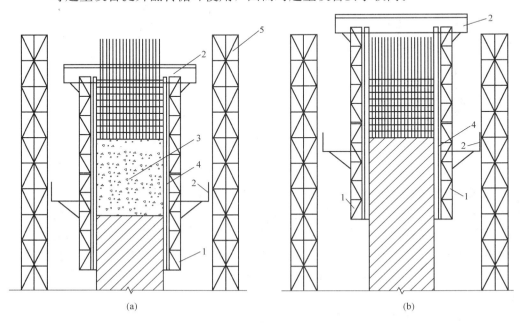

(a)   (b)

图21-67　翻转模板布置示意图
（a）浇筑混凝土，绑扎钢筋；（b）模板交替上升
1—模板桁架；2—工作平台；3—已浇墩身；4—外模板；5—脚手架

（3）爬模（自备爬架的爬升模板）

爬模系统一般由模板、爬架及提升系统三大部分组成，根据提升方式不同又可分为捯链手动爬模、电动爬架拆翻模、液压爬升模等几种。

爬模系统所配模板一般采用钢模，且沿竖向将模板分为 3~4 节，模板分节高度根据塔柱构造特点、混凝土浇筑压力、爬架本身提升能力等因素确定，一般分节高度为 1.5~4.5m。

爬架可用万能杆件组拼，亦可采用型钢加工，主要由网架和连接导向滑轮提升结构组成。爬架沿高度方向分为两部分，下部为附墙固定架，包括 2 个操作平台；上部为操作层工作架，包括 2 个以上操作平台。爬架总高度及结构形式根据塔柱构造特点、拟配模板组拼高度及施工现场条件综合确定，常用高度一般在 15~20m 左右。

爬模提升系统由爬架自提升设备和模板拆翻提升设备两部分组成，如图 21-68 所示。爬架自提升设备一般可采用捯链、电动机或液压千斤顶，模板拆翻提升设备则可采用捯链、电动葫芦或卷扬机。要求提升速度不可太快，以确保同步平稳。

爬模施工前须先施工一段爬模安装锚固段，俗称爬模起始段。待起始段施工完成后拼装爬模系统，依次循环进行索塔的爬模施工。根据爬模的施工特点，无论采用何种提升方式，相对其他施工方法均有施工速度快、安全可靠、对起重设备要求不高的特点。但此法对折线形索塔适应性较差，故一般在直线形索塔施工中应用较为广泛。

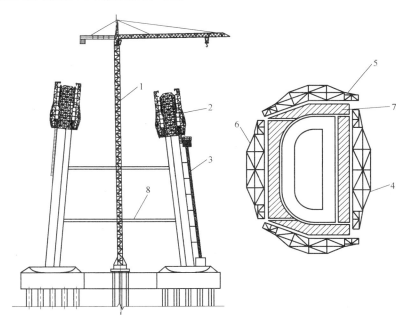

图 21-68　爬模系统示意图

1—塔吊；2—爬模；3—电梯；4—1 号爬架；5—2 号爬架；

6—3 号爬架；7—活动脚手架；8—临时支架

21.4　斜拉桥的施工

21.4.3　拉索施工

1. 拉索的安装

拉索的安装就是将成品拉索架设到索塔锚固点和主梁锚固点之间的位置上。施工中应考虑以下几点：

（1）拖曳力估算

安装斜拉索前应计算出克服索自重所需的拖曳力，以便选择卷扬机、吊机及滑轮组配置方式。塔部安装张拉端时，先要计算出各施工阶段的索力，然后选择适当的牵引工具和安装方法进行拉索安装。由理论分析可知，当矢跨比小于 0.15 时，可以用抛物线代替悬链线来计算曲线长度。

索的垂度公式：

$$f_{\mathrm{m}} = \sqrt{\frac{3(L'-L)L}{8}} \tag{21-72}$$

式中　f_{m}——计算垂度值；

L——两锚固点之间的距离；

L'——索长。

拖曳力的水平分力公式为：

$$H = \frac{qL^2 \cos\alpha}{8f_{\mathrm{m}}} \tag{21-73}$$

式中　q——索的单位重；

α——索与水平面夹角。

（2）吊机的选择

① 卷扬机组安装

采用卷扬机组安装拉索时，一般为单点起吊，如图 21-69 所示，当拉索上到桥面以后，便可从索塔孔道中放下牵引绳，连接拉索的前端，在离锚具下方一定距离设一个吊点，索塔吊架用型钢组成支架，配置转向滑轮。当锚头提升到索孔位置时，采用牵引绳与吊绳相互调节，使锚头位置准确，牵引至索塔孔道内就位后，将锚头固定。

单吊点法施工简便、安装迅速，缺点是起重索所需的拉力大，斜拉索在吊点处弯折角度较大，故一般适用较柔软的拉索。

② 吊机安装

采用索塔施工时的提升吊机，用特制的扁担梁捆扎拉索起吊。拉索前端由索塔孔道内伸出的牵引索引入索塔拉索锚孔内，下端用移动式吊机提升。吊机法操作简单快速，不易损坏拉索，但要求吊机有较大的起重能力。

2. 拉索张拉与索力量测

（1）拉索张拉

拉索的张拉一般可分为拉丝式（钢绞线夹片群锚）锚具张拉和拉锚式锚具张拉两种。其中拉锚式锚具张拉因施工操作方便及现场工作量较少等优点

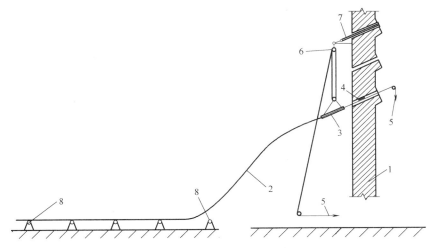

图 21-69　单吊点法安装拉索

1—索塔；2—待安装拉索；3—吊运索夹；4—锚头；5—卷扬机牵引；6—滑轮；7—索孔吊架；8—滚轮

被更多地采用。根据设计要求及现场实际情况，有采用塔部一端张拉的，有采用梁部一端张拉的，也有采用塔、梁部两端张拉的，其中以塔部一端张拉使用最为广泛。

① 拉丝式（钢绞线夹片群锚）斜拉索的张拉

对于配装拉丝式锚具的钢绞线斜拉索，挂索时先要在拉索上方设置一根粗大钢缆作为辅助索，拉索的聚乙烯套管先悬挂在辅助索上，然后逐根穿入钢绞线，用单根张拉的小型千斤顶调好每根钢绞线的初应力，最后用群锚千斤顶整体张拉。新型的夹片群锚拉索锚具，第一阶段张拉使用拉丝方式，调索阶段使用拉锚方式。

② 拉锚式斜拉索的张拉

拉锚式斜拉索张拉均为整体张拉。根据目前的技术水平，国内外拉索锚具、千斤顶、拉索的设计吨位已达到"千吨"级水平，大吨位拉索整体张拉工艺已十分成熟。无论是一端张拉还是两端张拉，一般情况下都需在斜拉索端头接上张拉连接杆，之后使用大吨位穿心式千斤顶实施斜拉索的张拉调索，为方便施工，张拉杆大都采用分节接长，而非整根通长，如图 21-70 所示。

（2）索力量测

斜拉索的索力正确与否，是斜拉桥设计施工成败的关键之一，必须有可靠的方法准确量测索力。目前常用的索力量测方法有压力表测定法、压力传感器测定法和频率法等 3 种。

压力表测定法是利用千斤顶的液压与张拉力之间的直接关系，在张拉过程中通过读取油压，而后换算成索力的测定方法。压力传感器测定法是通过串联一个压力传感器，张拉时直接从传感器的仪表上读取索力。频率法是利用索的振动频率与索力之间的关系，通过测定频率，间接量测索力的方法。

649

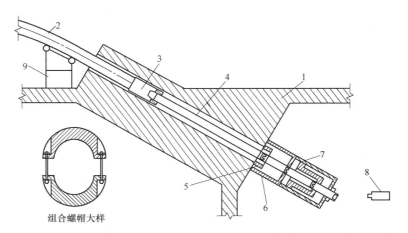

组合螺帽大样

图 21-70　拉杆接长牵引和锚固拉索

1—梁体；2—拉索；3—拉索锚头；4—长拉杆；5—组合螺帽；
6—撑脚；7—千斤顶；8—短拉杆；9—滚轮

**** 21.5　斜拉桥实例**

本章内容可通过扫描右侧二维码进行学习。

斜拉桥实例

小结及学习指导

（1）通过本章学习，要掌握斜拉桥的特点、发展，斜拉桥总体布置孔跨布局的类型及特点，索塔的布置形式及其适用情况，拉索的布置形式、特点及其适用情况，斜拉桥按照受力特点进行分类及每种桥型的特点及其适用情况。

（2）通过本章学习，要掌握斜拉桥主梁、桥塔、斜拉索的类型、特点、构造尺寸及其适用情况，斜拉索在梁上和塔上的锚固方式类型及其特点，斜拉索的防腐和减振措施。

（3）通过本章学习，要掌握斜拉桥的计算应包含的内容，要掌握结构分析计算图式的建模方法，斜拉索的垂度效应计算方法，斜拉桥合理成桥状态的确定方法，施工张拉力和预拱度的计算方法，主梁立模标高或制作线形的确定方法。

（4）通过本章学习，要了解斜拉桥主梁、索塔和斜拉索的施工方法及其特点和适用情况。

习题及思考题

21-1　斜拉桥由哪些部分组成？每个组成部分分别有什么受力特点？

21-2　斜拉桥的孔跨布局有哪几种，分别适用什么情况？

21-3 斜拉桥边跨的辅助墩起什么作用？

21-4 斜拉桥的索塔沿横桥向和纵桥向分别有哪几种？分别适用什么情况？

21-5 斜拉桥的索面位置和索面形状分别有哪几种？分别适用什么情况？

21-6 斜拉桥按受力体系进行分类分别有哪几种，每种类型斜拉桥各有哪些特点？

21-7 斜拉桥的主梁有哪几种？分别适用什么情况？

21-8 斜拉索有哪几种常用类型？各有什么特点？

21-9 斜拉索的常用减振方式有哪几种，分别有什么特点？

21-10 斜拉桥的计算包括哪些内容？与梁桥、拱桥的计算相比关注的侧重点有何不同？

21-11 什么是斜拉桥的合理成桥状态？有哪些方法？

21-12 什么是斜拉桥的合理施工状态？有哪些方法？

21-13 斜拉桥主梁施工时的预拱度应该如何设置？

21-14 斜拉桥主梁有哪些施工方法？主梁节段悬臂施工主要特点和需要注意的问题有哪些？

21-15 斜拉桥索力的测量一般用什么方法？

651

本章知识点

> 　　【知识点】　悬索桥主要组成与流派；悬索桥的总体布置和构造；悬索桥设计计算基本理论；悬索桥施工简介。
> 　　【重点】　悬索桥的特点、组成和分类，悬索桥的主缆找形与恒载受力分析。
> 　　【难点】　深刻理解索段状态方程和主缆找形的总体思路和计算流程。

　　在各种桥梁体系中，悬索桥以其征服大跨径的能力而著称。在跨径 $500\sim3000\mathrm{m}$（并可超出）的范围内具有竞争力（自锚式悬索桥的跨径范围则为 $100\sim500\mathrm{m}$ 左右），覆盖了现今跨径的 85%。如图 22-1 所示，悬索桥由 5 种主要构件组成：（1）具有桥面的加劲梁；（2）支承加劲梁的悬吊体系；（3）支承悬吊体系的索塔；（4）水平和竖向支承悬吊体系的锚碇；（5）实现主缆转向和锚固分散的装置——主鞍座和散索鞍。悬吊体系又包括主缆和把主缆与加劲梁连接在一起的竖向（或微斜）吊杆，见图 22-1。

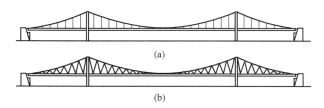

(a)

(b)

图 22-1　有竖吊杆和有斜吊杆的悬索桥

　　悬索桥的加劲梁支承在柔性的主缆上，且加劲梁本身的刚度也不大，其能够提供活载刚度的原因是重力刚度。柔性主缆的几何形状是由外力作用下的平衡条件决定的，外力包括恒载和活载。如果恒载相当大，则其由恒载所决定的几何形状就不会因相对较小的活载而有多大改变。于是，对活载来说，桥就有了刚度，这叫重力刚度（巨大的恒载提供了重力），桥梁结构刚度一般以活载作用下桥梁的挠度来衡量。对于弯曲刚度假定为零的悬索，重力悬索中产生了自相平衡的初始拉力并决定了索的形状，在考虑几何非线性效应时，额外增加活载要与原先的恒载一起使悬索达到新的拉力及形状平衡状态，两个形状之间的差就是活载变形量，悬索中初始拉力越大，活载拉力增量及变形量就越小，桥梁刚度就越大。相对于梁体刚度主要由截面尺寸决定而言，悬索桥的刚度由初始悬索拉力及形状决定，因此称为重力刚度。

悬索桥除按是否有斜拉索分类外，按主缆锚固方式可分为地锚式悬索桥和自锚式悬索桥。在地锚式悬索桥中，主缆两端的竖向和水平分力传给锚碇。在自锚式悬索桥中，主缆两端的水平分力传给加劲梁，而竖向分力则由加劲梁两端的自重或者锚墩分担。在桥梁横向，悬吊体系采取的布置方式可以有多种方案：一是沿桥面两边竖向布置索面支承，这种布置能使梁在竖向和扭转方向受到悬吊体系较好的支承；二是将索面从边缘向桥面中间适当移动，这样可以减少承受横向荷载所需的材料，但提供的抗扭支承大大较弱；三是对宽大桥面，布置多个索面。总而言之，要取得缆索支承的最大效率，需给予梁在竖向和扭转方向支承的密索体系。

悬索桥发展经历了原始悬索桥（悬索采用竹子、藤条等植物制造）、现代悬索桥起步（18 世纪至 19 世纪，悬索采用铁链、眼杆或者高强钢丝）和现代悬索桥 4 次发展高峰［第一次高峰：20 世纪 30 年代，基于空中编丝法（AS法）和弹性理论的美国悬索桥；第二次高峰：20 世纪 60 年代，基于抗风动力稳定理论、增加 PWS 法和改进加劲梁与主缆连接的欧美悬索桥；第三次高峰：20 世纪 70 年代～20 世纪 80 年代的欧洲与日本的悬索桥；第四次高峰：20 世纪 90 年代以来以亚洲为主的悬索桥］。

现代悬索桥按结构形式或者流派，主要有以下几种：

（1）美国式悬索桥。美国的悬索桥出现较早，在风格上有与其时代相适应的特色，主要为：①加劲梁采用非连续的钢桁梁（在桥塔处设有伸缩缝），特别适应于双层桥面；②吊索采用竖直的 4 股骑跨式；③面板采用 RC 构件；④桥塔采用铆接或栓接钢结构；⑤索夹分为左右两半，在其上下采用水平高强度螺栓紧固；⑥鞍座采用大型铸钢件；⑦主缆采用 AS 法架设。美国式悬索桥的发展经历了将近 100 年的时间，技术上已经很成熟，为全球悬索桥的发展奠定了基础，并首先使悬索桥成为跨越千米以上的唯一桥型。美国的维拉扎诺桥、日本的明石海峡大桥都属于这种桥型。加拿大、委内瑞拉等国也多采用这种桥型。

（2）英国式悬索桥。英国式悬索桥出现于 20 世纪 60 年代。由于出现较晚些，其主要特点如下：①采用流线型扁平钢箱梁作为加劲梁；②早期采用铰接斜吊索，经塞文桥、博斯普鲁斯一桥以及恒伯尔桥的实践之后，在博斯普鲁斯二桥改回到垂直吊索；③索夹分为上下两半，在其两侧采用垂直于主缆的高强度螺栓紧固；④桥塔采用焊接钢结构或钢筋混凝土结构；⑤钢桥面板采用沥青混合料铺装。

（3）混合式悬索桥。其特征是采用竖直吊索和流线型钢箱梁作为加劲梁。混合式悬索的出现，显示了钢加劲梁的优越性，同时避免了有争议的斜吊索。日本的来岛第一、二、三桥，丹麦的大贝尔特东桥，我国的香港青马大桥、江阴长江公路大桥、西堠门大桥等均是采用这种形式。

（4）带斜拉索的悬索桥。现代悬索桥还包括带斜拉索的悬索桥，也称悬索-斜拉组合索桥或者悬索-斜拉混合体系桥，如图22-2所示，实际上早在19世纪建造的布鲁克林桥就采用了这种体系，著名桥梁设计者约翰·罗勃林（出生于德国，25岁移居美国）根据其对缆索支承桥梁结构特性的深刻理解和直觉以及对多座悬索桥的事故研究和试验进行了这种设计。当时，这种基于直觉和性能理解的设计，为确保安全，各构件必然要求较大的安全系数。1966年建成的葡萄牙四月二十五号大桥也采用了这种形式。

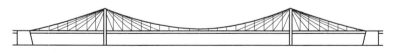

图22-2　带斜拉索的悬索桥（组合索桥）

日本在修建悬索桥的构思方面以美国式悬索桥的模式居多，但大多改用连续的加劲梁（桥塔处无伸缩缝），对非双层桥面的梁体则已转向采用流线型扁平的钢箱梁，桥面板均采用正交异性钢桥面板，主缆采用PWS法。

我国悬索桥建设主要借鉴了日本悬索桥的经验，后来居上，发展迅猛，超千米跨径的悬索桥数量已超过13座，居世界各国之首。在技术上也有不少创新，如施工上采用轨索移梁法架梁、火箭抛送牵引索，结构形式上使用了三塔悬索桥、边跨悬吊-中跨斜拉三塔组合索桥，材料上使用了混凝土加劲梁等。

迄今为止，建成通车的最大跨度桥梁是1998年竣工的主跨1990.8m的悬索桥——日本的明石海峡大桥。随着技术进步和全球经济发展，跨海峡、海湾的超大跨度桥梁被提上议事日程，作为跨越能力最大的桥型——悬索桥的跨越能力及跨度也要求越来越大。现正在实施的墨西拿海峡大桥（悬索桥）主跨达3300m，设计了4根直径达1.24m的钢主缆，并采取多种措施以降低加劲梁自重（加劲梁横断面见图22-3），但仍须降低主缆安全系数才能通过验算。

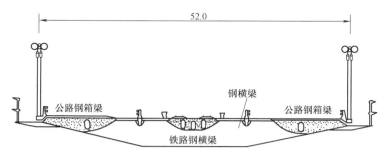

图22-3　墨西拿海峡大桥的分离式多体加劲梁横断面方案（单位：m）

林元培院士针对台湾海峡提出了主跨3500m的悬索桥方案。为解决抗风问题，该方案在桥轴线上方设置上下间距20m的两根钢主缆，吊索的纵向间距为21m。因此，每隔21m在横桥向钢主梁的两边吊索分别交汇在两根主缆上（图22-4），只要吊索变形很小，桥面的倾斜转角也会很小，这对整个结构抗风及行车的平稳性起很大的作用。对于一般悬索桥（图22-5），主梁通过两边吊索垂直平行地分别悬挂在两根主缆上，因这两根吊索平行、可同步运动，而有较大的位移。因此可认为图 22-4 的构造布置对钢主梁及桥面的倾斜转角控制将更有效。

该方案索塔由 4 根间距 92m 的钢筋混凝土桩斜向交汇于塔顶，使 520m 高塔在不同方向均具有较好的刚度，也为主缆在塔顶分跨锚固创造了构造空间和实现了索塔强度要求。

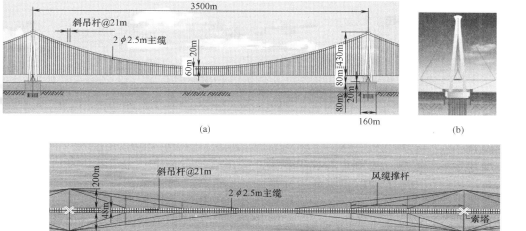

图 22-4　两主缆上下布置的 3500m 跨度悬索桥桥型
（a）立面图；（b）侧面图；（c）平面图

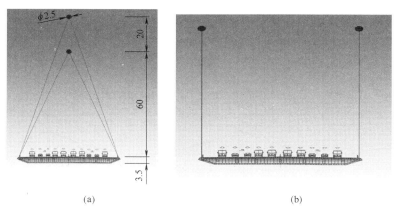

图 22-5　主缆的上下布置与左右布置的对比
（a）主缆上下布置；（b）主缆左右布置

上述两个例子说明，人们对超大跨度悬索桥的探索不会停止。此外，因城市景观需要，或者地形、荷载等特殊需要，人们对悬索桥的形式或者方案进行了许多探索。这些设计方案能否成立，其主要控制因素为主缆的静力强度、桥梁抗风能力、个别构件（如斜吊杆、短吊杆）疲劳强度。

22.1 悬索桥的总体布置和构造

22.1.1 悬索桥的总体布置

悬索桥总体布置中要考虑的主要问题有：梁体的悬吊孔跨数、加劲梁是否连续、主缆的垂跨比以及主缆与加劲梁在主孔跨中（有时还包括边孔梁端）是否设置连接点。

（1）悬吊孔跨布置与加劲梁连续或断开

现代悬索桥按桥塔数量已出现双塔悬索桥和多塔悬索桥（泰州长江大桥、马鞍山长江大桥北汊桥、武汉鹦鹉洲长江大桥），多塔悬索桥虽然有利于跨越江宽水深的河面或者海湾，但由于中塔需要刚度大（以满足桥梁刚度，即主跨活载挠跨比要求）和活载下主缆在中塔鞍座两侧拉力差不宜太大（抗滑和桥塔受力需要）难以兼顾，而较少采用。在多塔悬索桥中，为了减少多塔悬索桥在活载作用下的挠度，除适当提高中塔刚度外，另一方法是限制连续加劲梁的纵向位移，可采取在各跨跨中设中央扣、中塔塔梁固结、中塔处设置加劲梁的纵向约束支座或纵向弹性索等4种措施之一。泰州长江大桥中塔采用纵向人字形全钢塔，钢箱加劲梁采用两跨连续，中塔处竖向漂浮，并设上下浮动的限位挡块（防止加劲梁极端情况的扭转发散位移）和纵向弹性索，边塔竖向支承的结构体系，桥型立面示意如图22-6所示。马鞍山长江大桥北汊桥中塔采用刚度适中的钢-混凝土叠合塔（加劲梁以下某处开始为钢结构形式），钢箱加劲梁采用两跨连续，中塔处塔梁固结，边塔竖向支承的结构体系（避免了中塔塔梁间纵向弹性索的疲劳和换索问题，提高了中塔抗船撞能力）。武汉鹦鹉洲长江大桥中塔采用刚度适中的钢-混凝土叠合塔，加劲梁采用由混凝土桥面板与两根工字形钢主梁组合而成的结合梁，四跨简支（避免主塔处主梁出现较大的负弯矩），中塔及边墩处设纵向固定支座的结构体系，桥型立面示意见图22-7。

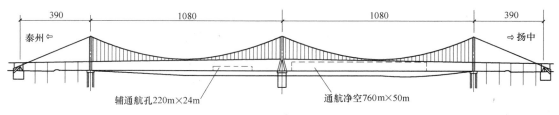

图 22-6　泰州长江大桥立面示意图

双塔悬索桥出现了三种布置情况，有三跨悬吊、双跨悬吊和单跨悬吊等。其中，三跨悬吊布置是最常用的形式，单跨悬吊次之（我国这类居多），双跨悬吊最少。

现代悬索桥早期的加劲梁，无一不是采用三跨双铰式。但从1959年问世的坦卡维尔（Tancarville）桥首创三跨连续加劲桁梁之后，采用连续加劲梁的

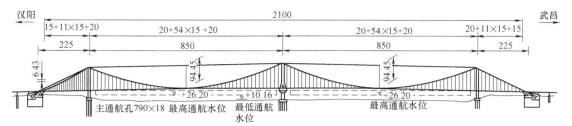

图 22-7 鹦鹉洲长江大桥立面示意图（单位：m）

桥例日益增多。采用连续加劲梁虽有利于减少挠度和转角，适应于铁路悬索桥，但其梁端伸缩总量必然有所增大，因而需要有相应的伸缩装置。

图 22-8 给出了双塔悬索桥的单跨双铰、三跨双铰、三跨连续的悬索桥形式。

（2）主缆边中跨比

三跨悬索桥的主缆边中跨比一般在 0.25~0.4，也有更大的（如明石海峡大桥为 0.51）；单跨悬索桥的主缆边中跨比一般在 0.2~0.3。主缆的边中跨比对全桥用钢量影响不大。

（3）主缆垂跨比

现代悬索桥中常见的（或者说比较标准的）主缆在主孔跨中的垂跨比为 1/10，

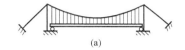

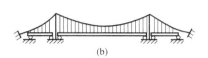

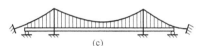

图 22-8 双塔悬索桥的常见形式

绝大部分为 1/11~1/9，个别较小的约为 1/12，较大的略大于 1/9。

主缆垂跨比的大小影响桥面以上部分的桥塔建筑高度以及主缆的总用钢量。较大的垂跨比可以由将桥塔的高度修建得高一些来换取少用一些钢丝来修建主缆，但对悬索桥的整体刚度有所削弱。

（4）主缆与加劲梁在跨中的连接

主缆与加劲梁在跨中作特殊的连接也是首创于法国的坦卡维尔桥（跨径608m）。此后，凡是考虑有铁道通过的悬索桥，如葡萄牙的四月二十五号大桥以及日本的南、北备赞濑户大桥等皆设置这种连接。近期，在公路悬索桥中也逐渐普遍地设置这种连接，如日本的大岛桥、彩虹大桥、白鸟大桥以及丹麦的大贝尔特东桥等都相继布置有缆梁跨中连接点。彩虹大桥与白鸟大桥还在边跨梁端设有连接。采用这种方法主要是减少跨中短吊索、锚头处正负交替应力，防止疲劳破坏。我国的润扬长江公路大桥、坝陵河大桥等也采用了主缆与加劲梁在跨中固结的方法。

（5）双主缆布置与四主缆布置

迄今为止，全球布置有 4 条主缆（桥面两侧各 2 条）的悬索桥仅有两座，即美国的华盛顿桥与维拉扎诺桥。世界最大跨度 1990.8m 与主缆最大直径（1120cm）的日本明石海峡大桥的建成开通，说明双主缆的布置对 2000m 级跨度的悬索桥来说是完全可能与合理的。

657

658

（6）主跨加劲梁的宽跨比

桥梁宽度一般由交通需要确定。对于一般桥型的中小跨度而言，桥梁宽跨比一般控制在 1/30 左右，就可有足够的横向刚度。对于 1000m 级的悬索桥，宽跨比均小于 1/30，甚至达 1/60。有些桥梁，为了改善气流条件，增加抗风稳定性，在风嘴外增加挑板或者在中央分隔带加宽并透风。

（7）主跨加劲梁的宽高比与高跨比

悬索桥加劲梁的受力状态类似于多跨弹性支承连续梁，从静力受力角度考虑，梁高与主孔跨径关系不密切；但从抗风角度，则梁高跨比和高宽比需进行一定控制。梁高小一些，断面的流线型可以好一些，有利于风动稳定；但梁高过小，加劲梁抗扭刚度不足，易引起涡激共振或抖振（造成人感不适、行车不安全、结构疲劳），甚至扭转失稳而破坏。旧塔科玛桥采用板梁断面，由于抗扭刚度不足，在不大的风速下发生扭转失稳而破坏。箱形梁的高宽比一般在 1/11～1/7。

加劲梁有桁架式和箱梁式。双层桥面常采用桁架式，梁高在 7.5～14m，高跨比为 1/180～1/70；单层桥面在 20 世纪 80 年代之前常采用桁架式，在此之后常采用钢箱梁。钢箱梁梁高一般为 2.5～4.5m，高跨比大体在 1/400～1/300。

22.1.2　承重构件的主要构造

如前所述，悬索桥的主缆系统是主要承重构件，它包含主缆、塔和锚碇。

（1）主缆（Main Cable）

1）主缆结构

早期悬索桥的主缆经历了钢（铁）链缆、钢丝绳缆、封闭钢绞缆等形式，现在大跨悬索桥的主缆都是用高强、冷拔、镀锌钢丝组成。将钢丝用冷拔工艺制造，可以使其强度增加，镀锌可防锈。钢丝直径大都在 5mm 左右，视缆力大小，每根主缆可以包含几千乃至几万根钢丝。钢丝平行布置，为便于施工安装和锚固，主缆被分成索股编制架设，并在两端锚碇处分散锚固，除锚固区外主缆的其余区段则挤紧成规则的圆形，然后缠以软质钢丝捆扎并进行外部涂装防腐。主缆通常采用空中编（仿）丝法（AS 法）或预制平行索股法（PWS 法或 PWS 法）成缆。

2）主缆的截面

主缆用镀锌高强钢丝直径一般在 4.5～5.5mm 内，主缆的钢丝总数由设计的主缆力决定。绝大多数主缆所用的钢丝强度为 1670MPa，设计安全系数取 2.5；明石海峡大桥主缆钢丝强度提高到 1800MPa，设计安全系数降低为 2.2；虎门二桥主缆钢丝强度则提高到 2000MPa。今后，可在实践基础上进一步降低设计安全系数与提高钢丝强度。主缆众多的钢丝先分成钢丝索股，然后再由若干根索股构成一根主缆，主缆锚固按索股进行。每根索股含多少根钢丝，则根据主缆的编制方法确定。

采用 AS（Air Spinning）法架设的索股较大，而每根主缆所含股数较少，一般约 30～90 束，每股所含丝数可以多达 300～500 根。因而其单股锚固吨位大，锚碇上锚固空间相对集中。采用 AS 法施工时，钢丝应采用可靠的接长方法。接头应均匀地沿主缆全长布置，主缆同一截面上的接头数不得多于 1 个，相邻两接头沿主缆轴线方向的间距不得小于 3m。锚靴、索夹、鞍槽及其相邻 1m 范围内不允许有接头。

采用 PPWS（Prefabricated Parallel Wire Strands）法架设的主缆，钢丝索股先编制成形状稳定的正六边形，其好处是索股合并时没有孔隙。由于施工时整股架设，丝数不能增加太多，因此每股的丝数取 61、91、127、169，如图 22-9 所示，而每根主缆总股数多达 100～300 束，所以锚碇上需要的锚固空间相对较大。我国常用的悬索桥主缆索股为 PPWS-127 和 PPWS-91 两种，且前者居多。

主缆截面的设计空隙率在 16%～22% 之间，与成缆方法和索夹内外截面有关（具体数值可查相应设计规范）。主缆应通过紧缆工序确保主缆设计空隙率，紧缆后宜每隔 1m 左右设置镀锌扁钢带临时捆扎主缆。

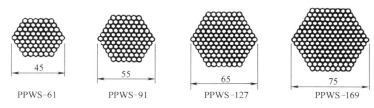

图 22-9　预制索股常用截面

3）主缆的防护

主缆是不可更换的主要受力构件，工作暴露在自然环境下，其防护的好坏将直接关系到悬索桥的寿命。

主缆的防护方法见图 22-10，主缆安装完成后，彻底清洗钢丝表面，然后手工涂抹防锈填泥，使它嵌入钢丝缝隙中，再用缠丝机将退火镀锌细钢丝缠绕，最后施加外涂层（涂几层漆）。在施工期间，也可以在镀锌钢丝外涂一道底漆或环氧树脂来保护钢丝。

主缆锈蚀的原因是主缆中存在潮湿空气，根据湿气在主缆截面上分布规律的不同，钢丝的锈蚀规律也不同。控制主缆锈蚀最重要的方法之一是不让水进入主缆。为此日本开发出一种 S 形截面缠绕钢丝代替圆断面的钢丝，丝丝相扣，油漆不易开裂，水不能渗入。但是它解决不了施工期已经大量渗入的水对钢丝锈蚀作用，为此，日本又开发了干空气导入法。除湿机的干燥空气用管道通过索夹输入主缆，从另外的索夹排出主缆，出入口索夹的距离约 140m。主缆内 6 个月后相对湿度在 40% 以下，满足防腐要求。这种方法在明石海峡大桥上首先运用，我国的润扬长江公路大桥、云南龙江特大桥也采用了该措施。为进一步提升主缆的耐久能力，云南龙江特大桥还通过 20m 主缆模型试验，将主缆的外涂层改进为主缆的"缠包带"。岳阳洞庭湖二桥也采用了这一形式（图 22-11）。

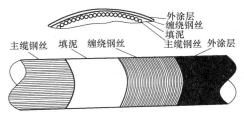

图 22-10　主缆的防护方法

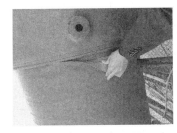

图 22-11　主缆"缠包带"防护

（2）索塔（Pylon）

索塔（或称主塔、桥塔等）是用以支承主缆并将荷载作用通过基础传递给地基的结构。根据建造材料的不同，可分为钢筋混凝土索塔、钢索塔、钢混组合索塔、钢管混凝土索塔等。钢筋混凝土索塔的优点是用钢量少、成本低、易维护，我国修建的大跨悬索桥大多采用了钢筋混凝土索塔。国外大跨悬索桥中采用钢索塔相当普遍，其主要优点是施工速度快、质量容易保证、抗震性能好。我国泰州长江大桥、马鞍山长江大桥北汊桥、鹦鹉洲长江大桥等多塔悬索桥的中塔由于刚度的需要则采用了钢索塔或者钢混组合索塔。索塔横桥向结构形式可为刚构式、桁架式或组合式（图 22-12）；刚构式可用于钢筋混凝土索塔和钢索塔，桁架式可用

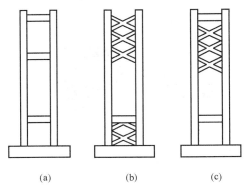

图 22-12　索塔横桥向结构形式

（a）刚构式；（b）桁架式；（c）组合式

于钢索塔，组合式可用于钢索塔和钢混组合索塔。索塔顺桥向常采用柱式，但多塔悬索桥中塔多采用人字形。索塔基础可根据地质情况和受力需要选择扩大基础、桩基础、沉井基础等。

下面介绍钢索塔与钢筋混凝土索塔这两种主要形式。

1）钢索塔

钢索塔塔架的最早形式为具有若干组交叉斜腹杆与若干根横系梁的桁架式。世界最大跨度（1990.8m）、也是最高桥塔（297m）的日本明石海峡大桥的钢索塔也采用了桁架式（图 22-13）。钢索塔的塔柱钢混结合区常设置在承台或下横梁位置处。其塔柱与承台常采用螺栓锚固式或螺栓锚固与埋入式结合的方式连接；与钢筋混凝土塔柱连接时宜采用埋入式连接。

钢索塔塔柱的截面设计，随着钢结构的构造由铆接、栓焊到焊接并加上预应力工艺的发展，也逐渐得到很大的改进。最早的钢索塔塔柱截面（如 20 世纪 30 年代美国的金门大桥）为全部铆接的密布多格式空心截面；到 20 世纪 60 年代，如英国的福斯桥，就已改变为少量大格室空心截面，采用较厚的钢板作各格室的壁板，并用竖向的铆接或焊接角钢作为加劲肋来防止格室壁

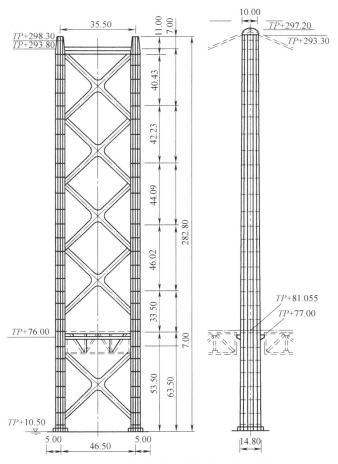

图 22-13　日本明石海峡大桥桥塔（尺寸单位：m）

板的压屈；进入 20 世纪 80 年代及至目前，钢
索塔塔柱常采用带有切角的箱形截面（图 22-14），
其外形应满足抗风性能要求，必要时尚应考虑
制振设施的构造要求。考虑工厂制造能力和施
工吊装能力，钢索塔塔柱在高度上划分为多个
节段，节段间连接宜采用金属接触与高强度螺
栓结合的方式。钢索塔外壁板和竖向隔板的厚

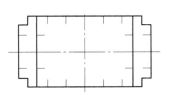

图 22-14　钢索塔塔柱截面形式

度不宜小于 20mm；钢索塔塔柱内应设置水平横隔板，间距不宜大于
5000mm；钢横梁与钢索塔塔柱横梁预留段的连接方式可采用栓接、焊接或栓
焊结合方式。钢横梁两端应设嵌补段，通过现场精确放样以满足安装精度
要求。

　　2）钢筋混凝土索塔

　　钢筋混凝土桥塔应用于大跨度悬索桥也是法国坦卡维尔桥的首创。迄今
为止，除了世界最大跨度的明石海峡大桥的桥塔由于日本的国情关系仍采用
钢结构之外，其余跨度排列靠前的中国的西堠门大桥（1650m）、丹麦大贝尔

特东桥（1624m）、中国的润扬长江公路大桥南汊桥（1490m）以及具有代表性的英国恒伯尔桥（1410m）、中国江阴长江大桥（1385m）、中国青马大桥（1377m）以及瑞典高海岸大桥（1210m）都是采用钢筋混凝土结构。因此，可以认为：主跨2000m级以下的悬索桥的桥塔如无特殊要求，采用钢筋混凝土来修建是可行的与合理的。

采用钢筋混凝土结构的桥塔在两柱之间不宜再设交叉式斜腹杆，因此，基本塔形是两根在桥梁横向略带坡度的塔柱使塔柱中线距向上收缩，并使用若干水平横梁来联系的单层或多层门式框架。一般来说，钢筋混凝土桥塔的水平横系梁的数量与塔柱的高度有关，即塔柱高度较大时，水平横系数的根数也较多。为了减轻自重，大跨径悬索桥的塔柱常采用空心箱形截面。图22-15给出了虎门大桥和青马大桥钢筋混凝土桥塔立侧面图。

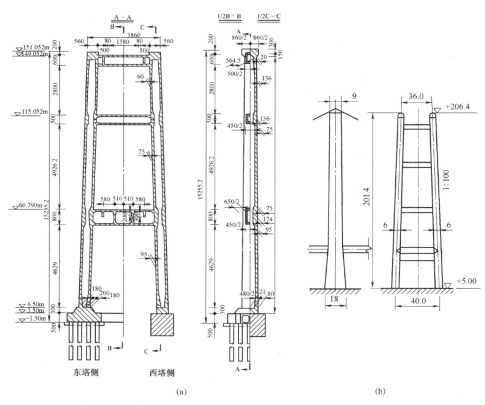

图 22-15　虎门大桥索塔（左）与中国香港青马大桥索塔（右）

（尺寸单位：左图为 cm，右图为 m）

为分散由主索鞍传来的较大竖向集中力，塔柱顶混凝土中除埋入钢格栅、设置多层钢筋网外，还要求塔柱顶段布置有足够的实体段。为了将应力平顺传递到基础，塔柱根部与基础连接处设置实体段或塔座。空心截面塔柱和横梁应设置通风孔，间距宜为10~15m。为了同时达到下雨时引流的作用，通风孔可斜置于塔柱壁上。空心横梁内宜设置2道及以上的横隔板（支承处），以提高抗扭刚度。塔横梁宜采用预应力结构，预应力筋宜锚固于塔柱外侧。塔柱竖向受力钢筋直径不应小于25mm，其截面面积不应小于混凝土截面面积的1%；箍筋直径不应小于16mm，间距不应大于200mm。为确保塔柱的施工线形，索塔施工宜设置必要的劲性骨架。

（3）锚碇（Anchor）

锚碇是用于固定主缆端头，防止其向跨内走动的巨大构件。根据抵抗主缆力的方法分为重力式锚碇、隧道式锚碇、岩锚锚碇三种结构形式，如图22-16所示。选择锚碇形式主要考虑两点：一是必须将主缆拉力有效地、可靠地传递给埋置于锚碇的锚固系统，二是必须将锚碇设置在合适的地基上。当三者经济性差别不大时，宜选择传力简单的重力式锚碇。一般而言，若坚实的岩层靠近地表且适宜成洞时，宜采用隧道式锚碇；若此种情况的岩体完整、强度高时，可采用岩锚锚碇。若持力层位于地面以下20～50m，则应采用重力式锚碇。重力式锚碇坚实的持力层若埋置深度很大，则其基础应采用沉井、桩、管柱、地下连续墙等深基础；若埋置深度较浅，则可采用明挖的扩大基础。扩大基础的平面尺寸应大于锚体外轮廓尺寸，并宜设置1.5～3m的襟边；襟边与厚度的关系应满足刚性角要求，刚性角不宜大于45°。地下连续墙支护结构壁厚应考虑成槽机械能力，厚度不宜小于80cm。

重力式锚碇为庞大的混凝土结构，靠其自重实现对主缆拉力的平衡。隧道式锚碇是在河岸天然坚固的岩体中开凿隧洞，在隧洞内浇筑混凝土锚塞体，

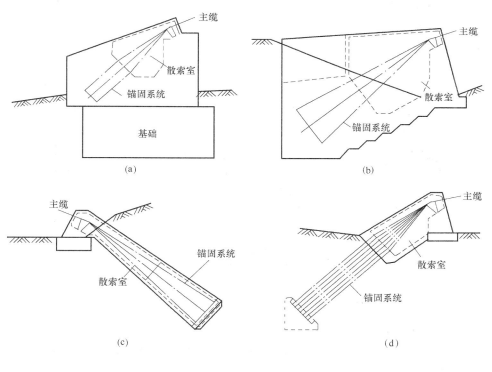

图 22-16　锚碇形式及其结构原理

（a）完全重力式锚碇；（b）重力式嵌岩锚碇；（c）隧道式锚碇；（d）岩锚锚碇

通过锚塞体自重和围岩共同承担主缆拉力。岩锚则利用高质量的岩体，将主缆拉力分散到单个岩孔中锚固。在工程实践中，常采用岩锚＋锚塞体相组合的隧道式锚碇（如 2012 年建成的韩国光阳桥），以减少或取消锚塞体混凝土用量，并确保安全可靠。岩锚锚碇或隧道式锚碇的混凝土用量通常较重力式锚碇大为节省（约为重力式锚碇的 1/5～1/4），但是河岸必须具备坚固岩体的天然条件。

埋置于重力式锚碇或者隧道式锚碇锚塞体中的锚固体系可采用预应力锚固系统或型钢拉杆锚固系统。预应力锚固系统预应力筋宜采用高强度钢绞线或高强度粗钢筋，预应力筋可设置成可更换式和不可更换式两种；索股锚固连接器应满足锚固预应力筋和连接拉杆的构造需要。型钢拉杆锚固系统宜采用型钢或钢板通过焊接或栓接而成；锚梁可分段制造，在工地用螺栓连接；锚梁与锚杆宜采用螺栓连接。为确保散索鞍稳定性，主缆中心线经过散索鞍（非散索套）的折射角宜大于 18°（我国已建悬索桥锚室内最外侧索股与中心索股之间夹角均在 7°～12°）。锚碇前锚室空间或者锚塞体截面尺寸应满足主缆索股在锚室内散索的需要，后锚室空间、锚室内侧墙与锚面处的台阶及通道设置应满足施工和维护的需要，锚面上锚固点间距应考虑千斤顶布置及操作空间的需要。锚碇前锚面与后锚面的距离应满足锚块（或锚塞体）抗剪承载力需要。锚塞体宜设计为前小后大的的楔形体，横断面顶部宜用圆弧形。岩锚锚固段长度应根据主缆拉力和围岩体强度确定。

主缆与锚碇的锚固根据编缆方式分为两种。采用 AS 法编制的主缆，其钢丝在锚碇前形成环，套在索股靴上，每索股使用一个索股靴。索股靴为半圆形，索股嵌绕在索股槽内，用高强锚杆与锚碇混凝土连接，如图 22-17 所示。使用 PPWS 法编制的主缆，一般使用锚具将索股锚固在锚碇上。

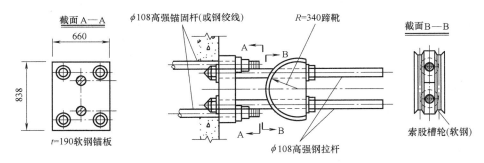

图 22-17　索股靴与锚碇混凝土连接构造（尺寸单位：mm）

22.1.3　其他特殊构件

（1）加劲梁

悬索桥主缆系统在竖向活载之下的柔性明显，需要靠增加主梁刚度和重量来增加桥的刚性，因此悬索桥的梁称为加劲梁（Stiffening Girder）。加劲梁可采用钢箱梁、钢桁梁、钢板梁、钢-混凝土组合梁、预应力混凝土梁等。

钢桁梁起始于美国，开始时是全铆钢结构，现代钢桁梁通过整体节点板用高强度螺栓连接。钢桁梁由主桁架、横向桁架、上下平联和桥面板组成。带吊索的横向桁架可采用双层桁架（图 22-18a）或单层桁架（图 22-18b）。钢桁架的桥面结构常采用正交异性钢桥面板或混凝土桥面板。正交异性钢桥面板与钢桁架的结合可采用分离式（桥面安装在纵横梁上，再架设到桁架上，见图 22-18a）或整体式（将上弦与桥面板合二为一，如岳阳洞庭湖二桥，见图 22-18b）。混凝土桥面板与钢桁架的结合宜采用分离式。在需要双层桥面时，采用钢桁梁较合理。一般在上弦平面的桥面行驶汽车，在下弦平面则行驶轨道车，如图 22-18（a）所示。

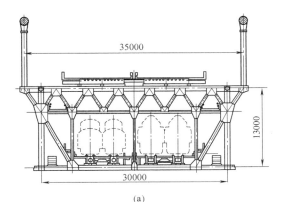
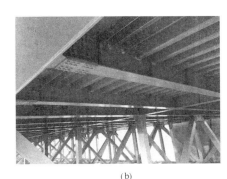

(a)　　　　　　　　　　　　　　　(b)

图 22-18　钢桁梁的分离式桥面与整体式桥面

（a）日本南北备赞濑户大桥钢桁梁的分离式桥面（尺寸单位：mm）；

（b）岳阳洞庭湖二桥板桁的整体式桥面

钢桁梁的主桁架高度根据受力要求（含静力与空气动力稳定等）确定，主桁架节间长度根据吊索间距和压杆稳定确定，腹杆与弦杆的夹角 θ 宜为 $39°\sim51°$（见图 22-19a），各杆件截面形式一般采用 H 形或者箱形。钢桁架各杆件一般通过整体节点板，用高强度螺栓连接。主桁架的上、下弦杆一般通过整体节点板与竖腹杆、斜腹杆连接，通过焊接节点板与横向桁架的横梁、平联连接；横向桁架的上、下横梁通过竖向焊接节点板与竖腹杆、斜腹杆连接，通过水平整体节点板与上、下平联连接。斜腹杆与整体节点的连接，从贵州坝陵河大桥开始，由传统的插入式改为对接式，节点板尺寸减小，抗疲劳性能提升。钢桁梁节点板结构及其位置示意图见图 22-19（b）。

钢箱梁开始于 1966 年的英国。其风的阻力系数小、抗风性能好，适用于单层桥面。钢箱梁可采用整体式钢箱梁（如桃花峪大桥）或分体式钢箱梁（如杭州江东大桥、舢西堠门大桥）。分体式钢箱梁之间设置横向连接梁，横向连接梁可采用箱梁、工字梁等形式。钢箱梁的顶板采用正交异性钢桥面板，其纵向加劲肋宜采用 U 形闭口加劲肋（U 形闭口加劲肋可采用热轧或冷加工成形，弯折半径与厚度之比不应小于 5）；行车道处正交异性钢桥面板的顶板厚度不宜小于 14mm，顶板 U 形闭口加劲肋的厚度不宜小于 6mm，其净距与顶板厚度之比不宜大于 25；非行车道处的正交异性钢板的顶板厚度不宜小于

665

666

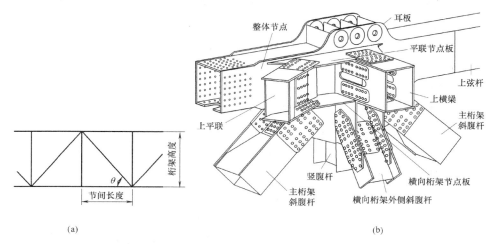

(a)   (b)

图 22-19　钢桁梁节间布置与节点板构造示意图

（a）钢桁梁节间布置；（b）钢桁梁节点板构造

10mm，U 形闭口加劲肋的厚度不宜小于 6mm，开口加劲肋的厚度不应小于
10mm，加劲肋净距与面板厚度之比不宜大于 40；钢箱梁横隔板间距不宜大于
4.0m，厚度不小于 10mm，吊点处横隔板厚度可采用 12mm。钢箱梁顶板能直
接承受活荷载，因此顶板之上可直接设沥青桥面铺装，不需要另设纵梁和横梁。
从总体看，比桁架梁省不少钢材，现已得到推广。我国建造的大跨度悬索桥
大多采用了扁平钢箱梁。图 22-20 所示为英国塞文桥的扁平钢箱梁截面。

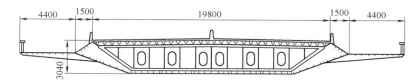

图 22-20　英国塞文桥的钢箱梁截面（尺寸单位：mm）

　　钢板梁常采用纵横梁的结构形式，当纵横向跨度较大时可加设次横梁和
（或）次纵梁。钢板梁桥面板可采用正交异性钢桥面板结构形式，也可采用混
凝土桥面板结构形式。

　　我国的汕头海湾大桥主跨 452m，采用了薄壁预应力混凝土箱梁，是一个
工程实践尝试特例。由于主梁自重太大，缆索体系造价大大提高，且工期长、
架设难度高，在大跨度悬索桥中不宜采用。但是对于跨径 200m 以下的自锚式
悬索桥，混凝土加劲梁被大量采用。

　　（2）索鞍

　　索鞍可分为主索鞍、散索鞍、散索套及转索鞍。

　　主索鞍设置在索塔顶部，其功能是支承主缆，并让主缆在此转折；当主
缆主跨和边跨的索股数量不等时，需设置锚梁将不等量索股锚固于主索鞍上。
散索鞍座安置在锚碇前端，即边跨与锚跨之间的散索鞍墩上（散索鞍墩常是

锚体的一部分），主缆在此转折，分散后进入锚碇的锚室。散索套是散索鞍的一种特殊形式，采用了散索套后，其支墩基本不受力，锚碇的前、后锚固面可抬高，使得整个锚碇也相应抬高，可适当减少锚碇基础的开挖量。转索鞍只在边跨主缆需要转折时才设置，其构造及设计与散索鞍基本相同，不同的是主缆通过转索鞍后并不散开，其结构比散索鞍简单。

索股安装完成后，在任何荷载作用下，索股与索鞍间不容许相对滑动，以免镀锌钢丝磨耗。为确保主缆索股在索鞍内不滑动，通常将索股内钢线排列在鞍槽（即承缆槽）内的那一段改为矩形（图22-21），并将承缆槽做成台阶状。承缆槽的线形（包括立面半径、平弯半径）与有效长度均应满足《公路悬索桥设计规范》JTG/T D65-05—2015 12.3.2 条规定。承缆槽上部应设置夹紧拉杆，各槽路应采用锌块填至顶面与中央列索股齐平。当散索鞍鞍槽中主缆索股的竖转角度小于 25°时，索鞍顶部宜设置压紧梁。

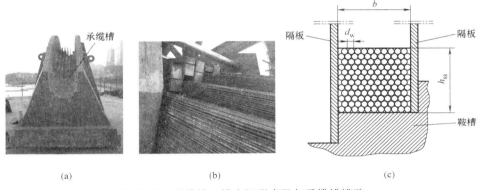

图 22-21　承缆槽、槽内矩形索股与承缆槽槽路

在运营阶段，主索鞍不平衡水平力依靠塔身弹性弯曲释放，散索鞍不平衡力（含力矩）则依靠其下设的永久性摆轴或移动摩擦副释放。由于悬索桥缆索系统空缆状态与成桥状态有较大差别，在架设阶段，索鞍一般需向主跨跨中方向预偏，已保证桥塔承受的水平力为零或者足够小。对于钢主塔，主索鞍相对于索塔可不预偏，索塔通过弹性弯曲和索塔强度消化不平衡力。安装时预偏的主索鞍与塔顶间设辊筒支座（图22-22）或者滑板支座，以便顶推；施工完毕后将辊筒封闭。鞍座上部一般用铸钢制造，可设计为全铸式、铸焊组合式和全焊式。当其尺寸太大时，可以分成几块（2～4块），在吊上塔顶后再用螺栓相连或者焊接，下部则采用厚钢板，铸钢件与厚钢板间用不熔透对接焊相连。当索塔为混凝土结构时，主索鞍宜采用肋传力结构形式（图22-23）；当索塔为钢结构时，主索鞍宜采用外壳传力结构形式（图22-24）。肋传力结构的索鞍可按单肋设计，当承缆槽宽度超过 70cm 时，则宜按双纵肋设计。

散索鞍座安置在锚碇前端，即边跨与锚跨之间的散索鞍墩上（散索鞍墩常是锚体的一部分），主缆在此转折、分散后进入锚碇的锚室。散索鞍可采用摆轴式、滚轴式或者滑动式等移（转）动摩擦副。散索鞍座的鞍槽形状与塔

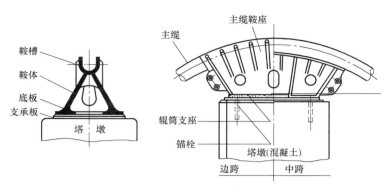

图 22-22 塔顶鞍座构造

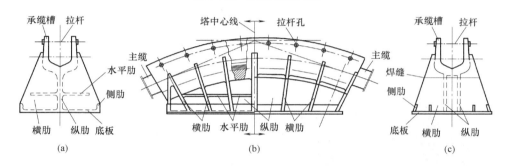

图 22-23 肋传力结构的索鞍

（a）单纵肋结构形式；（b）立面图；（c）双纵肋结构形式

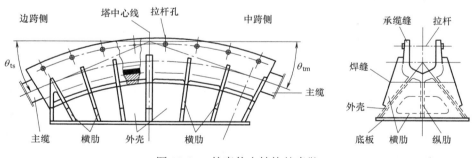

图 22-24 外壳传力结构的索鞍

顶鞍座基本相同，但平面投影呈散开状。其鞍槽部分一般采用铸钢件。由于温度变化以及活载工况的不同，散索鞍相邻两缆跨主缆长度会发生一定的变化。为适应这种变化，散索鞍座应由辊轴来作支承或做成摆柱构件。图 22-25所示为摆柱式散索鞍座的构造示意。如果主缆在锚碇前端无需转折，则只需要喇叭形的散索套使主缆从挤紧状态过渡到分散状态。

（3）吊索（Hanger）及索夹（Cable Band）

吊索通常由钢丝绳或平行钢丝束组成。

吊索上端连接在索夹上，索夹紧夹主缆，通过摩阻力阻止吊索在主缆上滑动。吊索与主缆的连接可采用骑跨式或销铰式（又称销接式，下同）索夹。索夹和加劲梁之间的纵、横向位移较大时，宜采用骑跨式；主缆直径较小时，

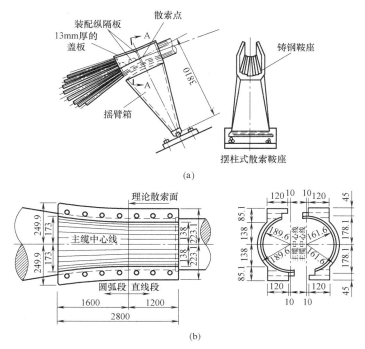

图 22-25　散索鞍座构造示意（尺寸单位：mm）

(a) 摆柱式散索鞍座；(b) 散索套

为避免吊索过大的弯折应力，宜采用销铰式；骑跨式吊索的弯曲半径不宜小于吊索直径的 7.5 倍。骑跨式由于吊索上方采用小半径绕在索夹上，产生局部挠曲应力，因而多采用镀锌钢丝绳吊索，美国及日本悬索桥应用较多。销铰式由于吊索无需弯曲，吊索既可采用镀锌钢丝绳也可采用平行镀锌高强钢丝，在英国及我国悬索桥上应用较多。

骑跨式索夹宜采用左右对合型，左右两半用高强度螺栓固定在主缆上，骑跨式吊索上端绕跨在索夹顶部的承索槽中，如图 22-26（a）所示。销铰式索夹宜采用上下对合型，上下两半用高强度螺栓固定在主缆上，销铰式吊索上端叉形耳板用销轴（外垫衬套）销接在索夹下端的耳板上，如图 22-26（b）所示。

索夹壁厚一般取 35～50mm，吊索的索夹长度与螺杆数量则根据吊索索力与吊索处主缆倾角确定。索夹螺杆长度应考虑主缆空隙率的正误差，并满足紧缆完成后安装索夹第一次张拉螺杆时的长度需要；垫圈应采用双层球型构造。骑跨式索夹承索槽在索夹上的包角、适应吊索与主缆夹角变化的张开角、承重槽底部弯曲半径、槽内半径等均应满足《公路悬索桥设计规范》的要求。销铰式索夹耳板的厚度应不小于索夹壁厚的 2 倍，索夹耳板与索夹壁间的过渡圆弧半径应不小于索夹壁厚的 6 倍（见图 22-26b）。

主缆除吊索处设置索夹外，还在边跨无吊索段设置紧固索夹，靠近索鞍段设置锥形封闭索夹。索夹间距一般不超过 20m。

吊索与加劲梁的连接可采用锚头承压式（图 22-27a）或销铰式（又称销

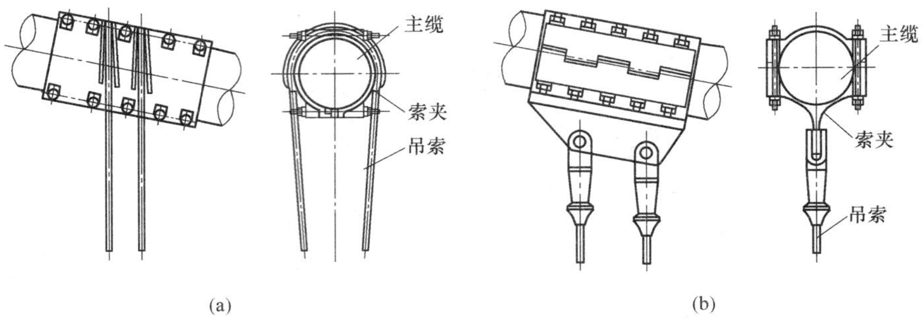

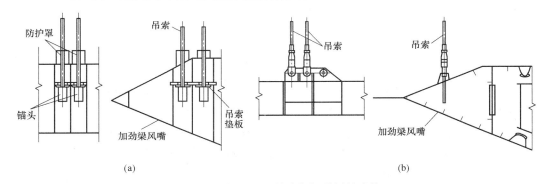

图 22-26 吊索与索夹构造

（a）四股骑跨式（左右对合型）；（b）双股销铰式（上下对合型）

接式，下同，图 22-27b）。承压式锚头通过承压板与加劲梁的锚箱连接，如图 22-28 所示；销接式锚头通过叉形耳板，利用销轴与加劲梁耳板连接，如图 22-29 所示。两种锚头形式的锚杯与吊索、叉形耳板的连接处，应采用密封填料、密封圈、密封压环等进行密封处理，如图 22-30 所示。吊索长度超过 20m 时，同一索夹的吊索之间宜设置减振夹。

图 22-27 吊索与加劲梁的连接

（a）锚头承压式；（b）销铰式

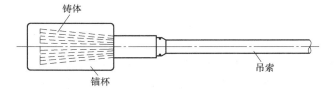

图 22-28 承压式锚头构造示意图

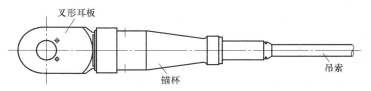

图 22-29 销铰式锚头构造示意图

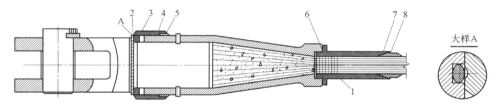

图 22-30　锚头密封构造示意图

1—密封填料；2—O形密封圈；3—防水盖；4—O形密封圈；5—吊索处密封压环；

6—O形密封圈；7—密封胶圈；8—锚杯处密封压环

22.2　悬索桥设计计算基本理论

22.2.1　车辆荷载作用下悬索桥静力分析

　　在悬索桥建设早期，恒载作用下主缆内力按抛物线理论（假定变形后的恒载集度沿跨径方向均布，且全部由主缆承担）确定，而移动荷载（活载）作用下悬索桥的内力，在 1888 年前均按"弹性理论"计算，在 1888～1960 年之间则按维也纳的 J. 米兰教授提出的"挠度理论"及改进的"挠度理论"确定。随着计算机、计算数学、计算力学的发展，从 20 世纪 60 年代开始，悬索桥的静力分析（包括恒载和活载作用下的悬索桥内力计算）逐渐被非线性杆系有限元等更为精确的计算理论所取代。下面简要介绍这三种理论。

　　（1）悬索桥"弹性理论"简介

　　"弹性理论"是用来计算悬索桥活载内力的，在计算中只考虑活载产生的新内力（或者称内力增量）之间的平衡。活载产生的内力增量计算采用如下假定：①活载作用下主缆竖向位置的变化微小、两端理论顶点的位置变化微小，活载缆力对加劲梁的力学贡献可忽略上述位置变化的影响；②活载作用下主缆系统对加劲梁的增量贡献为均布向上的竖向力（即把离散的吊杆视为连续的"膜"，该"膜"是满布于缆和梁之间，并假定"膜"仅竖向受拉，且竖向受拉时不伸长，使缆和梁在同一竖线上对应点的活载竖向位移彼此相等。这就是通常所说的"膜"假定）。③活载作用之前主缆几何形状为二次抛物线（恒载沿跨径均布）；④加劲梁的变位计算可按微小变形理论进行。因而，活载内力计算满足叠加原理，可以利用影响线计算活载内力。"弹性理论"只适应跨度较小且加劲梁刚度相对较大的早期悬索桥的使用。随着跨度加大和其柔性的增加，"弹性理论""内力偏大"的计算误差将进一步增大，必然随着发展被其他的计算理论所取代。下面根据上面的假定说明悬索桥"弹性理论"的计算方法和原理。

　　图 22-31（a）所示为一单跨双铰悬索桥。在主跨范围内，其加劲梁的跨度是 L_B，加劲梁和缆的连接通过许多竖向设置的吊索实现。下面求在活载 p 作用下产生的内力（增量）。

671

显然，图 22-31（a）所示的悬索桥是一次超静定结构，可用力法求解。将主缆在跨中切开，用一对多余力（水平力）（增量）H_p 代替，则一次超静定结构就变为其静定的基本体系——简支加劲梁，如图 22-31（b）所示。设活载 p 作用在基本体系（加劲梁）时，主缆在跨中切口的两面发生相对位移 Δ_{H_p}；在多余力 $\overline{H}_p = 1$ 作用下，主缆跨中切口两面的相对位移为 δ_{HH}。根据变形（增量）协调条件有：

$$H_p = -\frac{\Delta_{H_p}}{\delta_{HH}} \tag{22-1}$$

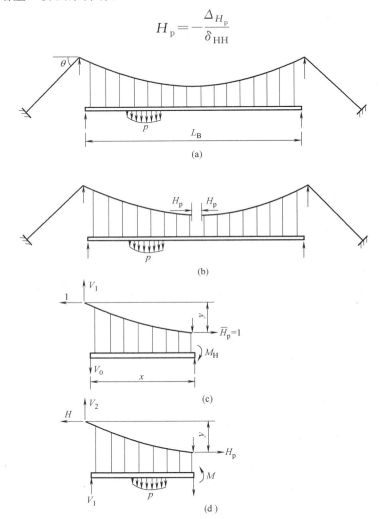

图 22-31　单跨两铰悬索桥的弹性理论计算简图

现求式（22-1）的分子和分母。分子 Δ_{H_p} 可以用下式计算：

$$\Delta_{H_p} = \int_{L_B} M_H M_p \frac{\mathrm{d}x}{EI} \tag{22-2}$$

式中　M_H——基本体系（简支的加劲梁）中，在主缆切口处两面有一对力 $\overline{H}_p = 1$ 作用下在加劲梁各点产生的弯矩；

　　　　M_p——基本体系（简支的加劲梁）在活载 p 作用下，加劲梁各点产生的弯矩；

　　dx——梁的微元段；

　　EI——梁的材料弹性模量同其截面抗弯惯性矩的乘积。

　　分母 δ_{HH} 则可以用下式计算：

$$\delta_{HH}=\int_{L_B} M_H^2 \frac{dx}{EI}+\int_S T_H^2 \frac{ds}{EA} \qquad (22\text{-}3)$$

式中　T_H——基本体系中，在主缆切口处一对力 $\overline{H}_p=1$ 作用下沿缆各点所
产生的缆力；

　　ds——缆的微元段；

　　EA——缆的材料弹性模量和它的截面面积的乘积；

　　其他符号含义见式（22-2）。

　　在求解式（22-2）和式（22-3）时，需先将 M_H、T_H、M_p 求出。求解
如下：

　　M_H 可用图 22-31（c）来求解。根据抛物线理论 H_p 和 q（q 为均布荷载
集度）关系，可知 $\overline{H}_p=1$ 将使吊索"膜"产生集度是 $8f/L_A^2$（L_A 为桥跨两
端吊杆的纵桥向间距）的均布拉力。膜拉力既将缆向下拉，又将梁向上提。
就缆和梁的全跨分别用平衡条件求算其支承处的竖向反力，可知这里的 V_0
（梁的反力）和 V_1（缆的反力）大小相等、方向相反，并可求出其值为 $4f/$
L_B（忽略 L_A 与 L_B 的差异）。于是，可以求出梁截面 x 处弯矩 $M_H=y$。

　　① T_H 是 $\overline{H}_p=1$ 所产生的缆力。

$$T_H=\overline{H}_p/\cos\alpha=1\cdot[1+(y')^2]^{\frac{1}{2}}=[1+(y')^2]^{\frac{1}{2}} \qquad (22\text{-}4)$$

式中的 y 是主缆的竖坐标（有吊杆的缆跨主缆为二次抛物线，无吊杆的缆跨
主缆为直线；并假定塔顶抗纵向水平力的刚度小，位于塔两侧的主缆水平分
力增量可按相等来处理），而 $ds=\sqrt{1+(y')^2}\cdot dx$。

　　② M_p 是活载在简支的加劲梁内引起的弯矩，可根据材料力学中的脱离
体平衡条件求解。在用式（22-1）求得 H_p 之后，将该 H_p 作用在基本体系
上，根据平衡条件即求得活载在原结构的加劲梁中所产生的弯矩 M。由图
22-31（d），得：

$$M=M_p-H_p\cdot y \qquad (22\text{-}5)$$

式中　M_p——活载在简支的加劲梁上产生的弯矩；

　　y——在"弹性理论"中，为主缆在其承受活载之前（承受恒载包括
自重、加劲梁重量、桥面重量等之后）的竖坐标取值。

　　（2）悬索桥"挠度理论"简介

　　"弹性理论"假定主缆的几何形状（各点的竖坐标）不因活载而改变，而
挠度理论则考虑主缆的几何形状（各点的竖坐标）的改变（对内力平衡的影
响），并假定缆索和加劲梁的竖向位移相同。这就是"挠度理论"对"弹性理
论"的改进之处。即"挠度理论"假定与"弹性理论"假定基本相同，只需
改变"弹性理论"第①条假定即可。将其改为：活载作用下主缆竖向位置的竖

673

向位移和加劲梁的相同，不考虑其在纵向的位移。

　　设 v 表示主缆因活载而产生的挠度（或称竖标增值），可有正有负。如图 22-32 所示，取梁及缆从左支点延伸过来的一段为分离体，进行分析，并设 M 为加劲梁所承受的活载弯矩，M_0 为基本结构简支的加劲梁承受的活载弯矩，主缆水平分力 H 的竖标为 $y+v$；而 $H=H_q+H_p$（H_q 为恒载全部由主缆承担，并按二次抛物线理论确定的主缆恒载水平拉力）。缆力产生抵抗弯矩 $(H_p+H_p) \cdot (y+v)$，其中的 $H_q y$ 是缆在恒载平衡中已使用的，与梁内的活载弯矩 M 无关。因此，M 可用下式求算：

$$M=M_0-H_q \cdot v-H_p \cdot (y+v)=M_0-H_p \cdot y-(H_p+H_q) \cdot v$$

$$(22-6)$$

　　式（22-6）与式（22-5）的差异就是计入 $(H_q+H_p) \cdot v$ 的影响。虽然 H_p 值并不大，但 H_q 往往很大，这就使得 $(H_q+H_p) \cdot v$ 必须考虑。考虑 $(H_q+H_p) \cdot v$ 的效应，就是"挠度理论"的重要特征。

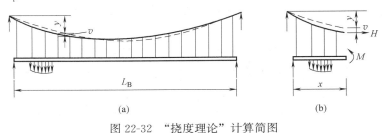

图 22-32　"挠度理论"计算简图

　　将梁的弯矩 $M=-EI \dfrac{\mathrm{d}^2 v}{\mathrm{d}x^2}$ 代入式（22-6）得到一个关于两个未知数 H_p 和 v 的微分方程：

$$-EI \frac{\mathrm{d}^2 v}{\mathrm{d}x^2}=M_0-H_p \cdot y-(H_p+H_q) \cdot v \qquad (22-7)$$

　　将上式积分两次，得到包含积分常数和 H_p 在内的 v 的表达式。代入式（22-6）得到 M 的表达式。积分常数可以用边界条件（例如，若是双铰悬索桥，则在 $x=0$ 及 $x=L_B$ 处，$M=0$）来决定，它们是随活载 p（其长度和加载位置，以及 p 与 q 之比）而异。美国的旧版教材曾按常遇的 8 种活载情况，将各积分常数的式子逐个列出。

　　因微分方程（22-7）含有两个未知数，还需建立一个方程才能求解。

　　由协调条件，可得到缆索的相容方程：

$$\frac{H_p}{E_c I_c} \int_{L_B} \frac{\mathrm{d}x}{\cos^3 \theta}-\int_{L_B} y' v' \mathrm{d}x=0 \qquad (22-8)$$

　　挠度理论的计算过程如下：先假定未知的活载主缆水平分力 H_p^0，将它代入式（22-7）求出挠度 v；再将 v 代入主缆相容方程（22-8）得到计算出的主缆水平分力 H_p^V；用计算出的主缆水平分力值 H_p^V 作为假定值 H_p^0 重复上述计算，直至 $(H_p^V-H_p^0)$ 的值足够小。

　　挠度理论计算所得的内力比用弹性理论小得多，根据悬索桥的跨径大小、加劲梁的刚度大小、活载与恒载的相对大小，一般挠度理论的计算结果比弹性理论减少 1/10～1/2。

20 世纪初，美国桥梁专家将 J. 米兰的理论付诸实用。1909 年所建成的曼哈顿桥是成功运用这一理论的第一例。美国 20 世纪 30 年代所建的华盛顿桥和金门大桥，英国 20 世纪 60 年代所建的福斯桥和塞文桥，都明确承认其内力值主要是采用"挠度理论"进行推算的。这说明挠度理论在使大跨悬索桥得以实现方面曾做出过巨大贡献。

需要指出，因为"挠度理论"承认并且考虑了主缆的几何非线性，迭加原理和影响线加载法对它不适用。就计算工作量讲，显然要较前增加不少。

上述经典的"挠度理论"存在不便求解和忽略许多因素（如不考虑吊杆倾斜，不考虑主缆和加劲梁的纵向位移等）的不足，Timoshenko 于 1928 年、仓西茂于 1962 年、Robinson 于 1968 年等先后发表文章对其进行了探索和改进。无论是经典的"挠度理论"，还是改进的"挠度理论"由于自身的缺陷和计算技术的进步，目前都已经很少使用了。

（3）悬索桥"非线性杆系有限元分析法"简介

该方法不需要"膜"假定，不需要将吊索视作连续体，而可以按悬索桥本来面貌，将其离散为杆系，进行有限元分析。

对于竖向作用力（对称于桥轴的作用）来讲，非线性有限元理论是指将悬索桥当作非线性平面框架结构，按非线性杆系有限元求严密解的理论。在承认材料为弹性（符合虎克定律）之外，不引入任何其他假定。由于杆系有限元作为一种数值方法本身求得的是精确解，而悬索桥按杆系有限元离散又在客观上代表了其实际模型，所以，在悬索桥的所有分析方法中，该法是最精确的。

此外，对于非竖向力（如横向力、偏心竖向力及扭转）以及次要因素的影响（如加劲梁扭转中心不在其吊点平面内），还需使用空间有限元分析法来分析。这时，为减轻工作量，引入某些假定往往是必要的。

22.2.2 悬索桥的主缆找形与恒载受力分析

（1）悬索桥设计计算概述

悬索桥与其他桥型计算的最大不同是存在主缆找形问题，即主缆各索段和节点的平衡方程必须建立在大变位后的位形上。悬索桥计算以悬索计算为基础，而悬索计算则以悬索索段计算为基础。迄今为止，悬索索段计算理论根据假定的不同可分为抛物线理论、直链杆理论、准悬链线理论和悬链线理论；由此，由索段组成悬索的计算理论则有传统抛物线理论、分段抛物线理论、分段直线理论、分段准悬链线理论和分段悬链线理论等。当然，根据这些理论编写的软件，只要使用得当，均能满足精度要求，尤以分段悬链线理论最为精确、理论最为完备。这些主缆找形及受力计算（简称线形计算）的解析法理论是在已知吊杆拉力、鞍座位置（或者理论顶点位置）、鞍座的鞍槽尺寸的前提下建立主缆系统力素和几何元素之间关系的分析方法，根据上述任意一种理论建立方程，即可求解。

悬索桥设计计算总的次序有两个：先成桥状态，后施工状态；成桥状态计算则是先主跨，再边跨，最后锚跨。

　　地锚式悬索桥的恒载效应计算则根据加劲梁架设方法，可仅采用解析法或者采用有限元法或者有限元与解析相结合的方法。对于钢桁加劲梁地锚式悬索桥，由于桥面二期恒载相对较重，若采用先等效压重，再进行梁段之间刚接的架设方法（上、下弦杆相邻梁段之间螺栓连接，这种架设方法简称"全铰法"），则按该方法架设的悬索桥主缆成桥状态找形可按解析法计算；若采用先部分梁段之间刚接，再架设桥面系，最后梁段之间全部刚接的架设方法，则主缆成桥状态及加劲梁受力需借助有限元方法求解获得。对于钢箱加劲梁地锚式悬索桥，由于桥面二期恒载相对较轻，在加劲梁全部安装后，桥面二期恒载施工之前即将梁段之间进行刚性连接（焊接），其在加劲梁自重作用下的内力和线形可按解析法求解，而二期恒载引起效应（位移、内力等）则需借助有限元求解。悬索桥杆系有限元用到的典型单元主要有悬索单元和梁单元两种。因篇幅限制，本书不介绍相应的单元模型。

　　自锚式悬索桥的恒载效应计算则包括加劲梁合理成桥状态确定、主缆合理成桥状态确定、桥梁施工状态求解与施工过程优化三部分。加劲梁合理成桥状态及成桥吊杆索力可根据简支梁法、刚性支承连续梁法等初步确定，主缆成桥状态或者成桥线形与内力则可根据初步确定的吊杆索力，由解析法按先主跨，再边跨，最后锚跨的程序初步确定。在此基础上，即可利用有限元法或者有限元与解析法相结合的方法确定自锚式悬索桥的合理成桥状态。进而，借助有限元法进行施工状态的求解与施工过程的优化。

　　如 22.2.1 节所述，无论是自锚式悬索桥，还是地锚式悬索桥，其在移动荷载（活载）作用下的效应计算早期采用弹性理论求解，近代采用挠度理论求解，现代采用非线性有限元理论求解。

　　（2）分段悬链线理论的基本方程

　　1）基本假定

　　悬索桥主缆找形的分段悬链线理论的基本假定如下：①柔索只能受拉，不能抗压，也不能抗弯。因为索的截面尺寸与索长相比十分微小，所以截面的抗弯刚度在计算中可不考虑。索曲线有转折的地方，只要转折的曲率半径足够大，局部弯曲也可不计。②柔索的应力-应变符合虎克定律。用于悬索桥的高强平行钢丝索在正常使用范围内，应力与应变呈线性关系。③受力前后主缆（柔索）的抗拉刚度的计算均使用变形前的主缆横截面积。因为悬索桥主缆横截面积在外荷载作用下变化量十分微小，在计算缆索的变形时主缆的抗拉刚度可以忽略这种变化的影响。④在同一索段内，索只承受沿变形前的索长均布的铅直向下荷载，集中荷载只能作用在索段的两端（相邻索段间的节点处）。对于悬索桥的主缆而言，所受的荷载有两种，一是吊索间沿弧长均布的主缆自重（包括缠丝及防护、主缆检修道）；二是由吊索传递的集中荷载（索夹、吊索及锚具等自重和通过吊索传递的加劲梁恒载等）及施工临时集中荷载（如缆载吊机）。⑤局部坐标系取在柔索索段重心线所在的平面内。

因此，悬索桥的主缆受力图式可简化为沿弧长分布的均布荷载 q 和吊索处集中荷载 Q_k、F_k 的柔性索，如图 22-33 所示，主缆线形计算即转化为求这种索结构的索长、内力及线形问题。

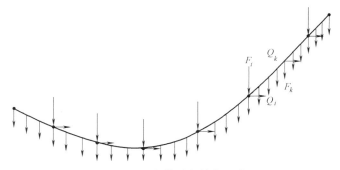

图 22-33　主缆受力简化图式

主缆的自重（包括缠丝及防护、主缆检修道）均布荷载集度又包括两部分，一部分是主缆无应力状态下的自重均布荷载，如平行钢丝的无应力状态下的自重均布荷载集度可通过钢丝的直径计算出来，这一部分自重占了主缆自重的绝大部分（95％以上）；另一部分是主缆成桥形状长度下的自重均布荷载，如缠丝及防护、主缆检修道等效均布荷载，这一部分在主缆自重中所占的比重较小。考虑到主缆的弹性变形较小和第二部分自重在主缆自重中所占的分量，并且计算时还可以进行数据等效处理，因此所作的假定和分段悬链线形的公式推导中主缆的自重均布荷载都指的是主缆无应力状态下的自重均布荷载。显然，在主缆弹性变形前后，自重满足质量守恒定律。

本节首先对两个吊点之间单独的一个索段进行分析，这个索段只受沿索自重或均布荷载，然后根据各吊点处的力学平衡条件、变形相容条件推导计算主缆的内力和曲线形状的精确计算公式。

2）索段分析

如图 22-34 所示，设柔索索段无应力索长为 S_0，柔索的弹性模量为 E，截面积为 A；沿索长竖直向下的荷载集度为 q；设坐标系以水平向右为 x 轴正向，竖直向上为 y 轴正向；终端（j 端）与始端（i 端）的 y 坐标差和 x 坐标差分别为 h、l；j 端与 i

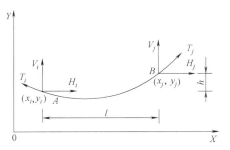

图 22-34　柔索单元

端的柔索拉力分别为 T_j、T_i；j 端与 i 端的柔索拉力的水平、竖向分力分别为 H_j、H_i、V_j、V_i。并规定 S_0、T_j、T_i 恒为正；j 端 y 坐标大于 i 端时，h 为正，j 端 x 坐标大于 i 端时，l 为正，反之为负；H_j、H_i、V_j、V_i 均以坐标轴正向为正。如果用 s_0 表示无应力条件下沿索长方向的长度变量，用 s 表示有应力条件下沿索长方向的长度变量，则由几何关系和整个索段的平衡条件等得出图 22-34 中参变量间有如下关系：

$$l = x_j - x_i, \quad h = y_j - y_i$$
$$-H_i = H_j = H \tag{22-9}$$
$$V_j = -V_i + S_0 q$$

$$T_i = \sqrt{H_i^2 + V_i^2}, \quad T_j = \sqrt{H_j^2 + V_j^2} \tag{22-10}$$

$$l = -\frac{H_i \cdot S_0}{EA} - \frac{H_i}{q}\{\ln(V_i + \sqrt{H_i^2 + V_i^2}) -$$

$$\ln[V_i - q \cdot S_0 + \sqrt{H_i^2 + (V_i - q \cdot S_0)^2}]\} \tag{22-11}$$

$$h = \frac{q \cdot S_0^2 - 2V_i \cdot S_0}{2EA} - \frac{1}{q}\left[\sqrt{H_i^2 + V_i^2} - \sqrt{H_i^2 + (V_i - q \cdot S_0)^2}\right] \tag{22-12}$$

式（22-11）、式（22-12）就是力素与几何变量之间的关系式，称为索段状态的基本方程。

由式（22-11）、式（22-12）可知，一条无应力索长 S_0 给定的索段，如果已知一个端点的内力 H 和 V_i，则其跨度 l 和两端点高差 h 就已经确定；同样，若已知索段的跨度 l 和两端点高差 h，则通过式（22-11）、式（22-12）和式（22-9）就可以计算索段的内力。也就是说，在 S_0、H、V_i、l、h 等 5 个参变量中，由于存在方程（22-11）和方程（22-12）的约束关系，只有 3 个独立变量。

索段 AB 的形状长度 S 为：

$$S = S_0 + \Delta(S_0)$$

$$\Delta S_0 = \frac{1}{2EAq}\{V_i\sqrt{H_i^2 + V_i^2} + (qS_0 - V_i)\sqrt{H_i^2 + (qS_0 - V_i)^2} +$$

$$H_i^2 \ln \frac{qS_0 - V_i + \sqrt{H_i^2 + (qS_0 - V_i)^2}}{\sqrt{H_i^2 + V_i^2} - V_i}\} \tag{22-13}$$

3）有集中外荷载作用下的悬索分析

有集中外荷载的主缆的受力图式相当于许多索段相连，并在连接点（以下称为分点）作用有集中荷载的悬索。因为悬索桥的吊索可能为倾斜的，所以集中荷载不一定都为竖向，可以将分点的荷载分解为竖向和水平荷载。如图 22-35 所示，悬索上共有 N 个索段及 $N+1$ 个分点（包括端点），除了作用沿

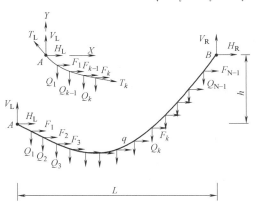

图 22-35　有集中荷载作用下的悬索

变形前索曲线均匀分布的自重 q 外，还作用有 $N-1$ 个竖向集中荷载 Q_k 和水平向集中荷载 F_k（$k = 0, 1, \cdots, N-1$），在悬索两端索承受的水平分力分别为 H_L、H_R，承受的竖向分力为 V_L、V_R。假定左右支点坐标分别为

$(X_L，Y_L)$，$(X_R，Y_R)$，则悬索应满足的几何边界约束条件如下：

$$x_0=X_L，y_0=Y_L，x_N=X_R，y_N=Y_R \tag{22-14}$$

即在悬索的第一分点和最后分点分别与左右支点重合。

以悬索的左支点 A 为笛卡儿直角坐标系和拉格朗日坐标系的原点，则悬索在各分点需要满足的几何相容条件、力学平衡条件为：

$$x_i=x_i^+=x_i^-，y_i=y_i^+=y_i^- \tag{22-15}$$

$$s_i=s_i^+=s_i^-$$

$$H_i^{(k)}=-H_j^{(k-1)}+F_{k-1}=H_i^{(k-1)}+F_{k-1}=H_L+\sum_{m=1}^{k-1}F_m \tag{22-16}$$

$$V_i^{(k)}=Q_{k-1}-V_j^{(k-1)}=W_{k-1}+Q_{k-1}+V_i^{(k-1)}=\sum_{m=1}^{k-1}Q_m+\sum_{m=1}^{k-1}W_m+V_L$$

$$\tag{22-17}$$

式中　H、V——索段单元两端的内力的水平分力和竖向分力，其上角标括号中的字母或者数字代表单元号，下角标 i、j 分别代表单元的始端和末端；

　　　　W——索段单元的重量。

并规定了各索段始末端的内力分量 H、V 分别以 X 正向（水平向右）、Y 正向（竖直向上）为正，节点处的集中荷载 F_k 的水平分力以水平向右为正、竖直分力 Q_k 以竖直向上为正。

式（22-16）、式（22-17）表明在分点前后相邻的两个索段中，前段末端点处和后端始端点处的竖向分力之和等于分点所受的竖向集中力；前段末端点处和后端始端点处的水平分力之和等于分点所受的水平集中力。悬索各分点的几何相容条件和力学平衡条件表达了索段之间的内力、线形关系。悬索索段的状态方程和力学平衡条件、各分点的几何相容条件和力学平衡条件，即式（22-9）、式（22-11）、式（22-12）、式（22-15）～式（22-17）构成了分段悬链线理论的基本方程。

单独的一个索段有 3 个未知数，则一个由 N 个索段组成的悬索就有 $3N$ 个未知数，根据几何相容条件及力学平衡条件，全跨只要有一个索段的水平张力已知即可求出其他索段的水平张力，即通过式（22-16）可减少 $N-1$ 个未知数；同理，式（22-17）也减少了 $N-1$ 个未知数。再由悬索两端的约束条件，即两端的相对高差 h 和相对跨度 l 已知，故可以减少 2 个未知数。因此，具有 N 条索段的悬索恰恰具有 N 个独立未知数。

若 N 个索段的无应力索长已知，则这个悬索的内力与线形就完全确定了，这就是悬索桥空缆状态主缆系统找形（包括线形及内力，下同）的计算理论；若 N 个索段的无应力索长未知但已知各索段跨长，由于考虑约束条件时已用了一个相对跨长，所以只能减少 $N-1$ 个未知数，因此还剩 1 个未知数，通常这个未知数可以通过已知某点的标高或者通过相邻跨悬索的几何相容条件及力学平衡条件予以消除，这就是悬索桥成桥状态主缆找形的计算理论。

（3）主缆系统找形的总体思路和计算流程

680

悬索桥主缆往往由多跨即主跨、边跨和锚跨等组成，在设计计算（或施工控制计算）之前通常给出了主缆理论顶点位置（或鞍座位置）、锚固点位置和主跨在成桥状态（未特别说明者，指设计基准温度下，下同）主缆某点的标高（或者矢跨比）。由前面的分析知道仅仅根据该已知条件和分段悬链线理论的基本方程只能确定悬索桥主缆系统主跨成桥状态的线形和内力，不能确定主缆系统所有各缆跨（包括主跨、边跨和锚跨）在成桥状态和空缆状态的线形和内力。还需根据其他条件和要求才能确定全部主缆系统（含主跨、边跨、锚跨和鞍座）在吊杆力已知条件下成桥状态的内力、线形和各施工状态（包括空缆状态）的内力、线形及鞍座预偏量（或者顶推量）。这些条件和要求可以概括为以下 7 点：

① 成桥状态主索鞍两侧主缆的水平分力相等，桥塔处主缆理论顶点位于桥塔的中心线上。大跨度桥梁的桥塔一般很高，斜拉桥的桥塔受力是由各斜拉索从上到下逐步传递的，各斜拉索形成的弹性支承对桥塔的偏位具有扶正作用；与斜拉桥不同，悬索桥的桥塔塔顶开始段就承受着巨大的压力，当桥塔具有偏斜时，压力会对桥塔产生效应，并使桥塔产生弯矩。因此，要求成桥状态主索鞍两侧主缆的水平分力相等，悬索桥理论顶点位于桥塔的中心线上，施工状态塔顶位移应不超过给定的允许值，来保证桥塔的安全。

② 成桥状态散索鞍两侧的主缆及该索鞍重量沿索鞍支承滑移面分力满足平衡条件（滚动式索鞍）或者围绕转动中心满足力矩平衡条件（摆轴式索鞍）或者散索鞍两侧的主缆索力相等（已知理论顶点位置）。

③ 空缆状态通过设置预偏量满足主索鞍两侧主缆的水平分力相等或者满足散索鞍两侧的主缆及该索鞍重量沿索鞍支承滑移面分力满足平衡条件（滚动式索鞍）或者围绕转动中心满足力矩平衡条件（摆轴式索鞍）。

④ 加劲梁吊装过程鞍座设置顶推量分阶段满足主索鞍两侧主缆的水平分力相等或者满足散索鞍两侧的主缆及该索鞍重量沿索鞍支承滑移面分力满足平衡条件（滚动式索鞍）或者围绕转动中心满足力矩平衡条件（摆轴式索鞍）。

⑤ 由于地球的引力不随构件的变形而变化，因而，任意施工状态与成桥状态构件的自重不变。这即是所谓的构件质量守恒原理。

⑥ 对于悬索桥而言，主缆索股一旦架设完成，其相对于索鞍是不能相对移动的，因而，任意施工状态与成桥状态主缆各索段和各跨的无应力索长在同一温度下（如均为成桥设计温度）是不变的。这即是所谓的构件无应力尺寸不变原理。

⑦ 不同温度条件下主缆各索段无应力长度的线膨胀系数为常数。

另外，主缆系统全过程找形分已知成桥状态鞍座位置和已知成桥状态主缆理论顶点位置两种情况，第 1 种情况全过程找形计算的总体思路和计算流程见图 22-36，第 2 种情况的全过程找形计算的总体思路和计算流程见图 22-37。

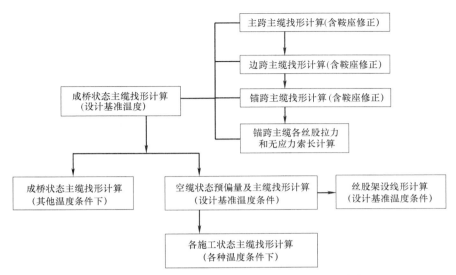

图 22-36　已知成桥状态鞍座位置的主缆系统找形思路与流程

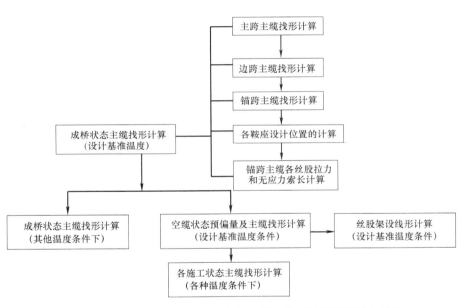

图 22-37　已知成桥状态理论顶点位置的主缆系统找形思路与流程

图 22-36 中的设计基准温度下成桥状态找形计算需要考虑主缆与鞍座的切点修正问题，图 22-37 中的设计基准温度下成桥状态找形计算则不需考虑切点修正，即认为切点就是位置不变的理论顶点，但存在成桥恒载状态鞍座设计位置的确定问题。两种情况其他温度状态（非设计基准温度下的成桥状态和非设计基准温度下的空缆状态的简称）或者设计基准温度空缆状态的找形计算均需对应状态鞍座位置已知或者预偏量确定后鞍座位置已知，均需考虑主缆与鞍座的切点修正问题。图 22-36 的情况会在悬索桥施工控制计算中遇到，图 22-37 的情况会在主缆系统设计计算中遇到。

主缆系统找形计算的状态和各状态缆跨找形计算原理、已知条件、输出内容与注意事项经分析归纳后，列入表 22-1 中。由表 22-1 可见，在已知设计基准温度成桥状态主缆理论顶点位置情况的其他状态（除设计基准温度成桥状态外）的找形计算中，必须先确定鞍座的设计位置。鞍座设计位置的确定方法可参考《现代悬索桥静力非线性理论与实践》（李传习著）第 4 章。

各状态各缆跨找形计算原理、输出内容与注意事项表　　　表 22-1

计算阶段	序号	跨号	采用原理或者已知条件	计算输出内容	备 注
设计基准温度下的成桥状态	1	主跨	①分段悬链线理论的基本方程；②锚固点位置已知；③成桥状态吊杆力已知；④鞍座的尺寸大小、形状已知；⑤理论顶点位置已知或者鞍座位置已知；⑥主缆各吊杆点的水平坐标已知。⑦主跨主缆某点的水平、铅直坐标已知	（1）理论顶点位置已知的情况：该跨各索段端点竖直坐标、无应力索长、形状长度、各索段两端索力及其水平、竖直分力。（2）鞍座位置已知的情况：①该跨各索段端点的竖直坐标、无应力索长、形状长度、两端的索力及其水平、竖直分力；②主缆在两端鞍座上的切点坐标、切点的水平倾角、接触部分鞍槽长度和中点坐标	依次计算主跨、边跨和锚跨。后者的计算必须以前者的计算结果为基础
	2	边跨	①～⑥同序号"1"中①～⑥；⑦已知缆边跨一端主缆的水平分力（由鞍座两侧水平分力相等得到）	同"1"	
	3	锚跨	①～⑥同序号"1"中①～⑥；⑦已知缆锚跨一端主缆的张力（由散索鞍两侧主缆张力相等得到）	同"1"	
设计基准温度下空缆状态	4	主跨、边跨、锚跨	①～②同序号"1"中①～②；③该状态吊杆力已知或者为零；④同序号"1"中④；⑤鞍座在成桥状态的位置已知或者已经计算确定；⑥各索段的无应力索长已知；⑦各鞍座的平衡条件	①每跨各索段端点的坐标、形状长度、两端的索力及其水平、竖直分力；②各跨主缆在两端鞍座上的切点坐标、切点的水平倾角、接触部分鞍槽长度和中点坐标；③各鞍座预偏量	各跨单独计算；通过鞍座平衡条件建立各跨之间的联系，从而确定各鞍座预偏量
非设计基准温度下的成桥或空缆状态	5	主跨、边跨、锚跨	①～②同序号"1"中①～②；③该状态吊杆力已知或者为零；④同序号"1"中④；⑤鞍座在该状态的位置已知或者已经计算确定；⑥各索段的无应力索长已知	①每跨各索段端点的坐标、形状长度、两端的索力及其水平、竖直分力；②各跨主缆在两端鞍座上的切点坐标、切点的水平倾角、接触部分鞍槽长度和中点坐标	各跨单独计算

22.2.3　悬索桥各构件的验算

静载作用和风载作用或者其组合均有可能成为设计的控制因素。在悬索桥总体静力计算完成后，主缆、主梁、吊索等主要受力构件可根据强度、刚度和稳定性要求进行验算，在此不再赘述。下面结合《公路悬索桥设计规范》，重点介绍索夹、索鞍、主缆索股或吊索的锚头、锚碇等验算要求。

1. 索夹

吊索在主缆上的固定依靠索夹与主缆之间摩擦阻力抵抗吊索力产生的下滑力，而摩擦阻力是由紧固索夹的高强度螺栓的预拉力（也称紧固力）产生的。索夹内径需与考虑空隙率后的主缆直径基本相同，方可对主缆产生均匀压力，从而有效提供摩擦阻力。主缆常为由几万根高强钢丝组成松软索体，高强度螺栓在长期高应力作用下也会产生松弛（蠕变），从而随时间推移，预拉力会逐渐降低（降低速度为先快后慢）。大跨悬索桥，索夹（连接）螺栓第一次施拧几十天后，预拉力损失往往达到30％以上，甚至达50％。美国金门大桥索夹连接螺栓安装最后一次施拧后14年间预拉力平均损失33％；日本关门桥运营1000天损失40％；江阴长江公路大桥（1999年通车）2002、2009、2014年三次进行了预拉力检测和补张，并发现索塔附近索夹螺栓预拉力损失更大，在2009～2014年间损失了38.1％；泰州长江大桥2012年通车，2016年索夹螺栓预拉力已损失34.7％～44.6％。因此，吊索索夹螺栓即使按规定进行了超张拉（永存预拉力按首次张拉力70％考虑），仍需每若干年进行一次检测或复拧，以确保整个运营期间索夹的抗滑安全度。

综上，并考虑索夹本身强度要求，索夹需进行以下几项计算。

（1）索夹内孔设计直径

索夹内孔设计直径或主缆直径按下式计算：

$$D = \sqrt{\frac{n}{1-K}} \cdot d \tag{22-18}$$

式中　D——主缆直径；

　　　d——主缆钢丝直径；

　　　n——主缆的钢丝根数；

　　　K——主缆截面的空隙率。

（2）索夹螺栓的有效面积

索夹单根螺栓的有效面积A_{cb}及预拉力P_b必须满足索夹抗滑和螺栓强度的需要。A_{cb}按下式计算：

$$A_{cb} \geqslant \frac{2P_b^c}{\sigma_{ycd}} \tag{22-19a}$$

式中　σ_{ycd}——螺栓材料的屈服强度；

　　　P_b^c——索夹上单根螺栓设计预拉力（有效预拉力），按下式确定：

$$\left. \begin{array}{l} P_b^c = \dfrac{P_{tot}}{n_{cb}} \\[2mm] F_{fc} = \kappa \mu P_{tot} \\[2mm] K_{fc} = \dfrac{F_{fc}}{N_c} \geqslant 3 \end{array} \right\} \tag{22-19b}$$

式中　P_{tot}——索夹上螺栓总的设计预拉力；

n_{cb}——索夹上安装的螺栓总根数；

F_{fc}——索夹抗滑摩阻力；

κ——紧固压力转换系数，考虑不均匀影响后由 3.1415 修正为 2.8；

μ——摩擦系数，取 0.15；

K_{fc}——索夹抗滑安全系数；

N_c——主缆上索夹承受的下滑力。

对于上下对合式索夹，计算螺栓有效面积时，尚应考虑吊索索力使螺栓受力增大的需要，这必须予以注意，但《公路悬索桥设计规范》中未提及。

（3）索夹螺栓首次安装时的张拉力

考虑螺栓紧固力随时间的损失，索夹首次安装时，单根螺栓张拉力 P_b 按下式确定：

$$P_b = \frac{P_b^c}{0.7} \qquad (22\text{-}20)$$

紧固索夹上的单根螺栓张拉力可采用吊索索夹的单根螺栓张拉力。

（4）索夹长度

在索夹壁厚及螺栓总设计预拉力确定后，即可根据索夹强度需要确定索夹长度 l_c。计算公式如下：

$$\sigma = \frac{P_{tot}}{2t_c l_c} \leqslant f_d' \qquad (22\text{-}21)$$

式中　σ——索夹材料计算应力；

t_c——索夹壁厚；

f_d'——索夹材料强度设计值，按《公路悬索桥设计规范》第 11.4.3 条取值。

2. 索鞍

索鞍鞍槽用于主缆索股转向，并通过摩擦固定主缆索股（两侧存在拉力差），因而需满足安放索股的空间需要、主缆抗滑需要和鞍体的强度需要。

（1）槽路宽度与鞍槽中索股高度

图 22-21 的槽路设计宽度 b 按式（22-22）确定：

$$b = n_{wt}(d_w + \Delta_{wr}) \qquad (22\text{-}22)$$

式中　b——槽路设计宽度 b，按 0.5mm 取整；

n_{wt}——单排钢丝数量；

d_w——主缆钢丝直径；

Δ_{wr}——主缆钢丝直径的正偏差。

鞍槽中一个索股的高度 h_{ss} 可根据其截面面积与鞍槽中索股的空隙率 V_s 确定（式 22-23），而鞍槽中索股的空隙率可取为主缆一般截面的 $1.02\sim1.10$ 倍。

$$h_{ss} = \frac{\pi \cdot d_w^2 n_{ws}}{4b(1-V_s)} \qquad (22\text{-}23)$$

式中　n_{ws}——主缆钢丝根数。

（2）鞍槽中主缆抗滑安全系数

鞍槽中主缆抗滑安全系数 K 应满足式（22-24）的要求（图22-38）。

$$K = \frac{\mu \alpha_s}{\ln\left(\dfrac{F_{ct}}{F_{cl}}\right)} \tag{22-24}$$

式中　μ——主缆与槽底或隔板间的摩擦系数，宜取 $\mu = 0.15$；

α_s——主缆在鞍槽上的包角（rad）；

F_{ct}——主缆紧边拉力，按作用标准值计算；

F_{cl}——主缆松边拉力，按作用标准值计算。

其推导过程如下（图22-38）：以鞍槽圆心点 O 为极点、过主缆紧边在鞍槽切点 A 的半径 AO 为起始边向主缆松边切点转角 θ 为正建立极坐标系。设极坐标 θ 处主缆拉力为 $F(\theta)$，主缆对鞍座单位长度正压力为 $q(\theta)$，由主缆微段沿极坐标 r 方向的平衡条件有：

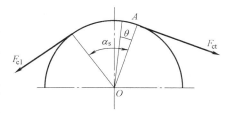

图 22-38　主缆抗滑验算图式

$$q(\theta) = \frac{F(\theta)}{r} \tag{22-25}$$

设发生的摩擦系数为 μ，则主缆索力增量 dF 等于摩擦力，即：

$$dF = -q(\theta) \cdot r \cdot d\theta \cdot \mu = -\mu \frac{F(\theta)}{r} r d\theta，亦即：\frac{dF}{F(\theta)} = -d\theta \cdot \mu \tag{22-26}$$

积分并利用边界条件可得：$\ln\left(\dfrac{F_{ct}}{F_{cl}}\right) = \mu \alpha_s$，这就是欧拉公式，表明的是临界状态。若希望主缆（索股）在鞍槽中没有任何滑动，则需考虑安全系数，即式（22-24）。规范在 μ 和 K 的取值方面偏于保守，在有把握条件下可优化取值，以做到设计经济、合理、安全。

（3）鞍体强度验算

鞍体受力及强度验算，可直接采用空间分析模型并借助有限元进行。也可先采用日本本四公团推荐的手工算法（见《南备赞濑户大桥主索鞍设计》）计算鞍座承受的竖向力和侧向力，继而确定鞍座的初步尺寸，再用空间分析模型进行验算。日本本四公团推荐的鞍座承受的竖向力、侧向力近似计算公式，为我国《公路悬索桥设计规范》12.4.3条所采用，详见规范该条。散索鞍摆轴或者滚轴的接触应力验算可按该规范第12.4.5条进行，不再赘述。

（4）主索鞍的顶推力

主索鞍最大顶推力 F_{sp} 可按式（22-27）计算：

$$F_{sp} = (F_{cm}\sin\theta_{tm} + F_{cs}\sin\theta_{ts} + G_s)\mu \tag{22-27}$$

式中　F_{cm}——按永久作用标准值计算的中跨缆力；

θ_{tm}——永久作用下的中跨缆力对应的主缆中跨切线角（图22-24）；

F_{cs}——按永久作用标准值计算的边跨缆力；

θ_{ts}——永久作用下的边跨缆力对应的主缆边跨切线角；

G_s——主索鞍重力；

μ——主索鞍位移滑动摩擦副的摩擦系数，对于常用的不锈钢-聚四氟乙烯、不锈钢-不锈钢等类型的滑动摩擦副材料，取值可查《公路悬索桥设计规范》的 12.4.4 条表。

3. 吊索锚头或者主缆索股锚头

（1）锚头锚杯内钢丝锚固长度

锚头锚杯内钢丝锚固长度 l_{sae} 应足够大，使得锚固破坏应后于钢丝受拉强度破坏。即：

$$l_{sae}\pi d_w\lambda \geqslant \frac{1}{4}\pi d_w^2 f_k，亦即：l_{sae} \geqslant \frac{0.25 f_k}{\lambda} d_w。$$

考虑 2.5 的安全系数后即有：

$$l_{sae} \geqslant \frac{0.625 f_k}{\lambda} d_w \tag{22-28}$$

式中 l_{sae}——主缆钢丝在锚杯内的锚固长度，如图 22-39 所示；

f_k——钢丝抗拉强度标准值；

λ——单根钢丝与铸体材料在单位面积上的附着强度：无试验资料时，铸体材料为热铸料，可取 $\lambda = 25\text{MPa}$；铸体材料为冷铸料，可取 $\lambda = 18\text{MPa}$；

d_w——钢丝直径。

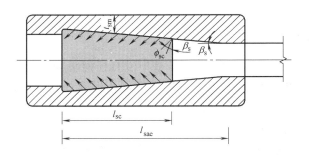

图 22-39 锚杯与铸体材料相互作用示意图

（2）锚杯环向的承载力

锚杯环向的承载力按式（22-29）验算：

$$\gamma_0 \sigma_t \leqslant f_d \tag{22-29}$$

式中 γ_0——结构重要性系数；

f_d——锚杯材料的抗拉强度设计值；

σ_t——锚杯的环向应力设计值，根据索股拉力组合设计值 N_s、锚杯平均壁厚 t_{sm}、相关角度 β_s 和 ϕ_{sc} 等，按《公路悬索桥设计规范》第 9.4.4 条第 3 款计算。

当然，主缆锚头和吊索锚头均可通过拉力试验来验证其承载力。对于新设计或新产品而言，拉力试验通常也是必须的。

4. 锚碇

锚碇的作用是将主缆拉力安全地传给地基，锚碇及其地基或围岩必须满足施工阶段及运营阶段的强度、刚度和稳定性要求。重力式锚碇验算内容主要包括：施工和运营阶段整体的抗倾覆和抗滑动稳定性系数、锚碇前端和后端基底不利应力、锚块最不利截面的剪切强度（最不利截面可参见图 22-40 中的Ⅰ-Ⅰ、Ⅱ-Ⅱ断面或选择其他最不利位置）、基础位移等；隧道式锚碇则包括：开挖阶段围岩稳定性、锚塞体的抗拔承载能力、围岩变形和塑性区分布等；岩锚锚碇则需验算围岩强度、围岩变形等。相关规定见《公路悬索桥设计规范》8.4节。散索鞍支墩及锚固系统前后锚面承

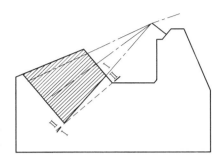

图 22-40　锚块或锚塞体最不利斜剪切面示意图

受较大压力，应力集中现象突出，需借助三维有限元进行验算。锚固系统的预应力值不应低于主缆索股设计拉力的 1.2 倍，以使锚体始终处于预压状态。

5. 悬索桥抗风问题

以主缆为主要承重结构的悬索桥结构刚度较低，风对结构产生巨大的影响。如第 3 章所述，风的作用可以分为静力作用和动力作用。静力作用将悬索桥看成在定常流场中的物体，一定角度（攻角）的风对主梁产生阻力、升力和升力矩，也称为三分力。阻力将使主梁侧向弯曲，是悬索桥受到的主要横向力，升力将使吊杆力降低，增加疲劳应力幅，而升力矩使主梁发生扭转，扭转后攻角发生改变，升力矩进一步加大，当风力足够大时可能造成扭转发散。

由于风力和结构的相互作用使结构产生振动，如前所述，风致振动分为如下几种类型：涡振（涡激振动）、自激振动（驰振、颤振、耦合颤振）、抖振（阵风随机周期作用）等。涡振和抖振是有限振动，但振幅太大，将影响舒适性和行车安全；自激振动是发散振动，必须加以避免。抗风计算划分为设计风速、风荷载、动力特性、抗风稳定性、风振响应等计算和验算。其中，抗风稳定性包括静风稳定性、驰振稳定性和颤振稳定性；风振响应包括涡振、抖振等。

对于悬索桥，在加劲梁上，所有上述各类现象都可能发生，是抗风设计的关键。加劲梁安装阶段应进行静风稳定性及颤振稳定性验算；结构成桥状态应进行静风稳定性、颤振稳定性、涡振振幅和抖振振幅验算。索塔在成桥状态下，其风振现象不严重，但在施工时则可能发生较严重的风致振动。对于钢塔，在较低风速下会发生涡振，在较高风速下可以发生驰振；而对于钢筋混凝土塔，在较高风速下可能发生驰振，但涡振一般不会发生。因此，应进行索塔自立状态驰振稳定性和涡振振幅验算。长吊索可以发生涡振，由于

22.2　悬索桥设计计算基本理论

吊索直径较小，间距相对较大，一般不会发生如同斜拉索一样的尾流驰振。主缆由于其内有很大的轴力并连着密布的吊索，所以一般会像斜拉桥的拉索那样产生涡振和弛振。

抗风稳定性和风致响应的理论计算较困难，目前往往采用模型风洞实验结果或经有效性验证的数值计算结果。加强动力稳定性的措施有两个途径：（1）增加悬索桥的刚度，提高结构的固有振动频率和增加结构的阻尼，从而提高悬索桥的临界风速；（2）采取气动措施，减少空气动力作用，如加劲梁采用两端倾斜的流线型截面等。

22.3 悬索桥施工简介

悬索桥适用于超大跨径桥梁的主要原因除了充分利用了材料强度外，独特的施工方法也使超大跨径桥梁的架设成为可能。常规的悬索桥架设步骤一般为：塔柱及锚碇施工，猫道架设，主缆架设，索夹及吊杆安装，主梁吊装架设等。下面重点介绍悬索桥中较具特色的上部结构施工。

1. 缆索系统的架设

悬索桥整个主缆自重大，必须逐丝或逐股安装到位，然后在现场编制成缆。缆索的施工大致可分为如下步骤，如图 22-41 所示。

（1）准备工程

架设缆索之前的准备工程包括安装塔顶吊机、塔顶鞍座、锚碇附近的散索鞍座，以及各种绞车和转向设备等驱动装置。

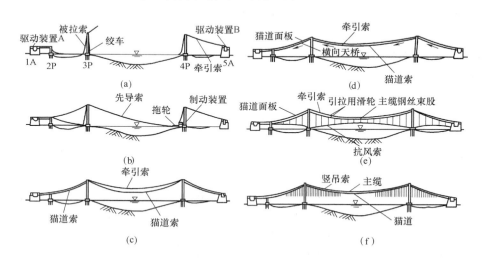

图 22-41 缆索系统施工步骤图

（a）准备工程；（b）架设先导索；（c）架设牵引索及猫道索；（d）架设猫道面板及横向天桥；（e）架设抗风索以完成猫道，架设主缆；（f）将猫道转载于主缆后拆除抗风索，并架设竖吊索

（2）架设先导索

先导索（Pilot Rope）是缆索工程中最先拉过海（或江河）的钢丝绳索。

先导索从一端锚碇上引出，越过塔顶后，用拖轮拽到对岸，再越过对岸塔顶锚固在锚碇上。日本的明石海峡大桥用直升机将先导索牵引过海，从而不影响海峡的通航；张花高速澧水大桥采用火箭抛索过山谷，避免了植被破坏；江习古高速公路赤水河大桥的先导索则由无人机携带，飞越千米峡谷。先导索一般用钢缆（钢丝）制作，但是为了减轻重量，也有采用芳族聚酰胺纤维制作。两根先导索一般分别拖拽安装，当拖拽特别困难时可以只拖一根，另一根通过架设好的先导索悬吊过江（谷），再横移到位。

（3）架设牵引索及猫道索

当先导索从一岸到另一岸架设完毕后，即可由它来架设牵引索（Hauling Rope），牵引索是布置在两岸之间的一根连接成环状的无端头的钢丝绳索，可由两岸的驱动装置来使牵引索走动，从而一来一往地引拉其他需要架设的缆索。

牵引索架设后首先要架设猫道索（Catwalk Rope）。猫道（Catwalk）是一种在空中架设的工作走道，每座悬索桥的施工一般设有 2 个猫道，沿主缆下方布置，它是由若干根猫道索来承载的。

（4）架设猫道面板及横向天桥（Cross Bridge）

当每个猫道的若干根猫道索由牵引索引拉架设好之后，即可铺设猫道面板形成空中工作场地。现在的猫道面板均采用透风性好的钢丝网片，以减小在空中的风阻力，以免风力造成猫道的翻转。在 2 个猫道之间一般设数道横向天桥（纵向间距一般不超过 150m），它除了沟通两个猫道外，还能增加猫道横向稳定性。

（5）架设抗风索以完成猫道

猫道自重轻，在风力作用下可能不稳定，故可能需在猫道之下架设抗风索（Storm Rope）。抗风索与猫道索反向，与猫道之间用吊索连接，如图22-42 所示。抗风索除了能增加抗风稳定性外，还能通过抗风吊索的张拉力调整猫道的线形，以适应主缆的形状。在风力不太大的地区或者通过增加横向天桥的个数足以防止猫道因风作用翻转时，可不设置抗风索（绝大多数悬索桥架设未设置它，但必须论证）。猫道形成后即可在其上进行主缆的架设施工。

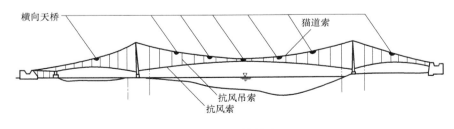

图 22-42　抗风索

（6）架设主缆

如前所述，主缆索股的架设方法有空中编丝法（AS 法）与预制平行索股法（PPWS 法或 PWS 法）。

AS 法由通过牵引索做来回走动的编丝轮，每次将 2 根钢丝在高空从桥的一端拉向另一端（图 22-43），待所拉钢丝达到一定数量后，即可编扎成一根索股。AS 法每股钢束的钢丝数量可达四五百根之多，多股钢束合并成主缆。主缆总丝数达数千根，因此，AS 法施工速度较慢，为提高速度，可采用 2 台相向走动的单轮编丝车或采用双轮编丝车，或采用更多的编丝轮。AS 法在欧美使用较多。

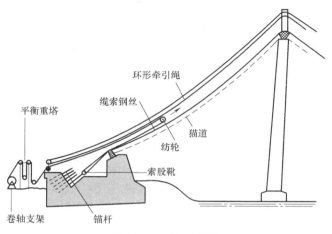

图 22-43　AS 法原理

PWS 法先在工厂将钢丝预制成平行钢丝束股（捆扎成六角形），并缠绕在滚筒上。后将带索股的滚筒运输到现场，通过牵引索沿猫道牵引到安装位置上。PWS 法的优点是避免了现场由钢丝编成索股的作业，加快了主缆的施工进度；但它要求有搬运长索股的大吨位起重运输设备和拽拉设备，同时在猫道上还需设置导向轮以减小索股受到的摩阻力。PWS 法在日本得到了长足的发展，我国工程师也倾向于 PWS 法。

AS 法的主要缺点为架设主缆时的抗风能力较弱，且所需时间较长；主要优点是索股丝数多、股数少，从而锚固空间较小，同时运输起吊设备比较轻便。相反，受起吊重量的限制，采用 PWS 法时索股中的钢丝根数较少，故其股数较多，需要的锚固空间较大。

若干股索股编扎成主缆后通过紧缆机（Squeezing Machine）挤紧主缆，再用缠缆机（Wrapping Machine）在主缆外缠丝。一般用 PWS 法编成的主缆空隙率较低。

（7）将猫道转载于主缆后拆除抗风索，并架设竖吊索

当主缆架设完毕后，即可将猫道的全部荷载由猫道索转移到主缆上去，然后将抗风索拆除，并在猫道上安装竖吊索，安装完毕后即可拆除猫道，至此，悬索桥的缆索工程全部完成。

2. 加劲梁的制造与架设

钢加劲梁在工厂分段制造，节段制造完成后必须进行相邻节段的试拼装，

试拼合格、做好对接标志后运到施工现场等待吊装。

加劲梁架设方法常用的有：跨缆吊机架设法、缆索吊机架设法、桥面吊机悬臂拼装架设法和轨索运梁法等。

若桥位具备一定的水上运输条件，加劲梁能实行垂直吊装就位，其架设一般采用跨缆吊机架设法。在该法中，跨缆吊机（又称提升梁）支承在主缆上，并可于非负重状态在主缆上行走（目前，跨缆吊机难以负重行走）。跨缆吊机就位后，垂直起吊梁段，并悬挂到吊索上。图22-44为加劲梁节段起吊示意图。梁段用驳船浮运到安装位置的正下方，跨缆吊机的卷扬机放下提升钢丝绳，钢丝绳通过平衡梁与加劲梁节段连接，卷扬机将梁段提升到吊索位置后，将吊索下端与梁段上的吊点连接，同时将本梁段与相邻梁段临时铰接，然后松开平衡梁，本梁段吊装完成。主缆是柔索结构，如果梁段吊装到位后立即与相邻梁段连接，则加劲梁将承担很大的弯曲应力，造成结构破坏。为此，梁段吊装到位后只在上缘与相邻梁段连接形成铰接，下缘在吊装期间张开。随着吊装梁段的增加，加劲梁下缘的间隙逐渐闭合，待梁段全部吊装完成或大部分完成后在相邻节段间永久固结连接，此时，加劲梁恒载完全由主缆承担，加劲梁只承担节段内的局部弯矩。加劲梁吊装可以从主跨跨中和边跨悬臂端向塔根前进，也可以从索塔附近向跨中及悬臂端前进。为了确保在加劲梁架设过程中，塔柱承担的弯矩在容许范围内，必须计算确定中跨和边跨的加劲梁安装匹配速度及鞍座顶推量。

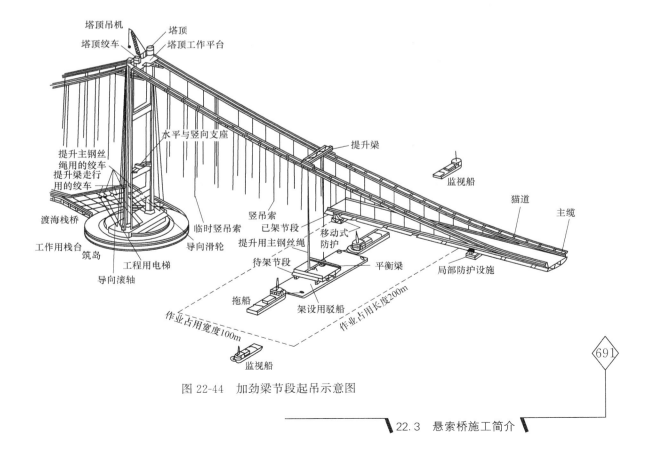

图22-44 加劲梁节段起吊示意图

近年来，我国修建的几座钢桁加劲梁悬索桥采用了缆索吊机架设法进行加劲梁的施工架设，如西藏角笼坝大桥、重庆万州长江二桥、贵州北盘江大桥和沪蓉西四渡河大桥等。采用缆索吊机架设法进行加劲梁的施工架设时，加劲梁的架设方向一般为从跨中向两侧索塔对称吊装。缆索吊机架设法的优点是对环境的适用性较强，缆索吊机的起吊能力较大，可进行加劲梁梁段的整体吊装，施工速度快。但是，随着桥梁跨径的增大，缆索吊机的起吊重量将会受到一定的限制，施工安全风险增大，经济性降低。

桥面吊机悬臂拼装架设法也是大跨径钢桁加劲梁悬索桥常用的施工方法，如日本的关门桥、因岛大桥、明石海峡大桥和我国贵州坝陵河大桥等。桥面吊机悬臂拼装架设法的优点是加劲梁的架设方向为从两侧索塔向主跨跨中方向对称施工，这种架设方法对机械化程度要求较高，但是对桥位地形环境的适用性强，而且施工设备较少，施工场地紧凑，工作效率较高。

轨索运梁法是山区悬索桥加劲梁架设的一种新尝试，在我国湖南矮寨大桥钢桁梁架设首次采用。

**22.4 悬索桥实例——江阴长江公路大桥

江阴长江公路大桥

本节内容可扫描右侧二维码进行自学。

小结及学习指导

（1）通过本章学习，要掌握悬索桥的特点、发展阶段，悬索桥的总体布置、主要组成及其构造形式、适用情况。

（2）通过本章学习，要了解悬索桥车辆荷载作用下静力计算弹性理论、挠度理论、非线性杆系有限元分析的基本假定和适应情况，掌握悬索桥主缆找形的分段悬链线理论基本方程、总体思路和计算流程，深刻理解索段状态方程的应用场景。了解各构件的验算内容与方法。

（3）通过本章学习，掌握悬索桥缆索系统架设的基本流程和所需主要大型临时设施组成、加劲梁的制造与架设方法类型及其特点。

习题及思考题

22-1 悬索桥六大部分的各自作用是什么？

22-2 悬索桥分段悬链线理论的基本假定与索段状态基本方程是什么？其主缆找形的基本思路和计算流程是什么？

22-3 简述悬索桥设计计算的主要步骤与特点。

22-4 悬索桥索塔、加劲梁、吊索的类型有哪些，各自主要构造要求或特点是什么？

22-5 锚碇有哪三种形式？锚碇内主缆中心线的折射角如何确定？锚碇

的验算内容主要包括哪些?

22-6 索鞍的类型和构造特点是什么?设计计算主要包括哪些?

22-7 主缆索股(或吊索)锚头主要有哪些计算?

22-8 吊索索夹有哪些类型,各自有什么构造要求?设计计算主要有哪些?

22-9 吊索与加劲梁的连接形式有哪两种?

22-10 主缆索股制作有哪些方法,悬索桥主缆系统的主要施工流程是什么?加劲梁架设有哪些方法?

22-11 悬索桥抗风计算包括哪些内容?

第五篇

桥梁墩台

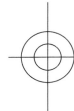

第23章
桥梁墩台类型和构造

本章知识点

> 【知识点】　梁桥与拱桥的桥墩、桥台结构形式、墩台帽尺寸拟定；墩台结构的构造要求。
>
> 【重点】　重点把握桥梁墩台的结构形式、构造及尺寸拟定方法。
>
> 【难点】　理解桥梁墩台帽尺寸拟定时应考虑的因素及构造要求。

23.1　概述

图 23-1 为一座桥梁的立面布置示意图，它表示了桥梁上部结构与桥梁墩台的相对位置。

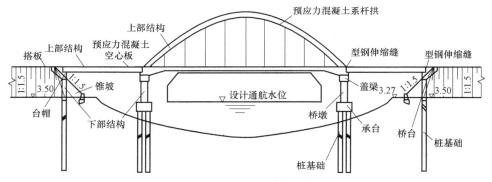

图 23-1　桥梁立面布置图

桥墩指多跨（两跨以上）桥梁的中间支承结构物，由墩帽（盖梁）、墩身与基础构成（图 23-2）；它除了承受由相邻两跨上部结构支座传来的竖直力、水平力和墩身风力外，位于水流中的桥墩还要承受流水压力、冰压力以及可能出现的船只、排筏或漂浮物的撞击作用或者桥下车辆的撞击作用（对于跨线桥）。桥台一般设置在桥梁的两端，是衔接两岸接线路堤的构造物，它除了支承上部结构外，还起着挡土护岸的作用，由台帽、台身和基础构成；它既要承受由支座传来的竖直力和水平力，还承受台后填土及填土上汽车引起的土侧压力。此外，桥梁墩台还要承受施工时的临时荷载，在某些情况下需要临时加固和补强。基础是桥墩和桥台中使全部重力和作用传至地基的底部奠基部分，是确保桥梁能安全使用的关键。因此，桥梁墩台不仅自身应具有足够的强度、刚度和稳定性，而且对地基的承载能力、沉降量、基础和地基之间的摩阻力等也都必须提出较高的要求，以防止在桥梁承重作用下，地基发生过大的水平位移、转动或沉降。因此，桥梁墩台的设计与结构受力、土质构造、地质条件、水文、流速以及河床内的埋置深度密切相关。

确定桥梁下部结构应遵循满足交通要求、安全耐久、造价低、维修养护少、施工方便、工期短、与周围环境协调和造型美观等原则。在桥梁的总体设计中，下部结构的选型对整个设计方案有较大影响。合理的选型将使上、下部结构的造型协调一致，轻巧美观。

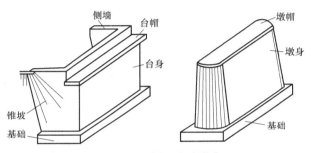

图 23-2　梁桥重力式墩台

从 20 世纪中期以来，国内外出现了不少新颖的桥梁墩台造型，它们把结构上的轻巧新颖、力学上的合理平衡和艺术上的造型美观相统一，使桥梁功能和环境景观相协调。其次，对于城市的立交桥，为了既能承托较宽的桥面，又能减少墩身和基础尺寸，在地面留有较大空间，美化城市并给人们以和谐的景观享受，常常将桥墩在横向上做成独柱式（图 23-3a）、排柱式（图 23-3b）、倾斜式（图 23-3d、e）、双叉式（图 23-3g）、四叉式（图 23-3h）、T 形（图 23-3c）、V 形（图 23-3f）和 X 形（图 23-3i）等多种多样的桥墩形式。此外，由于预应力技术和滑动模板工艺的日益成熟，高架桥桥墩的结构形式也得到了发展。例如 1979 年在德国建成的科秋塔尔高架桥，其桥墩高度为 183m，墩底截面仅有 10m×9m。2004 年 12 月竣工的法国米约（Millau）大桥，其中 2 号、3 号桥墩的高度分别达到 245m 与 230m，底部尺寸为 17m×27m，为世界上最高的桥墩。国内超百米的高桥墩也日渐增多，例如贵州朱昌河大桥，主桥为（106m＋200m＋106m）的预应力混凝土连续刚构桥，主墩高度达 132m。沪蓉国道主干线湖北恩施境内的龙潭河特大桥，其主桥为（106m＋3×200m＋106m）的预应力混凝土连续刚构桥，最大墩高为 178m。厦蓉高速公路赤石特大桥，其主桥为（165m＋3×380m＋165m）四塔预应力混凝土双索面斜拉桥，最高桥墩高 182m，采用了独一无二的"小蛮腰"设计，这种高墩造型为今后超高墩多塔斜拉桥的塔柱设计提供了新思路。随着国家国力的增强，科学技术的进步，桥墩结构形式的发展必将更趋于结构轻盈、受力合理、造型美观和成本经济。

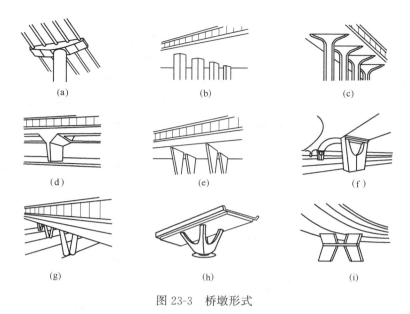

图 23-3　桥墩形式

23.2　梁桥墩台

23.2.1　梁桥桥墩

　　梁桥桥墩按其结构形式可分为：实体式（重力式）墩、桩（柱）式墩、柔性（排架）墩、钢筋混凝土空心墩、薄壁墩和框架墩等。按墩身横截面形状可分为矩形、圆形、圆端形、尖端形和各种空心墩，如图 23-4 所示。墩身侧面可做成垂直的，亦可做成斜坡式或台阶式（图 23-5）。

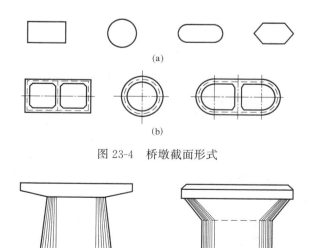

图 23-4　桥墩截面形式

图 23-5　桥墩侧面变化

1. 实体式（重力式）桥墩（图 23-6）

这类桥墩主要靠自身重力（包括桥跨结构重力）平衡外力保证桥墩稳定。因其墩身较为厚实，可用天然石材或片石混凝土砌筑，在砂石料方便的地区和小桥中应用较普遍，适用于作用较大、地基良好的大、中型桥梁，或流冰、漂浮物较多的河流中。

其缺点是圬工体积和阻水面积较大。为此，在一些桥面较宽，墩身较高的桥梁中，为了节省墩身及基础的圬工体积，常常利用挑出的悬臂或托盘来缩短墩身横向的长度，采用配置有

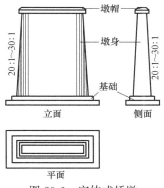

图 23-6 实体式桥墩

钢筋混凝土悬臂式墩帽的实体墩（图 23-7a）替代或者适当挖空墩身面积，如图 23-7（b）所示。为了便于水流和漂浮物通过，墩身平面形状可以做成圆端形（图 23-8a）或尖端形（图 23-8b）；无水的岸墩或高架桥墩可以做成矩形（图 23-6），在水流与桥梁斜交或流向不稳定时，宜做成圆形。在有强烈流水或大量漂浮物的河道（冰厚大于 0.5m，流冰速度大于 1m/s）上，桥墩的迎水端应做成尖端形或圆端形破冰棱体（图 23-8c），破冰棱体可由强度较高的

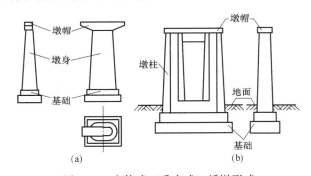

图 23-7 实体式（重力式）桥墩形式

（a）梁式桥墩（悬臂式墩帽）；（b）空腔式墩身

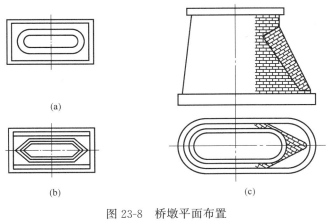

图 23-8 桥墩平面布置

（a）圆端形桥墩；（b）尖端形桥墩；（c）破冰棱体

石料砌成，也可以用高强度等级的混凝土辅之以钢板或角钢加固。

2. 桩（柱）式桥墩（图 23-9）

桩（柱）式桥墩一般由墩顶的盖梁（即墩帽）、柱式墩身和桩基础或扩大基础组成。墩身由外形是圆形、矩形或多边形截面的分离的两根或多根立柱组成。这种桥墩轻巧美观、省材料、施工方便，是桥梁中广泛采用的墩型之一，特别是在桥宽较大的城市高架桥和立交桥中。目前公路桥梁中常用的形式有单柱式、双柱式、哑铃式以及混合双柱式 4 种，如图 23-9 所示。单柱式墩宜在斜交角大于 15°的斜交桥、河水流向不稳定的桥梁或立交桥上使用。双柱式墩是目前双车道桥采用最多的柱式墩，常配合钻孔灌注桩基础采用，适用于复杂的软弱地质条件下跨径约 30m、墩身高度约 20m 以内的桥梁。哑铃式和混合双柱式墩对流水速度大、有较多漂流物和流冰的河道较为适用。

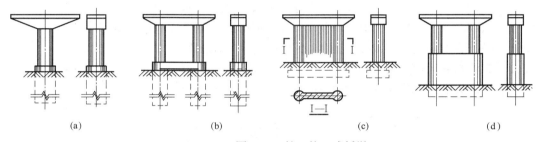

(a)　　　　　　　　(b)　　　　　　　　(c)　　　　　　　　(d)

图 23-9　桩（柱）式桥墩

(a) 单柱式；(b) 双柱式；(c) 哑铃式；(d) 混合双柱式

3. 钢筋混凝土薄壁墩和空心墩

实体式桥墩在许多情况下其材料强度不能充分发挥，尤其是在高桥墩条件下，为了减少墩身圬工体积，减轻自重（薄壁墩较实体墩节省圬工体积约70%），降低实体墩对地基的承压能力要求，可采用钢筋混凝土薄壁墩（图23-10）或空心墩（图 23-11）。

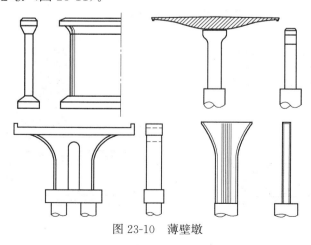

图 23-10　薄壁墩

空心墩在构造上应遵循下列规定：

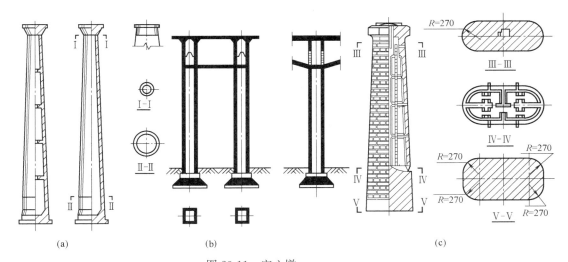

图 23-11　空心墩

（a）圆形空心墩；（b）方形空心墩；（c）格构形空心墩

（1）墩身最小壁厚，对于钢筋混凝土不宜小于 0.30m，对于素混凝土不宜小于 0.50m；

（2）为保证薄壁空心墩墩壁的稳定以及桥墩的局部和整体的稳定，墩身内应设横隔板或纵、横隔板，形成格构形结构。

（3）墩身周围应设置通风孔或泄水孔，孔径不小于 20m；墩顶实体段以下应设置有门的进人洞或相应的检查设施。

（4）对于薄壁钢筋混凝土空心墩应按计算配筋，一般配筋率在 0.5% 左右。

一般在流速大并且夹有大量泥沙、石块或可能有船只、冰块与漂浮物撞击的河流中不宜采用空心墩。

4. 柔性（排架）墩

柔性（排架）墩是由单排或双排的预制钢筋混凝土沉入桩或钻孔灌注桩与钢筋混凝土盖梁组成，如图 23-12 所示。其主要特点是通过一些构造措施，将上部结构传来的水平力（汽车制动力、温度力等）传递到全桥各个柔性墩或相邻的刚性墩台上，以减少单个柔性墩所受到的水平力，从而达到减少墩身截面的目的。柔性（排架）墩可分为单排架墩和双排架墩。单排架墩一般适用于高度不超过 4.0～5.0m 的桩墩。桩墩高度大于 5.0m 时，为避免行车时可能发生的纵向晃动，宜设置双排架桩墩。柔性（排架）墩的优点是用料省、修建简便、施工速度快。主要缺点是钢材用量较多，使用高度和承载能力受到限制，仅适用于低浅宽滩河流、通航要求低和流速不大的水网地区和桥墩不高（<6～7m）、跨径不大（<16m）的梁桥（如图 23-13）。由于目前大交通量和荷载加重，这类桥墩几乎很少采用。

5. 框架墩

为加大桥梁跨径、减轻墩身自重和阻水面积以及适应城市与风景区的景

701

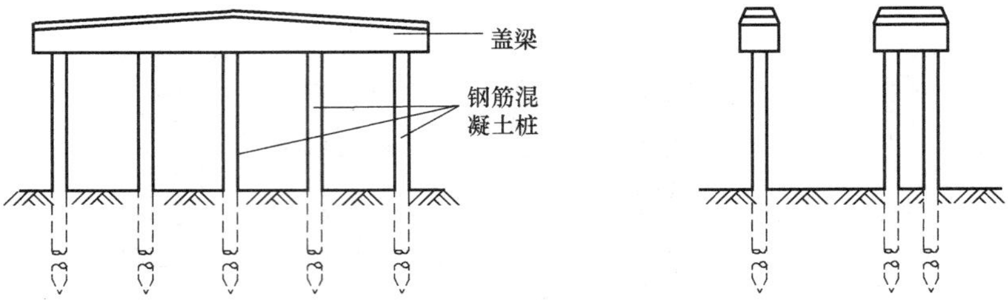

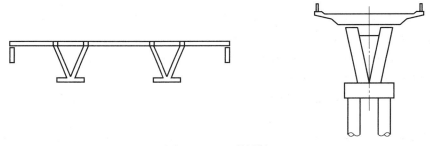

图 23-12　柔性（排架）墩

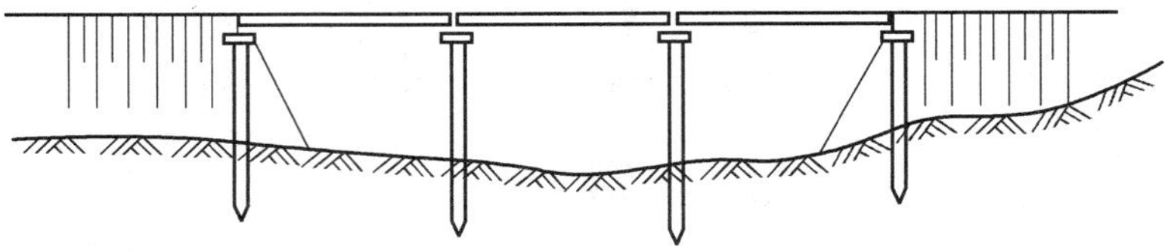

图 23-13　柔性（排架）墩的纵向布置

观要求，可采用各种形式的刚架式桥墩（框架墩），如 V 形（图 23-14）、Y 形（图 23-15）、H 形（图 23-16）等。这类桥墩虽然用钢量较大，施工模板较复杂，但是其结构造型轻盈新颖，桥下视野宽敞明亮，景观效果甚佳。

图 23-14　V 形桥墩

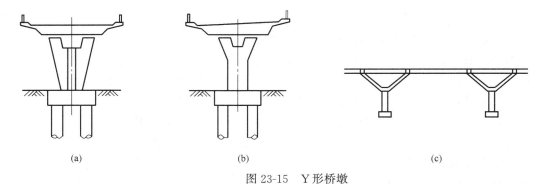

(a)　　　　　　　　　(b)　　　　　　　　　(c)

图 23-15　Y 形桥墩

23.2.2　梁桥桥台

梁桥桥台类型主要有：实体式（重力式）桥台、轻型桥台和组合桥台等。

1. 实体式（重力式）桥台

重力式桥台主要靠自重来平衡台后的土压力，桥台台身通常用石料、片

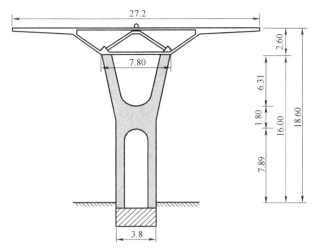

图 23-16 曼谷曼纳高速公路桥采用的 H 形桥墩（尺寸单位：m）

石混凝土或混凝土等圬工材料建造。依据桥梁跨径、桥台高度和地形条件的不同有多种形式，最常用的是 U 形桥台。U 形桥台由台帽、台身和基础组成（图 23-17），是因台身是由前墙和两个侧墙构成的 U 字形结构而得名。其优点是构造简单，不需用钢筋，且能就地取材；缺点是桥台体积与自重较大，侧墙间填土容易积水，结冰后冻胀，使侧墙开裂，所以宜用渗水性良好的土壤填夯，并做好台后排水措施。它适用于填土高度在 8~10m 以下、跨度稍大的桥梁。

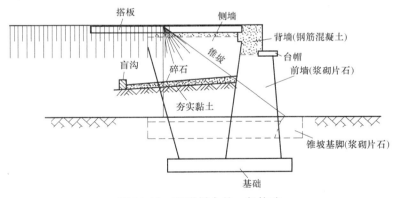

图 23-17　U 形桥台的一般构造

2. 轻型桥台

轻型桥台的体积轻巧、自重较小，一般由钢筋混凝土材料建造，它借助结构物的整体刚度和材料强度承受外力，从而可节省材料，降低对地基强度的要求和扩大应用范围，为在软土地基上修建桥台开辟了经济可行的途径。

常用的轻型桥台分设有支撑梁的轻型桥台、钢筋混凝土薄壁桥台、加筋土桥台和埋置式桥台等几种类型。

（1）设有支撑梁的轻型桥台

这种桥台的特点是台身为直立的薄壁墙，台身两侧有翼墙（用于挡土）。

703

在两桥台下部设置钢筋混凝土支撑梁，上部结构与桥台通过锚栓连接，于是便构成四铰框架结构系统，并借助两端台后的土压力来保持稳定。

按照翼墙（侧墙）的形式和布置方式，这种桥台又可分为：一字形轻型桥台、八字形轻型桥台、耳墙式轻型桥台，如图 23-18 所示。

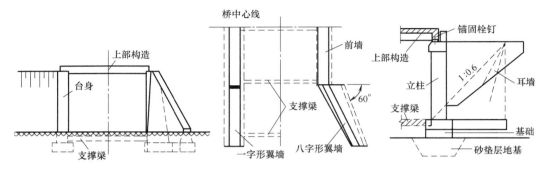

图 23-18　设置地下支撑梁的轻型桥台

（2）钢筋混凝土薄壁桥台

钢筋混凝土薄壁桥台常用的形式有悬臂式、扶壁式、撑墙式及箱式等（图 23-19）。钢筋混凝土薄壁桥台是由扶壁式挡土墙和两侧的薄壁侧墙构成。挡土墙由前墙和间距为 2.5～3.5m 的扶壁所组成。台顶由竖直小墙和支于扶壁上的水平板构成，用以支承桥跨结构。两侧薄壁可以与前墙垂直，有时也做成与前墙斜交。前者称 U 形薄壁桥台，后者称八字形薄壁桥台（图 23-19c）。这种桥台不仅可以减少圬工体积，同时因自重减轻而减小了对地基的压力。故适用于软弱地基的条件，但其构造和施工比较复杂，并且钢筋用量也较多。

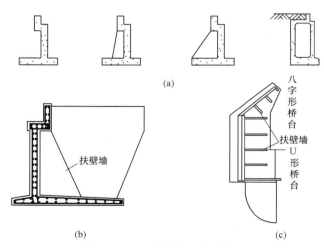

图 23-19　钢筋混凝土薄壁桥台

（3）加筋土桥台

在台后路基填土不被冲刷的中、小跨径桥梁，台高在 3～5m 时，可采用整体式加筋土桥台（图 23-20a）。这类桥台一般由台帽和竖向面板、拉杆、锚定板及其间填料共同组合的台身组成。拉杆两端分别与竖向面板和锚定板连接，组成为加筋土的挡土结构。它的工作原理是，竖向面板后填料的主动土压力作用到面板上，再通过拉杆将该力传递给锚定板，而锚定板则依靠位于板前且具有一定抗剪能力的土体所产生的拉拔力来平衡拉杆拉力，使整个结构处于稳定状态。

如果上部结构的垂直反力直接由单独的桩柱承受的话，则加筋土墙体与桩柱便构成加筋土组合桥台。按照埋置情况，加筋土组合桥台又可分为外置式和内置式两种形式。外置式是台身与锚定结构分开，台身主要承受上部结构传来的竖向力和水平力，锚定结构承受土压力。锚定结构由锚定板、立柱、拉杆和挡土板组成，如图 23-20（b）。桥台与锚定结构间留空隙，上端做伸缩缝，桥台与锚定结构的基础分离，互不影响，受力明确，但结构复杂，施工不方便。内置式加筋土组合桥台的构造见图 23-20（c），它的锚定结构与台身结合在一起，台身兼做立柱或挡土板。作用在台身的所有水平力假定均由锚定板的抗拔力来平衡，台身仅承受竖向荷载。结构简单，施工方便，工程量较省，但受力不很明确。

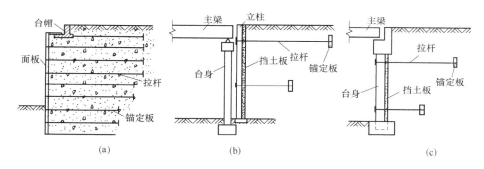

图 23-20　加筋土桥台

（a）整体式加筋土桥台；（b）外置式加筋土组合桥台；（c）内置式加筋土组合桥台

（4）埋置式桥台

埋置式桥台将台身大部分埋入锥形护坡（溜坡）内，只露出台帽在外以安置支座及上部构造，缩短翼墙（耳墙），仅由台帽两侧耳墙与路堤衔接。由于桥台所受的土压力大为减少，桥台体积也相应减少。按台身的结构形式，埋置式桥台可以分为：后倾式（图 23-21a）、肋板式（图 23-21b）、桩柱式（图 23-21c）和框架式（图 23-21d）等。

后倾式桥台使台身重心向后，用以平衡台后填土的倾覆力矩，但倾斜度应适当。

肋板式桥台的台身是由两块（或三块）后倾式的肋板与顶面帽梁连接而成。台高在 10m 及 10m 以上者须设系梁。帽梁、系梁和耳墙均需配置钢筋，台身与帽梁、台身与基础之间只需布置少量接头钢筋。

桩柱式桥台对于各种土壤地基都适用。根据桥宽和地基承载能力可以采用双柱、三柱或多柱的形式。柱与钻孔桩相连的称桩柱式；柱子嵌固在普通

705

扩大基础之上的称为立柱式；完全由一排钢筋混凝土桩和桩顶盖（或帽）梁连接而成的称为柔性柱台。

　　框架式桥台既比桩柱式桥台有更好的刚度，又比肋板式桥台挖空率更高，更节约圬工体积。框架式桥台结构本身存在着斜杆，能够产生水平分力以平衡土压力，加之基底较宽，又通过系梁连成一个框架体，所以稳定性较好，可用于填土高度在5m以下的桥台，并与中小跨径的梁式上部结构配合应用，其不足之处是必须用双排桩基，钢筋水泥用量均较桩柱式的要多。当填土高度大于5m时，可采用肋墙式桥台（图23-21e）。

　　埋置式桥台适用于桥头为浅滩，溜坡受冲刷较小，填土高度在10m以下的中、小跨径的多孔桥梁，其共同缺点是，由于护坡伸入到桥孔，压缩了河道，或者为了不压缩河道，就要适当增加桥长。

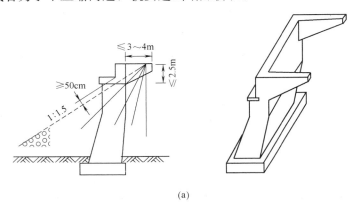

(a)

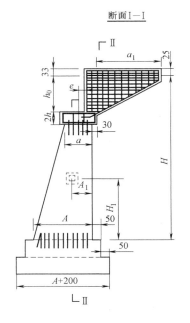

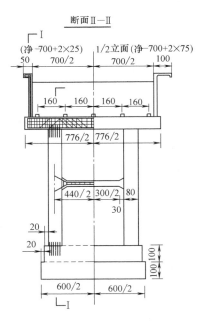

(b)

图 23-21　埋置式桥台（一）

（a）后倾式桥台；（b）肋板式桥台

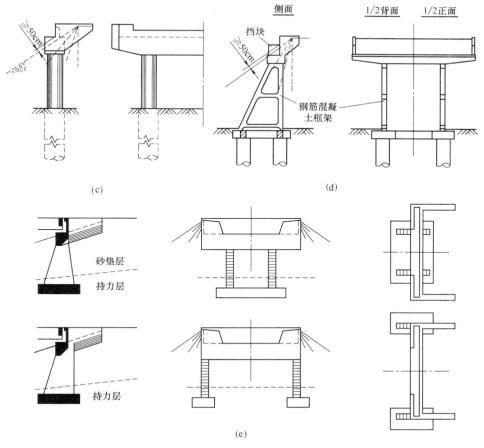

图 23-21 埋置式桥台（二）

（c）桩柱式桥台；（d）框架式桥台；（e）肋墙式桥台

3. 组合式桥台

为使桥台轻型化，桥台本身主要承受桥跨结构传来的竖向力和水平力，而台后的土压力由其他结构来承受，形成组合式的桥台。除了前述的加筋土组合桥台外，还有过梁式-框架式和桥台与挡土墙组合等形式。

（1）框架式组合桥台

桥台与挡土墙用梁结合在一起的桥台为过梁式的组合桥台，使桥台与桥墩的受力相同。当梁与桥台、挡土墙刚接时，则形成框架式组合桥台，如图 23-22（a）所示。

（2）桥台与挡土墙组合桥台

这种桥台为由轻型桥台支承上部结构，台后设挡土墙承受压力的组合式桥台。台身与挡土墙分离，上端做伸缩缝，使受力明确。当地基比较好时也可将桥台与挡土墙放在同一个基础之上，如图 23-22（b）所示。这种组合式桥台可采用轻型桥台，而且可不压缩河床，但构造较复杂，是否经济需通过比较确定。

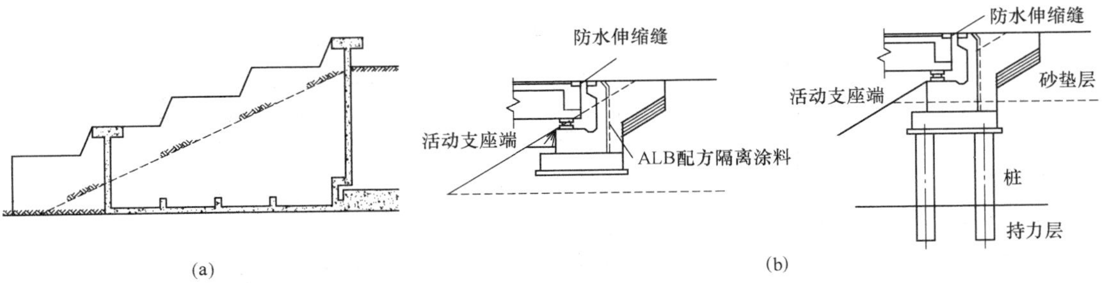

图 23-22　组合式桥台

（a）框架式组合桥台；（b）桥台与挡土墙组合桥台

23.2.3　墩（台）帽主要尺寸的拟定

墩（台）帽是桥墩（台）顶端的传力部分，通过支座承托着上部结构，并将相邻桥孔上的恒载和活载传至墩身。因此，墩（台）帽的强度要求较高。一般可用 C20 混凝土做成，并应设置构造钢筋，也可用 C25 石料圬工砌筑，所用砂浆等级不可低于 M7.5。

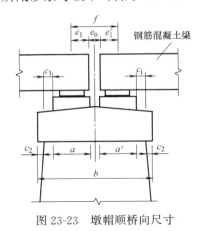

图 23-23　墩帽顺桥向尺寸

1. 墩（台）帽的厚度

大跨径桥中墩（台）帽厚度一般不小于 50cm，中小桥梁也不应小于 40cm，并应有 5～10cm 的檐口。

2. 墩（台）帽平面尺寸

墩（台）帽平面尺寸应根据上部构造形式和尺寸、支座尺寸和布置情况、上部构造中主梁施工方法的要求等条件而定。一般可用下式求得：

（1）顺桥向墩帽最小宽度 b（图 23-23）

① 双排支座

$$b \geqslant f + a/2 + a'/2 + 2c_1 + 2c_2 \tag{23-1}$$

式中　f——相邻两跨支座间的中心距：

$$f = e_0 + e_1 + e_1' \geqslant a/2 + a'/2 \tag{23-2}$$

e_0——伸缩缝宽度，中小桥为 2～5cm；大跨径桥梁可按温度变化及施工放样、安装构件可能出现的误差等决定；温度变化引起的变位为：

$$e_0 = L \times \Delta t \times \alpha \tag{23-3}$$

L——跨的计算长度；

Δt——温度变化幅度值，可采用当地最高和最低月平均气温及桥跨浇筑完成时的温度计算决定；

α——材料的线膨胀系数，钢筋混凝土构造物为 0.00001；

e_1、e_1'——该桥跨结构伸过支座中心线的长度；

a、a'——各该桥跨结构支座垫板顺桥向宽度；

c_1——顺桥向支座垫板至墩身边缘最小距离，见表 23-1 及图 23-28；

c_2——檐口宽度（5～10cm）。

支座边缘到台、墩身边缘的最小距离（m）　　　表 23-1

跨径 l(m) ＼ 桥向	顺桥向	横桥向	
		圆弧形端头（自支座边角量起）	矩形端头
$l \geqslant 150$	0.30	0.30	0.50
$50 \leqslant l < 150$	0.25	0.25	0.40
$20 \leqslant l < 50$	0.20	0.20	0.30
$5 \leqslant l < 20$	0.15	0.15	0.20

注：采用钢筋混凝土或预应力混凝土悬臂式墩（台）帽时，可不受本表限制，应以便于施工、养护和更换支座而确定。

② 单排支座

当墩上仅有一排支座时（如连续梁桥），则 b 可由下式计算（图 23-24 和图 23-28）：

$$b = a + 2c_1 + 2c_2 \tag{23-4}$$

③ 不等高梁双排支座

如图 23-25 所示，这时左边（低梁端）宽度应按单排支座墩宽进行设计，而右边（高梁端）应按桥台台帽宽度进行设计。

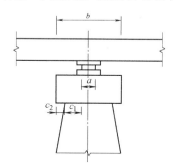

图 23-24　单排支座墩帽尺寸图

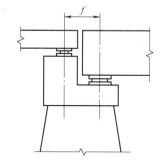

图 23-25　不等高梁桥墩帽尺寸图

墩身最小顶宽的取值可根据桥梁规范有关规定确定，通常墩帽顺桥向宽度，对于小跨径桥梁不宜小于 0.8m；中等跨径桥梁不宜小于 1.0m；特大、大跨径桥梁应视上部构造类型而定。

（2）横桥向墩帽最小宽度 B

① 多片主梁（图 23-26）

B＝桥跨结构两外侧边主梁中心距(B_1)＋支座底板横向宽度(a_1)＋$2c_1 + 2c_2$

② 箱形梁（图 23-27）

$$B = B_1（两边支座中心距）+ a_1 + 2c_1 + 2c_2$$

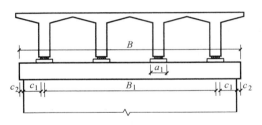

图 23-26　多片主梁墩帽横桥向尺寸图

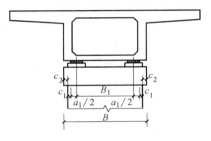

图 23-27　箱形梁墩帽横桥向尺寸图

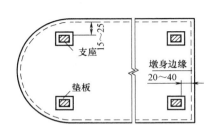

图 23-28　支座边缘距墩（台）边缘最小距离
（尺寸单位：cm）

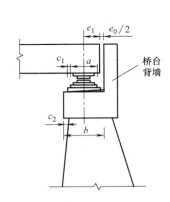

图 23-29　台帽顺桥向尺寸

（3）顺桥向台帽最小宽度 b（图 23-29）

$$b=a/2+e_1+e_0/2+c_1+c_2 \tag{23-5}$$

式中符号意义同前。

桥梁规范对支座边缘的最小距离所作的规定，目的是为了避免支座过分靠近墩身侧面边缘而导致局部应力集中；其次是为了提高混凝土的局部抗压强度以及考虑施工误差和预留锚栓孔的要求。墩帽宽度除了满足式（23-1）的要求外，还应符合墩身顶宽要求，并需考虑安装上部结构与抗震设防措施所必须的宽度。

（4）横桥向台帽最小宽度 B

除应考虑支座布置情况外，还应结合桥面宽度（包括人行道）及接线路基宽度决定，使车辆行人交通顺畅、安全方便。

拱桥拱座的纵、横向宽度可同样根据以上方法结合拱脚尺寸等情况确定。但是，大跨径桥墩（台）帽宽度需视上部结构类型而定。

3. 实体墩（台）帽的钢筋配置（图 23-30a）

实体墩（台）帽在支座支承垫板的局部范围内应设置 1～2 层钢筋网，其平面分布尺寸约为支承垫板面积的两倍，钢筋直径为 8～12mm，网格间距为 70～100mm，以使支座传来的巨大集中力能较均匀地分布到墩身上。图 23-30（b）为圬工桥墩墩帽钢筋布置示例。

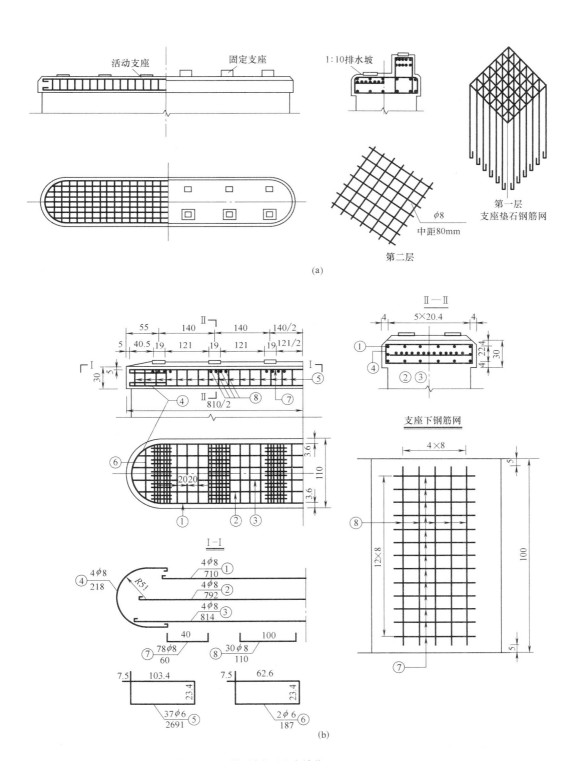

图 23-30　配筋示例（尺寸单位：cm）

（a）实体墩墩帽钢筋构造图；（b）圬工桥墩墩帽钢筋布置示例

23.2.4　墩（台）的构造要求

1. 石料及混凝土墩台

（1）实体墩台基础的扩散角（刚性角），对于片石、块石和料石砌体，当用 M5 砂浆砌筑时，应大于 30°；当用 M5 以上砂浆砌筑时，不应大于 35°；当用混凝土浇筑时，不应大于 40°。

（2）修建在非岩石类地基上的带八字形翼墙的桥台：台身与翼墙之间宜设缝分开，在非岩石类的地基上，桥台宜每隔 10～15m 设置一道沉降缝。现浇混凝土桥台台身及基础，应根据当地气候和施工条件，每隔 5～10m 设置一道伸缩缝。台背应设置排水设施，以保证稳定和安全。对于高度小于 20m 的实体墩和 U 形桥台，可不考虑稳定问题。

（3）实体墩侧坡一般采用 20：1～30：1，小跨径桥的桥墩也可用直坡。U 形桥台的前墙和侧墙的顶面宽度不宜小于 0.50m，桥台前墙的任一水平截面的宽度不宜小于该截面至墙顶高度的 0.4 倍；侧墙的任一水平截面的宽度，对于片石砌体不小于该截面至墙顶高度的 0.4 倍；对于块石、料石砌体或混凝土则不小于 0.35 倍。如果桥台内填料为透水性良好的砂性土或砂砾，则上述两项可分别相应减为 0.35 倍和 0.30 倍（图 23-31）。另外，U 形桥台两侧墙宽度之和不小于同一水平截面前墙全长的 0.4 倍，可按 U 形整体截面验算截面强度。路基填土与 U 形桥台侧墙的搭接长度不宜小于 0.75m。

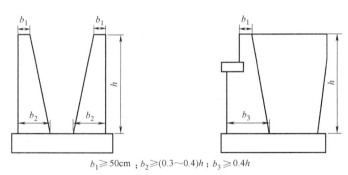

$$b_1 \geqslant 50\text{cm}；b_2 \geqslant (0.3～0.4)h；b_3 \geqslant 0.4h$$

图 23-31　U 形桥台尺寸

2. 钢筋混凝土墩台

（1）钢筋混凝土肋板式桥台，其板和肋的厚度不宜小于 0.2m。钢筋用量应按计算确定，并满足构造要求；钢筋至外表面的净距不小于 30mm。在墩身表层、桥台的背墙和肋板表层应设置钢筋网，其截面积在水平方向和竖直方向分别不应小于每米 250mm² （包括受力钢筋），相当于每米设直径 8mm 钢筋 5 根，间距不应大于 400mm。扶壁（肋）与墙板的连接处应设箍筋，以防止前墙自扶壁（肋）裂开，箍筋应按其相应的受力状况确定。对于设有橡胶支座的墩台，应考虑预留更换支座所需的位置与空间。

（2）配有纵向受力钢筋和普通箍筋的轴心受压墩柱（钻孔桩、挖孔桩除外），纵向受力钢筋直径不小于 12mm，钢筋面积应不小于混凝土计算面积的

0.5‰；当钢筋含量大于 3％时，箍筋间距应不大于纵向受力钢筋直径的 10 倍，且不大于 200mm；被同一箍筋所箍的纵向受力钢筋根数，在构件的每边应不多于 3 根；箍筋间距应不大于受力钢筋直径的 15 倍，或构件横截面的较小尺寸，并不大于 0.4m。

（3）配有纵向受力钢筋和螺旋箍筋或焊接环形箍筋时的轴心受压墩柱，墩柱核心截面积应不小于构件整个截面 2/3；纵向受力钢筋的截面积，应不小于螺旋或环形箍筋圈内核心截面积的 0.5％；螺旋或环形箍筋的螺距或间距，应不大于核心直径的 1/5，也不得大于 80mm，且不应小于 40mm。间接钢筋的直径不应小于纵向钢筋直径的 1/4，且不小于 8mm。

23.3 拱桥墩台

23.3.1 拱桥桥墩

拱桥桥墩有重力式和轻型式两种（图 23-32），根据抵御恒载水平推力的能力，重力式桥墩可分为普通桥墩（图 23-32a、b）和单向推力墩（图 23-32c、d）。轻型桥墩根据构造不同可分为桩柱式桥墩（图 23-32e）和轻型单向推力墩（图 23-34）。拱桥桥墩与梁桥桥墩不同之处在于：

（1）拱桥是一种有推力的结构，拱圈传给桥墩（台）较大的水平推力；

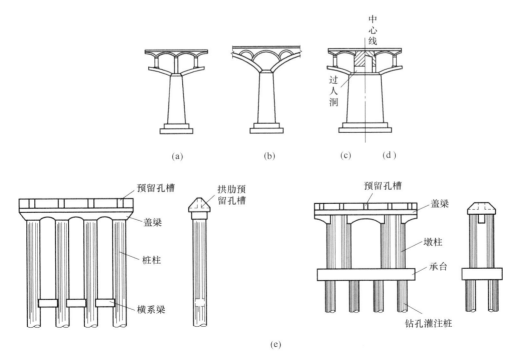

图 23-32　拱桥桥墩类型
（a）、（b）拱桥重力式桥墩；（c）、（d）拱桥单向推力墩；（e）拱桥轻型桩柱式墩

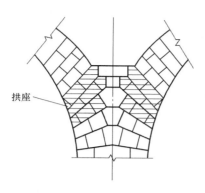

图 23-33 墩顶拱座

（2）桥墩的相对水平位移将给拱桥以较大的附加内力，因而拱桥桥墩（台）对地基的要求比梁桥要高；

（3）梁桥桥面与支座顶面的高差就是主梁的建筑高度；而对上承式或中承式拱桥来说，拱桥桥面到拱座之间还有拱上建筑结构高度。

因此，拱桥桥墩在结构上有如下特点。

1. 拱座

拱座相当于梁式桥墩（台）的墩（台）帽，是直接支承拱圈的部分，相邻桥跨的拱推力相互抵消后，将不平衡推力传至墩身。它承受较大的拱圈压力，应该采用 C20 以上整体式混凝土、混凝土预制块或 C40 以上石块砌筑（砌块的排列如图 23-33 所示），尽量使通缝面与压力线方向正交；肋拱桥的拱座要像梁桥的支座垫石一样用高强度等级混凝土及数层钢筋网加固；装配式的肋拱，以及双曲拱桥的拱座，也可预留插入拱肋的孔洞，在洞底及洞壁设加固钢筋网。

2. 单向推力墩

在多于 4～5 孔的拱桥，为了承受永久作用引起的单向推力，以防止一孔因故破坏时全桥倾塌，应每隔 3～5 孔设置一座能承受这种单向推力的"分段墩"。有时为了施工时拱架的多次周转，也在多孔拱桥中设置分段墩，以承受裸拱或全拱的恒载推力。

分段墩（单向推力墩）过去一般用实体墩（图 23-32c、d），因而增加了阻水面积。国内广大造桥工人和科技人员曾提出了一些新型单向推力墩，如加设斜撑的柱式墩、悬臂墩等，如图 23-34 所示。悬臂墩是在桩柱式墩上加一对悬臂，拱座设在悬臂端部。当一孔坍塌时，相邻孔永久作用单向推力对桩柱墩身产生的弯矩，被永久作用竖向反力产生的反向弯矩抵消一部分，从而减小桩柱墩身的弯矩，使墩柱能够承受拱的单向永久作用推力。设斜撑的柱式墩是在墩柱的两侧，对称地增设钢筋混凝土或预应力混凝土斜撑和水平拉杆用来提高抵抗水平推力的能力。其优点是可节省单向推力墩的圬工体积，

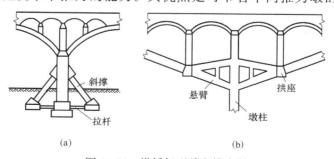

（a）   （b）

图 23-34 拱桥轻型单向推力墩
（a）设斜撑的柱式墩；（b）悬臂墩

宜在桥墩不太高的旱地处采用。

3. 相邻两孔推力不相等的桥墩

此时最好以变更相邻的矢跨比，调整拱座位置或拱上结构形式而使两孔推力或推力对桥墩基底弯矩大致相等；也可以将桥墩在立面做成不对称形式（图 23-35），使恒载压力线接近桥墩的轴线和基底面积形心。

拱桥的桩柱式墩一般为配合钻孔桩基础而采用。它与梁桥桩柱式墩的主要差别是：在梁桥墩帽上设置支座，而在拱桥墩顶部分则设置拱座。当桩柱式墩较高时，应在桩间设置横系梁以增强桩柱式墩的刚性。如果柱与桩直接连接，则应在结合处设置横系梁。若墩柱高度大于 6～8m 时，还需在墩柱的中部设置横系梁。

23.3.2 拱桥桥台

拱桥桥台既要承受来自拱圈的推力、竖向力及弯矩，又要承受台后土的侧压力，从尺寸上看，拱桥桥台一般较梁桥要大。根据桥址具体条件可选用不同的构造形式，可分为重力式桥台、轻型桥台、组合式桥台、空腹式桥台和齿槛式桥台等。

1. 重力式桥台

常用的重力式桥台为 U 形桥台（图 23-36），它由台帽、台身和基础三部分组成。U 形桥台的台身是由前墙和平行于行车方向的两侧翼墙构成，其水平截面呈 U 字形。U 形桥台常采用锥形护坡与路堤连接，锥坡的坡度根据坡高、地形等确定。U 形桥台的优缺点与梁桥中的 U 形桥台相同，在结构构造上除在台帽部分有所差别外，其余部分也基本相同。拱桥桥台只在向河心的一侧设置拱座，其尺寸可参照相应拱桥桥墩的拱座拟定。其他部分的尺寸可参考相应梁桥 U 形桥台进行设计。

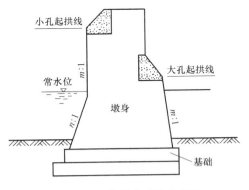

图 23-35　拱桥大小孔分界墩

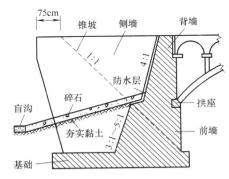

图 23-36　拱桥 U 形桥台

2. 轻型桥台

轻型桥台是相对于重力式桥台而言的。其工作原理是，当桥台受到拱的推力后，便发生绕基底形心轴而向路堤方向的转动，此时台后的土便产生抗力来平衡拱的推力，由于土参与提供部分抗力，从而使桥台的尺寸远远地小于实体重力式桥台，但此时必须验算由于拱脚位移而在拱圈内产生的不利附加内力的影响。采用轻型桥台时，要注意保证台后的填土质量，台后填土应严格按照规定分层夯实，并做好台后填土的防护工作，防止受水流的侵蚀和冲刷。常用的轻型桥台有八字形和 U 字形桥台以及由此派生出来的Ⅱ形和 E 形等背撑式桥台。

（1）八字形桥台

八字形桥台的构造简单，台身由前墙和两侧的八字形翼墙构成（图 23-37a）。两者之间通常留沉降缝分砌。前墙可以是等厚度的，也可以是变厚度的。变厚度台身的背坡为 2∶1～4∶1。翼墙的顶宽一般为 40cm，前坡为 10∶1，后坡为 5∶1。为了防止基底向河心滑动，基础应有一定的埋置深度。

（2）U 字形桥台

轻型 U 字形桥台是由前墙和平行于车行方向的侧墙组成，构成 U 字形的水平截面（图 23-37b）。它与重力式 U 形桥台的差别是，后者是靠扩大桥台底面积，以减小基底压力，并利用基底与地基的摩阻力和适当利用台背侧土压力，以平衡拱的水平推力；因此基础底面积较轻型桥台的要大。轻型 U 字形桥台前墙的构造和八字形桥台相同，但侧墙却是拱上侧墙的延伸，它们之间应设变形缝，以适应桥的可能变位。

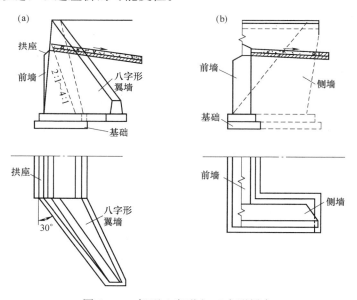

图 23-37　轻型八字形和 U 字形桥台

（3）背撑式桥台

当桥台较宽时，为了保证结构的强度和稳定性，可以在八字形或 U 字形桥台的前墙背后加一道或几道背撑，构成Ⅱ字形、E 字形等水平截面形式的前墙（图 23-38）。背撑顶宽为 30～60cm，厚度也为 30～60cm，背坡为 3∶1～5∶1 的梯形。这种桥台比八字形桥台稳定性要好，但土方开挖量及圬工体积都有增多。然而加背撑的 U 字形桥台却能适用于较大跨径的高桥和宽桥。

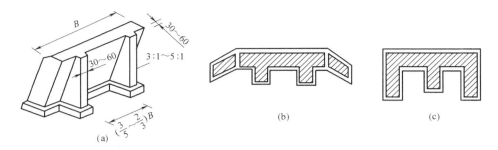

图 23-38　背撑式桥台

3. 组合式桥台

组合式桥台由台身和后座两部分组成（图 23-39）。台身基础承受竖向力，一般采用桩基或沉井基础；拱的水平推力则主要由后座基底的摩阻力及台后的土侧压力来平衡。因此后座基底标高应低于拱脚下缘的标高。台身与后座间应密切贴合，并设置沉降缝，以适应两者的不均匀沉降，在地基土质较差时，后座基础也应适当处理，以免后座向后倾斜，导致台身和拱圈的位移和变形。

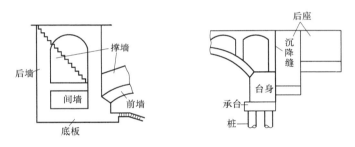

图 23-39　组合式桥台

4. 齿槛式桥台

齿槛式桥台是由前墙、侧墙、底板和撑墙几个部分组成（图 23-40）。其结构特点是：基底面积较大，可以支承一定的垂直压力；底板下的齿槛可以增加摩擦和抗滑的稳定性；台背做成斜挡板，利用它背面的原状土和前墙背面的新填土，共同平衡拱的水平推力；前墙与后墙板之间的撑墙可以提高结构的刚度。齿槛的宽度和深度一般不小于 50cm。这种桥台适用于软土地基和路堤较低的中小跨径拱桥。

5. 空腹式桥台

空腹式桥台是由前墙、后墙、基础板和撑墙等部分组成（图 23-41）。前墙承受拱圈传来的荷载，后墙支承台后的土压力。在前后墙之间设置撑墙 3～4 道，作为传力构件，并对后墙起到扶壁、对基础板起到加劲作用。最外边的撑墙可以做成阶梯踏步，供人们上下河岸。空腹可以是敞口的，也可以是封闭的。若地基承载力许可时，也可在腹内填土。这种桥台一般是在软土地基、河床无冲刷或冲刷轻微、水位变化小的河道上采用。

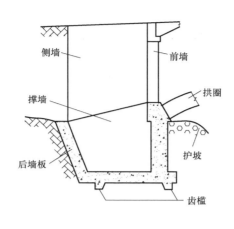

图 23-40　齿槛式桥台

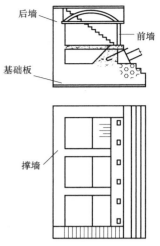

图 23-41　空腹式桥台

小结及学习指导

桥梁墩台是下部结构的重要组成部分，在选定结构形式时应考虑其是否与上部结构的受力相适应，是否满足一般的构造要求；结构尺寸拟定是否符合相关规范的规定。因此：

（1）通过本章学习，应掌握桥梁墩台结构的常见形式及如何拟定结构的尺寸。

（2）桥梁墩台材料、结构等方面的构造要求是其功能发挥、正常使用的保证，每一种桥梁墩台应重视其特殊的构造与细节。

习题及思考题

23-1　什么是桥墩？什么是桥台？

23-2　桥梁墩台一般由哪三部分组成，各自的作用是什么？

23-3　简要说明重力式墩台和轻型墩台的特点及适用范围。

23-4　梁桥桥墩有哪几种类型？桥台有哪几种类型？

23-5　拱桥何时设单向推力墩？常用的单向推力墩有哪几种？

23-6　什么叫 U 形桥台？

23-7　埋置式桥台有何特点，它的适用范围有哪些？

第24章
墩台的设计与计算

本章知识点

【知识点】 桥梁墩台的作用及作用效应组合、重力式桥墩的设计与验算、桩柱式桥墩及轻型桥墩的设计与计算、梁桥轻型桥台的计算、组合式桥台设计与计算、框架式桥台设计与计算。

【重点】 重力式墩台的设计与验算。

【难点】 桩柱式桥墩水平力的分配计算方法。

24.1 作用及其效应组合计算与有关规定

在前述桥梁设计作用章节中，已经对公路桥涵设计的作用（荷载）及其组合作了详细介绍，本节仅结合墩台计算所应考虑的内容予以阐述。

24.1.1 桥墩计算中的作用及其作用效应组合

1. 桥墩计算中需考虑的永久作用

（1）因上部结构自重对墩帽或拱座产生的支承反力，包括上部结构混凝土收缩徐变的影响。

（2）桥墩结构自重，包括作用在基础襟边上的土压力。

（3）预应力，例如装配式预应力空心桥墩所施加的预应力。

（4）基础变位影响力，对于奠基于非岩石地基上的超静定结构，应考虑由于地基压密等引起的长期变位的影响，并根据最终位移量按弹性理论计算结构截面的附加内力。

（5）水的浮力，位于透水性地基上的桥梁墩台，当验算稳定时，应计算设计水位时的水浮力；当验算地基应力时，仅考虑低水位的浮力或不考虑水的浮力；基础嵌入不透水性地基的墩台，可以不计水的浮力；当不能肯定是否透水时，则分别按透水或不透水两种情况与其他作用组合，取其最不利者。作用在桩基承台底面的浮力，应考虑全部底面积。对桩嵌入不透水地基并灌注混凝土封闭者，不应考虑桩的浮力，在计算承台底面浮力时应扣除桩的截面面积。

2. 桥墩计算中考虑的可变作用

（1）作用在上部结构上的汽车作用，对于钢筋混凝土柱式墩台应计入冲

719

击力，对于重力式墩台则不计冲击力。

（2）汽车离心力。

（3）人群作用。

（4）作用在上部结构和墩身上的纵、横向风力。

（5）汽车作用引起的制动力。

（6）作用在墩身上的流水压力。

（7）作用在墩身上的冰压力。

（8）上部结构因温度变化对桥墩产生的水平力。

（9）支座摩阻力。

3. 作用于桥墩上的偶然荷载

（1）地震力。

（2）船舶或漂浮物的撞击力。

（3）对于跨线立交桥，根据桥梁的结构形式，需考虑汽车对桥墩的撞击作用。

对于施工阶段，根据施工过程考虑相应的作用，按计算需要及结构所处条件来确定作用效应的组合。

上述各种作用的计算方法可参见本章内容和《公路桥涵设计通用规范》JTG D60—2015 有关条文。

重力式桥墩的作用效应组合主要与墩身所要验算的内容有关，例如，墩身截面强度和偏心的验算，整个桥墩的纵向及横向稳定性验算等。应根据可能出现的各种作用效应情况进行最不利的作用组合。其次，拱桥重力式桥墩与梁桥重力式桥墩除了有共同点之外，也还存在一些差异。例如拱桥不设活动支座，因而没有支座摩阻力；但它要计及各种作用影响在拱座处产生的水平推力和弯矩。下面按梁桥和拱桥分别列出它们可能的作用效应组合。

4. 梁桥重力式桥墩作用效应组合

（1）第一种作用效应组合。按在桥墩各截面上可能产生的最大竖向力的情况进行作用效应组合。这种组合用来验算墩身强度和基底最大应力。因此，除了有关的永久作用外，应在相邻两跨满布可变作用的一种或几种（图 24-1a）。

（2）第二种作用效应组合。按桥墩各截面在顺桥向上可能产生的最大偏心和最大弯矩的情况进行作用效应组合。它是用来验算墩身强度、基底应力、偏心以及桥墩的稳定性。属于这一组合的除了有关的永久作用外，应在相邻两孔的一孔上（当为不等跨桥梁时则在跨径较大的一孔上）布置可变作用的一种或几种，以及可能产生的可变作用，例如纵向风力，汽车制动力和支座摩阻力等（图 24-1b）。

（3）第三种作用效应组合。按桥墩各截面在横桥方向上可能产生最大偏心和最大弯矩的情况进行作用效应组合。它是用来验算在横桥方向上的墩身强度、基底应力、偏心以及桥墩的稳定性。属于这一组合的除了有关的永久作用以外，要注意将可变作用的一种或几种偏向桥面的一侧布置，此外还应考虑可变作用例如横向风力、流水压力或冰压力等或者偶然作用中的船只或漂浮物的撞击力等（图 24-1c）。

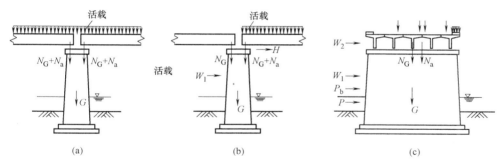

图 24-1 梁桥重力式桥墩的作用效应组合

（4）第四种作用效应组合。桥墩在施工阶段作用效应的组合，应按计算需要及结构所处条件而定。

（5）第五种作用效应组合。需进行地震力或汽车荷载撞击验算桥墩，要进行偶然作用效应组合，但多个偶然作用不同时参与组合。

5. 拱桥重力式桥墩作用效应组合

（1）顺桥方向的作用及其作用效应组合

对于普通桥墩应为相邻两孔的永久作用，在一孔或跨径较大的一孔满布可变作用的一种或几种，并由此对桥墩产生不平衡水平推力、竖向力和弯矩（图 24-2）。

对于单向推力墩则只考虑相邻两孔中跨径较大一孔的永久作用产生的作用力。图 24-2 中的符号意义如下：

G——桥墩自重力；

Q——水的浮力（仅在验算稳定时考虑）；

V_G、V_G'——相邻两孔拱脚处因桥跨结构自重产生的竖向反力；

V_a——与车辆活载产生的最大值相对应的拱脚竖向反力，可按支点反力影响线求得；

V_T——由桥面处制动力引起的拱脚竖向反力，既 $V_T = \dfrac{H_{制}h}{l_0}$，其中 h 为桥面至拱脚的高度，l_0 为拱的计算跨径（图 24-2b）；

H_G、H_G'——不计弹性压缩时在拱脚处由结构自重引起的水平推力；

ΔH_G、$\Delta H_G'$——由结构自重产生弹性压缩所引起的拱脚水平推力，方向与 H_G 和 H_G' 相反；

H_a——在相邻两孔中较大一孔上由车辆荷载所引起的拱脚最大水平推力；

H_T——制动力引起在拱脚处的水平推力，按两个拱脚平均分配计算，即：$H_T = \dfrac{H_{制}}{2}$；

H_t、H_t'——温度变化引起在拱脚处的水平推力（图示方向为温度上升，降温时则方向相反）；

H_r、H'_r——拱圈材料收缩引起的拱脚水平拉力；

M_G、M'_G——结构自重引起的拱脚弯矩；

M_a——由车辆荷载引起的拱脚弯矩，由于它是按 H_a 达到最大值时的活载布置计算，故产生的拱脚弯矩很小，可以忽略不计；

本节介绍重力式桥墩（台）的计算，对空心墩的计算和桥墩受船舶撞击力的计算作概略介绍；

M_t、M'_t——温度变化引起的拱脚弯矩；

M_r、M'_r——拱圈材料收缩引起的拱脚弯矩；

W——墩身纵向风力。

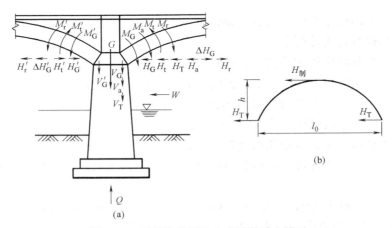

图 24-2 不等跨拱桥重力式桥墩受力情况

（2）横桥向的作用及其作用效应组合

在横桥向作用于桥墩上的外力有风力、流水压力、冰压力、船只或漂浮物的撞击力或地震力等。但是对于公路桥梁，横桥向的受力验算一般不控制设计。

类似于梁桥桥墩计算，拱桥桥墩计算也要根据情况进行偶然组合和施工阶段的作用效应组合。

以上所述的各种作用效应组合是对重力式桥墩而言的，对于其他形式的桥墩，则要根据它们的构造和受力特点进行具体分析，然后参照上述的一般原则，进行个别的作用效应组合。这里应值得注意的是：

第一，不论对于哪一种形式的桥墩，均应按承载能力极限状态的设计要求，进行作用效应的组合。

第二，在可变作用中，有些作用不应同时考虑（表 24-1），例如在计入汽车制动力时，就不应同时计入流水压力、冰压力、波浪力和支座摩阻力等。

可变作用不同时组合表 表 24-1

编号	作用名称	不与该作用同时参与组合的作用编号
1	汽车制动力	2、3、4、5
2	流水压力	1、3、4
3	波浪力	1、2、4
4	冰压力	1、2、3
5	支座摩阻力	1

24.1.2 桥台计算中的作用及其作用效应组合

计算重力式桥台所考虑的作用与重力式桥墩计算中基本一样，不同的是，对于桥台尚要考虑车辆荷载引起的台后土侧压力，而不需计及纵、横向风力，流水压力，冰压力，船舶或漂浮物的撞击力等。

1. 梁桥重力式桥台的作用效应组合

桥台计算时与桥墩一样，也应根据各种可能出现的情况进行作用效应的最不利组合，而车辆荷载可按以下 3 种情况布置。

（1）车辆荷载仅布置在台后填土的破坏棱体上（图 24-3a）；

（2）车辆荷载仅布置在桥跨结构上（图 24-3b）；

（3）车辆荷载同时布置在桥跨结构和破坏棱体上（图 24-3c）。

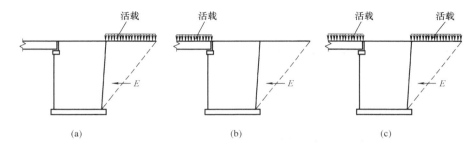

图 24-3　梁桥重力式桥台作用效应组合图示

此外，在个别情况下，还要考虑在架梁之前，台后已填土完毕并在其上布置有施工荷载的作用组合情形。一般重力式桥台以第（1）种和第（3）种组合控制设计，但需根据具体情况进行分析比较后才能确定。

这里要指出的是，台后的土侧压力，一般按主动土压力计算，其大小与土的压实程度有关。因此，在计算桥台前端的最大应力，向桥孔一侧的偏心和向桥孔方向的倾覆与滑动时，按台后填土尚未压实考虑；当计算桥台后端的最大应力，向路堤一侧的偏心和向路堤方向的倾覆与滑动时，则按台后填土已经压实考虑。

2. 拱桥重力式桥台的作用效应组合

拱桥桥台一般按以下两种情况布置车辆荷载，并进行组合。

（1）满布活载，使拱脚水平推力 H_a 达到最大值，温度上升，制动力向路堤方向，台后按压实土考虑土侧压力，使桥台有向路堤方向偏移的趋势（图 24-4a）。

（2）台后破坏棱体上有活载，制动力向桥跨方向，桥跨上无活载，温度下降，台后按未压实土考虑土侧压力，使桥台有向桥跨方向偏移的趋势（图 24-4b）。

图 24-4 中的符号意义同图 24-2。

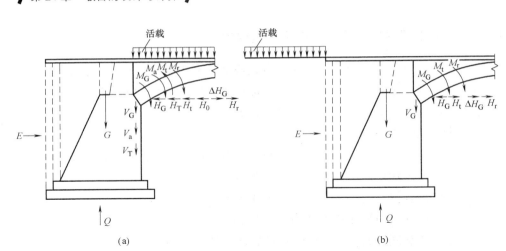

图 24-4 拱桥重力式桥台作用效应组合图示

24.2 重力式桥墩设计与验算

24.2.1 重力式桥墩验算

对于梁桥和拱桥的重力式桥墩计算,虽然在作用效应组合的内容上稍有不同,但是就某个截面而言,这些外力均可合成为竖向和水平方向的合力(用 $\sum N$ 和 $\sum H$ 表示)以及绕该截面 x-x 轴和 y-y 轴的弯矩(用 $\sum M_x$ 和 $\sum M_y$ 表示),如图 24-5 所示。因此,它们的验算内容和计算方法基本相同。考虑到有些验算项目的计算公式与第三篇中拱圈验算相同,且同学们在学习《结构设计原理》课程时,已对这些公式有所理解,因此,在本章的叙述中凡涉及这些公式时将直接引用。

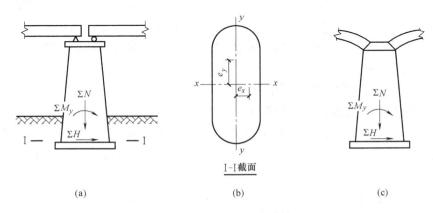

图 24-5 墩身截面强度计算

1. 截面承载能力极限状态验算

重力式桥墩主要采用圬工材料建造,一般为偏心受压构件,截面的强度验算采用分项安全系数的极限状态设计，在不利荷载组合作用下，桥墩各控制截面的荷载效应设计值应小于或等于结构的抗力设计值，以方程表示为：

$$S_d\left(\gamma_{s0}\psi\sum\gamma_{sl}Q\right)\leqslant R_d\left(\frac{R_j}{\gamma_m},a_k\right) \tag{24-1}$$

式中各符号的意义同前。

墩台截面的强度验算包括以下几项内容：

（1）验算截面的选取

强度验算截面通常选取墩身的基础顶面与墩身截面突变处。对于悬臂式墩帽的墩身，应对与墩帽交界处的墩身截面进行验算。当桥墩较高时，由于危险截面不一定在墩身底部，需沿墩身每隔 2~3m 选取一个验算截面。

（2）验算截面的内力计算

按照各种组合分别对各验算截面计算其竖向力、水平力和弯矩（顺桥向和横桥向），得到相应的竖向力 $\sum N$、水平力 $\sum H$ 和弯矩 $\sum M$。

（3）抗压强度的验算

按轴心或偏心受压构件验算墩身各截面的强度。如果不满足要求时，就应修改墩身截面尺寸，重新验算。

（4）截面偏心验算

桥墩承受偏心受压荷载时，各验算截面在各种组合下的偏心距 $e_0=\dfrac{\sum M}{\sum N}$ 均不应超过《公路圬工桥涵设计规范》JTG D61—2005 的容许值。

如果超过时，可按下式确定截面尺寸：

$$\gamma_0 N_d\leqslant\frac{Af_{tmd}}{\left(\dfrac{Ae_0}{W}-1\right)} \tag{24-2}$$

式中各符号的意义及取值同前。

（5）抗剪强度的验算

当拱桥相邻两孔的推力不相等时，要验算拱座截面的抗剪强度，按下式计算：

$$\gamma_0 V_d\leqslant Af_{vd}+\frac{\mu_f N_k}{1.4} \tag{24-3}$$

式中各符号的意义及取值见《公路圬工桥涵设计规范》JTG D61—2005 中相关内容。

2. 墩顶水平位移的验算及相邻墩台不均匀沉降差

墩顶过大的水平位移会影响桥跨结构的正常使用，对于高度超过 20m 的重力式桥墩应验算墩顶水平方向的弹性位移。其计算水平位移不得超过容许极限值 $0.5\sqrt{l}$（单位为 cm，l 为相邻墩台间最小跨径长度，以"m"计，跨径小于 25m 时仍以 25m 计）。

当墩台建造在地质情况复杂、土质不均匀及承载力较差的地基上，相邻跨径差距悬殊而需要计算沉降差，跨线桥净高需预先考虑沉降量以及基础沉降会导致上部结构过大的次内力时，均应计算其沉降。

对于坐落在多层土上的墩台基础，其沉降量可采用分层总和法计算。

《公路圬工桥涵设计规范》JTG D61—2005 规定相邻墩台不均匀沉降差，不应使桥面形成大于 2‰ 的纵坡。对于超静定结构，桥梁墩台间的不均匀沉降差除应满足桥面纵坡要求外，还应满足结构的受力要求。

3. 基础底面土的承载力和偏心距的验算

（1）基底土的承载力验算

基底土的承载力一般按轴心受压荷载和偏心受压荷载分别进行验算，当不考虑嵌固作用时，可按下式进行验算。

① 当基底只承受轴心荷载时

$$p = \frac{N}{A} \leqslant [f_a] \tag{24-4}$$

式中　p——基底平均应力；

　　$[f_a]$——计入基底埋置深度影响的修正地基承载力容许值；

　　N——作用短期效应组合在基底产生的竖向力；

　　A——基础底面面积。

② 当基底偏心受压时

当基底承受竖向力 N、绕 x 轴的弯矩 M_x、绕 y 轴的弯矩 M_y 共同作用时，除满足式（24-4）外，尚应符合下列条件：

$$p_{max} = \frac{N}{A} + \frac{M_x}{W_x} + \frac{M_y}{W_y} \leqslant \gamma_R [f_d] \tag{24-5}$$

式中　p_{max}——基底最大压应力；

　　γ_R——地基承载力容许值抗力系数，根据地基不同的受荷阶段，取 $\gamma_R = 1.0 \sim 1.5$。

当偏心荷载的合力作用在基底截面的核心半径以内时，应验算偏心向的基底应力。当设置在基岩上的桥墩基底的合力偏心距超出核心半径时，其基底的一边将会出现拉应力，由于不考虑基底承受拉应力，故需按基底应力重分布（图 24-6）重新验算基底最大压应力，其验算公式如下：

顺桥方向：　　　　$$p_{max} = \frac{2N}{ac_x} \leqslant \gamma_R [f_a] \tag{24-6}$$

横桥方向：　　　　$$p_{max} = \frac{2N}{bc_y} \leqslant \gamma_R [f_a] \tag{24-7}$$

式中　p_{max}——应力重分布后基底最大压应力；

　　N——作用于基础底面合力的竖向分力；

　　a、b——横桥方向和顺桥方向基础底面积的边长；

　　c_x——顺桥方向验算时，基底受压面积在顺桥方向的长度，$c_x = 3(b/2 - e_x)$；

　　c_y——横桥方向验算时，基底受压面积在横桥方向的长度；

　　e_x——合力在 x 轴方向的偏心距。

（2）基底偏心距验算

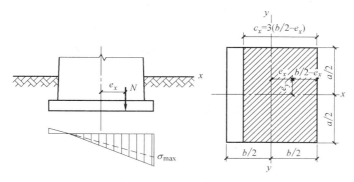

图 24-6 基岩上矩形截面基底单向偏心受压应力重分布图

为了使永久作用效应基底应力分布比较均匀，防止基底最大压应力 p_{max} 与最小压应力 p_{min} 相差过大，导致基底产生不均匀沉陷和影响桥墩的正常使用，故在设计时，应对基底合力偏心距加以限制，在基础纵向和横向，其计算的墩台基底合力偏心距应满足表 24-2 的要求。

墩台基底的合力偏心距容许值 $[e_0]$ 表 24-2

作用情况	地基条件	合力偏心距	备 注
墩台仅承受永久作用标准值效应	非岩石地基	$e_0 \leqslant 0.1\rho$	拱桥、刚构桥墩台，其合力作用点应尽量保持在基底重心附近
		$e_0 \leqslant 0.75\rho$	
墩台承受作用标准值效应组合或偶然作用(地震作用除外)标准值效应组合	非岩石地基	$e_0 \leqslant \rho$	拱桥单向推力墩不受限制，但应符合规定的抗倾覆稳定系数
	较破碎～极破碎岩石地基	$e_0 \leqslant 1.2\rho$	
	完整、较完整岩石地基	$e_0 \leqslant 1.5\rho$	

注：$\rho = W/A$，$e_0 = \sum M/N$，$p_{max} = \dfrac{N}{A} - \dfrac{M_x}{W_x} - \dfrac{M_y}{W_y}$。其中，$\rho$ 为墩台基础底面的核心半径；W 为墩台基础底面的截面模量；A 为墩台基础底面的面积；N 为作用于基底的合力的竖向分力；$\sum M$ 为作用于墩台的水平力和竖向力对基底形心轴的弯矩。

4. 桥墩的整体稳定性验算

在设计中，除了满足地基强度和合力偏心距不超过规定容许值以外，还须就桥墩的整体稳定性进行验算。

（1）抗倾覆稳定性验算

抵抗倾覆的稳定系数可按下式验算（图 24-7）：

$$K_0 = \frac{M_稳}{M_倾} = \frac{x\sum P_i}{\sum (P_i e_i) + \sum (T_i h_i)} = \frac{x}{e_0} \quad (24\text{-}8)$$

式中 $M_稳$——稳定力矩；

$M_倾$——倾覆力矩；

$\sum P_i$——作用于基底竖向力的总和；

$P_i e_i$——作用在桥墩上各竖向力与它们到基底重心轴距离的乘积；

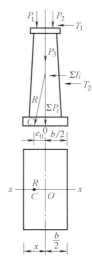

图 24-7 桥墩稳定性验算

$T_i h_i$——作用在桥墩上各水平力与它们到基底距离的乘积；

x——基底截面重心 O 至偏心方向截面边缘距离；

e_0——所有外力的合力（包括水的浮力）的竖向分力对基底重心的偏心距。

（2）抗滑动稳定性验算

抵抗滑动的稳定系数，按下式验算：

$$K_c = \frac{\mu \sum P_i + \sum H_{ip}}{\sum H_{ia}} \qquad (24\text{-}9)$$

式中　K_c——桥涵墩台基础的抗滑动稳定性系数；

$\sum P_i$——各竖向力的总和（包括水的浮力）；

$\sum H_{ip}$——抗滑稳定水平力总和；

$\sum H_{ia}$——滑动水平力总和；

μ——基础底面（圬工）与地基土之间的摩擦系数，通过试验确定；当缺少实际资料时，可参照表 24-3 采用。

上式 $\sum H_{ip}$ 和 $\sum H_{ia}$ 分别为两个相对方向的各自水平力总和，绝对值较大者为滑动水平力 $\sum H_{ia}$，另一个则为抗滑稳定力 $\sum H_{ip}$；$\mu \sum P_i$ 为抗滑动稳定力。

上述求得的抗倾覆与滑动稳定系数均不得小于表 24-4 中所规定的最小值。最后还应注意的是：在验算抗倾覆稳定性和抗滑动稳定性时，都要分别按常水位和设计洪水位两种情况考虑水的浮力。

基底摩擦系数　　　　　　　　　　　　　　　　表 24-3

地基土分类	摩擦系数	地基土分类	摩擦系数
黏土(流塑～坚硬)、粉土	0.25	软岩(极软岩～较软岩)	0.40～0.60
砂土(粉砂～粒砂)	0.30～0.40	硬岩(较硬岩～坚硬岩)	0.60、0.70
碎石土(松散～密实)	0.40～0.50		

抗倾覆和抗滑动的稳定性系数　　　　　　　　　　　表 24-4

作用组合		验算项目	稳定性系数
使用阶段	永久作用(不计混凝土收缩及徐变、浮力)和汽车、人群的标准值效应组合	抗倾覆	1.5
		抗滑动	1.3
	各种作用(不包括地震作用)的标准值效应组合	抗倾覆	1.3
		抗滑动	1.2
施工阶段作用的标准值效应组合		抗倾覆、抗滑动	1.2

24.2.2　空心墩的验算

空心墩属于壳体结构，其受力与实体墩有所不同，可视为空间壳体或组合板结构（一般按壁厚区分）。依据理论分析和模型试验结果，对于空心高墩，可按悬臂梁式长壳结构图式进行计算。从我国已建成的混凝土和钢筋混凝土空心墩来看，t/D 一般在 $1/8\sim1/6$（t 为薄壁厚度，D 为圆形墩半径或矩形墩长边），略大于薄壁判别数值。因此，空心墩的计算若按薄壳结构处理，也只能是近似的。通常空心墩设计计算可按一般材料力学计算其应力和墩顶位移，不必按壳体计算。

1. 空心墩的强度和稳定验算

应按钢筋混凝土偏心受压构件验算混凝土和钢筋的强度及整体稳定性，验算时可参照《公路钢筋混凝土及预应力混凝土桥涵设计规范》JTG 3362—2018 的有关规定。验算截面应力时，不考虑应力重分布和截面合力偏心距影响。

2. 墩顶位移

在验算墩顶位移时，要考虑温差产生的位移。空心墩墩顶位移应包括外力（如离心力、制动力、偏心作用的竖向力等）引起的水平位移和日照作用下向阳面与背阳面温差引起的位移及地基不均匀沉降产生的墩顶位移。

3. 墩壁的局部稳定性验算

空心墩的局部稳定与桥墩壁厚及是否设置横隔板有关。通过对圆柱形、圆锥形和矩形空心墩混凝土模型的试验和理论分析表明：空心墩的局部稳定可按板壳空间结构进行分析，而且局部失稳在弹塑性范围内发生，因此，可以近似地用中心受压作用下的弹塑性临界应力计算。

4. 固端干扰力

混凝土空心墩模型试验和光弹模型试验以及圆柱薄壳应力分析的结果表明，在距墩顶和墩底实体段一定距离（$0.5R\sim1.0R$）外的截面上，其应力分布尚符合材料力学的计算结果，故可把空心墩视为偏心受压杆件，用《结构设计原理》方法进行计算。但在两端部分则应考虑固端应力的影响。由于空心墩承受偏心荷载和横向弯曲荷载，受力情况要比上述中心受压的情况复杂得多，故目前多根据试验资料估算空心墩的固端干扰力。在一些设计中建议，垂直方向的固端干扰力按弯曲应力平均值的 50％ 计算。

5. 温度应力

在桥梁中，温度变化能产生相当大的温度应力，某种情况下，可与结构自重、活载产生的应力属同一个数量级。日照作用下，钢筋混凝土桥墩向阳壁的表面温度，因太阳光辐射而急剧升高，背阳面温度随着气温变化而缓慢变化，待向阳壁表面温度达到最高温度时，由于钢筋混凝土热传导性能差，箱形桥墩墩内表面温度比向阳面温度低得多，而与墩内气温接近。当向阳壁厚度较小时，向阳壁内表面温度可能比相邻两侧壁的内表面温度高一些，两侧壁靠近向阳壁一端温度也比另一端要高些。总之，箱形桥墩沿截面的温度分布，略去两侧壁内外表面很小的温度差别，以向阳面为基线，随距离的增大而迅速地减小，并按指数函数规律递减。

有关各项的具体计算图示及计算公式可参阅《公路桥涵设计手册——墩台与基础》相关内容。

24.2.3　船舶撞击力和桥墩防护措施

1. 船舶撞击力

（1）计算船舶撞击力

船舶撞击力可按能量公式推导：

输入的冲击能量 $\qquad E_i = \dfrac{1}{2}MV^2 C_H C_S C_C C_E$ (24-10)

式中　M——船舶质量（等于全部静重 W/g）；

$\qquad V$——航行速度；

$\qquad C_H$——船舶水力系数；

$\qquad C_S$——船舶刚度系数；

$\qquad C_C$——船舶形状系数；

$\qquad C_E$——撞击偏心系数。

考虑最不利情况，取撞击时考虑桥墩和船舶各吸收 50% 能量，则抵抗能量

$$E_R = \frac{F^2 \cdot L^3}{3EI} = \frac{1}{2}E_i$$ (24-11)

式中　F——船舶撞击力；

$\qquad L$——自假定固定点至 F 作用点的悬臂力臂。固定点可假定在重型基础顶面或筒式基础的土中嵌固点；

$\qquad E$——墩身混凝土弹性模量；

$\qquad I$——墩身平均惯性矩。

从以上公式可以求得撞击力 F。

《公路桥涵设计通用规范》JTG D60—2015 第 4.4.2 条给出了船舶及漂流物撞击力标准值。

（2）墩身任一断面的作用力矩 $= F \cdot h$，h 为自验算断面至 F 作用点的力臂高度。

断面最大法向应力 $= F \cdot h/S \leqslant$ 容许应力，式中 S 为验算断面的抵抗矩，若有足够的配筋，可按钢筋混凝土构件公式求算。

（3）墩身在撞击时的变位 Y_{max}

$$Y_{max} = \frac{V_0}{\lambda}$$ (24-12)

式中　V_0——撞击速度，取航行速度。

$$\lambda = \sqrt{\frac{K}{M}}$$ (24-13)

式中　K——墩身刚度 $K = 3EI/L^3$；

$\qquad M$——船舶质量。

若墩身应力不超过容许值时，可认为桥墩能承受这种船舶撞击力，不需

采取防护措施。

2. 防护措施

我国桥梁在水上的防护措施，一般采取在通航孔的梁上及墩身设置航标及色灯，指明航道；另在水面设浮标及轻型航船只，主要作用为显示航向，无强力纠正航行线的设施。重要水坝的船闸前方，为保证航行顺适，有沿航道设置固定挡桩、挡墙的方案。由于桥孔下主航道常随季节而变化，建立固定式挡墙，弊多利少。建议的防撞设施，一种是环绕航道附近的墩身，设置护栏性质的浮式套圈，吸收一部分撞击动能，主要荷载仍由桥墩承担。另一种则在桥梁前方航行净空边缘，设置固定防撞墩，保护墩尖和墩身，并使船舶失速，吸收动能。对后一类设施，从概念上看似乎需要很大的强度与尺寸，不易设计得合理。美国采用后一类布置，能防止20000t以上船舶的撞击，颇有实效，而且费用也不昂贵。美国设计的防撞墩，要求根据河床土质、航行船只迫近桥梁时的偏角和船只撞击力的大小，决定设置位置，一般每墩上、下游航道边缘最多各设一个，在深水航道及重载方向比较明确时，墩前有一个防撞墩即能满足安全要求。

当桥墩强度不能经济地承受船撞力，使墩身应力在容许范围以内时，设置防撞墩的方案有：

（1）附有消能套圈的填充围堰墩

其防撞围堰由钢板桩围成，出水高度须适应承受船舶撞击的要求，入土深度应按撞击力作用时的岩、土锚固需要。设计原则为一次撞击后，允许防撞墩破损，但能吸收撞击动能，使桥墩不受损失，防撞墩又能及时修复。以下方案都基于相同的原则设计。

用砂石填满钢板桩围堰，上盖沥青混凝土封顶，结构如图24-8所示。图中布置按20000～40000t船舶计算，航速约1.5m/s，撞击高度在河底土面上约12m，钢板桩底在河床以下约12m，围堰直径约6m。在20000t船舶撞击后，顶部位移约65cm，河床面的位移约20cm。根据加速度关系（$F=ma$），船舶受阻后在6.4s内停住。

围堰外侧的橡胶套外径约7.5m，高约1.2m，用钢板底壳连成整体，并和围堰钢板桩间用钢连接件衬垫。一个围堰有上、下两层套圈，上层随水位涨落，下层固定。套圈的底壳在撞击时将起到吸收动能作用，同时有箍紧钢板桩的功能，增大围堰的强度，使损害减到最小限度。以上设施约每3年维修一次。

（2）附有消能护圈的大直径钢桩

图24-9所示是一种较新防撞方案，假设船撞的动能将被钢桩的弯曲变位和泡沫塑料护圈的压缩所吸收，使反力处于低水平数值，由防护措施吸收75%动能，而船舶只受到25%动能。因此，该方案使护圈在撞击时能环绕圆钢桩自由旋转，减小桩和船舶所受的剪力。

设计承受20000t以上船舶撞击的附有消能护圈的大直径钢桩，可用直径110cm的空心圆钢桩，以13mm厚钢板卷成，内填混凝土。两层护圈直径均

732

约 2.75m，高 1.2m，上层随高水位浮动。护圈与钢板桩之间用钢部件连接或衬垫。

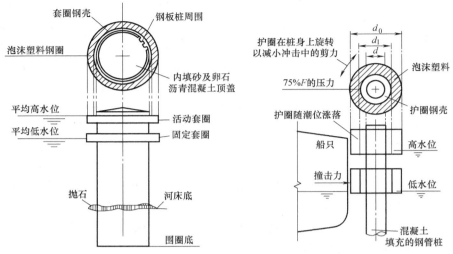

图 24-8　附有消能套圈的填充围堰墩示意　图 24-9　附有消能护圈的大直径钢桩

24.3　桩柱式桥墩及轻型桥墩的计算

本节主要介绍桩柱式桥墩的计算，并简要介绍设支撑梁的轻型桥墩的计算。

24.3.1　桩柱式桥墩计算

桩柱式桥墩的计算包括盖梁和桩身两个部分。

1. 盖梁计算

桩柱式桥墩的盖梁内力计算，对于双柱式桥墩，当盖梁与柱的线刚度（EI/l）之比大于 5 时（E、I、l 分别为盖梁或柱混凝土的弹性模量、毛截面惯性矩、盖梁计算跨径或柱计算长度），可忽略桩柱对盖梁的弹性约束，近似按简支双悬臂梁计算；对多柱式桥墩盖梁，近似按多跨连续梁计算；当桥墩承受较大横向力时，则盖梁应作为横向刚架的一部分进行验算。

当盖梁计算跨径 l 与盖梁高 h 之比 $l/h > 5$ 时，按钢筋混凝土一般构件计算。但当 l/h 为下列情况：盖梁按简支梁计算时，$2 < l/h \leqslant 5$；盖梁按连续梁或刚构计算时，$2.5 < l/h \leqslant 5$，称为深受弯梁，应按《公路钢筋混凝土及预应力混凝土桥涵设计规范》JTG 3362—2018 第 8.4 条相关公式计算。

盖梁的计算内容包括：

（1）永久作用及其内力计算；

（2）可变作用及其内力计算；

（3）施工吊装荷载及其内力计算；

（4）作用效应组合及内力包络图；

（5）配筋计算。

与计算普通双悬臂梁和连续梁内力的不同点是：汽车轮载等可变荷载并非直接作用于盖梁，而是通过布置于盖梁上固定位置的支座传递而间接作用。因此，应使盖梁达到最不利状态来布置桥面上的汽车、人群等可变荷载，并计算相应的荷载横向分布系数。根据盖梁计算时控制截面选取的位置，合理确定桥上汽车及人群是采用对称布置或非对称布置。荷载横向分布计算，当活载对称布置时，可按杠杆原理法计算；当活载非对称布置时，可考虑按其他方法计算。此外，计算盖梁的内力时，可考虑桩柱的支承宽度对削减负弯矩峰值的影响，计算跨径的取值参照《公路钢筋混凝土及预应力混凝土桥涵设计规范》JTG 3362—2018 第 8.4.3 条的规定。

2. 桩身计算

桩墩一般分为刚性和柔性两种。刚性桩墩计算方法与重力式桥墩类似，而柔性桩墩的计算需要从整个桥梁体系的分析来确定各桥墩的受力。

所谓柔性墩台，是指墩台在外力作用下能产生一定的水平位移，并能借上部构造传递水平力者。梁桥的柔性桩墩多用于中、小跨径的桥梁上，当采用对桥跨结构变形不够完善的支座，如仅垫油毛毡数层等时，通常可按多跨铰接刚架的图式计算（图 24-10a）。目前，通常都采用橡胶支座，这种支座在水平力作用下可以有微小的水平位移，因此，可以按在节点处设水平弹簧支承的框架图式计算（图 24-10b）。

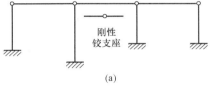

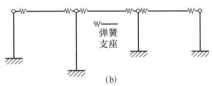

图 24-10　多孔拱桥的柔性桥墩可按连拱方法计算

（1）多跨铰接刚架图式柔性墩计算

下面对图 24-10（a）所示的多跨铰接刚架的计算要点进行简要介绍。考虑到按不同的纵向荷载布置来确定各墩的最不利受力仍然十分烦琐，故在设计中，对这个图式又作进一步简化，现将有关计算的基本假定和计算步骤分述如下：

1）基本假定

① 柔性墩简化为下端固结、上端铰支的超静定梁。外力（如温度力和制动力）引起的墩顶位移视为铰支座的沉陷，如图 24-10（a）所示。

② 作用于墩顶的竖向力 N、不平衡弯矩以及由温度、制动力等水平力 H 所引起的墩顶位移先分别进行力学分析，然后进行内力叠加，不计这些力的相互影响（图 24-11）。

③ 计算制动力时，各墩台受力按墩顶抗推刚度（墩顶产生单位水平位移的水平反力）分配。在计算土压力时，若设有实体刚性墩台，则全部由刚性墩台承受。若均为柔性墩，则由岸墩承受土压力，并假定此时各个桩顶与上部结构之间不发生相对位移；这样，岸墩的桩顶所受到的水平力将经各支座

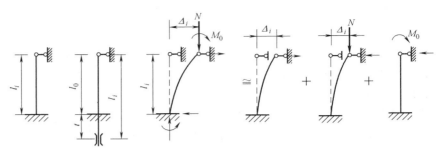

图 24-11　柔性墩结构的简化计算图式

直接传递至对岸，为使对岸土抗力平衡，其余各柔性墩均不考虑受力。

④ 计算温度变形时，桩墩对梁产生的弹性拉伸或压缩影响忽略不计，而只计桩墩顶部水平力对桩墩所引起弯矩的影响。

2）计算步骤

抗推刚度 k 的计算：

$$k_i = \frac{1}{\delta_i} \tag{24-14}$$

① 当墩柱下端固定在基础或承台顶面时

$$\delta_i = \frac{l_i^3}{EI} \tag{24-15}$$

式中　δ_i——单位水平力作用在第 i 根柔性墩顶产生的水平位移（m/kN）；

l_i——第 i 个墩柱下端固结处到墩顶的高度（m），排架桩应为地面（或冲刷线）以上桩长 l_0 与桩的地基内的挠曲长度 t 之和 $l_i = l_0 + t$，t 为地面（或设计冲刷线）至第一个弹性零点的距离，鉴于目前计算方法（例如 K 法、m 法和 c 法）还不一致，此处也可近似地根据地基土质取 $2m \sim h_i/2$，h_i 为排架桩的入土深度；

I——墩身横截面对形心轴的惯性矩（m^4）。

② 考虑桩侧土的弹性抗力时，σ 则按《基础工程》课程中桩基础的有关公式或《公路桥涵地基与基础设计规范》JTG 3363—2019 附录 P 计算。

墩顶制动力的计算：

$$H_{iT} = \frac{T \times k_i}{\sum k_i} \tag{24-16}$$

式中　H_{iT}——作用在第 i 墩台的制动力（kN）；

T——全桥（或一联）承受的制动力（kN）。

于是墩顶水平位移 Δ_{iT} 为：

$$\Delta_{iT} = \frac{H_{iT}}{k_i} \tag{24-17}$$

以上各式中的 k_i 值计算见上。

③ 梁的温度变形引起的水平力

当温度下降时桥梁上部结构将缩短，两岸边排架向河心偏移。当温度上升时则将伸长，两岸边排架向路堤偏移。在求排架的偏移值时，需先求出温度变化时偏移值等于零的位置（图24-12）。

根据上述假定，导出偏移值为零的位置为：

$$x_0 = \frac{\sum\limits_0^n ik_i}{\sum\limits_0^n k_i} L \tag{24-18}$$

式中　x_0——为0-0线至0号排架的距离；

　　　i——桩的序号，$i = 0$，1，2，$\cdots$，n，n为总排架数减1；

　　　L——桥梁跨径。

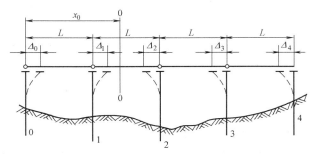

图24-12　温度变化时柔性墩的偏移图示

如果用 x_1，x_2，$\cdots$，x_n 表示自0-0线至1，2，$\cdots$，n 号排架的距离，则得各墩顶部由温度引起的水平位移为：

$$\Delta_{it} = \alpha t x_i \tag{24-19}$$

各排架桩顶所受的温度力为：

$$H_{it} = k_i \Delta_{it} \tag{24-20}$$

式中　α——上部结构的线膨胀系数；

　　　t——温度的升降（℃）。

于是墩顶发生的水平位移总和为

$$\Delta_i = \Delta_{it} + \Delta_{iT} \tag{24-21}$$

相应的水平力为

$$H_i = k_i \Delta_i = H_{it} + H_{iT} \tag{24-22}$$

④ 由于墩顶产生水平位移 Δ_i、竖向力 N 引起墩内弯矩而产生的水平反力

竖向力 N 包括桥跨结构及活载重量（墩身自重忽略不计），近似地取柔性墩身变形曲线为二次抛物线（图24-13）。

$$y = \frac{x^2 \Delta_i}{l_i^2} \tag{24-23}$$

式中 l_i 的意义同上，为墩柱的计算高度。

以一孔梁（水平链杆）与柔性墩组成的一次超静定结构，取水平链杆所受力为赘余未知力，于是

$$H_N = \frac{-\int_0^{t_i} \dfrac{1}{EI}N(\Delta_i - y)(l_i - x)\,dx}{\int_0^{t_i} \dfrac{1}{EI}(l_i - x)^2\,dx} = \frac{\dfrac{5}{12}\dfrac{1}{EI}N\Delta_i l_i^2}{\dfrac{l_i^3}{3EI}} = -\frac{5N\Delta_i}{4l_i}$$

(24-24)

⑤ 由于墩顶偏心弯矩 M_0 而产生的水平反力

它可按图 24-14 计算：

$$H_{M_0} = \frac{-1.5M_0}{l_i}$$

(24-25)

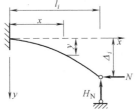

图 24-13　柔性墩的变形曲线

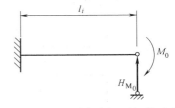

图 24-14　不平衡力矩引起的反力

计算出作用在一个墩顶的各项水平力后，便可根据最不利作用效应情况进行组合。柱墩按柱顶处的水平力、竖向力及弯矩验算各截面强度和稳定性，排架桩应考虑桩侧土的弹性抗力，按弹性地基梁法进行内力计算和截面强度、稳定性、桩的入土深度等项验算。

柔性排架墩在横桥向是一个多跨刚架，横桥向水平荷载不大，一般不控制设计，可不作验算。

（2）采用橡胶支座和桥面连续（或连续梁）构造的柔性墩计算

1）外力计算

桥墩桩柱需考虑的外力主要包括竖向外力和水平外力。竖向外力包括自重荷载和汽车活载，其中自重荷载主要有上部结构、盖梁及墩柱自重；活载需按设计荷载布置，获得最不利作用效应组合。桥墩的水平外力包括支座摩阻力、汽车制动力、混凝土收缩及徐变影响力、温度作用以及地震作用等。

由于水平外力作用于整个桥梁结构，因此涉及水平力在各个桥墩间的分配问题。水平力的分配一般与桥墩的抗推刚度有关，对于不同的支座和构造形式，分配计算方法不同，具体如下：a）设有油毛毡支座和钢板支座的桥梁墩台，其所受的水平力按其刚度分配；b）设有板式橡胶支座的桥墩，应考虑支座与桥墩的联合作用。

对于上部构造为多跨简支梁板结构，采用板式橡胶支座和桥面连续布置，下部构造为桩柱式墩，其各墩水平力的计算应采用集成刚度法进行水平力分配；所谓集成刚度法水平力分配，是指桥墩台上作用的水平力在桥墩台上以抗推刚度进行分配，该抗推刚度包括墩台与支座各自抗推刚度的集成（组合）。下面对集成刚度法进行简要介绍。

① 抗推刚度

抗推刚度是结构产生单位水平位移所需的力。支座抗推刚度指支座产生单位剪切变形所需的力，墩顶抗推刚度指墩顶产生单位水平变形所需的力。

② 抗推刚度的串联

如图 24-15 所示，设一水平力 P 作用于墩顶的支座顶面。支座与桥墩都产生水平变形，且各具有抗推刚度。设 K_1 为墩顶抗推刚度，K_2 为支座的抗推刚度（以下简称刚度）；Δ_2 为作用于墩顶支座顶面的水平力使支座产生的剪切变形，Δ_1 为墩顶的水平变形，由图可以

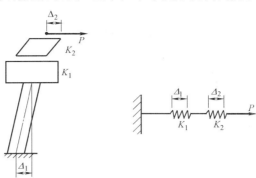

图 24-15　抗推刚度串联示意

看出：$\Delta_1 = \dfrac{P}{K_1}$，$\Delta_2 = \dfrac{P}{K_2}$，$\Delta = \Delta_1 + \Delta_2 = \dfrac{P}{K_1} + \dfrac{P}{K_2} = P\left(\dfrac{1}{K_1} + \dfrac{1}{K_2}\right)$。按抗推刚度定义，令 $\Delta = 1$，得 $P = \dfrac{K_1 K_2}{K_1 + K_2}$，$P$ 为产生单位变形所需之力，也就是抗推刚度 K，即：

$$K = \frac{K_1 K_2}{K_1 + K_2} \tag{24-26}$$

可见，两个抗推刚度串联之后，其集成刚度为两抗推刚度之积除以两抗推刚度之和。

③ 抗推刚度的并联

如图 24-16 所示，设一水平力 P 作用于墩顶，支座和墩顶均产生弹性变形。P 作用点的水平变形 Δ＝支座的剪切变形 Δ_2＝墩顶的水平变形 Δ_1，即：$\Delta = \Delta_1 = \Delta_2$。$P$ 为支座剪切力与墩顶水平力之和，即：$P = P_1 + P_2$。根据上述关系，可得：

$$P = P_1 + P_2 = \Delta_1 K_1 + \Delta_2 K_2 = \Delta(K_1 + K_2) \tag{24-27}$$

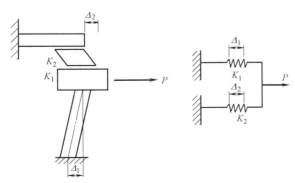

图 24-16　抗推刚度并联示意图

上式中，K_1、K_2 分别为墩顶抗推刚度及支座抗推刚度，也就是墩顶和支座产生单位水平位移所需之力。

令 $\Delta=1$，有

$$P=K=K_1+K_2 \tag{24-28}$$

可见，两个抗推刚度并联之后，其集成刚度为其抗推刚度之和。

④ 抗推刚度的集成

上述简单的串联或并联固然属于抗推刚度的集成，但在实际情况中，往往比简单的串联或并联更为复杂一些，一般都是串联与并联并存，并反复交错出现。图 24-17（a）是抗推刚度先串联再并联的情况，此时，P 作用点的抗推刚度应为 $K=\dfrac{K_1K_2}{K_1+K_2}+\dfrac{K_3K_4}{K_3+K_4}$，图 24-17（b）是抗推刚度先并联再串联的情况，此时 $K=\dfrac{(K_1+K_2)\,K_3}{(K_1+K_2)\,+K_3}$。

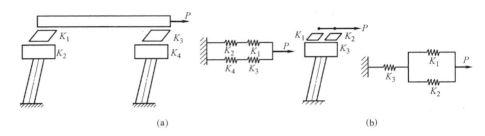

图 24-17　抗推刚度集成示意

⑤ 桥墩墩顶的抗推刚度

设上部结构为一联桥面连续（凡一联结构连续，其计算、分配方法亦同），若一联结构端头是桥台且为重力式 U 形桥台，则重力式 U 形桥台抗推刚度可以假定为无穷大，纵向水平力中，除支座摩阻力由桥台承受外，其余各力均将按集成刚度法分配给各支座及墩顶。

一联柔性墩台桥梁是超静定结构，分析这种结构时必须考虑其变形，因而必须首先算出墩台的抗推刚度。当分析墩台的抗推刚度时，如果是在稳固的基础承台上修建柔性的墩（台）身，则等截面墩（台）身的抗推刚度由大家都熟知的如下公式计算：

$$k=\frac{3EI}{h^3} \tag{24-29}$$

如果一个单排桩桥墩墩柱数为 n 时，上式值应乘以 n。当 EI 为桩的抗弯刚度时，$EI=0.8E_cI$，E_c 为桩的混凝土抗压弹性模量，I 为桩的毛面积惯性矩。

其他各种变截面的、实心的、空心的或特殊形状的墩身的抗推刚度都不难利用结构力学的知识推导出来。各种地基情况下弹性桩柱的抗推刚度可根据《公路桥涵地基与基础设计规范》JTG 3363—2019 附录 P 计算。

⑥ 支座的抗推刚度

每个梁端有一个支座，横向一排有 n 个支座，一排支座的抗推刚度为：

$$K_{nm} = \frac{nAG}{t} \qquad\qquad (24\text{-}30)$$

式中　K_{nm}——为一横排支座的抗推刚度，角标 n 表示墩号，m 为 1 或 2，1
　　　　　表示墩顶左排支座，2 表示墩顶右排支座；

　　　　n——一横排支座的个数；

　　　　A——一个支座的平面面积；

　　　　G——橡胶支座剪切弹性模量，按《公路钢筋混凝土及预应力混凝
　　　　　土桥涵设计规范》JTG 3362—2018 第 8.7.2 条的规定采用；

　　　　t——支座橡胶层总厚度。

　　桥台与其上支座为串联，且桥台抗推刚度假定为无穷大，故它们的集成
刚度即为支座抗推刚度；桥墩上有两排支座并联，再与墩顶抗推刚度串联得
集成刚度。

　　⑦ 汽车制动力在各墩上的分配

　　汽车制动力根据《公路桥涵设计通用规范》JTG D60—2015 第 4.3.5 条
的规定计算。计算得的汽车制动力按桥墩墩顶与其上的支座的集成刚度分配。
重力式桥台设置的活动支座，可不考虑承受制动力。

　　⑧ 混凝土收缩、徐变及温度变化影响力在各墩上的分配

　　混凝土收缩与徐变引起的梁体缩短量及温度变化引起的梁体伸缩量可参
考《公路钢筋混凝土及预应力混凝土桥涵设计规范》JTG 3362—2018 第
8.8.2 条的规定计算，由此产生的水平力可参考袁伦一编的《连续桥面简支梁
桥墩台计算实例（修订版）》进行计算，计算出的水平力按桥墩墩顶与其上的
支座的集成刚度分配，桥台上设活动支座，则在桥台上引起支座摩阻力。

　　2）内力计算

　　桩柱式墩按桩基础的有关内容计算桩柱的内力和桩的入土深度。对于单
柱式墩，计算弯矩应考虑两个方向弯矩的合力。纵、横方向弯矩合力值为：
$\sum M = \sqrt{M_x^2 + M_y^2}$。

　　3）配筋验算

　　在最不利组合内力作用下可先配筋，再按钢筋混凝土偏心受压构件进行
验算。

　　4）抗裂验算

　　钢筋混凝土圆形截面偏心受压构件计算裂缝宽度的公式可按《公路钢筋
混凝土及预应力混凝土桥涵设计规范》JTG 3362—2018 第 6.4.5 条计算。

24.3.2　设支撑梁的轻型桥墩计算

1. 结构特点

　　墩、台、梁及支撑梁共同组成一个框架结构，如图 24-18 所示。矩形的四
铰框架为几何可变结构，增加一个约束可变为几何不变的静定结构；该约束
由两端台后对称恒定的土压力提供。因此，该型桥跨结构是借助密实稳定的
路堤来保证其稳定性。其主要结构特点为：

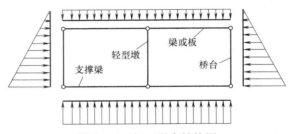

图 24-18　轻型墩台结构图

（1）上部构造同时作为墩台之间的支承；

（2）墩台基础之间设置下部支撑梁；

（3）由于有上、下支撑的作用，就可阻止墩台在顺桥方向的相对位移，并把桥梁作为几何不变的框架系统来考虑；

（4）考虑墩台基底土的弹性，把墩作为一个支承于弹性地基上的梁来计算。

2. 计算内容

由于结构具有前述特点，故设计计算轻型桥墩时，一般先拟定各部分尺寸，再进行桥墩强度及基底应力计算。一般可不做稳定性（抗倾覆和抗滑动）验算。

（1）桥墩的强度验算

除按一般实体墩（见本节重力式桥墩计算）计算其强度外（作用效应组合时不考虑制动力、摩阻力、温度力等水平力的作用），对于较长的墩（即横桥向），尚应验算墩身平面的弯曲强度。

（2）基底应力验算

除按实体墩做顺桥向的基底土应力验算（对于水平力的考虑，同墩身强度验算）外，还应验算墩身平面弯曲时基底土应力。

24.4　桥台设计与计算

24.4.1　重力式桥台的计算与验算

1. 作用于桥台上的荷载

桥台的计算荷载与桥墩计算中所用到的荷载基本相同，包括：

（1）永久作用

① 上部结构重力通过支座（或拱座）在台帽上的支承反力；

② 桥台重力（包括台帽、台身、基础和土的重力）；

③ 混凝土收缩在拱座处引起的反力；

④ 水的浮力；

⑤ 台后土侧压力，一般以主动土压力计算，其大小与压实程度有关。

（2）可变作用

① 基本可变作用

a）作用在上部结构上的汽车荷载，除对钢筋混凝土桩（或柱）式桥台应计入冲击力外，其他各类桥台均不计冲击力；

b）作用在上部结构上的平板挂车或履带车荷载；

c）人群荷载；

d）活载引起的土侧压力。

② 其他可变荷载

a）汽车荷载引起的制动力；

b）上部结构因温度变化在支座（或拱座）上引起的摩阻力（或反力）。

需注意与桥墩的不同之处，桥台不需计及纵、横向风力，流水压力，冰压力。

（3）偶然作用

只包含地震力，不考虑船只或漂浮物的撞击力等。

（4）施工荷载

2. 作用效应组合

重力式桥台的计算与验算内容与重力式桥墩相似，包括验算台身截面强度、地基应力以及桥台稳定性等，但对于桥台只需作顺桥方向的验算。故桥台在进行荷载布置及组合时，只考虑顺桥方向。

（1）梁桥桥台的荷载布置及组合

为了求得重力式桥台在最不利作用组合的受力情况，首先须对车辆荷载作几种最不利的布置。

图 24-19 仅示出了车辆荷载沿顺桥向的三种布置方案：①仅在桥跨结构上布置荷载；②仅在台后破坏棱体上布置车辆荷载；③在桥跨结构上和台后破坏棱体上都布置车辆荷载。

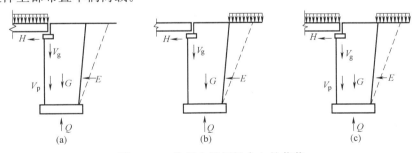

图 24-19　作用在梁桥桥台上的荷载

表 24-5 列出了这三种荷载布置方案可能出现的几种作用组合。具体是哪一种作用组合作为控制设计，需结合验算的具体内容经过分析比较后才能确定。

（2）拱桥桥台的荷载布置及组合

与梁桥重力式桥台一样，先进行最不利荷载位置的布置方案，再拟定各种荷载组合。对于单跨无铰拱的顺桥向活载布置一般取图 24-20 和图 24-21 两种方案：活载布置在台背后破坏棱体上和活载布置在桥跨结构上。表 24-6 列出了这两种方案的几种荷载组合。

图中符号的意义同图 24-4。

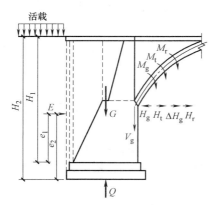

图 24-20　作用在拱桥桥台台后的荷载

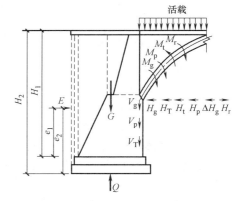

图 24-21　作用在拱桥桥跨结构上的荷载

梁桥重力式桥台的作用组合　　　　　表 24-5

荷载布置	荷载组合序号	上部结构重力	桥台部分重力（计算截面以上）	水的浮力	台背土侧压力 无任何活载作用在破坏棱体上	台背土侧压力 (汽+人)作用在破坏棱体上	桥上活载 汽+人	汽车制动力	支座摩阻力
方案① (图 24-19a)	组合①	✓	✓	✓	✓				
	组合②	✓	✓	✓	✓		✓		
	组合③	✓	✓	✓			✓	✓	
	组合④	✓	✓	✓			✓		✓
	组合⑤	✓	✓	✓					
方案② (图 24-19b)	组合⑥	✓	✓	✓		✓			
	组合⑦	✓	✓	✓		✓			✓
	组合⑧	✓	✓	✓					
方案③ (图 24-19c)	组合⑨	✓	✓	✓		✓	✓	✓	
	组合⑩	✓	✓	✓		✓	✓		✓

无铰拱重力式桥台的荷载组合　　　　　表 24-6

荷载布置	荷载组合序号	上部结构重力	桥台部分重力（计算截面以上）	水的浮力	台背土侧压力 无任何活载作用在破坏棱体上	台背土侧压力 (汽+人)作用在破坏棱体上	桥上活载 汽+人	汽车制动力	混凝土收缩影响力	温度升(降)影响力
方案① (图 24-20)	组合①	✓	✓	✓	✓					
	组合②	✓	✓	✓	✓				✓	
	组合③	✓	✓	✓	✓				✓	✓ (温降)
	组合④	✓	✓	✓						
方案② (图 24-21)	组合⑤	✓	✓	✓	✓		✓		✓	
	组合⑥	✓	✓	✓	✓		✓	✓ (向路堤)	✓	✓ (温升)
	组合⑦	✓	✓	✓	✓					

3. 桥台强度、偏心和稳定性验算

桥台台身强度、基底承载力、偏心以及桥台稳定性验算和桥墩相同。如果 U 形桥台两侧墙宽度不小于同一水平截面前墙全长的 0.4 倍时，桥台台身截面强度验算应把前墙和侧墙作为整体考虑其受力。否则，台身前墙应按独立的挡土墙进行验算。

24.4.2 梁桥轻型桥台的计算与验算

前面介绍了设有支撑梁的梁桥薄壁轻型桥台的受力特点，其利用桥跨结构和底部支撑梁作为桥台与桥台或者桥台与桥墩之间的支撑，以防止桥台因受路堤土侧压力而向河心方向移动，从而使结构构成为四铰框架的受力体系。因此，对于这类桥台（例如一字形桥台）的计算主要包括三项内容：

（1）桥台（顺桥向）在侧向土压力作用下台身作为竖梁进行截面强度验算；

（2）桥台（包括基础）在竖向荷载作用下横桥向作为一根弹性地基短梁进行截面强度验算；

（3）基础底面下地基应力验算。

1. 桥台作为竖梁时的强度验算

通常取单位桥台宽度进行验算，其步骤为：

（1）验算截面处的竖直力 N

它包括以下三项：

① 桥跨结构恒载在单位宽度桥台上的支点反力 N_1；

② 单位宽度台帽的自重 N_2；

③ 验算截面以上单位宽度台身的自重 N_3。于是

$$N = N_1 + N_2 + N_3 \tag{24-31}$$

（2）土压力计算

计算土压力时，对桥台的最不利荷载组合是桥上无车辆荷载，台背填土破坏棱体上有车辆荷载。其荷载分布示于图 24-22（a）。

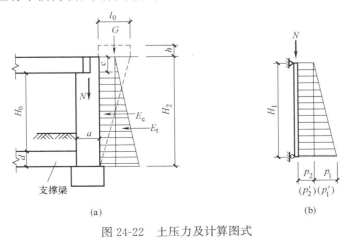

（a） （b）

图 24-22　土压力及计算图式

① 单位台宽由填土本身引起的土压力 E_t

它呈三角形分布，其计算公式为

$$E_t = \frac{1}{2}\gamma H_2^2 \tan^2\left(45° - \frac{\varphi}{2}\right) \tag{24-32}$$

② 单位台宽由车辆荷载引起的土压力 E_c

它呈均匀分布，其计算公式为

$$E_c = \gamma H_2 h \tan^2\left(45° - \frac{\varphi}{2}\right) \tag{24-33}$$

③ 单位台宽的总土压力 E

$$E = E_t + E_c \tag{24-34}$$

④ 等代土层厚度 h

$$h = \frac{\sum G}{B l_0 \gamma} \tag{24-35}$$

式中　γ——台后填土重度；

φ——土的摩擦角；

$\sum G$——布置在 $B \times l_0$ 面积内的车轮或履带重；

B——桥台计算宽度；

l_0——台后填土的破坏棱体长度，同时

$$l_0 = H_2 \tan\left(45° - \frac{\varphi}{2}\right) \tag{24-36}$$

（3）台身内力计算

① 计算图式

台身按上下铰接的简支梁计算，如图 24-22（b）所示。对于有台背的桥台，因上部构造与台背间的缝隙已用砂浆或小石子混凝土填实，保证了有牢靠的支撑作用。因此，台身受弯的计算跨径为

$$H_1 = H_0 + \frac{1}{2}c + \frac{1}{2}d \tag{24-37}$$

式中　H_0——桥跨结构与支撑梁间的净距；

d——支撑梁的高度；

c——桥台背墙的高度。

对于台身受剪的计算跨径则取 H_0。

② 内力计算

在计算截面弯矩 M 时，轴力 N 的影响忽略不计，而是放在强度验算中考虑。对于跨中截面其弯矩为

$$M = \frac{1}{8}p_2 H_1^2 + \frac{1}{16}p_1 H_1^2 \tag{24-38}$$

在台帽顶部截面的剪力为

$$Q = \frac{1}{2}p_2' H_0 + \frac{1}{6}p_1' H_0 \tag{24-39}$$

在支撑梁顶面处的剪力为

$$Q = \frac{1}{2} p'_2 H_0 + \frac{1}{3} p'_1 H_0 \qquad (24\text{-}40)$$

式中　p_1，p_2——受弯计算跨径 H_1 处的土压力强度；

　　　p'_1，p'_2——受剪计算跨径 H_0 处的土压力强度。

（4）截面强度验算

按《公路钢筋混凝土及预应力混凝土桥涵设计规范》JTG 3362—2018 有关公式进行跨中截面的抗压强度和支点截面的抗剪强度验算。

2. 桥台在自身平面内的弯曲验算

轻型桥台是一较长的平直薄墙，在竖向荷载作下，自身平面内发生弯曲，弯曲的程度与地基的变形系数 α 有关（图 24-23）。

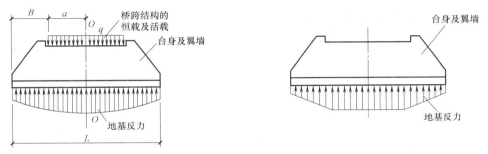

图 24-23　桥台自重引起的基础应力分布图

当桥台长度 $L > \dfrac{4}{\alpha}$ 时，把桥台当作支承在弹性地基上的无限长梁计算，当 $L < \dfrac{1.2}{\alpha}$ 时，把桥台当作支承在弹性地基上的刚性梁计算（即不考虑桥台在自身平面内发生弯曲）；当 $\dfrac{4}{\alpha} \geqslant L \geqslant \dfrac{1.2}{\alpha}$ 时，把桥台当作支承在弹性地基上的短梁计算。在一般情况下，轻型桥台的长度大多处于 $\dfrac{1.2}{\alpha}$ 和 $\dfrac{4}{\alpha}$ 之间，因此，这里仅介绍按短梁计算的公式。

设梁上作用着一段对称的均布荷载，则梁的最大弯矩产生在中点，其计算公式为：

$$
\begin{aligned}
M_{1/2} = \frac{q}{2\beta^2} \Big[& \frac{\cosh\beta l - 1}{\sinh\beta l + \sin\beta l} \cosh\beta a \sin\beta a + \\
& \frac{1 - \cos\beta l}{\sinh\beta l + \sin\beta l} \sinh\beta a \cos\beta a - \sinh\beta a \sin\beta a \Big]
\end{aligned} \qquad (24\text{-}41)
$$

式中　l——基础长度；

　　　a——桥台中心线至分布荷载边缘的距离；

　　　β——特征系数，其公式为

$$\beta = \sqrt[4]{\frac{k}{4EI}} \qquad (24\text{-}42)$$

式中　k——土的弹性抗力系数，若无试验资料时，可按规范或手册采用；

E、I——桥台的弹性模量和截面惯性矩。

3. 基底应力验算

桥台的基底应力为桥台本身自重引起的和桥跨结构的恒载及活载引起的应力之和。桥台自重引起的基底应力可按台墙因自重不致发生弯曲的假定（图 24-23）计算。荷载引起的基底最大应力可按下式求得：

$$\sigma = \frac{q}{b}\left[\frac{\cosh\beta l + 1}{\sinh\beta l + \sin\beta l}\sinh\beta a\cos\beta a +\right.$$

$$\left.\frac{1+\cos\beta l}{\sinh\beta l + \sin\beta l}\cosh\beta a\sin\beta a + 1 - \cosh\beta a\cos\beta a\right] \tag{24-43}$$

式中的 b 为基础宽度，其余符号同前。

24.4.3 组合式桥台的设计与计算

组合式桥台由前台与后台两部分组成，前台部分主要承受桥跨结构传来的竖向力和部分水平力，而后台部分主要承受水平力和台后土压力。

1. 构造形式与要求

（1）加筋土桥台

加筋土桥台一般适用于小跨径（单跨）板桥，台高为 5～6m。整体式加筋土桥台适用于跨径 6～8m 板桥，其支座传递的荷载通过垫梁作用在加筋体上，桥梁跨径大小、桥台高度均是直接影响加筋体强度和稳定性的主要因素。组合式桥台是由常规的桩柱式桥台和加筋体共同组成的一种复合式桥台，上部结构由桩顶部盖梁支承，加筋体不需要承受支座传递的荷载，因而桥跨大小不影响加筋体的稳定性。内置组合式加筋土桥台台柱与面板净距不宜小于0.4m，其值应以台柱尺寸、筋带种类以及压实方法等条件综合考虑决定。外置组合式加筋土桥台台柱与面板净距不应小于 0.3m。加筋土桥台应设置桥头搭板。外置组合式加筋土桥台的搭板与加筋体面板顶部之间应留有 0.05m 的间距，并应填塞。

加筋土桥台加筋体的筋带应选用抗老化、耐腐蚀材料的筋带，筋带的截面面积、长度以及加筋体的稳定性，应通过加筋体内部、外部的稳定性分析确定。

（2）桥台-挡土墙组合桥台

它由轻型桥台支承上部结构，台后设挡土墙承受土压力，台身与挡土墙分离，上端作伸缩缝，使受力明确。当地基比较好时，也可将桥台与挡土墙放在同一个基础之上，如图 24-24 所示。这种组合式桥台可以不压缩河床，但构造较复杂，是否经济需通过比较确定。

（3）后座式组合桥台

后座式组合桥台适用于以桩基或沉井为基础的中、小跨径拱桥，如图 24-25所示。桥台由前台和后座两部分组成，前台桩基或沉井基础主要承受竖向力，后座主要承受水平推力。后座多采用重力式 U 形桥台。台身与后座之间设构造缝，构造缝必须严格按要求施工，既不能约束后座桥台的垂直位移，又不

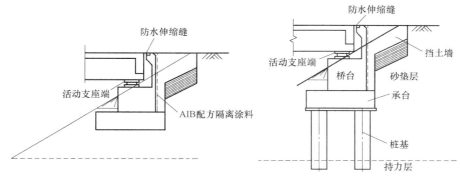

图 24-24　桥台-挡土墙组合桥台

能使前面部分受力后产生较大的塑性变形。水平推力由台后主动土压力和后座基底的摩阻力来平衡，若推力对后座式组合桥台来说很大而不足以平衡时，则按桥台与土壤共同变形来承受水平力。后座的基底高程，在考虑沉降后应低于拱脚截面底缘高程；长度为3～4倍台高的台背填土应在拱圈合龙前完成。台背填土必须分层夯实，其密实度也应

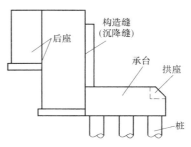

图 24-25　后座式组合桥台

有保证，施工时应控制填土速度，并切实做好台后填土的防护工作，防止受水流侵蚀和冲刷。地基土质较差时，应注意桩基周围地基沉降引起的负摩阻力，应防止后座的不均匀沉降引起前台向后倾斜，而导致前台或拱圈开裂。后座式桥台能大大减少主体台身的基础工程量，稳定可靠，不会产生较大的水平、竖直位移，在土质条件欠佳的地区应用较多。

2. 设计与计算要点

加筋土桥台、锚碇（拉）板式桥台的台帽与台柱可参考一般桥台的相同计算，其他有关部分的各构件，其主要计算内容如下：

（1）构件尺寸拟定与拉杆布置。

（2）土压力计算，应考虑顶面有无车辆荷载与作用距面板顶处一定距离等各种情况下面板内侧承受填料产生的主动土压力。

（3）拉杆受力与拉杆长度计算。

（4）加筋土结构内部稳定性验算（可按局部平衡法计算），包括单根拉杆的抗拔稳定性，面板抗拔稳定性。加筋土结构外部稳定性分析，应包括地基承载力、基底滑移和倾覆稳定，必要时增加整体滑动验算。筋带截面计算应考虑车辆荷载引起的拉力。筋带锚固长度计算可不计车辆荷载引起的抗拔力。

（5）拉杆截面承载力验算。

（6）整体稳定性验算，是按常规的圬工结构验算方法进行各项验算。

局部平衡原理是根据作用在填料中最大拉应力点上的应力，计算拉筋最大拉应力，用来确定筋带面积与长度。

其他组合式桥台的计算与其他类型桥台类同，主要内容是：作用计算与

747

作用效应组合；组成构件的截面承载力验算；基底地基应力验算以及桥台整体稳定性验算等。具体计算时可参照相关桥涵规范《公路圬工桥涵设计规范》JTG D61—2005、《公路钢筋混凝土及预应力混凝土桥涵设计规范》JTG 3362—2018 有关条文及相关的设计计算手册。

24.4.4　框架式桥台的设计与计算

1. 一般构造与适用条件

框架式桥台是一种与桩基础配用的轻型桥台，适用于地基承载力较低、台身高度大于 4.0m、跨径大于 10m 的桥梁，如图 24-26 所示；其构造形式常用的有柱式（或称桩柱式）、墙式（或称肋板式）及构架式等。

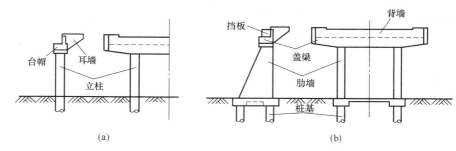

图 24-26　框架式桥台
(a) 桩柱框架式；(b) 肋墙式

桩柱式桥台一般适用于台后填土高度小于 5.0m 的情形，且应先填土后钻桩，以减少桥台水平位移；填土高度大于 5.0m 时，宜采用墙式或构架式，墙厚一般为 0.4～0.8m，并配有适当的钢筋。框架式桥台常用钻孔灌注桩作基础，桩径一般为 1.0～1.2m，桩数应根据受力情况并结合地基承载力决定。

2. 设计与计算要点

（1）台帽

①框架式桥台由台帽、盖梁、背墙、耳墙和挡板组成。盖梁视为双悬臂梁，计算时若不考虑背墙与盖梁共同受力，此时背墙仅起挡土墙作用；必要时，若考虑背墙与盖梁共同受力，则盖梁为"L"形截面。

②耳墙视为单悬臂固结梁，水平方向承受土压力和车辆荷载引起的水平压力。

③挡板仅起侧面挡土作用，常用厚度为 0.15～0.25m，因其受力很小，不必计算，可按构造配筋。若考虑挡板在地震力作用时能起到防止梁体侧移的作用，则其厚度与配筋应予适当增强。

台帽的计算跨径按《公路钢筋混凝土及预应力混凝土桥涵设计规范》JTG 3362—2018 第 8.4.1 条规定取值；钢筋混凝土台帽的抗剪截面尺寸应满足该规范第 8.4.4 条要求；其正截面抗弯承载力与斜截面抗剪承载力计算应按规范第 8.4.3 条与第 8.4.5 条规定进行；当台帽的跨高比 $L/h \leqslant 5$ 时，可不进行挠度验算。

（2）台身与基础

1）墙式台身

① 墙式桥台台身由两片或多片梯形墙（肋板）组成，台墙承受上部构造自重、车辆荷载、支座摩阻力、汽车制动力（固定支座）、台后土压力、溜坡主动土压力等外力。

② 计算墙身车辆荷载反力时，车辆荷载在桥上靠边排列，找出车辆荷载合力位置，按杠杆法计算。

③ 支座摩阻力或制动力由墙体（肋板）平均承受。

④ 计算土压力及车辆荷载水平压力时，墙承压宽度可参照桩柱式桥墩台土压力计算承压宽度的规定。为便于各种情况作用效应组合，车辆荷载水平力与土压力应分开计算。

⑤ 台前溜坡主动土压力仅在溜坡不致被冲毁时才予以考虑。

⑥ 计算墙身作用效应时，应分别按盖梁底面、墙身中部、墙身底面、承台底面等处进行计算，每处截面作用效应包括垂直力、垂直力偏心弯矩、水平力、水平力所产生的弯矩。

⑦ 验算墙身各处截面应力时，先按纯混凝土计算，若作用效应不利组合的设计值大于构件抗力效应设计值时，再设置受拉钢筋。

⑧ 承台按顺桥向与横桥向分别计算，在一般情况下，按简支梁计算。特大桥、大桥的桥台承台或者当承台下外排桩中心距承台边缘大于或小于承台高度时，应按《公路钢筋混凝土及预应力混凝土桥涵设计规范》JTG 3362—2018 第 8.5 条规定，进行截面承载力验算。

⑨ 台顶水平位移计算式如下：

$$\Delta = \alpha_0 + \beta_0 h_0 \tag{24-44}$$

式中　α_0——承台水平位移（参见《基础工程》中多排桩计算）；

β_0——承台角变位（参见《基础工程》中多排桩计算）；

h_0——台帽至承台底面距离。

2）柱式台身

荷载计算与墙式桥台相同，作用效应计算可参见《基础工程》桩基础部分。

3）基础

桩基础的计算方法，可参见《基础工程》。在一般情况下，桩基可不验算抗倾覆及抗滑动的稳定性，但在特殊情况下，应考虑桩基向前移动和被剪断的可能性。

小结及学习指导

本章主要介绍了各种类型的桥墩及桥台的计算及验算内容与方法，由于各类墩台的受力特点不同，因此其计算与验算内容也有所区别。针对本章，主要需掌握以下 3 个方面的计算内容：

749

（1）重力式桥墩计算与验算的步骤与内容；

（2）桩柱式桥墩水平推力按刚度分配的计算方法；

（3）轻型桥台台后土压力的计算方法。

习题及思考题

24-1　桥墩计算时需考虑的荷载作用主要有哪些？

24-2　梁桥重力式墩台的作用效应组合有哪些？

24-3　拱桥重力式墩台的作用效应组合有哪些？

24-4　重力式桥墩计算与验算主要包括哪些内容？

24-5　桥墩防撞的防护措施有哪些类型？

24-6　桩柱式桥墩的抗推刚度是如何分配的？

24-7　框架式桥台的适用条件及计算要点有哪些？

*第六篇
桥梁维护与加固

第25章
桥梁日常养护维修

本章知识点

> **【知识点】** 影响桥梁使用性能、耐久性能和承载能力的常见病害及其成因；桥梁养护的基本要求；桥面系养护、上部结构养护、下部结构养护；桥梁预防性养护。
>
> **【重点】** 重点把握桥梁常见病害出现的原因、形态和后果及各种病害的对策。
>
> **【难点】** 掌握如何正确地对桥面系、桥梁上部结构、下部结构进行养护。

25.1　桥梁常见病害及其成因

桥梁在使用过程中，随着服役年限的增长，外界环境对桥梁的侵蚀影响会逐步增大，此外，还有一些桥梁存在着不同的设计或施工先天缺陷，上述因素导致桥梁在使用过程中会出现各种各样的病害，这些病害严重地影响着桥梁的正常使用和安全。了解桥梁的病害特征，加强日常养护、维修，可以保证桥梁的使用安全和功能正常，满足桥梁的耐久性要求。为了可持续发展与节约社会资源，世界各国均将既有桥梁视为一笔巨大的财富，采取各种制度、政策、技术手段，力图通过加强日常维修养护、承载能力评定、适用性评价、加固改造等方法延长既有桥梁的使用寿命。

一般说来，桥梁的病害大致可分为承载能力不足、使用性能较差、耐久性能不足 3 类。就承载能力不足的病害而言，主要表现为受力裂缝宽度过大，桥梁整体或局部刚度不足，材料强度降低和局部损伤，基础冲刷掏空、变位或不均匀沉降等。就使用性能较差的病害而言，主要表现为变形及振动响应过大，桥面破损，行车性能不佳，伸缩缝破损，支座脱空等。就耐久性能不足的病害而言，主要是混凝土结构裂缝过大，温度裂缝、收缩裂缝、混凝土碳化深度过大，混凝土发生碱骨料反应，混凝土保护层厚度不足，混凝土表面存在蜂窝麻面，钢结构、钢筋锈蚀，结构或构件局部破损过大等。以上 3 种病害的发生、发展直接影响桥梁结构的承载能力、使用性能及耐久性能，严重时危及桥梁运营安全、造成重大安全事故。

25.1.1　影响桥梁使用性能的病害

影响桥梁使用性能的病害主要包括以下 6 个方面：（1）桥面不平整，线型不平顺，桥梁振动过大；（2）桥头跳车；（3）桥下泄水不畅，桥面排水性能不良；（4）伸缩缝破损，支座脱空；（5）栏杆或防撞栏破损、缺失，失去防护功能；（6）桥梁与道路不匹配。

25.1.2　影响结构耐久性能的病害

混凝土结构的耐久性是钢筋混凝土结构应具有的基本功能之一，是可靠性中安全性、适用性与耐久性 3 个指标中相对比较薄弱的一个指标。耐久性的好坏，决定着结构的使用寿命。大量研究资料和实践表明，影响混凝土结构耐久性的因素很多，可分为内部因素和外部因素两大类。内在因素主要为结构构造形式、钢筋保护层厚度和直径的大小、选用的水泥和骨料种类、混凝土的水灰比和密实度等，外在因素主要指环境因素包括冷热、干湿、冻融、化学介质侵蚀等。

早期建设的公路桥梁混凝土强度等级普遍偏低，施工质量相对较差。通常，基础多采用 15 号混凝土，上部桥跨结构大量采用 20 号或 25 号混凝土（旧规范时混凝土强度等级的叫法），混凝土中水泥用量少，以至于经过十年至数十年的使用，混凝土腐蚀、碳化现象普遍，强度退化严重，加固改造、重新利用价值不大。此外，由于施工质量控制得不够严格，结构尺寸偏差过大、混凝土密实性较差，加之保护层厚度不足，导致钢筋锈蚀严重，混凝土构件普遍存在蜂窝、麻面、孔洞的现象，这些病害不仅严重影响着桥梁承载能力，而且对桥梁耐久性也构成严重威胁。

25.1.3　影响桥梁承载力的病害

影响桥梁结构承载力的主要病害包括：（1）桥梁结构存在倒塌、成为机动体系的隐患；（2）预制装配式桥梁结构受力的整体性、协同性丧失；（3）混凝土结构受力裂缝宽度过大；（4）结构或构件的损伤疲劳程度严重；（5）桥墩基础变位或不均匀沉降，下部结构开裂；（6）设计荷载等级偏低，结构强度不适应交通需求。

此外，尚有相当一部分跨河桥、跨线桥存在桥下通航或通车净空不能满足实际需求的现状，由于一些桥梁修建时的技术标准偏低，而城市发展、航运发展较快，对超限船只、超高车辆管理不到位，由此造成目前船舶、车辆撞击桥梁的事故时有发生，给既有桥梁的安全运营带来了潜在的安全隐患。

在桥梁检测评估、病害分析诊断的基础上，对于那些承载能力不足、使用性能较差或耐久性能不满足要求的结构或构件，需要采取有针对性的维修加固措施。

25.2　桥梁日常养护维修的内容与方法

为了满足桥梁的正常运营要求，保持和尽量延长桥梁的使用寿命，对桥梁结构进行经常性的养护维修是非常必要的。桥梁的经常性维修养护，主要工作是对危及桥梁正常使用和耐久性能的病害进行修缮，如对桥面铺装层、伸缩缝、防排水设施、桥梁主体结构的各种缺陷进行维修。在桥梁使用过程中，通过经常性养护维修消除病害，恢复原设计功能，避免小问题演化为大病害，使桥梁经常处于良好的技术状态，达到安全、耐久的目的。由此可见，经常性的养护维修是保证和延长桥梁使用寿命的一项不容忽视的工作。

桥梁维修加固的一般原则是"预防为主，防治结合"，使桥梁经常处于完好的技术状态，达到安全、耐久的目的。桥梁维修加固可分为一般性维修和结构性加固。一般性维修主要针对影响桥梁使用性能、耐久性能的病害，目的是保证桥梁结构的使用性能或耐久性能够达到设计、规范及实际使用要求。如桥面铺装层的维修、油漆涂装更新、裂缝封闭与灌浆处理、支座更换等是桥梁养护的日常内容，按维修规模又可分为小修、中修、大修。当桥梁结构无法满足承载能力、通行能力等方面的要求时，需要对桥梁进行结构加固或技术改造。桥梁加固、改造包括了为提高承载力要求的结构补强，为满足通行能力要求的桥面拓宽，为改善使用性能要求的结构维修。通过病害处治、加固改造以弥补桥梁结构先天缺陷，使用过程中出现的各种病害缺陷以及结构严重受损所造成的承载能力不足，使桥梁恢复和满足新的使用条件下的受力、安全、使用及耐久性要求。桥梁病害处治与加固涉及的内容十分广泛，包含了桥梁实际状况的检测鉴定、加固理论与加固技术以及加固方案的比较选择与投资效益的优化等方面。

桥梁病害分析诊断与桥梁维修加固的关系密不可分，是一个问题的两个方面。近 20 年来，随着桥梁服役期的增长，实际运营荷载的不断增大，病桥危桥的数量日益增多，在生产实践需要的推动下，桥梁结构的检测诊断技术、维修加固改造技术得以迅速发展。可以相信，随着管理部门、工程界、学术界对既有桥梁检测与维修加固的重视，必将积极地推动既有桥梁健康、可持续地发挥作用。

25.2.1　桥梁养护工作的基本要求

（1）桥梁养护工作必须贯彻"预防为主，防治结合"的方针，坚持"养早、养小、养全、养好"的原则，采取经常保养与综合维修相结合的方式，整治既有病害，及时消除危及行车安全的隐患，经常保持结构物或构筑物处于完好状态，保证过往车辆得以安全、平稳、顺畅通行。

（2）桥梁养护应充分依托科技进步成果，建立桥梁养护维修管理系统，全面推行现代化管理；认真执行检查、计划、作业、验收等基本工作制度；大力推广使用国内外有关科研成果，积极采用新技术、新材料、新设备、新工艺。

（3）应逐步提高养护机械化水平，提高生产率，依照操作规程进行相关工程维修，保证各项养护维修工作有序进行，避免对桥梁使用功能产生新的不利影响，如桥面维修不得增加过大的荷载，在桥梁上增加静荷载（风雨篷、广告牌、管线等）必须满足桥梁安全技术要求，经管养部门批准后方可实施。

（4）必须使用经过检验合格的原材料、成品、半成品，桥梁养护维修施工期间应加强质量检验，确保工程质量。

（5）桥梁养护维修作业，必须贯彻文明施工、安全生产的方针。正确处理养护维修作业与交通运输的关系，在保证安全和质量的前提下，尽量不中断交通或少中断交通；重视环境保护，防止环境污染；养护维修工程车辆应使用专门标志，现场养护维修人员应统一着装，并应有安全保护措施。

（6）在养护技术上应做到：

① 桥梁的养护维修，首先应符合安全和载重等级的要求，对于达不到安全和承载能力的桥梁，应根据其技术状态确定大修或改建，使其达到载重等级的要求。

② 对采用新材料、新结构的桥梁，应制定专项养护方案，并在使用过程中不断积累桥梁技术状况的观测资料，进行动态跟踪管理。

③ 重视调查研究，针对病害原因采取相应的技术措施，强化科学养护维修管理，坚持"质量否决权"制度。

④ 列入文物保护范围的桥梁的养护，还应当符合文物部门的有关规定。

25.2.2 桥面系养护

1. 桥面铺装

桥面铺装的养护工作内容与基本要求是桥面保持清洁、平顺、无缺损，保证防水、排水系统处于正常工作状况。若出现原桥建设施工误差造成桥面积水、排水不畅时，可局部调整纵、横坡，但由此增加的荷载必须在结构承载能力允许的范围内。

2. 伸缩缝

伸缩缝必须经常养护，及时维修或更换，使其平整顺直、牢固完整、无塞嵌、无漏水，处于完好状态，密封橡胶条损坏、老化时，应及时更换。

3. 人行道、栏杆和护栏

桥梁人行道、栏杆和护栏必须经常养护，做到栏杆无摇动现象，横杆连接牢固，伸缩缝处水平构件能自由伸缩。若有变形、断裂、缺损现象，应及时按原结构式样恢复。

4. 排水设施

排水设施是保护桥梁避免水害的关键之一，桥面泄水、排水管应定期检查、清理疏通，泄水管损坏要及时修补，必须保证其完好畅通。

5. 行车道板的维修补强

钢筋混凝土行车道板的病害主要有：裂缝、磨耗、剥离、露筋、锈蚀，

755

严重的还会出现碎裂、脱落、洞穴等。行车道板出现表面碎裂、脱落或洞穴现象后，必须采取局部加固补强的方法进行维修。修复时将破损部分全部凿除，如图25-1和图25-2所示，再浇筑混凝土，并注意加强养护。

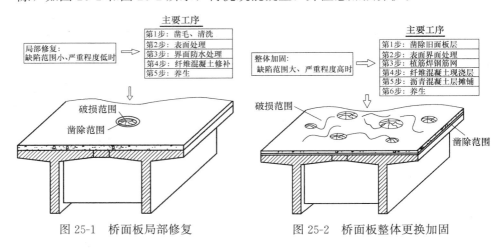

图 25-1　桥面板局部修复　　　　图 25-2　桥面板整体更换加固

25.2.3　上部结构养护维修

1. 钢筋混凝土及预应力混凝土梁桥

（1）当梁板结构裂缝宽度小于0.15～0.20mm或表25-1规定值时，应采用环氧树脂或聚合物类材料等方法进行封闭处理。

结构裂缝宽度表　　　　　　　　　　　　　　　表25-1

结构类别	裂缝部位	允许最大裂缝宽度（mm）
钢筋混凝土梁	主筋附近竖向裂缝	0.25
	腹板斜向裂缝	0.30
	横隔板与梁体端部	0.50
	支座垫石	0.50
	其他裂缝	0.20
预应力混凝土梁	梁体竖向裂缝	不允许
	梁体纵向裂缝	0.10

注：表中所列除特指外适用于一般条件，对于潮湿和空气中含有较多腐蚀性气体等条件下裂缝宽度限制应要求严格一些。

（2）当裂缝宽度大于0.15～0.20mm时，应采用化学灌浆方法进行处理。若裂缝发展严重，应分析其发生原因，进行裂缝危害评估，造成结构承载能力不足时，应通过静载试验、结构检算等手段查明原因，制订加固处理方案。

2. 拱桥

（1）经常性检查拱桥主拱圈线形，发现有明显的位移或变化时，应设置测量仪器进行监测，并检查主拱圈拱顶、拱脚处有无裂缝。

（2）注意观测拱脚、墩台有无明显位移或沉降。

（3）混凝土拱桥裂缝限值应符合规定（表25-2）。主拱圈及拱上建筑等结构开裂超过限值时，应进行检测并限载，查明原因，进行处理。

混凝土拱桥裂缝限值 表25-2

裂缝部位	允许最大缝宽（mm）	其他要求
拱圈横向	0.30	裂缝高小于截面高的一半
拱圈纵向（竖缝）	0.50	裂缝长小于跨径的1/8
拱波与拱肋结合处	0.20	

注：表中所列除特指外适用于一般条件，对于潮湿和空气中含有较多腐蚀性气体等条件下的裂缝宽度限制应要求严格一些。

3. 钢桥

（1）保持各部连接节点、杆件、铆钉、高强度螺栓、焊缝的正常状态。对有损伤的连接节点、杆件、铆钉等，应作标记并经常观察其发展状况。及时清除节点和缝隙部分的污垢，使其保持清洁干燥。对于有裂纹的杆件，应及时维修或更换。

（2）为防止桥梁杆件锈蚀，除对局部钢构件进行及时除锈油饰外，还应定期对全桥钢构件进行全面的除锈、油饰工作。

（3）检查杆件局部变形。若变形值超过规定值范围，应予以校正或补强。若同一杆件同一部位的变形校正后再次变形，应对此杆件进行更换。

（4）检查、维护、更换铆钉、螺栓等连接件，使其处于良好的工作状态。不良铆钉的容许限度超过规范规定时，需要对不良铆钉进行有选择的更换。高强度螺栓的施工预拉力应符合设计要求，欠拧值或超拧值均不应超过规定值的10%。

4. 钢-混凝土结合梁桥

结合梁日常检查养护除应遵循混凝土梁桥、钢桥的方法外，尚应根据钢-混凝土结合梁的特点，对以下几个方面进行有针对性的养护维修：

（1）桥面板裂缝的检查。

（2）桥面板磨损的检查维修。

（3）剪力钉根部裂纹检查。

（4）结合面的检查。

（5）结构变形的检查。

5. 系杆拱桥

系杆拱桥兼有拱桥与索结构的特征，其日常检查养护除应遵循拱桥的方法外，尚应根据系杆拱桥的特点，对以下几个方面进行有针对性的养护维修：

（1）系杆拱桥的系杆、吊杆封锚及吊杆锚固区混凝土不得有开裂、腐蚀、剥落等病害，酷暑和严寒季节应加强检查和养护。

（2）采用柔性系杆的下承式拱桥的拱脚部分、中承式拱桥的边拱混凝土内的预埋钢管、系杆拉索分束穿入预埋钢管的间隙应压注加满防腐油脂。刚性系杆的拉索外包钢管内应压注加满防腐油脂，两端应采用不锈钢罩保护。

6. 斜拉桥

（1）应经常观察拉索的振动情况，并检查拉索减振措施的有效性，对失效的减振装置应重新安装或更换。拉索 PE 防护层不得出现裂缝、老化、剥落鼓起等破损现象。

（2）塔端锚头、主梁端锚头必须每半年进行一次保养，对在钢梁外侧并有钢盖板罩的锚头应每三年进行一次保养。

（3）当斜拉桥主梁的裂缝超过规定值或挠度超过设计规定的允许值时，应查明原因，通过计算分析进行专门设计，采取索力调整等措施予以解决。

（4）按期观测斜拉桥主塔的倾斜和主桥的线形。

（5）主塔、梁体等构件的养护视其结构和材料的不同，参照钢桥或混凝土梁桥养护方法。

7. 悬索桥

（1）对主缆与吊杆钢索防护应进行经常性检查。

（2）索头紧固螺栓不得有松弛和锈蚀。当吊杆明显摆动时，应调整索夹，并拧紧套筒螺帽。索鞍、缆索股的锚头和吊杆锚头及钢索出口密封处，应经常检查。

（3）主缆应保持设计的正常位置。

（4）定期进行索塔变位观测。

（5）锚碇的锚碇室门，应定期打开通风和做好排水，保持室内干燥环境。

（6）索塔与加劲梁的检查和养护要求，视其结构和材料的不同，参照钢桥或混凝土梁桥养护方法。

8. 桥梁支座

一方面，中小跨度梁桥支座容易产生各种病害，需要在养护维修工作中重点关注，另一方面，支座设计寿命一般为 20～25 年，在桥梁使用期间可能要进行多次更换。支座的检查保养及更换要点如下：

（1）支座检查保养

支座应每年检查保养一次，重点检查橡胶支座有无裂缝、外鼓、变硬、老化、钢板锈蚀等现象，球形支座应每年清除尘土、更换润滑油一次。

（2）支座更换

中小跨度桥梁因活载所占比例大，在使用过程中支座容易产生各种病害。桥梁支座出现诸如滚动面不平整、支点承压不均匀、性能老化失效等缺陷时，应进行调整和更换。调整时可采用千斤顶把桥梁上部顶起，然后移动调整支座的位置。更换连续梁一联的边支座时，可由梁端起顶；当更换中间支座时，应由相邻两个支点同时起顶。

25.2.4 下部结构的养护

墩台的承载能力不足，或出现下沉、倾斜、位移及转动会引起上部结构的损坏，严重时甚至会造成整座桥梁坍塌，因此，必须加强桥梁墩台、护坡、锥坡的养护。原则上，下部结构的病害如混凝土剥落、露筋和裂缝等，均应根据缺陷的严重程度及施工条件采取不同的方法进行维修，维修技术工艺同上部结构。

25.3 桥梁预防性养护

遵循可持续发展与节约社会资源的基本原则，汲取既有桥梁在使用过程中暴露出来的问题与教训，国内外普遍认为，在新建桥梁时应更加注重桥梁全寿命养护和管理的理念，以便从源头上消除既有桥梁的先天缺陷；在既有桥梁管理维护时，应从加强预防性养护、贯彻"预防为主，防治结合"的方针等方面提升既有桥梁的管理养护技术水平。

1. 落实桥梁全寿命养护的理念

长期以来，在桥梁设计时人们一直偏重于结构计算方法的研究和桥梁建成时的力学性能分析，却忽视了维修养护措施及成本对后期服役性能的影响，对桥梁结构的运营期内的预防性养护重视不够，致使很多桥梁早期就出现了破损、腐蚀等各种病害。提倡桥梁全寿命管理理念始于 20 世纪 70 年代末，全寿命管理方法就是在设计施工阶段，确定桥梁从建成到寿命终结时的总成本，不仅要考虑初始建造成本，还要考虑服役期间桥梁检查、养护、维护等各种成本。从本质上说，不论事先采取基于时间的养护措施还是以后基于性能的改造方案，都要在设计阶段做出经济规划、预算和比较，得出最优的养护方案，建设单位要对基础设施项目的"全寿命"负责，这样，避免了"短期行为"给国家带来巨大的经济损失。

2. 重视预防性养护

预防性养护就是在还没有发生明显病害之前就进行养护，目的就是防止病害的发生，或减缓病害的发展，达到增强耐久性和延长使用寿命的目的。与传统的更正式养护或被动养护不同，预防性养护更加注重养护的前瞻性、预见性，强调"未雨绸缪、提前干预"，以达到更好的养护效果，并降低养护成本。事实上，对已建成的桥梁，其内在因素已经定型，设计施工中的缺陷已经存在，为了延长其使用寿命，就必须针对存在的问题或潜在的缺陷进行预防性养护。一般说来，预防性养护具体措施大都简单易行，如封闭裂缝，修补缺损混凝土，对保护层偏薄、环境湿度大的部位进行防水处理，对漏水、渗水部位修理，对伸缩缝进行维护清理，对支座进行定期清理和维护，对钢结构及金属构件表面进行清洁和油漆整饰，对斜拉桥、悬索桥、系杆拱桥等特殊结构桥梁的锚头进行防腐维护，对泄水口、排水管进行清理疏通，对护坡等附属结构进行维护保养，对污染部位进行清洁清理等方面。通过这些预防性养护措施，及时发现或阻止小病害，减缓相对大一些病害的发展，使得桥梁经常处于完好状况，从而增强桥梁结构的耐久性，延长桥梁结构的使用寿命。

3. 推广维修新技术和新工艺

在过去的十多年中，碳纤维粘贴加固工艺、化学灌浆及植筋锚固技术、新旧混凝土界面处理工艺、体外预应力加固技术等技术工艺迅速成熟，得到了广泛使用。今后，针对加固维修技术工艺的快捷性、可靠性、可操作性，原有加固维修技术工艺将不断得以改良与完善，加固维修新材料、新技术、新工艺的研制开发与工程应用将不断得到强化。在这个阶段中，桥梁结构病害特征、加固维修材料、施工方法工艺三方面会进一步相互作用、相互推动，施工条件、施工方法工艺对加固维修材料研制开发的推动作用将日益显著。可以相信，加固维修新材料、新技术、新工艺的涌现、成熟与推广应用必将为既有桥梁病害的维修提供坚实的保障。

小结及学习指导

本章全面总结了桥梁常见病害的特征、产生原因及对桥面系、上部结构和下部结构的维修养护方法，从中应掌握如下关键问题：

（1）桥梁病害主要影响结构的承载能力、使用性能和耐久性能，因此需从这三个方面来归类，把握桥梁的常见病害及其表现形式。

（2）桥梁维修养护以"预防为主、防治结合"为原则，力求实现使桥梁结构处于技术状态完好、结构安全、耐久的目标，重点做好桥面系、桥梁上下部结构的养护。

习题及思考题

25-1　分别简述影响桥梁使用性能、耐久性能和承载能力的病害因素。

25-2　简述钢筋混凝土梁桥常见裂缝特征以及形成机理。

25-3　简述预应力混凝土连续梁桥常见裂缝特征和形成原因。

25-4　简述拱桥的常见病害和形成原因。

25-5　简述下部结构的常见病害及形成机理。

25-6　列举日常性养护的主要工作内容和要求。

25-7　列举预防性养护的主要措施。

第26章
桥梁加固改造

本章知识点

【知识点】 桥梁加固改造的一般程序和基本原则、桥梁上部结构加固方法、墩台与基础加固方法。

【重点】 桥梁上下部结构的常用加固方法和优缺点。

【难点】 理解桥梁上下部常用加固方法的适用条件和加固的机理。

26.1 桥梁加固改造的程序与原则

桥梁加固改造技术包括了满足（恢复）承载力要求的结构补强，满足通行能力要求的桥面加宽，满足使用要求的结构性能改善。常用的加固技术方案有：减轻恒载、增大原承重构件截面、增设新杆件、改善原结构受力体系或加强原结构的整体性等，以达到提高桥梁改造加固的目的。旧桥加固技术改造工作不同于建造新桥梁，它是一项技术性很强的工作，一方面要求尽可能不损害原结构，另一方面要求加固补强的部分与原结构成为整体并共同工作。

26.1.1 桥梁加固改造一般程序

桥梁加固一方面要求病害成因的分析诊断全面客观、科学准确，另一方面要求加固处治对策达到"对症下药、药到病除"的效果，并做好既有交通疏解措施，严格遵循相应程序。桥梁加固的一般程序为：

（1）收集桥梁的设计、施工、监理等方面的技术资料。

（2）现场病害调查、历次检查检测资料收集与分析。

（3）旧桥的承载能力检定及技术状况的评定，病害原因诊断与分析。

（4）确定加固改造的目的、要求及技术标准。

（5）加固改造、病害处治方案的拟定、论证，完成初步设计。

（6）加固改造初步设计评审。

（7）加固设计计算与施工图设计，工程数量与预算编制，必要时对加固施工工序、施工工艺、施工监测方案再次进行评审论证。

（8）既有交通疏解措施落实。

（9）关键工序检验、施工质量控制与施工监测。

（10）加固效果检验与竣工验收。

26.1.2　桥梁加固改造的基本原则

旧桥的病害加固处治应贯彻"防治结合、以防为主"的方针，着力避免"小病不治，酿成大病"。在病害加固处治实施过程中，应做到"有序实施、不留后患"。就具体的桥梁病害处治与加固而言，在实施过程中，应遵循以下 6 项原则：（1）从实际出发原则；（2）消除隐患原则；（3）全面比较原则；（4）预防损坏原则；（5）协同受力原则；（6）有序实施原则。

26.1.3　桥梁病害处治与加固实施要点

（1）桥梁的技术改造与加固工程通常要求在不中断交通或尽量减少中断交通的条件下进行施工，因此要求施工工艺简便可靠，施工速度快、工期短，将加固改造对既有交通的干扰与影响降低到最低限度。

（2）桥梁病害处治与加固施工时，往往可能对原有结构物、相邻结构或构件产生不利影响，应选取切实有效的临时加固措施，防止在加固期间产生新的病害或损伤，尽量减少对原结构的损坏，对于确无利用价值的构件予以报废、拆除。

（3）加固处治施工中对原有结构的拆除、清理工作量大，工程较烦琐零碎，存在许多不安全、不确定因素，要求设计人员尽最大可能根据实际情况完善设计，要求施工人员更加注意操作安全、施工质量与施工工艺。

（4）加固施工现场狭窄、拥挤，工作条件常常受到原有结构及既有交通的制约与干扰，应合理安排工序，科学调配施工机具材料，做到有条不紊。

26.2　上部结构常用加固方法

早在 20 世纪 50 年代，国外就对桥梁结构病害的维修加固方法、施工技术工艺、施工机具开始了系统的研究与应用。经过 50 年的研究开发与工程实践，桥梁加固维修的施工技术工艺已比较成熟。在过去的十多年中，体外预应力加固技术、碳纤维粘贴加固工艺、化学灌浆及植筋锚固技术、新旧混凝土界面处理工艺等技术工艺迅速成熟，得到广泛使用。桥梁上部结构常用的加固方法大致有：增大构件截面加固法、粘贴加固法、体外预应力加固法、改变结构体系加固法、增加辅助构件加固法等。对于拱桥，尚可根据其受力特点采取一些专用加固方法，如顶推法等。在实施过程中，应充分考虑桥梁实际状况、病害特点及改造需求，综合考虑施工工艺的成熟性、施工工期的合理性、结构构造的可靠性以及对既有交通的干扰影响等方面，采用合理可靠、技术可行、经济、简便的加固方案。现将各种常用加固方法简述如下。

26.2.1　增大构件截面加固法

增大构件截面加固法，顾名思义，是采用相同材料或不同材料来加大原结构的截面，达到提高结构承载能力、增大结构刚度的目的。

一般说来，增大结构（构件）截面是中小跨度桥梁常用的加固补强方法之一，其优点是可以有效提高结构承载能力、增大结构刚度，缺点是恒载增加较多、新旧材料的受力性能可能会存在差异。增大截面的途径有增加受力主筋、加大混凝土截面、加厚桥面铺装层和喷锚混凝土加固等几种方法。

26.2.2 粘贴加固法

当桥梁抗弯、抗剪能力不足时，可以采用粘贴钢板、碳纤维布（板）、钢筋、玻璃钢、芳纶纤维布等方法以提高构件的抗弯、抗剪能力，阻止既有裂缝进一步扩展。目前常用的粘贴剂是环氧树脂类材料，常用的粘贴加固方法有粘贴钢板加固法、粘贴碳纤维布（板）加固法。此外，粘贴钢筋加固法、粘贴玻璃钢加固法以及粘贴芳纶纤维布加固法在一些情况下也有应用实例。粘贴加固方法具有能够有效提升结构承载能力、加固施工简便、不影响桥梁净空、对既有交通影响小等优点，但也存在难以改善原有结构应力状况、耐久性能相对较差的缺点。

26.2.3 体外预应力加固法

体外预应力结构是把预应力筋布置在主体结构构件之外，从力学特征上说，体外预应力束增加了结构的赘余度。体外预应力加固法具有加固、卸荷、改变结构内力的三重效果，采用体外预应力对钢筋混凝土、预应力混凝土梁桥进行加固，不仅可以有效抵消部分恒载产生的应力、起到卸载的作用、显著提高结构的极限强度，而且能够有效地改变结构的内力分布特征、改善使用应力状况、阻止结构受力裂缝的扩展、防止梁体产生过大的下挠。体外预应力加固法既可作为桥梁通过重车的临时加固手段，又是提高桥梁荷载等级的永久性有效措施。体外预应力加固具有如下特点：

（1）能够较大幅度地提高旧桥承载能力，改善旧桥承重构件的应力状态及其分布。加固后所能达到的荷载等级与原桥设计标准及安全储备有关，一般情况下可将原桥承载力提高 $30\%\sim40\%$。

（2）体外预应力加固所需设备简单，人力投入少，施工工期短，经济效益明显。

（3）在加固过程中，可以实现不中断交通或短时限制交通。

（4）对原桥损伤较小，不影响桥下净空，不提高桥面高程。

常用的体外预应力材料主要有：精轧螺纹钢筋、钢绞线、预应力成品钢丝束，某些情况下也有采用张拉碳纤维板或软钢丝的工程实践。体外预应力加固方法一般主要构造包括高强钢筋、锚固块（锚固装置）、转向块、钢筋减振装置，其中，锚固块（锚固装置）、转向块可以是混凝土构件，也可以是钢构件，但必须与原结构连接可靠，并尽可能减小锚固块、转向块的重量，可能的情况下尽可能布置在原结构的既有构造上如横隔梁（板），以免增加过多的恒载。此外，为增强新增体外束的耐久性与可更换性，最好采用预应力成品钢丝束或精轧螺纹钢筋；为减小体外束的振动、防止其疲劳损伤，应每隔一定间距设置减振限位装置。

一般来说，预加力的大小、作用位置、施加方式与张拉程序需要通过对原结构专门、精细的计算来确定，以尽可能使原结构产生较大压应力增量与强度储备，但又不使原结构产生难以承受的应力为宜，必要时还要对锚固块进行局部应力分析。

26.2.4　改变结构体系加固法

改变结构体系加固法通常是指在旧桥增设附加构件及其相应构造，或进行技术改造，使桥梁受力体系发生改变，从而改善桥梁的性能，达到提高承载能力的目的，如通过增加纵向连接钢筋将简支梁转换成连续梁，通过增设预应力束等措施将 T 形刚构转换成连续刚构，又如通过增设索塔、斜拉索将混凝土连续梁转换为矮塔斜拉桥。在一些情况下，还可以通过在混凝土梁体下增设钢桁架、将原来的梁体部分托起来，以减小梁内应力，达到提高全桥承载能力的目的。对于拱桥，在条件允许的情况下，可在拱脚增设水平系杆，以减小水平推力、改善拱圈的受力状况，也可通过改变拱上建筑结构构造形式，以使拱上建筑更多地参与结构整体受力等等。

改变结构受力体系的方法多种多样，总体来说加固效果都比较突出。按其目的来分，主要有两类，一类是桥梁承载能力尚可、但难以满足通行超重车辆要求的临时加固问题，另一类是用来解决桥梁承载能力不足、使用性能较差的永久性措施。但不管是哪一类问题，都必须进行细致、系统的分析计算，因为改变了旧桥结构的受力体系后，原结构的一些构件或局部构造往往难以适应新的受力体系或使用条件，可能会出现局部承载能力不足等问题，需要同步进行补强或改造。另一方面，改变结构受力体系往往都需要在桥面或桥下操作，施工期间及竣工后可能会对桥面车辆通行或桥下通航产生一定的干扰或影响，需要反复比选加固方案，确保桥下净空、通行通航要求或泄洪能力，避免产生新的问题或瓶颈。

26.2.5　增设辅助构件加固法

在桥梁墩台及地基安全性能好，并具有足够承载能力的情况下，可采用增设新纵梁或横梁的加固方法来提升上部结构的承载力。加固时尽可能加强新增构件与原有构件的连接构造，以利形成整体、共同受力。由于新增主梁可以有效地分担活载作用，使原有梁体中的内力得以减小，由此使加固后的桥梁承载能力和刚度得到有效提高。增设辅助构件加固法对于活载内力占总内力比例较大的中小跨度梁桥、拱桥，具有比较明显的加固效果与经济优势。

26.2.6　其他加固方法

桥梁上部结构加固方法除上述增大构件截面加固法、粘贴加固法、体外预应力加固法、改变结构体系加固法、增设辅助构件加固法 5 种方法之外，一些情况下，还会根据桥梁结构受力特点、病害特征等，采取其他一些加固方法。例如，对于拱桥，若其水平位移过大而导致拱顶开裂，则可采用顶推加固法，又如 T 形刚构桥刚度不足、下挠过大时，在采用体外预应力加固法的同时，也可将桥墩加粗加厚，以增大其抗弯刚度等。

总之，桥梁加固方法的比选，关键在于因地制宜、对症下药，选取效果上明显、构造上可靠、施工上可行、经济上合理的加固方案，并尽量采取主动加固对策，以期病害桥梁在极限强度与使用性能两方面都得以改善，并尽可能减小对既有交通的干扰影响。

26.3　墩台基础常用加固方法

桥梁墩台基础的补强加固技术，一般通过对桥墩、桥台结构的补强、限制或减小墩台的位移，或增加原基础的承载能力，如采取加桩、增大基础面积等途径进行加固。墩台基础的加固施工工艺与上部结构加固施工有许多相同之处，但也存在一些比较特殊复杂的环节，如水下混凝土的施工等。

1. 墩台加固方法

墩台加固方法主要包括：（1）箍套加固法；（2）桥台滑移倾斜的处理方法；（3）预应力拉杆加固法；（4）桥台帽梁拓宽方法；（5）桥墩加高方法。

2. 基础加固方法

基础加固方法主要有：（1）扩大基础加固法；（2）增补桩基加固法；（3）人工地基加固法。

小结及学习指导

本章主要系统地阐述了桥梁加固的一般程序、原则和具体的加固方法与步骤，应从中理解各种加固方法的作用机理、具体操作步骤和注意事项，以达到"有序实施、不留后患"的目的。

习题及思考题

26-1　简述桥梁加固改造的一般程序。

26-2　简述桥梁加固改造的基本原则。

26-3　分析桥梁上部结构加固中包含哪些常用的加固方法？

26-4　根据加固材料，简述粘贴加固工艺中包含哪些加固方法？

26-5　简述粘贴碳纤维板加固工艺中的主要流程？

26-6　简述墩台加固中主要包括哪些方法？

26-7　桥梁基础加固中包括哪些方法？简要分析每一种方法的优缺点。

参 考 文 献

[1] 中华人民共和国交通运输部. 公路工程技术标准 JTG B01—2014 [S]. 北京：人民交通出版社股份有限公司，2014.

[2] 国家质量技术监督局，中华人民共和国建设部. 公路工程结构可靠度设计统一标准 GB/T 50283—1999 [S]. 北京：中国计划出版社，1999.

[3] 中华人民共和国交通运输部. 公路桥涵设计通用规范 JTG D60—2015 [S]. 北京：人民交通出版社股份有限公司，2015.

[4] 中华人民共和国交通运输部. 公路钢筋混凝土及预应力混凝土桥涵设计规范 JTG 3362—2018 [S]. 北京：人民交通出版社股份有限公司，2018.

[5] 中华人民共和国交通运输部. 公路圬工桥涵设计规范 JTG D61—2005 [S]. 北京：人民交通出版社，2005.

[6] 中华人民共和国交通运输部. 公路钢结构桥梁设计规范 JTG D64—2015 [S]. 北京：人民交通出版社股份有限公司，2015.

[7] 中华人民共和国交通运输部. 公路桥涵地基与基础设计规范 JTG 3363—2019 [S]. 北京：人民交通出版社股份有限公司，2019.

[8] 中华人民共和国交通运输部. 公路斜拉桥设计规范 JTG/T 3365-01—2020 [S]. 北京：人民交通出版社股份有限公司，2020.

[9] 中华人民共和国住房和城乡建设部. 城市桥梁设计规范（2019 年版）CJJ 11—2011 [S]. 北京：中国建筑工业出版社，2011.

[10] 中华人民共和国住房和城乡建设部. 市政工程勘察规范 CJJ 56—2012 [S]. 北京：中国建筑工业出版社，2013.

[11] 中华人民共和国建设部. 城市人行天桥与人行地道技术规范 CJJ 69—1995 [S]. 北京：中国建筑工业出版社，1996.

[12] 中华人民共和国国家铁路局. 铁路桥涵设计规范 TB 10002—2017 [S]. 北京：中国铁道出版社，2017.

[13] 中华人民共和国国家铁路局. 铁路桥涵混凝土结构设计规范 TB 10092—2017 [S]. 北京：中国铁道出版社，2017.

[14] 中华人民共和国国家铁路局. 铁路桥梁钢结构设计规范 TB 10091—2017 [S]. 北京：中国铁道出版社，2017.

[15] 中华人民共和国国家铁路局. 高速铁路设计规范 TB 10621—2014 [S]. 北京：中国铁道出版社，2014.

[16] 中华人民共和国交通运输部. 公路工程抗震规范 JTG B02—2013 [S]. 北京：人民交通出版社，2013.

[17] 中华人民共和国交通运输部. 公路桥梁抗震设计细则 JTG/T B02-01—2008 [S]. 北京：人民交通出版社，2008

[18] 中华人民共和国交通运输部. 公路桥梁抗风设计规范 JTG/T 3360-01—2018 [S]. 北京：人民交通出版社股份有限公司，2018.

[19] 中华人民共和国建设部. 铁路工程抗震设计规范（2009 年版）GB 50111—2006 [S]. 北京：中国计划出版社，2006.

[20] 中华人民共和国交通运输部. 公路桥涵施工技术规范 JTG/T F50—2011 [S]. 北京：人民交通出版社，2011.

[21] 中华人民共和国交通部. 公路桥涵养护规范 JTG H11—2004 [S]. 北京：人民交通出版社，2004.

[22] 中华人民共和国交通运输部. 公路工程水文勘测设计规范 JTG C30—2015 [S]. 北京：人民交通出版社股份有限公司，2015.

[23] 中华人民共和国交通运输部. 公路工程混凝土结构耐久性设计规范 JTG/T 3310—2019 [S]. 北京：人民交通出版社股份有限公司，2019.

[24] 中华人民共和国住房和城乡建设部. 混凝土结构耐久性设计标准 GB/T 50476—2019 [S]. 北京：中国建筑工业出版社 ，2019.

[25] 中华人民共和国建设部. 城镇地道桥顶进施工及验收规程 CJJ 74—1999 [S]. 北京：中国建筑工业出版社，1999.

[26] 中华人民共和国住房和城乡建设部. 城市桥梁养护技术标准 CJJ 99—2017 [S]. 北京：中国建筑工业出版社，2017.

[27] 姚玲森. 桥梁工程（第 2 版）[M]. 北京：人民交通出版社，2005.

[28] 邵旭东. 桥梁工程（第 5 版）[M]. 北京：人民交通出版社股份有限公司，2018.

[29] 刘嘉玲. 桥梁工程（第 2 版）[M]. 北京：人民交通出版社，2005.

[30] 范立础. 桥梁工程（上册）（第 2 版）[M]. 北京：人民交通出版社，2005.

[31] 顾字邦. 桥梁工程（下册）（第 2 版）[M]. 北京：人民交通出版社，2005.

[32] 夏禾. 桥梁工程（第 2 版）[M]. 北京：人民交通出版社，2005.

[33] 李传习. 混合梁悬索桥非线性精细计算理论及其应用 [D]. 长沙：湖南大学，2006.

[34] 李传习，夏桂云. 大跨度桥梁结构计算理论与方法 [M]. 北京：人民交通出版社，2001.

[35] 强士中. 桥梁工程（上、下册）（第 2 版）[M]. 北京：高等教育出版社，2004.

[36] 朱伯芳. 大体积混凝土温度应力与温度控制 [M]. 北京：中国电力出版社，1999.

[37] 项海帆. 高等桥梁结构理论（第 2 版）[M]. 北京：人民交通出版社，2001.

[38] 贺拴海. 桥梁结构理论与计算方法（第 2 版）[M]. 北京：人民交通出版社，2001.

[39] 贺拴海. 荷载横向分布系数 [M]. 北京：人民交通出版社，2001.

[40] 叶见曙. 结构设计原理 [M]（第 4 版）. 北京：人民交通出版社，2018.

[41] 雷俊卿. 大跨度桥梁结构理论与应用 [M]. 北京：北京交通大学出版社，2007.

[42] 刘效尧，徐岳. 公路桥涵设计手册——梁桥 [M]. 北京：人民交通出版社，2011.

[43] 顾懋清，石绍甫. 公路桥涵设计手册——拱桥（上册）. 北京：人民交通出版社，2000.

[44] 顾懋清，石绍甫. 公路桥涵设计手册——拱桥（下册）. 北京：人民交通出版社，2000.

[45] 王伯惠. 斜拉桥结构发展和中国经验 [M]. 北京：人民交通出版社，2003.

[46] 周孟波. 悬索桥设计手册 [M]. 北京：人民交通出版社，2003.

[47] 夏淦，邵容光. 斜梁结构分析 [M]. 南京：江苏科学技术出版社，1995.

[48] 姚玲森. 曲线梁 [M]. 北京：人民交通出版社，1989.

[49] 钱冬生，陈仁福. 大跨悬索桥的设计与施工 [M]. 成都：西南交通大学出版社，1999.

[50] （丹麦）吉姆辛，金增洪. 缆索支承桥梁——概念与设计（第 2 版）[M]. 北京：人民交通出版社，2002.

[51] 郭金琼. 箱形梁设计理论 [M]. 北京：人民交通出版社，1991.

[52] 程翔云. 梁桥理论与计算 [M]. 北京：人民交通出版社，1990.

[53] 吴冲. 现代钢桥 [M]. 北京：人民交通出版社，2006.

[54] 许克宾. 桥梁施工 [M]. 北京：人民交通出版社，2008.

[55] 项海帆. 桥梁概念设计 [M]. 北京：人民交通出版社，2011.

[56] 陈政清. 桥梁风工程 [M]. 北京. 人民交通出版社. 2005

[57] 赵林，李珂，王昌将，等. 大跨桥梁主梁风致稳定性被动气动控制措施综述 [J]. 中国公路学报，2019，32（10）：34-48.

[58] 陈文礼，陈冠斌，黄业伟，等. 斜拉索涡激振动的被动自吸吹气流动控制 [J]. 中国公路学报，2019，32（10）：222-229.

[59] 李廉锟. 结构力学（第 6 版）[M]. 北京：高等教育出版社，2017.

[60] 李振邦，刘先贫，宋美君. 结构力学 [M]. 北京：人民交通出版社，1992.

[61] 周履，陈永春. 收缩徐变 [M]. 北京：中国铁道出版社，1994.

768

［62］ British Standards Institution. Code of Practice for Design of Concrete Bridges BS 5400-4：1990 ［S］. London：Civil Engineering and Building Structures Standards Policy Committee，2003.

［63］ BAZANT ZP, PANULA L. New Model for Practical Prediction of Creep and Shrinkage ［C］. Presented at A. Pauw Symposium on Creep，ACI SP-76，Detroit，1982.

［64］ Committee Euro-International du Beton/Federation International de la Preconstitute. CEB-FIP Model Code for Concrete Structures ［S］. Switzerland：Thomas Telford，2010.

［65］ 刘兴法. 混凝土结构的温度应力分析 ［M］. 北京：人民交通出版社，1991.

［66］ 朱伯芳. 大体积混凝土温度应力与温度控制 ［M］. 北京：中国电力出版社，1999.

［67］ （德）揩尔别克. 太阳辐射对桥梁结构的影响 ［M］. 刘兴法等，译. 北京：中国铁道出版社，1981.

［68］ 张俊平. 桥梁检测与维修加固 ［M］. 北京：人民交通出版社，2006.

［69］ 中华人民共和国铁道部. 铁路混凝土结构耐久性设计规范 TB 10005—2010 ［S］. 北京：中国铁道出版社，2010.

［70］ 中华人民共和国交通运输部. 公路桥梁伸缩装置通用技术条件 JT/T 327—2016 ［S］. 北京：人民交通出版社股份有限公司，2016.

［71］ 中华人民共和国交通运输部. 公路桥梁节段装配式伸缩装置 JT/T 892—2014 ［S］. 北京：人民交通出版社股份有限公司，2014.

［72］ 李传习. 现代悬索桥静力非线性理论与实践 ［M］. 北京：人民交通出版社股份有限公司，2014.

［73］ 中华人民共和国交通运输部. 海轮航道通航标准 JTS 180-3—2018 ［J］. 北京：人民交通出版社股份有限公司，2018.

高等学校土木工程学科专业指导委员会规划教材
（按高等学校土木工程本科指导性专业规范编写）

征订号	书　名	定价	作者	备　注
V21081	高等学校土木工程本科指导性专业规范	21.00	高等学校土木工程学科专业指导委员会	
V20707	土木工程概论（赠送课件）	23.00	周新刚	专业基础课
V32652	土木工程制图（第二版）（含习题集、赠送课件）	85.00	何培斌	专业基础课
V20628	土木工程测量（赠送课件）	45.00	王国辉	专业基础课
V34199	土木工程材料（第二版）（赠送课件）	49.00	白宪臣	专业基础课
V20689	土木工程试验（含光盘）	32.00	宋　彧	专业基础课
V35121	理论力学（第二版）	58.00	温建明	专业基础课
V23007	理论力学学习指导（赠课件素材）	22.00	温建明 韦林	专业基础课
V20630	材料力学（赠送课件）	35.00	曲淑英	专业基础课
V31273	结构力学（第二版）（赠送课件）	55.00	祁　皝	专业基础课
V31667	结构力学学习指导	44.00	祁　皝	专业基础课
V20619	流体力学（赠送课件）	28.00	张维佳	专业基础课
V23002	土力学（赠送课件）	39.00	王成华	专业基础课
V22611	基础工程（赠送课件）	45.00	张四平	专业基础课
V22992	工程地质（赠送课件）	35.00	王桂林	专业基础课
V22183	工程荷载与可靠度设计原理（赠送课件）	28.00	白国良	专业基础课
V23001	混凝土结构基本原理（赠送课件）	45.00	朱彦鹏	专业基础课
V31689	钢结构基本原理（第二版）（赠送课件）	45.00	何若全	专业基础课
V20827	土木工程施工技术（赠送课件）	35.00	李慧民	专业基础课
V20666	土木工程施工组织（赠送课件）	25.00	赵　平	专业基础课
V34082	建设工程项目管理（第二版）（赠送课件）	49.00	臧秀平	专业基础课
V32134	建设工程法规（第二版）（赠送课件）	42.00	李永福	专业基础课
V20814	建设工程经济（赠送课件）	30.00	刘亚臣	专业基础课
V25562	路基路面工程	66.00	黄晓明	道路与桥梁工程专业方向适用
V28552	道路桥梁工程概预算	20.00	刘伟军	道路与桥梁工程专业方向适用
V32235	道路勘测设计（赠送课件）	48.00	张　蕊	道路与桥梁工程专业方向适用
V35994	桥梁工程（赠送课件）	128.00	李传习	道路与桥梁工程专业方向适用

注：本套教材均被评为《住房城乡建设部土建类学科专业"十三五"规划教材》。